Aktionsbuch

Streng geheime PC-Tipps

Wolfram Gieseke
Jürgen Hossner
Alexander Moritz
Christian Peter

DATA BECKER

Copyright	© by DATA BECKER GmbH & Co. KG Merowingerstr. 30 40223 Düsseldorf
Produktmanagement	Peter Meisner
Umschlaggestaltung	Inhouse-Agentur DATA BECKER
Textbearbeitung & Gestaltung	Andreas Quednau (www.aquednau.de)
Produktionsleitung	Claudia Lötschert
Druck	GGP Media GmbH, Pößneck
E-Mail	buch@databecker.de

Alle Rechte vorbehalten. Kein Teil dieses Buches darf in irgendeiner Form (Druck, Fotokopie oder einem anderen Verfahren) ohne schriftliche Genehmigung der DATA BECKER GmbH & Co. KG reproduziert oder unter Verwendung elektronischer Systeme verarbeitet, vervielfältigt oder verbreitet werden.

ISBN 3-8158-2756-6

Wichtiger Hinweis

Die in diesem Buch wiedergegebenen Verfahren und Programme werden ohne Rücksicht auf die Patentlage mitgeteilt. Sie sind für Amateur- und Lehrzwecke bestimmt.

Alle technischen Angaben und Programme in diesem Buch wurden von den Autoren mit größter Sorgfalt erarbeitet bzw. zusammengestellt und unter Einschaltung wirksamer Kontrollmaßnahmen reproduziert. Trotzdem sind Fehler nicht ganz auszuschließen. DATA BECKER sieht sich deshalb gezwungen, darauf hinzuweisen, dass weder eine Garantie noch die juristische Verantwortung oder irgendeine Haftung für Folgen, die auf fehlerhafte Angaben zurückgehen, übernommen werden kann. Für die Mitteilung eventueller Fehler sind die Autoren jederzeit dankbar.

Wir weisen darauf hin, dass die im Buch verwendeten Soft- und Hardwarebezeichnungen und Markennamen der jeweiligen Firmen im Allgemeinen warenzeichen-, marken- oder patentrechtlichem Schutz unterliegen.

Lust auf mehr?
Profitieren Sie von unserem Service-Angebot!

€5 Registrieren Sie ihr **DATA BECKER-Produkt** - egal, ob Software, Buch oder Zubehör - und wir benachrichtigen Sie über alle wichtigen Neuigkeiten.

**Plus Extra-Bonus:
5 Euro Gutschein**

für Ihre nächste Online-Bestellung! Jetzt registrieren unter
www.databecker.de/registrierung

DATA News
Das 20-seitige Kundenmagazin alle 3 Monate per Post!

✔ Buch-, Software- und Zubehör-Neuheiten
✔ Workshops, Tipps & Tricks
✔ Exklusive Angebote u.v.m.

Gratis-Abo unter
www.databecker.de/news

E-Mail News
die topaktuellen Newsletter!

✔ **wöchentliche E-Mail News:**
Neuerscheinungen, Schnäppchen, Downloads & mehr
✔ **monatliche Profi-News:**
Mehr wissen, mehr können - für fortgeschrittene PC-Anwender

Gratis-Abo unter
www.databecker.de/news

www.databecker.de

Teil I – Windows XP-Lösungen

1. Installation und Konfiguration — 41

1.1 Windows-Installation — 42
- Ist mein PC für Windows XP geeignet? — 42
- Installation von Startdiskette — 43
- Windows XP von DOS aus installieren — 44
- „CD einlegen"-Meldung während der Installation — 45
- Fehler beim Update von Windows 9x/ME — 45
- NTFS oder FAT32? — 46
- ACPI bei der Windows-Installation erzwingen — 46
- PC hängt während der Installation — 47
- Windows vollautomatisch installieren — 48

1.2 Windows aktivieren und registrieren — 49
- Windows verlangt Aktivierung — 49
- Windows verweigert Internetaktivierung — 50
- Ist Windows schon aktiviert? — 52
- Product Key ändern — 52
- Erfolgte Onlineregistrierung vortäuschen — 54
- Aktivierungs-Assistent bleibt hängen — 55

1.3 OEM-Versionen und Recovery-CDs — 56
- Original-CD, OEM-Version oder Recovery-CD? — 56
- OEM-CD vollständig oder nicht? — 57
- Installations-CD aus OEM- oder Recovery-Version — 57
- Recovery-Prozedur durchführen — 57
- Windows wiederherstellen ohne CD — 58
- Hardwareprobleme nach Recovery-Prozedur — 59

2. Systemwartung/Service Packs — 61

2.1 Windows starten — 62
- Bildschirm bleibt beim Windows-Start schwarz — 62
- Kein Windows-Start wegen fehlerhafter boot.ini — 63
- Meldung wegen schwerwiegendem Fehler bei jedem Start — 64
- Windows startet wegen beschädigter Registry nicht — 65

Instabiler Zustand durch CD-Aufnahmesoftware	68
Windows-Startbildschirm deaktivieren	69
Die Datei ntoskrnl.exe ist beschädigt oder fehlt	70
Explorer-Fenster werden beim Start wiederhergestellt	70
Ein bestimmtes Programm beim Systemstart ausführen lassen	71
Programm startet ohne Autostart-Ordner	72
Automatisch startende Programme ermitteln	73
Meldung der Systemkonfiguration beim Systemstart	74
PC zu einem bestimmten Zeitpunkt automatisch starten lassen	75
Wartezeit beim Boot-Manager verkürzen	76
Boot-Manager ohne Countdown	77
2.2 Windows beenden	**78**
Zeit zum Herunterfahren verkürzen	78
Per Tastenkombination zum schnellen Neustart	80
PC schaltet sich nicht automatisch ab	81
Windows startet beim Herunterfahren sofort wieder neu	82
Den Ein-/Ausschalter als Stromsparschalter verwenden	84
Keine Schaltfläche für den Ruhezustand zu finden	84
Windows per Doppelklick auf den Desktop beenden	85
Energiesparschalter am Computer anders belegen	86
2.3 Windows reparieren bzw. wiederherstellen	**86**
Windows im abgesicherten Modus starten	86
Früheren Systemstatus wiederherstellen	88
Wiederherstellungspunkt für den Systemstatus manuell anlegen	90
Fehlende oder zu wenig Wiederherstellungspunkte	91
Systemwiederherstellung ist verschwunden	91
Windows startet nicht mal mehr im abgesicherten Modus	93
Die Wiederherstellungskonsole fest installieren	95
Systemdateien wiederherstellen	96
2.4 Updates und Service Packs	**97**
Windows-Update deaktivieren (SP2)	97
Update-Erinnerung vom Bildschirm verbannen	97
Windows-Update zu einem bestimmten Zeitpunkt durchführen (SP2)	98
Windows manuell aktualisieren (SP2)	99

Windows Update-Eintrag im Startmenü verschwunden	100
Welche Updates wurden bereits installiert? (SP2)	100
Updates lokal speichern	101
Automatisches Update funktioniert nicht über Proxyserver	103
Updates in eine Windows-Installations-CD integrieren	103
Service Pack wird wegen geänderten Kernels nicht installiert	105
Dateien des Service Packs löschen?	106
Service Pack in eine Installations-CD einbinden	106
Bootfähige Installations-CD für Windows XP selbst brennen	107

2.5 Performance-Probleme — 109

Windows startet unvermutet neu	109
Fehlerberichterstattung deaktivieren	110
Windows ohne Administratorrechte sehr langsam	111
NTFS langsamer als FAT32	111
Windows wird im Laufe der Zeit immer langsamer	113
Zugriffe auf Festplatte und CD-Laufwerke sehr langsam	113
Rechner wird während langer Arbeitssitzungen beständig langsamer	114
Umschalten per Alt+Tab dauert zu lange	115
Auf unnötige Effekte zugunsten der Leistung verzichten	116

3. Hardware und angeschlossene Geräte — 119

3.1 Hardwareverwaltung mit dem Geräte-Manager — 120

Ursache für Hardwarestörungen finden	120
Der Geräte-Manager zeigt nicht alle Hardwarekomponenten an	121
Zugriff auf den Geräte-Manager vereinfachen	122
Warnhinweis beim Starten des Geräte-Managers	123
Hardware wird durch Ressourcenkonflikt blockiert	123
Einzelne Hardwarekomponenten vorübergehend deaktivieren	124
Zwei Hardwarekomponenten vertragen sich nicht	125

3.2 Treiber für Hardwarekomponenten — 127

Neue Hardware wird nicht automatisch erkannt	127
Hardwaretreiber manuell installieren	127
Kein Treiber für Hardwarekomponente vorhanden	128
Neue Treiberversion einspielen	129

Probleme nach der Installation einer neuen Treiberversion		131
Warnhinweis beim Installieren eines Treibers		131
Unsignierte Treiber ausfindig machen		132
Daten unzulässig bei Installation eines Hardwaretreibers		133
ZIP-Laufwerk am Parallelport wird nicht erkannt		134
3.3	**Monitor, Tastatur und Maus**	**135**
Monitor flimmert		135
TFT-Display lässt sich nur mit 60 Hz betreiben		136
Unscharfe Schrift auf dem TFT-Display		136
Farbstich auf dem Monitor		137
TFT-Display zuckt trotz AutoAdjust-Funktion		138
Keine deutsche Tastaturbelegung bei der Anmeldung		138
Versehentliches Drücken der Feststelltaste verhindern		139
Unterschiedliches Deaktivieren der Feststelltaste (Capslock)		139
Ziffern/Sonderzeichen bei gedrückter Feststelltaste (Capslock)		140
Scrollrad der Maus wird nicht erkannt		141
Scrollrad scrollt zu viel/zu wenig		142
Maustasten für Linkshänder vertauschen		143
Tastatur als Mausersatz		143
Mauszeiger springt automatisch auf Schaltflächen		144
Maus erweckt den PC aus dem Tiefschlaf		145
Maus verhält sich unberechenbar		146
3.4	**Anschließen und Benutzen von USB-Geräten**	**146**
Beim Einstecken von USB-Geräten passiert gar nichts		146
USB-Gerät wird nicht erkannt		147
USB-Treiber manuell installieren		148
Verfügt mein PC über USB 2.0?		149
Kompatibilität von USB 1.1 und USB 2.0		149
USB-Speichermedium wird nicht als Laufwerk angezeigt		150
Fehlermeldung beim Ausstöpseln eines USB-Geräts		151
Dateien auf USB-Speicherstick fehlen oder sind beschädigt		152
Stromausfall durch Anschluss eines USB-Geräts		152
USB-Geräte funktionieren jeweils nur einzeln		153

4. Dateien und Ordner — 155

4.1 Dateien finden und anzeigen — 156

- Dateiendungen anzeigen lassen — 156
- Systemdateien werden nicht angezeigt — 157
- Alle Dateien eines Typs anzeigen lassen — 157
- Suche in Dateien findet nicht alle Dateien — 158
- Schneller Dateien suchen im aktuellen Verzeichnis — 159
- Störender Hinweis „Diese Dateien sind ausgeblendet" — 159
- Attribute von Dateien im Explorer anzeigen lassen — 160
- Eigene Symbole für Dateien verwenden — 161
- Gruppierung von Dateien und Ordner im Explorer aufheben — 161
- Manche Dateien und Ordner werden farbig dargestellt — 162

4.2 Dateien löschen — 162

- Direkt löschen ohne Papierkorb — 162
- Datei kann nicht gelöscht werden — 163
- Sicherheitsrückfrage beim Löschen abschalten — 163
- Papierkorb vom Desktop entfernen — 163
- Der Papierkorb ist beschädigt — 164
- Zugriff beim Löschen eines Ordners verweigert — 165
- Überflüssige Dateien zum Löschen aufspüren — 165
- Dateien unwiderruflich löschen — 166

4.3 Dateien kopieren, verschieben, umbenennen usw. — 167

- Rückfragen bei Dateioperationen pauschal verneinen — 167
- Kontextmenü für Dateien wird nicht angezeigt — 168
- Eigene Dateitypen in das Neu-Menü aufnehmen — 168
- Eigene Ordner in den Dialogen zum Öffnen und Speichern — 170
- Mehrere Dateien gleichzeitig umbenennen — 171
- Datei-Menü im Windows-Explorer fehlt — 171
- Dateien ohne Drag & Drop oder Cut & Paste verschieben — 172

4.4 Dateien ausführen/bearbeiten — 173

- Dateien immer mit einem bestimmten Programm öffnen — 173
- Standardanwendung für einen Dateityp ändern — 174
- Dateien ausnahmsweise mit einer anderen Anwendung öffnen — 175
- Die Öffnen mit-Liste für Dateien verändern — 175

	Standardanwendung für unbekannte Dateitypen festlegen	176
	Programme können nicht mehr gestartet werden	177
	Datei kann nicht erstellt werden	177
	Zugriff auf Datei wird verweigert	178
4.5	**Dateien komprimieren und verstecken**	**178**
	Komprimierten Ordner mit Passwort schützen	178
	Passwort von komprimiertem Ordner entfernen	179
	Komprimierter Ordner trotz Kennwort einsehbar	179
	Komprimierter Ordner kann nicht in sich selbst kopiert werden	179
	Ungültige Befehlsstruktur beim Extrahieren	180
	Komprimierte Ordner mit individuellem Symbol	180
	ZIP-Funktion von Windows deaktivieren	181
	Dateien vor neugierigen Blicken schützen	181
	Versteckte Dateien sind im Explorer sichtbar	182
	Auf versteckte Dateien zugreifen	182
	Versteckte Dateien sichtbar machen	183
4.6	**Dateien verschlüsseln**	**183**
	Fremde Zugriffe auf Dateien verhindern	183
	Warnung beim Verschlüsseln einzelner Dateien	184
	Dateien für mehrere Benutzer verschlüsseln	184
	Verschlüsselung einer Datei aufheben	185
	Besitzer einer verschlüsselten Datei ermitteln	185
	Rubrik Sicherheit wird in Dateieigenschaften nicht angezeigt	186
	Als Administrator verschlüsselte Dateien öffnen	186
4.7	**Umgang mit Ordnern**	**188**
	Pfade für Systemordner wie z. B. Eigene Bilder verändern	188
	Systemordner im Arbeitsplatz anzeigen	189
	Ordner mit individuellen Symbolen	190
	Aufgabenbereich ausblenden	191
	Die Menüfunktion Ordneroptionen fehlt	191
	Explorer automatisch mit Ordner-Leiste öffnen	192
	Aufgabenbereich ist verschwunden	192
	Beliebige Ordner als Stammverzeichnis im Windows-Explorer	193
	Ordnereinstellungen werden nicht gespeichert	194

Eine Einstellung für alle Ordner	195
Kontextmenü im Explorer unvollständig	196
Ordner Gemeinsame Dokumente entfernen	196
Ordnersymbol für Miniaturansicht steuern	197

5. Desktop, Startmenü und Taskleiste — 199

5.1 Windows-Desktop — 200

Symbole auf dem Desktop wandern ständig	200
„Verknüpfung mit" ändern	200
Verknüpfungspfeil ändern	201
Verknüpfungspfeil entfernen	202
Papierkorbsymbol vom Desktop entfernen	203
Papierkorb manipulieren	204
Symbolbezeichnungen von Verknüpfungen löschen	206
Bildschirmschoner mit eigenen Bildern einrichten	206

5.2 Startmenü — 207

Elemente für das Startmenü konfigurieren	207
Ordner im Startmenü verstecken	208
Größe des Startmenüs verändern	209
Zuletzt verwendete Dokumente nicht anzeigen	210
Zuletzt verwendete Dokumente automatisch löschen	210
Startmenü einfach mit dem Explorer aufräumen	212

5.3 Taskleiste und Infobereich — 213

Das automatische Gruppieren in der Taskleiste verhindern	213
Anzeige der Uhrzeit im Infobereich ausschalten	214
Symbole aus dem Infobereich ausblenden	214
Tray-Kontextmenü deaktivieren	215
Den Task-Manager abschalten	216
Taskleiste anders auf dem Desktop platzieren	217
Automatisches Öffnen der Untermenüs unterbinden	218
Nachricht von neu installierten Programmen abschalten	218
Meldung „Zu wenig Speicherplatz" ausschalten	219
Standardsymbole im Startmenü ändern	220
Benutzernamen aus dem Startmenü entfernen	221

6. Fotos und Bilder bearbeiten — 223

6.1 Fotos auf den PC übertragen — 224
- Digitalkamera als Wechselspeichermedium anschließen — 224
- Größere Bildermengen effektiv importieren — 225
- Bilder beim Importieren automatisch umbenennen — 226
- Scanner in jedem Bildbearbeitungsprogramm nutzen — 227

6.2 Bilder am PC betrachten und bearbeiten — 228
- Bilder in der Miniaturansicht darstellen — 228
- Ordner zum Speichern von Bildern optimieren — 229
- Bilder als Ordnersymbole verwenden — 229
- Bilder auf der Festplatte suchen — 230
- Automatische Diaschau eines Bilderordners — 231

6.3 Fotos ausdrucken — 232
- Fotos im richtigen Bildformat ausdrucken — 232
- Kontaktabzüge von Bildsammlungen drucken — 233
- Auflösung des Druckers zum Bilderdruck erhöhen — 233

7. Grafikkarte und Video — 235

7.1 Probleme mit Grafik- und TV-Karten — 236
- Bildschirmauflösung ist niedrig und lässt sich nicht ändern — 236
- Verfügbare Modi der Grafikkarte auflisten — 237
- Bildfehler bei der Darstellung auf dem Monitor — 238
- Statt Buchstaben nur kleine Kästchen auf dem Bildschirm — 239
- Fehler beim Installieren der TV-Kartentreiber — 239
- TV-Kartensoftware funktioniert nur mit Administratorrechten — 240
- Vollbildmodus deckt nicht den vollen Bildschirm ab — 241
- Nach Einbau einer TV-Karte funktioniert der Stromsparmodus nicht — 242
- Ton bleibt beim TV-Schauen nach kurzer Zeit weg — 243
- Bild und Ton sind beim TV-Schauen nicht synchron — 243

7.2 Fernsehbild am TV-Ausgang der Grafikkarte — 244
- Computerbild wird mit schwarzem Rand angezeigt — 244
- TV-Ausgang der Grafikkarte lässt sich nicht aktivieren — 246
- Computermonitor flimmert, wenn Fernseher angeschlossen ist — 247

Auf dem Fernsehbild ist kaum etwas zu erkennen	248
Die Schrift ist bei der TV-Ausgabe nicht zu lesen	248
Keine oder schlechte DVD-Wiedergabe auf dem TV-Ausgang	249
7.3 Wiedergabe von Videodateien	**250**
Grüne Fläche oder rosa und grüne Blöcke bei der Wiedergabe	250
Wiedergabe von Videos aus dem Internet/Netzwerk stottert	251
AVI-Datei kann nicht wiedergegeben werden	251
Automatischer Download des Codecs scheitert	252
Codec einer AVI-Datei ermitteln	253
Videos Bild für Bild abspielen	254
Wiedergabe im Vollbildmodus wird unterbrochen	254
Video wird beim Abspielen nicht angezeigt	255
Windows Media Player nicht mehr Standardtool für Videos	255

8. Musik und Sound — 257

8.1 Soundkarten und Audiowiedergabe	**258**
Windows-Systemklänge deaktivieren	258
Systemklänge für beliebige Anwendungen	258
Musik von Audio-CDs und DVDs ohne internes Kabel hören	260
Lautstärkesymbol aus dem Infobereich verschwunden	261
Lautstärke bei der Wiedergabe zu hoch/zu niedrig	261
Lautstärkeregler für einzelne Audiofunktionen fehlen	262
PC brummt an der Hi-Fi-Anlage	263
Digitalausgang aktivieren	264
Stotternde Wiedergabe bei MP3s und Wave-Dateien	264
Audiowiedergabe bei schneller Benutzerumschaltung	265
Alte ISA-Soundkarten unter Windows XP installieren	266
Hardwaretest für Stimmenaufname versagt	266
Mehr als zwei Lautsprecher für die Audioausgabe verwenden	267
Welche Audiocodecs sind installiert?	268
„Alles wiedergeben" im Musik-Ordner gibt nicht alles wieder	269
Regelmäßige Tonstörungen bei USB-Lautsprechern	269
8.2 MP3s und andere Klangformate	**270**
Musikinfos im Windows-Explorer anzeigen	270
MP3-Angaben in mehreren Dateien gleichzeitig ändern	271

	Spezielle ID-Angaben bearbeiten	272
	Unterschiedliche Angaben zu den Informationen in MP3-Dateien	273
	Länge von MP3-Musikstücken wird im Player falsch angegeben	274
	Wiedergabe im Eigene Musik-Ordner klappt nicht	274
	WAV-Dateien aufnehmen	275
8.3	**Windows Media Player**	**276**
	Windows Media Player verbindet sich ständig mit dem Internet	276
	Audio-CDs auf den PC kopieren	277
	Übermittlung von Identifizierungsdaten verhindern	278
	Verlaufsliste des Media Players löschen und deaktivieren	279
	Taskleiste im Windows Media Player ist verschwunden	279
	Windows Media Player für Proxyserver konfigurieren	280
	Windows Media Player überträgt keine Daten aus dem Internet	281
	Windows Media Player kann keine Audiodaten wiedergeben	281
	Fehlermeldung beim Abspielen von Audio-CDs	283
	Keine Albuminformationen zu MP3-Dateien	284
	Wiedergabe von Dateien aus dem Internet/Netzwerk stottert	284

9. Internetzugang 287

9.1	**Verbindung über Modem**	**288**
	Geeigneten Treiber für Modem finden	288
	Verbindung am seriellen Port kommt nicht zustande	289
	So ändern Sie den COM-Anschluss für ein Modem	290
	Modemhardwareeinstellungen prüfen und einstellen	291
	Diagnose des angeschlossenen Modems	291
	Modem an einer Nebenstelle betreiben	293
	Modem erreicht optimale Geschwindigkeit nicht	294
	Power-Modem-Ratgeber – Problem und Lösung ganz fix	295
9.2	**Verbindung über ISDN**	**298**
	Surfen per Kanalbündelung	298
	Automatische Kanalbündelung bei Bedarf	299
9.3	**DSL-Verbindung**	**300**
	PPPoE-Verbindung zum DSL-Modem herstellen	300
	DSL-Verbindung beschleunigen	301

9.4 Steuerung des Verbindungsaufbaus — 302

- Automatische Interneteinwahl bei Bedarf — 302
- Aktivieren der Nachfrage zum Trennen der Verbindung — 303
- Pause bei erneutem Einwahlversuch zu lang — 304
- Verbindung wird nicht automatisch abgebaut — 304
- DFÜ – Verbindung bei Benutzerwechsel nicht trennen — 305

10. Surfen, Mail & Messaging — 307

10.1 Surfen mit dem Internet Explorer — 308

- Seite kann nicht angezeigt werden — 308
- Zone für eingeschränke Sites anpassen — 308
- Anzahl der parallelen Downloads erhöhen — 309
- Internet Explorer blockiert Dateidownloads (SP2) — 310
- Standardordner für den Dateidownload ändern — 311
- Sicherheitswarnung bei heruntergeladenen Dateien (SP2) — 312
- Auswahl der Suchmaschinen im Internet Explorer vergrößern — 313
- Standardsuche durch Google ersetzen — 314
- Suchen aus Adressleiste individuell einstellen — 314
- Passwort für den Inhaltsratgeber zurücksetzen — 316
- Editor zum Anzeigen von Quelltexten ändern — 316
- Missbrauchte Fenstertitel beim Internet Explorer — 317
- Skins für den Internet Explorer — 318
- Individuelles Logo im Internet Explorer — 319
- Steuerleiste im Vollbildmodus erweitern — 320
- Eingabehilfen deaktivieren — 320
- Farben für die Darstellung von Webseiten verändern — 321
- Keine Adressen mit Anmeldung mehr möglich — 321
- Fehlermeldung beim Aufrufen von Webseiten — 322
- Webseiten mit Kopf- und Fußzeilen ausdrucken — 324
- Internet Explorer neu installieren — 325
- Automatische Updates des Internet Explorer verhindern — 326
- Internet Explorer speichert Bilder nur als BMP — 327
- Automatische Benutzeranmeldung reaktivieren — 328
- Internet Explorer will Webseiten speichern statt öffnen — 328
- Manipulation von Startseite, Favoriten oder Suchfunktionen — 329

	Bilder in Webseiten werden nur verkleinert dargestellt	329
	Probleme von IP-Adressen mit Portnummern	330
	Mehrere Internet Explorer-Versionen parallel benutzen	331
	Favoriten mit der Endung .url	332
	Startseite kann nicht geändert werden	333
	Dateien nach dem Download nicht automatisch öffnen	333
	Internet Explorer merkt sich seine Fenstergröße nicht mehr	334
	Manuelle Cookie-Behandlung reaktivieren	335
	Popup-Fenster vermeiden (SP2)	336
	Einzelne Popup-Fenster trotz Popup-Blocker anzeigen (SP2)	336
	Popup-Blocker ist übereifrig (SP2)	337
	Popups trotz aktiviertem Popup-Blocker	338
	Java-Applets im Internet Explorer laufen nicht	339
	Klickgeräusch beim Anklicken von Links abschalten	339
	Probleme mit Internet Explorer-Add-Ons	340
10.2	**E-Mail mit Outlook Express**	**342**
	Starthinweis (Splashscreen) bei Outlook Express unterdrücken	342
	Dateianhang lässt sich nicht speichern	343
	Outlook Express neu installieren	344
	Missbrauchte Fenstertitel bei Outlook Express	345
	Filterregeln auf andere Rechner exportieren	345
	E-Mail-Konteneinstellungen vor Änderungen schützen	346
	Die E-Mail kommt mit Fehlermeldung zurück	347
	Empfangsbestätigungen für Nachrichten anfordern	348
	Absender fordert Bestätigung an	350
	Viren und Trojaner per E-Mail vermeiden	351
	Werbung und Spam-Mails automatisch aussortieren	352
	Filterregeln aus Spam-Mails ableiten	353
	E-Mail von bestimmten Absendern sperren	354
	Ein gemeinsames Postfach für zwei Identitäten	355
	Outlook Express auf einen anderen Rechner portieren	356
	Eingangspostfach kann nicht dargestellt werden	357
	Spalten in der Darstellung der Nachrichtenliste verschwunden	358
	Nachrichten werden mit unverständlichen Betreffzeilen versendet	358
	Nachrichten als Dateien sichern	359

Newsletter mit Outlook Express versenden	359
Outlook Express zeigt keine Nachrichtenvorschau mehr an	360
RE: statt AW: bei Antworten	361
Erstellen einer Visitenkarte in Outlook Express	362
E-Mails automatisch unterschreiben – mit Signatur	363
Probleme mit Msoe.dll	364
Potenziell gefährliche Inhalte in HTML-E-Mails deaktivieren	365
Kopfzeile ja – Nachrichtentext fehlt aber	366
Outlook Express trennt Verbindung	367
Geänderte Standardeinstellungen von Outlook Express mit SP2	368

10.3 Sicherheitscenter und Windows-Firewall (SP2) — 369

Warnhinweis des Sicherheitscenters	369
Sicherheitscenter erkennt Antivirenprogramm nicht	370
Warnhinweise des Sicherheitscenters unterdrücken	370
Firewall-Hinweis beim Starten eines Internetprogramms	371
Genehmigung für ein Internetprogramm zurückziehen	372
Sicherheitscenter erkennt Firewall-Software nicht	372
Windows-Firewall für Serverdienste öffnen	373
Filesharing-Börsen & Co. trotz Firewall nutzen	374

10.4 Sicherheit im Internet — 375

Das DFÜ-Netzwerk vor teuren Dialern schützen	375
Wechsel zwischen sicherer und unsicherer Verbindung	376
ActiveX-Technologie deaktivieren	377
Installierte ActiveX-Komponenten aufspüren und entfernen	378
Ausführung von Java-Applets deaktivieren	379
Skriptbefehle in Webseiten blockieren	380
Websites als vertrauenswürdig behandeln	381
Vertrauenswürdige und eingeschränkte Websites exportieren	382
Abgelaufene Sicherheitszertifikate	383
Verbindung zu sicheren Websites kommt nicht zustande	383
Lokale Festplatte für Zugriffe aus dem Internet offen	384
Antivirenprogramm testen	385

11. Drucken — 387

11.1 Drucker anschließen und installieren — 388

- Ersatzdruckertreiber für exotische Drucker — 388
- Einen Drucker als Standard zum Schnelldrucken festlegen — 389
- Leeres Kästchen statt Währungs- und Sonderzeichen — 390
- USB-Drucker von DOS-Programmen aus benutzen — 391
- Drucker druckt jeweils mehrere Exemplare — 392

11.2 Steuern von Druckern und Druckaufträgen — 392

- Druckaufträge anhalten und abbrechen — 392
- Dokumente mit verschiedener Priorität ausdrucken — 393
- Ein Dokument zu einem späteren Zeitpunkt ausdrucken — 394
- Zusätzliche Seite bei jedem Druckauftrag — 395
- Druckfehler in umfangreichen Dokumenten — 396
- Drucker für bestimmte Benutzer sperren — 396

11.3 Drucken übers Netzwerk — 397

- Drucker im Netzwerk zur Verfügung stellen — 397
- Druckertreiber für weitere PCs im Netzwerk bereitstellen — 398
- Drucker nur zu bestimmten Zeiten bereitstellen — 399
- Freigeben von Druckern verhindern — 400

12. Benutzerverwaltung — 403

12.1 Benutzer und Gruppen verwalten — 404

- Automatische Anmeldung beim Systemstart — 404
- Weitere Benutzerkonten anlegen — 405
- Als Administrator anmelden — 406
- Administratorkennwort nicht bekannt — 407
- Schutz vorm Vergessen von Passwörtern — 407
- Das Gastkonto deaktivieren — 408
- Benutzer auf dem Anmeldebildschirm verstecken — 409
- Kontotyp eines Benutzers verändern — 410
- Anwendungen mit einem alternativen Benutzerkonto ausführen — 411
- Eigene Benutzergruppen erstellen — 412
- Benutzer zu Gruppen hinzufügen — 414
- Benutzereinstellungen zwischen Konten übertragen — 415
- Kennwort muss regelmäßig geändert werden — 416

13. Spiele unter Windows — 417

13.1 DirectX für Spiele und Multimediaanwendungen — 418
- DirectX-Version ermitteln — 418
- Spiele für ältere DirectX-Versionen — 418
- Grafik-/Soundprobleme bei DirectX erkennen — 419
- DirectX-Diagnose meldet nicht signierten Hardwaretreiber — 421
- DirectX-Unterstützung der Grafik- und Soundhardware — 421
- DirectX als Komplettversion herunterladen — 422
- Monitor flimmert bei DirectX-Spielen und -Programmen — 423

13.2 Performance- und Kompatibilitätsprobleme — 424
- Spiel kann nur als Administrator benutzt werden — 424
- Bildschirmschoner schaltet sich beim Spielen ein — 424
- Spiel bleibt beim Einleitungsvideo hängen — 425
- Spiel begrenzt Bildwiederholrate unnötigerweise — 426
- Performance eines Spiels lässt zu wünschen übrig — 427
- Pixelige Grafik mit Ecken und Treppeneffekten — 428
- Ältere Spiele unter XP laufen lassen — 430
- Sound für alte DOS-Spiele unter Windows — 432

Teil II – Nero 7-Lösungen

14. CDs und DVDs kopieren — 435

14.1 Direktkopie mit zwei Laufwerken — 436
- Schnelle Direktkopien in einem Rutsch — 436
- Systemaussetzer beim Kopieren vermeiden — 437
- Brennaussetzer trotz Ultra-DMA-Modus — 439
- Verzögerungen durch Fehlerkorrektur — 440
- Nothilfe bei Brennaussetzern — 441
- Zu wenig Speicherplatz auf der DVD — 442
- Speicherplatz auf CD-Rohlingen — 443
- Überbrennen für mehr CD-Speicherplatz — 444
- Kopiergeschützte CDs mit Nero duplizieren — 445

	Optimale Schreibgeschwindigkeit für Audio-CDs	446
	Audio-CDs mit Zusatzmaterial kopieren	447

14.2 Disks mit nur einem Laufwerk kopieren — 448

Brenner zum Lesen und Schreiben benutzen	448
Rohling wird vor dem Brennvorgang nicht angenommen	449
Zur Sicherheit DVDs auf Festplatte speichern	450
Einzelne Lieder auf der Festplatte speichern	451
Genügend Platz bei Kopien mit Image-Datei	453
DVD-Abbilder auf einen Rohling brennen	453
Platzprobleme bei Video-CDs	455
Abbilder fremder Brennprogramme nutzen	456
BIN-Datei nicht importierbar	456
CD aus mehreren Abbildern erstellen	458
Mehrere Abbilder auf einer CD aktivieren	459
Einzelne CD-Teile auf der Festplatte speichern	460

14.3 Virtuelle Laufwerke als Brennerersatz — 461

Abbild in eine virtuelle Festplatte umwandeln	461
Buchstabe des virtuellen Laufwerks ändern	463
DVD mit mehreren CD-Abbildern füllen	465

15. Video-DVDs kopieren — 469

15.1 1:1-Kopien von Video-DVDs — 470

Die DVD passt nicht auf den Rohling	470
Video-DVDs mit Nero Recode kopieren	470
Kopiervorgang bei einigen Video-DVDs wird abgebrochen	471
Nero Recode mit dem Standardpaket nicht nutzbar	471
Einstellungen für mehrere Kopien abspeichern	472
Überlange Video-DVD auf zwei DVDs verteilen	473
Aussetzer bei 1:1-Kopie verhindern	474
Recode löscht den gesamten Verzeichnisinhalt	474
Hauptfilm mehrmals auf der DVD vorhanden	475
Recode kann eingelesene DVDs nicht von der Festplatte öffnen	476
1:1-Kopien mit nur einem Laufwerk	477
Abspielprobleme kopierter Video-DVDs	478

15.2 Größe von Video-DVDs verändern — 480

- Automatische Größenanpassung versagt — 480
- Tonspur auf der DVD-Kopie fehlt — 482
- Kein 5.1-Mehrkanalton mit Nero Digital — 483
- Videoqualität durch manuelle Einstellungen verbessern — 484
- DVD auf eine CD sichern — 485
- Übergroße CDs in Nero Recode — 487

15.3 Inhalt einer Video-DVD verändern — 488

- Hochwertige Kopie des Hauptfilms erstellen — 488
- Blickwinkelauswahl aus Hauptfilm entfernen — 489
- Extras teilweise von der Video-DVD entfernen — 490
- Entfernte Extras durch eine Infografik ersetzen — 491
- Inhalt des DVD-Menüs beeinflussen — 492
- Mehrere DVDs auf einen Rohling kopieren — 494
- Geschrumpfte DVD vor dem Brennen testen — 495
- Eigene Videofilme auf DVD-Größe anpassen — 497

16. Datendisks erstellen — 499

16.1 Zusammenstellung von Datendisks — 500

- Nur Großbuchstaben! – Dateinamen falsch dargestellt — 500
- Kursiv gestellte Dateinamen — 501
- Speicherplatz überschritten – trotzdem brennen — 502
- Disk lässt sich nicht überbrennen — 504
- Möglichkeit 1 – Packen — 504
- Möglichkeit 2 – Packen und Aufteilen — 505
- Videodatei für Sicherung zu groß — 507
- Lange Dateinamen und tiefere Verzeichnisstrukturen ermöglichen — 508
- Sonderzeichen in Disktiteln — 510
- DVD mit großer Videodatei brennen — 511
- Cachevorgang nicht erfolgreich — 513
- Datei(en) wurde(n) nicht gefunden — 514
- Vergleich der Zusammenstellung nicht erfolgreich — 516
- Der Brennvorgang startet ewig nicht/Cachen dauert sehr lange — 516
- Gemischte CDs richtig brennen – Mixed Mode vs. CD Extra — 517

16.2	**Disks in mehreren Sitzungen beschreiben**	**518**
	Ist die Multisession-Disk noch beschreibbar?	518
	Wiederaufnahme einer Sitzung mit Nero Burning ROM	520
	Disk universell lesbar machen	522
	Speicherplatz verschwunden	523
	Gelöschte Dateien auf einer Multisession-Disk wiederherstellen	525
16.3	**Bootfähige Disks erstellen**	**527**
	Der Rechner startet nicht von der angelegten Bootdisk	527
	Bootdiskette in Nero einbinden	528
	Booten leicht gemacht – Bootdisketten für jeden Zweck	530

17. Datensicherung mit Nero BackItUp — 533

17.1	**Sicherung einzelner Dateien und ganzer Partitionen**	**534**
	Für hochwertige Sicherungen Nero BackItUp verwenden	534
	BackItUp ist nicht zu finden	534
	Medienwahl für Backups	535
	Große Dateien sichern	536
	Sicherung großer Datei bricht ab	538
	Unterschiedliche Pfade kombinieren	539
	Backups aktualisieren	540
	Verschiedene Sicherungstypen	542
	Backup der Festplatte erstellen	544
	Festplatte auf HD sichern	546
	Festplattendaten komprimieren	547
	Nur spezielle Dokumente sichern	548
	Backups extrem langsam	550
	Ordner bei Sicherung behalten	551
17.2	**Automatisierte Sicherung wichtiger Daten**	**552**
	Backup nach Feierabend	552
	Wieder beschreibbare Disk automatisch löschen	555
	Sicherung aktualisieren	556
	Daten mehrerer PCs sichern	559
	Festplatten auf Netzwerklaufwerk sichern	561
17.3	**Wiederherstellen bestehender Sicherungen**	**563**
	Pfadangaben anpassen	563

Nicht vorhandene Dateien wiederherstellen	565
Einzelne Dateien direkt wiederherstellen	566
Komplette Festplatte wiederherstellen	567

18. Musik-CDs/-DVDs erstellen — 571

18.1 Musik-CDs in den Computer einspielen — 572

Einspielen einzelner Musikstücke	572
Musikstücke mit Titelinformationen importieren	576
MP3-Encoder schaltet sich ab	582
Schlechte Soundqualität eingelesener CDs	583
Kopierschutz beim Einlesen von Audio-CDs	584

18.2 Musik-CDs zusammenstellen — 585

Eingelesene Musikstücke optimal brennen	585
Audio-CDs aus komprimierten Musikdateien erstellen	586
Audio-CD mit Musikvideos erweitern	588
Qualitätsverlust durch hohe Schreibgeschwindigkeit	589
Kompatibilität und Qualität von Rohlingen	590
CD-Laufzeit sorgt für Inkompatibilität	591
Pausen zwischen den Musiktiteln entfernen	592
Wiedergabeprobleme im Autoradio	593

18.3 Einspielen und Überspielen von LPs — 594

Einspielen einer klassischen Schallplatte	594
Lautstärke der Aufnahme zu gering	596
Schallplattenknackser entfernen	597
Dumpfen Schallplattenklang aufwerten	599
Schallplattenaufnahme nachträglich in Tracks unterteilen	601

18.4 MP3-CD zusammenstellen und brennen — 602

MP3-Disk mit Nero erstellen	602
Sortierung von MP3-Dateien beeinflussen	603
ID3-Titelinformationen anlegen und korrigieren	604
MP3-Disk mit Unterordnern erstellen	606
Dateiname sorgt für Wiedergabeprobleme	607
Pausen in MP3-Dateien entfernen	608

19. Eingelesenes Audiomaterial nachbearbeiten — 611

19.1 Effekte für die Musik-CD mit Nero SoundTrax — 612
- Musikstücke auf CD ineinander überblenden — 612
- Richtige Geschwindigkeit für Kreuzblende — 614
- Hintergrundsound in CD einbetten — 614
- CD mit mehreren Tracks erstellen — 616
- Effektbearbeitung der SoundTrax-Audiospuren — 617

19.2 Nachbearbeiten von alten Aufnahmen — 619
- Fehler in Musikaufnahme visuell aufspüren — 619
- Knackser aus Audioaufnahme entfernen — 622
- Lautstärkeabfälle korrigieren — 624
- Aufsetz- und Knirschgeräusche der Nadel — 625
- Hintergrundrauschen bei LP- und Bandaufnahmen — 626
- Brummen in der Aufnahme entfernen — 628
- Ausgeleierte Kassettenaufnahme verbessern — 629
- Dynamik der Aufnahme verbessern — 630

20. Diashows fürs Wohnzimmer-TV — 633

20.1 Bilder einlesen und nachbearbeiten — 634
- Bilder importieren und einsortieren — 634
- Übersicht beim Importieren behalten — 635
- Import von Scanner oder Kamera — 636
- Bilder nach dem Import überarbeiten und verfremden — 638
- Musik einfügen und anpassen — 639

20.2 Diashows zusammenstellen — 640
- 99 Bilder pro Diashow: Beschränkung umgehen — 640
- Diashows noch nachträglich bearbeiten — 641
- Beschreibungen und Untertitel setzen — 642
- Fotos elegant ineinander überblenden — 644
- Diashow mit zufälligen Effekten aufpeppen — 645
- Allen Lücken eine spezifische Überblendung zuweisen — 646
- Anzeigedauer der Dias und Übergänge einstellen — 647

20.3 Optimale Brenneinstellungen — 648
- Mehrere Diashows auf einer DVD — 648

Originalbilder mit auf der Disk sichern	649
VCD-, SVCD- oder DVD-Diashow	650
Diashow optimal auf eine DVD brennen	651
Abspielprobleme auf DVD-Player beheben	652

21. System und Disks analysieren mit dem Nero Toolkit 653

21.1 Laufwerkgeschwindigkeit beeinflussen 654

Niedrige Umdrehungsgeschwindigkeit vermindert Lautstärke	654
Lesegeschwindigkeit manuell beeinflussen	656

21.2 Lese- und Brennfehler feststellen 656

Audio-CD auf Brennfehler überprüfen	656
CD-Qualitätscheck nur eingeschränkt nutzbar	657
DVD-Brennqualität in Nero überprüfen	658
Überbrennmöglichkeit von CD-Rohlingen testen	660
Ältere Rohlinge auf Lesbarkeit testen	662
Lesequalität von Audio-CDs testen	663
Leseprobleme trotz bestandenem Test	664

21.3 Systemfehler und Laufwerkeigenschaften ermitteln 666

Brenneigenschaften des Brenners ermitteln	666
ASPI-Treiber bei nicht gefundenen Laufwerken	668
Konfiguration des PCs überprüfen	669
Installierte Video-Codecs bei Wiedergabeproblemen überprüfen	672
Das Nero InfoTool startet nicht	673

22. Nero perfekt einrichten für problemloses Brennen 675

22.1 Nero installieren und einrichten 676

Schnell die aktuellste Version ermitteln	676
Nero-Updatefehler mit temporären Dateien	677
Nero-Update reagiert nicht	678
Nero restlos deinstallieren	678
Nero-Updatefehler – Datei in Benutzung	680
Nero-Updatefehler – Datei wurde verändert	681
Nero-Updatefehler – Fehler in Datei	681
Laufwerke verschwunden	682
Fehler der Nero-ASPI-Installation	683

	Fehler der System-ASPI-Installation	684
	Probleme beim Zusammenspiel mit anderen Brennprogrammen	686
	Probleme mit dem Windows Media Player	687
22.2	**Brenner konfigurieren**	**688**
	Zu lauten Brenner leiser machen	688
	Aktuelle Brenngeschwindigkeit anzeigen lassen	689
	Maximale Geschwindigkeit wird nicht erreicht	691
	Volle Schreibgeschwindigkeit nicht möglich	692
	Neuer Rekorder wird nicht erkannt	694
	Beim Schreibvorgang wird nur Power Calibration Error angezeigt	694
	Bei ständigem Brennabbruch schnellen DMA-Modus aktivieren	695
22.3	**Nero StartSmart optimieren**	**697**
	Nero StartSmart startet nicht automatisch	697
	Hilfe kann nicht angezeigt werden	698

Teil III – Netzwerke mit Windows XP

23. Vernetzungsszenarien — 701

23.1	**PCs vernetzen: Schwerpunkt Internet**	**702**
	Internet auf zwei PCs die in verschiedenen Räumen ohne Neuverlegung von Kabeln	702
	Mehrere PCs im Haus vernetzen, um einen gemeinsamen DSL-Anschluss zu nutzen	704
23.2	**PCs vernetzen – Schwerpunkt: schneller Dateiaustausch**	**706**
	Zwei PCs für den schnellen Dateiaustausch miteinander verbinden	706
	Laptop und PC für den schnellen Dateiaustausch vernetzen	708
	Laptop und PC für den turboschnellen Dateiaustausch mit FireWire verbinden	708
	Schnelles Netzwerk zum Dateiaustausch mit drei oder mehr PCs realisieren	709
23.3	**PCs für schnellen Dateiaustausch und Internetbenutzung vernetzen**	**711**
	Mehrere PCs für schnellen Dateientausch und Internet in einem Raum verbinden	711
	Mehrere PCs vernetzen und an entfernten Internetzugang koppeln	712

	Mehrere PCs in verschiedenen Räumen für Dateiaustausch und Internet ohne Neuverkabelung vernetzen	713
	Schnelles Netzwerk aufbauen und gleichzeitig drahtlose LAN-Party ermöglichen	713
	Zwei Netzwerke drahtlos verbinden und einen vorhandenen DSL-/Kabelanschluss nutzen	714
23.4	**Zusätzlich einen Drucker auf allen PCs mitbenutzen**	**715**
	Einen Drucker im Netzwerk über einen Router nutzen	715
	Einen entfernten Netzwerkdrucker nutzen ohne Kabelneuverlegung	716

24. Kabel und Geräte zur Vernetzung — 719

24.1	**Karten/Adapter für die Vernetzung**	**720**
	Identische Netzwerkkarte funktioniert in einem PC, im anderen nicht	720
	Wo gibt es Netzwerkkarten für ein FireWire-Netzwerk?	721
24.2	**Kabel für die Vernetzung**	**722**
	Zwei PCs direkt über USB vernetzen	722
	Crossover-Kabel am Hub/Router weiterverwenden	723
	Ein zu kurzes, fest verlegtes Netzwerkkabel verlängern	724
	Das FireWire-Kabel verlängern	724
	FireWire-Stecker passt nicht in den Anschluss beim Laptop	725
	Zusätzlichen PC an ein Netzwerk anschließen, ohne ein neues Kabel zum Haupt-Hub (Switch) zu verlegen	725
24.3	**Geräte für die Vernetzung**	**726**
	Der Router hat keinen PC-Anschluss mehr frei	726
	WLAN-Basisstation/-Router über das Netzkabel mit Strom versorgen	727

25. Netzwerk richtig konfigurieren — 729

25.1	**Netzwerk unter Windows XP macht Probleme**	**730**
	Die Netzwerkkarte ist nicht kompatibel zu Windows XP/2000	730
	Die Netzwerkkarte ist bei Windows XP/2000 verschwunden!	731
	Der Netzwerkinstallations-Assistent von Windows XP hängt	733
	Windows XP unterbricht die Netzwerkverbindung	733
	Nach dem Einbau einer FireWire-Karte funktionieren unter Windows XP Netzwerk und Internet nicht mehr	735
	Windows XP verhindert das Zuweisen einer IP-Nummer	736
	Kein Zugriff auf einen Windows XP-PC, obwohl Mitbenutzung des Internets möglich ist	737

Nach dem Netzwerkwechsel ist der Zugriff auf einen Laptop unter Windows XP nur über IP-Nummern möglich ... 740

Internetprotokoll unter Windows XP bei defekter Netzwerkkonfiguration zurücksetzen ... 741

25.2 Windows ME oder Windows 98 mit ins Netz aufnehmen ... 742

Assistent unter Windows 98/ME ohne Diskettenlaufwerk ausführen ... 742

Suchen eines PCs erzeugt bei Windows ME eine Fehlermeldung ... 743

Symbol eines Windows ME-PCs erscheint nicht im Netzwerk, obwohl ein Zugriff möglich ist ... 744

25.3 Windows 2000 mit Windows XP vernetzen – das geht doch! ... 745

Die Netzwerkkarte ist unter Windows 2000 verschwunden! ... 745

Windows 2000 mit Windows XP vernetzen ... 745

Computerbeschreibung kann unter Windows 2000 nicht wie unter XP eingegeben werden! ... 747

Windows 2000 verhindert das Zuweisen der IP-Nummer ... 748

26. Netzwerk optimieren ... 749

26.1 Probleme in der Netzwerkumgebung ... 750

Gelöschte PCs sind in der Netzwerkumgebung noch sichtbar ... 750

Windows XP-PC findet Windows ME-PC erst nach einiger Zeit ... 750

Windows XP sucht lange in der Netzwerkumgebung ... 751

Schnellzugriff auf einen PC im Netzwerk ohne Netzwerkumgebung ... 753

26.2 Das Netzwerk schneller machen ... 754

Prozessorauslastung bei Netzwerkaktivitäten unter Windows XP/2000 erkennen ... 755

Geschwindigkeitsmessung beim Kopieren von Dateien übers Netzwerk ... 756

Statusanzeige des Datenverkehrs der Netzwerkkarte in Bytes statt in Paketen ... 757

Kopieren im Netzwerk ist langsam ... 758

Zugriff auf Windows XP über das Netzwerk beschleunigen ... 760

Zugriff auf Windows ME über das Netzwerk beschleunigen ... 761

Datenaustausch von Windows XP Pro zu anderen PCs beschleunigen ... 762

27. Wireless LAN (WLAN) richtig konfigurieren ... 765

27.1 Das WLAN funktioniert nicht – woran liegt das? ... 766

WLAN-Verbindung nur mit einem Netzwerknamen (SSID) auf einem Laptop möglich ... 766

Probleme mit WEP-Verschlüsselung bei WLAN-Erstkonfiguration	766
Windows XP sperrt WLAN-Konfigurationstool der WLAN-Karte	767
WLAN-Verbindung über USB-WLAN-Karte hat häufig Aussetzer	768
WLAN-Verbindung setzt nach einer Zeit der Inaktivität aus	768
Kein Zugriff auf WLAN/Internet trotz erfolgreicher WLAN-Verbindung bei Windows XP	769
Nach WLAN-Kartentausch funktioniert WLAN nicht mehr trotz identischer Einstellungen	770
54-MBit/s-WLAN-Karte funktioniert nicht an einer WLAN-Basisstation (11 MBit/s)	770

27.2 WLAN sicher machen — 771

Einfache Maßnahmen für Privatanwender zum Schutz des WLAN	771
Unnötige Funkreichweite vermeiden	772
Automatisches Zuweisen der IP-Nummern im Router abschalten und feste IP-Nummern verwenden	774
Option zum Verstecken des Netzwerknamens (SSID) fehlt im WLAN-Router/-Access Point	776
WLAN-Verbindung wird bei verstecktem Netzwerknamen (SSID) nicht hergestellt	777
Zuverlässige WLAN-Verbindung bei verstecktem Netzwerknamen (SSID) herstellen	778
Warum WEP-Verschlüsselung sinnvoll ist	778
Keine WLAN-Verbindung möglich, obwohl der WEP-Schlüssel richtig ist	779
WEP-Schlüssel über Passphrase (über Kennwort) in Windows XP erzeugen	779
PDA mit anderem Schlüsselformat (ASCII) im WLAN einbinden	780
WEP-Verschlüsselung vom Schlüsselformat ASCII wegen des WLAN-Routers in Hex umrechnen	782
26-stelligen WEP-Schlüssel einfacher unter Windows XP eingeben	783
WEP-Schlüssel lieber als ein geheimes Kennwort eingeben	785
Windows XP beschneidet den 26-stelligen WEP-Schlüssel auf 8 Stellen	786
WEP-Schlüssel kann bei Windows XP nicht eingegeben werden, obwohl Datenverschlüsselung (WEP aktiviert) angeklickt ist	786
WEP-Schlüsseländerung ist sehr aufwendig	787
Erfolgreiche WLAN-Verbindung sofort bei Änderungen an den Sicherheitseinstellungen sehen	788
Nach Änderungen der WEP-Verschlüsselung funktioniert WLAN nicht mehr	789

Zugriff auf Basisstation (z. B. WLAN-Router) beim Experimentieren mit den Sicherheitsfunktionen behalten	790
WLAN-Tool Network Stumbler meldet Card not present, obwohl die WLAN-Karte vorhanden ist	791
WLAN-Tool Network Stumbler ortet mit 11-MBit/s-WLAN-Karte auch reines 54-MBit/s-WLAN (nur g-Mode)	791
Wie setzt man WPA-PSK- statt WEP-Verschlüsselung ein?	792
WLAN-(Internet-)Verbindung zum Router kommt nach dem Einspielen des WPA-Hotfix für Windows XP nicht mehr zu Stande	793

28. Dateien problemlos gemeinsam nutzen — 795

28.1 Verzeichnisse unter Windows XP Home/ Windows ME freigeben — 796

Freigabenamen nachträglich ändern	796
Manuelle Netzwerkkonfiguration sperrt die Freigabe für Gemeinsame Dokumente bei Windows XP	796
Einfache Dateifreigabe unter Windows XP Home abschalten und Verzeichnisse wie unter Windows 2000 freigeben?	798
Verzeichnis Programme unter Windows XP freigeben	798
Zugriff auf Unterverzeichnis eines freigegebenen Verzeichnisses im Netzwerk unter Windows XP sperren	799
Freigegebene Verzeichnisse schnell unter Windows XP Home anzeigen	800

28.2 Zugriff auf Dateifreigaben — 801

Zugriff auf einige Dateifreigaben in der Netzwerkumgebung nicht mehr möglich, obwohl das bisher funktionierte	801
Unter Windows XP Home vermeiden, dass mehr als zwei User gleichzeitig auf eine Freigabe zugreifen	802
Zugriff auf Freigabe bei Windows XP Home nur speziellem User erlauben	803
Zugriff auf Freigabe eines Windows XP Home-PCs für alle nur zum Lesen erlauben, für einen User auch zum Schreiben	804
Auf Freigabe eines PCs im Netz ohne die Netzwerkumgebung zugreifen	805
Zugriff auf Freigaben eines Windows XP Home-PCs nach WLAN-Vernetzung mit Nachbarn nicht mehr möglich	806
Ein unter Windows XP freigegebenes Verzeichnis erscheint nicht auf einem Windows ME-PC!	807
Windows XP Home speichert nicht das Kennwort einer kennwortgeschützten Freigabe von Windows ME	808
Windows XP Professional verzögert Zugriff auf Windows ME-PC nach Speicherung des Kennworts für die Windows ME-Freigabe	810

Beim Zugriff auf die Freigaben von Windows XP kommt die Fehlermeldung: Nicht genügend Serverspeicher verfügbar	811
Unter Windows XP Home allgemeine Speicherbegrenzung für Netzwerkuser einstellen	812
Unter Windows XP Home Speicherbegrenzung für bestimmten Netzwerkuser einstellen	813
Speicherplatz eines Unterverzeichnisses eines freigegebenen Verzeichnisses stark vergrößern	813
Nur wenige Programme auf dem mitgenutzten Verzeichnis Programme funktionieren	815
Ein unter Windows XP Home freigegebenes Verzeichnis erscheint in der Netzwerkumgebung ohne Zugriffsmöglichkeit	815
Das Kopieren einer großen Datei von einem Windows 2000-PC zu einem Windows XP-PC erzeugt eine Fehlermeldung	816
Netzlaufwerke durch ein Symbol auf dem Desktop wieder verbinden bzw. rotes Kreuz am Laufwerksymbol entfernen	817

28.3 Freigaben voll unter Kontrolle — 819

Unter Windows XP sehen, welcher User/welcher PC gerade auf welchen PC bzw. welche Dateien zugreift	819
Unter Windows ME sehen, welcher User/welcher PC gerade auf welchen PC bzw. welche Dateien zugreift	820
User bei Windows XP zwangsabtrennen, weil zu viele User (fünf) über WLAN bereits angemeldet sind	821

29. Dateizugriff im Netzwerk unter Windows XP/2000 Professional beschränken — 823

29.1 Verzeichnisse unter Windows XP (2000) Professional freigeben — 824

Verzeichnisse unter Windows XP Pro wie unter Windows 2000 freigeben	824
Einfache Dateifreigabe auch unter Windows XP Professional benutzen	825
Entsprechendes zur einfachen Dateifreigabe von Windows XP auch unter Windows 2000 anwenden	825
Netzwerkuser bei Windows XP Professional an der Willkommenseite ausblenden	827
Schnellere Methode unter Windows XP Professional, mehrere Benutzer inkl. Kennwörtern fürs Netzwerk hinzuzufügen	828

29.2 Zugriff auf Dateifreigaben beschränken und Dateifreigaben richtig mitbenutzen — 830

Zugriff nur auf einige Unterverzeichnisse eines unter Windows XP Professional freigegebenen Verzeichnisses möglich	830

Zugriff auf ein unter Windows XP Pro freigegebenes Verzeichnis unmöglich, obwohl es in der Netzwerkumgebung eines anderen PCs erscheint	832
Unter Windows XP Professional vermeiden, dass mehr als zwei User gleichzeitig auf eine Freigabe zugreifen	832
Windows 98/ME verlangt beim Zugriff auf die Freigaben eines Windows XP/2000 Professional-PCs ein Kennwort	833
Beim Versuch, mit Windows XP auf die Freigaben von Windows XP/2000 Professional zuzugreifen, kommt ein Anmeldefenster	835
Zugriff auf die Freigaben eines Windows XP Professional-PCs funktioniert nur, wenn Benutzer ein Kennwort hat	836
Zugriff auf Windows XP Professional-Freigabe ist für alle möglich trotz Freigabebeschränkung für einen speziellen User	837
Zugriff auf Windows XP Pro-Freigabe unmöglich trotz scheinbar richtiger Freigabe	838
Zugriff auf Dateifreigaben von Windows XP Professional funktioniert, aber nicht bei aktivierter einfacher Dateifreigabe	839
Zugriff auf die Dateifreigaben von Windows 2000 funktioniert nicht mehr	840
Unter Windows XP Professional einstellen, dass ein User nur eine begrenzte Menge in ein freigegebenes Verzeichnis speichert	841
Viele Verzeichnisse schneller unter Windows XP/2000 freigeben	843
Freigaben vieler Verzeichnisse unter Windows XP/2000 aufheben	844

29.3 Freigaben völlig unter Kontrolle bei Windows XP/Windows 2000 Professional — 846

Verborgenen Zugriff auf Festplatte über Netzwerk unter Windows XP (Windows 2000) Professional abschalten	846
Von einem anderen PC aus kontrollieren, welcher User/PC gerade auf einen Windows XP Professional-PC zugreift	847

30. Drucker problemlos gemeinsam nutzen — 849

30.1 Drucker unter Windows XP Home/Windows ME freigeben und mitbenutzen — 850

Drucker richtig unter Windows 98/ME freigeben	850
Drucker unter Windows XP Home nur für spezielle User im Netz freigeben	851
Unter Windows XP Home freigegebener Drucker kann nicht über das Netzwerk angehalten werden	852
Drucker bei Windows XP unter DOS als LPT2 ansprechen	852
Seit über WLAN PCs im Netzwerk dazugekommen sind, funktioniert der Zugriff auf den gemeinsamen Drucker nicht mehr	854

Freigegebener Drucker ist unter Windows 98/ME sichtbar, aber erzeugt beim Drucken eine Fehlermeldung	854
Freigegebener Drucker bei Windows 98/ME nicht installierbar	855
Freigegebener Drucker kann bei älteren Programmen nicht benutzt werden	856

30.2 Drucker unter Windows XP/Windows 2000 Professional freigeben und mitbenutzen — 856

Drucker kann unter Windows 2000 nicht freigegeben werden!	856
Unter Windows XP Professional freigegebener Drucker kann nicht im Netzwerk gesteuert werden	858
Unter Windows 2000 freigegebener Drucker kann nicht im Netzwerk gesteuert werden	859
Drucker unter Windows XP (2000) Professional nur für einen speziellen User im Netzwerk freigeben	860

31. Gemeinsam im Netzwerk agieren und spielen — 863

31.1 Chatten/Kurznachrichten verschicken — 864

Zwischen Windows XP-PCs Nachrichten verschicken	864
Beim Versenden einer Nachricht zu einem Windows 2000-/XP-PC kommt eine Fehlermeldung	865
Bei Windows 98/ME kommen keine Nachrichten an, die von einem Windows XP-PC verschickt wurden	866
Bei Windows XP fehlt das Tool, das es unter Windows 98/ME zum Austauschen von Nachrichten gibt	867
Zwischen zwei Windows XP-PCs chatten	868
Chatten mit einem Windows XP Professional-PC funktioniert nicht	869
Windows 2000-/XP-PC lässt sich nicht anchatten – die Verbindung kommt nicht zu Stande	870
Das Chatprogramm von Windows XP fehlt unter Windows 98/ME	872
Mit mehreren PCs gleichzeitig chatten	873

31.2 Tricks und Tools im Netzwerk — 875

Internetfavoriten zentral speichern, um an mehreren PCs immer auf dieselben Favoriten zugreifen zu können	875
Mit mehreren PCs Word-Dateien bearbeiten	876
User im Netzwerk soll Excel-Dateien sehen, aber nicht verändern dürfen	878
Alle PCs im Netzwerk holen sich die Uhrzeit von einem speziellen PC	879
Tool, um unter Windows XP einen PC im Netzwerk herunterzufahren	879
Tool wie winipcfg auch für Windows 2000/XP	880

	Verzeichnisse ohne Netzlaufwerke von einem PC im Netzwerk auf einen anderen PC in der Eingabeaufforderung kopieren	881
	Verborgenes Backup-Programm von Windows XP Home installieren	882
	Mit Nero Verzeichnisse aus dem Netzwerk brennen	883
31.3	**Richtige Konfiguration für Netzwerkgames**	**884**
	Unter Windows XP verhindern, dass Mitspieler beim Spielen Freigaben ausspionieren	884
	Probleme mit IPX/SPX (für ältere Spiele) lösen	885
31.4	**Onlinegames im Netzwerk spielen**	**886**
	Für Onlinegames im D-Link-Router einen Portbereich (z. B. 2300–2400) für einen Spiele-PC freischalten	886
	Komplizierte Konfiguration des Routers für Onlinegames vermeiden	887
	Pingzeiten für Onlinegames verbessern	890

32. Internet direkt unter Windows für alle freigeben 891

32.1	**Internet (DSL/ISDN) unter Windows XP/ME/ 2000 freigeben und mitbenutzen**	**892**
	DSL mit zweiter Netzwerkkarte unter Windows XP richtig freigeben	892
	Freigabe unter Windows XP (2000) erzeugt Fehlermeldung: Gemeinsam genutzter Zugriff kann nicht aktiviert werden	894
	Internetfreigabe von Windows XP (2000) funktioniert nicht	895
	So kann ein Windows 2000-/XP-PC mit einer festen IP-Nummer das Internet mitbenutzen	897
	So kann ein Windows 98-/ME-PC mit einer festen IP-Nummer das Internet mitbenutzen	898
	Die Mitbenutzung der Internetfreigabe funktioniert nur, wenn eine feste IP-Nummer zugewiesen wurde	899
	AOL-DSL-Freigabe funktioniert nicht wegen Einwahlproblemen	900
	T-Online-DSL-Freigabe funktioniert nicht wegen Einwahlproblemen	900
32.2	**Feintuning der Internetfreigabe und Troubleshooting**	**900**
	Windows XP-PC, der das Internet freigibt, bleibt zu lange online, obwohl alle anderen PCs bereits ausgeschaltet sind	900
	Windows XP-PC, der das Internet freigibt, kann nicht auf einem anderen XP-PC manuell online und offline geschaltet werden	901
	Windows XP-PC, der das Internet freigibt, kann nicht auf einem ME-PC manuell online und offline geschaltet werden	902
	Symbol Internetgateway ist unter Windows XP SP2 weg	903
	Internetverbindung des Windows XP-PCs kann nur von Windows ME auf- und abgebaut werden, nicht von Windows 98 (SE)	904

Nach manueller Vernetzung von XP mit ME fehlt das Symbol der Internetverbindung von Windows XP unter Windows ME	905
Von Windows 2000 die Internetverbindung von Windows XP aufbauen	906
Windows XP ist ständig online, obwohl im Netz wenig gesurft wird	907
PCs im Netzwerk kontrollieren und verhindern, dass selbsttätig Internetverbindungen hergestellt werden	907

33. (T)DSL mit Router gemeinsam nutzen — 909

33.1 Konfiguration eines Routers für (T)DSL und Internet mitbenutzen — 910

Router im Netzwerk in Windows XP nicht steuerbar	910
Bei zwei PCs kann nur jeweils ein PC über einen Router online sein	910
Die IP-Nummer des Routers ermitteln	911
Passwort des Routers vergessen – Was Sie tun können	912
D-Link-Router verbindet nicht automatisch mit dem Internet	913
Router in T-Online-DSL richtig einwählen lassen	913
Router in AOL-DSL richtig einwählen lassen	914
AOL-DSL-Einwahl funktioniert nicht mit beliebigem (WLAN-)Router?	915
AOL-Namen im Netz ändern trotz festem AOL-Namen im (WLAN-)Router	915

33.2 Feintuning und Troubleshooting — 916

Symbol der Internetfreigabe unter Internetgateway erscheint nicht nur bei Internetfreigabe von Windows XP, sondern auch bei Routern	916
(DSL-)Router so konfigurieren, dass verhindert wird, dass einige Internetseiten nicht oder nach einer Wartezeit im Browser erscheinen	917
Internet-IP-Nummer des Routers vom Netzwerk aus ablesen	918
DSL-Verbindung des Routers im Netzwerk selbst auf- und abbauen und immer sehen, wann der Router online ist	918
An PCs im Netzwerk kontrollieren und verhindern, dass selbsttätig Internetverbindungen hergestellt werden	919
Narrensichere Methode bei DSL, bestimmte Onlinezeiten einzuhalten	920
Internet über Router an Windows 2000-/XP-PCs mit fester IP-Nummer mitbenutzen	920
Internet über Router an Windows 98-/ME-PCs mit fester IP-Nummer mitbenutzen	922
Internet über Router funktioniert nur mit festen IP-Nummern	923
Upload eines PCs im Netzwerk zieht Download bei DSL herunter	924
Zwei DSL-Anschlüsse im Netzwerk benutzen	924

	Zwei Kabel-(Internet-)Anschlüsse im Netzwerk benutzen	926
	DSL-Anschluss und einen Kabel-(Internet-)Anschluss im Netz nutzen	926
	Zwei DSL-Anschlüsse drahtlos im Netzwerk benutzen	926
33.3	**Homeserver (z. B. FTP- und Webserver) im Netzwerk benutzen**	**927**
	Router konfigurieren, um einen Homeserver im Netzwerk vom Internet aus zu erreichen	927
	Feste Internetadresse wird im Router nicht erzeugt	927
	Router konfigurieren, um einen FTP-Server im Netzwerk vom Internet aus zu erreichen	928
	Router konfigurieren, um einen Webserver im Netzwerk vom Internet aus zu erreichen	930
	FTP-Server ist unter seiner lokalen IP-Nummer, aber nicht unter seiner Internetadresse zu erreichen, funktioniert jedoch im Internet für andere	931
	Zugriff auf Web-/FTP-Server ist langsam trotz superschnellem DSL	931
33.4	**Probleme bei ICQ, MSN Messenger & Co., NetMeeting etc. lösen**	**932**
	Router konfigurieren, um Datei mit ICQ zu empfangen	932
	Andere Möglichkeit als über ICQ, an einem PC im Netz Dateien zu empfangen	934
	Router konfigurieren, um an einem PC im Netz über NetMeeting Dateien zu empfangen	935
	Verbindung über NetMeeting zu einem PC im Netzwerk vom Internet aus funktioniert, aber das Bild einer Webcam fehlt	936
	Einfachere Methode als über NetMeeting, mit einem PC im Netzwerk vom Internet aus zu chatten und das Bild einer Webcam zu sehen	937

34. Das Netzwerk vor Angreifern schützen 939

34.1	**Netzwerk- und Sicherheitseinstellungen**	**940**
	Netzwerk-/Internetsicherheit eines Windows XP-/2000-PCs mit einem Tool checken	940
	Mit einem Tool sehen, welche Netzwerk- bzw. Internetverbindungen zu einem PC hergestellt werden	941
	Schnelle Einstellungen, um einen Windows XP-/2000-Laptop an einem Hotspot sicher zu benutzen	942
	Schnelle Einstellungen, um geschützt unter Windows XP (SP1) bzw. Windows 2000 vorläufig nur das Internet mitzubenutzen	943
	Einstellungen, um geschützt unter Windows XP bzw. Windows 2000 bleibend nur das Internet mitzubenutzen	944

	Schnelle Einstellungen, um geschützt unter Windows XP SP2 kein Windows-Netzwerk, sondern vorläufig nur das Internet mitzubenutzen	945
	Einstellungen, um unter Windows 98/ME keine Dateien und Drucker freizugeben, aber Zugriff auf die Freigaben anderer PCs zu haben	946
	Einstellungen, um den PC, der das Internet unter Windows ME freigibt, zu schützen	948
	UPnP (Universal Plug and Play) wegen der Vorteile im Netzwerk sicher einsetzen	949
	UPnP (Universal Plug and Play) aus Sicherheitsgründen generell nicht einsetzen	949
34.2	**Die eingebaute Firewall von Windows XP (SP1/SP2)**	**950**
	Firewall von Windows XP für die Netzwerkkarte aktivieren und dabei das Windows-Netzwerk durchlassen	950
	PC anpingen, obwohl Firewall von XP für die Netzwerkkarte aktiviert ist	952
	Sehen, was die Firewall von XP abblockt bzw. zulässt	953
	Protokolldatei der Firewall von Windows XP (inkl. SP2) kann nicht gelöscht werden	954
	Firewall von Windows XP deinstallieren	955
	Firewall von Windows XP muss gar nicht zum Surfen (und vieles mehr) im Netzwerk konfiguriert werden	956
	Firewall von Windows XP für Netzwerk-/WLAN-Karte unter Windows XP SP2 deaktivieren, nicht für alle anderen Verbindungen	957
	Programme (z. B. zum Fernsteuerungsempfang) freischalten bei aktivierter Firewall von Windows XP SP2	959
34.3	**Genereller oder zentraler Schutz gegen Trojaner, Würmer, Dialer & Co.**	**960**
	Effektiver Schutz vor zu hohen Telefonkosten durch 0190-Dialer	960
	Windows XP/Windows 2000 vor künftigen Angriffen à la Blaster/Sasser-Wurm schützen	962
	MSN Messenger aus Sicherheitsgründen entfernen	963
	Trojanern, Würmern & Co. das Heimtelefonieren und E-Mail-Verschicken verbieten	963
34.4	**Mit einem Router für (T)DSL das Netzwerk vor Gefahren von innen und außen schützen**	**964**
	Verhindern, dass ein anderer User im Netzwerk den Router konfigurieren oder die Konfiguration einsehen kann	964
	Router zeigt beim Sicherheitscheck im Internet einen oder mehrere offene Ports. So schließen Sie diese Ports	965

Router hat einen Sicherheitscheck im Internet (TruStealth-Analysis) nicht bestanden, weil nicht alle Ports geschützt sind	966
Router hat einen Sicherheitscheck im Internet (TruStealth-Analysis) nicht bestanden, obwohl alle Ports geschützt sind	968
Zusätzlichen Schutz vor Trojanerprogrammen im Router einstellen bei reinem Surfen im Internet und der Nutzung von E-Mail	968
Einem User im Netzwerk nur das Surfen erlauben	970
Große Schutzwirkung: dem Netzwerk nur das Surfen erlauben	971
Einem überaktiven User im Netzwerk nur das Verschicken und Empfangen von E-Mails über Outlook (Express) etc. erlauben	973

Index 975

Teil 1
Windows XP-Lösungen

Installation und Konfiguration

Windows-Installation	**42**
Windows aktivieren und registrieren	**49**
OEM-Versionen und Recovery-CDs	**56**

42 1. INSTALLATION UND KONFIGURATION

1.1 Windows-Installation

Ist mein PC für Windows XP geeignet?

? Ich habe einen älteren PC, der den Hardwareanforderungen von Windows XP gerade genügen dürfte. Wie kann ich feststellen, ob Windows mit eingebauten Hardwarekomponenten zurechtkommt?

! Die Installations-CD von Windows XP bringt einen Kompatibilitätstest mit, den Sie vor der Installation durchführen können. Dieser analysiert den PC und prüft, ob die vorhandene Hardware kompatibel ist und ob Windows die passenden Treiber dafür hat bzw. zusätzliche Treiber erforderlich sind.

1. Legen Sie die Installations-CD unter einer früheren Windows-Version in den PC ein. Wenn die AutoPlay-Funktion aktiv ist, startet automatisch das Willkommensprogramm, andernfalls können Sie es mit der Programmdatei *setup.exe* im Wurzelverzeichnis der CD manuell aktivieren. Alternativ können Sie auch im Ordner */i386* der Installations-CD das Programm *winnt32.exe* mit dem Parameter */checkupgradeonly* aufrufen, also *winnt32.exe /checkupgradeonly*. In einer 16-Bit-DOS-Umgebung verwenden Sie stattdessen *winnt.exe /checkupgradeonly*.

2. Wählen Sie hier ganz unten den Menüpunkt *Systemkompatibilität prüfen* und im nächsten Schritt *System automatisch prüfen*.

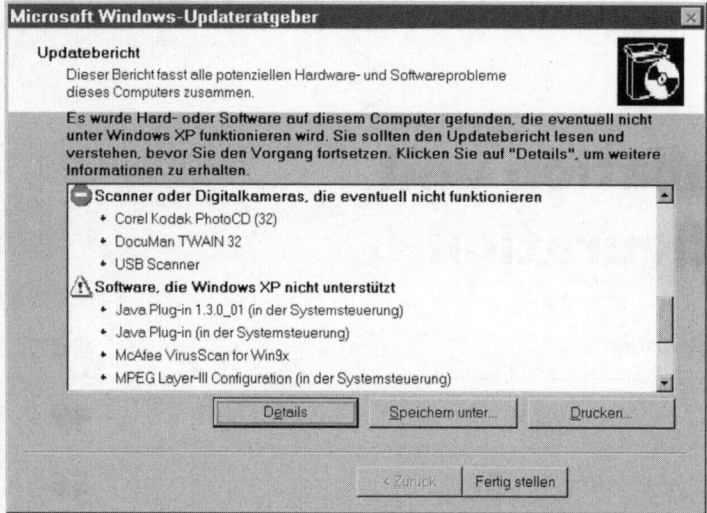

3. Verzichten Sie mit *Diesen Schritt überspringen und die Installation fortsetzen* auf das Herunterladen aktualisierter Setup-Dateien und starten Sie die Kompatibilitätsprüfung mit *Weiter*.

4. Das Programm analysiert nun die Konfiguration des PCs und prüft, ob die vorhandenen Komponenten zu Windows XP kompatibel sind. Wird anschließend die Meldung *Keine Inkompatibilitäten oder Probleme gefunden* angezeigt, ist alles in bester Ordnung. Findet das Programm hingegen *Blockierende Probleme*, ist eine Installation nicht möglich, bevor diese Probleme behoben sind.

5. Zusätzlich kann das Programm auch eine Reihe von Hardware oder Software finden, die von Windows nicht unterstützt wird bzw. für die zusätzliche Treibersoftware erforderlich ist. Dann sollten Sie versuchen, für diese Komponenten aktuelle Treiber für Windows XP zu besorgen, bevor Sie die Installation durchführen.

6. Mit *Details* können Sie sich eine ausführliche Liste der gefundenen Probleme ausgeben lassen. Sie finden diese Liste auch in der Datei *upgrade.txt* im *Windows*-Verzeichnis.

Installation von Startdiskette

Mein CD-ROM-Laufwerk ist leider nicht bootfähig, sodass ich das Windows-Setup nicht direkt von der Installations-CD starten kann. Wie kann ich Windows trotzdem installieren?

Für solche Fälle stellt Microsoft spezielle Startdisketten bereit, genauer gesagt ein Programm, das diese Startdisketten erstellt. Sie finden es unter folgender Adresse:

- http://download.microsoft.com/download/WinXPHome/Install/310994/WIN98MeXP/DE/WinXP_DE_HOM_BF.EXE für die Home-Version
- http://download.microsoft.com/download/whistler/Install/310994/WIN98MeXP/DE/WinXP_DE_PRO_BF.EXE für die Professional-Variante

1. Laden Sie das passende Programm herunter und stellen Sie sechs leere, formatierte Disketten bereit. Starten Sie das Programm dann unter einer beliebigen früheren Windows-Version. Sie können die Disketten auch auf einem anderen PC erstellen.

2. Das Programm läuft in einer Eingabeaufforderung ab. Geben Sie den Laufwerkbuchstaben des Diskettenlaufwerks an, mit dem die Startdisketten erstellt werden sollen, also in der Regel A.

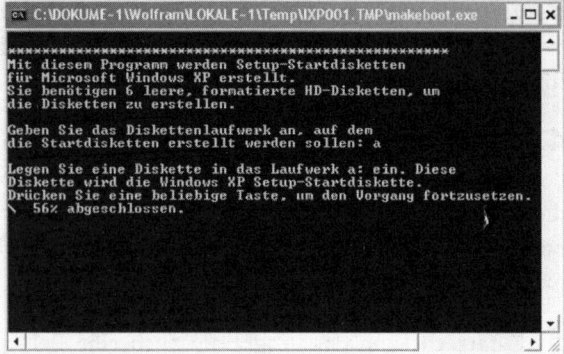

3. Legen Sie dann eine Diskette in dieses Laufwerk ein und drücken Sie eine beliebige Taste, um diese Diskette als Startdiskette für das Windows XP-Setup einzurichten.

4. Legen Sie dann den Anweisungen des Programms folgend die weiteren Disketten ein und lassen Sie sie beschreiben.

5. Nach dem Beenden des Programms stellen Sie das BIOS Ihres PCs so ein, dass es zunächst versucht, vom Diskettenlaufwerk aus zu starten. Sie finden die entsprechenden Einstellungen je nach BIOS-Version z. B. in der Kategorie *Boot* oder im *Bios Feature Setup*.

6. Legen Sie dann die erste Diskette ein und starten Sie den PC neu. Folgen Sie den Anweisungen zum Einlegen der verschiedenen Disketten und schließlich zum Einlegen der CD. Anschließend startet das Windows-Setup automatisch.

Windows XP von DOS aus installieren

? Ich habe keine frühere Windows-Version und möchte Windows XP von einer 16-Bit-DOS-Umgebung bzw. mit einer DOS-Bootdiskette installieren. Wie muss ich vorgehen?

! Diese Möglichkeit ist vorgesehen. Voraussetzung: Sie verfügen in der DOS-Umgebung über einen Treiber für das CD-ROM-Laufwerk oder haben die Installationdateien zuvor auf die Festplatte kopiert (siehe Seite 107). Gehen Sie dann wie folgt vor:

1. Starten Sie im Verzeichnis */i386* (von der Installations-CD bzw. von der lokalen Kopie der CD auf Ihrer Festplatte) die Programmdatei *winnt.exe*.

2. Geben Sie im ersten Schritt den Pfad zum Verzeichnis der Installationsdateien an. Standardmäßig liegt dieser auf dem CD-ROM-Laufwerk, sodass Sie nichts ändern müssen. Haben Sie die Installationsdateien auf die Festplatte kopiert, geben Sie den Pfad zum Verzeichnis /i386 an.

3. Nun erstellt das Programm die für die Installation erforderlichen Dateien in einem temporären Verzeichnis. Dieser Vorgang kann je nach Leistungsfähigkeit des PCs einige Zeit in Anspruch nehmen, also bitte nicht ungeduldig werden, auch wenn sich scheinbar nichts tut.

4. Anschließend startet der Rechner neu und von nun an läuft die Installation ganz regulär weiter.

„CD einlegen"-Meldung während der Installation

Wenn ich Windows XP installiere, kommt irgendwann die Aufforderung, ich solle die Installations-CD einlegen. Die liegt doch aber im Laufwerk. Was kann ich tun?

Es kann unter bestimmten Umständen vorkommen, dass das Setup-Programm während der Installation das CD-ROM-Laufwerk nicht mehr findet. Tritt dieses Problem wiederholt auf, bleibt nur die Möglichkeit, die Installation von der Festplatte auszuführen:

1. Starten Sie den PC unter einer älteren Windows- oder DOS-Version, bei der Sie Zugriff auf das CD-ROM-Laufwerk haben.

2. Kopieren Sie von der Installation-CD das gesamte Verzeichnis /i386 auf die Festplatte. Prinzipiell können Sie das Verzeichnis auch über den Umweg eines anderen PCs und ein Netzwerk kopieren, ein ZIP-Laufwerk benutzen oder Ähnliches. Entscheidend ist, dass Sie am Ende eine exakte Kopie des Ordners von der CD auf Ihrer Festplatte haben.

3. Starten Sie dann auf der Festplatte im kopierten /i386-Ordner die Datei *winnt32.exe* bzw. in einer 16-Bit-DOS-Umgebung die Datei *winnt.exe*, um die Installation durchzuführen.

Fehler beim Update von Windows 9x/ME

Ich möchte meine ältere Windows-Version auf XP aktualisieren. Dabei erhalte ich eine Fehlermeldung *Error Code fffffdf0*. Wo liegt das Problem?

! Sollte dieser Fehler auftreten, brechen Sie die Installation ab und löschen Sie (im alten Windows) den Inhalt des Verzeichnisses *C:\windows\system32\catroot2*. Starten Sie die Installation anschließend neu, der Fehler sollte jetzt nicht mehr auftreten.

NTFS oder FAT32?

? Bei der Installation will das Setup-Programm von mir wissen, mit welchem Dateiformat die Festplatte versehen werden soll, NTFS oder FAT32. Wofür soll ich mich entscheiden?

! Das NTFS-Dateisystem von Windows XP ist das modernere und leistungsfähigere Dateisystem. Es bietet eine Vielzahl von zusätzlichen Funktionen, insbesondere im Sicherheitsbereich. Außerdem geht es effektiver mit dem vorhandenen Speicherplatz um und erlaubt größere Dateien (was aber nur in Extremfällen, z. B. bei der Videobearbeitung, relevant sein dürfte). Der entscheidende Nachteil: Ältere Windows-Versionen, die kein NTFS beherrschen (also Windows ME und früher), können auf solche Laufwerke nicht oder nur begrenzt zugreifen. Wenn Sie also parallel zu Windows XP eine ältere Windows-Version auf dem gleichen PC weiternutzen wollen und diese sich Laufwerke mit Windows XP teilen soll, sollten Sie bei FAT32 bleiben. Richten Sie hingegen einen reinen Window XP-Rechner ein, können Sie ruhig NTFS wählen und von den zusätzlichen Funktionen profitieren. Wenn Sie unsicher sind, sollten Sie sich aber für FAT32 entscheiden. Ein solches Laufwerk können Sie später jederzeit ohne großen Aufwand in ein NTFS-Laufwerk umwandeln. Umgekehrt ist dies leider nicht ohne weiteres möglich.

ACPI bei der Windows-Installation erzwingen

? Nach der Installation von Windows XP habe ich festgestellt, dass es meinen PC nur als APM-System erkannt hat, obwohl es ACPI-fähig ist. Wie kann ich die fortgeschrittenen Stromsparfunktionen trotzdem nutzen?

! Windows installiert die ACPI-Funktionen standardmäßig nur dann, wenn es ein BIOS vorfindet, dass in einer bestimmten Liste zulässiger System aufgeführt ist. Haben Sie ein anderes BIOS, das nicht in dieser Liste steht, müssen Sie das Setup-Programm mit einem Trick überreden, ACPI trotzdem zu installieren:

1.1 WINDOWS-INSTALLATION   47

1. Kopieren Sie zunächst wie auf Seite 45 beschrieben die Installationsdateien auf Ihre lokale Festplatte.

2. Öffnen Sie dann dort im kopierten Verzeichnis */i386* die Datei *TxtSetup.sif*.

3. Suchen Sie hier (am besten mithilfe der Suchfunktion unter *Bearbeiten/Suchen*) den Abschnitt *[ACPIOption]*.

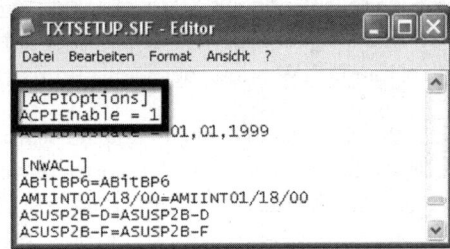

4. Ändern Sie hier den Wert für *ACPIEnable* auf *1*. Dies bewirkt, dass bei der Installation nicht die BIOS-Liste befragt, sondern ACPI auf jeden Fall aktiviert wird, wenn ein BIOS mit ACPI-Funktionalität erkannt wurde.

5. Starten Sie dann die Installation mit den kopierten Installationsdateien, damit das Setup Ihren PC als ACPI-System einrichtet.

PC hängt während der Installation

Ich möchte Windows installieren, aber das Setup bleibt jedes Mal hängen und es tut sich auch nach längerem Warten nichts mehr. Was kann ich tun?

Das Installationsverfahren von Windows ist sehr robust ausgelegt, sodass es selten wirklich scheitert. Zunächst sollten Sie immer einige Minuten warten, auch wenn sich scheinbar nichts tut. Die Erkennung der vorhandenen Hardware benötigt einige Zeit, ohne dass es zu nennenswerten Aktivitäten kommt. Wenn sich wirklich mal zehn Minuten lang gar nichts mehr getan hat, starten Sie den Rechner einfach neu. Damit ist aber nicht ein Neustart der Installation gemeint, sondern ein ganz regulärer Start. Entfernen Sie also eventuelle Startdisketten und die Installations-CD aus den Laufwerken bzw. stellen Sie den PC so ein, dass er direkt von der Festplatte bootet. Das Setup kann in diesem Fall feststellen, an welcher Stelle es zuvor „hängengeblieben" ist, und diese Klippe entsprechend umschiffen. In extremen Fällen kann es nötig sein, diesen Vorgang mehrmals zu wiederholen, bis es endlich weitergeht.

Windows vollautomatisch installieren

? Ich muss Windows XP regelmäßig auf PCs installieren und habe keine Lust, jedes Mal die ganze Zeit vor dem Bildschirm zu sitzen, um ab und zu mal auf *OK* zu klicken. Kann ich Windows auch vollautomatisch ohne weitere Eingaben installieren?

! Windows kann in einem unbeaufsichtigten Modus installiert werden. Dazu müssen Sie zunächst eine Antwortdatei vorbereiten, die alle Angaben und Auswahlen enthält, die Sie sonst während der Installation machen müssten. Diese Antwortdatei benutzt das Setup dann als Eingabe, sodass die gesamte Installation ohne weitere Rückfragen erfolgen kann:

1. Öffnen Sie auf der Installations-CD die Datei */support/tools/deploy.cab* und kopieren Sie deren Inhalt in einen Ordner auf Ihrer Festplatte.

2. Starten Sie in diesem Ordner das Programm *setupmgr.exe*.

3. Wählen Sie in den ersten Schritten die Optionen *Neue Antwortdatei erstellen*, dann *Unbeaufsichtigte Windows-Installation*, die zu installierende Windows-Version, *Vollautomatisiert* und schließlich *Nein, diese Antwortdatei wird für die Installation von CD verwendet*.

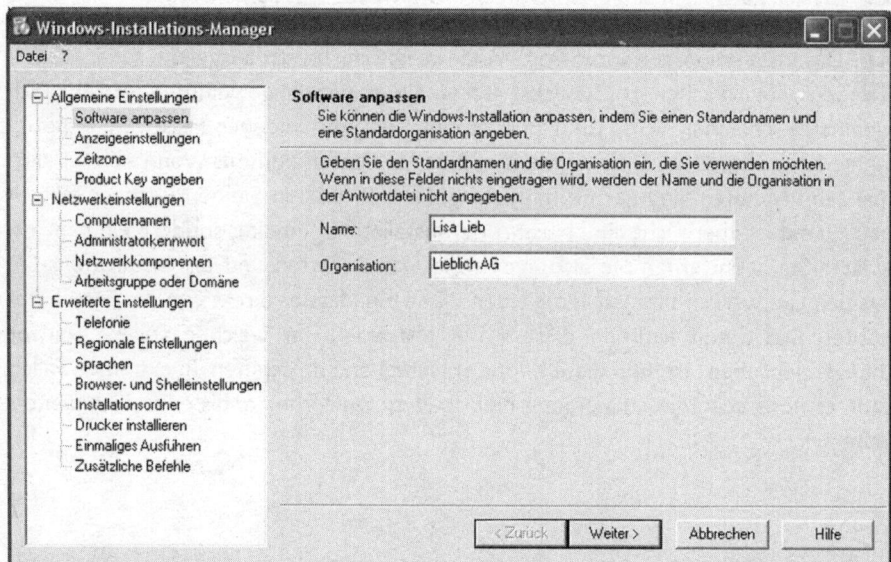

4. Stimmen Sie dann dem Lizenzvertrag zu und füllen Sie dann die verschiedenen Einstellungen der Reihe nach aus, so wie Sie bei der Installation gewählt werden sollen. Mit *Weiter* gelangen Sie jeweils zur nächsten Einstellung.

5. Haben Sie alle Einstellungen vorgenommen, klicken Sie auf *Fertig stellen* und geben *Pfad und Dateiname* an, unter dem die Antwortdatei gespeichert werden soll.

Um die so erstellte Antwortdatei für eine unbeaufsichtigte Installation zu verwenden, gibt es verschiedene Möglichkeiten:

- Verwenden Sie die gleichnamige BAT-Datei, die zusammen mit der Antwortdatei automatisch erstellt wurde. Eventuell müssen Sie in dieser Datei die Laufwerk- bzw. Pfadangabe korrigieren, wenn die Installation auf einem PC mit einer anderen Laufwerkkonfiguration durchgeführt werden soll.

- Speichern Sie die Antwortdatei unter dem Namen *winnt.sif* auf einer Diskette. Belassen Sie die Diskette im Laufwerk, legen Sie die Installations-CD in das CD-Laufwerk und stellen Sie den PC so ein, dass er von der CD bootet. Wenn Sie den PC dann neu starten, wird automatisch die Windows-Installation gestartet. Diese sucht auf der eingelegten Diskette nach einer *winnt.sif*-Datei und verwendet diese automatisch als Antwortdatei, wenn sie vorhanden ist.

1.2 Windows aktivieren und registrieren

Windows verlangt Aktivierung

? Ich habe Windows XP neu installiert. Nun verlangt das System eine Produktaktivierung von mir. Was muss ich tun?

! Mit Windows XP hat Microsoft die Aktivierungspflicht auch für seine Betriebssysteme eingeführt. Diese zusätzlich Hürde soll Raubkopierern das Leben schwerer machen. Wenn Ihr PC über eine Onlineverbindung verfügt, läuft die Aktivierung per Internet aber ganz schnell und unkompliziert ab, da sie nur wenige Mausklicks und eine kurze Internetverbindung erfordert.

1. Nach der Installation wird Sie der Assistent für die Produktaktivierung von ganz allein regelmäßig an die notwendige Aktivierung erinnern. Ansonsten können Sie ihn auch jederzeit manuell mit *Start/Alle Programme/Zubehör/Systemprogramme/Windows aktivieren* aufrufen.

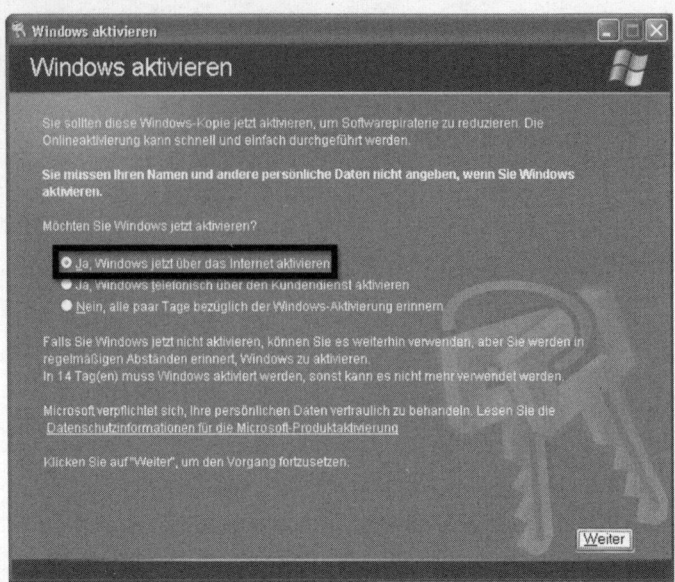

2. Wählen Sie im ersten Schritt des Aktivierungs-Assistenten die Option *Ja, Windows jetzt über das Internet aktivieren*.

3. Anschließend müssen Sie angeben, ob Sie sich auch gleich online als XP-Benutzer registrieren lassen wollen. Da dies nicht unbedingt nötig ist, können Sie es mit *Nein* unterbinden.

4. Alles Weitere läuft dann vollautomatisch. Wenn eine Internetverbindung vorhanden ist und Sie auf *Weiter* klicken, kontrolliert der Assistent den Kontakt zum Aktivierungsserver, übermittelt dann die Installationskennung, nimmt die entsprechende Bestätigungskennung entgegen und aktiviert Ihr Windows XP damit. Das Ganze dauert in der Regel nur einige wenige Sekunden.

Windows verweigert Internetaktivierung

Wenn ich die Aktivierung wie beschrieben per Internet vornehmen will, weigert sich der Assistent, Windows zu aktivieren. Warum funktioniert die Onlineaktivierung bei mir nicht?

Für die Onlineaktivierung per Internet hat Microsoft strenge Regeln festgelegt, um den Missbrauch von Lizenzen zu verhindern. So kann ein bestimmter Product Key innerhalb eines gewissen Zeitraums höchstens zweimal online aktiviert werden. Haben Sie Windows innerhalb kurzer Zeit mehrmals neu installiert und aktiviert, könnten Sie diese Zahl bereits überschritten haben. In diesem Fall müssen Sie die Aktivierung per Telefon vornehmen und dem Hotline-Mitarbeiter ggf. erklären, warum Sie Windows so häufig aktivieren müssen.

1. Wählen Sie im ersten Schritt des Aktivierungs-Assistenten diesmal die Option *Windows telefonisch über den Kundendienst aktivieren*.

2. Geben Sie im nächsten Schritt zunächst Ihren Standort an. Das ist wichtig, damit Sie mit dem richtigen Microsoft-Kundendienst verbunden werden.

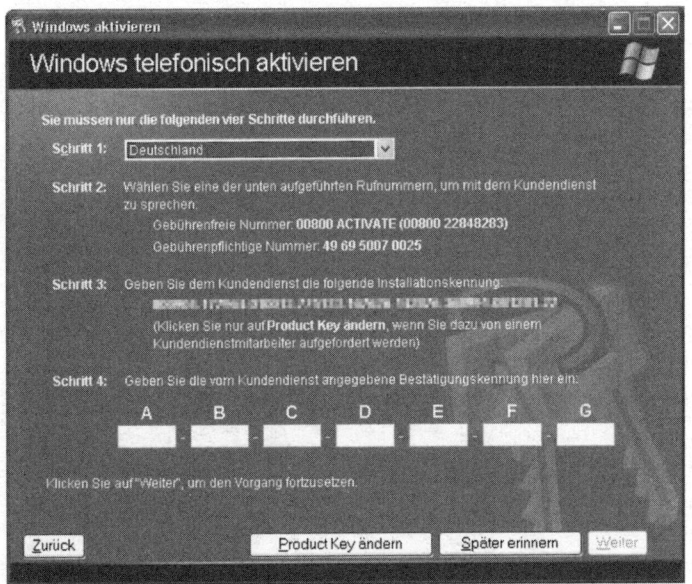

3. Wählen Sie dann die angegebene gebührenfreie Telefonnummer.

4. Teilen Sie dem Mitarbeiter der Aktivierungs-Hotline auf Anfrage die angegebene Installationskennung mit.

5. Dieser lässt daraufhin die Bestätigungskennung ermitteln und gibt Ihnen diese sofort durch. Tragen Sie sie am besten direkt in die dafür vorgesehenen Felder *A* bis *G* ein.

6. Anschließend können Sie das Telefongespräch beenden und auf *Weiter* klicken, um Windows XP mit dem eingegebenen Code zu aktivieren. Zur Bestätigung erhalten Sie die Meldung *Diese Windows-Kopie wurde erfolgreich aktiviert.*

Ist Windows schon aktiviert?

Bei meinem PC wurde ich niemals aufgefordert, Windows zu aktivieren! Habe ich jetzt ein aktiviertes Windows oder nicht?

Wenn Sie einen Komplett-PC mit installiertem Windows XP gekauft haben, hat der Hersteller Windows vermutlich schon aktiviert bzw. eine spezielle Windows-Installation verwendet, bei der keine Aktivierung erforderlich ist. Sie können aber jederzeit genau feststellen, ob Ihr Windows schon aktiviert ist:

1. Starten Sie eine Eingabeaufforderung mit *Start/Alle Programme/Zubehör/Eingabeaufforderung.*

2. Geben Sie hier das Kommando *C:\windows\system32\oobe\msoobe.exe /a* ein.

3. Damit starten Sie den Aktivierungs-Assistenten. Der prüft zunächst, ob Windows bereits aktiviert ist. Wenn ja, gibt er eine entsprechende Meldung aus. Falls nein, startet er die Schritte zum Aktivieren, die Sie durchführen oder abbrechen können.

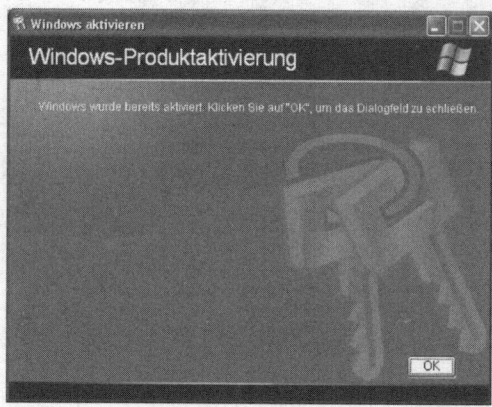

Product Key ändern

Windows verweigert die Installation des Service Packs mit der Begründung, ich würde einen unzulässigen Product Key verwenden. Kann ich diesen Schlüssel nachträglich ändern?

Microsoft hat einige Product Keys, die nach dem Erscheinen von Windows XP im Internet veröffentlicht wurden, auf die „schwarze Liste" gesetzt. Dies äußert

1.2 WINDOWS AKTIVIEREN UND REGISTRIEREN 53

sich unter anderem darin, dass manche Update-Funktionen mit solchen Schlüsseln nicht mehr funktionieren. Sollten Sie einen solchen Product Key verwendet haben, können Sie ihn aber nachträglich noch korrigieren und durch den richtigen Schlüssel ersetzen:

1. Starten Sie den Registry-Editor und öffnen Sie darin den Schlüssel *HKEY_LOCAL_MACHINE\Software\Microsoft\WindowsNT\CurrentVersion\WPAEvents*.

2. Doppelklicken Sie in der rechten Fensterhälfte auf den Wert *OOBETimer*, um ihn zum Bearbeiten zu öffnen.

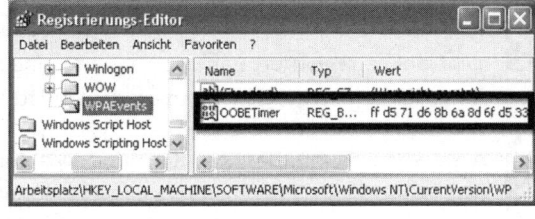

3. Entfernen oder verändern Sie die erste Stelle des Wertes und schließen Sie den Registry-Editor dann.

4. Starten Sie dann eine Eingabeaufforderung mit *Start/Alle Programme/Zubehör/Eingabeaufforderung*.

5. Geben Sie hier das Kommando *C:\windows\system32\oobe\msoobe.exe /a* ein.

6. Damit starten Sie den Aktivierungs-Assistenten, wo Sie die Option *Windows telefonisch über den Kundendienst aktivieren* auswählen und auf *Weiter* klicken.

7. Im nächsten Schritt klicken Sie ganz unten auf die Schaltfläche *Product Key ändern*.

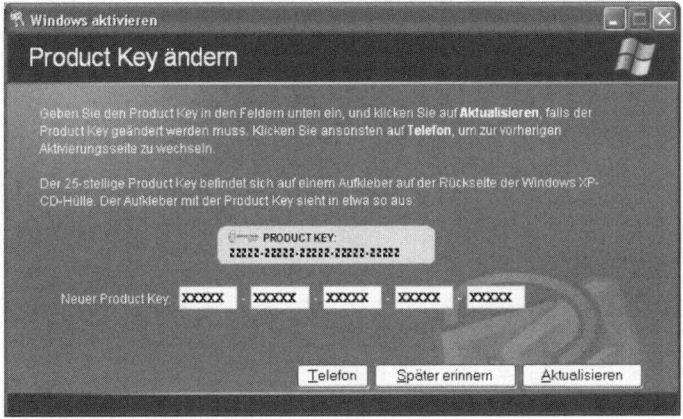

8. Geben Sie im anschließenden Dialog den korrekten Product Key an und klicken Sie dann auf *Aktualisieren*.

9. Nach einem Neustart ist der neue Schlüssel aktiviert und das Service Pack sollte sich problemlos installieren lassen.

Erfolgte Onlineregistrierung vortäuschen

Bei meinem Windows funktioniert die Update-Funktion nicht, weil ich mich nicht online registriert habe. Ich möchte eine solche Registrierung aber aus Datenschutzgründen vermeiden. Kann ich das Update trotzdem nutzen?

Abgesehen davon, dass Sie die Windows-Updates auch einzeln herunterladen und manuell installieren können (siehe Kapitel 2), können Sie Windows mit einem Registry-Trick vorgaukeln, Sie hätten die Onlineregistrierung bereits erledigt:

1. Starten Sie dazu den Registry-Editor und öffnen Sie darin den Schlüssel *HKEY_LOCAL_MACHINE\SOFTWARE\Microsoft\Windows NT\CurrentVersion*.

2. Hier finden Sie in der rechten Hälfte die Zeichenfolge *RegDone*. Doppelklicken Sie darauf, um deren Wert zu bearbeiten.

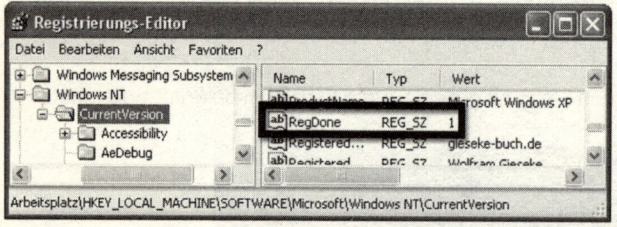

3. Tragen Sie im *Zeichenfolge bearbeiten*-Dialog als *Wert* für diese Eigenschaft eine *1* ein.

4. Schließen Sie den Registry-Editor. Nun geht Windows davon aus, dass die Onlineregistrierung bereits stattgefunden hat.

Aktivierungs-Assistent bleibt hängen

? Mein PC hängt sich jedes Mal auf, wenn ich versuche, den Aktivierungsassisten auszuführen. Was kann ich tun?

! Bei bestimmten Hardwarekonfigurationen kann es zu einem Konflikt zwischen dem Aktivierungs-Assistenten und der Grafikkarte kommen. Gehen Sie in diesem Fall wie folgt vor:

1. Öffnen Sie mit *Start/Ausführen* den *Ausführen*-Dialog und geben Sie hier das Kommando *msconfig.exe* ein.

2. Wechseln Sie in die Rubrik *BOOT.INI* und aktivieren Sie hier im Bereich *Startoptionen* die Option */BASEVIDEO*.

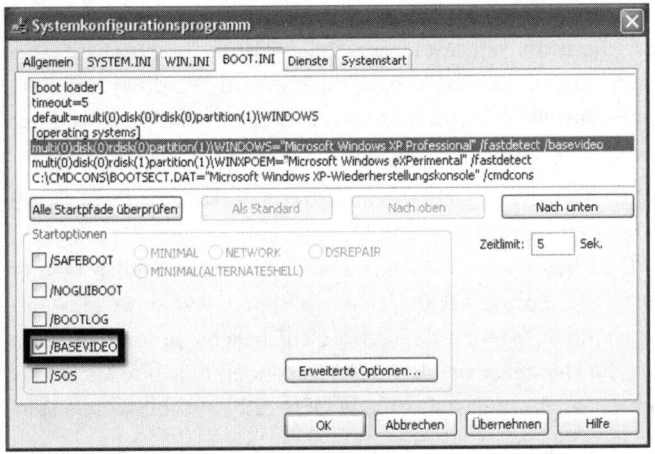

3. Klicken Sie auf *OK*, um die Änderung zu übernehmen und das Programm zu schließen. Klicken Sie im gleich anschließenden Dialog auf *Neu starten*, um einen Neustart durchzuführen.

4. Windows startet nun mit der Basisgrafikkonfiguration in einer Auflösung von 640 x 480 Bildpunkten. Schließen Sie das Systemkonfigurationsprogramm mit *Abbrechen*.

5. Rufen Sie nun mit *Start/Alle Programme/Zubehör/Systemprogramme/Windows aktivieren* den Aktivierungs-Assistenten auf. In dieser Basiskonfiguration dürfte das Problem nicht auftreten und der Assistent sollte durchlaufen.

6. Haben Sie Windows erfolgreich aktiviert, sollten Sie die Option in der *BOOT.INI* wieder ausschalten, damit Windows wieder in der gewohnten Auflösung startet.

1.3 OEM-Versionen und Recovery-CDs

Original-CD, OEM-Version oder Recovery-CD?

Ich habe einen Komplett-PC mit vorinstalliertem Windows gekauft. Statt einer „echten" Windows-CD lag eine CD mit der Bezeichnung „Recovery" bei. Ist das nun eine Windows-CD oder nicht?

Bei Komplett-PCs werden heutzutage aus Kostengründen nur noch selten Original-CDs von Microsoft beigelegt. Stattdessen findet man meist so genannte OEM- oder Recovery-CDs. Dabei gibt es folgende Unterschiede:

- Eine Original-CD von Microsoft mitsamt Lizenzschlüssel ist die praktischste (aber auch teuerste) Variante. Sie enthält das komplette Standard-Windows und kann auf einem beliebigen PC installiert werden. Unberechtigte Installation wird durch die Produktaktivierung (siehe Seite 49) vermieden.

- Bei einer OEM-Version handelt es sich ebenfalls um eine Installations-CD, die aber vom Hersteller speziell angepasst wurde. Deshalb enthält sie z. B. zusätzliche Treiber für die im PC verbaute Hardware sowie an bestimmten Stellen Namen und Logos des Herstellers. Solche OEM-Versionen sind teilweise an eine bestimmte Hardware gebunden, können dann also nicht beliebig auf anderen PCs installiert werden. Da die Hersteller bei den OEM-Versionen teilweise auch nicht benötigte Komponenten weglassen, ist nicht jede OEM-CD eine vollwertige Windows-CD.

- Eine Recovery-CD enthält streng genommen keine Windows-Installation, sondern ein Festplattenabbild des PCs im Auslieferungszustand. Da Windows zu dem Zeitpunkt bereits installiert war, ist es aber darin inbegriffen. Von einer Recovery-CD können Sie Windows also nicht installieren, sondern lediglich den Zustand des PCs bei der Auslieferung wiederherstellen. Dabei gehen auf der Festplatte alle anderen Daten verloren, also auch zwischenzeitlich installierte Programme und erstellte Dokumente. Recovery-CDs können häufig nur bei einem bestimmten PC eingesetzt werden. Ein Wiederherstellen eines PCs mit abweichender Hardwarekonfiguration würde auch wenig Sinn machen.

OEM-CD vollständig oder nicht?

? Ich habe mit einem PC eine Windows XP-Lizenz erworben, die ich jetzt auf einem anderen Rechner verwenden möchte. Leider lag dem PC nur eine OEM-Version bei. Wie kann ich feststellen, ob es sich dabei um eine vollwertige Windows XP-Installations-CD handelt?

! Grundlegende Voraussetzung ist ein Ordner namens /i386 auf der CD. Wenn dieser Ordner vorhanden ist und den richtigen Umfang hat, handelt es sich um eine vollwertige Installations-CD. Der genaue Umfang kann von Hersteller zu Hersteller schwanken. Er sollte aber eine Größe von mindesten 420 MByte haben und ca. 6.000 oder mehr Dateien umfassen. Hat der Ordner einen deutlich geringeren Umfang, fehlen Dateien und eine Installation ist nicht ohne weiteres möglich. Eventuell befindet sich dieser Ordner auch auf der Festplatte des PCs.

Installations-CD aus OEM- oder Recovery-Version

? Meinem PC lag nur eine unvollständige OEM- bzw. Recovery-Version bei. Auf der Festplatte befindet sich aber ein Ordner namens /i386, der den richtigen Umfang zu haben scheint. Kann ich daraus eine Installations-CD machen?

! Dieser Ordner enthält die entscheidenden Dateien für die Installation. Wenn er den richtigen Umfang hat (mindesten 420 MByte und ca. 6.000 oder mehr Dateien), können Sie eine Installations-CD daraus machen. Brennen Sie dazu einfach den gesamten Ordner auf eine CD. Das geht z. B. schon mit der in Windows eingebauten Brennfunktion. Soll die CD bootfähig sein, sodass die Installation beim Starten automatisch anfängt, ist der Vorgang etwas aufwendiger. Die Vorgehensweise ist auf Seite 107 beschrieben.

Recovery-Prozedur durchführen

? Ich möchte Windows auf meinem PC neu installieren und dazu die Recovery-CD benutzen. Sollte ich vorher besondere Sicherungsmaßnahmen treffen?

! Die Recovery-CD stellt den PC im Auslieferungszustand wieder her. Alle Änderungen, die Sie seit dem allerersten Einschalten des PCs vorgenommen haben, gehen dabei verloren. Selbst installierte Programme werden verschwunden sein, die von Ihnen erstellten und auf der Systempartition gespeicherten Dokumente werden ebenfalls gelöscht. Sichern Sie also vor der Recovery-Prozedur sämtliche Daten, die Sie aufbewahren wollen. Wenn Sie über ein zweites Festplattenlaufwerk verfügen, reicht es in der Regel, dort Kopien der aufzubewahrenden Dateien zu erstellen. Sicherer ist aber in jedem Fall das Auslagern auf externe Medien wie z. B. CDs.

Auch hinterlegte Informationen wie z. B. E-Mail-Konten, Benutzernamen und Kennwörter werden bei der Wiederherstellung gelöscht. Stellen Sie sicher, dass Sie solche Daten ggf. anderweitig notiert haben.

Windows wiederherstellen ohne CD

Ich habe einen PC mit vorinstalliertem Windows gekauft. Leider lag nicht mal eine CD bei. Wie kann ich Windows neu installieren oder eine Wiederherstellung des PCs durchführen?

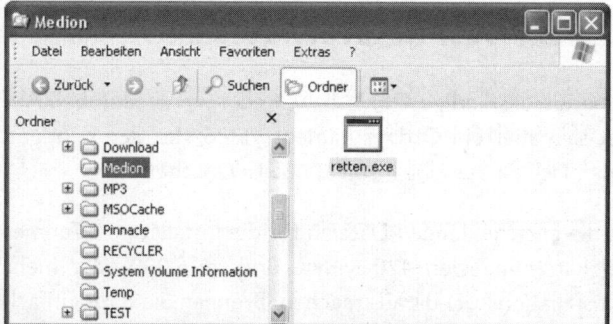

Manche Hersteller gehen inzwischen so weit, nicht mal mehr Recovery-CDs mit den PCs auszuliefern. In solchen Fällen enthält die Festplatte häufig eine zusätzliche Partition, auf der ein Programm und die Daten für die Wiederherstellung gespeichert sind. Sehen Sie in solchen Fällen in der Dokumentation des PCs nach, wie eine Wiederherstellung durchzuführen ist. Alternativ suchen Sie nach einem zusätzlichen Laufwerk und darauf nach einem passenden Verzeichnis bzw. Programm. Bei den verbreiteten Medion-PCs heißt die Datei beispielsweise *retten.exe* und befindet sich standardmäßig auf dem Laufwerk *D:* im Verzeichnis *Medion*.

Hardwareprobleme nach Recovery-Prozedur

? Nachdem ich meinen PC mit der Recovery-Prozedur wiederhergestellt habe, gibt es leider Probleme mit verschiedenen Hardwarekomponenten. Woran liegt das?

! Nach einer Recovery-Prozedur können verschiedene Probleme auftreten, weil bei diesem Vorgang der gesamte PC in den Auslieferzustand zurückversetzt wird. Das hat verschiedene Konsequenzen:

- Einstellungsänderungen, die Sie irgendwann vorgenommen haben, um das Verhalten einzelner Komponenten zu optimieren, sind nicht mehr wirksam, da wieder die Einstellungen wie bei der Installation gelten. Alle diese Änderungen müssen Sie erneut durchführen.

- Wenn Sie irgendwann nach dem ersten Einschalten neue Treiber oder Updates für einzelne Hardwarekomponenten installiert hatten, sind diese nun wieder weg und müssen erneut eingespielt werden.

- Wenn Sie in den PC später zusätzliche Hardwarekomponenten eingebaut bzw. daran angeschlossen hatten, müssen Sie die Treibersoftware dafür ebenfalls erneut installieren, da sie nicht zum Umfang der Recovery-Prozedur gehört.

Systemwartung/ Service Packs

Windows starten	**62**
Windows beenden	**78**
Windows reparieren bzw. wiederherstellen	**86**
Updates und Service Packs	**97**
Performance-Probleme	**109**

2.1 Windows starten

Bildschirm bleibt beim Windows-Start schwarz

? Wenn ich meinen PC einschalte, startet Windows nicht mehr. Nach den Meldungen des BIOS-Selbsttests bleibt der Bildschirm einfach schwarz.

! Dieses Problem kann auftreten, wenn der Master Boot Record, die Partitionstabelle, der Bootsektor oder die NTDLR-Datei beschädigt sind. Wenn die Partitionstabelle die Ursache ist, wird es schwierig, denn dies lässt sich nur durch eine Neu-Installation bzw. Restaurierung einer vorhandenen Windows-Sicherung beheben. Die anderen Ursachen können meist behoben werden. Stellen Sie zunächst fest, wo das Problem liegt:

1. Starten Sie den PC mit einer Bootdiskette (siehe Seite 43). Wenn Windows sich auf diese Weise problemlos starten lässt, ist die Partitionstabelle (wahrscheinlich) noch in Ordnung. Trotzdem sollten Sie nach dem Start erst mal alle wichtigen Daten sichern.

2. Klicken Sie mit der rechten Maustaste auf das *Arbeitsplatz*-Symbol und wählen Sie im kontextabhängigen Menü den Befehl *Verwalten*.

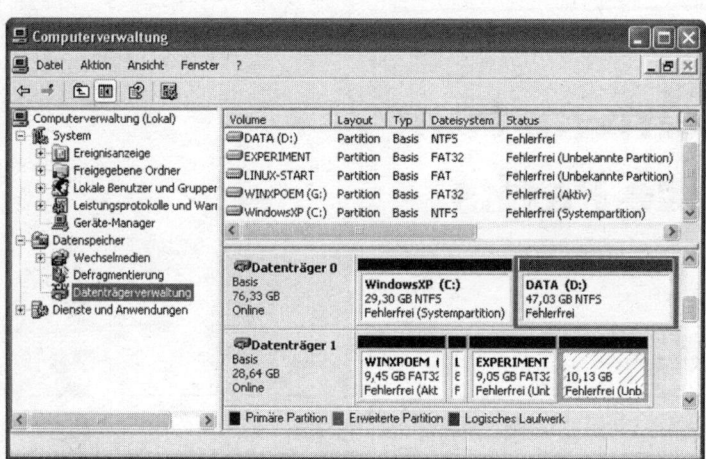

3. Wählen Sie in der *Computerverwaltung* die Kategorie *Datenspeicher/Datenträgerverwaltung* aus.

4. Werden hier keine ungültigen bzw. fehlerhaften Partitionen angezeigt, ist das System ingesamt noch in einem funktionsfähigen Zustand.

5. Führen Sie dann zunächst einen Virenscan mit einem aktuellen Antivirusprogramm durch, um einen Computervirus als Urheber der Probleme auszuschließen und die anschließende Reparatur vorzubereiten.

6. Verwenden Sie dann die Wiederherstellungskonsole (siehe Seite 93), um mit dem Kommando *fixmbr* den **M**aster **B**oot **R**ecord (MBR) wiederherzustellen. Wenn es sich bei der primären Partition um eine FAT-Partition handelt, verwenden Sie zunächst das Kommando *fixboot*, um einen neuen Bootsektor anzulegen, und erst dann *fixmbr* für das Reparieren des Master Boot Record.

Kein Windows-Start wegen fehlerhafter boot.ini

? Windows bricht beim Starten ab mit der Fehlermeldung „Fehlerhafte Datei boot.ini" bzw. „Windows konnte nicht gestartet werden, da die folgende Datei fehlt oder beschädigt ist: Windows\System32\Hal.dll".

! Die Datei *boot.ini* enthält wichtige Informationen, auf die Windows beim Start angewiesen ist. Fehlt die Datei oder ist sie beschädigt bzw. inkorrekt, kann Windows nicht starten. Dann hilft nur eine Reparatur der Datei:

1. Konfigurieren Sie Ihren PC so, dass er vom CD-ROM- bzw. DVD-Laufwerk booten kann, legen Sie die Windows-CD in dieses Laufwerk ein und starten Sie den PC neu.

2. Wenn die Startmeldung angezeigt wird, drücken Sie eine beliebige Taste, um den PC von der CD-ROM zu starten.

3. Auf der Willkommenseite drücken Sie die Taste [R], um die Wiederherstellungskonsole zu starten, und wählen anschließend ggf. die Installation aus, die Sie starten wollen.

4. Geben Sie zum Anmelden an der Wiederherstellungskonsole das Administratorkennwort ein. Anschließend erhalten Sie die Eingabeaufforderung der Wiedeherstellungskonsole.

5. Um den aktuellen Inhalt der Datei *boot.ini* überprüfen zu können, geben Sie das Kommando *bootcfg /list* ein.

6. Wenn die Datei fehlt oder beschädigt ist, können Sie mit dem Kommando *bootcfg /rebuild* eine neue erstellen. Das Tool sucht die vorhandenen Installationen auf der oder den Festplatte(n) und präsentiert sie zunächst in einer Liste. Dann geht es alle gefundenen Installationen durch und fragt nach, ob diese berücksichtigt werden sollen.

7. Bestätigen Sie dies mit [J] und geben Sie anschließend die Ladekennung für diese Installation an.

8. Verwenden Sie als Ladeoption den Parameter */fastdetect*.

9. Geben Sie abschließend den Befehl *exit* ein, um die Wiederherstellungskonsole zu verlassen und den PC neu zu starten. Damit sollte das Startproblem behoben sein.

Probleme mit der Verwendung der Wiederherstellungskonsole werden ab Seite 93 behandelt.

Meldung wegen schwerwiegendem Fehler bei jedem Start

? Jedes Mal, wenn ich mein Windows starte, erhalte ich die Meldung *Das System wird nach einem schwerwiegenden Fehler wieder ausgeführt* und ich soll eine Fehlerberichterstattung durchführen. Warum passiert das immer, auch wenn ich Windows zuvor ganz regulär beendet hatte?

! Hierbei handelt es sich um einen Fehler bei der Verwaltung der Auslagerungsdatei. Er sollte mit der Installation des aktuellen Service Packs erledigt sein. Sie können das Problem aber auch beheben, indem Sie manuell eine neue Auslagerungsdatei erstellen:

1. Klicken Sie mit der rechten Maustaste auf das *Arbeitsplatz*-Symbol und wählen Sie im kontextabhängigen Menü die *Eigenschaften*.

2. Wechseln Sie dort in die Rubrik *Erweitert*, klicken Sie im Bereich *Systemleistung* auf die Schaltfläche *Einstellungen* und öffnen Sie im anschließenden Menü wiederum die Rubrik *Erweitert*.

3. Klicken Sie hier ganz unten im Bereich *Virtueller Arbeitsspeicher* auf die Schaltfläche *Ändern*.

4. Aktivieren Sie hier im Bereich *Größe der Auslagerungsdatei für ein bestimmtes Laufwerk* die Option *Keine Auslagerungsdatei* und klicken Sie dann auf die Schaltfläche *Festlegen*. Sollte dabei ein Warnhinweis angezeigt werden, bestätigen Sie diesen mit *Ja*.

5. Wählen Sie dann im gleichen Menü die Option *Größe wird vom System verwaltet*.

6. Klicken Sie dann dreimal auf *OK* und starten Sie den PC ggf. neu, wenn Sie dazu aufgefordert werden.

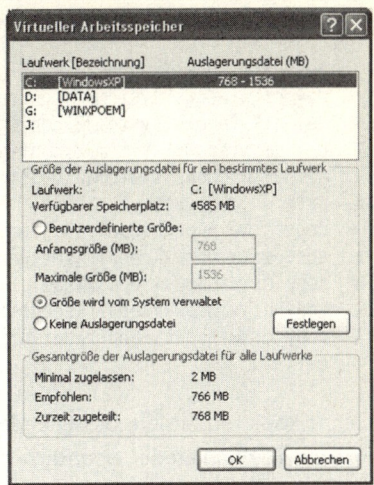

Windows startet wegen beschädigter Registry nicht

Der Windows-Start bricht mit der Fehlermeldung ab, dass Windows XP nicht gestartet werden konnte, da eine Datei fehlt oder beschädigt ist bzw. die Registrierung eine Struktur(datei) nicht laden konnte.

Handelt es sich bei der fehlenden Datei um eine im Verzeichnis \Windows\System32\Config, so ist die Windows-Registry gelöscht oder beschädigt worden. Da die Registry alle Konfigurationsdaten zentral verwaltet, ist es ein erheblicher Störfall, den Windows nicht ohne weiteres kompensieren kann. Versuchen Sie in jedem Fall zuerst, Windows im abgesicherten Modus und anschließend wieder normal zu starten. Beim Start im abgesicherten Modus kann Windows viele Fehler automatisch erkennen und beheben. Sollte das nicht helfen, müssen Sie die defekte Registry durch eine frühere Version austauschen:

1. Starten Sie die Wiederherstellungskonsole (siehe Seite 93).

2. Geben Sie in der Eingabeaufforderung der Konsole die nachfolgenden Befehle (jeweils zeilenweise) ein:

```
md tmp
copy c:\windows\system32\config\system c:\windows\tmp\system.bak
copy c:\windows\system32\config\software c:\windows\tmp\software.bak
copy c:\windows\system32\config\sam c:\windows\tmp\sam.bak
copy c:\windows\system32\config\security c:\windows\tmp\security.bak
```

2. SYSTEMWARTUNG/SERVICE PACKS

```
copy c:\windows\system32\config\default c:\windows\tmp\default.bak

del c:\windows\system32\config\system
del c:\windows\system32\config\software
del c:\windows\system32\config\sam
del c:\windows\system32\config\security
del c:\windows\system32\config\default

copy c:\windows\repair\system c:\windows\system32\config\system
copy c:\windows\repair\software c:\windows\system32\config\software
copy c:\windows\repair\sam c:\windows\system32\config\sam
copy c:\windows\repair\security c:\windows\system32\config\security
copy c:\windows\repair\default c:\windows\system32\config\default
exit
```

Damit kopieren Sie die bestehenden Registry-Dateien in einen temporären Ordner, löschen sie dann an der eigentlichen Stelle und ersetzen sie durch eine Sicherungsversion, die während der Erstinstallation von Windows XP erstellt wurde. Diese Fassung sollte einen Start ermöglichen, allerdings enthält sie keine der Änderungen, die seit der Installation vorgenommen wurden. Deshalb müssen Sie anschließend eine spätere Sicherungskopie wiederherstellen. Da die Informationen über Sicherungskopien aber in der (nun nicht mehr vorhandenen) Registry verzeichnet waren, geht dies nicht einfach per Systemwiederherstellung. Stattdessen müssen Sie Windows einen Teil der früher gesicherten Registry „unterschieben":

1. Starten Sie Windows im abgesicherten Modus neu (siehe Seite 86) und melden Sie sich als Administrator an.

2. Starten Sie den Windows-Explorer und stellen Sie sicher, dass auch versteckte Dateien und Ordner sowie Systemdateien sichtbar sind (siehe Kapitel 4).

3. Öffnen Sie dann auf dem Laufwerk, auf dem Windows installiert ist, den Ordner *System Volume Information*. Dieser Ordner enthält einen oder mehrere Unterordner, die mit *_restore{* beginnen.

4. Wählen Sie einen dieser Ordner aus, der nicht zum aktuellen Zeitpunkt erstellt wurde (wechseln Sie ggf. mit *Ansicht/Details* in die Detailansicht, um das Erstellungsdatum zu erfahren). Der Ordner enthält seinerseits einen oder mehrere Unterordner, die mit *RP* beginnen und jeweils einen Unterordner *snapshot* enthalten. Diese Ordner enthalten automatisch erstellte Sicherungskopien der Registry-Daten. Suchen Sie einen Ordner, der in den letzten Tagen angelegt wurde.

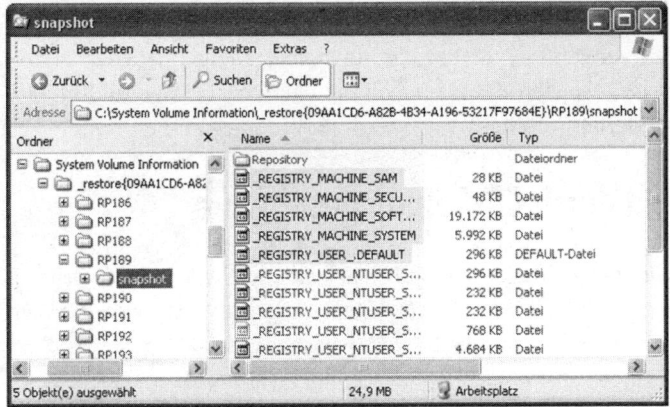

5. Kopieren Sie von hier die Dateien

- _REGISTRY_USER_.DEFAULT
- _REGISTRY_MACHINE_SECURITY
- _REGISTRY_MACHINE_SOFTWARE
- _REGISTRY_MACHINE_SYSTEM
- _REGISTRY_MACHINE_SAM

in den ganz am Anfang angelegten Ordner *C:\windows\tmp*.

6. Benennen Sie die Dateien dann um, sodass sie als neuen Namen nur noch den letzten Teil ihres bisherigen Dateinamens haben, also _REGISTRY_USER.*Default* in *Default*, _REGISTRY_MACHINE_SECURITY in *SECURITY* usw.

7. Starten Sie nun erneut die Wiederherstellungskonsole und geben Sie in der Eingabeaufforderung die folgenden Befehle ein:

```
del c:\windows\system32\config\system
del c:\windows\system32\config\software
del c:\windows\system32\config\sam
del c:\windows\system32\config\security
del c:\windows\system32\config\default

copy c:\windows\tmp\system c:\windows\system32\config\system
copy c:\windows\tmp\software c:\windows\system32\config\software
copy c:\windows\tmp\sam c:\windows\system32\config\sam
copy c:\windows\tmp\security c:\windows\system32\config\security
copy c:\windows\tmp\default c:\windows\system32\config\default
exit
```

8. Starten Sie anschließend Windows neu. Danach können Sie die Systemwiederherstellung (siehe Seite 88) verwenden, um regulär einen vollständigen Wiederherstellungspunkt ins System einzuspielen. Damit haben Sie eine vollständige und intakte Fassung der Registry wiederhergestellt.

Instabiler Zustand durch CD-Aufnahmesoftware

Wenn ich Windows starte, erhalte ich die Fehlermeldung *Geräte oder Anwendungen wurden deaktiviert. Der Treiber für die CD-Aufnahme versetzt Windows in einen instabilen Zustand. Windows verhindert, dass diese Treiber geladen werden.*

Dieser Fehler kann in Verbindung mit älteren Versionen von Easy CD Creator auftreten, etwa wenn Sie noch ein solche Version verwenden, oder aber auch, wenn Sie eine solche Software vor dem Upgrade auf Windows XP deinstalliert hatten. Er lässt sich beheben, indem Sie die Software deinstallieren bzw. die nach einer Deinstallation verbliebenen Reste manuell entfernen:

1. Legen Sie vorsichtshalber manuell einen Sicherungspunkt für die Systemwiederherstellung an.

2. Deinstallieren Sie dann – soweit noch vorhanden – die Easy CD Creator-Anwendung, indem Sie das *Software*-Modul der Systemsteuerung aufrufen und dort den entsprechenden Eintrag auswählen.

3. Starten Sie dann mit *Start/Suchen* den Such-Assistenten und wählen Sie *Dateien und Ordner* als Ziel.

4. Geben Sie dann im Feld *Gesamter oder Teil des Dateinamens* den Suchbegriff *cdr*.sys* ein und stellen Sie die Suche im Feld *Suchen in* auf *Lokale Festplatten* ein. Klicken Sie dann auf *Suchen*.

5. Sollte der Assistent die Dateien *cdr4_2k.sys* und/oder *cdralw2k.sys* finden, benennen Sie die beiden um, z. B. indem Sie ihnen die Endung *.old* verpassen.

6. Starten Sie dann den Registry-Editor und öffnen Sie hier den Schlüssel *HKEY_LOCAL_MACHINE\System\CurrentControlSet\Control\Class\{4D36E965-E325-11CE-BFC1-08002BE10318}*.

7. Entfernen Sie hier in der rechten Fensterhälfte (soweit vorhanden) die Werte *UpperFilters* und *LowerFilters*.

8. Löschen Sie anschließend die folgenden Schlüssel aus der Registrierung:
- HKEY_LOCAL_MACHINE\System\CurrentControlSet\Services\Cdr3_2K
- HKEY_LOCAL_MACHINE\System\CurrentControlSet\Services\Cdrawl2K
- HKEY_LOCAL_MACHINE\System\CurrentControlSet\Services\Cdudf
- HKEY_LOCAL_MACHINE\System\CurrentControlSet\Services\UdfReadr

9. Beenden Sie den Registry-Editor und starten Sie den PC neu. Nun sollten die Probleme behoben sein.

Windows-Startbildschirm deaktivieren

Bei jedem Start zeigt Windows mehrere Sekunden lang stolz seinen Startbildschirm an. Wie kann man sich diese Wartepause sparen und so die Startzeit verkürzen?

Während der Startbildschirm mit dem Windows-Logo angezeigt wird, wartet Windows nicht untätig, sondern setzt den Start fort. Das Logo kostet also nicht allzu viel Zeit im Hinblick auf den gesamten Startvorgang. Trotzdem können Sie das Anzeigen des Logos unterbinden:

1. Öffnen Sie das Modul *System* der Systemsteuerung und wechseln Sie dort in die Rubrik *Erweitert*.

2. Klicken Sie hier unten im Bereich *Starten und Wiederherstellen* auf die Schaltfläche *Einstellungen*.

3. Klicken Sie im anschließenden Dialog im Bereich *Standardbetriebssystem* auf die Schaltfläche *Bearbeiten*. Damit öffnen Sie die Datei *boot.ini* in einem einfachen Texteditor. Beachten Sie die weiteren Schritte sorgfältig, da falsche Einträge in dieser Datei dazu führen können, dass Windows nicht mehr startet (siehe Seite 63).

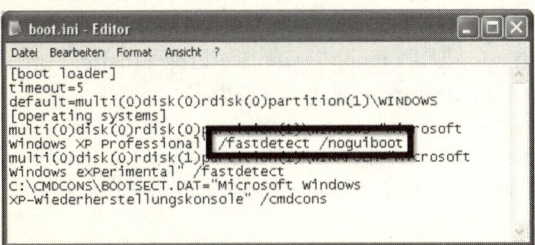

4. In dieser Datei finden Sie unterhalb der Zeile *[operating systems]* eine Zeile für jedes eingerichtete Betriebssystem. Die Einträge für Windows XP sind in der Regel mit dem Parameter */fastdetect* versehen. Ergänzen Sie hier jeweils den Parameter */noguiboot*, um den Startbildschirm zu deaktivieren.

5. Schließen Sie den Editor und bestätigen Sie die Rückfragen zum Speichern der Änderungen mit *Ja*. Klicken Sie anschließend zweimal auf *OK*. Ab sofort startet Windows ohne Startbildschirm.

Die Datei ntoskrnl.exe ist beschädigt oder fehlt

Windows meldet beim Start, dass die Datei *ntoskrnl.exe* fehlt oder beschädigt sei. Wie kann ich sie wiederherstellen oder reparieren?

Die Datei *ntoskrnl.exe* ist eine wichtige Startdatei von Windows. Sie kann z. B. beschädigt werden, wenn man versucht, einen eigenen Startbildschirm für Windows anzulegen. Im Fall der Fälle können Sie die Datei von einer Windows-XP-CD wiederherstellen:

1. Starten Sie die Wiederherstellungskonsole und melden Sie sich mit dem Administratorkennwort an (siehe Seite 93).

2. Geben Sie dann in der Eingabeaufforderung der Konsole den Befehl *expand x:\i386\ntoskrnl.ex_ C:\windows\ntoskrnl.exe* ein.

3. Bestätigen Sie die Sicherheitsrückfrage zum Überschreiben der Datei mit *Ja* und beenden Sie die Wiederherstellungskonsole mit *exit*. Beim Neustart sollte das Problem behoben sein.

Explorer-Fenster werden beim Start wiederhergestellt

Bei jedem Start zaubert Windows die Explorer-Fenster wieder genau so auf den Bildschirm, wie ich sie beim Beenden hinterlassen habe. An sich ja ganz nett, aber ich möchte das nicht. Wie kann ich beim Start einen leeren Desktop erhalten, ohne jedes Mal beim Beenden alle Explorer-Fenster manuell zu schließen?

Das Wiederherstellen der Explorer-Fenster ist ein besonderer Service von Windows. Wenn Sie darauf verzichten möchten, ist dies selbstverständlich möglich:

1. Starten Sie den Windows-Explorer und öffnen Sie mit *Extras/Optionen* die Ordnereinstellungen.

2. Wechseln Sie hier in die Rubrik *Ansicht*.

3. Deaktivieren Sie in der Liste *Erweiterte Einstellungen* ganz unten die Option *Vorherige Ordnerfenster bei der Anmeldung wiederherstellen*.

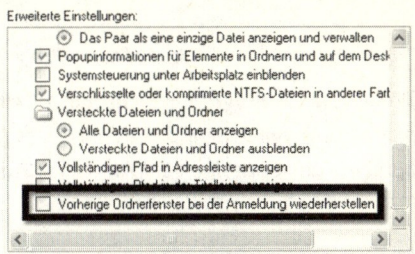

4. Übernehmen Sie die geänderten Einstellungen mit *OK*. Ab sofort merkt sich Windows die beim Beenden geöffneten Explorer-Fenster nicht mehr und stellt sie beim Start auch nicht wieder her.

Ein bestimmtes Programm beim Systemstart ausführen lassen

Ich möchte bei jedem Windows-Start ein bestimmtes Programm automatisch aufrufen lassen, sodass es immer aktiv ist. Wo muss ich dieses Programm eintragen?

Für einfache Programme eignet sich am besten der *Autostart*-Ordner. Er wird bei jedem Systemstart abgearbeitet, d. h., die darin enthaltenen Programme (bzw. Verknüpfungen zu Programmen) werden ausgeführt.

1. Erstellen Sie in einem beliebigen Ordner oder auf dem Desktop eine Verknüpfung zu dem Programm, das ausgeführt werden soll. Geben Sie in dieser Verknüpfung ggf. die Parameter an, die beim Programmaufruf übergeben werden sollen.

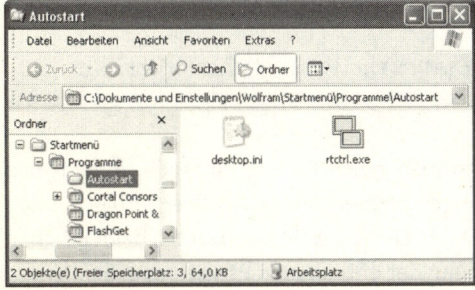

2. Verschieben Sie diese Verknüpfung in den *Autostart*-Ordner. Sie finden ihn unter *Start/Alle Programme/Autostart*. Alternativ können Sie ihn unter *C:\Dokumente und Einstellungen\<Benutzername>\Startmenü\Programme\Autostart* auch im Windows-Explorer lokalisieren.

⏭ **AutoStart-Programm für alle Benutzer** ⏭

Wollen Sie ein Programm nicht nur für einen bestimmten sondern für alle Benutzer automatisch starten lassen, platzieren Sie es (bzw. die Verknüpfung dazu) im Ordner C:\Dokumente und Einstellungen\All Users\Startmenü\Programme\Autostart.

Programm startet ohne Autostart-Ordner

Bei jedem Windows-Start wird ein bestimmtes Programm aktiviert. Allerdings finde ich dafür keinen Eintrag im *Autostart*-Ordner. Wo können sich solche AutoStart-Programme denn noch verstecken?

Windows bietet eine ganze Reihe von Möglichkeiten, Programme beim Systemstart automatisch ausführen zu lassen. So gibt es neben dem *Autostart*-Ordner verschiedene Schlüssel in der Registry, die beim Hochfahren des Systems jedes Mal überprüft und dort angegebene Programme ausgeführt werden. Dazu gehören:

- HKEY_CURRENT_USER\SOFTWARE\Microsoft\Windows\CurrentVersion\Run,
- HKEY_CURRENT_USER\SOFTWARE\Microsoft\Windows\CurrentVersion\RunOnce,
- HKEY_LOCAL_MACHINE\SOFTWARE\Microsoft\Windows\CurrentVersion\Run,
- HKEY_LOCAL_MACHINE\SOFTWARE\Microsoft\Windows\CurrentVersion\RunOnce,
- HKEY_LOCAL_MACHINE\SOFTWARE\Microsoft\Windows\CurrentVersion\RunOnceEx,
- HKEY_LOCAL_MACHINE\SOFTWARE\Microsoft\Windows\CurrentVersion\RunServices sowie
- HKEY_LOCAL_MACHINE\SOFTWARE\Microsoft\Windows\CurrentVersion\RunServicesOnce.

Bei allen diesen Registry-Schlüsseln kann man einen Eintrag einfügen, indem man eine neue Zeichenkette mit einem beliebigen Namen anlegt. Als Wert erhält sie den vollständigen Pfad der auszuführenden Datei. Die *Run*-Schlüssel unterscheiden sich in der Reihenfolge und der Art der Ausführung der enthaltenen Programme. So werden die beiden Schlüssel *RunServices* sowie *RunServicesOnce* schon vor dem Anmeldebildschirm ausgeführt. Alle *RunOnce*-Schlüssel werden standardmäßig nur einmal ausgeführt und dann automatisch entfernt. Sie sind eigentlich für Setup- bzw. Deinstallationsprogramme gedacht, die beim nächsten Systemstart einmalig bestimmte Aufgaben erledigen sollen. Bei der Verarbeitung des Schlüssels *RunOnceEx* wird ein Dialogfenster angezeigt, sodass er sich für heimliche Programmstarts nicht eignet.

Automatisch startende Programme ermitteln

? Gibt es eine Möglichkeit, sich einen definitiven Überblick über die Programme zu verschaffen, die beim Systemstart ausgeführt werden?

! Windows bringt ein spezielles Tool für diesen Zweck mit, das die AutoStarts mit den verschiedenen Möglichkeiten verzeichnet. Ob es wirklich hundertprozentig alles erfasst, kann leider nicht garantiert werden, in den weitaus meisten Fällen funktioniert es aber.

1. Öffnen Sie mit *Start/Ausführen* den *Ausführen*-Dialog und geben Sie hier den Befehl *msconfig* ein.

2. Damit starten Sie das Systemkonfigurationsprogramm, wo Sie in die Rubrik *Systemstart* wechseln.

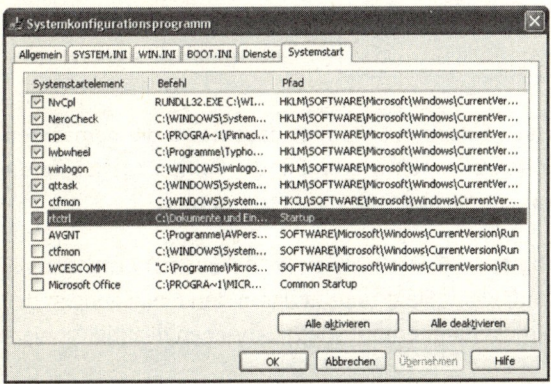

3. Hier finden Sie eine Liste aller Programme, die beim Windows-Start automatisch ausgeführt werden. Unter *Befehl* ist der genaue Programmaufruf verzeichnet. In der Spalte *Pfad* finden Sie den Ort, an dem die AutoStart-Anweisung steht, etwa den Registry-Pfad oder *Startup* für den *Autostart*-Ordner.

4. Um den AutoStart für eines der Programme in Zukunft zu unterbinden, entfernen Sie das Häkchen ganz links vor dessen Eintrag.

5. Übernehmen Sie die Einstellungen mit *OK*. Beachten Sie in diesem Zusammenhang bitte auch die nachfolgende Frage.

Meldung der Systemkonfiguration beim Systemstart

? Beim Windows-Start erhalte ich manchmal einen Hinweis, dass ich das Systemkonfigurationsprogramm verwende, um einige Änderungen an den Windows-Startoptionen vorzunehmen. Was hat diese Meldung zu bedeuten?

! Das Systemkonfigurationsprogramm kann dazu verwendet werden, die Startbedingungen für Windows festzulegen und den AutoStart einzelner Programme zu verhindern (siehe oben). Wenn Sie dies getan haben, befindet sich das Programm in einem speziellen Modus für den benutzerdefinierten Systemstart, sodass es bei jedem Start aufgerufen wird und diesen Hinweis anzeigt.

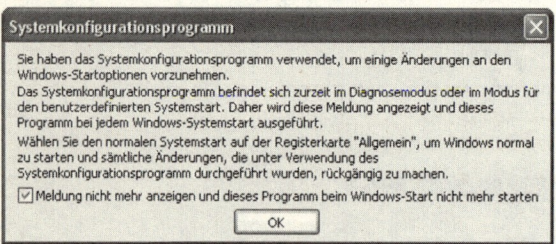

1. Wenn Sie die Systemkonfiguration zuvor verwendet haben und die gemachten Einstellungen dauerhaft beibehalten wollen, aktivieren Sie die Option *Meldung nicht mehr anzeigen und dieses Programm beim Windows-Start nicht mehr starten*.

2. Bestätigen Sie den Hinweis dann mit *OK*. Der Hinweis wird dann nicht mehr angezeigt. er taucht allerdings wieder auf, wenn Sie erneut etwas in den Einstellungen der Systemkonfiguration ändern, und muss dann erneut wie beschrieben deaktiviert werden.

3. Sollten Sie zuvor keine Änderung im Systemkonfigurationsprogramm vorgenommen haben, sollten Sie den PC mit einem aktuellen Antivirenprogramm überprüfen, um sicherzustellen, dass sich kein Virus oder Trojaner eingeschlichen hat.

PC zu einem bestimmten Zeitpunkt automatisch starten lassen

? Gibt es eine Möglichkeit, den PC zu einem bestimmten Zeitpunkt (oder auch regelmäßig) automatisch starten und ein bestimmtes Programm ausführen zu lassen?

! Das ist möglich, wenn Ihr PC ein ACPI-System ist und wenn der PC sich in einem der Stromsparmodi S3 (Suspend-to-RAM) oder S4 (Suspend-to-Disk) befindet. Ein regulär abgeschalteter PC lässt sich nicht per Software einschalten.

ACPI und Stromsparmodi

Ob Ihr PC ein ACPI-System ist, können Sie feststellen, indem Sie das Modul System der Systemsteuerung öffnen und dort in der Rubrik Hardware den Geräte-Manager starten. Doppelklicken Sie in dessen Liste auf den Eintrag Computer. Der darin befindliche Untereintrag gibt Aufschluss über die Frage, ob es sich um ein APM- oder ein ACPI-System handelt. Im Stromsparmodus S3 werden alle Komponenten bis auf den Hauptspeicher abgeschaltet. Das Reaktivieren dauert in diesem Fall nur wenige Sekunden. Im S4-Modus wird der Inhalt des Hauptspeichers zusätzlich auf die Festplatte gesichert, sodass auch der Hauptspeicher abgeschaltet werden kann. Das spart noch mehr Strom, allerdings dauert das Reaktivieren des PCs in diesem Fall länger (ca. 30 Sekunden), da der Hauptspeicherinhalt von der Festplatte wiederhergestellt werden muss.

---

1. Erfüllt Ihr PC diese Bedingungen, können Sie den Taskplaner von Windows für diesen Zweck benutzen. Öffnen Sie dazu in der Systemsteuerung das Modul *Geplante Tasks* und rufen Sie hier den Eintrag *Geplanten Task hinzufügen* auf.

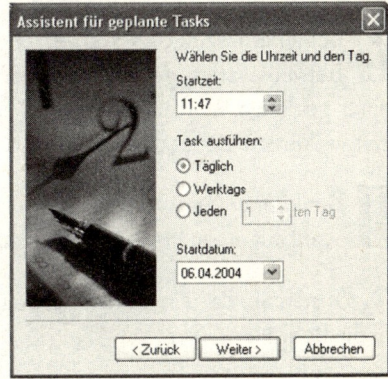

2. Damit starten Sie einen Assistenten, der Sie durch die Schritte der Taskplanung führt. Wählen Sie zunächst das Programm aus, das ausgeführt werden soll.

3. Stellen Sie dann ein, wie regelmäßig dieser Task ausgeführt werden soll (z. B. täglich, wöchentlich oder auch nur einmalig).

4. Im nächsten Schritt wählen Sie dann den genauen Zeitpunkt aus, zu dem das Programm aktiv werden soll.

5. Geben Sie dann den Benutzernamen und (zweimal) das Kennwort an. Andernfalls lässt Windows die Ausführung des Programms nicht zu.

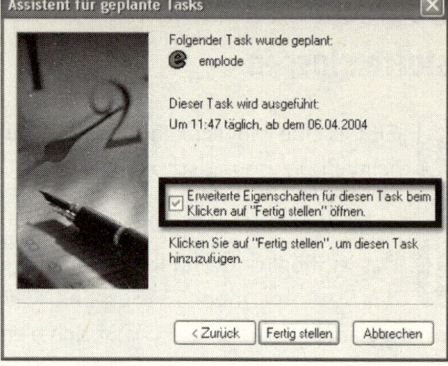

6. Aktivieren Sie dann unbedingt die Option *Erweiterte Eigenschaften für diesen Task beim Klicken auf "Fertig stellen" öffnen*, bevor Sie den Assistenten mit *Fertig stellen* beenden.

7. Wechseln Sie dann in den erweiterten Eigenschaften in die Rubrik *Einstellungen*.

8. Aktivieren Sie hier ganz unten im Bereich *Energieverwaltung* die Option *Computer zum Ausführen des Tasks reaktivieren*.

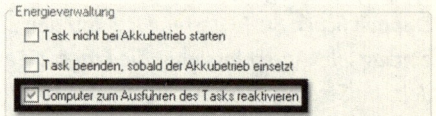

9. Übernehmen Sie die Einstellungen mit einem Klick auf *OK*. Wenn sich der PC zu festgelegten Zeitpunkt in einem der beschriebenen Stromsparmodi befindet, wird er automatisch reaktiviert und das Programm ausgeführt.

Wartezeit beim Boot-Manager verkürzen

? Bei jedem Windows-Start erscheint der Boot-Manager und fragt nach, welches Betriebssystem gestartet werden soll. Wenn ich nichts eingebe, nimmt er nach einer gewissen Wartezeit automatisch den Standardeintrag. Kann man diese Wartezeit verkürzen, damit der Systemstart auch ohne Benutzereingriff flott abläuft?

! Sie können Sie Wartezeit auf eine Benutzerantwort bei der Betriebssystemauswahl auf einen beliebigen Zeitraum zwischen 0 und 999 Sekunden einstellen.

1. Öffnen Sie dazu in der Systemsteuerung das Modul *System* und wechseln Sie dort in die Rubrik *Erweitert*.

2. Klicken Sie hier ganz unten im Bereich *Starten und Wiederherstellen* auf die Schaltfläche *Einstellungen*.

3. Damit öffnen Sie die Starteinstellungen, wo Sie oben im Bereich *Systemstart* die *Anzeigedauer der Betriebssystemliste* festlegen können.

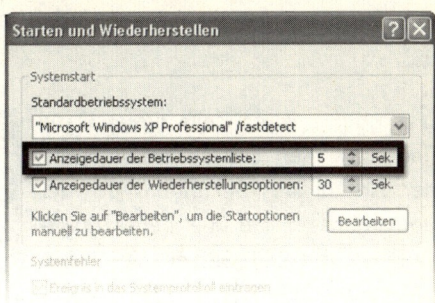

4. Übernehmen Sie die Einstellungen mit zweimal *OK*.

Boot-Manager deaktivieren

Wollen Sie auf den Boot-Manager ganz verzichten, weil Sie ohnehin nur ein Betriebssystem installiert haben, können Sie dies tun, indem Sie einfach die Option Anzeigerdauer der Betriebssystemliste *ganz deaktivieren bzw. den Wert auf 0 setzen.*

Boot-Manager ohne Countdown

? Ich verpasse häufig die Wartezeit des Boot-Managers und der startet dann das Standardbetriebssystem, obwohl ich ein anderes aktivieren wollte. Kann man auf den Countdown des Boot-Managers ganz verzichten und ihn einfach auf eine Benutzereingabe warten lassen?

! Wenn Sie nur gelegentlich mehr Zeit zum Nachdenken brauchen, genügt es, z. B. ↓ oder ↑ einmal kurz zu drücken, um den Countdown außer Kraft zu setzen. Wollen Sie den Boot-Manager tatsächlich dauerhaft ohne Countdown verwenden, geht dies folgendermaßen:

1. Öffnen Sie in der Systemsteuerung das Modul *System* und wechseln Sie dort in die Rubrik *Erweitert*.

2. Klicken Sie hier ganz unten im Bereich *Starten und Wiederherstellen* auf die Schaltfläche *Einstellungen*.

3. Damit öffnen Sie die Starteinstellungen, wo Sie oben im Bereich *Systemstart* auf die Schaltfläche *Bearbeiten* klicken.

4. Damit öffnen Sie die Datei *boot.ini*, welche die Startoptionen für Windows enthält. Bitte lassen Sie beim Verändern dieser Date größte Vorsicht walten, da Windows bei ungültigen Inhalten in der *boot.ini* unter Umständen nicht mehr startet (siehe Seite 63).

5. In der zweiten Zeile dieser Datei finden Sie den Eintrag *timeout=* mit der Anzahl der Sekunden, die der Boot-Manager auf die Benutzerantwort warten soll. Setzen Sie diesen Wert auf *-1*.

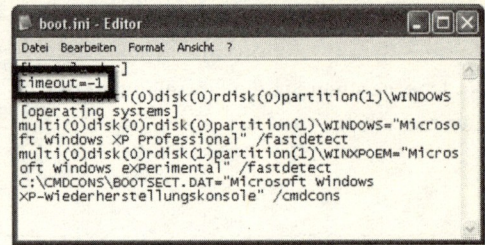

6. Rufen Sie dann die Menüfunktion *Datei/Speichern* auf und schließen Sie den Editor mit *Datei/Beenden*.

7. Wichtig: Schließen Sie das Menü danach nicht mit *OK*, sondern mit *Abbrechen*, da der neue Wert in der *boot.ini* – der so eigentlich nicht vorgesehen ist – sonst mit einem regulären Wert überschrieben würde.

Da der Wert -1 sozusagen inoffiziell ist, kann es passieren, dass er von bestimmten Programmen automatisch korrigiert wird. Dieser Effekt tritt z. B. auf, wenn Sie das Programm *msconfig* benutzen oder das oben beschriebene Menü für die Systemstartoptionen später erneut aufrufen. Hier können Sie nur auf den Einsatz dieser Programme verzichten oder müssen den Wert jeweils anschließend wieder manuell korrigieren.

2.2 Windows beenden

Zeit zum Herunterfahren verkürzen

Windows wartet beim Beenden manchmal scheinbar grundlos auf irgendetwas, bis es dann doch endlich herunterfährt. Muss diese Pause sein oder kann man das Ausschalten verkürzen?

Die Ursache für die Wartepause liegt darin, dass das Betriebssystem verschiedenen Anwendungen und Diensten ausreichend Zeit geben will, sich zu beenden. Wenn einer dieser Dienste aber nicht ordnungsgemäß reagiert, kann das eben dauern. Mit einem Registry-Trick können Sie Windows XP etwas ungeduldiger machen und den Vorgang so beschleunigen:

1. Starten Sie den Registry-Editor und öffnen Sie den Schlüssel *HKEY_LOCAL_MACHINE\SYSTEM\ControlSet\Control*. Hier finden Sie rechts die Zeichenfolge *WaitToKillServiceTime*, deren Wert die Zeit in Millisekunden angibt, die Windows den Anwendungen und 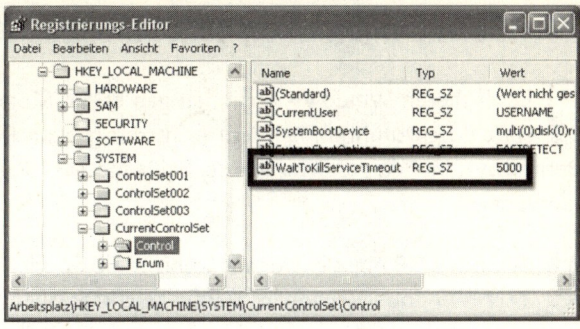 Diensten einräumt. Der hier eingetragene Standardwert ist 20000, also 20 Sekunden, was schon zu einer unangenehm langen Verzögerung führen kann. Deshalb sollten Sie diesen Wert bei Bedarf verringern, z. B. auf 5000 ms, also 5 Sekunden. Dieser Wert ist der wichtigste für das Beschleunigen des Herunterfahrens.

2. Wechseln Sie dann zum Schlüssel *HKEY_CURRENT_USER\Control Panel\Desktop*. Hier finden Sie in der rechten Hälfte ebenfalls den Wert *WaitToKillServiceTime*, den Sie entsprechend anpassen sollten.

3. Setzen Sie außerdem den Wert *HungAppTimeout* auf 5000, falls er diesen Wert nicht bereits hat.

4. Suchen Sie schließlich die Zeichenfolge *AutoEndTasks*. Doppelklicken Sie auf diese, um sie zum Bearbeiten zu öffnen, und setzen Sie dann im *Zeichenfolge bearbeiten*-Dialog den Wert für diese Einstellung auf *1*. Damit erlauben Sie Windows, Anwendungen ohne Rückfrage zu beenden. Bitte beachten Sie, dass dadurch Anwendungen auch dann geschlossen werden, wenn das aktuelle Dokument noch nicht gespeichert wurde. Sie müssen also selbst dafür sorgen, dass Ihre Dokumente vor dem Herunterfahren von Windows gespeichert sind.

▐▌▶ **Timeout nicht zu kurz wählen** ▐▌▶

Auch wenn ein sehr kurzer Timeout verführerisch ist, sollte man es nicht übertreiben. Einige Dienste brauchen etwas Zeit, um z. B. wichtige Daten auf die Festplatte zu sichern. Wenn Sie das vor Ablauf des Timeout nicht schaffen, bricht Windows den Vorgang einfach ab, was zu Datenverlusten und beim nächsten Start zu Problemen führen kann. Deshalb sollten Sie schon eine paar Sekunden Wartezeit hinnehmen.

Per Tastenkombination zum schnellen Neustart

Bei früheren Windows-Versionen gab es die Möglichkeit, einen schnellen Neustart durchzuführen, bei dem nicht der ganzen Rechner, sondern lediglich das Betriebssystem neu gestartet wurde. Bei Windows XP gibt es diese Möglichkeit nicht mehr, oder doch?

Windows XP muss in weitaus weniger Situationen neu gestartet werden als frühere Windows-Versionen. Häufig reicht es, wenn Sie sich mit *Start/Abmelden* kurz ab- und gleich wieder anmelden, um eventuelle Konfigurationsänderungen wirksam werden zu lassen. Trotzdem gibt es einen schnellen Neustart, den Sie in der Registry aktivieren können:

1. Starten Sie dazu den Registry-Editor und öffnen Sie den Schlüssel *HKEY_LOCAL_MACHINE\SOFTWARE\Microsoft\Windows NT\CurrentVersion\Winlogon*.

2. Legen Sie hier in der rechten Hälfte mit *Bearbeiten/Neu/Zeichenfolge* einen neuen Eintrag mit der Bezeichnung *EnableQuickReboot* an.

3. Doppelklicken Sie anschließend darauf, um den Wert dieser Eigenschaft festzulegen, und geben Sie im *Zeichenfolge bearbeiten*-Dialog 1 als Wert an.

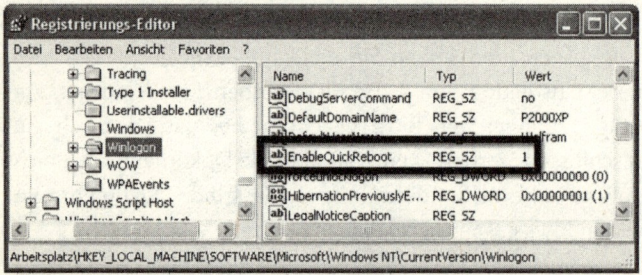

Nach einem (herkömmlichen) Neustart können Sie dann jederzeit mit der Tastenkombination [Strg]+[Alt]+[Entf] einen schnellen Neustart von Windows erzwingen. Allerdings kümmert sich Windows dabei nicht darum, ob eventuell noch Anwendungen bzw. ungesicherte Dokumente geöffnet sind. Dies sollten Sie jeweils selbst überprüfen, bevor Sie diese Kombination benutzen.

PC schaltet sich nicht automatisch ab

? Wenn ich Windows beende, erhalte ich zum Schluss immer den *Sie können den Computer jetzt ausschalten*-Bildschirm. Warum schaltet sich der Rechner nicht automatisch ab?

! Dieses Phänomen kann bei Systemen mit APM (**A**dvanced **P**ower **M**anagement) auftreten. In diesem Fall müssen Sie die Unterstützung für APM aktivieren:

1. Öffnen Sie in der Systemsteuerung das Modul *Energieoptionen*.

2. Wechseln Sie dort in die Rubrik *APM*.

3. Schalten Sie hier im Bereich *Advanced Power Management* die Option *Unterstützung für Advanced Power Management aktivieren* ein.

4. Übernehmen Sie die geänderten Einstellungen mit *OK*.

Sollte die Rubrik *APM* bei Ihrem Windows nicht vorhanden sein, müssen Sie zunächst die APM-Unterstützung bei den Hardwarekomponenten einrichten:

1. Öffnen Sie in der Systemsteuerung das Modul *Hardware* und warten Sie, bis der Assistent seine Suche nach neuer Hardware beendet hat.

2. Wählen Sie dann die Option *Ja, Hardware wurde bereits angeschlossen* aus und setzen Sie den Assistenten mit *Weiter* fort.

3. In der anschließenden Liste *Installierte Hardware* gehen Sie ganz nach unten und wählen den Eintrag *Neue Hardware hinzufügen*.

4. Wählen Sie dann die Option *Hardware manuell aus einer Liste wählen und installieren*.

5. Im nächsten Schritt wählen Sie in der Liste *Allgemeine Hardwaretypen* die *Herkömmliche NT APM-Unterstützung*

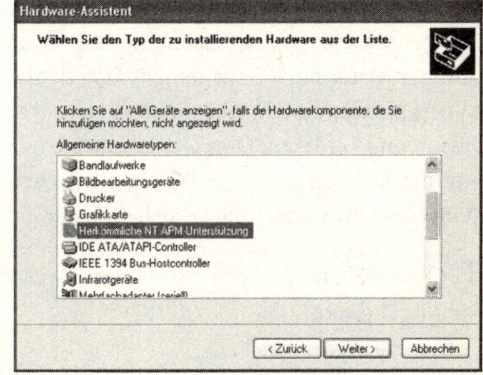

aus und installieren diese mit einem Klick auf *Weiter*. Anschließend sollte die Rubrik *APM* in den Energieoptionen verfügbar sein.

Sollte auch diese Methode nicht zum Erfolg verhelfen, gibt es noch einen Registry-Eingriff, wie man Windows zum Abschalten nach dem Herunterfahren überreden kann:

1. Starten Sie dazu den Registry-Editor und öffnen Sie den Schlüssel *HKEY_LOCAL_MACHINE\SOFTWARE\Microsoft\Windows NT\CurrentVersion\Winlogon*.

2. Suchen Sie hier in der rechten Fensterhälfte nach dem Eintrag *PowerdownAfterShutdown*, öffnen Sie ihn mit einem Doppelklick zum Bearbeiten und ändern Sie den Wert auf *1*.

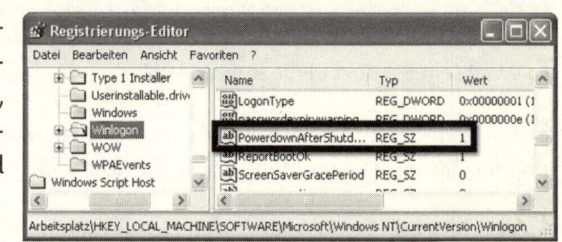

3. Schließen Sie den Registry-Editor. Eventuell ist auch ein Neustart erforderlich, bevor die Änderung die gewünschte Wirkung zeigt.

Windows startet beim Herunterfahren sofort wieder neu

? Wenn ich Windows herunterfahre oder in den Stand-by-Modus versetze, startet es im Anschluss immer gleich wieder.

! Solche Probleme lassen sich fast immer auf das Energiesparmanagement zurückführen. Häufig liegt es daran, dass bestimmte angeschlossene Geräte wie Tastatur oder Maus den PC aus seinem Tiefschlaf wecken dürfen. Gerade bei USB-Geräten ist dies problematisch, weil sie beim Herunterfahren des PCs automatisch ihre Stromversorgung verlieren. Dies wiederum wird vom USB-Bus teilweise als Aufwachsignal interpretiert, wodurch der PC reaktiviert wird. Teilweise lässt sich dieses Problem in Windows selbst lösen, teilweise helfen nur die Wakeup-Optionen des BIOS weiter:

1. Öffnen Sie in der Systemsteuerung das Modul *System* und wechseln Sie hier in die Rubrik *Hardware*.

2. Klicken Sie hier im Bereich *Geräte-Manager* auf die Schaltfläche *Geräte-Manager*.

3. Im Geräte-Manager kontrollieren Sie die Geräte, die den Computer möglicherweise aus dem Tiefschlaf wecken könnten, also insbesondere Eingabegeräte wie *Mäuse und andere Zeigegeräte*, *Tastaturen*, aber auch *Netzwerkadapter*.

4. Rufen Sie für jedes der aufgeführten Geräte mit einem Doppelklick die Eigenschaften auf und wechseln Sie dort in die Rubrik *Energieverwaltung*. Deaktivieren Sie hier das Kontrollkästchen *Gerät kann den Computer aus dem Standbymodus aktivieren*. Sollte die Rubrik nicht vorhanden oder diese Option nicht einstellbar sein, kommt dieses Gerät als Urheber auch nicht in Frage.

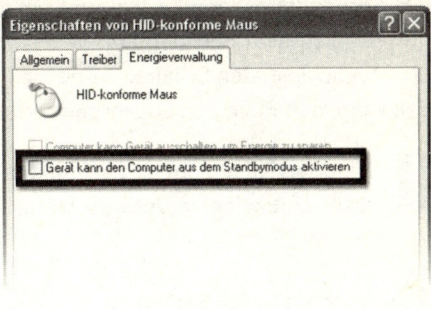

5. Übernehmen Sie die neuen Einstellungen jeweils mit *OK* und beenden Sie abschließend den Geräte-Manager.

Sollte diese Vorgehensweise das Problem noch nicht lösen, müssen Sie das BIOS bemühen und dort die entsprechenden Wake-up-Ereignisse deaktivieren:

1. Um die Wake-up-Ereignisse zu konfigurieren, gehen Sie im Hauptmenü des BIOS-Setups zunächst in das Untermenü *Power* bzw. *Power Management Setup*.

2. Bei manchen BIOS-Versionen finden Sie ein spezielles *Wake Up Events* oder auch *Power On*, in das Sie zunächst mit [Enter] wechseln müssen.

3. Hier können Sie für die verschiedenen Komponenten festlegen, ob das System bei Aktivitäten dieser Geräte aufwachen soll. Wenn Sie das oben beschriebene Problem haben, sollten Sie probeweise die *Wake Up-* bzw. *Power On*-Ereignisse für Maus, Tastatur und USB-Anschlüsse deaktivieren. Problematisch kann auch die Option *Wake Up On LAN/Ring-In Power On* sein. Sie sorgt dafür, dass der PC bei ankommenden Daten aus dem Netzwerk oder bei eingehenden Anrufen eines angeschlossenen Modems sofort aktiv wird.

Bei den BIOS-Systemen gibt es von Rechner zu Rechner teilweise erheblich Unterschiede. Davon hängt es ab, welche Einstellungen bei Ihrem PC genau vorhanden sind.

Den Ein-/Ausschalter als Stromsparschalter verwenden

? Bei meinem ACPI-Rechner ist kein zusätzlicher Schalter für Stromsparfunktionen vorhanden. Alleridngs benötige ich den Ein-/Ausschalter eigentlich nicht, da sich der PC nach dem Beenden von Windows ohnehin automatisch ausschaltet. Besteht die Möglichkeit, den Schalter „anders zu belegen", sodass man ihn z. B. dazu verwenden kann, den PC in den Stromsparmodus zu versetzen?

! Windows XP erlaubt es, die Funktion des Ein-/Ausschalters in gewissen Grenzen flexibel zu belegen. Voraussetzung dafür ist allerdings ein funktionierendes ACPI-System:

1. Öffnen Sie in der Systemsteuerung das Modul *Energieoptionen* und wechseln Sie in die Rubrik *Erweitert*.

2. Im Bereich *Netzschaltervorgänge* können Sie hier im Auswahlfeld *Beim Drücken des Netzschalters am Computer* einstellen, was beim Drücken dieses Schalters geschehen soll. Hier können Sie z. B. einstellen, dass Windows in den Stand-by-Modus oder den Ruhezustand wechseln soll.

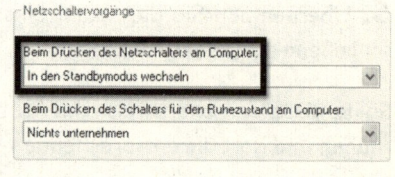

3. Bestätigen Sie die veränderten Einstellungen mit *OK*.

Keine Schaltfläche für den Ruhezustand zu finden

? Ich will den PC in den Ruhezustand versetzen. Wenn ich mit *Start/Ausschalten* den *Computer ausschalten*-Dialog öffne, wird dort neben *Ausschalten* und *Neustarten* aber nur der Stand-by als Energiesparoption angeboten. Wie kann ich den PC in den Ruhezustand versetzen?

! Wenn der *Computer ausschalten*-Dialog angezeigt wird, drücken Sie einfach [Umschalt]. Dann verwandelt sich der Stand-by- in einen Ruhezustand-Schalter. Falls das nicht funktioniert, müssen Sie den Ruhezustand zunächst aktivieren:

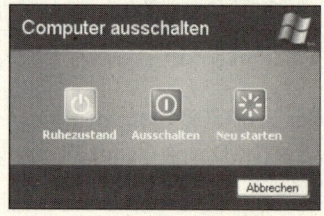

1. Öffnen Sie in der Systemsteuerung das Modul *Energieoptionen* und wechseln Sie in die Rubrik *Ruhezustand*.

2. Schalten Sie hier im Register *Ruhezustand* das Kontrollkästchen *Ruhezustand aktivieren* ein.

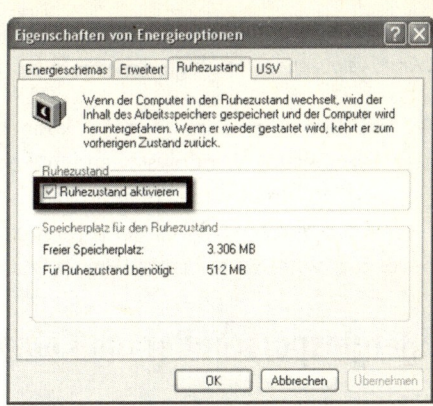

3. Kontrollieren Sie darunter im Bereich *Speicherplatz für den Ruhezustand*, ob auf der Festplatte genügend Speicherplatz zum Sichern des Speicherabbilds für den Ruhezustand vorhanden ist.

4. Übernehmen Sie die neuen Einstellungen mit *OK*. Der Schalter für den Ruhezustand steht ab sofort wie oben beschrieben zur Verfügung.

Windows per Doppelklick auf den Desktop beenden

Bei früheren Windows-Versionen gab es Tricks, ein Symbol auf dem Desktop anzulegen, mit dem man Windows per Doppelklick ohne weitere Rückfragen herunterfahren konnte. Bei Windows XP funktionieren diese Tricks nicht mehr. Geht es trotzdem irgendwie?

Es geht, nur ist dafür ein anderes Programm zuständig. Auch für dieses können Sie sich aber eine Verknüpfung z. B. auf den Desktop legen, um Windows per Doppelklick zu beenden:

1. Klicken Sie mit der rechten Maustaste auf eine freie Stelle des Desktops und wählen Sie im kontextabhängigen Menü *Neu/Verknüpfung*.

2. Tippen Sie im Feld *Geben Sie den Speicherort des Elements ein* die Befehlszeile *C:\Windows\System32\shutdown.exe -s -f -t 0* ein. Wollen Sie Windows mit dem Symbol nicht beenden, sondern neu starten, verwenden Sie stattdessen eine leicht modifizierte Befehlszeile: *C:\Windows\System32\shutdown.exe -r -f -t 0*.

3. Geben Sie im zweiten Schritt eine beliebige Bezeichnung für das Symbol an, z. B. *Windows beenden*, und legen Sie das Symbol mit *Fertig stellen* an.

4. Mit dem so erstellten Symbol können Sie jederzeit mit einem simplen Doppelklick Windows beenden bzw. neu starten. Bitte beachten Sie, dass Windows dabei keine Rücksicht auf eventuell noch geöffnete Anwendungen oder Dokumente nimmt. Speichern Sie wichtige Daten also selbst, bevor Sie Windows auf diese Weise verlassen.

Energiesparschalter am Computer anders belegen

An meinem PC habe ich einen zusätzlichen Schalter für die Stromsparfunktion. Wenn ich diesen betätigen aktiviert er den Ruhezustand. Wie kann ich stattdessen den Stand-by-Modus mit diesem Schalter aktivieren?

1. Öffnen Sie in der Systemsteuerung das Modul *Energieoptionen* und wechseln Sie in die Rubrik *Erweitert*.

2. Im Bereich *Netzschaltervorgänge* können Sie hier im Auswahlfeld *Beim Drücken des Schalters für den Ruhezustand am Computer* einstellen, was beim Drücken dieses Schalters geschehen soll. Damit der Schalter den Stand-by-Modus aktiviert, wählen Sie die Einstellung *In den Standbymodus wechseln*. Sie können sich aber auch jedes Mal *Zur Vorgangsauswahl auffordern* lassen.

3. Bestätigen Sie die veränderten Einstellungen mit *OK*.

2.3 Windows reparieren bzw. wiederherstellen

Windows im abgesicherten Modus starten

Es ist immer wieder die Rede davon, bei Problemen Windows im abgesicherten Modus auszuführen. Wie kann ich diesen abgesicherten Modus starten und was bringt das?

Im abgesicherten Modus wird das Kernsystem nur mit den allernötigsten Komponenten und Treibern gestartet. Alles, was die Stabilität gefährden könnte, wird hingegen weggelassen. So können Sie Ihr Windows zum Laufen bringen, um z. B. Software wieder zu entfernen oder zu reparieren oder problematische Einstellungen zu korrigieren. Außerdem führt Windows XP beim abgesicherten Start eine Selbstdiagnose durch und kann dabei typische Probleme automatisch erkennen und beheben.

1. Um Windows XP im abgesicherten Modus zu benutzen, schalten Sie den Rechner ein bzw. starten ihn neu, wenn er schon läuft. Führen Sie dabei unbedingt einen Kaltstart durch, also am besten die Reset-Taste am Gehäuse drücken.

2. Drücken Sie dann die Taste [F8] und halten Sie sie während des gesamten Startvorgangs des PCs gedrückt. Falls Ihr PC dabei ein dauerhaftes Tastenklickgeräusch über den Lautsprecher ausgibt, braucht Sie das nicht zu stören. Sollte ein fremder Boot-Manager vorgeschaltet sein oder das BIOS-Programm auf die gedrückte [F8]-Taste reagieren, drücken Sie die Taste erst später, unmittelbar beim Start von Windows.

3. Durch die gedrückte [F8]-Taste erreichen Sie, dass Windows XP nicht unmittelbar startet, sondern Sie zunächst *Erweiterte Windows-Startoptionen* auf dem Bildschirm angezeigt bekommen. Hier können Sie festlegen, wie Windows XP genau starten soll.

4. Um Windows im abgesicherten Modus zu starten, wählen Sie hier mit den Pfeiltasten die Option *Abgesicherter Modus* aus. Wenn Sie Zugriff aufs Netzwerk benötigen, um z. B. auf Wartungsprogramme zuzugreifen, können Sie die Rumpfkonfiguration auch um Netzwerktreiber erweitern, indem Sie den Befehl *Abgesicherter Modus mit Netzwerktreibern* wählen. Dies ist aber nur zu empfehlen, wenn Sie ganz sicher sind, dass die Probleme nicht mit dem Netzwerk zusammenhängen.

5. Haben Sie mehrere Windows-Versionen parallel installiert, erfolgt im Anschluss der Dialog des Boot-Managers, wo Sie die im abgesicherten Modus zu startende Windows-Installation auswählen.

6. Wenn Sie Windows XP im abgesicherten Modus starten, werden Sie die Unterschiede zum normalen System schnell bemerken. Zunächst einmal dürfte Ihr Monitor ein ungewohntes Bild bieten. Das liegt daran, dass das System einfach Standardgrafiktreiber verwendet. Diese arbeiten mit geringer Auflösung und niedriger Bildwiederholfrequenz. Außerdem finden Sie an allen Ecken permanente Hinweise auf den abgesicherten Modus. Schließlich weist Windows XP Sie zum Abschluss des Startvorgangs

gangs noch einmal mit einer Meldung darauf hin, dass der PC nun im abgesicherten Modus arbeitet.

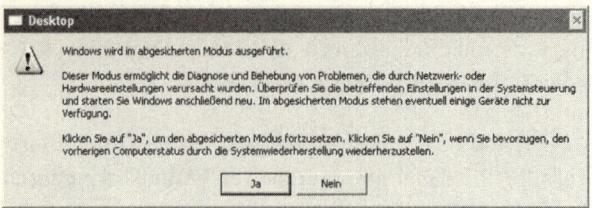

Im abgesicherten Modus stehen Ihnen nicht alle gewohnten Funktionen zur Verfügung. Sie haben aber Zugang zu den wichtigsten Systemeinstellungen und können z. B. auch Anwendungen und Gerätetreiber konfigurieren. Um die Selbstdiagnosefunktion von Windows XP zu nutzen, müssen Sie das System nach erfolgtem abgesicherten Start einfach beenden und im normalen Modus neu starten. Mit etwas Glück wird das Problem dadurch schon behoben.

Früheren Systemstatus wiederherstellen

? Nach der Installation einer neuen Software-/Hardwarekomponente läuft mein Windows nicht mehr rund. Auch eine Deinstallation konnte die Probleme nicht beheben. Wie kann ich zum Status vor der fatalen Installation zurückkehren?

! Windows legt regelmäßig automatisch Sicherungen mit allen wichtigen Daten des Systems an. Wenn es durch eine Konfigurationsänderung Probleme gibt, können Sie auf einen Sicherungsstand zurückgreifen, der von einem Zeitpunkt stammt, als das System noch ordnungsgemäß funktionierte.

1. Rufen Sie mit *Start/Alle Programme/Zubehör/Systemprogramme/Systemwiederherstellung* den Assistenten für die Systemwiederherstellung auf.

2. Wählen Sie als durchzuführende Aufgabe *Computer zu einem früheren Zeitpunkt wiederherstellen* und setzen Sie den Assistenten mit *Weiter* fort.

3. Im nächsten Schritt wählen Sie den Wiederherstellungspunkt, zu dem das System zurückkehren soll. Überlegen Sie dazu, ab welchem Zeitpunkt die Störungen auftraten, und suchen Sie im Kalenderfenster links ein Datum vor diesem Termin. Die Tage, für die Wiederherstellungspunkte gespeichert sind, erkennen Sie am fett gedruckten Tagesdatum.

2.3 WINDOWS REPARIEREN BZW. WIEDERHERSTELLEN **89**

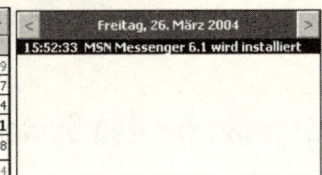

1. Klicken Sie im Kalender auf ein in fett markiertes Datum.
2. Klicken Sie in der Liste auf einen Wiederherstellungspunkt.

4. Wenn Sie links einen Termin ausgewählt haben, werden im Feld rechts die Wiederherstellungspunkte dieses Tages angezeigt. Wählen Sie den Punkt aus, den Sie wiederherstellen wollen. Beachten Sie bei den zu Programminstallationen automatisch erstellten Punkten, dass sie vor der Installation erstellt wurden und somit auch die Installation rückgängig machen.

5. Bestätigungen Sie dann den gewählten Wiederherstellungspunkts Beachten Sie, dass für den Wiederherstellungsvorgang ein Neustart erforderlich ist und deshalb alle evnetuell noch geöffneten Dateien zuvor geschlossen werden sollten. Klicken Sie dann auf *Weiter*, um die Wiederherstellung einzuleiten.

6. Anschließend führt Windows XP die Systemwiederherstellung durch und startet dann neu. Nach dem Neustart überprüft es, ob die Wiederherstellung gelungen ist, und bestätigt dies mit einer Erfolgsmeldung.

 Wenn Windows gar nicht erst starten will

Manchmal ist eine Störung so schwerwiegend, dass sich Windows gar nicht mehr starten lässt (siehe hierzu auch den ersten Abschnitt dieses Kapitels). Dann hilft der Assistent für die Systemwiederherstellung wenig, da Sie gar keinen Zugriff darauf bekommen. In diesem Fall sollten Sie zunächst versuchen, Windows im abgesicherten Modus zum Starten zu bewegen (siehe vorangegangener Abschnitt). Wenn auch das nicht funktioniert, sollten Sie in den erweiterten Startoptionen den Punkt Letzte als funktionierend bekannte Konfiguration wählen. Damit stellt Windows den zuletzt erfolgreich gespeicherten Wiederherstellungspunkt zurück und startet mit diesen Einstellungen. Danach sollte das System wieder funktionieren und Sie können bei Bedarf immer noch zu einem beliebigen anderen (womöglich besser geeigneten) Punkt zurückkehren.

Sollte die Wiederherstellung nicht den gewünschten Erfolg gehabt haben, sollten Sie einen anderen, früheren Wiederherstellungspunkt ausprobieren. Hat sich das System hingegen womöglich verschlimmert, können Sie die Wiederherstellung auch rückgängig machen. Dazu finden Sie im ersten Schritt des Assistenten für die Systemwiederherstellung anschließend zusätzlich die Option *Letzte Wiederherstellung rückgängig machen*.

Wiederherstellungspunkt für den Systemstatus manuell anlegen

? Ich möchte vor einer gravierenden Änderung an der Konfiguration meines PCs einen Wiederherstellungspunkt erstellen, zum dem ich notfalls zurückkehren kann, falls etwas schief läuft. Wie kann ich einen solchen Sicherungspunkt manuell anlegen?

! Windows legt regelmäßig selbst Wiederherstellungspunkte an, z. B. bei jedem Systemstart oder wenn Sie eine neue Anwendung installieren. Sie können aber jederzeit selbst einen Wiederherstellungspunkt erstellen:

1. Um einen Wiederherstellungspunkt anzulegen, starten Sie mit *Start/Alle Programme/Zubehör/Systemprogramme/Systemwiederherstellung* den Assistenten für die Systemwiederherstellung.

2. Wählen Sie hier im ersten Schritt als durchzuführende Aufgabe *Einen Wiederherstellungspunkt erstellen* und setzen Sie den Assistenten mit einem Klick auf *Weiter* fort.

3. Geben Sie dann im Eingabefeld eine *Beschreibung des Wiederherstellungspunkts* an. Beziehen Sie sich dabei am besten auf den Grund, warum dieser Sicherungspunkt erstellt werden soll. Datum und Uhrzeit brauchen Sie nicht anzugeben, da diese der Information automatisch beigefügt werden.

4. Klicken Sie dann auf die *Erstellen*-Schaltfläche, um die Sicherung durchzuführen.

5. Der Assistent sichert dann den gesamten aktuellen Bestand der Registrierungsdatenbank in einem Wiederherstellungspunkt. Anschließend bestätigt er die erfolgreiche Sicherung der Systemdaten.

Fehlende oder zu wenig Wiederherstellungspunkte

? Wenn ich den Assistenten für die Systemwiederherstellung aufrufe, zeigt der mir immer nur ein oder zwei Wiederherstellungspunkte zur Auswahl an. Länger zurückliegende Punkte sind scheinbar verschwunden. Kann man die Anzahl der Wiederherstellungspunkte erhöhen?

! Für die Systemwiederherstellung steht auf jedem Laufwerk begrenzter Speicherplatz zur Verfügung. Ist dieser voll, wird beim Anlegen eines neuen Speicherpunkts automatisch der älteste noch vorhandene Wiederherstellungspunkt gelöscht, um Platz zu schaffen. Dieser Automatismus lässt sich nicht verändern. Allerdings können Sie ggf. den Speicherplatz vergrößern, der für Wiederherstellungspunkte zur Verfügung steht:

1. Öffnen Sie in der Systemsteuerung das Modul *System* und wechseln Sie hier in die Rubrik *Systemwiederherstellung*.

2. Wählen Sie unten im Bereich *Verfügbare Laufwerke* das Laufwerk aus, auf dem Ihre Windows-Installation eingerichtet ist, und klicken Sie rechts auf die Schaltfläche *Einstellungen*.

3. Im anschließenden Dialog können Sie mit dem Schieberegler festlegen, wie viel Prozent der Kapazität dieses Laufwerks für Wiederherstellungspunkte verwendet werden darf. Je weiter Sie den Schieber nach rechts in Richtung *Max.* bewegen, desto mehr Daten kann die Systemwiederherstellung speichern.

4. Übernehmen Sie die neuen Einstellungen mit *OK* und wiederholen Sie den Vorgang ggf. für weitere Laufwerke Ihres PCs.

Systemwiederherstellung ist verschwunden

? Nach einer Reparatur von Windows ist die Systemdateiwiederherstellung bei mir völlig verschwunden. Im *System*-Menü ist nicht einmal mehr die Rubrik dafür vorhanden. Wie bekomme ich die Funktion wieder?

! Bei einer Reparatur oder Reinstallation von Windows kann es passieren, dass Windows keinen Zugriff auf die *System Volume Information*-Ordner der alten Windows-Version erhält. Somit kann es keine Punkte anlegen, kann diese Ordner aber auch nicht löschen und durch neue, leere Ordner ersetzen. Hier müssen Sie etwas nachhelfen, indem Sie diese Ordner manuell entfernen. Dazu müssen Sie sich aber zunächst selbst die Zugriffsberechtigung für diese Ordner verschaffen:

1. Starten Sie den Windows-Explorer und öffnen Sie darin das Laufwerk, auf dem Windows installiert ist.

2. Klicken Sie hier mit der rechten Maustaste auf den Ordner *System Volume Information*, wählen Sie im kontextabhängigen Menü die Funktion *Eigenschaften* und wechseln Sie dort in die Rubrik *Sicherheit*.

3. Klicken Sie hier auf die Schaltfläche *Hinzufügen*, dann auf *Erweitert* und schließlich auf *Jetzt suchen*.

4. Wählen Sie unten in der Liste den Administrator bzw. den Benutzer mit Administratorrechten, als der Sie gerade angemeldet sind, aus und klicken Sie zweimal auf *OK*.

5. Zurück in der Rubrik *Sicherheit* wird dieser Benutzer nun zusätzlich in der *Liste Gruppen- oder Benutzernamen* aufgeführt. Wählen Sie ihn hier aus und setzen Sie darunter in der Liste der Berechtigungen den *Vollzugriff* auf *Zulassen*.

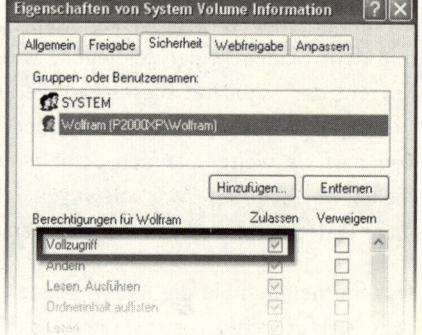

6. Klicken Sie dann ganz unten auf *OK*. Damit haben Sie sich selbst den Zugriff für diesen Ordner verschafft.

7. Zurück im Explorer können Sie nun den Ordner *System Volume Information* einfach löschen, indem Sie z. B. [Entf] drücken und die Sicherheitsrückfrage bestätigen. Die Systemwiederherstellung kann den Ordner dann neu anlegen und benutzen. Wiederholen Sie diesen Vorgang ggf. für andere Laufwerke, auf denen sich dieser Ordner ebenfalls befindet.

Windows startet nicht mal mehr im abgesicherten Modus

? Ich kann mein Windows nicht mal mehr im abgesicherten Modus starten. Ist die Installation völlig hinüber oder gibt es noch irgendeine Rettungsmöglichkeit?

! Es ist möglich, dass durch Defekte oder durch versehentliche Manipulationen so grundlegende Probleme entstehen, dass Windows auch in der abgespeckten Fassung nicht mehr auf die Beine kommt. Dann kann sozusagen nur noch ein chirurgischer Eingriff von außerhalb helfen, der das Problem ermittelt und behebt. Für einen solchen Eingriff ist die Wiederherstellungskonsole vorgesehen. Im ersten Abschnitt dieses Kapitels finden Sie eine Reihe von konkreten Problemen, die unter anderem mit dem Einsatz der Wiederherstellungskonsole gelöst werden können. Hier nun eine genau Beschreibung, wie Sie die Wiederherstellungskonsole aktivieren und nutzen:

1. Legen Sie die Windows XP-Installations-CD in das CD-Laufwerk ein. Stellen Sie Ihren PC im BIOS ggf. so ein, dass er von dieser CD bootet. Starten Sie den PC dann neu.

2. Wenn die entsprechend lautende Meldung auf dem Bildschirm angezeigt wird, drücken Sie eine beliebige Taste, um von der CD zu starten.

3. Damit startet zunächst das reguläre Setup-Programm für Windows XP, allerdings nur bis zum *Willkommen*-Bildschirm, wo Sie die Installation mit (Enter) fortsetzen sollten.

4. Drücken Sie hier stattdessen (R) für das Starten der Wiederherstellungskonsole.

5. Sollten Sie mehrere Windows-Installationen auf Ihrem PC haben, müssen Sie nach kurzer Wartepause auswählen, welche dieser Versionen Sie reparieren wollen. Drücken Sie dazu einfach die entsprechende Zifferntaste und (Enter).

6. Geben Sie dann das Administratorenkennwort ein. Bei der Wiederherstellungskonsole können Sie sich nur als Administrator anmelden. Selbst Benutzer mit Administratorrechten können die Konsole nicht verwenden, da die Eingabe eines anderen Benutzernamens nicht vorgesehen ist.

7. Anschließend erhalten Sie eine Eingabekonsole, mit der Sie ähnlich wie in der Eingabeaufforderung Befehle eintippen können. Einer der wichtigsten Befehle: Mit *exit* verlassen Sie die Wiederherstellungskonsole und starten den Rechner neu.

2. SYSTEMWARTUNG/SERVICE PACKS

```
Microsoft Windows XP(TM)-Wiederherstellungskonsole

Die Wiederherstellungskonsole bietet Reparatur- und Wiederstellungs-
Funktione.

Geben Sie 'exit' ein, um die Wiederherstellungskonsole zu beenden und den
Computer neu zu starten.

1: C:\WINXPPRO
2: C:\WINDOWS

Bei welcher Windows-Installation möchten Sie sich anmelden?
Drücken Sie die Eingabetaste, um den Vorgang abzubrechen. 1
Geben Sie das Administratorkennwort ein: ********
C:\WINXPPRO>
```

Die Wiederherstellungskonsole stellt eine ganze Sammlung von Befehlen zur Verfügung, die zur Diagnose und Reparatur des Systems eingesetzt werden können. Die nachfolgende Tabelle stellt Ihnen einige der nützlichsten und Erfolg versprechendsten vor. Beachten Sie dabei, dass diese Befehle unter Umgehung der sonst bei Windows üblichen Schutzmechanismen ausgeführt werden. Sie können damit also ohne weiteres auch wichtige Systemdateien verändern oder löschen (was ja teilweise auch beabsichtigt ist). Andererseits können unbedachte Befehle auch leicht zu irreparablen Schäden führen.

Befehl	Funktion
chkdsk	Überprüft den Datenträger auf Fehler in der Dateistruktur oder in den Datensektoren. Bei mehreren Festplatten kann zusätzlich ein Laufwerkbuchstabe angegeben werden. Standardmäßig meldet chkdsk nur erkannte Probleme. Mit den Optionen /f und /r repariert chkdsk erkannte Fehler sofort automatisch. chkdsk kann hilfreich sein, wenn wichtige Systemdateien oder -ordner durch Fehler beschädigt wurden. Findet chkdsk eine sehr große Anzahl von Fehlern, weist dies auf ein schwerwiegendes Problem mit der Festplatte hin.
bootcfg	Dieses Tool kann die Startkonfiguration von Windows verändern und wiederherstellen. Wenn sich keine Version mehr starten lässt, sollte man damit überprüfen, ob eventuell eine fehlerhafte Konfiguration vorliegt. Ohne Parameter aufgerufen liefert der Befehl eine Übersicht der Konfiguration. Mit bootcfg /default kann man die Angaben für die Standard-Startauswahl verändern. bootcfg /default /? verrät Näheres.
diskpart	Mit diesem Programm kann man die Zuordnungen der Festplatte überprüfen. Es arbeitet in einem interaktiven Kommandozeilenmodus. Eine Übersicht der Befehle erhält man mit ?. Für Informationszwecke eignet sich der Befehl list. Er macht Angaben zu den vorhandenen Festplatten (disk), Partitionen (partition) und Laufwerken (volume). Wenn hier Partitionen oder gar ganze Laufwerke fehlen, sollte man sich zunächst auf die enstprechenden Hardwarekomponenten konzentrieren.

Befehl	Funktion
exit	Beendet die Wiederherstellungskonsole und startet den Rechner neu.
fixboot	Dieser Befehl erstellt einen neuen Bootsektor für die Systempartition. Er ist hilfreich, wenn durch einen Virus oder ein anderes Betriebssystem der Bootsektor überschrieben oder beschädigt wurde und der Computer gar nicht mehr von der Festplatte starten will.
fixmbr	Arbeitet ähnlich wie *fixboot*, repariert aber den **M**aster **B**oot **R**ecord (MBR), also den Startbereich für die gesamte Festplatte. Er kann helfen, wenn *fixboot* allein nicht ausreicht. Sollte nur verwendet werden, wenn der Zugriff auf die Laufwerke anders keinesfalls mehr möglich ist.
listsvc	Zeigt eine Liste der auf dem Computer verfügbaren Dienste und Treiber an. Kann in Verbindung mit *disable* (s. u.) eingesetzt werden, um problematische Dienste oder Treiber zu deaktivieren.
disable	Deaktiviert einen Systemdienst oder einen Gerätetreiber. Dazu wird als Parameter der Name des Dienstes bzw. Treibers angegeben. Dieser kann zuvor mit *listsvc* (s. o.) ermittelt werden. Wichtig: Wenn Sie einen Dienst oder Treiber auf diese Weise deaktivieren, wird sein bisheriger Starttyp angezeigt. Notieren Sie diesen Wert möglichst, damit Sie den Typ nach erfolgreicher Problembehebung wieder auf den richtigen Wert zurücksetzen können.
enable	Das Gegenstück zu *disable* aktiviert einen Systemdienst oder Gerätetreiber.
copy, dir, del, ren, rmdir	Befehle zum Bearbeiten und Löschen von Dateien und Ordnern. Diese „Grundausbildung" sollten Sie möglichst haben, wenn Sie mit der Wiederherstellungskonsole umfangreiche Operationen durchführen wollen.

Die Wiederherstellungskonsole fest installieren

? Was ist, wenn ich im Fall von Problemen nicht von einer CD booten kann oder die Installations-CD gerade nicht zur Hand habe? Kann ich Vorsorge treffen und die Wiederherstellungskonsole quasi auf der Festplatte installieren?

! Wenn Sie sich im Fall eines Falles Probleme mit dem Starten von CD-ROM ersparen wollen, können Sie die Wiederherstellungskonsole fest auf dem PC installieren, sodass Sie im Notfall über das Startmenü zur Verfügung steht. Dies hilft aber nur, solange zumindest noch ein rudimentärer Zugriff auf die Festplatte möglich ist.

1. Legen Sie die Windows XP-Installations-CD in das CD-Laufwerk ein.

2. Klicken Sie dann auf *Start/Ausführen*, um den *Ausführen*-Dialog anzuzeigen.

3. Geben Sie hier den Befehl *D:\i386\winnt32. exe /cmdcons* ein, wobei Sie das *D:* in unserem Beispiel ggf. durch den Laufwerkbuchstaben Ihres CD-ROM-Laufwerks ersetzen müssen.

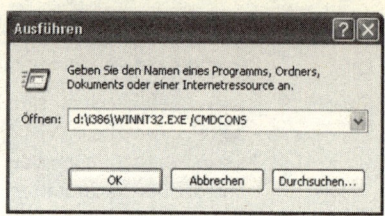

4. Bestätigen Sie den anschließenden Hinweis auf den Speicherbedarf der Wiederherstellungskonsole (ca. 7 MByte).

5. Anschließend führt Windows XP die Installation der Wiederherstellungskonsole durch. Dies sieht auf den ersten Blick wie eine Windows-Neuinstallation aus. Dies ist aber so beabsichtigt, also keine Sorge! Punkte wie das dynamische Update der Installationsdateien können Sie getrost überspringen.

Anschließend finden Sie die Wiederherstellungskonsole als zusätzliche Option im Bootmenü vor.

Systemdateien wiederherstellen

? Ich habe Probleme mit Systemdateien, die fehlen bzw. defekt sind oder bei der Installation von Anwendungen ersetzt wurden. Wie kann ich die Original-Systemdateien von Windows wiederherstellen?

! Windows bringt eine Schutzfunktion für Systemdateien mit. Diese kann alle wesentlichen Dateien überprüfen, Veränderungen feststellen und ggf. die Dateien durch ihre Originale ersetzen. Um diese Prüfung manuell durchzuführen, gehen Sie wie folgt vor:

1. Klicken Sie auf *Start/Ausführen*, um den *Ausführen*-Dialog anzuzeigen.

2. Geben Sie hier den Befehl *sfc /scannow* ein. Damit starten Sie die Überprüfung der Systemdateien.

3. Sollte die Überprüfung auf Systemdateien stoßen, die nicht mehr dem Original der Installation entsprechen, ersetzt es diese Dateien. Ggf. müssen Sie dazu die Windows XP-Installations-CD einlegen, damit die Dateien von dort extrahiert werden können.

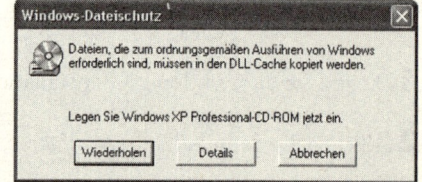

2.4 Updates und Service Packs

Windows-Update deaktivieren (SP2)

? Ich kann mich nicht mit dem Gedanken anfreunden, dass mein Windows ständig hinter meinem Rücken mit dem Microsoft-Server kommuniziert und Daten austauscht. Kann man das automatische Update deaktivieren?

! Sie können die Update-Funktion von Windows deaktivieren. Allerdings sollten Sie dann zumindest von Zeit zu Zeit manuell nach Aktualisierungen suchen, um die regelmäßig auftauchenden Sicherheitslücken zu schließen.

1. Öffnen Sie in der Systemsteuerung das Modul *System* und wechseln Sie hier in die Rubrik *Automatische Updates*.

2. Wählen Sie hier ganz unten die Option *Automatische Updates deaktivieren*.

3. Übernehmen Sie die Einstellung mit *OK*. Ab sofort sucht Windows nicht mehr automatisch nach Updates.

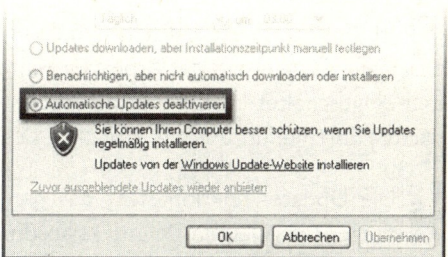

Update-Erinnerung vom Bildschirm verbannen

? Windows will mich regelmäßig mit einer gelben Infoblasen daran erinnern, dass Updates vorhanden sind, die ich installieren soll. Wie kann ich diese aufdringlichen Infoblasen vermeiden?

! Die Infoblasen sind hartnäckig und kommen immer wieder, bis das Update erledigt ist. Allerdings können Sie das Anzeigen solcher Erinnerungshinweise pauschal in der Registry deaktivieren.

1. Starten Sie den Registrierungs-Editor und öffnen Sie darin die Kategorie *HKEY_CURRENT_USER\Software\Microsoft\Windows\CurrentVersion\Explorer\Advanced*.

2. Suchen Sie hier in der rechten Fensterhälfte den Eintrag *EnableBalloonTips*. Sollte er nicht vorhanden sein, legen Sie ihn mit *Bearbeiten/Neu/DWORD-Wert* an.

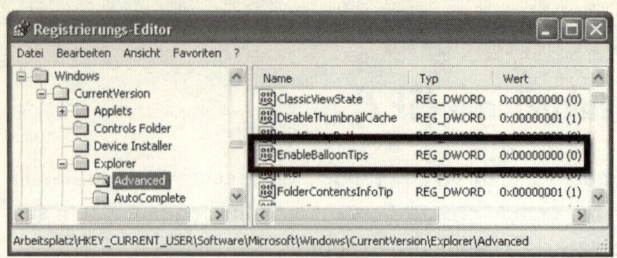

3. Doppelklicken Sie dann auf den Eintrag und setzen Sie seinen Wert auf 0. Nach einem Windows-Neustart bleiben Sie von den lästigen Infosprechblasen verschont.

Windows-Update zu einem bestimmten Zeitpunkt durchführen (SP2)

? Ich finde das automatische Windows-Update ganz praktisch, aber es stört mich, wenn es während der Arbeit im Hintergrund läuft. Da mein PC ohnehin fast immer eingeschaltet ist, wäre es praktisch, wenn das Update irgendwann anders (z. B. nachts) durchgeführt würde. Wie lässt sich das bewerkstelligen?

! Die Update-Funktion sieht das regelmäßige Durchführen zu einem vom Benutzer festgelegten Zeitpunkt ausdrücklich vor. Sie müssen lediglich einen Zeitpunkt einstellen, zu dem der PC üblicherweise eingeschaltet ist, aber nicht intensiv genutzt wird:

1. Öffnen Sie in der Systemsteuerung das Modul *System* und wechseln Sie hier in die Rubrik *Automatische Updates*.

2. Schalten Sie hier – soweit nicht schon geschehen – die Option *Automatisch* ein.

3. Wählen Sie in den Auswahlfeldern darunter, an welchen Tagen und um wie viel Uhr die Update-Funktion tätig werden soll.

4. Übernehmen Sie die Einstellungen mit *OK*. Das Windows-Update wird ab sofort zu dem festgelegten Zeitpunkt aktiv. Achten Sie darauf, dass der PC dann in der Regel auch eingeschaltet ist.

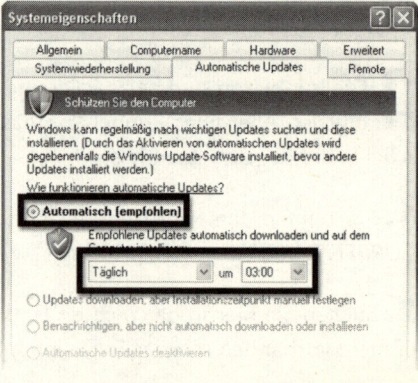

Windows manuell aktualisieren (SP2)

? Ich habe die automatische Update-Funktion von Windows deaktiviert. Wie kann ich Updates manuell ausführen?

! Wenn Windows nicht automatisch nach neuen Updates suchen darf, sollten Sie regelmäßig (z. B. einmal pro Monat) eine manuelle Aktualisierung durchführen, um keine wichtigen Updates zu verpassen:

1. Um eine manuelle Aktualisierung durchzuführen, wählen Sie im Startmenü links unten die Funktion *Windows Update*.

2. Damit starten Sie den Internet Explorer und rufen eine spezielle Webseite von Microsoft auf, über die eine Aktualisierung durchgeführt werden kann. Dazu muss unter Umständen allerdings erst ein ActiveX-Steuerelement installiert werden, das die auf Ihrem PC vorhandene Softwarekonfiguration ermittelt und nach Updates dafür sucht. Zu diesem Zweck muss das Herunterladen und Ausführen solcher Elemente in den Sicherheitseinstellungen des Internet Explorer aktiviert sein!

3. Direkt nach der Installation des Steuerelements kann es mit der Aktualisierung losgehen. Wenn die Willkommensmeldung angezeigt wird, klicken Sie einfach auf den Hyperlink *Schnellinstallation*, um den Prozess in Gang zu bringen.

4. Das Programm durchsucht daraufhin die Datenbank des Microsoft-Servers nach aktuellen Ergänzungen für die von Ihnen installierten Systemkomponenten, Anwendungen und Treiber. Wird es dabei fündig, zeigt es die Meldung *Gewählte Updates insgesamt* an. Sie gibt an, wie viele Updates vorhanden sind und welchen Umfang (= Downloadzeit) sie ausmachen.

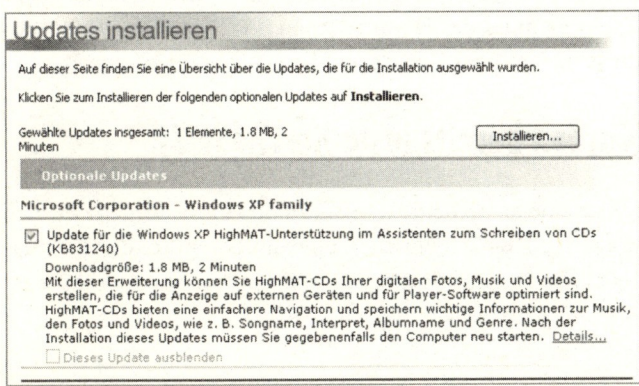

5. Unter der Zusammenfassung finden Sie zu jeder Komponente eine kurze Beschreibung. In den meisten Fällen können Sie außerdem weitere *Details* anfordern. Wenn Sie eine der Komponenten nicht aktualisieren, entfernen Sie das Häkchen vor dem dazugehörigen Eintrag.

6. Anschließend starten Sie das Herunterladen und Installieren der Updates mit einem Klick auf die Schaltfläche *Installieren*.

7. Je nach Art des Updates müssen Sie bei einigen Komponenten zusätzlich noch einer Lizenzvereinbarung zustimmen. Lesen Sie dazu den Lizenzvertrag durch und bestätigen Sie ihn anschließend mit *Ich stimme zu*. Andernfalls wird der Download nicht fortgesetzt.

8. Danach beginnt das Übertragen und Installieren der Aktualisierungskomponenten. Nachdem die Updates heruntergeladen und installiert wurden, ist in vielen Fällen ein Neustart des Rechners erforderlich, damit die Aktualisierungen sofort in Kraft treten. Schließen Sie dazu eventuell noch geöffnete Dokumente und Anwendungen und klicken Sie dann auf *OK*.

Windows Update-Eintrag im Startmenü verschwunden

? Der Eintrag *Windows Update* ist bei mir im Startmenü nicht mehr aufzufinden. Wie soll ich jetzt ein manuelles Update durchführen?

! Hinter diesem Eintrag versteckt sich der Update-Manager, der aber letztlich auch nur den Internet Explorer startet und eine bestimmte Seite vom Microsoft-Server aufruft. Das können Sie auch selbst, indem Sie im Internet Explorer die Adresse http://windowsupdate.microsoft.com eingeben. Wichtig: In den Sicherheitseinstellungen des Internet Explorer muss das Herunterladen und Ausführen von ActiveX-Komponenten erlaubt sein, damit das Update auf diese Weise funktioniert!

Welche Updates wurden bereits installiert? (SP2)

? Jedes Mal, wenn ich über eine Sicherheitslücke in Windows lese, wegen der man einen Patch herunterladen soll, bin ich unsicher, ob mein Computer diese Aktualisierung bereits erledigt hat. Wie kann ich feststellen, welche Updates bereits installiert wurden?

! Windows führt ein Protokoll über die Aktualisierungen, die durch die Update-Funktion durchgeführt wurden. Dieses Protokoll können Sie abrufen, wenn Sie wegen eines konkreten Updates unsicher sind:

1. Starten Sie das Windows-Update manuell mit *Start/Windows Update* oder öffnen Sie die Seiten *http://windowsupdate.microsoft.com* im Internet Explorer.

2. Klicken Sie auf der daraufhin angezeigten Webseiten in der linken Spalte in der Kategorie *Weitere Optionen* auf *Installationsverlauf anzeigen*.

3. Daraufhin erhalten Sie eine Übersicht der seit der Installation von Windows erfolgten Updates einschließlich – soweit vorhanden – gescheiterter Aktualisierungsversuche.

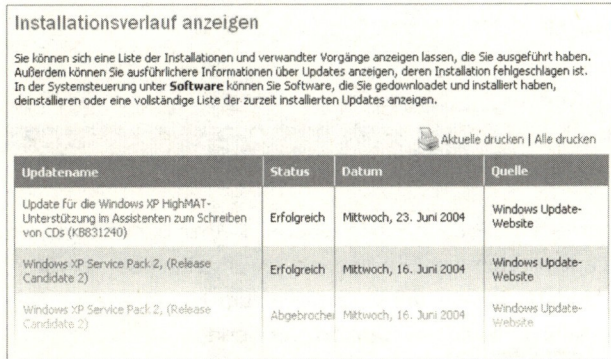

Updates lokal speichern

? Ich finde es mühsam, sämtliche Updates für mehrere PCs oder auch nach einer Neuinstallation immer wieder herunterladen zu müssen. Wie kann man die Update-Dateien lokal speichern und ohne erneuten Download immer wieder benutzen?

! Microsoft ermöglicht es, alle veröffentlichten Updates auch regulär herunterzuladen und als Dateien aufzubewahren. Gehen Sie dazu folgendermaßen vor:

1. Starten Sie das Windows-Update manuell bzw. über den Internet Explorer.

2. Wenn der Willkommensbildschirm angezeigt wird, klicken Sie in der linken Spalte unter *Weitere Optionen* auf den Punkt *Windows Update anpassen*.

3. Schalten Sie auf der daruffolgenden Webseite das Kontrollkästchen *Verknüpfung für Update-Katalog unter Siehe auch anzeigen* ein und klicken Sie auf *Einstellungen speichern*.

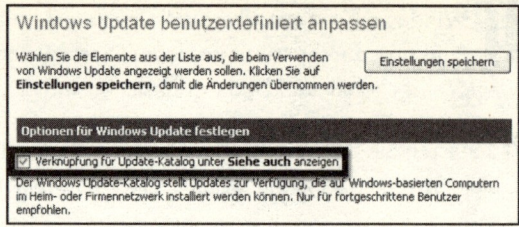

4. Anschließend gelangen Sie zurück auf die Eingangsseite, wo nun in der linken Spalte zusätzlich der Menüpunkt *Windows Update-Katalog* hinzugekommen ist, auf den Sie nun klicken.

5. Wählen Sie dann den Punkt *Updates für Microsoft Betriebssysteme auswählen* und geben Sie dann das Betriebssystem an, für das Sie Updates herunterladen wollen. Stellen Sie außerdem ggf. die verwendete Sprachversion ein. Klicken Sie dann auf *Suchen*.

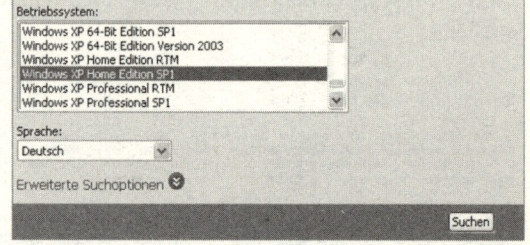

6. Nach kurzer Wartezeit erhalten Sie dann einen Überblick über die verfügbaren Updates. Klicken Sie auf die entsprechenden Einträge, um jeweils eine Liste abzurufen. Darin können Sie einzelne Updates jeweils mit *Hinzufügen* zum Herunterladen auswählen. Diese werden zunächst im Downloadwarenkorb vermerkt.

7. Haben Sie alle gewünschten Updates ausgewählt, klicken Sie auf den Link *Zum Downloadwarenkorb wechseln*. Klicken Sie hier auf *Durchsuchen*, um einen Ordner auf Ihrem lokalen PC auszuwählen, in dem die Dateien gespeichert werden. Klicken Sie dann auf *Jetzt downloaden*, um die Updates herunterzuladen.

8. Die Dateien werden dann geladen und in dem angegebenen Ordner gespeichert. Dabei verwendet Windows eine verschachtelte Ordnerstruktur, die der Kategorisierung der Updates entspricht. Am Ende der Unterordner finden Sie jeweils eine EXE-Datei mit dem eigentlichen Update. Diese können Sie ausführen, um das Update einzuspielen.

2.4 UPDATES UND SERVICE PACKS **103**

Automatisches Update funktioniert nicht über Proxyserver

? Ich gehe über einen Proxyserver ins Internet. Dessen Daten sind in den Einstellungen des Internet Explorer eingetragen und der funktioniert auch prima. Aber die automatische Update-Funktion lädt trotzdem keine Updates herunter. Wo kann ich dafür die Proxyeinstellungen vornehmen?

! Für die Update-Funktion sind keine eigenen Proxyeinstellungen vorgesehen, sie übernimmt aber auch nicht die Einstellungen des Internet Explorer. Dies kann man aber ändern:

1. Starten Sie den Registry-Editor und öffnen Sie den Schlüssel *HKEY_LOCAL_MACHINE\Software\Policies\Microsoft\Windows\CurrentVersion\Internet Settings*.

2. Erstellen Sie hier in der rechten Fensterhälfte mit *Bearbeiten/Neu/Schlüssel* den Unterschlüssel *CurrentVersion*.

3. Wechseln Sie dann in diesen neuen Schlüssel und erstellen Sie darin wiederum einen Unterschlüssel namens *Internet Settings*.

4. In diesem Schlüssel legen Sie dann mit *Bearbeiten/Neu/DWORD-Wert* einen Eintrag namens *ProxySettingsPerUser* an. Dieser Eintrag erhält automatisch den Wert *0*.

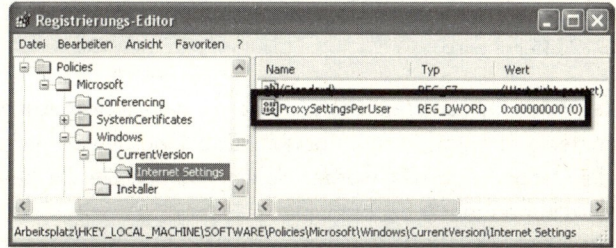

5. Schließen Sie dann den Registry-Editor, starten Sie den Internet Explorer und geben Sie die Proxydaten neu ein. Diese gelten dann systemweit und werden auch vom Windows-Update verwendet.

Updates in eine Windows-Installations-CD integrieren

? Ich installiere Windows XP regelmäßig von der Installations-CD neu und muss dann jedes Mal sämtliche Updates einspielen. Da wäre es natürlich praktisch, wenn die Updates direkt in die Installations-CD integriert wären. Ist so etwas möglich?

! Sie können eine modifizierte Installations-CD erstellen. Voraussetzung dafür ist, dass Sie eine bootfähige Windows XP-CD brennen können (siehe Seite 107). Dann gehen Sie folgendermaßen vor:

1. Erstellen Sie ein Verzeichnis (z. B. *winxpcd*) und kopieren Sie den gesamten Inhalt der Original-Installations-CD dort hinein.

2. Öffnen Sie in diesem Verzeichnis im Unterverzeichnis *i386* die Datei *dosnet.inf* in einem Texteditor und fügen Sie im Abschnitt *[OptionalSrcDirs]* die Zeile *svcpack* ein. Sollte der Abschnitt noch nicht vorhanden sein, erstellen Sie ihn einfach am Ende der Datei.

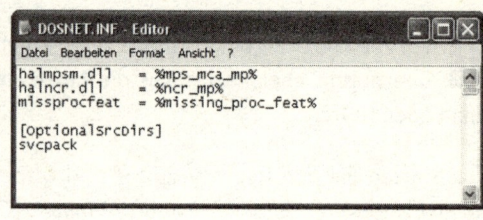

3. Legen Sie dann im Ordner *i386* ein Unterverzeichnis namens *svcpack* an und kopieren Sie alle Update-Dateien, die Sie einbinden wollen, in dieses Verzeichnis.

4. Wenn die Dateinamen Unterstriche enthalten (_), entfernen Sie jeweils den Teil des Namens ab dem Unterstrich, sodass z. B. aus *Q12345_DE_x86.exe* die Datei *Q12345.exe* wird.

5. Rufen Sie dann (am besten in der Eingabeaufforderung) jede Datei mit dem Parameter *-x* auf, um sie zu entpacken. Dabei werden Sie gefragt, in welches Verzeichnis die Dateien entpackt werden sollen. Wählen Sie ein beliebiges Verzeichnis aus, es wird nur temporär benötigt.

6. Durchsuchen Sie dann das zuvor gewählte temporäre Verzeichnis und dessen Unterverzeichnisse und verfahren Sie mit den darin befindlichen Dateien wie folgt:

- CAT-Dateien kopieren Sie in den vorher angelegten *svcpack*-Ordner.
- Die Dateien *update.exe, update.inf, spmsg.dll, spcustom.dll, spuninst.exe* sowie *update.ver* können Sie einfach ignorieren, sie werden nicht benötigt.
- Alle anderen Dateien kopieren Sie innerhalb des *winxpcd*-Ordners an die Stelle, wo sich die Originaldatei dieses Namens befindet. Meist ist das der Ordner *i386*. Meistens ist bei den Originaldateien ein Zeichen der Endung durch einen Unterstrich (_) ersetzt. Löschen Sie diese Datei, wenn Sie die aktualisierte Fassung an Ort und Stelle kopiert haben.

2.4 UPDATES UND SERVICE PACKS

7. Löschen Sie dann im Ordner *i386* die Datei *svcpack.in_* und erstellen Sie an ihrer Stelle ein Datei *svcpack.ini* mit folgendem Inhalt:

```
[Version]
Signature="$Windows NT$"
MajorVersion=5
MinorVersion=1
BuildNumber=2600

[SetupData]
CatalogSubDir="i386\svcpack"

[ProductCatalogsToInstall]
Q12345.CAT

[SetupHotfixesToRun]
Q12345.EXE /q /n /z
```

Dabei müssen Sie unter *[ProductCatalogsToInstall]* und *[SetupHotfixesToRun]* alle eingebundenen Hotfixes genauso eintragen, wie es das Beispiel für *Q12345* zeigt.

8. Den so modifizierten *winxpcd*-Ordner können Sie dann auf eine bootfähige Windows XP-CD brennen.

Service Pack wird wegen geänderten Kernels nicht installiert

? Die Installation des Service Packs bricht bei mir mit der Meldung ab, dass eine oder mehrere Kernsystemdateien (Kernel) geändert worden seien und das Service Pack deshalb nicht installiert werden könne. Wie kann ich das Service Pack trotzdem installieren?

! Dieses Problem tritt im Zusammenhang mit Programmen auf, die den Startbildschirm von Windows modifizieren, oder wenn aus anderen Gründen der Parameter */kernel* in der *boot.ini*-Datei angegeben ist. Es lässt sich auf verschiedene Weisen beheben. Versuchen Sie zunächst, das entsprechende Programm (zumindest vorübergehend) zu deinstallieren und dann die Installation des Service Packs erneut zu starten. Hilft das noch nicht, probieren Sie es so:

1. Öffnen Sie in der Systemsteuerung das Modul System und wechseln Sie in die Rubrik *Erweitert*.

2. Klicken Sie hier im Bereich *Starten und Wiederherstellen* auf die Schaltfläche *Einstellungen* und im anschließenden Dialog auf die Schaltfläche *Bearbeiten*.

3. Damit öffnen Sie die Datei *boot.ini* in einem Texteditor. Bitte gehen Sie bei Veränderungen in dieser Datei sehr umsichtig vor, da Windows sonst unter Umständen nicht mehr startet (siehe Seite 63).

4. Suchen Sie in der Datei die Befehlszeilenoption */Kernel=...* und entfernen Sie diese einschließlich des Teils hinter dem Gleichheitszeichen.

5. Speichern Sie dann die *boot.ini* mit *Datei/Speichern* und schließen Sie den Editor mit *Datei/Beenden*.

6. Starten Sie dann den Computer neu und führen Sie die Installation des Service Packs durch.

Dateien des Service Packs löschen?

? Nach der Installation des Service Packs habe ich auf meinem PC einen Ordner namens *ServicepackFiles* gefunden, der über 200 MByte umfasst. Kann ich diesen Ordner bedenkenlos löschen?

! Wenn Sie nach der Installation eines Service Packs Windows-Komponenten zusätzlich installieren oder bereits vorhandene Komponenten reparieren bzw. erneut installieren wollen, greift Windows dafür ggf. auf die aktualisierten Dateien aus dem Service Pack zurück, die in diesem Ordner gespeichert sind. Deshalb empfiehlt es sich, diesen Ordner nicht zu löschen.

Service Pack in eine Installations-CD einbinden

? Ich habe eine Installations-CD mit dem Original-Windows. Inzwischen sind aber Service Packs für Windows XP erschienen. Deshalb muss ich bei einer Neuinstallation jedes Mal erst Windows und dann die Service Packs installieren. Wie oder wo kann man eine Installations-CD erhalten, die die aktualisierten Dateien aus den Service Packs bereits enthält?

! Eine offizielle Installations-CD auf dem neusten Stand kann man nicht ohne Weiteres erhalten (es sei denn, man kauft ein neues, entsprechend aktuelles Windows). Sie können aber die Dateien von der Original-CD mit den Service Packs aktualisieren und sich damit eine eigene Installations-CD erstellen. Voraussetzung: Sie können eine bootfähige Windows XP-CD brennen (siehe unten).

1. Erstellen Sie ein Verzeichnis (z. B. *winxpcd*) und kopieren Sie den gesamten Inhalt der Original-Installations-CD dort hinein.

2. Erstellen Sie dann ein weiteres Verzeichnis (z. B. *winxpsp*) und kopieren Sie dorthin die Service Pack-Datei.

3. Öffnen Sie dann eine Eingabeaufforderung und wechseln Sie darin in den letzteren Ordner (also z. B. *cd C:\winxpsp*).

4. Geben Sie dann den folgenden Befehl (für das Service Pack 2) ein: *xpsp2.exe -s:C:\winxpcd*. Je nach Version des Service Packs lautet der Name der EXE-Datei geringfügig anders. Bei der Angabe des Parameters verwenden Sie exakt das Verzeichnis, in das Sie zuvor die Original-Installationsdateien kopiert hatten.

5. Daraufhin wird das Service Pack in einen temporären Ordner entpackt und anschließend startet automatisch ein Assistent, der die Dateien des Service Packs in die Originaldateien im angegebenen Ordner integriert.

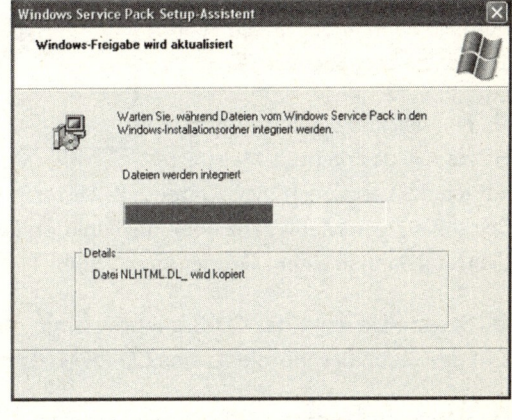

6. Abschließend erhalten Sie die Meldung *Die integrierte Installation wurde erfolgreich abgeschlossen*. Nun liegen im *winxpcd*-Ordner, die Sie benötigen, um Windows XP auf dem Stand dieses Service Packs zu installieren. Diese Dateien können Sie nun auf eine CD brennen. Um eine vollwertige Installations-CD zu erhalten, sollte diese bootfähig sein.

Bootfähige Installations-CD für Windows XP selbst brennen

Ich möchte eine auf das aktuelle Service Pack aktualisierte Installations-CD erstellen. Wie kann ich diese bootfähig machen, sodass ich sie genau wie die Original-Installations-CD benutzen kann?

! Damit eine solche CD bootfähig ist, muss sie einen bestimmten Datenblock enthalten. Dieser ist leider nicht ohne weiteres verfügbar, sondern muss manuell von einer vorhandenen Installations-CD extrahiert werden. Dazu benötigen Sie ein spezielles Programm namens Isobuster. Dann können Sie ein CD-Brennprogramm benutzen, das in der Lage ist, bootfähige CDs zu brennen (z. B. Nero).

1. Laden Sie sich die Freewareversion des Programms Isobuster unter *http://www.isobuster.com* herunter und installieren Sie sie.

2. Legen Sie dann die Original-Installations-CD ein und starten Sie Isobuster. Beschränken Sie sich auf *Free funct only*, da die Freewarefunktionen für diesen Zweck ausreichen.

3. Isobuster liest nur zunächst die eingelegte CD ein (ggf. müssen Sie oben links auf das entsprechende Laufwerk wechseln). Klicken Sie dann in der linken Spalte auf den Eintrag *Bootable CD*.

4. Nun klicken Sie in der rechten Hälfte mit der rechten Maustaste auf die dort angezeigt IMG-Datei, z. B. *Microsoft Corporation.img*, und wählen im kontextabhängigen Menü ganz oben die Funktion *Extract <Dateiname>.img*. Speichern Sie die Datei dann in einem Ordner Ihrer Wahl.

5. Starten Sie dann das CD-Brennprogramm (am Beispiel Nero) und wählen Sie als Typ des neuen Brennprojekts eine *CD-ROM (Boot)*.

6. Wechseln Sie dann in die Rubrik *Startopt.*, aktivieren Sie hier im Bereich *Quelle des Boot-Images* die Option *Imagedatei* und wählen Sie mit *Durchsuchen* die zuvor gespeicherte IMG-Datei aus.

7. Aktivieren Sie dann – soweit noch nicht geschehen – die *Experteneinstellungen* und wählen Sie bei *Art der Emulation* die Option *Keine Emulation*.

8. Das *Ladesegment der Sektoren* kann in der Regel beibehalten werden (auf *07C0*), aber die *Anzahl der zu ladenden Sektoren* sollten Sie auf 4 setzen.

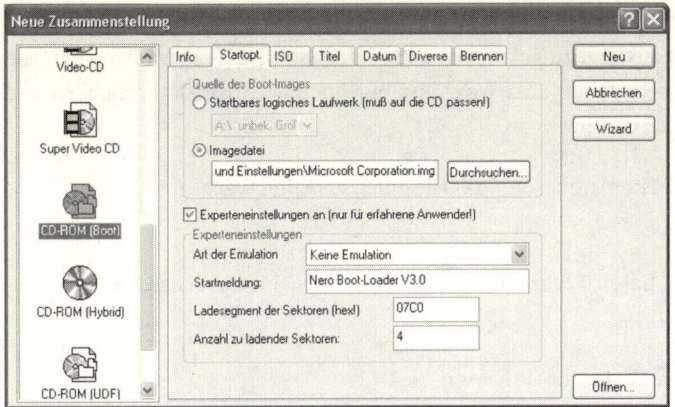

9. Wechseln Sie dann in die Rubrik *ISO* und setzen Sie die Optionen dort wie in der nebenstehenden Abbildung. Wichtig: Wenn Nero die Option *ISO ';1'Dateiversion nicht schreiben* anbietet, sollten Sie diese aktivieren, da die CD sonst nicht bootfähig ist.

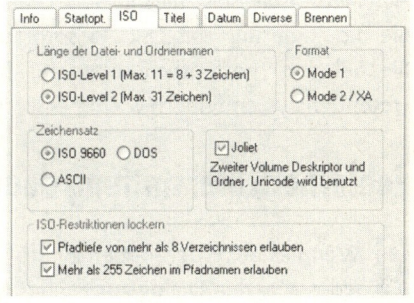

10. Wechseln Sie schließlich in die Rubrik *Titel* und geben Sie hier bei *Bezeichnung* die genaue Bezeichnung der Original-CD an.

11. Klicken Sie dann ganz rechts oben auf die Schaltfläche *Neu*. Ziehen Sie dann alle Ordner und Dateien für die Installations-CD in die linke Fensterhälfte. Anschließend können Sie den Brennvorgang regulär starten.

2.5 Performance-Probleme

Windows startet unvermutet neu

Ich erlebe es ständig, dass Windows ganz unvermutet neu startet, wobei teilweise die Daten in geöffneten Dokumenten verloren gehen. Wie kann ich solche unerwünschten Neustarts vermeiden?

Da Microsoft mit Windows XP endgültig die Ära des Bluescreens beenden wollte, führt Windows im Falle von Systemfehlern (die bei früheren Versionen zu Bluescreens geführt hätten) automatisch einen Neustart durch, um wieder zu einem stabilen Systemzustand zu gelangen. Dieses Verhalten lässt sich vermeiden, sie sollten nach einem Systemfehler aber trotzdem nur noch wichtige Daten sichern und dann einen Neustart durchführen.

1. Öffnen Sie in der Systemsteuerung das Modul *System* und wechseln Sie in die Rubrik *Erweitert*.

2. Klicken Sie hier im Bereich *Starten und Wiederherstellen* auf die Schaltfläche *Einstellungen*.

3. Im anschließenden Dialog deaktivieren Sie im Bereich *Systemfehler* das Kontrollkästchen *Automatisch Neustart durchführen*. Übernehmen Sie die Änderung mit *OK*. Ab sofort erhalten Sie bei den (hoffentlich selten bis nie) auftretenden Systemfehlern wieder einen Bluescreen.

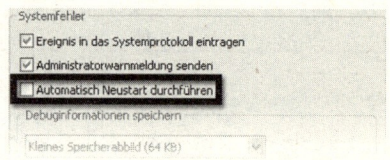

Fehlerberichterstattung deaktivieren

? Wenn es bei Programmen zu Störungen oder Abstürzen kommt, zeigt Windows jedes Mal den Dialog zur Fehlerberichterstattung an. Ich will aber nunmal keine Fehlerberichte einreichen. Wie kann ich mir diese Funktion ersparen?

! Windows XP ermöglicht es Ihnen, das Übermitteln von Fehlern flexibel einzustellen. So können Sie diese Funktion z. B. komplett deaktivieren oder nur auf bestimmte Programme beschränken.

1. Um die Einstellungen für die Fehlerberichterstattung vorzunehmen, öffnen Sie in der Systemsteuerung das Modul *System* und wechseln in die Rubrik *Erweitert*.

2. Klicken Sie hier ganz unten rechts auf die Schaltfläche *Fehlerberichterstattung*.

3. Damit öffnen Sie einen Dialog, wo Sie diese Funktion mit der Option *Fehlerberichterstattung deaktivieren* ganz abschalten können. Oder aber Sie

beschränken die Funktion mit *Aber bei kritischen Fehlern benachrichtigen* auf schwerwiegende Probleme.

4. Alternativ aktivieren Sie die Funktion mit der Option *Fehlerberichterstattung aktivieren für* und können dann wählen, ob Sie nur für das *Windows-Betriebssystem* oder auch für alle anderen *Programme* (z. B. von anderen Anbietern) gelten soll.

5. Mit einem Klick auf *Programme auswählen* können Sie genau festlegen, welche Programme von der Fehlerberichterstattung überwacht werden sollen und welche nicht.

Windows ohne Administratorrechte sehr langsam

? Wenn ich mich als Benutzer mit Adminstratorrechten anmelde, läuft Windows XP prima. Verwende ich hingegen einen Benutzer ohne Administratorkonto, geht alles plötzlich unglaublich langsam. Woran liegt das?

! Dieser Effekt tritt häufig im Zusammenhang mit Antivirenprogrammen wie Norton AntiVirus auf. Wenn die permanente Virenüberwachung im Hintergrund aktiv ist, versucht sie ständig, auf Festplattenbereiche zuzugreifen, auf die nur Administratoren Zugriff haben. Mögliche Lösungen:

- Stellen Sie fest, ob es für das Programm ein Update gibt, das dieses Problem behebt.
- Wechseln Sie zu einem anderen Antivirenprogramm, das dieses Problem nicht hat.
- Verzichten Sie auf den permanenten Hintergrundscan und überprüfen Sie die Festplatte stattdessen in regelmäßigen Abständen manuell.

NTFS langsamer als FAT32

? Nachdem ich meine Festplatte auf von FAT32 auf NTFS umgestellt habe, bilde ich mir ein, dass der Datenzugriff teilweise langsamer geworden ist, insbesondere bei umfangreichen Dateioperationen. Habe ich Recht und wenn ja, warum, NTFS soll doch besser als FAT32 sein.

! NTFS ist leistungsfähiger als FAT32, was aber nicht automatisch auch schneller heißt. Generell hat NTFS eine Reihe von Vorteilen gegenüber FAT32, insbesonder in Hinblick auf Sicherheit und Komprimierbarkeit. In bestimmten Situationen werden diese Vorteile aber mit Geschwindigkeitseinbußen erkauft. Einige davon können Sie zumindest mindern:

1. Starten Sie den Registry-Editor und öffnen Sie den Schlüssel *HKEY_LOCAL_MACHINE\SYSTEM\CurrentControlSet\Control\FileSystem*.

2. Suchen Sie hier in der rechten Fensterhälfte den Eintrag *NtfsDisableLastAccessUpdate* bzw. legen Sie ihn ggf. mit *Bearbeiten/Neu/DWORD-Wert* an und geben Sie ihm den Wert *1*.

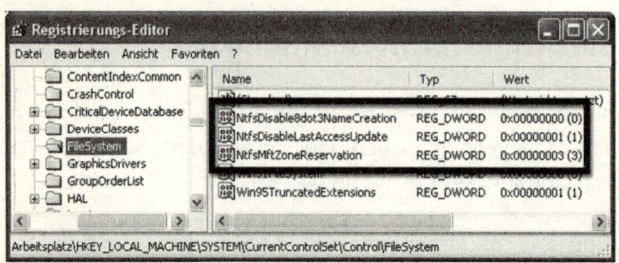

3. Finden Sie im gleichen Schlüssel den Wert *NtfsMftZoneReservation* bzw. legen Sie diesen wie oben beschrieben an und stellen Sie ihn passend zu den Bedingungen auf der Festplatte ein:

- Haben Sie relativ wenige Dateien, die jedoch sehr groß sind (z. B. bei Videobearbeitung, Multimedia usw.), setzen Sie den Wert auf *1*.
- Für durchschnittliche Nutzung mit relativ vielen Dateien variabler Größe eignen sich die Werte *2* oder *3*.
- Bei sehr vielen Dateien (umfangreichen Archiven mit vielen kleinen Clips, Dokumenten, Bildern usw.) ist der Wert *4* optimal.

4. Wenn die Dateien auf der Festplatte keinesfalls (z. B. per Netzwerk) von älteren Windows 9x- oder gar DOS-PCs genutzt und auch keine DOS-Programme ausgeführt werden sollen, können Sie die Unterstützung von NTFS für die alte 8.3-Namenskonvention deaktivieren. Setzen Sie dazu ebenfalls im oben beschriebenen Schlüssel den Eintrag *NtfsDisable8dot3NameCreation* auf *1*.

Durch diese Einträge können Sie dem NTFS-Dateisystem Beine machen, indem Sie Einstellungen optimieren bzw. Funktionen deaktivieren, die nicht unbedingt erforderlich sind, aber trotzdem Zeit kosten.

Windows wird im Laufe der Zeit immer langsamer

? Irgendwie habe ich den Eindruck, dass mein Windows im Laufe der Zeit immer langsamer wird. Besonders der Systemstart nimmt immer mehr Zeit in Anspruch, aber auch sonst wirkt manches langsamer als früher. Was kann ich tun?

! Es gehört leider zu den ungeschriebenen Gesetzen von Windows, dass ein System ab der Installation nie schneller, häufig aber langsamer wird. Durch das Installieren von Anwendungen und Diensten wird der Speicher- und Rechenbedarf immer mehr aufgebläht. Ein Patentrezept dagegen gibt es nicht, aber einige Tipps:

- Behalten Sie die installierten Anwendungen im Blick und entfernen Sie Programme, die Sie nicht mehr benötigen, umgehend.
- Überprüfen Sie, ob alle beim Systemstart aktivierten Programm wirklich noch benötigt werden (siehe Seite 73).
- Säubern Sie die Registry in regelmäßigen Abständen von überflüssigen bzw. veralteten Einträgen, z. B. mit einem Programm wie dem Registry Compressor (Teil der KMCS Deluxe System Suite, die Sie unter *http://www.kmcsonline.com* als kostenlose Testversion herunterladen können). Dies verschlankt die Registry und beschleunigt unter anderem den Systemstart.
- Sollten die angeschlossenen Laufwerke relativ voll sein, sollten Sie in regelmäßigen Abständen eine Defragmentierung durchführen und langfristig eine Erhöhung der Festplattenkapazitäten erwägen.
- Das Komprimieren von Dateien und Ordnern unter NTFS spart zwar Speicherplatz, verlangsamt aber auch dem Zugriff beim Lesen und Schreiben. Wägen Sie ab, was wichtiger ist (Festplattenspeicher ist relativ gesehen günstiger als Prozessorkapazität).
- Freunden Sie sich mit dem Gedanken an, Windows in regelmäßigen Abständen komplett neu zu installieren, sodass Sie wieder ein frisches, optimales System zur Verfügung haben.

Zugriffe auf Festplatte und CD-Laufwerke sehr langsam

? Mir fällt auf, dass der Zugriff auf die Festplatte und auf CD-ROMs manchmal sehr langsam erfolgt. Wie lässt sich der Datentransfer beschleunigen?

! Wenn Festplatten und/oder CD-Laufwerke langsamer agieren, als sie eigentlich sollten, dann liegt dies meist am Transfermodus, der falsch eingestellt ist und die Laufwerke deshalb ausbremst:

1. Öffnen Sie in der Systemsteuerung das Modul *System* und wechseln Sie in die Rubrik *Hardware*.

2. Klicken Sie hier im Bereich *Geräte-Manager* auf die Schaltfläche *Geräte-Manager*.

3. Doppelklicken Sie hier in der Liste auf den Eintrag *IDE ATA/ATAPI-Controller*, um dessen Untereinträge zu öffnen.

4. Doppelklicken Sie dann auf den Eintrag *Primärer IDE-Kanal* und wechseln Sie anschließend in die Rubrik *Erweiterte Einstellungen*.

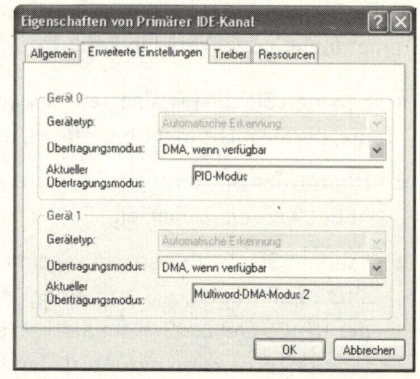

5. Wechseln Sie hier für beide Geräte den Übertragungsmodus auf *DMA, wenn verfügbar*. Im Feld *Aktueller Übertragungsmodus* darunter sehen Sie, welcher Modus gerade verwendet wird. Benutzt ein Gerät den PIO-Modus, wird es deutlich langsamer sein, als Geräte, die z. B. einen der Multi-DMA-Modi verwenden.

6. Übernehmen Sie die Einstellungen mit OK und wiederholen Sie den Vorgang für den Eintrag *Sekundärer IDE-Kanal*. Nach einem Neustart des Rechners sollten der Zugriff schneller erfolgen. Wechselt ein Gerät trotz geänderter Einstellung nicht in den DMA-Modus, ist es dazu nicht in der Lage. In dem Fall müssten Sie es gegen ein neueres Modell eintauschen.

Rechner wird während langer Arbeitssitzungen beständig langsamer

? Bei meinem PC fällt mir auf, dass er während langer Arbeitssitzungen ohne Neustart permanent langsamer zu werden scheint. Ist das nur Einbildung oder wie kommt dieses Phänomen zustande?

! Dieser Effekt kann bei langen Arbeitssitzungen oder bei PCs auftreten, die fast nie abgeschaltet werden. Er kommt vor allem dann vor, wenn Sie nicht die ganze Zeit mit der gleichen Anwendung arbeiten, sondern immer neue Programme starten und die Ausstattung des Arbeitsspeichers begrenzt ist. Er hängt damit zusammen, dass Windows die zum Ausführen von Programmen benötigten DLL-Bibliotheken auch nach dem Beenden des Programms noch im Speicher behält. Dadurch ist dieser irgendwann voll und Windows muss Speicher auslagern, was Zeit kostet. Mit folgendem Registry-Trick überreden Sie Windows, nicht mehr benötigte DLLs sofort zu entladen:

1. Starten Sie den Registry-Editor und öffnen Sie den Schlüssel *HKEY_LOCAL_MACHINE\Software\Microsoft\Windows\CurrentVersion\Explorer*.

2. Erstellen Sie hier in der rechten Fensterhälfte mit *Bearbeiten/Neu/Zeichenfolge* einen neuen Eintrag mit der Bezeichnung *AlwaysUnloadDll*.

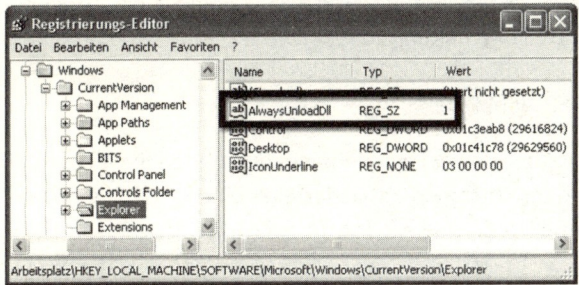

3. Doppelklicken Sie auf den neuen Eintrag zum Bearbeiten und geben Sie ihm den Wert *1*.

Nach einem Windows-Neustart werden die DLLs für Anwendungen sofort entladen, wenn die Anwendung beendet wird. Dadurch bleibt der Speicher leer und Windows muss weniger Speicher auslagern. Nebenwirkung: Wenn Sie eine Anwendung beenden und kurz danach wieder starten, dauert dieser Start genauso lange wie der erste.

Umschalten per Alt+Tab dauert zu lange

? Seit einiger Zeit funktioniert das Wechseln zwischen Anwendungen mit [Alt]+[Tab] nicht mehr richtig. Der Wechsel dauert sehr lange, außerdem zeigt Windows so eine Art Vorschaufenster der Anwendungen an. Was ist passiert?

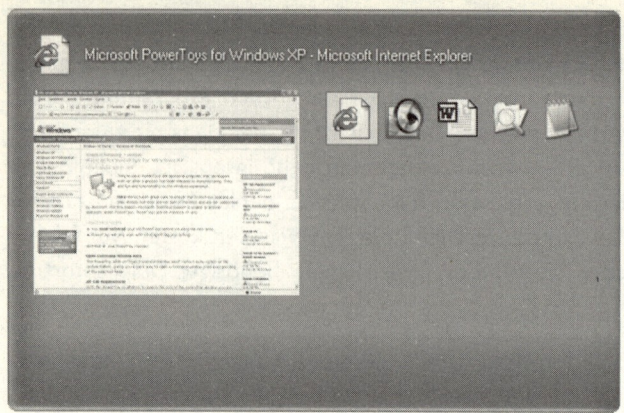

! Das hört sich ganz nach dem PowerToy-Alt-Tab-Replacement an, das den Wechsel zwischen Programmen einfacher machen soll. In der Praxis führt das aber gern zu den beschriebenen Effekten. Am besten deinstallieren Sie das Tool wieder, um die althergebrachte, flotte Umschaltung zu reaktivieren:

1. Öffnen Sie das Modul *Software* in der Systemsteuerung.

2. Je nachdem, welche Variante der PowerToys Sie benutzen, finden Sie hier in der Kategorie Programme ändern oder entfernen entweder eine Eintrag für alle Power-Toys gemeinsam oder den speziellen Eintrag *Alt-Tab Task Switcher PowerToy for Windows XP* für dieses PowerToy vor. In letzterem Fall *Entfernen* Sie das Programm einfach.

3. Haben Sie einen gemeinsamen Eintrag für alle Toys, klicken Sie dort auf *Ändern* und wählen im anschließenden Setup-Programm die Option für das Alt-Tab-Replacement ab. Anschließend erhalten Sie mit [Alt]+[Tab] wieder die gewohnte einfach und flotte Umschaltung zwischen den laufenden Fenstern.

Auf unnötige Effekte zugunsten der Leistung verzichten

? Windows XP bringt jede Menge grafische Effekte und Spielereien mit, die doch bestimmt Rechenzeit kosten. Da mein PC schon etwas älter ist, würde ich gern darauf verzichten, wenn das System dafür insgesamt flotter läuft. Kann man überflüssige Effekte deaktivieren?

! Die vielen kleinen optischen Effekte sind keine so massiven Leistungsbremsen. Gerade auf älteren PCs können sie sich aber schon bemerkbar machen und wenn Sie darauf verzichten wollen, können Sie die einzeln oder insgesamt abschalten:

1. Öffnen Sie in der Systemsteuerung das Modul *System* und wechseln Sie in die Rubrik *Erweitert*.

2. Klicken Sie hier im Bereich *Systemleistung* auf die Schaltfläche *Einstellungen*.

3. Im anschließenden Dialog können Sie die optischen Effekte pauschal deaktivieren, indem Sie die Option *Für optimale Leistung anpassen* wählen.

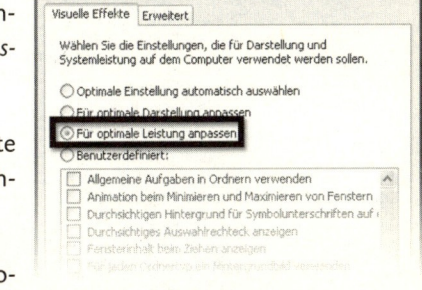

4. Alternativ deaktivieren Sie in der Liste darunter einzelne Effekte, auf die Sie verzichten wollen.

5. Dadurch wechselt die Option oben automatisch auf *Benutzerdefiniert*. Übernehmen Sie die neuen Einstellungen mit *OK*.

Hardware und angeschlossene Geräte

Hardwareverwaltung mit dem Geräte-Manager	**120**
Treiber für Hardwarekomponenten	**127**
Monitor, Tastatur und Maus	**135**
Anschließen und Benutzen von USB-Geräten	**146**

3.1 Hardwareverwaltung mit dem Geräte-Manager
Ursache für Hardwarestörungen finden

? Eine Hardwarekomponente meines PCs funktioniert nicht mehr. Wie kann ich herausbekommen, was da los ist?

! Windows verfügt über einen Geräte-Manager für den Umgang mit Hardwarekomponenten und den dazugehörenden Treibern. Mit ihm lässt sich die vorhandene Hardware kontrollieren und einstellen. Bei Hardwareproblemen ist der Geräte-Manager deshalb stets die erste Anlaufstelle:

1. Um den Geräte-Manager zu verwenden, rufen Sie zunächst mit *Start/Systemsteuerung* die Systemeinstellungen auf und wählen dort die Kategorie *Leistung und Wartung*.

2. Öffnen Sie hier mit einem Doppelklick auf das gleichnamige Systemsteuerungssymbol die *System*-Einstellungen und wechseln Sie dort in die Kategorie *Hardware*.

3. Hier finden Sie im Bereich *Geräte-Manager* eine gleichnamige Schaltfläche, mit der Sie dieses Werkzeug öffnen können.

4. Im Geräte-Manager finden Sie eine ganze Reihe von Kategorien, in die die vorhandenen Hardwarekomponenten eingeteilt sind. Hat Windows bereits erkannt, dass ein bestimmtes Gerät nicht ordnungsgemäß arbeitet, blendet der Geräte-Manager dieses beim Öffnen automatisch ein und versieht sein Symbol mit einer farbigen Markierung. So kommen Sie den Verursachern von Hardwareproblemen schnell auf die Schliche.

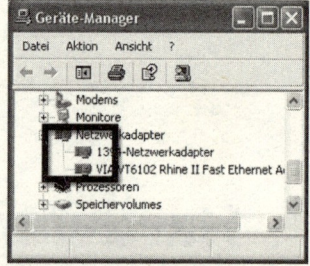

5. Um ein einzelnes Gerät näher unter die Lupe zu nehmen, führen Sie einen Doppelklick auf den entsprechenden Eintrag im Geräte-Manager aus. Dieser öffnet dann die Eigenschaften für das Gerät. Dort finden Sie alle Informationen und Funktionen, die zu diesem Gerät und ggf. zu seinen Treibern verfügbar sind.

6. In der Rubrik *Allgemein* finden Sie im Bereich *Gerätestatus* Hinweise, welche Probleme mit dem fraglichen Geräte vorliegen. Meist wird hier auch die Schaltfläche *Problembehandlung* angezeigt, mit der Sie einen Ratgeber zum Beheben des Problems aufrufen können.

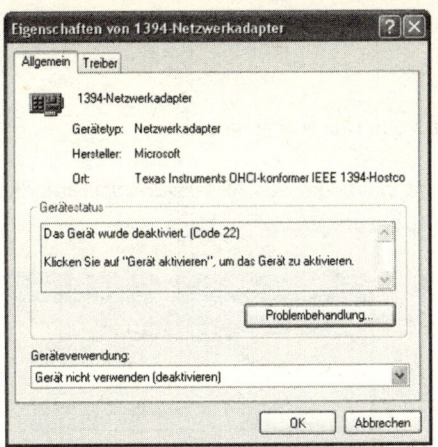

Der Geräte-Manager zeigt nicht alle Hardwarekomponenten an

Wenn ich den Geräte-Manager öffne, werden darin nicht alle Hardwarekomponenten angezeigt, obwohl die Treiber dafür installiert sind. Woran liegt das und wie kann ich trotzdem Zugang zu den Komponenten bekommen?

Der Geräte-Manager versteckt einige Komponenten, die den Benutzer seiner Meinung nach nichts angehen, weil es sich dabei z. B. um logische Komponenten des Betriebssystems handelt. Diese Komponenten können Sie aber trotzdem einsehen, wenn Sie im Geräte-Manager mit *Ansicht/Ausgeblendete Geräte anzeigen* die entsprechende Option aktivieren. Leider „vergisst" der Geräte-Manager diese Einstellung beim Beenden jedes Mal, sodass Sie sie bei Bedarf immer wieder einschalten müssen.

Selbst jetzt lässt der Geräte-Manager die Hosen aber immer noch nicht ganz herunter, sondern verbirgt weiterhin Komponenten, für die zwar Treiber installiert sind, die aber momentan nicht an den PC angeschlossen bzw. eingeschaltet sind. Dazu gehören z. B. mobile Geräte wie USB-Sticks, Digitalkameras usw., aber auch sämtliche feste Hardwarekomponenten (Festplatten, Grafikkarten, CD-Laufwerke usw.), die jemals in den PC eingebaut und unter Windows eingerichtet waren. Um auch auf diese Komponenten zugreifen und z. B. deren Treiber entfernen zu können, gehen Sie wie folgt vor:

122 3. HARDWARE UND ANGESCHLOSSENE GERÄTE

1. Öffnen Sie in der Systemsteuerung das Modul *System* und wechseln Sie dort in die Rubrik *Erweitert*.

2. Klicken Sie hier ganz unten auf die Schaltfläche *Umgebungsvariablen*.

3. Klicken Sie im anschließenden Menü unten im Bereich *Systemvariablen* auf die Schaltfläche *Neu*, um eine neue Systemvariable anzulegen.

4. Geben Sie im nachfolgenden Dialog als *Name der Variablen* die Bezeichnung *devmgr_show_nonpresent_devices* und als *Wert der Variablen* eine *1* an.

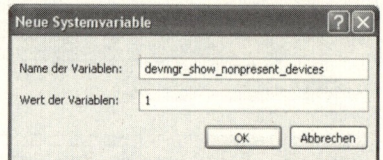

5. Klicken Sie dreimal auf *OK*, um die neue Variable zu übernehmen. Nun müssen Sie den Geräte-Manager ggf. beenden, neu starten und mit *Ansicht/Ausgeblendete Geräte anzeigen* die erweiterte Anzeige aktivieren, dann werden auch die derzeit nicht verbundenen Hardwarekomponenten angezeigt.

Zugriff auf den Geräte-Manager vereinfachen

? Der Aufruf des Geräte-Managers über die Systemsteuerung und die System-Eigenschaften ist recht umständlich, besonders wenn man den Manager häufiger braucht. Gibt es eine Möglichkeit, ihn schneller zu starten?

! Auch wenn der Geräte-Manager in die Systemeinstellungen integriert scheint, handelt es sich dabei doch um ein eigenständiges Modul, das Sie auch direkt aufrufen können, z. B. indem mit *Start/Ausführen* den *Ausführen*-Dialog öffnen und dort das Kommando *devmgmt.msc* eingeben. Noch einfacher geht es freilich, wenn Sie sich eine Verknüpfung zur dieser Datei als Symbol auf den Desktop legen:

1. Starten Sie den Windows-Explorer und öffnen Sie darin den Ordner *C:\windows\system32*.

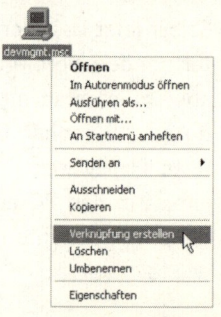

2. Suchen Sie hier die Datei *devmgmt.msc*, klicken Sie mit der rechten Maustaste auf deren Symbol und wählen Sie im kontextabhängigen Menü die Funktion *Verknüpfung erstellen*.

3. Verschieben Sie die so neu erstellte Datei *Verknüpfung mit devmgmt.msc* dann auf den Desktop und benennen Sie sie ggf. passend um.

4. Nun können Sie den Geräte-Manager jederzeit mit einem Klick auf dieses Desktop-Symbol aufrufen.

Warnhinweis beim Starten des Geräte-Managers

Wenn ich den Geräte-Manager starte, erhalte ich jedes Mal einen Warnhinweis, mir würden die Sicherheitsrechte zum Deinstallieren von Geräten und Ändern von Geräteeigenschaften oder Gerätetreibern fehlen. Was soll ich machen?

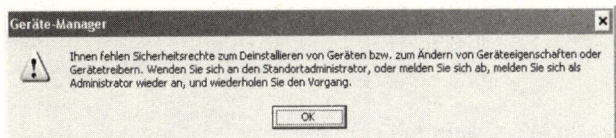

Das ist die Art des Geräte-Managers, Ihnen mitzuteilen, dass Sie keine Administratorrechte für diesen PC haben. Melden Sie sich als Administrator bzw. Benutzer mit Administratorrechten an bzw. starten Sie den Geräte-Manager mit einem Benutzerkonto eines Administrators, um das Problem zu beheben und den Geräte-Manager im vollen Umfang nutzen zu können.

Hardware wird durch Ressourcenkonflikt blockiert

Eine meiner Hardwarekomponenten funktioniert nicht, weil ein IRQ-Konflikt mit einem anderen Gerät vorliegt. Wie kann ich die Komponente dazu bringen, eine der anderen freien IRQs zu verwenden?

1. Starten Sie den Geräte-Manager und wählen Sie die Hardwarekomponente aus, die durch den Ressourcenkonflikt lahmgelegt ist. Sie ist mit einem gelben Ausrufezeichen markiert.

2. Öffnen Sie die Eigenschaften dieser Ressource mit einem Doppelklick aufrufen. In der Rubrik *Allgemein* können Sie zunächst den Gerätestatus ablesen. Hier findet sich meist schon ein deutlicher Hinweis, welche Art von Ressourcenkonflikt vorliegt.

3. Wechseln Sie dann in die Rubrik *Ressourcen*. Hier sollten Sie zunächst ganz unten den Bereich *Gerätekonflikt* beachten. Liegt ein Ressourcenkonflikt vor, wird hier ganz genau beschrieben, um welche Ressource es sich handelt und welches andere Gerät davon betroffen ist.

4. Wenn dieser Konflikt durch die automatische Ressourcenverteilung verursacht wurde, sollten Sie zunächst die Option *Automatisch konfigurieren* ausschalten.

5. Wählen Sie dann im Bereich *Ressourceneinstellungen* die Ressource aus, die den Konflikt verursacht, und klicken Sie auf die Schaltfläche *Einstellung ändern*.

6. Damit öffnen Sie ein zusätzliches Menü, in dem Sie diese Ressourceneinstellung bearbeiten können. Ändern Sie dazu den *Wert* der Ressource so lange, bis im Bereich *Konfliktinformation* die Meldung *Es liegen keine Gerätekonflikte vor* angezeigt wird.

7. Übernehmen Sie den neuen Wert dann mit zweimal *OK* und starten Sie den PC neu, damit die geänderten Einstellungen für die Hardwarekomponenten in Kraft treten können.

▶▶▶ *Manuelle Änderung der Ressourcen nicht möglich?* ◀◀◀

Sollte eine manuelle Änderung der Werte nicht möglich sein, wird diese Funktion von diesem Gerät bzw. dem verantwortlichen Treiber nicht unterstützt. In diesem Fall können Sie nur versuchen, die Einstellung des anderen am Konflikt beteiligten Geräts zu ändern oder anderweitig die Systemkonfiguration so zu verändern, dass die automatische Verteilung erfolgreich ist.

Einzelne Hardwarekomponenten vorübergehend deaktivieren

? Eine meiner Hardwarekomponenten macht mir unter Windows Probleme. Allerdings benötige ich sie zurzeit ohnehin nicht. Muss ich sie nun gleich ausbauen oder kann ich Windows anweisen, diese Komponente einfach nicht zu beachten, um die Probleme zu lösen?

! Der Geräte-Manager bietet die Möglichkeit, einzelne Hardwarekomponenten vorübergehend zu deaktivieren oder auch ganz aus der Konfiguration zu entfernen. Die dazugehörenden Treiber werden dann beim Start nicht mehr geladen und die Komponenten belegen auch keine Ressourcen mehr. So lassen sich Treiberprobleme und Ressourcenkonflikte lösen, wenn eine Komponente ohnehin nicht gebraucht wird:

1. Starten Sie den Geräte-Manager und suchen Sie den Eintrag der fraglichen Hardwarekomponente.

2. Klicken Sie mit der rechten Maustaste auf den Eintrag. Im kontextabhängigen Menü finden Sie die Funktion *Deaktivieren*. Damit beenden Sie die Verwendung dieses Geräts.

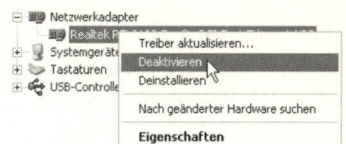

3. Bestätigen Sie den folgenden Sicherheitshinweis mit *Ja*. Das Gerät wird dann mit einem roten Kreuz als inaktiv gekennzeichnet. Im kontextabhängigen Menü finden Sie nun statt des *Deaktivieren*-Befehls die Funktion *Aktivieren*, mit der Sie die Komponente bei Bedarf wieder in den Betrieb einbinden können.

4. Außerdem finden Sie im kontextabhängigen Menü die Funktion *Deinstallieren*. Im Gegensatz zum Deaktivieren schalten Sie eine Komponente damit nicht einfach nur ab, sondern entfernen Sie ganz aus der Systemkonfiguration. In der Praxis bedeutet dies, dass der Softwaretreiber dafür entfernt wird und das Gerät komplett aus dem Geräte-Manager verschwindet. Auch hier müssen Sie den Sicherheitshinweis bestätigen, bevor die Aktion ausgeführt wird.

⏵ **Besonderheiten von deaktivierten Komponenten** ⏵

Eine deinstallierte Hardwarekomponente befindet sich physisch immer noch im Rechner. Das bedeutet, sie verbraucht Strom und erzeugt (meist) Abwärme. Wenn eine Komponente definitiv nicht mehr benötigt wird, ist es deshalb auf Dauer die sinnvollere Lösung, das Gerät auch physisch aus dem PC zu entfernen. Verwenden Sie die Komponente hingegen unter einem anderen, parallel installierten Betriebssystem weiterhin, ist die beschriebene Vorgehensweise eine geeignete Methode, dieses Gerät für Windows XP „unsichtbar" zu machen.

Zwei Hardwarekomponenten vertragen sich nicht

 Ich habe in meinem PC zwei Hardwarekomponenten, die nicht gemeinsam laufen können. Laut Geräte-Manager gibt es einen Ressourcenkonflikt, aber ich finde keine Konfiguration, bei der beide die benötigten Ressourcen bekommen. Was kann ich machen?

3. HARDWARE UND ANGESCHLOSSENE GERÄTE

! Wenn es sich um zwei Komponenten handelt, die Sie nicht notwendigerweise gleichzeitig verwenden müssen, lässt sich das Problem mit verschiedenen Hardwareprofilen lösen. Dabei wird jeweils nur eine der problematischen Komponenten verwendet, die andere bleibt deaktiviert. Um die jeweils andere Komponente zu verwenden, müssten Sie den PC neu starten und das andere Profil wählen:

1. Standardmäßig arbeitet Windows mit genau einem Hardwareprofil (normalerweise *Profil 1*). Um ein weiteres Profil anzulegen, öffnen Sie in der Systemsteuerung das Modul *System* und wechseln dort in die Kategorie *Hardware*. Klicken Sie dann im Bereich *Hardwareprofile* auf die gleichnamige Schaltfläche.

2. Im Menü *Hardwareprofile* markieren Sie eines der vorhandenen Profile und klicken auf *Kopieren*. Windows erstellt daraufhin ein weiteres Profil, das zunächst mit dem gewählten Ausgangsprofil identisch ist. Sie

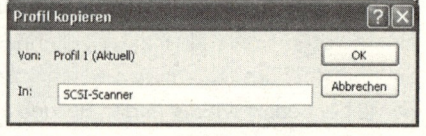

können diesem Profil einen eigenen Namen geben, um es später schneller wiedererkennen zu können. Schließen Sie dann die Hardwareprofile mit *OK*.

3. Um eine Hardwarekomponente einem Profil zuzuordnen, wählen Sie diese anschließend im Geräte-Manager aus. Öffnen Sie dazu mit einem Doppelklick auf den Eintrag die Eigenschaften dieses Geräts. In der Kategorie *Allgemein* finden Sie ganz unten das Auswahlfeld *Geräteverwendung*.

4. Hier unterbinden Sie mit der Option *Gerät im aktuellen Hardwareprofil nicht verwenden (deaktivieren)* die Verwendung dieses Geräts nur für das aktuell gewählte Hardwareprofil. In allen anderen Profilen ist es noch aktiv (solange Sie es dort nicht ebenfalls ausschalten). Auf diese Weise können Sie genau festlegen, welches Gerät in welchem Profil aktiv sein soll und welches nicht.

Wenn Sie mehr als ein Hardwareprofil verwenden, zeigt Windows beim Systemstart ein Auswahlmenü ein, das alle Hardwareprofile auflistet. Wählen Sie eines aus oder nach Ablauf einer Wartezeit wird auto-

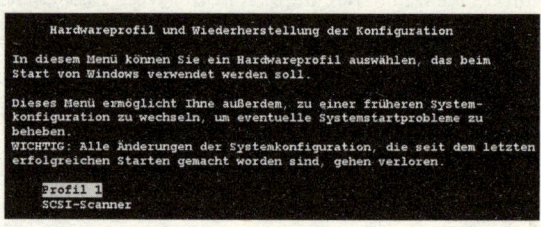

matisch das Standardprofil ausgewählt und der Start fortgesetzt. Den Auswahlvorgang für das Hardwareprofil können Sie in den Hardwareprofil-Eigenschaften, wo auch die Profile selbst erstellt werden, durch verschiedene Einstellungen optimieren.

3.2 Treiber für Hardwarekomponenten
Neue Hardware wird nicht automatisch erkannt

? Ich habe eine neue Hardwarekomponente in meinen PC eingebaut bzw. daran angeschlossen. Laut Beschreibung des Herstellers sollte sie beim Windows-Start automatisch erkannt und eingerichtet werden, aber es passiert nichts dergleichen. Was kann ich tun?

! Prinzipiell sollte Windows neue Hardwarekomponenten in der Tat beim Start automatisch erkennen und einen Assistenten zum Installieren der Treiber starten. Wenn das mal nicht klappt, können Sie diesen Assistenten auch manuell aufrufen:

1. Öffnen Sie dazu in der Systemsteuerung das Modul *System* und öffnen Sie dort die Rubrik *Hardware*.

2. Hier finden Sie im Bereich *Hardware-Assistent* eine gleichnamige Schaltfläche, mit der Sie die automatisch Hardwareerkennung starten.

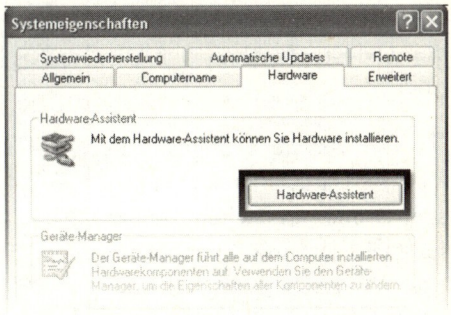

3. Bestätigen Sie die Begrüßung des Assistenten mit *Weiter*. Er sucht dann nach neuen Hardwarekomponenten im System. Wenn er fündig wird, macht er exakt so weiter wie beim automatischen Start nach der Anmeldung. Ab hier können Sie also wieder auf die Anweisungen des Herstellers zurückgreifen.

Hardwaretreiber manuell installieren

? Eine neue Komponente wird vom Hardware-Assistenten nicht erkannt. Kann ich die Treiber auch manuell installieren?

! Wenn der Hersteller der Komponente ein Installationprogramm mitgeliefert hat, sollten Sie dieses möglichst benutzen. Haben Sie nur die Treiber auf CD-ROM oder als Download aus dem Internet vorliegen, können Sie diese selbst installieren:

1. Öffnen Sie dazu in der Systemsteuerung das Modul *System*, öffnen Sie dort die Rubrik *Hardware* und klicken Sie im Bereich *Hardware-Assistent* auf die gleichnamige Schaltfläche.

2. Wählen Sie im ersten Schritt des Hardware-Assistenten *Weiter* und dann die Option *Ja, die Hardware wurde bereits angeschlossen*.

3. Wählen Sie im anschließenden Schritt in der Liste *Installierte Hardware* ganz unten den Eintrag *Neue Hardware hinzufügen* und klicken Sie auf *Weiter*.

4. Im nächsten Schritt entscheiden Sie sich für *Hardware manuell aus einer Liste wählen und installieren*.

5. Belassen Sie es in der folgenden Liste beim Eintrag *Alle Geräte anzeigen*, klicken Sie auf *Weiter* und im anschließenden Dialog unten rechts auf *Datenträger*.

6. Wählen Sie bei *Dateien des Herstellers kopieren von* das Laufwerk bzw. den Ordner aus, wo die Treiberdateien gespeichert sind.

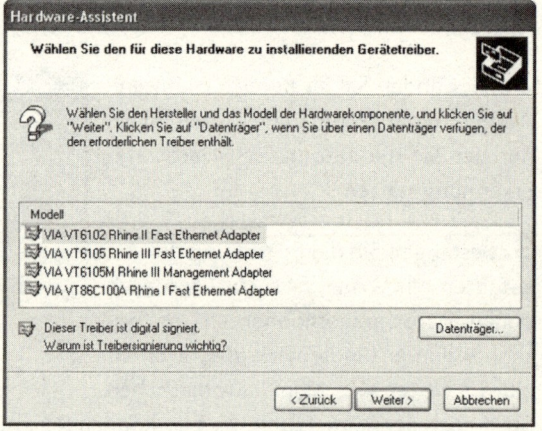

7. Der Assistent zeigt Ihnen dann die Hardwaretreiber in diesem Ordner an. Sollten Treiber für mehr als eine Komponente bzw. für verschiedene Varianten dieses Geräts vorhanden sein, wählen Sie die eingebaute Komponente aus. Klicken Sie dann auf *Weiter*, um den Treiber zu installieren.

Kein Treiber für Hardwarekomponente vorhanden

Ich will eine zusätzliche Hardwarekomponente einbauen, habe aber keinen Treiber dafür: Kann ich diese Komponente trotzdem nutzen?

Generell sollten Sie immer versuchen, für Hardwarekomponenten möglichst einen aktuellen Treiber vom Hersteller zu erhalten. Bei älteren und nicht gerade exotischen Komponenten besteht die Möglichkeit, dass Windows eigene Treiber dafür mitbringt:

1. Öffnen Sie dazu in der Systemsteuerung das Modul *System*, öffnen Sie dort die Rubrik *Hardware* und klicken Sie im Bereich *Hardware-Assistent* auf die gleichnamige Schaltfläche.

2. Wählen Sie im ersten Schritt des Hardware-Assistenten *Weiter* und dann die Option *Ja, die Hardware wurde bereits angeschlossen*.

3. Wählen Sie im anschließenden Schritt in der Liste *Installierte Hardware* ganz unten den Eintrag *Neue Hardware hinzufügen* und klicken Sie auf *Weiter*.

4. Versuchen Sie im nächsten Schritt zuerst, ob der Hardware-Assistent die Komponente mit *Nach neuer Hardwarekomponente automatisch suchen und installieren* selbst finden und einrichten kann. Wenn nicht, wählen Sie die Option *Hardware manuell aus einer Liste wählen und installieren*.

5. Im nachfolgenden Schritt bestimmen Sie dann zunächst den Hardwaretyp der Komponente. Dadurch wird eine Vorauswahl für die in Frage kommenden Treiber getroffen. Wenn Sie sich bezüglich des Typs nicht sicher sind, sollten Sie ganz oben *Alle Geräte anzeigen* wählen.

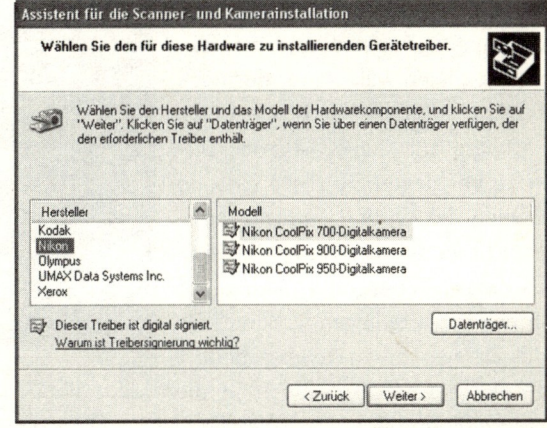

6. Anschließend präsentiert Ihnen der Hardware-Assistent die Auswahl der dem System bekannten Hardwaretreiber. Wählen Sie hier zunächst links den *Hersteller* und dann rechts das passende *Modell*.

7. Mit einem Klick auf *Weiter* installiert der Assistent die entsprechenden Treiber.

Neue Treiberversion einspielen

Der Hersteller einer meiner Hardwarekomponenten hat eine neue Version der Treibersoftware veröffentlicht, die besser laufen soll und zusätzliche Funktionen bietet. Wie kann ich die alten Treiber durch diese neue Version ersetzen?

! Wenn der Treiber vom Hersteller mit einer eigenen Installationsroutine ausgeliefert wurde, sollten Sie diese unbedingt auch nutzen. Haben Sie hingegen nur die eigentlichen Treiberdateien erhalten, können Sie diese mithilfe des Geräte-Managers in das Windows-System einbinden:

1. Öffnen Sie dazu mithilfe des Geräte-Managers die Eigenschaften der entsprechenden Hardwarekomponente und wechseln Sie dort in die Kategorie *Treiber*.

2. Hier sollten Sie sich zunächst mit Treiberdetails vergewissern, dass es sich beim vorhandenen Treiber wirklich um eine ältere Version handelt und der zu installierende Treiber neuer ist.

3. Klicken Sie dann auf die Schaltfläche *Aktualisieren*, um den vorhandenen Treiber durch die neue Version zu ersetzen.

4. Damit starten Sie den Hardwareupdate-Assistenten, der zunächst wissen will, woher der neue Treiber kommen soll. Liegt die Software auf CD-ROM oder Diskette vor, legen Sie diese ein und wählen die Option *Software automatisch installieren*. Wenn die Treiberdateien hingegen irgendwo auf Ihrer Festplatte liegen (z. B. weil Sie die Dateien beim Download dort gespeichert haben), wählen Sie die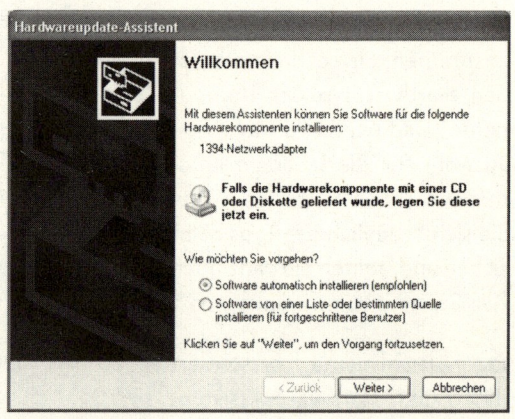
zweite Option *Software von einer Liste oder bestimmten Quelle installieren* und wählen im nächsten Schritt die Option *Nicht suchen, sondern den zu installierenden Treiber selbst wählen*.

5. Klicken Sie dann im darauf folgenden Schritt auf die Schaltfläche *Datenträger* und wählen Sie im nachfolgend angezeigten Dateiauswahldialog die Datei mit dem aktuellen Treiber aus.

6. Wenn Sie anschließend auf *Weiter* klicken, installiert der Geräte-Manager den gewünschten Treiber. Je nach Umfang der Dateien kann dies einige Zeit in Anspruch nehmen. Anschließend erhalten Sie eine Bestätigung der Installation sowie die Aufforderung, den Rechner neu zu starten, damit der neue Treiber in Betrieb genommen werden kann.

Probleme nach der Installation einer neuen Treiberversion

? Ich habe für eine Hardwarekomponente neuere Treiber vom Hersteller installiert, die leider nicht so wie erwartet funktionieren. Nun würde ich gern wieder zur alten Treiberversion zurück, aber die bietet der Hersteller nicht mehr an. Hat Windows die alten Treiber noch irgendwo gespeichert?

! Bei jeder Treiberaktualisierung legt Windows selbsttätig eine Sicherungskopie des vorherigen Treibers an, die Sie jederzeit reaktivieren können:

1. Öffnen Sie dazu die Eigenschaften des betroffenen Geräts mit einem Doppelklick im Geräte-Manager und wechseln Sie dort in die Rubrik *Treiber*.

2. Hier finden Sie die Schaltfläche *Installierter Treiber*, mit der Sie zum vorher verwendeten Treiber zurückkehren können.

3. Bestätigen Sie anschließend die Sicherheitsrückfrage mit *Ja*. Der Geräte-Manager stellt daraufhin den „alten" Treiber wieder her.

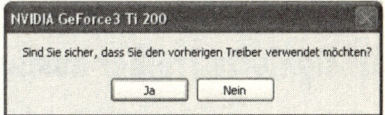

Warnhinweis beim Installieren eines Treibers

? Bei der Installation eines Hardwaretreibers beschwert sich Windows, dass der Treiber nicht für Windows XP signiert sei und deshalb die Stabilität des Systems gefährde. Wie kann ich den Treiber trotzdem installieren?

! Microsoft bietet den Hardwareherstellern eine Prüfung und Signierung von Treibern an, mit der Kompatibilität und Stabilität sichergestellt werden sollen. Nicht alle Hersteller nutzen dies und bieten stattdessen Treiber ohne Signatur an. In einem solchen Fall müssen Sie sich darauf verlassen, dass der Hersteller selbst den Treiber intensiv getestet hat. Installieren können Sie ihn aber trotzdem, wenn Sie Windows so einstellen, dass unsignierte Treiber akzeptiert werden:

1. Um Windows XP vorzugeben, wie es mit nicht signierten Treibern umgehen soll, öffnen Sie in der Systemsteuerung das Modul *System* und wechseln dort in die Rubrik *Hardware*.

2. Klicken Sie hier im Bereich *Geräte-Manager* auf die Schaltfläche *Treibersignierung*.

3. Im anschließenden Menü können Sie im Bereich *Wie soll Windows vorgehen?* den Umgang mit nicht ordnungsgemäß zertifizierten Treibern festlegen. Die sinnvollste Einstellung ist *Warnen – Zum Auswählen einer Aktion auffordern*, denn dann können Sie selbst von Fall zu Fall entscheiden.

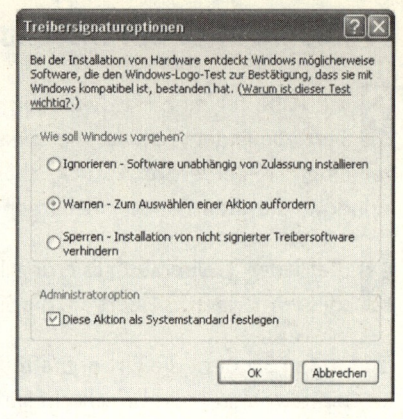

4. Am sichersten und stabilsten fahren Sie mit der Option *Sperren – Installation von nicht signierter Treibersoftware verhindern*. Allerdings können Sie dann wirklich nur Treiber installieren, die von Microsoft geprüft und signiert wurden.

5. Ganz unten bei *Administratoroption* können Sie die gewählte Einstellung als Standardaktion für das gesamte System und alle Benutzer festlegen.

Unsignierte Treiber ausfindig machen

? Gibt es eine Möglichkeit, unsignierte Treiberdateien auf dem PC ausfindig zu machen, die eventuell Probleme verursachen könnten?

! Windows verfügt über ein Programm zur Überprüfung von Signaturen, das auch nach Dateien suchen kann, die keine Signatur enthalten:

1. Öffnen Sie mit *Start/Ausführen* den *Ausführen*-Dialog und geben Sie hier das Kommando *sigverif* ein.

2. Klicken Sie im Startmenü der Dateisignaturverifizierung auf die Schaltfläche *Erweitert*.

3. Wählen Sie in den Einstellungen die Option *Nach Dateien suchen, die nicht digital signiert wurden*.

4. Stellen Sie dann mit *Durchsuchen* das Verzeichnis ein (die installierten Treiber finden sich meist in *C:\windows\system32*) und aktivieren Sie die Option *Unterordner einbeziehen*, um auch in den Unterverzeichnissen des gewählten Ordners zu suchen.

5. Schließen Sie die Einstellungen dann mit *OK* und beginnen Sie zurück im Hauptfenster die Suche mit *Starten*.

6. Je nach Umfang des gewählten Ordners kann die Prüfung einige Minuten in Anspruch nehmen. Anschließend präsentiert Ihnen das Programm eine Liste aller Dateien, die nicht ordnungsgemäß signiert sind.

7. Meist ist diese Liste recht umfangreich. Wenn Sie nicht gezielt nach einer bestimmten Datei suchen, sortieren Sie die Angaben

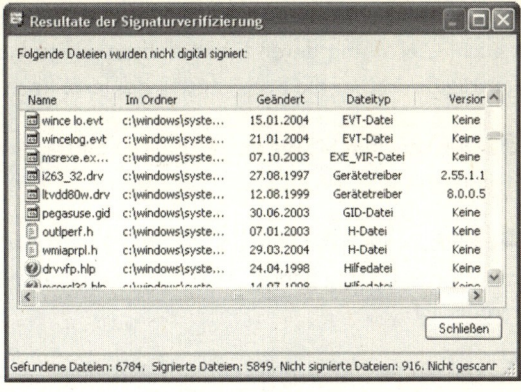

deshalb am besten anhand der Spalte *Dateityp* und konzentrieren sich dann insbesondere auf die Typen *Gerätetreiber*, *Programmbibliothek*, *Systemdatei* sowie *Virtuelle Gerätetreiber*.

Daten unzulässig bei Installation eines Hardwaretreibers

? Wenn ich den Treiber für eine Hardwarekomponente installieren will, beschwert sich Windows, dass die Daten ungültig seien. Was mache ich falsch?

! Achten Sie zunächst darauf, dass Sie bei der Installation als Administrator bzw. Benutzer mit Administratorrechten angemeldet sind. Tritt das Problem trotzdem auf, sind Sie auf einen Fehler gestoßen, der bei manchen Treibern auftreten kann. Er lässt sich durch einen Eingriff in die Registry beheben:

1. Starten Sie den Registry-Editor und öffnen Sie den Schlüssel *HKEY_LOCAL_MACHINE\System\CurrentControlSet\Enum\PCI*.

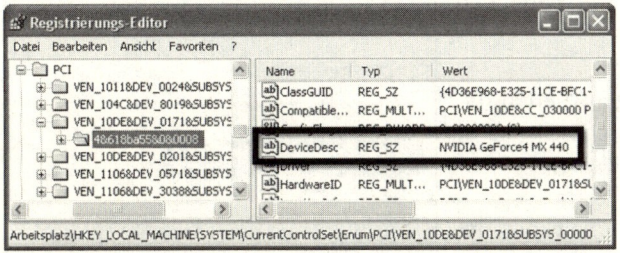

2. Innerhalb dieses Schlüssels finden Sie eine Reihe von Unterschlüsseln, die mit *VEN_...* beginnen. Jeder dieser Unterschlüssel hat seinerseits einen oder mehrere Unterschlüssel mit einem langen, kryptischen Namen. Klicken Sie jeweils auf diese Unterschlüssel, damit deren Inhalt in der rechten Hälfte angezeigt wird. Hier verrät der Eintrag *DeviceDesc* die Bezeichnung des jeweiligen Geräts.

3. Durchsuchen Sie die verzeichneten Einträge, bis Sie das fragliche Gerät gefunden haben.

4. Klicken Sie dann mit der rechten Maustaste links auf den *VEN_...*-Schlüssel, zu dem dieser Eintrag gehört. Wählen Sie im kontextabhängigen Menü die Funktion *Berechtigungen*.

5. Setzen Sie im anschließenden *Berechtigungen*-Dialog die Berechtigung *Vollzugriff* auf *Zulassen*.

6. Schließen Sie dann den Registry-Editor und probieren Sie die Installation nach einem Neustart noch einmal.

ZIP-Laufwerk am Parallelport wird nicht erkannt

Obwohl ich die Treiber ordnungsgemäß installiert habe, wird mein ZIP-Laufwerk am Parallelport nicht von Windows erkannt. Wie kann ich es trotzdem benutzen?

Prinzipiell kann Windows auch mit solche älteren Geräten umgehen. Damit diese am Parallelport automatisch erkannt werden, müssen Sie allerdings die Unterstützung für solche Komponenten aktivieren:

1. Starten Sie den Geräte-Manager und wählen Sie in der Liste die Kategorie *Anschlüsse (COM und LPT)* und darin den *Druckeranschluss* aus.

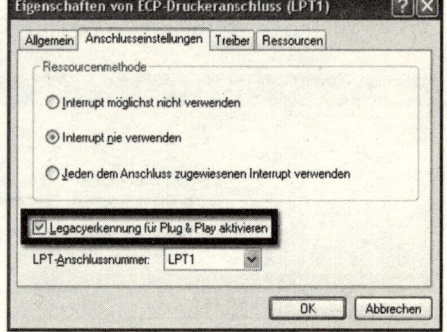

2. Öffnen Sie dessen Eigenschaften mit einem Doppelklick und wechseln Sie in das Register *Anschlusseinstellungen*.

3. Schalten Sie hier unterhalb des Bereichs *Ressourcenmethode* die Option *Legacyerkennung für Plug & Play aktivieren* ein.

4. Übernehmen Sie die Einstellung mit *OK* und schließen Sie den Geräte-Manager. Anschließend sollte das ZIP-Laufwerk am Parallelport erkannt werden.

3.3 Monitor, Tastatur und Maus
Monitor flimmert

? Mein Computermonitor flimmert die ganze Zeit, sodass die Augen bei der Arbeit schnell ermüden. Wie kann ich dieses Flimmern abstellen?

! Wenn das Monitor flimmert, liegt das meist daran, dass die vertikale Bildwiederholfrequenz zu niedrig ist. Wenn Ihr Monitor über ein Onscreen-Display verfügt, wird dort meist die aktuelle Frequenz angegeben. Sie sollte optimalerweise 72 Hz oder mehr betragen, damit man längere Zeit ermüdungsfrei arbeiten kann. Praktisch alle neueren Computermonitore schaffen eine solche ergonomische Bildwiederholungsrate. Wenn Sie nicht gerade einen sehr alten Monitor verwenden, ist die Rate vermutlich einfach nur falsch eingestellt.

1. Öffnen Sie in der Systemsteuerung das Modul *Anzeige* und wechseln Sie hier in die Rubrik *Einstellungen*.

2. Klicken Sie ganz unten rechts auf die Schaltfläche *Erweitert* und wechseln Sie in den erweiterten Einstellungen in die Rubrik *Monitor*.

3. Wenn im Bereich *Monitortyp* die Bezeichnung *Plug und Play-Monitor* oder eine genauere Bezeichnung Ihres Monitors angegeben ist, kennt Windows das Gerät und weiß, welche Bildwiederholfrequenzen möglich sind. Ist hier hingegen lediglich eine allgemeine Klasse angegeben (z. B. *Standard-VGA* oder *Super-VGA*), dann sollten Sie unbedingt die Dokumentation des Monitors zu Rate ziehen, welche Frequenzen empfehlenswert sind.

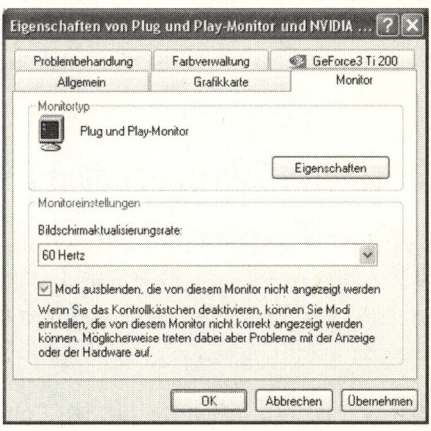

4. Im Bereich *Monitoreinstellungen* können Sie im Feld *Bildschirmaktualisierungsrate* einstellen, mit welcher Frequenz der Monitor betrieben werden soll. Stellen Sie sicher, dass die Option *Modi ausblenden, die von diesem Monitor nicht angezeigt werden* eingeschaltet ist. Wählen Sie dann am besten eine Rate von 72 oder 75 Hz aus, mehr ist normalerweise gar nicht nötig.

5. Wenn Sie dann auf *OK* klicken, schaltet Windows den Monitor sofort auf die neue Frequenz um. Daraufhin wird ein Dialog angezeigt, ob Sie die neue Auflösung beibehalten möchten. Bestätigen Sie das innerhalb von 15 Sekunden mit *Ja*. Nebeneffekt dieser Prozedur: Sollte der Monitor mit der neuen Frequenz nicht ordnungsgemäß funktionieren, können Sie den Dialog nicht beantworten und Windows schaltet nach 15 Sekunden automatisch zur alten Frequenz zurück.

TFT-Display lässt sich nur mit 60 Hz betreiben

? Mein TFT-Flachbildschirm lässt sich nur mit einer Bildwiederholfrequenz von 60 Hz betreiben. Wenn ich versuche, auf eine augenfreundlichere Bildrate zu wechseln, verweigert der Bildschirm den Dienst. Wie kann ich mein Display trotzdem ergonomisch einstellen?

! Für TFT-Flachbildschirme gilt die Regel, dass eine ergonomische Darstellung erst ab 72 Hz Bildwiederholfrequenz erreicht wird, nicht. TFT-Displays verwendet eine andere Technik als Röhrenmonitore, die praktisch flimmerfrei ist. Während bei einem Röhrenmonitor der Bildschirminhalt ständig erneuert werden muss, bleibt er bei einem TFT-Display praktisch so lange erhalten, bis er sich ändert. Deshalb spielt die Bildwiederholrate keine große Rolle und viele Displays arbeiten „nur" mit 60 Hz. Diese Rate sollten Sie auch keinesfalls hochsetzen, da insbesondere ältere Geräte mangels entsprechender Schutzschaltungen durch eine zu hohe Frequenz beschädigt werden können.

Unscharfe Schrift auf dem TFT-Display

? Seit ich meinen Monitor durch einen TFT-Flachbildschirm ersetzt habe, werden Schriften sehr unscharf und verschwommen angezeigt. Ansonsten ist die Darstellung von Bildschirmelementen und Bildern sehr scharf und klar. Woran liegt es, dass die Schrift nicht auch diese Schärfe hat?

! Vermutlich haben Sie für den Röhrenmonitor eine Glättung der Schriften aktiviert, die bei Flachbildschirmen nicht erforderlich bzw. sogar nachteilig ist. Deaktivieren Sie diese Einstellung, um auch Schriften wieder scharf zu sehen:

1. Öffnen Sie in der Systemsteuerung das Modul *Anzeigen* und wechseln Sie dort in die Rubrik *Darstellung*.

2. Klicken Sie hier unten rechts auf die Schaltfläche *Effekte*.

3. Im anschließenden Menü stellen Sie im Auswahlfeld unterhalb des Kontrollkästchens *Folgende Methode zum Kantenglätten von Bildschirmschriften verwenden* den Wert *Standard* ein.

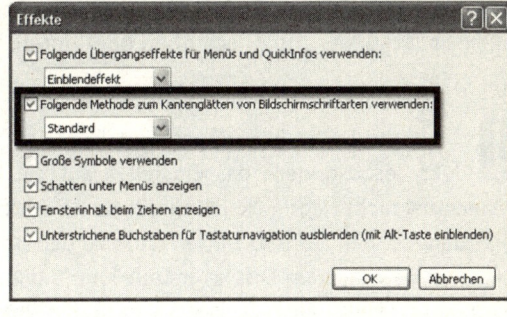

4. Eventuell erzielen Sie auch ein gutes Ergebnis, wenn Sie die Option ganz deaktivieren (was im Übrigen auch ein wenig Rechenzeit spart).

5. Klicken Sie dann zweimal auf *OK*, um die neue Einstellung zu übernehmen und zu testen.

Farbstich auf dem Monitor

Beim meinem Monitor zeigt sich seit einiger Zeit immer mal wieder ein leichter Farbstich. Da der Monitor ein Markengerät und noch gar nicht so alt ist, kann ich gar nicht glauben, dass er schon den Geist aufgeben will. Kann ich vielleicht in den Einstellungen etwas unternehmen, um den Effekt zu beheben oder zu mindern?

Softwareseitig gibt es in diesem Fall keine vielversprechenden Möglichkeiten, aber vielleicht handelt es sich um ein gar nicht so schwerwiegendes Hardwareproblem. Bei Monitoren mit dem klassischen 15-poligen Anschlussstecker wird der beschriebene Effekt häufig durch einen Wackelkontakt bzw. durch einen schlechten Kontakt zwischen Stecker und Buchse hervorgerufen. Ein einfacher Test wäre es, leicht am Stecker zu wackeln, um zu sehen, ob der Effekt dadurch verschwindet. Liegt der Fehler in diesem Bereich, müssen Sie für besseren Kontakt sorgen. Ein einfaches Hausmittel wäre es, den Stecker abzuziehen und Stecker und Buchse gründlich zu reinigen. Auch ein wenig Kontaktspray, in Maßen aufgebracht, kann helfen. Bei hartnäckigen Kontaktproblemen kommt nur ein Austauschen von Stecker oder Anschlussbuchse in Frage, was meist immer noch billiger als ein neuer Markenmonitor ist.

TFT-Display zuckt trotz AutoAdjust-Funktion

? Mein TFT-Flachbildschirm verfügt über eine AutoAdjust-Funktion, mit der es sich automatisch auf das Signal der Grafikkarte einstellt. Dass klappt auch ganz gut, denn das Bild ist scharf und ohne Störungen. Allerdings zuckt das Bild manchmal alle paar Sekunden kurz nach oben oder unten. Wie kann ich dieses Zucken vermeiden?

! Die AutoAdjust-Funktionen von TFT-Displays arbeiten leider nicht immer perfekt. Insbesondere das Einstellen auf die Phasenlage des Videosignals klappt manchmal nicht richtig. Selbst minimale Abweichungen addieren sich durch die hohe Frequenz schnell auf und führen dann zu den beschriebenen Störungen. Meist reicht es, die Phasenlage am Display manuell nur ein klein wenig nachzukorrigieren, um das Problem zu vermeiden. Stellen Sie dazu den Phasenlageregler im Onscreen-Menü in kleinen Schritten hoch oder runter. Verkürzt sich die Pause zwischen den Störungen, wechseln Sie in die andere Richtung. Verlängert sich die Pause, machen Sie Schritt für Schritt weiter, bis das Zucken ganz ausbleibt. Speichern Sie diese Einstellung, soweit möglich.

Keine deutsche Tastaturbelegung bei der Anmeldung

? Wenn ich mich bei Windows anmelde und mein Passwort angebe, habe ich keine deutsche Tastaturbelegung. Diese wird erst nach erfolgreicher Anmeldung aktiviert. Wie kann ich die Tastatur auch schon vorher für die Passworteingabe nach deutschem Standard belegen?

! Normalerweise sollte auch bei der Anmeldung schon der deutsche Zeichensatz verwendet werden. Ist dies nicht der Fall, lässt sich das durch eine Korrektur in der Registry beheben:

1. Starten Sie den Registry-Editor und öffnen Sie den Schlüssel HKEY_USERS\ .default\Keyboard Layout\Preload.

2. Doppelklicken Sie in der rechten Fensterhälfte auf den Eintrag 1.

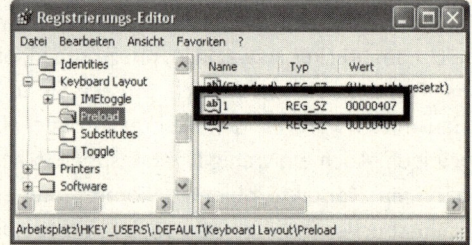

3. Geben Sie diesem Eintrag im anschließenden Dialog einen Wert von 407. Dieser entspricht dem deutschen Tastaturtreiber.

4. Schließen Sie den Registry-Editor. Ab dem nächsten Windows-Start steht auch bei der Anmeldung die deutsche Tastenbelegung zur Verfügung.

Versehentliches Drücken der Feststelltaste verhindern

? Beim schnellen Tippen erwische ich statt ⌈Umschalt⌉ immer mal wieder die Feststelltaste und schreiben dann alles in Großbuchstaben. Gibt es eine Möglichkeit, die Feststelltaste zu deaktivieren?

! Ein Deaktivieren der Feststelltaste unter Windows ist nicht möglich. Sie können sich aber akustisch darauf aufmerksam machen lassen, wenn Sie diese Taste betätigen. Dann merken Sie es zumindest sofort und können den Fehler korrigieren, bevor Sie allzu viele Großbuchstaben eingetippt haben:

1. Öffnen Sie in der Systemsteuerung das Modul *Eingabehilfen*.

2. Aktivieren Sie hier in der Rubrik *Tastatur* unten im Bereich *Statusanzeige* die Option *Statusanzeige aktivieren*.

3. Übernehmen Sie die Einstellung mit *OK*. Windows gibt jetzt jedes Mal einen Piepston von sich (Voraussetzung: Der Lautsprecher ist aktiviert), wenn Sie die Feststelltaste betätigen.

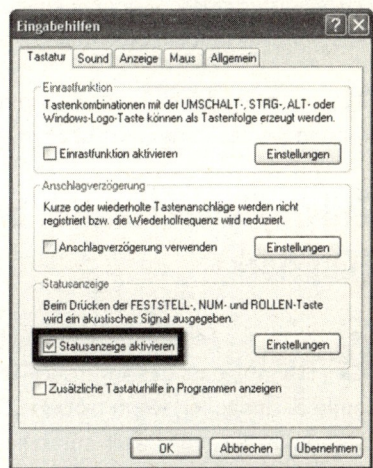

Unterschiedliches Deaktivieren der Feststelltaste (Capslock)

? Wenn ich die Feststelltaste benutze, um eine Zeitlang nur Großbuchstaben zu schreiben, funktioniert das Deaktivieren dieses Modus auf jedem Rechner anders. Mal muss man erneut die Feststelltaste drücken, mal auf die ⌈Umschalt⌉-Taste. Wovon hängt dieses Verhalten ab?

! Das Aktivieren des Feststellmodus ist immer gleich, also durch einfaches Drücken der Feststelltaste (Groß). Zum Deaktivieren gibt es wie beschrieben zwei Möglichkeiten. Welche davon verwendet wird, können Sie selbst einstellen:

1. Öffnen Sie in der Systemsteuerung das Modul *Regions- und Sprachoptionen* und wechseln Sie dort in die Rubrik *Sprachen*.

2. Klicken Sie dort im Bereich *Textdienste und -eingabesprachen* auf die Schaltfläche *Details*.

3. Im anschließenden Dialog klicken Sie wiederum ganz unten im Bereich *Einstellungen* auf die Schaltfläche *Tastatur*.

4. Im damit geöffneten Dialog können Sie ganz oben im Bereich *Zur Deaktivierung der Feststelltaste* festlegen, ob Sie für diesen Vorgang erneut die *Feststelltaste drücken* oder lieber die *Umschalttaste drücken* möchten.

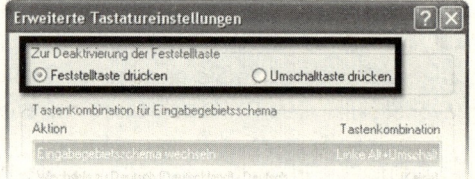

5. Klicken Sie dreimal auf *OK*, um die Einstellungen zu übernehmen. Auf diese Weise können Sie das Verhalten auf allen benutzen PCs einheitlich einstellen.

Ziffern/Sonderzeichen bei gedrückter Feststelltaste (Capslock)

? Wenn die Feststelltaste gedrückt ist, bewirkt ein Druck auf eine der Zifferntasten (1) bis (0), dass das auf dieser Taste liegende Sonderzeichen aufgegeben wird. Ich fände es sinnvoller, wenn trotz Feststelltaste die Ziffer verwendet würde und man für das Sonderzeichen einfach zusätzlich (Umschalt) drückt. Lässt sich das machen?

! Die standardmäßige Tastaturbelegung verhält sich genau wie beschrieben, produziert also die Sonderzeichen. Es gibt eine alternative deutsche Tastaturbelegung, die auch bei aktiviertem Feststellmodus Ziffern ausgibt. Installieren Sie diese Tastaturbelegung wie folgt:

1. Öffnen Sie in der Systemsteuerung das Modul *Regions- und Sprachoptionen* und wechseln Sie dort in die Rubrik *Sprachen*.

2. Klicken Sie dort im Register *Textdienste und -eingabesprachen* auf die Schaltfläche *Details*.

3. Im anschließenden Dialog klicken Sie wiederum ganz unten im Bereich *Einstellungen* auf die Schaltfläche *Tastatur*.

4. Klicken Sie hier im Bereich *Installierte Dienste* auf die Schaltfläche *Hinzufügen* und wählen Sie im dadurch geöffneten Dialog im Feld *Eingabegebietsschema* das Schema *Deutsch (Deutschland)* und dann darunter im Feld *Tastaturlayout/IME* das Layout *Deutsch (IBM)*.

5. Übernehmen Sie die Einstellung mit *OK* und entfernen Sie zurück im Menü *Textdienste und Eingabesprachen* den Eintrag *Deutsch* in der Kategorie *Tastatur*, damit das neue Layout standardmäßig verwendet wird. Bestätigen Sie ggf. den Hinweis auf den erforderlichen Neustart.

6. Klicken Sie dann zweimal auf *OK*, um die neuen Einstellungen zu übernehmen. Melden Sie sich anschließend ab und wieder an bzw. starten Sie Windows neu, damit die Änderungen in Kraft treten.

Scrollrad der Maus wird nicht erkannt

Bei meiner Computermaus erkennt Windows das Rad zum Scrollen in Dokumenten nicht, sodass ich diese Funktion nicht nutzen kann. Was kann ich tun?

Windows versucht, bei Mäusen automatisch zu erkennen, ob diese über ein Scrollrad verfügen. Kann Windows das nicht feststellen, wird die Scrollfunktion deaktiviert. Sie können Windows aber dazu bringen, auf die Erkennung zu verzichten und einfach von einem Scrollrad auszugehen. Meist lässt es sich dann auch nutzen:

1. Öffnen Sie in der Systemsteuerung das Modul *Maus* und wechseln Sie dort in die Rubrik *Hardware*.

2. Wählen Sie hier (bei mehreren installierten Mäusen) das betroffene Gerät aus und klicken Sie unten rechts auf *Eigenschaften*.

3. Wechseln Sie in den Eigenschaften in die Rubrik *Erweiterte Einstellungen*. (Sollte diese Rubrik nicht vorhanden sein, ist die Einstellung bei dieser Maus nicht möglich.)

4. Stellen Sie hier im Auswahlfeld *Raderkennung* den Eintrag *Annehmen, das Rad vorhanden ist* ein.

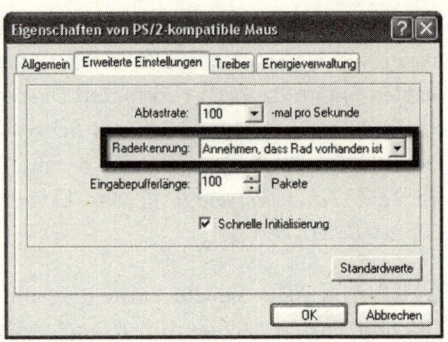

5. Übernehmen Sie die neue Einstellung mit zweimal *OK*. Nach einem Neustart sollte das Scrollrad funktionieren. Sollte es immer noch nicht klappen, versuchen Sie, vom Hersteller der Maus neuere Treiber zu erhalten. Andernfalls werden Sie das Scrollrad dieser Maus unter Windows wohl nicht nutzen können.

Scrollrad scrollt zu viel/zu wenig

? Wenn ich das Scrollrad meiner Maus betätige, blättert der Inhalt des Dokuments immer gleich ganze Seiten weiter. Wie kann man die Sensitivität des Scrollrads verändern, sodass es jeweils nur einige Seiten weiterläuft?

! Sie Funktion des Scrollrads lässt sich weitgehend flexibel einstellen. So können Sie festlegen, ob eine Bewegung des Rads nur eine Zeile, viele Zeilen oder gleich eine ganze Seite weiterblättert:

1. Öffnen Sie in der Systemsteuerung das Modul *Maus* und wechseln Sie dort in die Rubrik *Rad*.

2. Soll das Scrollrad nur zeilenweise blättern, wählen Sie hier die Option *Folgende Anzahl Zeilen* und stellen im Auswahlfeld darunter ein, wie viele Zeilen (zwischen 1 und 100) eine Radbewegung weiterblättern soll.

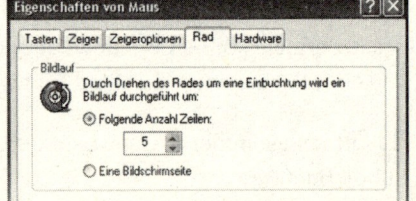

3. Möchten Sie mit dem Scrollrad jeweils eine Seite weiterblättern, schalten Sie stattdessen die Option *Eine Bildschirmseite ein*.

4. Übernehmen Sie die Einstellungen mit *OK* und testen Sie die neue Blätterfunktion.

Maustasten für Linkshänder vertauschen

? Ich bin Linkshänder und leide darunter, dass die meisten Mäuse für Rechtshänder gemacht sind. Besteht die Möglichkeit, die Funktionen der Maustaste anders zu belegen, sodass ich die Primärfunktion wie ein Rechtshänder mit dem Zeigefinger abrufen kann?

! Windows bietet die Möglichkeit, die primäre (linke) und die sekundäre (rechte) Maustaste einfach zu vertauschen:

1. Öffnen Sie in der Systemsteuerung das Modul *Maus* und wechseln Sie dort in die Rubrik *Rad*.

2. Aktivieren Sie hier ganz oben im Bereich *Tastenkonfiguration* das Kontrollkästchen *Primäre und sekundäre Taste umschalten*.

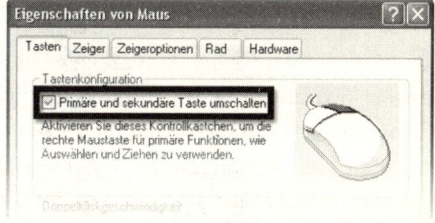

3. Übernehmen Sie die Einstellung mit *OK*. Achtung: Die Änderung wirkt sich unmittelbar aus, was im ersten Moment zu etwas Verwirrung bei der Mausbedienung führen kann!

Tastatur als Mausersatz

? Wenn die Maus mal versagt, z. B. weil der Akku leer ist oder es eine Störung gibt, muss man Windows mit der Tastatur steuern. Mittels [Tab] ist das sehr umständlich und bei einigen Anwendungen nicht möglich. Gibt es vielleicht ein Programm, mit dem man den Mauszeiger z. B. mit den Pfeiltasten über den Bildschirm bewegen kann?

! So ein Programm gibt es und es ist sogar in Windows eingebaut. Sie müssen es nur aktivieren und können dann bei Bedarf die Maus aushilfsweise per Tastatur steuern:

1. Öffnen Sie in der Systemsteuerung das Modul *Eingabehilfen* und wechseln Sie hier in die Rubrik *Maus*.

2. Schalten Sie im Bereich *Tastaturmaus* die Option *Tastatur aktivieren* ein.

3. Klicken Sie dann nebenan auf die Schaltfläche *Einstellungen* und aktivieren Sie im nachfolgenden Dialog das Kontrollkästchen *Mit [Strg]-Taste beschleunigen und mit Umschalttaste verlangsamen*.

4. Klicken Sie dann zweimal auf *OK*, um die Einstellung zu übernehmen.

5. Anschließend können Sie die Tastaturmaus jederzeit aktivieren, indem Sie bei eingeschaltetem numerischen Tastenblock die Tastenkombination [UmschaltLinks]+[Alt]+[Num] drücken. Bestätigen Sie dann das Aktivieren der Tastenmaus mit *OK*.

6. Nun können Sie den Mauszeiger mit den Tasten des Ziffernblocks in die verschiedenen Richtungen bewegen (links, rechts, oben, unten sowie jeweils die diagonalen Richtungen dazwischen). Um die Bewegung zu beschleunigen, drücken Sie gleichzeitig [Strg], zum Verlangsamen [Umschalt]. Die [+]-Taste des Nummernblocks dients als linke (primäre) Maustaste, die [Entf] im Block als rechte (sekundäre) Maustaste für das kontextabhängige Menü.

Mauszeiger springt automatisch auf Schaltflächen

Bei meinem PC spingt der Mauszeiger beim Öffnen von machen Anwendungen oder in Menüs automatisch auf bestimmte Schaltflächen. Das ist sehr verwirrend, weil man ihn immer erst suchen muss. Was kann ich tun, damit der Mauszeiger an Ort und Stelle bleibt?

Hierbei handelt es sich um eine Funktion von Windows, die vermutlich versehentlich eingeschaltet wurde. Sie dient als Eingabehilfe, kann aber auch sehr verwirrend sein. So schalten Sie die Funktion ab:

1. Öffnen Sie in der Systemsteuerung das Modul *Maus* und wechseln Sie dort in die Rubrik *Zeigeroptionen*.

2. Schalten Sie hier im Bereich *Zur Standardschaltfläche springen* das Kontrollkästchen *In Dialogfeldern automatisch zur Standardschaltfläche springen* aus.

3. Übernehmen Sie die Einstellung mit *OK*. Ab sofort sollte es mit dieser Eigenheit der Maus vorbei sein.

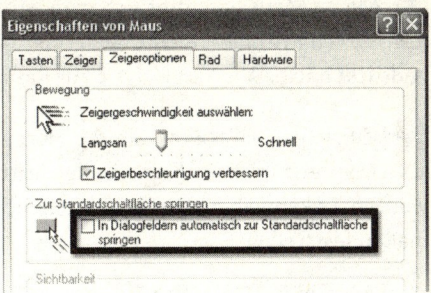

Maus erweckt den PC aus dem Tiefschlaf

Ich lasse meinen PC häufig im Stromsparmodus laufen. Dabei passiert es mir leider immer wieder, dass ich auf dem Schreibtisch an die Maus stoße und dadurch den Rechner aufwecke. Kann man diese Funktion der Maus deaktivieren?

Eine schnelle und simple Lösung: Legen Sie die Maus auf den Rücken, dann kann nichts passieren! Ganz im Ernst: Sie können die Maus so einstellen, dass Bewegungen oder Tastendrücke den PC unbeeindruckt weiterschlafen lassen:

1. Öffnen Sie in der Systemsteuerung das Modul *Maus* und wechseln Sie dort in die Rubrik *Hardware*.

2. Wählen Sie hier (bei mehreren installierten Mäusen) das betroffene Gerät aus und klicken Sie unten rechts auf *Eigenschaften*.

3. Wechseln Sie in den Eigenschaften in die Rubrik *Energieverwaltung*.

4. Deaktivieren Sie hier die Option *Gerät kann Computer aus den Standbymodus aktivieren*.

5. Übernehmen Sie die Einstellung mit zweimal *OK*. Ab sofort ist der PC vorm versehentlichen Wecken durch Mausrempler geschützt.

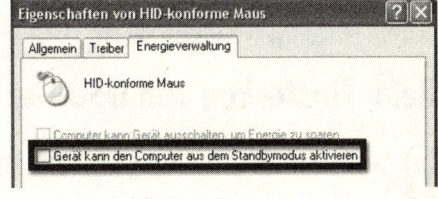

Maus verhält sich unberechenbar

? Meine Maus benimmt sich manchmal völlig unberechenbar. Sie bewegt sich willkürlich in andere Richtungen oder führt Mausklicks aus, ohne dass ich eine Taste gedrückt hätte. Wie kann ich sie zur Räson bringen?

! Zunächst mal sollten Sie die Hardware überprüfen. Insbesondere mechanische Mäuse (mit einer Kugel in der Mitte des Bodens) müssen regelmäßig gereinigt werden. Es kann aber auch ein Softwareproblem vorliegen. Das können Sie folgendermaßen feststellen:

1. Öffnen Sie in der Systemsteuerung das Modul *Maus* und wechseln Sie dort in die Rubrik *Hardware*.

2. Wählen Sie hier (bei mehreren installierten Mäusen) das betroffene Gerät aus und klicken Sie unten rechts auf *Eigenschaften*.

3. Wechseln Sie in den Eigenschaften in die Rubrik *Erweiterte Einstellungen*. (Sollte diese Rubrik nicht vorhanden sein, ist die Einstellung bei dieser Maus nicht möglich.)

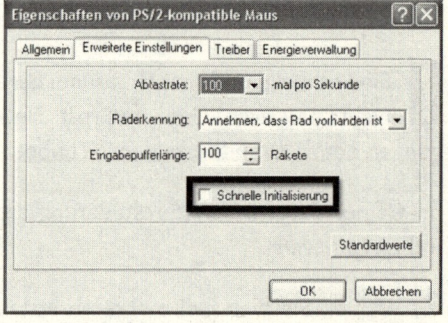

4. Deaktivieren Sie hier das Kontrollkästchen *Schnelle Initialisierung* und klicken Sie zweimal auf *OK*. Dadurch führt Windows beim Systemstart eine gründlichere Initialisierung der Maus durch. Das verlangsamt den Start zwar ein wenig, löst die beschriebenen Mausprobleme aber meistens.

3.4 Anschließen und Benutzen von USB-Geräten

Beim Einstecken von USB-Geräten passiert gar nichts

? Wenn ich beim meinem PC ein USB-Gerät einstecke, reagiert er darauf überhaupt nicht. Die Geräte funktionieren nicht, es gibt aber auch keine Fehlermeldung. An anderen PCs laufen die USB-Geräte. Wo liegt das Problem?

! Windows wird standardmäßig mit einem USB-Treiber (für USB 1.1) ausgeliefert. Die Funktionen für USB 2.0 wurden mit dem Service Pack 1 nachgerüstet. Windows sollte also auf das Einstecken eines USB-Geräts zumindest irgendwie reagieren. Ist das nicht der Fall, liegt das Problem in einem anderen Bereich:

- Prüfen Sie zunächst, ob die USB-Steckplätze am Gehäuse tatsächlich mit der Hauptplatine verbunden sind. Insbesondere USB-Buchsen an der Gehäusefront werden manchmal versehentlich nicht angeschlossen. Ist der Anschluss vorhanden, stellen Sie anhand der Angaben der Dokumentation zur Hauptplatine sicher, dass die verschiedenen Adern des Anschlusskabels an die richtigen Kontakte auf der Hauptplatine angeschlossen wurden.

- Ist hardwaremäßig alles in Ordnung, überprüfen Sie, ob die USB-Funktionen im BIOS des PCs womöglich deaktiviert wurden. Suchen Sie dazu im BIOS in den Rubriken *Intergrated Peripherals* bzw. *Advanced Chipset Features* (o. ä.) nach den entsprechenden USB-Einstellungen und aktivieren Sie diese.

- Sollte das nicht helfen, stellen Sie fest, ob für das BIOS Ihrer Hauptplatine ein Update verfügbar ist, das dieses Problem behebt.

USB-Gerät wird nicht erkannt

? Wenn ich ein bestimmtes USB-Gerät mit meinen PC verbinde, wird es nicht erkann und Windows meldet stattdessen ein unbekanntes Gerät. Was muss ich tun, damit Windows das Gerät erkennt?

! Wenn die automatische Erkennung von USB-Geräten nicht funktioniert, gibt es dafür eine Reihe von möglichen Gründen:

- Nicht alle USB-Geräte funktionieren nur mit dem USB-Treiber von Windows, sondern benötigen zusätzlich eigene Treiber. Diese müssen häufig vor dem ersten Anschließen des Geräts bereits installiert sein, damit die automatische Erkennung funktioniert. Bitte lesen Sie in der Bedienungsanleitung des Geräts nach, ob und wie die Treiber installiert werden müssen.

- Beachten Sie außerdem, dass manche USB-Geräte eine eigene Stromversorgung benötigen. Windows kann solche Geräte erst dann erkennen, wenn sie eingeschaltet werden.

- Wenn es bei der Erkennung eines Geräts Probleme gibt, entfernen Sie probeweise immer alle anderen USB-Geräte vom PC, bevor Sie diese Komponente erneut einstecken. Sollte es dann funktionieren, liegt ein Problem mit dem Stromverbrauch oder der Bandbreite des USB-Busses vor (siehe Seite 153).

USB-Treiber manuell installieren

? Ich habe ein USB-Gerät, für das Treiber erforderlich sind. Diese habe ich mir aus dem Internet heruntergeladen. Wie kann ich die Treiber für dieses Gerät nun manuell installieren?

! Stellen Sie zunächst fest, ob die Treibersoftware vor dem Anschließen des Geräts installiert werden muss, oder erst wenn Sie das Gerät zum ersten Mal einstecken. Müssen die Treiber zuerst installiert werden, gehen Sie dabei wie auf Seite 127 beschrieben vor. Erfolgt die Installation beim ersten Einstecken, läuft die Prozedur wie folgt ab:

1. Schließen Sie das Gerät an einen freien USB-Anschluss an.

2. Innerhalb weniger Sekunden erkennt Windows XP automatisch, dass ein USB-Gerät angeschlossen wurde. Der dadurch gestartete Assisten meldet sich mit einer Sprechblase im Infobereich und versucht zunächst, das angeschlossene Gerät zu erkennen und den entsprechenden Treiber zu aktivieren.

3. Da noch kein Treiber für das Gerät installiert ist, kann der Assistent es nicht erkennen. Deshalb startet er den Dialog zum Installieren der Treibersoftware. Wählen Sie hier die Option *Software von einer Liste oder bestimmten Quelle installieren* und klicken Sie dann auf *Weiter*.

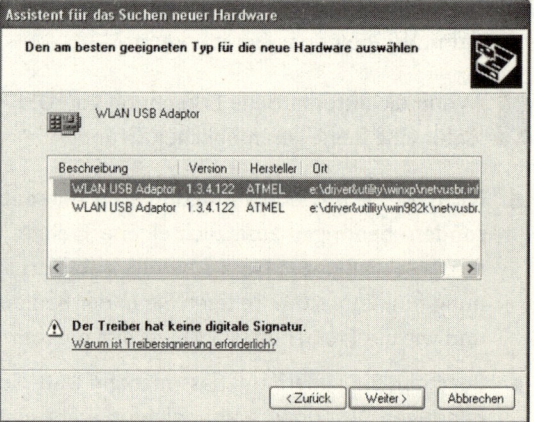

4. Geben Sie dann den Ordner an, in dem Sie die Treiberdateien (entpackt) gespeichert haben. Sollten mehrere Treiber zur Auswahl stehen, vergewissern Sie sich, welches der richtige für dieses Gerät ist. Wählen Sie den erforderlichen Treiber aus und klicken Sie erneut auf *Weiter*.

5. Nun wird die Treibersoftware installiert. Anschließend hat der Assistent seine Arbeit erledigt und Sie können ihn mit *Fertig stellen* beenden. In der Regel kann das neue Gerät im Anschluss direkt in Betrieb genommen werden.

Verfügt mein PC über USB 2.0?

Wie kann ich feststellen, ob ein PC USB 2.0 oder nur das langsamere USB 1.1 beherrscht? Die Anschlüsse sehen äußerlich ja völlig gleich aus!

USB 2.0 verwendet aus Gründen der Abwärtskompatibilität die gleichen Kabel und Stecker wie USB 1.1. Ein Blick in den Geräte-Manager schafft aber schnell Klarheit über die Fähigkeiten des PCs:

1. Öffnen Sie in der Systemsteuerung das Modul *System* und wechseln Sie dort in die Rubrik *Hardware*.

2. Klicken Sie hier im Bereich *Geräte-Manager* auf die gleichnamige Schaltfläche.

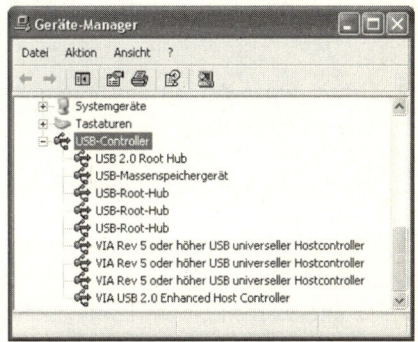

3. Suchen Sie im Geräte-Manager in der Liste der installierten Geräte ganz unten die Kategorie *USB-Controller* und öffnen Sie diese mit einem Doppelklick.

4. Wenn sich in der Unterliste ein Geräte namens *USB 2.0 Root Hub* bzw. *Enhanced Controller* befindet, versteht sich Ihr PC auf die 2.0-Variante des USB-Protokolls.

Kompatibilität von USB 1.1 und USB 2.0

Kann ich meine USB 1.1-Geräte auch an einem USB-2.0-Anschluss betreiben und umgekehrt?

USB 2.0 ist zu USB 1.1 abwärtskompatibel. An einem PC mit USB-2.0-Schnittstelle können Sie also problemlos USB-1.1-Geräte anschließen. Diese werden dadurch aber nicht schneller. Nur wenn Sie mehrere 1.1-Geräte an einem 2.0-Anschluss betreiben, ergeben sich Geschwindigkeitsvorteile, weil dann jedem einzelnen Gerät die voll 1.1-Bandbreite zur Verfügung steht. Umgekehrt lassen sich neuere

USB-2.0-Geräte auch an einem PC mit USB-1.1-Anschlüssen betreiben, aber nur mit der langsameren Geschwindigkeit von USB 1.1. Bei Neuanschaffung eines PCs bzw. eines USB-Controllers sollten Sie USB 2.0 den Vorzug geben, da es schneller und zukunftssicherer ist.

USB-Speichermedium wird nicht als Laufwerk angezeigt

? Wenn ich meinen USB-Speicherstick an den PC anschließe, wird er nicht wie in der Bedienungsanleitung beschrieben als zusätzliches Laufwerk im Windows-Explorer angezeigt. Wie kann ich auf das Speichermedium zugreifen?

! Wenn ein Wechselspeicherlaufwerk an den PC angeschlossen wird, sollte Windows dieses eigentlich als zusätzliches Laufwerk behandeln. Allerdings kann es bei der Zuordnung von Laufwerkbuchstaben Probleme geben, die dazu führen, dass das Laufwerk nicht angezeigt wird. Dieses Problem lässt sich meist lösen, indem Sie dem Laufwerk manuell einen Laufwerkbuchstaben zuordnen, der garantiert nicht anderweitig verwendet wird:

1. Öffnen Sie in der Systemsteuerung das Modul *Verwaltung* und dort das Untermodul *Computerverwaltung*.

2. Wählen Sie hier die Kategorie *System/Datenspeicher/Datenträgerverwaltung* aus.

3. Hier finden Sie rechts die Wechselspeichermedien unterhalb der Einträge für die Festplatten. Klicken Sie mit der rechten Maustaste auf den Eintrag des Wechsellaufwerks und wählen Sie im kontextabhängigen Menü den Befehl *Laufwerksbuchstaben und -pfade* ändern.

4. Im anschließenden Dialog sehen Sie den Laufwerkbuchstaben, der zurzeit für dieses Laufwerk verwendet wird. Um einen anderen Buchstaben einzustellen, klicken Sie auf *Ändern*.

5. Nun können Sie in dem Auswahlfeld rechts den Laufwerkbuchstaben festlegen, der für dieses Laufwerk in Zukunft verwendet werden soll. Hier stehen allerdings nur solche Buchstaben zur Auswahl, die nicht bereits von einem anderen Laufwerk belegt sind. Wählen Sie am besten eine Buchstaben möglichst weit hinten im Alphabet, sodass er nicht durch andere Geräte belegt werden kann.

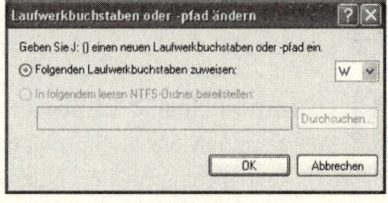

6. Klicken Sie dann zweimal auf *OK* und schließen Sie die Computerverwaltung, um die neuen Einstellungen zu übernehmen.

⏵ ***USB-Stick als Laufwerk B:*** ⏵

Wenn Sie – wie heute üblich – nur ein Diskettenlaufwerk in Ihrem PC haben, können Sie den Laufwerkbuchstaben B:, der historisch für das zweite Diskettenlaufwerk vorgesehen ist, für den USB-Stick verwenden. Die Wahrscheinlichkeit, dass sich ein anderes Laufwerk diesen eigentlich reservierten Laufwerkbuchstaben schnappt, ist sehr gering.

Fehlermeldung beim Ausstöpseln eines USB-Geräts

? Wenn ich einen USB-Stick aus meinem PC herausziehe, erhalte ich eine Fehlermeldung, dass beim Entfernen von Speichermedien Datenverluste auftreten können. Was mache ich falsch?

! Bevor Sie ein per USB angeschlossenes Wechselspeichermedium aus dem PC entfernen, muss sichergestellt sein, dass eventuelle Schreiboperationen auf das Medium beendet sind. Ein automatische Kontrolle durch Windows ist (anders als z. B. bei CD-ROM-Laufwerken) nicht möglich, wenn die Entnahme jederzeit durch Trennen der USB durch den Benutzer erfolgen kann. Allerdings gibt es eine Methode, wie sicher sein können, dass alle Schreiboperationen abgeschlossen sind:

1. Solange ein USB-Speichermedium angeschlossen ist, finden Sie ganz rechts in der Startleiste im Infobereich ein Symbol vor.

2. Wollen Sie die Speicherkarte entfernen, doppelklicken Sie auf dieses Symbol im Infobereich. Damit öffnen Sie den Dialog *Hardware sicher entfernen*.

3. Wählen Sie hier die Komponente aus, die entfernt werden soll, und klicken Sie dann auf die Schaltfläche *Beenden*.

4. Windows beendet dann von sich aus die Verbindung zum Speichermedium, wobei automatisch eventuell noch ausstehende Schreiboperation beendet werden. So können keine Daten verloren gehen oder beschädigt werden.

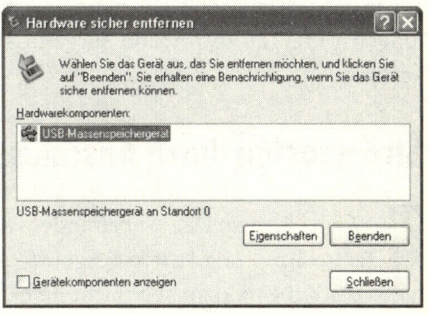

5. Nachdem im Infobereich die Sprechblase *Hardware kann jetzt entfernt werden* angezeigt wird, können Sie den USB-Stick gefahrlos aus dem PC herausziehen.

Dateien auf USB-Speicherstick fehlen oder sind beschädigt

? Wenn ich am PC Daten auf einen USB-Stick schreibe, kommt es immer wieder vor, dass hinterher Dateien fehlen oder nicht lesbar sind. Ist der Stick defekt oder mache ich etwas falsch?

! Windows verwendet standardmäßig bei allen Laufwerken einen Schreibcache, der auch für Wechselspeichermedien wie z. B. USB-Sticks gilt. Dadurch werden Schreiboperationen teilweise erst verzögert ausgeführt. Entfernen Sie den Stick zu früh, kann es zu Schreibfehlern kommen. Sie können den Schreibcache für einzelne Laufwerke aber deaktivieren, sodass die Dateien grundsätzlich sofort geschrieben werden und solche Probleme nicht mehr auftreten können:

1. Öffnen Sie in der Systemsteuerung das Modul *System* und klicken Sie dort in der Rubrik *Hardware* auf die Schaltfläche *Geräte-Manager*.

2. Im Geräte-Manager öffnen Sie in der Liste der Hardwarekomponenten die Kategorie *Laufwerke* und doppelklicken hier auf den Eintrag für den USB-Stick.

3. Wechseln Sie in den Eigenschaften des Laufwerks in das Register *Richtlinien* und aktivieren Sie hier die Option *Für schnelles Entfernen optimieren*.

4. Übernehmen Sie die Einstellung mit *OK* und schließen Sie den Geräte-Manager sowie das *System*-Menü. Die neuen Einstellungen gelten ab sofort und sorgen dafür, dass es zu keinen Datenverlusten mehr kommt.

Stromausfall durch Anschluss eines USB-Geräts

? Wenn ich mein USB-Kabelmodem an den PC anschließe, wird der FI-Schutzschalter im Sicherungskasten ausgelöst und sorgt für einen Stromausfall. Laut Hersteller ist das Kabelmodem aber nicht defekt. Woran kann es dann liegen?

! Dieses Problem kann bei USB-Geräten auftreten, die neben dem PC noch mit einer Antennenleitung oder auch anderen elektrisch leitetende Komponenten verbunden sind (Kabelmodems, TV- und SAT-Empfänger usw.). Wenn im USB-Gerät die USB-Masseleitung direkt mit der Masse des Antennenanschlusses verbunden wird, entsteht über den USB-Anschluss eine Schleife mit dem Netzteil des PCs, durch die ein Ausgleichsstrom fließt. Dieser löst den FI-Schutzschalter aus (was auch die Aufgabe dieses Schalters ist). Ob man ein USB-Gerät mit einer solchen Eigenschaft tatsächlich als „nicht defekt" bezeichnen kann, sei dahingestellt. Auf alle Fälle lässt sich das Problem mit einem galvanisch getrennten Mantelstromfilter lösen, der zwischen Antenne und USB-Gerät eingesetzt wird. Solche Mantelstromfilter sind im gut sortierten Elektronikfachhandel oder bei entsprechenden Versandfirmen erhältlich.

USB-Geräte funktionieren jeweils nur einzeln

? Ich habe zwei USB-Geräte. Einzeln angeschlossen funktionieren sie problemlos an meinem PC. Schließe ich aber das andere an, wird das erste sofort abgeschaltet, sodass ich sie nie gleichzeitig verwenden kann. Wo liegt das Problem?

! Solche Probleme können bei Geräten auftreten, die keine eigene Stromversorgung haben, sondern den Strom vom USB-Anschluss beziehen. Dieser liefert gemäß Spezifikation nur eine bestimmte Leistung. Verbrauchen die angeschlossenen Geräte mehr als diese Leistung, schaltet der USB-Bus einen der Verbraucher ab, um die Stromversorgung des anderen sicherzustellen. Wie es um den Stromverbrauch bestellt ist, können Sie jederzeit überprüfen:

1. Öffnen Sie in der Systemsteuerung das Modul *System* und klicken Sie dort in der Rubrik *Hardware* auf die Schaltfläche *Geräte-Manager*.

2. Im Geräte-Manager öffnen Sie in der Liste der Hardwarekomponenten die Kategorie *USB* und doppelklicken hier auf den Eintrag *USB-Root-Hub*. Sind mehrere solcher Einträge vorhanden, probieren Sie diese der Reihe nach aus.

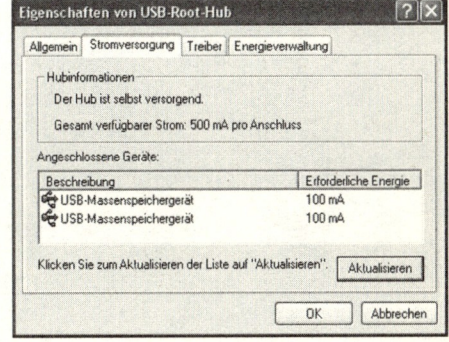

3. Wechseln Sie in den Eigenschaften in die Rubrik *Stromversorgung*. Hier finden Sie im Bereich *Hubinformation* die Angabe, wie viel Strom an den USB-Anschlüssen insgesamt zur Vefügung steht. Darunter finden Sie die Liste der angeschlossenen Geräte und deren momentane Energieaufnahme. So können Sie feststellen, welches USB-Gerät wie viel Strom verbraucht und ob damit die Gesamtkapazität überschritten wird.

Wenn sich eine zu hohe Leistungsaufnahme als Ursache des Problems herausstellt, gibt es mehrere Lösungsmöglichkeiten:

- Wenn mehrere USB-Anschlüsse vorhanden sind, probieren Sie alle aus. Versuchen Sie insbesondere, einen der Stromfresser – soweit vorhanden – an der Gehäusefront und einen hinten am PC anzuschließen, da die Anschlüsse teilweise getrennte Stromversorgungen haben.

- Wenn ein USB-Gerät auch mit einer eigenen Stromversorgung betrieben werden kann (Batterie oder Netzteil), verwenden Sie diese.

- Besorgen Sie sich einen aktiven USB-Hub. Dieser hat ein eigenes Netzteil (oder Batterien) und stellt somit auch eine eigene Stromversorgung für angeschlossene Geräte bereit, die unabhängig von der des USB-Anschlusses im PC arbeitet. Zusätzlich erhöht er die Zahl der USB-Anschlüsse.

Dateien und Ordner

Dateien finden und anzeigen	**156**
Dateien löschen	**162**
Dateien kopieren, verschieben, umbenennen usw.	**167**
Dateien ausführen/bearbeiten	**173**
Dateien komprimieren und verstecken	**178**
Dateien verschlüsseln	**183**
Umgang mit Ordnern	**188**

4.1 Dateien finden und anzeigen

Dateiendungen anzeigen lassen

? Windows zeigt bei den meisten Dateien nur den eigentlichen Namen an und lässt die Endung weg. Wie kann ich die Dateiendungen mit anzeigen lassen?

! Microsoft geht davon aus, dass der durch die Endung festgelegte Dateityp für den Benutzer uninteressant ist, und blendet ihn deshalb standardmäßig aus. Sie können dieses Verhalten aber Ihren Wünschen anpassen:

1. Starten Sie den Windows-Explorer in einem beliebigen Ordner und klicken Sie dann im Menü auf *Extras/Ordneroptionen*.

2. Wechseln Sie im anschließenden Menü in die Rubrik *Ansicht*.

3. Deaktivieren Sie unter *Erweiterte Einstellungen* im Bereich *Dateien und Ordner* das Kontrollkästchen *Erweiterungen bei bekannten Dateitypen ausblenden* und übernehmen Sie die Änderung mit *OK*.

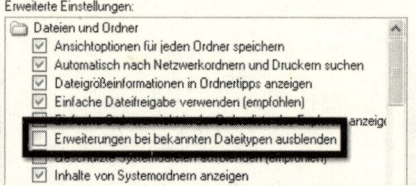

Auch wenn Sie wie oben beschrieben das Anzeigen von Dateiendungen aktiviert haben, zeigt Windows bei bestimmten Arten von Dateien (z. B. *.lnk* oder *.pif*) keine Endungen an. Hier lässt sich nur durch einen Eingriff in die Registry Abhilfe schaffen:

1. Starten Sie den Registry-Editor regedit und wählen Sie den Zweig *HKEY_LOCAL_MACHINE/SOFTWARE* aus.

2. Starten Sie dann mit *Bearbeiten/Suchen* die Suchfunktion und lassen Sie nach dem Wert *NeverShowExt* suchen.

3. Fundstellen im Zweig *HKEY_LOCAL_MACHINE/SOFTWARE/Classes/CLSID* können Sie ignorieren und mit [F3] weitersuchen. Alle weiteren Fundstellen führen zu Dateiendungen, die Windows ausblendet.

4. Entfernen Sie hier die gefundene Zeichenfolge *NeverShowExt* und fügen Sie stattdessen eine neue Zeichenfolge namens *AlwaysShowExt* an dieser Stelle ein. Sie braucht keinen besonderen Inhalt zu haben.

Systemdateien werden nicht angezeigt

? Ich möchte eine bestimmte Systemdatei bearbeiten, aber an der beschriebenen Stelle wird die Datei nicht angezeigt. Wie finde ich sie?

! Windows versteckt seine Systemdateien standardmäßig vor neugierigen Blicken und versehentlichen Manipulationen. Deshalb müssen Sie sie erst sichtbar machen:

1. Starten Sie den Windows-Explorer mit einem beliebigen Ordner.

2. Wählen Sie im Menü die Funktion *Extras/Ordneroptionen* und wechseln Sie dort in die Rubrik *Ansicht*.

3. Deaktivieren Sie in der Liste *Erweiterte Einstellungen* das Kontrollkästchen *Geschützte Systemdateien ausblenden*, damit im Windows-Explorer auch Systemdateien angezeigt werden. Bestätigen Sie den anschließenden Sicherheitshinweis.

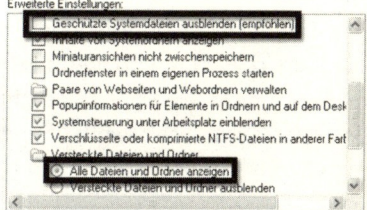

4. Suchen Sie in der Liste außerdem nach dem Eintrag *Versteckte Dateien* (im unteren Drittel).

5. Wählen Sie hier die Option *Alle Dateien und Ordner anzeigen*. Anschließend werden die Systemdateien mit blassgrauen, leicht transparenten Symbolen dargestellt.

Alle Dateien eines Typs anzeigen lassen

? Ich möchte alle Dateien eines bestimmten Typs auf meinem Rechner sehen. Wie kann man alle auf einmal anzeigen lassen?

! Wenn Sie eine Liste mit Dateien erstellen wollen, die aus mehr als einem Ordner kommen, geht dies nur mit dem Such-Assistenten von Windows:

1. Klicken Sie auf *Start/Suchen*.

2. Wählen Sie im Such-Assistenten die Aufgabe *Dateien und Ordner*.

3. Geben Sie im Feld *Gesamter oder Teil des Dateinamens* die Zeichenfolge *. gefolgt von der Endung des gesuchten Dateityps ein, also für einfache Textdateien z. B. *.txt.

4. Wählen Sie bei *Suchen in* aus, auf welchen Laufwerken die Suche durchgeführt werden soll. Mit der Auswahl *Arbeitsplatz* suchen Sie in allen angeschlossenen Medien.

5. Klicken Sie dann unten auf die Schaltfläche *Suchen*. Der Such-Assistent durchsucht dann die festgelegten Laufwerke und baut in der rechten Fensterhälfte eine Liste sämtlicher gefundener Dateien dieses Typs auf.

Suche in Dateien findet nicht alle Dateien

Wenn ich mit dem Such-Assistenten nach dem Inhalt von Dateien suchen lasse, werden manche Dateien nicht gefunden, obwohl sie den angegebenen Inhalt haben.

Der Such-Assistent ignoriert tatsächlich bestimmte Arten von Dateien. Ab dem Service Pack 1 wird dieses Fehlverhalten zum Teil korrigiert, es werden aber immer noch nicht alle Dateien beachtet. Wenn Windows in bestimmten für Sie wichtigen Dateitypen nicht sucht, können Sie diesen Typ in die Suchfunktion mit aufnehmen.

1. Öffnen Sie dazu im Registry-Editor den Schlüssel *HKEY_CLASSES_ROOT* und suchen Sie darin nach dem Schlüssel für die Endung des fraglichen Dateityps, also z. B. *.log*.

2. Legen Sie in diesem Schlüssel mit *Bearbeiten/Neu/Schlüssel* einen Unterschlüssel mit dem Namen *PersistentHandler* an.

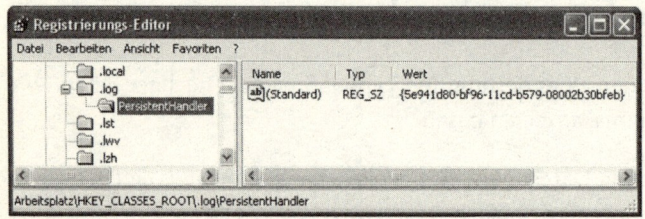

3. Im neuen Unterschlüssel doppelklicken Sie in der rechten Hälfte auf die automatisch angelegte Eigenschaft *(Standard)*, um diese zu bearbeiten.

4. Geben Sie im anschließenden *Zeichenfolge bearbeiten*-Dialog als Wert für diese Eigenschaft die CLSID *{5E941D80-BF96-11CD-B579-08002B30BFEB}* an. Dadurch berücksichtigt Windows diesen Dateityp bei zukünftigen Suchen.

5. Wiederholen Sie diesen Vorgang für alle Dateitypen, die Sie bei der Suche zusätzlich berücksichtigen wollen.

Hinweis: Prinzipiell können Sie die oben beschriebene Manipulation für alle Dateitypen vornehmen. Wenn bei einem Dateityp der *PersistentHandler*-Schlüssel aber bereits vorhanden ist, sollten Sie eine Veränderung von dessen Eigenschaften vermeiden. Machen Sie in solchen Fällen zuvor zumindest eine Sicherungskopie des Registry-Eintrags, um diesen bei Problemen mit dem Dateityp später wiederherstellen zu können.

Schneller Dateien suchen im aktuellen Verzeichnis

Wenn ich die Dateisuche nur in einem bestimmten Verzeichnis suchen lassen will, muss ich das immer mühsam einstellen. Kann man die Suche nur im aktuellen Ordner durchführen lassen?

Klicken Sie im Windows-Explorer mit der rechten Maustaste auf den zu durchsuchenden Ordner und wählen Sie im kontextabhängigen Menü die Funktion *Suchen*. Damit starten Sie den Such-Assistenten, wo nun der ausgewählte Ordner bereits im *Suchen in*-Feld eingetragen ist. Sie müssen nur noch den Suchbegriff eingeben und auf *Suchen* klicken, um die Suche zu starten.

Störender Hinweis „Diese Dateien sind ausgeblendet"

Beim Öffnen mancher Ordner wie z. B. *C:* oder *C:\Windows* erhalte ich den Hinweis *Diese Dateien sind ausgeblendet* und muss immer noch einmal extra auf *Ordnerinhalte anzeigen* klicken, um den Inhalt angezeigt zu bekommen. Kann man das vermeiden?

Dieser zusätzliche Schritt soll unbedarfte Benutzer warnen, wenn sie in Bereiche eindringen, in denen sie das Betriebssystem beschädigen könnten. Erfahrenere Benutzer sind durch solche Hinweise allerdings eher genervt, deshalb lassen sie sich abschalten:

1. Starten Sie den Windows-Explorer in einem beliebigen Ordner und klicken Sie dann im Menü auf *Extras/Ordneroptionen*.

2. Wechseln Sie im anschließenden Menü in die Rubrik *Ansicht*.

3. Deaktivieren Sie in den *Erweiterten Einstellungen* im Bereich *Dateien und Ordner* das Kontrollkästchen *Geschützte Systemdateien ausblenden (empfohlen)*.

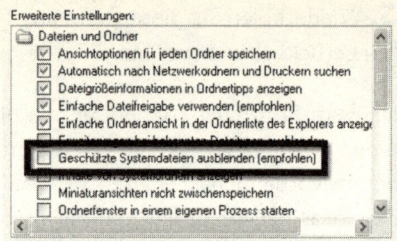

4. Bestätigen Sie dazu den Warnhinweis mit *Ja*.

Attribute von Dateien im Explorer anzeigen lassen

Um die Attribute von Dateien wie etwa *Schreibgeschützt* oder *Versteckt* einzusehen, muss man jeweils erst die Eigenschaften öffnen. Gibt es eine Möglichkeit, die Attribute direkt in der Dateiliste z. B. in der *Details*-Ansicht anzuzeigen?

In der *Details*-Ansicht des Windows-Explorers kann man eine Vielzahl von Informationen über die angezeigten Dateien abrufen. Hier können Sie auch die Dateiattribute als zusätzliche Spalte einblenden:

1. Öffnen Sie den Ordner im Windows-Explorer und wechseln Sie mit *Ansicht/Details* in die *Details*-Ansicht.

2. Klicken Sie dann in der rechten Hälfte des Explorer-Fensters mit der rechten Maustaste an einer beliebigen Stelle auf die Zeile mit Spaltenbezeichnungen (*Name*, *Größe*, *Typ* usw.).

3. Damit öffnen Sie ein Menü, das zusätzliche Informationen enthält, die Sie als Spalten in der *Details*-Ansicht einblenden können. Dazu gehört auch (im oberen Drittel) die Information *Attribute*.

4. Aktivieren Sie diese Einstellung, sodass sie ein Häkchen bekommt. Anschließend wird diese zusätzliche Spalte in der Dateiliste angezeigt.

Position der Spalten verändern

Standardmäßig werden weitere Spalten in der Details-Ansicht ans Ende, also rechts angefügt. Sie können die Attribute weiter links anzeigen lassen, indem Sie mit links auf die Spaltenüberschrift klicken und die Maustaste gedrückt halten. Ziehen Sie die Spaltenüberschrift dann nach links an die gewünschte Position und lassen Sie die Maustaste dort los. Der Windows-Explorer sortiert die Spalten dann entsprechend um.

Eigene Symbole für Dateien verwenden

? Ich möchte statt der Standardsymbole für viele Dateitypen eigene Symbole verwenden. Wie kann ich beeinflussen, welches Symbol für einen Dateityp verwendet wird?

! Das anzuzeigende Symbol wird durch die Dateiverknüpfung für jeden Dateityp festgelegt.

1. Um die Dateiverknüpfungen zu bearbeiten, öffnen Sie den Windows-Explorer in einem beliebigen Ordner und wählen die Menüfunktion *Extras/Ordneroptionen*.

2. Im anschließenden Menü wechseln Sie in die Kategorie *Dateitypen*.

3. Wählen Sie in der Liste *Registrierte Dateitypen* den fraglichen Dateityp aus.

4. Unten im *Details*-Bereich sehen Sie dann das Symbol, das bislang für dieses Dateityp verwendet wird.

5. Klicken Sie auf die Schaltfläche *Erweitert*, um den Dateityp zu bearbeiten.

6. Im anschließenden Menü öffnen Sie mit einem Klick auf *Anderes Symbol* den Dialog zur Auswahl des zu verwendenden Symbols.

▶ **Weitere Symbole finden** **▶**

Dieser Dialog enthält nur eine kleine Auswahl an Symbolen. Sie können weitere Symbole verwenden, wenn Sie mit Durchsuchen andere Dateien öffnen, die weitere Symbole enthalten (siehe dazu auch Seite 180).

Gruppierung von Dateien und Ordner im Explorer aufheben

? Wenn ich mir im Windows-Explorer Ordner anschaue, ist die Dateiliste in einigen Ordnern in Gruppen unterteilt, was die Liste relativ verwirrend und unübersichtlich macht. Wie kann ich die Gruppierung wegbekommen?

! Wenn im Windows-Explorer ein Ordner gruppiert angezeigt wird, können Sie dieses Verhalten mit der Option *Ansicht/Symbole anordnen nach/In Gruppen anzeigen*. Deaktivieren Sie diese Option, wenn Sie auf die Gruppen verzichten wollen. Hinweis: Diese Einstellung kann für jeden Ordner einzeln gewählt werden, wenn das Speichern individueller Ordnereinstellungen aktiviert ist.

Manche Dateien und Ordner werden farbig dargestellt

? Im Window Explorer werden manche Dateien und Ordner in farbiger Schrift angezeigt. Was hat es damit auf sich?

Die farbige Darstellung einer Datei oder eines Ordners weist daraufhin, dass diese Daten bei Verwendung des NTFS-Dateisystem verschlüsselt oder komprimiert sind. Sie können das Hervorheben solcher Dateien unterbinden.

1. Öffnen Sie dazu im Windows-Explorer mit *Extras/Ordneroptionen* die Einstellungen und wechseln Sie dort in die Rubrik *Ansicht*.

2. Deaktivieren Sie in den *Erweiterten Einstellungen* die Option *Verschlüsselte oder NTFS-Dateien in anderer Farbe anzeigen*.

4.2 Dateien löschen

Direkt löschen ohne Papierkorb

? Ich nutze den Papierkorb, um mich vor versehentlichen Datenverlusten zu schützen. Manche Dateien würde ich aber gern gleich ganz löschen, da ich sie garantiert nicht mehr brauche. Ist das möglich?

! Halten Sie beim Löschen der Datei(en) einfach die [Umschalt]-Taste gedrückt. Dann werden die Dateien nicht in den Papierkorb geschoben, sondern gleich vollständig entfernt. Dies funktioniert bei allen Löschmethoden, also z. B. wenn Sie die Dateien per Maus auf den Papierkorb ziehen, aber auch, wenn Sie [Entf] benutzen, um ausgewählte Dateien zu entfernen.

Datei kann nicht gelöscht werden

? Ich möchte eine Datei im Windows-Explorer löschen, aber ich bekomme jedes Mal eine Fehlermeldung.

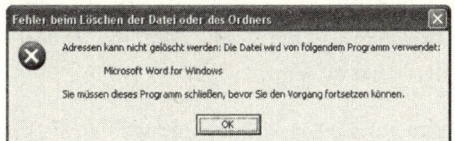

! Stellen Sie sicher, dass die Datei nicht mehr in einer Anwendung geöffnet ist. Sollte die Datei gerade zuvor geöffnet gewesen sein, beenden Sie die entsprechende Anwendung ganz. Sollte die Datei in einer Anwendung geöffnet gewesen sein, die abgestürzt ist, ist sie möglicherweise nicht komplett entladen und hat die Datei deshalb nicht freigegeben. Verwenden Sie den Task-Manager, um eventuell noch vorhandene Reste der Anwendung aus dem Speicher zu entfernen.

Eine andere mögliche Ursache sind fehlende Rechte zum Löschen dieser Datei. Vergewissern Sie sich, dass die Datei Ihnen „gehört" bzw. Sie das Recht haben, diese Datei zu löschen. Die Benutzerverwaltung von Windows lässt nur Dateioperationen zu, wenn der Benutzer dazu berechtigt ist. Dies gilt insbesondere, wenn Sie das Dateisystem NTFS verwenden. Lassen Sie sich ggf. vom Administrator die notwendigen Benutzerrechte einräumen.

Sicherheitsrückfrage beim Löschen abschalten

? Ich finde die Sicherheitsrückfrage beim Löschen von Dateien sehr nervig. Kann man die irgendwie abschalten?

! Klicken Sie mit der rechten Maustaste auf das Papierkorbsymbol und rufen Sie im kontextabhängigen Menü die *Eigenschaften* auf. Deaktivieren Sie in der Rubrik *Global* ganz unten die Option *Dialog zur Bestätigung des Löschvorgangs anzeigen* und bestätigen Sie mit *OK*. Ab sofort löscht Windows sofort und ohne Rückfrage.

Papierkorb vom Desktop entfernen

? Ich habe den Papierkorb deaktiviert und lösche Dateien immer gleich ganz. Wie kann ich das überflüssige Papierkorbsymbol vom Desktop verbannen?

! Wenn man den Papierkorb nicht benötigt, kann man ihn durch das Entfernen der entsprechenden Einträge aus der Registry verschwinden lassen. Allerdings empfiehlt es sich, zuvor eine Sicherung der relevanten Einträge zu machen. Anders lässt sich der Papierkorb sonst nämlich nicht wieder herstellen.

1. Suchen Sie dazu im Registry-Editor den Schlüssel *HKEY_LOCAL_MACHINE\SOFTWARE\Microsoft\Windows\CurrentVersion\Explorer\Desktop\Namespace\{645FF040-5081-101B-9F08-00AA002F954E}* und markieren Sie diesen.

2. Klicken Sie dann mit der rechten Maustaste auf die Markierung und wählen Sie im kontextabhängigen Menü die Funktion *Exportieren*.

3. Wählen Sie im anschließenden *Registrierungsdatei exportieren*-Menü einen geeigneten Ordner und eine eindeutige Bezeichnung, unter der Sie die Datei auch später jederzeit wieder erkennen können.

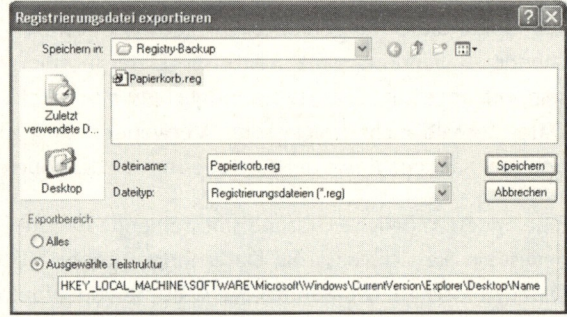

4. Wählen Sie ganz unten die Option *Ausgewählte Teilstruktur* und sichern Sie die Datei dann mit *Speichern*.

5. Klicken Sie dann erneut mit der rechten Maustaste auf die Markierung und wählen Sie diesmal die Funktion *Löschen* im Kontextmenü.

6. Bestätigen Sie die anschließende Sicherheitsabfrage mit *Ja*. Der Papierkorb verschwindet nach einem Neustart vom Desktop und auch aus dem Windows-Explorer. Wollen Sie ihn zu einem späteren Zeitpunkt wieder sichtbar machen und benutzen, stellen Sie ihn mit der Sicherungsdatei wieder her.

Der Papierkorb ist beschädigt

? Wenn ich Dateien oder Ordner löschen will, erhalte ich die Fehlermeldung *Der Papierkorb auf C: ist beschädigt oder ungültig. Soll der Papierkorb für dieses Laufwerk gelöscht werden?*

! Hierbei handelt es sich um einen Fehler von Windows, der auftreten kann, wenn man einem Ordner mithilfe des Kommandos *subst* eine Laufwerkbezeichnung zuweist. Er wird ab dem Service Pack 1 behoben. Installieren Sie dieses SP1 oder verzichten Sie auf die Verwendung von *subst*. Wenn das Problem bereits aufgetreten ist, lässt es sich leider nicht beheben, d. h., die zu diesem Zeitpunkt im Papierkorb befindlichen Dateien können nicht wiederhergestellt werden.

Zugriff beim Löschen eines Ordners verweigert

? Wenn ich einen Ordner löschen will, erhalte ich die Fehlermeldung *Xyz kann nicht gelöscht werden: Der Zugriff wurde verweigert*. Die Quelldatei ist möglicherweise geöffnet.

! Dieses Problem kann auftreten, wenn Sie einen Ordner löschen wollen, der zu einem anderen Laufwerk gehört und nur virtuell als Verknüpfung mit dem aktuellen Laufwerk verbunden ist. Wenn der Papierkorb auf dem bereitstellenden Laufwerk aktiviert ist, versucht Windows, die Daten in den Papierkorb zu verschieben, obwohl sie sich physikalisch auf einem anderen Laufwerk befinden. Da das nicht funktionieren kann, kommt es zu der Fehlermeldung. Halten Sie beim Löschen [Umschalt] gedrückt, um den Papierkorb zu umgehen, oder wechseln Sie auf das physikalische Laufwerk des bereitgestellten Volumes, um die Daten dort zu löschen.

Überflüssige Dateien zum Löschen aufspüren

? Auf meiner Festplatte wird der Speicherplatz knapp, aber ich will keine der Anwendungen deinstallieren. Gibt es überflüssige Dateien, die ich gefahrlos löschen kann, um Platz zu schaffen?

! Windows bringt einen Assistenten mit, der überflüssige Dateien aufspüren und entfernen kann.

1. Klicken Sie dazu im Windows-Explorer mit der rechten Maustaste auf den Eintrag des aufzuräumenden Laufwerks und wählen Sie hier den Menüpunkt *Eigenschaften*.

2. Im anschließenden Menü finden Sie in der Kategorie *Allgemein* die Schaltfläche *Bereinigen*, mit der Sie die Datenträgerbereinigung für dieses Laufwerk starten.

3. Diese überprüft das Laufwerk und macht anschließend Vorschläge, welche Dateien gelöscht werden können. Dabei finden Sie ganz oben eine Angabe, wie viel Speicherplatz auf dem Laufwerk maximal freigegeben werden kann.

4. Im Feld *Zu löschende Dateien* sind die zu löschenden Dateiarten aufgeführt. Soll einer der Dateitypen erhalten bleiben, entfernen Sie seine Markierung.

5. Zu jeder Kategorie von Dateien erhalten Sie in der unteren Fensterhälfte jeweils eine kurze *Beschreibung*. Wenn Sie sich nicht sicher sind, ob Sie die Dateien in einer der Kategorien bedenkenlos löschen dürfen, können Sie bei einigen Dateitypen im *Beschreibung*-Bereich auf die *Dateien anzeigen*-Schaltfläche klicken.

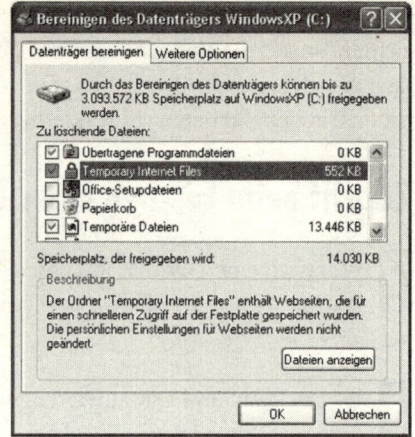

6. Klicken Sie dann auf *OK* und bestätigen Sie die anschließende Sicherheitsabfrage mit *Ja*, um die Bereinigungsaktion durchzuführen.

Weitere Möglichkeiten zum Freigeben von Speicherplatz:

- Deinstallieren Sie nicht mehr benötigte Anwendungen.
- Deinstallieren Sie ungenutze Windows-Komponenten.
- Komprimieren Sie umfangreiche Ordner.

Dateien unwiderruflich löschen

Auch wenn man eine Datei unter Umgehung des Papierkorbs direkt löscht, gibt es Programme, die solche Dateien wiederherstellen können. Wie kann ich sensible Dateien so löschen, dass sie unwiederherstellbar sind?

Ein regelrechtes „Schreddern" einzelner Dateien kann Windows nicht durchführen. Sie können aber nach dem Löschen sensibler Daten die freien Bereiche eines NTFS-Laufwerks überschreiben lassen. Dadurch wird auch der Speicherbereich, der zuvor die fraglichen Daten enthielt, gründlich überschrieben:

1. Öffnen Sie dazu mit *Start/Alle Programme/Zubehör/Eingabeaufforderung* eine DOS-Eingabeaufforderung.

2. Geben Sie hier das Kommando *cipher /w:<Verzeichnisname>* ein. Dabei können Sie einen beliebigen vorhandenen Verzeichnisnamen verwenden, da *cipher* stets das gesamte Laufwerk berücksichtigt.

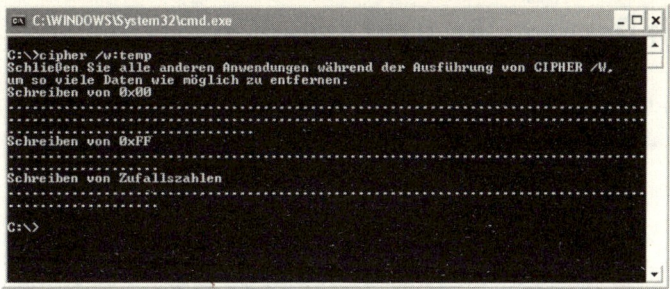

3. Das Programm überschreibt nun sämtliche nicht belegten Bytes des Laufwerks zunächst komplett mit Nullen (0x00), dann in einem zweiten Durchgang mit dem Wert 255 (0xFF) und schließlich noch einmal mit zufällig gewählten Zahlen. Je nach Größe des Laufwerks und Umfang des nicht belegten Speicherplatzes kann dieser Vorgang einige Zeit in Anspruch nehmen. Anschließend sind die zuvor gelöschten Dateien mit herkömmlichen Softwaremitteln nicht mehr zu rekonstruieren. Absolute Sicherheit bietet dies allerdings nicht, denn theoretisch könnte eine aufwendige physikalische Wiederherstellungsprozedur immer noch Erfolg haben.

4. Verlassen Sie die Eingabeaufforderung mit *exit*.

4.3 Dateien kopieren, verschieben, umbenennen usw.

Rückfragen bei Dateioperationen pauschal verneinen

Wenn man mehrere Dateien auf einmal kopiert oder verschiebt, kann man bei Rückfragen entweder mit *Ja*, *Ja, alle* oder *Nein* antworten. Will man die Frage verneinen, muss man dies für jede Datei einzeln tun. Gibt es ein „Nein, keine" oder eine ähnliche Automatik dafür?

Wenn Sie diese Rückfrage für alle in Frage kommenden Dateien mit *Nein* beantworten wollen, dann drücken Sie [Umschalt], klicken Sie dann auf *Nein* und lassen Sie [Umschalt] anschließend wieder los. Dann interpretiert der Windows-Explorer Ihre Antwort als „Nein, keine".

Kontextmenü für Dateien wird nicht angezeigt

? Wenn ich im Windows-Explorer mit der rechten Maustaste auf eine Datei klicke, wird das kontextabhängige Menü, das dann eigentlich erscheinen sollte, nicht mehr angezeigt.

! Windows ermöglicht es, das Kontextmenü mittels einer Gruppenrichtlinie zu deaktivieren. Möglicherweise hat der Administrator oder ein anderer Benutzer diese Einstellung vorgenommen. Notfalls machen Sie das folgendermaßen rückgängig:

1. Klicken Sie auf *Start/Ausführen* und geben Sie im anschließenden Dialog das Kommando *gpedit.msc* ein, um den Gruppenrichtlinieneditor zu starten.

2. Wählen Sie hier in der linken Spalte die Kategorie *Benutzerkonfiguration/Administrative Vorlage/Windows-Komponenten/Windows-Explorer* aus.

3. Klicken Sie dann in der rechten Fensterhälfte doppelt auf die Einstellung *Standardkontextmenü des Windows Explorers entfernen*.

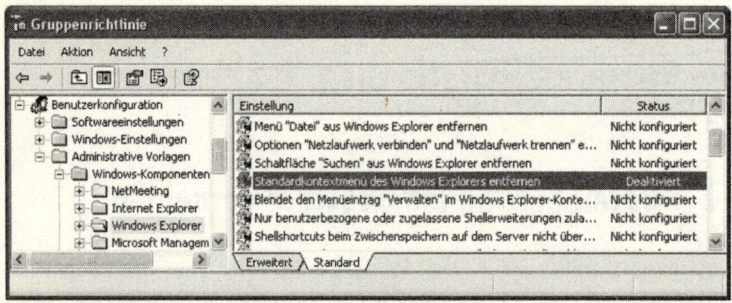

4. Wählen Sie im anschließenden Dialog die Option *Deaktiviert*. Nun sollte das kontextabhängige Menü nach dem Klicken der rechten Maustaste wieder erscheinen.

Eigene Dateitypen in das Neu-Menü aufnehmen

? Im *Neu*-Menü werden nur einige wenige Arten von Dokumenten angeboten. Kann ich dieses Menü selbst erweitern und z. B. einen Dateityp darin aufnehmen?

4.3 DATEIEN KOPIEREN, VERSCHIEBEN, UMBENENNEN USW. 169

! Windows erlaubt es, das *Neu*-Menü beliebig um eigene Dateitypen zu erweitern. Der Weg dahin ist allerdings recht umständlich. Die folgenden Schritte zeigen, wie es geht:

1. Starten Sie dazu zunächst den Explorer und stellen Sie sicher, dass in den Ordneroptionen in der Rubrik *Ansicht* die Option *Alle Dateien und Ordner anzeigen* aktiviert ist, sodass Sie auch versteckte Ordner und Dateien sehen können.

2. Starten Sie dann die Anwendung für den Dateityp, der in Zukunft über das *Neu*-Menü zugänglich sein soll.

3. Legen Sie in dieser Anwendung mit *Datei/Neu* (bzw. bei englischsprachigen Anwendungen *File/New*) ein neues leeres Dokument an und speichern Sie dieses im Unterverzeichnis *ShellNew* des Windows-Stammordners (also typischerweise *C:\Windows\ShellNew*) unter einem eindeutigen Namen und der passenden Dateiendung (z. B. *PNG.png*). Merken Sie sich diesen Namen für die weiteren Schritte.

4. Starten Sie dann den Registry-Editor, öffnen Sie den Schlüssel *HKEY_CLASSES_ROOT* und suchen Sie darin den Unterschlüssel für die gewünschte Dateiendung.

5. In diesem Unterschlüssel erstellen Sie mit der Funktion *Bearbeiten/Neu/Schlüssel*, einen zusätzlichen Unterschlüssel mit dem Namen *ShellNew*.

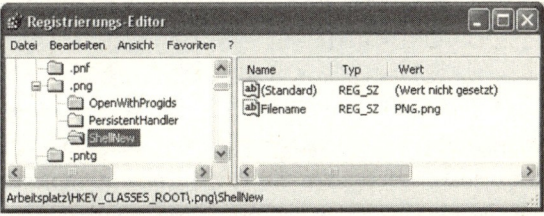

6. Markieren Sie dann den Schlüssel *ShellNew* und fügen Sie in der rechten Hälfte mit *Bearbeiten/Neu/Zeichenfolge* eine neue Zeichenfolge hinzu. Geben Sie dieser Zeichenfolge den Namen *FileName* und doppelklicken Sie anschließend darauf, um den Wert dieser Eigenschaft zu ändern.

7. Geben Sie im Feld *Wert* des *Zeichenfolge bearbeiten*-Dialogs den Namen des leeren Dokuments an, das Sie zuvor im Ordner *C:\Windows\ShellNew* gespeichert hatten.

8. Anschließend sollten Sie alle eventuell geöffneten Explorer-Fenster schließen und den Explorer dann einmal neu starten. Wenn Sie nun in einem Ordner (oder auch auf dem Desktop) die rechte Maustaste benutzen, finden Sie im *Neu*-Menü den selbst angelegten Dateityp vor und können Dokumente dieses Typs jederzeit leicht neu anlegen.

Eigene Ordner in den Dialogen zum Öffnen und Speichern

? In den Standarddialogen, wie sie Windows-Programme, aber auch Anwendungen wie z. B. Office verwenden, findet man links eine Leiste mit Standardzielen wie etwa *Eigene Dateien*, *Netzwerkumgebung* usw. Kann man diese Ziele auf eigene Ordner umbiegen?

! Durch direkte Eingriffe in der Windows-Registry können Sie diese systemweiten Vorgaben verändern und Ihren persönlichen Bedürfnissen anpassen:

1. Öffnen Sie den Registry-Editor und wählen Sie hier die Kategorie *HKEY_CURRENT_USER\Software\Microsoft\Windows\CurrentVersion\Policies*.

2. Legen Sie in diesem Schlüssel mit *Bearbeiten/Neu/Schlüssel* einen Unterschlüssel namens *comdlg32* an, sofern dieser nicht schon vorhanden ist.

3. Erstellen Sie darin wiederum einen Unterschlüssel mit der Bezeichnung *PlacesBar*.

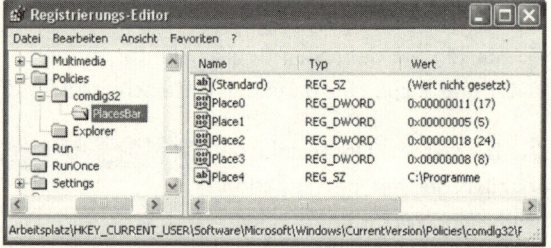

4. Hierin erstellen Sie fünf neue DWORD-Werte mit den Namen *Place0* bis *Place4*, die jeweils für eines der Ziele im Standarddialog stehen. Mehr als fünf Ziele sind leider nicht vorgesehen. Um ein Ziel anzugeben, verwenden Sie einen der vordefinierten Werte aus der nachfolgenden Tabelle, die eine Reihe von Windows-Standardzielen umfasst.

Ziel	Hex-Wert	Dezimalwert
Arbeitsplatz	0x11	17
Desktop	0x00	0
Eigene Bilder	0x27	39
Eigene Dateien	0x05	5
Eigene Musik	0x0d	13
Eigene Videos	0x0e	14
Favoriten	0x06	6
Netzwerkumgebung	0x12	18
Verlauf	0x22	34
Zuletzt verwendete Dokumente	0x08	8

Wollen Sie einen ganz eigenen Ordner als Ziel benutzen, legen Sie den entsprechenden Wert nicht als DWORD, sondern als Zeichenfolge an und tragen als Inhalt den kompletten Pfad zu dem gewünschten Ordner ein. Um später zu der Standardbelegung der Ziele zurückzukehren, entfernen Sie die eingefügten Unterkategorien wieder aus der Registry.

Mehrere Dateien gleichzeitig umbenennen

? Gibt es eine Möglichkeit, mehrere Dateien in einem Schritt umzubenennen?

! Der Windows-Explorer bietet eine recht einfach gestrickte Funktion für solche Zwecke, die sich aber nur begrenzt eignet. Mit der Eingabeaufforderung geht es effektiver und flexibler:

Markieren Sie im Windows-Explorer mehrere Dateien und wählen Sie dann den Befehl *Umbenennen*. Geben Sie den Namen an, den die erste der ausgewählten Dateien haben soll, und drücken Sie Enter. Die Datei wird dann umbenannt und alle anderen markierten Dateien erhalten denselben Namen, jeweils mit einer Nummerierung ergänzt. Wenn Sie so die Dateien *EntwurfA.txt*, *EntwurfB.txt* und *EntwurfC.txt* in *Dokument.txt* umbenennen, erhalten Sie anschließend die neuen Dateinamen *Dokument.txt*, *Dokument(1).txt* und *Dokument(2).txt*.

Diese Methode ist nur eingeschränkt tauglich. Ein flexibleres Umbenennen ist mithilfe der Eingabeaufforderung und dem Befehl *ren* möglich da dieser das Arbeiten mit Platzhaltern erlaubt. Wechseln Sie dazu in der Eingabeaufforderung mit *cd <Ordnername>* in den fraglichen Ordner. Um alle TXT-Dateien dieses Ordners in DOC-Dateien zu verwandeln, benutzen Sie den Befehl *ren *.txt *.doc*. Für das obige Beispiel würden Sie als Ergebnis *texta.doc*, *textb.doc* und *textc.doc* erhalten. Um die Auswahl der zu ändernden Dateinamen noch genauer einzuschränken, können Sie weitere Platzhalter angeben: *ren text?.txt text?.doc* würde ebenfalls die oben beschriebene Änderung durchführen, dabei aber andere vorhandene TXT-Dateien wie etwa *liesmich.txt* oder *index.txt* nicht anrühren.

Datei-Menü im Windows-Explorer fehlt

? In meinem Windows-Explorer fehlt das *Datei*-Menü. Ich kann die entsprechenden Funktionen nur noch ausführen, wenn sie z. B. im kontextabhängigen Menü auftauchen. Wie bekomme ich mein *Datei*-Menü zurück?

! Windows ermöglicht es, einzelne Menüeinträge mittels einer Gruppenrichtlinie zu deaktivieren. Möglicherweise hat der Administrator oder ein anderer Benutzer diese Einstellung vorgenommen. So können Sie dies rückgängig machen:

1. Klicken Sie auf *Start/Ausführen* und geben Sie im anschließenden Dialog das Kommando *gpedit.msc* ein, um den Gruppenrichtlinieneditor zu starten.

2. Wählen Sie hier in der linken Spalte die Kategorie *Benutzerkonfiguration/Administrative Vorlage/Windows-Komponenten/Windows-Explorer* aus.

3. Klicken Sie dann in der rechten Fensterhälfte doppelt auf die Einstellung *Menü "Datei" aus Windows-Explorer entfernen*.

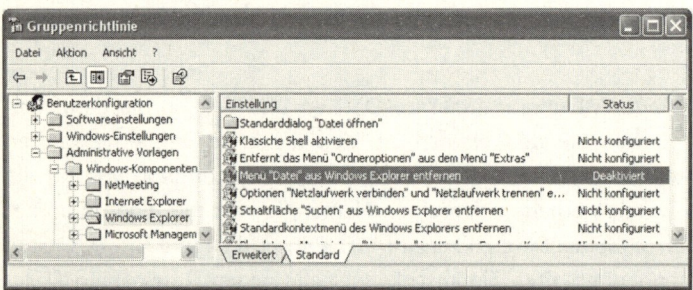

4. Wählen Sie im anschließenden Dialog die Option *Deaktiviert*. Anschließend sollte das *Datei*-Menü wieder vorhanden sein.

Dateien ohne Drag & Drop oder Cut & Paste verschieben

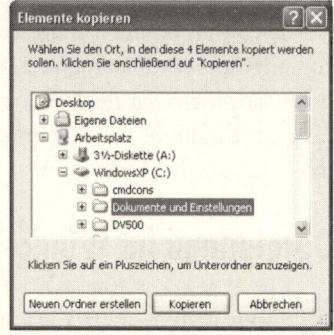

? Das Verschieben und Kopieren von Dateien im Windows-Explorer funktioniert nur mit Mausakrobatik oder mit Tastenkombinationen. Gibt es keinen einfacheren Weg für Grobmotoriker?

! Markieren Sie im Windows-Explorer die Dateien oder Ordner, die Sie verschieben bzw. kopieren wollen. Wählen Sie dann die Menüfunktion *Bearbeiten/In Ordner verschieben* bzw. *Bearbeiten/In Ordner kopieren*. In beiden Fällen öffnen Sie damit einen Dialog, in dem Sie das Ziel für die Dateioperation bequem auswählen können. Bei Bedarf können Sie mit *Neuen Ordner erstellen* sogar erst noch ein neues Verzeichnis anlegen, in das die Dateien dann verschoben oder kopiert werden.

4.4 Dateien ausführen/bearbeiten

Dateien immer mit einem bestimmten Programm öffnen

? Ich möchte Dateien eines Typs immer mit einem bestimmten Programm öffnen. Was muss ich machen, damit dies ähnlich wie z. B. bei Office-Dokumenten durch einen Doppelklick auf das Dateisymbol automatisch geschieht?

! Damit eine Datei mit einer bestimmten Anwendung geöffnet wird, müssen Sie eine Verknüpfung zwischen dem Dateityp und diesem Programm herstellen.

1. Rufen Sie dazu diese Datei mit einem Doppelklick auf. Windows reagiert darauf mit einer Fehlermeldung, dass diese Datei nicht geöffnet werden kann.

2. Wählen Sie ganz unten die Option *Programm aus einer Liste auswählen* und klicken Sie auf *OK*.

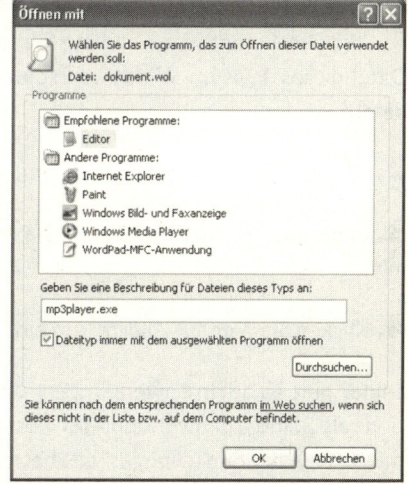

3. Im anschließenden Menü können Sie eine der von Windows XP registrierten Programme als Standardanwendung für Dateien diesen Typs auswählen. Ist das gewünschte Programm nicht dabei, können Sie es unten mit einem Klick auf *Durchsuchen* in einem Dateiauswahldialog angeben.

4. Damit die Datei nicht nur dieses eine Mal mit dem gewählten Programm geöffnet, sondern tatsächlich eine dauerhafte Dateiverknüpfung erstellt wird, müssen Sie unten die Option *Dateityp immer mit dem ausgewählten Programm öffnen* aktivieren.

5. Klicken Sie dann auf *OK*, um die Verknüpfung zu herzustellen.

> **Verknüpfungen gelten stets für alle Dateien eines Typs**
>
> Dateiverknüpfungen sind an den Dateityp gebunden, der durch die Dateiendung (z. B. .mp3) festgelegt wird. Wenn Sie eine Datei eines bestimmten Typs mit einer Anwendung verknüpfen, gilt diese Verknüpfung automatisch auch für alle anderen Dateien dieses Typs.

Standardanwendung für einen Dateityp ändern

? Bei der Installation eines neuen Programms hat sich dieses als Standardanwendung für bestimmte Dateitypen eingetragen. Ich möchte diese Dateien aber lieber wieder mit dem alten Programm öffnen lassen. Wie kann ich die Standardanwendung abändern?

! Leider gehört es zu den Unarten von Installationsprogrammen, die Standarddateizuordnungen teilweise ohne Rückfrage zu verändern. Allerdings können Sie solche Eingriffe schnell korrigieren:

1. Um die Standardanwendung für einen Dateityp zu verändern, suchen Sie eine Datei dieses Typs im Windows-Explorer aus und klicken mit der rechten Maustaste darauf.

2. Wählen Sie im kontextabhängigen Menü die Funktion *Eigenschaften*.

3. In der Rubrik *Allgemein* finden Sie recht weit oben die Angabe *Dateityp* und *Öffnen mit*.

4. Klicken Sie hier auf *Ändern*, um eine andere Standardanwendung auszuwählen.

Leider gibt es auch Anwendungen, die sich bei jedem Start immer wieder automatisch als Standardanwendung für bestimmte Dateitypen eintragen. In solchen Fällen müssen Sie die Einstellungen des betreffenden Programms so ändern, dass dies nicht mehr erfolgt. Bietet das Programm keine entsprechende Einstellung, bleibt außer einer Deinstallation leider keine andere Lösung.

4.4 DATEIEN AUSFÜHREN/BEARBEITEN **175**

Dateien ausnahmsweise mit einer anderen Anwendung öffnen

? Ich möchte eine Datei, die mit einer bestimmten Standardanwendung verknüpft ist, bei manchen Gelegenheiten in einem anderen Programm öffnen. Geht das nur aus diesem anderen Programm heraus oder kann ich es auch über den Explorer starten?

! Statt des üblichen Doppelklicks zum Öffnen klicken Sie mit der rechten Maustaste auf das Symbol der zu öffnenden Datei und wählen im kontextabhängigen Menü die Funktion *Öffnen mit*. Wenn Sie die Funktion für diesen Dateityp erstmals aufrufen, erhalten Sie dadurch einen Dialog, in dem Sie die gewünschten Anwendung auswählen können. Windows merkt sich Ihre Auswahl. Wenn Sie bei Dateien dieses Typs das nächste Mal *Öffnen mit* wählen, erhalten Sie statt des Auswahldialogs ein Untermenü mit der Standardanwendung und dem zuvor gewählten alternativen Programm. Wollen Sie noch ein weiteres Programm verwenden, können Sie dieses mit *Programm auswählen* angeben.

Die Öffnen mit-Liste für Dateien verändern

? In der *Öffnen mit*-Liste einiger Dateitypen stehen Anwendungen, die ich nicht mehr benutze oder die für diesen Dateityp gar nicht geeignet sind. Wie kann ich die Liste aufräumen?

! Eigentlich sollten solche Einträge beim Deinstallieren einer Anwendung auch wieder entfernt werden. Wenn das mal, warum auch immer, nicht klappt, können Sie in der Windows-Registry nachhelfen:

1. Starten Sie den Registrierungs-Editor und öffnen Sie darin die Kategorie *HKEY_CURRENT_USER\Software\Microsoft\Windows\CurrentVersion\Explorer\FileExts*.

2. Hier finden Sie für jede eingetragene Dateiendung eine eigene Unterkategorie (z. B. *.bmp* für Windows-Bitmap-Dateien). Suchen Sie den Schlüssel für den Dateityp, dessen *Öffnen mit*-Liste Sie bearbeiten wollen.

3. Unterhalb dieses Schlüssels finden Sie einen weiteren Schlüssel namens *OpenWithList*.

4. Darin sehen Sie für jede Anwendung, die für diesen Dateityp in der *Öffnen mit*-Liste aufgeführt werden soll, eine Zeichenfolge. Die erste aufzuführende Anwendung hat die Bezeichnung *a*, dann *b*, *c* usw. Als Wert ist der Pfad und Name der Pro-

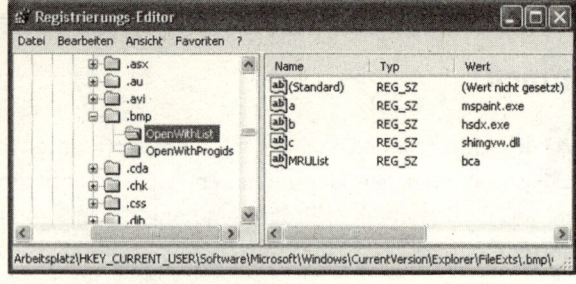

grammdatei für die gewünschte Anwendung angegeben. Diese Angaben können Sie beliebig bearbeiten oder löschen.

5. Wenn Sie einen der Einträge entfernen, sollten Sie außerdem die Eigenschaft *MRUList* anpassen. Sie enthält einfach die Reihenfolge, in der die einzelnen Anwendungen im *Öffnen mit*-Dialog angezeigt werden. Entfernen Sie hier ebenfalls den Buchstaben, dessen Eintrag Sie zuvor gelöscht haben.

Standardanwendung für unbekannte Dateitypen festlegen

Dateien, die keine bekannte Dateiendung haben, können nur sehr umständlich in einer Anwendung geöffnet werden. Kann man eine Anwendung (z. B. den Texteditor) festlegen, die automatisch als Standard für alle unbekannten Dateitypen verwendet wird?

Dateien, zu deren Endung kein Dateityp registriert ist bzw. die vielleicht gar keine Endung haben, gelten als unbekannte Dateien. In der Windows-Registry können Sie auch für solche Dateien Standardaktionen festlegen:

1. Starten Sie den Registrierungs-Editor und öffnen Sie den Schlüssel *HKEY_CLASSES_ROOT\Unknown\shell*.

2. Legen Sie darin – soweit nicht bereits vorhanden – den Unterschlüssel *Open* und darin wiederum den Unterschlüssel *Command* an.

3. Doppelklicken Sie im Unterschlüssel *Command* in der rechten Fensterhälfte auf die Zeichenfolge *(Standard)* und geben Sie ihr als Wert den Aufruf des gewünschten Standardprogramms zum Öffnen einer Datei. Für den Windows-Texteditor müsste dieser Aufruf z. B. *C:\windows\notepad.exe %1* lauten.

4. Anschließend startet ein Doppelklick auf das Symbol einer Datei unbekannten Typs die angegebene Anwendung und öffnet die Datei darin.

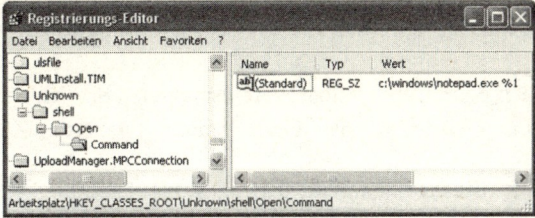

Programme können nicht mehr gestartet werden

Jedes Mal, wenn ich eine Anwendung oder eine sonstige EXE-Datei starten will, bekomme ich nur eine Fehlermeldung, dass ein bestimmtes Programm nicht gefunden werden kann.

Dieses Verhalten ist ein Hinweis auf eine Manipulation in der Registry, wie sie inbesondere von Computerviren bzw. Trojanern vorgenommen wird. Starten Sie den Registry-Editor und überprüfen Sie hier die Schlüssel *HKEY_CLASSES_ROOT\exefile\shell\open\comm and* bzw. *HKEY_LOCAL_MACHINE\Software\CLASSES\exefile\shell\open\command*. Hierin sollten Sie jeweils den Eintrag *(Standard)* mit dem Wert %1" %* vorfinden. Lautet dieser Eintrag anders, korrigieren Sie ihn entsprechend. Außerdem sollten Sie unbedingt einen sorgfältigen Virenscan Ihres System mit einem aktuellen Virenscanner vornehmen.

Datei kann nicht erstellt werden

Wenn ich eine Datei ändere und dann speichern will, erhalte ich die Fehlermeldung *Die Datei xyz kann nicht erstellt werden. Stellen Sie sicher, dass Pfad- und Dateiname richtig sind*.

Dieser Fehler tritt auf, wenn bei einer Datei das Schreibschutzattribut aktiviert ist. Klicken Sie das Symbol der Datei mit der rechten Maustaste an und wählen Sie im kontextabhängigen Menü die *Eigenschaften*. Hier finden Sie ganz unten die *Attribute* dieser Datei. Entfernen Sie das Häkchen vor dem Attribut *Schreibgeschützt*. Anschließend können Änderungen in dieser Datei gespeichert werden.

Zugriff auf Datei wird verweigert

? Beim Öffnen einer Datei erhalte ich die Fehlermeldung *Zugriff verweigert*, obwohl ich Administrator bin bzw. die notwendigen Zugriffsrechte habe.

! Dieses Phänomen tritt beim NTFS-Dateisystem auf, wenn ein Benutzer eine Datei oder einen Ordner verschlüsselt hat. Um festzustellen, ob und durch wen eine Datei verschlüsselt ist, öffnen Sie die *Eigenschaften* dieser Datei und klicken im Bereich *Attribute* auf die Schaltfläche *Erweitert*. Ist im anschließenden Dialog die Option *Inhalt verschlüsseln, um Daten zu schützen* eingeschaltet, ist diese Datei verschlüsselt. Um zu erfahren, welcher Benutzer 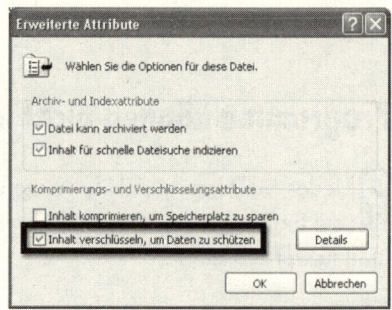 die Datei verschlüsselt hat, klicken Sie auf *Details*. Dann bekommen Sie die Benutzer angezeigt, die auf diese Datei zugreifen können.

4.5 Dateien komprimieren und verstecken

Komprimierten Ordner mit Passwort schützen

? Bei ZIP-Programmen wie WinZip kann man beim Erstellen eines Archivs ein Passwort angeben. Unterstützen die komprimierten Ordner von Windows diese Funktion ebenfalls?

! Auch die komprimierten Ordner von Windows erlauben das Schützen des Archivs mit einem Passwort:

1. Erstellen Sie dazu zunächst den komprimierten ZIP-Ordner.

2. Öffnen Sie diesen direkt im Anschluss per Doppelklick.

3. Rufen Sie nun die Menüfunktion *Datei/Ein Kennwort hinzufügen* auf und geben Sie im anschließenden Dialog das zu verwendende Kennwort zweimal an.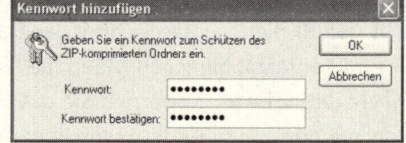

Passwort von komprimiertem Ordner entfernen

? Ich habe ein ZIP-Archiv mit einem Kennwort versehen. Nun möchte ich auf den Passwortschutz verzichten. Muss ich dazu ein neues Archiv ohne Kennwort erstellen?

! Sie können ein für einen komprimierten Ordner festgelegtes Kennwort auch wieder entfernen. Öffnen Sie dazu das ZIP-Archiv und wählen Sie die Menüfunktion *Datei/Ein Kennwort entfernen*. Geben Sie im anschließenden Dialog das zu entfernende Kennwort an. Damit wird der Passwortschutz entfernt und die im Archiv enthaltenen Dateien können wieder ohne Beschränkung geöffnet werden.

Komprimierter Ordner trotz Kennwort einsehbar

? Ich habe einen komprimierten Ordner erstellt und mit einem Kennwort versehen. Nun stelle ich fest, dass der Ordner trotzdem geöffnet werden kann. Das Passwort wird erst beim Öffnen einzelner Dateien aus dem Archiv abgefragt. Was mache ich falsch?

! Dies ist kein Fehler, sondern entspricht der Funktionsweise von komprimierten Ordnern. Das Passwort schützt nicht den Ordner selbst, sondern nur die darin enthaltenen Dateien. Um das ZIP-Archiv selbst zu schützen, können Sie es zusätzlich verschlüsseln. Oder aber Sie komprimieren doppelt, indem Sie den komprimierten Ordner noch einmal in einen komprimierten Ordner einfügen, der seinerseits mit einem Kennwort versehen ist. So muss man schon für das Öffnen des Archivs das Kennwort angeben, nicht erst beim Öffnen der eigentlichen Dateien. Der Umfang des Archivs verändert sich durch diese Maßnahme nicht wesentlich.

Komprimierter Ordner kann nicht in sich selbst kopiert werden

? Wenn ich einen komprimierten Ordner mit der rechten Maustaste anklicke und im kontextabhängigen Menü die Funktion *Senden an/ZIP-komprimierten Ordner* wähle, erhalte ich die Fehlermeldung *Ein ZIP-komprimierter Ordner kann nicht in sich selbst kopiert werden*.

! Die Funktion *Senden an/ZIP-komprimierten Ordner* erstellt ein ZIP-Archiv mit dem Namen der ausgewählten Datei und kopiert diese hinein. Wenn Sie diese Funktion auf ein bereits bestehes ZIP-Archiv anwenden, müsste das Archiv sich in sich selbst kopieren, was nicht möglich ist. Legen Sie stattdessen mit *Datei/Neu/ZIP-komprimierter Ordner* ein weiteres ZIP-Archiv mit einem anderen Namen an und kopieren Sie das ZIP-Archiv dann dort hinein.

Ungültige Befehlsstruktur beim Extrahieren

Wenn ich einen komprimierten Ordner mit dem Extrahier-Assistenten entpacken will, erhalte ich die Fehlermeldung *Ungültige Befehlsstruktur*.

Dieses Problem kann auftreten, wenn Sie im Feld *Die Dateien werden in folgenden Ordner extrahiert* keinen vollständigen Pfad, sondern nur ein relatives Verzeichnis angeben, also z. B. einfach nur *archiv* statt *C:\archiv*. Verwenden Sie bei diesem Feld immer komplette Pfadangaben bzw. legen Sie den Pfad mit dem *Durchsuchen*-Dialog fest.

Komprimierte Ordner mit individuellem Symbol

Die komprimierten Ordner werden im Windows-Explorer mit einem Symbol dargestellt, das den normalen Ordnern auf den ersten Blick sehr ähnlich ist. Kann man die komprimierten Ordner mit einem anderen Symbol versehen, sodass sie besser unterscheidbar sind?

Wie bei praktisch allen Dateien und Ordnern können Sie das Symbol für die Darstellung auf dem Desktop frei wählen.

1. Starten Sie den Windows-Explorer und öffnen Sie mit *Extras/Ordneroptionen* die Einstellungen.

2. Wechseln Sie hier in die Rubrik *Dateitypen* und markieren Sie in der Liste *Registrierte Dateitypen* die Erweiterung *ZIP* (ganz unten).

3. Klicken Sie dann unten rechts auf die *Erweitert*-Schaltfläche.

4. Im anschließenden Dialog wählen Sie oben rechts die Schaltfläche *Anderes Symbol*. Nun können Sie eines der angebotenen alternativen Symbole auswählen. Oder aber Sie klicken auf *Durchsu-*

chen und wählen zunächst eine andere Datei aus (z. B. C:\windows\system32\shell32.dll), die noch mehr Symbole enthält.

ZIP-Funktion von Windows deaktivieren

? Ich verwende statt der eingebauten Funktionen für komprimierte Ordner lieber ein spezielles ZIP-Programm. Ist es sinnvoll, die ZIP-Funktionen von Windows zu deaktivieren?

! Die Integration der komprimierten Ordner in den Windows-Explorer kostet einige Ressourcen. Gerade bei älteren PCs ist es deshalb durchaus sinnvoll, diese Funktion zu deaktivieren, wenn man sie nicht benötigt. Öffnen Sie dazu mit *Start/Ausführen* den Ausführen-Dialog und geben

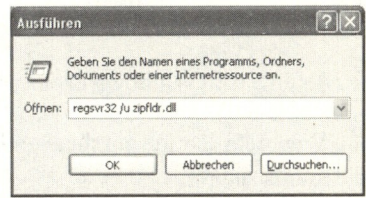

Sie hier das Kommando *regsvr32/u zipfldr.dll* ein. Damit werden die Windows-eigenen ZIP-Funktionen abgeschaltet und ihre Ressourcen freigegeben. Wollen Sie die komprimierten Ordner später wieder reaktivieren, verwenden Sie das Kommando *regsvr32 zipfldr.dll*.

Dateien vor neugierigen Blicken schützen

? Ich habe eine Datei, die andere Benutzer des PCs nicht sehen sollen. Kann ich sie irgendwo verstecken, sodass sie für alle Benutzer, die nichts davon wissen, unsichtbar bleibt?

! Es gibt ein spezielles Dateiattribut, das die Sichtbarkeit von Dateien im Explorer regelt:

1. Klicken Sie auf die zu versteckende Datei mit der rechten Maustaste und wählen Sie die Funktion *Eigenschaften*.

2. Im anschließenden Menü finden Sie ganz unten die *Attribute*.

3. Aktivieren Sie hier die Option *Versteckt* und übernehmen Sie die Einstellung mit *OK*.

Wichtig: Die Datei ist damit nur versteckt, sie ist nicht vor dem Zugriff anderer Benutzer geschützt. Wer ihren Pfad und Namen kennt, kann sie trotzdem öffnen. Außerdem hängt die Sichtbarkeit versteckter Dateien von den Ansichtsoptionen für Ordner ab.

Versteckte Dateien sind im Explorer sichtbar

? Ich habe einige Dateien mit dem *Versteckt*-Attribut unsichtbar gemacht, trotzdem werden sie im Windows-Explorer angezeigt.

! Die Sichtbarkeit versteckter Dateien im Windows-Explorer hängt von den Ansichtsoptionen für Ordner ab:

1. Rufen Sie im Windows-Explorer die Menüfunktion *Extras/Ordneroptionen* auf.

2. Wechseln Sie im anschließenden Menü in die Rubrik *Ansicht*.

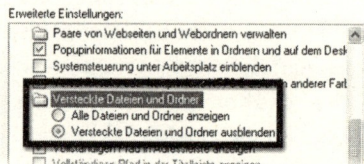

3. Suchen Sie hier unter *Erweiterte Einstellungen* den Eintrag *Versteckte Dateien und Ordner* und wählen Sie darunter die Option *Versteckte Dateien und Ordner ausblenden*. Damit werden versteckte Dateien im Explorer nicht mehr angezeigt.

Auf versteckte Dateien zugreifen

? Ich habe eine Datei durch das *Versteckt*-Attribut unsichtbar gemacht. Nun wird sie im Windows-Explorer und in Dateiauswahldialogen nicht mehr angezeigt. Wie kann ich sie trotzdem öffnen?

! Wenn Sie Pfad und Name der Datei genau kennen, können Sie diese über jeden Dateiauswahldialog öffnen:

1. Wählen Sie dazu *Datei/Öffnen* bzw. *File/Open* bei englischsprachigen Anwendungen.

2. Wechseln Sie dann im Dateiauswahldialog in den Ordner, in dem sich die versteckte Datei befindet.

3. Geben Sie dort den Dateinamen der versteckten Datei an und klicken Sie auf *Öffnen* bzw. *Open*. Dann wird die versteckte Datei ganz regulär geladen.

Versteckte Dateien sichtbar machen

? Ich habe eine Datei durch das *Versteckt*-Attribut unsichtbar gemacht. Nun wird sie im Windows-Explorer nicht mehr angezeigt. Wie kann ich in ihre Eigenschaften gelangen, um sie wieder sichtbar zu machen?

! Um die Datei im Explorer anzeigen zu lassen, können Sie die Ansichtsoptionen für Ordner ändern, sodass versteckte Dateien angezeigt werden (siehe Seite 182). Nun ist die Datei zu sehen und Sie können die Eigenschaften ganz regulär bearbeiten. Sollte das Ändern der Ordneransicht nicht möglich sein, können Sie die Datei in der Eingabeaufforderung mit dem *attrib*-Kommando bearbeiten. Wechseln Sie dazu in der Eingabeaufforderung in das Verzeichnis der Datei. Geben Sie hier *attrib* ein, um alle (auch versteckte) Dateien und deren Attribute zu sehen. Mit *attrib -h <Dateiname>* entfernen Sie das *Versteckt*-Attribut von einer Datei. Anschließend ist sie auch im Windows-Explorer wieder sichtbar.

4.6 Dateien verschlüsseln

Fremde Zugriffe auf Dateien verhindern

? Ich benutze einen PC gemeinsam mit anderen Benutzern. Wie kann ich verhindern, dass diese meine Dateien einsehen und verändern können?

! Das NTFS-Dateisystem erlaubt es, Dateien zu verschlüsseln, sodass sie nur von ihrem Benutzer geöffnet werden können.

1. Um eine Datei oder einen Ordner zu verschlüsseln, klicken Sie das dazugehörige Symbol im Windows-Explorer an und öffnen mit der rechten Maustaste die *Eigenschaften*.

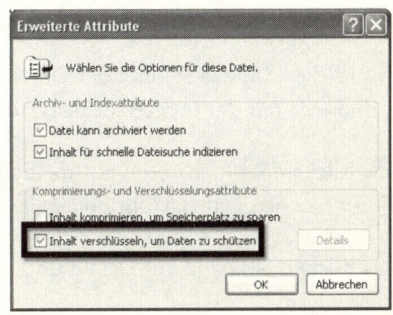

2. Klicken sie hier unten auf die Schaltfläche *Erweitert*.

3. Im Dialog *Erweiterte Attribute* aktivieren Sie die Option *Inhalt verschlüsseln, um Daten zu schützen*.

4. Klicken Sie dann zweimal auf *OK*, um die Verschlüsselung einzuschalten.

Warnung beim Verschlüsseln einzelner Dateien

? Wenn ich eine einzelne Datei verschlüsseln will, erhalte ich jedes Mal eine Verschlüsselungswarnung. Wie kann ich das vermeiden?

! Die Verschlüsselungswarnung weist darauf hin, dass es sicherer ist, ganze Ordner zu verschlüsseln. Einzelne Dateien sind für andere Benutzer sichtbar und die Verschlüsselung kann unter Umständen versehentlich aufgehoben werden. Sie können aber trotzdem einzelne Dateien verschlüsseln, indem Sie im Warnfenster das Kontrollkästchen *Immer nur die Datei verschlüsseln* wählen. Wollen Sie diese Warnung in Zukunft ganz vermeiden, aktivieren Sie ganz unten die Einstellung *Immer nur die Datei verschlüsseln*. Dann verzichtet Windows in Zukunft auf die Rückfrage.

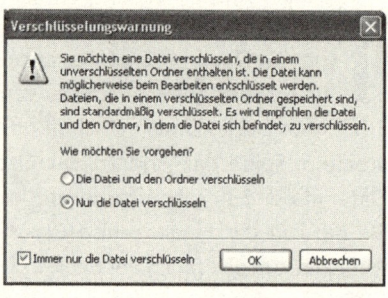

Dateien für mehrere Benutzer verschlüsseln

? Ich möchte eine Datei für die meisten, aber nicht alle Benutzer eines PCs unzugänglich machen. Wie kann ich sie so verschlüsseln, dass sie neben mir noch von einem weiteren Benutzer geöffnet werden kann?

! Der Besitzer einer Datei kann diese nicht nur sich selbst, sondern auch bestimmten anderen Benutzern zugänglich machen. Dazu müssen Sie lediglich die entsprechenden Berechtigungen für diese Benutzer festlegen, die für diese Datei gelten sollen:

1. Klicken Sie das Symbol der Datei oder des Ordners im Windows-Explorer an und öffnen Sie mit der rechten Maustaste die *Eigenschaften*.

2. Klicken Sie hier unten auf die Schaltfläche *Erweitert* und aktivieren Sie im Dialog *Erweiterte Attribute* die Option *Inhalt verschlüsseln, um Daten zu schützen*.

3. Klicken Sie dann auf *Details* und im anschließenden Dialog im oberen Bereich auf *Hinzufügen*.

4. Wählen Sie dann den oder die Benutzer aus, die neben Ihnen noch Zugriff auf die Datei haben sollen, und klicken Sie dann zum Übernehmen dreimal auf *OK*.

Verschlüsselung einer Datei aufheben

? Ich habe eine Datei verschlüsselt. Wie kann ich sie nun wieder freigeben, sodass alle Benutzer sie verwenden können?

! Selbstverständlich können Sie eine einmal gewählte Verschlüsselung auch jederzeit wieder aufheben. Machen Sie die Verschlüsselung dazu rückgängig:

1. Klicken Sie dazu auf das Symbol der betroffenen Datei im Windows-Explorer und öffnen Sie mit der rechten Maustaste die *Eigenschaften*.

2. Klicken Sie hier unten auf die Schaltfläche *Erweitert*.

3. Im Dialog *Erweiterte Attribute* deaktivieren Sie die Option *Inhalt verschlüsseln, um Daten zu schützen*.

4. Klicken Sie dann zweimal auf *OK*, um die Verschlüsselung auszuschalten.

Besitzer einer verschlüsselten Datei ermitteln

? Ich bin auf eine verschlüsselte Datei gestoßen, auf die ich keinen Zugriff habe. Wie kann ich ermitteln, wer der Besitzer dieser Datei ist?

! In den Eigenschaften jeder Datei ist vermerkt, wer Besitzer dieser Datei ist. Diese Information ist für alle anderen Benutzer abrufbar, auch wenn der Zugriff auf die Datei ansonsten begrenzt ist:

1. Klicken Sie mit der rechten Maustaste auf das Symbol der Datei bzw. des Ordners und öffnen Sie die *Eigenschaften*.

2. Wechseln Sie dort in die Rubrik *Sicherheit* und klicken Sie dann unten rechts auf die Schaltfläche *Erweitert*.

3. In den erweiterten Sicherheitseinstellungen wechseln Sie dann in die Rubrik *Besitzer*.

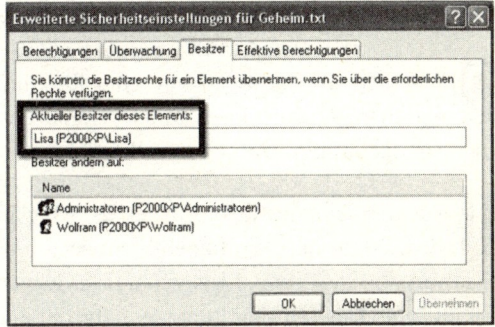

4. Hier erfahren Sie im Feld *Aktueller Besitzer dieses Elements* den Benutzer, dem die Datei gehört. Hier können Sie auch den Besitzer ändern, was sich auf die Verschlüsselung aber nicht auswirkt.

Rubrik Sicherheit wird in Dateieigenschaften nicht angezeigt

? Wenn ich die Eigenschaften einer Datei oder eines Ordners öffne, wird die Rubrik *Sicherheit* darin nicht angezeigt. Wie kann ich sie wiederherstellen?

! Dies gehört zu den Funktionen, die ausgeblendet werden können, um unerfahrene Benutzer nicht unnötig mit Informationen und Funktionen zu verwirren. Selbstverständlich können Sie dieses Verhalten aber verändern:

1. Starten Sie den Windows-Explorer und wählen Sie die Menüfunktion *Extras/Ordneroptionen*.

2. Wechseln Sie dort in die Rubrik *Ansicht* und suchen Sie hier in der Liste *Erweiterte Einstellungen* das Kontrollkästchen *Einfache Dateifreigabe verwenden (empfohlen)*.

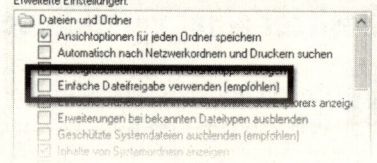

3. Deaktivieren Sie diese Einstellung und klicken Sie auf *OK*. Anschließend sollte die *Sicherheit*-Rubrik in den Dateieigenschaften wieder angezeigt werden.

Als Administrator verschlüsselte Dateien öffnen

? Auf meinem Rechner kann ich selbst mit Administratorrechten keine Dateien einsehen, die von einem anderen Benutzer verschlüsselt wurden. Sollte nicht wenigstens der Administrator verschlüsselte Dateien öffnen können?

! Für den Administrator gibt es die Möglichkeit, verschlüsselte Dateien einzusehen. Dazu muss die folgende etwas umfangreichere Anleitung befolgt werden. Sie muss aber nur einmal ausgeführt werden, danach kann der Administrator die verschlüsselten Dateien aller Benutzer jederzeit einsehen:

1. Öffnen Sie mit *Start/Alle Programme/Zubehör/Eingabeaufforderung* eine Eingabeaufforderung in einem Verzeichnis Ihrer Wahl und geben Sie hier das Kommando

4.6 DATEIEN VERSCHLÜSSELN 187

cipher /r:<Dateiname> ein, wobei *<Verzeichnisname>* ein beliebiger Name sein kann, also z. B. *cipher /r:c:\temp* .

2. Geben Sie auf die entsprechende Abfrage hin ein Kennwort zweimal ein. Damit haben Sie ein Zertifikat erstellt, das später für die Dateiwiederherstellung verwendet werden kann. Merken Sie sich den Namen und das gewählte Kennwort.

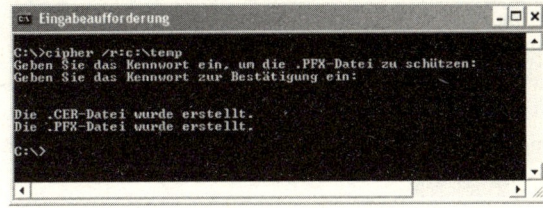

3. Verlassen Sie dann die Eingabeaufforderung mit *exit*.

4. Öffnen Sie dann das zuvor gewählte Verzeichnis im Windows-Explorer und doppelklicken Sie hier auf die PFX-Datei mit dem zuvor gewählten Namen. Damit starten Sie einen Assistenten, der das erstellte Zertifikat importiert.

5. Klicken Sie hier jeweils auf *Weiter* und geben Sie ggf. das zuvor gewählte Kennwort an.

6. Wenn der Assistent seine Arbeit erledigt hat, öffnen Sie mit *Start/Ausführen* die *Ausführen*-Befehlszeile und geben das Kommando *gpedit.msc* ein. Damit starten Sie das Programm für die Verwaltung der Gruppenrichtlinien.

7. Wählen Sie hier links die Richtline *Computerkonfiguration/Windows-Einstellungen/Sicherheitseinstellungen/Richtlinie öffentlicher Schlüssel/Dateisystem wird verschlüsselt*.

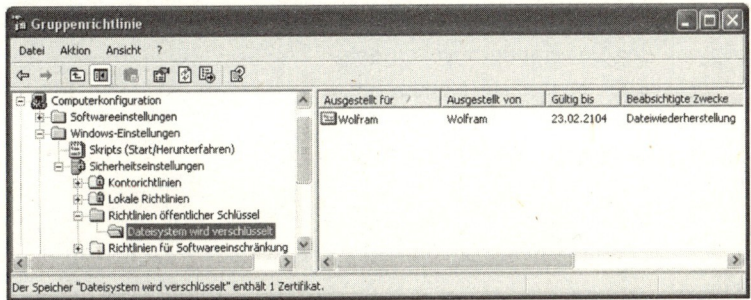

8. Klicken Sie dann mit der rechten Maustaste in die rechte Fensterhälfte und wählen Sie im kontextabhängigen Menü die Funktion *Dateiwiederherstellungs-Agenten hinzufügen*.

9. Klicken Sie im zweiten Schritt des anschließenden Agenten auf die *Ordner durchsuchen*-Schaltfläche.

10. Wählen Sie hier wiederum den zuvor verwendeten Ordner aus und öffnen Sie die darin befindliche CER-Datei und schließen Sie den Assistenten ab.

11. Melden Sie sich jetzt einmal an und wieder ab. Anschließend können Sie als Administrator alle verschlüsselten Dateien beliebig öffnen und bearbeiten.

4.7 Umgang mit Ordnern

Pfade für Systemordner wie z. B. Eigene Bilder verändern

? Ich habe in meinem Ordner *Eigene Bilder* sehr viele Dateien gesammelt und das Laufwerk ist langsam voll. Auf einem weiteren Laufwerk ist noch reichlich Platz, aber ich möchte den Ordner *Eigene Bilder* gern weiter verwenden, weil er so praktisch erreichbar ist. Gibt es eine Möglichkeit, den Ordner physikalisch auf das andere Laufwerk zu verlegen?

! Mit dem kostenlosen Powertool TweakUI von Microsoft (*http://www.microsoft.com/windowsxp/pro/downloads/powertoys.asp*) können Sie die physikalischen Pfade der Systemordner beliebig ändern.

1. Starten Sie dazu TweakUI und öffnen Sie die Rubrik *My Computer/Special Folders*.

2. Hier wählen Sie im Auswahlfeld *Folder* zunächst den Systemordner aus, den Sie verändern wollen. Leider verwendet TweakUI die englischen Namen dieser Ordner, aber mit etwas Fantasie kann man finden, was man sucht. *Eigene Bilder* wäre z. B. *My Pictures*.

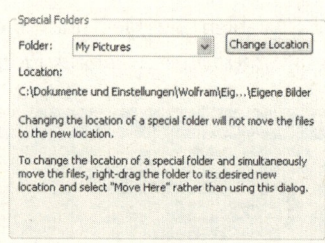

3. Bei *Location* zeigt das Programm das physikalische Verzeichnis an, das dem Ordner derzeit zugewiesen ist.

4. Mit *Change Location* ändern Sie diesen Pfad. Der dabei angezeigte Sicherheitshinweis bedeutet, dass Sie beim Verändern des Verzeichnisses darauf achten sollten, dass nicht zwei spezielle Ordner auf das gleiche physikalische Verzeichnis verweisen. Ebenso sollte man einem Ordner kein Systemverzeichnis wie etwa *C:\Windows* als Pfad zuweisen.

5. Bestätigen Sie den Sicherheitshinweis und übernehmen Sie die neuen Einstellungen mit *OK*.

Systemordner im Arbeitsplatz anzeigen

Systemordner wie *Eigene Dateien*, *Drucker und Faxgeräte* oder die *Sytemsteuerung* sind über verschiedene Stellen verteilt. Ich würde häufig genutzte Ordner gern schneller erreichen. Kann man solche Systemordner z. B. in den Arbeitsplatz integrieren?

Sie können im Arbeitsplatz Verknüpfungen zu wichtigen Systemordnern wie etwa der Systemsteuerung, den Netzwerkverbindungen oder der Druckerverwaltung einfügen. Dazu müssen Sie allerdings den ClassIdentifier des Systemordners kennen (siehe Tabelle).

1. Starten Sie dazu den Registry-Editor und öffnen Sie den Schlüssel *HKEY_LOCAL_MACHINE\SOFTWARE\Microsoft\Windows\CurrentVersion\Explorer\MyComputer\NameSpace*.

2. Legen Sie hier mit *Bearbeiten/Neu/Schlüssel* einen neuen Unterschlüssel an, dem Sie als Bezeichnung die CLSID des Systemordners geben, den Sie in den Arbeitsplatz integrieren möchten. Soll also z. B. die Druckerverwaltung als Ordner im Arbeitsplatz aufgeführt werden, verwenden Sie die CLSID *{2227A280-3AEA-1069-A2DE-0800 2B30309D}*.

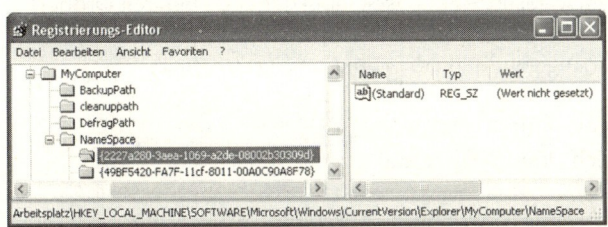

3. Wenn Sie nun nach einem Windows-Neustart den Arbeitsplatz öffnen, wird dort in der Kategorie *Andere* die Systemsteuerung angezeigt.

Systemordner	CLSID
Aktenkoffer	{85BBD920-42A0-1069-A2E4-08002B30309D}
Arbeitsplatz	{20D04FE0-3AEA-1069-A2D8-08002B30309D}
DFÜ-Netzwerk	{A4D92740-67CD-11CF-96f2-00AA00A11DD9}
Desktop	{00021400-0000-0000-C000-000000000046}
Drucker	{2227A280-3AEA-1069-A2DE-08002B30309D}
Internet Cache	{7BD29E00-76C1-11CF-9DD0-00A0C9034933}
Internet Explorer	{FBF23B42-E3F0-101B-8488-00AA003E56F8}
Netzwerkumgebung	{00028B00-0000-0000-C000-000000000046}
Netzwerkverbindungen	{208D2C60-3AEA-1069-A2D7-08002B30309D
Papierkorb	{645FF040-5081-101B-9F08-00AA002F954E}
Schriften	{BD84B380-8CA2-1069-AB1D-08000948F534}
Systemsteuerung	{21EC2020-3AEA-1069-A2DD-08002B30309D}
Verlauf	{FF393560-C2A7-11CF-BFF4-444553540000}

Ordner mit individuellen Symbolen

? Alle Ordner haben das gleiche Symbol. Kann ich bestimmten wichtigen Ordnern ein individuelles Symbol geben, damit ich sie auf den ersten Blick im Explorer finde?

! Genau wie bei Dateien können Sie auch jedem Ordner ein individuelles Symbol verpassen, da Windows zu jeder Datei und jedem Ordner ein Symbol unabhängig verwalten kann:

1. Klicken Sie mit der rechten Maustaste auf das Symbol des betreffenden Ordners.

2. Wählen Sie im kontextabhängigen Menü die Funktion *Eigenschaften*.

3. Wechseln Sie darin in die Rubrik *Anpassen* und klicken Sie dort im Bereich *Ordnersymbole* auf die Schaltfläche *Anderes Symbol*.

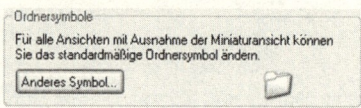

4. Im anschließenden Dialog können Sie ein anderes Symbol aus der Datei *shell32.dll* auswählen. Sie können aber auch zunächst eine andere Datei mit Symbolen öffnen, um eine größere bzw. andere Auswahl zu haben (siehe Seite 180). Klicken Sie dann zweimal auf *OK*, um das neue Symbol zu aktivieren.

Aufgabenbereich ausblenden

? Ich verwende den Aufgabenbereich links im Windows-Explorer ohnehin nicht. Kann ich ihn nicht ausschalten und den Platz dafür sparen?

! Starten Sie den Windows-Explorer und öffnen Sie mit *Extras/Ordneroptionen* die Einstellungen. Hier finden Sie in der Rubrik *Allgemein* im Bereich *Aufgaben* die Option *Herkömmliche Windows-Ordner verwenden*, mit der Sie die Anzeigen des Aufgabenbereichs deaktivieren. Übernehmen Sie die geänderte Einstellung mit *OK*.

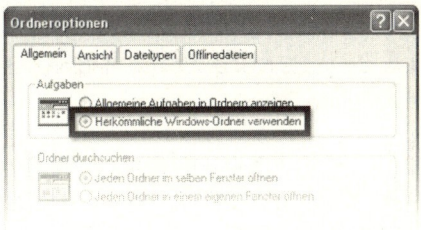

Die Menüfunktion Ordneroptionen fehlt

? Ich will die Ansichtsoptionen des Windows-Explorers verändern, aber im *Extras*-Menü wird der Menüpunkt *Ordneroptionen* nicht angezeigt.

! Windows ermöglicht es, dieses Menü mit einer Gruppenrichtlinie zu deaktivieren. Möglicherweise hat der Administrator oder ein anderer Benutzer diese Einstellung vorgenommen. Notfalls machen Sie das folgendermaßen rückgängig:

1. Klicken Sie auf *Start/Ausführen* und geben Sie im anschließenden Dialog das Kommando *gpedit.msc* ein, um den Gruppenrichtlinieneditor zu starten.

2. Wählen Sie hier in der linken Spalte die Kategorie *Benutzerkonfiguration/Administrative Vorlage/Windows-Komponenten/Windows-Explorer* aus.

3. Klicken Sie dann in der rechten Fensterhälfte doppelt auf die Einstellung *Entfernt das Menü "Ordneroptionen" aus dem Menü "Extras"*.

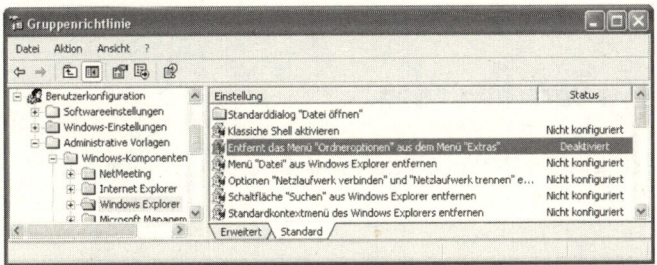

4. Wählen Sie im anschließenden Dialog die Option *Deaktiviert*. Anschließend sollte der Menüpunkt wieder angezeigt werden.

Explorer automatisch mit Ordner-Leiste öffnen

? Ich benutze im Windows-Explorer immer die *Ordner*-Leiste. Allerdings muss man die jedes Mal erst extra einblenden. Gibt es eine Möglichkeit, den Explorer gleich mit *Ordner*-Leiste zu starten?

! Durch eine Veränderung an der Verknüpfung für Dateien vom Typ Ordner können Sie erreichen, dass der Windows-Explorer standardmäßig stets mit Ordnerliste geöffnet wird:

1. Starten Sie den Windows-Explorer in einem beliebigen Ordner.

2. Wählen Sie die Menüfunktion *Extras/Ordneroptionen* und wechseln Sie in den Einstellungen in die Rubrik *Dateitypen*.

3. Suchen Sie in der (alphabetisch sortierten) Liste *Registrierte Dateitypen* den Eintrag für den Dateityp *Ordner* und wählen Sie diesen aus.

4. Klicken Sie dann unten auf die *Erweitert*-Schaltfläche und markieren Sie im nachfolgenden Menü in der Liste *Aktionen* den Eintrag *explore*.

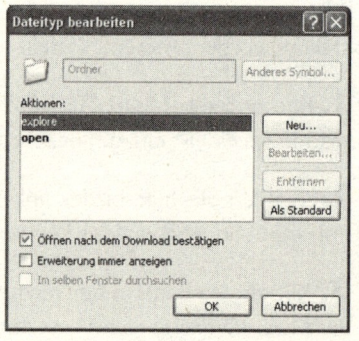

5. Klicken Sie dann rechts auf die Schaltfläche *Als Standard*, um den *explore*-Befehl als Standardaktion für Ordner festzulegen.

6. Klicken Sie auf *OK* und *Schließen* um die Änderungen zu übernehmen. Wenn Sie nun einen Ordner per Doppelklick öffnen, wird die Ordner-Leiste links automatisch eingeblendet.

Aufgabenbereich ist verschwunden

? Der Aufgabenbereich wird im Explorer nicht mehr angezeigt. Wie kann ich ihn wiederbekommen?

! Es gibt verschiedene Möglichkeiten, warum der Aufgabenbereich nicht mehr angezeigt wird:

- Die Anzeige des Aufgabenbereichs ist in den Einstellungen des Windows-Explorers deaktiviert (siehe vorhergehende Frage).
- Der Aufgabenbereich wird von einer Explorer-Leiste (z. B. der *Ordner*-Leiste) überdeckt. Benutzen Sie den Menüfunktion *Ansicht/Explorer-Leiste* und deaktivieren Sie die ausgewählte Leiste.
- Wenn Sie das Fenster des Windows-Explorers stark verkleinern, wird der Aufgabenbereich automatisch ausgeblendet, um genügend Platz zum Anzeigen der Verzeichnisse zu haben. Erhöhen Sie die Breite des Fensters, bis der Aufgabenbereich automatisch wieder eingeblendet wird. Notfalls maximieren Sie das Fenster auf die volle Größe.

Beliebige Ordner als Stammverzeichnis im Windows-Explorer

? Der Explorer zeigt in der *Ordner*-Leiste immer den komplette Desktop inklusive Arbeitsplatz, sämtlicher Laufwerke, Netzwerke etc. an. Dabei entstehen teilweise noch Wartepausen, wenn Dateien aus dem Netzwerk oder von einer CD aktualisiert werden müssen. Kann man den Explorer nur einen bestimmten Teil des Dateisystems berücksichtigen lassen?

! Sie können den Explorer so starten lassen, dass er das aktuelle Verzeichnis als Ausgangspunkt für seine Ordnerliste verwendet und alle darüber liegenden Ordner ignoriert:

1. Starten Sie den Windows-Explorer in einem beliebigen Ordner.

2. Wählen Sie die Menüfunktion *Extras/Ordneroptionen* und wechseln Sie in den Einstellungen in die Rubrik *Dateitypen*.

3. Suchen Sie in der Liste *Registrierte Dateitypen* den Eintrag für den Dateityp *Ordner* und wählen Sie diesen aus.

4. Klicken Sie dann unten auf die *Erweitert*-Schaltfläche und im anschließenden Menü auf die *Neu*-Schaltfläche.

5. Geben Sie im *Neue Aktion*-Dialog bei *Vorgang* zunächst einen Namen für den neuen Befehl an. Dieser Name wird als Menüpunkt im kontextabhängigen Ordnermenü stehen. Wählen Sie einen möglichst eindeutigen Namen, z. B. *MeinExplorer*.

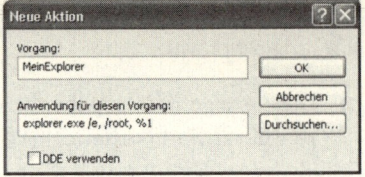

6. Geben Sie dann im Feld *Anwendung für diesen Vorgang* die folgende Zeichenfolge ein: *explorer.exe /e, /root, %1*.

7. Klicken Sie schließlich zweimal auf *OK* und einmal auf *Schließen*, um die Änderungen zu übernehmen.

Wenn Sie anschließend mit der rechten Maustaste auf einen beliebigen Ordner (z. B. das Festplattenlaufwerk *C:*) klicken, finden Sie im kontextabhängigen Menü den neuen Befehl *MeinExplorer*. Wenn Sie diesen Befehl aufrufen, startet der Explorer und öffnet den ausgewählten Ordner als Stammverzeichnis. Andere Komponenten, die in der

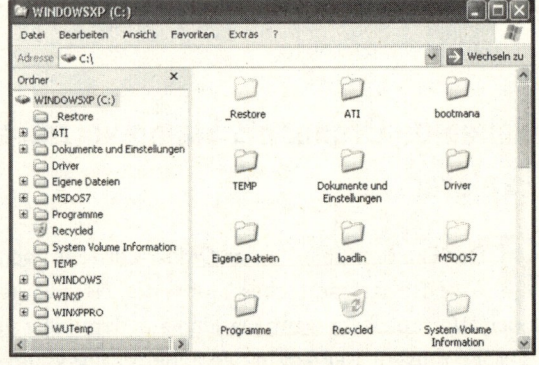

gleichen Hierarchieebene oder darüber liegen (z. B. der Arbeitsplatz, andere Laufwerke oder das Netzwerk) werden ausgeblendet.

Ordnereinstellungen werden nicht gespeichert

? Für bestimmte Ordner stelle ich gern eine andere Ansicht ein. Wenn ich den Ordner aber schließe und später erneut öffne, hat er wieder die Standardansicht und ich muss die Einstellungen jedes Mal neu machen. Wie kann ich die Einstellungen dauerhaft speichern?

! Windows kann die gewählten Ansichtsoptionen für jeden Ordner einzeln speichern. Dazu ist allerdings eine Voreinstellung erforderlich:

1. Starten Sie den Windows-Explorer bzw. öffnen Sie einen beliebigen Ordner.

2. Wählen Sie im Explorer die Funktion *Extras/Ordneroptionen* und wechseln Sie in den Einstellungen in die Rubrik *Ansicht*.

3. Aktivieren Sie hier in der Liste *Erweiterte Einstellungen* ganz oben den Eintrag *Ansichtsoptionen für jeden Ordner speichern*.

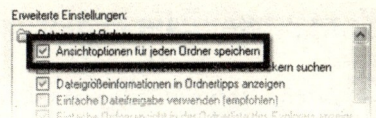

4. Bestätigen Sie die Einstellung mit *OK*. Windows speichert dann für jeden Ordner die aktuellen Einstellungen, wenn Sie den Ordner verlassen.

Rufen Sie den Ordner später erneut auf, wird er automatisch mit diesen gespeicherten Eigenschaften angezeigt. Die gespeicherten Einstellungen umfassen alles, was mit der Darstellung des Ordners und seines Inhalts zu tun hat, also z. B. die gewählte Ansicht, die Sortierreihenfolge usw.

Eine Einstellung für alle Ordner

? Mich stört es, dass fast jeder Ordner eine andere Ansicht und unterschiedliche Einstellungen z. B. bei der Sortierung verwendet. Wie kann man eine einheitliche Einstellung für alle Ordner erreichen?

! Das Speichern der Ansichtsoptionen für jeden einzelnen Ordner ist eine Komfortfunktion, die Sie aber bei Bedarf deaktivieren können:

1. Starten Sie den Windows-Explorer und öffnen Sie einen Ordner, der mit Ihren Wunscheinstellungen versehen ist, bzw. stellen Sie den Ordner so ein, wie alle Ordner aussehen sollen.

2. Wählen Sie dann die Menüfunktion *Extras/Ordneroptionen* und wechseln Sie dort in die Rubrik *Ansicht*.

3. Klicken Sie im Bereich *Ordneransicht* auf die Schaltfläche *Für alle übernehmen*. Damit verwenden Sie das Erscheinungsbild des aktuellen Ordners für sämtliche anderen Verzeichnisse.

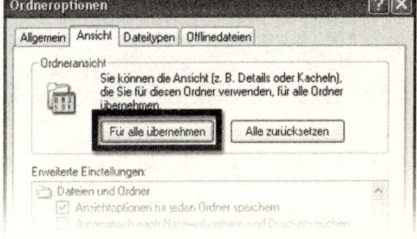

4. Schalten Sie dann unbedingt das Kontrollkästchen *Ansichtsoptionen für jeden Ordner speichern* in den Ordneroptionen aus (siehe auch die vorangegangene Frage). Dadurch stellen Sie sicher, dass keine neuen individuellen Ordnerinformationen angelegt werden.

Kontextmenü im Explorer unvollständig

? Wenn ich im Windows-Explorer mit der rechten Maustaste auf einen Ordner oder eine Datei klicke, vermisse ich manchmal bestimmte Funktionen im kontextabhängigen Menü.

! Der Windows-Explorer zeigt im kontextabhängigen Menü jeweils nur die wichtigsten Funktionen an. Um das komplette Menü zu erhalten, drücken Sie [Umschalt], bevor Sie mit Rechts auf das Dateisymbol klicken.

Ordner Gemeinsame Dokumente entfernen

? Der Ordner *Gemeinsame Dokumente* wird auf meinem PC nicht genutzt. Leider kann ich ihn trotzdem nicht löschen. Wenn ich es versuche, erhalte ich die Meldung, dass es ein Windows-Systemordner sein, der nicht gelöscht werden kann.

! Windows weigert sich tatsächlich, diesen Ordner zu entfernen. Mit dem Umweg über die Eingabeaufforderung geht es aber doch:

1. Öffnen Sie die Eingabeaufforderung und wechseln Sie mit *cd C:\Dokumente und Einstellungen\All Users* in das Verzeichnis, in dem der Ordner gespeichert ist.

2. Geben Sie hier das Kommando *rmdir /s Dokumente* ein.

```
Eingabeaufforderung
Microsoft Windows XP [Version 5.1.2600]
(C) Copyright 1985-2001 Microsoft Corp.

C:\Dokumente und Einstellungen\Wolfram>cd c:\Dokumente und Einstellungen\All Use
rs

C:\Dokumente und Einstellungen\All Users>rmdir /s dokumente
Möchten Sie "dokumente" löschen (J/N)? j

C:\Dokumente und Einstellungen\All Users>
```

3. Drücken Sie [Enter] und bestätigen Sie die Rückfrage mit [J]. Damit wird der Ordner entfernt.

4. Verlassen Sie die Eingabeaufforderung mit *exit*.

5. Nun ist der Ordner physikalisch gelöscht, allerdings wird er im Arbeitsplatz noch immer angezeigt. Klicken Sie auf *Start/Ausführen* und geben Sie im anschließenden Dialog das Kommando *gpedit.msc* ein, um den Gruppenrichtlinieneditor zu starten.

6. Wählen Sie hier in der linken Spalte die Kategorie *Benutzerkonfiguration/Administrative Vorlage/Windows-Komponenten/Windows-Explorer* aus.

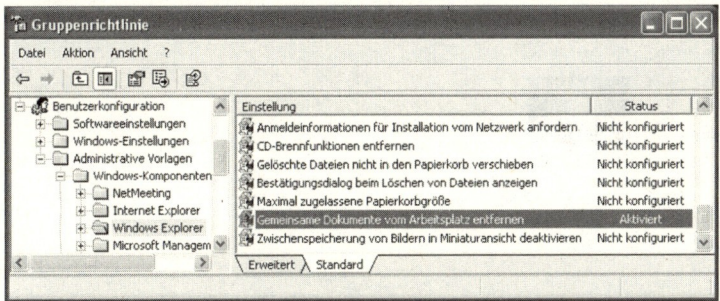

7. Klicken Sie dann in der rechten Fensterhälfte doppelt auf die Einstellung *Gemeinsame Dokumente vom Arbeitsplatz entfernen* und wählen Sie im anschließenden Dialog die Option *Aktiviert*.

Ordnersymbol für Miniaturansicht steuern

In der Miniaturansicht werden Ordner mit Bildern darin durch ein Symbol mit einer Auswahl dieser Bilder angezeigt. Kann man beeinflussen, welche Bilder für dieses Symbol verwendet werden?

Wenn ein Ordner Bilder enthält, können Sie festlegen, welches der Bilder in der Miniaturansicht für diesen Ordner angezeigt werden soll:

1. Öffnen Sie dazu den Ordner und klicken Sie mit der rechten Maustaste auf eine freie Fläche in der Anzeige.

2. Wählen Sie im kontextabhängigen Menü die Funktion *Ordner anpassen*. (Ist diese Funktion nicht vorhanden, lässt sich dieser Ordner nicht anpassen.)

3. Im damit geöffneten Menü finden Sie in der Mitte den Bereich *Ordnerbilder*. Hier sehen Sie das standardmäßige Aussehen des Ordners in der Miniaturansicht.

4. Mit *Bild auswählen* öffnen Sie einen Dialog, in dem Sie eines der im Ordner enthaltenen Bilder als Miniaturansicht festlegen können.

5. Mit *Wiederherstellen* können Sie die standardmäßige viergeteilte Miniaturansicht reaktivieren. Dabei werden die verwendeten Bilder allerdings automatisch ausgewählt.

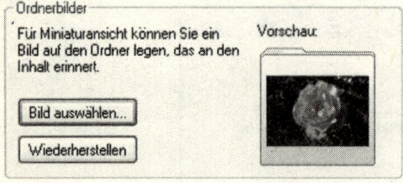

Desktop, Startmenü und Taskleiste

Windows-Desktop	**200**
Startmenü	**207**
Taskleiste und Infobereich	**213**

5.1 Windows-Desktop

Symbole auf dem Desktop wandern ständig

? Wie bei den Vorgängerversionen ist es auch unter Windows XP möglich, die Symbole auf dem Desktop nach eigenem Wunsch anzuordnen. Wie kann ich das automatisieren?

! Windows XP ist werkseitig so eingestellt, dass Ihre Desktop-Symbole automatisch angeordnet werden. Ist diese Einstellung jedoch deaktiviert, kann es sehr leicht passieren, dass Ihre Symbole auf dem Desktop „wandern". Sie können Ihre Symbole automatisch anordnen bzw. selbst manuell am Raster ausrichten lassen.

1. Klicken Sie mit der rechten Maustaste auf einen freien Bereich Ihres Desktops und wählen Sie den Befehl *Symbole anordnen nach*.

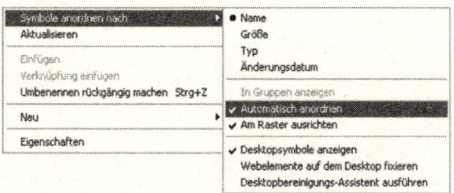

2. Klicken Sie auf *Automatisch anordnen*, um den Haken davor zu setzen und somit den Befehl zu aktivieren. Möchten Sie Ihre Symbole weiterhin manuell auf dem Desktop platzieren, dann empfiehlt sich *Am Raster ausrichten* zu aktivieren.

3. Je nach Einstellung werden Ihre Desktop-Symbole nun ausgerichtet. Sie haben jederzeit die Möglichkeit, diese Einstellungen zu ändern.

„Verknüpfung mit" ändern

? Sobald unter Windows eine neue Verknüpfung angelegt wird, z. B. *Senden an Desktop*, fügt Windows XP zum Dateinamen die Wörter „Verknüpfung mit" hinzu. Wie kann ich das verhindern?

! Dieses lässt sich mithilfe der Registrierungsdatei ändern. Haben Sie die Änderung durchgeführt, wird der Text *Verknüpfung mit* bei der nächsten Verknüpfung nicht mehr hinzugefügt.

1. Klicken Sie auf *Start\Ausführen* und geben Sie anschließend den Befehl *regedit* ein. Es startet der Registrierungs-Editor. Klicken Sie sich durch folgende Schlüssel bzw. Ordner hindurch: *HKEY_CURRENT_USER\Software\Microsoft\Windows\CurrentVersion\Explorer*.

2. Doppelklicken Sie auf den Schlüssel *Link*. Falls dieser Schlüssel noch nicht existiert, dann müssen Sie ihn erstellen. Dazu klicken Sie mit der rechten Maustaste in das rechte Teilfenster. Im Kontextmenü wählen Sie *Neu* und anschließend *Binärwert*.

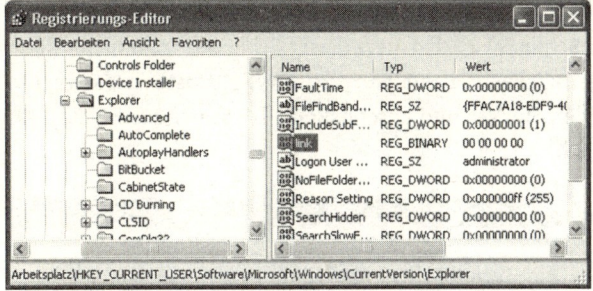

3. Ändern Sie den Wert auf 00 00 00 00. Schließen Sie den Registrierungs-Editor und starten Sie Ihren Rechner neu.

⏩ *Urzustand wieder herstellen* ⏩

Um den Urzustand wieder herzustellen, löschen Sie einfach den Schlüssel Link. Bei der nächsten erstellten Verknüpfung werden die Wörter „Verknüpfung mit" wieder hinzugefügt. Ändern Sie bitte nichts anderes in der Registrierungsdatei. Dies kann zur Folge haben, dass Windows und/oder Anwendungsprogramme nicht mehr richtig arbeiten.

Verknüpfungspfeil ändern

? Windows XP hängt bei der Erstellung von Verknüpfungen standardmäßig einen von Microsoft ausgewählten Verknüpfungspfeil an das entsprechende Symbol. Kann ich den Verknüpfungspfeil austauschen?

! Der Verknüpfungspfeil selbst ist auch nur ein Symbol und deshalb können Sie jederzeit einen anderen Verknüpfungspfeil verwenden. Beachten Sie jedoch, dass diese Einstellung dann für alle Anwender am Rechner gilt.

1. Klicken Sie auf *Start\Ausführen* und geben Sie anschließend den Befehl *regedit* ein. Es startet der Registrierungs-Editor. Klicken Sie sich durch folgende Schlüssel bzw. Ordner hindurch: *HKEY_LOCAL_MACHINE\Software\Microsoft\Windows\CurrentVersion\Explorer\Schell Icons*.

2. Falls dieser Schlüssel noch nicht existiert, dann müssen Sie ihn erstellen. Dazu klicken Sie mit der rechten Maustaste in das rechte Teilfenster des Registrierungs-Editors. Im Kontextmenü wählen Sie *Neu* und anschließend *Schlüssel*. Als Schlüsselnamen geben Sie *Shell Icons* ein.

3. Doppelklicken Sie auf den Schlüssel 29. Existiert dieser Schlüssel noch nicht, dann müssen Sie ihn erstellen. Dazu klicken Sie mit der rechten Maustaste in das rechte Fenster. Im Kontextmenü wählen Sie *Neu* und anschließend *Zeichenfolge (REG_SZ)*. Als Schlüsselnamen vergeben Sie *29*.

4. Als Zeichenfolge geben Sie den Pfad- und Dateinamen ein, der als neuer Verknüpfungspfeil angezeigt werden soll. Sollte die Datei mehrere Symbole enthalten, dann geben Sie die Nummer des Symbols getrennt 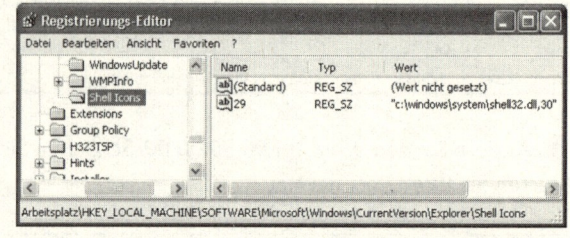 durch ein Komma nach dem Namen ein, z. B. *C:\windows\system\shell32.dll,30*.

5. Löschen Sie nun die versteckte Datei *IconCache.db*, die sich im entsprechenden User-Verzeichnis befindet, und starten Sie anschließend Ihren Rechner neu.

Verknüpfungspfeil entfernen

Windows XP kennzeichnet Verknüpfungen mit einem so genannten Verknüpfungspfeil. Wie kann ich die Verknüpfungspfeile bei meinen Verknüpfungen entfernen?

Sie können die störenden Pfeile der Verknüpfungen (Desktop, Explorer, Startmenü usw.) löschen. Hierfür sind zwei kleine Änderungen der Registrierungs-Datei nötig. Beachten Sie jedoch: Diese Änderung gilt für alle Anwender des Rechners.

1. Zuerst müssen Sie den Verknüpfungspfeil der LNK-Dateien löschen (Windows-Verknüpfungen): Hierzu klicken Sie auf *Start\Ausführen* und geben den Befehl *regedit* ein.

2. Klicken Sie sich durch folgende Schlüssel bzw. Ordner hindurch: *HKEY_CLASSES_ROOT\Lnkfile* und löschen Sie den Schlüssel *IsShortCut*.

3. Jetzt löschen Sie den Verknüpfungspfeil der PIF-Dateien (MS-DOS-Verknüpfungen): Wechseln Sie hierfür zu dem Schlüssel bzw. Ordner *HKEY_CLASSES_ROOT\Piffile* und löschen Sie den Schlüssel *IsShortcut*.

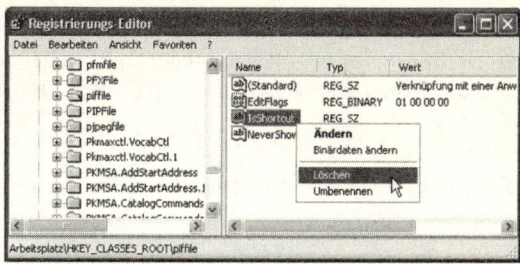

4. Starten Sie Ihren Computer neu, damit die Änderungen wirksam werden.

⟹ **Der Schlüssel IsShortcut** ⟹

IsShortcut: Vorhanden = Die Verknüpfungspfeile werden angezeigt. Entfernt = Die Verknüpfungspfeile werden nicht angezeigt.

Papierkorbsymbol vom Desktop entfernen

? Der Papierkorb ist das einzige Symbol, das auf dem Windows XP-Desktop „überlebt" hat. Wie kann ich den Papierkorb von der Bildschirmoberfläche entfernen?

! Mit Windows XP hat Microsoft einen Kahlschlag auf dem Desktop durchgeführt – bis auf den Papierkorb. Wem das auch noch zu viel ist, der kann das Papierkorbsymbol vom Desktop wie folgt entfernen.

1. Klicken Sie im Startmenü auf *Ausführen* und starten Sie den Registrierungs-Editor mit dem Befehl *regedit*.

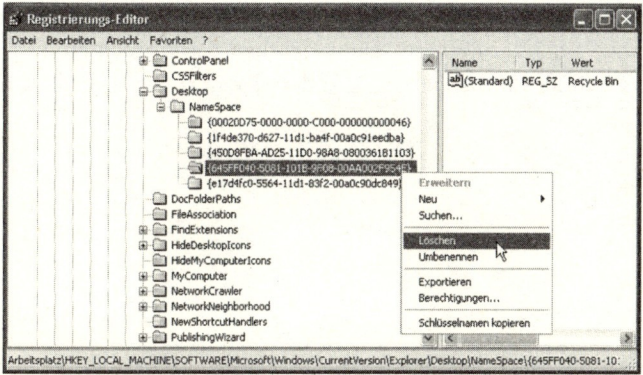

2. Navigieren Sie im linken Teilfenster zu *HKEY_LOCAL_Machine\Software\Microsoft\Windows\CurrentVersion\Explorer\Desktop\NameSpace* und löschen Sie den kompletten Ordner *{645FF040-5081-101B-9F08-00AA002F954E}* mit dem Wert *RecycleBin*.

3. Schließen Sie den Registrierungs-Editor und starten Sie Ihren Computer neu. Der Papierkorb ist nun von der Bildschirmoberfläche verschwunden. Soll er wieder eingeblendet werden, ist lediglich der Schlüssel in Registry wieder anzulegen.

⇒ ***Wichtig beim Verändern der Registry*** ⇐

Achten Sie darauf, dass Sie vorab eine Sicherung des zu verändernden Ordners in der Registry durchführen. So haben Sie jederzeit wieder die Möglichkeit, bei einem Fehlversuch die zuletzt funktionierende Registry herzustellen.

Papierkorb manipulieren

? Windows XP unterbindet sämtliche Manipulationen des Papierkorbs. Wie kann ich dennoch das Bildschirmsymbol austauschen und den Papierkorb ggf. umbenennen?

! Um den Papierkorb umzubenennen und/oder ein anderes Symbol zuzuordnen, müssen Sie die Registry in Windows XP anpassen. Wie das geht, finden Sie in diesem Kapitel beschrieben.

1. Klicken Sie im Startmenü auf *Ausführen* und starten Sie den Registrierungs-Editor mit dem Befehl *regedit*.

2. Navigieren Sie im linken Teilfenster zu *HKEY_Classes_Root \CLSID\{645FF040-5081-101B-9F08-00AA002F954E3}\ShellFolders*. Doppelklicken Sie im rechten Teilfenster des Registrierungs-Editors auf *Attributes* und ändern Sie dort den Wert *40 01 00 20* auf *70 01 00 20*.

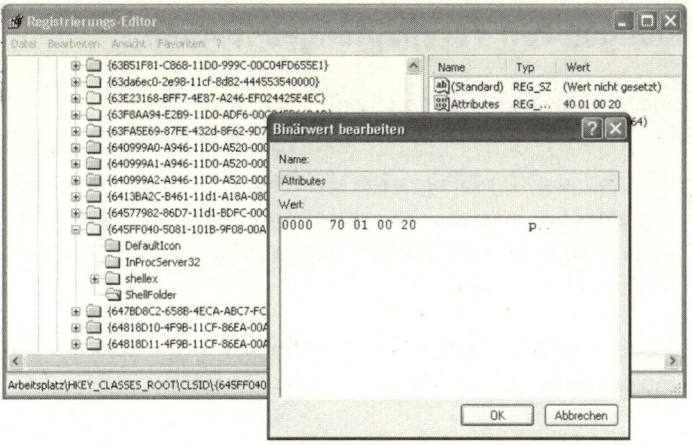

3. Ein anderes Symbol lässt sich über den Schlüssel *DefaultIcon* zuordnen. In der Zeichenfolge *Standard* muss dann der Pfad und Dateiname des neuen Symbols stehen. Soll ein Symbol aus einer DLL (**D**ynamic **L**ink **L**ibrary) Verwendung finden, muss – durch ein Komma getrennt – die Positionsnummer des Symbols innerhalb der DLL-Liste angegeben werden.

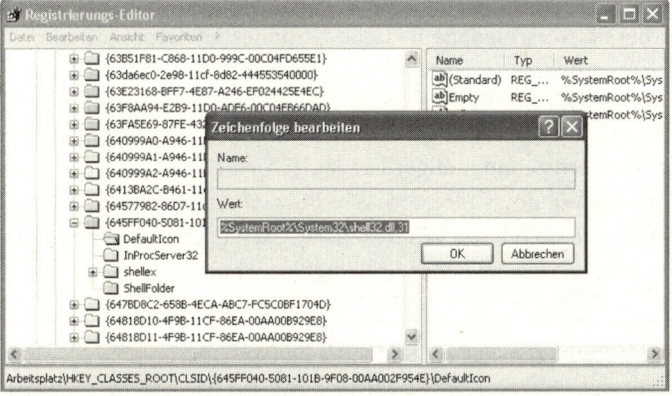

4. Schließen Sie den Registrierungs-Editor und starten Sie Ihren Computer neu. Sie können den Papierkorb jetzt umbenennen, indem Sie auf den Namen unter dem Papierkorb klicken – einen Augenblick warten und erneut klicken. Soll er wieder gesperrt werden, ist lediglich der Wert zurückzusetzen.

Symbolbezeichnungen von Verknüpfungen löschen

? Wie kann ich meine Symbole namenlos gestalten?

! Standardmäßig ist Windows XP so eingestellt, dass Sie mindestens ein Zeichen für die Bezeichnung eines Symbols, das sich auf dem Desktop befindet, vergeben müssen. Ein Symbol auf dem Desktop ohne Bezeichnung ist auf den ersten Blick nicht machbar. Hier bekommen Sie die Lösung.

1. Klicken Sie mit der rechten Maustaste auf ein Symbol auf Ihrem Desktop und wählen Sie anschließend den Befehl *Umbenennen*.

2. Drücken Sie jetzt die [Alt]-Taste und geben Sie über den Nummernblock die Zahlenfolge *0160* ein und bestätigen Sie mit der [Enter]-Taste. Denken Sie daran, dass [Num] für den Nummernblock aktiviert ist – sonst funktioniert es nicht.

3. Jetzt ist das Symbol auf Ihrem Desktop ohne Bezeichnung.

Bildschirmschoner mit eigenen Bildern einrichten

? Windows XP hat bereits verschiedene Bildschirmschoner im Gepäck. Kann ich mir auch einen eigenen Bildschirmschoner mit meinen eigenen Bildern einrichten?

! Werkseitig startet XP nach zehnminütiger Leerlaufzeit einen Bildschirmschoner mit einem wandernden Windows XP-Logo. Windows XP hat aber weitere Bildschirmschoner an Bord, die Sie nach Ihren Wünschen anpassen und zusätzliche installieren können. So verwenden Sie eigene Bilder als Bildschirmschoner.

▐▐▶ ***Wichtig beim Verwenden eigener Bilder als Bildschirmschoner*** ▐▐▶

Es sollte mindestens ein Bild in einem Ordner auf dem Computer gespeichert sein. Sie können Bilder von einer Digitalkamera oder einem Scanner übertragen oder aus dem Internet kopieren.

---

1. Klicken Sie mit der rechten Maustaste auf einen freien Bereich des Desktops. Wählen Sie im Kontextmenü den Befehl *Eigenschaften* und klicken Sie anschließend auf die Registerkarte *Bildschirmschoner*.

2. Klicken Sie im Listenfeld *Bildschirmschoner* auf *Diashow eigener Bilder* und anschließend auf *Einstellungen*, um den Ordner mit den Bildern anzugeben, die Bildgröße zu definieren und andere Optionen festzulegen. Klicken Sie auf *OK*, um die Einstellungen zu speichern.

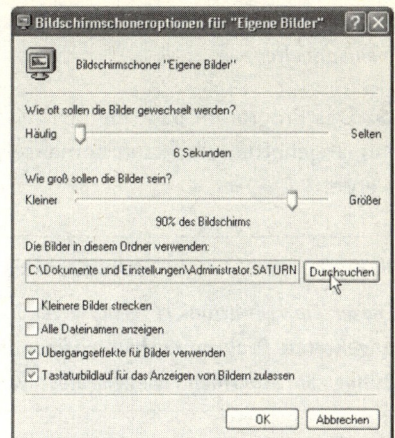

3. Wählen Sie bei Bedarf die *Wartezeit* in Minuten und aktivieren Sie das Kontrollkästchen *Kennworteingabe bei Reaktivierung*, wenn Sie den Arbeitsplatz bei Abwesenheit zusätzlich vor neugierigen Augen schützen wollen. Über *Vorschau* starten Sie einen Testlauf.

4. Klicken Sie auf *OK*, um den Bildschirmschoner zu aktivieren. Sie können jederzeit und so oft Sie wollen den Bildschirmschoner ändern bzw. umstellen.

▥▶ **Wo sind die Dateien für den Bildschirmschoner?** ▥▶

Die Dateien für den Bildschirmschoner befinden sich im Windows-Verzeichnis \\windows\system32*. Unter Windows haben diese Dateien den Zusatz* .scr *(Screen Saver). Ihre eigenen Dateien werden der Datei* ssmypics.scr *zugeordnet.*

5.2 Startmenü
Elemente für das Startmenü konfigurieren

? Nicht alle Programme werden standardmäßig nach dem Installieren an das Startmenü angeheftet. Wie kann ich unter Windows XP häufig benutzte Programme, z. B. EXE-Dateien, direkt an das Startmenü anheften?

! Mit ein paar Mausklicks können Sie Elemente für das Startmenü konfigurieren. Wie das geht, zeigen wir im folgenden Abschnitt.

1. Öffnen Sie den Windows-Explorer und klicken Sie mit der rechten Maustaste auf eine EXE-Datei oder auf eine EXE-Verknüpfung.

2. Wählen Sie nun im Kontextmenü den Befehl *An Startmenü anheften*.

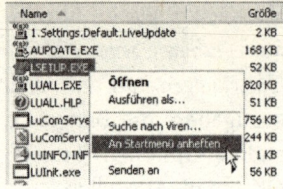

3. Das Programm bzw. Element ist nun im Startmenü mit angeheftet und kann somit sehr schnell geöffnet werden.

⇢ *Klassisches Startmenü eingestellt?* ⇠

Dieser Tipp funktioniert nicht, wenn Sie das klassische Startmenü aktiviert haben. Einmal angeheftete Programme können über die rechte Maustaste mit dem gleichnamigen Menüpunkt vom Startmenü wieder gelöst werden.

Ordner im Startmenü verstecken

? Windows XP zeigt alle Ordner und Programme im Startmenü an, die man installiert und eingebunden hat. Weiterhin werden werkseitig bereits Ordner wie z. B. *Autostart* im Startmenü angezeigt. Wie kann ich Ordner im Startmenü vor neugierigen Augen verstecken?

! Sie können jederzeit Ordner wie z. B. *Autostart* im Startmenü verstecken. Die Funktion des Ordners wird dabei nicht beeinträchtigt. Dafür ist nur eine kleine Änderung nötig.

1. Öffnen Sie den Windows-Explorer und klicken Sie nacheinander auf *Dokumente und Einstellungen\<Name des Anwenders>\Startmenü\Programme*.

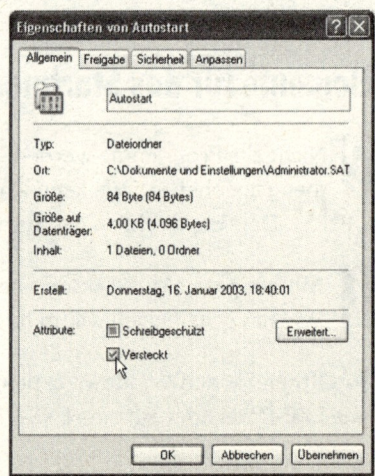

2. Klicken Sie mit der rechten Maustaste auf den entsprechenden Ordner, den Sie im Startmenü verstecken wollen. Wählen Sie die *Eigenschaften*.

3. Aktivieren Sie auf dem Register *Allgemein* das Kontrollkästchen *Versteckt* und bestätigen Sie mit *OK*. Es öffnet sich das Dialogfenster *Änderungen der Attribute bestätigen*.

4. Wählen Sie die Option *Änderungen für diesen Ordner, Unterordner und Dateien übernehmen*. Klicken Sie *OK*, um die Einstellungen zu übernehmen.

⏵⏵⏵ **Änderungen rückgängig machen** ⏵⏵⏵

Damit die Änderungen wieder rückgängig gemacht werden können, muss im Explorer unter Extras/Ordneroptionen *auf der Registerkarte* Ansicht *in den erweiterten Einstellungen die Option* Alle Dateien und Ordner anzeigen *im Abschnitt* Versteckte Dateien und Ordner *markiert sein.*

Größe des Startmenüs verändern

Sind Ihnen die Symbole im Startmenü zu groß oder möchten Sie mehr Einträge zeigen, die Eigenschaften verändern und die Liste der zuletzt verwendeten Programme vergrößern oder gar löschen? Dann passen Sie Ihr neues Startmenü ganz Ihren Bedürfnissen an.

Das Startmenü unter Windows XP kann beliebig angepasst werden. Fehlen Programme, erweitern Sie es. Ist es zu voll oder unübersichtlich, specken Sie ab und schmeißen Sie Programmsymbole über Bord.

1. Klicken Sie mit der rechten Maustaste in einen freien Bereich der Taskleiste oder auf die *Start*-Schaltfläche und anschließend auf *Eigenschaften*.

2. Auf der Registerkarte *Startmenü* klicken Sie auf *Anpassen* und öffnen gegebenenfalls die Registerkarte *Allgemein*. Hier haben Sie nun die Möglichkeit, die Symbolgröße auszuwählen. Im Bereich *Programme* können Sie nun die Anzahl der zuletzt verwendeten Programme im Startmenü von 0 bis 30 einstellen – der Standwert ist 6. Klicken Sie auf *Liste löschen*, wenn Sie die aktuell bestehenden Programmsymbole aus dem Startmenü entfernt haben möchten.

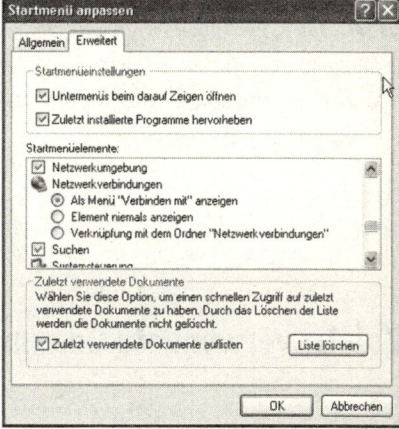

3. Klicken Sie auf die Registerkarte *Erweitert*, um im Listenfeld weitere *Startmenüelemente*

– die Standardmäßig im Startmenü nicht angezeigt werden – auswählen bzw. natürlich auch vorhandene entfernen.

⟫⟫⟫ ***Einträge als Menü*** ⟫⟫⟫

*Als Menü anzeigen: Menüpunkt klappt als Kaskadenmenü auf. Als Verknüpfung anzeigen: Menüpunkt wird angezeigt (Standardeinstellung). Element niemals anzeigen: **Menüpunkt** **wird entfernt.***

Zuletzt verwendete Dokumente nicht anzeigen

Mit dem Ordner *Zuletzt verwendete Dokumente* im Startmenü kann man immer sehen, welche Dateien ich zuletzt aufgerufen habe. Wie kann ich das unterbinden?

Passen Sie Ihr Startmenü an, indem Sie den Ordner *Zuletzt verwendete Dokumente* entfernen.

1. Klicken Sie mit der rechten Maustaste auf die Schaltfläche *Start* und anschließend auf den Befehl *Eigenschaften*.

2. Markieren Sie auf der Registerkarte *Startmenü* die Option *Startmenü* und klicken Sie anschließend auf *Anpassen*.

3. Deaktivieren Sie auf der Registerkarte *Erweitert* das Kontrollkästchen *Zuletzt verwendete Dokumente auflisten*. Klicken Sie dann zweimal nacheinander auf die Schaltfläche *OK*, um die Änderung zu speichern.

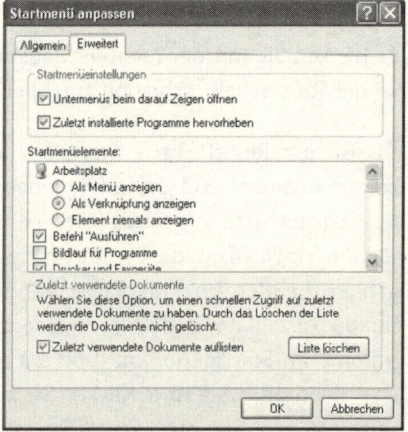

4. Wenn Sie das nächste Mal auf *Start* klicken, ist der Ordner *Zuletzt verwendete Dokumente* im Startmenü verschwunden.

Zuletzt verwendete Dokumente automatisch löschen

Der Befehl *Zuletzt verwendete Dokumente* ist eine weitere Neuerung des Startmenüs in Windows XP. Sie finden diesen Befehl nützlich und möchten ihn nicht entfernen – wollen aber die Liste löschen?

! Eine Sicherheitslücke können die zuletzt verwendeten Dokumente darstellen, denn schließlich ist hier alles gespeichert, woran Sie zuletzt gearbeitet haben. Möchten Sie diese Dateien vor neugierigen Augen schützen, dann lassen Sie die Liste von Windows XP automatisch beim Herunterfahren löschen.

1. Klicken Sie im Startmenü auf *Ausführen* und geben Sie *regedit* ein, um den Registrierungs-Editor zu öffnen. Navigieren Sie nach HKEY_LOCAL_MACHINE\Software\ Microsoft\Windows\CurrentVersion\policies.

2. Erstellen Sie, sofern noch nicht vorhanden, einen neuen Schlüssel, indem Sie im rechten Teilfenster auf einen freien Bereich mit der rechten Maustaste klicken und anschließend *Neu/Schlüssel* auswählen. Vergeben Sie den Namen *Explorer*.

3. Öffnen Sie den Schlüssel und klicken Sie erneut in der rechten Fensterhälfte mit der rechten Maustaste auf einen freien Bereich und wählen Sie *Neu/DWORD-Wert*. Diesem Wert geben Sie die Bezeichnung *ClearRecentDocsOnExit*.

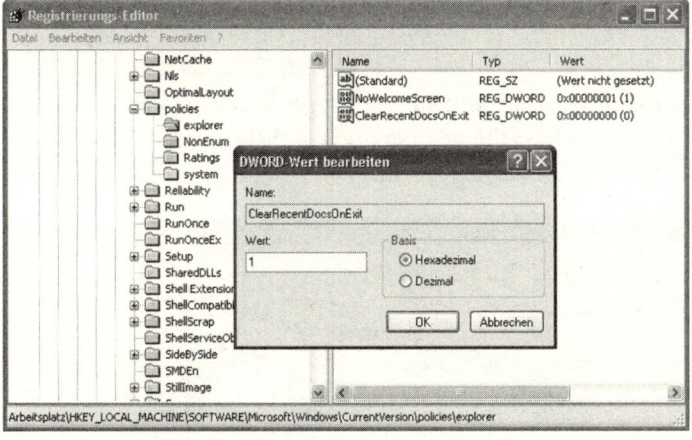

4. Öffnen Sie *ClearRecentDocsOnExit* mit einem Doppelklick und vergeben Sie den Wert *1*. Klicken Sie auf *OK* und schließen Sie den Registrierungs-Editor. Starten Sie den Computer neu.

5. Ab jetzt wird die Liste *Zuletzt verwendete Dokumente* beim Herunterfahren des Systems gelöscht.

Wie kann ich die Liste kurzfristig schnell löschen?

Klicken Sie mit der rechten Maustaste auf *Start* und anschließend auf *Eigenschaften*. Klicken Sie auf *Anpassen* und öffnen Sie die Registerkarte *Erweitert*. Klicken Sie auf *Liste löschen*, um den Ordner *Zuletzt verwendete Dokumente* zu leeren. Dadurch werden die Dokumente jedoch nicht auf dem Computer gelöscht.

Startmenü einfach mit dem Explorer aufräumen

Das Startmenü von Windows XP lässt sich durch die Drag & Drop-Variante der einzelnen Programmsymbole recht leicht anpassen. Kann ich mein Programmmenü auch im Windows-Explorer organisieren?

Beim installieren von Programmen werden in der Regel eigene Programmgruppen eröffnet oder gar nur Programmverknüpfungen angelegt. So ist es nur eine Frage der Zeit, bis Ihr Startmenü überquillt. Erstellen Sie über den Windows-Explorer einheitliche Programmgruppen, die thematisch zusammengehören. Das schafft Überblick!

1. Klicken Sie mit der rechten Maustaste auf die *Start*-Schaltfläche und wählen Sie *Explorer*. Klicken Sie in der linken Spalte des Explorers nacheinander auf das Pluszeichen vor *All Users\Startmenü\Programme*.

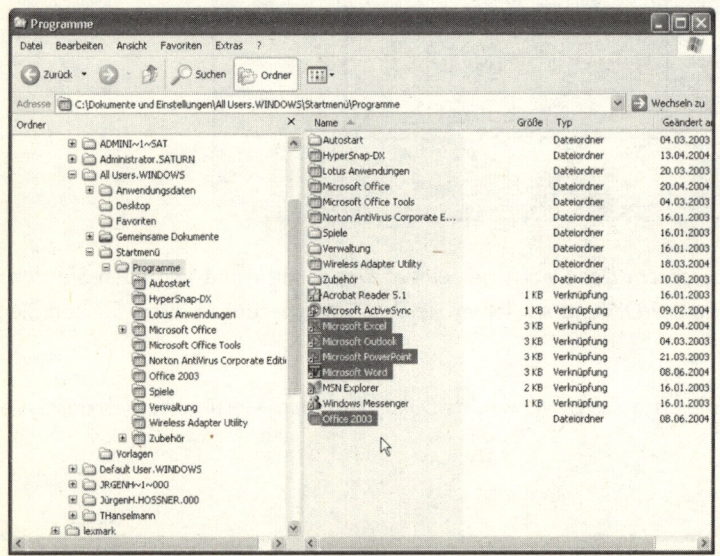

2. Erstellen Sie eine neue Programmgruppe (Ordner). Klicken Sie hierzu erneut mit der rechten Maustaste in einen freien Bereich im rechten Teilfenster des Explorers und wählen Sie den Befehl *Neu* und anschließend *Ordner*.

3. Vergeben Sie der neuen Programmgruppe einen Namen und bestätigen Sie den Eintrag mit der Enter-Taste. Verschieben Sie jetzt die einzelnen Elemente in die entsprechende Programmgruppe.

5.3 Taskleiste und Infobereich
Das automatische Gruppieren in der Taskleiste verhindern

Standardmäßig gruppiert jetzt die Taskleiste in Windows XP ähnliche Programmelemente. Die Taskleiste soll somit „übersichtlicher" sein. Wie kann ich das automatische Gruppieren deaktivieren?

Die Taskleiste unter Windows XP verhält sich intelligent und gruppiert ähnliche Elemente. Das verringert die Anzahl der vielen Programmschaltflächen und garantiert durch die neue Übersicht einen schnellen Zugriff auf die einzelnen Einträge. Soll Ihre Taskleiste ein Verhalten wie die Vorgängerversionen an den Tag legen, dann die schalten Sie die Gruppierung aus.

1. Klicken Sie mit der rechten Maustaste auf einen freien Bereich in der Taskleiste und anschließend auf *Eigenschaften*. Es öffnet sich das Fenster *Eigenschaften von Taskleiste und Startmenü*.

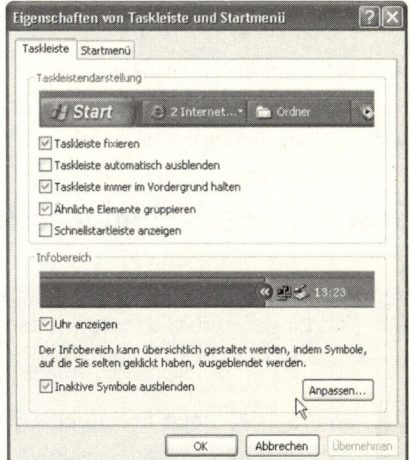

2. Entfernen Sie das Häkchen im Kontrollkästchen *Ähnliche Elemente gruppieren*, damit Windows die Schaltflächen nicht gruppiert.

3. Klicken Sie auf *OK*, um die Einstellung zu speichern. Ab jetzt werden ähnliche Elemente in der Taskleiste nicht mehr gruppiert.

So bekommen Sie mehr Platz in der Taskleiste

Klicken Sie mit der rechten Maustaste auf einen freien Bereich in der Taskleiste und schalten Sie die Option *Taskleiste fixieren* ab. Positionieren Sie jetzt den Cursor auf dem Übergang zwischen Desktop und Taskleiste. Halten Sie die linke Maustaste gedrückt und verändern Sie die Höhe Ihrer Taskleiste. Haben Sie die gewünschte Höhe eingestellt, dann fixieren Sie sie wieder, um ungewollte Änderungen zu vermeiden. Der neue Platz wird auch sofort von der Uhrzeitanzeige im Infobereich genutzt.

Anzeige der Uhrzeit im Infobereich ausschalten

Werkseitig wird rechts unten im Infobereich der Taskleiste die Uhrzeit in Stunden und Minuten angezeigt. Wie schalte ich diese Anzeige ab?

Sie möchten den Infobereich in der Taskleiste anderweitig als für die Uhrzeit nutzen, um vielleicht für Sie wichtigere Symbole anzuzeigen. Sie können diese Anzeige mit ein paar Klicks ausschalten.

1. Klicken Sie mit der rechten Maustaste auf einen freien Bereich in der Taskleiste und anschließend auf *Eigenschaften*. Es öffnet sich das Fenster *Eigenschaften von Taskleiste und Startmenü*.

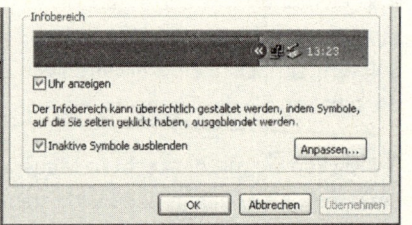

2. Entfernen Sie das Häkchen im Kontrollkästchen *Uhr anzeigen*. Klicken Sie auf *OK*, um die Einstellung zu speichern. Ab jetzt wird die Uhr nicht mehr im Infobereich angezeigt.

Symbole aus dem Infobereich ausblenden

Symbole verhalten sich im Infobereich in der Taskleiste unterschiedlich. Manche sind eingeblendet, andere wiederum ausgeblendet. Wie kann ich dieses Verhalten anpassen?

Windows XP zeigt im Infobereich aktive Symbole und dringende Benachrichtigungen an und blendet inaktive Symbole aus. Sie können zwischen *Ausblenden wenn inaktiv*, *Immer ausblenden* und *Immer einblenden* wählen.

1. Klicken Sie mit der rechten Maustaste in den Infobereich und wählen Sie anschließend den Befehl *Infobereich anpassen* aus. Es öffnet sich das Dialogfenster *Infobereich anpassen*.

2. Klicken Sie auf das entsprechende Objekt und wählen Sie dann das Verhalten im Infobereich, indem Sie in der Liste zwischen *Ausblenden wenn inaktiv*, *Immer ausblenden* oder *Immer einblenden* auswählen.

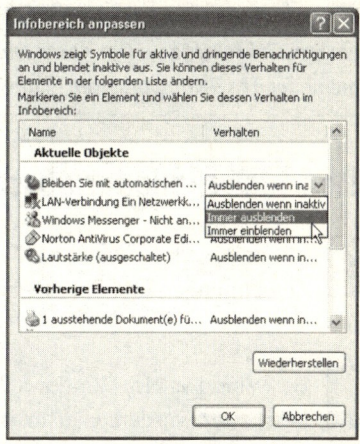

3. Sollen Objekte nur dann im Infobereich erscheinen, wenn sie auch wirklich aktiv sind, dann wählen Sie *Ausblenden wenn inaktiv*. Nerven Sie die ständigen Aktionen einzelner Objekte, dann wählen Sie *Immer ausblenden*. Möchten Sie immer das Objekt sehen, egal ob aktiv oder inaktiv, dann wählen Sie *Immer einblenden*.

Tray-Kontextmenü deaktivieren

Klickt man unter Windows XP mit der rechten Maustaste auf die Taskleiste, öffnet sich das so genannte Kontextmenü. Dieses Menü enthält Einstellungen, die nicht immer gewünscht sind. Wie kann ich das Kontextmenü unterdrücken?

Sie können das Kontextmenü von der Uhr, dem *Start*-Schalter, der Taskleiste, usw. deaktivieren. Damit können andere User keine Einstellungen mehr an Ihrem Rechner durchführen. Und so geht's:

Klicken Sie auf *Start/Ausführen* und geben Sie den *regedit* ein, um den Registrierungs-Editor zu starten.

Klicken Sie sich durch folgende Schlüssel bzw. Ordner: HKEY_CURRENT_USER\Software\Microsoft\CurrentVersion\Policies\Explorer. Doppelklicken Sie auf den Eintrag *NoTrayContextMenu*.

Falls dieser Eintrag noch nicht existiert dann müssen Sie ihn erstellen. Dazu klicken Sie mit der rechten Maustaste in das rechte Fenster. Im Kontextmenü wählen Sie *Neu* und anschließend *DWORD-Wert*. Vergeben Sie nun den Namen *NoTrayContextMenu*. Ändern Sie den Wert von *0* auf *1*.

Schließen Sie Registrierungs-Editor und starten Sie den Rechner neu, damit die Änderung aktiv wird.

Kontextmenü ein oder aus

NoTrayContextMenu: 0 = Kontextmenü der Tray-Komponenten vorhanden. 1 = Kontextmenü der Tray-Komponenten deaktiviert.

Den Task-Manager abschalten

Mit dem Task-Manager kann man neben der System- und Netzwerkleistung auch Anwendungen und Prozesse beenden. Wie kann ich den Task-Manager abschalten?

Bei Windows NT, Windows 2000 und Windows XP kann der Task-Manager abgeschaltet werden. Hierfür ist eine kleine Änderung in der Registrierungsdatei nötig.

1. Starten Sie den Registrierungs-Editor und klicken Sie sich durch folgende Schlüssel bzw. Ordner: *HKEY_CURRENT_USER\Software\Microsoft\Windows\CurrentVersion\Policies\System*.

2. Falls der Schlüssel *System* noch nicht existiert, müssen Sie ihn erstellen. Dazu klicken Sie im Menü auf *Bearbeiten\Neu\Schlüssel*. Als Schlüsselnamen geben Sie *System* ein.

3. Doppelklicken Sie auf *DisableTaskMgr*. Falls auch dieser Schlüssel noch nicht existiert, müssen Sie ihn ebenfalls erstellen. Dazu klicken Sie mit der rechten Maustaste in das rechte Fenster des Registrierungs-Editors. Im Kontextmenü wählen Sie *Neu* und anschließend *DWORD-Wert (REG-DWORD)*. Geben Sie dem Schlüssel den Namen *DisableTaskMgr*.

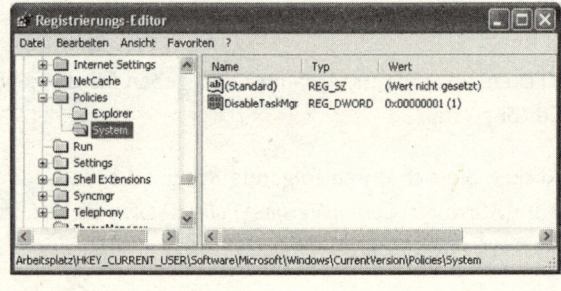

4. Ändern Sie den Wert von *0* auf *1*. Schließen Sie nun den Registrierungs-Editor und führen Sie einen Neustart durch, damit die Änderung aktiv wird.

⮕ **Task-Manager ein oder aus** ⮕

DisableTaskMgr: 0 = Der Task-Manager ist eingeschaltet/aktive. 1 = Der Task-Manager ist ausgeschaltet/deaktiviert.

Taskleiste anders auf dem Desktop platzieren

Die Taskleiste wird von Windows XP am unteren Bildschirmrand platziert und fixiert. Damit ist sichergestellt, dass sich die Taskleiste nicht mehr vom Platz rührt. Wie hebe ich die Fixierung der Taskleiste auf?

Möchten Sie die Taskleiste an einer anderen Stelle auf dem Desktop verankern, dann platzieren Sie Ihre Taskleiste am gewünschten Bildschirmrand und „nageln" Sie sie dort fest. Und so verschieben Sie die Taskleiste:

1. Klicken Sie mit der rechten Maustaste auf einen freien Bereich in der Taskleiste oder alternativ auf die Uhrzeitanzeige und schalten Sie gegebenenfalls die Option *Taskleiste fixieren* ab.

2. Bringen Sie Ihren Mauszeiger auf die Uhrzeitanzeige und halten Sie die linke Maustaste fest. Verschieben Sie jetzt die Taskleiste an die gewünschte Position. Sie können die Taskleiste am rechten, linken, oberen oder unteren Bildschirmrand (werkseitige Einstellung) platzieren.

3. Passen Sie die Breite bzw. Höhe neu an und fixieren Sie die Taskleiste über einen Klick mit der rechten Maustaste und *Taskleiste fixieren* wieder, um ein ungewolltes Verschieben und Verändern der Taskleiste zu unterbinden.

Automatisches Öffnen der Untermenüs unterbinden

Bewegen Sie im Ihren Mauszeiger im Startmenü, werden die Untermenüs automatisch geöffnet. Sie empfinden dieses Verhalten als lästig und störend? Stellen Sie es ab.

Wer es leid ist, dass bei kleineren Mausbewegungen z. B. in *Alle Programme* ständig andere Untermenüs angezeigt werden, der kann dieses Verhalten umstellen, sodass Untermenüs sich nur dann öffnen, wenn sie angeklickt werden.

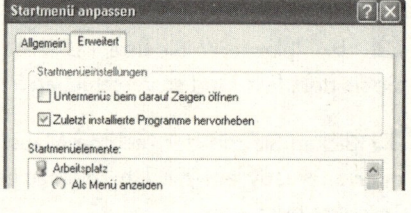

1. Klicken Sie mit der rechten Maustaste auf *Start* und wählen Sie anschließend *Eigenschaften*. Klicken Sie auf die Schaltfläche *Anpassen* vom Startmenü.

2. Öffnen Sie jetzt die Registerkarte *Erweitert* und entfernen Sie das Häkchen aus dem Kontrollkästchen *Untermenüs beim darauf Zeigen öffnen*.

3. Klicken Sie auf *OK*, um die Einstellungen dauerhaft zu speichern. Ab jetzt müssen Sie mit der linken Maustaste klicken, um ein Untermenü im Startmenü zu öffnen.

Startmenü länger offen halten

Wenn Sie mehrere Anwendungen hintereinander aus dem Startmenü öffnen wollen, dann halten Sie bei geöffnetem Startmenü die *-Taste fest. Das Startmenü bleibt geöffnet.*

Nachricht von neu installierten Programmen abschalten

Installieren Sie ein neues Programm, wird dies mit einer QuickInfo im Startmenü angezeigt – stört Sie das? Dann stellen Sie die Meldung einfach ab.

Wenn Sie ein neues Programm unter Windows XP installiert haben, bekommen Sie eine Zeit lang die Meldung, dass neue Programme installiert wurden. Weiterhin sind die neu installierten Programme im Startmenü zur besseren Orientierung farbig hinterlegt.

1. Klicken Sie mit der rechten Maustaste auf *Start* und wählen Sie anschließend *Eigenschaften*. Klicken Sie nun auf der Registerkarte *Startmenü* auf die Schaltfläche *Anpassen*.

2. Öffnen Sie jetzt die Registerkarte *Erweitert* und entfernen Sie den Haken aus dem Kontrollkästchen *Zuletzt installierte Programme hervorheben* bei *Startmenüeinstellungen*.

3. Klicken Sie auf *OK*, um die Einstellungen dauerhaft zu speichern, und schließen Sie die Fenster. Fertig!

Meldung „Zu wenig Speicherplatz" ausschalten

Obwohl Sie noch „genügend" Speicherplatz auf Ihrer Festplatte zur Verfügung haben, kommt in regelmäßigen Abständen die Meldung *Zu wenig Speicherplatz*. Wie kann man diese Meldung ausschalten?

Sobald der freie Speicher auf einer Partition 200 MByte unterschreitet, zeigt Windows eine Warnnachricht an. Mithilfe der Registrierungsdatei können Sie diese Meldung ausschalten.

1. Klicken Sie auf *Start/Ausführen* und starten Sie den Befehl *regedit*. Navigieren Sie durch folgende Schlüssel bzw. Ordner: *HKEY_CURRENT_USER\Software\Microsoft\Windows\CurrentVersion\Policies\Explorer*.

2. Klicken Sie auf den Schlüssel *NoLowDiskSpaceChecks*. Falls dieser Schlüssel noch nicht existiert, müssen Sie ihn erstellen. Dazu klicken Sie im rechten Teilfenster mit der rechten Maustaste in einen freien Bereich. Wählen Sie *Neu* und anschließend *DWORD-Wert*.

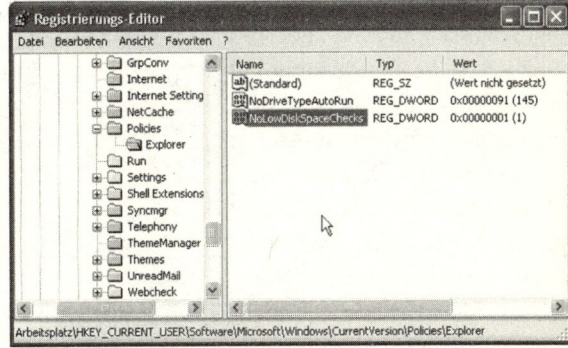

3. Ändern Sie den Wert von *0* auf *1*. Starten Sie Ihren Rechner neu, damit die Änderung aktiv wird.

> **Warnmeldung ein- bzw. ausschalten**
>
> *NoLowDiskSpaceChecks:* 0 = Die Warnmeldung wird angezeigt. 1 = Die Warnmeldung wird nicht angezeigt. Ändern Sie bitte nichts anderes in der Registrierungsdatei. Dies kann zur Folge haben, dass Windows und/oder Anwendungsprogramme nicht mehr richtig arbeiten.

Standardsymbole im Startmenü ändern

Im Startmenü von Windows XP sind *Ordner, Programme, Einstellungen, Suchen, Hilfe* (Hilfe und Support), *Ausführen*, usw. mit Standardsymbolen von Microsoft festgelegt. Wie kann ich diese werkseitig eingestellten Symbole nach meinen Bedürfnissen ändern?

Nicht alle – aber einen Teil der Standardsymbole im Windows XP-Startmenü können Sie mithilfe der Registrierungsdatei ändern.

1. Starten Sie den Registrierungs-Editor mit *Start/Ausführen/regedit* und navigieren Sie durch folgende Schlüssel bzw. Ordner: *HKEY_LOCAL_MACHINE\Software\Microsoft\Windows\CurrentVersion\Explorer\Shell Icons*.

2. Falls dieser Schlüssel noch nicht existiert, müssen Sie ihn erstellen. Dazu klicken Sie mit der rechten Maustaste in das rechte Fenster. Im Kontextmenü wählen Sie *Neu* und anschließend *Schlüssel*. Als Schlüsselnamen geben Sie *Shell Icons* ein.

3. Doppelklicken Sie auf einen Schlüssel, den Sie ändern möchten (siehe Tabelle unten). Falls dieser Schlüssel noch nicht vorhanden ist, dann müssen Sie ihn erstellen. Dazu klicken Sie mit der rechten Maustaste in das rechte Teilfenster. Im Kontextmenü wählen Sie *Neu*

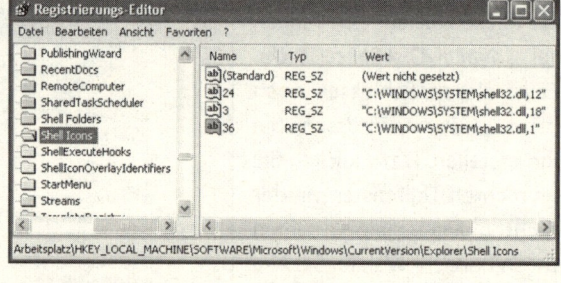

und anschließend *Zeichenfolge (REG_SZ)*. Vergeben Sie als Schlüsselnamen die entsprechende Nummer.

4. Als Zeichenfolge geben Sie nun den Pfad- und Dateinamen zum Symbol ein. Falls mehrere Symbole in einer Datei vorhanden sind, müssen Sie zusätzlich den Index des Symbols angeben, z. B.: *C:\windows\system\shell32.dll, 13* oder *C:\symbol\icon.ico*.

5. Löschen Sie nun die versteckte *ShellIconCache*-Datei mit dem Namen *IconCache.db*, die sich im entsprechenden User-Verzeichnis befindet. Starten Sie den Rechner neu. Die geänderten Symbole erscheinen nun im Startmenü.

Schlüsselname	Erklärung/Funktion
3	Ordner im Startmenü
19	Programme
21	Einstellungen
22	Suchen
23	Hilfe (Hilfe und Support)
24	Ausführen
27	Beenden
29	Verknüpfungspfeil
34	Active Desktop
35	Systemsteuerung
36	Programmordner
37	Drucker
39	Taskleiste (Taskleiste & Startmenü)
43	Favoriten
44	Abmelden

Benutzernamen aus dem Startmenü entfernen

? Mit dem neuen Windows-Startmenü (Windows XP-Stil) wird der jeweilige Benutzername, der sich gerade am Rechner angemeldet hat, angezeigt. Wie kann ich den Benutzernamen aus dem Startmenü entfernen?

! Sie können den Benutzernamen im neuen einfachen Startmenü von Windows XP (der oben angezeigt wird) entfernen. Dafür ist eine kleine Änderung in der Registrierungsdatei nötig.

1. Starten Sie den Registrierungs-Editor und klicken Sie durch folgende Schlüssel bzw. Ordner: *HKEY_CURRENT_USER\Software\Microsoft\Windows\CurrentVersion\Policies\Explorer*.

5. DESKTOP, STARTMENÜ UND TASKLEISTE

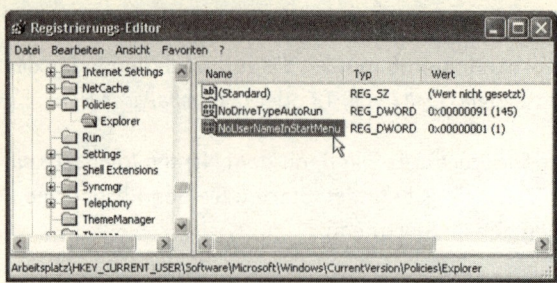

2. Doppelklicken Sie auf den Schlüssel *NoUserNameInStartMenu*. Falls dieser Schlüssel noch nicht existiert, müssen Sie ihn erstellen. Dazu klicken Sie mit der rechten Maustaste in das rechte Fenster. Im Kontextmenü wählen Sie *Neu* und anschließend *DWORD-Wert (REG_DWORD)*. Geben Sie den Schlüsselnamen *NoUserNameInStartMenu* ein.

3. Ändern Sie den Wert von *0* auf *1*. *0* = Der Benutzername im Startmenü wird angezeigt; *1* = Der Benutzername im Startmenü ist nicht sichtbar. Starten Sie den Computer neu, damit die Änderung aktiv wird.

▥▶ ***Startmenü ohne Benutzernamen*** ▥▶
Dieser Tipp funktioniert nur mit dem neuen einfachen Startmenü von Windows XP!

Fotos und Bilder bearbeiten

Fotos in den PC übertragen	**224**
Bilder am PC betrachten und bearbeiten	**228**
Fotos ausdrucken	**232**

6.1 Fotos auf den PC übertragen
Digitalkamera als Wechselspeichermedium anschließen

Digitalkameras, die eine digitale Speicherkarte haben, können als Wechselspeichermedium unter Windows XP angeschlossen und genutzt werden. Kann ich neben digitalen Bildern auch andere Dateien wie z. B. ein Word-Dokument darauf speichern?

USB-Kameras werden bei Windows XP wegen ihrer kleinen wechselbaren Speicherkarten zumeist als Wechseldatenträger registriert. Dadurch können Sie über den Windows-Explorer direkt auf die Speicherkarte der Kamera zugreifen. Sie können die Bilder kopieren, verschieben, ansehen oder auch ausdrucken. Sie können Ihre Kamera dadurch auch als Datenspeicher „missbrauchen" und fortan alle möglichen Daten – natürlich auch ein Word-Dokument – darauf abspeichern.

1. Schließen Sie die Kamera über einen freien USB-Port an Ihren Computer und starten Sie den Windows-Explorer über *Start/Arbeitsplatz*. Ist Ihre Kamera eingeschaltet, zeigt der Explorer Ihre Kamera als Wechseldatenträger an. Der Kamerachip ist hier mit einem FAT-Dateisystem formatiert.

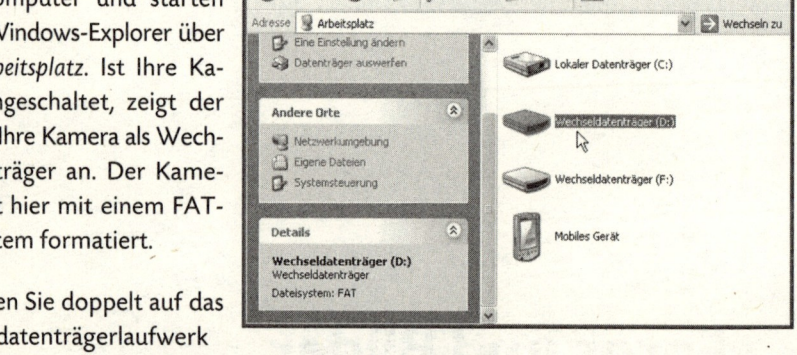

2. Klicken Sie doppelt auf das Wechseldatenträgerlaufwerk
und Sie bekommen den Inhalt des Datenträgers zu sehen.

3. Sie können den Wechseldatenträger wie eine weitere Festplatte im Explorer nutzen und somit auch Word- und Excel-Dateien darauf speichern.

4. Kopieren Sie einfach ein Word-Dokument, das Sie zu einem anderen Rechner mitnehmen wollen, auf die Kamera. Sie dürfen dann nur nicht vergessen, das USB-Kabel mitzunehmen, sonst kommen Sie im Fall des Falles nicht an Ihre Daten.

6.1 FOTOS AUF DEN PC ÜBERTRAGEN **225**

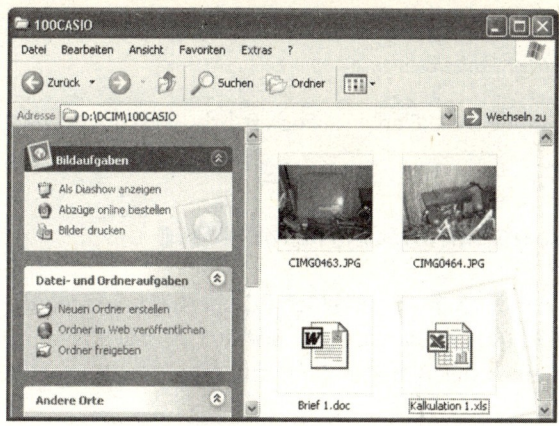

Größere Bildermengen effektiv importieren

? Mit dem Assistenten von Windows XP kann man Bilder von der digitalen Kamera sehr elegant auf die Festplatte des Computers importieren. Dieser Vorgang kann bei größeren Bildermengen etwas Zeit in Anspruch nehmen. Kann ich größere Bildermengen effektiver und schneller importieren?

! Der Vorteil bei Windows XP ist, dass USB-Kameras wegen ihrer kleinen wechselbaren Speicherkarten als Wechseldatenträger erkannt werden. Dadurch können Sie über den Windows-Explorer direkt auf die Bilder zugreifen und sie per Drag & Drop kopieren oder verschieben.

1. Schließen Sie die USB-Kamera an und starten Sie den Windows-Explorer über *Start/Arbeitsplatz*. Sie finden Ihre USB-Kamera als einen neuen Wechseldatenträger angezeigt.

2. Klicken Sie doppelt auf den neuen Wechseldatenträger und Sie bekommen den Inhalt des Datenträgers zu sehen. Markieren Sie die Bilder, die Sie importieren wollen.

3. Klicken Sie in der linken Aufgabenleiste unter *Datei- und Ordneraufgaben* auf *Ausgewählte Elemente verschieben* oder *Ausgewählte Elemente kopieren*.

4. Wählen Sie nun den Ort aus, zu dem die Elemente kopiert bzw. verschoben werden soll.

Bilder beim Importieren automatisch umbenennen

Wenn Windows XP Bilder von der Kamera auf einen PC überträgt, werden die Bilder standardmäßig mit *Bild 001.jpg*, *Bild 002.jpg*, *Bild 003.jpg* usw. benannt. Kann man während des Importierens der Bilder andere, selbstsprechende Namen vergeben?

Unter Windows XP haben Sie die Möglichkeit, während des Importierens Ihrer Bilder von der digitalen Kamera auf die Festplatte Ihres Computers die Bilder entsprechend umzubenennen. Am besten machen Sie das mit dem Assistenten.

1. Schließen Sie die digitale Kamera über das USB-Kabel an. Es startet automatisch der Wechseldatenträger-Assistent. Wählen Sie die Aktion *Bilder in einen Ordner auf Computer kopieren* mit *Microsoft-Scanner- und Kamera-Assistent*. Klicken Sie auf *OK*.

2. Es werden die Bildinformationen gelesen und anschließend startet der Willkommensbildschirm. Klicken Sie auf *Weiter*. Es öffnet sich das Fenster *Bilder zum Kopieren auswählen*. Markieren Sie die zu kopierenden Bilder über das entsprechende Kontrollkästchen. Anschließend klicken Sie auf *Weiter*.

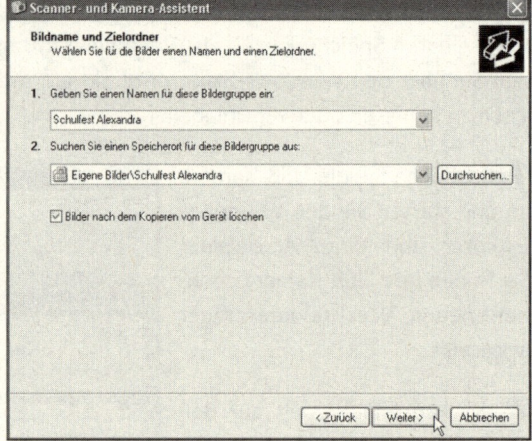

3. Vergeben Sie nun einen Namen und legen Sie den Zielordner fest. Markieren Sie das Kontrollkästchen *Bilder nach dem Kopieren vom Gerät löschen*, wenn Sie Zeit sparen möchten.

4. Klicken Sie auf *Weiter*. Die Bilder werden übertragen und entsprechend umbenannt.

Scanner in jedem Bildbearbeitungsprogramm nutzen

? Der Anschluss zum Computer wird je nach Modell über die parallele Schnittstelle, eine mitgelieferte SCSI-Karte oder den rechnereigenen USB-Anschluss realisiert. Um eine schnelle Datenübertragung von Scanner zu PC zu erhalten, sollte das Gerät über eine SCSI-Karte oder über den USB-Anschluss angeschlossen werden. Im Normalfall ist die Inbetriebnahme über diese Schnittstellen unter Windows XP kein Problem. Kann ich aber nun meinen Scanner in jedem Bildbearbeitungsprogramm nutzen?

! Viele Hersteller werben mit dem Fachbegriff TWAIN. Er steht für **T**echnology **W**ith **A**n **I**nfinite **N**ame" (Technologie mit unbestimmter Bezeichnung), ein Wortspiel der Erfinder. Scanner, die mit einem TWAIN-Treiber ausgestattet sind (nahezu alle), können von jedem Bildbearbeitungsprogramm wie beispielsweise Adobe Photoshop direkt angesprochen werden, wenn dieses über eine entsprechende Funktion für TWAIN verfügt. So beschaffen Sie den passenden Gerätetreiber für Ihren Scanner.

1. Zuerst müssen Sie den aktuellen Treiber Ihres Scanners besorgen. Gehen Sie am besten auf die Internetseite des Herstellers und laden Sie den gewünschten Treiber herunter und speichern Sie ihn auf die Festplatte oder ein anderes Speichermedium.

2. Klicken Sie mit der rechten Maustaste auf *Arbeitsplatz* und wählen Sie *Eigenschaften*. Klicken Sie auf die Registerkarte *Hardware* und anschließend auf *Geräte-Manager*.

3. Klicken Sie mit der rechten Maustaste auf den Scanner und anschließend auf *Treiber aktualisieren*. Es startet der *Hardwareupdate-Assistent*. Markieren Sie *Software von einer Liste oder bestimmten Quelle installieren* und klicken Sie auf *Weiter*.

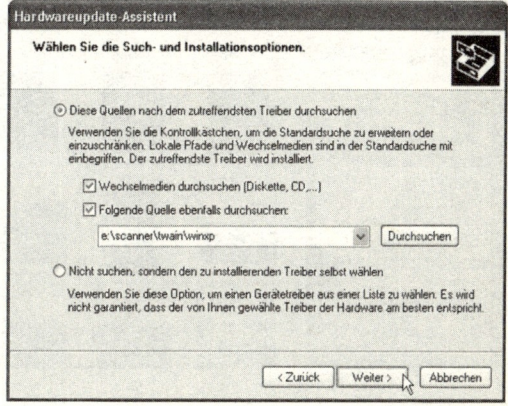

4. Wählen Sie nun die *Installationsoptionen* aus, indem Sie den Pfad eingeben, im dem Sie den Treiber gespeichert haben. Klicken Sie auf *Weiter*, um den Vorgang fortzusetzen.

5. Wählen Sie das entsprechende Gerät aus und klicken Sie auf *Weiter*. Ihr Treiber wird nun aktualisiert.

6.2 Bilder am PC betrachten und bearbeiten

Bilder in der Miniaturansicht darstellen

? Die Ansichtsichtsmöglichkeiten unter Windows XP haben sich erweitert. Gibt es eine Ansicht, in der ich meine Bilder in einer Art Vorschau auf meinem Computer ansehen kann?

! Ja, in der Miniaturansicht. Mit dieser Bildvorschau haben Sie die Möglichkeit, Ihre Bilder im Vorfeld zu betrachten, ohne lange zu suchen. Hier beschreiben wir, wie Sie die Miniaturansicht einstellen.

1. Klicken Sie zum Öffnen von *Eigene Bilder* auf *Start* und dann auf *Eigene Bilder* bzw. öffnen Sie den entsprechenden Ordner, in dem sich die Bilder befinden.

2. Doppelklicken Sie auf den Ordner mit dem Inhalt, der angezeigt werden soll.

3. Klicken Sie im Menü *Ansicht* auf *Miniaturansicht*. Sie bekommen eine übersichtliche Vorschau Ihrer Bilder.

4. Wenn Sie die Miniaturansicht entfernen möchten, klicken Sie im Menü *Ansicht* auf *Filmstreifen*, *Kacheln*, *Symbole*, *Liste* oder *Details*. Die Ansicht *Filmstreifen* steht im Ordner *Eigene Bilder*, den zugehörigen Unterordnern und Ordnern, die auf den Vorlagen *Bilder* und *Fotoalbum* basieren, zur Verfügung (siehe Tipp: „Ordner zum Speichern von Bildern optimieren").

Ordner zum Speichern von Bildern optimieren

? Der Menüpunkt *Ansicht* wurde im Windows-Explorer u. a. um die Funktion *Filmstreifen* erweitert. Leider funktioniert die Ansicht *Filmstreifen* bei mir nicht in allen Ordnern. Was mache ich falsch?

! Standardmäßig steht die Ansicht *Filmstreifen* im Ordner *Eigene Bilder* und den zugehörigen Ordnern und Unterordnern zur Verfügung. Beachten Sie hierbei, dass alle Ordner, auch die, die Sie neu anlegen, auf der Vorlage *Bilder* und *Fotoalbum* basieren.

1. Klicken Sie mit der rechten Maustaste auf den entsprechenden Ordner, der die Bilder beinhaltet. Klicken Sie auf *Eigenschaften* und öffnen Sie das Registerblatt *Anpassen*.

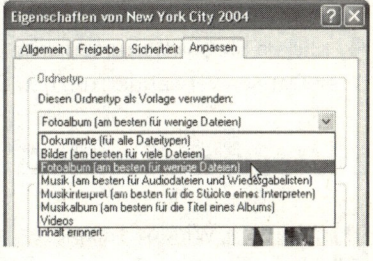

2. Im Bereich *Ordnertyp* wählen Sie *Bilder (am besten für viele Dateien)* oder *Fotoalbum (am besten für wenige Dateien)* aus.

3. Aktivieren Sie das Kontrollkästchen *Vorlage für alle Unterordner übernehmen*. Klicken Sie auf *OK*, um die Einstellungen zu übernehmen.

Bilder als Ordnersymbole verwenden

? Um einen besseren Überblick über meine Bilder zu bekommen, habe ich diese in verschiedene Ordner verteilt. Kann ich auch ein Bild als Ordnersymbol verwenden, das mir symbolisch den Inhalt des Ordners widerspiegelt?

! Wenn sich in einem Ordner eine nicht zu große Menge an Bildern befinden, können diese auch als Miniaturansicht angezeigt werden. In der Miniaturansicht zeigt Windows XP standardmäßig bis zu vier Bilder aus dem Ordner als Ordnersymbol an. Die Bilder, die Windows anzeigt, sind die vier zuletzt bearbeiteten Bilder. Dazu legt Windows XP eine Datenbank im Ordnerverzeichnis mit dem Namen *Thumbs.db* an. Ist der Ordner als Bildordner konfiguriert, werden die Miniaturansichten angezeigt. Wird die Anzahl der Bilder zu groß, wird diese Funktion deaktiviert. Sie können aber auch ein einzelnes Bild auswählen.

1. Klicken Sie mit der rechten Maustaste auf den entsprechenden Ordner, der die Bilder beinhaltet. Klicken Sie auf *Eigenschaften* und öffnen Sie das Registerblatt *Anpassen*.

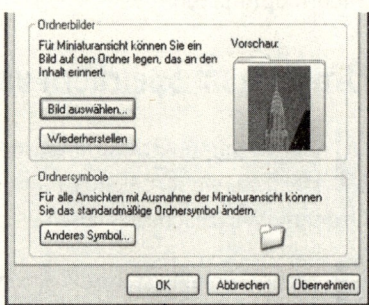

2. Im Bereich *Ordnerbilder* klicken Sie auf die Schaltfläche *Bild auswählen*. Wählen Sie nun das Bild aus, das in der Miniaturansicht für den Ordner stehen soll. Die von Ihnen gewählte Bilddatei muss nicht in dem Ordner enthalten sein, für den das Bild steht.

3. Klicken Sie auf *Öffnen* und anschließend auf *OK*.

4. Klicken Sie auf *Wiederherstellen* und es werden die vier zuletzt im Ordner bearbeiteten Dateien verwendet, um den Ordner zu repräsentieren.

Bilder auf der Festplatte suchen

? Mit dem Windows-Explorer habe ich eine geeignete Plattform, um meine Dateien übersichtlich zu organisieren. Aber wie kann ich schnell und gezielt auf bestimmte Dateien zugreifen?

! Windows XP steht Ihnen mit der neuen Suchfunktion unterstützend zur Seite, wenn Sie nach bestimmten Dateien suchen. Sie können nach Erstell- oder Änderungsdatum, nach Dateigröße und –typ und nach enthaltenem Text suchen.

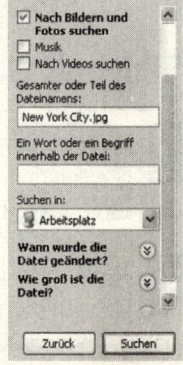

1. Klicken Sie im Startmenü auf *Suchen* oder klicken Sie im Explorer in der Symbolleiste auf das Symbol *Suchen*. Es öffnet sich der Such-Assistent. Klicken Sie auf *Bildern, Musik oder Videos*.

2. Aktivieren Sie das Kontrollkästchen *Nach Bildern und Fotos suchen* und geben Sie den gesamten oder einen Teil des Dateinamens ein. Klicken Sie auf *Suchen*.

3. War die Suche erfolglos, dann erweitern Sie die Suchabfrage, indem Sie den Such-Assistenten mit noch mehr Daten füttern. Sie können eingeben, sofern bekannt: *Wann wurde die Datei geändert? Wie groß ist die Datei? Weitere Optionen* wie *Versteckte Elemente durchsuchen, Groß-/Kleinschreibung beachten* und – wenn gewollt und vorhanden – *Bandsicherung durchsuchen.*

4. Die gefundenen Dateien werden im rechten Teilfenster des Such-Assistenten angezeigt.

⮕ **Feld Suchen in** ⮕

Wählen Sie im Feld Suchen in *den Arbeitsplatz aus. Damit ist gewährleistet, dass auch wirklich alles durchforstet wird – auch mögliche Netzlaufwerke!*

Automatische Diaschau eines Bilderordners

? Windows XP speichert die Bilder in übersichtliche Bilderordner. Kann ich meine Urlaubsbilder, die sich auf dem PC befinden, als Diashow ablaufen lassen?

! Sobald Sie die entsprechenden Ordner bzw. Bilddateien im Explorer öffnen, erscheint in der Aufgabenleiste das Feld *Bildaufgaben.* Mit seinen Aufgaben wie *Bilder von Scanner oder Kamera übertragen, Als Diashow anzeigen, Abzüge online bestellen* und *Bilder drucken* können Sie die ersten Aufgaben abarbeiten.

1. Klicken Sie in der linken Aufgabenleiste unter *Bildaufgabe* auf *Als Diashow anzeigen.* Die von ihnen ausgewählten Bilder werden nun automatisch als Vollbild nacheinander angezeigt. Treffen Sie keine Auswahl, werden alle Bilder des entsprechenden Ordners für die Diashow eingesetzt.

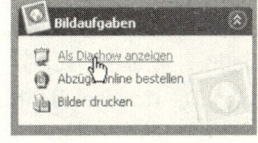

2. Bewegen Sie während der Diashow Ihre Maus, erscheint oben rechts ein kleines Steuermenü, das Ihnen das Navigieren in der Show erleichtern soll.

3. Sie können die *Diashow starten,* anhalten, vorheriges und *nächstes Bild anzeigen* und die *Diashow beenden.*

4. Durch drücken der ⎵Esc⎵-Taste beenden Sie ebenfalls die Diashow.

6.3 Fotos ausdrucken

Fotos im richtigen Bildformat ausdrucken

? Windows XP hat einiges zum Bearbeiten von Fotos mitbekommen. Wie bekomme ich jetzt aber meine Bilder, die sich auf der Festplatte befinden, im richtigen Bildformat aufs Papier?

! Sie haben Bilder auf der Festplatte und wollen diese ausdrucken? Sie können dies im Explorer jederzeit über *Datei/Drucken* erledigen. Besser ist es jedoch, den Assistenten von Windows XP für den Ausdruck zu verwenden.

1. Starten Sie den Windows-Explorer und klicken Sie sich zu den Bildern durch, die Sie drucken wollen. Schalten Sie jetzt die Ansicht so um, dass in der linken Fensterhälfte die Aufgabenleiste gezeigt wird. Ist die Ordnerleiste aktiv, hilft ein Klick auf *Ordner*, sind andere Leisten aktiv, können Sie einfach zweimal auf *Ordner* klicken.

2. Wählen Sie das Bild bzw. die Bilder aus, die Sie drucken wollen, und klicken Sie in der Aufgabenleiste auf *Bild drucken*, damit der Fotodruck-Assistent gestartet wird.

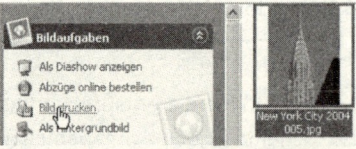

3. Im Fotodruck-Assistenten überprüfen Sie Ihre Bildauswahl und den Drucker und klicken durch zur Layoutauswahl: Hier wählen Sie nun das für Sie richtige Bildformat, das das Bild im Ausdruck haben soll. Der Assistent stellt Ihnen an dieser Stelle neun Drucklayouts zur Verfügung. Klicken Sie auf *Weiter*, um die Bilder an den Drucker zu senden.

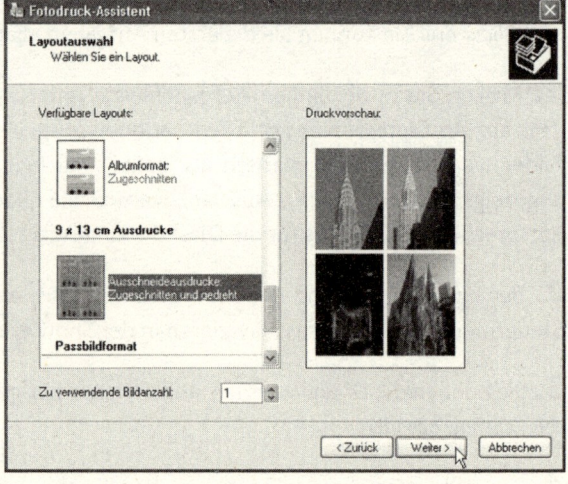

4. Klicken Sie auf *Fertig stellen*, um den Vorgang abzuschließen.

Kontaktabzüge von Bildsammlungen drucken

? Ganz besonders praktisch ist bei Papierbildern das Indexbild, mit dem man den ganzen Film auf einem Papierbild inklusive der Bildnummer, die sich auf dem Negativstreifen befindet, erhält. Geht das auch mit Windows XP?

! Wie gewohnt: Was „analog" üblich ist, finden Sie nun auch in Windows XP. Einen „Kontaktbogen" mit 7 x 5 Bildern auf einem DIN-A4-Papierausdruck bekommen Sie, indem Sie das Layout *Kontaktabzüge* wählen.

1. Starten Sie den Fotodruck-Assistenten und klicken Sie auf *Weiter*, um den Willkommensbildschirm zu überspringen. Es öffnet sich die *Bildauswahl*.

2. Wählen Sie ggf. *Alle auswählen*, damit alle Bilder markiert sind, und klicken Sie auf *Weiter*.

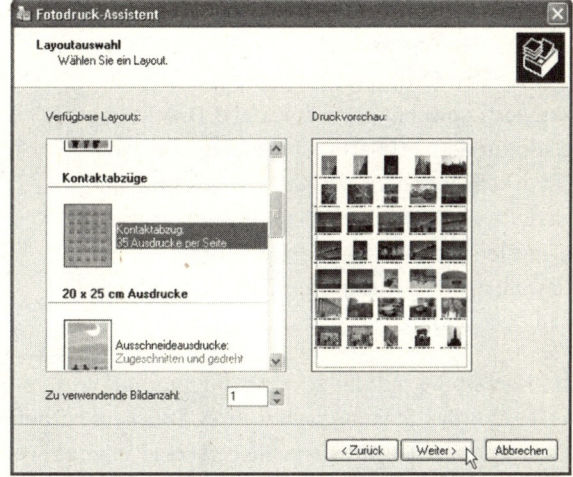

3. Wählen Sie den Drucker- und Papiertyp aus und klicken Sie anschließend auf *Weiter*, um den Druckvorgang fortzusetzen. Es öffnet sich die *Layoutauswahl*.

4. Wählen Sie unter *Verfügbare Layouts* das Layout *Kontaktabzüge* aus und klicken Sie auf *Weiter*, um die Bilder an den Drucker zu senden.

5. Klicken Sie auf *Fertig stellen*, um den Vorgang abzuschließen.

Auflösung des Druckers zum Bilderdruck erhöhen

? Die Drucker druckt in der Regel eine geringere Auflösung als die, mit der die Bilder aufgenommen wurden. Gibt es eine Möglichkeit, für meine Bilder eine bessere Druckqualität herauszuholen?

! Es lohnt sich auf alle Fälle, ein wenig Zeit für die Feinjustierung Ihres Druckers zu investieren. Es gibt mit Sicherheit noch die eine oder andere Einstellung, die die Druckqualität Ihres Druckers steigert. Gerade bei den heutigen Tintenstrahldruckern gibt es eine Vielzahl von Einstellungsmöglichkeiten. Ein bisschen Herumexperimentieren schadet hier auf keinen Fall. So können Sie die Druckqualität Ihres Druckers kontrollieren.

1. Klicken Sie im Startmenü auf *Drucker und Faxgeräte.* Klicken Sie mit der rechten Maustaste auf den Drucker, den Sie konfigurieren wollen. Wählen Sie im Kontextmenü *Eigenschaften.*

2. Klicken Sie auf das Register *Erweitert.* Hier können Sie einstellen, zu welcher Zeit Ihr Drucker zur Verfügung steht. Viel wichtiger sind auf der Registerkarte aber die Einstellungen für den Druckerspool. Wird der Spooler aktiviert, speichert Windows alle Druckaufträge auf der Festplatte. Ist die letzte Zeile im „Drucker-Zwischenspeicher" angekommen, ist der Druckauftrag für die Anwendung erledigt. Der Spooler kümmert sich um die Fertigstellung des Ausdrucks. Die Anwendung kann sich anderen Dingen widmen.

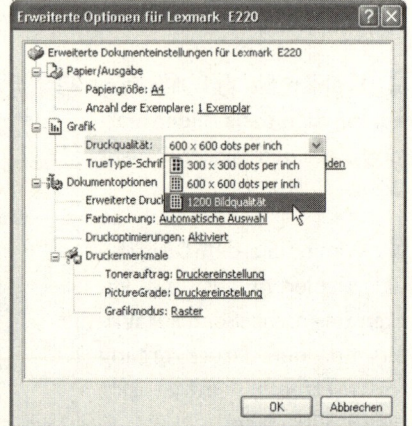

3. Klicken Sie auf die Schaltfläche *Standardwerte,* um das Standardlayout Ihres Druckers zu definieren. Klicken Sie auf das Register *Papier/Qualität,* wenn Sie besseres Papier verwenden – bspw. Fotopapier.

4. Klicken Sie auf die Schaltfläche *Erweitert,* um u. a. die Druckqualität Ihrer Bilder hochzuschrauben. Bei den Tintenstrahldruckern können Sie die Druckqualität wahrscheinlich nicht manuell verändern – sie passt sich automatisch dem Papiertyp an.

Grafikkarte und Video

Probleme mit Grafik- und TV-Karten	**236**
Fernsehbild am TV-Ausgang der Grafikkarte	**244**
Wiedergabe von Videodateien	**250**

7.1 Probleme mit Grafik- und TV-Karten
Bildschirmauflösung ist niedrig und lässt sich nicht ändern

? Nach dem Windows-Start ist der Bildschirm auf eine bestimmte Größe beschränkt und dieser Wert lässt sich in den Einstellungen nicht verändern. Wie bekomme ich wieder eine vernünftige Bildschirmausgabe?

! Dieses Phänomen tritt in der Regel auf, wenn es Probleme mit dem Treiber der Grafikkarte gibt bzw. kein Treiber vorhanden ist. Windows startet dann automatisch in einer Basisgrafikkonfiguration, die von praktisch allen Grafikkarten und Monitoren problemlos angezeigt werden kann, sodass der Benutzer zumindest eine einfache Bedienoberfläche erhält, mit der er das Problem lösen kann. So prüfen Sie, ob ein Grafikkartentreiber eingerichtet ist, bzw. installieren Sie diesen ggf. neu:

1. Öffnen Sie in der Systemsteuerung das Modul *Anzeige* und wechseln Sie dort auf das Register *Einstellungen*.

2. Klicken Sie hier rechts unten auf die Schaltfläche *Erweitert* und wechseln Sie in den erweiterten Einstellungen in die Rubrik *Grafikkarte*.

3. Hier können Sie im Bereich *Grafikkarte* ablesen, welchen Grafikkartentreiber Windows derzeit verwendet. Im Bereich *Grafikkarteninformationen* erhalten Sie darüber hinaus genauere Angaben zum Modell der Karte.

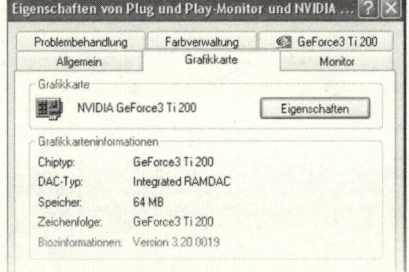

4. Finden Sie hier statt der genauen Bezeichnung Ihrer Grafikkarte nur eine Standardgrafikkarte, verwendet Windows einen generischen Treiber, der die Fähigkeiten Ihrer Grafikkarte nicht ausnutzt. Klicken Sie in diesem Fall auf *Eigenschaften*, um die Einstellungen der Grafikkarte zu öffnen.

5. Wechseln Sie in den Einstellungen in die Rubrik *Treiber* und klicken Sie hier auf die Schaltfläche *Aktualisieren*.

6. Versuchen Sie anschließend zunächst, mit *Software automatisch installieren* Windows die geeigneten Treiber selbst finden zu lassen. Sollte das nicht klappen, gehen

Sie zu diesem Schritt zurück, wählen *Software von einer Liste oder bestimmten Quelle installieren* und installieren die Treiber dann manuell z. B. von der mit der Grafikkarte gelieferten Treiber-CD. Weitere Hinweise zum Installieren von Hardwaretreibern finden Sie in Kapitel 3.

Verfügbare Modi der Grafikkarte auflisten

? Ich habe zu meiner Grafikkarte keine ausführliche Dokumentation erhalten. Wie kann ich feststellen, welche Bildschirmauflösungen bei welcher Farbtiefe sie beherrscht?

! Windows kann diese Angaben über den Treiber der Grafikkarte erfahren und bietet deshalb nur solche Auflösungsvarianten an, die die Grafikkarte auch unterstützt. Sie können Sie diese Angaben auch ausgeben lassen und sich so einen Überblick verschaffen:

1. Öffnen Sie in der Systemsteuerung das Modul *Anzeige* und wechseln Sie dort in die Rubrik *Einstellungen*.

2. Klicken Sie hier rechts unten auf die Schaltfläche *Erweitert* und wechseln Sie in den erweiterten Einstellungen in die Rubrik *Grafikkarte*.

3. Klicken Sie dann unten links auf die Schaltfläche *Alle Modi auflisten*. Windows öffnet dann einen Dialog mit einer ausführlichen Liste der zulässigen Betriebsarten für diese Grafikkarte. Bitte beachten Sie dabei, dass nicht nur die Grafikkarte, sondern auch der Monitor die entprechenden Auflösungen unterstützen muss!

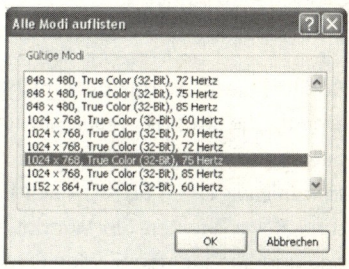

4. Um einen der Modi auszuwählen, markieren Sie ihn und klicken auf *OK*. Wählen Sie anschließend zurück im Menü *OK* bzw. *Übernehmen*. Windows schaltet dann probehalber in die entsprechende Auflösung um. Bestätigen Sie die neue Auflösung innerhalb von 15 Sekunden durch einen Klick auf *Ja*, um den Auflösungswechsel dauerhaft beizubehalten.

5. Wollen Sie die Liste der Modi schließen, ohne die Bildschirmauflösung zu wechseln, klicken Sie einfach auf *Abbrechen*.

Bildfehler bei der Darstellung auf dem Monitor

? Ich stelle bei meinem PC immer wieder Darstellungsfehler auf dem Monitor fest, wie z. B. störende Muster und Linien, Reste von geschlossenen Fenstern, die nicht entfernt werden, falsche Farben usw. Wie bekomme ich eine saubere Darstellung?

! Solche Darstellungsfehler weisen in seltenen Fällen auf Hardwareprobleme hin, meist eher auf Fehler im Treiber der Grafikkarte oder bei der Kommunikation zwischen der Windows-Bildausgabe und dem Grafiktreiber. Erste Abhilfe in solchen Fällen ist stets die Suche nach einem aktualisierten Treiber für die Grafikkarte, möglichst einem, der über eine Windows XP-Signatur verfügt. Wenn das nicht hilft, bringt Windows einige Möglichkeiten mit, Fehler bei der Darstellung zu vermeiden:

1. Öffnen Sie in der Systemsteuerung das Modul *Anzeige* und wechseln Sie dort zum Register *Einstellungen*.

2. Klicken Sie hier rechts unten auf die Schaltfläche *Erweitert* und wechseln Sie in den erweiterten Einstellungen in die Rubrik *Problembehandlung*.

3. Deaktivieren Sie hier zunächst unten die Option *Write Combining*. Starten Sie anschließend Windows neu und beobachten Sie, ob die Probleme nun behoben sind.

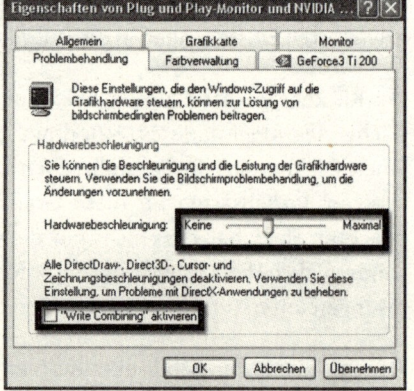

4. Hilft dieser Schritt noch nicht, öffnen Sie erneut die Rubrik *Problembehandlung* und bewegenr den Schieberegler *Hardwarebeschleunigung* einen Schritt nach links in Richtung *Keine*. Starten Sie Windows wiederum neu und beobachten Sie den Erfolg.

5. Reicht auch das noch nicht aus, wiederholen Sie den letzten Schritt, bis der Schieberegler ganz links steht. Starten Sie Windows nach jedem Schritt jeweils neu und beobachten Sie die Auswirkungen.

Wenn alle diese Maßnahmen keine Abhilfe schaffen, bzw. wenn sich die Grafikkarte nur mit den niedrigsten Einstellungen ohne Fehler betreiben lässt, sollten Sie die Anschaffung einer neueren Grafikkarte erwägen. Jede Reduzierung der Hardwarebeschleunigung macht den PC zwar stabiler, verringert aber gleichzeitig auch seine Leistungsfähigkeit.

Statt Buchstaben nur kleine Kästchen auf dem Bildschirm

? Ich sehe auf dem Bildschirm anstelle der Beschriftungen von Menüs, Schaltflächen, Ordnern usw. nur noch kleine graue Rechtecke. Wie bekomme ich die richtigen Buchstaben zurück?

! Dieser Effekt kann auftreten, wenn die Schriftart für die Symboltexte auf dem Desktop geändert oder deinstalliert wurde. So sehen Sie wieder klar:

1. Öffnen Sie in der Systemsteuerung das Modul *Anzeige* und wechseln Sie dort in die Rubrik *Darstellung*.

2. Klicken Sie hier rechts unten auf die Schaltfläche *Erweitert*.

3. Wählen Sie im anschließenden Menü im Auswahlfeld *Element* den Eintrag *Symbol* aus.

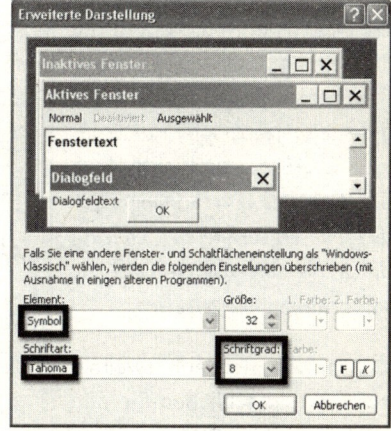

4. Stellen Sie dann darunter im Feld *Schriftart* eine geeignete Schriftart ein. Standardmäßig verwendet Windows die Schriftart *Tahoma*, Sie können aber auch eine andere – möglichst serifenlose – Schriftart wählen.

5. Legen Sie außerdem im Feld *Schriftgrad* rechts davon die bevorzugte Schriftgröße fest. Standardmäßig wird der Schriftgrad 8 verwendet. Sie sollten nicht wesentlich davon abweichen, da die Darstellung von Dialogen und Programmen sonst unter Umständen gestört wird.

6. Übernehmen Sie die Einstellungen mit zweimal *OK*. Sie treten mit sofortiger Wirkung in Kraft.

Fehler beim Installieren der TV-Kartentreiber

? Wenn ich versuche, einen Treiber für meine TV-Karte zu installieren, erhalte ich die Fehlermeldung *Während der Geräteinstallation ist ein Fehler aufgetreten. Die Daten sind unzulässig.* Was kann ich tun?

! Dieses Problem kann auftreten, wenn bei der Installation die erforderlichen Berechtigungen für das Schreiben von Daten in die Registry fehlen. Sie müssen diese Berechtigung wie folgt herstellen, damit die Installation klappt:

1. Starten Sie den Registry-Editor und öffnen Sie den Schlüssel *HKEY_LOCAL_MACHINE\System\CurrentControlSet\Enum\PCI*.

2. Klicken Sie mit der rechten Maustaste auf den *PCI*-Schlüssel und wählen Sie im kontextabhängigen Menü die Funktion *Berechtigungen*.

3. Stellen Sie im anschließenden *Berechtigungen*-Dialog sicher, dass für den Benutzer *System* die Berechtigung *Vollzugriff* auf *Zulassen* gesetzt ist.

4. Klicken Sie dann unten rechts auf die Schaltfläche *Erweitert*.

5. Deaktivieren Sie unten die Einstellung *Berechtigungen übergeordneter Objekte auf untergeordnete Objekte, sofern abwendbar, vererben...* und aktivieren Sie darunter *Berechtigungen für alle untergeordneten Objekte durch die angezeigten Einträge, sofern anwendbar, ersetzen*.

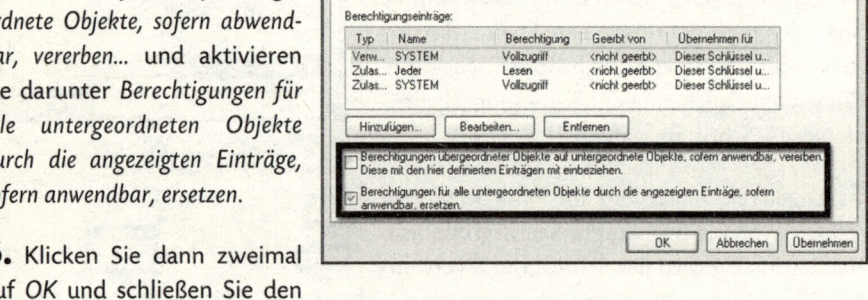

6. Klicken Sie dann zweimal auf *OK* und schließen Sie den Registry-Editor. Probieren Sie die Installation nach einem Neustart noch einmal.

TV-Kartensoftware funktioniert nur mit Administratorrechten

? Ich habe in meinem PC eine TV-Karte installiert. Leider kann ich sie nur benutzen, wenn ich als Administrator angemeldet bin. Was muss ich tun, damit auch normale Benutzer TV am PC schauen können?

! Dieses Problem kann auftreten, wenn die TV-Kartensoftware auf Bereiche der Registry zugreifen muss, für die ein einfacher Benutzer keine Zugriffsrechte hat. Eigentlich liegt das Problem bei der Software selbst, die eine solche Konstellation vermeiden sollte. Sie können aber das Ihrige tun, um das Problem zu lösen. Die folgende Anleitung bezieht sich auf die verbreiteten WinTV-Produkte von Hauppauge, funktioniert für andere Software aber ganz ähnlich:

1. Starten Sie den Registry-Editor und öffnen Sie darin den Schlüssel *HKEY_LOCAL_MACHINE\Software\Hauppauge* (bzw. ersetzen Sie den letzten Teil des Schlüssels ggf. durch den Hersteller- oder Produktnamen Ihrer TV-Karte).

2. Klicken Sie mit der rechten Maustaste auf den Schlüssel *Hauppauge* und wählen Sie im kontextabhängigen Menü den Eintrag *Berechtigungen*.

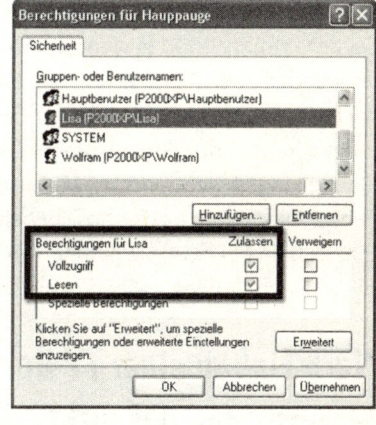

3. Wählen Sie im *Berechtigungen*-Dialog in der *Liste Gruppen- oder Benutzernamen* den Benutzer aus, der Zugriffsrechte für die TV-Kartensoftware erhalten soll.

4. Sollte der Benutzer in der Liste nicht angezeigt werden, klicken Sie auf die Schaltfläche *Hinzufügen* und geben seinen Namen im nachfolgenden Dialog ein bzw. lassen ihn mit *Erweitert* und *Jetzt suchen* einfügen.

5. Aktivieren Sie für den gewählten Benutzer dann unten im Bereich *Berechtigungen* in der Spalte *Zugriff* das Kontrollkästchen *Vollzugriff* und *Lesen*.

6. Übernehmen Sie die Änderungen mit *OK* und schließen Sie den Registry-Editor. Eventuell ist ein Neustart des PCs erforderlich, bevor der Eingriff Wirkung zeigt.

Vollbildmodus deckt nicht den vollen Bildschirm ab

Wenn ich die Fernsehsoftware meiner TV-Karte in den Vollbildmodus schalte, wird das Fernsehbild zwar ohne Fensterrand usw. dargestellt, erstreckt sich aber nicht über den gesamten Bildschirm, sondern bedeckt nur einen Teil davon in der Mitte. Wie kann ich eine echte Vollbilddarstellung erreichen?

Um das Fernsehbild auf dem Monitor darzustellen, gibt es zwei verschiedene Techniken:

- Der Primary-Modus ist der unproblematischere, weil er mit praktisch allen Grafikkarten problemlos zusammenarbeitet. Allerdings verwendet er eine feste Auflösung, in der das Fernsehbild im Vollbildmodus angezeigt wird. Weicht diese Auflösung von der Bildschirmauflösung der Grafikkarte ab, bedeckt die Primay-Anzeige nur einen Teil des Bildschirms bzw. Sie sehen nicht das gesamte Fernsehbild auf dem Monitor.

- Im Overlay-Modus passt sich die Vollbildanzeige an die Auflösung der Grafikkarte an, sodass der Vollbildmodus auch wirklich bildschirmfüllend ist. Allerdings kann es im Overlay-Modus Probleme zwischen TV- und Grafikkarte geben, sodass es zu Abstürzen oder Anzeigefehlern kommt.

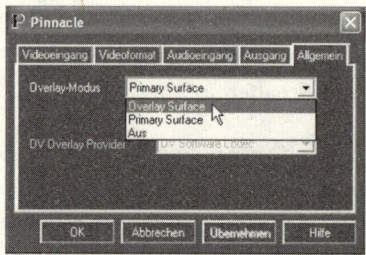

Da der Primary-Modus weniger fehleranfällig ist, verwenden viele TV-Karten ihn standardmäßig nach der Installation. Verwenden Sie die Einstellungen in der Software zu Ihrer TV-Karte, um die Darstellung in den Overlay-Modus zu wechseln. Funktioniert das problemlos, behalten Sie diese Einstellung bei und Sie können in Zukunft ein bildschirmfüllendes Vollbild genießen.

Nach Einbau einer TV-Karte funktioniert der Stromsparmodus nicht

? Ich habe kürzlich eine TV-Karte in meinen Rechner eingebaut. Seitdem kann ich meinen PC nicht mehr in den Stand-by-Modus schicken bzw. er wachte daraus nicht wieder auf. Wo liegt das Problem?

! Leider sind TV-Karten dafür berüchtigt, dass sie häufig den Wechsel in den Stromsparmodus bzw. anschließend den Wechsel zurück zum normalen Betrieb nicht mitmachen. Haben auch Sie eine solche Karte erwischt, bleiben nur folgende Lösungsmöglichkeiten:

- Schauen Sie zunächst auf der Website des Kartenherstellers nach, ob es dort vielleicht aktuellere Treiber für Windows XP oder einen Patch gibt, womit sich das Problem lösen lässt.

- Mithilfe eines Hardwareprofils können Sie die TV-Karte zeitweise deaktivieren, sodass der Stromsparmodus dann wieder funktioniert. Um die TV-Karte benutzen zu können, müssen Sie den PC dann aber jeweils mit dem anderen Hardwareprofil neu starten. Falls das eine praktikable Lösung für Sie sein könnte, finden Sie ab Seite 126 Hinweise zur Verwendung von Hardwareprofilen.

- Verwenden Sie einen konventionelleren Stromsparmodus. Wenn der Stand-by-Modus nicht funktioniert, klappt vielleicht der Ruhezustand. Falls auch der nicht verwendet werden kann, müssen Sie auf einfachere Stromsparmaßnahmen wie das Abschalten des Monitors und der Festplatten zurückgreifen. Das spart auch schon einiges an Strom und dürfte keine Probleme mit der TV-Karte verursachen.

Ton bleibt beim TV-Schauen nach kurzer Zeit weg

? Mir passiert es immer wieder, dass beim TV-Schauen der Ton nach ca. einer Minute wegbleibt. Teilweise passiert es auch, kurz nachdem ich umgeschaltet habe. Wo liegt das Problem?

! Das Problem liegt an anderen Anwendungen, die eigenmächtig die Kontrolle über die Soundausgabe übernehmen und deshalb die TV-Karte zum Verstummen bringen. Dafür kommen verschiedene Kandidaten in Betracht. Zu den üblichen Verdächtigen gehören:

- Deaktivieren Sie den Windows-Messenger während der TV-Wiedergabe. Überprüfen Sie außerdem, ob Sie die aktuelleste Version des Messengers benutzen, da das Problem bei neueren Versionen meist nicht mehr auftritt.
- Falls Sie Norton AntiVirus installiert haben, deaktivieren Sie in dessen Einstellungen die Option *Instant Messenger*.
- Wenn Sie generell eine Antivirensoftware installiert haben, sollte diese während der TV-Ausgabe deaktiviert sein. Insbesondere einen permanenten Hintergrundscanner sollten Sie beenden oder zumindest solange anhalten.

Bild und Ton sind beim TV-Schauen nicht synchron

? Bei meiner TV-Karte sind Bild und Ton nicht synchron. Teilweise schwankt der Abstand erheblich. Wie kann ich die Qualität verbessern?

! Beim digitalen Fernsehen z. B. per Satellit ist ein gewisser Versatz zwischen Bild und Ton nicht ungewöhnlich, sollte aber normalerweise an der Grenze zur Wahrnehmbarkeit liegen. Gibt es bei analogem Empfang einen Versatz oder tritt allgemein eine stark schwankende Synchronität auf, könnte das Problem in einer Überlastung des PCI-Kapazität liegen. Stellen Sie in diesem Fall sicher, dass die TV-Karte ihren eigenen Interrupt für sich allein hat:

1. Öffnen Sie in der Systemsteuerung das Modul *System*, wechseln Sie in die Rubrik *Hardware* und klicken Sie bei *Geräte-Manager* auf die gleichnamige Schaltfläche.

2. Wählen Sie im Geräte-Manager die Menüfunktion *Ansicht/Ressourcen nach Typ*.

3. Öffnen Sie in der Liste die Kategorie *Interruptanforderung (IRQ)* per Doppelklick.

4. Suchen Sie in der Liste den Eintrag Ihrer TV-Karte und prüfen Sie, ob sie sich den IRQ mit anderen Komponenten teilt.

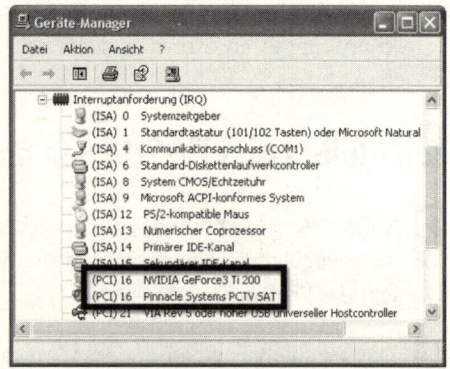

Falls die TV-Karte keinen eigenen Interrupt hat, stellen Sie entweder für die TV-Karte oder die andere Komponente einen anderen Interrupt ein. Möglicherweise ist es erforderlich, die TV-Karte in einen anderen PCI-Slot einzubauen, damit sie einen eigenen Interrupt zugewiesen bekommen kann. Hinweise zu Ressourcenkonflikten und manueller Ressourcenvergabe finden Sie in Kapitel 3.

7.2 Fernsehbild am TV-Ausgang der Grafikkarte
Computerbild wird mit schwarzem Rand angezeigt

? Wenn ich das Bild meines Computers über den TV-Ausgang der Grafikkarte auf meinen Fernseher ausgebe, belegt es nicht den kompletten Platz, sondern es werden an den Seiten dicke schwarze Ränder angezeigt. Wie bekomme ich das Bild schön groß und die Ränder weg?

! Das Computerbild auf einen Fernseher auszugeben ist nicht ganz einfach, da die gängigen TV-Normen weitaus weniger strikt sind als Normen im Computerbereich. Deshalb lässt sich nie genau vorhersagen, wo und wie groß das Bild des TV-Ausgangs auf dem einen oder anderen Fernseher angezeigt wird. Allerdings beherrschen praktisch alle Grafikkarten mit TV-Ausgang einen Overscan-Modus, in dem Sie das Bild so vergrößern, dass es auf so gut wie jedem Fernseher formatfüllend ausgegeben wird. Häufig muss dieser Modus aber ausdrücklich aktiviert werden. Die Vorgehensweise dazu ist leider uneinheitlich, da jeder Hersteller seine eigenen Treiber und Einstelldialoge strickt. Deshalb im Folgenden kurz die prinzipielle Vorgehensweise für Nvidia-(GeForce-) und ATI-Karten:

Bei ATI-Karten

1. In den Ansichtsoptionen der Einstellungen der Grafikkarte finden Sie einen Schalter für die Overlay-Funktion, mit dem Sie diesen Modus aktivieren können.

2. Sollte der Schalter in den Einstellungen Ihrer ATI-Karte nicht vorhanden sein, lässt er sich eventuell mit einem Registry-Trick freischalten. Starten Sie dazu den Registry-Editor und öffnen Sie den Schlüssel *HKEY_LOCAL_MACHINE\Software\ATI Technologies\Driver\0000\dal*.

3. Erstellen Sie hier in der rechten Fensterhälfte mit *Bearbeiten/Neu/ DWord-Wert* einen neue Eintrag mit der Bezeichnung *tvenableoverscan*.

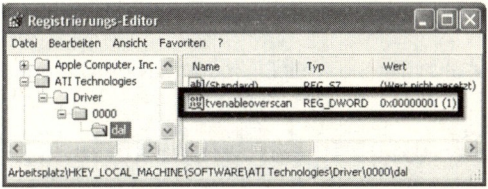

4. Doppelklicken Sie dann auf diesen Eintrag und geben Sie ihm den Wert *1*.

5. Schließen Sie dann den Registry-Editor und starten Sie Windows neu. Wenn Ihre Grafikkarte den Overscan-Modus beherrscht, sollte jetzt ein entsprechender Schalter in den Einstellungen zu finden sein.

Bei Nvidia-(GeForce-)Karten

1. Öffnen Sie in der Systemsteuerung das Modul *Anzeige* und wechseln Sie dort in die Rubrik *Einstellungen*.

2. Klicken Sie hier rechts unten auf die Schaltfläche *Erweitert* und wechseln Sie in den erweiterten Einstellungen in die Rubrik mit den Einstellungen Ihrer Nvidia-basierten Grafikkarte. Rufen Sie dort links im Navigationsbereich die Kategorie *nView* auf.

3. Klicken Sie hier auf den stilisierten Bildschirm, der für den Fernseher am TV-Ausgang steht, dann rechts unten auf *Geräte-Einstellungen* und wählen Sie im Untermenü den Befehl *Bildschirmanpassung*.

4. Im anschließenden Menü können Sie links die *Bildschirmpositionierung* so einstellen, dass das Computerbild genau in der Mitte des Fernsehschirms angezeigt wird.

5. Benutzen Sie dann den Schieberegler unter *Bildschirmgröße*, um die Größe des dargestellten Bilds an den Fernseher anzupassen.

6. Sollte die Wiedergabe auf dem Fernseher Flimmern oder sonstige Störungen zeigen, können Sie versuchen, diese mithilfe des Schiebereglers *Flimmerfilter* zu reduzieren.

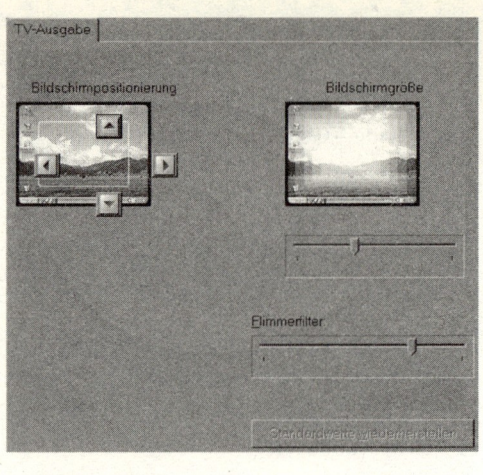

7. Klicken Sie schließlich dreimal auf *OK*, um die Einstellungen zu übernehmen.

TV-Ausgang der Grafikkarte lässt sich nicht aktivieren

? Meine Grafikkarte verfügt über einen TV-Ausgang, aber wenn ich ein Fernsehgerät daran anschließe, passiert nichts. Was muss ich machen, damit das Computerbild auf dem Fernseher erscheint?

! Viele Grafikkarten, die über einen Monitoranschluss und einen TV-Augang verfügen, können jeweils nur einen davon benutzen. Sie können also nur entweder den Computermonitor oder den Fernseher anschließen. Die Vorgehensweise ist dabei wie folgt:

1. Beenden Sie Windows und schalten Sie PC, Monitor und TV-Gerät aus.

2. Trennen Sie nun die Verbindung zwischen PC und Computermonitor.

3. Stellen Sie die Verbindung zwischen TV-Gerät und PC her. Beachten Sie dabei, dass der PC direkt mit dem Computer verbunden werden sollte, also nicht über den Umweg eines Videorekorders oder Ähnliches.

4. Schalten Sie nun zuerst das TV-Gerät und dann den PC ein. Beim Initialisieren der Grafikkarte erkennt die Grafikkarte automatisch, was für ein Gerät angeschlossen ist, und stellt sich darauf um.

5. Sie sollten nun auf dem Fernsehschirm genau das verfolgen können, was Sie sonst auf dem Computermonitor sehen.

Computermonitor flimmert, wenn Fernseher angeschlossen ist

Ich kann an meine Grafikkarte eine Computermonitor und ein TV-Gerät gleichzeitig anschließen, sodass beide das gleiche Bild zeigen oder die Oberfläche sich über beide Bildschirme erstreckt. Wenn ich das mache, reicht es beim Computermonitor aber nur zu einem flimmernden Bild. Woran liegt das?

Bei den Grafikkarten, die Computermonitor und Bildschirm gleichzeitig ansteuern können, unterscheidet man zwei Arten. Viele solcher Karten haben nur einen einzigen Videogenerator, der das Bild für beide Ausgänge liefert. Nur wenige dieser Karten verfügen tatsächlich über zwei Videobausteine, die getrennt voneinander die Bilder für den jeweiligen Ausgang liefern. Bei Ihrer Karten handelt es sich vermutlich um eine des ersteren Typs. Da nur ein Frequenzgenerator vorhanden ist, kann auch nur eine Bildwiederholfrequenz verwendet werden. Da TV-Geräte keine höhere Frequenz als 50 bzw. 60 Hz vertragen, werden deshalb beide Ausgänge automatisch mit der niedrigen Frequenz betrieben, solange ein TV-Gerät angeschlossen ist. Bei einer solchen Frequenz ist bei einem Computermonitor ein Flimmern leider unvermeidlich.

Es gibt eine Möglichkeit, den Effekt zumindest zu lindern. Die meisten modernen Fernsehgeräte lassen sich nicht nur mit der deutschen PAL-Norm, sondern auch in der amerikanischen NTSC-Fernsehnorm betreiben. Diese verwendet statt 50 Hz eine Bildwiederholfrequenz von 60 Hz, was immerhin fast 20 % mehr Bilder pro Sekunde sind.

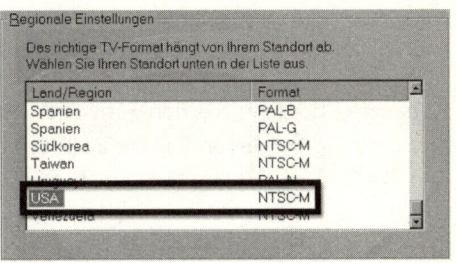

Da die meisten Grafikkarten den TV-Ausgang auch mit einem NTSC-Signal beschicken können, können Sie so die Bildwiederholrate für den Fernseher (und somit auch für den Monitor) auf 60 Hz erhöhen. Damit ist der Monitor zwar immer noch nicht flimmerfrei, aber schon wesentlich ruhiger. Die Umstellung der verwendeten TV-Norm erfolgt in den Einstellungen der Grafikkarte. Stellen Sie aber vorher sicher, dass das TV-Gerät die NTSC-Norm auch anzeigen kann.

Auf dem Fernsehbild ist kaum etwas zu erkennen

? Wenn ich meinen Fernsehr als Ausgabegerät an den PC anschließe, ist auf dem Desktop kaum etwas zu erkennen, weil alles so klein ist. Wie lässt sich die Darstellung vergrößern?

! Fernsehgeräte können umgerechnet eine Bildschirmauflösung von maximal 768 x 576 Bildpunkten darstellen. Wenn Sie am PC eine Auflösung von z. B. 1.024 x 768 gewählt haben, muss die Grafikkarte als alle Elemente entsprechend verkleinern, damit alles auf den TV-Bildschirm passt. Hat der Fernseher dann noch eine relativ kleine Fläche, ist von Symbolen und Texten wenig zu erkennen. Wählen Sie deshalb eine kleinere Auflösung, wenn Sie den PC am Fernseher betreiben:

1. Öffnen Sie in der Systemsteuerung das Modul *Anzeige* und wechseln Sie dort in die Rubrik *Einstellungen*.

2. Stellen Sie hier im Bereich *Bildschirmauflösung* mit dem Schieberegler die niedrigste Auflösung ein, die Windows XP für seine Oberfläche anbietet, also 800 x 600.

3. Übernehmen Sie die neuen Einstellungen mit *OK*. Windows schaltet dann die Auflösung sofort um.

4. Bestätigen Sie den Auflösungswechsel innerhalb von 15 Sekunden mit *Ja*, wenn ein vernünftiges und gut lesbares Bild angezeigt wird. Andernfalls wechselt Windows nach Ablauf der Zeit automatisch zur alten Auflösung zurück.

Nebeneffekt: Wenn Sie den Fernseher nutzen, um am PC Spiele laufen zu lassen, brauchen Sie bei diesen Spielen auch keinesfalls eine Auflösung von mehr als 800 x 600 Punkten zu wählen. Größere Auflösungen würden ohnehin nur wieder von der Grafikkarte für den TV-Ausgang heruntergerechnet werden. Stattdessen laufen viele Spiele in der kleineren Auflösung flüssiger und mit mehr Details.

Die Schrift ist bei der TV-Ausgabe nicht zu lesen

? Wenn ich meinen Fernseher am PC als Ausgabegerät nutze, ist die Schrift aufgrund des kleinen Bildschirms kaum zu lesen, obwohl ich die Auflösung schon heruntergesetzt habe. Kann man die Schrift größer darstellen lassen?

! Sie können bei Windows flexibel festlegen, wie groß Schriften auf dem Bildschirm angezeigt werden sollen (nicht nur bei der Ausgabe auf einem TV-Gerät, sondern generell):

1. Öffnen Sie in der Systemsteuerung das Modul *Anzeige* und wechseln Sie dort in die Rubrik *Einstellungen*.

2. Klicken Sie hier rechts unten auf die Schaltfläche *Erweitert* und wechseln Sie in den erweiterten Einstellungen in die Rubrik *Allgemein*.

3. Stellen Sie hier im Bereich *Anzeige* im Auswahlfeld *DPI-Einstellung* die Option *Groß (120 DPI)* ein. Damit erhalten Sie eine 25 % größere Schrift.

4. Sollte das nicht reichen oder nicht optimal sein, wählen Sie *Benutzerdefinierte Einstellung* und wählen im anschließenden Dialog die gewünschte Schriftgröße frei aus. Dabei sehen Sie im unteren Bereich jeweils ein Beispiel für die aktuell gewählte Schriftgröße. Beenden Sie den Dialog anschließend mit *OK*.

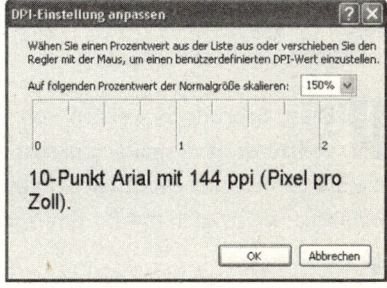

5. Übernehmen Sie die neuen Schrifteinstellungen mit *OK* und führen Sie einen Neustart durch, damit die Änderungen wirksam werden.

Keine oder schlechte DVD-Wiedergabe auf dem TV-Ausgang

? Ich möchte meinen PC zum DVD-Gucken an den Fernseher anschließen. Meine Grafikkarte hat einen TV-Ausgang und ich sehe auch Windows auf dem Fernseher. Wenn ich aber die DVD-Wiedergabe starte, ist die Qualität schlecht bzw. ich sehe gar nichts.

! Viele DVDs habe eine Macrovision-Kopierschutz, der Kopien der Filme über einen analogen Ausgang verhindern soll. Wenn Sie eine solche DVD abspielen, fragt der DVD-Player beim Grafiktreiber nach, ob ein Fernsehgerät angeschlossen ist. Bestätigt der Treiber dies, wird die Wiedergabe der DVD verweigert. Dies ist also kein Fehler, sondern so vorgesehen. Trotzdem können Sie das Problem umgehen. Zum einen implementieren häufig nur die Referenztreiber für die Grafikkarte den Macrovision-Kopierschutz. Verwenden Sie stattdessen die speziellen Treiber direkt vom

Hersteller Ihrer Grafikkarte, sind diese womöglich ohne Kopierschutz bzw. melden der DVD-Software einfach, es sei kein TV-Gerät angeschlossen. Außerdem gibt es Software-DVD-Player, die diesen Kopierschutz ignorieren und DVDs trotzdem abspielen, allerdings sind diese strenggenommen nicht legal.

7.3 Wiedergabe von Videodateien

Grüne Fläche oder rosa und grüne Blöcke bei der Wiedergabe

? Wenn ich ein Video mit dem Windows Media Player abspielen will, wird die Wiedergabefläche einfach grün oder es stören ständig rosa oder grüne Blöcke. Wie kann ich diese Störungen beseitigen?

! Diese Störungen werden vom Treiber Ihrer Grafikkarte verursacht. Das Sinnvollste ist es deshalb, zunächst nach einer aktuelleren Treiberversion zu suchen, die diese Probleme eventuell behebt. Hilft das nicht weiter, können Sie die Störungen möglicherweise auch mit Bordmitteln beheben:

1. Starten Sie den Windows Media Player, öffnen Sie mit *Extras/Optionen* die Einstellungen und wechseln Sie in die Rubrik *Leistung*.

2. Klicken Sie hier unten im Bereich *Videobeschleunigung* auf die Schaltfläche *Erweitert*.

3. Deaktivieren Sie im nachfolgenden Menü im Bereich *Videobeschleunigung* das Kontrollkästchen *YUV-Flipping verwenden*.

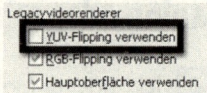

4. Beenden Sie den Windows Media Player und starten Sie ihn neu. Probieren Sie anschließend erneut, die Videodatei abzuspielen, um zu sehen, ob das Problem dadurch behoben wurde.

5. Falls nicht, kehren Sie zurück in die Rubrik *Leistung* der Einstellungen und bewegen hier den Schieberegler im Bereich *Videobeschleunigung* einen Schritt nach links in Richtung *Keine*.

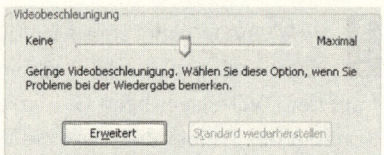

6. Beenden Sie jeweils den Windows Media Player, starten Sie ihn neu und spielen Sie das Video probeweise ab. Wiederholen Sie den vorangegangenen Schritt so lange, bis keine Störungen mehr auftreten bzw. bis der Regler ganz links steht.

Wiedergabe von Videos aus dem Internet/Netzwerk stottert

? Wenn ich Videos aus dem Internet anschauen will, gibt es beim Abspielen immer wieder kurze Pausen. Wie kann ich eine lückenlose Wiedergabe sicherstellen?

! Wenn die Wiedergabe stottert, liegt es in der Regel daran, dass die Daten nicht schnell genaug aus dem Netz ankommen, um sie wiedergeben zu können. In solchen Fällen können Sie die Verbindungseinstellungen des Windows Media Players anpassen, um Aussetzer zu vermeiden:

1. Öffnen Sie im Windows Media Player mit *Extras/Optionen* die Einstellungen und wechseln Sie hier in die Rubrik *Leistung*.

2. Aktivieren Sie hier im Bereich *Verbindungsgeschwindigkeit* die Option *Verbindungsgeschwindigkeit auswählen* und wählen Sie im dadurch aktivierten Auswahlfeld das Profil, das Ihrer Onlineverbindung entspricht.

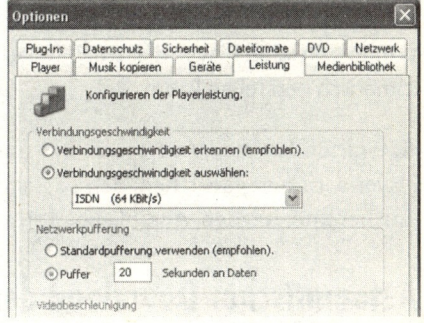

3. Als weitere Maßnahme gegen Aussetzer bei der Wiedergabe können Sie die Größe des Puffers erhöhen, den der Windows Media Player bei Wiedergeben von Streamdaten verwendet. Aktivieren Sie dazu im Bereich *Netzwerkpufferung* die Option *Puffer* und geben Sie die gewünschte Größe des Puffers in Sekunden (maximal 60 Sekunden) an. Der Windows Media Player sammelt dann mehr Daten, bevor er mit der Wiedergabe beginnt. Dadurch müssen Sie eventuell etwas länger auf den Start warten, aber dafür läuft das Abspielen dann reibungsloser.

AVI-Datei kann nicht wiedergegeben werden

? Wenn ich eine bestimmte AVI-Datei im Windows Media Player abspielen will, erhalte ich eine Fehlermeldung. Wie kann ich mir das Video ansehen?

! AVI ist kein festes Format, sondern lediglich ein Container für eine Vielzahl von Videoformaten. Wenn der Windows Media Player eine AVI-Datei öffnet, stellt er zunächst fest, welches Videoformat sie verwendet. Für eine ganze Reihe von Formaten bringt der Windows Media Player Codecs zum Abspielen mit. Stößt er auf ein Format, für das er keinen Codec hat, kann er diesen selbsttätig aus dem Internet herunterladen, installieren und die Datei dann abspielen. Voraussetzung dafür ist eine Internetverbindung und das Aktivieren der Funktion für den automatischen Codec-Download:

1. Starten Sie den Windows Media Player, öffnen Sie mit *Extras/Optionen* die Einstellungen und wechseln Sie auf das Register *Player*.

2. Aktivieren Sie hier oben im Bereich *Automatische Aktualisierungen* das Kontrollkästchen *Codecs automatisch herunterladen*.

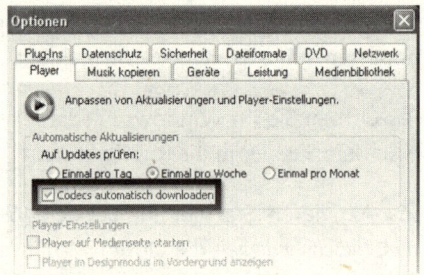

3. Übernehmen Sie die geänderte Einstellung mit *OK*. Stellen Sie eine Internetverbindung her bzw. sorgen Sie dafür, das der Windows Media Player diese bei Bedarf automatisch herstellen kann.

4. Starten Sie die Wiedergabe der fraglichen AVI-Datei neu. Der Windows Media Player wird nun versuchen, den passenden Codec auf einem Codec-Server zu finden und herunterzuladen. Anschließend startet die Wiedergabe automatisch.

Automatischer Download des Codecs scheitert

? Ich habe eine AVI-Datei mit einem Videoformat, dass der Windows Media Player offenbar nicht kennt. Leider scheitert auch der automatische Downloadversuch beim Codec-Server. Was kann ich tun, um den Codec trotzdem herunterzuladen?

! Damit der automatische Codec-Download durch den Windows Media Player klappen kann, müssen eine Reihe von Bedingungen erfüllt sein:

- Der Windows Media Player muss eine Verbindung zum Internet aufbauen können.

- Die Sicherheitsstufe für die Internetzone sollte auf ihrer Standardstufe *Mittel* stehen.

- Sie müssen als Administrator bzw. als Benutzer mit Administratorrechten angemeldet sein, um Codecs herunterladen und installieren zu lassen.

Wenn alle diese Bedingungen erfüllt sind und der automatische Download durch den Windows Media Player trotzdem nicht klappt, ist der entsprechende Codec auf dem Codec-Server vermutlich einfach nicht verfügbar. In dem Fall müssen Sie den Codec selbst manuell beschaffen und installieren, bevor die Wiedergabe klappen kann.

Codec einer AVI-Datei ermitteln

? Ich habe eine AVI-Datei, zu der der Windows Media Player den passenden Codec nicht automatisch beschaffen kann. Wie bekomme ich heraus, welchen Codec die Datei für die Wiedergabe benötigt?

! Die Informationen dazu sind in der Datei selbst enthalten. Sie müssen Sie nur auslesen und den passenden Codec dazu im Internet suchen:

1. Klicken Sie mit der rechten Maustaste auf das Symbol der AVI-Datei und wählen Sie im kontextabhängigen Menü ganz unten die Funktion *Eigenschaften*.

2. Wechseln Sie in den Eigenschaften in die Rubrik *Dateiinfo*.

3. Klicken Sie hier ggf. auf die Schaltfläche *Erweitert*.

4. Nun erhalten Sie die erweiterten Dateieigenschaften angezeigt. Hier finden Sie in der Kategorie *Video* die Angabe *Videokomprimierung*. Sie bezeichnet das Verfahren, das beim Kodieren des Videos verwendet wurde.

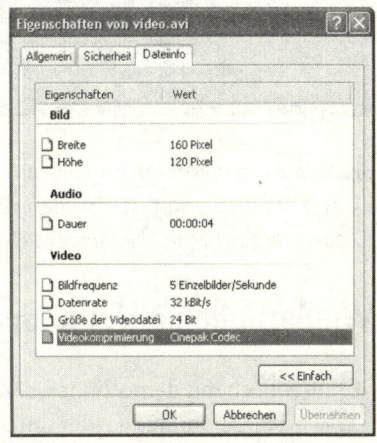

5. Sie müssen nun einen Codec finden, mit dem der Windows Media Player Dateien in diesem Kodierverfahren wiedergeben kann. Eine allgemeingültige Anleitung gibt es dafür nicht, da es eine Vielzahl von Codecs von unterschiedlichen Firmen und Gruppen gibt, die unterschiedlichen Bestimmungen unterliegen. Am besten geben Sie die Bezeichnung einfach mal in einer Suchmaschine wie Google ein. Erfahrungsgemäß finden Sie damit sehr schnell eine Möglichkeit, ein Paket mit dem passenden Codec herunterzuladen. Eine gute Website mit Informationen zu Codecs ist außerdem *http://www.fourcc.org/codecs.php*.

Videos Bild für Bild abspielen

? Gibt es beim Windows Media Player die Möglichkeit, Videos frameweise bzw. in variabler Geschwindigkeit wiederzugeben?

! Ab dem Windows Media Player 9 ist dies möglich. Sie können dazu eine Erweiterung einblenden, die das Verändern der Abspielgeschwindigkeit sowie die bildweise Wiedergabe erlaubt. Allerdings funktionieren nicht alle Funktionen bei allen Arten von Videodateien (Codecs).

1. Um die Erweiterung einzublenden, wählen Sie während der Wiedergabe des Videos die Menüfunktion *Ansicht/Erweiterung/Wiedergabegeschwindigkeit*.

2. Damit blenden Sie im unteren Teil des Wiedergabebereichs einen zusätzlichen Bereich ein.

3. Mit den Links *Langsam*, *Normal* und *Schnell* können Sie die Wiedergabegeschwindigkeit in bestimmten Stufen regeln. Noch feiner geht es direkt auf der darunter liegenden Skala, wo Sie die Geschwindigkeit noch variabler einstellen können.

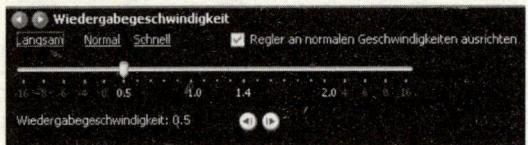

4. Um ein Video Bild für Bild abspielen zu können, pausieren Sie die Wiedergabe. Dann können Sie mit den beiden runden Schaltflächen rechts neben der Angabe der *Wiedergabegeschwindigkeit* jeweils einen Frame zurück oder vor springen.

Wiedergabe im Vollbildmodus wird unterbrochen

? Wenn ich mit dem Windows Media Player ein Video im Vollbildmodus anschaue, wird dieser immer wieder unterbrochen. Wie kann ich das verhindern?

! Es gibt verschiedene Ereignisse, die den Windows Media Player veranlassen können, aus dem Vollbildmodus zurück in den Fenstermodus zu wechseln. Einer der üblichen Verdächtigen ist der Bildschirmschoner. Stellen Sie deshalb sicher, dass dieser deaktiviert ist, wenn Sie sich ein längers Video anschauen wollen. Außerdem können Sie zusätzlich die folgende Einstellung vornehmen, um den Wechsel aus dem Vollbildmodus zu unterbinden:

1. Starten Sie den Windows Media Player, öffnen Sie mit *Extras/Optionen* die Einstellungen und wechseln Sie in die Rubrik *Leistung*.

2. Klicken Sie hier im Bereich *Videobeschleunigung* auf die Schaltfläche *Erweitert*.

3. Deaktivieren Sie im nachfolgenden Menü im Bereich *Videobeschleunigung* die Option *Wechsel zum Vollbildmodus aktivieren* und übernehmen Sie diese Einstellung mit zweimal *OK*.

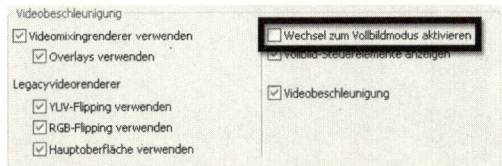

Video wird beim Abspielen nicht angezeigt

? Wenn ich ein Video im Windows Media Player abspiele, wird es nicht angezeigt. erst wenn ich das Fenster maximiere oder ein anderes Fenster darüber bewegt habe, sehe ich das Video. Wo liegt das Problem?

! Dieses Phänomen ist typisch für Probleme zwischen dem Windows Media Player und dem Treiber der Grafikkarte. Versuchen Sie, eine aktuellere Version der Treibersoftware vom Hersteller Ihrer Grafikkarte zu beziehen. Ist dies nicht möglich oder bringt das nichts, können Sie wie auf Seite 250 beschrieben die Hardwarebeschleunigungsfunktionen reduzieren, bis die Probleme behoben sind.

Windows Media Player nicht mehr Standardtool für Videos

? Nachdem ich einige Programme installiert habe, ist der Windows Media Player nicht mehr das Standardprogramm für AVI- und MPEG-Videos, sodass ich solche Dateien nicht mehr per Doppelklick abspielen kann. Wie mache ich den Windows Media Player wieder zum Standardplayer?

! Die Dateiverknüpfung wurde vermutlich durch ein anderes Programm aufgehoben. Sie können Sie am einfachsten auf die folgende Weise wiederherstellen:

1. Starten Sie den Windows Media Player, öffnen Sie mit *Extras/Optionen* die Einstellungen und wechseln Sie in die Rubrik *Dateiformate*.

2. Suchen Sie in der Liste *Dateitypen* die Einträge für die Formate für Videodateien – insbesondere *Windows-Videodatei (AVI)* und *Videodatei (MPEG)* und setzen Sie ein Häkchen vor diese Einträge.

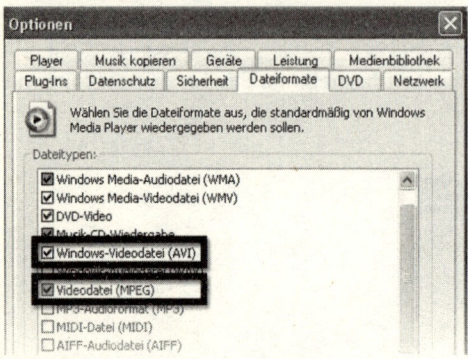

3. Übernehmen Sie die Einstellungen mit *OK*. Ab sofort ist der Windows Media Player wieder die Standardanwendung zum Abspielen solcher Dateien.

Musik und Sound

Soundkarten und Audiowiedergabe	**258**
MP3s und andere Klangformate	**270**
Windows Media Player	**276**

8.1 Soundkarten und Audiowiedergabe

Windows-Systemklänge deaktivieren

? Mir gehen die verschiedenen Systemklänge bei Windows-Funktionen und Anwendungen auf die Nerven. Kann man die abschalten, sodass man nur noch den Sound von Spielen bzw. das Abspielen von Musik hört?

! Die Systemklänge werden vom Modul *Sounds und Audiogeräte* in der Systemsteuerung verwaltet. Hier können Sie genau festlegen, bei welchen Ereignissen welche Klänge abgespielt werden sollen. Eine Option zum pauschalen Deaktivieren findet sich hier allerdings nicht. Dies ist nur mit einem Eingriff in die Registry möglich:

1. Starten Sie den Registry-Editor und öffnen Sie den Schlüssel *HKEY_CURRENT_USER\Control Panel\Sound*.

2. Hier finden Sie in der rechten Hälfte die Einträge *Beep* und *ExtendedSounds*, die beide auf *Yes* stehen dürften.

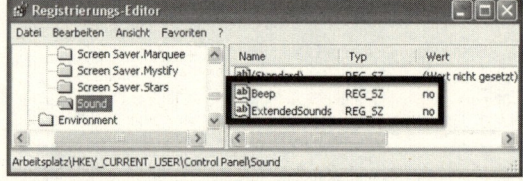

3. Öffnen Sie nacheinander beide Einträge zum Bearbeiten und ändern Sie die Werte auf *No*.

4. Melden Sie sich einmal ab und wieder an. Nun sollte ihr Windows deutlich schweigsamer sein. Die Audiowiedergabe von Musikstücken und Spielen ist davon nicht betroffen.

Systemklänge für beliebige Anwendungen

? Bei den Einstellungen für die Systemklänge stehen nur wenige Anwendungen zur Auswahl, meist solche, die direkt zu Windows gehören. Kann ich auch Systemklänge für andere Programme festlegen?

! Im Prinzip funktionieren die Systemklänge für beliebige Anwendungen. Allerdings muss die Anwendung ihre Ereignisse dazu in der Liste der Programmereignisse eintragen. Dies muss sie selbst bzw. das Setup-Programm der Anwendung bei der Installation erledigen. Da diese Daten in de Registry gespeichert sind, können Sie aber bei Bedarf auch selbst Hand anlegen:

1. Öffnen Sie im Registry-Editor den Schlüssel HKEY_CURRENT_USER\AppEvents\ Schemes\Apps. Hier finden Sie für jede Anwendung, der sich Systemklänge zuordnen lassen, einen eigenen Unterschlüssel. .Default enthält die Klänge für Windows selbst, die anderen Einträge stehen für NetMeeting (Conf), den Internet Explorer (Explorer) sowie den Microsoft Messenger (MSNMSGR).

2. Um weitere Anwendungen zu berücksichtigen, legen Sie zusätzliche Unterschlüssel an. Deren Bezeichnung muss jeweils dem Namen der Programmdatei ohne Dateiendung der Anwendung entsprechen. Um etwa Systemklänge für den Windows-Taschenrechner (calc.exe) zu verwenden, erstellen 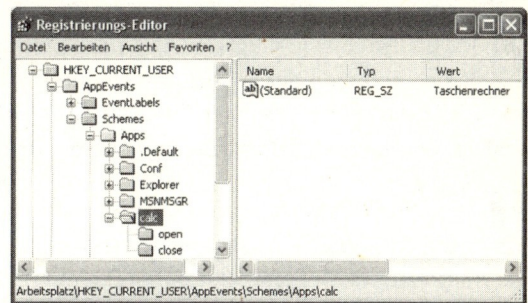 Sie einen Unterschlüssel namens calc. Die relevante Bezeichnung einer Anwendung sehen Sie z. B. im Task-Manager, während die Anwendung aktiv ist.

3. Wählen Sie dann den neu erstellten Unterschlüssel und doppelklicken Sie in der rechten Hälfte auf den automatisch erstellten Eintrag (Standard), um diesen zu bearbeiten.

4. Geben Sie als neuen Wert für diese Eigenschaft die Bezeichnung an, unter der diese Anwendung in den Sounds-Einstellungen von Windows geführt werden soll.

5. Legen Sie dann innerhalb des neu erstellten Schlüssels mit Bearbeiten/Neu/Schlüssel zwei Unterschlüssel für die Ereignisse open und close an, also das Starten und das Beenden des Programms. Prinzipiell sind weitere Ereignisse denkbar, allerdings müsste die Anwendung diese unterstützen, also an das Betriebssystem weitermelden. Dies ist aber nur der Fall, wenn die Entwickler das ausdrücklich vorgesehen haben. Bei den meisten Anwendungen werden sie also nur diese beiden Ereignisse definieren können.

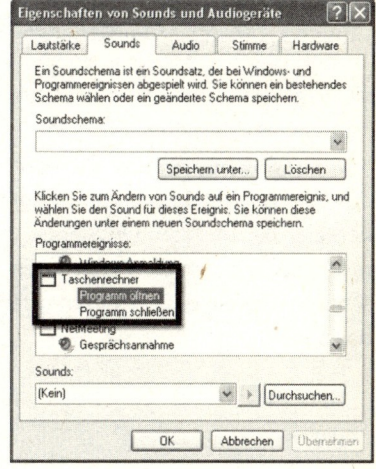

6. Öffnen Sie in der Systemsteuerung das Modul Sounds und Audiogeräte und wechseln Sie dort in die Rubrik Sounds.

7. Hier finden Sie nun die neue Anwendung mit den beiden Ereignissen vor und können Sie auf die übliche Weise Klangdateien auswählen, die bei diesen Ereignissen abgespielt werden sollen.

Musik von Audio-CDs und DVDs ohne internes Kabel hören

Ich habe in meinem PC ein CD- und ein DVD-Laufwerk. Das erste ist mit einem Kabel direkt mit der Soundkarte verbunden, sodass ich Audio-CDs am PC hören kann. Für das zweite Laufwerk hat die Soundkarte keinen weiteren internen Anschluss. Wie kann ich damit trotzdem Audio-CDs direkt digital am PC hören?

Moderne PCs verfügen über ausreichende Kapazitäten, um die bei der Wiedergabe von Audio-CDs anfallenden digitalen Daten über die internen Datenbusse zu transferieren. Deshalb ist eine direkte Verbindung zwischen CD-Laufwerk und Soundkarte nicht unbedingt erforderlich. Allerdings muss diese Art des Transfers im Geräte-Manager aktiviert werden:

1. Öffnen Sie das Modul *System* in der Systemsteuerung und wechseln Sie hier in die Rubrik *Hardware*. Klicken Sie auf die Schaltfläche *Geräte-Manager*.

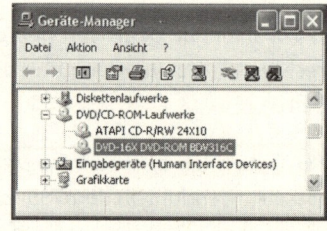

2. Im Geräte-Manager öffnen Sie die Kategorie *DVD/CD-ROM-Laufwerke* mit einem Doppelklick.

3. Klicken Sie dann erneut doppelt auf das fragliche Laufwerk, um dessen Einstellungen zu öffnen.

4. Wechseln Sie hier in die Rubrik *Eigenschaften* und schalten Sie ganz unten das Kontrollkästchen *Digitale CD-Wiedergabe für den CD-Player aktivieren* ein. Mit dem Schieberegler darüber können Sie die Lautstärke festlegen, mit der die Audiodaten von diesem Laufwerk in das System transferiert werden sollen.

Grenzen bei der Datenübertragung

Die direkte digitale Übertragung von Audiodaten über den internen Systembus wird von älteren CD-Laufwerken teilweise nicht unterstützt. Außerdem kann es unter Umständen zu Störungen bei der Wiedergabe kommen, wenn neben der Audiowiedergabe weitere Aktivitäten laufen, die den Systembus belasten (z. B. Kopieren vieler oder umfangreicher Dateien).

Lautstärkesymbol aus dem Infobereich verschwunden

Früher befand sich ganz rechts in der Startleiste immer ein Symbol, mit dem man die Lautstärkeregelung direkt aufrufen konnte. Seit einiger Zeit ist dieses Symbol leider verschwunden. Wie bekomme ich es zurück?

1. Öffnen Sie in der Systemsteuerung das Modul *Sounds und Audiogeräte*.

2. Wechseln Sie dort in die Rubrik *Lautstärke*.

3. Aktivieren Sie hier die Option *Lautstärkeregelung in der Taskleiste anzeigen* und schließen Sie das Menü mit *OK*.

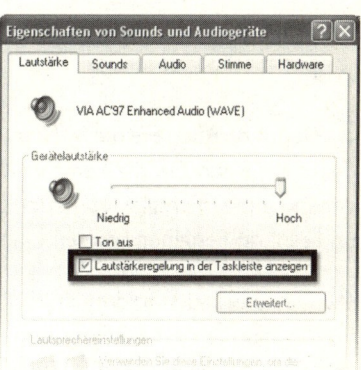

Lautstärke bei der Wiedergabe zu hoch/zu niedrig

Ich verwende regelmäßig verschiedene Programme zum Bearbeiten und Wiedergeben von Musikstücken und Klangdateien. Dabei passiert es mir immer wieder, dass ich die Lautstärke nicht optimal einstellen kann. Manchmal ist sie viel zu leise, obwohl ich den Lautstärkeregler ganz aufgedreht habe. Manchmal ist die Lautstärke aber auch schon auf Maximum, obwohl der Regler kaum aufgedreht ist. Woran liegt dieses unberechenbare Verhalten?

Das Audiosystem von Windows verwendet je nach Soundkarte verschiedene Regler für die Lautstärke. So können einzelne Komponenten wie CD-Wiedergabe, Line-In-Wiedergabe oder Wiedergabe von Wave-Daten separat geregelt werden. Daneben gibt es einen zentralen Regler für die Gesamtlautstärke. Die Lautstärkeregler von Audioprogrammen suchen sich in der Regel einen passenden Systemregler aus, wobei manche die Gesamtlautstärke steuern, manche z. B. die Wave-Lautstärke. Wenn also ein Programm die Gesamtlautstärke steuert und Sie dieses Programm leise einstellen, wird die Gesamtlautstärke verringert. Starten Sie nun ein anderes Programm, das die Wave-Lautstärke steuert, können Sie dessen Lautstärkeregler voll aufdrehen. Da die Gesamtlautstärke niedrig ist, werden Sie die maximale Lautstärke insgesamt nicht erreichen. Leider lässt sich dieser Effekt nicht ganz vermeiden. Nur bei machen Audioprogrammen kann man einstellen, welche Lautstärke der programmeigene Regler steuern soll. Sie können die verschiedenen Systemregler aber selbst einstellen und so verunglückte Konstellationen manuell beseitigen:

1. Öffnen Sie in der Systemsteuerung das Modul *Sounds und Audiogeräte* und wechseln Sie dort in die Rubrik *Lautstärke*.

2. Klicken Sie hier im Bereich *Gerätelautstärke* unten rechts auf die Schaltfläche *Erweitert*.

3. Damit blenden Sie die *Volume Control* ein, wo Sie die verschiedenen Lautstärkeregler vorfinden und separat bedienen können.

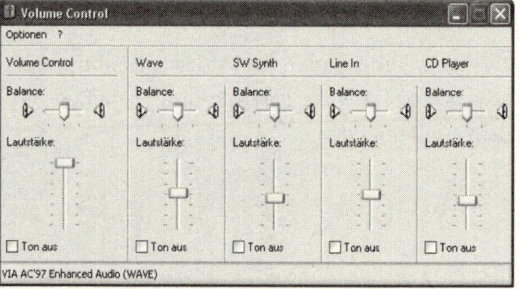

4. Um die Lautstärkeregler für die Aufnahme von Klängen einzustellen, rufen Sie die Menüfunktion *Optionen/Eigenschaften* auf und stellen hier im Bereich *Lautstärke regeln für* die Option *Aufnahme* ein.

Lautstärkeregler für einzelne Audiofunktionen fehlen

? Ich vermisse in der Lautstärkeregelung von Windows Regler für bestimmte Funktionen wie MIDI oder CD-Aufnahme, obwohl meine Soundkarte diese Funktionen unterstützt. Warum sind diese Regler nicht vorhanden?

! Die Lautstärkeregelung zeigt standardmäßig nur bestimmte Regler an, auch wenn noch weitere Regler verfügbar sind. Sie können aber selbst bestimmen, welche Regler angezeigt werden und welche nicht:

1. Öffnen Sie in der Systemsteuerung das Modul *Sounds und Audiogeräte* und wechseln Sie dort in die Rubrik *Lautstärke*.

2. Klicken Sie hier im Bereich *Gerätelautstärke* unten rechts auf die Schaltfläche *Erweitert*.

3. Im anschließenden *Volume Control*-Menü rufen Sie mit *Optionen/Eigenschaften* die Einstellungen auf.

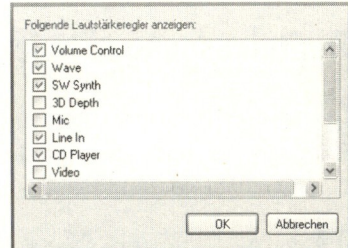

4. Hier finden Sie in der unteren Hälfte die Liste *Folgende Lautstärkeregler anzeigen*. Sie enthält alle verfügbaren Lautstärkeregler Ihrer Soundkarte. Aktivieren Sie per Häkchen alle die Regler, die im *Volume Control*-Menü dargestellt werden sollen.

5. Um die Lautstärkeregler für die Aufnahmeregelung auszuwählen, gehen Sie genauso vor, wechseln aber in den Einstellungen im Bereich *Lautstärke regeln für* erst zur Option *Aufnahme*. Dann werden in der Liste die verfügbaren Aufnahmeregler angezeigt.

Originaltreiber der Soundkarte verwenden

Wenn unter Windows nicht alle Audiofunktionen zur Verfügung stehen, die eine Soundkarte hardwaremäßig bietet, liegt dies in der Regel an den Treibern. Windows bringt für viele gängige Produkte Standardtreiber mit, die aber nicht immer den individuellen Leistungsumfang des Produkts berücksichtigen. Deshalb lohnt es sich stets, die Originaltreiber vom Hersteller zur verwenden, auch wenn die Karte mit den Windows-Standardtreiber reibungslos zu laufen scheint.

PC brummt an der Hi-Fi-Anlage

? Ich habe den Ausgang meiner Soundkarte per Cinch-Kabel an meine Hi-Fi-Anlage angeschlossen, um Musik und Spielesounds darüber besser hören zu können. Allerdings brummen die Lautsprecher die ganze Zeit, während sie auf den PC geschaltet sind. Wie kann ich dieses Störgeräusch loswerden?

! Bei diesem Geräusch handelt es sich vermutlich um eine Brummschleife. Sie entsteht, wenn man zwei bereits geerdete Geräte (der PC über den Schutzleiter, die Hi-Fi-Anlage über das Antennenkabel) miteinander verbindet (über die Cinch-Kabel).

Beheben lässt sich dieser Effekt nur, indem man die direkte Verbindung trennt. Neuere Soundkarten verfügen über einen optischen (Lichtwellenleiter-)Ausgang, der von modernen Surroundklang-Decodern (die auch z. B. auch Dolby Digital-Sound von einer DVD verarbeiten können) wiedergegeben werden kann. Wenn die vorhandene Hardware eine solche Lösung nicht erlaubt, können Sie sich auch mit einem Mantelstromfilter für die Antenne der Hi-Fi-Anlage behelfen oder die Verbindung zwischen PC und Hi-Fi-Anlage mit einem speziellen Filter galvanisch trennen. Solches Zubehör ist im Elektrofachhandel erhältlich.

Digitalausgang aktivieren

? Meine Soundkarte soll laut Herstellerangaben über einen Digitalausgang verfügen. Ich finde aber nur die üblichen Mini-Stecker für Mikrofon, Kopfhörer und Line-Out. Wo versteckt sich der Digitalausgang?

! Bei preisgünstigen Soundkarten und vor allem bei Notebooks findet man aus Kosten- und Platzgründen meist keinen separaten digitalen Ausgang. Stattdessen wird einer der anderen Ausgänge (meist der Kopfhörerausgang) wahlweise digital beschaltet. Für die Verbindung zum Digitalverstärker benötigen Sie in diesem Fall einen Adapter von 3,5-mm-Klinke auf Cinch (das gleiche Kabel wie für die analoge Verbindung zur Hi-Fi-Anlage). Auf welchem der beiden Stereokanäle das digitale Signal anliegt, müssen Sie ausprobieren, da dies nicht genormt ist. Der digitale Ausgang wird dann in den Einstellungen aktiviert:

- Bei manchen Produkten platziert die Treiberinstallation ein eigenes Modul in die Systemsteuerung, wo Sie diese Einstellung vornehmen.

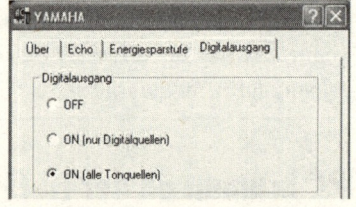

- Andere Hersteller integrieren diese Einstellung in die System-Lautstärkeregelung. Hier finden Sie dann eine *Erweitert*-Schaltfläche, die das entsprechende Menü öffnet. Ggf. müssen Sie diese zusätzliche Eigenschaft zuvor mit *Optionen/Erweiterte Einstellungen* aktivieren.

Stotternde Wiedergabe bei MP3s und Wave-Dateien

? Ich erlebe es beim Abspielen von MP3s und Wave-Dateien häufiger, dass es Aussetzer bei der Wiedergabe gibt. Bei anderen Gelegenheiten klingen dieselben

Dateien völlig in Ordnung, sodass es nicht an Fehlern in den Dateien liegen kann. Wie kann ich die Wiedergabe verbessern?

Eine stotternde Audiowiedergabe kann eigentlich nur bei relativ alten PCs (insbesondere bei MP3-Wiedergabe) auftreten, oder wenn der PC während der Wiedergabe anderweitig schwer beschäftigt ist. Um trotzdem zu einer lückenlosen Audiowiedergabe zu kommen, können Sie den Ausgabepuffer erhöhen:

1. Öffnen Sie in der Systemsteuerung das Modul *Sounds und Audiogeräte* und wechseln Sie dort in die Rubrik *Hardware*.

2. Wählen Sie hier in der Liste der *Geräte* das *Mediensteuerungsgerät* aus und klicken Sie unten rechts auf die Schaltfläche *Eigenschaften*.

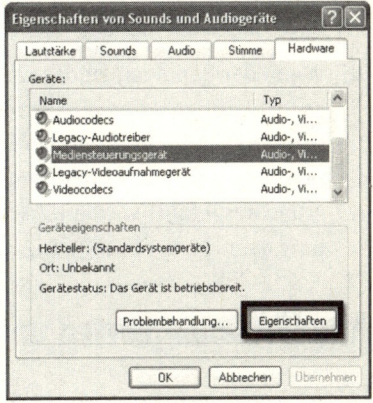

3. Wechseln Sie im anschließenden Menü in die Rubrik *Eigenschaften*, wählen Sie hier wiederum bei *Mediensteuerungsgeräte* den Eintrag *mciwave.dll* aus und klicken Sie wiederum unten rechts auf *Eigenschaften*.

4. Klicken Sie im anschließenden Dialog auf *Einstellungen*.

5. Nun haben Sie das Menü vor sich, in dem Sie den Ausgabepuffer erhöhen können, indem Sie den Schieberegler nach rechts bewegen. Dadurch legen Sie die Anzahl an Sekunden fest, die im Voraus in den Pufferspeicher für die Audiowiedergabe geladen werden.

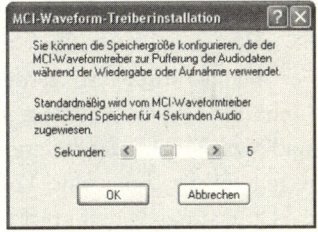

Audiowiedergabe bei schneller Benutzerumschaltung

Wenn ich die Funktion zur schnellen Benutzerumschaltung verwende, spielt Windows manchmal Audio, obwohl ich gar kein entsprechendes Wiedergabeprogramm laufen habe. Wie ist das möglich?

Wenn ein Benutzer ein Audioprogramm startet und sich dann per schneller Benutzerumschaltung ummeldet, läuft das Audioprogramm im Hintergrund weiter, dürfte aber eigentlich kein Audio mehr ausgeben. Leider erkennen nicht alle Audioprogramme, dass die schnelle Benutzerumschaltung aktiv ist, und geben trotzdem Klänge aus. Leider gibt es für dieses Problem keine echte Lösung. Deshalb nur die folgenden Ratschläge:

- Besorgen Sie sich – soweit möglich – eine aktuellere Version des betroffenen Audioprogramms, die den schnellen Benutzerwechsel unterstützt.
- Beenden Sie Audioprogramme manuell bzw. halten Sie die Audiowiedergabe an, bevor Sie einen schnellen Benutzerwechsel durchführen.
- Wenn der Benutzer, zu dem zwischenzeitlich gewechselt wurde, keine Audioausgabe benötigt, können Sie für die Dauer seiner Anmeldung die Wiedergabe stummschalten. Änderungen an der Lautstärke bzw. die Stummschaltung wirken sich auch auf Audioprogramme aus, die von einem anderen Benutzer im Hintergrund ausgeführt werden. Allerdings muss der andere Benutzer die Stummschaltung dann wieder rückgängig machen, nachdem er zurückgewechselt hat.

Alte ISA-Soundkarten unter Windows XP installieren

? Ich habe noch eine alte ISA-Soundkarte herumliegen. Wenn ich diese einbaue, erkennt Windows XP sie aber noch nicht mal. Kann ich sie trotzdem verwenden?

! Windows erkennt nur ISA-Erweiterungskarten, die Plug & Play unterstützen. Ältere Karten ohne Plug & Play können verwendet werden, wenn der Kartenhersteller einen WDM-Treiber dafür zur Verfügung stellt. Allerdings müssen die Treiber manuell installiert werden, da die automatische Erkennung nicht funktioniert (siehe Seite 127). Trotzdem wird die Soundkarte nur eingeschränkt für die einfache Audiowiedergabe zu verwenden sein. Audiodateien, die mit DRM (**D**igital **R**ights **M**anagement) geschützt sind, können nicht wiedergegeben werden, da der Audiotreiber die Unterstützung dafür nicht zur Verfügung stellt.

Hardwaretest für Stimmenaufname versagt

? Ich möchte die Windows-Funktionen zur Stimmenaufname und Spracherkennung nutzen. Wenn ich den Hardwaretest durchführen will, erhalte ich aber jedes Mal eine Fehlermeldung und kann den Test nicht durchführen. Was kann ich tun?

! Hierbei handelt es sich um einen Fehler, der unter bestimmten Umständen vorkommen kann. Üblicherweise tritt er nur beim ersten Versuch auf, den Hardwaretest durchzuführen. Sollte er fortgesetzt auftreten, können Sie ihn folgendermaßen beheben:

1. Öffnen Sie das Modul *Sound und Audiogeräte* in der Systemsteuerung und wechseln Sie in die Rubrik *Stimme*.

2. Klicken Sie hier im Bereich *Stimmwiedergabe* auf die Schaltfläche *Erweitert*.

3. Wechseln Sie im anschließenden Dialog in die Rubrik *Systemleistung*.

4. Bewegen Sie hier den Schieberegler *Hardwarebeschleunigung* zumindest einen Schritt nach rechts, sodass er nicht auf *Nur Emulation* steht.

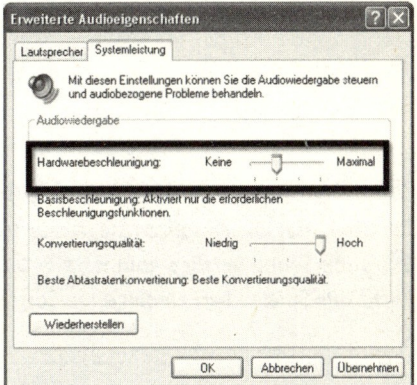

5. Klicken Sie auf *OK*. Zurück im *Stimme*-Menü können Sie nun unten mit einem Klick auf *Hardware testen* den Hardwaretest erfolgreich starten.

Mehr als zwei Lautsprecher für die Audioausgabe verwenden

? Ich habe den Ausgang meiner Soundkarte an eine Surround-Decoder mit mehreren Boxen für Raumklang angeschlossen. Wie kann ich die Ausgabe konfigurieren, sodass ich unter Windows von den zusätzlichen Boxen profitiere?

! Windows unterstützt die Audioausgabe mit neueren Surround-Anlagen in verschiedenen Konfigurationen. Sie müssen dem System lediglich vorgeben, wie viele Boxen angeschlossen sind:

1. Öffnen Sie das Modul *Sound und Audiogeräte* in der Systemsteuerung und wechseln Sie in die Rubrik *Lautstärke*.

2. Klicken Sie hier im Bereich *Lautsprechereinstellungen* auf die Schaltfläche *Erweitert*.

3. Im anschließenden Menü können Sie in der Rubrik *Lautsprecher* unten im Auswahlfeld *Lautsprecher-Setup* die gewünschte Konfiguration eingeben. Die jeweils ausgewählte Variante wird auch optisch angezeigt, sodass Sie sich notfalls daran orientieren können, falls Sie bei der korrekten Bezeichnung unsicher sind.

➡ ***Surround-Sound in Computerspielen*** ➡

Bei Computerspielen sollten Sie jeweils prüfen, ob das Spiel über eigene Einstellungen für Surround-Sound verfügt, und dort ggf. auch ihre Lautsprecherkonfiguration eintragen. Nicht alle Spiele übernehmen diese Einstellung automatisch aus der Windows-Konfiguration.

Welche Audiocodecs sind installiert?

 Wie kann ich feststellen, welche Audiocodecs auf meine PC zur Verfügung stehen, und einzelne davon ggf. deinstallieren?

Die Audiocodecs zum Aufnehmen und Wiedergeben der verschiedenen Soundformate tauchen üblicherweise nicht in der Liste der installierten Software auf, da es sich dabei nicht um eigenständige Programme handelt. Trotzdem gibt es eine – gut versteckte – Liste der vorhandenen Codecs, wo man diese bei Bedarf auch löschen kann:

1. Öffnen Sie das Modul *Sound und Audiogeräte* in der Systemsteuerung und wechseln Sie in die Rubrik *Hardware*.

2. Wählen Sie hier in der Liste der *Geräte* den Eintrag *Audiocodecs* und klicken Sie dann unten rechts auf die Schaltfläche *Eigenschaften*.

3. Im anschließenden Menü wechseln Sie in die Rubrik *Eigenschaften*. Hier finden Sie alle im System vorhandenen *Audiokomprimierungscodecs*. Wenn Sie einen der Einträge auswählen, können Sie mit den Schaltflächen unten seine *Eigenschaften* abrufen oder ihn *Entfernen*.

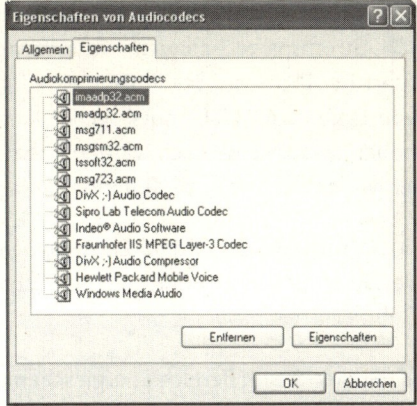

„Alles wiedergeben" im Musik-Ordner gibt nicht alles wieder

? Im Ordner *Eigene Musik* gibt es links im Aufgabenbereich die Musikaufgabe *Alles wiedergeben*, die laut Beschreibung alle Dateien im Musikordner abspielen soll, auch wenn Sie sich in Unterverzeichnissen befinden. Warum gibt diese Funktion nicht wirklich alle Musikstücke wieder, sondern lässt bestimmte Stücke weg?

! Hierbei handelt es sich um einen Fehler in dieser Funktion. Prinzipiell kommt sie mit Musikdateien auch in Unterverzeichnissen des Ordners *Eigene Musik* zurecht, aber der Programmierer hat die Verschachtelung in Unterverzeichnisse auf maximal zehn Ebenen begrenzt. Das heißt, die Funktion folgt vom Ausgangsorder aus maximal zehnmal in einen verschachtelten Unterordner. Liegen unterhalb davon noch weitere Unterordner, wird deren Inhalt ignoriert. Bei sehr umfangreichen und komplex stukturierten Musiksammlungen kann dies dazu führen, dass ein Teil der Musikstück nicht mit abgespielt wird. Leider gibt es für das Problem keine Lösung, außer die Unterverzeichnisse eben maximal zehn Ebenen tief zu strukturieren.

Regelmäßige Tonstörungen bei USB-Lautsprechern

? Ich habe an meinen PC Lautsprecher per USB angeschlossen. Wenn ich eine relative hohe Lautstärke einstelle, treten ca. einmal pro Minute kurze Störgeräusche auf. Wodurch werden diese verursacht und wie kann ich sie vermeiden?

! Dieses Phänomen tritt im Zusammenhang mit Prozessoren auf, die spezielle Stromspartechologien wie z. B. Intels SpeedStep verwenden. In diesem Modus führt der Prozessor regelmäßig eine Initialisierung durch, die den konstanten Strom von Daten zum USB-Lautsprecher kurz stören kann. Solche Störungen können bei hoher Lautstärke deutlich wahrnehmbar sein. Eine Lösung für das Problem ist das Deaktivieren der Stromsparfunktionen:

1. Öffnen Sie das Modul *Energieoptionen* in der Systemsteuerung und wechseln Sie in die Rubrik *Energieschemas*.

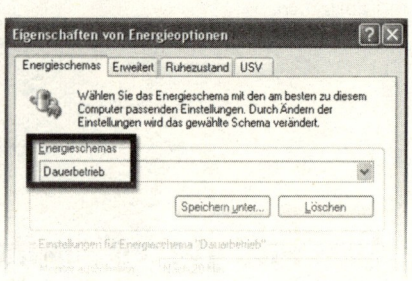

2. Stellen Sie im Bereich Energieschemas die Option *Dauerbetrieb* ein.

3. Übernehmen Sie die geänderte Einstellung mit *OK*. Da die Stromsparfunktionen des Prozessors damit deaktiviert werden, sollten die Störgeräusche nicht mehr auftreten.

8.2 MP3s und andere Klangformate

Musikinfos im Windows-Explorer anzeigen

? Musikstücke wie MP3- oder WMA-Dateien enthalten meist genaue Angaben zu Titel, Interpret, Erscheinungsjahr usw., die man im Abspielprogramm abrufen kann. Gibt es eine Möglichkeit, solche Angaben auch direkt im Windows-Explorer anzuzeigen?

! Die *Details*-Ansicht des Windows-Explorers erlaubt es, verschiedene Dateieigenschaften darzustellen. Dazu gehören die speziellen Informationen zu Musikdateien. Sie müssen den Ordner lediglich so anpassen, dass Sie diese Angaben auch zu sehen bekommen:

1. Öffnen Sie den fraglichen Ordner im Windows-Explorer und wählen Sie mit *Ansicht/Details* die Detailansicht.

2. Rufen Sie dann die Menüfunktion *Ansicht/Details auswählen* auf.

3. Im damit geöffneten Dialog können Sie genau festlegen, welche Angaben in diesem Ordner in der Detailansicht angezeigt werden sollen. Um die Informationen zu Musikinhalten zu sehen, sollten Sie z. B. die Details *Titel, Interpret, Albumtitel, Jahr, Titelnummer, Genre, Dauer* und *Bitrate* durch Häkchen aktivieren.

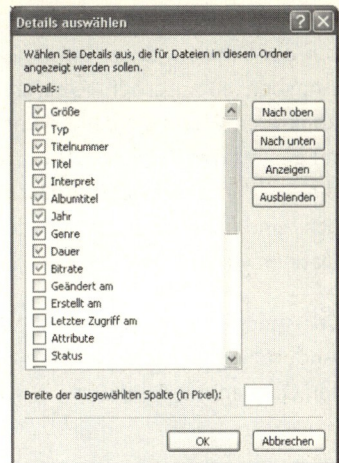

4. Die Reihenfolge, in der diese Informationen von links nach rechts in der Dateiliste angezeigt werden, können Sie mithilfe der Schaltflächen *Nach oben* und *Nach unten* festlegen. Das ganz zuoberst stehende Detail kommt ganz links, das unterste ganz rechts.

5. Übernehmen Sie die Detailauswahl mit *OK*. Die Anzeige der Dateiliste im Windows-Explorer wird daraufhin sofort an die neuen Einstellungen angepasst.

MP3-Angaben in mehreren Dateien gleichzeitig ändern

? Ich habe mich beim Erstellen einiger MP3s vertan und möchte nun nicht alle Dateien einzeln korrigieren. Gibt es eine Möglichkeit, eine bestimmte Angabe in einem Schritt gleich in mehreren Dateien zu verändern?

! Diese Möglichkeit gibt es, sogar in verschiedenen Varianten. So können Sie z. B. im Windows Media Player mehrere Musikstücke markieren und die Änderung an einem Stück dann gleich für alle markierten Stücke gelten lassen. Aber sogar der Windows-Explorer bietet eine einfache Möglichkeit, die ID-Angaben in MP3-Dateien zu verändern:

1. Öffnen Sie den Ordner, der die fraglichen MP3-Dateien enthält, im Windows-Explorer und wählen Sie die zu ändernden Dateien aus. Achten Sie darauf, wirklich nur MP3-Dateien auszuwählen.

2. Klicken Sie dann mit der rechten Maustaste auf die Auswahl und wählen Sie im kontextabhängigen Menü den Eintrag *Eigenschaften*.

3. Wechseln Sie im anschließenden Menü in die Rubrik *Dateiinfo* und klicken Sie hier auf die Schaltfläche *Erweitert*.

4. Damit öffnen Sie die erweiterten Eigenschaften der Dateien, die exakt den wesentlichen ID-Angaben entsprechen. Überall, wo statt eines konkreten Werts die Bemerkung *(mehrfache Werte)* eingetragen ist, handelt es sich um Angaben, die bei den ausgewählten Dateien unterschiedlich sind. Die anderen Werte sind bei allen Dateien gleich.

5. Ändern Sie nun einen der Werte, wird diese Änderung gleichzeitig in allen zuvor ausgewählten Dateien durchgeführt.

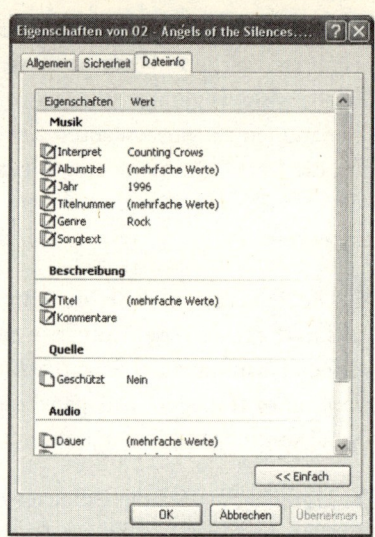

Spezielle ID-Angaben bearbeiten

Der Windows Media Player erlaubt es, die ID3-Angaben von MP3-Dateien zu verändern, allerdings nur eine gewissen Auswahl davon. Wie kann ich die weiteren Parameter einsehen und bearbeiten?

Der Windows Media Player unterstützt alle gängigen ID3-Tags, allerdings wäre das Hauptfenster der Medienbibliothek zu klein dafür. Deshalb gibt es einen erweiterten Tag-Editor, den Sie jederzeit im Windows Media Player starten können.

1. Markieren Sie die Datei(en), deren erweiterten Informationen Sie bearbeiten möchten.

2. Klicken Sie dann mit der rechten Maustaste auf die Auswahl und rufen Sie im kontextabhängigen Menü den Befehl *Erweiterter Tag-Editor* auf

3. Damit starten Sie einen Editor, der die zahlreichen ID3-Parameter auf verschiedene Rubriken verteilt zugänglich macht.

4. Wenn Sie mehr als eine Datei markiert hatten, sind die verschiedenen Parameter zunächst blockiert und Sie müssen die Felder erst mit einem Häkchen aktivieren. Dafür werden beim Speichern mit *OK* dann nur genau diese Felder aktualisiert und alle anderen in den verschiedenen Dateien nicht angetastet.

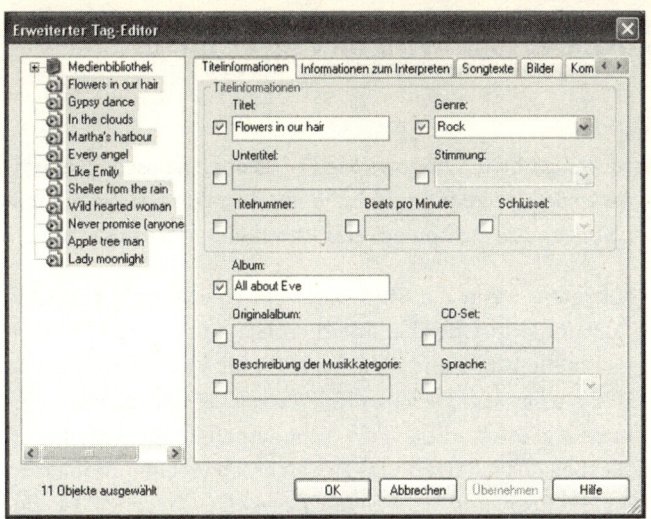

Unterschiedliche Angaben zu den Informationen in MP3-Dateien

? Wenn ich MP3-Dateien von meinem PC auf einen mobilen MP3-Player hochlade, stehen in dessen Display manchmal ganz andere Angaben zu Titel, Interpret usw. als z. B. im Windows Media Player oder anderen Abspielprogrammen. Wie kann das passieren?

! Bei MP3 gibt es verschiedene Standards, wie Informationen über den Inhalt einer Datei gespeichert werden können. ID3v1 definiert einen Block am Ende der Datei, ID3v2 hingegen erstellt einen Block am Anfang der Datei und speichert darin teilweise auch andere Daten. Optimalerweise sollten die Blöcke – so in einer Datei denn beide vorhanden sind – die gleichen Angaben enthalten. Dies muss aber nicht der Fall sein. Wenn Sie also die MP3-Informationen mit einem Abspielprogramm bearbeiten, das ID3v3 verwendet (wie z. B. der Windows Media Player), Ihr mobiler MP3-Player aber nur das ältere ID3v1 unterstützt, zeigt er andere Daten an. Dieses Problem lässt sich nur mit einem Programm lösen, das die verschiedenen Tags automatisch angleicht. Ein solches Tool ist z. B. ID2-TagIT (*http://www.id2-tagit.de*).

Länge von MP3-Musikstücken wird im Player falsch angegeben

? Bei manchen Musikstücken gibt der Windows Media Player eine falsche Gesamtlänge des Stücks an. Außerdem zeigt er eine falsche Bitrate an und man kann teilweise nicht in den Stücken vor- und zurückspulen. Was ist mit diesen Dateien faul?

! Dieser Effekt kann auftreten, wenn die MP3-Datei mit einer variablen Bitrate komprimiert wurde, um möglichst flexibel Speicherplatz zu sparen. In diesem Fall kann das Abspielprogramm die Länge und die genaue Position eines Musikstücks nicht genau bestimmen. Deshalb liest es in solchen Fällen das ID3-Feld *TLEN* aus, der die genau Länge des Stücks beinhaltet. Ist dieses Feld nicht ausgefüllt, muss der Player die Länge aufgrund des Stückbeginns schätzen, was zu den beschriebenen Problemen führen kann. Einzige Lösung des Problems: Verwenden Sie einen anderen MP3-Encoder, der dieses ID3-Feld beim Erstellen der MP3-Datei korrekt ausfüllt. Dies ist bei den meisten gängigen MP3-Encodern der Fall.

Wiedergabe im Eigene Musik-Ordner klappt nicht

? Wenn ich im Ordner *Eigene Musik* die Aufgaben *Alles wiedergeben* bzw. *Auswahl wiedergeben* aufrufe, werden manche Musikstücke nicht gespielt und ich erhalte stattdessen eine Fehlermeldung, dass keine abspielbare Datei gefunden werden könne. Was läuft da schief?

! Auf einer Standardinstallation sollten diese Funktionen reibungslos laufen. Wenn Sie aber zusätzliche Programme zur Audiowiedergabe installiert und wieder deinstalliert haben, wurden dabei möglicherweise die Dateiverknüpfungen für einige Typen von Audiodateien beeinträchtigt, sodass diese nun nicht mehr ohne weiteres abgespielt werden können. Überprüfen und Korrigieren Sie das Problem wie folgt:

1. Versuchen Sie festzustellen, bei welchen Arten von Dateien das Problem auftritt (.*mp3*, .*wma*, .*wav* usw.).

2. Starten Sie den Registry-Editor und öffnen Sie darin den Schlüssel *HKEY_CLASSES_ROOT* und hier den Unterschlüssel für die Dateiendung eines der problematischen Dateityps (also z. B. .*mp3*).

3. Stellen Sie fest, ob sich hier in der rechten Hälfte eine Zeichenfolge mit dem Namen *PerceivedType* befindet.

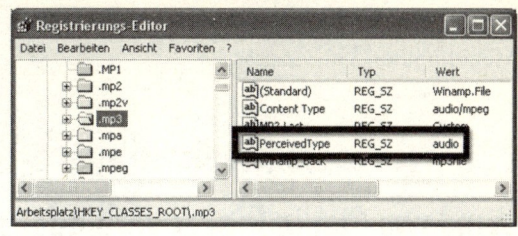

4. Wenn nicht, legen Sie diesen Eintrag mit *Bearbeiten/Neu/Zeichenfolge* an und geben ihm diesen Namen.

5. Doppelklicken Sie dann auf die neue Zeichenfolge, um sie zu bearbeiten, und geben Sie als Wert *audio* an.

6. Wiederholen Sie diesen Vorgang für alle Dateitypen, die von den Abspielfunktionen im Ordner *Eigene Musik* bemängelt werden.

WAV-Dateien aufnehmen

? Ich möchte mit dem Mikrofon selbst einen Klang aufnehmen. Im Windows Media Player finde ich aber keine Funktion dafür. Wo kann man eigene Aufnahmen machen?

! Der Windows Media Player bringt bei aller Vielseitigkeit in der Tat keine simple Aufnahmefunktion mit. Hierzu können Sie aber auf alte Windows-Veteranen zurückgreifen, die noch immer mit an Bord sind:

1. Rufen Sie mit *Start/Alle Programme/Zubehör/Unterhaltungsmedien/Audiorecorder* den Audiorecorder auf.

2. Um die Aufnahmequelle auszuwählen, verwenden Sie die Menüfunktion *Bearbeiten/Audioeigenschaften*.

3. Klicken Sie im anschließenden Dialog im Bereich *Soundaufnahme* auf die Schaltfläche *Lautstärke*. Im damit geöffneten Soundmixer setzen Sie das *Auswählen*-Häkchen bei dem Gerät, von dem Sie aufnehmen wollen, z. B. *Mic* für Mikrofon oder *Line-In*. Schließen Sie das Fenster dann und kehren Sie zum Audiorecorder zurück.

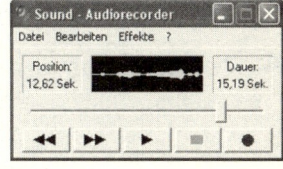

4. Hier brauchen Sie nun lediglich auf die Aufnahme-Schaltfläche ganz rechts klicken, die Aufnahme durchzuführen und dann auf die Stopp-Schaltfläche zu klicken.

5. Um den so aufgenommenen Klang in einer Datei zu speichern, wählen Sie die Menüfunktion *Datei speichern*.

8.3 Windows Media Player

Windows Media Player verbindet sich ständig mit dem Internet

? Mir ist aufgefallen, dass sich der Windows Media Player regelmäßig mit dem Internet verbindet, auch wenn er einfach nur lokale Mediendateien abspielen soll. Wie kann man dieses Verhalten unterbinden?

! Der Windows Media Player verfügt über eine Reihe von Optionen, mit denen er sich automatisch Informationen aus dem Internet beschaffen soll. Diese Funktionen sollen in der Regel dem Komfort der Benutzer dienen. Sie lassen sich aber alle deaktivieren, um so unnötige und womöglich kostspielige Einwahlen zu vermeiden:

1. Öffnen Sie im Windows Media Player mit *Extras/Optionen* die Einstellungen und wechseln Sie hier in die Rubrik *Player*.

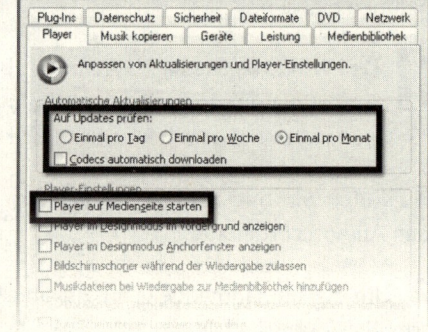

2. Setzen Sie hier im Bereich *Automatische Aktualisierung* die Einstellung *Auf Updates prüfen* auf *Einmal pro Monat*. Deaktivieren Sie außerdem darunter die Option *Codecs automatisch downloaden*.

3. Deaktivieren Sie außerdem im Bereich *Player-Einstellungen* das Kontrollkästchen *Player auf Medienseite starten*.

4. Wechseln Sie dann in die Rubrik *Datenschutz*.

5. Deaktivieren Sie hier alle Optionen in den Bereichen *Erweiterte Wiedergabefunktionen*, *Erweiterte Inhaltsanbieter* sowie *Programm zur Verbesserung der Benutzerfreundlichkeit*.

6. Wechseln Sie schließlich in die Rubrik *Medienbibliothek* und deaktivieren Sie hier im Bereich *Automatische Aktualisierung von Medieninformationen* die Einstellung *Eigene Musikdateien (WMA- und MP3-Dateien) durch Abrufen fehlender Medieninformationen aus dem Internet aktualisieren*.

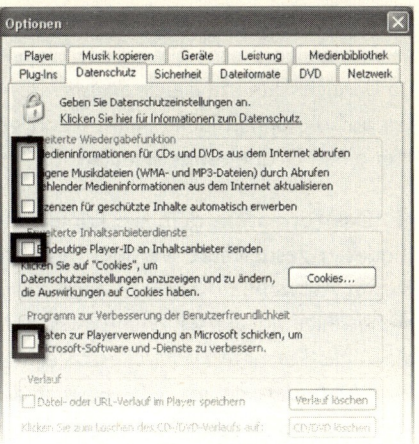

7. Übernehmen Sie die neuen Einstellungen mit *OK*. Damit entfallen fast alle Gründe für den Windows Media Player, eine Onlineverbindung herzustellen.

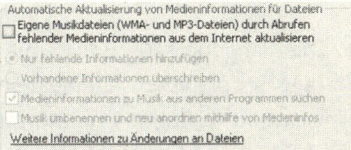

Audio-CDs auf den PC kopieren

Wenn ich eine Audio-CD in den PC einlege und mit dem Windows Media Player abspiele, kopiert der diese Datei automatisch auf die Festplatte. Wie kann ich dies steuern bzw. wie kann ich festlegen, wo und in welchem Format die Audiodateien abgelegt werden sollen?

Standardmäßig kopiert der Windows Media Player tatsächlich alle Audio-CDs, die Sie abspielen, nebenbei auf die Festplatte. Wollen Sie dies unterbinden bzw. die Standardeinstellungen dafür verändern, gehen Sie so vor:

1. Öffnen Sie im Windows Media Player mit *Extras/Optionen* die Einstellungen und wechseln Sie hier in die Rubrik *Musik kopieren*.

2. Hier können Sie im Bereich *Kopiereinstellungen* festlegen, ob der Windows Media Player eingelegte Audio-CDs überhaupt kopieren soll. Wollen Sie dies nicht, deaktivieren Sie die Einstellung *CD nach dem Einlegen kopieren*. Sie können dann immer noch CDs auf die Festplatte kopieren, indem Sie im Hauptfenster links in der Taskleiste die Aufgabe *Von CD kopieren* wählen.

3. Um einzustellen, wo die erstellten Musikdateien gespeichert werden, klicken Sie im Bereich *Musik zu diesem Speicherort kopieren* auf die Schaltfläche *Ändern* und geben hier einen Ordner Ihrer Wahl an.

4. Das Format, in dem die kopierten Audiodaten gespeichert werden, bestimmen Sie im Auswahlfeld *Format*. Standardmäßig stehen hier nur verschiedene *Windows Media Audio*-Formate (WMA) zur Verfügung. Um Audiodateien im MP3-Format zu erstellen, ist ein zusätzliches Plug-In erforderlich.

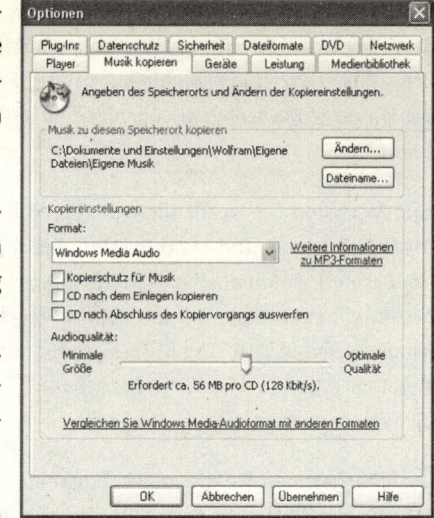

5. Die Klangqualität – und damit auch den Umfang der erstellten Audiodateien – können Sie ganz unten mit dem Schieberegler *Audioqualität* festlegen. Erfahrungsgemäß erreichen Sie mit einer mittleren Bitrate um 128 KBit/s eine Qualität, die für durchschnittliche Ohren in etwa dem Niveau von Audio-CDs entspricht. Bei dieser Bitrate benötigen Sie ca. 1 MByte pro Minute, d. h., eine Audio-CD lässt sich auf etwa 60 MByte unterbringen.

Übermittlung von Identifizierungsdaten verhindern

Wie kann ich vermeiden, dass ich beim Abrufen von Mediendaten mit dem Windows Media Player vom Anbieter identifiziert und persönliche Daten übermittelt werden?

Um gebührenpflichtige Medienangebote nutzen zu können, kann der Windows Media Player sich gegenüber den Anbietern identifizieren. Wer lieber anonym bleiben will, kann diese Funktionen aber deaktivieren:

1. Öffnen Sie im Windows Media Player mit *Extras/Optionen* die Einstellungen und wechseln Sie hier in die Rubrik *Datenschutz*.

2. Schalten Sie hier im Bereich *Erweiterte Inhaltsanbieterdienste* die Option *Eindeutige Player-ID an Inhaltsanbieter senden* ab, um die Identifizierung zu deaktivieren.

3. Darüber hinaus verwendet der Windows Media Player Cookies beim Abrufen von Mediastreams über den Internet Explorer. Über die gleichnamige Schaltfläche können Sie die Einstellungen dafür erreichen. Sie sind identisch mit den Cookie-Einstellungen, die auch für den Internet Explorer oder Outlook Express gelten, und können nicht getrennt von diesen gewählt werden.

Verlaufsliste des Media Players löschen und deaktivieren

? Der Windows Media Player zeigt in der Liste zuletzt verwendeter Dateien immer die Audio- und Videodateien an, die ich in letzter Zeit abgespielt habe. An sich ganz praktisch, aber da ich meinen PC nicht allein benutze, ist mir das manchmal unangenehm. Kann diese Liste löschen oder besser noch ganz deaktivieren?

! Wie bei den meisten für die Privatsphäre relevanten Funktionen hat Microsoft eine Möglichkeit vorgesehen, die Verlaufsdaten zu entfernen:

1. Öffnen Sie im Windows Media Player mit *Extras/Optionen* die Einstellungen und wechseln Sie hier in die Rubrik *Datenschutz*.

2. Klicken Sie hier ganz unten im Bereich Verlauf auf die Schaltfläche *Verlauf löschen*, um die derzeit im Verlauf gespeicherten Daten zu entfernen.

3. Wollen Sie ganz auf diese Funktion verzichten, deaktivieren Sie gleich nebenan das Kontrollkästchen *Datei- und URL-Verlauf im Player speichern*. Dann bietet der Windows Media Player die betreffenden Funktion gar nicht mehr zur Auswahl an.

Taskleiste im Windows Media Player ist verschwunden

? Bislang wurde im Windows Media Player immer am linken Fensterrand eine Leiste mit den wichtigsten Aufgaben (Wiedergabe, Medienseite usw.) angezeigt. Seit kurzem ist diese Leiste verschwunden. Wie bekomme ich sie zurück?

! Bei dieser Taskleiste handelt es sich um ein variables Element, das man bei Bedarf ein- und ausblenden kann. Standardmäßig ist es immer zu sehen, aber wahrscheinlich haben Sie es einfach nur versehentlich ausgeblendet. Klicken Sie auf *Ansicht/Vollmodusoptionen/Taskleiste ausblenden* und entfernen Sie dort das Häkchen. Noch schneller geht es mit der schmalen, senkrechten Schaltfläche, die Sie am linken

Fensterrand sehen, wenn die Taskleiste ausgeblendet ist. Klicken Sie einfach darauf, um die Leiste wieder sichtbar zu machen.

Windows Media Player für Proxyserver konfigurieren

? Wir verwenden in unserem Netzwerk einen Proxyserver für den Zugriff auf das Internet. Wie muss ich den Windows Media Player einstellen, damit ich seine Onlinefunktionen trotzdem nutzen kann?

! Ähnlich wie auch der Internet Explorer muss der Windows Media Player auf den verwendeten Proxyserver eingestellt werden, dann funktioniert alles wie gewohnt. Dazu müssen Sie lediglich die Daten des Proxyservers kennen.

1. Öffnen Sie im Windows Media Player mit *Extras/Optionen* die Einstellungen und wechseln Sie hier in die Rubrik *Netzwerk*.

2. Wählen Sie hier im Bereich *Streamingproxyeinstellungen* das Transportprotokoll aus, für das Sie einen Proxyserver konfigurieren wollen. Beachten Sie bei den Einstellungen für *MMS* und *RTSP*, dass der Proxy diese Protokolle unterstützen muss.

3. Klicken Sie dann auf die Schaltfläche *Konfigurieren* rechts darunter.

4. Im anschließenden Dialog können Sie die Proxykonfiguration vornehmen. Soll der Windows Media Player dieselben Einstellungen wie der Internet Explorer verwenden, wählen Sie einfach die Option *Proxyeinstellungen des Webbrowsers verwenden*.

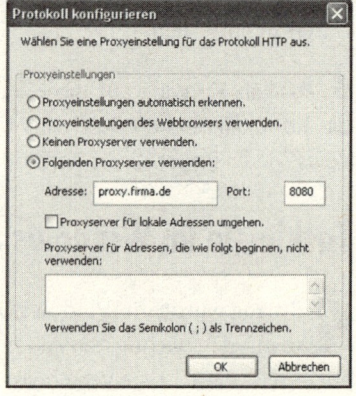

5. Andernfalls wählen Sie *Folgenden Proxyserver verwenden* und geben dann Adresse und Port des Proxyservers an.

6. Übernehmen Sie die geänderten Proxyeinstellungen mit *OK*.

Windows Media Player überträgt keine Daten aus dem Internet

? Beim Abspielen lokaler Daten funktioniert der Windows Media Player prima, aber wenn ich Audio- oder Videoquellen aus dem Netz abspielen will, erhalte ich jedes Mal die Fehlermeldung, dass der Windows Media Player die angegebene Datei nicht finden kann, obwohl die Adresse korrekt ist. Wo liegt das Problem?

! Vorausgesetzt, dass die Internetverbindung als solche in Ordnung ist, könnte dies an fehlenden oder falschen Proxyeinstellungen liegen (siehe Seite 280). Vor allem aber sollten Sie prüfen, ob der Windows Media Player überhaupt für das Abrufen von Mediendaten aus dem Internet eingestellt ist:

1. Öffnen Sie im Windows Media Player mit *Extras/Optionen* die Einstellungen und wechseln Sie hier in die Rubrik *Netzwerk*.

2. Stellen Sie sicher, dass hier im Bereich *Streamingprotokolle* alle Protokolle für Windows-Media-Datenströme aktiviert sind.

3. Falls nicht, setzen Sie die erforderlichen Häkchen notfalls selbst und übernehmen Sie die Änderungen mit *OK*.

➡ ***Windows Media Player und Firewalls, Router & Co.*** ➡

Die hier beschriebenen Lösungen sind solche, die im Rahmen des Windows Media Players erreichbar sind. Es kommen noch weitere generelle Ursachen in Frage, wie z. B. eine Firewall oder ein Router, welche die Daten bzw. die verwendeten Protokolle blockieren.

Windows Media Player kann keine Audiodaten wiedergeben

? Wenn ich mit dem Windows Media Player eine Audiodatei oder eine Videodatei mit einer Tonspur abspielen will, erhalte ich immer nur die Fehlermeldung *Audiodaten können nicht wiedergegeben werden. Audiohardware ist nicht verfügbar.*

! Diese Fehlermeldung weist auf ein grundsätzliches Problem mit der Soundhardware des PCs hin. Prüfen Sie deshalb, ob die Soundkarte korrekt installiert ist:

1. Öffnen Sie das Modul *System* der Systemsteuerung und wechseln Sie hier in die Rubrik *Hardware*.

2. Klicken Sie im Bereich *Geräte-Manager* auf die Schaltfläche *Geräte-Manager*.

3. Suchen Sie hier in der Kategorie *Audio-, Video- und Gamecontroller* den Eintrag für Ihre Soundkarte bzw. Ihren Audio-Controller und doppelklicken Sie darauf.

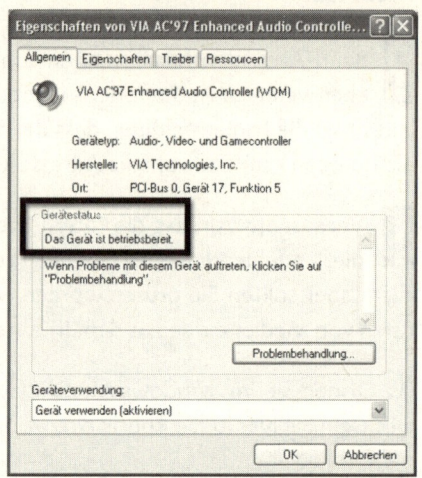

4. Im dadurch geöffneten Menü sollten Sie in der Rubrik *Allgemein* im Bereich *Gerätestatus* die Meldung *Das Gerät ist betriebsbereit* vorfinden. Andernfalls können Sie auf die Schaltfläche *Problembehandlung* klicken, um die Fehlerquelle mithilfe von Windows einzukreisen. Weitere Hinweise zu Hardwareproblemen finden Sie außerdem in Kapitel 3.

Wenn mit der Soundkarte alles in Ordnung ist und der Windows Media Player trotzdem keinen Mucks von sich gibt, sollten Sie die Hardwarebeschleunigung bei der Klangwiedergabe reduzieren:

1. Öffnen Sie in der Systemsteuerung das Modul *Sounds und Audiogeräte* und wechseln Sie dort in die Rubrik *Lautstärke*.

2. Klicken Sie hier ganz unten im Bereich *Lautsprechereinstellungen* auf die Schaltfläche *Erweitert*.

3. Damit öffnen Sie das Menü für *Erweiterte Audioeigenschaften*, wo Sie in die Rubrik *Systemleistung* wechseln.

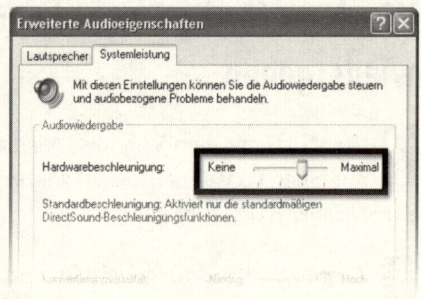

4. Bewegen Sie hier den Schieberegler *Hardwarebeschleunigung* um einen Schritt nach links in Richtung *Keine*.

5. Übernehmen Sie die geänderten Einstellungen mit *OK* und testen Sie, ob das Problem bei der Audiowiedergabe dadurch gelöst wurde. Wenn nicht, wiederholen Sie den Vorgang und schieben den Audioregler so weit nach links, bis die Tonwiedergabe klappt.

Fehlermeldung beim Abspielen von Audio-CDs

? Wenn ich eine Audio-CD einlegen und vom Windows Media Player abspielen lassen will, erhalte ich eine Fehlermeldung, dass er diese Datei nicht abspielen könne. Die Audio-CD läuft anderweitig aber problemlos. Liegt das Problem beim Windows Media Player?

! Dieser Effekt kann auftreten, wenn die Medienindexdatei von Windows beschädigt ist. Auf diese Datei greift der Windows Media Player zu, um die eingelegte Audio-CD zu identifizieren. Das Problem lässt sich wie folgt lösen:

1. Beenden Sie den Windows Media Player und entfernen Sie eventuell vorhandene Audio-CDs aus den Laufwerken.

2. Öffnen Sie dann im Windows-Explorer den Ordner *C:\Dokumente und Einstellungen\All Users\Anwendungsdaten\Microsoft\Media Index*.

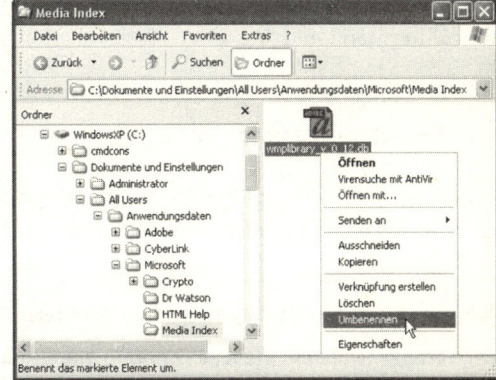

3. Hierin finden Sie die Datei *wmplibrary_v_0_12.db*. Klicken Sie mit der rechten Maustaste auf diese Datei und wählen Sie im kontextabhängigen Menü den Befehl *Umbenennen*.

4. Ändern Sie dann den Namen der Datei, z. B. indem Sie die Endung *.db* durch *.old* ersetzen.

5. Legen Sie eine Audio-CD ein und starten Sie den Windows Media Player notfalls manuell, falls er dadurch nicht ohnehin automatisch aktiviert wird. Der Windows Media Player stellt nun fest, dass die Indexdatei nicht mehr vorhanden ist, und erstellt eine neue, intakte Datei.

Keine Albuminformationen zu MP3-Dateien

? Wenn ich eine MP3-Datei mit dem Windows Media Player abspiele und dann auf *Albuminfo suchen* klicken, um Angaben zu der CD zu erhalten, von der das Stück stammt, reagiert der Windows Media Player nicht. Stattdessen wird das Fenster einfach nur schwarz. Wie kann ich die Infos abrufen?

! Hierbei handelt es sich um einen Fehler bzw. eine Unzulänglichkeit des Windows Media Player, die immer dann auftritt, wenn die gerade abgespielte MP3-Datei nicht in der Medienbibliothek verzeichnet ist. Sie können das Problem nur lösen, indem Sie die Datei in die Bibliothek aufnehmen:

1. Während der Wiedergabe der Datei wechseln Sie in die Medienbibliothek.

2. Klicken Sie hier in der Symbolleiste auf die Schaltfläche *Hinzufügen* und wählen Sie im damit geöffneten Untermenü die Variante *Aktuellen Titel hinzufügen*.

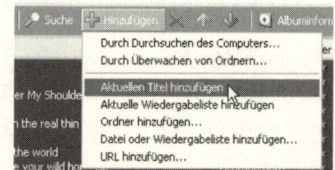

3. Wechseln Sie dann zurück zur *Wiedergabe*.

4. Hier sollten Sie Albuminformationen nun schon geladen werden, ansonsten klicken Sie noch einmal auf *Albuminfo suchen*.

▶▶▶ *Internetfunktionen des Windows Media Players freischalten* ◀◀◀

Die vorangehend beschriebene Funktion klappt nur, wenn der Windows Media Player sich die benötigten Daten aus dem Internet beschaffen darf. Dazu muss in den Einstellungen in der Rubrik *Datenschutz* **die Option** *Eigene Musikdaten (WMA- und MP3-Dateien) durch Abrufen fehlender Medieninformationen aus dem Internet aktualisieren* **aktiviert sein.**

Wiedergabe von Dateien aus dem Internet/Netzwerk stottert

? Wenn ich Dateien aus dem Internet abspielen will, gibt es beim Abspielen immer wieder kurze Pausen. Wie kann ich eine lückenlose Wiedergabe sicherstellen?

! Wenn die Wiedergabe stottert, dann liegt es in der Regel daran, dass die Daten aus dem Netz nicht schnell genug nachströmen, um sie lückenlos abspielen zu können. Prüfen Sie in solchen Fällen Sie Verbindungseinstellungen des Windows Media Players und korrigieren Sie diese ggf.:

1. Öffnen Sie im Windows Media Player mit *Extras/Optionen* die Einstellungen und wechseln Sie hier in die Rubrik *Leistung*.

2. Aktivieren Sie hier im Bereich *Verbindungsgeschwindigkeit* die Option *Verbindungsgeschwindigkeit auswählen* und wählen Sie im dadurch aktivierten Auswahlfeld das Profil, das Ihrer Onlineverbindung entspricht.

3. Als weitere Maßnahme gegen Aussetzer bei der Wiedergabe können Sie die Größe des Puffers erhöhen, den der Windows Media Player bei Wiedergeben von Streamdaten verwendet. Aktivieren Sie dazu im Bereich *Netzwerkpufferung* die Option *Puffer* und geben Sie die gewünschte Größe des Puffers in Sekunden (maximal 60 Sekunden) an. Der Windows Media Player sammelt dann mehr Daten, bevor er mit der Wiedergabe beginnt. Dadurch müssen Sie eventuell etwas länger auf den Start warten, aber dafür läuf das Abspielen dann reibungsloser.

Internetzugang

Verbindung über Modem	**288**
Verbindung über ISDN	**298**
DSL-Verbindung	**300**
Steuerung des Verbindungsaufbaus	**302**

9.1 Verbindung über Modem
Geeigneten Treiber für Modem finden

? Wie kann ich sicherstellen, dass mein Modem mit dem richtigen bzw. aktuellen Treiber arbeitet? Gibt es unter Windows XP eine Art Modemtreiberverwaltung? Und wenn ja – wo finde ich diese?

! Unter Windows XP gibt es eine Modemtreiberverwaltung. Hierbei handelt es sich um eine neue Registerkarte, verglichen mit älteren Windows-Betriebssystemen wie Windows 9.x oder WinNT 4.0. Hier lassen sich alle Eigenschaften den Treiber des Modems betreffend, einschließlich der Neuinstallation und der Deinstallation des Treibers, vornehmen.

1. Klicken Sie im Startmenü auf *Systemsteuerung/Drucker und andere Hardware/Telefon- und Modemoptionen* und anschließend auf die Registerkarte *Modems*.

2. Wählen Sie das zu konfigurierende Modem aus und klicken Sie auf *Eigenschaften*. Klicken Sie auf die Registerkarte *Treiber*, um die Modemtreiberverwaltung zu öffnen.

3. Unter den *Treiberdetails* finden sich neben dem genauen Pfad zum Treiber des Modems auch Informationen über den Anbieter, die Dateiversion und Informationen dazu, ob der Treiber digital signiert wurde oder nicht. Die digitale Signierung gibt Auskunft darüber, ob der verwendete Treiber von Microsoft geprüft und zugelassen wurde.

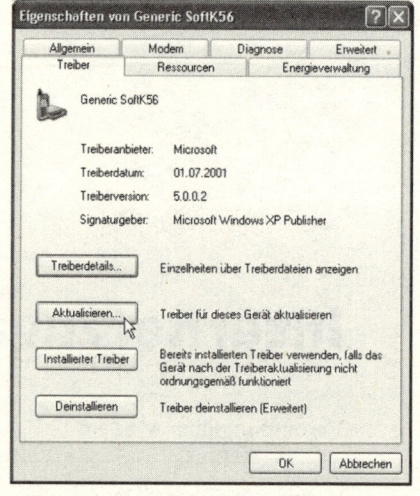

4. Die Schaltfläche *Aktualisieren* ermöglicht es Ihnen, eine neuere Version eines vorhandenen Treibers zu installieren, wobei dies wieder über einen Assistenten geschieht, wo Sie die Möglichkeit haben, einen Treiber aus einer Liste oder aus einem bestimmten Ordner oder Verzeichnis heraus zu installieren. Oder Sie lassen den Computer automatisch nach einem passenden, neueren Treiber suchen.

5. Wichtig! Hierbei wird automatisch vom alten Treiber eine Sicherheitskopie angefertigt (siehe Hinweistext „Neuer Treiber funktioniert nicht").

6. Als Letztes sei die Schaltfläche *Deinstallieren* erwähnt, mit der Sie den Treiber endgültig entfernen, sprich deinstallieren können.

⟾ **Neuer Treiber funktioniert nicht** ⟾

Haben Sie einen neueren Treiber nachinstalliert (aktualisiert), eventuell Ihren Rechner neu gestartet und stellen dann fest, der neue Treiber funktioniert fehlerhaft oder gar nicht? Über die Schaltfläche Installierter Treiber *können Sie Änderungen vornehmen. Sie haben die Möglichkeit, die Sicherheitskopie des zuletzt funktionierenden Treibers wiederherzustellen, um den fehlerhaften Treiber entfernen zu können.*

Verbindung am seriellen Port kommt nicht zustande

Ein serielles Modem funktioniert nicht einwandfrei oder überhaupt nicht. Obwohl des Gerät neu ist und die Verbindungen alle ordnungsgemäß eingesteckt sind. Was kann ich noch tun?

Zum einen kann ein Hardwarefehler vorliegen, sodass der gerade verwendete COM-Anschluss defekt ist. Hier sollten Sie den COM-Anschluss ändern. Auf Seite 290 wird dieser Vorgang beschrieben. Weiterhin kann die Ursache sein, dass die Übertragungsrate nicht unterstützt wird. Denn einige serielle RS-232-Geräte unterstützen jetzt Übertragungsraten von mehr als den 115,2 KBit/s. Wenn die Übertragungsrate in den Einstellungen für die Verbindung höher als 115,2 KBit/s ist, versuchen Sie, die Rate auf 115,2 KBit/s zu verringern (siehe auch Problembehandlung auf der Seite 297).

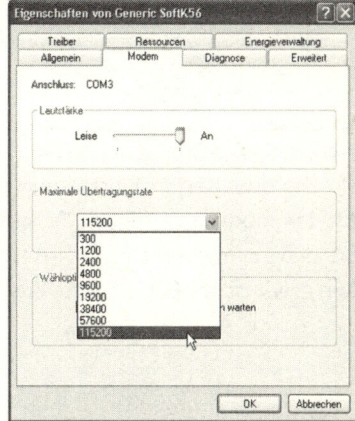

1. Öffnen Sie die *Telefon- und Modemoptionen* über *Start/Systemsteuerung/Drucker und andere Hardware*. Klicken Sie auf die Registerkarte *Modems* und wählen Sie das entsprechende Modem aus. Klicken Sie auf *Eigenschaften*.

2. Klicken Sie auf die Registerkarte *Modem* und ändern Sie die Geschwindigkeit über das Listenfeld *Maximale Übertragungsrate* ab.

3. Klicken Sie auf *OK* und schließen Sie alle Dialogfenster.

So ändern Sie den COM-Anschluss für ein Modem

? Mein serielles Modem funktioniert nicht. Es könnte sein, dass meine serielle Schnittstelle am Computer defekt ist. Wie kann ich den COM-Anschluss für mein Modem unter Windows XP ändern?

! Stecken Sie das Verbindungskabel vom Modem in eine funktionstüchtige serielle Schnittstelle Ihres Computers. Sie müssen als Administrator oder Mitglied der Gruppe Administratoren angemeldet sein, um dieses Verfahren abschließen zu können.

1. Öffnen Sie in der *Systemsteuerung/Drucker und andere Hardware* die *Telefon- und Modemoptionen* und klicken Sie anschließend auf die Registerkarte *Modems*. Wählen Sie in der Liste das entsprechende Modem aus, das Sie konfigurieren möchten, und klicken Sie dann auf *Eigenschaften*.

2. Klicken Sie auf der Registerkarte *Erweitert* auf *Anschlusseinstellungen*. Wird diese Option nicht angezeigt, wird die Zuweisung eines anderen COM-Anschlusses nicht vom Modem unterstützt.

3. Klicken Sie unter *COM-Anschlussnummer* auf die gewünschte Anschlussnummer.

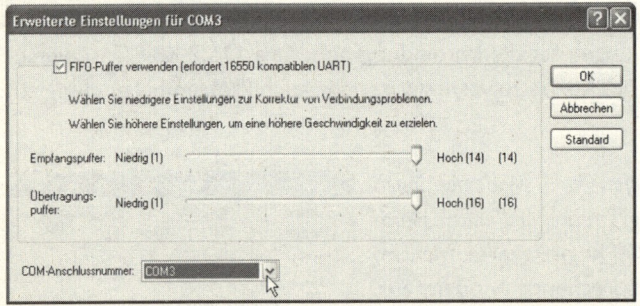

4. Die erweiterten Einstellungen für den COM-Anschluss sind nur für bestimmte Modemmodelle verfügbar. Falls Ihr Modem nicht zu diesen Modellen gehört, ändern Sie den zugewiesenen COM-Anschluss, indem Sie das Modem neu installieren und den gewünschten COM-Anschluss answählen.

▐▌▶ **Ändern der COM-Anschlussnummer** ▐▌▶

Diese Einstellung sollte nur geändert werden, falls dies für die Konfiguration erforderlich ist. Der Kommunikationsanschluss wird normalerweise bei der Installation des Modems richtig konfiguriert.

Modemhardwareeinstellungen prüfen und einstellen

Wenn Sie eine Datenverbindung mit einem Modem zwischen zwei Computern oder einem Onlinedienstanbieter herstellen wollen möchten, müssen an beiden Computern die Modemhardwareeinstellungen übereinstimmen. Wie stelle ich das unter Windows XP ein?

Prüfen Sie die Hardwareeinstellungen an beiden Computern. Übliche Einstellungen sind acht Datenbits, keine Parität und ein Stoppbit. Wie das geht, wird Ihnen im folgenden Abschnitt gezeigt.

1. Klicken Sie auf *Start/Systemsteuerung/ Drucker und andere Hardware* und öffnen Sie *Telefon- und Modemoptionen*. Klicken Sie auf das Registerblatt *Modems*.

2. Wählen Sie in der Liste das entsprechende Modem aus und klicken Sie anschließend auf *Eigenschaften*. Klicken Sie auf die Registerkarte *Erweitert*.

3. Klicken Sie jetzt auf *Standardeinstellungen ändern* und anschließend auf die Registerkarte *Erweitert*. Hier können Sie nun die Hardwareeinstellungen wie *Datenbits*, *Parität* und *Stoppbits* einstellen bzw. anpassen.

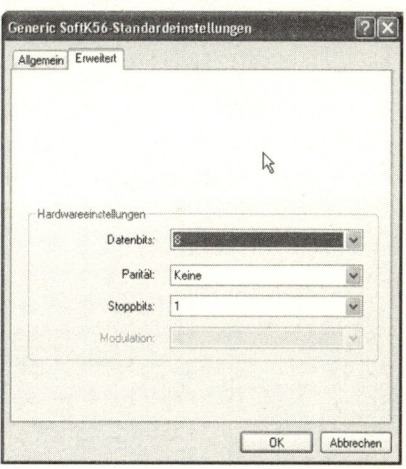

Diagnose des angeschlossenen Modems

Sie haben das Modem installiert, die Kabelverbindungen durchgeführt und möchten das angeschlossene Modem auf Funktion überprüfen. Wie können Sie das unter Windows XP durchführen?

! Wenn Verbindungsschwierigkeiten auftreten sollten, haben Sie die Möglichkeit, unter Windows XP Ihr Modem abzufragen und das Modemprotokoll einzusehen. Im Feld *Modeminformation* wird ähnlich wie bei der Testseite des Druckers ein Standardtest durchgeführt, um die Funktionsfähigkeit des Modems zu testen.

1. Öffnen Sie die *Telefon- und Modemeigenschaften* über *Start/Systemsteuerung/Drucker und andere Hardware*. Klicken Sie auf die Registerkarte *Modems* und wählen Sie aus der Liste das Modem aus, das Sie testen wollen.

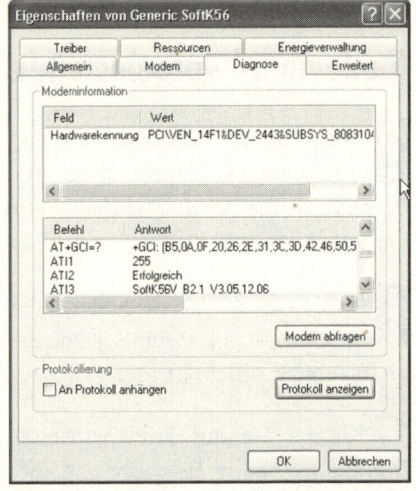

2. Klicken Sie auf *Eigenschaften* und anschließend auf die Registerkarte *Diagnose*. Starten Sie nun die Diagnose, indem Sie auf *Modem abfragen* klicken. Die Funktionsfähigkeit des Modems wird nun getestet.

3. Im Feld *Protokollierung* haben Sie die Möglichkeit, dass Protokoll des Modems einzusehen, in dem alle Befehle zu Verbindungsaufbau, Modemeinstellungen und Fehler protokolliert werden. Diese Informationen können Sie wenn möglich selbst auswerten oder den Technikern Ihres Modemherstellers für die Problemlösung zur Verfügung stellen.

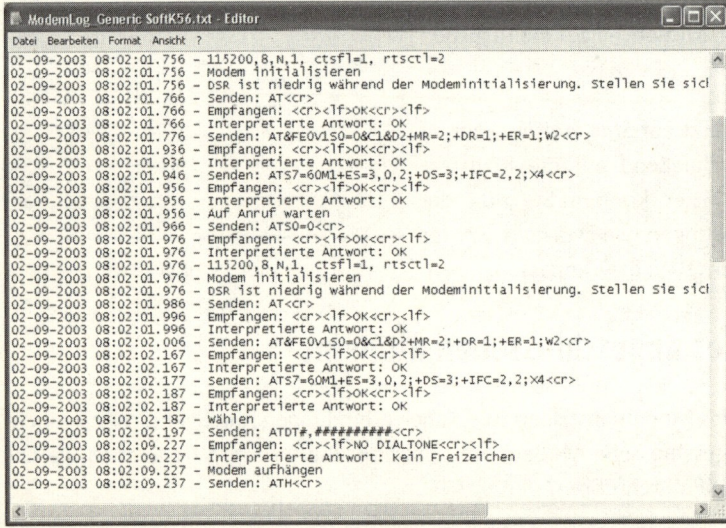

▐▶ ***Auswerten des Diagnoseprotokolls*** ▐▶

Angesteuert werden Modems über einen Befehlssatz, der ursprünglich von der Firma Hayes entwickelt worden ist. Über sog. AT-Befehle kann ein Modem direkt angesteuert werden. Das Kürzel AT (= Attention, Aufmerksamkeit) leitet immer den eigentlichen Befehl ein. Bevor das Modem eine Telefonnummer wählt, wird es durch eine Reihe von Kommandos initialisiert. Dadurch werden alle Modemoptionen konfiguriert, wie z. B. Kompression, Fehlerkorrektur und Flusssteuerung. Diese Kommandos hängen natürlich von dem Hersteller des Modems ab, daher sollten Sie sie und die zugehörigen Optionen im Handbuch Ihres Modems finden. Eine der unzähligen Informationsquellen im Internet ist die Seite www.56k.com (Englisch), auf der Sie grundlegende Informationen zu den Kommandos finden.

Modem an einer Nebenstelle betreiben

? Hilfe – Ich bekomme keine Verbindung mit meinem Modem an einer Nebenstellenanlage! Wie kann ich mein Modem an einer Nebenstellenanlage betreiben?

! Sie haben Ihr Modem an eine Nebenstellenanlage angeschlossen. In der Regel bekommen Sie sogar ein Freizeichen, aber das Modem baut trotzdem keine Verbindung auf. Das kann daran liegen, dass Ihre Nebenstellenanlage etwas älter ist. Hier bekommen Sie einige Tipps, wie Sie dieses Problem lösen können.

1. Vermutlich wählt das Modem schneller, als es die Nebenstelle verträgt. Fügen Sie im Anwahlstring zwischen der *0* für die Amtsleitung und der eigentlichen Telefonnummer ein Komma ein. Bei einer Telefonanlage mit Pulswahl muss man sogar zwei Kommas setzen. Das Modem macht dann eine kurze Pause, die Nebenstelle hat ausreichend Zeit, die Amtsleitung zu schalten. Danach setzt das Modem den Wählvorgang fort.

2. Öffnen Sie in der Systemsteuerung die Kategorie *Drucker und andere Hardware* und anschließend das Systemsteuerungssymbol *Telefon- und Modemoptionen*. Klicken Sie auf die Registerkarte *Modems*.

3. Wählen Sie das entsprechende Modem aus und klicken Sie auf *Eigenschaften*. Klicken Sie auf die Registerkarte *Modem* und entfernen Sie den Haken im Kontrollkästchen *Vor dem Wählen auf Freizeichen warten*.

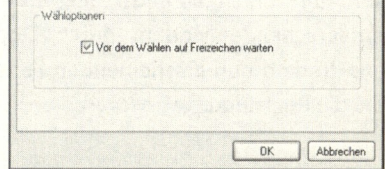

Die eventuell fehlende Null setzt man in der Konfiguration des DFÜ ein.

4. Unbedingt sollte in den weiteren Einstellungen der erweiterten Modemeinstellungen ein *X1* bzw. *X3* - bei älteren Nebenstellenanlagen – gesetzt werden, da sonst das Modem den internen Wählton der Nebenstellenanlage missversteht. Hierzu öffnen Sie das Registerblatt *Erweitert*.

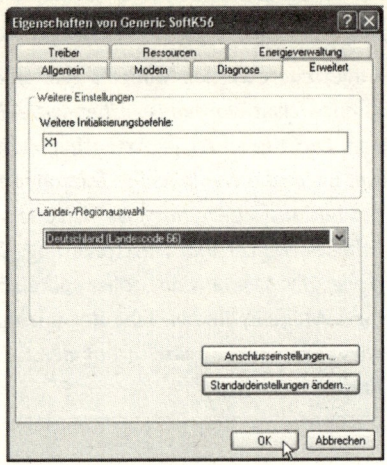

5. Geben Sie bei *Weitere Initialisierungsbefehle* unter *Weitere Einstellungen* entsprechend *X1* oder *X3* ein und wählen Sie unter *Länder-/Regionauswahl* das Land *Deutschland* aus.

Modem erreicht optimale Geschwindigkeit nicht

Der Satz „Ich wähle mich mal schnell ins Internet ein" trifft allenfalls für ISDN- und DSL-User zu. Wie kann ich als Besitzer eines analogen Modems die Einwahl optimieren?

Ewiges analoges Gepiepse und Geräusche rauben schnell den Nerv. Dies lässt sich aufgrund der vorliegenden Technik leider auch nicht ändern. Für einige Sekunden ist der folgende Tipp aber dennoch gut. Verbunden mit den richtigen Einstellungen (siehe Tipps auf den vorherigen Seiten), werden Sie die optimale Geschwindigkeit für Ihr Modem erreichen.

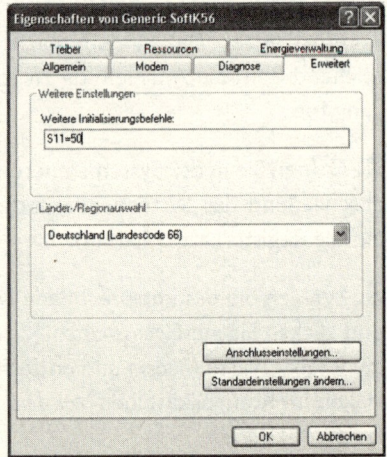

1. Klicken Sie mit der rechten Maustaste auf *Arbeitsplatz* und wählen Sie die *Eigenschaften*. Klicken Sie auf das Register *Hardware* und anschließend auf *Geräte-Manager*.

2. Nun wählen Sie in der Sektion *Modems* das entsprechende Modem durch Doppelklicken aus. In dem nun erscheinenden Fenster öffnen Sie die Registerkarte *Erweitert*.

3. Tragen Sie in die Zeile *Weitere Initialisierungsbefehle* den Wert *S11=50* ein. 50 gibt hierbei die Wählgeschwindigkeit pro Tonsignal des Modems in Millisekunden an.

4. Experimentieren Sie, indem Sie die Zeit so weit drosseln (40, 30 usw.), bis keine Einwahl mehr zustande kommt. Übernehmen Sie den letzten funktionierenden Wert. Der Minimalwert ist immer vom eingesetzten Modem und dessen Qualität abhängig.

Power-Modem-Ratgeber – Problem und Lösung ganz fix

? Wenn ein Modem nicht richtig funktioniert, kann es an unzähligen Dingen liegen, die u. a. von Modemhersteller zu Modemhersteller unterschiedlich sind. Gibt es eine Art Standardproblembehandlung bei Modems?

! Es ist häufig von Vorteil, Änderungen an den Modemeinstellungen und -schaltern aufzuschreiben, während Sie diese vornehmen. Dadurch können Sie das Modem ggf. in den vorherigen Zustand zurücksetzen.

Problem:
Die Modemdiagnose zeigt an, dass ein externes serielles Modem keine Befehle empfängt.
Ursache:
Wenn die Modemdiagnose anzeigt, dass das Modem keine Befehle empfängt, könnte die Modemverkabelung fehlerhaft sein.
Lösung:
Versuchen Sie, das Modem mit einem neuen Kabel anzuschließen.

Problem
Das Modemkabel ist in Ordnung, aber das Modem empfängt immer noch keine Befehle.
Ursache:
Das Modem ist falsch installiert.
Lösung:
Sehen Sie in der Begleitdokumentation des Modems nach, um sich zu vergewissern, dass Sie es richtig installiert haben.

Problem:
Das Modem ist richtig installiert, aber die Diagnose zeigt an, dass es nicht einwandfrei reagiert.

Ursache:
Es wurde während der Installation unter Windows XP das falsche Modell und der falsche Typ angegeben, oder es wurde eine veraltete Installationsdatei (.inf) für die Installation des Modems verwendet.
Lösung:
Suchen Sie in der Begleitdokumentation des Modems die richtige Modell- und Typenbezeichnung, oder wählen Sie ein kompatibles Modell und einen kopatiblen Typ, und installieren Sie das Modem neu. Sie können beim Hersteller nachfragen, ob neuere Installationsdateien für die Installation des Modems zur Verfügung stehen.

Problem:
Nach Angabe der Modemdiagnose arbeitet das Modem einwandfrei, doch es lässt sich keine Verbindung herstellen.
Ursache:
Das Modem ist falsch an die Telefonbuchse angeschlossen, oder es liegt ein Problem mit der Telefonleitung vor.
Lösung:
Prüfen Sie den Anschluss an die Telefonbuchse. Wenn das Modem richtig angeschlossen ist, lassen Sie die Telefonleitung von einem Fernmeldetechniker überprüfen.

Problem:
Sie können keine Verbindung herstellen, oder es treten Probleme bei der Verbindung mit einem anderen Computer oder einem Onlinedienstanbieter auf.
Ursache:
Die Parameter für die Datenverbindung (siehe Hardwareeinstellung 1024) sind bei beiden Modems (Sender und Empfänger) verschieden. Die Parameter für die Datenverbindung müssen bei beiden Modems identisch sein, um erfolgreich eine Verbindung herstellen zu können.
Lösung:
Prüfen Sie die Hardwareeinstellungen an beiden Computern. Übliche Einstellungen sind acht Datenbits, keine Parität und ein Stoppbit. Wie das geht, finden Sie auf Seite 291 beschrieben.
Wenn Sie eine Verbindung zu einem Onlinedienstanbieter herstellen möchten, suchen Sie in der Dokumentation, die Sie vom Dienstanbieter erhalten haben, nach den richtigen Einstellungen. Dies sind üblicherweise acht Datenbits, keine Parität und ein Stoppbit. Bulletin-Boards und die meisten Dienstanbieter verwenden diese Einstellungen. Wenn diese Einstellungen nicht funktionieren, versuchen Sie es mit sieben Datenbits, gerade Parität und einem Stoppbit. Einige Onlinedienstanbieter verwenden diese Einstellungen. Andere Einstellungen werden äußerst selten verwendet.

9.1 VERBINDUNG ÜBER MODEM **297**

Problem:

Die PCMCIA-Modemkarte wurde nach dem Einbau nicht automatisch erkannt.

Ursache:

Der in die Karte integrierte COM-Anschluss ist nicht konfiguriert.

Lösung:

Verwenden Sie die Option *Hardware* in der Systemsteuerung, um den in die Karte integrierten COM-Anschluss zu konfigurieren. Sie können dann das PCMCIA-Modem mithilfe von Telefon- und Modemoptionen in der Systemsteuerung installieren.

Problem:

Ein serielles RS-232-Gerät funktioniert nicht einwandfrei oder überhaupt nicht.

Ursache:

Einige serielle RS-232-Geräte unterstützen jetzt Übertragungsraten von mehr als den 115,2 KBit pro Sekunde (KBit/s), die derzeit von den standardmäßigen seriellen Anschlüssen der meisten Computer unterstützt werden. (Einige serielle Geräte unterstützen bspw. 230 KBit/s.)

Lösung:

Wenn die Übertragungsrate in den Einstellungen für die Verbindung höher als 115,2 KBit/s ist, versuchen Sie, die Rate auf 115,2 KBit/s zu verringern. Sie können für *Maximale Übertragungsrate* in den Modemeigenschaften den höheren Wert beibehalten. Wenn der serielle Anschluss an Ihrem Computer Übertragungsraten von mehr als 115 KBit/s unterstützt, setzen Sie die Übertragungsrate auf den jeweils niedrigeren Wert für den seriellen Anschluss oder das serielle Gerät.

Problem:

Für eine Verbindung unter Netzwerkverbindungen wird gemeldet, dass ein Anschluss zurzeit verwendet wird oder nicht für den Remotezugriff konfiguriert ist.

Ursache:

Es gibt mehrere mögliche Ursachen:

Als Sie Windows gestartet haben, war kein Plug & Play-Modem angeschlossen oder es war ausgeschaltet, sodass es nicht erkannt wurde.

Der Anschluss wird zurzeit von einem anderen Programm, wie der Fax- oder Wählhilfe, verwendet.

Die Verbindung wurde möglicherweise nicht an eine veränderte Kommunikationshardware angepasst, z. B. neue serielle Anschlüsse oder Modems.

Lösung:

Probieren Sie eine der folgenden Lösungen aus:

Wenn das Modem nicht angeschlossen oder ausgeschaltet war, schließen Sie das Modem wieder an bzw. schalten es ein. Dann starten Sie entweder Windows neu oder suchen mit dem Geräte-Manager nach neuer Hardware.

> Wenn der Kommunikationsanschluss bereits durch eine andere Verbindung belegt ist, beenden Sie die Verbindung oder ändern die Einstellungen für die Verbindung so, dass ein anderer Anschluss verwendet wird.
>
> Wenn Sie Änderungen an der Hardware vorgenommen haben (z. B. ein neuer serieller Anschluss oder ein Modem), müssen Sie die Verbindung neu konfigurieren.

9.2 Verbindung über ISDN
Surfen per Kanalbündelung

? Mit der Installation einer ISDN-Karte verbunden mit einem ISDN-Anschluss hat man die Möglichkeit, mit beiden B-Kanälen (gebündelt) im Web zu surfen. Wie kann ich beide Kanäle für das Internet nutzen, um doppelte Geschwindigkeit zu bekommen?

! Mit Ihrem ISDN-Anschluss stehen Ihnen zwei B-Kanäle zur Verfügung. Mit der „normalen" Verbindung belegen Sie einen (64k), durch die Kanalbündelung surfen Sie auf beiden Kanälen (128k) durchs Web. Natürlich geht das nur, wenn nicht gleichzeitig telefoniert wird – auch eine Telefonverbindung „kostet" einen Kanal. Umkehrschluss: Sie können nicht telefonieren, solange gebündelt gesurft wird!

1. Klicken Sie mit der rechten Maustaste auf das Symbol *Netzwerkumgebung* und wählen Sie die *Eigenschaften*.

2. Klicken Sie erneut mit der rechten Maustaste auf die DFÜ-Verbindung, die Sie für die Benutzung beider B-Kanäle einrichten möchten. Wählen Sie die *Eigenschaften*.

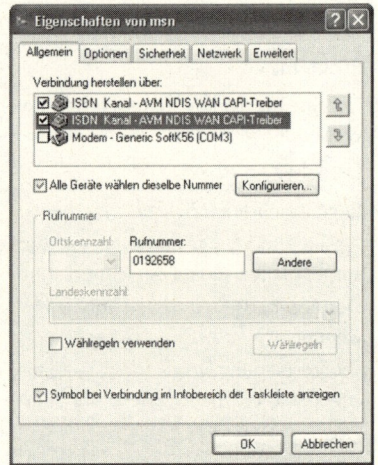

3. Indem Sie nun beide ISDN-Kanäle mittels Haken auswählen, schaffen Sie die Voraussetzung zur Mehrkanalverbindung. Einige ISDN-Karten installieren so genannte virtuelle Modems, die zum Beispiel AVM ISDN Internet (PPP over ISDN) heißen (oder AVM ISDN RAS – PPP over Internet).

4. Klicken Sie auf *OK*, um die Einstellung dauerhaft zu speichern. Ab jetzt sind immer beide Kanäle besetzt (Kanalbündelung), wenn Sie im Internet surfen.

Automatische Kanalbündelung bei Bedarf

Wenn ich beide Kanäle meiner DFÜ-Verbindung aktiviert habe (Kanalbündelung), surfe ich immer mit beiden Kanälen. Manchmal würde aber auch ein Kanal völlig ausreichen. Kann ich die Kanalbündelung automatisch bei Bedarf aktivieren?

In den Eigenschaften Ihrer DFÜ-Verbindung haben Sie die Möglichkeit, je nach Verbindungsauslastung den zweiten Kanal automatisch hinzuzuschalten bzw. bei einer prozentualen Inaktivität der Verbindung einen Kanal wieder zu schließen.

1. Klicken Sie mit der rechten Maustaste auf die zu konfigurierende DFÜ-Verbindung und wählen Sie die *Eigenschaften*. Aktivieren Sie beide ISDN-Kanäle, indem Sie in den entsprechenden Kontrollkästchen einen Haken setzen (siehe „Surfen per Kanalbündelung" auf Seite 298).

2. Wechseln Sie nun zur Registerkarte *Optionen* und wählen Sie eine der drei Optionen aus, wann und wie Ihre zwei Kanäle genutzt werden sollen. Wählen Sie das Kontrollkästchen *Geräte nur falls erforderlich wählen* aus.

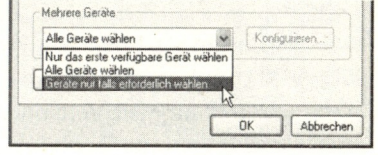

3. Über die Schaltfläche *Konfigurieren* gelangen Sie nun zu den Einstellungsoptionen für Ihre Mehrkanalverbindung.

4. Hier können Sie nun festlegen, bei welcher Verbindungsauslastung der zweite Kanal hinzugeschaltet werden soll und bei welcher prozentualen Inaktivität der Verbindung ein Kanal geschlossen werden soll.

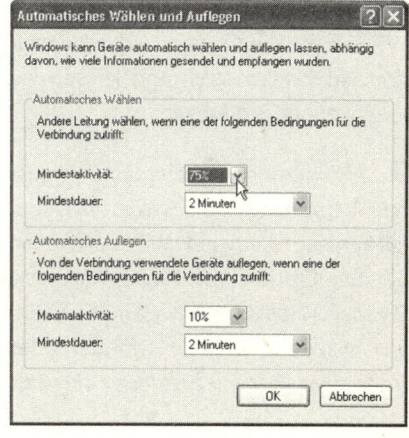

5. Behalten Sie fürs Erste die Standardeinstellungen bei und ändern Sie diese Einstellungen erst dann, wenn es Ihr Surfverhalten verlangt – also wenn Sie viele Dateien herunterladen.

Kanalbündelung – doppelte Kosten?

Denken Sie nur daran zu prüfen, ob die so genannte Kanalbündelung zu den Leistungen Ihres Internet Service Providers dazugehört und somit kostenfrei ist oder ob Sie für jeden Kanal einzeln bezahlen müssen. Dann nämlich zahlen Sie bei der Benutzung beider Kanäle auch doppelte Telefongebühren.

9.3 DSL-Verbindung

PPPoE-Verbindung zum DSL-Modem herstellen

Sie haben einen DSL-Anschluss und möchten nun eine Verbindung zwischen Ihrem Rechner und dem DSL-Modem herstellen?

Windows XP hat einen PPPoE-Client (**PPP-o**ver-**E**thernet) mit an Bord. Diesen Client benötigen Sie, um eine Hochgeschwindigkeitsverbindung mit Hardwarekomponenten wie DSL und Kabelmodems aufzubauen.

1. Klicken Sie im Startmenü auf *Verbinden mit* und anschließend auf *Alle Verbindungen anzeigen*. Klicken Sie unter den *Netzwerkaufgaben* auf *Neue Verbindung erstellen*. Es startet der Assistent für neue Verbindungen.

2. Klicken Sie auf *Weiter*, um den Willkommensbildschirm zu übergehen. Wählen Sie die Option *Verbindung mit dem Internet herstellen* und klicken Sie anschließend auf *Weiter*.

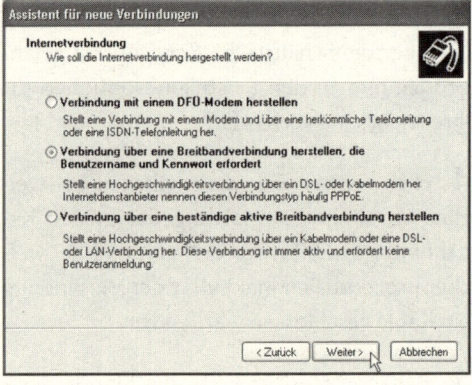

3. Aktivieren Sie jetzt das Optionsfeld *Verbindung manuell einrichten* und klicken Sie dann auf *Weiter*. Wählen Sie die Option *Verbindung über eine Breitbandverbindung herstellen, die Benutzername und Kennwort erfordert* oder *Verbindung über eine beständige aktive Breitbandverbindung herstellen*.

4. Geben Sie Ihrer Hochgeschwindigkeitsverbindung einen Namen und klicken Sie auf *Weiter*. Geben Sie nun den *Benutzernamen* und das *Kennwort* ein. Diese Daten stellt Ihnen der Internetdienstanbieter (Provider) zur Verfügung. Bestätigen Sie das Kennwort, klicken Sie auf *Weiter* und anschließend auf *Fertig stellen*.

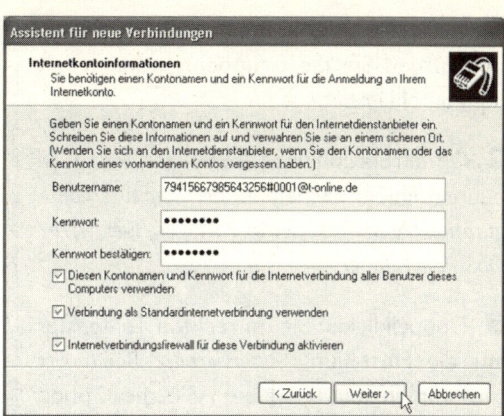

▐▶ *Schema des Benutzernamens bei T-Online* ▐▶

So mancher T-Online-Kunde hat schon graue Haare bekommen, weil die Benutzerkennung etwas kompliziert aufgebaut ist. Wenn man aber weiß, wie diese sich zusammensetzt, ist man schneller „drin" – deshalb hier die derzeitige Zusammensetzung:

DSL-Anschluss   Benutzername
T-DSL   Anschlusskennung + TOnline-Nr + #0001 + @t-online.de

DSL-Verbindung beschleunigen

In Windows XP Professional wird für Netzwerkverbindungen der neu QoS-Dienst (**Q**uality **o**f **S**ervice) eingesetzt. Man sagt, dass dieser Dienst ca. 20 % der verfügbaren Bandbreite einnimmt und bei DSL-Verbindungen keinen Sinn macht. Auch in vielen Netzwerkverbindungen ist er überflüssig. Stimmt das?

QoS steht für **Q**ualtiy **o**f **S**ervice. Dieser Dienst sorgt dafür, dass die Netzwerkbanbreite in den Onlinezeiten gerecht verteilt wird. Gerüchte, dass Windows XP durch diesen Dienst nur 20 % der möglichen Leistung zur Verfügung stellt, sind völliger Unsinn. Die Einstellung von 20 % ist zwar richtig, aber beschränkt natürlich nicht Ihre Netzwerkgeschwindigkeit – sie greift nur, wenn sich bspw. eine Abteilung große Dateien über einen längeren Zeitraum vom Internetz herunterlädt und somit die ganze Bandbreite reserviert. Diese 20 % bedeuten also, dass Anwendungen höchstens 20 % der Bandbreite fest reserviert bekommen können. Anders gesagt: Ist nichts los, nutzen die Anwendungen natürlich 100 % der Bandbreite. Wird es aber eng, sind nur maximal 20 % exklusiv nutzbar. So verändern Sie die Quality of Service:

1. Klicken Sie auf *Ausführen* im Startmenü und öffnen Sie die Gruppenrichtlinien mit dem Befehl *gpedit.msc*.

2. Öffnen Sie im linken Teilfenster der Gruppenrichtlinien nacheinander *Computerkonfiguration/Administrative Vorlagen/Netzwerk/QoS-Paketplaner*.

3. Doppelklicken Sie im rechten Teilfenster auf die Einstellung *Reservierbare Bandbreite einschränken* und markieren Sie die Option *Aktiviert*. Es erscheinen die oft missverstandenen 20 %.

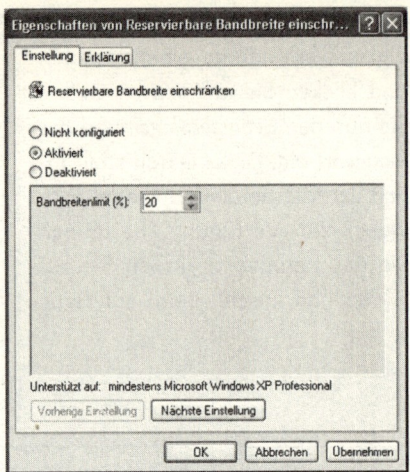

4. Passen Sie das Bandbreitenlimit entsprechend Ihren Anforderungen an. Klicken Sie auf *OK*, um die Einstellungen dauerhaft zu speichern.

9.4 Steuerung des Verbindungsaufbaus

Automatische Interneteinwahl bei Bedarf

Wenn Sie den Internet Explorer starten, bekommen Sie keine automatische Internetverbindung zustande, ohne vorher die Verbindung manuell zu starten. Wie können Sie diesen Vorgang automatisieren?

Wenn Sie den Internet Explorer starten, sucht dieser in seinen Einstellungen, mit welcher DFÜ-Verbindung der Onlinestatus aufgebaut werden soll. Fehlt dieser Eintrag, dann kann der Internet Explorer auch keine Verbindung herstellen.

1. Starten Sie den Internet Explorer und brechen Sie den Suchvorgang einer Onlineseite ab, indem Sie in der Symbolleiste des IE auf das rote Kreuzchen klicken. Klicken Sie jetzt in der Menüleiste auf *Extras* und anschließend auf *Internetoptionen*.

2. Klicken Sie auf die Registerkarte *Verbindungen* und wählen Sie in der Liste *DFÜ- und VPN-Einstellungen* die gewünschte DFÜ-Verbindung aus. Klicken Sie auf *Standard* und anschließend wählen Sie noch die Option *Immer Standardverbindung wählen*. Haben Sie einen Router im Einsatz, dann müssen Sie die Option *Keine Verbindung wählen* markieren.

9.4 STEUERUNG DES VERBINDUNGSAUFBAUS   303

3. Haben Sie keine DFÜ-Verbindung in der Liste *DFÜ- und VPN-Einstellungen*, dann klicken Sie auf *Hinzufügen*, um eine DFÜ-Verbindung zu erstellen.

4. Klicken Sie auf *OK*, um die Einstellungen zu speichern. Schließen Sie den Internet Explorer und starten Sie Ihn neu. Der IE sich wählt jetzt automatisch ins Internet ein.

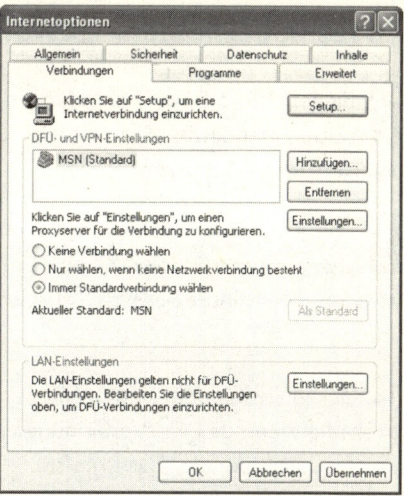

Aktivieren der Nachfrage zum Trennen der Verbindung

Wenn der Internet Explorer geschlossen wird, bekommt man standardmäßig die Anfrage, ob die Verbindung getrennt oder beibehalten werden soll. Diese Meldung erscheint bei mir nicht. Wie kann ich diese Nachfrage zum Trennen der Verbindung wieder aktivieren?

Erscheint diese Nachfrage nicht mehr, wurde die Einstellung *Automatische Trennung aktivieren* geändert. So stellen Sie sie wieder her:

1. Klicken Sie im Startmenü auf *Ausführen* und öffnen Sie den Registrierungs-Editor mit dem Befehl *regedit*. Navigieren Sie im linken Teilfenster auf den Schlüssel *HKEY_CURRENT_USER\Software\ Microsoft\Windows\CurrentVersion\Internet Settings*.

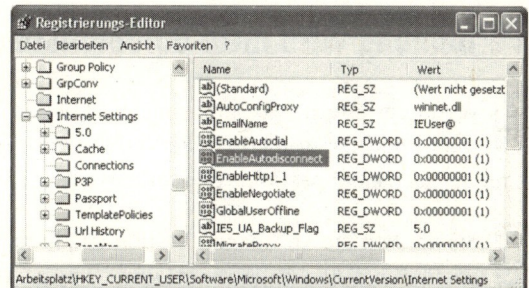

2. Doppelklicken Sie im rechten Teilfenster des Editors auf den Eintrag *EnableAutodisconnect* und ändern Sie den Wert auf *1* ab. Klicken Sie auf *OK*, um den Eintrag zu speichern.

3. Schließen Sie den Registrierungs-Editor und starten Sie den Computer neu.

Pause bei erneutem Einwahlversuch zu lang

? Eingerichtete DFÜ-Verbindungen wird unter XP mit einer Wahlwiederholungsoption standardmäßig eingerichtet. Wie kann ich die Pausen zwischen den Einwahlversuchen verkürzen?

! Die Anzahl der Wahlwiederholungen werden werkseitig bei einer DFÜ-Verbindung unter Windows XP auf 3 und die Zeit zwischen den Wahlwiederholungen wird auf eine Minute gesetzt. Korrigieren Sie die Standardwerte nach oben bzw. nach unten.

1. Klicken Sie mit der rechten Maustaste auf die zu konfigurierende DFÜ-Verbindung und wählen Sie anschließend die *Eigenschaften*. Klicken Sie auf die Registerkarte *Optionen*.

2. Im Dropdown-Menü *Zeit zwischen Wahlwiederholungen* im Bereich *Wahlwiederholungsoptionen* können Sie die Zeit nach unten korrigieren.

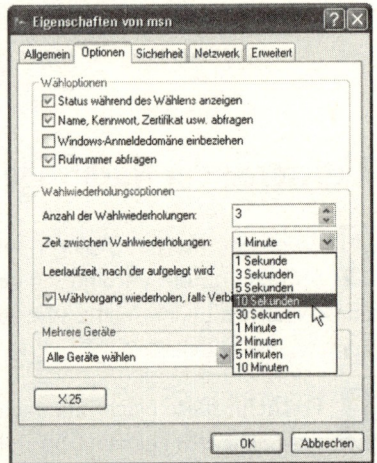

3. Klicken Sie auf *OK* und schließen Sie alle Dialogfenster, um den Eintrag dauerhaft zu speichern.

Verbindung wird nicht automatisch abgebaut

? Wenn der Internet Explorer online ist, jedoch damit nicht aktiv gearbeitet wird, trennt der IE automatisch die Verbindung. Bei mir nicht! Wie kann ich die Verbindung nach einer bestimmten Leerlaufzeit automatisch abbauen lassen?

! Sie können die Zeitspanne bestimmen, nach der die Verbindung nach einer gewissen Leerlaufzeit getrennt wird. Dies garantiert Ihnen, dass die Verbindung auch getrennt wird, falls Sie einmal vergessen sollten, dies manuell zu tun.

1. Wechseln Sie in der Systemsteuerung zu den *Telefon- und Modemoptionen*, markieren Sie auf der Registerkarte *Modems* das zu konfigurierende Modem und fahren Sie mit der Schaltfläche *Eigenschaften* fort.

9.4 STEUERUNG DES VERBINDUNGSAUFBAUS 305

2. Dort klicken Sie auf die Registerkarte *Erweitert*, um über die Schaltfläche *Standardeinstellungen ändern* zur Konfiguration der Leerlaufzeit zu gelangen.

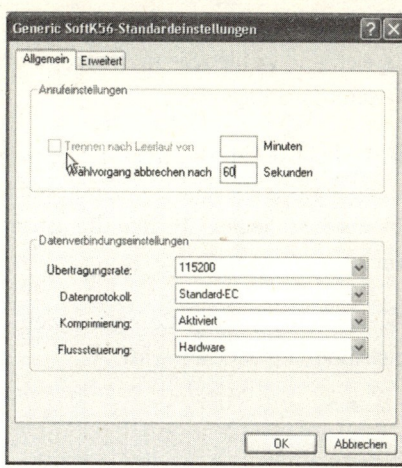

3. Auf der Registerkarte *Allgemein* können Sie so für jedes angeschlossene Modem bestimmen, nach welcher Leerlaufzeit die Verbindung gekappt werden soll, indem Sie das Kontrollkästchen *Trennen nach Leerlauf von* aktivieren und die von Ihnen gewünschte Minutenzahl eingeben. Ist das Kontrollkästchen *Trennen nach Leerlauf von* nicht aktiv (grau hinterlegt), dann nehmen Sie den Weg direkt über die DFÜ-Verbindung (siehe Hinweis: „Verbindung abbauen direkt über DFÜ").

4. Klicken Sie auf *OK*, um die Einstellungen zu speichern.

▉▶ ***Verbindung abbauen direkt über DFÜ*** ▉▶

Klicken Sie mit der rechten Maustaste direkt auf die entsprechende DFÜ-Verbindung und wählen Sie die Eigenschaften. Klicken Sie auf das Registerblatt Optionen *und geben Sie unter den Wahlwiederholungsoptionen die Leerlaufzeit ein, nach der aufgelegt wird.*

DFÜ – Verbindung bei Benutzerwechsel nicht trennen

? Wenn Sie unter Windows XP einen Benutzerwechsel durchführen, dann wird die aktive DFÜ-Verbindung von XP getrennt. Gibt es eine Möglichkeit, dass XP die DFÜ-Verbindung bei einem Benutzerwechsel nicht trennt?

! Um die DFÜ-Verbindung bei einem Benutzerwechsel aufrecht zu erhalten, fügt man in der Registry einen Eintrag hinzu.

1. Klicken Sie auf *Start/Ausführen* und geben Sie *regedit* ein, um den Registierungseditor zu starten. Klicken Sie durch folgende Schlüssel bzw. Ordner: HKEY_LOCAL_MACHINE\Software\Microsoft\WindowsNT\CurrentVersion\Winlogon.

2. Klicken Sie im rechten Teilfenster mit der rechten Maustaste in einen freien Bereich und wählen Sie nacheinander *Neu* und *Zeichenfolge*. Vergeben Sie den Namen *KeepRasConnections*.

3. Doppelklicken Sie auf *KeepRasConnections* und geben Sie den Wert *1* an. Klicken Sie auf *OK* und schließen Sie den Registrierungs-Editor.

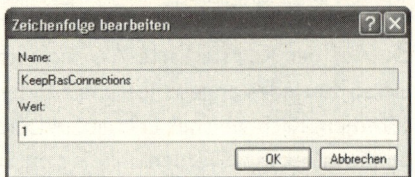

4. Starten Sie Ihren Computer neu, damit die Änderung wirksam wird.

Surfen, Mail & Messaging

Surfen mit dem Internet Explorer	**308**
E-Mail mit Outlook Express	**342**
Sicherheitscenter und Windows-Firewall (SP2)	**369**
Sicherheit im Internet	**375**

10.1 Surfen mit dem Internet Explorer

Seite kann nicht angezeigt werden

? Ich bekomme eine bestimmte Internetseite einfach nicht angezeigt. Ich erhalte nur ein weißes Bild und unten links wird *Fertig* angezeigt. Dieses Problem habe ich auch bei weiteren Seiten. Wie kann ich das beheben?

! Sie müssen den Punkt *Programme und Dateien in einem IFRAME starten* aktivieren. Diese Einstellung finden Sie in den Sicherheitseinstellungen des Internet Explorer. Sollte es nicht an dieser Einstellung liegen, kann es auch den Sicherheitszonen liegen. Versuchen Sie dann, Ihr Problem mit dem nachfolgenden Punkt *Zone für eingeschränkte Sites anpassen* zu lösen.

1. Starten Sie den Internet Explorer und klicken Sie im Menü auf *Extras/Internetoptionen/ Sicherheit/Stufe anpassen*.

2. Überprüfen Sie, ob die Option *Programme und Dateien in einem IFRAME starten* auf *Aktivieren* oder auf *Eingabeaufforderung* gestellt ist.

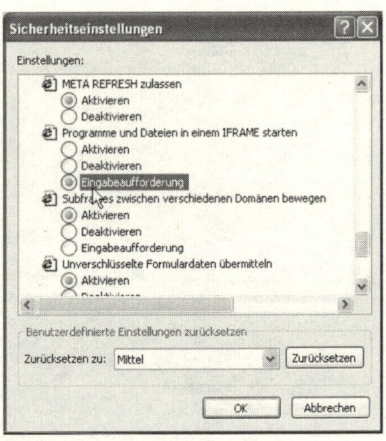

3. Sollte diese Option deaktiviert sein, passen Sie die Einstellung an, bestätigen Sie die Eingabe und laden Sie die genannte Seite neu.

4. Sollte es nicht an dieser Einstellung liegen, versuchen Sie es mit dem folgenden Tipp „Zone für eingeschränkte Sites anpassen".

Zone für eingeschränke Sites anpassen

? Bestimmte Internetseiten werden nicht angezeigt. Ich habe auch schon den Punkt *Seite kann nicht angezeigt werden* ausprobiert – ohne Erfolg. Was kann ich noch tun?

! Wenn Sie diese Seite, die sich nicht öffnen lässt, der Sicherheitszone *Zone für eingeschränkte Sites* zuweisen, passiert hier dasselbe. Sie bekommen ein weißes Fenster. Sie haben vermutlich die Standardeinstellungen der Sicherheitszone *Internet* verstellt. Um diese auf die Ausgangswerte zurückzusetzen, gehen Sie wie folgt vor:

1. Starten Sie den Internet Explorer und klicken Sie auf *Extras/Internetoptionen/Sicherheit* und anschließend noch auf *Stufe anpassen*.

2. Klicken Sie auf die Schaltfläche *Zurücksetzen* und laden Sie anschließend die Seite neu. Sollte noch immer nichts angezeigt werden, drücken Sie die Tastenkombination [Strg]+[F5]. So verhindern Sie das Laden der Daten aus dem Cache.

3. Sollten Sie aber bewusst die Sicherheitsoptionen restriktiver als die Standardeinstellungen eingestellt haben, weisen Sie die entsprechende Seite der Zone für vertrauenswürdige Sites zu.

4. Markieren Sie dazu in den Sicherheitsoptionen die Zone *Vertrauenswürdige Sites* und klicken Sie dann auf *Sites*. Deaktivieren Sie das Kontrollkästchen *Für Sites dieser Zone ist eine Serverüberprüfung (https:) erforderlich* und fügen Sie die URL der Liste hinzu.

5. Die vorher deaktivierte Option können Sie nun wieder aktivieren.

⟹ ***Einsatz einer Firewall*** ⟸

Falls eine Desktop-Firewall installiert ist, deaktivieren Sie diese und testen dann, ob die Seite korrekt geladen wird.

Anzahl der parallelen Downloads erhöhen

? Wenn ich mit dem Internet Explorer Dateien herunterlade, kann ich maximal zwei Downloads gleichzeitig laufen lassen, auch wenn diese meine Internetverbindung nicht auslasten. Weitere Downloads blockiert der Internet Explorer. Wie kann ich zusätzliche parallele Downloads durchführen?

! Diese Downloadbremse ist in der Registry festgeschrieben, damit langsamere Onlinverbindungen z. B. mit einem Modem nicht überfordert werden. Wenn Sie über eine schnellere Verbindung verfügen, können Sie diese Bremse aber ausschalten:

1. Suchen Sie im Registry-Editor die Kategorie *HKEY-CURRENT_USER\Software\ Microsoft\Windows\CurrentVersion\Internet Settings*.

2. Erstellen Sie hier in der rechten Fensterhälfte mit *Bearbeiten/Neu/DWORD-Wert* ein neues DWORD namens *MaxConnectionsPerServer*. Öffnen Sie diesen Eintrag anschließend per Doppelklick zum Bearbeiten.

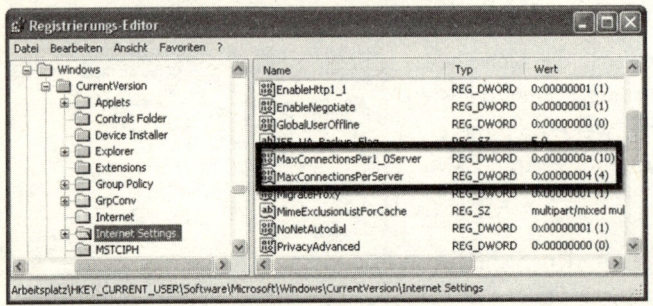

3. Wählen Sie im Bereich *Basis* die Option *Dezimal* und geben Sie dann links den Wert an. Der Standardwert von Windows liegt bei 2. Eine Verdoppelung sollte ohne weiteres möglich sein, je nach Kapazität der Verbindung (z. B. DSL) sind auch deutlich höhere Werte möglich (z. B. 10).

4. Wiederholen Sie diesen Vorgang dann mit dem DWORD *MaxConnectionsPer1_ 0Server*. Diese Einstellung gilt für HTTP-1.0-Downloads, während die erste für das aktuelle HTTP 1.1 gültig ist. Für HTTP 1.0 verwendet Windows den Standardwert 4. Auch dieser kann – eine schnelle Internetverbindung vorausgesetzt – erheblich gesteigert werden.

Damit die neuen Einstellungen wirksam werden, ist ein Neustart erforderlich.

Internet Explorer blockiert Dateidownloads (SP2)

Seit der Installation des Service Packs 2 zeigt der Internet Explorer immer wieder eine Informationsleiste an, laut der ein Dateidownload von der aktuellen Website aus Sicherheitsgründen gesperrt worden sei. Warum passiert das, auch wenn ich gar keine Datei herunterladen wollte?

! Ab dem Service Pack 2 erkennt der Internet Explorer automatisch Downloads, die vom Benutzer nicht ausdrücklich angefordert, sondern durch speziell präparierte Webseiten automatisch ausgelöst werden, und blockiert sie. Dieser Trick wird häufig verwendet, um z. B. Dialerprogramme einzuschleusen.

Stattdessen blendet der Browser am oberen Rand der Webseite eine Informationsleiste *Der Download von Dateien von dieser Site auf den Computer wurde aus Sicherheitsgründen gesperrt* ein. Das ist prinzipiell sinnvoll, kann aber auch Probleme bringen. So arbeiten z. B. viele große Softwarearchive mit genau solchen Techniken im Downloadverfahren. Um die Datei trotzdem herunterzuladen, klicken Sie auf diese Informationsleiste und wählen im kontextabhängigen Menü den Befehl *Dateidownload für Seite zulassen*, um den Download zu starten.

Standardordner für den Dateidownload ändern

? Wenn ich mit dem Internet Explorer Dateien herunterladen und speichern will, schlägt der Speichern-Dialog stets ein bestimmtes Verzeichnis vor. Da ich die Dateien lieber auf einem anderen Laufwerk ablegen will, muss ich jedes Mal umständlich dorthin wechseln. Kann man ein alternatives Verzeichnis für den Download fest vorgeben?

! Öffnen Sie mit dem Registry-Editor den Eintrag *HKEY_CURRENT_USER/Software/Micosoft/Internet Explorer*. Dort finden Sie in der rechten Fensterhälfte den Wert *Download Directory*, den Sie mit einem Doppelklick bearbeiten. Tragen Sie hier als Wert einfach das gewünschte Verzeichnis ein.

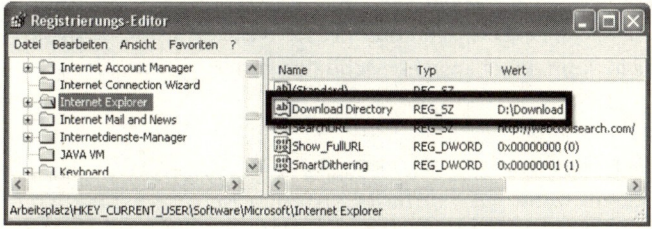

Sicherheitswarnung bei heruntergeladenen Dateien (SP2)

Wenn ich Dateien öffnen will, die ich aus dem Internet heruntergeladen oder per E-Mail erhalten habe, erhalte ich häufig eine Sicherheitswarnung. Was hat das zu bedeuten?

Mit dem Service Pack 2 hat Microsoft den Umgang mit Dateien aus dem Internet sicherer gemacht. Wenn Sie eine solche Datei speichern, wird in den Dateieigenschaften vermerkt, dass es sich dabei um eine aus dem Internet empfangene Datei handelt, und die Datei wird gesperrt. Das bedeutet, sie kann nicht ohne weiteres geöffnet oder ausgeführt werden. Dies schützt davor, solche Dateien versehentlich zu öffnen oder auszuführen, selbst wenn der Download vielleicht schon länger zurückliegt. Allerdings funktioniert dies leider nur auf Laufwerken, die mit dem Dateisystem NTFS formatiert sind.

1. Beim Empfangen und Speichern von solchen Dateien ändert sich erst mal gar nichts. Sie können die Dateien beliebig mit dem Internet Explorer oder Outlook Express speichern. Allerdings wird beim Speichern automatisch ein Vermerk in den Dateieigenschaften vorgenommen.

2. Wenn Sie eine solche Datei zu einem beliebigen späteren Zeitpunkt absichtlich oder versehentlich verwenden wollen, zeigt Windows eine Sicherheitswarnung an. Diese weist darauf hin, dass die Datei aus einer unsicheren Quelle stammt. Wenn Sie sicher sind, können Sie die Datei trotzdem *Ausführen* oder aber Sie brechen den Vorgang ab.

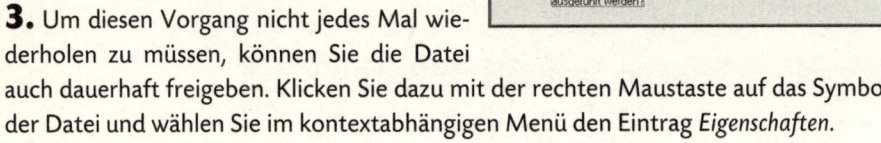

3. Um diesen Vorgang nicht jedes Mal wiederholen zu müssen, können Sie die Datei auch dauerhaft freigeben. Klicken Sie dazu mit der rechten Maustaste auf das Symbol der Datei und wählen Sie im kontextabhängigen Menü den Eintrag *Eigenschaften*.

4. Hier finden Sie in der Rubrik *Allgemein* ganz unten die Bemerkung *Die Datei stammt von einem anderen Computer. Der Zugriff wurde aus Sicherheitsgründen eventuell geblockt.* Klicken Sie rechts daneben auf die Schaltfläche *Zulassen*, um die Sperre aufzuheben.

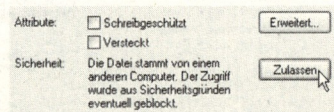

5. Anschließend können Sie die Datei immer wieder ganz regulär benutzen.

Auswahl der Suchmaschinen im Internet Explorer vergrößern

Die Suchfunktion des Internet Explorer verwendet nur MSN. Kann man stattdessen oder zusätzlich auch andere Suchmaschinen einbinden?

Bei der deutschen Version des Internet Explorer ist die Suchen auf MSN begrenzt. Andere Sprachversionen bieten wesentlich mehr Auswahl. Ein kleiner Eingriff in die Registry schaltet diese zusätzlichen Hilfen aber auch für deutsche Benutzer frei:

1. Öffnen Sie im Registry-Editor den Schlüssel *HKEY_LOCAL_MACHINE\SOFTWARE\ Micosoft\Internet Explorer\Search*. Doppelklicken Sie hier in der rechten Hälfte auf den Wert *CustomizeSearch*. Ändern Sie den Eintrag in *http://ie.search.msn.com/en-us/ srchasst/srchcust.htm*.

2. Doppelklicken Sie dann auf den Wert *SearchAssistant* und ändern Sie diesen in *http://ie.search.msn.com/en-us/srchasst/srchasst.htm*.

3. Öffnen Sie anschließend den Internet Explorer neu und öffnen Sie mit *Ansicht/Explorer-Leiste/Suchen* bzw. mit einem Klick auf die *Suchen*-Schaltfläche die Suchleiste. Klicken Sie dort oben rechts auf die Schaltfläche *Anpassen*. Damit starten Sie den Assistenten zum Einstellen der Suchoptionen.

4. Hier finden Sie nun weitaus mehr Suchmaschinen und auch spezielle Suchdienste für andere Zwecke wie z. B. E-Mail-Adressen oder Firmennamen. Sie können hier alle gewünschten Suchdienste mittels der Kästchen aktivieren und die Auswahl mit *OK* übernehmen. Die hier aktivierten Suchhilfen stehen dann in der Suchen-Leiste bei jeder neuen Suchen zur Auswahl.

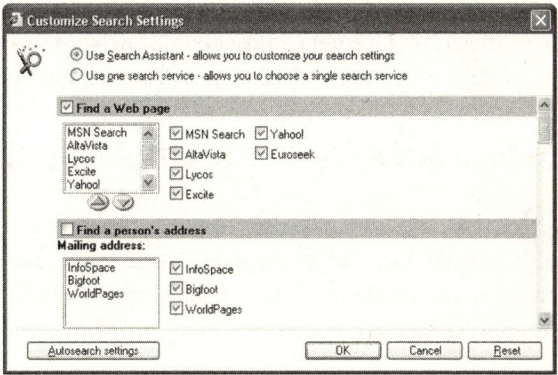

Standardsuche durch Google ersetzen

? Ich suche am liebsten mit Google, aber die Suchleiste des Internet Explorer bietet diese Suchmaschine nicht an. Kann ich Google trotzdem direkt aus der Suchleiste heraus verwenden?

! Die Suchleiste des Internet Explorer enthält eine HTML-Datei, deren Adresse in der Registry verändert werden kann. Sie können also als Suchleiste eine beliebige Webseite verwenden. Damit die Suche wie gewohnt funktioniert, sollte die Seite aber entsprechend gestaltet sein. Google bietet eine spezielle Seite für diesen Zweck unter *http://www.google.de/ie* an.

1. Öffnen Sie im Registry-Editor den Schlüssel *HKEY_LOCAL_MACHINE\SOFTWARE\Micosoft\Internet Explorer\Search*.

2. Doppelklicken Sie hier in der rechten Hälfte den Wert *SearchAssistant*, um ihn zu bearbeiten.

3. Geben Sie im *Zeichenkette bearbeiten*-Dialog die URL an, unter dem der Internet Explorer die neue Suchseite findet, für Google also *http://www.google.de/ie*.

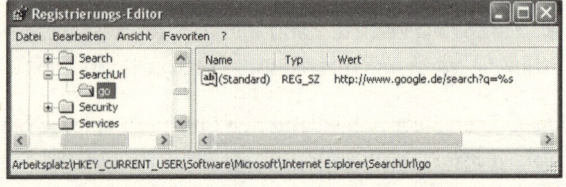

Prinzipiell können Sie aber ebenso eine beliebige Adresse aus dem Internet oder einen Verweis auf eine lokale HTML-Datei verwenden. Wenn Sie nun die *Suchen*-Schaltfläche im Internet Explorer benutzen, wird in der Suchleiste die oben angegebene Webseite geladen und Sie können von dort aus die Suche starten.

Suchen aus Adressleiste individuell einstellen

? Ich finde es sehr praktisch, einen Suchbegriff einfach direkt in die Adresszeile des Internet Explorer einzugeben. Leider wird dann standardmäßig MSN zum Suchen verwendet. Kann ich auch meine Lieblingssuchmaschine (z. B. Google) direkt aus der Adresszeile verwenden?

! Sie können jede Suchmaschine direkt aus der Adressleiste heraus verwenden, wenn Sie die URL dieses Dienstes kennen. Dabei darf es sich aber nicht einfach um die Startseite dieser Suchmaschine handeln, sondern die URL muss eine ganz spezielle Form haben, die bei jeder Suchmaschine anders aussieht. Am einfachsten ermitteln Sie die korrekte Form, indem Sie die Suchmaschine regulär besuchen, eine Suche durchführen und nach Erhalt der Ergebnisseite deren URL im Adressfeld des Internet Explorer betrachten. Für Google etwa muss die URL *http://www.google.de/search?q=%s* lauten. Diese URL können Sie in der Registry eintragen:

1. Starten Sie den Registry-Editor und öffnen Sie den Schlüssel *HKEY_CURRENT_USER\Software\Microsoft\Internet Explorer\SearchUrl*.

2. Legen Sie hier mit *Bearbeiten/Neu/Schlüssel* einen neuen Schlüssel an. Geben Sie diesem Schlüssel einen prägnanten und möglichst kurzen Namen, prinzipiell reicht ein einzelner Buchstabe aus.

3. Innerhalb dieses Schlüssels legt der Registry-Editor wie bei allen Schlüssel die leere Zeichenfolge *(Standard)* an. Doppelklicken Sie auf diese, um sie zum Bearbeiten zu öffnen.

4. Geben Sie dann als *Wert* die URL an, an die die Anfragen für diese Suchhilfe weitergeleitet werden sollen. Für z. B. Google also *http://www.google.de/search?q=%s*.

Nach einem Neustart des Internet Explorer geben Sie im Adressfeld die für den Schlüssel gewählte Bezeichnung, gefolgt von Ihrem Suchbegriff ein. Der Internet Explorer vervollständigt dann die festgelegte URL mit dem Suchbegriff und schickt diese Anfrage an die entsprechende Suchmaschine. Als Antwort erhalten Sie die Ergebnisse, genauso als ob Sie den Suchbegriff direkt im Suchformular eingegeben hätten.

Passwort für den Inhaltsratgeber zurücksetzen

? Ich habe irgendwann einmal ein Passwort für den Inhaltsratgeber festgelegt und diesen aktiviert. Nun möchte ich ihn wieder abschalten, habe aber das Passwort vergessen. Wie gelange ich trotzdem in die Einstellungen des Inhaltsratgebers?

! Starten Sie den Windows-Registry-Editor und öffnen Sie den Schlüssel *HKEY_LOCAL_MACHINE/ Software/Microsoft/Windows/Current-Version/Policies/Ratings*. Markieren Sie hier den Eintrag *Key* und wählen Sie die Menüfunktion *Bearbeiten/*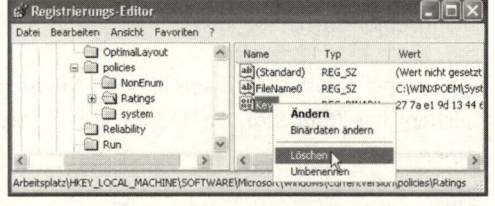
Löschen. Bestätigen Sie die Sicherheitsabfrage zum Löschen des Wertes mit *Ja*. Damit setzen Sie das Kennwort für den Inhaltsratgeber zurück. Nun können Sie beim nächsten Aufruf dieser Funktion ein neues Passwort vergeben, so als wenn Sie den Inhaltsratgeber zum ersten Mal benutzen.

Editor zum Anzeigen von Quelltexten ändern

? Die Funktion zum Anzeigen von Webseitenquelltexten im Internet Explorer ist ganz praktisch, aber ich würde mir die Seiten lieber direkt in meinen Webeditor ansehen als in dem einfachen Texteditor. In den Optionen des Internet Explorer habe ich das Programm als HTML-Editor eingetragen. Trotzdem wird zum Anzeigen der einfache Texteditor verwendet.

! Die Eintragung des HTML-Editors in den Internetoptionen bezieht sich auf den systemweiten Standardeditor für Webseiten. Das hier eingetragene Programm können Sie vom Internet Explorer aus benutzen, indem Sie die Menüfunktion *Datei/Bearbeiten mit* aufrufen. Die Menüfunktion *Ansicht/Quelltext* wird dadurch nicht beeinflusst. Auch hierfür können Sie aber das Programm ändern:

1. Öffnen Sie im Registry-Editor den Schlüssel *HKEY_LOCAL_MACHINE\SOFTWARE\ Microsoft\Internet Explorer*.

2. Legen Sie hier mit *Bearbeiten/Neu/Schlüssel* einen neuen Schlüssel an, dem Sie die Bezeichnung *View Source Editor* geben.

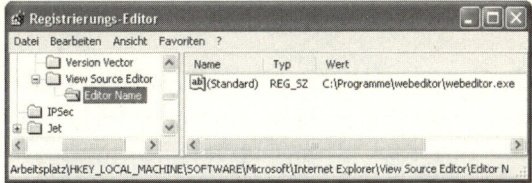

3. Wechseln Sie dann in den neu erstellten Schlüssel und legen Sie dort wiederum einen Unterschlüssel mit der Bezeichnung *Editor Name* an.

4. Innerhalb dieses Unterschlüssels doppelklicken Sie auf den einzigen vorhandenen Eintrag *(Standard)*, um diesen zu bearbeiten. Geben Sie als Wert den vollständigen Pfad zur Programmdatei des gewünschten Anzeige- oder Editorprogramms ein.

Wenn Sie nach einem Neustart des Internet Explorer nun *Ansicht/Quelltext* aufrufen, startet der Browser das in der Registry angegebene Programm und zeigt den Quelltext der Webseite darin an. Voraussetzung ist lediglich, dass dieses Programm einen solchen direkten Aufruf erlaubt. Dies lässt sich durch Ausprobieren aber schnell herausfinden.

Missbrauchte Fenstertitel beim Internet Explorer

? Mein Internet Explorer zeigt in der Kopfzeile Werbung für einen Internet Provider an. Wie kann ich sie entfernen?

! Dieses Phänomen tritt auf, wenn Sie den Internet Explorer von der CD eines Internetproviders installieren oder wenn irgendein Programm die Anzeige missbräuchlich verändert hat. So oder so können Sie die Kopfzeile des Internet Explorer beliebig gestalten.

1. Starten Sie den Registry-Editor und öffnen Sie den Eintrag *HKEY_LOCAL_MACHINE\Software\Microsoft\Internet Explorer\Main*.

2. Hier finden Sie rechts den Eintrag *Window Title* mit dem Text, der in der Titelleiste des Browserfensters angezeigt wird.

3. Mit einem Doppelklick öffnen Sie den Eintrag zum Bearbeiten und können die unerwünschte Botschaft löschen oder durch einen beliebigen Text ersetzen.

4. Ist der Eintrag nicht vorhanden, haben Sie bislang den Standardtext *Microsoft Internet Explorer* im Browserfenster. In dem Fall können Sie den Eintrag zunächst mit *Bearbeiten/Neu/Zeichenfolge* anlegen und anschließend mit einem eigenen Text versehen.

5. Wenn einfach nur der Standardfenstertitel *Microsoft Internet Explorer* angezeigt werden soll, entfernen Sie den Eintrag am besten, indem Sie ihn markieren, dann *Bearbeiten/Löschen* wählen und die Sicherheitsabfrage bestätigen.

Skins für den Internet Explorer

? Ich habe gesehen, dass es Internet Explorer-Varianten gibt, die ihr optisches Erscheinungsbild durch Skins verändern können. Geht das auch bei meinem Internet Explorer?

! Mithilfe der Registry können Sie ein Hintergrundbild für die Menü- und Symbolleisten festlegen, wodurch sich die Optik des Browsers individuell einstellen lässt:

1. Öffnen Sie im Registry-Editor den Schlüssel *HKEY_CURRENT_USER\Software\Microsoft\Internet Explorer\Toolbar*.

2. Legen Sie hier in der rechten Hälfte mit *Bearbeiten/Neu/Zeichenfolge* eine neue Zeichenfolge an und geben Sie dieser die Bezeichnung *BackBitmapIE5*.

3. Doppelklicken Sie die neue Eigenschaft dann zum Bearbeiten an und geben Sie im *Zeichenfolge bearbeiten*-Dialog als Wert den Pfad zu der BMP-Datei an, die die als Hintergrund zu verwendende Grafik enthält.

Suchen Sie hier am besten eine kleine Grafik aus, die nicht größer als der zur Verfügung stehende Platz ist. Um die Grafik flächendeckend darzustellen, kachelt der Internet Explorer sie automatisch. Im Windows-Stammverzeichnis finden Sie einige geeignete Dateien. Achten Sie darauf, keine zu dunklen Bilder zu verwenden, da man sonst die Symbole und Bezeichnungen in den Menüs und Symbolleisten nicht mehr gut lesen kann. Am besten eignen sich helle, transparente Bilder ohne starke Muster oder Kontraste. Wenn Sie anschließend den Internet Explorer neu starten, können Sie das neue Design bewundern.

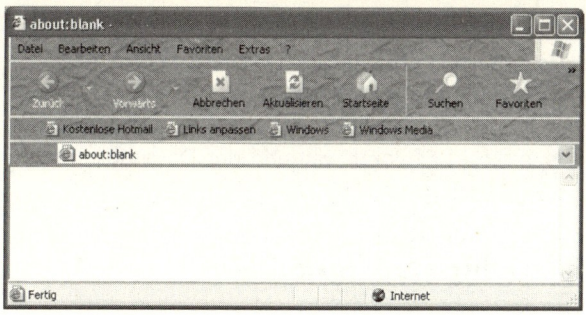

Individuelles Logo im Internet Explorer

? Beim Laden von Webseiten zeigt der Internet Explorer oben rechts eine kleine Animation. Ich habe Internet Explorer-Versionen gesehen, die hier eine ganz andere Animation verwendet haben. Kann man das Logo beliebig ändern?

! Das animierte Logo im Internet Explorer lässt sich ersetzen. Dazu müssen Sie zunächst eine entsprechende Bilddatei im Format BMP erstellen (z. B. mit dem Windows-Programm Paint). Im Logo-Bereich stehen entweder 22 x 22 oder 38 x 38 Bildpunkte zur Verfügung. Um einen Animationseffekt zu erreichen, benötigen Sie aber mehrere Bilder mit verschiedenen Bewegungsphasen. Dazu werden alle Bilder in einer Bilddatei untereinander gesetzt. Das 22-x-22-Bild müsste also bei fünf Animationsphasen insgesamt 22 Bildpunkte breit und 110 Bildpunkte hoch sein. Der Internet Explorer zeigt die verschiedenen Phasen dann automatisch in einer Endlosschleife an (während er Daten überträgt). Diese Bilddatei können Sie unter einem beliebigen Namen und in einem beliebigen Ordner in Ihrem Windows-System speichern.

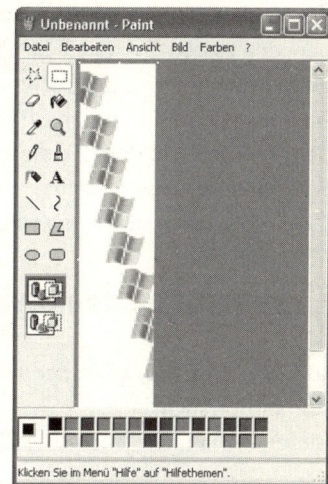

Damit die eigene Animation auch angezeigt wird, teilen Sie dem Internet Explorer via Registrierungsdatei mit, dass und welche Datei er als Animation anzeigen soll:

1. Dazu starten Sie den Registry-Editor und öffnen darin die Kategorie *HKEY_CURRENT_USER\Software\Microsoft\Internet Explorer\Toolbar*.

2. Fügen Sie hier – soweit noch nicht vorhanden – einen Wert *SmBrandBitmap* für ein 22-x-22-Grafik bzw. *BrandBitmap* für ein größeres 38-x-38-Bild ein und versehen Sie diese mit dem Pfad auf die entsprechende Datei als Inhalt.

Ab dem nächsten Start zeigt der Internet Explorer während der Datenübertragung Ihre eigene Animation an.

Steuerleiste im Vollbildmodus erweitern

? Ich verwende gern den Vollbildmodus des Internet Explorer. Allerdings ist hier nur eine Steuerleiste mit wenigen Schaltflächen vorhanden. Um z. B. die Adresse einer neuen Webseite einzugeben oder einen Favoriten abzurufen, muss ich jeweils wieder in den normalen Modus zurückwechseln. Kann man die Steuerleiste um solche Funktionen erweitern?

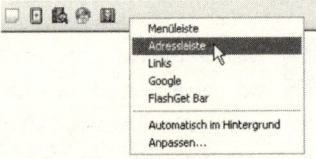

! Die Steuerleiste im Vollbildmodus lässt sich bei Bedarf durch verschiedene Zusatzleisten aufpeppen. Lassen Sie dazu die Steuerleiste anzeigen und klicken Sie mit der rechten Maustaste auf eine freie Stelle darin. Dadurch öffnen Sie das kontextabhängige Menü, in dem Sie die Menüpunkte für die verschiedenen Hilfsleisten finden. So können Sie etwa die normale Menüleiste, die Adressleiste oder die wichtigsten Links einblenden, auch im Vollbildmodus.

Eingabehilfen deaktivieren

? Mich stört es, wenn der Internet Explorer beim Eingeben von Webadressen ständig versucht, diese zu vervollständigen bzw. Vorschläge zu machen. Kann man dieses Verhalten irgendwo abschalten?

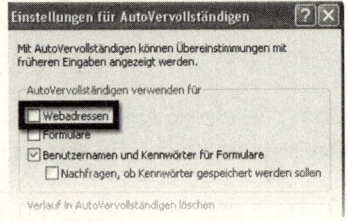

! Öffnen Sie im Internet Explorer mit *Extras/Internetoptionen* die Einstellungen und wechseln Sie dort in die Kategorie *Inhalte*. Klicken Sie hier im Bereich *Persönliche Informationen* auf die Schaltfläche *AutoVervollständigen*. Deaktivieren Sie im nachfolgenden Menü im Bereich *AutoVervollständigen verwenden für* das Kontrollkästchen *Webadressen* und übernehmen Sie die Einstellungen mit zweimal *OK*.

Farben für die Darstellung von Webseiten verändern

? Der Internet Explorer verwendet beim Anzeigen von Webseiten Standardfarben (schwarze Schrift, blaue Links usw.) die auf meinem Display schlecht zu erkennen sind. Kann ich diese Farbwahl beeinflussen?

! Sie können eigene Vorgaben für die farbliche Gestaltung von Webseiten im Internet Explorer machen. Diese werden allerdings nur umgesetzt, solange der Autor einer Webseite nicht ausdrücklich andere Angaben zur Farbgestaltung gemacht hat.

1. Öffnen Sie mit *Extras/Internetoptionen* die Einstellungen des Internet Explorer. Wechseln Sie hier in die Rubrik *Allgemein*. Ganz unten finden Sie die Schaltfläche *Farben*, die Sie anklicken.

2. Wenn Sie die Farben für Text und Hintergrund verändern wollen, deaktivieren Sie im nachfolgenden *Farben*-Menü zunächst das Kontrollkästchen *Windows-Farben verwenden*. Nun können Sie darüber für beide Bereiche eigene Farben wählen.

3. In der rechten Hälfte des Dialogs bestimmen Sie die Farben, mit denen Hyperlinks im Text hervorgehoben werden. *Besucht* bezieht sich auf Verweise, die Sie bereits aufgesucht haben. Hinter *Nicht besucht* verbergen sich die bislang noch nicht benutzten.

4. Als zusätzliche Hilfestellung beim Erkennen von Links im Fließtext bietet der Internet Explorer die Hoverfarbe an. Aktivieren Sie die Funktion mit der Option *Hoverfarbe verwenden*, färbt der Browser jeweils den Link, über dem der Mauszeiger gerade schwebt (engl. hover), in der angegebenen Farbe ein. Für einen optimalen Effekt sollten Sie eine Farbe wählen, die einen möglichst starken Kontrast zu den sonstigen Linkfarben hat.

Keine Adressen mit Anmeldung mehr möglich

? Bislang konnte ich im Internet Explorer Webadressen der Form http://<Benutzername>:<Kennwort>@www.server.de verwenden, um mich bei einem Angebot mit Benutzerauthentifzierung gleich anzumelden. Warum erhalte ich bei solchen Adressen seit einiger Zeit eine Fehlermeldung?

Da diese direkte Benutzeranmeldung die Gefahr des Missbrauchs mit sich bringt, hat Microsoft das Verhalten des Internet Explorer in diesem Punkt mit einem Patch verändert, sodass solche Anmeldungen nicht mehr möglich sind. Allerdings lässt sich die Funktion durch einen Registry-Eingriff reaktvieren:

1. Starten Sie den Registry-Editor und öffnen Sie den Schlüssel *HKEY_LOCAL_MACHINE\Software\Microsoft\Internet Explorer\Main*.

2. Legen Sie hier einen neuen Unterschlüssel *FeatureControl* an – soweit er nicht schon existiert.

3. Erstellen Sie innerhalb dieses Schlüssels dann einen weiteren Unterschlüssel mit dem Namen *FEATURE_HTTP_USERNAME_PASSWORD_DISABLE*.

4. In diesem Schlüssel legen Sie dann einen DWORD-Wert namens *iexplore.exe* an und geben ihm den Wert 0 (Null). Damit darf der Internet Explorer wieder solche Adressen verarbeiten.

5. Wenn Sie mit anderen Anwendungen arbeiten, die den Internet Explorer als Komponente für den Webzugriff einbinden, müssen Sie diese Funktion auch für diese Anwendungen ggf. freischalten. Erstellen Sie dazu jeweils einen weiteren DWORD-Wert, der den Namen der ausführbaren Programmdatei dieser Anwendung trägt und den Wert 0 hat, also für den Windows-Explorer z. B. *explorer.exe*.

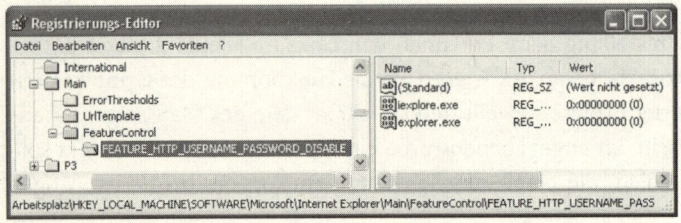

Fehlermeldung beim Aufrufen von Webseiten

Wenn ich eine Webseite aufrufen will, erhalte ich nur eine Fehlermeldung. Was bedeutet sie und was kann ich unternehmen?

! Beim Aufrufen von Webseiten kann Verschiedenes schief gehen und unterschiedliche Ursachen können dafür vorliegen. Hier die häufigsten Fehler, die passieren können:

- *Die Seite kann nicht angezeigt werden*: Der Internet Explorer kann keinen Kontakt zu dem gewünschten Webserver aufnehmen. Dafür kann es zwei verschiedene Ursachen geben: Zum einen kann es sein, dass der angegebene Server nicht existiert. Überprüfen Sie also die angegebene Adresse, ob sich vielleicht ein Tippfehler eingeschlichen hat. Sehr viel häufiger wird diese Fehlermeldung dadurch verursacht, dass die Onlineverbindung ins Internet nicht fehlerfrei funktioniert. Überprüfen Sie also auch, ob Ihr PC überhaupt über eine aktive Internetverbindung verfügt. Verwenden Sie dazu z. B. eine Internetadresse, die üblicherweise immer funktioniert.

- *Serververbindung kann nicht hergestellt werden*: Der Kontakt zum angegebenen Rechner konnte hergestellt werden (Internetzugang funktioniert also prinzipiell), aber dieser antwortet nicht auf die Anfrage. Dies kann eine Störung beim Serverrechner selbst sein, die zu einem späteren Zeitpunkt möglicherweise nicht mehr auftritt. Es kann aber auch an einer Firewall oder einem ähnlichen Schutzmechanismus liegen, der die Antworten des Serverrechners blockiert.

- *Objekt nicht gefunden* (Fehler 404): Der Internet Explorer erreicht zwar den gewünschten Webserver, dieser kann die angeforderte Webseite aber nicht zurückliefern, weil sie nicht existiert. Stattdessen antwortet er mit dieser Fehlermeldung. Grund für den Fehler kann ein Tippfehler beim Eingeben der Webadresse sein. Häufig liegt es aber auch daran, dass Sie eine alte Adresse eingegeben haben, die inzwischen nicht mehr stimmt, weil sich das Webangebot verändert hat. Versuchen Sie in solchen Fällen, nur den Servernamen ohne eine konkrete Webseite anzugeben. Sie gelangen dann zur Startseite des Angebots, von der aus Sie die gewünschten Informationen meist auch finden können.

- *Der angeforderte URL ist offline nicht verfügbar*: Diese Fehlermeldung tritt im Offlinemodus des Internet Explorer auf. Sie bedeutet, dass Sie eine Webseite angefordert haben, die sich nicht im Cache des Browsers befindet. Deshalb kann der Internet Explorer diesem Wunsch nur nachkommen, wenn er dazu eine Onlineverbindung aufbaut. Bevor er dies tut, fragt er jedoch nach. Wählen Sie *Verbinden*, um die Seite online anzufordern. Sie können auch offline bleiben, wobei Sie auf die gewünschte Webseite allerdings nicht zugreifen können.

- *Sie sind nicht berechtigt, diese Seite anzuzeigen*: Die angeforderte Webseite ist nicht für alle zugänglich und Sie haben nicht die erforderliche Berechtigung, darauf zuzugreifen. Dies kann z. B. bei Webangeboten passieren, die bestimmte Bereich für registrierte Mitglieder bzw. zahlende Kunden reservieren.

- *Die aktuellen Sicherheitseinstellungen verhindern die Ausführung von ActiveX-Steuerelementen auf dieser Seite. Möglicherweise wird die Seite nicht richtig angezeigt*: Dieser Hinweis wird angezeigt, wenn eine Webseite ActiveX-Komponenten verwendet, Sie die ActiveX-Funktionen in den Internetoptionen aber deaktiviert haben. Sie können ActiveX aktivieren, um diesen Hinweis zu vermeiden, oder aber müssen damit leben.

- *In dem Skript auf dieser Seite ist ein Fehler aufgetreten*: Die Webseite enthält Java-Script-Befehle, die nicht fehlerfrei ausgeführt werden konnten. Das ist in erster Linie ein Problem des Autors der Seite. Allerdings kann es bedeuten, dass einzelne Effekte oder Funktionen auf der Seite nicht arbeiten oder aber die ganze Seite nicht bzw. nicht korrekt dargestellt wird.

Webseiten mit Kopf- und Fußzeilen ausdrucken

Bei Ausdrucken von Webseiten mit dem Internet Explorer ist mir schon öfter aufgefallen, dass man die Seiten mit verschiedenen Angaben in den Kopf- und Fußzeilen versehen kann. Wie kann man festlegen, welche Informationen dort ausgegeben werden?

Rufen Sie im Internet Explorer die Menüfunktion *Datei/Seite einrichten* auf. Im Bereich *Kopf- und Fußzeile* können Sie das Erscheinungsbild und den Inhalt der Kopf- und Fußzeilen bestimmen, die der Internet Explorer auf Wunsch in jede Druckseite einfügt. Dazu stehen Ihnen eine Reihe von Steuercodes zur Verfügung, die bestimmte Informationen in die jeweilige Zeile aufnehmen und formatieren. Die nachfolgende Tabelle gibt einen Überblick über die einzelnen verfügbaren Codes, die Sie beliebig miteinander kombinieren und mit eigenem Text ergänzen können. Um z. B. in der Kopfzeile jeder Druckseite den Titel der gedruckten Webseite sowie die aktuelle Seitenzahl und die Gesamtseitenzahl auszudrucken, geben Sie im Feld *Kopfzeile &w&bSeite &p von &P* ein.

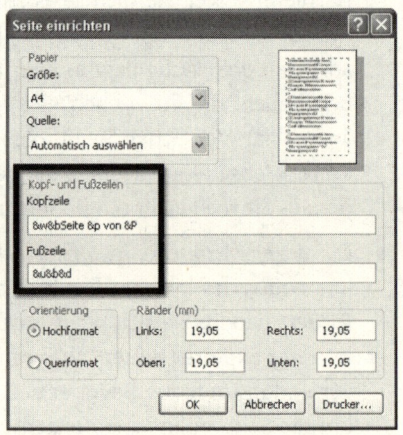

Geben Sie dieses ein:	Um dies zu drucken:
&w	Titel der Webseite
&u	Adresse der Webseite (URL)
&d	Datum im Kurzformat
&D	Datum im Langformat
&t	Zeit
&T	Zeit im 24-Stunden-Format
&p	aktuelle Seitenzahl
&P	Gesamtzahl der Seiten
&&	einzelnes Und-Zeichen (&)
&b	Der unmittelbar auf diese Zeichen folgende Text wird zentriert
&b&b	Der auf das erste &b folgende Text wird zentriert und der auf das zweite &b folgende Text rechtsbündig dargestellt.

Internet Explorer neu installieren

? Ich würde den Internet Explorer gern neu installieren, beim Versuch bricht das Setup aber mit der Fehlermeldung ab, es sei bereits eine neuere Version von Internet Explorer auf diesem Computer installiert. Wie kann ich den Internet Explorer trotzdem reparieren bzw. neu installieren?

! Da der Internet Explorer ein fester Bestandteil von Windows XP ist, ist eine separate Neuinstallierung eigentlich nicht vorgesehen. Ein Neuinstallieren bzw. Reparieren von Windows wirkt sich immer auch auf den Internet Explorer aus. Trotzdem gibt es eine Möglichkeit, den Internet Explorer separat neu zu installieren:

1. Starten Sie den Registry-Editor und öffnen Sie die Schlüssel *HKEY_LOCAL_MACHINE\Software\Microsoft\Active Setup\Installed Components\{89820200-ECBD-11cf-8B85-00AA005B4383}*.

2. Suchen Sie hier in der rechten Hälfte den DWORD-Wert *IsInstalled* und öffnen Sie ihn per Doppelklick.

3. Ändern Sie den Wert in *0* (Null). Anschließend können Sie den Internet Explorer neu installieren.

Automatische Updates des Internet Explorer verhindern

? Der Internet Explorer überprüft einmal im Monat, ob eine neuere Version vorhanden ist. Installiert man dieses Update dann nicht, wird man trotzdem regelmäßig daran erinnert. Kann man diese lästige Update-Funktion abschalten?

! Dieses Verhalten lässt sich über eine Gruppenrichtlinie beeinflussen. Allerdings müssen Sie dann selbst hin und wieder nach Updates Ausschau halten.

1. Kicken Sie auf *Start/Ausführen* und geben Sie im anschließenden Dialog das Kommando *gpedit.msc* ein, um den Gruppenrichtlinieneditor zu starten.

2. Wählen Sie hier in der linken Spalte die Kategorie *Benutzerkonfiguration/Administrative Vorlage/Windows-Komponenten/Internet Explorer* aus.

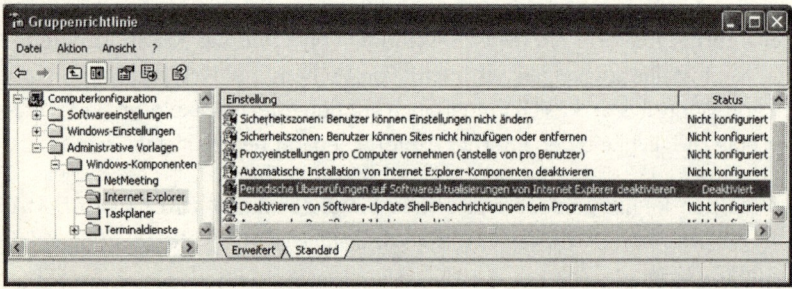

3. Klicken Sie dann in der rechten Fensterhälfte doppelt auf die Einstellung *Periodische Überprüfung auf Softwareaktualisierungen von Internet Explorer*. Wählen Sie im anschließenden Dialog die Option *Deaktiviert*.

Internet Explorer speichert Bilder nur als BMP

? Ursprünglich konnte ich im Internet Explorer beim Speichern von Bildern verschiedene Formate auswählen. Warum speichert der Internet Explorer die Bilder seit einiger Zeit nur noch im BMP-Format?

! Für dieses Verhalten gibt es mehrere mögliche Ursachen. Die häufigste besteht darin, dass der Internetcache voll ist oder eine heruntergeladene ActiveX- oder Java-Kompente beschädigt ist.

1. Starten Sie den Internet Explorer und öffnen Sie mit *Extras/Internetoptionen* seine Einstellungen.

2. Wechseln Sie in die Rubrik *Allgemein* und klicken Sie hier im Bereich *Temporäre Internetdateien* auf die Schaltfläche *Dateien löschen*. Bestätigen Sie die Sicherheitsrückfrage mit OK. Je nach Umfang der Dateien kann dieser Vorgang etwas dauern.

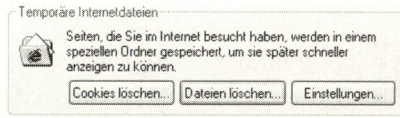

3. Klicken Sie dann auf die benachbarte Schaltfläche *Einstellungen* und im anschließenden Dialog wiederum auf die Schaltfläche *Objekte anzeigen*.

4. Damit öffnen Sie den Ordner *Downloaded Program Files*, in dem der Internet Explorer alle heruntergeladenen Komponenten speichert. Überprüfen Sie hier, ob Programmdateien mit dem Status *Beschädigt* oder *Unbekannt* vorliegen.

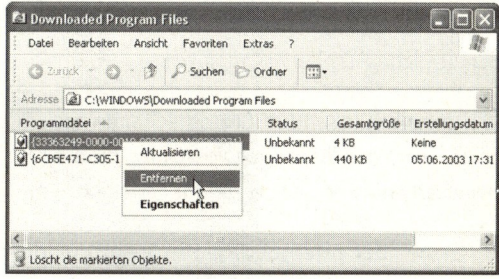

5. Wählen Sie solche Dateien aus, klicken Sie dann mit der rechten Maustaste darauf und wählen Sie im kontextabhängigen Menü die Funktion *Entfernen*. Bestätigen Sie die Sicherheitsrückfrage mit *Ja*.

! Das Problem kann auch auftreten, wenn die Webseite, die das Bild enthält, über eine sichere Verbindung (*https://*) übermittelt wurde. In diesem Fall sollten Sie das Speichern verschlüsselter Seiten deaktivieren:

1. Starten Sie den Internet Explorer und öffnen Sie mit *Extras/Internetoptionen* seine Einstellungen.

2. Wechseln Sie in die Rubrik *Erweitert* und aktivieren Sie in der Liste der Einstellungen in der Kategorie *Sicherheit* die Option *Verschlüsselte Seiten nicht auf der Festplatte speichern*.

3. Laden Sie dann die Webseite im Internet Explorer erneut, indem Sie *Ansicht/Aktualisieren* wählen oder [F5] drücken.

Automatische Benutzeranmeldung reaktivieren

? Früher hat der Internet Explorer Formulare zur Benutzeranmeldung auf bestimmten Webseiten automatisch ausgefüllt. Irgendwann habe ich dies dann aber wohl versehentlich dauerhaft deaktiviert. Wie kann ich diese Funktion wieder einschalten?

! Diese AutoVervollständigen-Funktion des Internet Explorer lässt sich leicht deaktivieren, da man nur einmal die falsche Wahl treffen muss, um sie dauerhaft abzuschalten. Allerdings lässt sie sich auch schnell wieder herstellen:

1. Starten Sie den Internet Explorer und öffnen Sie mit *Extras/Internetoptionen* seine Einstellungen.

2. Wechseln Sie in die Rubrik *Inhalte* und klicken Sie hier im Bereich *Persönliche Informationen* auf die Schaltfläche *AutoVervollständigen*.

3. Im anschließenden Dialog schalten Sie im Bereich *AutoVervollständigen verwenden für* die Option *Benutzername und Kennwörter für Formulare* ein.

4. Damit der Internet Explorer nicht nur die Benutzernamen, sondern auch die Kennwörter speichert, sollten Sie außerdem das Kontrollkästchen *Nachfragen, ob Kennwörter gespeichert werden sollen* aktivieren.

Internet Explorer will Webseiten speichern statt öffnen

? Wenn ich bestimmte Webangebote aufrufe, will der Internet Explorer den Inhalt der Webseiten nicht anzeigen, sondern stattdessen auf der Festplatte speichern. Was kann ich in solchen Fällen machen?

! Dieses Phänomen kann auftreten, wenn Webserver ihren Inhalt komprimiert zur Verfügung stellen. Der Internet Explorer kann den Inhalt zwar dekomprimieren, wenn aber ein Proxyserver dazwischen geschaltet ist, der dies nicht beherrscht, kann es zu Problemen kommen, die sich aber in der meisten Fällen so beheben lassen:

1. Starten Sie den Internet Explorer und öffnen Sie mit *Extras/Internetoptionen* seine Einstellungen.

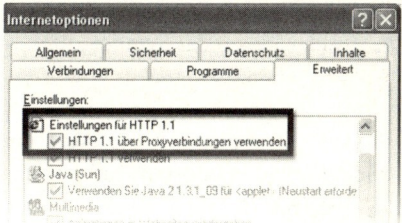

2. Wechseln Sie in die Rubrik *Erweitert* und suchen Sie hier in der *Einstellungen*-Liste die Kategorie *Einstellungen für HTTP 1.1*.

3. Aktivieren Sie hier die Option *HTTP 1.1 über Proxyverbindungen verwenden*.

Manipulation von Startseite, Favoriten oder Suchfunktionen

? Seit kurzem scheint der Internet Explorer ein Eigenleben zu entwickeln. Es tauchen ständig Favoriten auf, die ich nicht angelegt habe. Beim Start wechselt der Browser immer zu einer Seite, die nicht meine Startseite ist. Auch bei den Suchfunktionen werden statt MSN plötzlich andere Seiten aufgerufen. Was läuft schief?

! Sie sind Opfer eines Browser-Hijackings geworden. Ein Programm hat sich – heimlich oder getarnt – auf Ihren PC eingeschlichen und manipuliert Ihren Webbrowser. Windows-Bordmittel helfen da nicht viel. Am besten laden Sie sich das kostenlose Programm Spybot Search & Destroy aus dem Internet (*http://www.safer-networking.org*), das neben vielen Arten von Spyware auch solche Hijacking-Programme aufspüren und entfernen kann.

Bilder in Webseiten werden nur verkleinert dargestellt

? Wenn ich im Internet Explorer eine Webseite mit großen Bildern lade, verkleinert der Browser diese Bilder automatisch. Wie kann ich die Bilder in ihrer richtigen Größe sehen?

! Wenn der Internet Explorer ein Bild lädt, das größer als der Inhalt des Browserfensters ist – das also nicht komplett darstellbar wäre – verkleinert er es automatisch, sodass es komplett ins Fenster passt. Dieses Verhalten ist so beabsichtigt. Selbstverständlich können Sie das Bild aber auch in der Originalgröße betrachten:

1. Bewegen Sie den Mauszeiger auf eine beliebige Stelle des verkleinerten Bilds und lassen Sie ihn dort kurz ruhen.

2. Daraufhin blendet der Internet Explorer oben links in das Bild eine kleine Symbolleiste ein, dann rechts unten ein Symbol mit vier Pfeilen.

3. Klicken Sie auf das Symbol unten rechts, um das Bild in seiner Originalgröße zu sehen.

Wenn Ihnen das an sich praktische automatische Optimieren der Bildgröße durch den Internet Explorer nicht gefällt, können Sie diese Funktion auch ganz deaktivieren:

1. Starten Sie den Internet Explorer und öffnen Sie mit *Extras/Internetoptionen* seine Einstellungen.

2. Wechseln Sie in die Rubrik *Erweitert* und suchen Sie hier in der *Einstellungen*-Liste die Kategorie *Multimedia*.

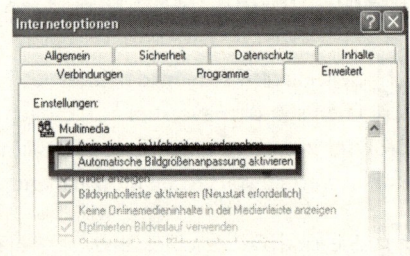

3. Schalten Sie hier die Option *Automatische Bildgrößenanpassung aktivieren* aus. Dann zeigt der Internet Explorer alle Bilder immer in der Originalgröße.

Probleme von IP-Adressen mit Portnummern

? Ich will einen Webserver erreichen, der im lokalen Netzwerk eingerichtet ist. Dazu gebe ich seine IP-Nummer und den Port an, unter dem der Server läuft (also z. B. *192.168.10.22:1080*). Warum kann der Internet Explorer den Server nicht erreichen?

! Diese Adressangabe ist keine korrekte URL, da der Protokollbezeichner (*http://*) fehlt. Normalerweise macht das nichts, weil der Internet Explorer das Protokoll automatisch ergänzt, wenn man es nicht angibt. In diesem Fall aber, also wenn Sie eine IP-Adresse mit einer Portnummer ergänzen, ergänzt der Internet Explorer die Adresse nicht zu einer korrekten URL. Deshalb müssen Sie in solchen Fällen den Protokollbezeichner selbst mit angeben, also *http://192.168.10.22:1080*.

Mehrere Internet Explorer-Versionen parallel benutzen

? Ich möchte neben dem aktuellen Internet Explorer auch frühere Versionen weiterhin parallel auf meinen Windows-PC haben, um z. B. selbst erstellte Webseiten in verschiedenen Browsern testen zu können. Wie kann ich die älteren Versionen parallel zum Internet Explorer 6 installieren?

! Eigentlich ist es nicht vorgesehen, ältere Internet Explorer-Versionen parallel zur aktuellen Fassung zu installieren. Deshalb gibt es dazu auch keinen „offiziellen" Weg. Zumindest für die Vorgängerversionen 5.5 und 5.01 gibt es aber einen Kniff, der dies ermöglicht. Ältere Versionen dürften sich aber nicht mehr nutzen lassen und spielen eigentlich auch keine nennenswerte Rolle mehr. Um den Internet Explorer 5.5 zu installieren, gehen Sie so vor:

1. Laden Sie sich das Komplettinstallationspaket für den Internet Explorer 5.5 herunter (z. B. unter *http://browsers.evolt.org/?ie/32bit/5.5*) und entpacken Sie es.

2. Kopieren Sie die Dateien *ient_s1.cab*, *ient_s2.cab*, *ient_s3.cab*, *ient_s4.cab* und *ient_s5.cab* in einen neuen Ordner.

3. Entpacken Sie dann diese komprimierten Dateien, sodass Sie anschließend *ient_1.cab*, *ient_2.cab*, *ient_3.cab*, *ient_4.cab* und *ient_5.cab* erhalten.

4. Entpacken Sie wiederum auch diese Dateien. Dadurch erhalten Sie die eigentlichen Programmdateien für den Internet Explorer 5.5.

5. Löschen Sie nun alle Dateien bis auf:

- *browseui.dll*
- *dispex.dll*
- *iexplore.exe*
- *inetcpl.cpl*
- *inetcplc.dll*
- *jscript.dll*
- *shdocvw.dll*
- *urlmon.dll*
- *mshtml.dll*
- *mshtml.tlb*

6. Erstellen Sie dann in diesem Ordner eine leere Datei mit dem Namen *iexplore.exe.local*.

7. Anschließend können Sie die Datei *iexplore.exe* in diesem Ordner aufrufen und damit den Internet Explorer 5.5 starten. Für den Internet Explorer 5.01 ist das Verfahren im Prinzip das gleiche. Allerdings müssen Sie hier zusätzlich die Datei *shdoclc.dll* beim Löschen verschonen. Sie können die Versionen beliebig parallel zum Internet Explorer 6 betreiben. Allerdings ist für Windows der Internet Explorer 6 der „offizielle" Webbrowser. Deshalb stehen in den Parallelversionen nicht alle Funktionen zur Verfügung und der eine oder andere Absturz ist nicht ausgeschlossen.

Favoriten mit der Endung .url

? Meine Internetfavoriten werden seit kurzem alle mit der Endung *.url* versehen. Entferne ich diese Endung, sind es keine Favoriten mehr, sondern Textdateien. Wie bekomme ich die alte Darstellung wieder hin?

! Dieses Phänomen hängt mit der Definition des Dateityps für Favoritendateien zusammen. Da die Favoritenliste im Explorer einfach nur den Inhalt des Favoritenordners wiedergibt, wird hier auch die Dateiendung angezeigt, wenn der Dateityp so eingestellt ist:

1. Starten Sie den Registry-Editor und öffnen Sie den Schlüssel *HKEY_CLASSES_ROOT\InternetShortcut*.

2. Erstellen Sie hier in der rechten Hälfte mit *Bearbeiten/Neu/Zeichenfolge* einen neuen Eintrag namens *NeverShowExt*. Er muss keinen Wert haben. Damit wird die Dateiendung für Favoriten ausgeblendet.

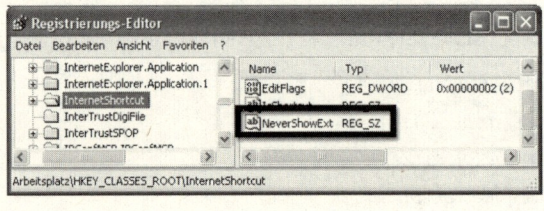

3. Nach einem Neustart (bzw. einmal ab- und wieder anmelden) dürfte das Problem behoben sein.

Startseite kann nicht geändert werden

? Mein Internet Explorer verwendet seit kurzem eine Startseite, die ich nicht eingestellt habe. Leider kann ich sie nicht ändern, da dieser Bereich in den Internetoptionen deaktiviert ist. Wie kann ich ihn wieder freischalten?

! Manche böswilligen Programme manipulieren die Startseite und blockieren anschließend diese Einstellung, damit man sie nicht wieder rückgängig machen kann. Selbstverständlich geht es trotzdem:

1. Kicken Sie auf *Start/Ausführen* und geben Sie im anschließenden Dialog das Kommando *gpedit.msc* ein, um den Gruppenrichtlinieneditor zu starten.

2. Wählen Sie hier in der linken Spalte die Kategorie *Benutzerkonfiguration/Administrative Vorlage/Windows-Komponenten/Internet Explorer* aus.

3. Klicken Sie dann in der rechten Fensterhälfte doppelt auf die Einstellung *Änderung der Homepage-Einstellungen deaktivieren*. Wählen Sie im anschließenden Dialog die Option *Deaktiviert*.

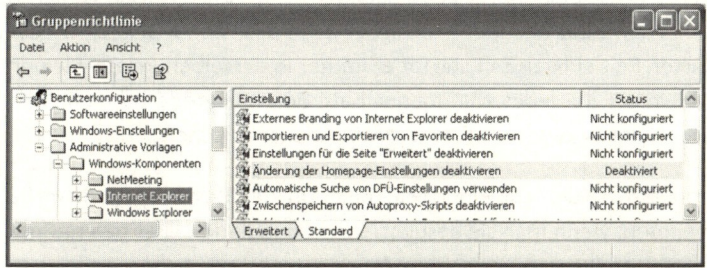

Dateien nach dem Download nicht automatisch öffnen

? Normalerweise fragt der Internet Explorer beim Download einer Datei, ob er diese *Speichern* oder *Öffnen* soll. Leider habe ich irgendwann die Option *Vor dem Öffnen dieses Dateityps immer bestätigen* ausgeschaltet, sodass solche Dateien jetzt immer ohne Dialog direkt geöffnet werden. Wo kann ich diese Einstellung zurücknehmen und den Dialog wieder anzeigen lassen?

! Dies ist eine der beliebten Fallen des Windows-Systems. Hat man einen Standarddialog erst einmal deaktiviert, ist es weitaus schwieriger, ihn dann wiederzubekommen. In diesem Fall geht es folgendermaßen:

1. Starten Sie den Windows-Explorer und öffnen Sie mit *Extras/Ordneroptionen* die Einstellungen.

2. Wechseln Sie hier in die Rubrik *Dateitypen* und suchen Sie in der Liste *Registrierte Dateitypen* den fraglichen Dateityp heraus. Klicken Sie dann auf die Schaltfläche *Erweitert* unten rechts.

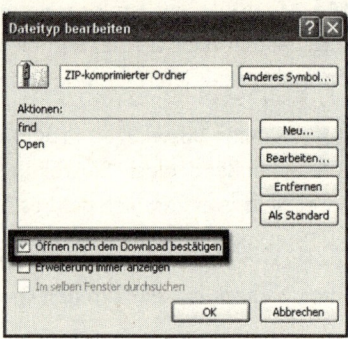

3. Schalten Sie hier die Option *Öffnen nach dem Download bestätigen* ein. Klicken Sie dann auf *OK* und *Schließen*, um die Änderung zu übernehmen. Ab sofort fragt der Internet Explorer beim Download wieder nach. Für andere Dateitypen müssen Sie den Vorgang einfach entsprechend wiederholen.

Internet Explorer merkt sich seine Fenstergröße nicht mehr

Früher hat sich der Internet Explorer beim Beenden seine Fenstergröße gemerkt. Wenn ich ihn im Vollmodus beendet habe, ist er beim nächsten Mal auch wieder im Vollmodus gestartet. Seit einiger Zeit startet er immer in derselben, relativ kleinen Fenstergröße und ich muss ihn jedes Mal manuell auf Maximalgröße bringen. Was kann ich machen, damit der Browser die Fenstergröße wieder speichert.

Dieses Fehlverhalten beruht auf einer Manipulation der Registry, die manche Websites vornehmen, wenn man sie besucht. Die Manipulation lässt sich nur mit schärferen Sicherheitseinstellungen vermeiden. Ist sie bereits geschehen, kann man Sie wie folgt korrigieren:

1. Starten Sie den Registry-Editor und öffnen Sie den Schlüssel *HKEY_CURRENT_USER\Software\Microsoft\Internet Explorer\Main*.

2. Hier finden Sie in der rechten Hälfte den Binärwert *Window_Placement*, in dem der Internet Explorer die Fenstergröße und -position beim Beenden speichert.

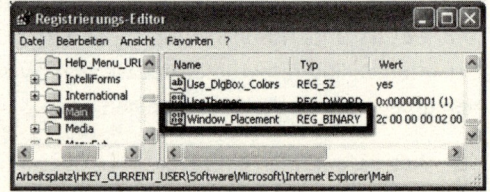

3. Klappt das nicht mehr, markieren Sie diesen Wert und entfernen ihn mit *Bearbeiten/Löschen*. Bestätigen Sie die Sicherheitsrückfrage mit *Ja*.

4. Beenden Sie eventuell noch geöffnete Instanzen des Internet Explorer und starten Sie ihn dann neu. Er öffnet sich darauf mit seinem Standardfenster und legt dabei den Wert in der Registry neu an. Anschließend speichert er Größe und Position beim Beenden wieder regulär.

Manuelle Cookie-Behandlung reaktivieren

Bei früheren Versionen des Internet Explorer konnte man relativ flexibel festlegen, wie mit Cookies umgegangen werden soll und z. B. einen interaktiven Rückfragemodus benutzen. Beim neuen Internet Explorer ist das alles automatisiert und lässt wenig Eingriffsmöglichkeiten. Kann man die alten, flexibleren Einstellmöglichkeiten reaktivieren?

Der Internet Explorer 6 verwendet das Datenschutzprotokoll P3P, das die Cookie-Behandlung vereinfachen soll, dem Benutzer aber auch die Kontrolle größtenteils aus der Hand nimmt. Wenn Ihnen das alte Cookie-Konzept des Internet Explorer lieber war, können Sie auch mit dem IE6 dazu zurückkehren:

1. Öffnen Sie im Internet Explorer mit *Extras/Internetoptionen* die Einstellungen und wechseln Sie hier in die Rubrik *Datenschutz*.

2. Klicken Sie hier im Bereich *Einstellungen* unten rechts auf die Schaltfläche *Erweitert*.

3. Im anschließenden Menü schalten Sie zunächst das Kontrollkästchen *Automatische Cookiebehandlung aufheben* ein. Dadurch aktivieren Sie die darunter liegenden Einstellungsmöglichkeiten.

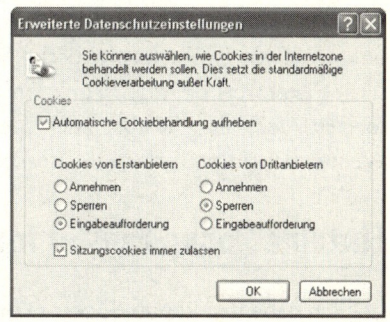

4. Hier können Sie, wie von früheren Internet Explorer-Versionen gewohnt, die Optionen *Annehmen*, *Sperren* oder *Eingabeaufforderung* wählen. Die Unterscheidung zwischen *Cookies von Erstanbietern* und *Cookies von Drittanbietern* bezieht sich auf Cookies, die vom gleichen oder eben von einem anderen als dem Webserver kommen, von dem auch die Webseiten des Angebots stammen. Das Kontrollkästchen *Sitzungscookies immer zulassen* gestattet den uneingeschränkten Einsatz von temporären Cookies, die also nur für die Dauer einer Surfsitzung aufbewahrt werden.

Popup-Fenster vermeiden (SP2)

? Beim Surfen stoße ich immer wieder auf Webangebote, die den Bildschirm mit zusätzlichen Browserfenstern zumüllen. Kann man das nicht irgendwie unterbinden?

! Der Internet Explorer bringt selbst leider keine Funktion mit, um Popups effektiv zu verhindern. Allerdings hat Microsoft mit dem Service Pack 2 (SP2) eine solche Funktion nachgerüstet.

1. Wenn Sie das Service Pack 2 installiert haben, starten Sie den Internet Explorer und öffnen mit *Extras/Internetoptionen* die Einstellungen.

2. Wechseln Sie hier in die Rubrik *Datenschutz*. Hier finden Sie ganz unten den Bereich *Popupblocker*.

3. Um Popups zu verhindern, aktivieren Sie die Funktion *Popups blocken*. Sollen einzelne Webangebote trotzdem zusätzlich Fenster öffnen dürfen, klicken Sie auf die Schaltfläche 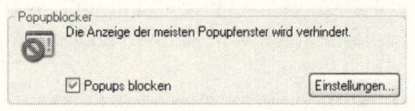 *Einstellungen* und nehmen diese Adressen im anschließenden Dialog in die Liste *Zugelassene Sites* auf.

Ohne Service Pack 2 helfen nur zusätzliche Tools von Fremdanbietern, um Popups zu unterdrücken. Eine sehr praktische Möglichkeit ist die Google-Suchleiste für den Internet Explorer, die diese Funktion quasi nebenbei mitbringt (*http://toolbar.google.com/intl/de/*). Es gibt aber auch speziellere Tools zu diesem Zweck, wie etwa den Webwasher (*http://www.webwasher.com*).

Einzelne Popup-Fenster trotz Popup-Blocker anzeigen (SP2)

? Ich habe den Popup-Bocker aktiviert und bin damit auch ganz zufrieden. Manchmal allerdings möchte ich einzelne Popups doch erlauben. Muss ich den Popup-Blocker dazu jedes Mal deaktivieren?

! In solchen Fällen ist es sinnvoll, den Popup-Blocker eine Informationsleiste anzeigen zu lassen, wenn er eingreift. Dann können Sie jeweils entscheiden, ob Sie dieses Popup doch noch zulassen wollen oder nicht.

1. Starten Sie den Internet Explorer, öffnen Sie mit *Extras/Internetoptionen* die Einstellungen und wechseln Sie dort in die Rubrik *Datenschutz*.

2. Klicken Sie hier ganz unten den Bereich *Popupblocker* auf die *Einstellungen*-Schaltfläche.

3. Im anschließenden Menü aktivieren Sie ganz unten im Bereich *Benachrichtigungen und Filterungsstufen* das Kontrollkästchen *Informationsleiste anzeigen, wenn ein Popup geblockt ist*.

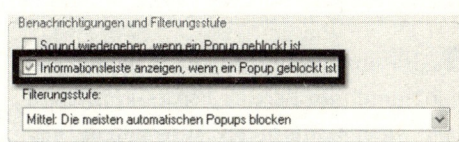

4. Ist diese Funktion eingeschaltet, blendet der Internet Explorer jedes Mal eine Informationsleiste in das Browserfenster ein, wenn er ein Popup blockiert. Wenn Sie

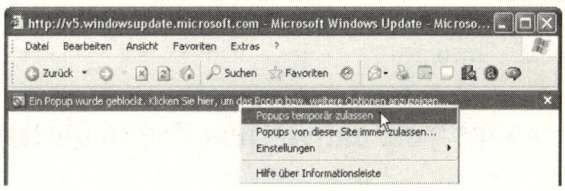

auf diese Leiste klicken, öffnen Sie ein Menü, wo Sie den Popup-Blocker mit *Popups temporär zulassen* vorübergehend deaktivieren können.

▰▶ **Popup-Blocker fallweise unterbinden** ▰▶

Wenn Sie von vorneherein wissen, dass der Popup-Blocker ein bestimmtes Popup unterdrücken wird, das Sie aber eigentlich zulassen wollen, gibt es ein einfaches Mittel: Halten Sie Strg *gedrückt, während Sie den entsprechenden Link anklicken. Dann wird der Popup-Blocker für diesen Link außer Kraft gesetzt und das Popup regulär angezeigt.*

Popup-Blocker ist übereifrig (SP2)

 Ich habe den Popup-Blocker des Internet Explorer (ab SP2) aktiviert. Leider schießt diese Funktion häufig über das Ziel hinaus und unterdrückt auch reguläre Webseiten, wenn diese z. B. in einem neuen Fenster geöffnet werden sollen. Wie kann ich den Blocker entschärfen?

! Der Popup-Blocker kennt verschiedene Filterungsstufen. Je nach gewählter Stufe sperrt er alle Arten von Popups oder aber nur bestimmte Formen, die für Werbung üblich sind. Über die richtige Filterungsstufe können Sie die Effektivität dieser Funktion steuern:

1. Starten Sie den Internet Explorer, öffnen Sie mit *Extras/Internetoptionen* die Einstellungen und wechseln Sie dort in die Rubrik *Datenschutz*.

2. Klicken Sie hier ganz unten den Bereich *Popupblocker* auf die *Einstellungen*-Schaltfläche.

3. Im anschließenden Menü finden Sie ganz unten im Bereich *Benachrichtigungen und Filterungsstufen* das Auswahlfeld *Filterungsstufe*. Hier können Sie einstellen, wie aggressiv der Popup-Filter vorgehen soll.

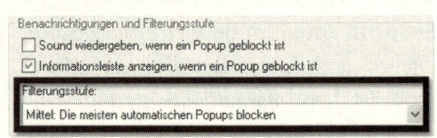

4. Übernehmen Sie die gewählten Einstellungen mit *Schließen* und dann *OK*.

Popups trotz aktiviertem Popup-Blocker

? Ich habe den Popup-Blocker im Internet Explorer aktiviert. Trotzdem werden immer noch manchmal Popups angezeigt. Woran liegt das?

! Der Popup-Blocker arbeitet an sich sehr zuverlässig. Es sind allerdings Situationen möglich, in denen er trotz richtiger Einstellung Popups zulässt:

- Wenn Sie eine Website in die Liste der für Popups zulässigen Sites eingetragen haben, werden grundsätzliche alle Popups von dieser Website zugelassen.
- Ebenso werden Popups von allen Websites erlaubt, die zu den Sicherheitszonen *Lokales Intranet* und *Vertrauenswürdige Sites* gehören.
- Wenn Sie nicht die Filterungsstufe *Hoch* gewählt haben, lässt der Popup-Blocker bestimmte Arten von Popups durch.
- Selbst bei der Filterungsstufe *Hoch* gibt es einige wenige Arten von Popups, die nicht als solche erkannt und deswegen zugelassen werden.

Java-Applets im Internet Explorer laufen nicht

? Warum kann ich mit dem Internet Explorer 6 keine Java-Applets ausführen?

! Beim Internet Explorer 6 wird nicht mehr automatisch eine Java Virtual Machine installiert, die für das Ausführen von Java-Applets (nicht JavaScript!) erforderlich ist. Wenn Sie erstmals ein Java-Applet ausführen wollen, bietet Ihnen der Internet Explorer an, die Virtual Machine nachträglich herunterzuladen und zu installieren. Haben Sie den Zeitpunkt bereits verpasst, können Sie das aber auch jederzeit manuell nachholen. Eine geeignete Java Virtual Machine finden Sie z. B. bei der Firma Sun unter *http://www.java.com/de*.

Klickgeräusch beim Anklicken von Links abschalten

? Mich stört es, dass der Internet Explorer jedes Mal ein Klickgeräusch macht, wenn ich auf einen Link klicke. Kann man das irgendwie abschalten?

! Dies ist möglich, allerdings ist dies keine spezielle Funktion des Internet Explorer, sondern gehört zu den Systemklängen.

1. Öffnen Sie in der Systemsteuerung die Komponente *Sounds und Audiogeräte* und wechseln Sie dort in die Rubrik *Sounds*.

2. Suchen Sie hier in der Liste *Programmereignisse* die Kategorie *Windows-Explorer* und darin die beiden (direkt aufeinander folgenden) Ereignisse *Navigation beenden* und *Navigation starten*.

3. Markieren Sie die beiden Elemente nacheinander und wählen Sie darunter bei *Sounds* jeweils den Eintrag *(Kein)* ganz oben in der Liste aus.

4. Übernehmen Sie die Einstellungen mit *OK*. Damit sollte der Internet Explorer zum Schweigen gebracht sein.

Sollte diese Methode nicht den gewünschten Erfolg haben, öffnen Sie im Registry-Editor den Schlüssel *HKEY_CURRENT_USER\AppEvents\Schemes\Apps\Explorer\Navigating\.current* und leeren hier rechts den Wert der Zeichenkette *(Standard)*.

Probleme mit Internet Explorer-Add-Ons

? Add-Ons sind Programme, z. B. Symbolleisten und Aktienticker, die Sie dem Browser hinzufügen können, um das Browsen im Internet interessanter und effizienter zu machen. Manchmal führen Browser-Add-Ons jedoch dazu, dass der Internet Explorer nicht mehr reagiert. Wie können Sie die Ursache des Problems identifizieren?

! Viele Add-Ons kommen aus dem Internet. Die meisten Add-Ons aus dem Internet erfordern, dass Sie zustimmen, bevor sie auf den Computer gedownloadet werden. Manche werden jedoch möglicherweise ohne Ihr Wissen gedownloadet. Dies kann geschehen, wenn Sie vorher allen Downloads von einer bestimmten Website zugestimmt haben, oder weil das Add-On Teil eines anderen installierten Programms war. Manche Add-Ons werden mit Microsoft Windows installiert. Die Verwendung von Add-Ons ist normalerweise unbedenklich, aber manchmal zwingen sie den Internet Explorer, unerwartet herunterzufahren. Dies kann geschehen, wenn das Add-On mangelhaft oder für eine frühere Version des Internet Explorer erstellt wurde.

So zeigen Sie alle Add-Ons für den Webbrowser an

1. Öffnen Sie den Internet Explorer und klicken Sie im Menü *Extras* auf *Add-Ons verwalten*.

2. Klicken Sie im Feld *Anzeigen* auf die Add-Ons, die angezeigt werden sollen.

3. Add-Ons werden im Feld *Anzeigen* in zwei Gruppen eingeteilt. Unter *Von Internet Explorer verwendete Add-Ons* finden Sie eine vollständige Liste aller Add-Ons, die sich auf dem Computer befinden. Unter *Momentan im Internet Explorer geladene Add-Ons* sind nur diejenigen Add-Ons aufgeführt, die für die aktuelle Webseite oder eine kürzlich besuchte Webseite benötigt wurden.

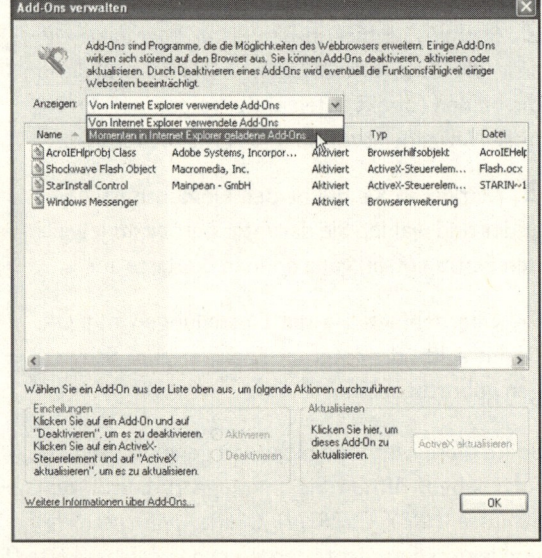

So aktualisieren Sie ActiveX-Add-Ons

1. Öffnen Sie den Internet Explorer und klicken Sie im Menü *Extras* auf *Add-Ons verwalten*.

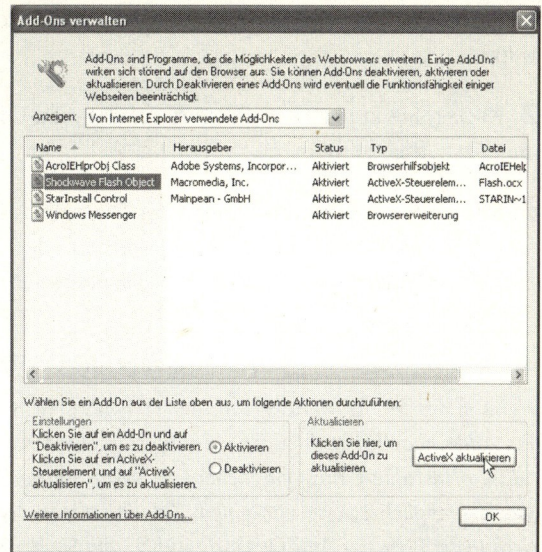

2. Klicken Sie auf den Pfeil der Auswahlliste *Anzeigen* und klicken Sie dann auf *Von Internet Explorer verwendete Add-Ons*.

3. Klicken Sie in der Liste der Add-Ons auf das zu aktualisierende Add-On und dann auf *ActiveX aktualisieren*.

So deaktivieren/aktivieren Sie ein Browser Add-On

1. Öffnen Sie den Internet Explorer und klicken Sie im Menü *Extras* auf *Add-Ons verwalten*.

2. Klicken Sie auf das zu deaktivierende Add-On und dann auf *Deaktivieren*.

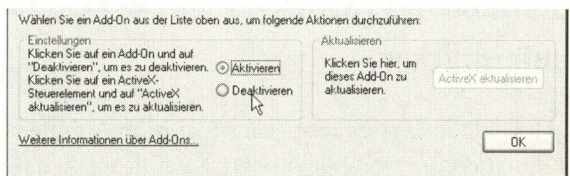

3. Einige Webseiten oder der Internet Explorer werden möglicherweise nicht richtig angezeigt, wenn ein Add-On deaktiviert ist. Es wird empfohlen, ein Add-On nur dann zu deaktivieren, wenn es wiederholt das Schließen des Internet Explorer verursacht.

4. Add-Ons können deaktiviert werden, sie können jedoch nicht einfach entfernt werden. Klicken Sie auf das zu aktivierende Add-On und dann auf *Aktivieren*, um ein Browser-Add-On erneut zu aktivieren.

So heben Sie die Sperrung eines Herausgebers auf

1. Öffnen Sie den Internet Explorer und klicken Sie im Menü *Extras* auf *Add-Ons verwalten*.

2. Klicken Sie in der Liste *Gesperrt* auf das Add-On des Herausgebers, dessen Sperrung Sie aufheben möchten.

3. Klicken Sie im unteren Bereich des Dialogfeldes auf *Zulassen*. Wenn Sie die Sperrung eines Herausgebers aufheben, werden alle Add-Ons auf dem Computer, die über eine digitale Signatur dieses Herausgebers verfügen, aktiviert.

▶▶▶   *Herausgeber nicht verifiziert*   ▶▶▶

Wenn in der Spalte Herausgeber der Hinweis „Nicht verifiziert" angezeigt wird, verfügt das Add-On selbst nicht über eine digitale Signatur, obwohl das Programm, das dieses Add-On installiert hat, möglicherweise eine solche Signatur aufweist. Einige Add-Ons wurden möglicherweise von einem Administrator deaktiviert. Ein solches Add-On wird nicht in der Liste der Add-Ons aufgeführt, und Sie können es nicht aktivieren.

10.2 E-Mail mit Outlook Express

Starthinweis (Splashscreen) bei Outlook Express unterdrücken

Outlook Express zeigt jedes Mal beim Aufrufen erst kurz einen Startbildschirm mit der Versionsnummer an. Kann man sich das nicht sparen und den Start des Programms so beschleunigen?

Tatsächlich lässt sich dieses Startfenster mit einem kleinen Registry-Trick unterdrücken. Outlook Express startet dadurch etwas flüssiger, aber bitte keine falschen Hoffnungen, wesentlich schneller geht es deswegen nicht gleich.

1. Starten Sie den Registry-Editor und öffnen Sie den Schlüssel *HKEY_CURRENT_USER\Identities\<{CLSID}>\Software\Microsoft\Outlook Express\5.0*. Der Abschnitt *<{CLSID}>* ist bei jeder Windows-Installation anders. Verwenden Sie hier einfach den, der bei Ihrem Rechner angezeigt wird.

2. Legen Sie hier in der rechten Hälfte mit *Bearbeiten/Neu/Zeichenfolge* eine neue Zeichenfolge mit der Bezeichnung *NoSplash* an und öffnen Sie sie mit einem Doppelklick zum Bearbeiten.

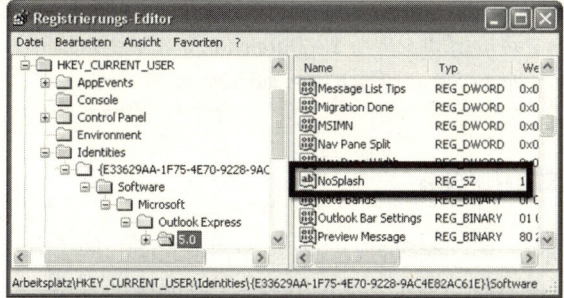

3. Geben Sie als Wert für diese Zeichenfolge *1* an und speichern Sie die Änderung mit *OK*. Ab sofort startet Outlook Express ohne den zusätzlichen Startbildschirm und ein wenig schneller geht es auch.

Dateianhang lässt sich nicht speichern

Ich habe eine E-Mail mit einer angehängten Datei erhalten. Allerdings kann ich diese weder öffnen noch speichern, weil im entsprechenden Menü alle Funktionen deaktiviert sind. Wie kann ich die Datei benutzen?

Um die Benutzer vor gefährlichen Dateianhängen aus dem Internet zu schützen, verweigert Outlook Express das Öffnen und Speichern bestimmter Arten von Dateien, wie z. B. ausführbaren EXE-Programmen. Dieses Verhalten können Sie allerdings in den Einstellungen beeinflussen:

1. Öffnen Sie mit *Extras/Optionen* die Einstellungen des Programms und wechseln Sie hier in die Rubrik *Sicherheit*.

2. Im Bereich *Virenschutz* finden Sie die Einstellungen für die Sicherheit beim E-Mail-Empfang. Um alle Arten von Dateianhängen per E-Mail empfangen zu können, deaktivieren Sie das Kontrollkästchen *Speichern oder Öffnen von Anlagen, die möglicherweise ein Virus sein könnten, nicht zulassen*.

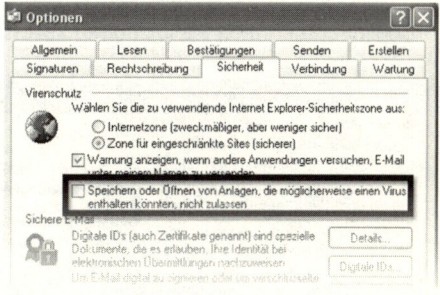

⏵ **Vorsichtsmaßnahmen beim Umgang mit E-Mail-Anhängen** ⏵

Bitte beachten Sie, dass mit dem Abschalten dieser Schutzfunktion die Gefahr besteht, Ihren Rechner durch per E-Mail empfangene Dateien mit Viren oder ähnlichen gefährlichen Komponenten zu infizieren. Achten Sie also darauf, nur Dateianhänge aus vertrauenswürdigen Quellen zu öffnen. Im Zweifelsfall sollten Sie Dateien immer erst speichern und einem Antivirentest unterziehen, bevor Sie sie öffnen bzw. ausführen.

Outlook Express neu installieren

Ich würde Outlook Express gern neu installieren, beim Versuch bricht das Setup aber mit der Fehlermeldung ab, es sei bereits eine neuere Version von Outlook Express auf diesem Computer installiert. Wie kann ich Outlook Express trotzdem reparieren bzw. neu installieren?

Da Outlook Express ein fester Bestandteil von Windows XP ist, ist eine separate Neuinstallierung eigentlich nicht vorgesehen. Ein Neuinstallieren bzw. Reparieren von Windows wirkt sich immer auch auf Outlook Express aus. Trotzdem gibt es eine Möglichkeit, Outlook Express separat neu zu installieren:

1. Starten Sie den Registry-Editor und öffnen Sie die Schlüssel *HKEY_LOCAL_MACHINE\Software\Microsoft\Active Setup\Installed Components\ {44BBA840-CC51-11CF-AAFA-00AA00B6015C}*.

2. Suchen Sie hier in der rechten Hälfte den DWORD-Wert *IsInstalled* und öffnen Sie ihn per Doppelklick.

3. Ändern Sie den Wert in *0* (Null).

Anschließend können Sie Outlook Express neu installieren.

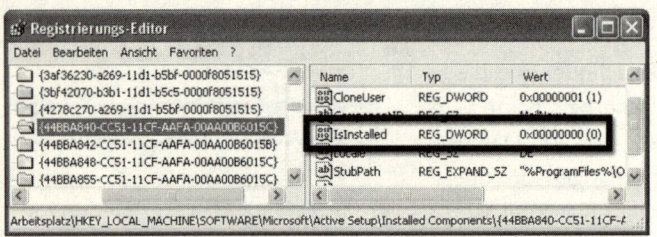

Missbrauchte Fenstertitel bei Outlook Express

? Mein Outlook Express zeigt in der Kopfzeile Werbung für einen Internet Provider an. Wie kann ich sie entfernen?

! Dieses Phänomen tritt auf, wenn Sie den Internet Explorer bzw. Outlook Express von der CD eines Internetproviders installieren oder wenn irgendein Programm die Anzeige missbräuchlich verändert hat. So oder so können Sie die Kopfzeile von Outlook Express beliebig gestalten.

1. Starten Sie den Registry-Editor und öffnen Sie den Eintrag *HKEY_CURRENT_USER\Identities\<{CLSID}>\Software\Microsoft\Outlook Express\5.0*, wobei der Abschnitt *<{CLSID}>* bei jeder Windows-Installation anders lautet. Verwenden Sie hier einfach den, der bei Ihrem Rechner angezeigt wird.

2. Hier finden Sie rechts den Eintrag *WindowTitle* mit dem Text, der in der Titelleiste des E-Mail-Programms angezeigt wird.

3. Mit einem Doppelklick öffnen Sie den Eintrag zum Bearbeiten und können die unerwünschte Botschaft löschen oder durch einen beliebigen Text ersetzen.

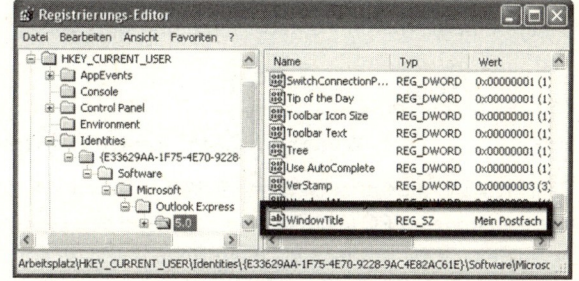

4. Ist der Eintrag nicht vorhanden, haben Sie bislang den Standardtext *Outlook Express* im Browserfenster. In dem Fall können Sie den Eintrag zunächst mit *Bearbeiten/Neu/Zeichenfolge* anlegen und anschließend mit einem eigenen Text versehen.

5. Wenn einfach nur der Standardfenstertitel *Outlook Express* angezeigt werden soll, entfernen Sie den Eintrag am besten, indem Sie ihn markieren, dann *Bearbeiten/Löschen* wählen und die Sicherheitsabfrage bestätigen.

Filterregeln auf andere Rechner exportieren

? Ich habe in meinem Outlook Express im Laufe der Zeit eine Reihe von Regeln erstellt, um Nachrichten automatisch zu bearbeiten, Werbung auszufiltern usw.

Nun ziehe ich auf einen neuen PC um. Kann ich die mühsam erstellten Regeln in das neue Outlook Express dort übernehmen?

! Outlook Express bietet an sich nicht die Möglichkeit, Filter zu ex- und importieren und so zwischen verschiedenen PCs auszutauschen. Da die Filtereinstellungen in der Registry gespeichert werden, kann man sie von dort aber als Registrierungsdatei exportieren und so auf andere Windows-Rechner übertragen:

1. Starten Sie den Registry-Editor und markieren Sie den Schlüssel *HKEY_CURRENT_USER\<{CLSID}>\Software\Microsoft\Outlook Express\5.0\Rules*. Zum Abschnitt *<{CLSID}>* beachten Sie bitte die Erläuterungen in den vorangegangenen Abschnitten.

2. Wählen Sie nun die Menüfunktion *Datei/Exportieren*.

3. Geben Sie im anschließenden *Registrierungsdatei exportieren*-Dialog an, in welcher Datei die Filterregeln gesichert werden sollen. Aktivieren Sie außerdem unten im Exportbereich die Option *Ausgewählte Teilstruktur*.

4. Der Registry-Editor erzeugt dann an der vorgesehenen Stelle eine REG-Datei, die Sie auf einen anderen PC übertragen und dort wieder in die Registry einspielen können.

▶▶▶ *Widersprüchliche Regeln beim Importieren* ◀◀◀

Beachten Sie, dass es zu Widersprüchen zwischen eventuell bereits vorhandenen Regeln auf dem anderen PC und denen in der Registrierungsdatei zu Konflikten kommen kann. Diese müssen Sie ggf. manuell überprüfen und auflösen. Am besten eignet sich diese Methode, wenn auf dem Zielrechner noch überhaupt keine eigenen Regeln definiert sind.

E-Mail-Konteneinstellungen vor Änderungen schützen

? Ich teile den PC mit anderen Benutzern. Wie kann ich verhindern, dass diese meine E-Mail-Kontoeinstellungen in Outlook Express einsehen und womöglich verändern können?

! Durch einen Eingriff in die Registry können das Aufrufen und Bearbeiten der Kontendaten verhindern. So kann auch niemand heimlich andere Kontendaten einsehen und manipulieren. Natürlich kann diese Blockade auch jederzeit rückgängig gemacht werden.

1. Öffnen Sie im Registry-Editor den Schlüssel *HKEY_LOCAL_MACHINE\SOFTWARE\ Microsoft\Outlook Express*.

2. Legen Sie in diesem Schlüssel mit *Bearbeiten/Neu/DWORD-Wert* in der rechten Hälfte einen neuen DWORD-Wert mit der Bezeichnung *No Modify Accts* an.

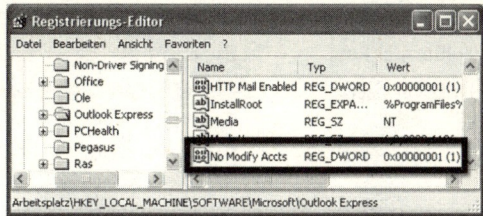

3. Öffnen Sie das DWORD gleich anschließend mit einem Doppelklick zum Bearbeiten und geben Sie im *DWORD-Wert bearbeiten*-Dialog als Wert *1* ein.

Wenn Sie nun nach einem Neustart von Outlook Express das *Extras*-Menü öffnen, werden Sie feststellen, dass der Menüpunkt *Konten* verschwunden ist. Dies bleibt so lange so, bis Sie den oben beschrieben DWORD-Wert auf *0* setzen oder wieder ganz aus der Registry entfernen.

Die E-Mail kommt mit Fehlermeldung zurück

Meine E-Mail an einen bestimmten Absender ist mit einer Fehlermeldung zurückgekommen. Was bedeutet sie und wie soll ich darauf reagieren?

Wenn eine E-Mail nicht zugestellt werden konnte, wird sie in der Regel mit einer Fehlermeldung an den Absender zurückgeschickt. Die Fehlerbeschreibung hilft dabei, die Ursache für das Problem zu finden.

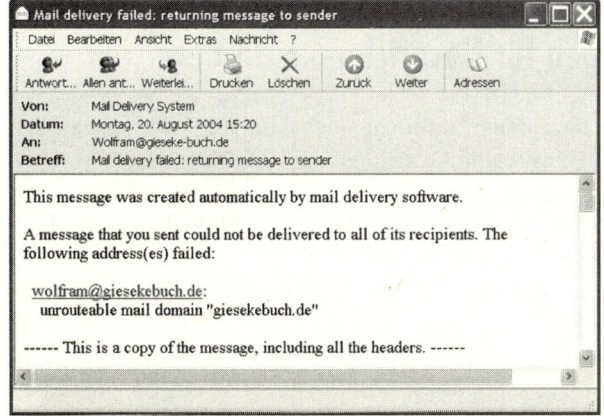

Sie finden sie am Anfang der Rücksendung, vor einer Kopie Ihrer Originalnachricht. Die folgende Tabelle gibt einen Überblick über die wichtigsten Fehler und ihre Bedeutung.

Fehlermeldung	Bedeutung
Unkown User	Der adressierte Benutzer, also der Teil der E-Mail-Adresse vor dem @-Symbol, ist auf dem angegebenen Internetrechner nicht bekannt. Ursache ist meist ein Tippfehler in der Adresse (z. B. *olfa@mail.bib.de* statt *olaf@mail.bib.de*).
Host Unknown	Der Internetrechner, also der Teil der E-Mail-Adresse hinter dem @-Symbol, konnte nicht gefunden werden. Auch hier ist meist eine falsche bzw. falsch getippte Adresse schuld (z. B. *olaf@mial.bib.de* statt *olaf@mail.bib.de*).
Unknown Domain	Auch hier liegt der Fehler in der Bezeichnung des Internetrechners, genauer in einer falschen Domain-Bezeichnung (z. B. *olaf@mail.bob.de* statt *olaf@mail.bib.de*).
Unresolvable oder Unroutable	Aus der E-Mail-Adresse kann keine korrekte Internetadresse abgeleitet werden. Häufigste Ursache: ein falscher oder fehlender Trennpunkt (z. B. *olaf@mailbib.de* statt *olaf@mail.bib.de*).
Network Unreachable	Der durch die E-Mail-Adresse bezeichnete Zielrechner kann zurzeit nicht erreicht werden. Schuld daran ist meist ein technischer Defekt. Hier am besten später noch einmal probieren.
Service Unavailable, Connection timed out oder Connection refused	Der Zielrechner kann oder will keine E-Mails entgegennehmen. Ursache dafür kann ein technischer Defekt oder eine falsche Konfiguration des Rechners sein. Vielleicht soll er auch absichtlich keine E-Mail empfangen können. Sollte der Fehler bei mehreren Versuchen immer wieder auftreten, sollten Sie die Korrektheit der E-Mail-Adresse überprüfen.

Empfangsbestätigungen für Nachrichten anfordern

? Wie kann ich sicher sein, dass meine Nachricht einen Empfänger auch tatsächlich erreicht. Gibt es auch bei E-Mails eine Art Einschreiben mit Rückschein?

! Empfangsbestätigungen sind in den „normalen" E-Mail-Protokollen SMTP, POP und IMAP nicht vorgesehen. Deshalb beherrscht Outlook Express den MDN-Standard (**M**essage **D**isposition **N**otification). Damit der funktioniert, muss allerdings auch der Empfänger ein E-Mail-Software verwenden, die MDN unterstützt. Wenn Sie eine Nachricht mit Outlook Express verschicken, können Sie für jede versendete E-Mail auch eine Empfangsbestätigung anfordern.

1. Verfassen Sie die Nachricht zunächst wie gewohnt, ohne sie aber sofort abzuschicken.

2. Vor dem eigentlichen Abschicken wählen Sie die Menüfunktion *Extras/ Lesebestätigung anfordern*.

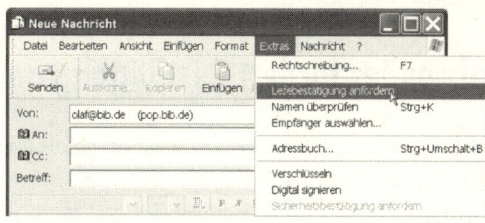

3. Dann schicken Sie die Nachricht wie gewohnt mit *Senden* ab.

4. Nun heißt es warten und hoffen, dass der Empfänger Empfangsbestätigungen zulässt bzw. seine Software sie unterstützt.

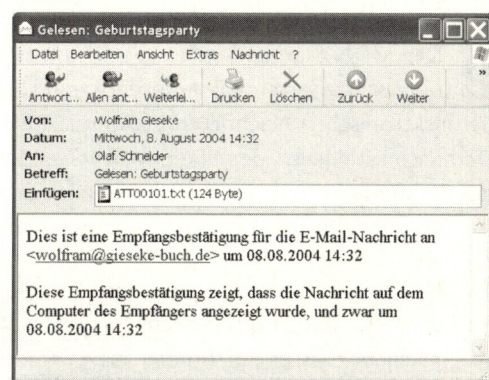

5. Ist dies der Fall, erhalten Sie eine kurze Nachricht per E-Mail, wenn die Nachricht auf dem Posteingangsserver eintrifft bzw. wenn Sie vom Empfänger gelesen wird.

Wenn Sie grundsätzlich beim Verschicken aller Ihrer Nachrichten Empfangsbestätigungen anfordern wollen, müssen Sie dies nicht jedes Mal wieder angeben. Stattdessen können Sie Outlook Express so einstellen, dass es automatisch bei jeder versendeten Nachricht eine Empfangsbestätigung anfordert:

1. Öffnen Sie die Outlook Express-Einstellungen mit *Extras/Optionen* und wechseln Sie hier in die Rubrik *Bestätigungen*.

2. Im Bereich *Anfordern von Lesebestätigungen* können Sie steuern, ob das Programm immer Bestätigungen anfordern soll. Wenn ja, aktivieren Sie die Option *Lesebestätigungen für alle gesendeten Nachrichten anfordern*.

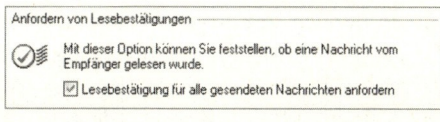

3. Übernehmen Sie die neue Einstellung mit *OK*. Outlook Express wird ab sofort sämtliche ausgehenden Nachrichten mit einer Bestätigungsanforderung versehen.

4. Sollten Sie einmal keine Bestätigung wünschen, können Sie diese wiederum mit *Extras/Lesebestätigung anfordern* im E-Mail-Formular jeweils für die aktuell erstellte Nachricht deaktivieren.

Absender fordert Bestätigung an

? Beim Lesen einer E-Mail erhalte ich die Meldung, dass der Absender eine Bestätigung angefordert habe, dass ich diese Nachricht gelesen habe. Wie soll ich mich verhalten?

! Der MDN-Standard (**M**essage **D**isposition **N**otification), den Outlook Express unterstützt, regelt das Anfordern und Übermitteln von Empfangsbestätigungen bei elektronischen Nachrichten, also quasi Einschreiben mit Rückschein für E-Mail. Demnach kann jeder, der eine E-Mail versendet, den Empfänger um eine Bestätigung des Empfangs bitten. Allerdings müssen Sie dieser Bitte nicht nachkommen, wenn Sie das nicht möchten. Lehnen Sie die Empfangsbestätigung in diesem Fall einfach mit *Nein* ab.

Sie können Outlook Express auch so einstellen, dass es auf Anforderungen von Empfangsbestätigungen automatisch so reagiert, wie Sie dies festgelegt haben.

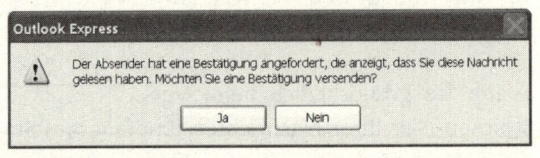

Dann wird diese Meldung nicht jedes Mal angezeigt und Outlook Express erledigt die Anfragen automatisch.

1. Öffnen Sie in Outlook Express die Einstellungen mit *Extras/Optionen* und wechseln Sie hier in die Rubrik *Bestätigungen*.

2. Im Bereich *Versenden von Lesebestätigungen* können Sie festlegen, was beim Empfang einer Nachricht mit Bestätigungsanforderung geschehen soll:

- Mit der Option *Keine Lesebestätigungen senden* lehnen Sie Empfangsbestätigungen grundsätzlich ab. Das E-Mail-Programm ignoriert die entsprechenden Anfragen bei eintreffenden Nachrichten dann einfach.

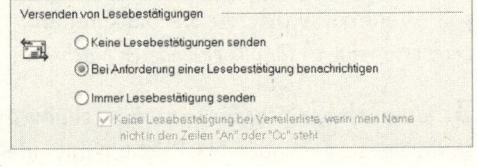

- Mit *Bei Anforderung einer Lesebestätigung benachrichtigen* aktivieren Sie einen interaktiven Modus. Das E-Mail-Programm weist Sie dann beim Lesen einer Nachricht darauf hin, dass eine Bestätigungsanforderung vorliegt. Sie können dann jeweils entscheiden, ob die Bestätigung versendet werden soll oder nicht.

- Die Option *Immer Lesebestätigung versenden* sorgt dafür, dass das E-Mail-Programm jede eintreffende Anfrage nach Empfangsbestätigung automatisch und ohne Rückfragen an den Benutzer beantwortet.

3. Mit der Option *Keine Lesebestätigung bei Verteilerliste* können Sie einschränken, dass Bestätigungsanfragen von anonymen Verteilerlisten nicht beantwortet werden sollen. Dies wäre sonst eine leichte Möglichkeit für Werbe-Mailer, Ihre E-Mail-Adresse zu ermitteln.

Viren und Trojaner per E-Mail vermeiden

In letzter Zeit hört man viel davon, dass Computerviren, Würmer und Trojaner per E-Mail verbreitet werden. Besonders Benutzer von Outlook Express sollen häufig das Ziel von solchen Angriffen sein. Kann man sich vor solchen Gefahren schützen?

Outlook Express gehört durch seine Integration in den Internet Explorer und das Windows-Betriebssystem leider zu den virenanfälligsten E-Mail-Programmen. Mit den richtigen Einstellungen können Sie sich aber auch hier vor Gefahren schützen:

1. Öffnen Sie mit *Extras/Optionen* die Einstellungen des Programms und wechseln Sie hier in die Rubrik *Sicherheit*.

2. Im Bereich *Virenschutz* finden Sie hier alle entscheidenden Einstellungen für die Sicherheit beim E-Mail-Empfang. Zunächst *Wählen Sie die zu verwendende Internet Explorer-Sicherheitszone aus*, die Outlook Express beim Umgang mit HTML-E-Mails verwenden soll:

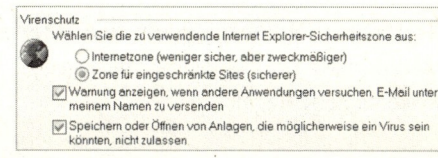

3. Standardmäßig verwendet Outlook Express die Einstellungen der *Internetzone*, wenn eine mit HTML formatierte E-Mail angezeigt werden soll. Sicherer ist es aber, wenn Sie in solchen Fällen die Einstellungen der *Zone für eingeschränkte Sites* aktivieren. Diese sind in der Regel weitaus restriktiver und lassen das Ausführen aktiver Inhalte wie etwa Skripts nicht zu.

4. Besonders hilfreich bei Mailviren wie etwa „I love you", die sich automatisch weiterversenden, ist die Funktion *Warnung anzeigen, wenn andere Anwendungen versuchen, E-Mail unter meinem Namen zu versenden*. Sie verhindert, dass ein E-Mail-Virus unbemerkt Zugriff auf Ihr Adressbuch nehmen und Nachrichten verschicken kann.

5. Als Schutz speziell für Dateianhänge dient die Option *Speichern oder Öffnen von Anlagen, die möglicherweise ein Virus sein könnten, nicht zulassen*. Wenn Sie dieses Kontrollkästchen aktivieren, besteht praktisch keine Gefahr mehr, sich durch per E-Mail empfangene Dateien mit Viren oder ähnlichen gefährlichen Komponenten zu infizieren. Allerdings können Sie dann auch eine ganze Reihe von Dateianhängen nicht mehr per E-Mail empfangen.

Weitere Vorsichtsmaßnamen umfassen sichere Einstellungen für die Windows-Firewall und die Verwendung eines aktuellen Antivirenprogramms.

Werbung und Spam-Mails automatisch aussortieren

? Ich bekomme regelmäßig per E-Mail Werbung für Sex-Webseiten und windige Finanzangebote. Zwar lösche ich solche Nachrichten immer gleich ungesehen, aber trotzdem nerven sie. Wie kann ich unerwünschte E-Mail blockieren?

! Outlook Express bietet die Möglichkeit, Nachrichten mit Filtern automatisch zu analysieren und zu verarbeiten. Diese Funktion können Sie nutzen, um unerwünschte Nachrichten direkt beim Empfang anhand bestimmter Kriterien erkennen und automatisch löschen zu lassen.

1. Um bei Outlook Express eine Filterregel für E-Mails festzulegen, rufen Sie die Menüfunktion *Extras/Nachrichtenregeln/E-Mail* auf und erstellen mit einem Klick auf *Neu* eine neue Regel.

2. Sie öffnen damit ein Menü, in dem Sie die Regel durch mehrere Auswahlen formulieren. Wählen Sie zunächst im Bereich 1. *Wählen Sie die Bedingungen für die Regel aus* den Eintrag *Enthält den Text "Text" in der Betreffzeile*, um alle Nachrichten mit einem bestimmten Schlüsselwort in der Betreffzeile zu erfassen.

3. Der Regeleditor erstellt daraufhin im Feld 3. *Regelbeschreibung* den ersten Teil der Regel. Als Schlüsselwort wird dabei der Platzhalter *"Text"* verwendet. Um das gewünschte Schlüsselwort einzugeben, klicken auf diesen blauen Platzhalter und geben Sie im anschließenden Dialogmenü das oder die gewünschten Schlüsselwörter ein, z. B. *"gratis"*.

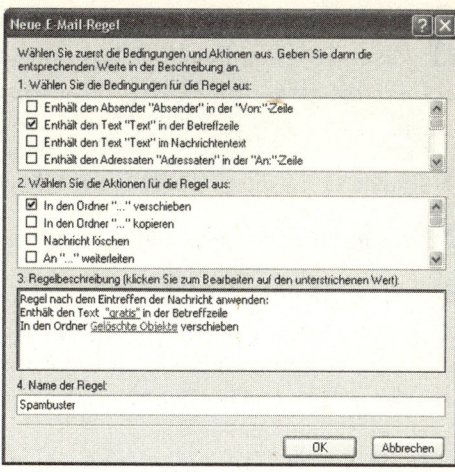

4. Nachdem Sie festgelegt haben, welche Nachrichten von der Filterregel betroffen sein sollen, geben Sie im Bereich 2. *Wählen Sie die Aktion für die Regel aus* die Maßnahme an, die für solche Nachrichten getroffen werden soll. Um die betroffenen Nachrichten automatisch zu verschieben, wählen Sie das Kontrollkästchen *In den Ordner "..." verschieben*.

5. Der Regeleditor ergänzt daraufhin die Regelbeschreibung. Klicken Sie wiederum auf den blauen Platzhalter, um den Zielordner für das Verschieben auszuwählen, und wählen Sie aus der Ordnerliste den Ordner *Gelöschte Objekte* aus.

6. Anschließend finden Sie in der Regelbeschreibung die komplett ausformulierte Regel. Im Feld 4. *Namen für die Regel wählen* können Sie schließlich eine passende Bezeichnung für die gerade erstellte Regel angeben und übernehmen sie dann mit *OK*.

Ab sofort wird Outlook Express jede eintreffende Nachricht anhand des festgelegten Filterkriteriums überprüfen. Findet das Programm eine Nachricht, die das Schlüsselwort „gratis" in der Betreffzeile enthält, wird diese umgehend in den Ordner für gelöschte Objekte verschoben.

Filterregeln aus Spam-Mails ableiten

? Ich finde es mühsam, manuell jede Menge Regeln zu erstellen, um Spam-Mails abzuwehren. Gibt es nicht eine Lernfunktion, mit der man Outlook Express anhand von empfangenen Nachrichten beibringen kann, solche Mails in Zukunft als Spam zu behandeln?

! Eine solche Lernfunktion, wie man sie von speziellen Antispam-Programmen kennt, beherrscht Outlook Express leider nicht. Allerdings können Sie mit Outlook Express ganz leicht Filterregeln aus Spam-Nachrichten ableiten, die Sie erhalten haben.

1. Markieren Sie die erhaltene Spam-E-Mail oder öffnen Sie sie.

2. Wählen Sie dann die Menüfunktion *Nachricht/Regel für Nachricht* erstellen.

3. Das Programm öffnet daraufhin das Menü zum Erstellen neuer Filterregeln, allerdings ist die Regelbeschreibung bereits zum größten Teil erledigt. Sie müssen nun nur noch eine entsprechende Aktion wie *Nachricht löschen* auswählen, um die Regel zu vervollständigen und die Filterregeln dann ganz normal speichern.

E-Mail von bestimmten Absendern sperren

? Ich erhalten regelmäßig unerwünschte Nachrichten von einem bestimmten Absender. Kann ich diesen Absender auf eine Sperrliste setzen, sodass seine E-Mail in Zukunft ignoriert werden?

! Outlook Express bietet eine Liste mit gesperrten Absendern, deren Nachrichten das Programm grundsätzlich ignoriert bzw. nicht überträgt. Um einen bestimmten Absender auf Ihre persönliche Sperrliste zu setzen, müssen Sie zunächst eine Nachricht von ihm vorliegen haben, aus der Outlook Express die benötigten Daten beziehen kann.

1. Markieren Sie diese Nachricht oder öffnen Sie sie.

2. Wählen Sie dann die Menüfunktion *Nachricht/Absender blockieren*, um den Absender dieser Nachricht in die Sperrliste aufzunehmen.

3. Da es ja nahe liegt, dass Sie von diesem Absender keine Nachrichten haben wollen, bietet das E-Mail-Programm Ihnen an, auch gleich alle vorhandenen Nachrichten von dieser Adresse zu löschen, was Sie mit *Ja* zulassen oder mit *Nein* ablehnen können.

Damit ist dieser Absender dauerhaft gesperrt, d. h., das E-Mail-Programm löscht Nachrichten von dieser Adresse automatisch. Damit Sie Adressen auch ohne vorliegende Nachricht aufnehmen bzw. verändern oder auch eine Adresse wieder aus der Sperrliste entfernen, bietet Outlook Express eine Verwaltungsfunktion für die in der Sperrliste vermerkten Absenderadressen.

1. Um die Sperrliste einzusehen, verwenden Sie die Menüfunktion *Extras/Nachrichtenregeln/Liste der blockierten Absender*.

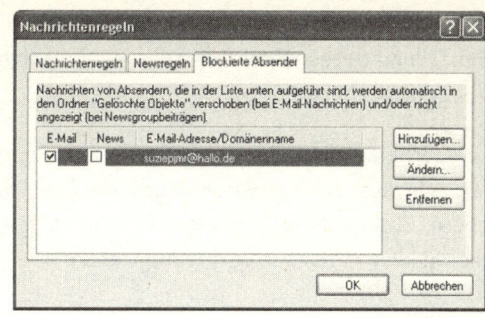

2. Hier sind alle gesperrten Adressen aufgeführt. Mit *Hinzufügen* können Sie weitere Adressen manuell einfügen oder die vorhandenen mit *Ändern* bearbeiten.

3. Um eine der gesperrten Adressen wieder freizugeben, können Sie sie mit *Entfernen* aus der Liste löschen.

4. Übernehmen und aktivieren Sie die veränderten Daten stets mit *OK*.

Ein gemeinsames Postfach für zwei Identitäten

Ich habe in Outlook Express verschiedene Identitäten eingerichtet. Allerdings sollen einige dieser Identitäten das gleiche Postfach benutzen, deshalb haben sie alle die gleichen E-Mail-Kontoeinstellungen. Wie erreiche ich es, dass die empfangenen Nachrichten jeweils nur einmal heruntergeladen werden und dann allen Identitäten zur Verfügung stehen?

Outlook Express speichert die Nachrichten für jede Identität in einem bestimmten Ordner. Sie können die Konten aber so konfigurieren, dass mehrere Identitäten denselben Ordner für diesen Zweck verwenden.

1. Starten Sie Outlook Express mit einer der fraglichen Identitäten und öffnen Sie mit *Extras/Optionen* die Einstellungen.

2. Wechseln Sie hier in die Rubrik *Wartung* und klicken Sie dann auf die Schaltfläche *Speicherordner*.

3. Damit erhalten Sie einen Dialog, in dem der Ordner angezeigt wird, in dem die Nachrichten für diesen Benutzer gespeichert werden (klicken Sie notfalls auf *Ändern*, um den gesamten Pfad sehen zu können. Merken Sie sich den genauen Pfad dieses Ordners.

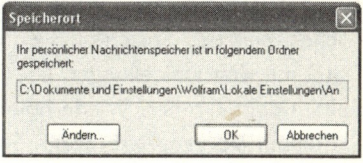

4. Wechseln Sie dann zu einer der anderen Identitäten und öffnen Sie wiederum die Einstellung für den Speicherordner und wählen Sie hier den Pfad aus, den Sie sich zuvor gemerkt haben.

Wiederholen Sie diesen Vorgang für alle Identitäten, die sich das Postfach teilen sollen. Alle diese Konten verwenden dann die gleichen Dateien, um Nachrichten zu speichern, sodass diese nur einmal heruntergeladen werden müssen und dann allen diesen Identitäten zur Verfügung stehen.

Outlook Express auf einen anderen Rechner portieren

? Ich habe mir einen neuen, leistungsfähigeren Rechner gekauft. Wie kann ich meine Nachrichten, Einstellungen sowie das Adressbuch von Outlook Express vom alten PC auf den neuen übertragen, sodass alles wieder wie vorher läuft?

! Outlook Express speichert diese Daten in verschiedenen Dateien, die sich von einem PC auf einen anderen übertragen lassen und dort dann weiterverwendet werden können. Dazu müssen Sie lediglich die betreffenden Dateien einsammeln:

1. Am einfachsten geht das mit der Dateisuchfunktion von Windows unter *Start/Suchen/Dateien und Ordner*.

2. Suchen Sie hier zunächst alle DBX-Dateien. Das sind die Postfachdateien, welche die gespeicherten Nachrichten enthalten. Kopieren Sie alle diese Dateien in einen bestimmten Ordner für diesen Zweck.

3. Suchen Sie dann nach der WAB-Datei, die das Adressbuch enthält, und erstellen Sie davon ebenfalls eine Kopie in diesem Ordner.

4. Starten Sie dann Outlook Express und rufen Sie mit *Extras/Konten* die Konteneinstellungen auf. Wählen Sie hier das E-Mail-Konto aus und klicken Sie auf die Schaltfläche *Exportieren*. Speichern Sie die Datei mit den Einstellungen ebenfalls in dem Ordner. Wiederholen Sie diesen Vorgang ggf., wenn Sie mehrere Konten übertragen wollen.

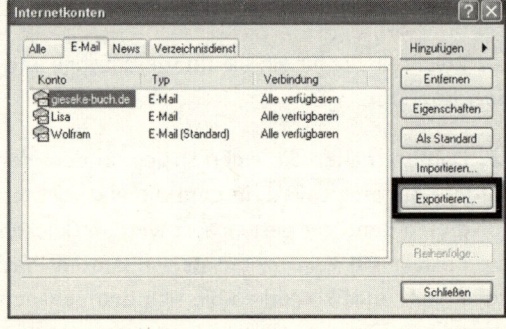

Damit haben Sie in dem gewählten Ordner alle Dateien zusammen, die Sie auf den neuen PC übertragen müssen. Wählen Sie dort als Ziel zunächst auch wieder einen bestimmten Ordner aus, von wo Sie die Dateien importieren können.

1. Starten Sie Outlook Express auf dem neuen PC. Rufen Sie hier die Menüfunktion *Datei/Importieren/Adressbuch* auf und wählen Sie dann die WAB-Datei im Transferordner zum Import aus. Bestätigen Sie den Import mit *OK*.

2. Rufen Sie dann die Menüfunktion *Datei/Importieren/Nachrichten* auf und wählen Sie als Programm *Microsoft Outlook Express 6* aus (diese Einstellung gilt auch mit für Outlook Express 5). Klicken Sie dann auf *Weiter* und aktivieren Sie die Option *E-Mail aus einer OE6-Datenstruktur importieren*.

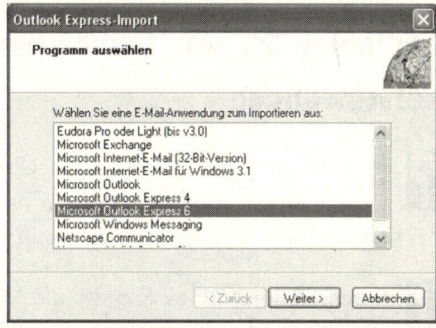

3. Klicken Sie im nächsten Schritt auf *Durchsuchen* und geben Sie in nachfolgenden Dialog den Ordner an, in dem Sie die DBX-Dateien gespeichert haben. Wählen Sie anschließend die Option *Alle Dateien* und lassen Sie Outlook Express die gespeicherten Dateien importieren.

4. Um schließlich auch die Konteneinstellungen zu importieren, rufen Sie in Outlook Express erneut mit *Extras/Konten* diese Einstellungen auf und klicken diesmal auf die Schaltfläche *Importieren*. Wählen Sie die IAF-Datei mit den Kontoeinstellungen aus. Sollten Sie mehrere Kontendateien übertragen haben, wiederholen Sie den Vorgang für jede der Dateien.

Eingangspostfach kann nicht dargestellt werden

? Outlook Express kann den Inhalt des Ordners *Posteingang* plötzlich nicht mehr anzeigen. Stattdessen wird nur die Meldung *Ordner konnte nicht dargestellt werden* ausgegeben. Was ist passiert?

! Dieser Effekt kann auftreten, wenn die Datei, in der Outlook Express die Nachrichten im Posteingang speichert, gesperrt wird. Häufig wird diese Sperre von einem Antivirenprogramm ausgelöst, das beim Scannen auf einen Virus oder Wurm in einer eingegangenen Nachricht gestoßen ist. Deaktivieren Sie die Überwachungskomponente des Antivirenprogramms, um die Sperre zu beenden. Versuchen Sie dann, die Postfachdatei mit dem Antivirenprogramm zu säubern. Ist dies nicht möglich, öffnen Sie den Ordner in Outlook Express vorsichtig und entfernen Sie die entsprechende Nachricht (oder notfalls alle Nachrichten, wenn Sie nicht sicher sind). Aktivieren Sie die Überwachungskomponente des Antivirenprogramms anschließend wieder. Generell ist es sinnvoller, wenn das Antivirenprogramm infizierte Dateien nur nach Rückfrage bzw. nach einem Hinweis an den Benutzer sperrt, um solche Phänomene zu vermeiden.

Spalten in der Darstellung der Nachrichtenliste verschwunden

? Ich habe eine der Spalten in der Übersicht des Postfachs versehentlich so weit zusammengeschoben, dass sie gar nicht mehr zu sehen oder mit der Maus zu erreichen ist. Wie kann ich sie wieder sichtbar machen?

! Rufen Sie in Outlook Express die Menüfunktion *Ansicht/Spalten* auf. Im anschließenden Dialog sehen Sie alle Spalten. Wählen Sie die „verschwundene" Spalte aus. Dann wird darunter bei *Die ausgewählte Spalte soll x Pixel breit sein* vermutlich der Wert 0 angezeigt. Geben Sie hier einen größeren Wert ein. Sie können auch einfach die gesamte Spaltenansicht *Zurücksetzen*, um die Standardoptik von Outlook Express zu erhalten.

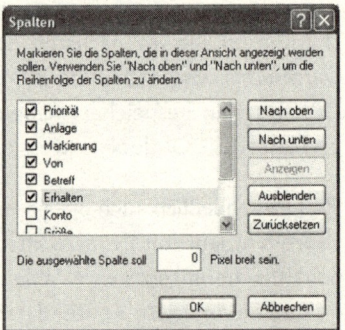

Nachrichten werden mit unverständlichen Betreffzeilen versendet

? Manche Empfänger beschweren sich bei mir, dass Nachrichten von mir mit unlesbaren Betreffzeilen zugestellt werden, obwohl ich die Nachrichten mit ganz normalen Betreffs versehe. Bei wem läuft da was fasch?

! Für das ungewollte Verändern der Betreffzeilen während der Übermittlung kann es verschiedene Gründe geben, die unter anderem auch an Outlook Express liegen können. Ob dies der Fall ist, können Sie leicht feststellen, und den Fehler ggf. korrigieren:

1. Öffnen Sie in Outlook Express mit *Extras/Optionen* die Einstellungen und wechseln Sie in die Rubrik *Senden*.

2. Klicken Sie hier im Bereich *Senden* unten rechts auf die Schaltfläche *Internationale Einstellungen*.

3. Überprüfen Sie im anschließenden Dialog, ob im Auswahlfeld *Standardzeichen satz* die Auswahl *Westeuropäisch (ISO)* eingestellt ist. Falls nicht, ändern Sie diesen Wert ggf. Klicken Sie dann zweimal auf *OK*. Anschließend sollten die Klagen der Empfänger aufhören. Andernfalls liegt das Problem zumindest nicht an Ihrem Outlook Express.

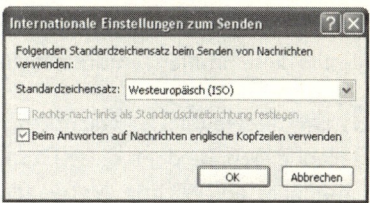

Nachrichten als Dateien sichern

Ich würde gern manche meiner empfangenen Nachrichten separat sichern. Mit der Funktion *Datei/Speichern unter* geht das allerdings jeweils nur für eine Datei. Gibt es eine komfortablere Möglichkeit, z. B. alle Nachrichten eines Tages auf einmal zu sichern?

Outlook Express ist in diesem Punkt flexibler, als man vielleicht denkt. Markieren Sie einfach alle Nachrichten, die Sie sichern wollen, und ziehen Sie sie dann mit gedrückter linker Maustaste in einen beliebigen Ordner. Outlook Express erstellt dann für jede der Nachrichten eine Datei, die als Namen den Betreff der Nachricht und die Endung *.eml* hat. Eine solche Datei enthält sowohl den Inhalt der Nachricht als auch eventuelle Dateianhänge. Um die Nachricht später lesen zu können, genügt ein Doppelklick. Da sie ein einfaches Textformat hat, können Sie sie außerdem auch mit jedem einfachen Texteditor (und auch auf Nicht-Windows-Systemen) lesen.

Newsletter mit Outlook Express versenden

Ich würde gern an einen bestimmten Personenkreis regelmäßig Newsletter versenden. Benötige ich dazu ein spezielles Programm oder geht das auch mit Outlook Express?

Ein spezielles Programm zum Versenden von Newsletter bietet sicherlich Vorteile, insbesondere wenn es darum geht, den Inhalt zu personalisieren (namentliche

Grußformel usw.). Prinzipiell eignet sich aber auch Outlook Express, um eine Nachricht an mehrere (oder auch viele) Personen zu verschicken.

1. Zunächst sollten Sie die Adressen aller Empfänger im Adressbuch gespeichert haben.

2. Legen Sie dann im Adressbuch der Einfachheit halber eine neue Gruppe an, in die Sie alle diese Empfängeradressen aufnehmen.

3. Um die Newsletter-Nachricht zu erstellen, geben Sie dann diese Gruppe als Empfänger an. Wichtig: Verwenden Sie in diesem Fall nicht das Feld *An:* oder *Cc:* für die Empfängeradresse, sondern das Feld *Bcc:*. Eventuell müssen Sie dieses Feld zunächst mit *Ansicht/Alle Kopfzeilen* einblenden.

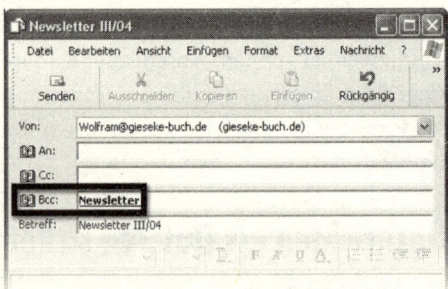

Bcc: für vertrauliche Adressen

Wenn Sie in das Feld An: oder Cc: mehrere Empfängeradressen eingeben, sieht jeder einzelne Empfänger die Adressen aller anderen Empfänger derselben Nachricht. Dies wäre ein erheblicher Verstoß gegen den Datenschutz. Verwenden Sie hingegen das Feld Bcc:, erfährt der einzelne Empfänger nicht, wer diese Nachricht noch bekommen hat und die Adressen sind geschützt.

Outlook Express zeigt keine Nachrichtenvorschau mehr an

Seit kurzem zeigt Outlook Express keine Vorschau auf die Nachrichten im Postfach mehr an, obwohl die Nachrichten vorhanden sind und ich den Quelltext mit *Datei/Eigenschaften* einsehen kann.

Dieses Verhalten kann auftreten, wenn die TEMP-Variable auf ein nicht (mehr?) vorhandenes Verzeichnis zeigt. Dann kann Outlook Express die für die Nachrichtenvorschau erforderlichen temporären Dateien nicht anlegen. Korrigieren Sie in diesem Fall der Wert für TEMP auf einen vorhandenen Ordner:

1. Öffnen Sie mit dem Modul *System* in der Systemsteuerung die Systemeigenschaften und wechseln Sie dort in die Rubrik *Erweitert*.

2. Klicken Sie hier ganz unten auf die Schaltfläche *Umgebungsvariablen*.

3. Damit öffnen Sie einen neuen Dialog, wo Sie in der oberen Hälfte in der Liste der Benutzervariablen auch den Eintrag *TEMP* vorfinden sollten. Ändern Sie diesen Eintrag auf ein tatsächlich vorhandenes Verzeichnis (z. B. *%USERPROFILE%\ Lokale Einstellungen\Temp*). Übernehmen Sie die Einstellungen mit dreimal *OK*.

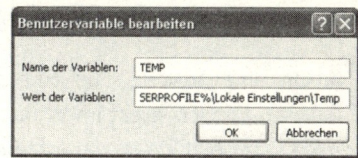

RE: statt AW: bei Antworten

? Wenn ich auf eine erhaltene E-Mail antworte, stellt Outlook Express der Betreffzeile das Kürzel *AW:* voran, was die Nachricht als Antwort kennzeichnen soll. Allerdings kommuniziere ich viel international, wo das Standardkennzeichen für Antwort ja nun mal *Re:* ist. Wie kann ich erreichen, dass Outlook Express sich an den Standard hält?

! Die von Outlook Express bei Antworten automatisch erstellte Betreffzeile lässt sich beliebig bearbeiten. Sie können also bei Bedarf das *AW:* einfach manuell durch ein *Re:* ersetzen. Wollen Sie immer oder auch nur fast immer das internationale Kennzeichen, können Sie Outlook Express auch anweisen, dieses standardmäßig zu verwenden:

1. Öffnen Sie in Outlook Express mit *Extras/Optionen* die Einstellungen und wechseln Sie in die Rubrik *Senden*.

2. Klicken Sie hier im Bereich *Senden* unten rechts auf die Schaltfläche *Internationale Einstellungen*.

3. Aktivieren Sie hier die Option *Beim Antworten auf Nachrichten englische Kopfzeilen verwenden*. Klicken Sie dann zweimal auf *OK*. Anschließend benutzt Outlook Express das Kennzeichen *Re:* für Antworten. Lassen Sie sich von der merkwürdigen Benennung dieser Option nicht verunsichern: Der Rest der Betreffzeile wird selbstverständlich nicht ins Englische übersetzt.

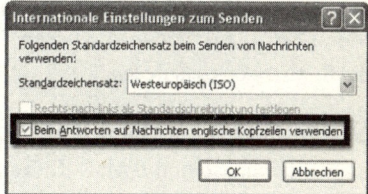

Erstellen einer Visitenkarte in Outlook Express

? Beim Schreiben von E-Mails ist es sehr lästig, jedes Mal die Absenderdaten neu einzugeben. Das E-Mail-Programm Outlook Express erledigt dies auf Wunsch automatisch für Sie. Dies realisieren Sie am besten mit einer „Visitenkarte".

! Um eine „Visitenkarte" zu erstellen, müssen Sie zunächst die Kontaktinformationen für sich selbst im Windows-Adressbuch erstellen. Als Nächstes konfigurieren Sie Outlook Express darauf, die Visitenkarte an jede von Ihnen gesendete E-Mail-Nachricht anzuhängen. Natürlich können Sie Ihre Visitenkarte auch an jede E-Mail-Nachricht einzeln anhängen.

1. Klicken Sie in Outlook Express im Menü *Extras* auf *Adressbuch*. Es öffnet sich das Fenster *Adressbuch-Hauptidentität*. Klicken Sie auf *Neu* und anschließend auf *Neuer Kontakt*.

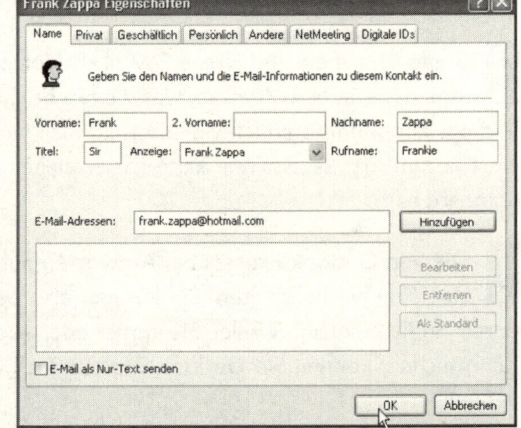

2. Geben Sie Ihre Informationen auf der Registerkarte *Name* ein. Klicken Sie auf eine der anderen Registerkarten, um weitere Informationen hinzuzufügen.

3. Klicken Sie auf die Schaltfläche *OK*, um die Eingaben dauerhaft zu speichern, und schließen Sie anschließend das Adressbuch. Ihre Kontaktinformationen sind nun erstellt.

4. Um die Visitenkarte an jede von Ihnen gesendete E-Mail-Nachricht anzuhängen, klicken Sie in Outlook Express 6 im Menü *Extras* auf *Optionen*. Klicken Sie auf die Registerkarte *Erstellen*.

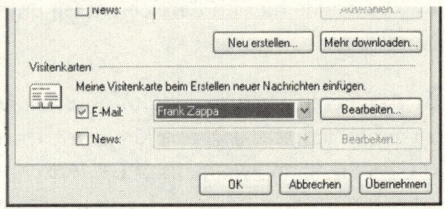

5. Aktivieren Sie im Bereich *Visitenkarten* das Kontrollkästchen *E-Mail*. Klicken Sie in der Dropdown-Liste auf Ihren Namen und anschließend auf *OK*.

6. Wenn Sie jetzt eine neue E-Mail erstellen und senden, wird die Visitenkarte zusammen mit der Nachricht gesendet.

⏵ *Visitenkarte einzeln anhängen* ⏵

Möchten Sie Ihre Visitenkarte bei jeder E-Mail einzeln anhängen, dann klicken Sie in Outlook Express 6 im Menü Extras auf Optionen. Öffnen Sie die Registerkarte Erstellen. Deaktivieren Sie im Bereich Visitenkarten das Kontrollkästchen E-Mail und klicken Sie auf die Schaltfläche OK. Erstellen Sie nun eine neue E-Mail-Nachricht. Klicken Sie auf Einfügen und anschließend auf Visitenkarte.

E-Mails automatisch unterschreiben – mit Signatur

? Sie möchten Ihre ausgehenden E-Mails nicht mit einer Visitenkarte, sondern mit einer individuellen Signatur „unterschreiben"? Sie haben unterschiedliche Adressen, die Sie für unterschiedliche Empfänger flexibel einsetzen möchten, dann arbeiten Sie am Besten mit der Signaturfunktion von Outlook Express.

! Um die automatische Signatur einzurichten, benutzen Sie in Outlook Express den Befehl *Extras/Optionen/Signaturen*. Hier haben Sie die Möglichkeit, eine bzw. mehrere Absenderdaten hinzuzufügen, auf die Sie dann jederzeit zurückgreifen können.

1. Klicken Sie im Menü *Extras* auf den Befehl *Optionen* und aktivieren Sie im Dialog das Register *Signaturen*. Hier klicken Sie auf die Schaltfläche *Neu*.

2. Geben Sie nun in das untere Feld Ihre Absenderdaten ein, also Name, Anschrift, E-Mail-Adresse und so weiter. Anschließend klicken Sie auf *Umbenennen* und geben dem Signatur-Datensatz einen gewünschten Namen.

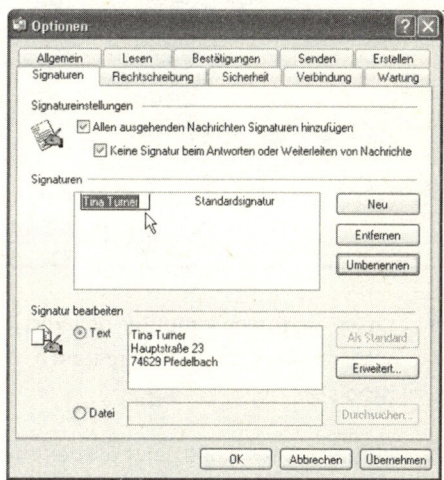

3. Zum Schluss schalten Sie die Option *Allen ausgehenden Nachrichten Signaturen hinzufügen* ein und schließen mit *OK* ab.

Von nun an fügt Outlook Express Ihre Absenderdaten automatisch in jede E-Mail-Nachricht ein, die Sie neu anlegen.

Probleme mit Msoe.dll

? Wenn ich Outlook Express starten möchten, erscheint die Fehlermeldung, dass die Datei *Msoe.dll* nicht geöffnet werden kann. Woran liegt das?

! Wenn beim Starten von Outlook Express der Fehler erscheint, dass die Datei *Msoe.dll* nicht geöffnet werden konnte, dann liegt ein Fehler in den Identity-Keys, die sich in der Registry von Windows XP befinden, vor.

1. Zunächst deinstallieren Sie Outlook Express über *Start/Systemsteuerung/Software* (ggf. Microsoft Internet Explorer und die Internettools). Schließen Sie das Dialogfenster *Software*.

2. Klicken Sie im Startmenü auf *Ausführen* und geben Sie den Befehl *regedit* ein, um den Registrierungseditor zu öffnen. Navigieren Sie zu den Schlüssel bzw. Ordner *HKEY_CURRENT_USER/Identities*.

3. Löschen Sie alle Schlüssel unterhalb von *Identities* und schließen Sie danach den Registrierungs-Editor.

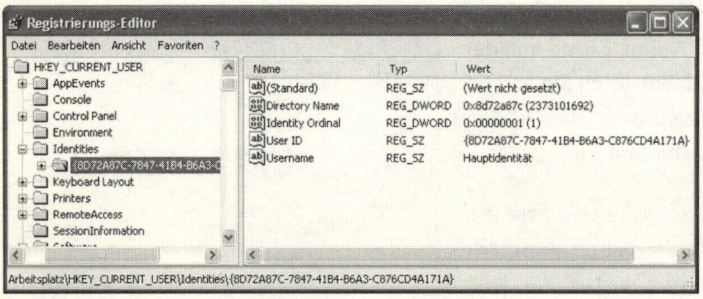

4. Starten Sie Ihren Computer neu und installieren Sie erneut Outlook Express über die *Systemsteuerung/Software* (ggf. auch den Microsoft Internet Explorer und die Internettools).

5. Outlook Express sollte jetzt wieder ohne Fehlermeldung starten.

⮞⮞⮞   **Folders.dbx – schreibgeschützt oder defekt**   ⮞⮞⮞

Eine derartige Meldung könnte auch entstehen, wenn die Datei *Folders.dbx* entweder schreibgeschützt oder defekt ist. Suchen Sie die Datei, indem Sie auf *Start/Suchen/ Dateien/Ordner* gehen und dort den Dateinamen „*Folders.dbx*" eingeben. Bei *Suchen in* wählen Sie Ihre Festplatte C:. Im Suchresultat klicken Sie mit rechts auf die Datei und wählen *Umbenennen*. Als neuen Namen tippen Sie z. B. „*folders.alt*" ein. Beim nächsten Start von Outlook Express wird die Datei neu erstellt.

Potenziell gefährliche Inhalte in HTML-E-Mails deaktivieren

Mithilfe von Sicherheitszonen können Sie bestimmen, ob aktive Inhalte wie ActiveX-Steuerelemente und Skripts in HTML-E-Mail-Nachrichten in Outlook Express ausgeführt werden können. Das Ändern der Sicherheitszoneneinstellungen kann Ihren Computer potenziell gefährlichem Code aussetzen. Gehen Sie beim Ändern dieser Einstellungen mit Vorsicht vor.

Standardmäßig verwendet Outlook Express 6 die eingeschränkte Zone statt der Internetzone. Microsoft Outlook Express 5.0 und 5.5 verwenden die Internetzone, die die Ausführung der meisten aktiven Inhalte ermöglicht.

1. Starten Sie Outlook Express und klicken Sie im Menü *Extras* auf den Befehl *Optionen*. Öffnen Sie die Registerkarte *Sicherheit* und klicken Sie unter *Wählen Sie die zu verwendende Internet Explorer-Sicherheitszone aus* im Abschnitt *Virenschutz* entweder auf *Zone für eingeschränkte Sites (sicherer)* oder *Internetzone (zweckmäßig, aber weniger sicher)*.

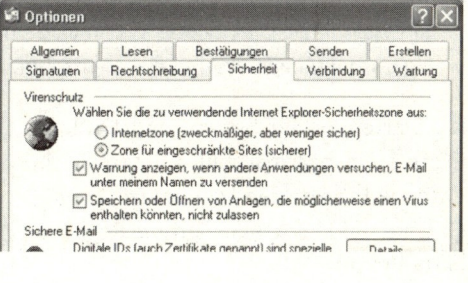

2. Klicken Sie auf die Schaltfläche *OK*, um die Einstellungen zu dauerhaft zu speichern. Beenden Sie Outlook Express.

3. Starten Sie nun den Internet Explorer und klicken Sie im Menü *Extras* auf *Internetoptionen*. Öffnen Sie die Registerkarte *Sicherheit*.

4. Markieren Sie die Webinhaltszone (*Internet* oder *Eingeschränkte Sites*) – je nachdem, was Sie für Outlook Express ausgewählt haben – und klicken Sie anschließend auf die Schaltfläche *Stufe anpassen*.

5. Hier haben Sie nun die Möglichkeit, die Sicherheitseinstellungen anzupassen. Diese Einstellungen gelten sowohl für Outlook Express als auch für den Internet Explorer.

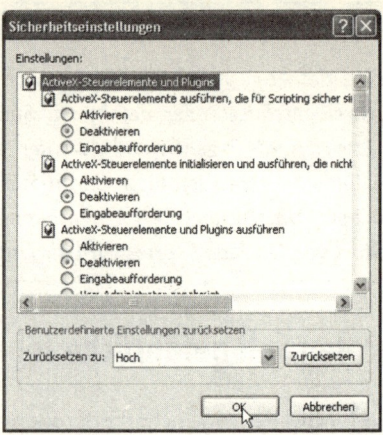

Kopfzeile ja – Nachrichtentext fehlt aber

Ich habe ein Problem mit Outlook Express 6 unter Windows XP. Ich kann zwar die Kopfzeilen der empfangenen Nachrichten sehen, nicht aber den Text der E-Mail-Nachricht. Was kann ich tun, damit ich meine Nachrichten lesen kann?

Sehen Sie den Text einer E-Mail auch nicht, wenn Sie die Nachricht mit der Tastenkombination [Strg]+[O] öffnen? Ist im Menü *Ansicht/Layout* der Punkt *Vorschaufenster anzeigen* aktiviert? Wenn ja, dann haben wir hier noch einen Tipp, der ein wenig unspektakulär erscheint – aber schon in vielen Fällen geholfen hat.

1. Starten Sie Ihr System und Outlook Express ein paarmal neu. Öffnen Sie in Outlook Express den Menüpunkt *Extras/Optionen* und klicken Sie auf die Registerkarte *Wartung*.

2. Deaktivieren Sie das Kontrollkästchen *Nachrichten im Hintergrund komprimieren* und führen Sie diese künftig regelmäßig manuell durch.

3. Wählen Sie dazu *Datei/Ordner/Alle Ordner komprimieren*. Dies ist zwar nirgends dokumentiert, aber dieser Fehler

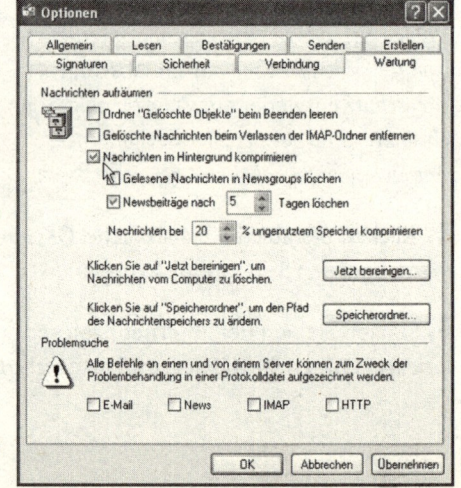

trat nach der Deaktivierung der automatischen Hintergrundkomprimierung nicht mehr auf.

Outlook Express trennt Verbindung

? Beim Starten von Outlook Express 6.0 unterbricht die Verbindung und ich muss mich neu einwählen. Auch wenn ich eine E-Mail geschrieben habe und auf *Senden* klicke, werde ich vom Netz getrennt, muss mich neu einloggen und erst dann wird die E-Mail gesendet. Wie kann ich das unterbinden?

! Verwenden Sie für Outlook Express die gleichen Verbindungseinstellungen wie der Internet Explorer und Ihre Verbindung wird nicht mehr getrennt. Wie das geht, wird im Folgenden beschrieben.

1. Starten Sie Outlook Express und klicken Sie im Menü auf *Extras* und anschließend auf *Optionen*. Öffnen Sie die Registerkarte *Verbindung*.

2. Prüfen Sie bei den *Internetverbindungseinstellungen*, ob dort steht *Outlook Express verwendet die gleichen Verbindungseinstellungen wie der Internet Explorer*. Wenn nicht, ändern Sie die Verbindung auf die Standardverbindung, indem Sie auf die Schaltfläche *Ändern* klicken.

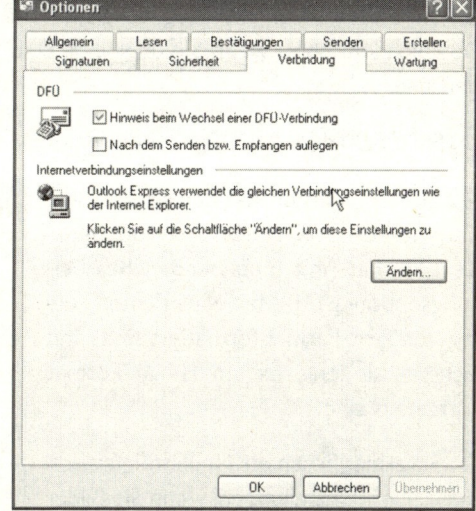

3. Prüfen Sie jetzt auch noch, ob der Haken bei *Nach dem Senden bzw. Empfangen auflegen* gesetzt ist. Wenn ja, entfernen Sie ihn.

4. Klicken Sie auf *OK*, um die Einstellung dauerhaft zu speichern. Jetzt noch Outlook Express beenden und anschließend neu starten.

Geänderte Standardeinstellungen von Outlook Express mit SP2

? Die Standardeinstellungen von Outlook Express wurden so konfiguriert, dass die Sicherheit des Computers erhöht wurde. Welche Standardeinstellungen sind davon betroffen?

! Standardmäßig werden in Outlook Express keine Bilder oder andere Inhalte gedownloadet, z. B. Grafiken, die in E-Mails im HTML-Format gesendet wurden. Dies trägt dazu bei, Junk-E-Mails zu verhindern, da die Absender solcher E-Mails Ihre E-Mail-Adresse nicht mehr sehen können.

1. Die neuen Standardeinstellungen in Outlook Express tragen dazu bei zu verhindern, dass potenziell anstößiges Material angezeigt wird, indem sie das automatische Downloaden von Bildern und anderen Internetinhalten auf den Computer verhindern.

2. Sie bieten Ihnen die Möglichkeit zu entscheiden, bei welchen Bildern sich das Downloaden lohnt, wenn Sie über eine DFÜ-Verbindung mit dem Internet verbunden sind.

3. Sie tragen dazu bei, eingehende Junk-E-Mails zu reduzieren.

4. Sie ermöglichen das standardmäßige Formatieren von Nachrichten im Nur-Text-Format (mit umfassenden Bearbeitungsoptionen). E-Mail-Nachrichten, die im Nur-Text-Format formatiert sind, sind sicherer als jene, die im HTML-Format formatiert sind.

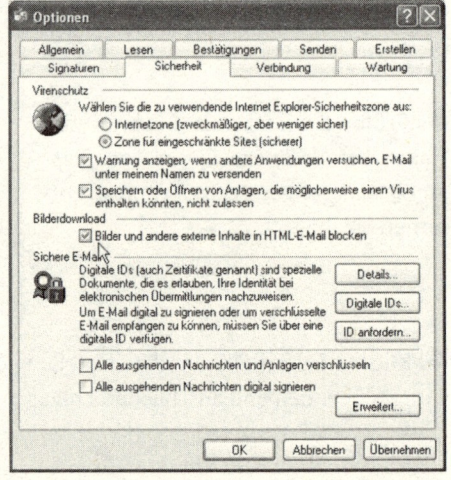

5. Sie ermöglichen die Neukonfiguration von E-Mail-Einstellungen, wenn Sie Bilder anzeigen oder auf externe Inhalte zugreifen möchten.

6. Um Bilder und andere externe Inhalte in HTML-E-Mails zu blockieren, klicken Sie Menü auf *Extras* und anschließend auf *Optionen*. Öffnen Sie die Registerkarte *Sicherheit*.

7. Aktivieren Sie das Kontrollkästchen *Bilder und andere externe Inhalte in HTML-E-Mail blocken*. Deaktivieren Sie das Kästchen, wenn Sie diesen Schutz nicht möchten.

10.3 Sicherheitscenter und Windows-Firewall (SP2)

Warnhinweis des Sicherheitscenters

Bei jedem Systemstart erhalte ich einen Hinweis, dass mein Computer eventuell gefährdet sei, und im Infobereich wird permanent das Symbol des Sicherheitscenters angezeigt. Was hat das zu bedeuten?

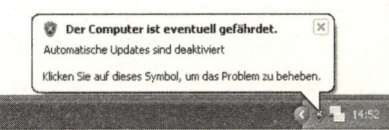

Das Sicherheitscenter (ab SP2) überwacht die verschiedenen sicherheitsrelevanten Aspekte des PCs. Dazu gehören insbesondere:

- die Windows-Firewall
- die Funktion für automatische Updates
- ein aktiver Virenschutz

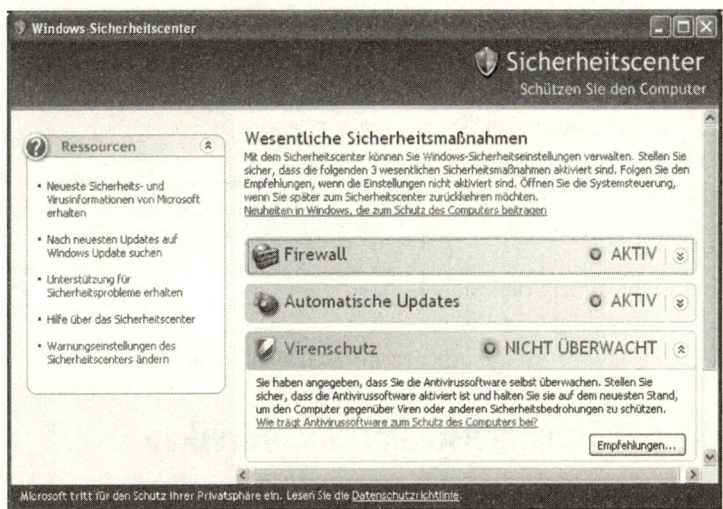

Sollte eine dieser Funktionen nicht gegeben sein, z. B. weil Sie kein Antivirenprogramm installiert haben oder die Firewall oder die Update-Funktion deaktiviert sind, betrachtet das Sicherheitscenter den PC als nicht sicher und warnt Sie. Wo das Problem genau liegt, erfahren Sie, wenn Sie auf den Hinweis oder das Symbol im Infobereich klicken. Dann öffnet sich das Sicherheitscenter und verrät, wie es um die einzelnen Sicherheitsaspekte bestellt ist.

Sicherheitscenter erkennt Antivirenprogramm nicht

? Ich habe auf meinen Rechner ein aktuelles Antivirenprogramm installiert und aktiviert. Trotzdem meldet sich das Sicherheitscenter immer wieder mit dem Hinweis, es hätte keinen Virenschutz gefunden (SP2). Was kann ich tun?

! Das Sicherheitscenter sollte alle gängigen Antivirenprodukte automatisch erkennen und anzeigen. In Einzelfällen kann die Erkennung bei exotischen Programmen oder ungewöhnlichen Konfigurationen allerdings schon mal scheitern. Das ist nicht weiter tragisch, denn die Funktionalität des Antivirenprogramms ist davon nicht betroffen. Die lästigen Hinweise des Sicherheitscenters können Sie außerdem wie folgt deaktivieren:

1. Öffnen Sie das Sicherheitscenter (z. B. über die Systemsteuerung) und klicken Sie im Bereich *Virenschutz* unten rechts auf die Schaltfläche *Empfehlungen*.

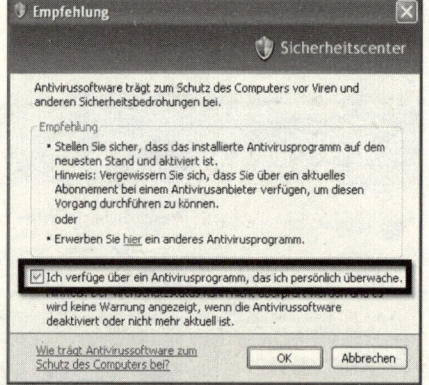

2. Aktivieren Sie anschließend im *Empfehlung*-Dialog ganz unten das Kontrollkästchen *Ich verfüge über ein Antivirusprogramm, das ich persönlich überwache* und klicken Sie auf *OK*.

3. Das Sicherheitscenter ändert den Status des Virenschutzes dann auf „Nicht überwacht". Damit bleiben Hinweise auf diese Sicherheitslücken in Zukunft aus.

Warnhinweise des Sicherheitscenters unterdrücken

? Die Idee des Sicherheitscenters (SP2) ist ja ganz nett, aber ich kann mich eigentlich ganz gut selbst um die Sicherheit meines PCs kümmern. Allerdings nerven mich die ständigen Hinweise auf angebliche Sicherheitslücken. Kann ich das Sicherheitscenter deaktivieren?

! Ein Weg zum Deaktivieren des Sicherheitscenters ist uns nicht bekannt. Allerdings lassen sich die Warnhinweise abschalten, sodass es völlig unauffällig im Hintergrund läuft:

1. Öffnen Sie das *Sicherheitscenter* (z. B. über die Systemsteuerung).

2. Klicken Sie in der linken Hälfte im Bereich *Ressourcen* ganz unten auf den Text *Warnungseinstellungen des Sicherheitscenters ändern*.

3. Damit öffnen Sie den Dialog *Wartungseinstellungen*, wo Sie die Warnungen für einzelne oder aber auch für alle Sicherheitsfunktionen blockieren können, indem Sie die jeweilige Option abschalten.

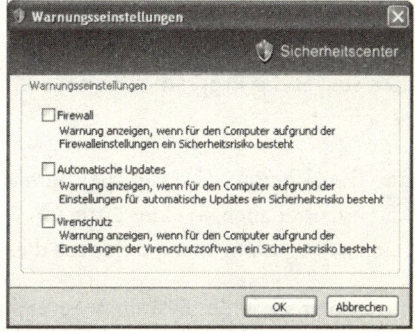

4. Übernehmen Sie die Änderungen mit *OK* und Sie bleiben in Zukunft von den unerwünschten Hinweisen des Sicherheitscenters verschont.

Firewall-Hinweis beim Starten eines Internetprogramms

? Wenn ich ein Internetprogramm aufrufe, meldet sich jedes Mal die Windows-Firewall mit einem Hinweisfenster (SP2). Was bedeutet es und wie soll ich reagieren?

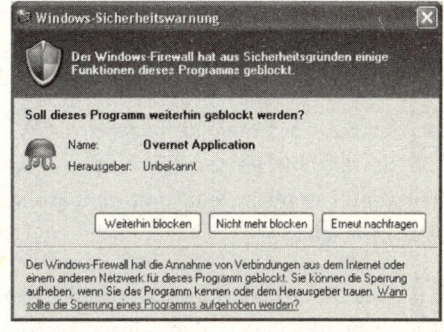

! Die Windows-Firewall erlaubt standardmäßig nur wenigen Programmen den ungehinderten Zugriff auf das Internet. Versucht ein Programm, das nicht zu diesem Kreis gehört, Internetressourcen zu nutzen, meldet sich die Firewall und fragt nach, ob dies zugelassen werden soll. Sinn dieser Vorgehensweise ist es, Trojanern und ähnlichen schädlichen Programm den heimlichen Zugriff auf das Internet zu verwehren. Wenn Sie ein Internetprogramm nutzen wollen, sollten Sie den Zugriff selbstverständlich mit *Nicht mehr blocken* erlauben. Die Firewall nimmt das Programm dann in die Liste der zulässigen Programme auf und fragt in Zukunft nicht mehr nach. Wenn das Programm definitv niemals auf das Internet zugreifen soll, wählen Sie *Weiterhin blockiert*, um den Zugriff auf Dauer und zukünftig ohne Rückfragen zu unterbinden. Sollten Sie nicht ganz sicher sein, können Sie den Zugriff mit *Erneut nachfragen* dieses eine Mal blockieren. Beim nächsten Start des Programms wird dann aber wieder nachgefragt.

Genehmigung für ein Internetprogramm zurückziehen

? Ich habe ein Internetprogramm auf Rückfrage der Windows-Firewall für den Zugriff aufs Internet zugelassen (SP2). Nun fragt Windows nicht mehr nach, sondern startet das Programm immer sofort. Wie kann ich meine Genehmigung zurückziehen?

! Die Windows-Firewall speichert alle Programme, denen Sie den Zugriff einmal erlaubt haben, in einer Liste, um wiederholte Nachfragen zu vermeiden. Sie können ein Programm aber wieder aus dieser Liste streichen.

1. Öffnen Sie in der Systemsteuerung das Modul *Windows-Firewall* und wechseln Sie dort in die Rubrik *Ausnahmen*.

2. Hier finden Sie in der Liste *Programme und Dienste* einen Eintrag mit dem Namen des Programms. Wählen Sie diesen aus und klicken Sie darunter auf die Schaltfläche *Löschen*.

3. Bestätigen Sie die Sicherheitsrückfrage mit *Ja* und übernehmen Sie die Änderung schließlich mit *OK*. Ab dem nächsten Start fragt die Windows-Firewall wieder nach.

Sicherheitscenter erkennt Firewall-Software nicht

? Ich habe auf meinen Rechner die Windows-Firewall deaktiviert und setze stattdessen eine Personal Firewall-Software ein. Trotzdem meldet sich das Sicherheitscenter immer wieder mit dem Hinweis, es hätte keine Firewall gefunden (SP2). Was kann ich tun?

! Das Sicherheitscenter sollte alle gängigen Firewall-Softwareprodukte automatisch erkennen und anzeigen. Allerdings kann die Erkennung bei exotischen Programmen oder ungewöhnlichen Konfigurationen im Einzelfall schon mal scheitern. Die Funktionalität der Firewall ist davon nicht betroffen. Dem Sicherheitscenter können Sie manuell beibringen, dass eine Firewall installiert ist:

1. Öffnen Sie das Sicherheitscenter (z. B. über die Systemsteuerung) und klicken Sie im Bereich *Firewall* unten rechts auf die Schaltfläche *Empfehlung*.

2. Aktivieren Sie anschließend im *Empfehlung*-Dialog ganz unten das Kontrollkästchen *Ich verfüge über eine Firewalllösung, die ich persönlich überwache* und klicken Sie auf *OK*.

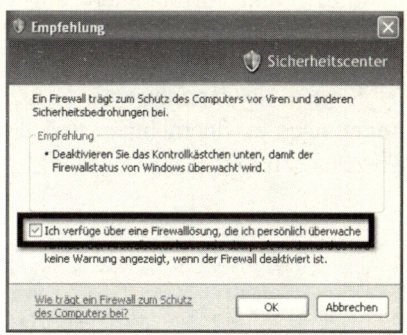

3. Das Sicherheitscenter ändert den Firewall-Status dann auf „Unbekannt". Damit bleiben Hinweise auf diese Sicherheitslücke in Zukunft aus.

Windows-Firewall für Serverdienste öffnen

? Ich habe auf meinem Rechner einen Webserver eingerichtet, der im lokalen Netzwerk Informationen bereitstellen soll. Leider werden die Seitenabrufe anderer Teilnehmer blockiert. Wie muss ich die Windows-Firewall einstellen, sodass andere auf meinen Webserver zugreifen können?

! Die Windows-Firewall ist so konstruiert, dass sie unaufgefordert eingehende Datenpakete blockiert. Anfragen an einen Webserver sind aus der Sicht der Firewall solche unaufgeforderten Daten, sodass sie nicht durchgelassen werden. Sie können aber eine Ausnahme für diesen (und ggf. auch andere Dienste) definieren, sodass sie von anderen genutzt werden können:

1. Öffnen Sie in der Systemsteuerung das Modul *Windows-Firewall* und wechseln Sie dort in die Rubrik *Erweitert*.

2. Wählen Sie im Bereich *Netzwerkverbindungseinstellungen* die Internetverbindung, für die ein Dienst freigeschaltet werden soll, also z. B. die lokale *LAN-Verbindung*, und klicken Sie rechts daneben auf die Schaltfläche *Einstellungen*.

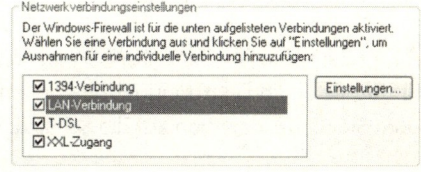

3. Aktivieren Sie hier den oder die Dienste, die Sie auf Ihrem PC für andere freigeben wollen, indem Sie die dazugehörigen Häkchen setzen.

4. Beim erstmaligen Aktivieren wird jeweils ein Dialog mit den Daten dieses Dienstes wie Name, IP-Adresse und Portnummern angezeigt. Aktzeptieren Sie diese einfach mit *OK*.

5. Klicken Sie dann zweimal auf *OK*, um die Änderungen zu übernehmen und die Firewall-Einstellungen zu schließen.

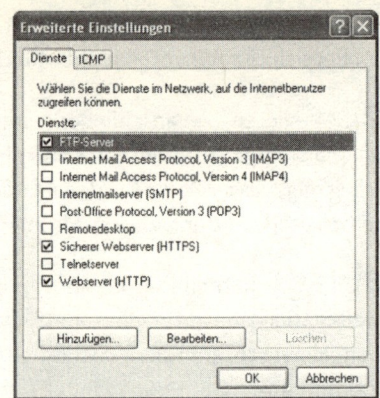

Filesharing-Börsen & Co. trotz Firewall nutzen

? Mein PC ist mit der Windows-Firewall geschützt, deshalb kann ich meine Lieblingstauschbörse nicht uneingeschränkt nutzen. Wie muss ich die Firewall einstellen, sodass alle Daten durchkommen.

! Die Windows-Firewall kennt von Hause aus nur einige Standarddienste, die per Mausklick aktiviert werden können. Allerdings können Sie beliebige eigene Internetdienste definieren und diese dann von der Firewall individuell behandeln lassen. Damit Sie also Ihre Tauschbörse trotz Firewall benutzen können, definieren Sie einen entsprechenden Dienst und aktivieren ihn dann. Einzige Voraussetzung: Sie müssen die Portnummer kennen, die dieser Dienst für die Kommunikation via Internet verwendet. Eine sehr ausführliche Liste der aktuell gültigen Portbelegungen finden Sie unter z. B. *http://www.iana.org/assignments/port-numbers*.

1. Öffnen Sie in der Systemsteuerung das Modul *Windows-Firewall* und wechseln Sie dort in die Rubrik *Erweitert*.

2. Wählen Sie im Bereich *Netzwerkverbindungseinstellungen* die Internetverbindung, für die sie einen Dienst einrichten wollen, also z. B. die lokale *LAN-Verbindung*, und klicken Sie rechts daneben auf die Schaltfläche *Einstellungen*.

3. Klicken Sie in den erweiterten Einstellungen unten rechts auf die Schaltfläche *Hinzufügen*. Damit öffnen Sie das Menü *Diensteinstellungen*, wo Sie eigenen Internetdienst definieren können.

4. Geben Sie hier im Feld *Dienstbeschreibung* zunächst einen Namen für den zu erstellenden Dienst an. Diesen können Sie ganz frei wählen.

5. Im Feld *Name oder IP-Adresse* geben Sie den Netzwerknamen bzw. die IP-Adresse Ihres PCs ein. Hier können Sie sich im Zweifelsfall an den bereits vorhandenen Diensten orientieren.

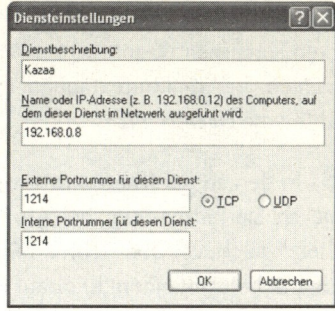

6. Schließlich geben Sie in den Feldern *Externe Portnummer für diesen Dienst* und *Interne Portnummer für diesen Dienst* die Nummer des bei dieser Anwendung verwendeten Ports an. Wählen Sie außerdem die Art des Ports. In den meisten Fällen handelt es sich um einen TCP-Port.

7. Übernehmen Sie die Dienstdefinition mit einem Klick auf *OK*.

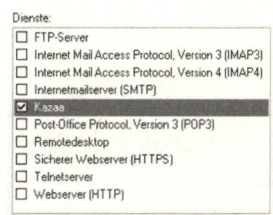

8. Damit gelangen Sie zurück in die Übersicht der Dienste. Hier ist jetzt auch der neue Dienst eingetragen und automatisch aktiviert. Mit einem weiteren *OK* übernehmen Sie die neuen Einstellungen.

10.4 Sicherheit im Internet

Das DFÜ-Netzwerk vor teuren Dialern schützen

Noch immer hört man viel von der Gefahr von Dialer-Programmen, die sich einschleichen und hohe Kosten verursachen. Wie kann man sich davor schützen?

Der sicherste Schutz ist das komplette Sperren der kostenpflichtigen Rufnummernbereiche für den Telefonanschluss, das einige Telefongesellschaften anbieten. Alternativ hilft ein Programm wie der 0190Warner (*http://www.wt-rate.de*), sich weitestgehend vor Dialern zu schützen. Aber auch mit Bordmitteln von Windows sind Sie nicht ganz wehrlos. Viele einfach gestrickte Dialer können Sie blockieren, indem Sie das DFÜ-Netzwerk vor unerwünschten Veränderungen schützen:

1. Starten Sie den Windows-Explorer und öffnen Sie hier das Verzeichnis *C:\Dokumente und Einstellungen\All Users\Anwendungsdaten\Microsoft\Network\Connections\Pbk*.

2. Hier finden Sie die Datei *rasphone.pbk*. Klicken Sie diese mit der rechten Maustaste an und wählen Sie im kontextabhängigen Menü ganz unten die *Eigenschaften*.

3. In den so geöffneten *Dateieigenschaften* aktivieren Sie ganz unten bei *Attribute* die Option *Schreibgeschützt*. Übernehmen Sie die geänderte Eigenschaft mit einem Klick auf *OK*.

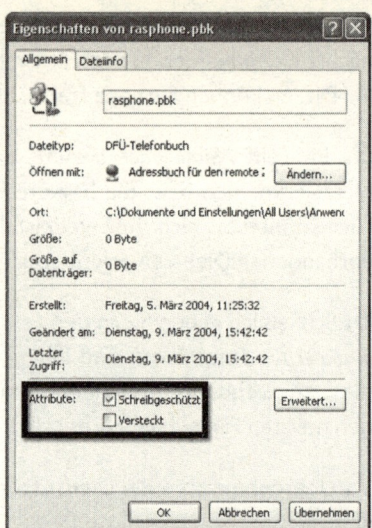

Damit haben Sie die zentrale Datei, in der alle DFÜ-Verbindungen gespeichert werden, vor Veränderungen geschützt. Sollte nun ein Dialer versuchen, sich ins DFÜ-Netzwerk einzutragen, wird dies mit einer Fehlermeldung quittiert. Allerdings müssen Sie den Schreibschutz aufheben, bevor Sie selbst Änderungen an den DFÜ-Verbindungen vornehmen oder neue Verbindungen einrichten können.

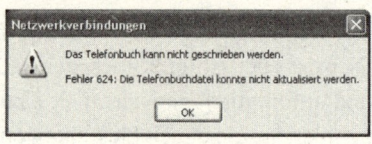

Wechsel zwischen sicherer und unsicherer Verbindung

Bei bestimmten Gelegenheiten warnt mich der Internet Explorer, dass ich nun in eine sichere bzw. eine unsichere Verbindung wechseln würde. Was haben diese Warnungen zu bedeuten?

Normale Verbindungen zu Webservern sind unverschlüsselt, d. h., sie können theoretisch von anderen „belauscht" werden. Bei vertraulichen Interaktionen wie z. B. beim Onlinebanking oder -shopping wäre das sicherlich nicht angebracht, deshalb erfolgen solche Transaktionen verschlüsselt. Damit Sie jederzeit wissen, ob Sie gerade über eine verschlüsselte oder unverschlüsselte Verbindung surfen, weist der Internet Explorer Sie jeweils beim Wechsel von einer Verbindungsart zur anderen darauf hin.

10.4 SICHERHEIT IM INTERNET

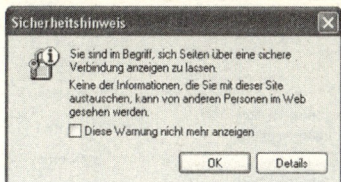 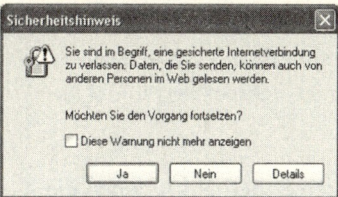

Wollen Sie die Meldungen nicht mehr sehen, aktivieren Sie im Heinweisfenster das Kontrollkästchen *Diese Warnung nicht mehr anzeigen*, bevor Sie den Hinweis mit *OK* bestätigen. Dies müssen Sie jeweils einmal für jede Hinweisart (sicher und unsicher) machen. Sie können die Anzeige dieser Meldungen aber auch direkt steuern:

1. Starten Sie den Internet Explorer und öffnen Sie mit *Extras/Internetoptionen* seine Einstellungen.

2. Wechseln Sie in die Rubrik *Erweitert* und suchen Sie hier in der *Einstellungen*-Liste die Kategorie *Sicherheit*.

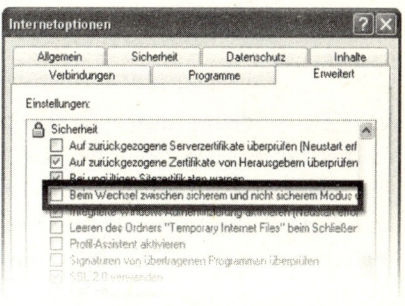

3. Schalten Sie hier das Kontrollkästchen *Beim Wechsel zwischen sicherem und nicht sicherem Modus warnen* aus. Dann verzichtet der Internet Explorer auf das Anzeigen der Warnhinweise. Umgekehrt können Sie die Hinweise mit dieser Funktion auch jederzeit wieder reaktivieren.

ActiveX-Technologie deaktivieren

? Immer wieder hört man von Gefahren durch ActiveX-Komponenten in Webseiten. Ist diese Technologie tatsächlich so gefährlich und wie kann man sie im Internet Explorer deaktivieren?

! Da ActiveX-Komponenten prinzipiell ungehinderten Zugriff auf sämtliche Ressourcen eines PCs haben, stellen Sie in der Tat ein erhebliches Sicherheitsrisiko dar, das auch durch Zertifikate für Komponenten nur teilweise reduziert wird. Das sicherste ist es, die ActiveX-Funktionen des Internet Explorer abzuschalten.

1. Um ActiveX beim Internet Explorer zu deaktivieren, öffen Sie mit *Extras/Internetoptionen* die Einstellungen und wechseln dort in die Rubrik *Sicherheit*.

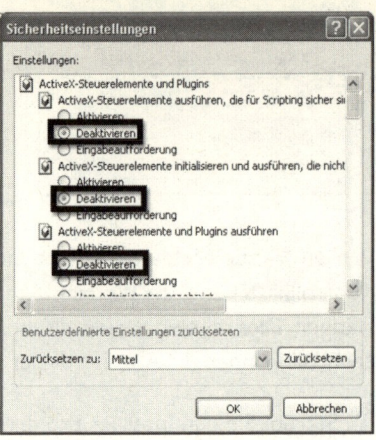

2. Wählen Sie in den Sicherheitsoptionen die Zone *Internet* aus und klicken Sie dann unten auf die *Stufe anpassen*-Schaltfläche.

3. Suchen Sie in der Liste der Einstellungen die Kategorie *ActiveX-Steuerelemente und Plugins* und schalten Sie alle dazugehörenden Optionen auf *Deaktivieren*. Damit wird das Ausführen sämtlicher ActiveX-Funktionen unterbunden.

4. Klicken Sie auf *OK* und bestätigen Sie die Sicherheitsrückfrage zum Ändern der Einstellungen.

Wenn Sie mit dieser Einstellung eine Webseite mit ActiveX-Inhalten laden, weist der Internet Explorer Sie darauf hin, dass diese Seite aufgrund der Sicherheitseinstellungen nicht korrekt angezeigt werden kann. Wenn Sie den Hinweis bestätigen, funktioniert die Seite zwar eventuell nur eingeschränkt, aber dafür müssen Sie sich auch keine Gedanken über mögliche Gefahren mehr machen.

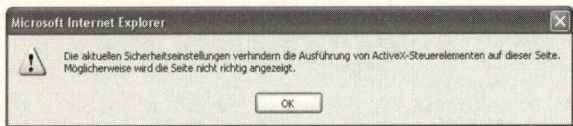

Installierte ActiveX-Komponenten aufspüren und entfernen

? Ich habe eine Weile mit den Standardeinstellungen für ActiveX-Komponenten gesurft, bevor ich strengere Sicherheitsregeln gewählt habe. Wie kann ich feststellen, ob sich ActiveX-Komponenten installiert haben, und wie kann ich sie ggf. entfernen?

! ActiveX-Komponenten gelten als heruntergeladene Programmdateien und werden als solche in einem speziellen Ordner gespeichert. Deshalb sind sie recht leicht aufzuspüren und können dort auch gelöscht werden:

1. Öffnen Sie im Windows-Explorer den Ordner *C:\Windows\Downloaded Program Files*. In diesem Ordner finden Sie alle ActiveX-Komponenten, die sich momentan auf Ihrem PC befinden.

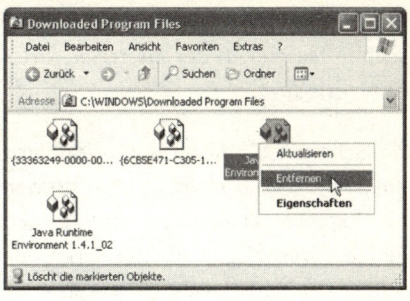

2. Um die einzelnen Komponenten zu überprüfen und zu bearbeiten, klicken Sie den Eintrag mit der rechten Maustaste an und öffnen so das kontextabhängige Menü.

3. Um eine nicht mehr benötigte Komponente von Ihrem PC zu verbannen, *Entfernen* Sie diese. Hier sollten Sie aber etwas Vorsicht walten lassen und dem Browser nicht wegnehmen, was er vielleicht noch benötigt. Immerhin befinden sich in diesem Ordner Komponenten wie das Java Runtime Environment.

4. Deshalb sollten Sie sich vor dem Löschen mit *Eigenschaften* zunächst über die scheinbar überflüssige Komponente informieren. Hier erfahren Sie z. B., woher die Komponente stammt, wann sie installiert und wann sie zuletzt genutzt wurde.

Ausführung von Java-Applets deaktivieren

Wie kann ich verhindern, das Java-Applets ausgeführt werden, die die Sicherheit meines PCs gefährden?

Java-Applets verfügen über ein sehr ausgeklügeltes Sicherheitskonzept, das die Sicherheit der lokalen Daten auf dem PC des Benutzers weitestgehend sicherstellt. Trotzdem gibt es auch bei Java Risiken, sodass Sie das Ausführen von Java-Applets unterbinden sollten, wenn Sie kein Risiko eingehen wollen. Bei einer Standardinstallation von Windows XP ist das allerdings nicht notwendig, da Microsoft Windows XP ohne die Virtual Machine ausliefert, die zum Ausführen von Java-Code erforderlich ist. Haben Sie diese Virtual Machine selbst installiert, können Sie sie auch wieder deaktivieren:

1. Starten Sie den Internet Explorer und öffnen Sie mit *Extras/Internetoptionen* seine Einstellungen.

2. Wechseln Sie in die Rubrik *Erweitert* und suchen Sie hier in der *Einstellungen*-Liste die Kategorie *Java*.

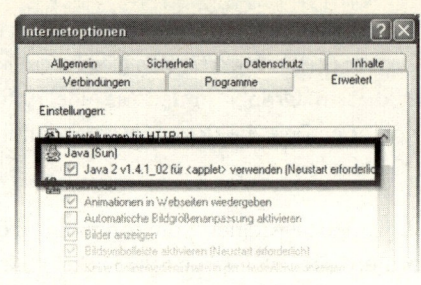

3. Schalten Sie hier die Option *Java ... für <applet> verwenden* aus. Dann führt der Internet Explorer keine Java-Applets mehr aus. Einige Webseiten funktionieren dadurch unter Umständen nicht so, wie sie sollten.

Skriptbefehle in Webseiten blockieren

? Wie kann ich verhindern, dass der Internet Explorer JavaScript- oder VB-Script-Anweisungen ausführt, die in Webseiten enthalten sind?

! Leider unterscheidet der Internet Explorer nicht gründlich zwischen dem relativ harmlosen JavaScript und dem sehr unsicheren VBS. Deshalb lässt sich das Ausführen von Skriptanweisungen nur recht pauschal ein- oder ausschalten:

1. Um das Ausführen von Skriptanweisungen in Webseiten zu unterbinden, öffnen Sie mit *Extras/Internetoptionen* die Einstellungen des Internet Explorer und wechseln dort in die Rubrik *Sicherheit*.

2. Wählen Sie hier die Sicherheitszone *Internet* aus und klicken Sie dann auf *Stufe anpassen*.

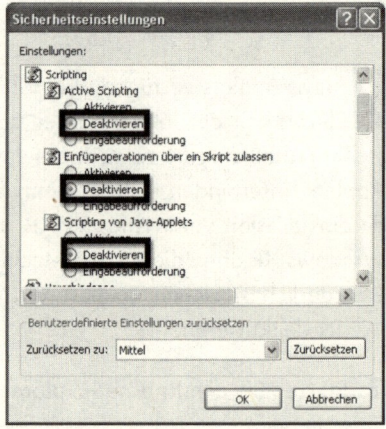

3. Suchen Sie in der Liste der Optionen nach der Kategorie *Scripting*.

4. Setzen Sie jeweils die Einstellungen für *Active Scripting*, *Einfügeoperationen über ein Skript zulassen* sowie *Scripting von Java-Applets* auf die Option *Deaktivieren*, um das Ausführen solcher Skriptanweisungen zu verhindern.

5. Übernehmen Sie die Einstellungen mit zweimal *OK*.

Websites als vertrauenswürdig behandeln

? Der Internet Explorer verfügt über eine spezielle Zone für vertrauenswürdige Websites mit weniger restriktiven Sicherheitsbestimmungen. Wie kann ich eine Website in diese Zone aufnehmen?

! Webangebote, denen Sie einerseits vertrauen und die andererseits Gebrauch von sicherheitsrelevanten Technologie wie ActiveX oder JavaScript machen, sind in der Zone für vertrauenswürdige Sites gut aufgehoben.

1. Rufen Sie die betreffende Website zunächst im Internet Explorer auf. Markieren Sie ihre Adresse mit im Adressfeld und kopieren Sie diese mit [Strg]+[C] in die Zwischenablage.

2. Öffnen Sie dann mit *Extras/Internetoptionen* die Einstellungen des Internet Explorer und wechseln Sie in die Rubrik *Sicherheit*.

3. Wählen Sie hier die Zone *Vertrauenswürdige Sites* aus klicken Sie darunter rechts auf die Schaltfläche *Sites*.

4. Platzieren Sie im anschließenden Menü die Einfügemarke im Feld *Diese Webseit zur Zone hinzufügen* und drücken Sie [Strg]+[V], um die zuvor kopierte Adresse nun einzufügen. Mit der Schaltfläche *Hinzufügen* nehmen Sie die eingegebene Adresse in die Liste auf.

5. Übernehmen Sie die geänderten Einstellungen mit zweimal *OK*.

Der Internet Explorer aktiviert bei jedem Aufruf einer so als vertrauenswürdig eingestuften Website automatisch die *Zone für Vertrauenswürdige Sites* und die dazugehörenden Sicherheitsstufen und -einstellungen. Diese sollten Sie so wählen, dass die erforderlichen aktiven Inhalte wie etwa ActiveX oder Skriptanweisungen zugelassen werden.

Vertrauenswürdige und eingeschränkte Websites exportieren

? Ich habe im Laufe der Zeit eine Reihe von Websites im Internet Explorer in die Zonen für vertrauenswürdige und eingeschränkte Websites eingetragen. Nun würde ich diese Einstellungen gern auf einen anderen PC übertragen. Gibt es einen komfortablen Weg dafür?

! Wie praktisch alle Einstellungen sind auch diese Informationen in der Registry gespeichert. Sie können diesen Teil der Registry exportieren und auf einem anderen Windows XP-Rechner in dessen Registry reimportieren:

1. Starten Sie auf dem Ausgangsrechner den Registry-Editor und wählen Sie den Schlüssel *HKEY_CURRENT_USER\Software\Microsoft\Windows\CurrentVersion\Internet Settings\ZoneMap\Domains* aus.

2. Rufen Sie dann die Menüfunktion *Datei/Exportieren* auf und geben Sie im anschließenden Dialog einen beliebigen Dateinamen für die zu erstellende Registrierungsdatei an. Wählen Sie außerdem ganz unten die Option *Ausgewählte Teilstruktur* und *Speichern* Sie die Datei.

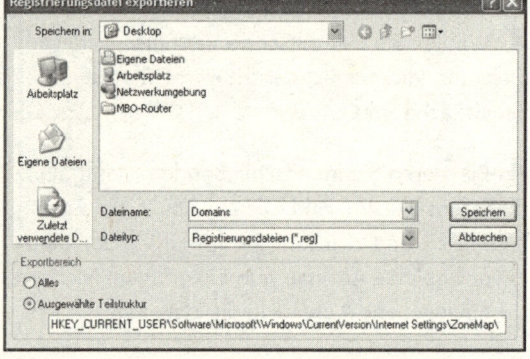

3. Übertragen Sie die so erstellte Registrierungsdatei auf den Zielrechner.

4. Führen Sie die Datei dort mit einem Doppelklick aus und bestätigen Sie die Rückfrage zum Hinzufügen der enthaltenen Informationen zur Registrierung mit *Ja*. Windows nimmt die Daten dann in seine Registry auf und die eingerichteten Websites stehen dem Internet Explorer ab sofort auch auf diesem PC zur Verfügung.

Abgelaufene Sicherheitszertifikate

? Beim Aufruf eines Webangebots erhalte ich den Hinweis, dass dessen Zertifikat abgelaufen sei. Wie soll ich mich verhalten?

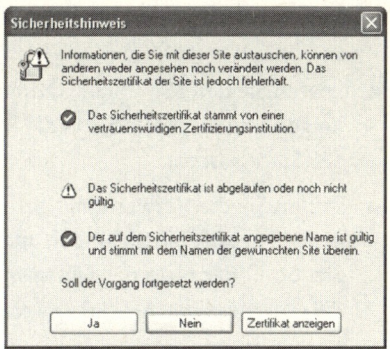

! Zertifikate belegen die Echtheit und Gültigkeit eines Schlüssels, wie er beispielsweise beim Verschlüsseln von Webtransaktionen bei Onlinebanking und -shopping verwendet wird. Zertifikate werden von vertrauenswürdigen Institutionen ausgestellt und sind jeweils auf einen bestimmten Zeitraum beschränkt.

Da der Internet Explorer die Zertifikate beim Verschlüsseln jedes Mal prüft, bemerkt er sofort, wenn dieser Zeitraum abgelaufen ist, und meldet dies. Zwei Ursachen sind denkbar:

- Überprüfen Sie zunächst, ob das bei Ihrem PC eingestellte Datum der Systemuhr stimmt (Modul *Datum und Uhrzeit* in der Systemsteuerung). Da der Internet Explorer den Gültigkeitszeitraum des Zertifikats mit der aktuellen Systemzeit vergleicht, kann eine verstellte Systemzeit für die – scheinbare – Ungültigkeit verantwortlich sein.

- Wenn die Systemzeit korrekt ist, ist das Zertifikat tatsächlich abgelaufen. Überlegen Sie in diesem Fall gut, ob Sie den Vorgang trotzdem mit *Ja* fortsetzen wollen. Seriöse Anbieter sollten ihre Zertifikate eigentlich rechtzeitig erneuern, um ihre Kunden nicht mit solchen Meldungen zu verunsichern.

Verbindung zu sicheren Websites kommt nicht zustande

? Ich möchte bei einem Onlineshop eine Bestellung tätigen. Die Bestellung erfolgt über eine sichere SSL-Verschlüsselung, aber leider bricht der Internet Explorer jedes Mal ab, wenn ich sie durchführen will. Was kann ich tun?

! Es gibt eine ganze Reihe von möglichen Ursachen, warum die sicheren Verbindungen nicht klappen. Leider kann man nie genau sagen, woran es im konkreten Fall liegt. Die folgende Liste von Maßnahmen dürfte in den meisten Fällen helfen, das Problem zu beheben:

- Löschen Sie die temporären Internetdateien. Öffnen Sie dazu mit *Extras/Internetoptionen* die Einstellungen und wechseln Sie in die Rubrik *Allgemein*. Klicken Sie hier der Reihe nach auf die Schaltflächen *Cookies löschen*, *Dateien löschen* sowie *"Verlauf" leeren* und bestätigen Sie ggf. die Sicherheitsrückfrage.

- Leeren Sie den SSL-Cache. Öffnen Sie dazu mit *Extras/Internetoptionen* die Einstellungen und wechseln Sie in die Rubrik *Inhalte*. Klicken Sie hier auf die Schaltfläche *SSL-Status löschen*.

- Prüfen Sie die Verwendung der SSL-Protokolle. Öffnen Sie dazu mit *Extras/Internetoptionen* die Einstellungen und wechseln Sie in die Rubrik *Erweitert*. Überprüfen Sie, ob in der Liste der *Einstellungen* in der Kategorie *Sicherheit* die Optionen *SSL 2.0 verwenden* und *SSL 3.0 verwenden* aktiviert sind bzw. aktivieren Sie diese ggf.

- Überprüfen Sie die Datumseinstellungen Ihres PCs (siehe auch Seite 383).

- Überprüfen Sie die geschützten Systemdateien Ihres PCs, um sicherzustellen, dass sie alle in der richtigen Version vorliegen (siehe Seite 96).

- Stellen Sie sicher, dass der Microsoft-Kryptografiedienst gestartet wurde. Geben Sie dazu in der Eingabeaufforderung (*Start/Alle Programme/Zubehör/Eingabeaufforderung*) den Befehl *net start cryptsvc* ein. Schließen Sie die Eingabeaufforderung dann mit *exit*.

- Re-registrieren Sie die relevanten DLL-Dateien. Geben Sie dazu in der Eingabeaufforderung (*Start/Alle Programme/Zubehör/Eingabeaufforderung*) den Befehl *regsrv32* gefolgt vom Namen der DLL-Datei ein, also z. B. *regsrv32 softpub.dll*. Führen Sie diese Prozedur für die folgenden DLL-Dateien durch: *softpub.dll*, *wintrust.dll*, *initpki.dll*, *dssenh.dll*, *rsaenh.dll*, *gpkcsp.dll*, *sccbase.dll*, *slbcsp.dll* sowie *cryptdlg.dll*. Schließen Sie die Eingabeaufforderung dann mit *exit*.

Lokale Festplatte für Zugriffe aus dem Internet offen

? Neulich habe ich eine Website aufgesucht, die auf den Inhalt meiner lokalen Festplatte zugreifen und diesen innerhalb ihrer Webseiten anzeigen konnte. Wie ist das möglich, obwohl ich alle Vorsichtsmaßnahmen getroffen habe?

! Bei diesem angeblichen Ausspähen handelt es sich um einen einfachen Bauerntrick, bei dem der Anschein einer Sicherheitslücke geweckt wird. Zwar wird der Inhalt der Festplatte im Internet Explorer angezeigt, der Browser holt ihn sich aber direkt von der lokalen Festplatte. Durch die Vermischung einer entfernten Webseite mit diesen lokalen Daten entsteht der Eindruck, die lokalen Daten seien Teile der entfernten Webseite. Tatsächlich aber verlassen die lokalen Daten den PC nicht und es besteht auch kein Sicherheitsrisiko. Sie können diesen Effekt übrigen selbst leicht nachstellen: Geben Sie im Adressfeld des Internet Explorer den Protokollbezeichner *file:///* gefolgt von einem beliebigen (vorhandenen) Verzeichnis auf Ihrer Festplatte, also z. B. *file:///c:\windows* ein. Der Internet Explorer stellt dann den Inhalt dieses Verzeichnisses wie eine Webseite dar. Wenn Sie diesen Trick in einer Frame-Webseite verwenden, können Sie sich leicht ihren eigenen „Spionagetrick" zusammenbasteln.

Antivirenprogramm testen

? Ich habe auf meinem PC ein Antivirenprogramm installiert. Wie kann ich testen, ob es auch tatsächlich funktioniert und alle möglichen Einfallswege für Viren überwacht?

! Am besten lassen Sie einen echten Virus auf Ihren PC los und warten, ob das Antivirenprogramm Alarm schlägt. Ganz im Ernst: es gibt einen gefahrlosen Pseudovirus, der vom European Institute für Computer Anti-Virus Research EICAR entwickelt wurde. Er ist so harmlos, dass Sie ihn sogar selbst erstellen können. Dazu müssen Sie lediglich eine einfache Textdatei (ASCII-Text, nicht Textverarbeitungsdokument!) auf Ihrem Rechner anlegen und die folgende Zeichenfolge dort hineinschreiben:

```
X5O!P%@AP[4\PZX54(P^)7CC)7}$EICAR-STANDARD-ANTIVIRUS-TEST-FILE!$H+H*
```

(Alle Buchstaben groß, das dritte Zeichen ist der Buchstabe O und nicht die Ziffer 0!)

Diese Zeichenkombination stellt eine Virussignatur dar, die jedes Antivirenprogramm melden müsste, wenn Sie die Datei überprüfen lassen. Selbstredend stellt dieser „Virus" keine echte Gefahr dar, weil er sich weder selbst repliziert noch irgendeinen Schaden anrichtet. Trotzdem können Sie die Effizienz Ihrer Schutzmaßnahmen damit testen. Mehr Informationen zum EICAR-Testvirus finden Sie unter *http://www.eicar.org/anti_virus_test_file.htm*.

11.1 Drucker anschließen und installieren
Ersatzdruckertreiber für exotische Drucker

? Ich habe einen älteren Drucker, für den es leider keine Windows XP-Treiber gibt. Kann ich diesen Drucker trotzdem unter Windows nutzen?

! Häufig bieten gerade exotische Druckermodelle einen Emulationsmodus, wobei sie sich wie ein bestimmtes, gängiges Druckermodell verhalten. Dann können sie über den Druckertreiber eben dieses Modells angesteuert werden. Ob Ihr Druckermodell über eine solche Emulation verfügt und welches Druckermodell er emuliert, müssen Sie der Dokumentation des Geräts entnehmen. Eventuell muss der Emulationsmodus am Drucker selbst zunächst aktiviert werden. Steht keine Dokumentation zur Verfügung, können Sie probeweise einige gängige Druckertreiber aus dem Windows-Lieferumfang einrichten. Inbesondere die Treiber für Standardmodelle von Epson und HP sind Erfolg versprechend:

1. Verbinden Sie den Drucker zunächst mit Ihrem PC und öffnen Sie dann das Modul *Drucker und Faxgeräte* in der Systemsteuerung und wählen Sie dort *Drucker hinzufügen*.

2. Damit starten Sie den Druckerinstallations-Assistenten, wo Sie im ersten Schritt die Option *Lokaler Drucker, der an den Computer angeschlossen ist, um einen lokalen Drucker zu installieren* wählen.

3. Wählen Sie dann den Anschluss aus, über den der Drucker mit Ihrem PC verbunden ist. Bei älteren Modellen dürfte es sich dabei um den Anschluss *LPT1:* anhanden, der der parallelen Schnittstelle entspricht.

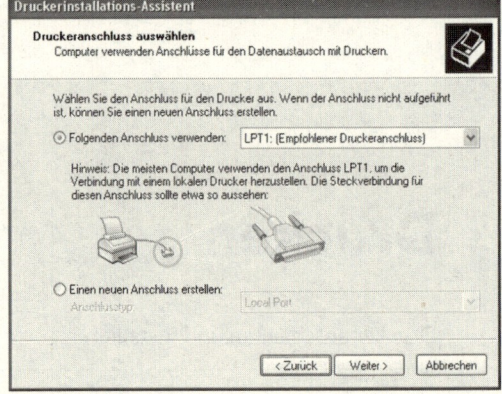

4. Mit *Weiter* gelangen Sie zur Modellauswahl. Markieren Sie hier zunächst in der linken Fensterhälfte den gewünschten Hersteller, also z. B. HP.

5. Daraufhin wird rechts die Liste der Drucker dieses Herstellers angezeigt, für die XP eigene Treiber anbieten kann. Wählen Sie hier ein Modell mit gleicher Technologie (also z. B. DeskJet für Tintenstrahler und LaserJet für Laserdrucker) aus. Verwenden Sie einen möglich allgemeingültigen Treiber, also z. B. nicht *HP DeskJet 970Cxi* sondern einfach nur *HP DeskJet*.

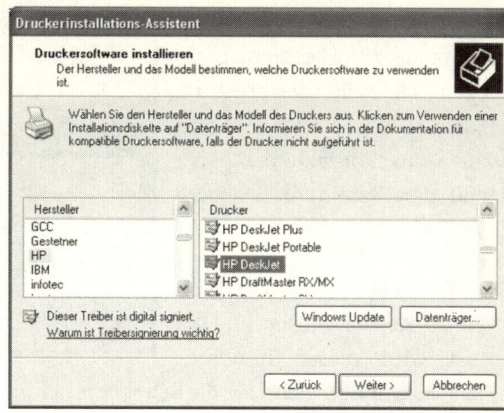

6. Anschließend geben Sie einen Druckernamen für diesen Drucker an und legen fest, ob dieser Drucker als Standarddrucker verwendet werden soll. Schließlich bieten Ihnen der Assistent an, eine Testseite auszudrucken. Nehmen Sie das Angebot mit *Ja* an, um die Funktion des Druckers zu überprüfen.

Einen Drucker als Standard zum Schnelldrucken festlegen

? Ich benutze gern die schnelle Druckfunktion per *Drucken*-Schaltfläche in der Symbolleiste. Leider wird dabei der falsche Drucker verwendet, sodass ich immer umständlich über *Datei/Drucken* gehen und dort den richtigen auswählen muss. Wie kann ich festlegen, welcher Drucker beim Schnelldrucken verwendet wird?

! Wenn Sie in einer Anwendung auf die *Drucken*-Schaltfläche in der Symbolleiste klicken und mehr als einen Drucker installiert haben, wird der Standarddrucker zur Ausgabe verwendet. Es gibt in der Liste der vorhandenen Drucker also einen bevorzugten, der verwendet wird, solange Sie es nicht ausdrücklich anders einstellen. Welchen Drucker der Standarddrucker ist, können Sie selbst festlegen:

1. Öffnen Sie in der Systemsteuerung das Modul *Drucker und Faxgeräte*.

2. Hier finden Sie eine Liste der installierten Drucker. Einer der Einträge ist oben links mit einem kleinen schwarzen Kreis mit weißem Häkchen versehen. Das ist das Kennzeichen des Standarddruckers.

3. Um einen anderen Drucker zum Standarddrucker zu machen, klicken Sie mit der rechten Maustaste auf sein Symbol und wählen im kontextabhängigen Menü den Befehl *Als Standard definieren*.

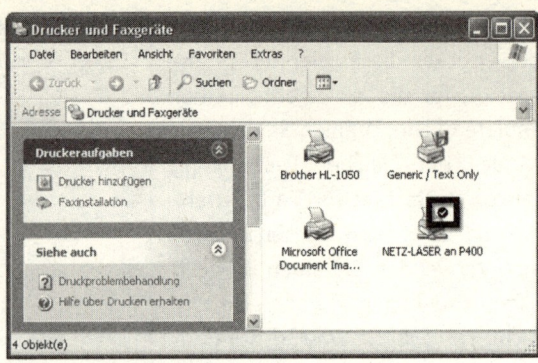

Damit verschiebt sich das Häkchen zu dem Drucker und ab sofort wird dieser standardmäßig verwendet, wenn Sie die Schnelldruckfunktion in der Symbolleiste wählen.

Leeres Kästchen statt Währungs- und Sonderzeichen

Wenn ein Dokument bestimmte Sonderzeichen wie etwa das Euro-Symbol (€) enthält, gibt mein Drucker an dessen Stelle nur ein leeres Kästchen aus. Wie kann ich meinem Drucker solche Zeichen beibringen?

Dieser Effekt tritt bei älteren Druckern auf, die solche Sonderzeichen nicht in ihrem Zeichensatz haben. Das Problem lässt sich aber lösen, indem Sie den Drucker dazu bringen, nicht mehr seinen eigenen Zeichensatz zu verwenden, sondern die Zeichen mit dem Ausdruck vom PC herunterzuladen:

1. Öffnen Sie in der Systemsteuerung das Modul *Drucker und Faxgeräte*.

2. Klicken Sie hier mit der rechten Maustaste auf das Symbol des problematischen Druckers und wählen Sie im kontextabhängigen Menü den Eintrag *Druckeinstellungen*.

3. Klicken Sie im nachfolgenden Menü ganz unten rechts auf die Schaltfläche *Erweitert*.

4. In den erweiterten Optionen für diesen Drucker klicken Sie in der Kategorie *Grafik* auf die Einstellung *TrueType-Schriftart* und wählen hier die Option *Als Softfont in den Drucker laden*.

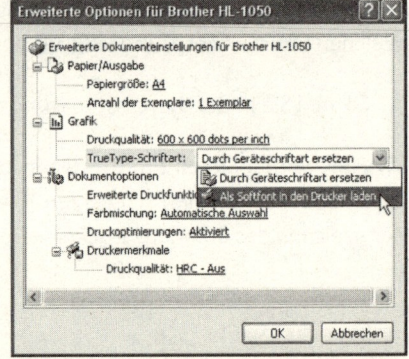

5. Übernehmen Sie die Einstellungen mit zweimal *OK*. Bitte beachten Sie, dass sich die

Druckvorgänge durch diese Einstellung leicht verzögern können, da das Herunterladen der Schriftarten in den Drucker zusätzliche Zeit benötigt.

USB-Drucker von DOS-Programmen aus benutzen

Ich verwende noch ein altes DOS-Programm, das in der Eingabeaufforderung von Windows XP problemlos läuft. Nur das Drucken klappt nicht, weil mein Drucker nur USB versteht und der USB-Anschluss unter DOS nicht bekannt ist. Was kann ich tun?

Für dieses Problem gibt es einen Trick, der in den meisten Fällen funktioniert. Ein unter DOS bekannter Anschluss (z. B. LPT2) kann an einen im Netzwerk freigegebenen Drucker gebunden werden, wobei es keine Rolle spielt, wie dieser Drucker an den PC angeschlossen ist, da die Kommunikation mit dem Drucker in diesem Fall nicht von der DOS-Eingabeaufforderung sondern von Windows selbst erledigt wird.

1. Öffnen Sie in der Systemsteuerung das Modul *Drucker und Faxgeräte*.

2. Klicken Sie hier mit der rechten Maustaste auf das Symbol des gewünschten Druckers und wählen Sie im kontextabhängigen Menü den Eintrag *Freigabe*.

3. Aktivieren Sie hier die Option *Drucker freigeben* und geben Sie im Feld *Freigabename* eine beliebige, einfache Bezeichnung für den Drucker an. Merken Sie sich diese Bezeichnung für den nächsten Schritt.

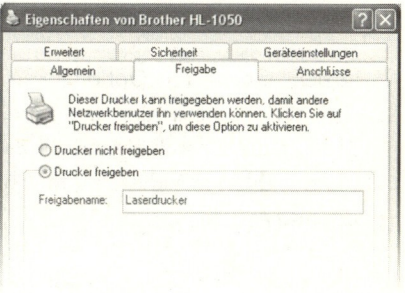

4. Öffnen Sie die Eingabeaufforderung (*Start/ Alle Programme/Zubehör/Eingabeaufforderung*) und geben Sie hier die Befehl *net use lpt1 \\<Computername>\<Druckerbezeichnung>* ein, wobei *<Computername>* der Netzwerkname Ihres PCs und *<Druckerbezeichnung>* der Name für die eben erstellte Druckerfreigabe ist. Anstelle von *lpt1* können Sie auch *lpt2* oder *lpt3* verwenden, falls die Parallele Schnittstelle anderweitig benötigt wird.

5. Nun können Sie in der Eingabeaufforderung bzw. in DOS-Programmen Druckaufträge an die Schnittstelle LPT1 schicken. Diese werden von Windows automatisch an den USB-Drucker weitergeleitet.

6. Falls Sie die Verknüpfung zwischen Schnittstelle und Drucker später wieder aufheben möchten, geht das mit dem Befehl *net use /delete lpt1* (bzw. *lpt2* usw.).

Drucker druckt jeweils mehrere Exemplare

? Mein Drucker druckt bei jedem Druckauftrag immer alles doppelt, obwohl ich im *Drucken*-Menü nur ein Exemplar angegeben habe.

! Viele Drucker haben eine eigene Einstellung für die Anzahl der Exemplare, die sie drucken. Diese zu verwenden ist sinnvoll, da sich gerade bei kurzen Dokumenten das Ausdrucken mehrerer Exemplare erheblich beschleunigen lässt, da die Daten nur einmal zum Drucker geschickt werden müssen. Wenn Ihr Drucker ungewollt immer mehrere Exemplare ausgibt, ist diese interne Einstellung vermutlich entsprechend gesetzt. So können Sie das korrigieren:

1. Öffnen Sie in der Systemsteuerung das Modul *Drucker und Faxgeräte*.

2. Klicken Sie hier mit der rechten Maustaste auf das Symbol des problematischen Druckers und wählen Sie im kontextabhängigen Menü den Eintrag *Druckeinstellungen*.

3. Klicken Sie im nachfolgenden Menü ganz unten rechts auf die Schaltfläche *Erweitert*.

4. In den erweiterten Optionen für diesen Drucker klicken Sie in der Kategorie *Papierausgabe* auf die Einstellung *Anzahl der Exemplare* und wählen hier die Option *1* bzw. die gewünschte Anzahl.

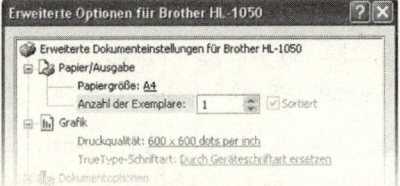

11.2 Steuern von Druckern und Druckaufträgen

Druckaufträge anhalten und abbrechen

? Wie kann ich einen bereits abgeschickten Druckauftrag stoppen und löschen, wenn ich z. B. einen Fehler bemerkt oder ihn an den falschen Drucker geschickt habe?

Solange der Druckauftrag von Windows noch nicht an den Drucker weitergeleitet wurde, lässt er sich ohne weiteres anhalten. Deshalb empfiehlt sich in solchen Fällen meist der schnelle und beherzte Griff zum Ausschalter des Druckers. Ist der Drucker abgeschaltet, kann Windows den Druckauftrag nicht zustellen und hebt ihn deshalb in der Druckerwarteschlange auf, wo Sie ihn entfernen können.

1. Die Druckerwarteschlange wird automatisch im Hintergrund aktiv, sowie Sie ein Dokument drucken lassen. Sie finden Sie als kleines Symbol im Infobereich rechts unten in der Startleiste.

2. Um die Warteschlange zu öffnen, doppelklicken Sie auf das Symbol im Infobereich. Alternativ können Sie die Warteschlange auch öffnen, indem Sie *Start/Drucker und Faxgeräte* wählen und dort auf das Symbol des Druckers doppelklicken, dessen Warteschlange Sie verwalten wollen.

3. Die Warteschlange enthält eine Liste der anstehenden Druckaufträge. Um einen der Aufträge zu entfernen, klicken Sie mit der rechten Maustaste darauf. Im kontextabhängigen Menü finden Sie dann die wichtigsten Funktionen vor. Hier können Sie den Druckauftrag vorübergehend *Anhalten* oder auch ganz *Abbrechen*. Bestätigen Sie dazu die Sicherheitsrückfrage mit *Ja*.

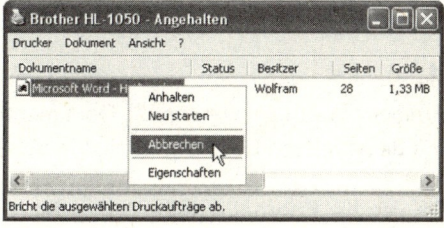

Dokumente mit verschiedener Priorität ausdrucken

Da wir ein sehr hohes Druckaufkommen haben, kommt es immer wieder zu der Situation, dass man auf wichtige Dokumente warten muss, weil erst noch einige weniger wichtige Dinge gedruckt werden müssen, die zuoberst in der Warteschlange stehen. Kann man Dokumenten beim Ausdruck eine Priorität zuordnen, sodass wichtigere Dinge zuerst gedruckt werden und die weniger wichtigen erst dann, wenn Zeit dafür ist?

Windows bietet nicht die Möglichkeit, direkt beim Erteilen eines Druckauftrags eine Priorität zu vergeben. Es gibt allerdings einen Umweg, auf dem Sie die gleiche Wirkung erzielen können.

1. Richten Sie einen zweiten (virtuellen) Treiber für den gleichen Drucker ein, der exakt dem ersten entspricht. Durchlaufen Sie dazu die gesamte Installationsprozedur erneut, nur geben Sie dem Drucker diesmal einen anderen Namen (z. B. *Laserdrucker – Hohe Priorität*).

2. Öffnen Sie dann in der Systemsteuerung das Modul *Drucker und Faxgeräte*, klicken Sie hier mit der rechten Maustaste auf das Symbol des neuen Druckers und wählen Sie im kontextabhängigen Menü den Eintrag *Eigenschaften*.

3. Wechseln Sie in den Eigenschaften in die Rubrik *Erweitert* und erhöhen Sie hier den Wert *Priorität*. Wählen Sie einen Wert, der über dem Wert des bisherigen Druckertreibers liegt (also mindestens 2), und übernehmen Sie die neue Eigenschaft mit *OK*.

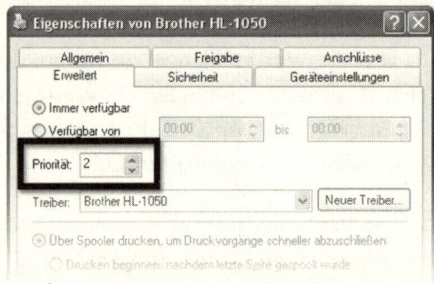

4. Wenn Sie nun beim Ausdrucken diesen Treiber auswählen, werden die Dokumente beim Drucken denen vorgezogen, die Sie mit dem anderen Drucker mit niedrigerer Priorität ausdrucken.

Da sich die Priorität in Schritten zwischen 1 und 99 festlegen lässt, können Sie auf diese Weise mehrere virtuelle Druckertreiber für ein und denselben physikalischen Drucker festlegen, die jeweils einer anderen Priorität entsprechen.

Ein Dokument zu einem späteren Zeitpunkt ausdrucken

Ich möchte ein umfangreiches Dokument später ausdrucken, wenn der Drucker nicht mehr anderweitig gebraucht wird und das lange Drucken niemanden stört. Da ich dann selbst nicht da bin, müsste der Druckauftrag zu diesem Zeitpunkt automatisch erteilt werden. Wie lässt sich das realisieren?

Die wenigsten Anwendungen sehen eine solche Möglichkeit vor. Sie können sie aber mit den Bordmitteln von Windows erreichen:

1. Öffnen Sie die Druckerwarteschlange für diesen Drucker unter *Drucker und Faxgeräte*.

2. Halten Sie den Drucker vorübergehend an, indem Sie die Menüfunktion *Drucker/Drucker anhalten* wählen.

3. Wechseln Sie nun zu der Anwendung und führen Sie den Druckauftrag regulär aus.

4. Anschließend gehen Sie zurück in die Druckerwarteschlange, wo Sie nun Ihren Druckauftrag vorfinden und darauf doppelklicken, um seine Eigenschaften zu öffnen.

5. Schalten Sie hier ganz unten im Bereich Zeitplan die Option *Nur von* ein und geben Sie den Zeitraum an, in dem das Dokument ausgedruckt werden soll.

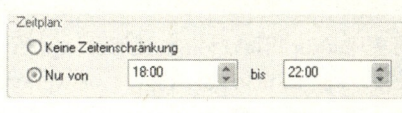

6. Übernehmen Sie die geänderten Einstellungen und reaktivieren Sie den Drucker wieder, indem Sie erneut *Drucker/Drucker anhalten* wählen und damit das Häkchen an dieser Stelle wieder entfernen. Nun müssen Sie nur noch dafür sorgen, dass PC und Drucker eingeschaltet bleiben.

Zusätzliche Seite bei jedem Druckauftrag

Mein Drucker spuckt bei jedem Ausdruck eine zusätzliche Seite aus, die unnötige Angaben zum Ausdruck enthält. Wie kann ich diese Papierverschwendung vermeiden?

Diese Trennseite soll dabei helfen, die Druckaufträge mehrerer Benutzer besser unterscheiden und trennen zu können. Sie lohnt sich aber nur bei einer größeren Anzahl von Benutzern und entsprechend hohem Druckvolumen.

1. Um das Ausgeben einer Trennseite zu verhindern, öffnen Sie in der Systemsteuerung das Modul *Drucker und Faxgeräte*, klicken hier mit der rechten Maustaste auf das Symbol des problematischen Druckers und wählen im kontextabhängigen Menü den Eintrag *Eigenschaften*.

2. Wechseln Sie dort in die Rubrik *Erweitert* und klicken Sie dann ganz unten rechts auf die Schaltfläche *Trennseite*.

3. Entfernen Sie hier den Inhalt im Feld *Trennseite* und klicken Sie dann zweimal auf *OK*, um die Testseite zu deaktivieren.

Druckfehler in umfangreichen Dokumenten

? Wenn ich umfangreichere Dokumente oder große Bilder ausdrucke, fehlen manchmal Teile des Ausdrucks oder Windows meldet einen Timeout-Fehler. Was läuft schief?

! Dieser Effekt kann auftreten, wenn der Rechner die Daten schneller an den Drucker schickt, als dieser sie verarbeiten kann. Ist der Puffer des Druckers voll, gehen dann Daten verloren. Meist lässt sich das Problem lösen, indem man dem Drucker etwas längere Atempausen verschafft:

1. Öffnen Sie in der Systemsteuerung das Modul *Drucker und Faxgeräte*, klicken Sie hier mit der rechten Maustaste auf das Symbol des problematischen Druckers und wählen Sie im kontextabhängigen Menü den Eintrag *Eigenschaften*.

2. Wechseln Sie im Eigenschaftenmenü in die Rubrik *Anschlüsse* und wählen Sie hier den Anschluss aus, mit dem der Drucker verbunden ist (z. B. *LPT1:*).

3. Klicken Sie dann auf die Schaltfläche *Konfigurieren* und erhöhen Sie den Wert im Feld *Übertragung wiederholen*.

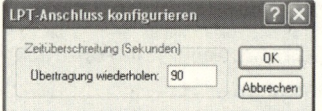

4. Übernehmen Sie den neuen Wert mit *OK* und probieren Sie, ob sich das Problem damit gelöst hat. Ggf. müssen Sie sich mit mehreren Versuchen an einen geeigneten Wert herantasten.

Drucker für bestimmte Benutzer sperren

? Ich möchte die Verwendung des Druckers auf bestimmte Personen beschränken bzw. einige Benutzer davon ausdrücklich ausschließen. Wie kann ich das bewerkstelligen?

! Die Benutzerverwaltung von Windows erlaubt auch das Zuordnen von Berechtigungen für die Verwendung oder Konfiguration von Druckern:

1. Öffnen Sie in der Systemsteuerung das Modul *Drucker und Faxgeräte*, klicken Sie hier mit der rechten Maustaste auf das Symbol des Druckers und wählen Sie im kontextabhängigen Menü den Eintrag *Eigenschaften*.

2. Wechseln Sie im Eigenschaftenmenü in die Rubrik *Sicherheit* und wählen Sie hier den Benutzer bzw. die Benutzergruppe aus, denen Sie den Zugang zum Drucker verwehren wollen.

3. Sollte der Benutzer bzw. die Gruppe nicht aufgeführt werden, klicken Sie auf *Hinzufügen*, dann auf *Erweitert* und *Jetzt suchen*. Wählen Sie den oder die Benutzer/Gruppen aus und klicken Sie zweimal auf *OK*, um sie in die Liste aufzunehmen.

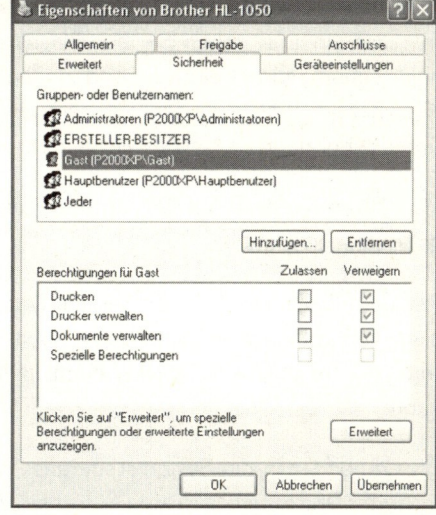

4. Im unteren Bereich des *Sicherheit*-Registers können Sie dann festlegen, inwieweit der Zugriff auf den Drucker erlaubt oder verweigert werden soll. Soll ein Benutzer/eine Gruppe nicht *Drucken* dürfen, setzen Sie das Häkchen bei *Verweigern*.

5. Soll jemand lediglich kein Recht zum Konfigurieren des Druckers und zum Steuern der Druckerwarteschlange haben, setzen Sie die Berechtigungen für *Drucker verwalten* und *Dokumente verwalten* auf *Verweigern*. Übernehmen Sie die Einstellungen mit *OK*.

11.3 Drucken übers Netzwerk

Drucker im Netzwerk zur Verfügung stellen

? Ich habe an meinem PC einen Drucker lokal angeschlossen. Der PC ist per Netzwerk mit weiteren Windows-Rechnern verbunden, die diesen Drucker ebenfalls hin und wieder nutzen sollen. Wie kann ich den Drucker für diese Rechner bereitstellen?

! Die Datei- und Druckerfreigabe von Windows ermöglicht es, die lokalen Ressourcen an einem PC allen anderen Rechnern in einem Netzwerk zu Verfügung zu stellen. Wenn der Drucker lokal bereits eingerichtet ist und problemlos funktioniert, ist das in wenigen Schritten möglich:

1. Öffnen Sie in der Systemsteuerung das Modul *Drucker und Faxgeräte*, klicken Sie hier mit der rechten Maustaste auf das Symbol des Druckers und wählen Sie im kontextabhängigen Menü den Eintrag *Freigabe*.

2. Schalten Sie hier die Option *Drucker freigeben* ein und geben Sie bei *Freigabename* eine möglichst einfache und eindeutige Bezeichnung für den Drucker an, unter der er dann im Netz erreichbar ist.

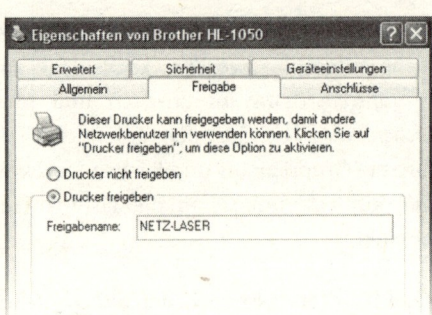

3. Klicken Sie dann auf *OK*, um die Freigabe zu übernehmen.

Auf dem lokalen PC können Sie den Drucker weiterhin wie gewohnt verwenden. Auf allen anderen Druckern im Netzwerk muss der freigegebene Drucker einmalig installiert werden, damit er genutzt werden kann:

1. Öffnen Sie in der Systemsteuerung das Modul *Drucker und Faxgeräte* und klicken Sie unter *Druckeraufgaben* auf *Drucker hinzufügen*.

2. Klicken Sie dann auf *Weiter* und wählen Sie im nächsten Schritt die Option *Netzwerkdrucker oder Drucker, der an einen anderen Drucker angeschlossen ist*.

3. Anschließend belassen Sie es bei der Option *Drucker suchen* und wählen dann in der Liste *Freigegebene Drucker* den PC und darunter den gewünschten Drucker aus. Stellen Sie den Assistenten dann fertig. Ab sofort wird der Netzwerkdrucker in der Druckerauswahl der *Drucken*-Dialoge in den Anwendungen auf diesem PC aufgeführt.

Druckertreiber für weitere PCs im Netzwerk bereitstellen

In unserem Netz gibt es nicht nur Windows XP-Rechner, sondern auch noch ältere PCs mit Windows 9x. Wenn ich bei diesen einen freigegebenen Netzwerkdrucker von einem Windows XP-Rechner einrichten will, muss ich jedes Mal die Druckertreiber installieren, was sehr umständlich ist. Gibt es eine Möglichkeit, diese Treiber genau wie die XP-Treiber per Netzwerk zu verteilen, sodass die Rechner sie automatisch beziehen können?

! Windows XP kann die Treiber für im Netzwerk freigegebene Drucker bereitstellen, sodass sie nicht auf jedem PC lokal installiert werden müssen. Dies gilt nicht nur für die XP-Treiber, sondern auch für Treiberversionen für andere Windows-Betriebssysteme. Allerdings müssen Sie dazu diese Treiber einmalig auf dem Windows XP-Rechner installieren:

1. Öffnen Sie in der Systemsteuerung das Modul *Drucker und Faxgeräte*, klicken Sie hier mit der rechten Maustaste auf das Symbol des freigegebenen Druckers und wählen Sie im kontextabhängigen Menü den Eintrag *Freigabe*.

2. Klicken Sie hier unten im Bereich *Treiber* auf die Schaltfläche *Zusätzliche Treiber*.

3. Wählen Sie im anschließenden Dialog die Betriebssysteme aus, für die Sie Treiber bereitstellen wollen, und klicken Sie dann auf *OK*.

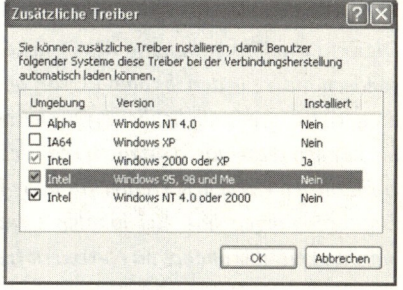

4. Nun müssen diese Treiber regulär installiert werden, genauso, als ob Sie den Treiber für den lokalen PC einrichten würden. Geben Sie dazu den Pfad an, wo die Installationsdateien für den Treiber zu finden sind.

Wenn Sie nun auf PCs im Netzwerk diesen Drucker als Netzwerkdrucker einrichten, bezieht der PC die auf dem Windows XP-Rechner hinterlegten Treiberdateien automatisch und verwendet sie für das Ansteuern des Druckers.

Drucker nur zu bestimmten Zeiten bereitstellen

? Mein Drucker ist im Netzwerk für andere freigegeben. Allerdings möchte ich nicht den ganzen Tag immer wieder von fremden Druckaufträgen gestört werden. Wie kann ich den Drucker so einstellen, dass er nur zu bestimmten Zeiten druckt?

! Über die Druckerwarteschlange des Druckers können Sie den Drucker jederzeit mit *Drucker/Drucker anhalten* stoppen. Die Druckerwarteschlange nimmt dann zwar weiter Druckaufträge an, führt diese aber erst aus, wenn Sie den Drucker wieder freischalten. Automatisieren lässt sich das Ganze in ähnlicher Form auch. Windows ermöglicht es, die Erreichbarkeit eines Druckers einzuschränken, sodass dieser nur zu bestimmten Zeiten Druckaufträge annimmt:

1. Öffnen Sie in der Systemsteuerung das Modul *Drucker und Faxgeräte*, klicken Sie hier mit der rechten Maustaste auf das Symbol des freigegebenen Druckers und wählen Sie im kontextabhängigen Menü den Eintrag *Eigenschaften*.

2. Wechseln Sie in den Druckereigenschaften in die Rubrik *Erweitert* und aktivieren Sie ganz oben die Option *Verfügbar von*. Geben Sie hier den Zeitraum an, in dem der Drucker bereitstehen soll.

3. Übernehmen Sie die geänderten Einstellungen mit *OK*. Ab sofort steht der Drucker nur im festgelegten Zeitraum für Aufträge zur Verfügung.

> ***Gleiches Recht für alle***
>
> *Die zeitliche Einschränkung des Druckers gilt nicht nur für Benutzer aus dem Netzwerk, sondern auch für den lokalen PC, an den der Drucker angeschlossen ist. Eine Unterscheidung der Zugriffsmöglichkeiten für lokale und für Netzbenutzer sieht Windows nicht vor. Sie können diese aber trotzdem realisieren, wenn Sie wie auf Seite 394 beschrieben einen zusätzlichen virtuellen Treiber für den gleichen Drucker installieren, der keinerlei zeitliche Einschränkungen hat. Bei lokalen Druckaufträgen benutzen Sie dann diesen Drucker, während nur der andere im Netzwerk freigegeben ist.*

Freigeben von Druckern verhindern

? Ich möchte nicht, dass andere Benutzer den lokalen angeschlossenen Drucker meines PCs im Netzwerk freigeben. Wie kann ich das verhindern?

! Wenn Sie das Freigeben von lokalen Druckern grundsätzlich verhindern wollen, geht dies am einfachsten mit einem kleinen Eingriff in die Registry:

1. Starten Sie den Registry-Editor und öffnen Sie den Schlüssel *HKEY_LOCAL_MACHINE\Software\Microsoft\Windows\CurrentVersion\Policies\Explorer*.

2. Erstellen Sie hier in der rechten Fensterhälfte mit *Bearbeiten/Neu/DWORD-Wert* einen neuen Eintrag mit der Bezeichnung *NoPrinterSharingControl*.

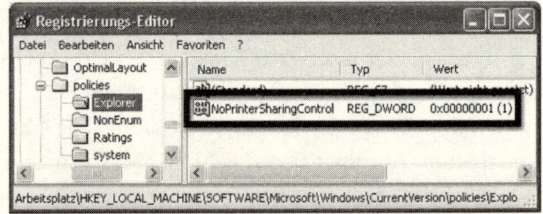

3. Doppelklicken Sie auf diesen Eintrag zum Bearbeiten und setzen Sie den *Wert* auf *1*.

Ab der nächsten Anmeldung ist die Rubrik *Freigabe* in den Druckereigenschaften gesperrt, sodass dort keine Änderungen mehr vorgenommen werden können. Diese Methode ist wirkungsvoll, aber auch recht radikal. Wenn Sie etwas gezielter vorgehen und nur bestimmten Benutzern bzw. Benutzergruppen das Freigeben von Druckern verweigern wollen, geht dies am besten mithilfe der Benutzerverwaltung, ähnlich wie es auf Seite 396 beschrieben ist.

Benutzerverwaltung

Benutzer und Gruppen verwalten **404**

12.1 Benutzer und Gruppen verwalten

Automatische Anmeldung beim Systemstart

? Früher ist Windows beim Hochfahren immer gleich bis zum Desktop durchgestartet und hat mich automatisch angemeldet. Seit kurzem funktioniert das nicht mehr und ich muss mich jedes Mal anmelden und mein Kennwort angeben. Was hat sich geändert und wie mache ich es rückgängig?

! Das automatische Anmelden funktioniert vermutlich nicht mehr, seit Sie ein oder mehrere weitere Benutzerkonten angelegt haben. Solange im System nur ein Benutzer bekannt ist, erspart Ihnen Windows die Anmeldung und startet gleich mit diesem Benutzer. Gibt es hingegen mehrere Benutzer, müssen Sie jedes Mal auswählen, welcher Benutzer sich anmelden soll. Auch mit mehreren Benutzern können Sie die Anmeldung aber automatisieren, wenn Sie hier ohnehin (fast) jedes Mal die gleiche Auswahl treffen. Das kostenlose PowerToy TweakUI von Microsoft (*http://www.microsoft.com/windowsxp/pro/downloads/powertoys.asp*) erlaubt Ihnen, einen der registrierten Benutzer als Standardbenutzer festzulegen, mit dem Windows jedes Mal vollautomatisch gestartet wird.

1. Starten Sie dazu TweakUI und wählen Sie die Rubrik *Logon/Autologon*.

2. Aktivieren Sie hier zunächst ganz oben das Kontrollkästchen *Log on automatically at system startup*.

3. Geben Sie dann den Benutzernamen des Benutzers an, der automatisch angemeldet werden soll.

4. Klicken Sie schließlich auf die *Set Password*-Schaltfläche, um das Kennwort einzutippen, mit dem der Benutzer angemeldet werden soll. Übernehmen Sie die Einstellung in TweakUI dann mit *OK*.

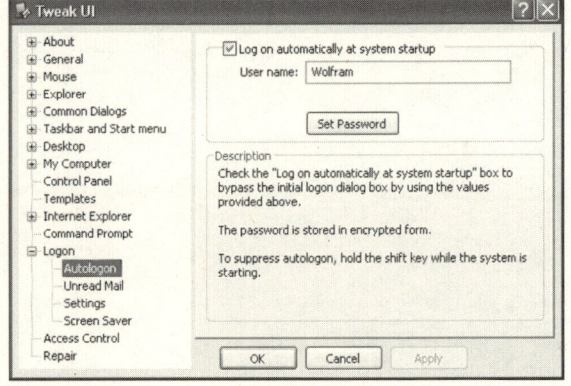

Windows meldet Sie nun bei jedem Systemstart automatisch mit den gewählten Daten an. Wollen Sie dies vermeiden, halten Sie während des Startvorgangs einfach die Taste ⌈Umschalt⌉ gedrückt, bis der gewohnte Anmeldebildschirm angezeigt wird. Alternativ können Sie sich auch nach der Anmeldung jederzeit abmelden und zu einem anderen Benutzer wechseln.

Weitere Benutzerkonten anlegen

? Ich habe auf meinen PC nur einen normales Benutzerkonto und das Administratorkonto. Wie kann ich weitere Konten für andere Benutzer anlegen?

! Direkt bei der Windows-Installation wird standardmäßig ein Administratorkonto sowie ein „normaler" Benutzer eingerichtet. Aber auch später können Sie jederzeit beliebig weitere Benutzer mit unterschiedlichen Berechtigungen anlegen.

1. Die *Benutzerverwaltung* finden Sie als gleichnamiges Modul in der Systemsteuerung.

2. Wählen Sie hier die Aufgabe *Neues Konto erstellen*. (Wenn diese Aufgabe nicht verfügbar sein sollte, sind Sie nicht als Benutzer mit Administratorrechten angemeldet!)

3. Zunächst Geben Sie einen Namen für das neue Konto ein. Dieser wird auf der Willkommenseite von Windows XP sowie im Startmenü angezeigt. Außerdem wird er für die benutzerspezifischen Verzeichnisse verwendet.

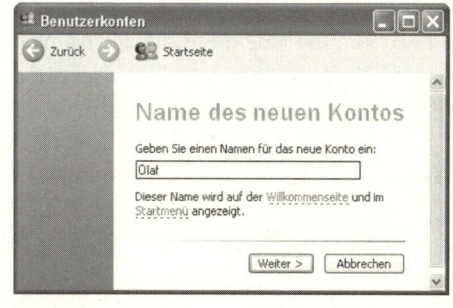

4. Im nächsten Schritt legen Sie fest, was für ein Kontotyp der neue Benutzer haben soll. Wenn er vollen Zugriff auf das System haben soll, wählen Sie den Kontotyp *Computeradministrator*. Alle anderen Benutzer sollten vom Typ *Eingeschränkt* sein. Solche „normalen" Benutzer dürfen nur selbst erstellte oder im Ordner *Gemeinsame Dokumente* befindliche Dateien anzeigen und bearbeiten, ihr eigenes Kennwort und Kontobild ändern sowie den Windows-Desktop nach ihren eigenen Wünschen gestalten.

5. Klicken Sie anschließend auf die Schaltfläche *Konto erstellen*, um das neue Benutzerkonto anzulegen.

6. Anschließend wird der neue Benutzer in der Liste der Konten aufgeführt. Hier ist zu jedem Konto angegeben, um welchen Kontotyp es sich dabei handelt.

Als Administrator anmelden

? Für eine bestimmte Aktivität muss ich mich als Administrator anmelden, aber dieses Benutzerkonto wird auf dem Anmeldebildschirm gar nicht angezeigt. Wie und wo kann ich mich als Administrator anmelden?

! Das Benutzerkonto des Administrators ist auf dem Anmeldebildschirm standardmäßig versteckt. Trotzdem können Sie sich an dieser Stelle als Administrator anmelden. Drücken Sie dazu zweimal hintereinander die Tastenkombination [Strg]+[Alt]+[Entf] (ja genau, der berühmt-berüchtigte Drei-Finger-Windows-Gruß, mit dem man unter Windows XP normalerweise den Task-Manager aufruft). Damit erhalten Sie einen alternativen Anmeldedialog, in dem Sie den Benutzernamen selbst eintippen können. Geben Sie hier *Administrator* und das entsprechende Kennwort ein. Sie können in diesem Dialog aber auch jeden anderen registrierten Benutzer eingeben. Wenn Sie diese Art der Anmeldung bevorzugen, können Sie sie auch standardmäßig anstelle des Willkommensbildschirms benutzen. Allerdings lässt sich die schnelle Benutzerumschaltung dann nicht mehr verwenden.

1. Rufen Sie in der Systemsteuerung das Modul *Benutzerkonten* auf.

2. Wählen Sie hier die Aufgabe *Art der Benutzeranmeldung ändern*.

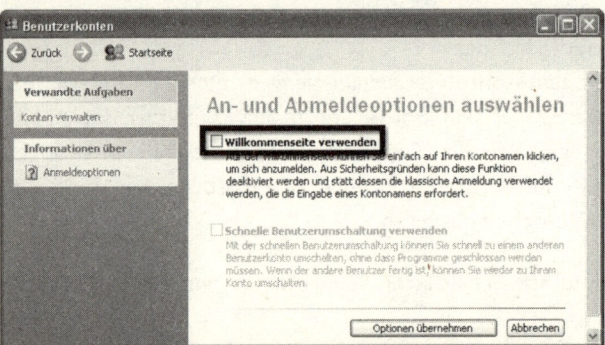

3. Deaktivieren Sie im anschließenden Menü die Option *Willkommenseite verwenden*, um die Standardanmeldeprozedur von Windows XP zu ändern. Dabei wird automatisch auch die schnelle Benutzerumschaltung deaktiviert.

4. Aktivieren Sie die neuen Einstellungen mit einem Klick auf die Schaltfläche *Optionen übernehmen*.

Administratorkennwort nicht bekannt

? Ich habe meinen Windows-PC fertig eingerichtet gekauft. Deshalb weiß ich nicht, welches Administratorkennwort während der Installation vergeben wurde. Wie kann ich mich trotzdem als Administrator anmelden oder das Kennwort ändern?

! Dieses Problem tritt häufig bei fertig konfigurierten Komplett-PCs auf, wenn der PC-Bauer dem Kunden das vergebene Passwort nicht mitteilt oder der Kunde die entsprechende Information vergessen oder verlegt hat, wenn er dann doch mal dieses Konto benötigt. Leider gibt es keine einfache Lösung dafür, weil dies sonst ja auch eine erhebliche Sicherheitslücke wäre. Es gibt Tools wie BlueCon (*http://www.oo-software.de*), mit denen Sie das Kennwort zwar nicht auslesen, aber zumindest ändern oder löschen können, sodass Sie sich anschließend ohne Kennwort anmelden und danach ein neues Kennwort vergeben können.

Schutz vorm Vergessen von Passwörtern

? Bei den selbst-eingerichteten Benutzerkonten besteht die Möglichkeit, sich mit einem Hinweis an das Kennwort erinnern zu lassen, falls man es mal vergessen hat. Beim Administratorkonto besteht diese Möglichkeit nicht, obwohl man gerade dieses Konto selten nutzt und deshalb eher mal das Passwort verliert. Gibt es hier auch einen Schutz vor Vergesslichkeit?

! Für den Schutz des Administratorkennworts (und anderer Benutzerkennwörter) hat Microsoft eine Kennwortrücksetzdiskette vorgesehen. Diese können Sie erstellen, gut aufbewahren und später im Falle eines Falles einsetzen.

1. Melden Sie sich unter dem Benutzerkonto, für das Sie eine Kennwortrücksetzdiskette erstellen wollen, bzw. als Administrator an.

2. Öffnen Sie dann in der Systemsteuerung das Modul *Benutzerkonten* und wählen Sie hier das passende Konto aus.

3. Wählen Sie bei *Verwandte Aufgaben* den Punkt *Vergessen von Kennwörtern verhindern* aus.

4. Klicken Sie auf *Weiter* und wählen Sie das Laufwerk aus, das Sie verwenden wollen. Legen Sie in dieses Laufwerk eine leere, formatierte Diskette ein.

5. Geben Sie dann das aktuelle Benutzerkennwort ein, das auf der Diskette gespeichert werden soll. Windows erstellt dann die Kennwortrücksetzdiskette.

Bitte beachten Sie, dass diese Rücksetzdiskette nur so lange ihre Gültigkeit hat, wie Sie dass Passwort für diesen Benutzer nicht verändern. Nach einer Änderung müssen Sie die Prozedur mit dem neuen Passwort wiederholen. Bewahren Sie die Disketten an einem sicheren Ort auf, der den Datenträger sowohl vor unbefugtem Zugriff als auch vor schädlichen Umwelteinflüssen (z. B. Hitze, Magnetismus, elektrostatische Aufladung) schützt.

1. Um die Kennwortrücksetzdiskette zu verwenden, geben Sie beim Anmelden einfach ein leeres oder falsches Passwort ein. Windows bietet Ihnen dann an, die Kennwortrücksetzdiskette zu verwenden.

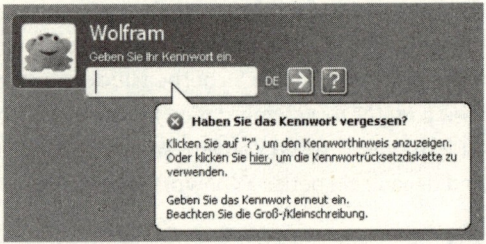

2. Wählen Sie dazu wiederum ein Diskettenlaufwerk aus und legen Sie die Diskette dort ein.

3. Anschließend können Sie sofort ein neues Kennwort für das Benutzerkonot (zweimal) eingeben, das ab sofort das alte ersetzt. (Am besten erstellen Sie gleich im Anschluss eine neue Kennwortrücksetzdiskette für das neue Kennwort.)

Das Gastkonto deaktivieren

? Windows zeigt auf dem Anmeldebildschirm ein Gastkonto an, das ich nicht benötige. Außerdem stört mich die Idee, dass sich jemand an meinem PC als Gast anmelden kann. Wie kann ich dieses Konto entfernen?

! Das Gastkonto soll es Benutzern ermöglichen, sich ohne Benutzername und Passwort anzumelden und dann allerdings sehr eingeschränkt mit dem PC arbeiten zu können. Wenn Sie diese Funktion nicht benötigen, können Sie das Gastkonto zwar nicht wirklich entfernen, aber zumindest in der Benutzerverwaltung deaktivieren. Dann wird es nicht auf dem Willkommensbildschirm nicht angezeigt niemand kann sich als Gast anmelden.

1. Rufen Sie in der Systemsteuerung das Modul *Benutzerkonten* auf.

2. Klicken Sie hier unten auf das *Gast*-Symbol, um das Gastkonto zum Bearbeiten zu ändern.

3. Klicken Sie im anschließenden Dialog auf den Link *Gastkonto deaktivieren*, um die Verwendung dieses Kontos abzuschalten.

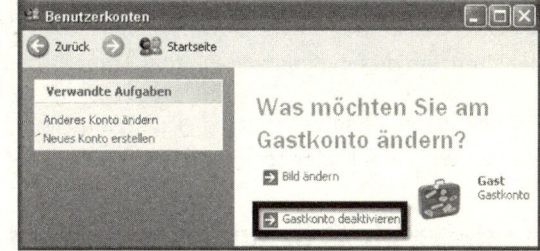

4. Anschließend wird das Gastkonto in der Kontenliste der Benutzerverwaltung als nicht aktiv aufgeführt und im Willkommensbildschirm gar nicht mehr angeboten.

Benutzer auf dem Anmeldebildschirm verstecken

Ich habe eine Reihe von Benutzerkonten für spezielle Zwecke angelegt. Dadurch wird der Anmeldebildschirm recht unübersichtlich und vor allem sollen andere Benutzer diese Konten nicht sehen. Kann man einzelne Benutzerkonten auf dem Willkommensbildschirm nicht anzeigen lassen?

Standardmäßig zeigt Windows XP auf dem Willkommensbildschirm alle Benutzerkonten an, die von Benutzern/Administratoren selbst erstellt wurden. Allerding verwendet auch Windows selbst eine Reihe von speziellen Konten, die nicht angezeigt werden. Diesen Mechanismus können Sie sich zunutze machen und so auch selbst erstellte Konten ausblenden, um für mehr Übersicht und mehr Sicherheit bei der Anmeldung zu sorgen:

1. Starten Sie den Registrierungs-Editor und öffnen Sie den Schlüssel *HKEY_LOCAL_MACHINE\SOFTWARE\Microsoft\Windows NT\CurrentVersion\Winlogon\SpecialAccounts\UserList*.

2. Erstellen Sie hier in der rechten Fensterhälfte mit *Bearbeiten/Neu/DWORD-Wert* einen neuen Eintrag und wählen Sie als Bezeichnung den exakten Benutzernamen des auszublendenden Kontos.

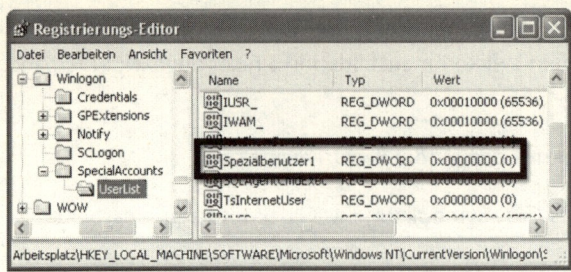

3. Der neue Eintrag wird standardmäßig auf den Wert *0* gesetzt. Das können Sie beibehalten, um diesen Benutzer auf dem Anmeldebildschirm nicht anzeigen zu lassen.

4. Soll dieser Benutzer später bei der Anmeldung doch aufgeführt werden, setzen Sie den Wert auf *1* oder entfernen den DWORD-Wert wieder komplett.

Kontotyp eines Benutzers verändern

Wie kann ich einem einfachen Benutzer, den ich zu einem früheren Zeitpunkt eingerichtet habe, nachträglich Administratorenrechte verleihen?

Windows unterscheidet bei den Benutzerkonten nur Standardkonten ohne besondere Rechte und Administratorenkonten. Beim Erstellen eines Kontos wählen Sie aus, um welchen Typ es sich handeln soll. Diese Vorgabe können Sie aber später jederzeit ändern und so aus einem Standardkonto eines mit Administratorenrechten und umgekehrt machen:

1. Rufen Sie in der Systemsteuerung das Modul *Benutzerkonten* auf.

2. Klicken Sie hier unten in der Kontenliste auf das Konto des Benutzers, dessen Zugriffsrechte Sie verändern wollen.

3. Wählen Sie im nächsten Schritt die Funktion *Kontotyp ändern*.

4. Daraufhin gelangen Sie in die Kontotypauswahl. Hier können Sie das Konto als *Computeradministrator* oder als *Eingeschränkt* einstellen.

5. Klicken Sie dann auf *Kontotyp ändern*, um die geänderte Kontoeinstellung zu aktivieren.

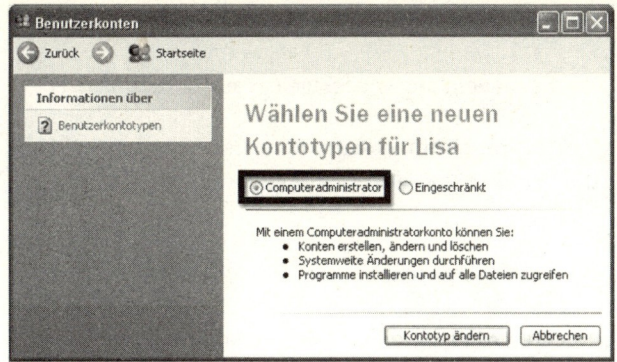

Anwendungen mit einem alternativen Benutzerkonto ausführen

? Ich habe eine Anwendung, die nur mit Administratorrechten einwandfrei funktioniert. Ich möchte mich aber aus Sicherheitsgründen nicht ständig als Administrator anmelden. Gibt es eine Möglichkeit, die Anwendung auch als eingeschränkter Benutzer unter einem anderen Benutzerkonto ausführen zu lassen?

! Anwendungen werden standardmäßig mit den Zugriffsrechten des Benutzers ausgeführt, der sie startet. Sie können aber beim Aufrufen einer Anwendung ein anderes Benutzerkonto festlegen, das für diese Anwendung verwendet werden soll. Dazu müssen Sie den Benutzernamen und das dazugehörige Kennwort angeben:

1. Um ein Programm einmalig mit einem anderen Benutzerkonto auszuführen, klicken Sie das Symbol dieser Anwendung mit der rechten Maustaste an.

2. Wählen Sie im kontextabhängige Menü für diese Anwendung den Befehl *Ausführen als*.

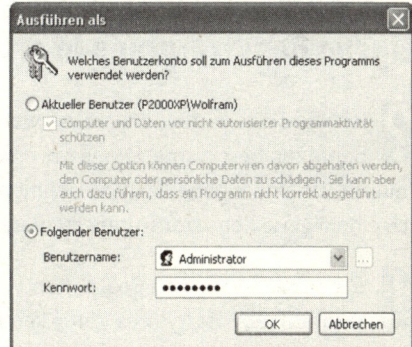

3. Damit öffnen Sie einen Dialog, wo Sie den Benutzer auswählen, mit dessen Rechten die Anwendung ausgeführt werden soll. Wollen Sie ein anderes Benutzerkonto verwenden, klicken Sie auf die Option *Folgender Benutzer* und wählen Sie den gewünschten Benutzernamen aus der Liste aus.

Geben Sie dann auch dessen Kennwort an.

4. Klicken Sie dann auf *OK*, um die Anwendung wie festgelegt ausführen zu lassen.

Wollen Sie eine Anwendung immer mit einem anderen Benutzerkonto starten, können Sie eine Verknüpfung dafür erstellen und diese mit einem speziellen Aufruf versehen:

1. Erstellen Sie eine Verknüpfung mit der Programmdatei der Anwendung.

2. Klicken Sie dann mit der rechten Maustaste auf diese Verknüpfung und wählen Sie im kontextabhängigen Menü ganz unten den Befehl *Eigenschaften*.

3. Setzen Sie hier im Feld *Ziel* die Zeichenfolge in Anführungszeichen und schreiben Sie dann vor (!) das erste Anführungszeichen die Zeile *runas /user:<Benutzername>*. Um z. B. die Anwendung *C:\Programme\tool.exe* als Administrator zu starten, müsste das Feld Ziel als wie folgt lauten: *runas /user:Adminstrator "C:\Programme\tools.exe"*.

4. Übernehmen Sie die veränderten Eigenschaften mit *OK*.

5. Wenn Sie nun das Symbol der Verknüpfung mit einem Doppelklick aktivieren, startet Windows eine Eingabeaufforderung und fragt darin das Kennwort für das angegebene Benutzerkonto ab. Nach dessen korrekter Eingabe wird die Anwendung innerhalb dieses Kontos gestartet.

Eigene Benutzergruppen erstellen

Ich würde gern die Benutzerverwaltung von Windows nutzen, um einem Teil der Benutzer bestimmte Dinge zu erlauben, die anderen nicht möglich sind. Dazu müsste ich eine eigene Gruppe definieren, zu der diese Benutzer gehören. Wie kann ich eine eigene Benutzergruppe zu diesem Zweck anlegen?

Da das Anlegen und Bearbeiten von Benutzergruppen eine klassische Administratoraufgabe ist, gibt es dafür keine ganz so komfortable Oberfläche wie für die einfache Benutzerverwaltung. Trotzdem können Sie beliebig eigene Gruppen erstellen und verwalten:

1. Um eine neue Benutzergruppe anzulegen, öffnen Sie in der Systemsteuerung das Modul *Verwaltung* und dort die *Computerverwaltung*.

2. Wählen Sie dort die Rubrik *Computerverwaltung/System/Lokale Benutzer und Gruppen/Gruppen* aus. Daraufhin werden im rechten Bereich alle derzeit registrierten Gruppen angezeigt.

3. Klicken Sie mit der rechten Maustaste auf den Gruppeneintrag und wählen Sie im kontextabhängigen Menü die Funktion *Neue Gruppe*.

4. Im nachfolgenden Menü geben Sie zunächst ganz oben den Gruppennamen an. Darunter können Sie eine kurze *Beschreibung* dieser Gruppe angeben.

5. Im Feld *Mitglieder* wird festgelegt, welche Benutzer Mitglieder dieser Gruppe sein sollen. Klicken Sie dazu auf die Schaltfläche *Hinzufügen*.

6. Im anschließenden Menü *Benutzer wählen* geben Sie den Namen eines Benutzers ein, den Sie dieser Gruppe zuordnen wollen. Sie können auch gleich die Namen mehrerer Benutzer eingeben, indem Sie die einzelnen Namen jeweils mit einem Semikolon trennen. Wenn Sie sich bei den Namen bzw. Schreibweisen nicht sicher sind, können Sie mit *Erweitert* eine Suchfunktion aufrufen. Übernehmen Sie den oder die Benutzernamen mit *OK*.

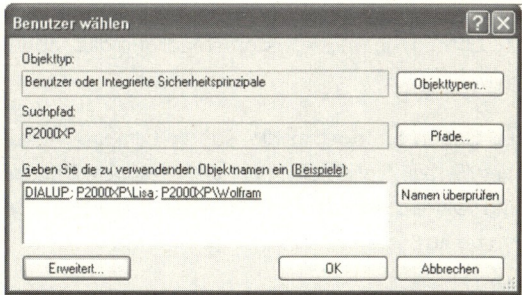

7. Zurück im *Neue Gruppe*-Menü können Sie mit einem erneuten Klick auf *Erweitert* noch mehr Mitglieder in die Gruppe aufnehmen. Abschließend benutzen Sie die *Erstellen*-Schaltfläche, um die neue Gruppe endgültig anzulegen.

Benutzer zu Gruppen hinzufügen

? Wie kann ich einen bereits bestehenden Benutzer einer bereits bestehenden Benutzergruppe nachträglich hinzufügen?

! Auch später können Sie jederzeit Mitglieder zu einer Gruppe hinzufügen. Je nach Aufgabenstellung gibt es dabei zwei Möglichkeiten. Wollen Sie einer Gruppe gleich mehrere Benutzer hinzufügen, geht das am einfachsten über die Eigenschaften dieser Gruppe:

1. Öffnen Sie in der Systemsteuerung das Modul *Verwaltung* und dort die *Computerverwaltung*.

2. Gehen Sie dort in die Rubrik *Computerverwaltung/System/Lokale Benutzer und Gruppen/Gruppen* und wählen Sie dann rechts die fragliche Gruppe aus.

3. Klicken Sie nun mit der rechten Maustaste auf den Namen der gewünschten Gruppe. Sie finden dann im kontextabhängigen Menü die Funktion *Mitglied hinzufügen*, mit der Sie wiederum die Mitgliederliste der Gruppe bearbeiten und weitere Mitglieder *Hinzufügen* können.

Wollen Sie umgekehrt einen Benutzer nachträglich zum Mitglied verschiedener Gruppen machen, geht dies schneller, wenn Sie die Eigenschaften dieses Benutzers bearbeiten:

1. Öffnen Sie in der Systemsteuerung das Modul *Verwaltung* und dort die *Computerverwaltung*.

2. Gehen Sie dort in die Rubrik *Computerverwaltung/System/Lokale Benutzer und Gruppen/Benutzer* und wählen Sie dann rechts den fraglichen Benutzer aus.

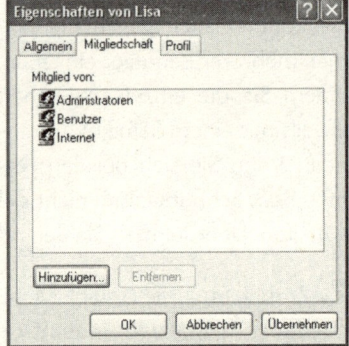

3. Klicken Sie nun mit der rechten Maustaste auf den Namen des gewünschten Benutzers und wählen Sie im kontextabhängigen Menü die Funktion *Eigenschaften*.

4. Wechseln Sie in den Eigenschaften in die Rubrik *Mitgliedschaft* und klicken Sie hier auf *Hinzufügen*.

5. Im anschließenden Dialog können Sie mit *Erweitert* und *Jetzt suchen* eine Übersicht der vorhandenen Gruppen anzeigen und alle die auswählen, in die der Benutzer als Mitglied eingeordnet werden soll.

Benutzereinstellungen zwischen Konten übertragen

? Ich habe ein neues Benutzerkonto angelegt, das ich in Zukunft statt des alten verwenden möchte. Allerdings habe ich mit dem alten Konto im Laufe der Zeit mühsam meine bevorzugten Einstellungen, Favoriten usw. zusammengetragen. Kann ich diese Daten vom alten Konto auf das neue übertragen?

! Die meisten Einstellungen, die für jedes Benutzerkonto individuell angelegt werden, sind in wenigen Dateien abgelegt. Durch das Austauschen dieser Dateien können Sie auch die Einstellungen übertragen:

1. Melden Sie sich mit einem Benutzerkonto an, das weder dem alten noch dem neuen Konto entspricht, am besten mit dem Administratorkonto.

2. Starten Sie dann den Windows-Explorer und stellen Sie sicher, dass auch versteckte und Systemdateien angezeigt werden (siehe Kapitel 4).

3. Öffnen Sie hier den Ordner *C:\Dokumente und Einstellungen\<Alter Benutzer>*, wobei *<Alter Benutzer>* dem Benutzernamen des alten Kontos entsprechen muss, dessen Daten Sie übertragen wollen.

4. Markieren Sie in diesem Ordner die Dateien *Ntuser.dat*, *Ntuser.dat.log* sowie *Ntuser.ini*.

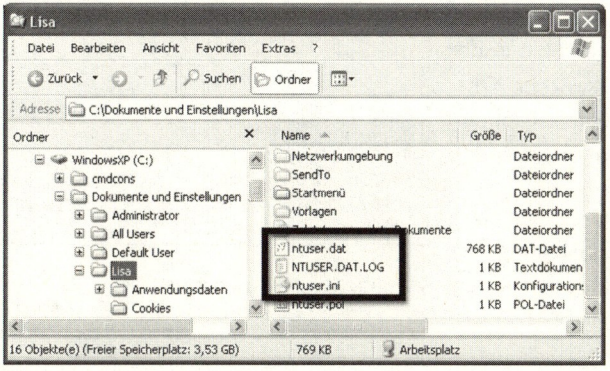

5. Rufe Sie dann die Menüfunktion *Bearbeiten/In Ordner kopieren* auf und geben Sie als Ziel den Ordner *C:\Dokumente und Einstellungen\<Neuer Benutzer>* an, wobei *<Neuer Benutzer>* der Name des Benutzerkontos ist, das die Einstellungen übernehmen soll.

6. Melden Sie sich dann ab und melden Sie sich mit dem Namen des neuen Benutzerkontos an.

Kennwort muss regelmäßig geändert werden

Windows fordert mich regelmäßig dazu auf, mein Kennwort zu ändern, was ich ziemlich lästig finde. Was muss ich tun, um mein Passwort auf längere Zeit behalten zu dürfen?

Automatisch verfallende Passwörter sind eine Sicherheitsfunktion, die aber verständlicherweise lästig werden kann. Wenn Sie Administratorechte für den PC haben, können die Richtlinie für Ihr Kennwort verändern, sodass es in Zukunft nicht mehr verfällt:

1. Öffnen Sie in der Systemsteuerung das Modul *Verwaltung* und dort die *Computerverwaltung*.

2. Gehen Sie dort in die Rubrik *Computerverwaltung/System/Lokale Benutzer und Gruppen/Benutzer* und wählen Sie dann rechts Ihr Benutzerkonto aus.

3. Klicken Sie nun mit der rechten Maustaste auf den Namen des gewünschten Benutzers und wählen Sie im kontextabhängigen Menü die Funktion *Eigenschaften*.

4. In den Eigenschaften finden Sie in der Rubrik *Allgemein* das Kontrollkästchen *Kennwort läuft nie ab*, das Sie aktivieren sollten, um Ihr Kennwort unbegrenzt verwenden zu können.

5. Übernehmen Sie die Einstellung mit *OK*. Ab sofort verzichtet Windows auf den erzwungenen Kennwortwechsel.

Spiele unter Windows

DirectX für Spiele und Multimediaanwendungen	**418**
Performance und Kompatibilitätsprobleme	**424**

13.1 DirectX für Spiele und Multimediaanwendungen

DirectX-Version ermitteln

? Ich will ein neues Computerspiel installieren, das eine bestimmte DirectX-Version voraussetzt. Wie kann ich herausbekommen, welches DirectX bislang auf meinem PC installiert ist?

! Zum Umfang von DirectX gehört ein Diagnoseprogramm, das unter anderem auch die Information verrät:

1. Rufen Sie die Windows-Systeminformationen mit *Start/Alle Programme/Zubehör/Systemprogramme/Systeminformationen* auf.

2. In den Systeminformationen wählen Sie die Menüfunktion *Extras/DirectX-Diagnoseprogramm*.

3. Hier finden Sie in der Rubrik *System* in Bereich *Systeminformationen* unten bei *DirectX-Version* (nicht zu verwechseln mit der Angabe ganz unten bei *DxDiag*!) die Versionsnummer der installierten DirectionX-Variante.

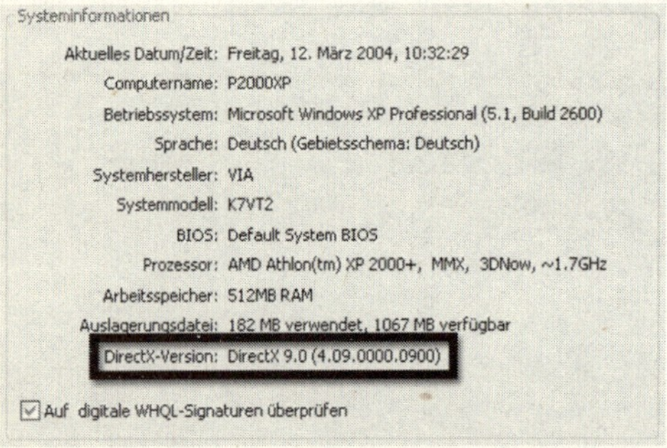

Spiele für ältere DirectX-Versionen

? Ich möchte mal wieder ein älteres Spiel zocken, das für DirectX 7 geschrieben wurde. Allerdings habe ich in der Zwischenzeit DirectX 9 auf meinem PC installiert? Sollte ich auf die ältere Version zurückgehen?

! Wenn eine Anwendung oder ein Dpiel eine ältgere DirectX-Version voraussetzt als Sie installiert haben, sollte es in den meisten Fällen keine Probleme geben.

Prinzipiell sind die DirectX-Versionen abwärts kompatibel und zumindest Sprünge zwischen zwei Versionen sollten funktionieren. Gibt es doch Probleme, sollten Sie aber keinesfalls einfach eine ältere DirectX-Version über die vorhandene installieren. Dies wird in der Regel ohnehin nicht helfen, könnte aber üble Folgen für die Stabilität von Windows XP haben. Generell gilt die Empfehlung, in solchen Fällen besser eine neuere Programmversion zu beschaffen als auf eine ältere DirectX-Version auszuweichen.

Grafik-/Soundprobleme bei DirectX erkennen

? Ich bei einem DirectX-Spiel Probleme mit der Grafik oder der Soundwiedergabe. Nun weiß ich nicht, ob es am Spiel selbst oder an meinem Rechner liegt, weil das Problem bei einem Bekannten nicht auftritt. Wie kann ich sicher sein?

! Zunächst einmal ist die Wahrscheinlichkeit sehr hoch, dass das Problem beim Spiel selbst zu suchen ist. Moderne 3-D-Spiele gehen oft an die Grenzen der Leistungsfähigkeit, wo unterschiedliche Hard- und Softwarekonfigurationen verschiedener PCs zu unterschiedlichen Ergebnissen führen. Deshalb treten häufig Probleme erst nach der Veröffentlichung von Spielen auf, wenn sie von vielen Spielern auf den unterschiedlichsten PCs ausgeführt werden. Die Homepage bzw. das Forum des Spielentwicklers ist deshalb immer eine gute Informationsquelle bei Problemen. Sie können aber auch die DirectX-Funktionen Ihres PCs überprüfen, um sicher zu sein, dass das Zusammenspiel von PC, Grafikkarte, Soundkarte und DirectX problemlos klappt:

1. Rufen Sie dazu die Windows-Systeminformationen mit *Start/Alle Programme/Zubehör/Systemprogramme/Systeminformationen* auf.

2. In den Systeminformationen wählen Sie die Menüfunktion *Extras/DirectX-Diagnoseprogramm*.

3. Um eine Diagnose der DirectX-Funktionen durchzuführen, rufen Sie die verschiedenen Rubriken des DirectX-Diagnoseprogramms der Reihe nach auf. Am einfachsten geht das, wenn Sie jeweils die Schaltfläche für die *Nächste Seite* ganz unten in der Mitte aufrufen.

4. Dann können Sie jeweils den Bereich *Anmerkungen* am unteren Rand der verschiedenen Kategorien als Wegweiser verwenden. Wenn hier *Es wurden keine Probleme ge-*

funden. steht, dann ist zumindest mit diesem Teil der DirectX-Funktionen alles in Ordnung und Sie können zur nächsten Kategorie übergehen.

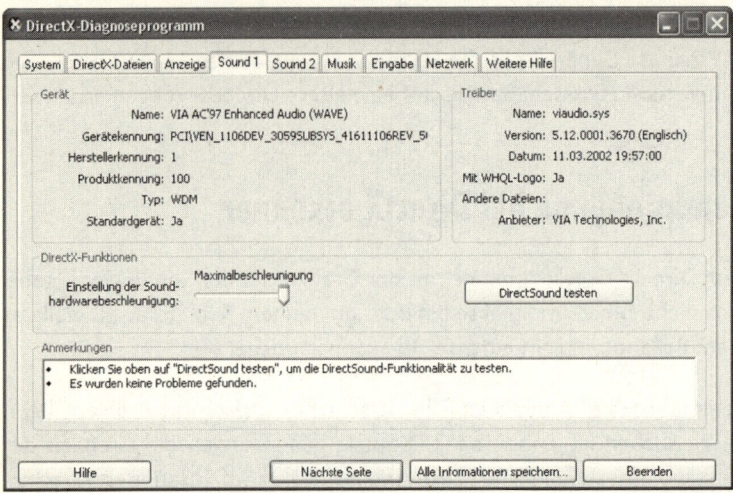

5. In den meisten Kategorien können Sie spezielle Zusatztests durchführen. Dann finden Sie in den Anmerkungen einen Hinweis darauf mit einer konkreten Anleitung, was zu tun ist. War der Test erfolgreich, wird dies in den Anmerkungen vermerkt. Am besten erledigen Sie alle diese Tests, bevor Sie zur nächsten Kategorie weitergehen.

6. Um einen Test durchzuführen, suchen Sie die entsprechende Schaltfläche, auf die in den Anmerkungen verwiesen wird, und klicken diese an. Sie werden dann mittels einer Reihe von Hinweisfenstern durch den jeweiligen Test geführt. Das Prinzip ist dabei immer, dass der Computer eine optische oder akustische Wiedergabe durchführt. Zuvor verrät er Ihnen, wie diese aussehen bzw. sich anhören sollte. Anschließend müssen Sie bestätigen, ob es tatsächlich so geklappt hat.

7. Die Tests in den Kategorien *Eingabe* und *Netzwerk* setzen voraus, dass ein Eingabegerät (z. B. ein Joystick oder ein Gamepad) bzw. ein Netzwerk angeschlossen sind und machen auch nur dann Sinn. In diesem Fall ist insbesondere das Testen der Netzwerkfunktionen sinnvoll, wenn Sie z. B. Spiele mittels DirectPlay über ein lokales Netzwerk spielen wollen. Dazu muss allerdings auf einem anderen PC in diesem Netzwerk ebenfalls das DirectX-Diagnoseprogramm ausgeführt werden, wobei auf einem PC eine Testsitzung erstellt wird, welcher der andere PC beitritt.

8. In der letzten Kategorie *Weitere Hilfen* finden Sie schließlich zusätzliche Möglichkeiten, mithilfe von verschiedenen Assistenten und Hilfsprogrammen festgestellten DirectX-Problemen auf die Spur zu kommen.

DirectX-Diagnose meldet nicht signierten Hardwaretreiber

? Wenn ich das DirectX-Diagnoseprogramm ausführe, meldet es mir in der Rubrik *Anzeige*, dass eine Datei nicht digital signiert wurde, weil sie nicht von Microsoft getestet wurde. Was soll ich machen?

! Dass ein Treiber nicht von Microsoft signiert ist, heißt nicht, dass er für Windows XP oder DirectX ungeeignet wäre oder zu einer schlechten Performance führt. Es bedeutet lediglich, dass der Hersteller den Treiber nicht bei Microsoft zur Begutachtung eingereicht hat. Schauen Sie einfach auf der Homepage des Herstellers der jeweiligen Hardwarekomponente (Grafikkarte, Soundkarte usw.) nach, ob es neuere Treibersoftware gibt, die vielleicht auch von Microsoft überprüft und signiert wurde. Solange es keine konkreten Probleme mit der Komponente gibt, ist dies allerdings nicht unbedingt notwendig.

DirectX-Unterstützung der Grafik- und Soundhardware

? Für ein neues Spiel benötige ich DirectX 9. Meine Grafikkarte unterstützt aber nur DirectX 8. Muss ich mir jetzt eine neue Karte kaufen oder kann ich DirectX 9 trotzdem installieren?

! Bei Grafik- und Soundkarten ist häufig die Rede davon, dass sie zu einer bestimmten DirectX-Version kompatibel sind. Das bedeutet, dass solche Karten spezielle DirectX-Funktionen direkt in Hardware berechnen können. Dafür sind sie mit speziellen Prozessoren ausgestattet, die dies wesentlich schneller als der normale PC-Hauptprozessor erledigen können. Das erhöht die Leistungsfähigkeit des Gesamtsystems insbesondere bei Multimediaanwendungen und Computerspielen zum Teil erheblich. Allerdings ist solche Hardware keine Voraussetzung für die Verwendung der jeweiligen DirectX-Version. Sie können also auch mit einer DirectX 8-kompatiblen Grafikkarte DirectX 9 verwenden. Allerdings muss der Hauptprozessor dann alle die Funktionen, welche die Grafikkarte nicht unterstützt, selbst berechnen, was wesentlich mehr Rechenleistung in Anspruch nimmt. Teilweise führt dies auch dazu, dass z. B. bei Spielen bestimmte Grafikoptionen mit einer älteren Grafikkarte nicht angewählt werden können. Wenn Sie viel in Multimedia machen oder ein begeisterter Computerspieler sind, lohnt es sich deshalb durchaus, hin und wieder in neuere Grafikhardware zu investieren, die dem Prozessor mehr Berechnungen abnimmt und so die Gesamtleistung erheblich verbessert.

DirectX als Komplettversion herunterladen

Ich möchte die aktuelle DirectX-Version auf mehreren PCs installieren. Leider erhält man bei Microsoft nur einen Webinstaller und muss den größten Teil der Daten jedes Mal wieder herunterladen. Wie kann man eine Komplettversion erhalten, die man mehrmals installieren und auch für spätere Neuinstallationen aufbewahren kann?

Die normale DirectX-Version für Endanwender lässt sich nur per Webinstaller einrichten, was die beschriebenen Nachteile mit sich bringt. Microsoft bietet aber für Entwickler ein Komplettpacket an, das für die Verbreitung mit DirectX-fähiger Software vorgesehen ist. Diese etwa 32 MByte große Version können Sie auch als normaler Endanwender herunterladen und zur Komplettinstallation nutzen.

1. Öffnen Sie im Internet Explorer die Adresse *http://www.microsoft.com/downloads/search.aspx?displaylang=en&categoryid=2*.

2. Wechseln Sie im anschließenden Formular nicht die Sprache auf Deutsch, wie Sie es üblicherweise vielleicht tun würden, sondern behalten Sie die englische Fassung bei. Andernfalls sind die folgenden Optionen nicht verfügbar.

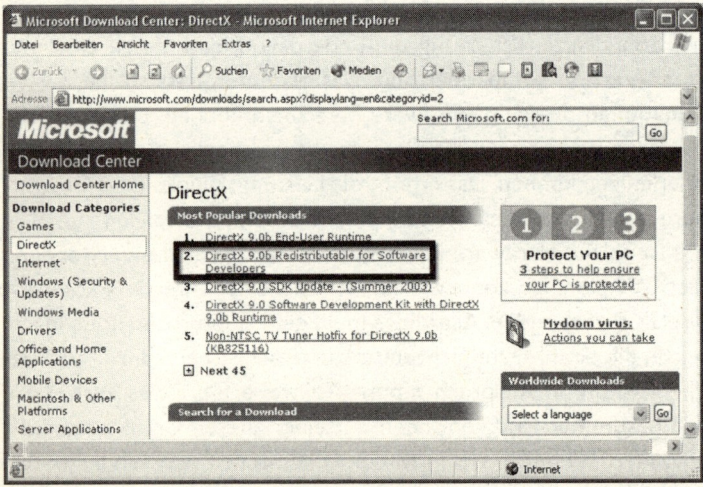

3. Klicken Sie unter *Most Popular Downloads* auf den Link *DirectX 9.0b Redistributable for Software Developers*.

4. Nach Beendigung des Downloads führen Sie die erhaltene Programmdatei aus. Geben Sie ein Verzeichnis für das Entpacken an.

5. In diesem Ordner wird beim Entpacken das Unterverzeichnis *DirectX9* angelegt. Dieses Unterverzeichnis ist alles, was Sie für die DirectX-Installation benötigen. Es enthält die notwendigen Daten sowie das Setup-Programm *dxsetup.exe*.

Monitor flimmert bei DirectX-Spielen und -Programmen

Immer wenn ich ein DirectX-Spiel starte, schaltet der Monitor die Bildwiederholfrequenz auf 60 Hz herunter, was das Spielvergnügen arg trübt. Wie kann ich flimmerfrei zocken?

Leider hat Windows XP die Unart, beim Umschalten auf einen bildschirmfüllende 3-D-Beschleunigung auf die Standardwiederholrate von 60 Hz zurückzuschalten. Wenn das Spiel bzw. der Grafikkartentreiber das nicht abfängt, können Sie selbst eingreifen und eine alternative Bildwiederholfrequenz vorgeben:

1. Rufen Sie die Windows-Systeminformationen mit *Start/Alle Programme/Zubehör/Systemprogramme/Systeminformationen* auf.

2. In den Systeminformationen wählen Sie die Menüfunktion *Extras/DirectX-Diagnoseprogramm*.

3. Klicken Sie hier in der Rubrik *Weitere Hilfe* auf die Schaltfläche *Außer Kraft setzen*.

4. Wählen Sie im anschließenden Dialog *DirectDraw-Aktualisierungsverhalten* die Option *Wert für die Außerkraftsetzung*.

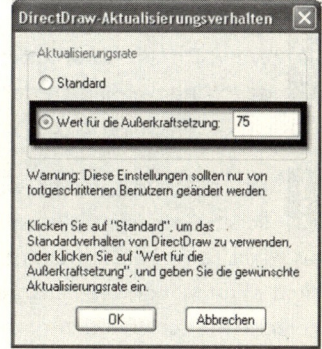

5. Geben Sie dann im Feld daneben die gewünschte Frequenz an, mit der die Grafikkarte den Bildschirm ansteuern soll, und übernehmen Sie die Einstellung mit *OK* und *Beenden*.

> **Vorsicht bei der Wahl der Bildwiederholfrequenz!**
> Wenn Sie die Standardwiederholrate auf diese Weise überstimmen, verwendet DirectX die gewählte Frequenz ohne Rücksicht auf die tatsächlichen Spezifikationen des Monitors. Verwenden Sie hier also keinesfalls eine höhere Rate, als dieser vertragen kann. Zwar haben moderne Geräte eine Schutzschaltung gegen solche Überlastungen, ein älteres Gerät könnte dadurch aber beschädigt werden.

13.2 Performance- und Kompatibilitätsprobleme

Spiel kann nur als Administrator benutzt werden

? Wenn ich ein bestimmtes Spiel verwenden will, erhalte ich jedes Mal die Aufforderung, die Spiele-CD einzulegen. Das passiert aber selbst dann, wenn bereits die richtige CD im Laufwerk liegt! Was muss ich tun, um das Spiel benutzen zu können?

! Dieses Problem tritt häufig bei Spielen auf, die bestimmte Kopierschutzverfahren verwenden (z. B. SafeDisc). Das Programm, das die eingelegte CD beim Start überprüft, kann nur mit Administratorrechten korrekt arbeiten. Sind Sie nicht als Administrator bzw. als Benutzer mit Adminisratorrechten angemeldet, wird der Kopierschutz auf der CD nicht erkannt und das Spiel nicht gestartet. Gleiches gilt meist auch für das Installieren und Deinstallieren solcher Spiele. Einzige Lösung: Melden Sie sich zum Spielen als Administrator an bzw. verleihen Sie Ihrem üblichen Benutzerkonto Administratorrechte (siehe Kapitel 12).

Bildschirmschoner schaltet sich beim Spielen ein

? Wenn ich ein bestimmtes Spiel benutze, schaltet sich nach einiger Zeit immer der Windows-Bildschirmschoner ein, was gerade an spannenden Stellen sehr störend ist. Wie kann ich das vermeiden?

! Dieser Effekt tritt auf, wenn Sie ein Spiel mit einem Joystick oder einem ähnlichen Gamecontroller spielen. Solche Bedienungen werden von Windows nicht als reguläre Eingaben erkannt. Wenn Sie also ein Weile nur den Joystick benutzen, sieht es für Windows so aus, als ob der Computer eine Zeit lang nicht benutzt würde. Folgerichtig schaltet sich nach der voreingestellten Zeit der Bildschirmschoner ein.

Sauber programmierte Spiele deaktivieren deshalb den Windows-Bildschirmschoner vorübergehend. Wenn ein Spiel dies nicht macht, bleiben nur drei Möglichkeiten:

- Drücken Sie während des Spiels ab und zu einfach mal auf eine Taste oder bewegen Sie die Maus, sodass Windows „wach bleibt".

- Verlängern Sie die Wartezeit bis zum Einschalten des Bildschirmschoners, sodass Sie in der Zwischenzeit locker eine Spielerunde absolvieren können.

- Deaktivieren Sie den Bildschirmschoner ganz:

1. Öffnen Sie das Modul *Anzeige* in der Systemsteuerung und wechseln Sie dort in die Rubrik *Bildschirmschoner*.

2. Stellen Sie hier im Auswahlfeld im Bereich *Bildschirmschoner* den Eintrag *(Kein)* ein.

3. Klicken Sie ggf. auf die Schaltfläche *Energieverwaltung* und deaktivieren Sie auch das Ausschalten des Monitors.

4. Übernehmen Sie die geänderten Einstellungen mit *OK*.

Spiel bleibt beim Einleitungsvideo hängen

? Eines meiner Spiele bleibt regelmäßig hängen, wenn ich es starte und das Introvideo abgespielt werden soll. Was kann ich tun, um das Video zu sehen bzw. das Spiel zumindest irgendwie benutzen zu können?

! Dieses Phänomen tritt auf, wenn das Spiel für die Wiedergabe des Videoclips einen bestimmten Dekomprimierer (Codec) benötigt, der auf dem System nicht vorhanden ist. Besonders häufig passiert dies, wenn das Service Pack 1 installiert wurde. Dieser enthält den wichtigen Indeo-Codec nicht, der von vielen Spielen verwendet wird. Microsoft hat deshalb ein spezielles Update veröffentlicht, das Sie mit der Windows-Update-Funktion einspielen können (siehe Kapitel 2). Es trägt die Nummer 327979. Wenn auch das nicht hilft, verwendet das Spiel einen anderen Codec. Schauen Sie dann am besten auf der Homepage bzw. in den Benutzerforen des Spieleherstellers nach. Höchstwahrscheinlich sind Sie nicht der erste Spieler mit diesem Problem und finden dort eine Lösung bzw. den erforderlichen Codec. (Mehr zum Thema Codecs finden Sie in Kapitel 7.)

Spiel begrenzt Bildwiederholrate unnötigerweise

? Eines meiner Spiele beschränkt sich auf eine recht mäßige Bildwiederholrate, obwohl meine Grafikkarte und der Monitor mehr erlauben würden. Was muss ich tun, damit die teure Hardware auch optimal ausgenutzt wird?

! Bei leistungsfähigen 3-D-Grafikkarten erlaubt die Treibersoftware häufig, die Vorgaben von Bildwiederholraten durch Anwendungen und Spiele zu übergehen und stattdessen die optimale Frequenz für die eigene Hardware einzustellen. Die genauen Einstellungen sind von Hersteller zu Hersteller verschieden. Wir zeigen Sie hier am Beispiel der verbreiteten Nvidia-Treiber für GeForce-Grafikkarten:

1. Öffnen Sie das Modul *Anzeige* in der Systemsteuerung und wechseln Sie dort in die Rubrik *Einstellungen*.

2. Klicken Sie hier unten rechts auf die Schaltfläche *Erweitert* und wechseln Sie in den erweiterten Einstellungen in die Rubrik für die Einstellungen der jeweiligen Grafikkarte. Deren Aussehen wird nicht durch Windows, sondern durch die Grafikkartentreiber bestimmt.

3. Im Fall der Nvidia-Treiber wechseln Sie in der Übersichtsleiste links in die Kategorie *Refresh Rate Overrides*.

4. Aktivieren Sie dann im rechten Hauptfenster die Option *Bildwiederholfreq. überschr.*

5. Wählen Sie dann in der Liste darunter die Auflösung, in der Sie das Spiel üblicherweise spielen. In dieser Zeile können Sie nun die gewünschte Farbtiefe (*8 Bit*, *16 Bit* oder *32 Bit*) aktivieren.

6. Wenn Sie auf den *Standard*-Eintrag in der Spalte Bildwiederholfrequenz klicken, öffnen Sie außerdem ein Auswahlfenster, wo Sie die bevorzugte Bildwiederholrate einstellen können. Achten Sie darauf, dass Ihr Monitor diese Frequenz bei der gewählten Auflösung auch darstellen kann, sonst bleibt der Bildschirm dunkel oder der Monitor kann eventuell sogar beschädigt werden.

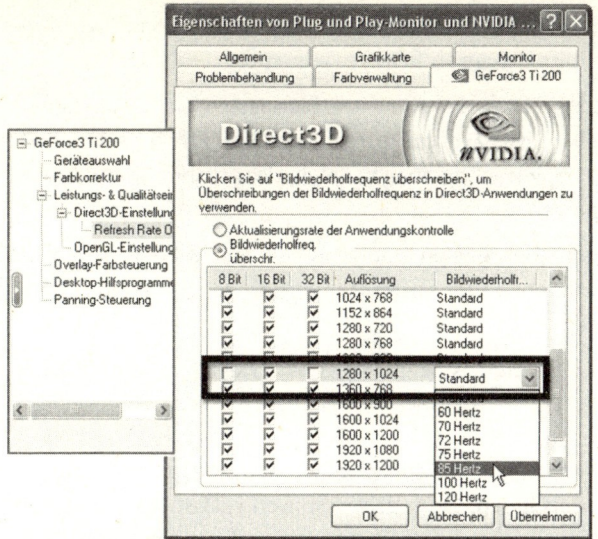

Performance eines Spiels lässt zu wünschen übrig

? Ich habe mir ein neues Spiel gekauft. Obwohl mein PC die Hardwareanforderungen auf der Packung erfüllt, ist die Performance aber ziemlich mies, die Grafik ruckelt und die Bedienung ist ziemlich zäh. Was kann ich tun?

! Zunächst mal sollten Sie beachten, dass die auf den Verpackungen von Spielen gemachten Hardwareangaben meist Minimalanforderungen sind, bei denen das Spiel gerade so läuft. Wirklich Spaß machen insbesondere aufwendige 3-D-Spiele so noch lange nicht. Am besten kaufen Sie deshalb nur solche Spiele, deren Minimalanforderungen zumindest ein wenig hinter der Austattung Ihres PCs zurückbleiben. Wenn es trotzdem nicht flüssig läuft, versuchen Sie die folgenden Tipps:

- Stellen Sie sicher, dass während des Spielens keine weiteren Anwendungen geöffnet sind. Beenden Sie auch Hintergrunddienste wie z. B. Virenscanner, da diese wertvolle Rechen-Performance kosten.

- Reduzieren Sie die Auflösung und die Farbtiefe der Darstellung. Wenn Sie von 1.024 x 768 auf 800 x 600 Bildpunkte zurückgehen, muss das Spiel erheblich weniger Bildpunkte für die Darstellung berechnen. Dadurch dauert das Berechnen eines Bilds weniger lange bzw. es können mehr Bilder pro Sekunde berechnet werden. Erstrebenswert ist eine Framerate (nicht zu verwechseln mit der Bildwiederholrate des Monitors) von etwa 30 Bildern pro Sekunde, dann wirkt die Darstellung für das menschliche Auge als flüssige Animation.

- Beschränken Sie besondere grafische Effekte wie z. B. Schatten, Lichtreflektionen, Spiegelungen oder spezielle Oberflächentexturen. Alle diese Effekte sehen zwar gut aus, fallen bei richtiger Spieleaction aber ohnehin nicht mehr auf und kosten meist erhebliche Rechenpower.

- Begrenzen Sie insbesondere bei Spielen mit großräumigen 3-D-Szenarien die Sichtweite. Dann verschwinden weiter entfernte Objekte zwar im Nebel, dafür läuft das Spiel aber flüssiger.

- Reduzieren Sie die Anzahl der Details bzw. dargestellten Objekte je nach Möglichkeit des Spiels.

Am besten probieren Sie die verschiedenen Möglichkeiten nacheinander aus und tasten sich so an eine Konfiguration heran, die flüssiges Spielen zulässt, aber trotzdem noch eine ansprechende Grafik und Spielspaß bietet. Wenn alle diese Maßnahmen nicht ausreichen, kommen Sie um eine Hardwareaufrüstung nicht herum. Fassen Sie hier vor allem eine leistungsfähigere Grafikkarte und zusätzlichen Hauptspeicher ins Auge, da dies bei modernen PC-Spielen meist die kritischen Faktoren sind. Der Prozessor ist oftmals weniger wichtig, solange er einigermaßen auf dem aktuellen Stand ist. Die Geschwindigkeit von Festplatten und CD-/DVD-Laufwerken ist hingegen meist irrelevant.

Pixelige Grafik mit Ecken und Treppeneffekten

? Ich bin mit der Geschwindigkeit bei meinen Spielen ganz zufrieden, aber die Grafik wirkt teilweise sehr grob und pixelig. Schräge Linien bilden auffällige Treppenmuster usw. Wie kann ich die Darstellungsqualität verbessern?

! Moderne Grafikkarten verfügen über verschiedene Funktionen, um die Anzeigequalität unabhängig vom Spiel bzw. der Anwendung zu verbessern. Dabei verbessert die Grafikkarte die vom Programm kommenden Grafikdaten entsprechend den eigenen Vorgaben. Teilweise können Sie diese Funktionen in den Spielen selbst aktivieren. Auf jeden Fall geht es über die Grafikkartentreiber unter Windows (hier am Beispiel der Nvidia-Treiber):

1. Öffnen Sie das Modul *Anzeige* in der Systemsteuerung und wechseln Sie dort in die Rubrik *Einstellungen*.

13.2 PERFORMANCE- UND KOMPATIBILITÄTSPROBLEME 429

2. Klicken Sie hier unten rechts auf die Schaltfläche *Erweitert* und wechseln Sie in den erweiterten Einstellungen in die Rubrik für die Einstellungen der jeweiligen Grafikkarte.

3. Beim Nvidia-Treiber können Sie zunächst in der Kategorie *Leistungs- & Qualitätseinstellungen* das *Anti-Aliasing* aktivieren. Dieser mindert die typischen Treppenstufen an schrägen Linien und Objekträndern, indem es selbstständig zusätzliche Bildpunkte berechnet. Diese Berechnung ist recht aufwendig, deshalb sollten Sie es nicht gleich übertreiben. Erfahrungsgemäß bringt ein Zweifach-Anti-Aliasing schon eine deutliche Wirkung, ohne allzu viel Rechenkapazität der Karte zu verbrauchen.

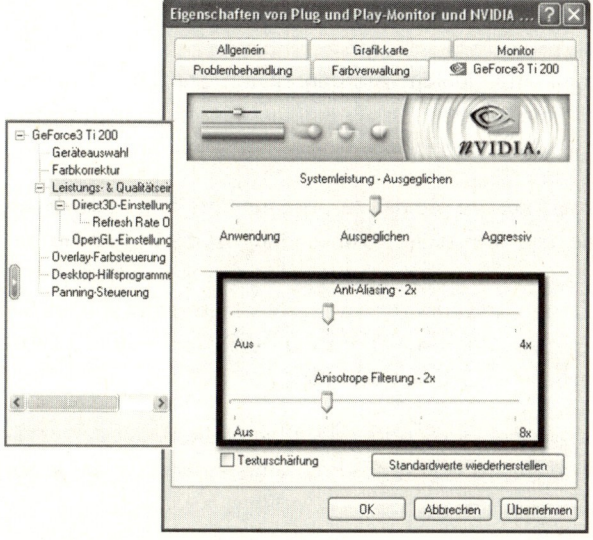

4. Im gleichen Menü können Sie auch die *Anisotrope Filterung* einschalten. Sie verbessert die Darstellung von weiter entfernten Texturen, die andernfalls schnell verschwommen wirken. Diese Funktion ist besonders rechenaufwendig und kostet meist einige Frames pro Sekunde, deshalb sollte sie nur verwendet werden, wenn die Framerate im Spiel zuvor deutlich über 30 Frames lag.

5. Wechseln Sie schließlich in die Kategorie *Direct3D-Einstellungen*. Legen Sie hier die *Mipmap-Detailstufe* auf einen möglichst hohen Wert (*Höchste Bildqualität*) fest. Das sorgt dafür, dass bei Texturen, die in mehreren Qualitätsstufen vorliegen, jeweils die beste verwendet wird. Bei Grafikkarten mit wenig eigenem Grafikspeicher oder bei sehr komplexen Szenerien kann das allerdings zu Einbrüchen führen, wenn der Texturspeicher nicht mehr ausreicht und die Texturen deshalb aus dem langsameren Hauptspeicher geholt werden müssen.

Ältere Spiele unter XP laufen lassen

? Ich habe noch ein älteres PC-Spiel, das ich gern mal wieder zocken würde. Wenn ich es unter Windows XP starte, funktioniert es aber leider nicht richtig. Wie kann ich es trotzdem richtig laufen lassen?

! Windows XP bringt einen Programmkompatibilitäts-Assistenten mit, der ältere Anwendungen so anpassen kann, dass sie auch unter dem neuen System problemlos laufen:

1. Starten Sie den Programmkompatibilitäts-Assistenten mit *Start/Alle Programme/Zubehör/Programmkompatibilitäts-Assistent*. Das Begrüßungsfenster können Sie mit einem Klick auf *Weiter* überspringen.

2. Im nächsten Schritt geben Sie an, wie Sie das zu testende Programm auswählen wollen. Handelt es sich um eine regulär installierte Anwendung, ist die Option *Ein Programm aus einer Liste auswählen* am besten geeignet. Sie können dann im nächsten Schritt aus der Liste der installierten Anwendungen auswählen. Alternativ können Sie auch direkt das Setup-Programm von der Installations-CD laufen lassen oder die Anwendung manuell aus einem beliebigen Ordner auswählen.

3. Abhängig von der im vorangegangenen Schritt gewählten Option zeigt der Assistent Ihnen nun eine Auswahlliste an, aus der Sie das Programm auswählen, das Ihnen Sorgen bereitet.

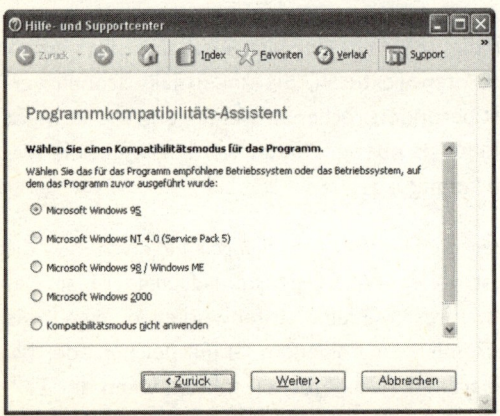

4. Im nachfolgenden Schritt will der Assistent wissen, in welcher Umgebung die Anwendung zuvor gelaufen ist. Das gibt ihm Hinweise darauf, welche Veränderungen er ggf. vornehmen muss, um das Programm korrekt ablaufen zu lassen. Wählen Sie also die Betriebssystemversion aus, für die das Programm entwickelt wurde bzw. in der Sie es problemlos nutzen konnten.

5. Anschließend können Sie bei Bedarf weitere Einschränkungen vornehmen, die den Ablauf der problematischen Anwendung erleichtern könnten. Die beiden oberen Optionen *256 Farben* und *640 x 480* Bildschirmauflösung dürften aber nur bei sehr alten Programmen erforderlich sein. Die Option *Visuelle Designs deaktivieren* kann bei Programmen hilfreich sein, die sich nicht an die Windows-Konventionen beim Oberflächendesign halten. Diese Optionen müssen Sie nicht auf Anhieb richtig hinbekommen. Wenn es nicht gleich klappt, können Sie sie für weitere Versuche einfach modifizieren.

6. Schließlich präsentiert Ihnen der Assistent eine Zusammenfassung der gewählten Optionen. Wenn Sie nun auf *Weiter* klicken, versucht er, die Anwendung mit diesen Einstellungen zu starten.

7. Warten Sie das Ergebnis ab und kehren Sie dann zum Assistenten zurück. Wenn die Anwendung erfolgreich gestartet und abgelaufen ist, wählen Sie die Option *Ja, das Programm immer mit diesen Kompatibilitätseinstellungen ausführen*. Der Assistent stellt dann die Eigenschaften dieser Anwendung so ein, dass Sie immer mit der richtigen Umgebung startet.

8. Sollte die Anwendung nicht richtig gelaufen sein, können Sie mit der Option *Nein, andere Kompatibilitätseinstellungen verwenden* zu den letzten Schritten des Assistenten zurückkehren und es mit einer alternativen Konfiguration versuchen.

9. Wenn es trotz verschiedener Versuche nicht klappen sollte, brechen Sie den Assistenten mit *Nein, Testen der Kompatibilitätseinstellungen beenden* ab. In diesem Fall haben Sie noch die Möglichkeit, die beim Testen gesammelten Informationen ähnlich wie einen Problembericht (siehe Seite 110) online an Microsoft zu schicken. Dies kann sinnvoll sein, da man dort vielleicht schon eine Lösung für das Problem parat hat. In dem Fall werden Sie darüber informiert.

Sound für alte DOS-Spiele unter Windows

? Ich möchte mal wieder ein paar alte DOS-Klassiker auf meinem PC spielen. In einer DOS-Box laufen sie auch ganz ordentlich, nur die Lautsprecher bleiben stumm, weil die Spiele keine Unterstützung für meine Soundkarte bieten. Gibt es eine Möglichkeit, den Spielen auch Klänge zu entlocken?

! Windows XP hat mit DOS nichts mehr am Hut, kann aber bei Bedarf in der Eingabeaufforderung eine DOS-Umgebung emulieren. Das gilt auch für den Sound. Dazu emuliert Windows XP eine Soundblaster-2.0-Soundkarte. Sie müssen das jeweilige DOS-Spiel nur so einstellen, dass es diese emulierte Soundkarte verwendet. Die meisten Spiele bieten dafür ein Konfigurationsmenü. Tragen Sie hier die folgenden Werte ein:

- Soundkarte: Sound Blaster 2.0 und kompatibel bzw. Typ 3
- Port: 220
- IRQ: 5
- DMA-Kanal: 1
- Musik bzw. Midi: General MIDI
- Port: 330

Wenn das Spiel kein Menü zur Soundkonfiguration bietet, können Sie diese Angaben auch in Form einer Umgebungsvariable machen. Geben Sie dazu vor dem Start des Spiels in der Eingabeaufforderung *SET BLASTER=A220 I5 D1 T3* ein und starten Sie das Spiel dann in dieser Eingabeauffoderung.

TEIL 2
Nero 7-Lösungen

CDs und DVDs kopieren

Direktkopie mit zwei Laufwerken	**436**
Disks mit nur einem Laufwerk kopieren	**448**
Virtuelle Laufwerke als Brennerersatz	**461**

14.1 Direktkopie mit zwei Laufwerken
Schnelle Direktkopien in einem Rutsch

? Ist es möglich, eine DVD ohne die zeitaufwendige Zwischenspeicherung auf der Festplatte direkt einzulesen und gleichzeitig zu brennen?

! Grundsätzlich ist es kein Problem, sowohl eine DVD als auch eine CD in einem Rutsch zu brennen, man spricht dabei auch von „on the fly". Allerdings setzt dies voraus, dass das Leselaufwerk die Daten entsprechend schnell anliefern kann.

Sollten Sie also ein altes Leselaufwerk und einen schnellen Brenner betreiben, kann es zu Problemen kommen, da unter Umständen der neue Brenner schneller die Daten schreibt, als das alte Laufwerk Silberscheiben auslesen kann. In diesem Fall muss der Brenner auf das Leselaufwerk warten. Dies führt zwar inzwischen nicht mehr zu einem Abbruch des Brennvorgangs, ist jedoch trotzdem keine ideale Voraussetzung für perfekte Kopien ohne Aussetzer oder Datenfehler.

1. Wählen Sie zur Aktivierung des Brennens ohne Zwischenspeichern in dem *Neue Zusammenstellung*-Dialog das Register *Kopieroptionen* aus. Dort finden Sie die Funktion *Direktkopie*, die Sie aktivieren müssen. Achten Sie darauf, dass das Leselaufwerk als Quelle gewählt ist.

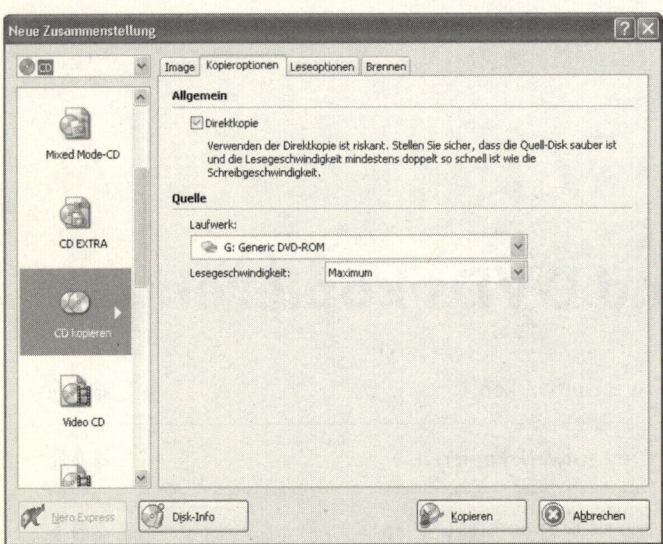

2. Am unteren Ende des Fensters zeigt Nero die theoretische Lesegeschwindigkeit an. Sollte Nero dort einen niedrigeren Wert als die Schreibgeschwindigkeit Ihres Brenners anzeigen, ist es sinnvoll, die Geschwindigkeit des Schreibers zu verlangsamen.

3. Klicken Sie hierzu auf *Brennen* und wählen Sie unter *Schreibgeschwindigkeit* eine Brennoption aus, die langsamer als die angezeigte Lesegeschwindigkeit des Quelllaufwerks ist. Wenn Sie anschließend auf *Kopieren* klicken, sollte es zu keinen Aussetzern während des Vorgangs kommen.

⏵ *Reale Lesegeschwindigkeit ermitteln* ⏵

Zwar ist die vom Leselaufwerk Nero mitgeteilte Geschwindigkeit bei Daten-DVDs und -CDs ein guter Richtwert, doch gerade bei Audio-CDs oder Quelldatenträgern mit Kratzern kann es zu erheblichen Abweichungen zwischen der tatsächlichen Lesegeschwindigkeit und dem theoretischen Wert kommen. Nero CD-DVD Speed aus dem Nero Toolkit erlaubt es Ihnen, die tatsächliche Geschwindigkeit herauszufinden und damit jegliche Aussetzer bei einer Direktkopie durch eine zu hohe Schreibgeschwindigkeit zu verhindern.

Systemaussetzer beim Kopieren vermeiden

? Während des Kopiervorgangs kommt es regelmäßig vor, dass der Zwischenspeicher des Brenners sich leert und das Laufwerk kurz aussetzen muss. Zudem scheint der ganze Rechner wie gelähmt zu sein, mit dem Computer ist kaum zu arbeiten. Liegt dies am Brennvorgang?

! Indirekt ist der Brennvorgang für die Lähmungserscheinung verantwortlich, da das Kopieren offenbar die Rechenleistung des Prozessors komplett ausnutzt. Dies passiert in der Regel, wenn das Leselaufwerk oder das Ziellaufwerk nicht im Ultra-DMA-Modus läuft, sondern den veralteten PIO-Modus nutzt.

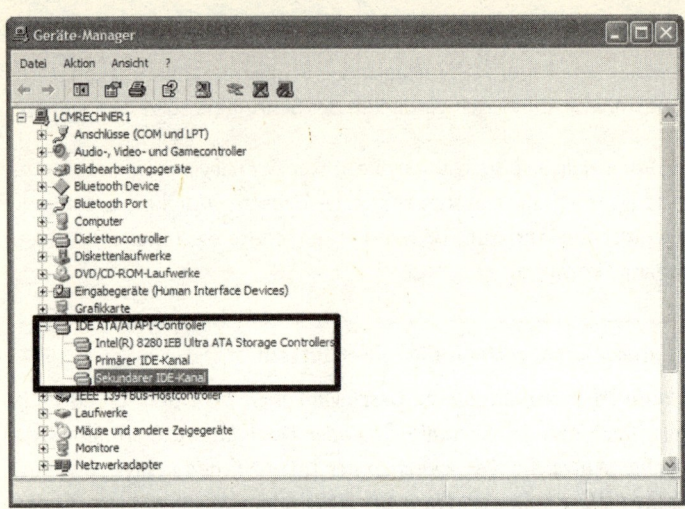

Alle moderneren Computer und Laufwerke sind in der Lage, im Ultra-DMA-Modus miteinander zu kommunizieren, was zu einer deutlich geringeren Systembelastung führt. Ist lediglich der PIO-Modus aktiviert, kann es leicht dazu kommen, dass das gleichzeitige Schreiben und Lesen eine zu große Belastung ist, die Folge ist eine zu geringe Übertragungsgeschwindigkeit und damit Aussetzer beim Schreiben.

1. Klicken Sie zur Kontrolle oder Aktivierung der Ultra-DMA-Funktion mit rechts auf *Arbeitsplatz* und wählen Sie aus dem Kontextmenü die *Eigenschaften* aus. Die sich nun öffnenden Systemeigenschaften beinhalten das Register *Hardware*, zu dem Sie wechseln müssen. Dort klicken Sie auf die Schaltfläche *Geräte-Manager*, um diesen zu öffnen.

2. Im Geräte-Manager zeigt Windows die aktuell installierte Hardware an, darunter auch den IDE-Controller, der die Kommunikation mit den Laufwerken übernimmt. Klicken Sie auf das Minussymbol vor *IDE ATA/ATAPI-Controller*, um sich die einzelnen Geräte anzeigen zu lassen.

3. Meist hängen beide Geräte am *Sekundären IDE-Kanal*. Doppelklicken Sie auf dieses Gerät und wechseln Sie im sich nun öffnenden Fenster zum Register *Erweiterte Einstellungen*. Im Abschnitt *Aktueller Übertragungsmodus* ist zu sehen, welche Übertragungsart derzeit aktiviert ist.

4. Sollte ein Gerät lediglich den PIO-Modus nutzen, liegt dies oftmals daran, dass als Übertragungsmodus *Nur PIO* ausgewählt ist. Klicken Sie in diesem Fall auf den Pfeil und wählen Sie die Option *DMA, wenn verfügbar* aus. Bestätigen Sie die Auswahl mit *OK*, starten Sie den PC neu und überprüfen Sie anschließend, ob das Gerät nun den Ultra-DMA-Modus nutzt.

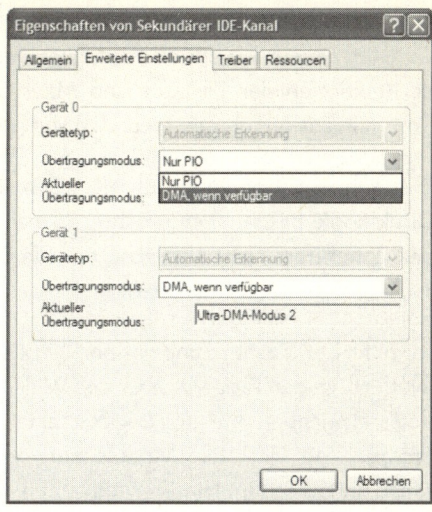

Sollte dies nicht der Fall sein, kann eine Neuinstallation des IDE-Treibers helfen, das Problem zu lösen. Nähere Informationen zur Installation der einzelnen Systemkomponenten können Sie dem Handbuch Ihres PCs oder Mainboards entnehmen.

Einige Hersteller nutzen zur Steuerung der Übertragungsmodi zudem eine externe Software, beispielsweise den Intel Application Accelerator. In diesem Fall hilft Ihnen ebenfalls das Handbuch Ihres Mainboards oder auch die Webseite des IDE-Herstellers, die Einstellungen zu überprüfen und gegebenenfalls zu korrigieren.

▐▶ *Laufwerke an unterschiedlichen Strängen* ▐▶

Je nach PC hilft es, den Brenner und das Leselaufwerk an zwei unterschiedliche IDE-Stränge anzuschließen. In diesem Fall können die Daten bequem über ein Kabel vom Laufwerk und über ein anderes Kabel zum Brenner wandern, beide Geräte müssen sich nicht eine Datenstraße teilen. Gerade bei Systemen, bei denen es auf jeden Prozentpunkt Leistung ankommt, ist dies die beste Anschlussvariante.

Brennaussetzer trotz Ultra-DMA-Modus

? Meine Laufwerke befinden sich im Ultra-DMA-Modus, trotzdem kommt es bei der Direktkopie zu häufigen Aussetzern, meist gekoppelt mit starker Aktivität des Computers.

! Je leistungsschwächer der PC ist, umso weniger ist es unter Windows möglich, viele Programme nebeneinander auszuführen. Dies hindert die Hersteller jedoch nicht daran, viele Zusatzprogramme im Hintergrund laufen zu lassen. Die DVD-Software überwacht, ob es sich beim eingelegten Datenträger um eine DVD handelt, Sonderfunktionen der Tastatur und Maus brauchen Verwaltungsprogramme, und zur Kommunikation mit den Freunden läuft ein Instant Messenger.

Dies kann zu Problemen führen, wenn man gleichzeitig einen Rohling mittels einer Direktkopie beschreiben möchte. Schnell ist der Punkt erreicht, an dem die Leistung des Computers nicht ausreicht, um alle Programme und gleichzeitig Nero auszuführen – es kommt zu Aussetzern.

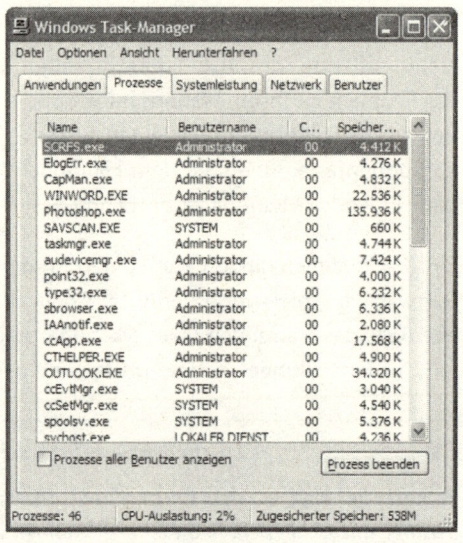

Mithilfe der Tastenkombination (Strg)+(Alt)+(Entf) ist der Task-Manager von Windows erreichbar. Auf der Registerkarte *Prozesse* sind viele der Module aufgeführt, die derzeit im Hintergrund laufen. Am unteren Rand ist die CPU-Auslastung zu finden. Ist diese im Bereich von 100 %, sieht es für das Brennen ohne Aussetzer schlecht aus. Gehen Sie in diesem Fall danach die Liste durch, ob Sie den Verursacher für die Auslastung finden – oftmals beispielsweise ein abgestürztes Programm oder auch ein großer Virenscanner samt Mailfilter gegen Spam, der im Hintergrund läuft und derzeit Daten überprüft.

Zur Deaktivierung unnötiger Hintergrundprozesse, die direkt beim Start von Windows aktiviert werden, ist das integrierte Tool msconfig bestens geeignet. Unter *Start/Ausführen* müssen Sie lediglich diesen Namen eintragen, schon öffnet sich das Programm und erlaubt im Register *Systemstart* die gezielte Deaktivierung einzelner Tasks. Aber Achtung, Sie sollten an der Startkonfiguration nur Veränderungen vornehmen, wenn Sie wissen, welche Programme notwendig und welche überflüssig sind.

Verzögerungen durch Fehlerkorrektur

 Die Direktkopie einer älteren DVD gelingt mir nicht, ständig muss der Brenner aussetzen, und das Leselaufwerk scheint offenbar mit dem Medium zu kämpfen.

Besteht ein Zusammenhang zwischen den Kopierproblemen und der Fehlerkorrektur, die offenbar stark beansprucht wird?

! Beide Möglichkeiten sind durchaus gegeben. Gerade die Quelle muss in gutem Zustand sein, damit eine Direktkopie möglich ist. Andernfalls beginnt das Leselaufwerk mit einer Fehlerkorrektur, die die Geschwindigkeit stark beeinflusst und somit den Brenner zum Aussetzen zwingt.

Dies gilt sowohl für DVDs als auch für CDs, wobei heutige Laufwerke in der Regel eine bessere CD-Fehlerkorrektur als eine DVD-Korrektur haben. Gerade bei einer DVD-Direktkopie ist daher der Quellenfaktor nicht zu unterschätzen.

Dabei müssen nicht immer Kratzer für ein schlechtes und langsames Leseergebnis verantwortlich sein, auch Schmutz oder Fingerabdrücke auf der Silberscheibe reichen, um das Leselaufwerk aus dem Tritt zu bringen. Eine gründliche Reinigung vor dem Anfertigen einer Kopie ist daher sehr sinnvoll, um eine optimale Kopierqualität und -geschwindigkeit zu erhalten.

Daneben kann jedoch auch der Rohling für Aussetzer verantwortlich sein. In diesem Fall ist der Grund jedoch nicht in der Lesegeschwindigkeit zu suchen, sondern darin, dass bei einem qualitativ schlechten Rohling der Brenner Probleme hat, die Spur zu finden und die Markierungen zu brennen. Dies kann von Aussetzern bis hin zu einer unbrauchbaren Kopie führen.

Nothilfe bei Brennaussetzern

? Trotz aller Bemühungen ist der PC nicht dazu zu überreden, einen Datenträger ohne Aussetzer zu beschreiben. Gibt es eine Möglichkeit, die Belastung weiter zu reduzieren, indem man das Brennverfahren ändert?

! Der einfachste Trick, um es PCs leichter zu machen, einen Datenträger zu beschreiben, ist der Verzicht auf eine Direktkopie. Arbeitet man mit einem Image, das vor dem Brennen angelegt wird, liest der PC erst den Datenträger ein, speichert ihn auf der Festplatte ab und brennt anschließend das gespeicherte Abbild auf den Rohling.

In der Regel ist dies qualitativ nicht schlechter als die Direktkopie, lediglich die Kopiergeschwindigkeit ist deutlich langsamer, da selbst in der heutigen Zeit das Einlesen einer DVD viele Minuten in Anspruch nehmen kann. Zudem ist ein Gerät mehr involviert – ist die Festplatte fehlerhaft, überträgt sich dies auch auf die Kopie. Trotzdem ist die Kopie mittels eines Abbilds in diesem Fall insgesamt die empfehlenswertere Variante und führt zu deutlich weniger Problemen.

Die Aktivierung der Kopie mittels eines Images erfolgt in den *Kopieroptionen* des Fensters *Neue Zusammenstellung*. Ist kein Häkchen vor *Direktkopie* vorhanden, legt Nero automatisch ein Image an.

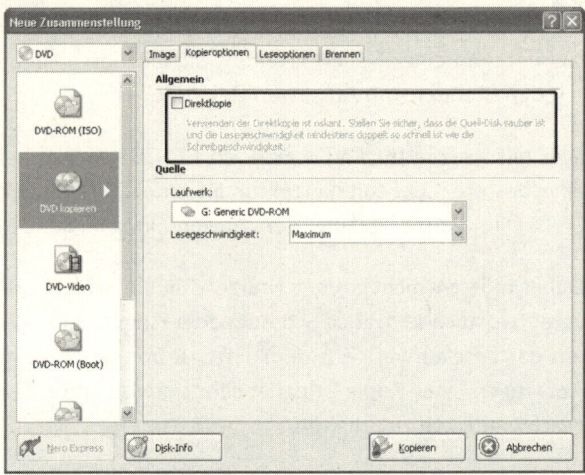

Taktik bei anhaltenden Brennproblemen

Kommt es auch in diesem Modus noch immer zu Aussetzern, scheint es ein grundsätzliches Problem mit Ihrem PC zu geben. In diesem Fall sollten Sie eine ausgiebige Fehlersuche starten, um das Problem einzukreisen. Eine Unterstützung in Buchform finden Sie z. B. in dem Titel „PC aufrüsten und reparieren" (ISBN 3-8158-2736-1) von DATA BECKER (www.databecker.de).

Zu wenig Speicherplatz auf der DVD

? Nero meldet beim Einlesen einer DVD, dass der Speicherplatz nicht ausreicht, obwohl die DVD, die kopiert werden soll, nicht größer als der in den Brenner eingelegte Rohling ist.

! Die Fehlermeldung, dass nicht genügend Speicher zur Verfügung steht, bezieht sich nicht immer auf den Rohling. Bei einer Kopie mithilfe einer Image-Datei ist es zudem notwendig, dass auch auf der Festplatte ausreichend Speicherplatz vorhanden ist.

Die Fehlermeldung weist Sie daher auf die Tatsache hin, dass offenbar nicht genug Speicher auf der gewählten Festplatte verfügbar ist. Daher muss das Speicherziel für die Image-Datei verändert oder die Festplatte von Ballast befreit werden.

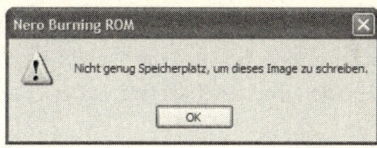

1. Öffnen Sie in Nero unter *Neue Zusammenstellung* die *Kopieroptionen* und wechseln Sie anschließend zum Register *Image*. Im unteren Bereich des Fensters ist eine Auswahl der Laufwerke samt des zur Verfügung stehenden Speicherplatzes zu finden.

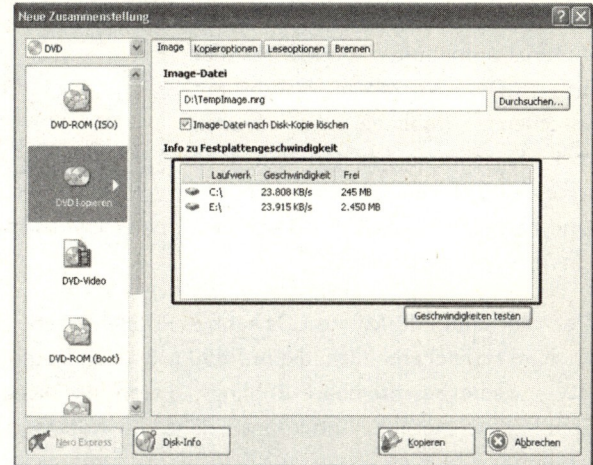

2. Sorgen Sie dafür, dass die Image-Datei auf ein Laufwerk mit ausreichend Speicherplatz geschrieben wird. Klicken Sie hierzu auf *Durchsuchen*, wählen Sie Laufwerk und Verzeichnis entsprechend aus, weisen Sie der Image-Datei gegebenenfalls einen Namen zu und klicken Sie abschließend auf *Speichern*.

Sollte auf keiner Festplatte genügend Platz vorhanden sein, hilft nur die Aktivierung der *Direktkopie* oder aber das Löschen von unnötigem Ballast oder alten Image-Dateien, um genügend Speicherplatz auf dem Datenträger für das Anlegen des Images freizuschaufeln.

Speicherplatz auf CD-Rohlingen

Der Versuch, eine Kopie von einer CD anzufertigen, endete mit der Fehlermeldung, dass der Speicherplatz auf dem Rohling nicht ausreichen würde – wie kann das sein?

! Es ist ein Irrglaube, dass alle CDs in der heutigen Zeit den gleichen Speicherplatz bieten. Sowohl die Quelle als auch das Ziel können von dem aktuellen Standard, 700 MByte Speicherplatz, abweichen.

So gibt es inzwischen CDs mit deutlich mehr Speicherplatz. Relativ weit verbreitet sind inzwischen 99-Minuten-Silberscheiben, die 800 MByte Datenmaterial aufnehmen können. Für derartige CDs existieren im Handel entsprechende Rohlinge, die ebenfalls mehr Speicherplatz bieten und daher für eine Kopie genutzt werden können.

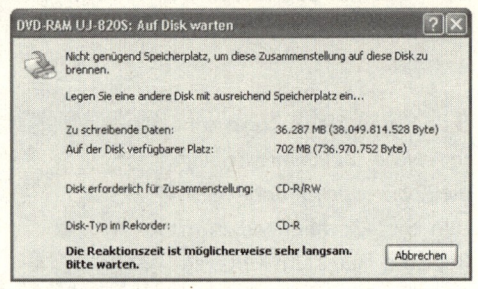

Und natürlich ist auch das Beschreiben einer DVD stets eine Lösung, um das Speicherproblem zu umgehen.

Doch auch mit 700-MByte-CDs kann es Probleme geben, denn noch immer sind Rohlinge im Handel erhältlich, die nur 650 MByte an Daten fassen. Gerade günstige CD-RWs, wieder beschreibbare Rohlinge, bieten in einigen Fällen nur den ehemaligen Standardspeicherplatz und können daher für Kopien größerer CDs nicht eingesetzt werden.

Überbrennen für mehr CD-Speicherplatz

? Trotz der Wahl eines 700-MByte-Rohlings bei einer normalen CD meldet Nero, dass der Speicherplatz auf dem Rohling nicht ausreicht.

! Oftmals gibt es gerade zwischen gepressten und gebrannten CDs kleine Größenunterschiede. Zwar kann eine CD grundsätzlich der 700-MByte-Klasse angehören, jedoch einige Bytes mehr besitzen, als der eingelegte Rohling zu fassen in der Lage ist.

Doch auch für dieses Problem hält Nero eine Lösung parat. Viele Laufwerke erlauben das Überbrennen von CD-Rohlingen. Dabei wird der Randbereich, der im normalen Betrieb wegen seiner höheren Fehleranfälligkeit nicht genutzt wird, ebenfalls beschrieben, um so einige MByte mehr Platz zu erhalten.

1. Die Überbrennfunktion lässt sich in den Optionen von Nero aktivieren. Klicken Sie hierzu auf das Menü *Datei* und wählen Sie den Eintrag *Optionen* aus. Auf der sich öffnenden Registerkarte müssen Sie zu den *Experteneinstellungen* wechseln.

2. Aktivieren lässt sich die Überbrennfunktion, indem man ein Häkchen vor den Eintrag *Disc-at-Once-Überbrennen aktivieren* setzt. Bei Nero 7 lassen sich jetzt auch DVDs überbrennen. Darunter müssen Sie die relative bzw. maximale Überbrenngröße eintragen. In der Regel besitzt die CDs einige Minuten mehr Speicherplatz. Fangen Sie mit einem relativ niedrigen Wert an und testen Sie, ob mit der veränderten Einstellung die gewünschte CD-Kopie erstellbar ist.

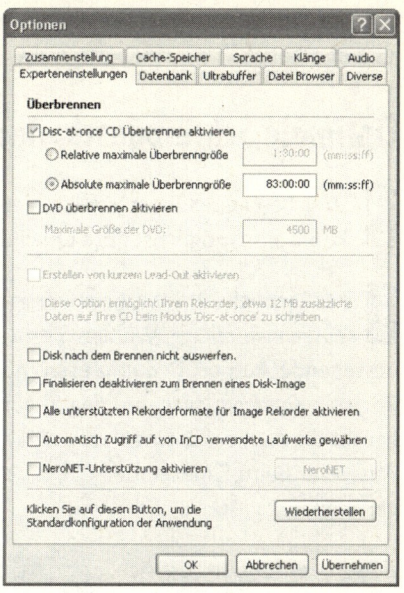

3. Sollte die CD weiterhin nicht kopierbar sein, müssen Sie die Zeiteinstellung langsam erhöhen – allerdings ist irgendwann der Punkt erreicht, an dem auch der Randbereich des Rohlings komplett gefüllt ist und somit der maximale Speicherplatz bereits genutzt wird. In diesem Fall müssen Sie auf einen größeren Rohling zurückgreifen, um den Unterschied zu kompensieren.

Kopiergeschützte CDs mit Nero duplizieren

? Ich habe versucht, eine Sicherheitskopie anzufertigen, und musste dabei feststellen, dass dies misslungen ist – das Programm ist mit dem Duplikat nicht betriebsbereit.

! Nero richtet sich nach dem in Deutschland geltenden Urheberrecht und ist kein Programm, um den Kopierschutz heutiger Programme zu umgehen. Dies führt dazu, dass je nach Kopierschutz entweder Teile des Datenträgers von Nero übersehen und daher nicht kopiert werden oder das Programm die Kopie beim Start nicht als Originaldatenträger akzeptiert und die Ausführung verweigert.

Nero besitzt weder alle notwendigen Funktionen, um einen derartigen Schutz zu umgehen, noch ist es die Absicht des Herstellers Ahead, dass das Programm dazu in der

Lage ist. Durch die aktuelle Gesetzeslage ist daher das Anfertigen von Kopien – auch als Sicherheitskopie – mit Nero nicht möglich.

Optimale Schreibgeschwindigkeit für Audio-CDs

? Welche Einstellungen sind in Nero notwendig, um beim Anfertigen einer Audiokopie eine möglichst gute Qualität zu erhalten?

! Maßgeblich für eine hochwertige Kopie sind die Einstellungen im Fenster *Neue Zusammenstellung*. Wählen Sie zunächst das Profil *CD-Kopieren* aus, wenn Sie eine bestehende Audio-CD duplizieren möchten. Wechseln Sie auf der rechten Seite zum Register *Kopieroptionen* und deaktivieren Sie die *Direktkopie*. Dies führt dazu, dass zunächst die Audio-CD eingelesen und anschließend die Kopie gebrannt wird – etwaige Aussetzer beim Einlesen der CD, die zu neuen Störgeräuschen führen, werden damit vermieden.

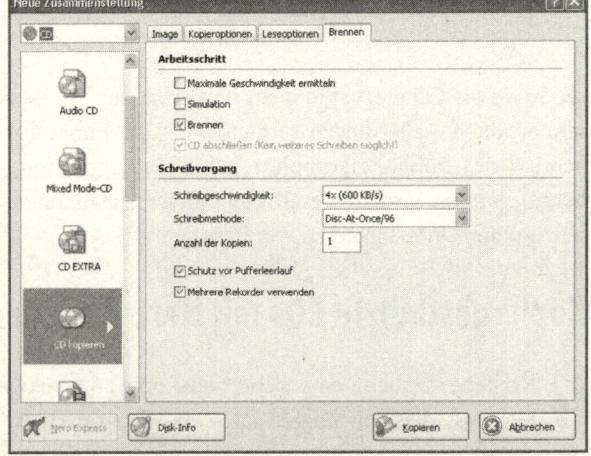

Zudem empfiehlt es sich, die Lesegeschwindigkeit auf einen relativ niedrigen Wert über das Pulldown-Menü zu setzen. Audiofans sehen darin eine Verbesserung der Kopierqualität, da eine zu hohe Geschwindigkeit selbst bei guten Laufwerken dazu führen kann, dass bei kleinen Kratzern oder Fingerabdrücken die Audiodaten nicht korrekt eingelesen werden. Eine hohe Lesegeschwindigkeit ist daher nur sinnvoll, wenn die Kopie in möglichst kurzer Zeit erstellt werden soll – in diesem Fall kann durchaus auch die Direktkopie aktiviert werden.

Wechseln Sie nun zum Dialog *Leseoptionen*. Dort können Sie aus dem Pulldown-Menü die Voreinstellung *Audio CD* auswählen. Die Einstellungen eignen sich für eine 1:1-Kopie des Audiomaterials, wobei auch Audiofehler der Quell-CD mit übertragen werden.

14.1 DIREKTKOPIE MIT ZWEI LAUFWERKEN **447**

Abschließend ist der Brenndialog an der Reihe. Sorgen Sie dafür, dass als Schreibmethode *Disc-at-Once/96* ausgewählt ist. Nicht genutzt wird die *Track-at-Once*-Option, da dies zu Zwangspausen führt. Gleichzeitig ist es ratsam, die Schreibgeschwindigkeit auf einen niedrigen Wert zu stellen, um eine hochwertige Kopie zu erhalten.

Audio-CDs mit Zusatzmaterial kopieren

? Ist es mit Nero möglich, Audio-CDs mit Zusatzfunktionen wie integrierten Videos, Trackinformationen oder Karaoke-Spur zu kopieren?

! Moderne Audio-CDs besitzen zunehmend nicht nur Musik, sondern zusätzliche Inhalte und Informationen – angefangen vom Künstlernamen bei der CD-Text-Option über Karaoke-Texte für spezielle Lesegeräte, zusätzliches Datenmaterial wie dem passenden Musikvideo bis hin zur Medienkatalognummer, die es vielen Wiedergabeprogrammen ermöglicht, über eine Internetdatenbank sämtliche Inhaltsinformationen abzurufen.

Beim Anfertigen einer Kopie derartiger CDs ist es wichtig, nicht allein das Audiomaterial zu übertragen. Daher existieren bei Leseoptionen weit reichende Möglichkeiten, den Brenner zum Kopieren des Zusatzmaterials zu bewegen.

1. Sorgen Sie dafür, dass auf der Registerkarte *Leseoptionen* des Fensters *Neue Zusammenstellung* alle verfügbaren Optionen in den Bereichen *Datentrack* und *Audiotrack* aktiviert sind. Zudem ist die Funktion *Medienkatalog-Nummer und ISRC lesen* mit einem Häkchen zu versehen, soll der Inhalt der Kopie von Audioprogrammen zum Abrufen weiterer Zusatzinformationen identifizierbar sein.

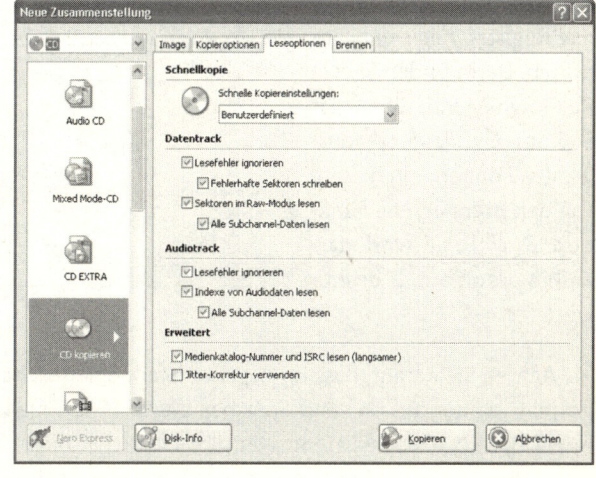

2. Wechseln Sie anschließend zum Brenndialog und sorgen Sie dafür, dass als Schreibmethode *Disc-at-Once/96* aktiviert ist. In diesem Fall übernimmt Nero die komplette Steuerung des Brenners und sorgt dafür, dass alle Daten unverändert auf die CD gebrannt werden.

14.2 Disks mit nur einem Laufwerk kopieren
Brenner zum Lesen und Schreiben benutzen

? Ich möchte eine Kopie erstellen, habe jedoch nur ein Laufwerk zur Verfügung. Welche Einstellungen sind notwendig, damit Nero den Brenner auch zum Lesen nutzt?

! Neben der Direktkopie bietet Nero auch die Möglichkeit, nur ein Laufwerk sowohl zum Einlesen als auch zum Schreiben zu nutzen. Dies ist nicht nur notwendig, wenn der Rechner nur ein Laufwerk besitzt, auch bei Problemen mit dem sonst genutzten Leselaufwerk, beispielsweise bei schlechten Audiolesequalitäten, ist der Einsatz nur eines Laufwerks sinnvoll.

1. Zur Aktivierung müssen Sie lediglich unter *CD-* oder *DVD-Kopieren* im Fenster *Neue Zusammenstellung* das Register *Kopieroptionen* öffnen. Darin finden Sie ein Pulldown-Menü, über das Sie das *Quelllaufwerk* auswählen können – in diesem Fall den Brenner. Die Funktion *Direktkopie* wird daraufhin automatisch deaktiviert.

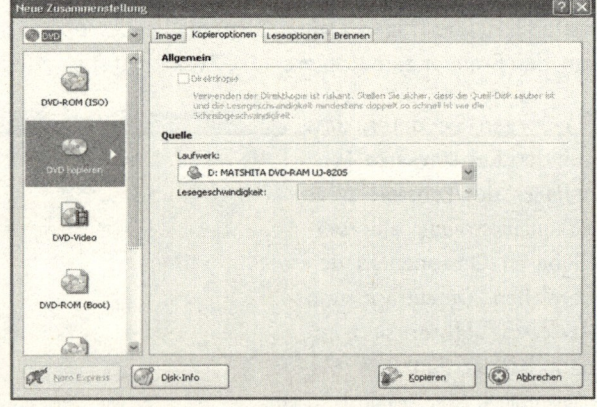

2. Achten Sie darauf, dass im Register *Image* ein Speicherpfad für das Diskabbild eingestellt ist, der ausreichend Speicher bietet. Andernfalls ist eine Image-Kopie nicht möglich, da Nero den Datenträger nicht zunächst zwischenspeichern kann.

3. Bei einer CD-Kopie können Sie schlussendlich unter *Leseoptionen* einstellen, welche Daten ausgelesen werden sollen. Nero 7 bietet diese Möglichkeit in ähnlicher Form nun auch für DVDs. Es kann DVDs extra langsam und sicher einlesen, mit der

Option, Fehler automatisch zu korrigieren oder aber schnell einzulesen und Fehler zu ignorieren. Abschließend ist im Brenndialog die Geschwindigkeit einzustellen und die Schaltfläche *Kopieren* zum Start des Vorgangs zu klicken.

Rohling wird vor dem Brennvorgang nicht angenommen

Nach dem Einlesen des Datenträgers fährt die Schublade des Brenners heraus und verlangt den Rohling. Doch dieser wird nicht angenommen, das Laufwerk öffnet sich nach dem Einfahren der Schublade wieder und wieder.

Dieses Verhalten ist zu beobachten, wenn der eingelegte Rohling nicht den Erwartungen von Nero entspricht. Überprüfen Sie daher, ob Sie den zum Quellmedium passenden Rohling eingelegt haben.

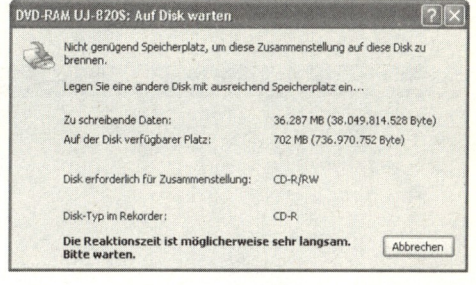

Auf dem Bildschirm erscheint von Nero der Hinweis darüber, welches Problem mit dem Rohling vorliegt und was für ein Typ benötigt wird. So kann es beispielsweise sein, dass Sie bei einer DVD-Kopie einen CD-Rohling eingelegt haben oder dass das eingelegte Medium einen zu geringen Speicherplatz hat.

Eine nicht gelöschte CD-RW ist hingegen kein Problem. Nero ist in der Lage, zunächst den wieder beschreibbaren Rohling zu löschen und anschließend das zuvor gesicherte Image auf den Datenträger zu brennen. Wenn Sie hingegen merken, dass Sie keinen passenden Rohling zur Hand haben, hilft nur ein Abbruch des Vorgangs.

Abbild oder virtuelles Laufwerk nutzen

Sollten Sie keinen passenden Rohling im Haus haben oder eine DVD-Kopie ohne DVD-Brenner erstellen wollen, können Sie auf verschiedene Zusatzfunktionen von Nero zurückgreifen. Dazu gehört die Möglichkeit, ein Abbild zu erzeugen oder auch ein virtuelles Laufwerk anzulegen, sodass eine DVD auf der Festplatte abgelegt und genutzt werden kann. Weitere Informationen hierzu finden Sie auf den folgenden Seiten.

Zur Sicherheit DVDs auf Festplatte speichern

? Ich möchte eine DVD komplett auf der Festplatte speichern, um sie zu einem späteren Zeitpunkt zu brennen. Wie erstelle ich eine derartige Kopie mit Nero?

! Nero besitzt neben der Integration des im System installierten Brenners noch ein zweites, künstliches Laufwerk, das man nutzen kann, den Image Recorder. Dieser dient dazu, beliebige DVDs einzulesen und diese anschließend als so genannte Images auf der Festplatte zu speichern.

1. Schließen Sie zunächst das standardmäßig geöffnete Fenster *Neue Zusammenstellung* und wählen Sie aus dem Menü *Rekorder* den Eintrag *Rekorderauswahl* aus. Dort ist neben Ihrem Brenner der Eintrag *Image Recorder* vorhanden. Klicken Sie auf den virtuellen Brenner, um ihn zu markieren, und wählen Sie anschließend die Schaltfläche *OK*.

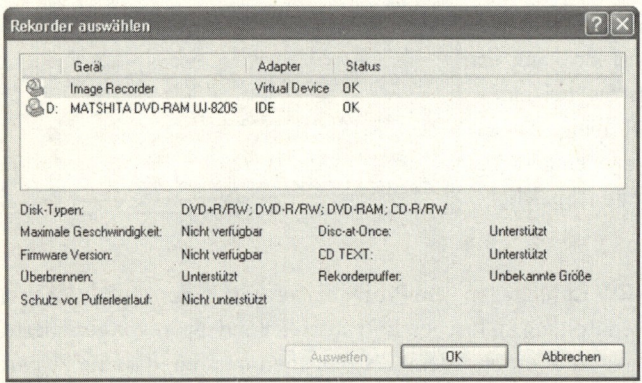

2. Über *Datei/Neu* können Sie nun das Fenster *Neue Zusammenstellung* erneut öffnen. Wählen Sie die Funktion *DVD-Kopieren* aus, um eine komplette DVD auf die Festplatte zu übertragen. Wichtig ist, dass Sie unter *Kopieroptionen* die Funktion *Direktkopie* aktivieren, damit die DVD ohne Zwischenspeicherung auf die Festplatte geschrieben wird.

3. Klicken Sie nun auf *Kopieren*, um den Vorgang zu starten. Es erscheint ein Fenster, über das Sie den Pfad und den Namen der Image-Datei festlegen müssen. Nach der entsprechenden Auswahl geht es mit *Speichern* zum Auslesen des Datenträgers.

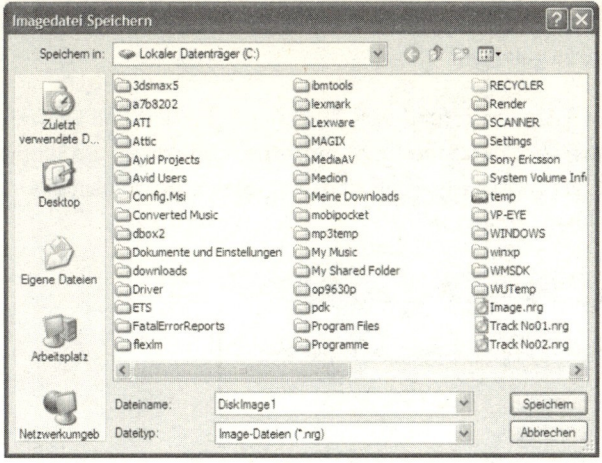

▶ ***Images von CDs erstellen*** ▶

Natürlich ist es ebenfalls kein Problem, Images von CDs zu erstellen. Die Schritte sind übertragbar. Wählen Sie in den Leseoptionen entweder ein Profil aus oder stellen Sie manuell die Bereiche der CD ein, die Sie ausgelesen haben möchten. Anschließend startet ebenfalls die Schaltfläche Kopieren *den Vorgang.*

Einzelne Lieder auf der Festplatte speichern

? Kann ich mit dem Image Recorder bei einer Musik-CD mit mehreren Liedern auch nur ein bestimmtes auswählen, um dieses zu speichern?

! Der Image Recorder ist ein virtueller Brenner, Sie können mit ihm daher sämtliche Funktionen von Nero nutzen, die Ausgabe erfolgt jedoch stets als Image-Datei und nicht als gebranntes Medium. Der *CD-Kopieren*-Dialog enthält jedoch nicht die Möglichkeit, nur einen bestimmten Track direkt auszuwählen.

Daher hat Nero eine zweite Funktion, um Images direkt zu erzeugen. Diese ist im Menü *Extras* zu finden und nennt sich *Track speichern*. Ungeachtet des ausgewählten Rekorders wird dabei der ausgewählte Track auf der Festplatte gespeichert.

1. Klicken Sie auf *Tracks speichern* im Menü *Extras*, um die Funktion zu starten. Anschließend müssen Sie das Laufwerk angeben, das die zu speichernde CD oder DVD enthält. Nach der Auswahl analysiert Nero den Datenträger und fragt Sie bei einem

Audiotrack, ob die gespeicherte Musik identifiziert werden soll. Schließen Sie dieses Fenster, um zur Trackauswahl zu gelangen.

2. Nero zeigt Ihnen nun eine Liste der gefundenen Tracks samt Format und Laufzeit an. Wählen Sie den Track aus, den Sie abspeichern möchten, und sorgen Sie dafür, dass als Dateiformat *Imagedatei (*.nrg)* ausgewählt ist. Geben Sie unter *Pfad* einen Ort und den Namen an, den das Image tragen soll.

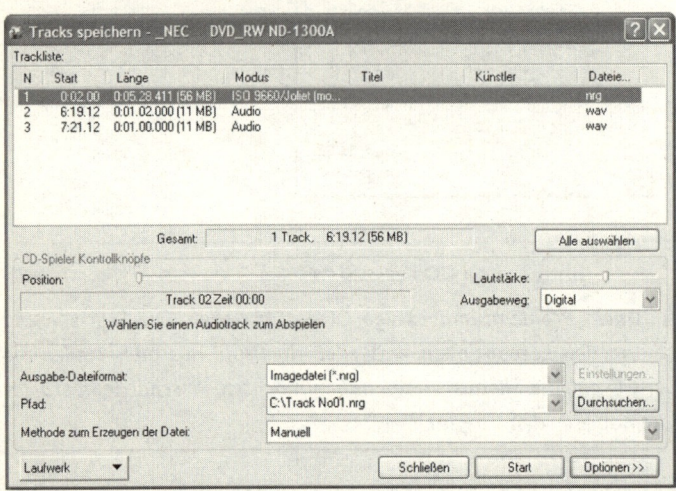

3. Unter *Optionen* finden Sie weitere Einstellungen, beispielsweise die Möglichkeit, die Lesegeschwindigkeit zu verlangsamen oder die Audiokorrektur zu aktivieren, um möglichen Fehlern beim Auslesen von Audiotracks vorzubeugen. Klicken Sie abschließend auf *Start*, um den gewählten Track zu speichern. Nach Beendigung des Auslesens bleibt das Fenster geöffnet, damit Sie bei Bedarf weitere Tracks abspeichern können.

IIII▶   **Multisession-CD zusammenstellen**   **IIII▶**

Die Track speichern-Funktion ist dazu geeignet, eine Multisession-CD zu zerlegen, um einzelne Teile zu importieren. Nicht nur mehrere Tracks einer Hybrid-CD werden in der Auswahl angezeigt, sondern auch sämtliche Sessions, sodass man problemlos auf den gesamten CD-Inhalt zugreifen kann.

Genügend Platz bei Kopien mit Image-Datei

? Seitdem ich stets zunächst eine Image-Datei von Nero anlegen lasse, schrumpft der freie Speicherplatz auf meiner Festplatte beträchtlich. Kann es sein, dass die Images auf der Festplatte bleiben und unnötigen Speicherplatz fressen?

! Tatsächlich löscht Nero nur dann die Image-Dateien, wenn diese Option in den *Kopieroptionen* aktiviert ist. Andernfalls lässt Nero die angelegten CD-Images unverändert. Dies kann jedoch auch vorteilhaft sein, denn das genutzte NRG-Format ist kein internes Format, das nur während des Schreibvorgangs gelesen werden kann. Werden zu einer späteren Zeit weitere Kopien benötigt, kann man die Image-Datei mit Nero öffnen und weitere Kopien brennen, ohne die Quell-CD erneut zu benötigen.

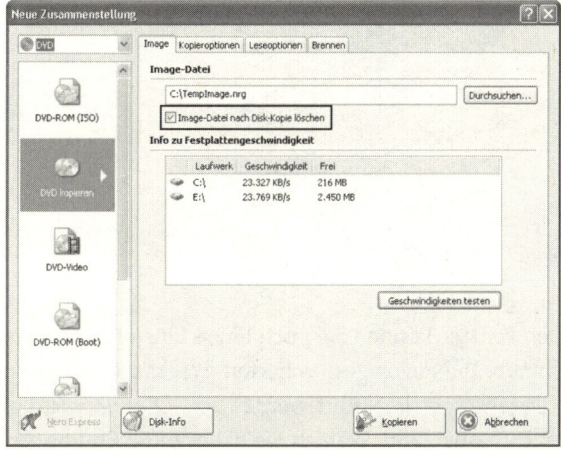

Sollten Sie sich zum Löschen der Image-Dateien entschlossen haben, sorgen Sie dafür, dass in den *Kopieroptionen* die Funktion *Image-Datei nach Disk-Kopie löschen* aktiviert ist. Nur dann löscht Nero nach Beendigung der Kopie die angelegte Datei automatisch.

DVD-Abbilder auf einen Rohling brennen

? Ich habe ein Image und möchte dies auf einen Rohling brennen. Wenn ich das Image jedoch in die Auswahl ziehe, entpackt Nero nicht den Inhalt, sondern brennt die Image-Datei unverändert auf den Datenträger.

Nero ist in der Lage, verschiedene Image-Formate zu entpacken und den Inhalt auf einen Datenträger – sei es eine CD oder eine DVD – zu brennen. Wenn Sie allerdings das Image einfach auf eine neue Zusammenstellung ziehen, denkt Nero, dass Sie das Image unverändert auf eine Silberscheibe kopieren wollen.

1. Es existiert daher die Funktion *Image brennen* im *Rekorder*-Menü. Es öffnet sich ein Fenster, das Sie nach dem zu brennenden Image fragt. Wählen Sie die Datei aus, die Sie brennen möchten, und bestätigen Sie dies mit *OK*.

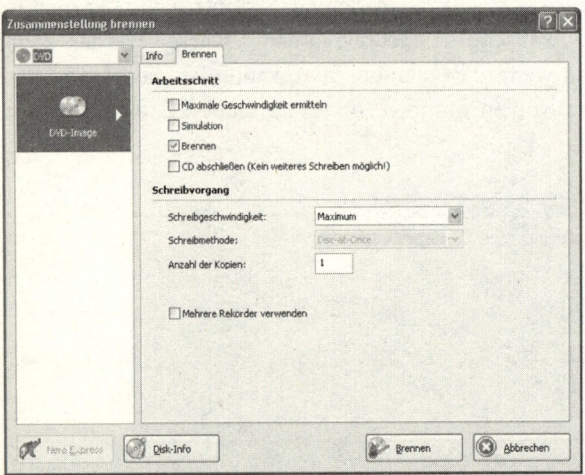

2. In dem anschließend sichtbaren Fenster können Sie noch letzte Einstellungen wie die Brenngeschwindigkeit vornehmen. Bei zuvor gespeicherten Tracks ist es zudem möglich zu entscheiden, ob der Datenträger finalisiert werden soll. Dies ist wichtig, damit die Daten später auf jedem PC lesbar sind. Wählen Sie daher diese Option aus und klicken Sie anschließend auf *Brennen*, um eine CD aus dem Image zu erstellen.

Mehrere Images transportieren

Natürlich sind Sie nicht verpflichtet, mehrere Images zu transportieren. Möchten Sie beispielsweise einige Ihrer CDs Platz sparend auf einem DVD-Rohling unterbringen, können Sie diese zunächst als Image speichern, in Nero eine normale DVD erstellen und die Images als Datei ungeöffnet auf den Datenträger kopieren. Möchten Sie später eine der gespeicherten CDs erneut nutzen, können Sie über die *Image brennen*-Funktion das auf der DVD gespeicherte Image auf eine CD entpacken.

Platzprobleme bei Video-CDs

? Das Image einer Video-CD, das ich vor einiger Zeit angelegt habe, hat über 700 MByte. Nun möchte ich daraus wieder eine CD erstellen. Brauche ich einen übergroßen Rohling zum Brennen?

! Zwar ist die physikalische Größe einer CD stets gleich, doch kommt es je nach dem Inhalt, der auf eine CD geschrieben wird, zu Unterschieden im zur Verfügung stehenden Speicherplatz.

Eine 700-MByte-CD eines Anwendungsprogramms beinhaltet etwa 100 MByte zusätzliche Korrekturdaten, die auf einer Video-CD nicht vorhanden sind. Möchten Sie daher ein Video-Image auf eine CD kopieren, stehen Ihnen etwa 100 MByte mehr Speicherplatz als bei einer echten Daten-CD zur Verfügung.

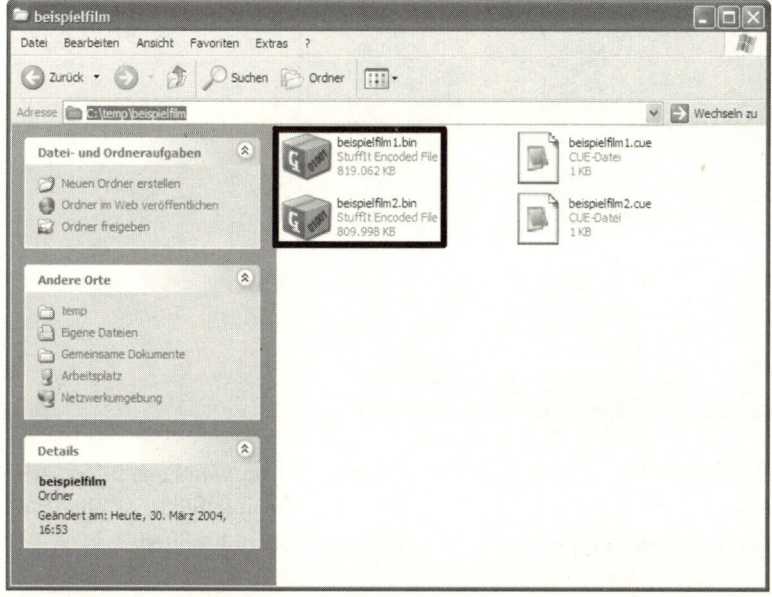

Dies bedeutet, dass auch Images, die über 700 MByte groß sind und einen Film beinhalten, auf eine CD mit 700 MByte Speicherplatz passen, wenn sie das richtige Format enthalten und daher von Nero nicht als Daten-CD gebrannt werden.

Abbilder fremder Brennprogramme nutzen

? Ist es möglich, auch andere Image-Formate zu brennen, oder ist Nero allein auf das eigene NRG-Format beschränkt?

! Die Nero-Macher haben dafür gesorgt, dass Nero auch zu anderen Dateiformaten kompatibel ist. Das bekannteste Image-Format ISO wird ebenfalls verstanden und kann mit Nero gebrannt werden.

Daneben ist ebenfalls das weit verbreitete BIN-Format mit Nero kompatibel. Allerdings müssen Sie beim Öffnen einer BIN-Datei wissen, mit welchem Dateimodus sie gespeichert wurde, wie viele Tracks sie beinhaltet und an welchen Stellen die Tracks beginnen, andernfalls kann Nero die Datei nicht korrekt interpretieren.

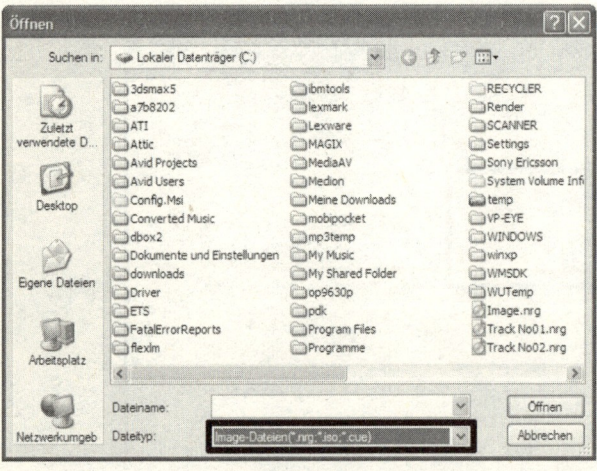

Daher gibt es meist zu den BIN- die CUE-Dateien, die diese notwendigen Informationen enthalten und von Nero ebenfalls verstanden werden. Mit ihnen ist es ohne weitere Angaben möglich, ein BIN-Image auf eine DVD oder CD zu brennen.

BIN-Datei nicht importierbar

? Ich habe ein BIN-File mit der passenden CUE-Datei, trotzdem kann ich die Datei nicht brennen. Obwohl beide Dateien im gleichen Verzeichnis liegen, meldet Nero, dass die BIN-Datei nicht gefunden werden kann.

14.2 DISKS MIT NUR EINEM LAUFWERK KOPIEREN   **457**

! In vielen Fällen kommt es zu Problemen, wenn bei der Erzeugung des Images die Verzeichnisstruktur anders war. Zwar unterstützt das CUE-Format relative Pfade, doch ist in vielen Fällen ein absoluter Pfad angegeben. Ändert man den Pfad beispielsweise durch eine Kopie auf einen Rohling, kann Nero das zugehörige BIN-File nicht mehr finden. Zudem kommt es auch vor, dass deren Name abgeändert wurde und daher nicht mehr zu den Angaben in der CUE-Datei passt.

1. Gehen Sie zur Korrektur des Fehlers zu dem Verzeichnis, das die beiden Dateien enthält. Handelt es sich um eine DVD oder CD, müssen Sie zunächst die Dateien auf die Festplatte kopieren, damit die CUE-Datei bearbeitet werden kann. Klicken Sie mit rechts auf das CUE-File und wählen Sie aus dem Menü *Bearbeiten* aus.

2. Der sich nun öffnende Editor zeigt den Inhalt der Datei an, darunter auch den Pfad und den Namen des BIN-Files. In dem gezeigten Beispiel sind gleich zwei Fehler zu finden, sowohl der Pfad als auch der angegebene Dateiname sind nicht korrekt.

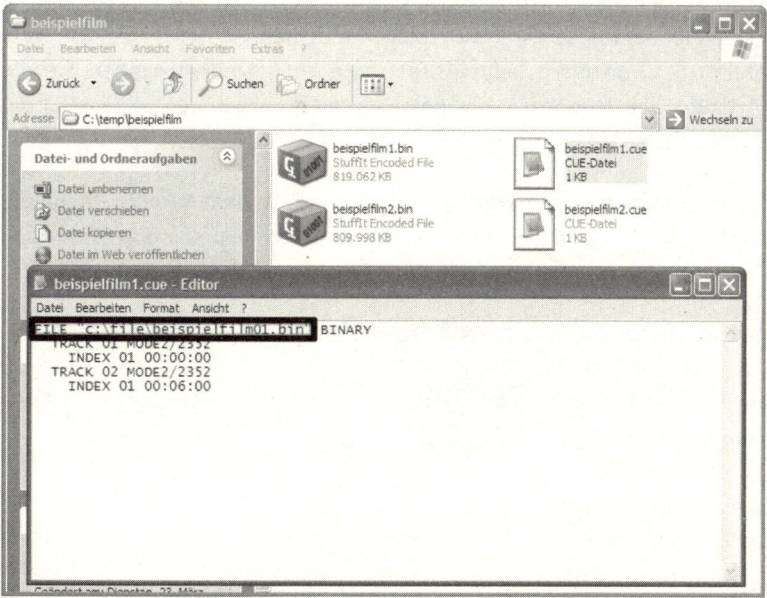

3. Zur Korrektur unserer Beispieldatei muss zunächst die Null im Dateinamen entfernt und anschließend der Pfad angepasst werden. Hierzu sollten Sie, wenn sowohl das BIN- als auch das CUE-File in einem Verzeichnis liegen, die gesamte Pfadinformation entfernen und allein den Dateinamen zwischen den Anführungsstrichen stehen lassen. Anschließend ist das CUE-File von jedem Ort des PCs aus nutzbar, solange sich im gleichen Verzeichnis die passende BIN-Datei befindet.

CD aus mehreren Abbildern erstellen

? Auf meiner Festplatte geistern viele kleine CD-Abbilder herum, die ich gebündelt auf ein Medium brennen möchte, ohne dass sich die Inhalte der einzelnen Abbilder dabei vermischen. Kann ich jedes Abbild getrennt auf eine CD brennen?

! Nero bietet eine hervorragende Möglichkeit, mehrere CDs mit wenigen Daten zu einer CD zusammenzufügen, ohne dass sich der Inhalt vermischt. Dieser Weg bietet anders als beim reinen Kopieren von Image-Dateien auf eine CD daher die Möglichkeit, den Inhalt der CDs getrennt voneinander zu nutzen – die resultierende CD ist in mehrere voneinander getrennte CD-Stücke unterteilt.

1. Speichern Sie zunächst über *Extras/Tracks speichern* den Inhalt der CDs ab, die Sie getrennt voneinander auf der späteren CD ablegen möchten. Achten Sie darauf, stets das NRG-Dateiformat von Nero beim Abspeichern zu nutzen. Benennen Sie die Tracks mit fortlaufenden Nummern, um beim späteren Hinzufügen zu der CD die Reihenfolge zu behalten.

2. Fangen Sie nun mit dem ersten Track an. Wählen Sie aus dem *Rekorder*-Menü die Funktion *Image brennen* aus, geben Sie Nero das erste Image an, und schon öffnet sich das Fenster *Zusammenstellung brennen*.

Wählen Sie aus dem Fenster am linken Rand gegebenenfalls *CD* als Zielformat aus und überprüfen Sie, ob in den Brennoptionen die Option *CD abschließen* deaktiviert ist. Starten Sie anschließend den Brennvorgang.

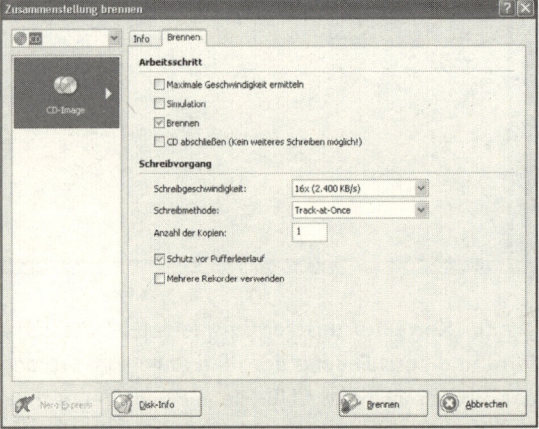

3. Nun ist das nächste CD-Image an der Reihe, auf die CD gebrannt zu werden. Klicken Sie erneut im Menü *Rekorder* auf *Image brennen*. Sorgen Sie dafür, dass die gleiche CD im Brenner liegt, und wählen Sie im erscheinenden Auswahlfenster nun das nächste CD-Image aus, das Sie auf die CD brennen möchten. Überprüfen Sie die Brennoptionen und beginnen Sie mit dem Brennen. Wiederholen Sie den Schritt, bis alle zuvor gespeicherten CD-Images auf die Archiv-CD gebrannt sind.

▶ **DVD mit mehreren Images erzeugen** ◀

Besonders interessant wäre es, eine DVD mit mehreren Images zu erzeugen, die getrennt voneinander genutzt werden können. In diesem Fall könnte man selbst große CDs bequem archivieren. Allerdings ist Nero zum Zeitpunkt des Entstehens dieses Buches nicht in der Lage, über die *Image brennen*-Funktion eine DVD mit mehreren Images zu beschreiben, da Nero jede DVD sofort finalisiert und daher keinen zweiten Track mit einem anderen Inhalt erlaubt. Lediglich Multisession-DVDs ohne Finalisierung existieren, dabei sind jedoch die Daten nicht voneinander getrennt. Allerdings kann man als Notlösung mehrere Unterverzeichnisse erstellen, den Inhalt eines jeden Images in ein virtuelles Laufwerk laden und anschließend auf die DVD brennen. Nähere Informationen hierzu finden Sie ab Seite 465.

Mehrere Abbilder auf einer CD aktivieren

? Auf der erstellten Archiv-CD ist nur das erste Image im Explorer zu sehen. Wie kann ich zwischen den einzelnen Images wechseln?

! Ahead hält im Nero-Paket das Tool Multimounter bereit, das auch auf den Seiten von Ahead kostenlos downloadbar ist. Dieses Tool klinkt sich zusammen mit dem Nero-CD-Treiber in die Datenträgerverwaltung von Windows ein und sorgt dafür, dass Sie die einzelnen Tracks auswählen können. Eine detaillierte Installationsanleitung zum Multimounter finden Sie in der Liesmich-Datei, die dem Download-Archiv des Programms beiliegt.

1. Nach der Installation können Sie zwischen den einzelnen Images wechseln. Öffnen Sie hierzu durch einen Doppelklick auf das Symbol *Arbeitsplatz* die Laufwerkübersicht. Klicken Sie mit rechts auf das Laufwerk, das die Multi-Image-CD enthält, und wählen Sie im Kontextmenü die Option *Eigenschaften* aus.

2. Wechseln Sie zum Register *Datenträger*. Dort sehen Sie die einzelnen Images, auf der CD zu finden sind. Mit einem Doppelklick können Sie das Image auswählen, das Windows und sämtliche Programme sehen sollen. Die aktive Auswahl ist stets mit einem Häkchen vor dem Namen des Images gekennzeichnet. Anschließend können Sie das Verzeichnis schließen und auf das ausgewählte Image zugreifen.

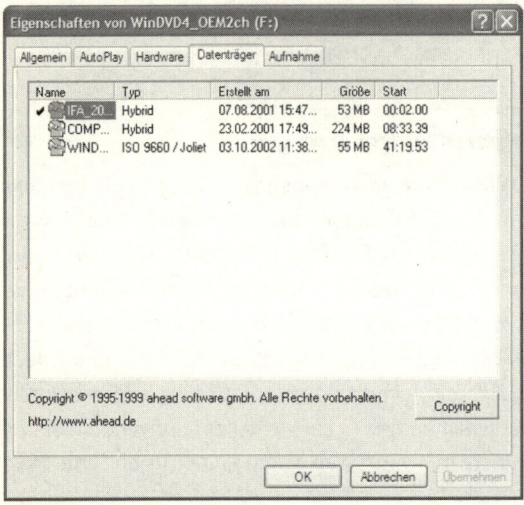

Einzelne CD-Teile auf der Festplatte speichern

? Ich habe eine CD mit mehreren Abbildern kleinerer Datenträger erstellt. Eines der Abbilder, die nun als Track auf der CD zu finden sind, möchte ich für eine weitere CD auf die Festplatte importieren. Gibt es einen Weg, eines der zuvor übertragenen Abbilder erneut auszulesen?

! Die von Musiktracks bekannte *Tracks speichern*-Funktion ist auch dazu in der Lage, den Inhalt einer Daten-CD mit mehreren Abbildern zurück auf die Festplatte zu überspielen. Dabei ist es möglich, den Track und damit das Abbild auszuwählen, das importiert werden soll.

1. Klicken Sie dazu im Menü *Extras* auf *Tracks speichern* und wählen Sie das Laufwerk aus, in das die CD eingelegt wurde. Die Liste des sich öffnenden Fensters zeigt Ihnen die verfügbaren Tracks und damit Abbilder an.

2. Markieren Sie den zu speichernden Track und wählen Sie *Imagedatei (*.nrg)* als *Ausgabe-Dateiformat*. Geben Sie einen *Pfad* an und klicken Sie abschließend auf *Navi-*

gieren. Nero beginnt sodann mit der Erzeugung eines neuen Abbilds des ausgewählten Inhalts, das bei Bedarf wiederum auf eine neue CD gebrannt werden kann.

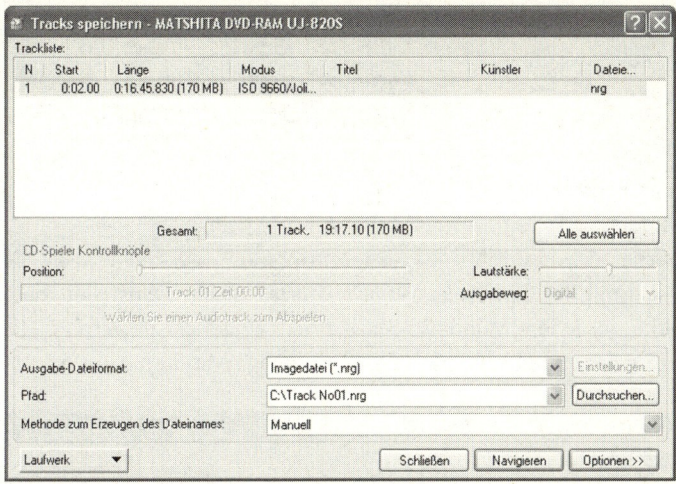

14.3 Virtuelle Laufwerke als Brennerersatz
Abbild in eine virtuelle Festplatte umwandeln

Ist es möglich, das Image eines Datenträgers als virtuelles Laufwerk zu nutzen, um die Daten ständig in Festplattengeschwindigkeit griffbereit zu haben?

Nero besitzt ein eigenes Tool, Nero ImageDrive, um eine zuvor gespeicherte CD oder DVD als virtuelles Laufwerk in eine bestehende Windows-Oberfläche zu integrieren. Hierzu muss zunächst das virtuelle Laufwerk aktiviert werden.

1. Klicken Sie in der Nero-Programmgruppe des Startmenüs auf den Eintrag *Nero ImageDrive*. Es erscheint die Frage – sollte das Programm derzeit nicht aktiviert sein –, ob Sie das Nero-Modul aktivieren möchten. Bestätigen Sie dies, um die Installation zu starten.

Sie sehen nun die Meldung, dass die Hardware den Windows-Logo-Test nicht bestanden hat. Dies ist nicht weiter tragisch, da Microsoft lediglich das Modul nicht getestet hat – das Programm ist zu den aktuellen Windows-Versionen kompatibel.

Klicken Sie daher auf *Installation fortsetzen*. Es wird ein neuer Controller eingerichtet, der wie ein IDE-Controller zur Ansteuerung der Laufwerke – in diesem Fall virtueller Natur – von Nero ImageDrive genutzt wird.

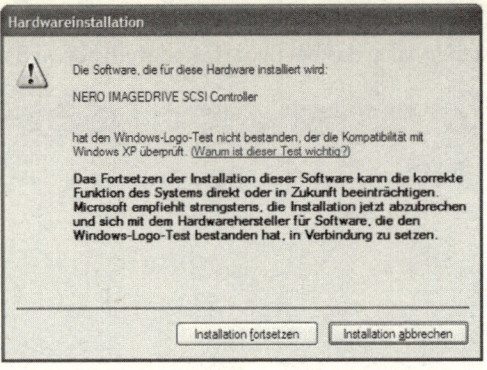

2. Nach der Einrichtung des Programms öffnet sich das Fenster von Nero ImageDrive, mit dem Sie bis zu zwei virtuelle Laufwerke aktivieren können. Zudem lässt sich mit der Option *Images beim Starten mounten* einstellen, dass die virtuellen Laufwerke bei jedem Windows-Start direkt eingerichtet werden. Für den Anfang aktivieren Sie das erste Laufwerk – dies kann einige Minuten dauern.

3. Wechseln Sie nun zur plötzlich aufgetauchten Registerkarte *Erstes Laufwerk*. Darin können Sie das Image für das erste Laufwerk auswählen. Klicken Sie auf die Schaltfläche mit den drei Punkten und wählen Sie das Image aus, das als Laufwerk eingebunden werden soll. Mit *OK* beenden Sie das Steuerprogramm; schon steht Ihnen das Image als Laufwerk zur Verfügung.

Virtuelle Laufwerke für Notebooks

Gerade bei Notebooks bieten sich virtuelle Laufwerke an. So kann man bei Subnotebooks auf ein externes Laufwerk für notwendige Silberscheiben verzichten und bei Geräten mit eingebautem Laufwerk Energie sparen, indem man die ohnehin notwendige Festplatte als DVD-Laufwerk nutzt. Zusätzlich setzt man sich nicht der Gefahr aus, dass während der Reise Datenträger verloren gehen oder zerstört werden, wenn sie in rein virtueller Form auf der Festplatte lagern.

Buchstabe des virtuellen Laufwerks ändern

? Ein bereits installiertes Programm benötigt zum Abruf weiterer Informationen ständig die DVD im Laufwerk. Ich möchte daher den Datenträger direkt auf der Festplatte speichern und als virtuelles Laufwerk mounten. Wie sorge ich dafür, dass auch der Laufwerkbuchstabe mit dem vorherigen DVD-Laufwerk übereinstimmt.

! Viele Programme installieren sich nicht komplett auf die Festplatte, sondern benötigen eine ständig eingelegte CD oder DVD, um zusätzliche Informationen nachzuladen. Dies kann zu Performanceeinbrüchen führen und ist zudem dafür verantwortlich, dass das meist recht laute DVD-Laufwerk ständig hochdreht. Eine Auslagerung auf die Festplatte ist daher bei häufiger Nutzung eine sehr gute Alternative.

1. Nutzen Sie zunächst den virtuellen Brenner, um ein Abbild von dem Datenträger auf die Festplatte zu schreiben. Wählen Sie als Brenner unter *Rekorder/Rekorderwahl* den Image Recorder aus, legen Sie über *Datei/Neu* eine *Neue Zusammenstellung* an und wählen Sie dann *CD-* bzw. *DVD-Kopieren* aus. Weitere Informationen zum Erstellen von CD-/DVD-Abbildern finden Sie im vorherigen Abschnitt.

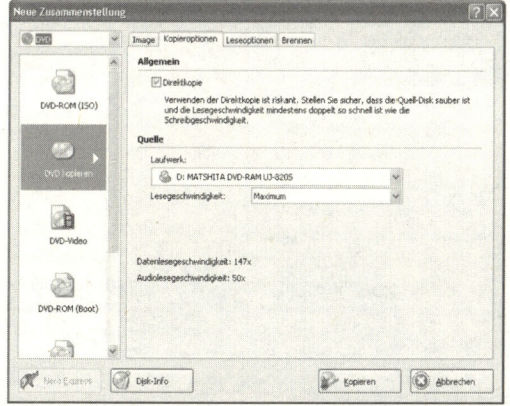

2. Starten Sie nun aus der Nero-Startgruppe das Programm ImageDrive und aktivieren Sie dies, sollte es nicht bereits laufen. Wechseln Sie zum Register *Erstes Laufwerk* und klicken Sie auf die drei Punkte, um das zuvor geschriebene Image auszuwählen.

3. Viele Programme haben Probleme, wenn sich der Laufwerkbuchstabe ändert, sie finden den notwendigen Datenträger dann nicht mehr. Es ist jedoch möglich, in diesem Fall den Buchstaben zu ändern, sodass das virtuelle Laufwerk an die Stelle des realen DVD-Laufwerks rückt. Klicken Sie hierzu mit rechts auf *Arbeitsplatz*, dessen Symbol sich auf dem Desktop befindet, und wählen Sie die Option *Verwalten* aus.

4. Im linken Bereich des Fensters ist in der Rubrik *Datenspeicher* der Unterpunkt *Datenträgerverwaltung* zu finden. Klicken Sie auf diesen, um eine Übersicht aller Laufwerke zu bekommen.

5. Klicken Sie mit rechts auf das Laufwerk, dessen Buchstabe Sie ersetzen möchten. Wählen Sie die Option *Laufwerkbuchstaben und -pfade ändern* aus. In dem sich öffnenden Fenster ist der aktuelle Laufwerkbuchstabe zu sehen. Klicken Sie auf *Ändern* neben dem Buchstaben und wählen Sie aus der Pulldown-Liste im nächsten Fenster einen neuen Buchstaben aus.

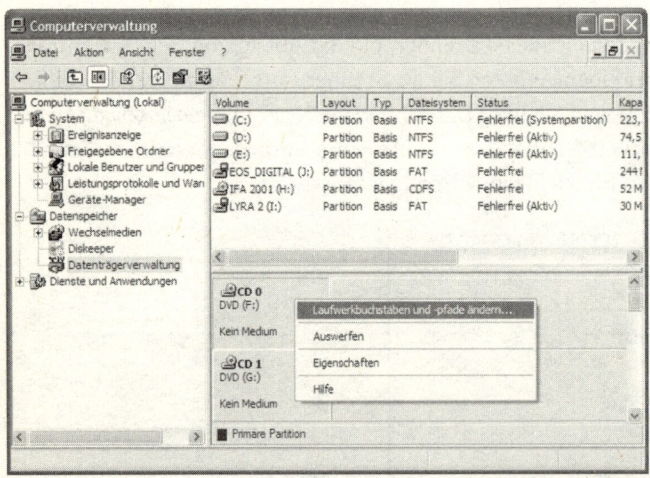

6. Der Buchstabe ist nun für das virtuelle Laufwerk frei. Klicken Sie ebenfalls mit rechts auf das virtuelle Laufwerk, wählen Sie erneut den Eintrag *Laufwerkbuchstaben und -pfade ändern* und klicken Sie anschließend auf *Ändern*. In der Pulldown-Liste steht dank der vorherigen Neuzuweisung der frei gewordene Buchstabe des DVD-Laufwerks zur Verfügung. Suchen Sie diesen aus der Liste heraus und bestätigen Sie dies mit *OK*.

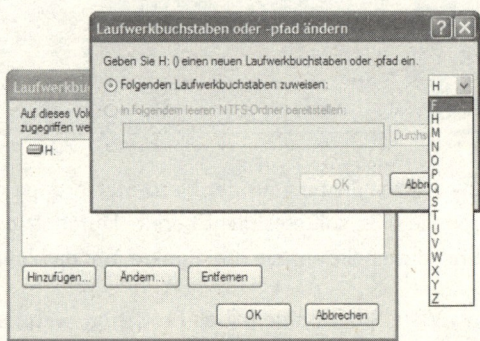

Das virtuelle Laufwerk besitzt nach den Modifikationen den Buchstaben des optischen Laufwerks. Ist die DVD richtig zugeordnet, kann das Programm nun ohne Probleme das Image dank des virtuellen Laufwerks als Datenträger nutzen.

DVD-Film zu virtuellem Laufwerk umwandeln

Neben dem Umwandeln von Programmen bietet es sich an, DVDs als Image abzuspeichern und anschließend zu einem virtuellen Laufwerk umzuwandeln. Ein derart integriertes Image sorgt für keinerlei Abspielprobleme, und der Rechner ist bei der Wiedergabe deutlich ruhiger als mit eingelegter Silberscheibe.

DVD mit mehreren CD-Abbildern füllen

Ich habe mehrere CD-Images auf der Festplatte und möchte diese direkt auf eine DVD brennen, um den Plattenplatz zu sparen. Der Inhalt der Images soll nach dem Brennen zugänglich sein.

Zwei Wege führen zum Ziel. Sie können einfach alle Images unverändert auf die DVD brennen und anschließend das Image, dessen Inhalt Sie benötigen, mittels der ImageDrive-Funktion einem der virtuellen Laufwerke zuweisen.

Alternativ ist es jedoch auch möglich, die Images vor dem Brennen in ein virtuelles Laufwerk zu laden und deren Inhalt anschließend in ein Unterverzeichnis der DVD zu kopieren. Der Befehl *Image brennen* ist dagegen nicht einsetzbar, da Nero in diesem Fall die DVD nach dem ersten Brennen finalisiert und daher keine zusätzlichen Tracks mit weiteren Images gebrannt werden können.

1. Laden Sie im ImageDrive-Tool die zwei ersten Images, indem Sie die Registerkarten *Erstes Laufwerk* und *Zweites Laufwerk* öffnen, auf die Schaltfläche mit den drei Punkten klicken und anschließend die entsprechenden Images zuweisen.

2. Starten Sie Nero und wählen Sie unter *Neue Zusammenstellung* die Option *DVD-ROM (ISO)* aus. Wechseln Sie auf der rechten Seite zum *Multisession*-Bereich und setzen Sie den Punkt vor *Multisession Daten-Disk starten*. Klicken Sie abschließend auf *Neu*.

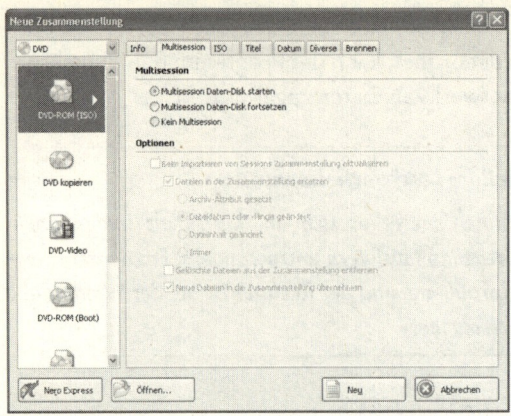

3. Wählen Sie im Dateibrowser das erste virtuelle Laufwerk aus. Klicken Sie im linken DVD-Bereich mit der rechten Maustaste auf eine leere Stelle und klicken Sie anschließend auf die Option *Ordner erstellen*. Weisen Sie dem Ordner den Namen der ersten CD zu.

4. Ziehen Sie nun den Inhalt der ersten CD per Drag & Drop auf das Ordnersymbol des eben erstellten Verzeichnisses. Nero fügt die Daten hinzu, sodass diese gebrannt werden können. Erstellen Sie anschließend einen zweiten Ordner und fügen Sie die Daten des zweiten virtuellen Laufwerks hinzu. Brennen Sie nun die Multisession-DVD.

5. Öffnen Sie das Nero ImageDrive-Tool erneut. Laden Sie die nächsten zwei Images und bestätigen Sie dies mit *OK*. Im Nero-Hauptprogramm müssen Sie anschließend über *Datei/Neu* den Dialog *Neue Zusammenstellung* nochmals aufrufen. Wählen Sie wieder *DVD-ROM (ISO)* aus, setzen Sie unter *Multisession* jedoch den Punkt vor die Option *Multisession Daten-Disk fortsetzen*. Bestätigen Sie dies mit *Neu*.

6. Ein neues Fenster öffnet sich, das Sie auffordert, die Session auszuwählen, die Sie fortsetzen wollen. Wählen Sie die zuvor erstellte Session aus, im linken DVD-Bereich erscheinen nun die bereits gebrannten Daten als blasse Symbole. Erstellen Sie wie zuvor zwei Verzeichnisse, ziehen Sie per Drag & Drop den Inhalt in 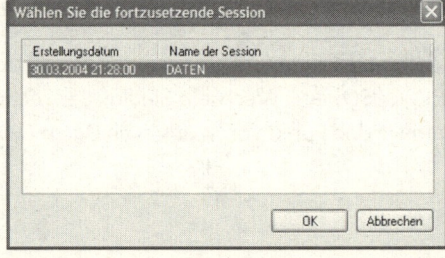 den jeweiligen Ordner und brennen Sie die Zusammenstellung. Achten Sie dabei darauf, dass im Brenndialog kein Häkchen vor *DVD abschließen* ist, möchten Sie der Session noch weitere Daten hinzufügen.

7. Anders beim letzten Hinzufügen von Dateien. Reicht der Platz nur noch für einen letzten Brennvorgang aus, setzen Sie das Häkchen vor *DVD abschließen – falls möglich*. Nero beendet beim letzten Schreibvorgang die DVD und sorgt so dafür, dass der Datenträger in allen Laufwerken lesbar wird.

⏩   **DVD mit mehreren Images direkt beschreiben**   ⏩

Sollte es in einer zukünftigen Version dem User freigestellt sein, ob er den DVD-Rohling finalisiert, können Sie auch den beschriebenen Weg für CDs gehen und den Befehl Image brennen *nutzen, um mehrere Tracks auf eine nicht finalisierte DVD zu schreiben. In diesem Fall ist auch der Multimounter erneut gefragt, um den jeweiligen Track, der benötigt wird, zu aktivieren. Bei Drucklegung dieses Buches war diese logische Möglichkeit in Nero leider nicht vorgesehen, sie könnte jedoch jederzeit eingeführt werden.*

Video-DVDs kopieren

1:1-Kopien von Video-DVDs	**470**
Größe von Video-DVDs verändern	**480**
Inhalt einer Video-DVD verändern	**488**

15.1 1:1-Kopien von Video-DVDs

Die DVD passt nicht auf den Rohling

? Wenn ich versuche, eine Video-DVD auf einen DVD-Rohling zu kopieren, meldet mir Nero, dass das Image nicht auf den Rohling passt, obwohl ich von DVD auf DVD kopiere.

! Eine gepresste DVD und ein DVD-Rohling sind nicht miteinander vergleichbar. Handelsübliche Video-DVDs entsprechen dem DVD-9-Standard und haben daher etwa die doppelte Speicherkapazität eines DVD-Rohlings und dem damit verbundenen DVD-5-Standard.

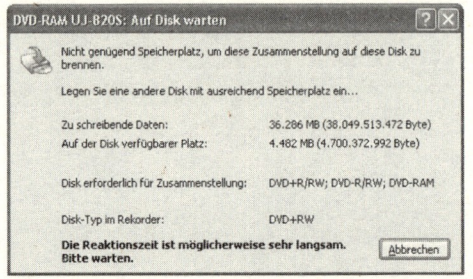

Das direkte Kopieren von Video-DVDs ist daher in der Regel nicht möglich, da fast alle Video-DVDs im Handel zu groß für DVD-Rohlinge sind. Umgangen werden kann dies mit dem Programm Nero Recode, das die Größe der Video-DVD durch eine Neuberechnung des Films anpasst und somit das Kopieren ermöglicht. Daneben ist eine Aufteilung der DVD auf zwei Rohlinge möglich. Hierzu muss der Film in zwei Teile untertrennt werden.

Video-DVDs mit Nero Recode kopieren

? Ich möchte eine Video-DVD mit Nero kopieren, weiß jedoch nicht, ob die *DVD kopieren*-Funktion dazu in der Lage ist oder ob ein spezielles Videotool aus dem Nero-Paket eingesetzt werden muss.

! Grundsätzlich ist das Hauptprogramm Nero Burning ROM für alle Brennaufgaben geeignet, auch für Video-DVDs. Allerdings bietet das Tool Nero Recode deutlich mehr Möglichkeiten, beispielsweise das Entfernen von ungewünschten DVD-Teilen oder eine Größenreduktion.

Unter der Voraussetzung, dass die zu kopierende Video-DVD keinen Kopierschutz besitzt und auch in einem Zug auf einen DVD-Rohling passt, ist eine DVD problemlos mit der *DVD kopieren*-Zusammenstellung direkt in Nero duplizierbar. Aufwendigere

Arbeiten wie das Unterteilen einer Video-DVD bleiben hingegen Nero Recode vorbehalten.

Kopiervorgang bei einigen Video-DVDs wird abgebrochen

? Bei vielen Video-DVDs zeigt der Computer an, dass er die DVD nicht einlesen kann, weil ein Kopierschutz vorhanden ist. Kann man dies umgehen?

! Die meisten handelsüblichen DVDs besitzen einen Kopierschutz, der von Nero erkannt wird. In diesem Fall meldet Nero, dass die DVD nicht gelesen werden kann, da der Hersteller in Abstimmung mit dem neuen Urheberrecht dies unterbindet. Dies gilt nicht nur für das Hauptprogramm, sondern auch für das spezielle DVD-Programm Recode. Die Wiedergabe wird hierdurch nicht beeinflusst, der Kopierschutz wird lediglich beim Kopieren erkannt.

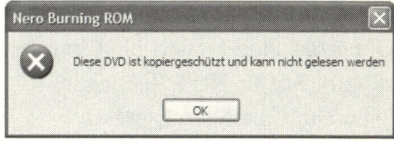

Eine Umgehung des Kopierschutzes ist weder mit Nero möglich noch erlaubt. Das Urheberrecht verbietet das Umgehen des Kopierschutzes. Eine Verarbeitung von kopiergeschützten DVDs ist daher mit Nero nicht möglich.

⟹ **DVDs besitzen auch einen Abspielschutz** ⟸

Zwar sorgt der CSS-Kopierschutz nicht dafür, dass es beim Abspielen von DVDs zu Problemen kommt, doch sorgen die Ländercodes dafür, dass eine DVD nur in einer vom Verleih festgelegten Region angeschaut werden kann.

Nero Recode mit dem Standardpaket nicht nutzbar

? Ich kann sämtliche Funktionen von Nero Recode nicht nutzen, da Nero mir ständig mitteilt, dass ein Video-Plug-In für DVDs nicht installiert ist. Das Kopieren von DVDs im Hauptprogramm ist jedoch kein Problem.

! In einigen Varianten von Nero, beispielsweise in OEM-Versionen, die Komplett-PCs oftmals beiliegen, ist das Video-Plug-In zur Wiedergabe und Encodierung von MPEG-2-Videos nicht enthalten. Leider gehört MPEG-2 nicht zu den kostenlosen Codecs, daher muss zusätzlich eine entsprechende Lizenz erworben werden. Im Onlineshop von Ahead ist das passende Plug-In zu Nero verfügbar.

Folgen Sie dem Link in der Fehlermeldung von Nero Recode. Nach der Installation sind die zusätzlichen Funktionen von Nero, für die das Plug-In benötigt wird, freigeschaltet – dazu gehört die Neuberechnung des DVD-Inhalts ebenso wie die Wiedergabe von DVDs über den integrierten Player Nero ShowTime.

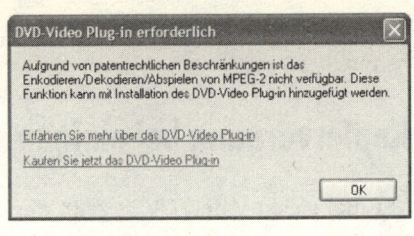

Ohne das Plug-In sind hingegen maßgebliche Teile von Nero nicht nutzbar. Dazu zählt nicht nur Nero ReEncode, sondern beispielsweise auch große Teile von Nero ShowTime und Nero Express.

Einstellungen für mehrere Kopien abspeichern

? Gibt es einen Weg, die Einstellungen bezüglich der Qualität und der gewollten Sprachspur abzuspeichern, damit ich nicht bei jeder DVD-Kopie alle Optionen erneut anpassen muss?

! Nero Recode besitzt ein Profilsystem zum Abspeichern der Qualitätsgewichtung, der gewünschten Tonsprache und des Tonsystems sowie der Untertitelsprache. Zu sehen ist die Profilverwaltung nach einem Klick auf *Mehr*.

Klicken Sie auf die Schaltfläche *Profile*, gelangen Sie zu den Optionen. Im Register *Video* lässt sich die Qualitätsgewichtung zwischen dem Hauptfilm und den Extras steuern, im *Audio*-Register können Sie die gewünschte Sprache und das Tonformat, sollte die Sprachspur mehrmals vorhanden sein, auswählen. Ebenso lässt sich auf der Registerkarte *Untertitel* einstellen, in welcher Sprache die Untertitel auf der neuen DVD sein sollen.

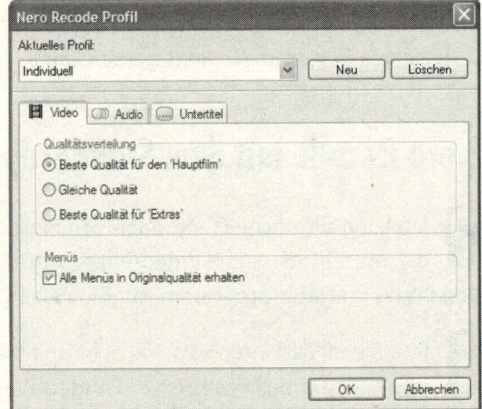

Zum Erstellen eines eigenen Profils müssen Sie zunächst auf *Neu* klicken und dem Profil einen Namen geben. Danach können Sie die Einstellungen in den drei Registerkarten beliebig ändern und abschließend mit einem Klick auf *OK* übernehmen. Über das Pulldown-Menü im *Mehr*-Bereich lassen sich anschließend die gespeicherten Einstellungen schnell und einfach aufrufen.

Überlange Video-DVD auf zwei DVDs verteilen

? Die Qualität der DVD ist mir sehr wichtig, daher möchte ich das DVD-Material nicht neu berechnen lassen, sondern den Inhalt auf zwei DVDs verteilen. Ich finde in Nero jedoch keine Möglichkeit, einen Film zu trennen.

! Nero bietet zwar nicht direkt eine 1:1-Kopierfunktion, bei der das Videomaterial automatisch auf zwei DVDs aufgeteilt wird. Mit Nero Recode kann man jedoch auf kleinen Umwegen eine lange Video-DVD, meist im DVD-9 Format, auf zwei DVD-Rohlinge kopieren.

1. Wählen Sie in Recode die Funktion *DVD neu erstellen* aus. Es öffnet sich der Hauptbildschirm, bei dem nun die Option *An Ziel anpassen* deaktiviert werden muss. Anschließend können Sie über *Titel importieren* den Film, den Sie auf zwei DVDs verteilen wollen, einlesen.

2. Der Titel erscheint nun in der mittigen Tabelle. In der Regel ist der Hauptfilm größer als die zur Verfügung stehenden 4,7 GByte, in diesem Fall ragt der Balken, der die aktuelle Dateigröße anzeigt, über die rote Markierung in der unteren Statusleiste hinaus. Markieren Sie in diesem Fall in der Liste den Hauptfilm und klicken Sie auf *Start/Ende*.

3. In dem sich nun öffnenden Fenster gibt es sowohl die Möglichkeit, eine Zeitposition als auch ein Kapitel zu wählen, um die Länge des Films zu begrenzen. Zudem wird die Größe des aktuell ausgewählten Zeitbereichs angegeben, sodass Sie über die Kapitelauswahl den Punkt im Film auswählen können, an dem die Größe des ersten Filmteils leicht unter der magischen Grenze von 4,7 GByte liegt – stellen Sie dies nun ein.

4. Nach dem Bestätigen sollte der Statusbalken links von der Markierung stehen – dem Brennen steht nun nichts mehr im Weg. Mit einem Klick auf *Weiter* gelangen Sie zu den Brennoptionen und der Möglichkeit, die Zusammenstellung auf der Festplatte zu speichern oder direkt auf eine DVD zu brennen.

5. Nach dem Erstellen der ersten DVD muss der Weg erneut gegangen werden. Wichtig ist die Auswahl des ersten Kapitels, das nicht auf der vorher erstellten DVD vorhanden ist, über die *Start/Ende*-Funktion. Die zweite DVD enthält mit dieser Einstellung die noch fehlenden Teile des Hauptfilms. Anschließend können Sie den Restplatz mit gegebenenfalls vorhandenen Extras füllen.

Aussetzer bei 1:1-Kopie verhindern

Ich habe eine DVD 1:1 kopiert und dabei den Hauptfilm auf zwei DVDs verteilt, allerdings gibt es an einer Stelle einen Bildaussetzer, kann man dies ändern?

Der Bildaussetzer kommt durch den Layersprung der als Quelle genutzten DVD-9. Die Stelle, an der Sie den Film getrennt haben, stimmt nicht mit der Stelle überein, an der auf der ursprünglichen DVD die zweite Datenebene beginnt.

Nero besitzt eine Funktion, um den Layerwechsel auszubessern. Sie können die Funktion aktivieren, indem Sie in Recode am unteren Rand auf *Mehr* klicken. Anschließend müssen Sie die *Einrichten*-Option auswählen. Dort lässt sich die Funktion *Layerunterbrechung entfernen* auswählen.

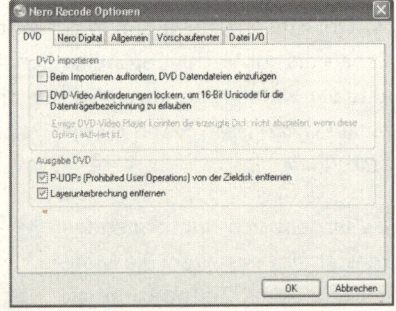

Recode löscht den gesamten Verzeichnisinhalt

Recode löscht bei mir alle Dateien in dem Ordner, den ich zum Zwischenspeichern des DVD-Abbilds ausgewählt habe. Leider finde ich keine Option, um dies zu deaktivieren.

Nero Recode besitzt in älteren Versionen eine unüberlegte Funktion, die den Inhalt des angegebenen Speicherorts komplett löscht, bevor das Programm das DVD-Abbild in den Ordner kopiert.

Leider ist die Funktion nicht abschaltbar, daher ist, um einen Datenverlust zu umgehen, der einzige Weg das Anlegen eines eigenen Verzeichnisses zum Zwischenspeichern, das anschließend in Nero Recode angegeben wird. Empfehlenswerter ist allerdings das Update auf eine neue Version von Recode, da der Hersteller Ahead die Löschfunktion inzwischen deaktiviert hat.

▥▶ **Datenverlust droht mit Nero Recode** ▥▶

Es ist extrem wichtig, dass Sie bei der Verwendung der alten Recode-Version 0.90 keinesfalls das Hauptverzeichnis der Festplatte als Speicherort angeben. Dies führt dazu, dass sämtliche Daten der Festplatte gelöscht werden. Ein Update ist daher sehr empfehlenswert.

Hauptfilm mehrmals auf der DVD vorhanden

? Nach dem Importieren einer DVD ist in der Auswahl von Recode der Hauptfilm mehrmals vorhanden. Ohne ersichtlichen Grund gibt es neben dem Hauptfilm entweder einen zweiten Titel mit der gleichen Länge oder viele kleine Filmabschnitte mit Ausschnitten des Films. Welche Teile der DVD enthalten den eigentlichen Film?

! Mehrere Funktionen der DVD benötigen teilweise oder vollständig einen doppelt angelegten Hauptfilm. So lassen sich beispielsweise unterschiedliche Blickwinkel oder fest integrierte Titel für mehrere Sprachen nur über zusätzliche Filmabschnitte erzeugen.

Nero Recode bietet ein Vorschaufenster, in dem Sie sich den entsprechenden Abschnitt anschauen können. Achten Sie darauf, ob Untertitel eingeblendet werden, die dem Film in den anderen Varianten fehlen. In der Regel ist es nötig, lediglich eine Version des Films zu behalten – allein die Wahl der richtigen Version ist entscheidend. Daher ist eine sorgfältige Begutachtung der unterschiedlichen Abschnitte unumgänglich.

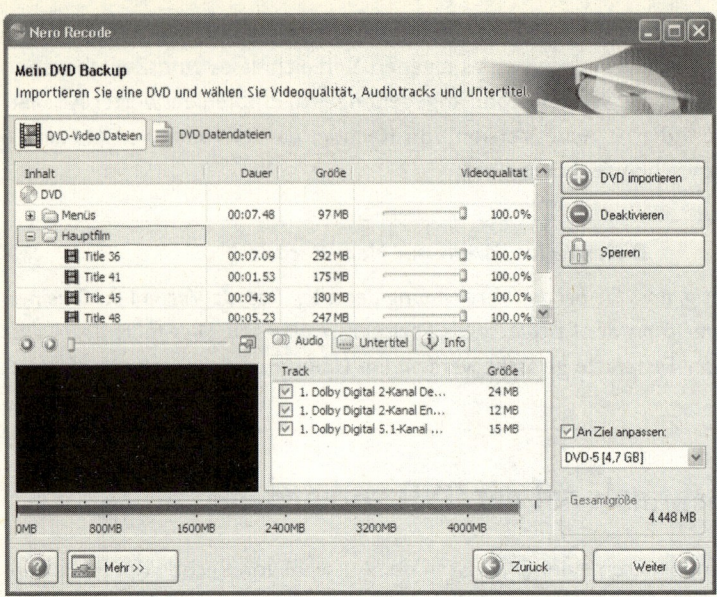

Recode kann eingelesene DVDs nicht von der Festplatte öffnen

Recode weigert sich, eine zuvor im VOB-Format auf der Festplatte abgelegte DVD zu öffnen, und meldet, dass die Datei nicht gefunden werden könne.

Nero Recode ist zwar in der Lage, das DVD-Format VOB zu verarbeiten, allerdings braucht es dazu die passenden IFO-Dateien, die Nero sagen, wie die VOB-Dateien zu verstehen sind. Fehlen diese, kann Recode – anders als viele Video-Player – mit VOB-Dateien nichts anfangen.

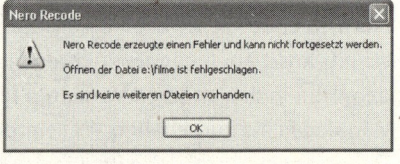

Das kostenlose Programm IfoEdit schafft jedoch Abhilfe. Das Programm ist in der Lage, die notwendigen IFO-Dateien über die Funktion *Create IFOs* zu erstellen. Anschließend kann die auf der Festplatte gesicherte DVD importiert und mit Recode bearbeitet werden.

1. Nach dem Start von IfoEdit steht Ihnen in der Funktionsauswahl am unteren Rand die Option *Create IFOs* zur Verfügung. Klicken Sie darauf, um die Funktion zu aktivieren.

2. Wählen Sie nun unter *1st VOB of Title-Set* die erste Datei des Hauptfilms aus. Wenn Sie sich nicht sicher sind, mit welcher Datei der Film startet, können Sie beispielsweise mit Nero ShowTime die einzelnen VOB-Dateien wiedergeben, um den Anfang zu suchen.

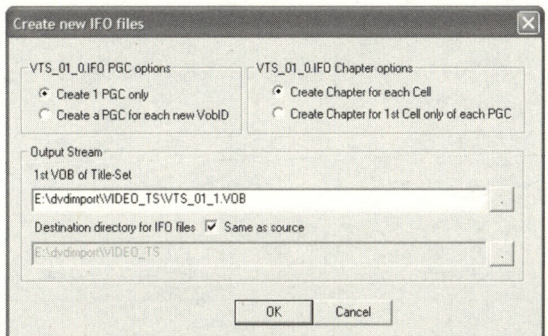

3. Wählen Sie abschließend aus, wie die Kapiteleinteilung erfolgen soll. Es bietet sich an, die Optionen *Create 1 PGC only* und *Create Chapter for each Cell* zu aktivieren, um den Film in viele kleinere Kapitel aufzuteilen. Die Option *Create Chapter for 1st Cell only of each PGC* sorgt hingegen dafür, dass nur ein Kapitel angelegt wird. Aktivieren Sie anschließend die IFO-Erstellung durch einen Klick auf *OK*.

1:1-Kopien mit nur einem Laufwerk

Mein Computer besitzt kein separates Leselaufwerk, daher steht mir nur der Brenner zur Verfügung. Kann ich trotzdem eine 1:1-Kopie einer DVD erstellen?

Für eine Kopie wird lediglich ein Laufwerk benötigt. Zwar ist es komfortabler, wenn man zwei Laufwerke zur Verfügung hat, da in diesem Fall sogar „on the fly" – ohne Zwischenspeicherung – kopiert werden kann, doch auch ein Laufwerk reicht vollkommen aus.

Im Nero Burning ROM-Hauptprogramm lässt sich in den *Kopieroptionen* in der Zusammenstellung das Laufwerk auswählen, das zum Lesen genutzt werden soll. Die Wahl des DVD-Brenners als Leselaufwerk führt dazu, dass Nero beim Kopieren zunächst ein Abbild auf der Festplatte anlegt, das Laufwerk öffnet und anschließend nach dem passenden Rohling verlangt.

Auch in Recode ist die Nutzung eines Laufwerks möglich, da Sie frei entscheiden können, von wo Sie die DVD importieren. Bei der Ausgabe können Sie entweder das gleiche Laufwerk zum Brennen nutzen oder zunächst die DVD auf der Festplatte zwischenspeichern und anschließend mit dem Nero-Hauptprogramm auf eine DVD brennen.

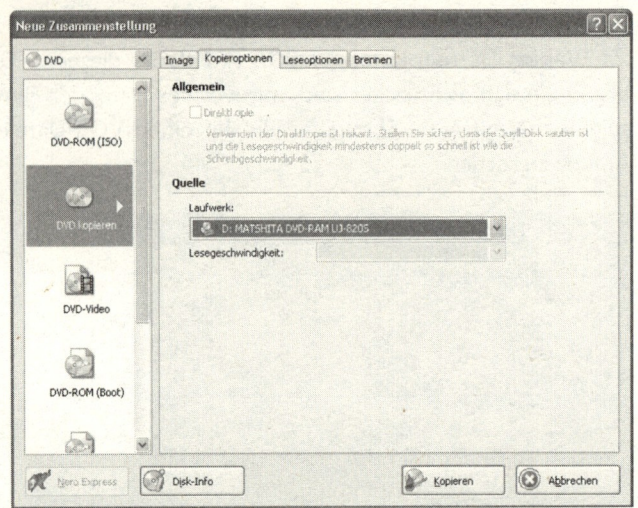

Abspielprobleme kopierter Video-DVDs

? Mein DVD-Player kann die DVD nicht abspielen, obwohl die DVD 1:1 kopiert wurde und das Original ohne Probleme wiedergegeben wird.

! Nicht allein das Videomaterial kann für ein Abspielproblem ursächlich sein, auch der Rohlingtyp und die Brennart sind entscheidend. Viele ältere DVD-Player haben Probleme, DVDs zu lesen, die keine Struktur einer gepressten Silberscheibe besitzen.

In Brenndialog von Nero gibt es daher die Funktion *Book Type DVD-ROM*. Ist diese Option aktiviert, ähnelt die DVD stärker einer gepressten DVD und wird daher auch von älteren Playern leichter erkannt und wiedergegeben. Allerdings unterstützt nicht jeder Brenner die Funktion – ist die Option bei Ihnen nicht auswählbar, gehört Ihr Brenner unglücklicherweise zu dieser Fraktion.

Leider sind die Brennoptionen, die in Recode zur Verfügung stehen, relativ beschränkt. Daher kann man nicht mit Nero Recode, sondern nur mit dem Hauptprogramm von Nero die Korrektur des DVD-Formats aktivieren. Es ist also notwendig, die DVD zunächst auf die Festplatte zu speichern.

15.1 1:1-KOPIEN VON VIDEO-DVDS

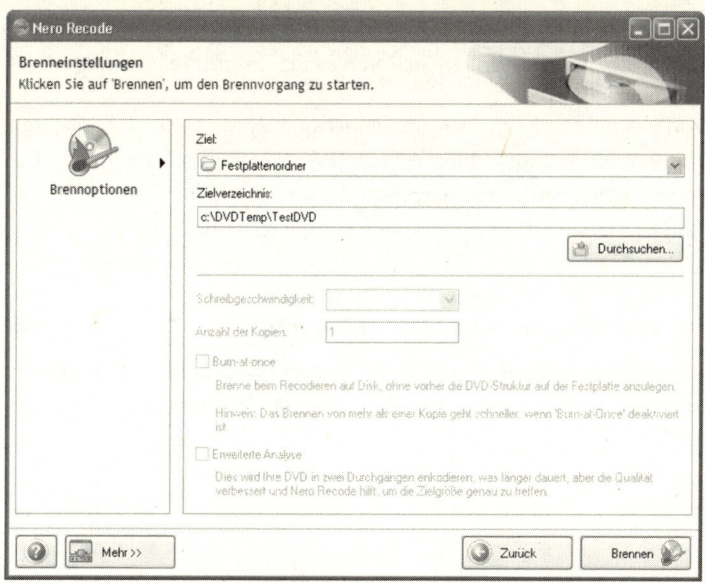

1. Wählen Sie im Recode-Brenndialog als Ziel die Option *Festplattenordner* aus. Geben Sie anschließend ein Zielverzeichnis auf einer Festplatte mit mindestens 5 GByte freiem Speicher an.

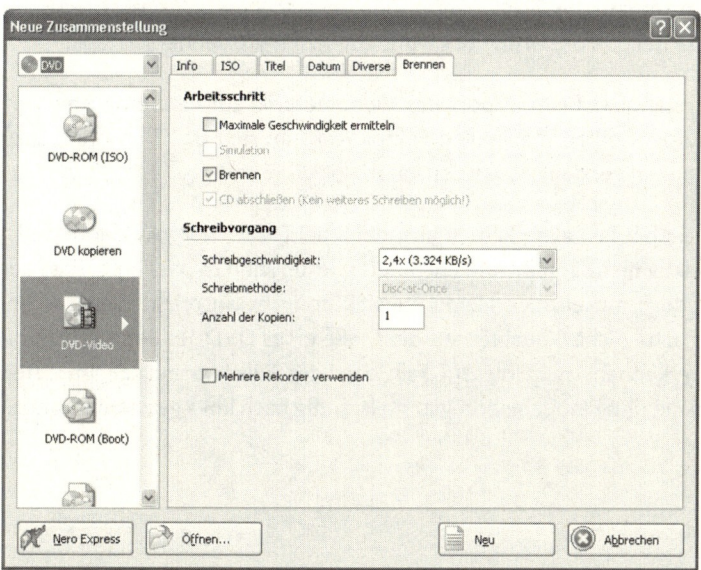

2. Starten Sie das Hauptprogramm von Nero 7 und wählen Sie bei *Neue Zusammenstellung* das Profil *DVD-Video* aus. Bestätigen Sie mit *Neu* die Zusammenstellung.

3. Ziehen Sie die von Nero Recode im Zielverzeichnis angelegten Dateien in das Verzeichnis *Video_TS*, das von Nero bereits für die neue DVD angelegt wurde und im Dateibrowser rot markiert angezeigt wird. Brennen Sie zum Abschluss die DVD; nun sollte der Player weniger Abspielprobleme mit dem Filmmedium besitzen.

> *Abspielprobleme sind keine Seltenheit*
>
> Leider gibt es noch immer relativ häufig Abspielprobleme mit gebrannten Video-DVDs. Selbst mit dem richtigen Book-Type sind nicht alle älteren DVD-Player in der Lage, gebrannte DVDs fehlerfrei wiederzugeben.

15.2 Größe von Video-DVDs verändern

Automatische Größenanpassung versagt

? Bei dem Versuch, eine Video-DVD auf die Größe eines DVD-Rohlings zu verkleinern, hat die automatische Größenanpassung versagt – der Film passt nicht auf den Rohling, obwohl Recode die Größe des Films auf 4,7 GByte verkleinern soll.

! Nero Recode analysiert beim Import das Videomaterial auf eine mögliche Verkleinerung und legt einen maximalen Faktor fest, um den der Film ohne allzu große Qualitätseinbußen verkleinert werden kann.

Zwar reicht die Skala bei fast allen Filmen aus, doch bei DVDs, deren Videomaterial bereits mit einer relativ niedrigen Bitrate encodiert wurde, kann es passieren, dass der maximal von Recode ermittelte Verkleinerungsfaktor nicht ausreicht, um das gesamte Material bei erträglicher Qualität auf die Maße eines DVD-Rohlings schrumpfen zu lassen. Zu erkennen ist in diesem Fall, dass der Füllstandsbalken im roten Bereich ist, obwohl die Qualitätsschieberegler vollständig nach links geschoben sind.

15.2 GRÖßE VON VIDEO-DVDS VERÄNDERN

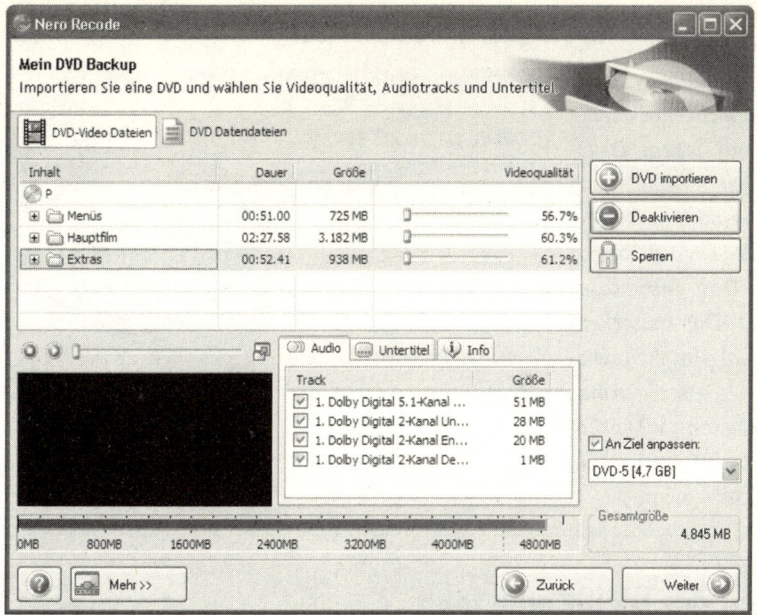

Umgangen werden kann dies nur indirekt. Es ist möglich, die Größe von unwichtigerem Material wie beispielsweise den oftmals vorhandenen Extras weiter zu verkleinern, indem man das Video in eine Diashow umwandelt. In diesem Fall wird der Ton normal wiedergegeben, das Video wird hingegen nur als wechselndes Standbild gezeigt.

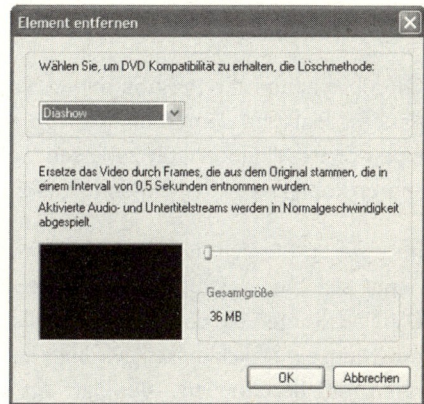

Die Diashow-Funktion finden Sie unter der unscheinbaren Schaltfläche *Deaktivieren* am rechten Rand. Markieren Sie den Teil der DVD, den Sie zu einer Diashow umwandeln wollen, klicken Sie auf *Deaktivieren* und wählen Sie aus der Pulldown-Liste den Modus *Diashow* aus. Das Statusfenster informiert Sie über den Speicherplatz, der nunmehr für den ausgewählten Bereich benötigt wird.

Nero Digital spart mehr Platz

Wenn Sie eine DVD archivieren wollen und es nicht notwendig ist, dass sie auf jedem DVD-Player abgespielt werden kann, ist die Recode-Funktion *Kopiere DVD in das Nero Digital-Format* sehr sinnvoll. Das Format erlaubt es, eine DVD in bestechender Qualität um ein Vielfaches zu verkleinern – das Format ähnelt verbreiteten Video-Codecs wie DivX und besitzt ein hohes Qualitätsniveau.

Tonspur auf der DVD-Kopie fehlt

? Ich habe mit der Kopierfunktion von Nero Recode eine DVD auf einen Rohling kopiert. Obwohl Nero in diesem Modus den gesamten Inhalt kopieren soll, fehlt eine Tonspur.

! Zwar erlaubt Nero Recode mit der Funktion *Kopiere gesamte DVD auf DVD* eine direkte Kopie samt Verkleinerung des Ausgangsmediums, doch unterschlägt das Programm dabei ab und an eine oder mehrere Tonspuren.

Offenbar haben die Programmierer Recode beigebracht, eine Tonspur in dem Fall, dass der Platz auf dem Rohling knapp wird, zu deaktivieren und somit mehr Platz für eine höhere Videoqualität zu lassen. Sollte Ihnen jedoch wichtig sein, dass alle Tonspuren kopiert werden, müssen Sie dies manuell in Recode aktivieren.

Im unteren Bereich des Recode-Fensters finden Sie drei Registerkarten, eine davon nennt sich *Audio*. Dort zeigt Recode die verfügbaren Tonspuren der importierten DVD an. Sorgen Sie dafür, dass vor allen Tonspuren, die Sie auf dem Medium haben möchten, ein Häkchen ist. Allerdings kann dies dazu führen, dass – wie auf der vorherigen Seite beschrieben – der Platz des Rohlings selbst bei maximaler Reduktion nicht mehr ausreicht.

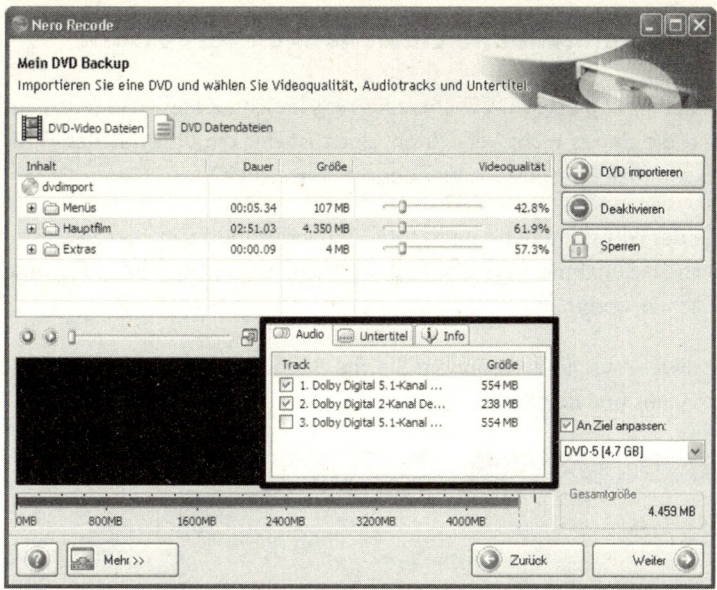

Kein 5.1-Mehrkanalton mit Nero Digital

? Ich habe versucht, eine DVD mit Dolby Digital 5.1-Mehrkanalton mittels des Nero Digital-Codecs zu archivieren, und wollte dabei den Ton im Mehrkanalformat erhalten. Dies verweigert das Programm mit dem Hinweis auf ein spezielles Plug-In.

! Nicht nur der MPEG-2-Video-Codec ist nicht frei verfügbar, auch der für den Mehrkanalton benötigte Decoder muss je nach Version getrennt erworben werden. Dies ist notwendig, da Nero Digital den Ton nicht nur einfach übertragen kann, er muss entsprechend an den Film angepasst und daher zunächst decodiert werden.

Der Kauf des Plug-Ins ist auf der Homepage von Ahead, dem Hersteller der Nero Suite, möglich. Über den Webshop erhalten Sie bequem das Modul, um anschließend auch das 5.1-Tonformat mit dem Nero Digital-Format nutzen zu können. Folgen Sie einfach dem Link des Informationsfensters.

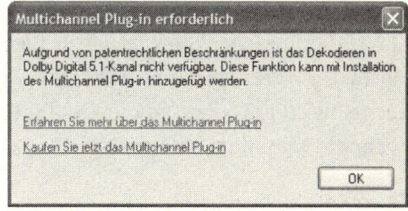

Videoqualität durch manuelle Einstellungen verbessern

? Die Qualität meiner kopierten DVD überzeugt mich nicht. Zwar möchte ich auf das Menü und die Extras nicht verzichten, doch ist mir die Qualität des Films sehr wichtig. Wie kann man eine bessere Videoqualität erreichen?

! Je nach Länge des Films und der eingestellten Videoqualität kann es teilweise zu einer erheblichen Zunahme von Kompressionsartefakten, also beispielsweise Klötzchen in Bildflächen, kommen.

Sie können dies teilweise verhindern, indem Sie die Bildqualität des Hauptfilms im Verhältnis zu den Menüs und den Extras verschieben.

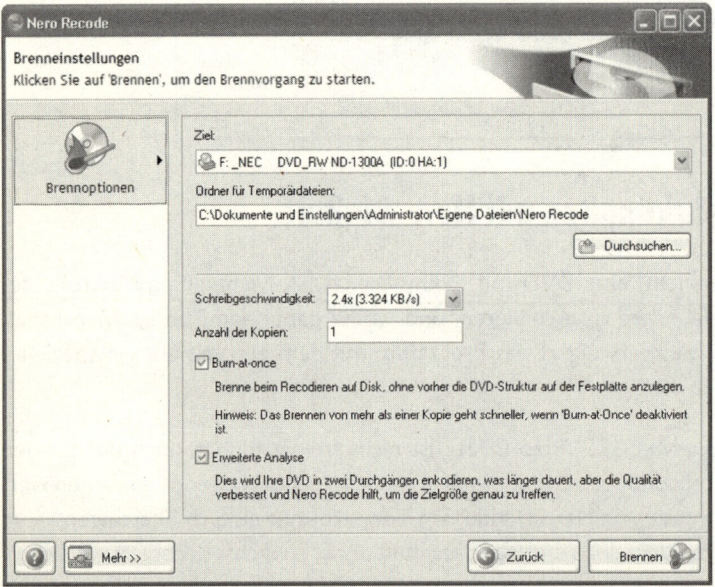

1. Neben jedem Punkt ist ein Schieberegler vorhanden, über den der Kompressionsfaktor verändert werden kann. Ziehen Sie den Schieber des Hauptfilms nach rechts, wird automatisch die Qualität der übrigen Bestandteile reduziert, bis das errechnete Minimum erreicht ist.

2. Eine weitere Verbesserung der Bildqualität können Sie erreichen, wenn Sie in den *Brenneinstellungen*, die über die *Weiter*-Schaltfläche als abschließendes Fenster auftauchen, die Option *Erweiterte Analyse* aktivieren. In diesem Fall untersucht Nero das

Ausgangsmaterial nochmals und sorgt dafür, dass jedes MByte auf dem Rohling verwendet wird.

⏵⏵⏵ **Inhalt für mehr Bildqualität streichen** ⏵⏵⏵

Es ist nicht immer notwendig, sämtliches Material einer DVD zu behalten. Oftmals sind wenig unterhaltsame DVD-ROM-Elemente oder Extras enthalten, die man auf der Kopie gern für eine bessere Videoqualität opfern möchte. Nero Recode erlaubt es daher, gezielt einzelne Bereiche zu entfernen. Mehr Informationen zur Umgestaltung einer DVD finden Sie im nachfolgenden Abschnitt.

DVD auf eine CD sichern

? Ich besitze noch kein DVD-Laufwerk und möchte trotzdem eine Video-DVD sichern. Zwar steht mir in Nero Recode auch das CD-Format bei der automatischen Größenanpassung zur Verfügung, doch meldet Nero anschließend, dass das Material nicht auf die CD passe.

! Im Zeichen des Einzugs von DVD-Brennern in Standard-PCs besitzt Nero Recode direkt keine Möglichkeit, um beispielsweise Super-Video-CDs zu erstellen. Zwar kann NeroVision 2 aus einem bestehenden Video eine solche CD erstellen, doch ist wiederum nur Recode in der Lage, eine Video-DVD direkt als Datenquelle zu nutzen.

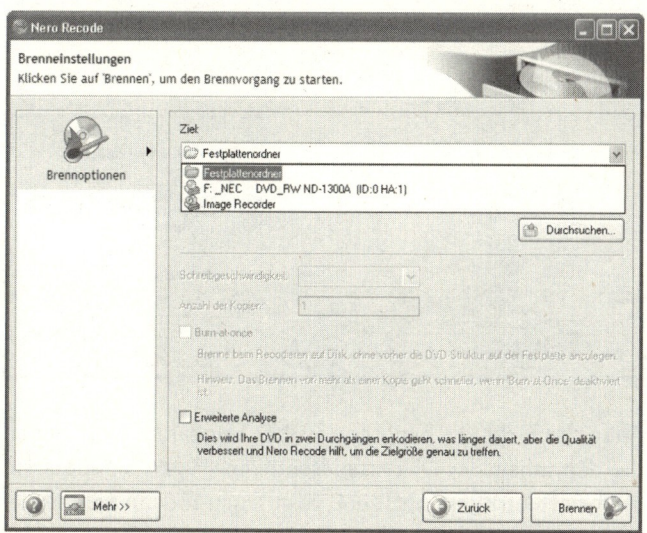

Doch es gibt einen Umweg, den man gehen kann, um mit Nero Recode und NeroVision dennoch eine Video-CD zu erstellen.

1. Starten Sie zunächst Nero Recode, deaktivieren Sie die automatische Größenanpassung – hierzu muss das Häkchen vor der Option *Ans Ziel anpassen* entfernt werden – und fügen Sie den Hauptfilm der neuen DVD-Zusammenstellung hinzu.

2. Klicken Sie nun auf *Weiter*, um zu den *Brenneinstellungen* zu gelangen. Wählen Sie als Ziel aus dem Pulldown-Menü die Festplatte aus und weisen Sie der Zusammenstellung anschließend ein leicht merkbares Verzeichnis zu.

3. Nun ist NeroVision an der Reihe. Wählen Sie aus der Liste die Option *CD erstellen* aus und entscheiden Sie sich anschließend für einen der beiden Video-CD-Standards. Nun gelangen Sie zu den Importfunktionen; klicken Sie auf *Videodateien hinzufügen*.

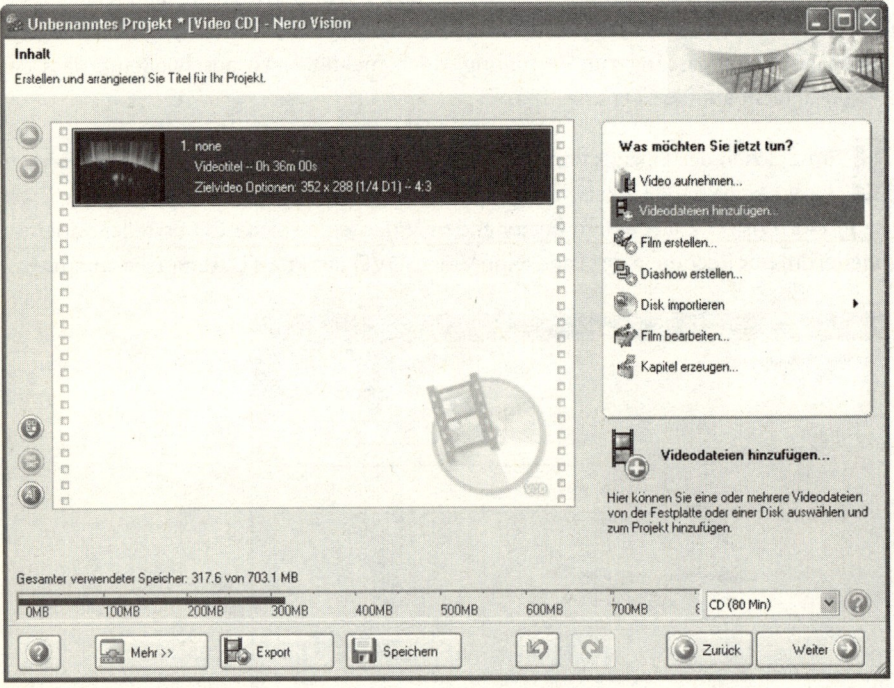

4. Gehen Sie zu dem Verzeichnis, das die exportierte DVD beinhaltet. Dort finden sich die VOB-Dateien, die den Inhalt der DVD repräsentieren. Fügen Sie die erste VOB-Datei hinzu, Nero analysiert kurz den Inhalt und zeigt Ihnen sodann an, wie viel

Platz die Datei auf der CD belegt – dies kann je nach dem gewählten Standard und den Einstellungen stark variieren. Ist die erste CD mit Videomaterial nach dem Import mehrerer VOB-Dateien gefüllt, klicken Sie auf *Weiter*, um die CD zu brennen. Anschließend können Sie mit der nächsten CD fortfahren, bis der gesamte Film auf einige Rohlinge verteilt ist.

Beste Qualität mit Nero Digital

Zwar hat man mit Video-CDs und Super-Video-CDs den Vorteil, dass auch modernere DVD-Player die Videoscheiben abspielen können, doch ist die Qualität meist nicht sonderlich überzeugend. Deutlich besser ist da das Nero Digital-Format. Auf einen CD-Rohling kann man den Hauptfilm einer DVD beinahe in DVD-Qualität unterbringen – verteilt man den Film auf zwei CDs, ist die Qualität des berechneten Videos von der Ausgangs-DVD selbst bei Mehrkanalton kaum zu unterscheiden. Sie sollten sich daher überlegen, ob Sie den Film ohne den PC abspielen wollen – ist dies nicht der Fall, ist der Griff zum Nero Digital-Format empfehlenswerter als die Erstellung von Video-CDs.

Übergroße CDs in Nero Recode

Zum Archivieren einiger DVDs auf CD setze ich auf das Nero Digital-Format und nutze zudem 870-MByte-CDs, um möglichst viel Speicherplatz für eine hohe Bildqualität zur Verfügung zu haben. Allerdings musste ich nun feststellen, dass Recode immer nur 700 MByte der CD nutzt. Unterstützt Nero Recode keine größeren CDs?

Sowohl das Nero-Hauptprogramm als auch Recode sind durchaus in der Lage, überlange CDs zu bespielen. Allerdings kennt Recode von Haus aus nur zwei CD-Standards – 650 und 700 MByte.

Um trotzdem größere CDs nutzen zu können, müssen Sie am rechten Rand ein Häkchen vor die Option *An Ziel anpassen* setzen und aus dem Pulldown-Menü anschließend *Eigene* auswählen. Es öffnet sich ein Fenster, das die Zuweisung einer beliebigen Größe erlaubt.

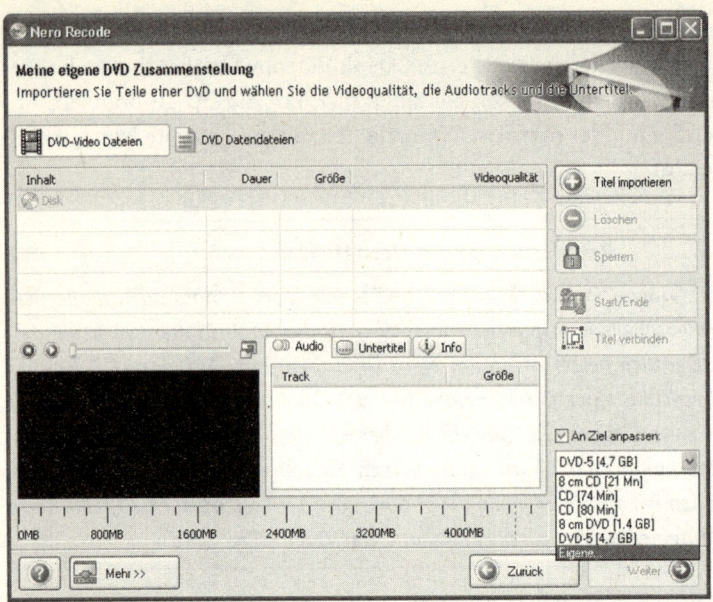

15.3 Inhalt einer Video-DVD verändern

Hochwertige Kopie des Hauptfilms erstellen

? Ich möchte von einer Video-DVD allein den Hauptfilm optimal an die Größe einer DVD anpassen und auf höchstmöglichem Qualitätsniveau kopieren. Welchen Programmmodus muss ich hierzu nutzen?

! Nero Recode hält zum alleinigen Kopieren des Hauptfilms die Option *DVD neu erstellen* bereit. In diesem Modus müssen Sie nicht zunächst die ganze DVD importieren und anschließend teilweise deaktivieren, sondern können gezielt nur die Titel der Zusammenstellung hinzufügen, den Sie auf dem DVD-Rohling haben möchten.

1. Achten Sie nach der Auswahl der *DVD neu erstellen*-Option darauf, dass die Option *An Ziel anpassen* aktiviert ist, um den Hauptfilm auf die optimale Größe anzupassen. Klicken Sie nun auf *Titel importieren* und wählen Sie über *Durchsuchen* das Laufwerk mit der zu importierenden DVD aus.

2. Nach einer kurzen Filmanalyse, die Nero Recode zum Einschätzen der späteren Größe durchführt, müssen Sie aus einer Liste die Teile auswählen, die auf den Rohling sollen. Im Fall des Hauptfilms müssen Sie diesen mit einem Klick markieren und über die Schaltfläche *Titel hinzufügen* anschließend importieren. Schließen Sie das Fenster mit *Fertig*.

3. Nach einem Klick auf *Weiter* gelangen Sie zu den Brennoptionen. Stellen Sie dort sicher, dass die Option *Erweiterte Analyse* aktiviert ist, um das Maximum an Qualität zu erhalten. Nun können Sie über *Brennen* den Transcodiervorgang starten.

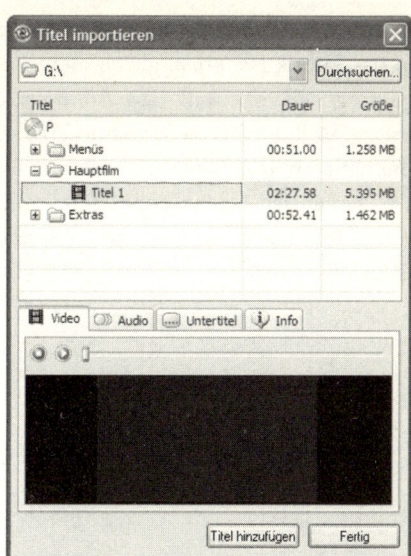

Blickwinkelauswahl aus Hauptfilm entfernen

Der Film, den ich kopieren möchte, enthält mehrere Blickwinkel. Die alternativen Ansichten möchte ich nicht kopieren, um Platz für eine bessere Videoqualität auf dem DVD-Rohling zu sparen. Wie kann ich es erreichen, dass Nero nur einen Blickwinkel kopiert?

Die Kopieren-Option von Recode erlaubt es nicht, einen Blickwinkel zu entfernen. Das Auswahlfenster zeigt die unterschiedlichen Winkel nicht an, allerdings trägt der Hauptfilm teilweise mehrere Titelnummern – ein Indiz für mehrere Blickwinkel oder andere interaktive Elemente wie beispielsweise eine verlängerte Filmversion.

Die Option *DVD neu erstellen* ist dagegen deutlich flexibler. Über den in der vorherigen Lösung beschriebenen Weg können Sie nicht gewollte Blickwinkel problemlos löschen. Entscheidend ist dabei das Importieren des richtigen Titels.

Nach Auswahl und Analyse der DVD werden in der Rubrik *Hauptfilm* gleich mehrere Titel gelistet, teilweise mit dem Vermerk *Blickwinkel*. Wählen Sie die Variante aus, die Sie importieren möchten, und klicken Sie auf *Titel hinzufügen*. Nero trennt beim Berechnen des Films nun automatisch die anderen Blickwinkel ab.

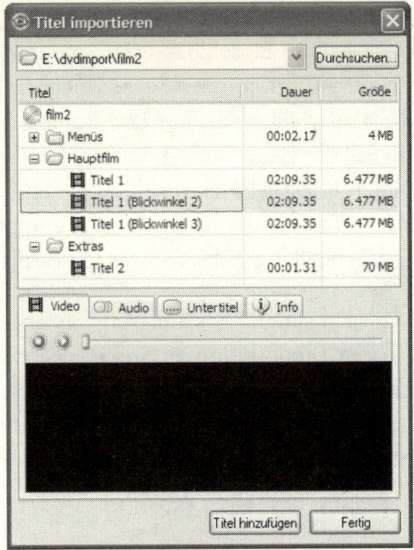

Extras teilweise von der Video-DVD entfernen

? Ist es möglich, nicht die gesamten Extras einer DVD, sondern nur einzelne Elemente gezielt zu entfernen und dabei die Struktur der DVD samt Menü zu behalten?

! Mit der Funktion *Kopiere gesamte DVD auf DVD* ist es leicht möglich, auch nur einzelne Elemente der Extras zu entfernen. Hierzu muss zunächst die DVD importiert werden, um mit dem Sezieren des Inhalts beginnen zu können.

1. Klicken Sie auf das Plussymbol vor den Extras, um die Anzeige zu erweitern. Die Inhaltsliste zeigt nun die einzelnen Unterelemente an, die zu dieser Rubrik gehören. Über das kleine Vorschaufenster können Sie den Inhalt durchsuchen und somit das Bonusmaterial finden, das Sie entfernen wollen.

2. Markieren Sie das nicht gewollte Element und klicken Sie auf *Deaktivieren*. Anschließend müssen Sie sich im sich öffnenden *Element entfernen*-Fenster für einen Ersatz entscheiden. Am meisten Platz spart die Option *Eigene Farbe*, zu erreichen über die Pulldown-Liste. Die Schaltfläche *Farbe auswählen* ermöglicht es Ihnen, sich für Ihre Wunschfarbe zu entscheiden.

15.3 INHALT EINER VIDEO-DVD VERÄNDERN **491**

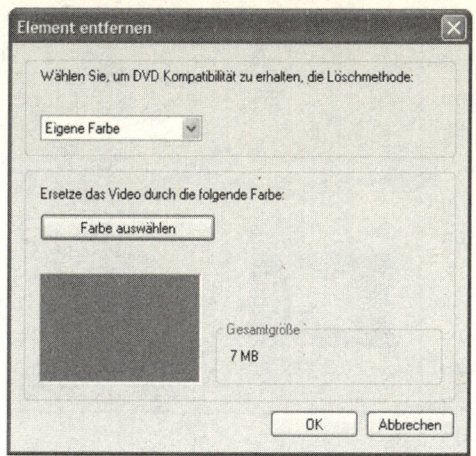

Nach dem Deaktivieren aller Elemente, die Sie nicht auf den Rohling übertragen haben wollen, können Sie mit dem Brennen der DVD beginnen. Wählt man später aus dem Menü das Extra aus, bekommt der Zuschauer die gewählte Farbe angezeigt und kann über die Return- oder Menütaste des Players zur Auswahl zurückkehren.

⇒   *Diashow als Alternative zum Entfernen*   ⇐

Geht es Ihnen allein um die Größe und nicht nur um das Entfernen ungewünschter Inhalte, bietet sich die Option Diashow *im Deaktivierendialog an. Hierdurch wird der Film in viele Standbilder umgewandelt, die deutlich weniger Speicherplatz benötigen.*

Entfernte Extras durch eine Infografik ersetzen

? Ich habe die Befürchtung, dass der spätere DVD-Nutzer mit einem leeren Bildschirm nichts anfangen kann. Ist es möglich, den Zuschauer darüber zu informieren, dass der Inhalt entfernt wurde und er sich daher für einen anderen Inhalt entscheiden muss?

! Neben der Diashow und der farbigen Seite besitzt Nero über den Deaktivierendialog noch eine dritte Möglichkeit, ungewollte Inhalte zu ersetzen. So ist es mit der Option *Eigene Grafik* möglich, dem Zuschauer das Fehlen des Inhalts mitzuteilen.

Natürlich müssen Sie dazu zunächst eine entsprechende Grafik erstellen. Hierbei unerlässlich ist der Einsatz eines beliebigen Grafikprogramms. Dieses sollte über die Möglichkeit verfügen, die Größe des Bilds einzustellen, damit Sie die Grafik optimal an die Erfordernisse einer DVD anpassen können.

Für eine PAL-DVD ist es in der Regel notwendig, eine Grafik mit 720 x 576 Pixeln zu erstellen – dies entspricht der Auflösung des Videobilds. Die Grafik muss im BMP-Format, das von den meisten handelsüblichen Grafikprogrammen unterstützt wird, abgespeichert werden. Anschließend können Sie das Bild über *Durchsuchen* auswählen und als Ersatz für den entfernten DVD-Inhalt verwenden.

Inhalt des DVD-Menüs beeinflussen

? Für die Auswahl der Sprache und der Untertitel möchte ich das DVD-Menü behalten, allerdings habe ich die Extras entfernt und brauche daher diesen Abschnitt des Menüs nicht mehr. Kann ich einzelne Menüelemente gezielt entfernen?

! Nach dem Importieren einer kompletten DVD stehen Ihnen nicht nur die Extras und der Hauptfilm zur Bearbeitung zur Verfügung, auch die einzelnen Menüinhalte sind in der Inhaltsliste aufgeführt.

Daher ist es grundsätzlich möglich, einzelne Menüelemente über den Deaktivierendialog zu entfernen. Bei besonders schön animierten Menüs ist dies jedoch eine sehr aufwendige Arbeit, da die in das Menü integrierten Filme, Überblendungen und sämtliche Unterseiten getrennt in der Inhaltsliste angezeigt werden.

Achten Sie beim Bearbeiten des Menüs darauf, dass Sie wichtige Menübereiche wie das Stammverzeichnis, das Audiomenü oder das Kapitelmenü nicht entfernen. Über die Vorschaufunktion können Sie sämtliche Menüelemente anschauen und anschließend entscheiden, ob sie auf dem späteren Rohling noch notwendig sind.

15.3 INHALT EINER VIDEO-DVD VERÄNDERN

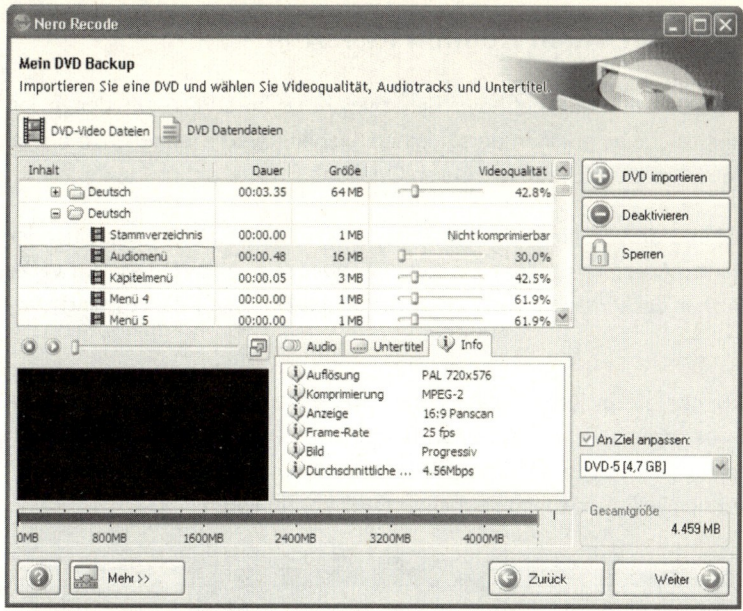

Nützlich dabei ist – gerade zum Lesen einzelner Texte – das Vergrößern-Symbol am oberen rechten Rand des Vorschaufensters. Das Videofenster nimmt nach einem Klick fast die ganze Fläche von Recode ein, sodass Textmenüs problemlos analysiert werden können.

Nach dem Zerpflücken des Menüs bietet es sich zudem an, die DVD zunächst auf einen wieder beschreibbaren Rohling oder auf die Festplatte zu exportieren, um die Änderungen testen und gegebenenfalls modifizieren zu können.

Menüs nach Sprache deaktivieren

Auf DVDs mit mehreren Tonspuren sind oftmals vielfältige Menüvarianten zu finden – für jede Tonspur ein Menü mit entsprechend modifizierten Schaltern. Sollten Sie beispielsweise nur den deutschen Ton behalten wollen, ist es auch in der Regel nicht notwendig, das englischsprachige Menü zu behalten. Daher ist es meist problemlos möglich, die Menüs der nicht gewollten Tonsprachen zu entfernen.

Mehrere DVDs auf einen Rohling kopieren

? In meiner DVD-Sammlung befinden sich zwei Kurzfilm-DVDs, mit denen ich eine Highlight-Scheibe meiner persönlichen Lieblingswerke erstellen möchte. Versteht sich Nero Recode auch mit mehreren Quellen?

! Die Importfunktion von Nero Recode erlaubt es, mehrere DVDs nacheinander zu importieren. Allerdings sollten Sie hierzu entweder zwei DVD-Leselaufwerke besitzen oder vorher das *Video_TS*-Verzeichnis der Quell-DVDs auf die Festplatte kopieren.

Anschließend können Sie in Recode eine neue DVD erstellen und über die Schaltfläche *Titel importieren* zunächst die gewünschten Inhalte der einen, dann der anderen DVD Ihrem Projekt hinzufügen. Und natürlich ist auch eine Größenreduktion möglich, somit lassen sich viele kurze Filme auf einer DVD kombinieren.

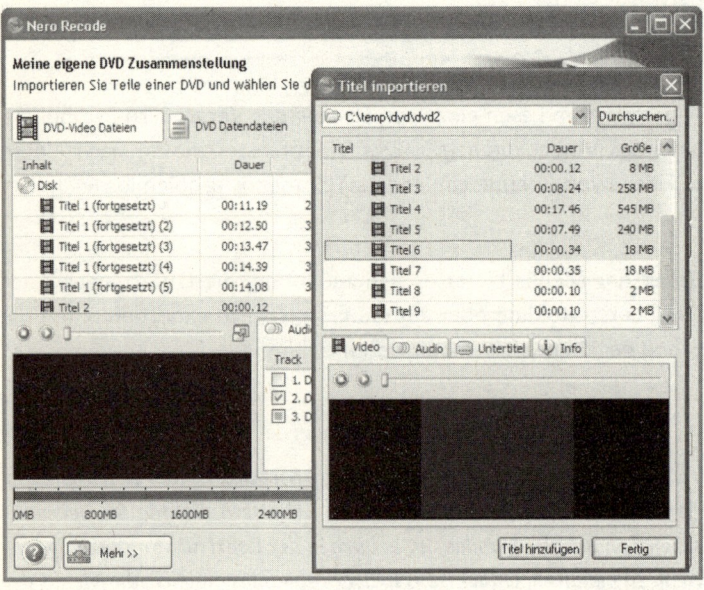

Vor dem Brennen müssen Sie darauf achten, dass zum Umrechnen die Quellen auch verfügbar sind. Daher sollte der Brenner nicht als Leselaufwerk genutzt werden, immerhin wird er zum Erstellen der DVD benötigt. Allerdings können Sie auch die Festplatte als Speicherziel angeben und das frisch erstellte DVD-Abbild anschließend mit Nero brennen.

Geschrumpfte DVD vor dem Brennen testen

? Trotz der Entfernung vieler Zusatzelemente befürchte ich, dass die Qualität eines besonders langen Films, den ich auf die Größe eines DVD-Rohlings umrechnen möchte, stark leiden wird. Kann ich das Ergebnis betrachten, ohne einen DVD-Rohling zu verschwenden?

! Zwar bietet Nero Recode keine integrierte Vorschau, um vor der Umrechnung der DVD einen Eindruck von der resultierenden Bildqualität zu erhalten, doch kann man mit ImageDrive und dem Image Recorder zunächst eine virtuelle DVD erstellen, diese testen und bei Gefallen anschließend auf eine echte DVD brennen.

1. Wählen Sie dazu in den *Brenneinstellungen*, die erscheinen, sobald Sie im Hauptfenster von Nero Recode *Weiter* anklicken, als Ziel den Image Recorder aus. Klicken Sie anschließend auf *Brennen*, um die Umrechnung zu starten.

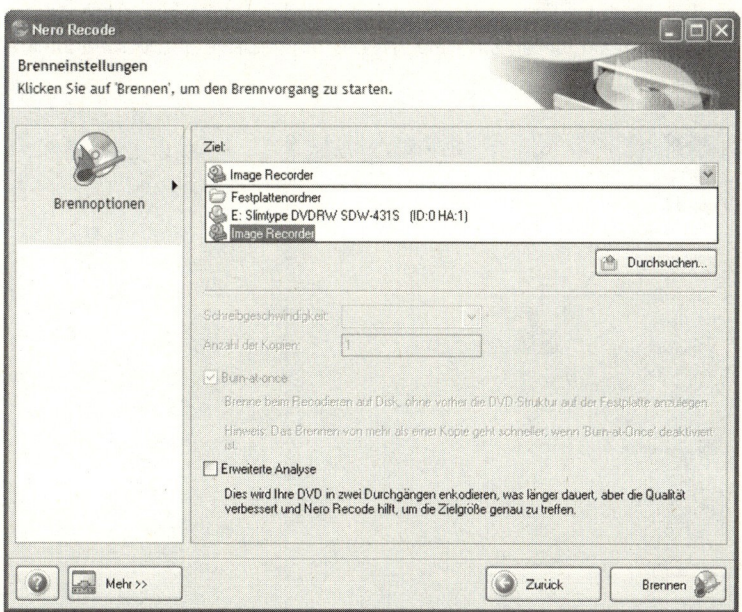

2. In dem sich automatisch öffnenden *Speichern unter*-Fensters müssen Sie einen Platz sowie einen Namen samt *.nrg*-Endung für das Image angeben, danach kann mit einem Klick auf *Speichern* die Umrechnung beginnen.

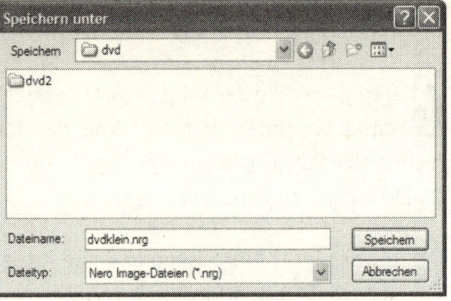

3. Öffnen Sie nach Beendigung von Recode das Programm ImageDrive in der Nero-Programmgruppe des Startmenüs und ordnen Sie einem der beiden Laufwerke das eben erstellte Abbild hinzu. Weitere Informationen zur Steuerung des Programms finden Sie im vorherigen Kapitel. Nun können Sie mit einer beliebigen DVD-Software das Laufwerk ansteuern und die virtuelle DVD testen.

4. Gefällt Ihnen das Ergebnis, lässt sich das Image mit dem Nero-Hauptprogramm auf eine DVD brennen. Deaktivieren Sie zunächst das ImageDrive und öffnen Sie anschließend Nero.

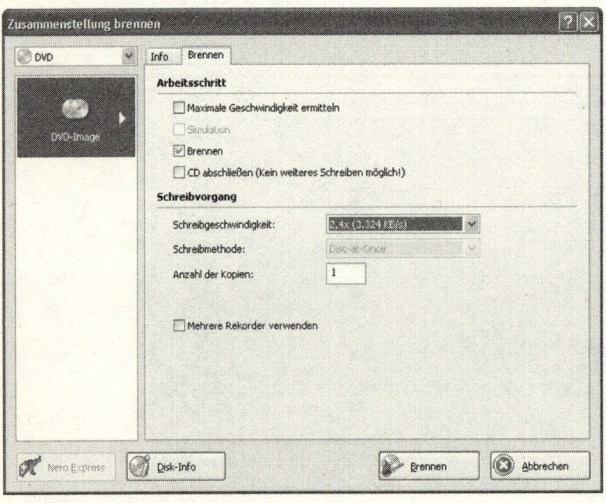

Schließen Sie das Fenster *Neue Zusammenstellung* und wählen Sie aus dem Menü *Rekorder* den Eintrag *Image brennen* aus. Geben Sie Nero den Pfad zu dem Image an. Es öffnet sich das Register *Brennen* samt der Möglichkeit, über die Schaltfäche *Brennen* die DVD-Erstellung zu starten.

Eigene Videofilme auf DVD-Größe anpassen

? Einige meiner in NeroVision erstellten Filme möchte ich auf eine DVD brennen. Allerdings passen die Filme nicht in hoher Qualität auf einen Rohling. Kann ich die Größe mit Recode umrechnen?

! Es macht durchaus Sinn, Recode zum Verkleinern eigener DVDs zu nutzen, denn wenn Sie in NeroVision die Kompressionsqualität stark reduzieren, sind heftige Bildfehler vorprogrammiert. Nero Recode ist deutlich geschickter, wenn es darum geht, viele Filme auf einem DVD-Rohling unterzubringen.

1. Exportieren Sie zunächst Ihr Projekt aus NeroVision. Klicken Sie hierzu nach dem Erstellen des Films auf *Weiter* und wählen Sie in der erscheinenden Auswahl *DVD mit editiertem Film/DVD-Video* aus. Verneinen Sie die Frage, ob der Film automatisch in der Qualität reduziert werden soll.

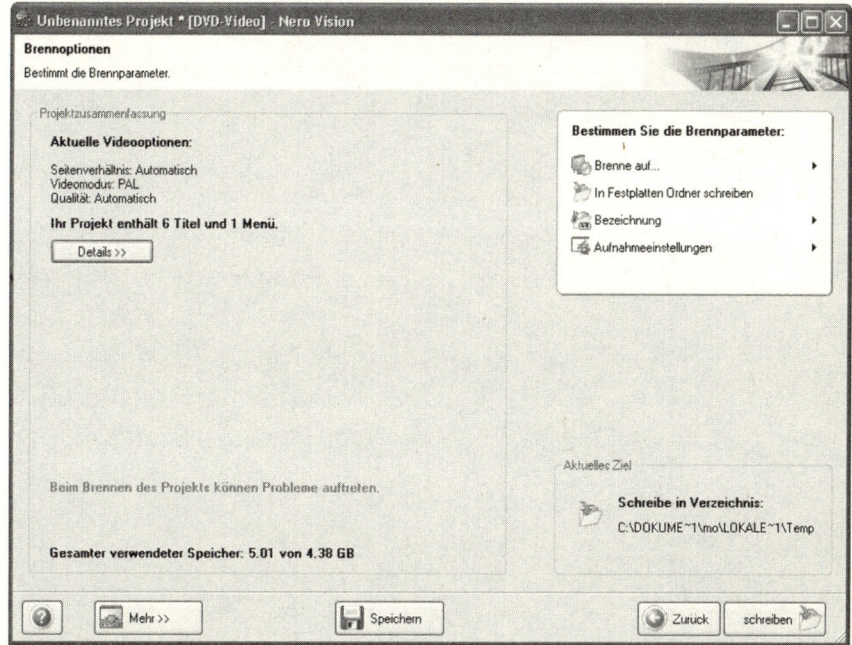

2. Klicken Sie auf *Weiter* und passen Sie die DVD an Ihre eigenen Wünsche an – inklusive Menü. In den *Brennoptionen* angekommen, müssen Sie am rechten Rand die

Option *In Festplatten-Ordner schreiben* anklicken und in dem sich öffnenden Fenster einen Speicherpfad angeben. Mit einem Klick auf *Brennen* beginnt der Export.

3. Öffnen Sie Nero Recode und klicken Sie in der Auswahl *auf Gesamte DVD zu DVD recodieren*. Klicken Sie auf *DVD importieren* und geben Sie den Speicherort der DVD an. Nach der Übernahme durch Recode kommen Sie mit einem Klick auf *Weiter* zu den *Brenneinstellungen*, die es Ihnen ermöglichen, die Umrechnung und den Brennvorgang durch die Auswahl von *Brennen* einzuleiten.

Datendisks erstellen

Zusammenstellung von Datendisks	**500**
Disks in mehreren Sitzungen beschreiben	**518**
Bootfähige Disks erstellen	**527**

16.1 Zusammenstellung von Datendisks
Nur Großbuchstaben! – Dateinamen falsch dargestellt

? Beim Erstellen einer Disk erscheinen die Dateinamen der Zusammenstellung in Großbuchstaben, und alle Leerzeichen werden mit einem Unterstrich gekennzeichnet. Außerdem werden sie in der Dateilänge beschnitten.

! Ursache für den in einigen Fällen auftretenden Fehler ist die fehlende Dateisystemerweiterung „Joliet". Mit dieser werden Umlaute, Sonderzeichen und bis zu 64 Zeichen lange Dateinamen unterstützt.

Beachten Sie, dass Sie mit dem Joliet-Dateisystem erstellte Disks nicht unter allen Betriebssystemen korrekt einlesen können. Bei den aktuellen Windows-, Linux- und Mac-OS-Versionen ist das aber problemlos möglich, da sie die von Microsoft etablierte Joliet-Erweiterung des ISO 9660-Dateisystems unterstützen.

1. Tritt der Fehler auf, können Sie diesen nicht sofort aus der Welt schaffen. Erst bei einer neu angelegten Zusammenstellung können Sie durch veränderte Einstellungen den Fehler vermeiden. Belassen Sie die alte Zusammenstellung im Hintergrund.

2. Klicken Sie auf *Neue Zusammenstellung*. Geben Sie hier an, dass Sie eine *ISO Disk* erstellen möchten.

3. Auf der rechten Seite wählen Sie die Registerkarte *ISO* aus und setzen das Häkchen bei *Joliet*.

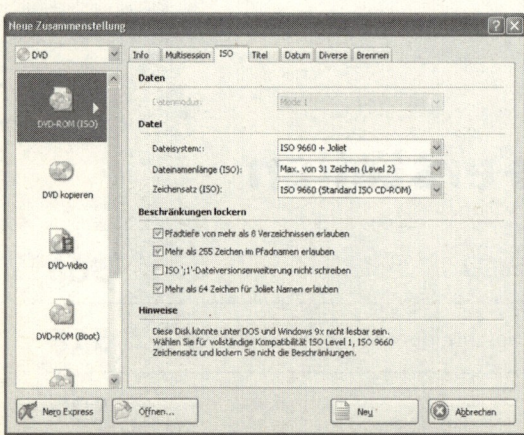

Fortan dürfen Datei- und Ordnernamen durchgängig länger als 31 Zeichen sein, die der ISO Level 2 ermöglicht.

In der Regel funktioniert die Übernahme der geänderten Einstellungen erst mit dem Erstellen einer neuen Zusammenstellung. Schließen Sie deswegen Ihre alte Zusammenstellung und beginnen Sie eine neue.

Kursiv gestellte Dateinamen

? Beim Einfügen von Dateien in die Zusammenstellung werden diese kursiv dargestellt. Hat das etwas zu bedeuten?

! Das liegt daran, dass die Dateinamen zu lang für das voreingestellte Dateiformat sind. Von dem voreingestellten Dateiformat für die Disk ist die mögliche Länge von Datei- und Ordnernamen abhängig.

Dateiformat	Maximale Datei/Verzeichnislänge
ISO Level 1	8 + 3 = 11 (8 für Dateiname/Verzeichnis, 3 für Endung)
ISO Level 2	31 Zeichen
Joliet	64 Zeichen
Joliet (gelockert)	255 Zeichen

1. Wählen Sie den kursiv markierten Dateinamen und drücken Sie [F2] oder klicken Sie mit rechts und dann auf *Umbenennen*, um in den Editiermodus für den Dateinamen zu gelangen.

2. Kürzen Sie den Dateinamen so lange, bis er dem Maximalwert entspricht. Nero legt hier ein seltsames Verhalten an den Tag. Solange der Titel zu lang ist, können Sie die Eingabe nicht bestätigen.

3. Ändern Sie alle Dateinamen auf der Zusammenstellung entsprechend ab. Haben Sie einen vergessen, meckert Nero vor dem Brennvorgang und zeigt Ihnen die entsprechenden Dateien an. Ändern Sie diese noch ab, damit Nero die Dateinamen nicht auf das Minimum zurechtstutzt und die Dateien daraufhin nicht verstümmelt und ohne Endung auf die Disk gebrannt werden.

Speicherplatz überschritten – trotzdem brennen

? Der Zusammenstellungsbalken am unteren Bildrand zeigt an, dass die Standardgröße überschritten ist. Der Balken der Füllstandsanzeige färbt sich gelb und rot. Gibt es eine Möglichkeit, die Disk trotzdem zu brennen, oder muss ich meine Zusammenstellung verändern?

! Etwas missverständlich ist hier die Angabe zum verwendeten Speicherplatz. Nur bei DVD-Rohlingen ist diese endgültig. Bei CD-Rohlingen hingegen ist noch etwas Spielraum. Bis zu einer bestimmten Größe ist der rote Bereich noch auf einer CD unterzubringen, dann nämlich, wenn spezielle Rohlinge mit größerem Platzbedarf eingesetzt werden. Diese können in der Regel bis zu einer Länge von 99 Minuten oder 870 MByte beschrieben werden, wenn der Brenner das so genannte Überbrennen unterstützt.

▻ Die Rohlinge DVD+R/-R überbrennen? ◅

Wegen der besonderen Beschaffenheit von DVD-Rohlingen, ist ein Überbrennen hier nicht möglich. Weichen Sie in diesem Fall auf eine nachfolgend beschriebene Möglichkeit aus.

Grundsätzlich gibt es drei Bereiche: den grünen, den gelben und den roten. Grün bedeutet, dass der Inhalt der Zusammenstellung immer auf die Disk passt. Gelb macht auch keine Sorgen, denn CD-Rohlinge mit einer Kapazität von 650 MByte (74 Minuten) sind nicht mehr gebräuchlich. Alle CD-R(W)-Rohlinge verfügen heutzutage mindestens über eine Kapazität von 700 MByte (80 Minuten). Der gelbe Bereich reicht bis ans Ende dieser Kapazitätsgrenze.

Ab dem roten Bereich passt der Inhalt nicht mehr auf eine Disk, es sei denn, es handelt sich um eine CD. Dieser kann mit einem Trick zu mehr Speicherplatz verholfen werden. Das Stichwort lautet: Überbrennen. Mit Nero 7 ist es möglich, auf handelsübliche 700-MByte-/80-Minuten-CD-Rs mehr Daten unterzubringen als gedacht.

Normale Rohlinge haben immer einen gewissen Toleranzbereich, um Fertigungsschwankungen auszugleichen. Bei allen sind die angegebenen Größen immer gültig, bei den meisten steht auch noch etwas mehr Kapazität zur Verfügung. Dieser Bereich geht über die normale beschreibbare Zone hinaus.

16.1 ZUSAMMENSTELLUNG VON DATENDISKS

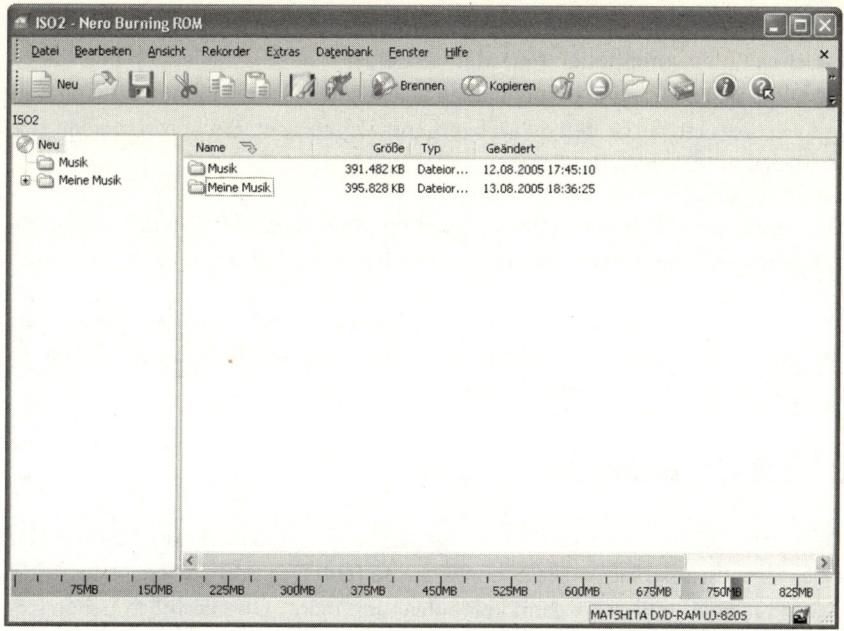

Wie groß die jeweilige Kapazität eines Rohlings wirklich ist, kann man nicht mit Bestimmtheit sagen. Als Faustformel gilt eine Mehr-Kapazität von ca. 4 bis 5 %.

Viele Hersteller bieten bereits spezielle Rohlinge mit einer Kapazität von 800 MByte/ 90 Minuten oder 870 MByte/99 Minuten an. Diese sind in einem speziellen Fertigungsverfahren hergestellt und bieten von Haus aus eine höhere Kapazität. Sie können von einem Rekorder entsprechend eng beschrieben werden, ohne dass es zu Schreib- und Leseproblemen kommt.

Übergroße Disks erstellen

Beachten Sie, dass das Überbrennen vom Rekorder unterstützt werden muss. Nicht alle Geräte können übergroße Rohlinge mit 99 Minuten bzw. 870 MByte beschreiben.

Speicherplatz	Musikdauer
650 MByte	74 Minuten
700 MByte	80 Minuten
800 MByte	90 Minuten
870 MByte	99 Minuten

Denken Sie daran, dass kein Brennprogramm der Welt erkennen kann, ob es sich um einen solchen Rohling mit hoher Kapazität handelt. Das liegt einfach darin begründet, dass die Disks sich nicht zu erkennen geben können. Die Spuren sind nicht vorgefertigt und werden erst durch den Schreibvorgang aufgebracht. Sie unterscheiden sich nur innerlich von normalen Rohlingen.

Mit einer reduzierten Schreibgeschwindigkeit erhöhen Sie den Erfolg des Überbrennens erheblich. Dabei gilt: je langsamer, desto sicherer der Schreibvorgang.

Hilft das alles nicht, müssen Sie den Inhalt der Zusammenstellung zusammenstutzen. Löschen Sie in diesem Fall so lange Dateien von der virtuellen Disk, bis der Zustandsbalken keinen roten Bereich mehr anzeigt.

Disk lässt sich nicht überbrennen

? Die Daten habe ich jetzt sortiert und gekürzt und will die CD nun überbrennen. Aber irgendwie schlagen alle Brennversuche fehl. Der Brenner bleibt bei 99 % oder 100 % hängen und zeigt dann keine Reaktion mehr. Offensichtlich beherrscht mein Brenner das Überbrennen nicht. Was kann ich tun, um große Datenmengen trotzdem sichern zu können?

! Ist die einzelne Datei zu groß, um auf die Disk zu passen, ist es ratsam, die Datei aufzubereiten. Packen Sie sie mit einem Komprimierungsprogramm oder teilen Sie die Datei auf mehrere Disks auf und brennen Sie diese Einzeldateien später separat auf die Disks.

Möglichkeit 1 – Packen

Eine übliche Datei kann mit einem Komprimierungsprogramm in der Größe verkleinert werden, ohne dass die enthaltenen Daten an Information verlieren. Mit dem Komprimieren verkleinern Sie eine Datei somit größenmäßig.

Am einfachsten verwenden Sie ein Packprogramm wie WinZip oder WinRAR. Sie finden diese im Internet zum kostenlosen Download. Die Versionen sind zeitlich begrenzt lauffähig, aber für Ihren Zweck völlig ausreichend.

- WinZip – *http://www.winzip.de*
- WinRAR – *http://www.winrar.de*

Sie erstellen nun eine Archivdatei, in der die Dateien enthalten sein werden, die auf Disk gebrannt werden sollen und nicht darauf passen.

1. Installieren Sie das Packprogramm. Wenn Sie auf Ihrem Rechner noch kein WinZip oder WinRAR installiert haben, müssen Sie das Programm zunächst installieren. Laden Sie dazu das Programm aus dem Internet herunter (Bezugsadressen siehe oben) und installieren Sie den Packer.

2. Öffnen Sie das Packprogramm. Fügen Sie die zu verkleinernde Dateien ein, indem Sie diese markieren und hinzufügen.

3. Erstellen Sie ein leeres Archiv und geben Sie den Dateinamen der zu erstellenden Archivdatei an. Das Packprogramm komprimiert nun die Dateien und speichert die Datei auf der Festplatte.

4. Vergleichen Sie die ursprüngliche Dateigröße mit der der gepackten Datei. Ist sie kleiner geworden, können Sie erneut versuchen, die Datei (diesmal in gepacktem Zustand) mit Nero zu brennen. Ist sie immer noch zu groß, schreiten Sie zu Plan B.

Am besten alle Dateien packen

Packen Sie anstelle der Datei, die nicht auf eine Disk passt, alle Dateien, sparen Sie in der Regel weiteren Speicherplatz, sodass Sie weniger Disks für das Speichern benötigen. Haben Sie das Programm Nero Backup im Lieferumfang, können Sie alternativ darüber versuchen, eine zu große Datei zu sichern. Nero Backup unterstützt von Haus aus das Aufteilen auf mehrere Disks.

Möglichkeit 2 – Packen und Aufteilen

Passt eine Datei dann immer noch nicht auf die Disk, teilen Sie sie einfach auf. Diese Option bieten die meisten Komprimierungsprogramme.

Leider können Sie keine über mehrere Archivdateien laufenden ZIP-Dateien erstellen. Benutzen Sie in diesem Fall WinRAR. WinZip bietet die Option nur an, wenn Sie die Archive auf dem Datenträger direkt erstellen.

1. Installieren Sie, falls noch nicht geschehen, das Packprogramm. Starten Sie die Programmdatei.

16. DATENDISKS ERSTELLEN

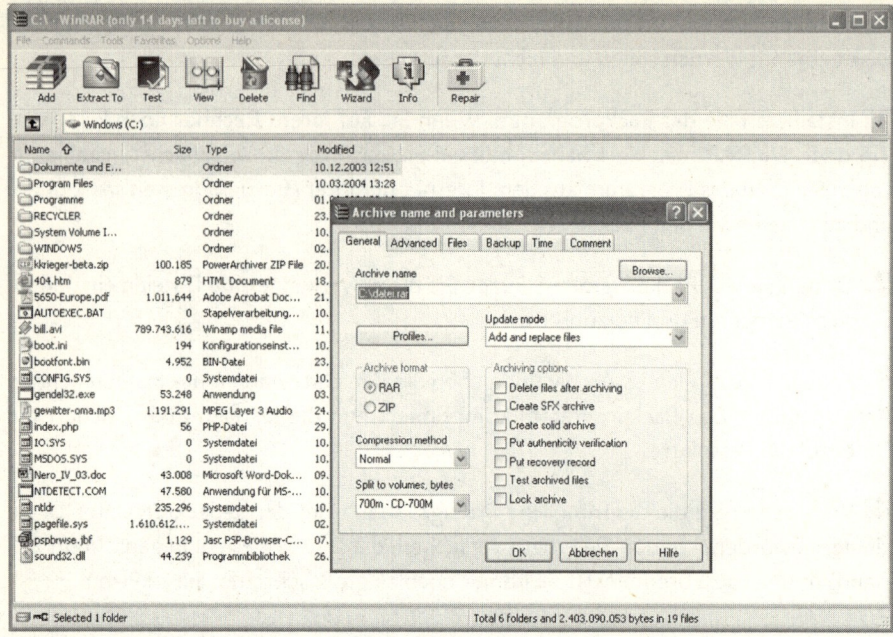

2. Geben Sie bei *Split to volumes* oder *Aufteilen auf Datenträger* die gewünschte Größe an. Bei CDs wären das 700 MByte, bei DVDs gar 4.380 MByte.

3. Klicken Sie auf *OK*, um das Archiv zu etablieren. Fügen Sie die zu verkleinernden Dateien ein, indem Sie diese markieren und hinzufügen.

4. Brennen Sie das Archiv auf mehrere Datenträger.

Kommando zurück – Dateien entpacken

Selbstverständlich können Sie mit dem Kompressionsprogramm auch wieder alle Dateien auf Festplatte zurückkopieren. Öffnen Sie die gepackte Datei mit dem Programm und entpacken Sie diese auf die Festplatte, wenn Sie wieder an die Daten heranwollen.

Beginnen Sie beim Wiederherstellen über mehrere Datenträger mit der ersten Disk. Sie werden beim Wiederherstellen der archivierten Datei am Ende der Disk nach dem nächsten Archiv gefragt. Legen Sie in diesem Fall den nächsten Datenträger ein und bestätigen Sie.

Videodatei für Sicherung zu groß

? Ich möchte eine MPEG-Datei einfach nur sichern, allerdings ist die zu sichernde MPEG-Datei um ein paar MByte zu groß für die Disk. Kann man diese Datei trotzdem sichern, ohne überbrennen zu müssen?

! Brennen Sie die Datei nicht als Datendisk, sondern als Video-CD oder Super-Video-CD. Die Videodaten werden in einem etwas anderen Dateiformat organisiert. So passen effektiv mehr Daten auf eine (S)VCD als auf eine Daten-CD im ISO 9660-Format.

Hintergrund der Geschichte ist die verwendete Datenorganisation auf der Disk. Bei CDs und bei DVDs nach dem ISO 9660-Format werden pro Sektor 2.048 Byte auf die Disk geschrieben. Dazu kommen weitere Bytes für die Fehlerkontrolle, die die Datenkonsistenz beim Lesen/Schreiben sicherstellt. Bei der Nutzung von Videodaten werden diese Daten nicht geschrieben, sodass pro Block effektiv 2.336 Byte zur Verfügung stehen.

Brennen Sie also eine MPEG-Videodatei als (Super-)Video-CD, bringen Sie mehr Film unter, als wenn Sie sie als normale Datei brennen.

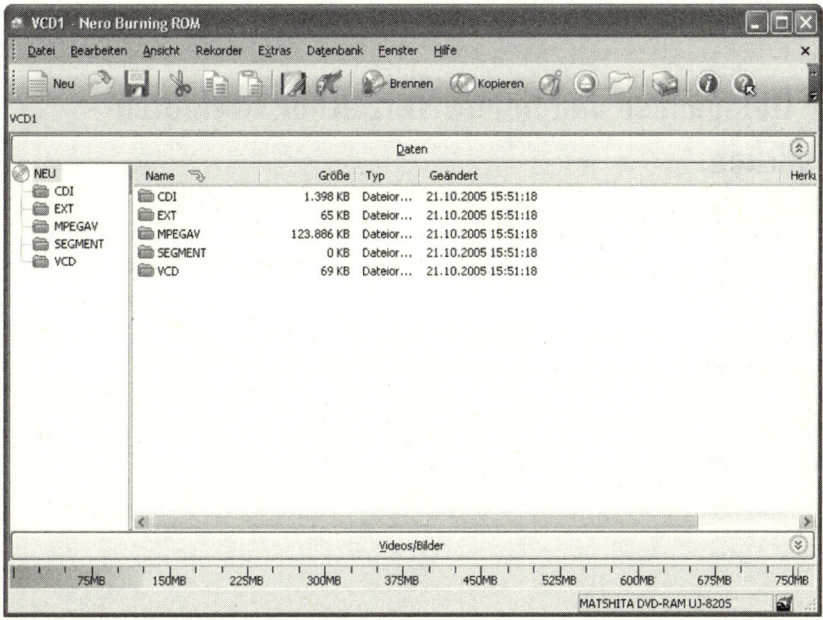

Beachten Sie jedoch, dass nicht bei allen Videos eine optimale Qualität mit herübergerettet werden kann. Nur relativ gering aufgelöste Videodaten im MPEG-1- (VCD) und MPEG-2- (SVCD) Format können verlustfrei übernommen werden.

Als weitere Alternativen stehen Ihnen das Brennen einer DVD – sollten Sie über diese Möglichkeit verfügen – oder die Nutzung des Programms Nero BackItUp zur Verfügung, das in der Lage ist, eine Datei auf mehrere Rohlinge zu verteilen.

Allerdings haben beide Wege den Nachteil, dass Sie entweder einen DVD-Rohling opfern müssen, der dann nur zu einem Bruchteil gefüllt wird, oder aber zwei CDs brauchen, sodass für eine Wiedergabe erst das Backup zurück auf die Festplatte überspielt werden muss. Ist daher eine Sicherung auf nur einem Rohling mittels der Video-CD-Einstellung möglich, sollten Sie diesen Weg wählen.

⊪▶ **VIdeodaten von Disk wiederherstellen** ⊪▶

Nachdem die Videodaten nicht als separate Datei auf die Disk gebrannt wurden, ist es nicht ohne weiteres möglich, die Videotitel herunterzukopieren. Bei der Umwandlung in das Video-CD- oder Super-Video-CD-Format werden die Videodaten leicht verändert abgespeichert. Mit einem kostenlos im Internet verfügbaren Programm namens dat2mpg wandeln Sie schnell die auf einer VCD/SVCD vorhandenen DAT-Dateien ins originale MPG-Format zurück.

Lange Dateinamen und tiefere Verzeichnisstrukturen ermöglichen

Beim Sichern von Daten von der Festplatte oder zum Beispiel beim Archivieren von MP3- oder Videodateien kommt es oft vor, dass die Dateien mit sehr langen Dateinamen versehen sind. So kann man zwar schnell den Inhalt einer Datei erfassen, manchmal gibt es aber Beschränkungen durch das Dateisystem. Gibt es eine Möglichkeit, Dateinamen, die länger als 64 Zeichen sind, zu erlauben?

In Nero 7 können Sie die Beschränkungen des Joliet-Formats lockern, indem Sie dieses in den Einstellungen erlauben.

Einfacher geht's mit Nero Express

Wegen des beschränkten Funktionsumfangs der Nero Express-Version sind diese Einstellungen explizit aktivierbar. Nero Express nutzt jedoch standardmäßig diese Einstellungen, sodass Sie praktischerweise gleich die Einsteigerversion nutzen.

1. Gehen Sie zunächst in die Eigenschaften der Zusammenstellung. Drücken Sie dazu F7 oder wählen Sie aus dem Menü *Datei/Zusammenstellungseigenschaften*.

2. Wählen Sie die Registerkarte *ISO* und aktivieren Sie die Häkchen bei *Mehr als 255 Zeichen in Pfad erlauben*.

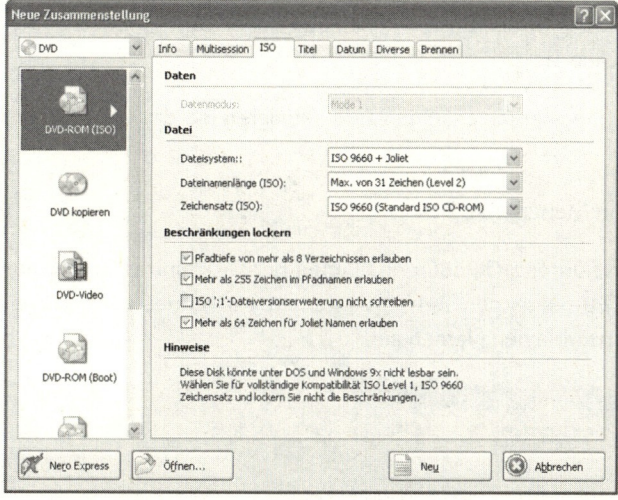

3. Möchten Sie zudem Verzeichnisstrukturen mit mehr als acht Unterebenen erlauben, setzen Sie das darüber liegende Häkchen bei *Pfadtiefe von mehr 8 Verzeichnissen erlauben*.

4. Reichen Ihnen 64 Zeichen nicht aus, können Sie im letzten Kontrollkästchen die Beschränkungen des Joliet-Formats nochmals lockern. Das erweiterte Joliet-Format bietet mit bis zu 255 Zeichen langen Dateinamen genug Platz zum Austoben.

5. Zum Abschluss bestätigen Sie die Einstellungen mit *OK*.

Beachten Sie auch hier, dass es in der Regel vonnöten ist, eine neue Zusammenstellung zu starten, damit die hier vorgenommenen Veränderungen greifen.

Sonderzeichen in Disktiteln

? Im Titel einer Disk dürfen normalerweise weder Umlaute noch Sonderzeichen auftauchen, wenn sie den Spezifikationen des ISO 9660-Standards gerecht werden soll. Wie bekommt man trotzdem beispielsweise Leerzeichen in den Titel?

! Die Antwort liegt im zweiten Volume-Deskriptor. Bei der Nutzung des Joliet-Dateisystems wird ein zweiter Name zum üblichen ISO 9600-Namen, der nur aus den Grundzeichen und ohne Sonderzeichen bestehen darf, auf die Disk geschrieben. Bei Joliet-kompatiblen Betriebssystemen wird dieser anstelle des ISO 9660-Labels verwendet. Somit stehen Sonderzeichen, Umlaute und Leerzeichen zur Verfügung.

1. Gehen Sie in die Einstellungen der Zusammenstellung über *Datei/Zusammenstellungseigenschaften* oder drücken Sie F7.

2. Rufen Sie zunächst die Registerkarte *ISO* auf und aktivieren Sie das Häkchen bei *Joliet*.

3. Wechseln Sie jetzt in den Menüpunkt *Titel*.

4. Während Sie bei *Manuell* unter *ISO 9660* den Namen der Disk eintragen, der nur standardmäßig bei ISO 9660-nutzenden Betriebssystemen verwendet wird, tragen Sie im Feld darunter den ausführlichen Namen ein.

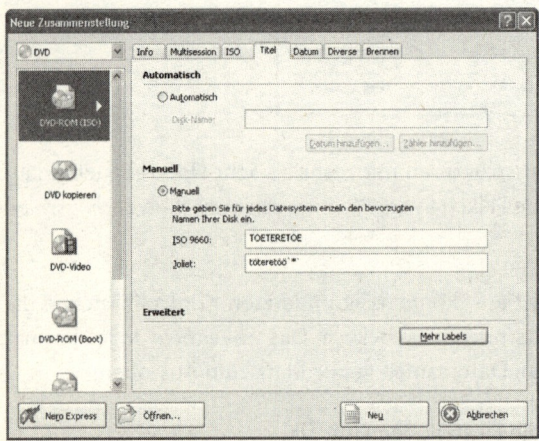

Dieser wird bei allen aktuellen Betriebssystemen ausgelesen und als Disktitel angezeigt. Der Name kann nun auch Sonderzeichen wie !%$(), Leerzeichen oder Umlaute enthalten. Ebenso kann nur hier die Groß- und Kleinschreibung gezielt eingesetzt werden.

5. Schließen Sie das Feld mit *OK* oder dem Start des Brennvorgangs *Brennen*. Die Änderungen werden sogleich übernommen.

⮕ *Leerzeichen simulieren bei ISO 9660-kompatiblem Disknamen* ⮕
Bei der Nutzung eines einzigen Volume-Deskriptors sind nur die Zeichen A–Z und 0–9 sowie einige wenige Sonderzeichen erlaubt. Ein Leerzeichen einzufügen ist nicht möglich. Mithilfe des Unterstrichs _ (zu erreichen über Umschalt +- *) können Sie ein solches Trennzeichen simulieren. So würde der Disktitel* MeineCDNr12 *mit Unterstrich etwa* Meine_Disk_Nr_12 *lauten.*

DVD mit großer Videodatei brennen

? Nach dem Überspielen eines DV-Bands auf meinen PC habe ich eine 4 GByte große Datei, die ich auf einer DVD sichern möchte. Versuche ich jedoch, eine normale DVD-ROM zu erstellen, meint Nero dazu, dass ich das UDF-Dateiformat nutzen solle. Gibt es mit dem System große Unterschiede zu normalen DVD-ROMs, und welche Vor- oder Nachteile erwachsen mir daraus?

! Eine gute Frage: Die Antwort ist nicht leicht, denn im Prinzip ändert sich kaum etwas. Ob Sie eine Datendisk nun im ISO- oder UDF-Format, mit Mode 1 oder Mode 2 beschreiben, ist in der Praxis fast egal.

Die einzigen Unterschiede sind von nicht sichtbarer Natur. Sie treten zu Tage, wenn die Dateinamen zu kurz sind und weder Umlaute noch Sonderzeichen auftauchen. Dann liegt die Ursache in der Beschränkung des verwendeten Dateiformats und nicht primär in der Art, wie die Daten auf die Disk geschrieben werden.

Das UDF (**U**niversal **D**isc **F**ormat) ist das Nachfolgeformat des altbewährten ISO 9660-Standards. Der neue ISO 13346-Standard wird hauptsächlich bei DVDs und CD-RWs eingesetzt. Es hebt das gesamte Formatwirrwarr um Mode 1, 2 XA und Joliet auf und führt ein neues, einheitliches System ein, das mit langen Dateinamen, Sonderzeichen und Umlauten und tiefen Verzeichnisstrukturen aufwartet. Zudem erlaubt es Dateistrukturen im Terabyte-Bereich und ist damit für die Zukunft bestens gewappnet.

Das klassische ISO 9660 wurde mitsamt der ersten CD-ROM eingeführt. Aus den seligen DOS-Zeiten stammt auch die Beschränkung auf 8+3. Das bedeutet, dass ein Dateiname nur aus maximal acht Zeichen und einer Endung aus drei Zeichen bestehen darf. Das ist der ISO 9660 Mode 1. Er war nur für Daten gedacht.

Als Erweiterung dessen wurde später Mode 2 eingeführt, dieser erlaubte sage und schreibe 31 Zeichen. Er wurde weiterhin in zwei Unterformen eingeteilt: Form 1 und Form 2. Diese dienten unterschiedlichen Einsatzzwecken. Form 1 war nur für Daten gedacht, während Form 2 für das aufkommende Multimedia-Zeitalter gerüstet wurde. Damit wurden Video-CD, Photo-CD und CD Extra (Daten und Musik auf einer Disk) erst möglich.

Denn die CD-ROM-XA-Disks der Form 1 und Form 2 besitzen jeweils einen unterschiedlichen technischen Aufbau. Die nutzbare Datenmenge wurde bei Form 2 erhöht, und es wurden einige Prüfbits der Fehlerkorrektur in der internen Datenorganisation dagegen eingetauscht. In Form 2 stehen so 2.352 Byte anstelle der 2.048 Byte bei Form 1 pro Sektor auf der CD zur Verfügung.

Mit der Etablierung des Mode 2 Form 2 bei Video-CDs konnte so die untergebrachte Datenmenge von 150 KByte/s auf 172 KByte/s erhöht werden.

Als Mischform ist der Kompatibilitätsmodus ISO/UDF-Bridge möglich. Dieser verbindet quasi zwei Dateisysteme auf einer Disk und schafft somit die ultimative Kompatibilität mit kritischen Lesegeräten. Denn beispielsweise auf einigen DVD-Playern oder älteren Computersystemen sind UDF-Disks unter Umständen nicht lesbar.

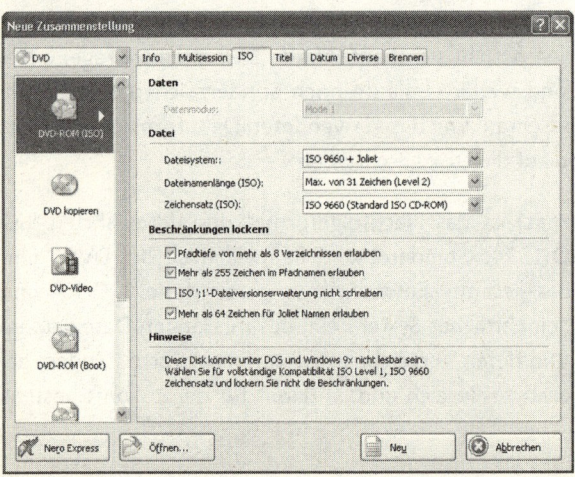

Auch Nero 7 bietet diesen Kompatibilitätsmodus an. Nutzen Sie diesen bei Leseproblemen der UDF-Disks in anderen Geräten. Erstellen Sie in diesem Fall eine Disk mit UDF/ISO. Aktivieren Sie den UDF-Modus 1.02. Dieser bietet die größte Kompatibilität.

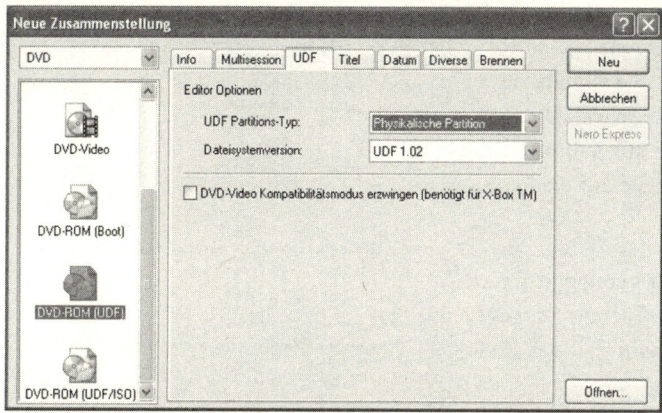

Nutzen Sie eine Video-DVD und wollen Sie diese auf einer X-Box-Videospielekonsole verwenden, aktivieren Sie nur das entsprechende Kontrollkästchen.

Cachevorgang nicht erfolgreich

Während Nero den Schreibvorgang initiiert, kommt es zu der Fehlermeldung *Cachevorgang nicht erfolgreich*. Der Schreibvorgang wird daraufhin erst gar nicht begonnen.

Bevor Nero mit dem Schreiben beginnt, wird ein Teil der Daten vorsichtshalber zwischengespeichert, um einen reibungslosen Dateifluss während des Brennens zu gewährleisten. Während des Brennens wird dann zuerst der Cache nachgefüllt, und aus diesem wird der Brenner bedient.

Kann Nero nicht ausreichend Daten zwischenspeichern oder dauert die Anforderung und das Kopieren der Dateien unverhältnismäßig lang, wird der Vorgang mit dieser Fehlermeldung abgebrochen.

In diesem Fall versuchen Sie die Cacheeinstellungen zu optimieren.

1. Stellen Sie sicher, dass auf der gewünschten Festplattenpartition genügend Platz ist. Es sollte mindestens so viel Platz sein, wie die größte Disk sein wird. Bei einer einlagigen DVD wären das ungefähr 4,5 GByte, bei CDs reichen auch ca. 700 MByte aus.

Ist nicht genug Speicherplatz verfügbar, müssen Sie wohl oder übel Daten löschen.

2. Rufen Sie die Optionen zur Einstellungen des Caches auf. Sie finden Sie in Nero Express unter *Erweitert/Optionen* und in Nero Burning ROM unter *Datei/Optionen*. Wechseln Sie auf die Registerkarte *Cache-Speicher*.

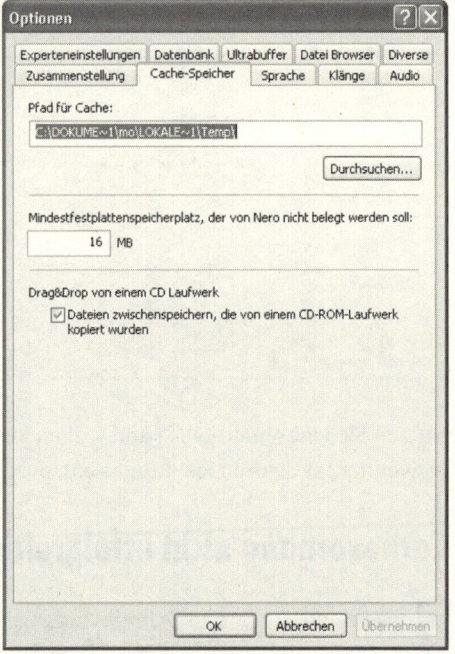

3. Überprüfen Sie, ob genügend freier Speicherplatz für das Cachen vorliegt, und ändern Sie in diesem Fall das Ziellaufwerk.

4. Passen Sie weiterhin die *Minimale Plattenplatzreserve* an, damit Nero immer genügend Platz für das Zwischenspeichern hat.

5. Bestätigen Sie mit *OK* und beenden Sie Nero, sodass die Änderungen übernommen werden.

Datei(en) wurde(n) nicht gefunden

? Mitten im Brennvorgang erscheint ein Ausrufezeichen im Log-Fenster und teilt mit, dass eine oder mehrere Dateien oder Verzeichnisse nicht gefunden wurden. Der Brennvorgang wird aber weiter fortgesetzt. Was hat das zu bedeuten?

! Nero erstellt immer eine virtuelles Diskabbild, in das die eingefügten Dateien mitsamt Dateinamen und den Pfadangaben auf der Festplatte hinterlegt sind. Daraus bezieht Nero die Information darüber, von wo Dateien während des Schreibvorgangs bezogen werden müssen.

16.1 ZUSAMMENSTELLUNG VON DATENDISKS **515**

Ist nun einer dieser Einträge fehlerhaft und existiert diese Datei nicht mehr oder nicht mehr an der vorher festgelegten Stelle, kann diese nicht gelesen und auch nicht auf die Disk geschrieben werden.

Nero ist in diesem Fall so gnädig und lässt den Schreibvorgang nicht abbrechen und die Disk mit einem Buffer Underrun zerstören, sondern lässt die entsprechenden Dateien auf der Disk einfach weg.

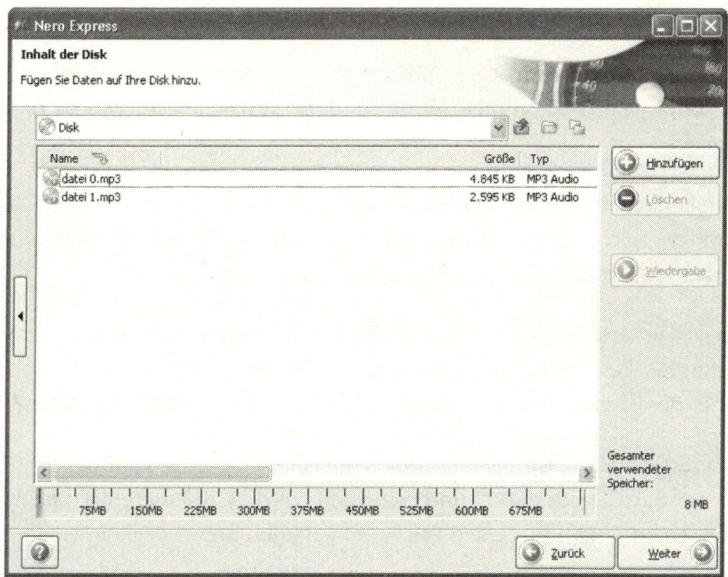

Überprüfen Sie deshalb vor dem Brennen ganz genau, ob auch wirklich alle Dateien am richtigen Ort liegen, und stellen Sie sicher, dass während des Brennvorgangs alle angeschlossenen Laufwerke lesebereit sind.

Das gilt besonders bei Quellen wie Netzlaufwerken und CD-/DVD-Laufwerken. Besonders bei diesen kann es schnell zu einem Abbruch des Lesestroms kommen, wenn etwa ein Kabel entfernt oder die Disk aus dem Laufwerk genommen wird – während des Brennens, versteht sich.

Achten Sie auf einen ununterbrochenen Datenstrom von allen Laufwerken. Speichern Sie in kritischen Fällen die Daten vorher auf eine lokale Festplatte, damit der Datenfluss stets gewährleistet ist.

Vergleich der Zusammenstellung nicht erfolgreich

? Nach dem erfolgreichen Schreiben bietet sich die Möglichkeit an, Quell- und Zieldaten zu vergleichen. Die Option *Daten nach dem Brennen überprüfen* erlaubt dies. Sie finden die Option im Statusfenster des Brennvorgangs unten im Fenster. Am Ende dieses Vergleichs wird festgestellt, dass sich eine oder mehrere Dateien von den ursprünglichen Daten unterscheiden, der Brennvorgang war aber als erfolgreich abgeschlossen angezeigt. Was ist da nicht in Ordnung?

! Dass sich Dateien auf der Festplatte von denen auf der beschriebenen Disk unterscheiden, sollte nicht vorkommen. Wenn es doch geschehen ist, gibt es folgende Ansatzmöglichkeiten.

Die einfache Lösung wäre ein lapidarer Lesefehler auf dem beschriebenen Rohling. Da es aber mit Hausmitteln nicht sicher nachweisbar ist, ob sich die Dateien wirklich unterscheiden, fällt dies erst einmal aus.

Sind die Dateien als unterschiedlich gekennzeichnet, muss man zwangsläufig von einem schreibbedingten Lesefehler ausgehen. Der Rohling war scheinbar nicht von guter Qualität, oder der Brenner hat nicht die passende Schreibstrategie eingesetzt.

Eines steht jedoch fest. Die Disk ist nichts geworden! Da sich die Daten auf der Festplatte von denen auf der CD oder DVD unterscheiden, wird es zu Lesefehlern beim Zugriff auf Ihre Daten kommen. Auf jeden Fall sollten Sie den Brennvorgang wiederholen.

Wurde die Datei nicht gefunden, der Brennvorgang war aber erfolgreich, wurde wohl zwischenzeitlich die Datei auf der Festplatte gelöscht, verschoben, umbenannt oder verschwand vom Quellmedium Netzlaufwerk oder CD-/DVD-ROM. Das ist ein klassischer Anwenderfehler und eher unter dumm gelaufen zu verbuchen. Die Disk ist in diesem Fall lesbar und in Ordnung.

Der Brennvorgang startet ewig nicht/Cachen dauert sehr lange

? Vor dem Start des eigentlich Brennens ackert Nero eine halbe Ewigkeit und benötigt sehr viel Zeit zum Cachen. Der Brennvorgang dauert so sehr lange.

! Bevor Nero mit dem Brennen beginnt, werden alle Dateien überprüft und ein Großteil der Daten in den Pufferspeicher verschoben. Von dort aus gelangen sie dann auf die Disk.

Sind nun besonders viele und vor allem kleine Dateien zu brennen, kann dieser Vorgang einige Zeit in Anspruch nehmen. Dann wäre es eine Möglichkeit, die Dateien mit einem Komprimierungsprogramm zu einer großen, einfach zu cachenden Datei zusammenzufassen. Von der Disk lassen sich die Daten dann einfach wieder entpacken und aus dem Archiv zurückkopieren.

Eine weitere Ursache kann ein langsames Laufwerk sein, von dem die Dateien in den Puffer geschrieben werden. So kann beispielsweise ein Netzlaufwerk, wenn es über ein WLAN angebunden ist, oder ein langsames CD-ROM-Laufwerk den Cachevorgang stark verlangsamen.

Speichern Sie in diesem Fall die Daten manuell auf Ihrer lokalen Festplatte zwischen oder sorgen Sie für eine bessere Leseleistung des Quellmediums.

Gemischte CDs richtig brennen – Mixed Mode vs. CD Extra

? Auf der CD sollen neben der Datenspur auch noch einige Musikstücke Platz finden. Nero bietet mit Mixed Mode und CD Extra gleich zwei Möglichkeiten der Erstellung an. Welche soll ich nehmen, wenn ich die Disk auch auf dem CD-Player der Stereoanlage abspielen will?

! Diese Antwort kann man so pauschal nicht geben. Es hängt hauptsächlich vom Verwendungszweck ab.

Möchten Sie eine CD für den CD-Player erstellen, die dort abgespielt werden soll, verwenden Sie CD Extra. Sind Sie ein Programmierer, haben eine Software für den Computer erstellt und möchten hinter Ihren Programmdaten auch noch ein paar Musikstücke unterbringen, die etwa vom Programm her abgerufen werden können, nutzen Sie den Mixed Mode.

In nachfolgendem Schema sehen Sie den Aufbau von Mixed Mode und CD Extra, so wie er auf der CD vorkommt.

| Mixed Mode | Datentrack | Musiktitel 1 | Musiktitel 2 | Musiktitel 3 | Musiktitel 4 |
| CD Extra | Musiktitel 1 | Musiktitel 2 | Musiktitel 3 | Musiktitel 4 | Datentrack |

Für einen normalen CD-Player ist eine Mixed Mode-CD nichts weiter als eine normale Musik-CD. Deswegen spielt er ohne Rücksicht auf Verluste auch den Datentrack ab. Das ist erkennbar bzw. erhörbar am lauten, boxenschädigenden Knacken zu Beginn des ersten Titels.

Deswegen ist es immer ratsam, eine CD, die im CD-Player eingesetzt werden soll, im CD Extra-Format zu erstellen.

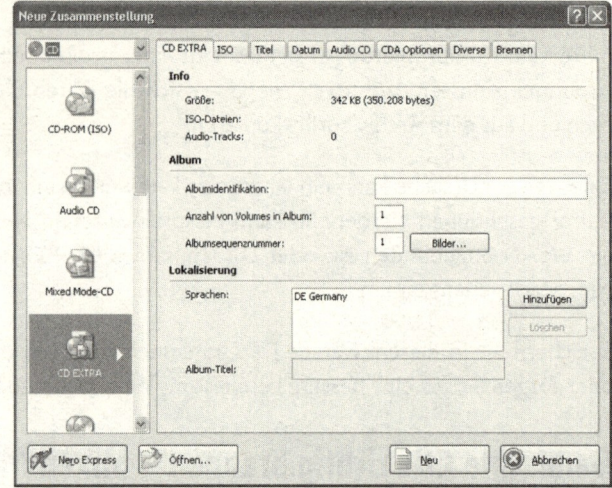

16.2 Disks in mehreren Sitzungen beschreiben
Ist die Multisession-Disk noch beschreibbar?

? In meinem Diskbestand befinden sich eine Reihe von Multisession-Disks. Wie kann ich feststellen, ob eine Disk noch beschreibbar ist oder schon finalisiert wurde?

! Bevor Sie mit dem Fortfahren einer Sitzung beginnen können, ist es ratsam zu überprüfen, ob die Disk bereits Sitzungen enthält und ob diesen noch weitere hinzugefügt werden können.

Nero Burning ROM

1. Legen Sie zunächst die fortzusetzende Disk ein.

2. Starten Sie Nero 7 und schließen Sie das Fenster für die Auswahl der neue Zusammenstellung.

16.2 DISKS IN MEHREREN SITZUNGEN BESCHREIBEN **519**

3. Wählen Sie aus der Menüleiste das mit einem gelben I beschrifteten Disksymbol oder drücken Sie [Strg]+[I]. Sie gelangen in das *Disk-Info*-Fenster.

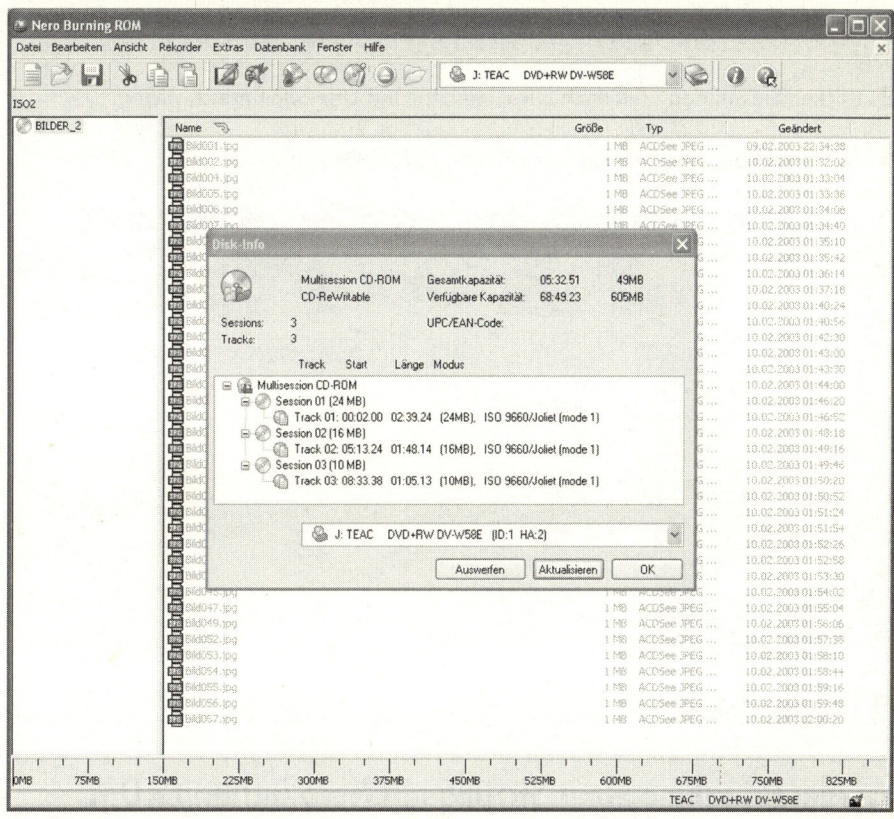

4. Hier sehen Sie einen Überblick über den Inhalt der Disk. In diesem Beispiel sind bereits drei Sitzungen mit 24, 16 und 10 MByte auf der Disk vorhanden. Es passen noch 605 MByte an Daten auf die Disk. Mit *OK* schließen Sie das Fenster wieder.

⇒   ***Achtung bei mehreren Rekordern***   ⇒

Haben Sie mehrere Brenner in Ihrem System installiert, müssen Sie erst das korrekte Brennlaufwerk auswählen, um sich den Inhalt der Disk anzeigen zu lassen. Das Auswahlfeld finden Sie in der Menüzeile gleich neben dem Symbol des Infofelds.

Nero Express

Nero Express bietet die Option im Startmenü an. Sie ist aber versteckt.

1. Legen Sie zunächst die fortzusetzende Disk ein. Starten Sie Nero Express.

2. Klicken Sie auf den Pfeil nach links und dann auf *Disk-Info* unter *Erweitert*.

3. Nun sehen Sie auch hier die Informationen zum Datenträger.

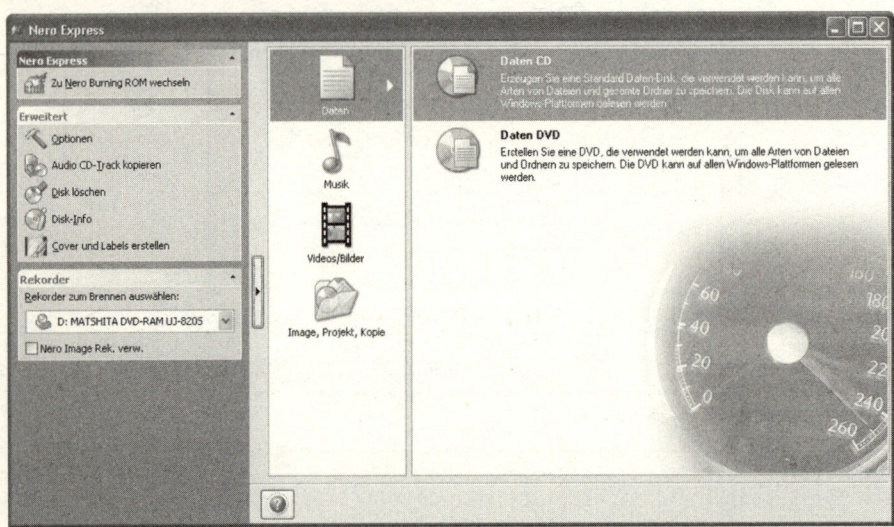

Wiederaufnahme einer Sitzung mit Nero Burning ROM

? Ich habe eine Disk im Multisession-Format erstellt. Wie kann ich weitere Daten auf die Disk schreiben?

! Das Fortsetzen einer Disk ist genauso einfach wie das Erstellen. Sie müssen lediglich vor Beginn des Bearbeitens der Disk die Sitzung auswählen, die es fortzusetzen gilt.

1. Stellen Sie sicher, dass Sie eine Multisession-Disk vor sich haben. Legen Sie diese in den Brenner ein und starten Sie Nero 7 oder Nero Express 7.

2. Wählen Sie aus dem Auswahlmenü den Disktyp aus und klicken Sie auf der Registerkarte *Multisession* den Punkt *Multisession Daten-Disk fortsetzen* an. Klicken Sie dann auf *Neu*, um die Disk fortzusetzen.

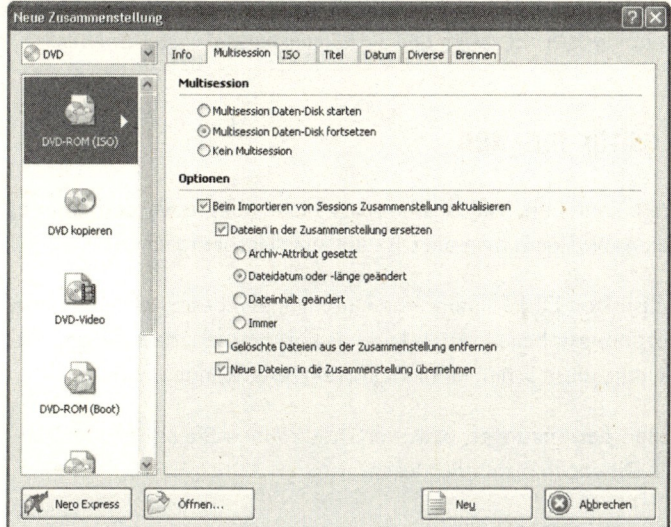

3. Wählen Sie nun die letzte Sitzung aus. Diese wird fortgesetzt.

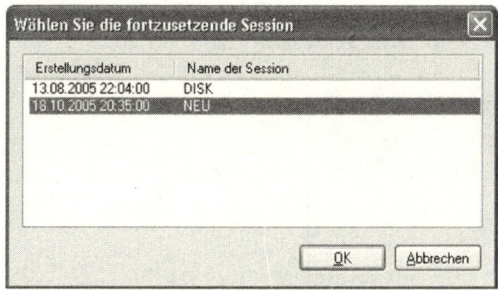

4. Ein neues Nero-Fenster öffnet sich. Hier können Sie weitere Dateien einfügen oder Dateien virtuell entfernen.

5. Brennen Sie nun wie gewohnt die Disk. Dabei können Sie sie entweder offen lassen (Häkchen bei *CD/DVD abschließen* deaktivieren) oder endgültig schließen (Häkchen bei *CD/DVD abschließen* aktivieren).

Nero Express und Multisession-Disks

Nero Express erkennt eine eingelegte Multisession-Disk automatisch. Hier ist ein weiterführende Beschreibung unnötig. Legen Sie die Disk in den Brenner, starten Sie Nero Express und wählen Sie als Disktyp Daten/Daten-CD. *Im folgenden Zusammenstellungsfenster wird der Inhalt automatisch angezeigt, und Sie können normal weiterarbeiten.*

Disk universell lesbar machen

? In meinem Laufwerk kann eine Multisession-Disk nicht gelesen werden, oder es fehlen einige Dateien. Wie kann man die Disk universell lesbar machen?

! Da Nero eine Multisession-Disk in mehreren Durchgängen beschreibt und dabei mehrere Dateizuordnungstabellen nutzt, kann es vorkommen, dass einige, vornehmliche ältere, Laufwerke diese Scheiben nicht korrekt lesen können.

Erst mit dem Abschließen der Sitzungen bzw. der Disk können Sie sicher sein, dass (fast) alle Laufwerke die Disk auch ordentlich lesen.

So schließen Sie eine Multisession-Disk ab.

1. Legen Sie die Disk in den Brenner ein und starten Sie Nero.

2. Wählen Sie das Dateiformat aus, das Sie verwenden, und wählen Sie auf der Registerkarte *Multisession Multisession Daten-Disk fortsetzen* aus.

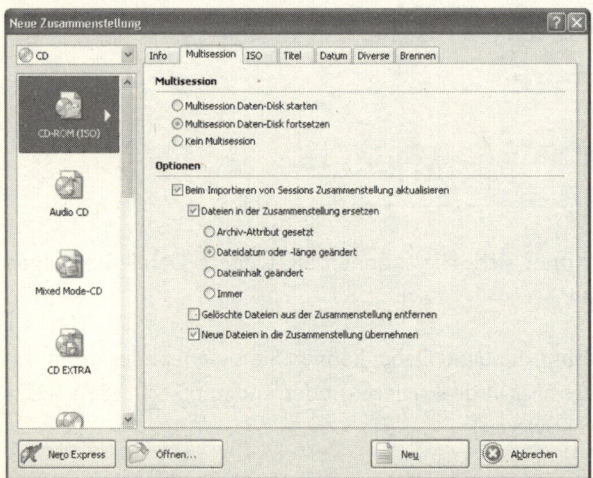

3. Wechseln Sie dann auf die Registerkarte *Brennen* und aktivieren Sie den Haken bei *CD abschließen (Kein weiteres Schreiben möglich!)*.

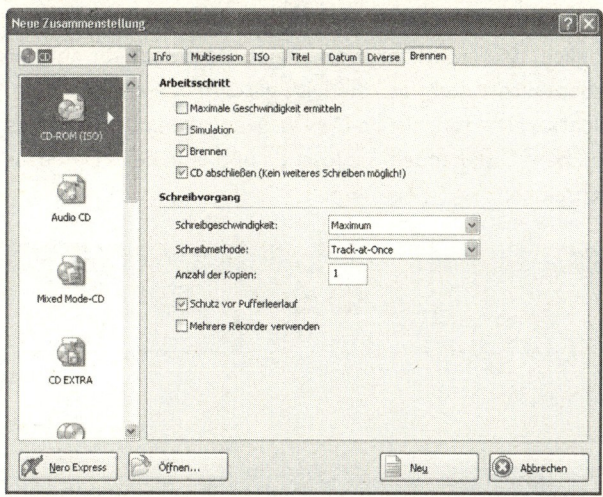

4. Klicken Sie dann auf *Brennen*, um die CD zu finalisieren.

Daraufhin wird die Disk nicht mehr beschreibbar sein und sollte nun von den meisten Laufwerken erkannt werden.

Problemfall: Nicht-Multisession-fähige Laufwerke

Früher war dieses Problem noch an der Tagesordnung. Heutige optische Laufwerke haben aber keine Probleme mehr mit Disks, die nicht nur aus einer, sondern aus mehreren Sitzungen bestehen.

Speicherplatz verschwunden

Auf der Multisession-Disk sind nur wenige Dateien gespeichert, dennoch beharrt Nero darauf, dass nicht genügend Platz auf der Disk ist.

Bei einer Multisession-CD wird mit Abschluss einer Sitzung immer eine neue Inhaltsangabe auf die Disk geschrieben. Es ist damit möglich, Dateien, die nicht mehr benötigt werden, aus dem Inhaltsverzeichnis (TOC) zu entfernen, sie also – virtuell – zu löschen.

16. DATENDISKS ERSTELLEN

Praktisch bleiben diese Daten aber auf der Disk vorhanden, schließlich wurden sie darauf gebrannt. Im Inhaltsverzeichnis werden sie jedoch nicht mehr angezeigt und gelten deshalb als gelöscht.

Im Extremfall ist es also möglich, dass auf diese Weise keine Dateien mehr auf der Disk sichtbar sind und trotzdem nichts mehr auf die Disk geschrieben werden kann. In diesem Fall können Sie nichts weiter tun, als die Disk wegzuwerfen oder, wenn es sich um eine wieder beschreibbare Disk handelt, sie löschen und eine neue Datenzusammenstellung darauf zu schreiben.

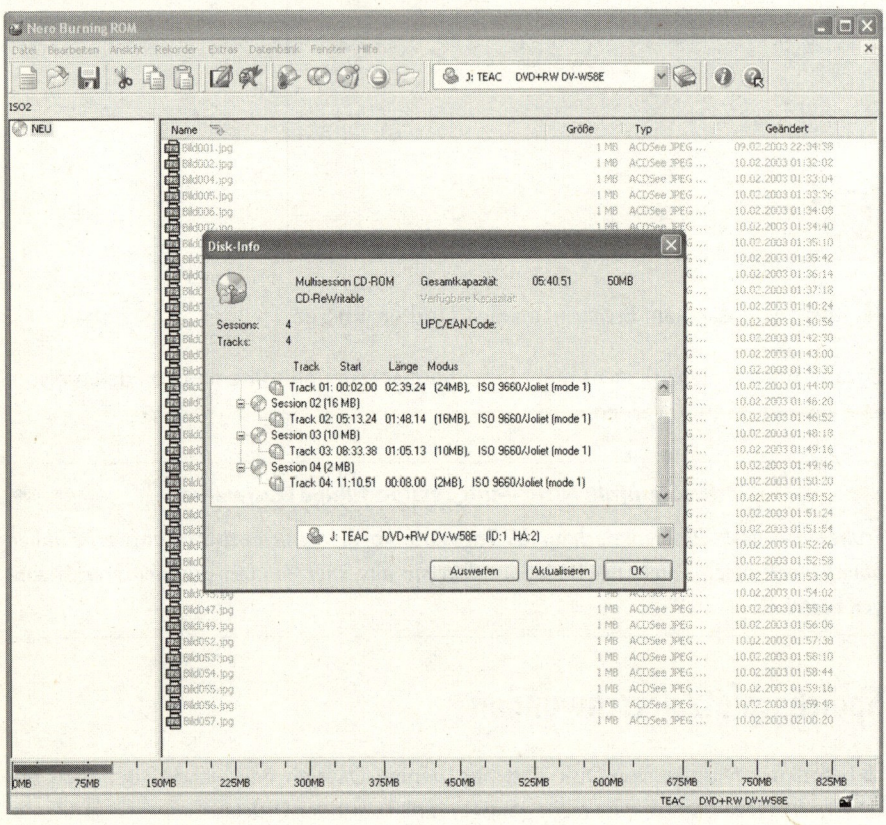

Umgehen können Sie das Problem, wie bereits gesagt, leider nicht.

Gelöschte Dateien auf einer Multisession-Disk wiederherstellen

? Leider habe ich die Daten von einer Multisession-Disk gelöscht, oder – besser gesagt – sie sind nicht mehr aktiv sichtbar. Wie kann ich an Dateien aus einer früheren Sitzung wieder herankommen? Schließlich befinden sich die Daten noch auf der Disk.

! Da die Dateien nicht gelöscht werden, sondern nur aus dem Inhaltsverzeichnis der Disk gelöscht wurden, können Sie die Dateien wieder ausgraben.

Sessions wählen mit IsoBuster

Dazu benötigen Sie hier das Programm IsoBuster. Sie finden es als Testversion im Internet unter der Adresse *http://www.isobuster.com*.

1. Laden Sie IsoBuster aus dem Internet und installieren Sie das Programm.

2. Legen Sie die Disk in das Laufwerk ein und starten Sie IsoBuster.

3. IsoBuster zeigt Ihnen jetzt alle Sitzungen auf der Disk an. Klicken Sie sich durch die Sessions durch und suchen Sie diejenige heraus, in der sich die gesuchten Dateien befinden.

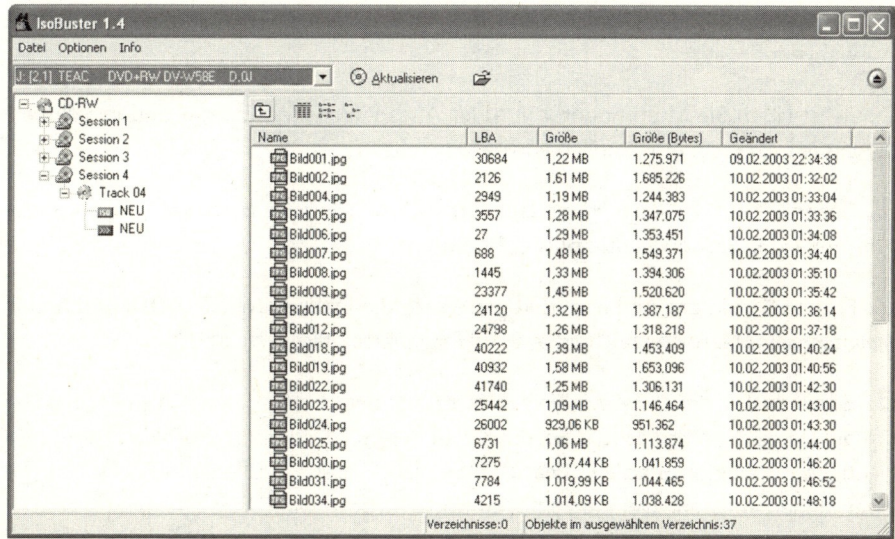

526 16. DATENDISKS ERSTELLEN

4. Markieren Sie die Datei und klicken Sie mit der rechten Maustaste darauf. Wählen Sie dann *Objekte extrahieren/<Dateiname>* aus dem Kontextmenü.

5. Geben Sie danach nur noch das Zielverzeichnis an. Der Dateiname wird schon angepasst eingefügt. IsoBuster extrahiert nun die Datei von der Disk in das Zielverzeichnis.

Wenn Sie weitere Dateien von „verlorenen" Sitzungen wiederherstellen möchten, gehen Sie wie eben geschildert vor.

Nero Multimounter

Eine weitere Möglichkeit stellt das Programm Multimounter von Ahead dar. Es bindet sich in das *Eigenschaften*-Menü des optischen Laufwerks ein und erlaubt die Auswahl der Session.

Zunächst laden Sie Multimounter von der Ahead-Website herunter und installieren es, was jedoch recht umständlich vonstatten geht.

1. Gehen Sie auf die Nero-Homepage *http://www.nero.com/nero6/deu/Multimounter.html* und laden Sie den Multimounter herunter.

2. Entpacken Sie das Archiv und kopieren Sie die Dateien *NeroSHX.DLL* und *Multimounter.reg* ins Nero-Verzeichnis (z. B. *C:\Programme\Ahead\Nero*).

3. Editieren Sie die Datei *Multimounter.reg* aus dem Nero-Verzeichnis (Rechtsklick auf die Datei, dann *Bearbeiten*). Setzen Sie an der Stelle, an der *[NeroFolder]* steht, den richtigen Installationspfad ein. Beachten Sie dabei, dass anstelle eines Backslashs (\) zwei stehen müssen. Der korrekte Eintrag würde etwa *C:\\Programme\\ahead*

16.3 BOOTFÄHIGE DISKS ERSTELLEN

Nero\\neroshx.dll lauten. Speichern Sie die Datei ab und führen Sie sie mit einem Doppelklick aus.

4. Um die Existenz der Nero-Treiber im System zur verifizieren, installieren Sie diese. Im Programmverzeichnis von Nero Multimounter klicken Sie mit der rechten Maustaste auf *NeroCD2k.inf* und wählen *Installieren*. Die notwendigen Treiber werden nun eingespielt.

5. Ganz wichtig ist, den Rechner jetzt neu zu starten, um die Installation abzuschließen.

6. Nach dem Neustart gelangen Sie über den Arbeitsplatz zu Multimounter. Legen Sie eine (Multisession-)Disk ein und klicken Sie mit der rechten Maustaste auf das Disksymbol. Wählen Sie aus dem Kontextmenü *Eigenschaften* und dann die Registerkarte *Datenträger*. Hier werden Ihnen alle auf der Disk erstellten Sitzungen angezeigt.

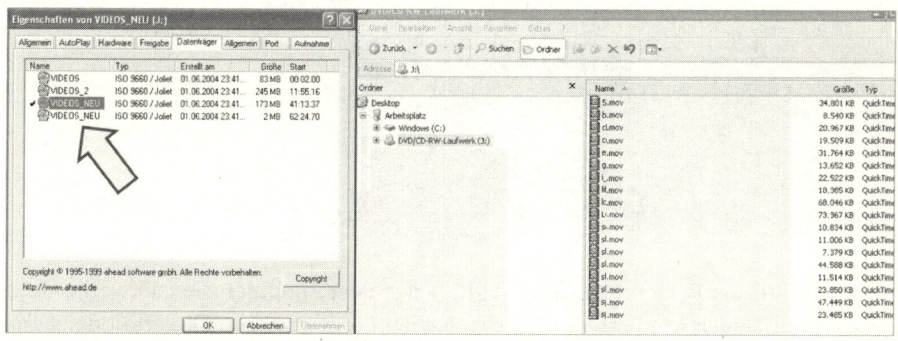

7. Aktivieren Sie die gesuchte Sitzung mit einem Doppelklick. Sie wird dann automatisch gemountet und steht in Windows zur Verfügung, auch wenn sie nicht die letzte aktive Session ist. Ein Klick auf *OK* schließt das Programmeigenschaftenfenster wieder.

16.3 Bootfähige Disks erstellen

Der Rechner startet nicht von der angelegten Bootdisk

Trotz korrekter Erstellung startet mein PC nicht mit der eingelegten CD. Habe ich etwas vergessen?

! Das kann gut sein. Denn Sie müssen Ihrem PC mitteilen, von welchen Bootmedien dieser booten darf und soll. Diese Einstellungen nehmen Sie im BIOS des Computers vor.

Um in das BIOS des PCs zu gelangen, müssen Sie den Rechner neu starten und in den internen Computereinstellungen einige Einstellungen vornehmen.

1. Starten Sie den Computer neu. Während des Bootvorgangs sehen Sie kurz das System-BIOS. Auf dem Ladebildschirm sehen Sie auch einen Hinweis dazu, wie Sie in das BIOS-Setup gelangen. Drücken Sie diese Taste, zum Beispiel (Entf)/(Del) oder (F10).

2. Suchen Sie den Menüpunkt *Advanced BIOS Features* heraus. Meist ist es der zweite Punkt. Hangeln Sie sich in das Untermenü.

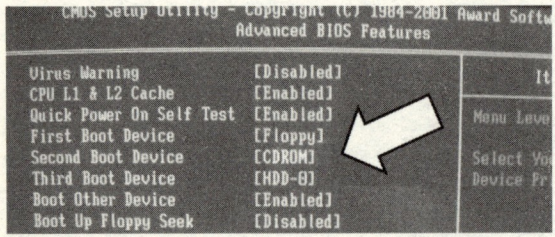

3. Hier wird die Reihenfolge festgelegt, in der der Computer die Laufwerke nach einem bootfähigen Medium durchsucht. Neben der klassischen Diskette oder Festplatte sind auch CD-/DVD-ROM, USB oder ZIP-Laufwerk wählbar. Stellen Sie als erstes Bootlaufwerk das Diskettenlaufwerk (*Floppy*), als zweites das CD-/DVD-ROM-Laufwerk (*CDROM*) und als letztes die Festplatte (*HDD(-0)*) ein.

4. Verlassen Sie dieses Menü mit (Esc) und speichern Sie die Einstellungen ab.

Versuchen Sie jetzt noch einmal, von der Bootdisk zu booten, es sollte fortan möglich sein.

Bootdiskette in Nero einbinden

? Wie erstelle ich eine bootfähige Disk, mit der ich auch Zugriff auf die optischen Laufwerke habe?

16.3 BOOTFÄHIGE DISKS ERSTELLEN

In Nero 7 gibt es ein integriertes Bootabbild einer DOS-Startdiskette. Dieses muss nur noch in die Zusammenstellung eingebunden werden, um auf der fertigen Disk zu erscheinen.

1. Zunächst müssen Sie das Medium auswählen, auf dem die Bootdisk erstellt werden soll. Dann wählen Sie aus der Zusammenstellung die Bootoption.

2. Im Register *Startopt.* wählen Sie den Menüpunkt *Imagedatei*. Das Boot-Image finden Sie im Nero-Programmverzeichnis (etwa *C:\Programme\Ahead\Nero*). Geben Sie als Bootsprache *Deutsch (Deutschland)* an.

Im unteren Bereich aktivieren Sie die *Experteneinstellungen*. Wählen Sie aus der herunterklappbaren Liste *Floppy Emulation 1.44MB* aus. Die restlichen Einstellungen belassen Sie. Klicken Sie dann auf *Neu*.

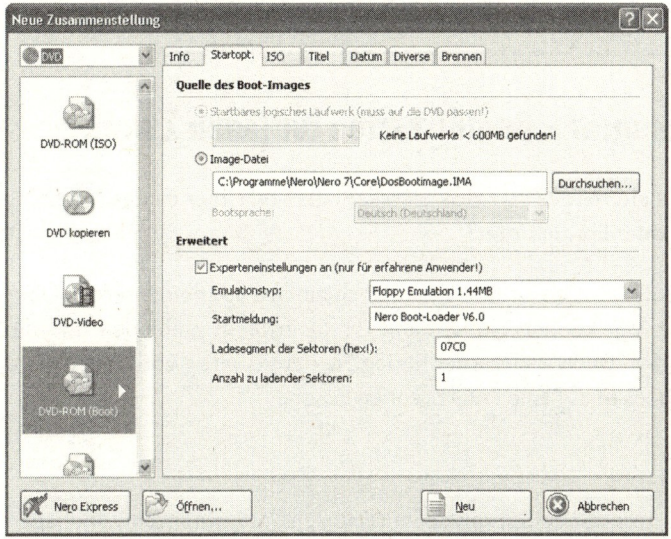

3. Fügen Sie jetzt die Dateien für die Disk ein und starten Sie wie gewohnt den Brennvorgang.

Nach Abschluss des Brennens könnten Sie von der Disk booten.

Bei Nero Express 7 finden Sie die Einstellungsmöglichkeit des Boot-Images im Assistenten nach Zusammenstellung der Dateien.

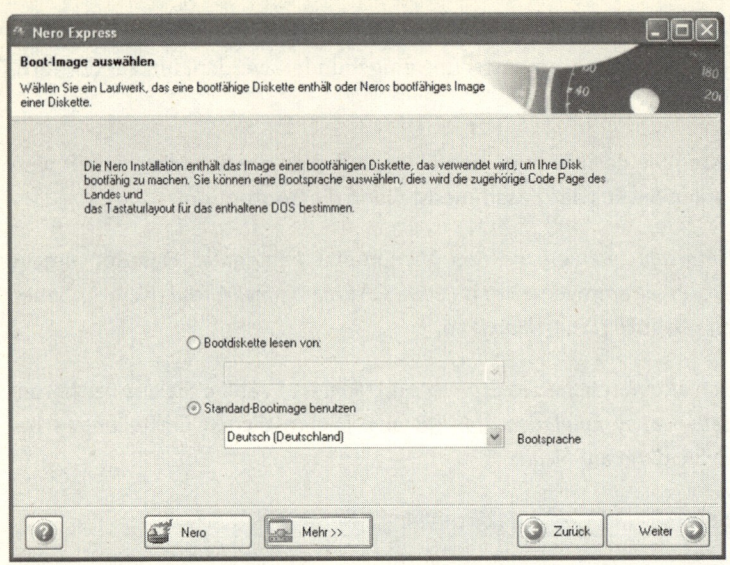

Booten leicht gemacht – Bootdisketten für jeden Zweck

Wie kann ich eine alternative Startdisk erstellen, die etwa über echtes MS-DOS, Netzwerktreiber oder Linux bootet?

Kein Problem! Laden Sie sich Ihr Diskabbild doch einfach aus dem Internet. Über einen kleinen Umweg können Sie es dann direkt in Nero einbinden und die bootfähige DVD brennen. Denn im Internet finden Sie bereits fertig vorkonfigurierte Startdisketten, die sich leicht auf eine DVD brennen lassen.

So gehen Sie vor:

1. Besuchen Sie die Internetseite Bootdisk.com (*http://www.bootdisk.com*) und laden Sie sich das gewünschte Diskabbild herunter. Es existieren weiterhin auch Abbilder für Linux (*http://www.bootdisk.com/linux.htm*) oder spezielle Windows XP-Startdisketten mit vorinstallierten Hilfsprogrammen (*http://www.bootdisk.com/popfiles.htm*).

Da die Abbilder allesamt als ausführbare Dateien vorliegen, die sich auf das Diskettenlaufwerk extrahieren, bringt Ihnen das zunächst nichts. Nero liest diese Dateien nicht ein.

16.3 BOOTFÄHIGE DISKS ERSTELLEN

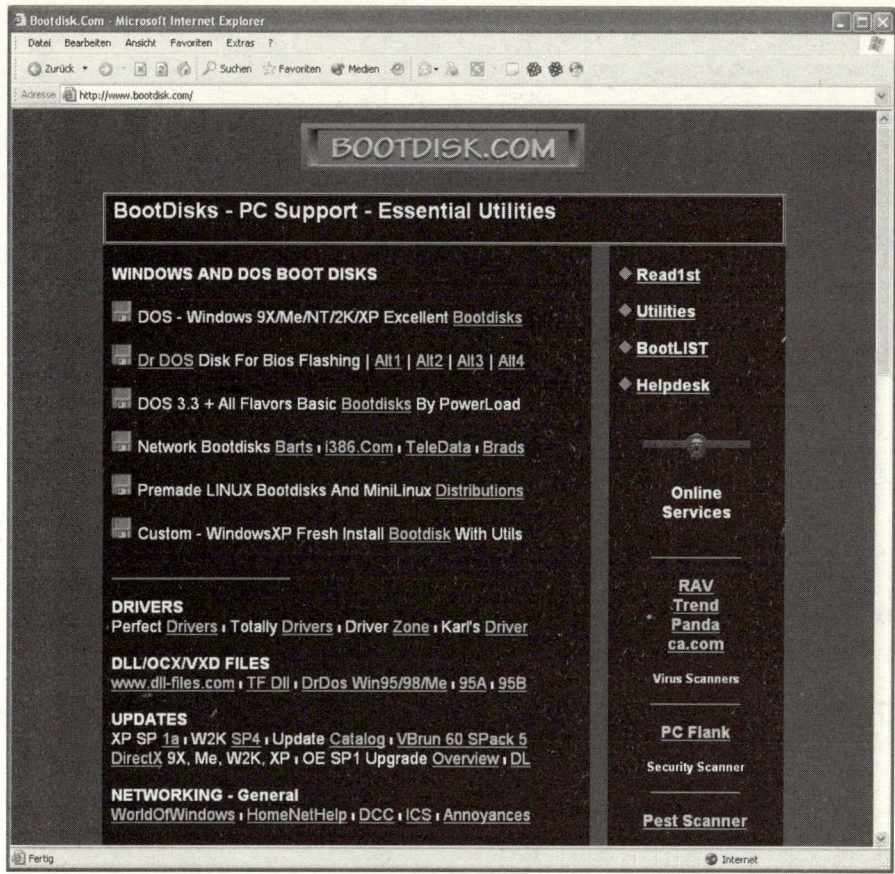

2. Sie benötigen ein Hilfsprogramm. Laden Sie sich noch das Programm WinImage (*http://www.winimage.com*) herunter. Damit wurden die Diskabbilder auf Bootdisk.com erzeugt, und damit lassen sie sich in das Nero-taugliche IMA-Format wandeln.

3. Starten Sie WinImage und laden Sie die heruntergeladene EXE-Datei in das Programm (*File/Open*).

16. DATENDISKS ERSTELLEN

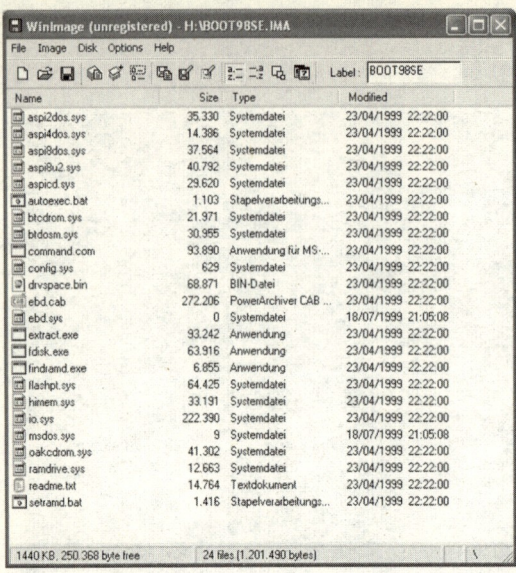

4. Nun speichern Sie die Datei neu ab. Verwenden Sie diesmal das Format IMA, das Ihnen unter *File/Save* im Speicherndialog zur Auswahl gestellt wird.

5. Jetzt können Sie gewohnt die Bootdisk in Nero erstellen. Achten Sie darauf, dass *Floppy Emulation 1.44MB* bei den Experteneinstellungen aktiviert ist. Ansonsten wird der Bootbereich nicht geladen.

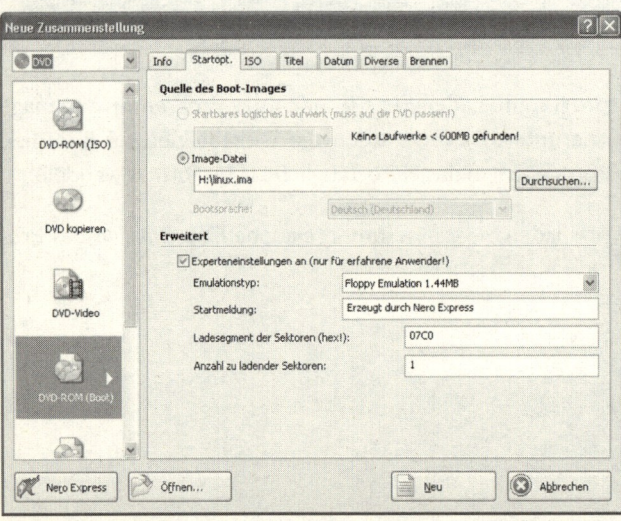

Datensicherung mit Nero BackItUp

Sicherung einzelner Dateien und ganzer Partitionen	**534**
Automatisierte Sicherung wichtiger Dateien	**552**
Wiederherstellen bestehender Sicherungen	**563**

17.1 Sicherung einzelner Dateien und ganzer Partitionen

Für hochwertige Sicherungen Nero BackItUp verwenden

? Aus Angst vor Datenverlust habe ich mich entschlossen, meine wichtigsten Dateien regelmäßig zu sichern. Welches Programm aus der Nero-Familie empfiehlt sich dazu, das Hauptprogramm Nero Burning ROM oder das Sicherungsprogramm BackItUp?

! Nero Burning ROM, das Hauptprogramm aus dem Nero-Paket, ist als universelles Tool für schnelle Sicherungen gut geeignet. Sie können über den Dateibrowser beliebige Dateien in die Zusammenstellung ziehen, sichern und bei Bedarf auf die Daten des Sicherungsträgers direkt zugreifen.

Allerdings ist das Programm Nero BackItUp besser darauf optimiert, Platz auf dem Datenträger zu sparen und bei der Wiederherstellung die verlorenen Dateien 1:1 zu ersetzen. Es merkt sich den Speicherpfad, von dem die Dateien genommen wurden, komprimiert die Dateien beim Speichern und ist zudem in der Lage, auch zusammenhängende Backups über mehrere Datenträger zu erstellen. Zudem verfügt es über umfangreiche Automatisierungsfunktionen, die beim Sichern behilflich sind.

Daher ist BackItUp für qualitativ hochwertige Sicherungen zu empfehlen, allerdings ist der Zugriff auf die Daten beschränkt, da die Daten in Archivform auf den Datenträger wandern. Wer daher auf seine Daten ohne die Nutzung eines Programms direkt zugreifen möchte, für den ist das Nero-Hauptprogramm besser geeignet.

BackItUp ist nicht zu finden

? Auf meinem neuen PC, dem Nero beilag, ist das Programm BackItUp nicht zu finden. Auch nach einer Neuinstallation von Nero ist es weiterhin nicht installiert – liegt da ein Installationsfehler vor?

17.1 SICHERUNG EINZELNER DATEIEN UND GANZER PARTITIONEN **535**

! Leider gibt es Nero in vielen verschiedenen Kombinationen. Das Programm liegt inzwischen einer großen Anzahl fertiger PCs und Brennern bei. Dabei greifen die Hersteller regelmäßig auf OEM-Varianten zurück, die einen beschnittenen Funktionsumfang besitzen.

Bei Ihnen scheint es sich um eine derartige OEM-Funktion mit begrenztem Funktionsumfang zu handeln. Leider kann man dagegen nur eins tun – sich eine größere Version von Nero direkt bei Ahead kaufen, wenn die zusätzlichen Funktionen benötigt werden.

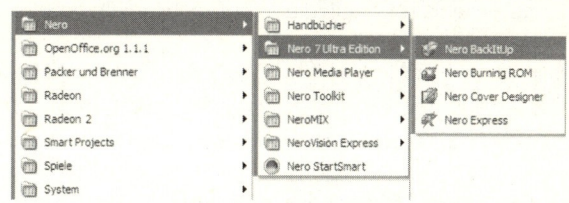

Meist erkennen Sie an der CD und am Startmenüeintrag, um was für eine Version es sich handelt. So trägt die große Version mit vielen Extras beispielsweise den Zusatz *Ultra* im Namen, während auf der CD bei Varianten mit verkleinertem Funktionsumfang das Kürzel *OEM* zu finden ist. Weitere Informationen zu den einzelnen Modulen und Versionen finden Sie auf der offiziellen Nero-Seite *www.nero.com*.

Medienwahl für Backups

? Auf welches Medium soll ich zur Sicherung meiner wichtigsten Daten zurückgreifen – CD oder DVD? Und lohnt es sich, ein wieder beschreibbares Medium zu nutzen?

! Grundsätzlich unterscheiden sich CD und DVD bekanntlich in der Größe. BackIt-Up komprimiert die Daten, die auf den Sicherungsträger überspielt werden, gerade bei kleineren Backups lohnt sich daher der weiterhin höhere Preis für eine DVD kaum.

Die Frage nach der wieder beschreibbaren Disk klärt sich mit dem Einsatzgebiet. Sollen die Daten dauerhaft abgelegt werden, empfiehlt sich ein einmal beschreibbarer Datenträger. Wenn Sie jedoch die gleichen Daten wieder und wieder sichern wollen, um den aktuellen Stand zu behalten, ist der Einsatz eines wieder beschreibbaren Mediums sinnvoll.

Große Dateien sichern

? Auf der Festplatte liegen große Dateien, die ich sichern möchte. Diese passen nicht in einem Stück auf eine DVD. Ist Nero BackItUp in der Lage, große Dateien entsprechend aufzuteilen und auf mehrere Datenträger zu verteilen?

! Nero BackItUp verfügt über eine Funktion, auch besonders große Dateien, beispielsweise ein großes Videofile, automatisch zu trennen und auf mehrere Datenträger zu verteilen, sodass dies gesichert werden kann.

1. Nach dem Start von Nero BackItUp müssen Sie im großen Hauptfenster zunächst im Menü *Ansicht* den Assistenten anklicken und dann im neuen Fenster auf *Neues Datei-Backup* gehen. Der Assistent wird Sie anschließend durch den Prozess des Backups begleiten.

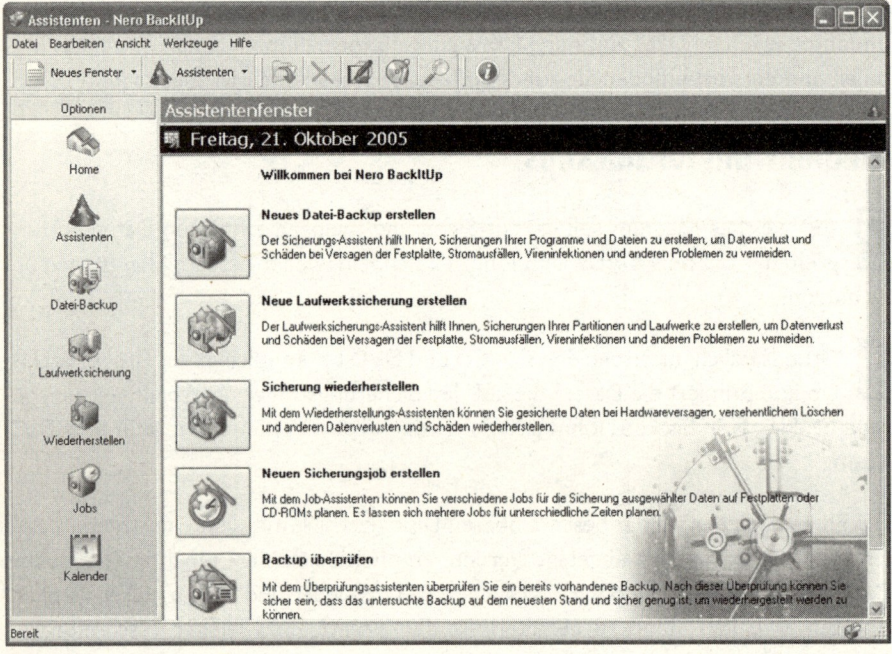

2. Klicken Sie auf *Weiter* und wählen Sie als *Backup-Quelle* die Option *Dateien und Ordner* aus. Klicken Sie anschließend nochmals auf *Weiter*. Sie gelangen zu einem Dateibrowser, über den Sie die zu sichernde Datei auswählen müssen. Klicken Sie ein-

17.1 SICHERUNG EINZELNER DATEIEN UND GANZER PARTITIONEN **537**

fach auf das Kontrollkästchen vor dem Dateinamen, schon ist die entsprechende Datei ausgewählt.

3. Nach einem erneuten Klick auf *Weiter* müssen Sie ein Ziel zur Sicherung auswählen, im Zweifel also den DVD-Brenner. Als *Sicherungstyp* ist *Vollständige Sicherung* zu wählen. Außerdem können Sie hier der Sicherung einen Namen geben. Unter *Mehr* müssen Sie das Feld *Dateien vor der Sicherung komprimieren* deaktivieren, wenn es sich um eine zusammenhängende, sehr große Datei handelt.

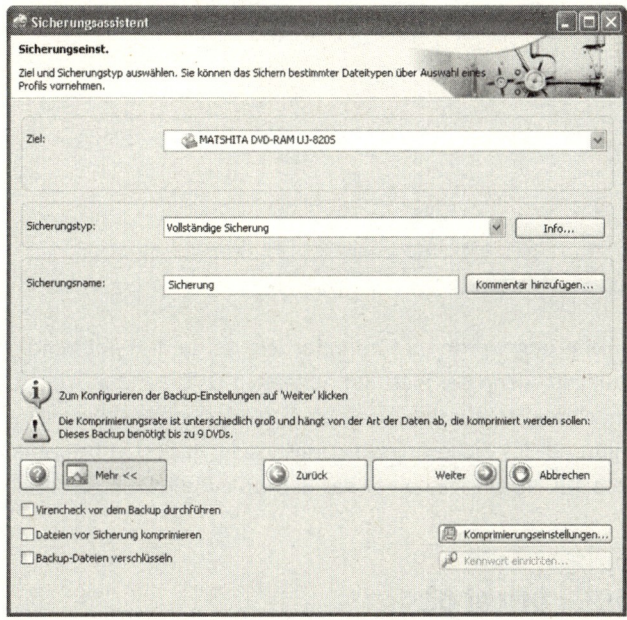

4. Am unteren Rand der Sicherungseinstellungen zeigt Ihnen Nero die geschätzte Anzahl notwendiger DVDs an. Stellen Sie sicher, dass Sie genügend Datenträger verfügbar haben, und klicken Sie auf *Weiter*.

5. Nach dem Klick auf *Weiter* gelangen Sie bereits zum letzten Bildschirm, auf dem Sie nochmals alle Einstellungen kontrollieren bzw. unter *Mehr* weitere Optionen hinzufügen können. Ein Dateifilter wird nicht benötigt, und die Daten nach der Sicherung zu überprüfen, kann zwar sinnvoll sein, aber auch viel Zeit in Anspruch nehmen. Mit einem Klick auf *Backup* starten Sie abschließend das Backup.

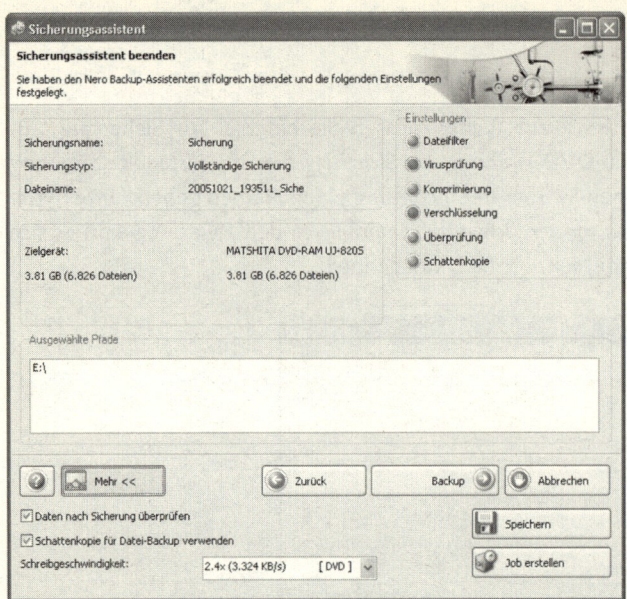

6. In der anschließenden Sicherung werden Sie aufgefordert, sollte dies notwendig sein, eine weitere Disk einzulegen, wenn der Platz auf der ersten DVD nicht ausreicht. Sie können natürlich sowohl einmal beschreibbare als auch wieder beschreibbare Datenträger nutzen. Sogar während des Sicherungsvorgangs löscht BackItUp bei einer vollen RW-Scheibe die Daten auf Nachfrage, bevor das Backup auf die Disk geschrieben wird.

Sicherung großer Datei bricht ab

? Ich möchte eine besonders große Datei sichern, allerdings gelingt dies nicht. Nero bricht mit der Meldung, dass einige Dateien nicht gesichert werden konnten, ab. Warum ist die Datei nicht sicherbar?

! Der häufigste Fehler für derartige Abbrüche entsteht durch die Komprimierungsfunktion von BackItUp. Zwar ist diese Funktion grundsätzlich sehr nützlich, um Platz zu sparen, doch führt sie in einigen Fällen zu ungewollten Abbrüchen.

Schauen Sie sich in der Zusammenfassung das Sicherungsprotokoll an. Ist die Komprimierung an dem Abbruch schuld, ist in dem Protokoll ein Eintrag zu finden, dass die Datei zu groß für die Komprimierung ist und man diese abschalten solle.

17.1 SICHERUNG EINZELNER DATEIEN UND GANZER PARTITIONEN 539

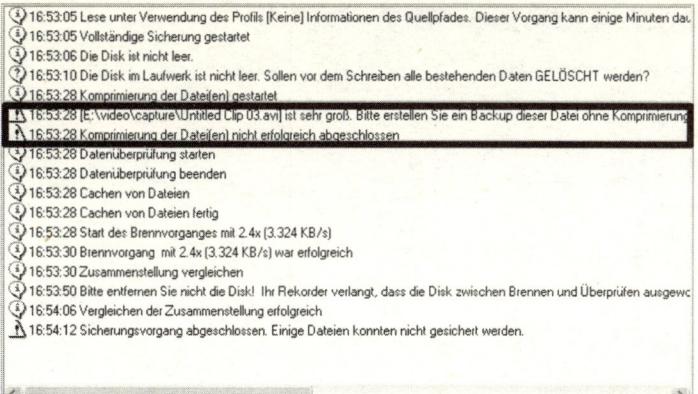

Leider ist BackItUp nicht intelligent genug, um von sich aus die Funktion zu deaktivieren und anschließend den Vorgang zu wiederholen. Sie müssen daher den Schritten, die in der vorherigen Antwort zu finden sind, folgen und darauf achten, dass bei den *Sicherungseinstellungen* im Assistenten die Komprimierung deaktiviert ist – dann klappt es mit dem Backup.

Unterschiedliche Pfade kombinieren

Viele meiner Daten sind in unterschiedlichen Verzeichnissen zu finden. Muss ich diese Dateien für ein Backup zunächst bündeln, oder kann man auch beliebige Speicherorte miteinander kombinieren?

Das Nero-Programm BackItUp ist nicht nur dazu da, eine Datei oder ein komplettes Verzeichnis zu sichern, auch verschiedene Speicherorte, Festplatten und selbst unterschiedliche Dateisysteme sind kein Problem für das Programm.

Über den Dateibrowser, der Ihnen beim Erstellen einer Sicherung angezeigt wird, um die zu sichernden Daten auszuwählen, können Sie vor beliebige Verzeichnisse und Dateien ein Häkchen machen. Nero sichert die Dateien anschließend samt Pfadinformationen und packt diese zusammen auf einen Datenträger.

Dabei müssen Sie sich über die Größe keine Sorgen machen. Passen die gewählten Dateien nicht alle auf eine DVD, ist natürlich auch in diesem Fall die automatische Aufteilung auf mehrere Speichermedien kein Ding – Nero übernimmt dies für Sie.

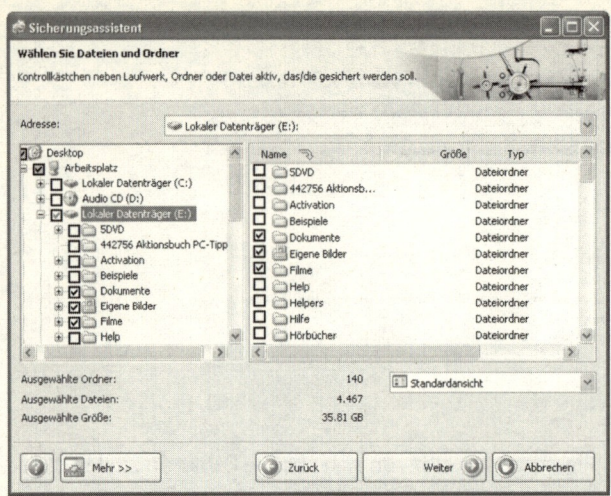

⏵⏵⏵ *Ein Pfad macht das Sichern leichter* ⏵⏵⏵

Wenn Sie beispielsweise Ihre Firmendaten sichern wollen, bietet es sich an, möglichst ein Pfad für die Sicherung zu nutzen. Erstellen Sie beispielsweise in den Eigenen Dateien einen Firmenordner. Natürlich können Sie darin weitere Unterverzeichnisse anlegen, um Briefe von Bilanzdaten oder Rechnungen zu trennen. Die Sicherung gestaltet sich dadurch übersichtlicher, da man alle Daten direkt im Blick hat.

Backups aktualisieren

? Ich habe einige Dateien, die sich immer wieder ändern. Diese möchte ich ab und an sichern, dabei kommt es mir in erster Linie darauf an, dass stets der aktuelle Stand gespeichert wird. Wie kann ich bestehende Backups aktualisieren, sodass neue Dateien automatisch hinzugefügt und Änderungen an bestehenden Dateien übernommen werden?

! Neben dem Anlegen neuer Sicherungen kann man in BackItUp auch bestehende Backups öffnen und aktualisieren. Dabei werden neue Dateien und die letzten Änderungen zusätzlich auf die Festplatte geschrieben.

1. Klicken Sie zunächst im Startfenster unter *Assistenten* auf *Neues Datei-Backup erstellen* oder wählen Sie alternativ aus der Liste der letzten Sicherungen das Backup, das Sie aktualisieren möchten, aus.

17.1 SICHERUNG EINZELNER DATEIEN UND GANZER PARTITIONEN

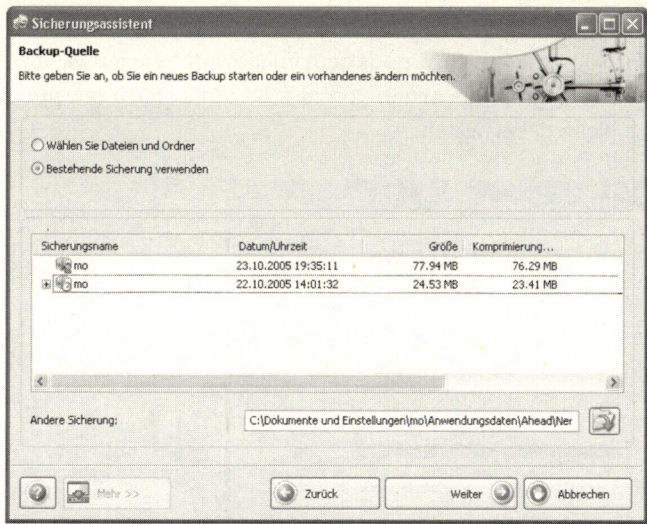

2. Haben Sie auf *Neues Datei-Backup erstellen* geklickt, müssen Sie anschließend im Sicherungsassistenten die Option *Bestehende Sicherung verwenden* auswählen und aus der Liste die entsprechende Sicherung auswählen. Ist diese nicht in der Liste vorhanden, klicken Sie auf das Ordnersymbol in der Zeile *Andere Sicherung*, gehen zu dem Backup-Speicherort und öffnen dort die entsprechende Backup-Datei.

Haben Sie hingegen direkt im Startbildschirm auf eine der letzten Sicherungen geklickt, öffnet sich ein Fenster und fragt Sie, was Sie mit dem Backup anstellen möchten. Klicken Sie in diesem Fall auf *Gewähltes Backup ändern*, um neue Daten hinzuzufügen.

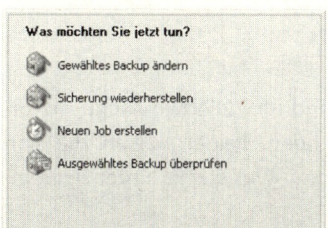

3. Im nächsten Schritt wird der Dateibrowser erneut angezeigt. Die bisherigen Dateien werden von Nero automatisch markiert. Haben Sie einen Ordner für die Sicherung markiert, werden zusätzlich auch alle neuen Dateien in diesem Ordner ausgewählt.

4. Wichtig ist der *Sicherungstyp*, der im folgenden Fenster *Sicherungseinstellungen* zu finden ist. Die Option *Sicherung aktualisieren*, die aus dem Pulldown-Menü auswählbar ist, sorgt dafür, dass die Sicherung um die neuen und geänderten Dateien erweitert wird. Der Sicherungsname bleibt dabei bestehen.

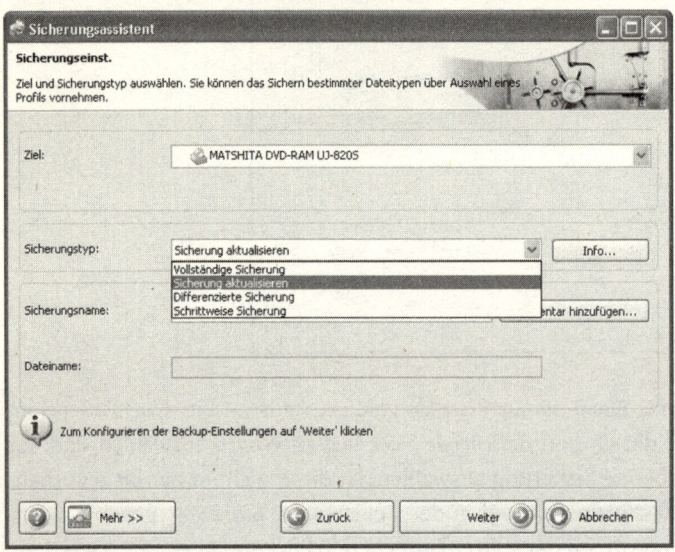

Nun können Sie abschließend wie gewohnt das Backup starten, Nero übernimmt automatisch die Aktualisierung des bestehenden Backup. Die Anzahl der Aktualisierung ist dabei nicht beschränkt, Sie können auf gleichem Weg daher einige Tage später das Backup erneut öffnen und erweitern.

Verschiedene Sicherungstypen

Wenn ich eine Sicherung aktualisieren möchte, sind im Pulldown-Menü der Sicherungstypen verschiedenste Methoden vorhanden. Leider passen die von Ahead eingefügten Informationen nicht zu den Optionen. Was steckt hinter den einzelnen Funktionen?

Die Standardoption für jedes neue Backup ist die vollständige Sicherung, die alle gewählten Optionen auf den Datenträger verewigt. Daneben gibt es jedoch, wenn man eine bereits vorhandene Sicherung bearbeitet, verschiedene weitere Optionen, die über das Pulldown-Menü *Sicherungstyp* auswählbar sind.

Die Funktion *Sicherung aktualisieren* ist dann besonders interessant, wenn Sie auf einer Festplatte oder einem Netzwerklaufwerk, das als Festplatte angebunden ist, die Sicherung vornehmen. BackItUp ersetzt in diesem Fall bereits bestehende Dateien, wenn diese nicht mehr aktuell sind, durch neue Files – es werden keine zusätzlichen Verzeichnisse erstellt.

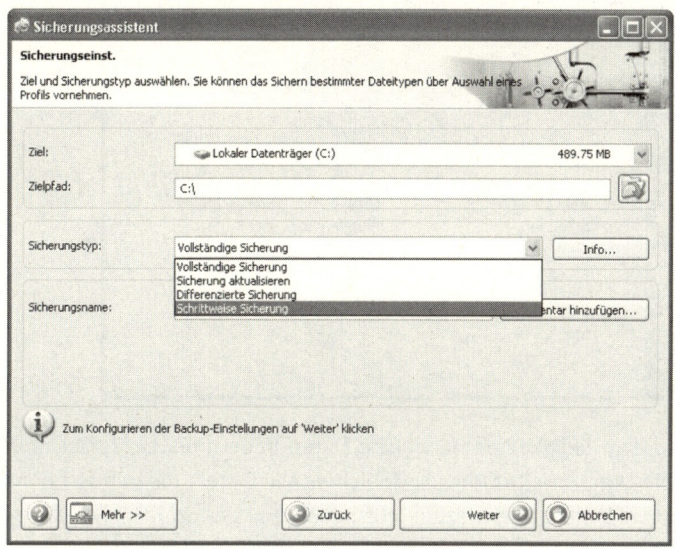

Allerdings funktioniert dies nur auf Festplattenlaufwerken. BackItUp ist nicht in der Lage, eine wieder beschreibbare DVD derart zu modifizieren, dass die Daten auf dem Medium ersetzt werden. Auch eine mit InCD ansprechbare DVD wird nicht als Festplatte akzeptiert und kann daher für diesen Zweck nicht genutzt werden. Sie können lediglich die Daten komplett löschen und neu schreiben lassen – was allerdings je nach Dateiumfang deutlich mehr Zeit in Anspruch nimmt.

Bei der Sicherung auf eine DVD unterscheidet sich daher diese Funktion von den anderen beiden Optionen lediglich darin, dass der Name der Sicherung gleich bleibt und nach außen hin, wenn man sich die Struktur der DVD nicht anschaut, sämtliche neuen und aktualisierten Dateien in das bestehende Projekt eingefügt werden.

Die *Differenzierte Sicherung* und die *Schrittweise Sicherung*, die eigentlich den Namen „Inkrementelle Sicherung" tragen müsste, erstellen hingegen sowohl auf der Platte als auch auf der DVD jeweils ein neues Backup-File und ein eigenes Verzeichnis. Wenn

Sie daher stets den aktuellen Datenbestand nach Datum sortiert in eigenen Verzeichnissen sichern wollen, sind diese Optionen die richtige Wahl.

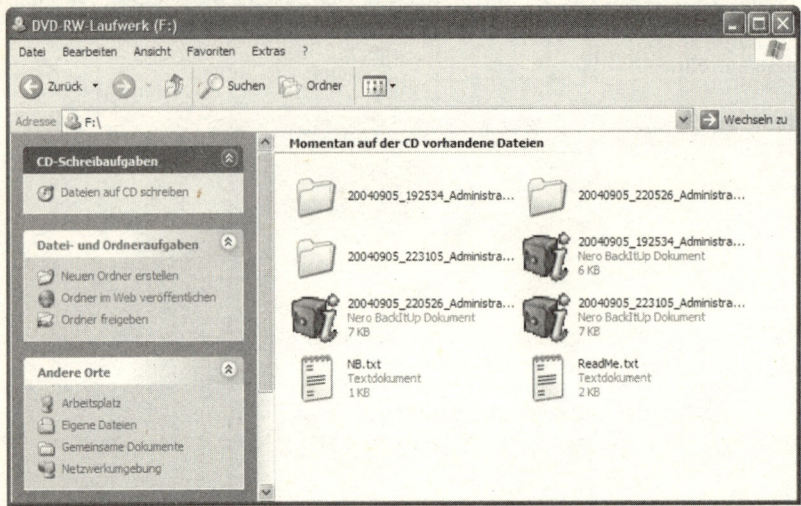

Der kleine Unterschied liegt lediglich darin, welche Daten in dem neuen Verzeichnis gespeichert werden. Die *Differenzierte Sicherung* speichert alle Daten, die sich seit dem ursprünglichen Backup verändert oder dazugesellt haben, bei der *Schrittweisen Sicherung* werden nur die Änderungen seit der letzten Aktualisierung berücksichtigt.

Backup der Festplatte erstellen

In letzter Zeit macht meine Festplatte ab und an unschöne Geräusche, sodass ich Angst um meine Daten habe. Welche Möglichkeiten gibt es, eine komplette Festplatte zu sichern, um bei Datenverlust die gesamte Platte wiederherstellen zu können?

Ahead hat in den letzten Monaten und Jahren BackItUp zunehmend ausgebaut und dafür gesorgt, dass inzwischen Backups auch direkt über ein DOS-Bootprogramm wiederhergestellt werden können.

Hierzu ist es allerdings notwendig, dass Sie zunächst unter Windows eine entsprechende Sicherung der Festplatte vornehmen. Dafür steht ein eigener Assistent zur Verfügung.

17.1 SICHERUNG EINZELNER DATEIEN UND GANZER PARTITIONEN **545**

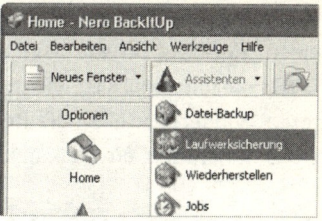

1. Klicken Sie auf den Assistenten am oberen Rand des Hauptfensters und wählen Sie aus dem Pulldown-Menü den Eintrag *Laufwerksicherung* aus. Es öffnet sich der Assistent, der Sie durch den Sicherungsprozess führt.

2. Nach einem Klick auf *Weiter* gelangen Sie zur Auswahl der Partition. Es werden Ihnen die verschiedenen Partitionen und Festplatten angezeigt samt Größe und Dateisystem. Wählen Sie die zu sichernde Partition aus und klicken Sie auf *Weiter*.

> *Sicherung auch der aktiven Partition*
>
> *Auch wenn Nero BackItUp bei der aktiven Bootplatte die Warnung anzeigt, dass das Dateisystem derzeit genutzt wird, inzwischen ist das Programm in der Lage, auch diese Partition zu sichern – gerade für eine Datenrettung der wichtigen Systemdaten die notwendige Voraussetzung.*

3. Auf der nächsten Seite kommt die schockierende Mitteilung der benötigten DVDs. Zwar sind 4,7 GByte im Vergleich zu einer CD schon eine deutliche Steigerung, doch heutige Festplatten sind in der Regel deutlich größer. Daher braucht man nicht selten bis zu 30 DVDs, um eine Festplatte zu sichern.

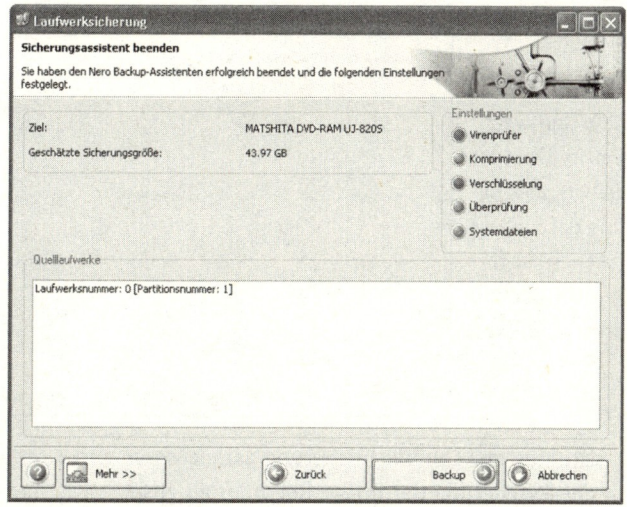

4. Im letzten Fenster wird eine Zusammenfassung der Einstellungen angezeigt. Nach einem Klick auf *Backup* beginnt der Prozess und fordert Sie nach und nach auf, die DVDs einzulegen. Es ist wichtig, dass Sie dabei die DVDs nummerieren, um beim späteren Wiederherstellen die Reihenfolge einhalten zu können. Zudem sollten Sie sich viel Zeit nehmen, ein Backup kann einige Stunden in Anspruch nehmen.

Festplatte auf HD sichern

? Die Laufwerksicherung erlaubt als Ziel lediglich den Brenner. Ich möchte jedoch meine Festplatte zunächst über eine Netzwerkverbindung auf meiner anderen Platte speichern. Gibt es einen Weg, eine Festplatte als Ziel auszuwählen?

! Es kann durchaus reichen, wenn Sie in einem Rechner mit mehreren Festplatten diese kreuzweise auf dem jeweils anderen Datenträger speichern. Auch eine Sicherung auf einem zentralen Backup-Server erweist sich in Firmen oftmals als praktikable Lösung, da in diesem Fall die Backups von jedem Rechner im Netz abrufbar sind.

Allerdings hat Ahead genau diese sinnvolle Funktion gesperrt, Sicherungsmedien kompletter Festplatten können nur direkt gebrannt werden. Zum Glück gibt es einen kleinen Umweg, der eine Sicherung auf die Festplatte ermöglicht.

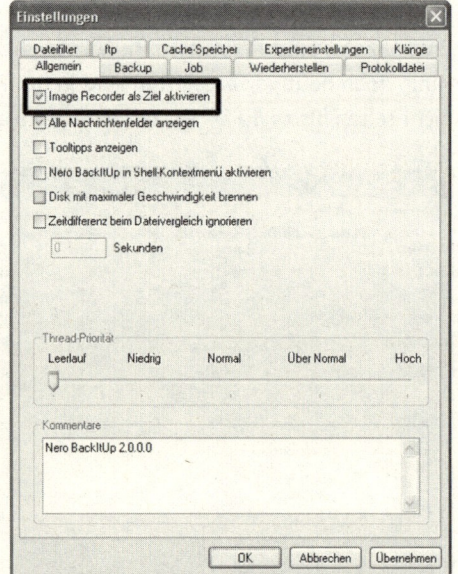

1. Öffnen Sie über *Datei/Voreinstellungen* die Optionen von BackItUp und wechseln Sie zum Register *Allgemein*. Dort ist die Funktion *Image Recorder als Ziel aktivieren* vorhanden. Sorgen Sie dafür, dass im Kontrollkästchen ein Häkchen zu finden ist. Weitere Optionen zum Backup können Sie in der Registerkarte *Backup* einstellen.

2. Nun können Sie den Assistenten zur Laufwerksicherung aktivieren. In den *Sicherungseinstellungen* steht nach der Aktivierung der Image Recorder als zusätzliches Ziel zur Verfügung.

17.1 SICHERUNG EINZELNER DATEIEN UND GANZER PARTITIONEN   **547**

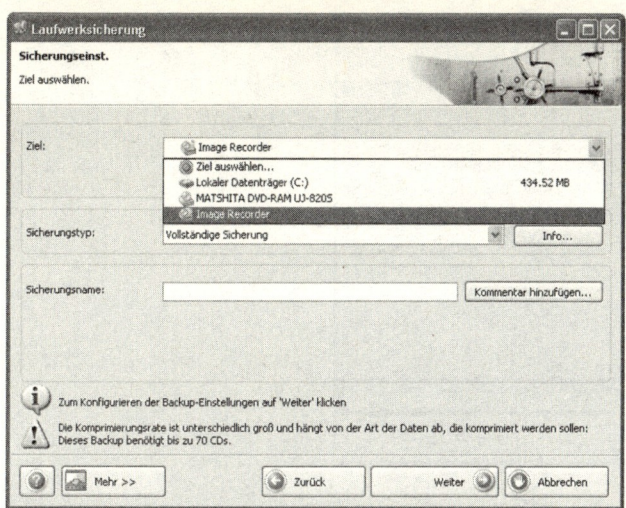

3. Nach dem Start der Sicherung werden Sie zwar nicht aufgefordert, die CDs bzw. DVDs zu wechseln, doch müssen Sie stets einen neuen Namen und Pfad für das Image angeben. Sorgen Sie für eine fortlaufende Nummerierung und einen eindeutigen Namen, um Verwechslungen zu vermeiden.

Festplattendaten komprimieren

30 DVDs für eine Festplattensicherung sind mir doch deutlich zu viel, ist es vielleicht möglich, den notwendigen Speicher signifikant zu senken und damit DVDs einzusparen?

Zwar besitzt BackItUp grundsätzlich eine Komprimierungsfunktion für Daten, doch scheint es gerade bei der Sicherung der Festplatte erhebliche Schwierigkeiten zu geben. Das Programm basiert darauf, eine 1:1-Kopie zu erstellen und Sektor für Sektor zu kopieren, da bleibt die Datenverkleinerung schnell auf der Strecke.

Es ist daher nicht möglich, mit BackItUp besonders Platz sparende Sicherungen einer kompletten Festplatte anzufertigen. Daher ist, wenn Sie am Ende kein Backup mit 30 DVDs haben möchten, der Einsatz einer Konkurrenzsoftware wie Norton Ghost von Symantec notwendig. Diese verkleinert sehr effektiv die Datenmenge und ist trotzdem in der Lage, die Systemplatte 1:1 zu sichern, sodass im Fall eines Totalausfalls eine Datenrettung über eine Bootdiskette/-DVD kein Problem darstellt.

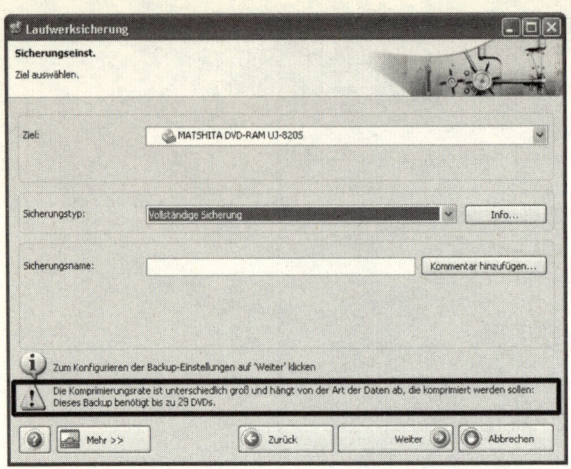

▐▐▶ *Testsoftware nutzen* ▐▐▶

Viele Hersteller, darunter auch Symantec, stellen bereitwillig Testversionen ins Netz, die zeitlich beschränkt sämtliche Funktionen zur Verfügung stellen. Wenn Ihnen die Funktionen von BackItUp nicht reichen, sollten Sie vor dem Kauf zunächst eine entsprechende Testversion einsetzen, denn auch spezielle Backup-Programme, die ähnlich teuer wie die gesamte Nero Suite sind, besitzen nicht in allen Bereichen einen größeren Funktionsumfang.

Nur spezielle Dokumente sichern

Mein Verzeichnis *Eigene Dateien* ist voll von verschiedensten Dateiarten in unterschiedlichen Ordnern. Sichern möchte ich jedoch nur meine Word-Dokumente, das jedoch samt der entsprechenden Unterordner. Muss ich jede Datei einzeln auswählen?

Mit den in BackItUp integrierten Filterfunktionen können Sie gezielt einzelne Dokumentarten filtern – wobei Sie entweder nur spezielle Dateitypen zulassen oder eine Dateiart verbieten können.

1. Wählen Sie zunächst den normalen Sicherungsassistenten über den Eintrag *Neues Datei-Backup erstellen* aus. Im nächsten Fenster müssen Sie sich entscheiden, ob Sie Dateien und Ordner sichern wollen oder auf eine schon bestehende Sicherung zurückgreifen möchten. Anschließend ist im Dateibrowser das Verzeichnis, das die zu filternden Dateien enthält, auszuwählen – bei Office-Dokumenten meist die *Eigenen Dateien*.

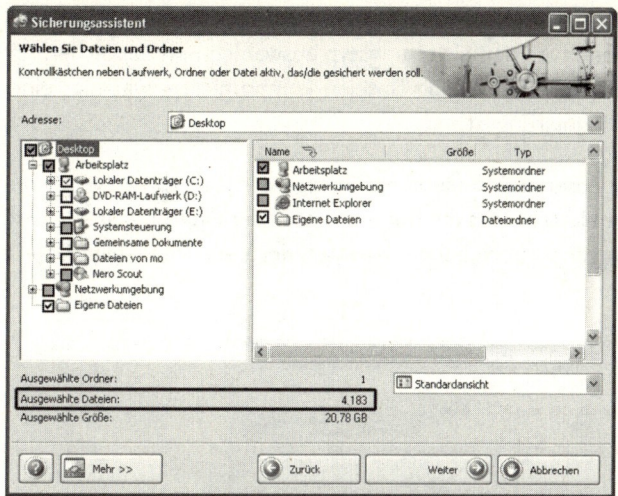

2. Unter *Mehr* mit Klick auf *Hinzufügen* lassen sich in diesem Fenster auch die Dateifilter auswählen.

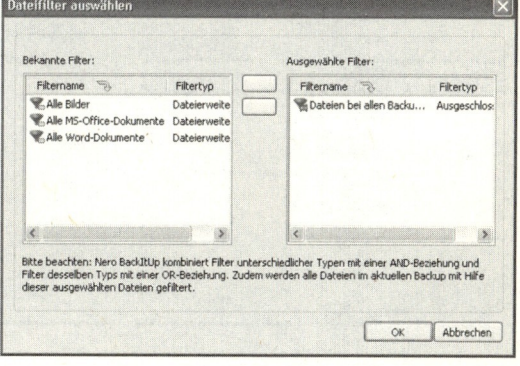

3. Über *Dateifilter* lassen sich nun die entsprechenden Dateien herausfiltern. Drei Standardfilter existieren bereits, die dafür sorgen, dass nur alle Word-Dokumente, alle Office-Dokumente oder alle Bilder archiviert werden.

Neue Filter lassen sich beliebig über *Mehr* und *Erstellen* hinzufügen. Es öffnet sich ein Dateieinstellungsfenster, in dem Sie Dateien nach Namen und Typen filtern können. Nun müssen Sie sich entscheiden, ob Sie spezielle Dateien einschließen oder auch ausschließen wollen. Wählen Sie dementsprechend *Dateien ausschließen* oder *Dateien einschließen* aus.

Über die Schaltfläche *Dateitypen bearbeiten* gelangen Sie zu einem weiteren Fenster, das Ihnen erlaubt, anschließend die Dateiarten auszuwählen, die Sie ein- oder ausschließen möchten. Bestätigen Sie dies abschließend mit *OK*, sorgen Sie dafür, dass der neu erstellte Filter in den *Sicherungseinstellungen* ausgewählt ist, und klicken Sie auf *Weiter*.

4. Im nächsten Fenster können Sie den Sicherungstyp auswählen und der Sicherung einen Namen geben. Unter *Mehr* können Sie Dateien komprimieren, was hier eine sinnvolle Option zur Platzminimierung ist.

5. Nun sind Sie bereit, die Zusammenstellung auf Platte oder Disk zu verewigen. In der Zusammenfassung zeigt Nero bereits die Dateizahl nach der Filterung an – in den meisten Fällen deutlich weniger als noch bei der Auswahl der Verzeichnisse im Dateibrowser.

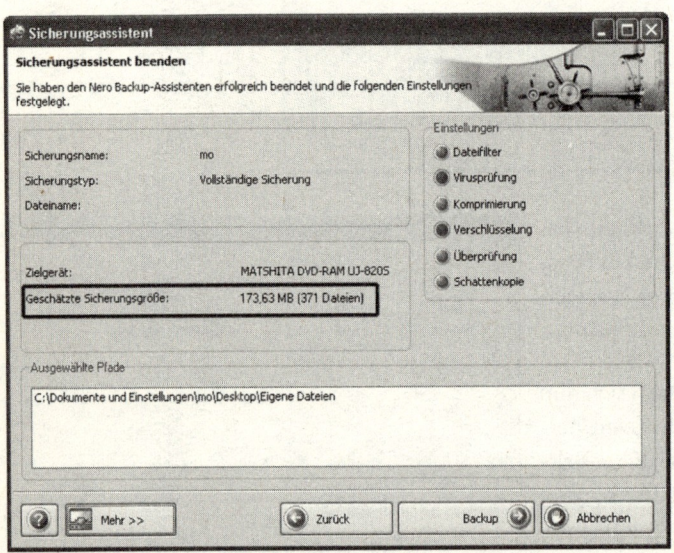

Backups extrem langsam

? Nach der Überspielung der Sicherung auf DVD braucht mein Rechner ewig, bis er das Backup als beendet erklärt. Wie kann ich dafür sorgen, dass die Sicherung schneller stattfindet?

! Nach dem eigentlichen Sichern vergleicht BackItUp die Daten an der neuen Position mit den Originaldaten, die gesichert wurden. Diese Überprüfung dauert relativ lange, dadurch verzögert sich die Fertigstellung erheblich.

Sie sollten daher die Überprüfung nur dann aktivieren, wenn es sich um sensible Daten handelt, beispielsweise Firmendaten oder eine komplette Festplattensicherung. Wenn es Ihnen hingegen auf eine schnelle Sicherung ankommt und Sie sich über die Qualität des Rohlings und Brenners sicher sind, können Sie die Dateiüberprüfung abschalten und entsprechend Zeit sparen.

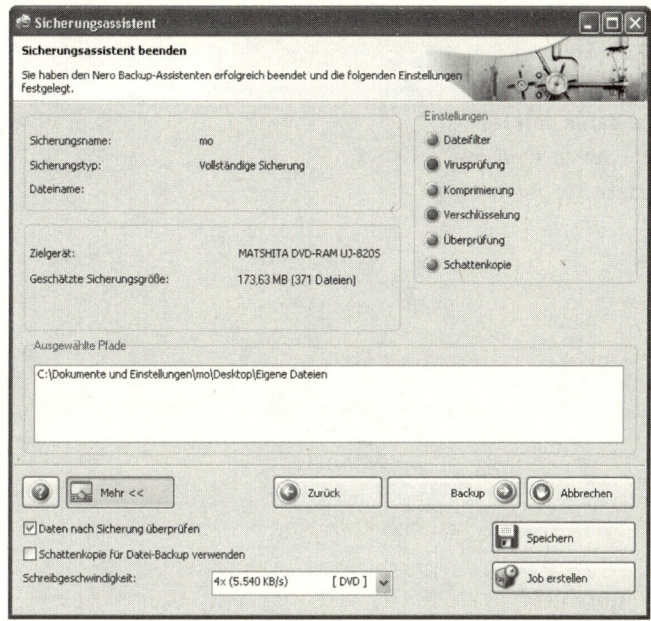

Zu finden ist die entsprechende Einstellung im letzten Fenster vor dem Backup (Sicherungsassistent beenden) unter *Mehr*. Arbeiten Sie ohne Assistent, können Sie die Datensicherung und viele weitere Funktionen über *Datei/Voreinstellungen/Backup* konfigurieren. Dort können Sie auch beispielsweise dafür sorgen, dass die zu sichernden Dateien komprimiert werden. Den Image Recorder können Sie im Register *Allgemein* aktivieren.

Ordner bei Sicherung behalten

Einige meiner gesicherten Programme sind nach der Wiederherstellung nicht mehr nutzbar, da notwendige Ordner, die während der Ausführung gefüllt werden, nicht mit gesichert wurden. Wie kann ich dies beim nächsten Backup verhindern?

! In den Voreinstellungen von BackItUp ist auswählbar, wie das Programm mit leeren Ordnern verfahren soll. In der Standardeinstellung löscht das Programm leere Ordner, sodass diese keinen Speicherplatz auf der Disk beanspruchen. Doch dies kann dazu führen, dass einige Programme nach der Wiederherstellung Probleme bekommen, wenn sie keine Funktion besitzen, benötigte Ordner zur Ausführung neu zu erstellen.

Über *Datei/Voreinstellungen* können Sie daher das Löschen von leeren Ordnern verhindern. Entfernen Sie dafür den Haken vor der Option *Keine leeren Ordner sichern*, die auf der Registerkarte *Backup* zu finden ist.

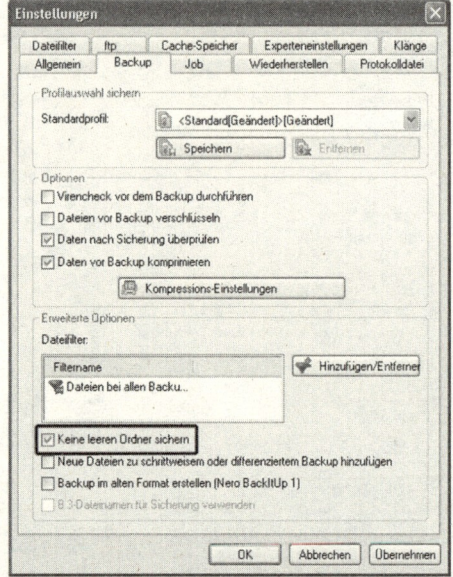

17.2 Automatisierte Sicherung wichtiger Daten
Backup nach Feierabend

? Mir ist es wichtig, dass jeden Abend die Änderungen der Firmendaten auf DVD gesichert werden. Allerdings möchte ich den Vorgang nicht wieder und wieder manuell starten. Wie kann ich die Sicherung automatisieren?

! Für wiederkehrende Sicherungen hat BackItUp einen Zeitplan integriert, der Ihnen die Arbeit abnimmt. Er erstellt auf einem Sicherungslaufwerk oder auf einem optischen Datenträger zu einem vorher eingestellten Zeitpunkt ein Backup ausgewählter Dateien oder Ordner. Besonders gut eignet sich in diesem Fall die inkrementelle Sicherung in Kombination mit einer DVD, sodass für jeden Sicherungstag ein neues Backup angelegt wird, das jedoch nur Änderungen seit der letzten Sicherung beinhaltet – so lässt sich schnell und Platz sparend der aktuelle Datensatz sichern.

1. Klicken Sie im Hauptfenster nach dem Start auf *Jobs* oder wählen Sie den Eintrag *Jobs* aus dem Pulldown-Menü *Assistenten* aus. Es öffnet sich der Nero Job-Assistent, der Sie durch den Vorgang begleiten wird.

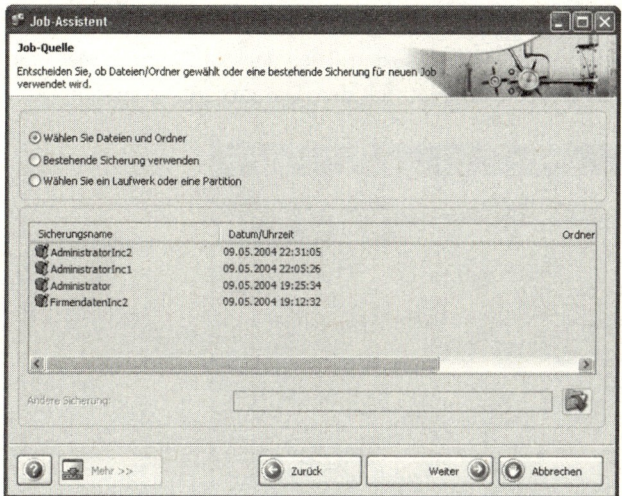

2. Im zweiten Schritt müssen Sie sich entscheiden, ob Sie eine neue Sicherung anlegen oder eine bereits bestehende Sicherung zu einem Job umbauen wollen. In diesem Fall können Sie Ihre bislang manuell erzeugten Sicherungen nachträglich automatisieren.

Ein Verzeichnis für die Job-Sicherung

Um die automatisierte Sicherung möglichst effektiv nutzen zu können, bietet es sich an, ein Sicherungsverzeichnis mit entsprechenden Unterverzeichnissen für die einzelnen Programme, deren Dateien Sie sichern wollen, zu erstellen. Natürlich könnten Sie auch jeweils einzeln die Speicherorte jedes Programms auswählen, doch dies führt zu einem sehr unübersichtlichen Backup, was die Wahl der richtigen Dateien bei einer Wiederherstellung deutlich erschwert. Zudem können Sie sich sicher sein, dass sämtliche Daten auch gesichert werden und Sie keinen Speicherort vergessen haben, wenn Sie stets ein Verzeichnis zum Abspeichern Ihrer Ergebnisse benutzen.

3. Wenn Sie sich für ein neues Backup entscheiden, erhalten Sie anschließend den Dateibrowser angezeigt. Wählen Sie das Verzeichnis aus, das Sie sichern wollen. Dieses Verzeichnis wird im Rahmen des Jobs fortan auf neue Dateien oder Änderungen an bestehenden Dateien überprüft und bei Bedarf gesichert.

4. Im Bereich *Sicherungseinstellungen* müssen Sie anschließend den Speicherort – also bei einem Backup auf einen DVD-Rohling den Brenner – auswählen. Auch ist an dieser Stelle der *Sicherungstyp* zu wählen. Die Option *Schrittweise Sicherung* empfiehlt sich, wenn Sie ein Backup anlegen möchten, das sich für jeden Sicherungstag merkt, welche Daten verändert oder hinzugefügt wurden. Hier darf auch unter *Mehr* die Komprimierung eingeschaltet werden, um Platz auf dem Datenträger zu sparen.

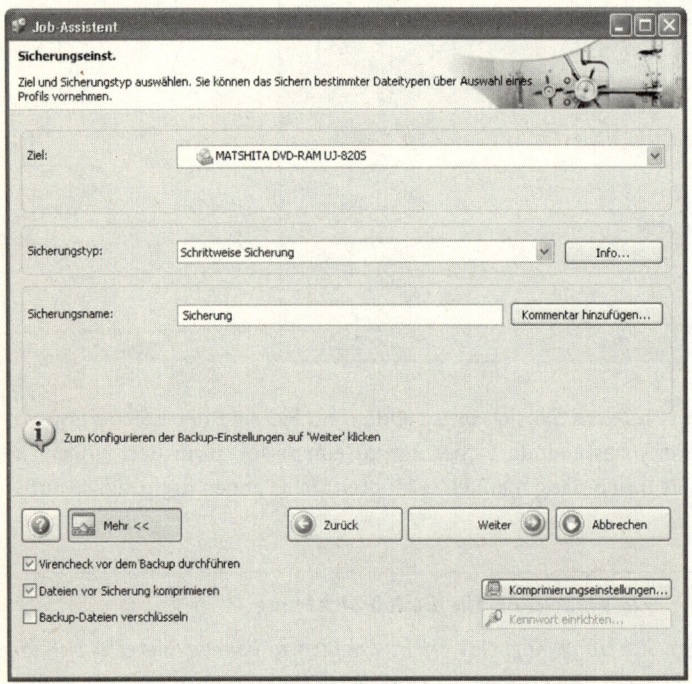

5. Nach der Wahl eines Namens ist das Fenster *Job-Information* an der Reihe. Sie können sich entscheiden, ob Sie *Täglich* oder *Wöchentlich* oder an bestimmten Wochentagen ein Update durchgeführt haben wollen. Zudem ist die Aktivierungszeit frei wählbar. In vielen Fällen bietet sich an dieser Stelle eine tägliche Sicherung nach Arbeitsende, also beispielsweise um 22:00 Uhr, an. Aber Achtung, denken Sie daran, dass hierzu der PC natürlich auch nachts laufen muss.

17.2 AUTOMATISIERTE SICHERUNG WICHTIGER DATEN 555

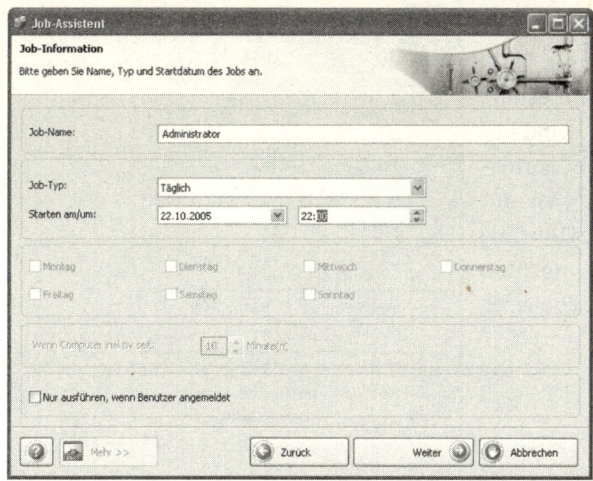

6. Abschließend erhalten Sie eine Übersicht des eingestellten Jobs, sodass Sie überprüfen können, ob die Einstellungen stimmen. Zusätzlich ist es sinnvoll, um ein möglichst hochwertiges Backup zu erhalten, die Daten nach der Sicherung überprüfen zu lassen – nachts hat der PC Zeit für eine Datenüberprüfung. Die Einstellung hierzu finden Sie unter *Mehr*. Klicken Sie auf *Fertig* und fortan wird Ihr PC zum eingestellten Zeitpunkt die Sicherung automatisch beginnen. Wenn Sie eine Übersicht Ihrer erstellten Jobs haben möchten, finden Sie auf der linken Seiten des BackItUp-Hauptfensters den Eintrag *Jobs*. Darin gelistet sind die aktuellen Jobs, die natürlich entsprechend bearbeitet werden können.

Wieder beschreibbare Disk automatisch löschen

? Mein eingestellter Job ist leider nicht erfolgreich, da die wieder beschreibbare Disk im Brenner nicht automatisch gelöscht wird. Nero fragt, ob die Disk gelöscht werden soll, und bleibt damit stehen.

! Lange Zeit war es mit BackItUp ein Problem, löschbare Disks für die Automatisierung zu nutzen, da es an einer Option fehlte, Disks automatisch löschen zu lassen. Inzwischen existiert eine Möglichkeit, dies zu umgehen – allerdings gut versteckt.

Klicken Sie hierzu auf *Datei/Voreinstellungen* und wechseln Sie zur Registerkarte *Experteneinstellungen*. Dort finden Sie das Kontrollkästchen *Wiederbeschreibbare Disk bei Bedarf automatisch löschen*.

Stellen Sie eine Mindestzeit von einer Minute ein, da in jedem Fall die Disk, wenn Sie den Vorgang nicht abbrechen, automatisch gelöscht wird. Und es könnte ja sein, dass Sie bei einer normalen Sicherung merken, dass sich auf einer wieder beschreibbaren Disk Daten befinden, die Sie behalten möchten – daher ist eine Reaktionsfrist von einer Minute sinnvoll.

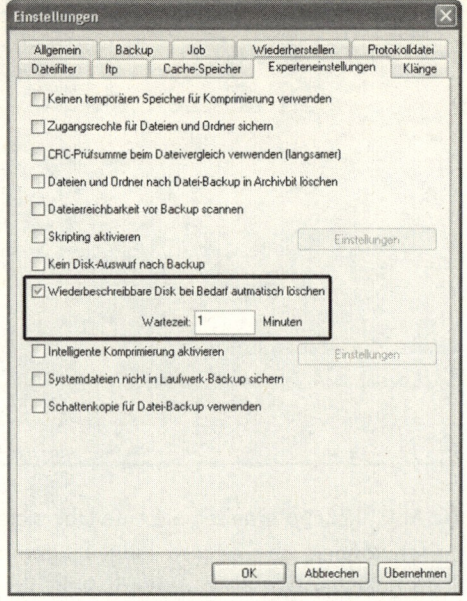

Sicherung aktualisieren

? Mein Ziel ist es, die *Eigenen Dateien* in einer Sicherung stets aktuell zu halten, ohne dass für jedes neue File extra ein weiterer Sicherungspunkt erstellt wird. Wie kann ich ein solches Backup automatisiert erzeugen?

! Die Möglichkeit, eine Sicherung zu aktualisieren, besteht bei der Nutzung eines DVD-Brenners grundsätzlich nicht. Lediglich der Sicherungsname bleibt gleich, für jede neue Sicherung wird jedoch ein eigenes Verzeichnis erzeugt. Anders auf der Festplatte, dort können die Daten aktualisiert werden.

Es ist daher notwendig, die Daten zunächst auf der Festplatte zu speichern und anschließend auf die DVD zu übertragen – und das zeitlich automatisiert. Zudem müssen Sie zuvor Nero InCD installiert und einen Datenträger in das Laufwerk eingelegt und mit InCD formatiert haben.

1. Legen Sie zunächst einen Sicherungsjob an, wie es zuvor beschrieben wurde. In den *Sicherungseinstellungen* müssen Sie jedoch in diesem Fall den Typ *Sicherung aktualisieren* auswählen. Und auch das *Ziel* weicht ab, legen Sie sich einen Sicherungsordner auf der Festplatte an und nutzen Sie diesen als Ziel.

17.2 AUTOMATISIERTE SICHERUNG WICHTIGER DATEN 557

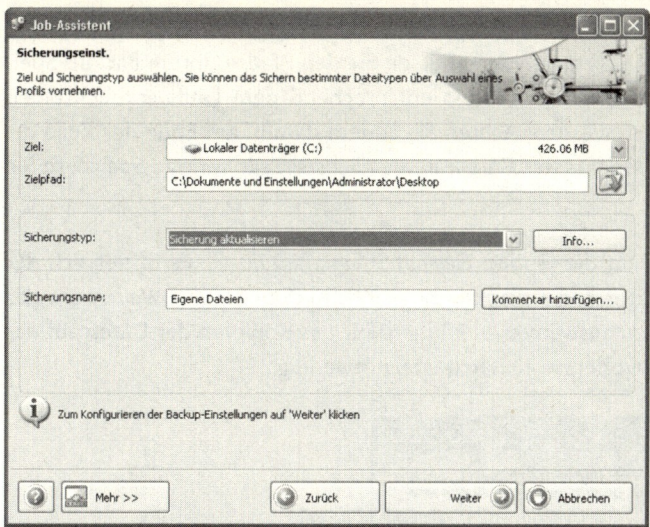

2. Der Job sorgt dafür, dass die Sicherung im angegebenen Verzeichnis der Festplatte stets aktualisiert wird. Doch wie wandern die Daten auf die DVD? Dafür ist das Programm InCD verantwortlich, das es erlaubt, einen Brenner als Festplatte anzusprechen. Dieses muss über Windows automatisiert werden.

Nicht nur Nero, sondern auch Windows besitzt eine Möglichkeit, automatisierte Aufgaben durchzuführen. Wählen Sie daher über das Startmenü aus dem Ordner *Zubehör* den Unterordner *Systemprogramme* und darin den Eintrag *Geplante Tasks*.

3. Klicken Sie auf *Start/Ausführen* und geben Sie den Befehl „notepad.exe c:\sicherung.bat" ein. Es öffnet sich der Editor, der Ihnen das Erstellen einer ausführbaren Batchdatei erlaubt.

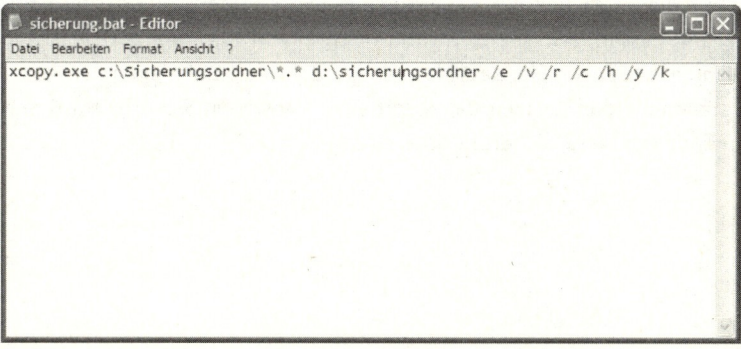

Fügen Sie in diese Datei den Befehl „xcopy.exe C:\Sicherungsordner*.* E: /e /v /r /c /h /y /k" ein. Für *C:\Sicherungsordner* müssen Sie den Pfad zu Ihrem Backup-Speicherort einstellen, der Buchstabe E: muss entsprechend dem Laufwerkbuchstaben Ihres Brenners angegeben werden. Achten Sie zudem darauf, am Ende der Zeile die Enter-Taste zu drücken, sodass der Cursor in die nächste Zeile springt. Speichern Sie die Datei ab.

4. Klicken Sie doppelt auf die Option *Geplanten Task hinzufügen*. Es öffnet sich der Task-Assistent, der Sie durch die Planung begleitet. Klicken Sie auf *Weiter*, um das auszuführende Programm auswählen zu können. Für das Kopieren der Daten auf das InCD-Laufwerk ist die zuvor erstellte Batchdatei notwendig.

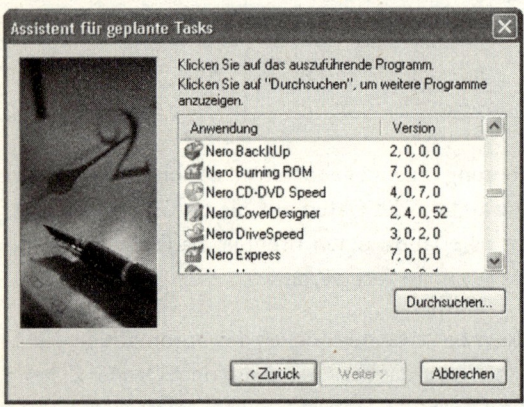

Wählen Sie daher *Durchsuchen* aus, gehen Sie zu der eben erstellten Batchdatei und wählen Sie diese aus. Klicken Sie anschließend auf *Öffnen*, um die Auswahl zuzuweisen.

5. Wählen Sie nun die Häufigkeit der Sicherung aus. Diese sollte zu der in Nero eingestellten Sicherung passen, also meist *Täglich*. Nach einem Klick auf *Weiter* ist die Uhrzeit auszuwählen. Bedenken Sie, dass Nero einige Zeit für das Anlegen der Sicherung benötigt, stellen Sie die Startzeit daher mit einem gewissen Sicherheitsabstand zum erwarteten Ende des Nero-Sicherungsjobs ein.

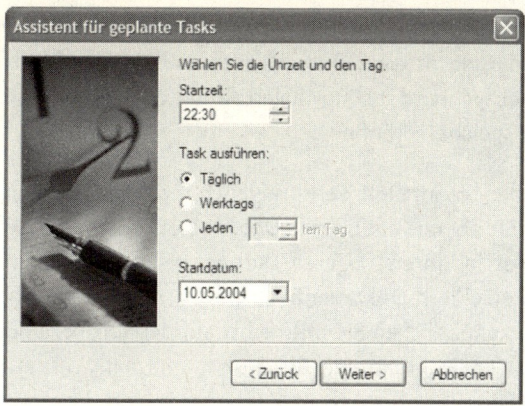

6. Wichtig ist letztlich die Einstellung des Benutzerkontos und des Kennworts. Achtung, der Taskplaner verweigert die Ausführung, wenn Sie einen Nutzer ohne Kennwort angeben! Sie sollten daher unbedingt Ihrem Benutzerkonto ein Kennwort geben und dies anschließend im Taskplaner entsprechend einstellen. Danach reicht ein Klick auf *Fertig stellen*, um den Task zu aktivieren.

Dank der Nutzung der Job-Funktion, InCD und des Taskplaners von Windows können Sie nun auch aktualisierte Sicherungen automatisch auf DVD brennen lassen, lediglich die erstmalige Einrichtung ist ein wenig mühsam

Daten mehrerer PCs sichern

Nicht jeder PC, von dem Daten gesichert werden sollen, besitzt auch einen Brenner. Wie richte ich das Netzwerk optimal ein, damit BackItUp trotzdem sämtliche Daten sichern kann?

Für das Sichern sämtlicher Daten in einem Netzwerk über einen Computer gibt es zwei Möglichkeiten – einen zentralen Computer, auf dem die Daten aller PCs gespeichert werden, oder die Anbindung aller Speicherorte als Netzwerkpfad.

Geschickter und Energie sparender ist der Einsatz eines zentralen Computers, der nicht zwangsläufig ein Server mit einem teuren Programm wie Windows Server 2003 sein muss. Auch ein Netzwerk, das nur aus Arbeitsplätzen besteht, kann einen Computer zur zentralen Sicherung nutzen.

Hierzu ist es lediglich notwendig, dass Sie einen Speicherort auf dem Computer, der den Brenner beinhaltet und der in der Nacht die Sicherung automatisiert durchführen soll, freigeben, sodass alle Nutzer während der normalen Arbeit die Dokumente direkt auf dem Sicherungscomputer speichern können.

1. Gehen Sie zu dem Speicherort, den Sie im Netzwerk freigeben möchten. Sinnvoll ist es beispielsweise, dass Sie, wenn Sie abends die *Eigenen Dateien* stets sichern, diese im Netzwerk freigeben, sodass jeder in „Ihren" *Eigenen Dateien*, gegebenenfalls in einem Unterverzeichnis, die jeweils erstellten Dokumente abspeichern und von dort zum Bearbeiten auch erneut öffnen kann. Klicken Sie mit rechts auf den Ordner und wählen Sie *Freigabe und Sicherheit* aus dem Kontextmenü aus.

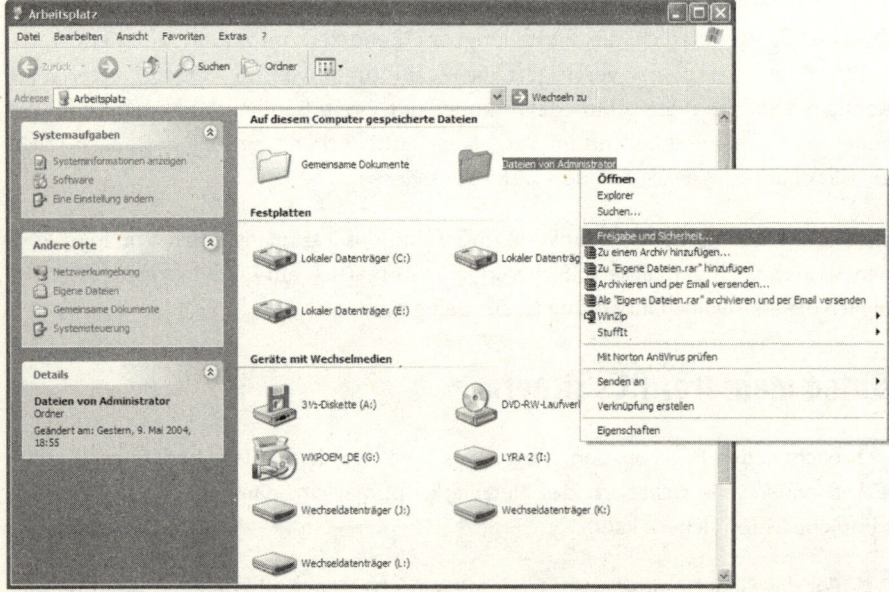

2. Im sich öffnenden Freigabefenster müssen Sie die Option *Diesen Ordner im Netzwerk freigeben* auswählen. Geben Sie dem Verzeichnis einen *Freigabenamen* und setzen Sie ein Häkchen vor *Netzwerkbenutzer dürfen Dateien verändern*, damit in das Verzeichnis auch gespeichert werden kann. Es kann einige Minuten dauern, je nach Inhalt, bis Windows alle Attribute korrekt gesetzt hat.

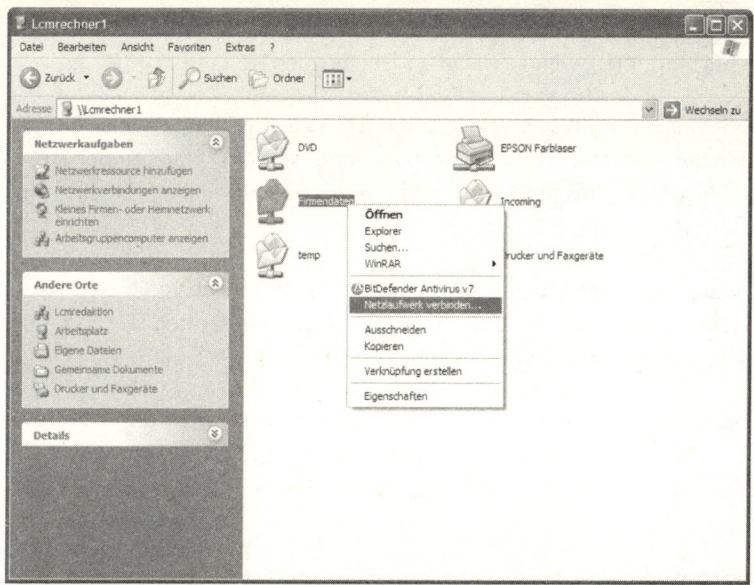

3. An jedem Arbeitsplatz, der diesen Speicherort nutzen soll, können Sie nun das Verzeichnis anbinden, wodurch eine direkte Speicherung auf dem fremden PC möglich wird. Öffnen Sie zunächst die *Netzwerkumgebung* und klicken Sie auf *Arbeitsgruppencomputer anzeige*n, um zu dem entsprechenden Computer im Netzwerk zu gelangen.

4. Klicken Sie mit rechts auf das Verzeichnis, das Sie anbinden möchten, und wählen Sie die Option *Netzlaufwerk verbinden* aus. Es öffnet sich ein Fenster, über das Sie dem Verzeichnis einen Laufwerkbuchstaben zuweisen können. Zusätzlich sollten Sie ein Häkchen vor *Verbindung bei Anmeldung wiederherstellen machen* und anschließend den Vorgang mit einem Klick auf *Fertig stellen* beenden.

Anschließend können Sie alle PCs bis auf den Rechner mit dem Netzwerklaufwerk abends ausschalten und für den Speicherort einen Sicherungsjob erstellen. Einem täglichen Backup aller Dokumente steht nichts mehr im Weg.

Festplatten auf Netzwerklaufwerk sichern

Ich suche eine Möglichkeit, wöchentlich die Festplatte eines Arbeitsplatzes zentral auf meinem Server zu speichern, sodass bei Bedarf die gesamte Festplatte mit einem Satz Sicherungs-DVDs gerettet werden kann – allerdings möchte ich dabei nur dann die DVDs auch brennen, wenn es nicht anders möglich ist.

! Zum Erreichen dieses Ziels sind verschiedene Tricks der letzten Seiten zu kombinieren. So bedarf es zunächst eines angebundenen Netzwerkpfads zu der Stelle, an der Sie Ihr Festplatten-Image lagern möchten. Sorgen Sie daher für eine Anbindung als Netzwerklaufwerk.

Ebenfalls notwendig ist es, den Image Recorder in den Einstellungen von Nero BackItUp zu aktivieren. Anschließend kann dieser zur Sicherung der gesamten Festplatte genutzt werden – auch bei der Planung eines Job.

1. Öffnen Sie über den *Assistenten*-Eintrag am oberen Rand oder über die Hauptseite von BackItUp den Job-Assistenten. Aktivieren Sie anschließend die Option *Wählen Sie ein Laufwerk oder eine Partition*, um Nero mitzuteilen, dass Sie ein Laufwerk sichern möchten.

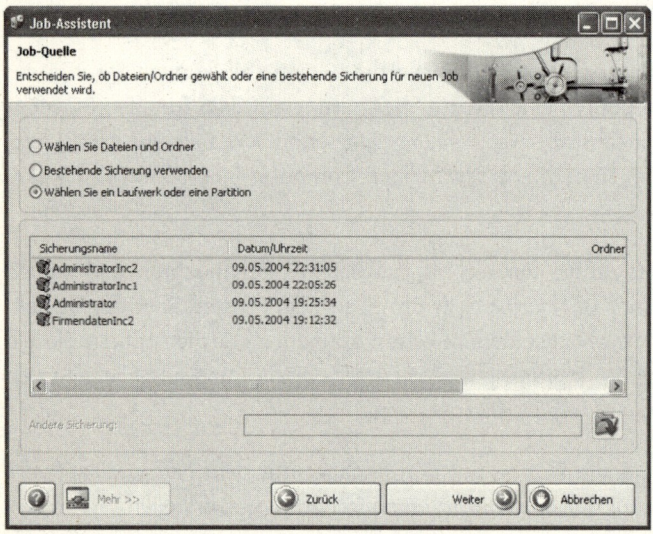

2. Nach dem Lesen der Festplatteninformationen müssen Sie das passende Laufwerk auswählen, das Sie sichern wollen. Nero zeigt Ihnen hierzu die gefundenen Festplatten samt Partitionstabelle an.

3. In den *Sicherungseinstellungen* müssen Sie den Image Recorder als *Ziel* auswählen. Die Art des Disktyps wird seit Nero 7 automatisch bestimmt.

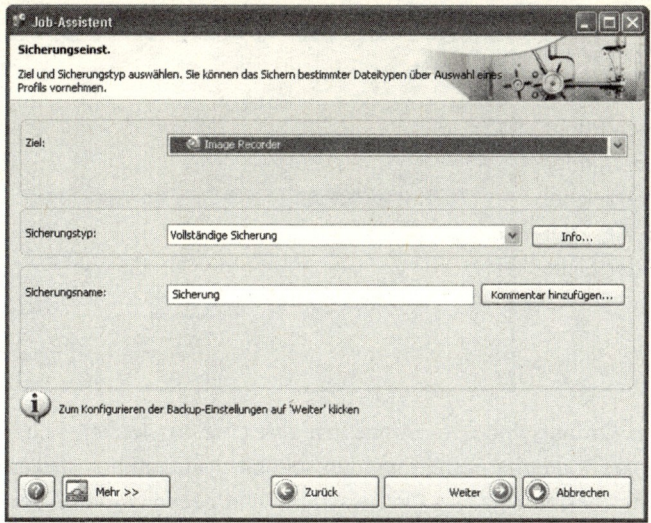

4. Abschließend müssen Sie noch den gewünschten Sicherungstermin und das Intervall einstellen, beispielsweise *Wöchentlich* und dem ganzen Job einen Namen geben.

Einen Haken hat die ganze Sache jedoch. Der Job hilft Ihnen, sich daran zu erinnern, die Sicherung zu erstellen, ganz automatisiert ist der Vorgang dadurch jedoch noch nicht. BackItUp ist auf den Image Recorder nicht optimiert, daher können im Vorfeld weder der Image-Name noch der Speicherort eingestellt werden – dies müssen Sie während der laufenden Backups manuell bewerkstelligen.

17.3 Wiederherstellen bestehender Sicherungen

Pfadangaben anpassen

Auf einem zweiten PC soll eine Sicherung entpackt werden. Dabei ist es mir jedoch wichtig, um die Daten des zweiten PCs nicht zu überschreiben, dass nicht der Originalpfad genutzt wird, sondern ich den Pfad bestimmen kann. Wo kann ich die Pfadinformationen verwerfen?

Standardmäßig entpackt Nero BackItUp die Dateien genau an der Stelle, an der sie bei der Sicherung lagerten. Doch dies ist umgehbar, während der Wiederherstellung existiert hierzu eine Option.

1. Klicken Sie in BackItUp zunächst auf *Wiederherstellen*. Es öffnet sich der Wiederherstellungsassistent, der Sie auffordert, die Sicherungsinformationsdatei auszuwählen. Diese liegt im Stammverzeichnis des Datenträgers oder des Verzeichnisses, das Sie bei der Sicherung genutzt haben.

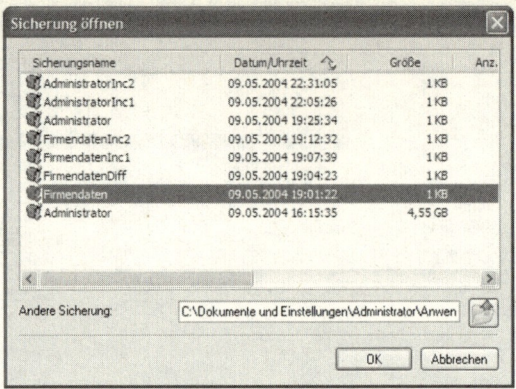

Klicken Sie daher auf das Ordnersymbol, es öffnet sich eine Liste der letzten Sicherungen. Ist das Backup, das wiederhergestellt werden soll, nicht aufgeführt, klicken Sie unter *Andere Sicherung* abermals auf das Ordnersymbol und gehen zu dem Speicherort. Wählen Sie die Sicherung aus und bestätigen Sie dies mit einem Klick auf *OK*.

2. Um den Pfad abzuändern, müssen Sie in den *Wiederherstellungseinstellungen* die Option *Auf ausgewähltem Festplattenpfad wiederherstellen* aktivieren. Anschließend können Sie über das Ordnersymbol bei *Wiederherstellungspfad* ein beliebiges Verzeichnis zur Wiederherstellung wählen.

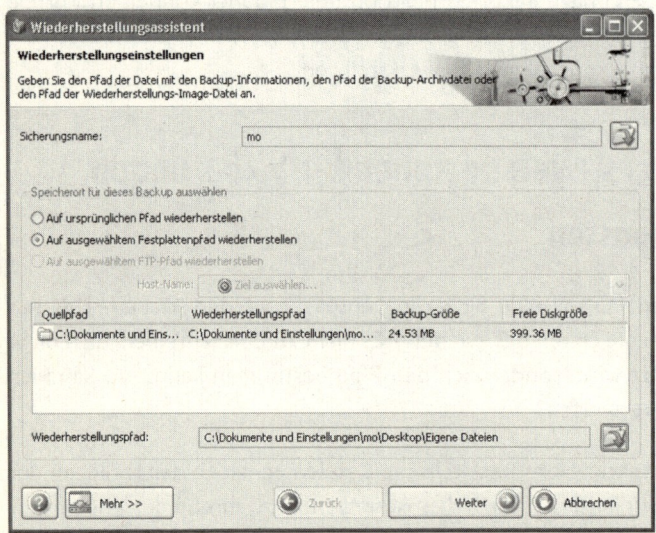

3. Im nächsten Fenster sind die Daten, die wiederhergestellt werden sollen, wählbar. Standardmäßig werden alle Daten eines Backup zurück auf die Platte überspielt, dies kann jedoch abgeändert werden. Nach einer Zusammenfassung ist abschließend mit einem Klick auf *Wiederherstellen* das Backup bereit.

Nicht vorhandene Dateien wiederherstellen

? Versehentlich habe ich einige Dateien gelöscht, die ich glücklicherweise vorher gesichert hatte. Allerdings habe ich inzwischen einige Änderungen an verschiedenen Dateien vorgenommen und möchte daher nur die Dateien, die ich gelöscht habe, wiederherstellen. Muss ich diese Dateien manuell heraussuchen oder übernimmt Nero für mich den Abgleich?

! In den Einstellungen von Nero sind verschiedene Optionen vorhanden, wie BackItUp vorgehen soll, wenn bei der Wiederherstellung Dateien mit gleichem Namen im Pfad gefunden werden.

Zu finden sind diese Optionen unter *Datei/Voreinstellungen* und dort auf der Registerkarte *Wiederherstellen*. Die Standardeinstellung ersetzt alle lokalen Dateien, die älter als die gesicherten Dateien sind. Daneben existieren jedoch auch noch drei weitere Möglichkeiten.

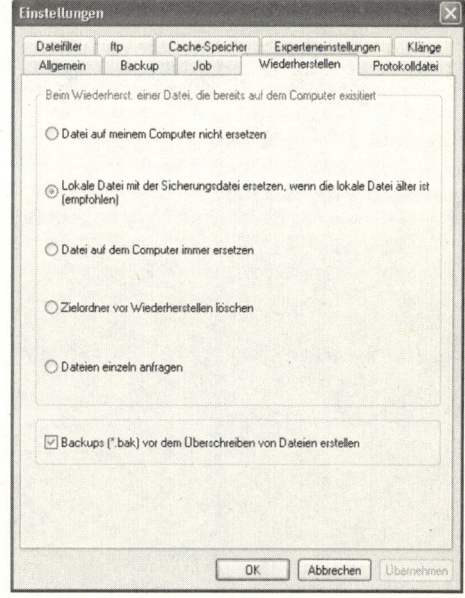

So kann man sämtliche Dateien auf dem PC behalten – sinnvoll, wenn man versehentlich einige Dateien gelöscht hat und nur diese wiederherstellen möchte, ohne groß sortieren zu müssen. Und auch an den umgekehrten Fall – wenn alle Dateien ersetzt werden müssen – wurde mit den Optionen *Datei auf dem Computer immer ersetzen* und *Zielordner vor Wiederherstellung löschen* gedacht.

Einzelne Dateien direkt wiederherstellen

? Für einzelne Dateien ist mir der Weg über den Wiederherstellungsassistenten doch zu mühsam. Gibt es einen Weg, auf die Dateien der Backup-DVD direkt zuzugreifen, ohne BackItUp extra starten zu müssen?

! Mit der Installation von BackItUp integriert Nero eine kleine Erweiterung in die Windows-Oberfläche, die den Zugriff auf Sicherungsdateien erlaubt. Allerdings können die gesicherten Files nicht direkt geöffnet werden, lediglich die Wiederherstellung ist direkt aufrufbar.

1. Öffnen Sie das Sicherungslaufwerk und gehen Sie in das Verzeichnis, das das Datum und den Namen der Sicherung, aus der Sie eine Datei benötigen, beinhaltet. Sie werden feststellen, dass sich in dem Verzeichnis zunächst ein Unterverzeichnis mit dem Laufwerkbuchstaben der Quelle befindet. Darin befindet sich die Unterverzeichnisstruktur, die BackItUp bei der Sicherung vorgefunden hat. Gehen Sie daher den Pfad wie auf einer Festplatte entlang, bis Sie zu der Datei gelangen, die Sie wiederherstellen möchten.

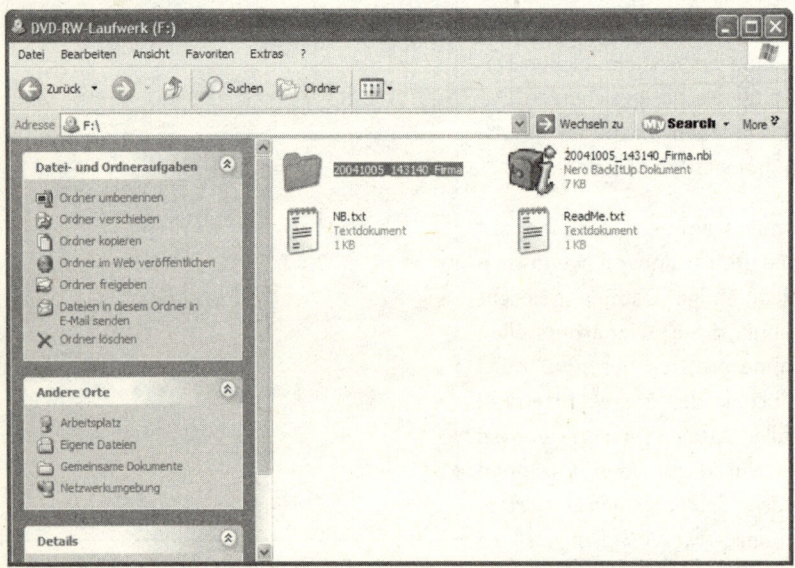

2. Die Dateien besitzen auch nach dem Backup ihren Originalnamen, lediglich die Endungen wurden von BackItUp um ein *nco* erweitert. Klicken Sie die Datei doppelt an, die Sie öffnen möchten. Sie kommen in das Fenster *Datei sichern*, dass Ihnen erlaubt, die Datei an einem beliebigen Ort zu speichern.

Komplette Festplatte wiederherstellen

? Nach einem Plattencrash muss ich meine komplette Festplatte wiederherstellen. Brauche ich dazu eine Bootdiskette oder muss ich vorher Windows XP und Nero neu installieren?

! In vielen Fällen klappt inzwischen auch die Wiederherstellung der Systemplatte mit BackItUp. Hierzu ist bei einer Plattensicherung die erste DVD bootfähig und besitzt das Programm NRestore, das in der Lage ist, eine komplette Platte wiederherzustellen.

1. Gehen Sie zunächst in das BIOS Ihres Computers und verändern Sie die Bootreihenfolge, sodass das DVD-Laufwerk vor der Festplatte überprüft wird – ansonsten kann es passieren, dass Ihr System versucht, von der Festplatte zu booten, sollten auf dem Laufwerk noch Reste von Windows zu finden sein.

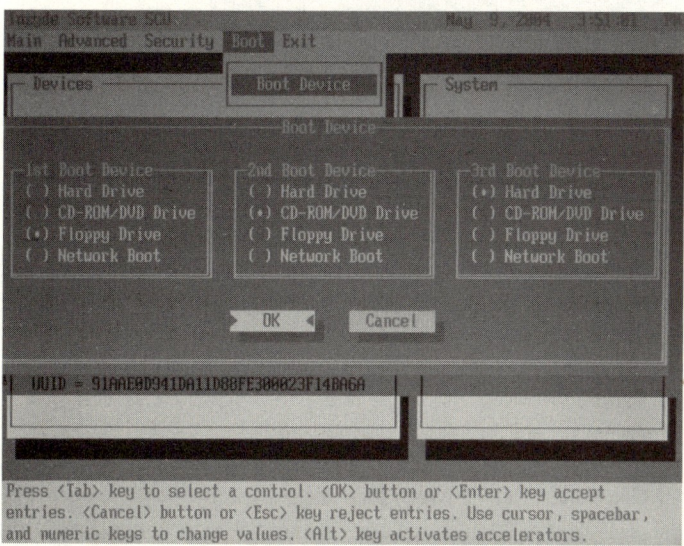

Leider gibt es relativ viele verschiedene BIOS-Varianten auf dem Markt. Detaillierte Informationen zu Ihrem BIOS und dem Weg, die Bootreihenfolge zu ändern, müssen Sie daher dem Handbuch Ihres PCs oder Mainboards entnehmen.

2. Sorgen Sie beim Start dafür, dass die erste DVD im Laufwerk liegt. Nach der Initialisierung des Systems wird nun überprüft, ob von der DVD gebootet werden kann. Bei einigen Systemen ist, sobald das BIOS die Boot-DVD erkannt hat, zusätzlich das Drücken einer beliebigen Taste notwendig – in diesem Fall erscheint auf dem Bildschirm eine entsprechende Aufforderung.

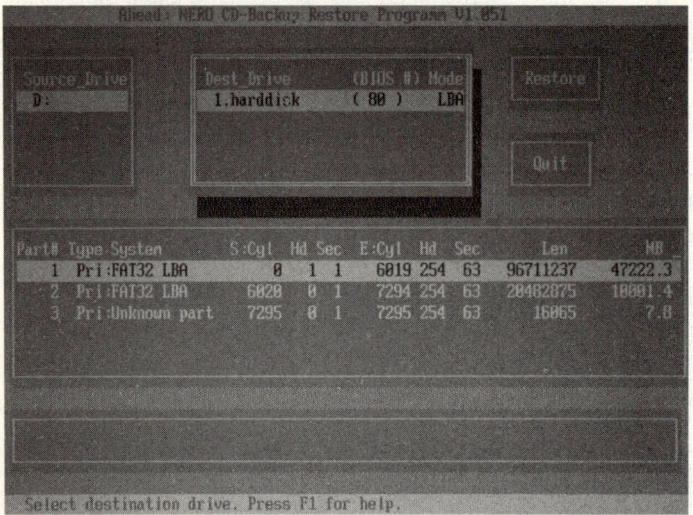

3. Das Booten von DVD dauert einige Sekunden, anschließend gelangen Sie automatisch in das Programm NRestore. Dieses hilft Ihnen, Ihre Festplatte wiederherzustellen. Zunächst werden Sie von dem Programm aufgefordert, das Quelllaufwerk auszuwählen. Anschließend gelangen Sie zum Hauptbildschirm und müssen sich für ein Ziellaufwerk entscheiden. Mit den Pfeiltasten können Sie bei mehreren Partitionen das gewünschte Ziel auswählen.

4. Nun müssen Sie die [Tab]-Taste, erkennbar am Doppelpfeilsymbol, drücken und damit zur Schaltfläche *Restore* wechseln. Ist diese mit einem Schatten versehen und somit ausgewählt, können Sie sie mit der [Enter]-Taste bestätigen.

5. Nun erscheint in vielen Fällen der Hinweis, dass die Partition noch existiert. Bestätigen Sie das Überschreiben mit der [Enter]-Taste, um den Wiederherstellungsvorgang zu starten. Anschließend verlangt NRestore nach und nach die Sicherungs-DVDs, um die Daten zurück auf die Platte zu übertragen.

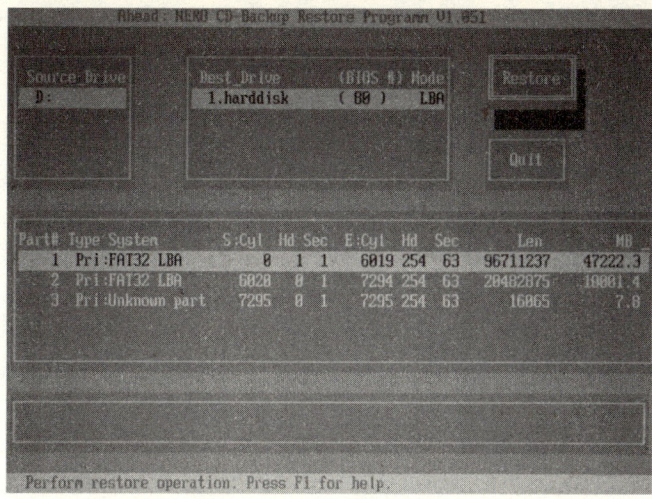

Aber Achtung, das Programm entstammt noch CD-Zeiten, ebenso wie BackItUp. Daher meldet es leider nicht, dass Sie DVD 2 einlegen müssen, sondern es verlangt beispielsweise nach CD 8. Grund dafür ist, dass BackItUp auf jeder DVD mehrere virtuelle CDs bei der Sicherung erstellt. Legen Sie daher einfach das nächste Medium ins Laufwerk – hier zahlt sich die Durchnummerierung der DVDs aus.

6. Es kommt vor, dass die erstellte Partition nicht bootfähig ist, da es an der Aktivierung mangelt. Booten Sie in diesem Fall erneut von der ersten DVD, wählen Sie die wiederhergestellte Partition aus und drücken Sie die Enter-Taste.

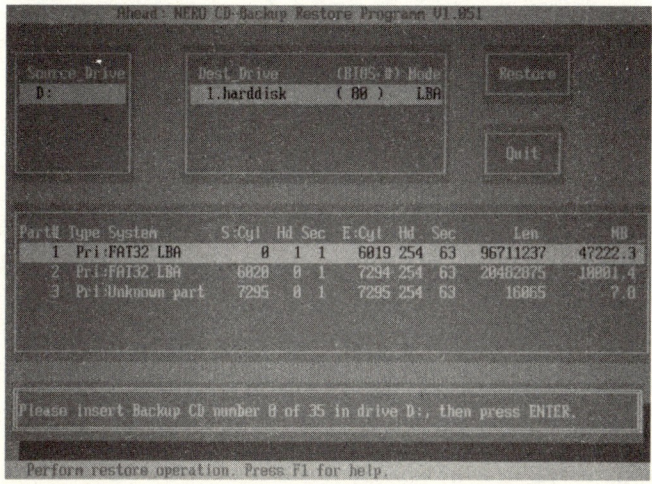

Es öffnet sich ein Menü, in dem sich die Option *Make this partition bootable* befindet. Anschließend ist die Partition aktiviert und kann zum Ausführen von Windows genutzt werden.

> ### Partition vor Wiederherstellung löschen
> *Bei der Wiederherstellung werden die Daten der Partition überschrieben, Sie müssen daher grundsätzlich die Partition nicht löschen, sondern können im Regelfall die bestehende Systempartition schlichtweg neu mit Daten füllen. Es kann jedoch auch vorkommen, dass die Partition einen Defekt aufweist. In diesem Fall können Sie über das Menü in NRestore, das Sie über die* Enter*-Taste erreichen können, die Partition vor der Herstellung löschen.*

18

Musik-CDs/-DVDs erstellen

Musik-CDs in den Computer einspielen	**572**
Musik-CDs zusammenstellen	**585**
Einspielen und überspielen von Schallplatten	**594**
MP3-CDs zusammenstellen und brennen	**602**

18.1 Musik-CDs in den Computer einspielen
Einspielen einzelner Musikstücke

? Mein Ziel ist es, eine CD meiner liebsten Musikstücke zu erstellen. Dazu möchte ich verschiedene Titel mehrerer CDs einzeln in den Computer einspielen und anschließend auf einen Rohling brennen. Wie aber bekomme ich die Musikstücke qualitativ hochwertig von der CD auf die Festplatte übertragen?

! Zwar ist Nero grundsätzlich ein Brennprogramm, also zum Erstellen von CDs und DVDs gedacht, doch verfügt die Software auch über verschiedenste Möglichkeiten, das Material, das gebrannt werden soll, zunächst einzulesen.

Zu diesem Zweck muss der Inhalt der Audio-CDs, die Sie als Quelle nutzen wollen, auf die Festplatte übertragen werden. Diesen Vorgang, das Extrahieren der gewünschten Musikstücke, müssen Sie vor dem Brennen mit allen CDs durchführen, deren Inhalt Sie für Ihren neuen Musiksampler benötigen.

1. Starten Sie Nero 7 und klicken Sie im Fenster *Neue Zusammenstellung* auf die Schaltfläche *Abbrechen*. Die Funktionen von Nero, die das Einlesen von Daten oder Audiotracks betreffen, sind leider nicht über einen Assistenten oder ein zusammenfassendes Fenster, das direkt am Start des Programms erscheint, abrufbar.

2. Stellen Sie sicher, dass Sie die Audio-CD, von der Sie ausgewähltes Material einlesen wollen, in ein entsprechendes Laufwerk, beispielsweise den Brenner, gelegt haben. Wählen Sie im Menü *Extras* des Hauptprogramms den Eintrag *Tracks speichern* aus.

3. Sofern Sie über mehr als ein CD-/DVD-Laufwerk oder Brenner verfügen, wird Nero Sie fragen, welches Laufwerk zum Auslesen verwendet werden soll. Sie müssen natürlich das Laufwerk auswählen, das die Audio-CD beinhaltet. Bei der Wahl des Laufwerks sollten Sie sich in der Regel für das neuere Laufwerk entscheiden, denn gerade das Auslesen von Audiomaterial hat sich in den letzten Jahren von Laufwerkgeneration zu Laufwerkgeneration verbessert.

18.1 MUSIK-CDS IN DEN COMPUTER EINSPIELEN

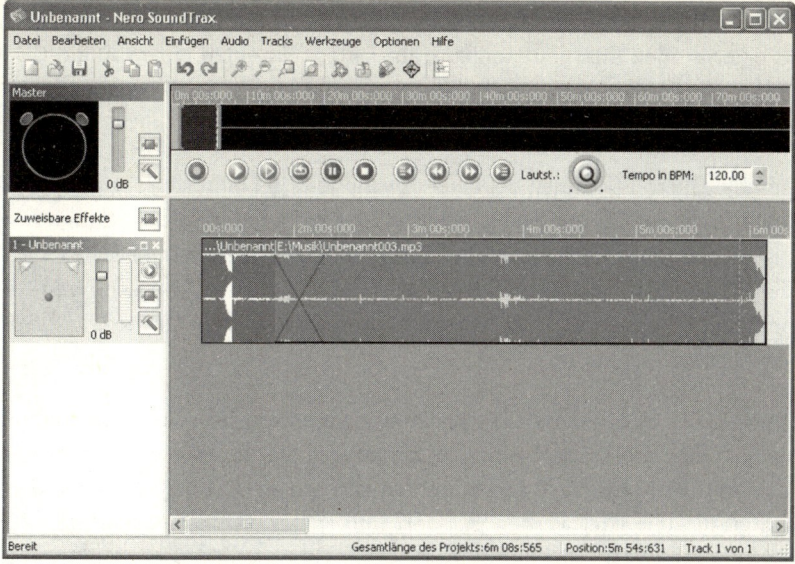

4. Im folgenden Fenster erscheint die Titel- und CD-Datenbank von Nero.

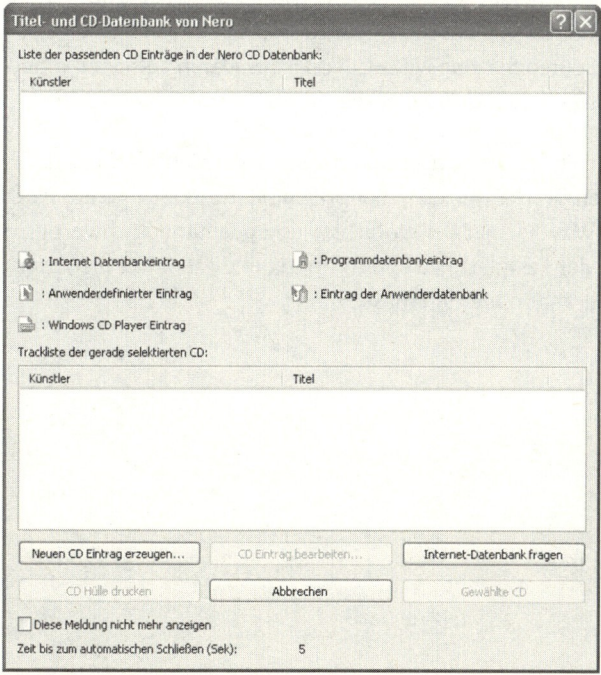

Diese erlaubt es, die CD zu identifizieren und für jeden Track die entsprechenden Namen aus einer großen Internetdatenbank abzurufen. Für einen reinen Audio-CD-Sampler wird dieses Feature jedoch nicht benötigt. Schließen Sie das Fenster *Titel- und CD-Datenbank von Nero* per Klick auf *Abbrechen*.

Sollten Ihnen hingegen die Namen bei der Auswahl der Titel hilfreich sein, beispielsweise weil das Cover der CD nur die Namen der Titel, nicht jedoch die Tracknummer bereithält, ist es ebenso kein Problem, über die Schaltfläche *Internet-Datenbank fragen* zunächst die CD zu identifizieren und den Tracks reale Namen zuzuweisen. Weitere Informationen zum Einlesen von CDs inklusive der Nutzung einer Onlinedatenbank finden Sie im nächsten Abschnitt.

5. Markieren Sie den gewünschten Track, der ausgelesen werden soll. Sollten Sie für Ihre Sampler-CD mehrere Tracks benötigen, können Sie die [Strg]-Taste gedrückt halten und dabei mit der Maus die Tracks anklicken, die von der CD ausgelesen werden sollen. Die angeklickten Titel werden markiert und später nacheinander in den PC eingelesen.

6. Wählen Sie unter *Ausgabe-Dateiformat* im Pulldown-Menü das gewünschte Ausgabeformat aus. Die Liste unterscheidet sich je nach den installierten Audioformaten. Nero unterstützt auch neue Codecs wie das mp3PRO-Format oder den Nero-eigenen Standard *Nero Digital Audio*. Sollten Sie eine MP3-CD oder die Daten auf einen mobilen Speicher überspielen wollen, bieten sich daher die neuen Formate an.

Lediglich *PCM Wav* sollte bei einer kleinen Festplatte nicht gewählt werden, da in diesem Fall die resultierenden Tracks viel Platz benötigen. Steht jedoch genug Platz zur Verfügung, ist das PCM Wav-Format der einfachste und qualitativ hochwertigste Weg, die Titel einer CD auf der Festplatte zu speichern, da in diesem Fall die ausgewählten Musikstücke nicht verändert werden müssen.

18.1 MUSIK-CDS IN DEN COMPUTER EINSPIELEN

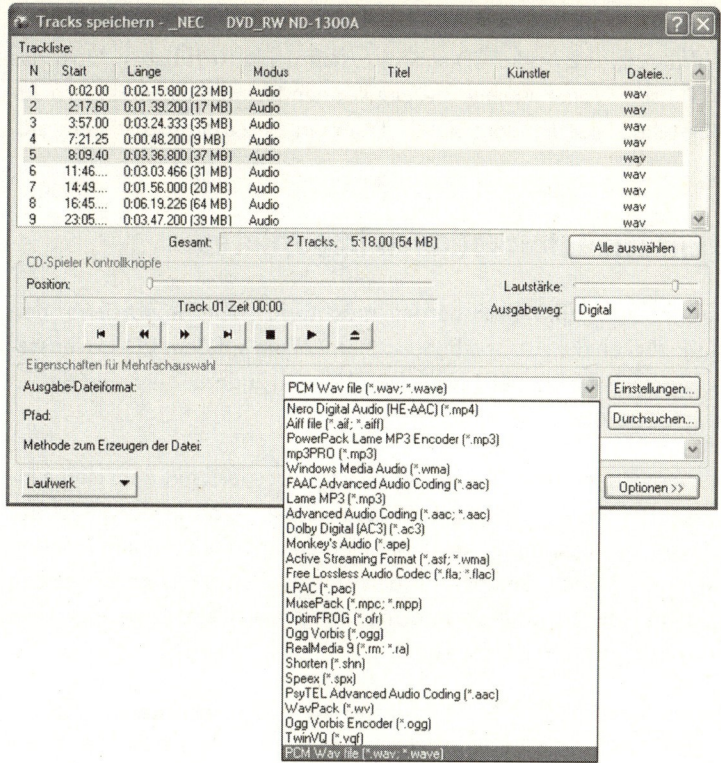

7. Bestimmen Sie unter *Pfad* den Ordner, in dem die extrahierten Dateien gespeichert werden sollen. Es empfiehlt sich die Wahl eines gut merkbaren Pfads, damit Sie später die Tracks leicht auswählen können. Zudem sollten Sie am Speicherort für jede eingelesene CD entsprechende Unterverzeichnisse erstellen, um den Überblick nicht zu verlieren und später über die Tracknummer und den Namen des Verzeichnisses das jeweilige Stück identifizieren zu können.

8. Nach einem Klick auf *Start* beginnt Nero mit dem Auslesen der Stücke. Je nach Laufwerk kann dies einige Minuten dauern. Anschließend erscheint das bekannte *Tracks speichern-*Fenster, das Sie über *Schließen* verlassen können.

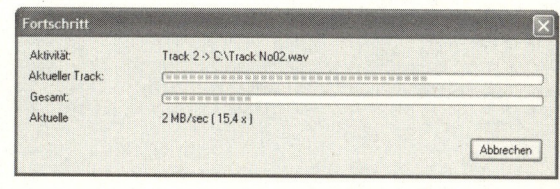

Legen Sie nun die nächste Audio-CD ein und wiederholen Sie die Schritte, bis Sie alle Musiktracks, die auf die spätere Audio-CD sollen, zusammengestellt haben. Über das Profil *Audio-CD* im Fenster *Neue Zusammenstellung* können Sie anschließend Nero automatisch die CD erstellen lassen, indem Sie die Tracks in die Zusammenstellung ziehen.

Musikstücke mit Titelinformationen importieren

Zur besseren Sortierung und Orientierung möchte ich beim Importieren den einzelnen Musikstücken die entsprechenden Namen, die auf dem CD-Cover stehen, übernehmen. Muss ich die Namen jeweils von Hand abändern, oder sind die Informationen auf der CD gespeichert?

Auch wenn inzwischen mit dem CD-Text ein Format existiert, mit dem einige Informationen zum Inhalt abgespeichert werden können, sind in der Regel auf heutigen Musik-CDs leider noch immer keine Titelnamen zu finden. Abhilfe schaffen da CD-Datenbanken im Internet, die über auf der CD gespeicherte Datencodes den Inhalt identifizieren und die benötigten Informationen anschließend bereitstellen. Eine derartige Funktion ist in Nero integriert.

1. Starten Sie Nero 7 und klicken Sie im Fenster *Neue Zusammenstellung* auf die Schaltfläche *Abbrechen*. Sie landen im leeren Hauptfenster von Nero. Legen Sie die Audio-CD, deren Inhalt Sie einlesen wollen, in eines Ihrer Laufwerke – beispielsweise in den Brenner.

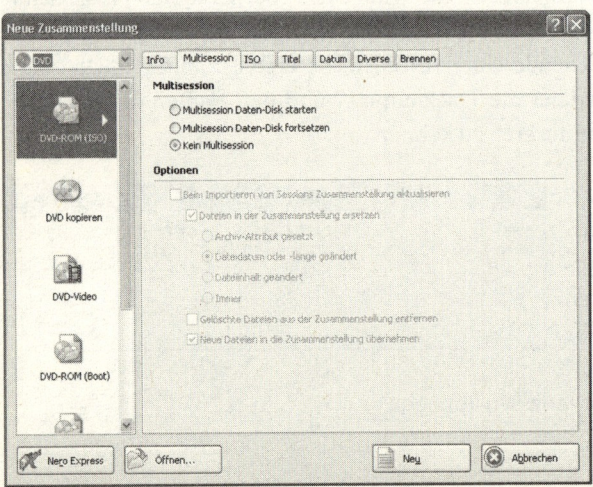

18.1 MUSIK-CDS IN DEN COMPUTER EINSPIELEN

2. Im Nero-Fenster ist am oberen Rand eine Menüleiste zu finden, die das Menü *Extras* beinhaltet. Öffnen Sie es und klicken Sie auf den Eintrag *Tracks speichern*, um die Importfunktion zu starten.

Nach dem Öffnen erscheint ein Fenster, das Sie nach dem Laufwerk mit der eingelegten Audio-CD fragt, sollten Sie mehrere Laufwerke im Rechner installiert haben. Wählen Sie in diesem Fall das entsprechende Laufwerk aus, um mit dem Speichern der Tracks fortzufahren.

3. Nun öffnet sich das Fenster *Titel- und CD-Datenbank*, das es Ihnen erlaubt, sich zu entscheiden, ob Nero die CD identifizieren und die Titelinformationen über eine angeschlossene Datenbank aus dem Internet laden soll.

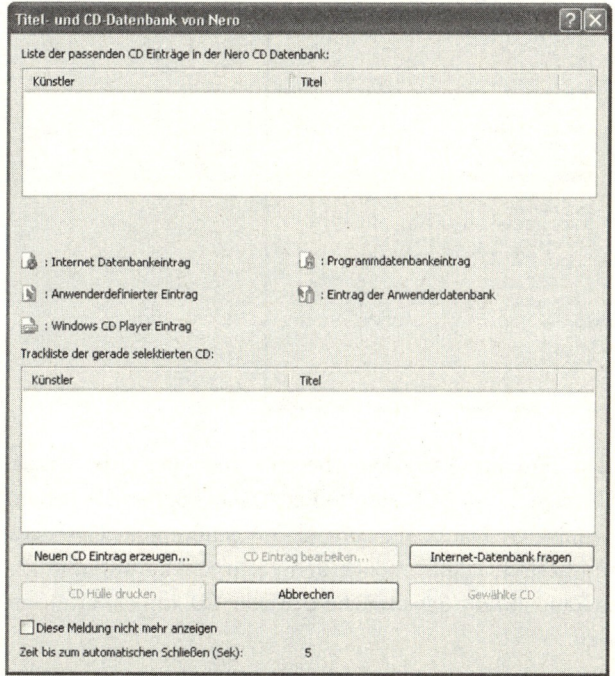

Klicken Sie auf die Schaltfläche *Internet-Datenbank fragen*, um die Identifikation der CD zu starten. Aber Achtung, es handelt sich hierbei um eine echte Datenbank aus dem Internet, nicht etwa um eine bei der Installation auf der Festplatte abgelegte Informationsdatei, die nur aktualisiert werden muss. Eine bestehende Internetverbindung ist daher notwendig, um an die Informationen zu gelangen.

4. Leider ist die Internetdatenbank von Nero nicht immer fehlerfrei und identifiziert den Inhalt eindeutig. Daher kommt es öfter vor, dass das *Titel- und CD-Datenbank*-Fenster mehrere CDs mit gleichem Inhalt und beispielsweise leicht abweichender Schreibweise präsentiert.

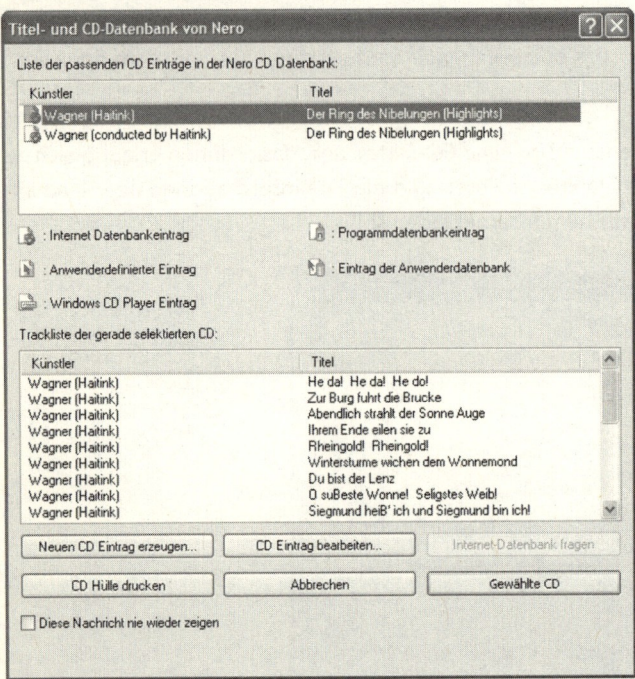

Suchen Sie sich den passenden CD-Eintrag aus dem oberen Bereich der Liste heraus, indem Sie die gefundenen Einträge mit der CD vergleichen. Dabei können Sie sich im unteren Bereich jeweils die einzelnen Tracks, die zum Album gehören, anzeigen lassen. Markieren Sie im oberen Bereich schlussendlich den korrekten Eintrag und klicken Sie am unteren rechten Rand auf die Schaltfläche *Gewählte CD*, um die ermittelten Namen der CD zuzuweisen.

Einträge der CD-Datenbank korrigieren oder erstellen

Es ist möglich, die Einträge der CD-Datenbank zu korrigieren oder sogar im Fall, dass kein passender Eintrag gefunden wird, zu erstellen. Hierzu steht die Schaltfläche CD Eintrag bearbeiten *am unteren Rand zur Verfügung. Die Schaltfläche* Neuen CD Eintrag erzeugen *ist hingegen für komplett unbekannte CDs gedacht.*

18.1 MUSIK-CDS IN DEN COMPUTER EINSPIELEN

5. Nun fragt Sie Nero, ob Sie eine Anwenderdatenbank anlegen möchten. Diese Datenbank, die die CD-Einträge speichert, also einen Index der CDs erstellt, ist gerade dann sinnvoll, wenn Sie öfter eigene Audio-CDs 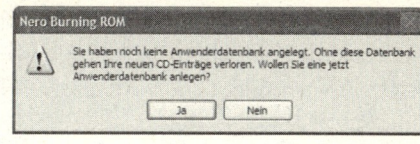 erstellen, den Inhalt stets vermischen und Ihre CDs dazu katalogisiert haben möchten. Klicken Sie also gegebenenfalls auf *Ja*, um eine derartige Datenbank zu erzeugen.

6. Nero benötigt für die Datenbank ein leeres Verzeichnis, um dort die Informationen abzulegen. Sorgen Sie daher über den Explorer oder den Arbeitsplatz für ein geeignetes Verzeichnis, kehren Sie anschließend zum Dialog zurück und bestätigen Sie mit *OK* den Hinweis, dass ein Verzeichnis benötigt wird.

Anschließend öffnet sich das *Ordner suchen*-Fenster, über das Sie das eben erstellte Verzeichnis auswählen müssen. Nach einem Klick auf *OK* beginnt Nero mit dem Erzeugen der Datenbank. 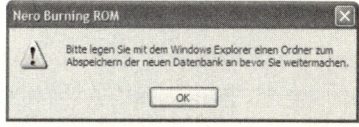 Abschließend möchte das Programm wissen, ob die Datenbank auch genutzt werden soll – auch dies ist zu bestätigen.

7. Nach dem Erstellen oder Überspringen der Datenbankfunktion gelangen Sie zum Fenster *Tracks speichern*, das die zuvor abgerufenen Informationen in den Spalten *Titel* und *Künstler* auflistet. Daneben sind die üblichen Trackinformationen vorhanden, sodass Sie sich an dieser Stelle dafür entscheiden müssen, welche Musikstücke importiert werden sollen.

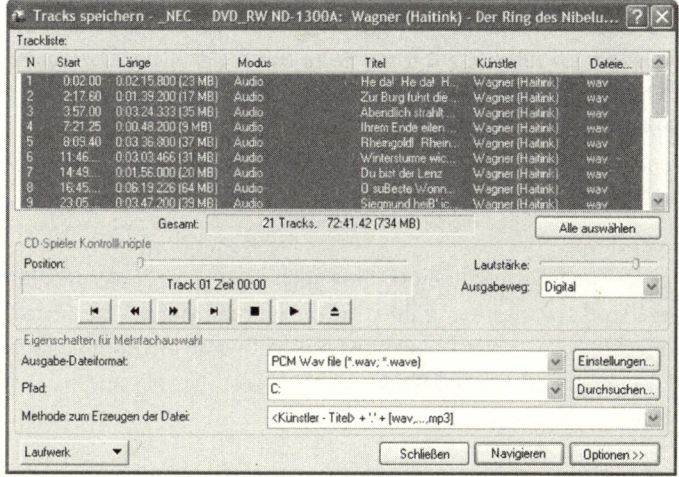

Markieren Sie hierzu einzelne Titel, indem Sie die ⌈Strg⌉-Taste gedrückt halten und die Titel anklicken. Möchten Sie hingegen die komplette CD importieren, steht die Schaltfläche *Alle auswählen* zur Verfügung – Nero markiert in diesem Fall automatisch alle Stücke.

8. Anschließend sind das *Ausgabe-Dateiformat* und der *Pfad* zu wählen. PCM Wav-Dateien erlauben eine verlustfreie Speicherung des CD-Inhalts, nehmen jedoch bei einer langen CD entsprechend viel Speicherplatz weg – immerhin fasst eine normale Audio-CD bis zu 650 MByte.

Alternativ können daher moderne Formate wie MP3 oder auch WMA gewählt werden, um den notwendigen Speicherplatz zu begrenzen. Nero kann später – soll aus den gespeicherten Dateien eine Audio-CD erzeugt werden – die Dateien erneut umwandeln und trotz des abweichenden Formats diese als Quelle nutzen.

Zudem eignen sich beide Formate zum Befüllen fast aller digitalen Musik-Player – zumal die abgerufenen Titelinformationen bei diesen modernen Formaten mit gespeichert werden, sodass auf dem Musik-Player der Name der Band und der Songtitel erscheinen.

Auf die Bitrate kommt es an

Die Qualität einer MP3-Datei ist abhängig von der Bitrate, die beim Umwandeln ins MP3-Format verwendet wurde. Je höher die Bitrate, desto besser der Klang, doch umso größer auch die Datei. Obgleich sich das Gerücht hartnäckig hält, entspricht eine Bitrate von 128 KBit dabei definitiv nicht der CD-Qualität. Diese wird erst ab 192 KBit erreicht. Über Eigenschaften *können Sie noch vor dem Speichern der Tracks die Bitrate entsprechend anpassen, um die Qualität zu erhöhen.*

9. Die zuvor abgerufenen Titelinformationen können auch dazu genutzt werden, die Speichernamen entsprechend anzupassen. Wählen Sie dazu unter *Methode zum Erzeugen der Datei* das gewünschte Format aus – beliebt ist beispielsweise die Kombination aus Künstler und Titel, getrennt durch einen Bindestrich.

18.1 MUSIK-CDS IN DEN COMPUTER EINSPIELEN 581

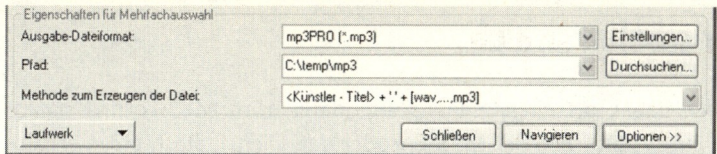

10. Nach einem Klick auf *Navigieren* beginnt Nero mit dem Auslesen und Speichern der Dateien. Anschließend können Sie über *Schließen* das *Tracks speichern*-Fenster beenden und gegebenenfalls eine weitere CD einlesen.

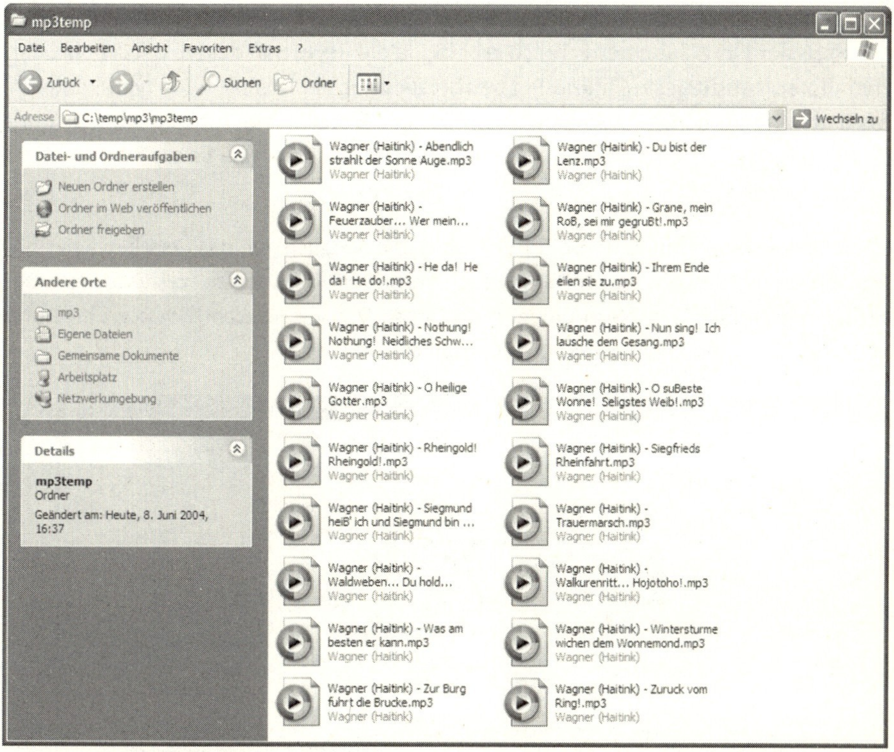

Ein Blick in das Verzeichnis zeigt Ihnen, ob die Musiktitel in dem gewünschten Format abgespeichert wurden. Windows blendet zudem je nach Format automatisch einige Zusatzinformationen wie den Titel oder das Album in grauer Schrift mit ein, zu sehen in der Symbolansicht. Nun steht es Ihnen offen, ob Sie mit den abgespeicherten Musiktiteln eine neue CD erstellen, diese von der Festplatte abspielen oder auf einen geeigneten Musik-Player übertragen.

MP3-Encoder schaltet sich ab

? Gerade bin ich dabei, die eingelesenen Audiodateien ins MP3-Format umzuwandeln, da versagt plötzlich der MP3-Encoder den Dienst. Stattdessen erhalte ich eine Fehlermeldung und werde aufgefordert, irgendeine Lizenz zu erwerben. Was hat es damit auf sich, und was muss ich tun, um den Konvertierungsvorgang fortsetzen zu können?

! Aus lizenzrechtlichen Gründen ist die Umwandlung in das MP3- und mp3PRO-Format auf 30 Konvertierungen beschränkt. Ein unbegrenztes Encodieren hätte den Preis der Nero Suite beträchtlich erhöht, da die Rechte an der MP3-Technik beim Fraunhofer Institut liegen. Immerhin betrifft dies nur das Erstellen von Musikdateien, das Einlesen von bereits bestehenden MP3s zum Erstellen einer Audio-CD aus komprimierten Dateien wird hiervon nicht beeinträchtigt; auch ohne Lizenz können diese benutzt werden.

Ahead bietet Ihnen mit dem mp3PRO-Plug-In die Möglichkeit, das Erstellen einer beliebigen Anzahl sowohl von MP3- als auch von mp3PRO-Dateien freizuschalten. Besuchen Sie einfach den Nero-Onlineshop (*https://secure.nero.com/de/secure.asp*) und erwerben Sie einen Encoder mit unbeschränkter Laufzeit.

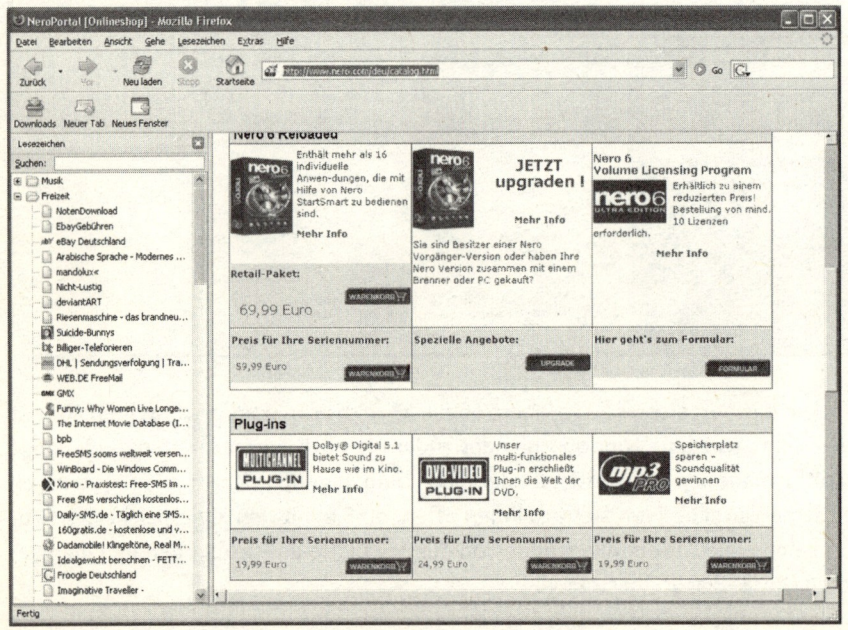

Alternativ können Sie auch ein anderes Speicherformat, beispielsweise den für private Zwecke von Microsoft kostenlos zur Verfügung gestellten WMA-Codec, nutzen.

Schlechte Soundqualität eingelesener CDs

? Nach dem Einlesen einer Audio-CD musste ich feststellen, dass sich die auf der Festplatte gespeicherten Musikdateien sehr blechern anhören, obwohl ich das PCM Wav-Format gewählt habe. Woran kann das liegen?

! Zwar ist das PCM Wav-Format grundsätzlich die ideale, wenn auch nicht die am meisten Platz sparende Lösung, um eine Audio-CD auf der Festplatte zu sichern. Allerdings muss man dafür sorgen, dass die Dateien auch passend zu den Eigenschaften der CD erstellt werden.

Stellen Sie beim Einlesen im *Tracks speichern*-Fenster sicher, dass aus dem Dropdown-Menü *PCM Wav file* ausgewählt wurde. Bestimmen Sie anschließend per Klick auf die Schaltfläche *Einstellungen* die Audioparameter. Für *Frequency* wählen Sie *44100*, die Bittiefe (*Bits*) setzen Sie auf *16*, und *Channels* sollte auf *Stereo* stehen. Verlassen Sie das Fenster mit *OK*.

Die nun auf der Festplatte gespeicherten Dateien entsprechen exakt den Werten gängiger Audio-CDs. Sie können dies anhand der Größe sehen, denn eine 74-Minuten-CD belegt auf der Festplatte etwa 650 MByte. Sind die Dateien deutlich kleiner, wurden die Audiotracks nicht mit den korrekten Parametern gespeichert.

 Klangqualität gezielt aufbessern

Nicht immer ist das eingestellte Format für eine schlechte Klangqualität verantwortlich. Viele Audio-CDs sind nicht sonderlich gut abgemischt, zudem kann es bei einigen optischen Laufwerken zu Lesefehlern kommen. Es ist daher ab und an notwendig, die eingelesenen Musikstücke vor der weiteren Nutzung klanglich aufzubessern. Genaue Informationen zu den Qualitätsproblemen von Audio-CDs finden Sie im nachfolgenden Kapitel 19.

Kopierschutz beim Einlesen von Audio-CDs

? Ich möchte eine Audio-CD, die ich soeben beim Händler erstanden habe, auf meine Festplatte übertragen – doch ein Kopierschutz verhindert das Auslesen. Was kann ich dagegen tun, und darf ich den Kopierschutz überhaupt überwinden?

! Beim Versuch, mit Nero eine kopiergeschützte CD auszulesen, erscheint zwar meist keine Fehlermeldung, dafür sorgen vielfältige Schutzmechanismen dafür, dass der gewählte Inhalt gar nicht oder nur fehlerhaft auf die Festplatte übertragen wird. In diesen Fällen ist ein Auslesen mit Nero 7 nicht möglich und auch nicht zulässig. Ebenfalls sind Programme, die die diversen Sperren der Audio-CDs aufheben, nicht im Sinne des Gesetzgebers.

Das aktuelle Urheberrecht unterbindet alle Wege, einen Kopierschutz zu deaktivieren. Würde Nero einen vorhandenen Kopierschutz daher missachten und den Inhalt einlesen, den Kopierschutz also abschalten, wäre dies nicht konform mit der gesetzlichen Lage. Daher gibt es keinen legalen Weg, eine CD mit Kopierschutz auf direktem Weg einzulesen.

▶ Einspielen über analogen Eingang ◀

Es existiert trotz der Urheberrechtsreform auch weiterhin das Recht auf eine Privatkopie. Erstellt werden kann diese, wenn Sie Ihren CD-Player oder Ihre Stereoanlage an den Line-In der Soundkarte anschließen, die CD auf analogem Weg übertragen und anschließend diese Digitalisierung brennen. Allerdings hat Ihre CD in diesem Fall keine Tracks mehr, sie besteht aus einem Block und muss aufwendig unterteilt werden. Ein Ausweg ist das Programm unCDcopy des Computermagazins c't aus dem Heise-Verlag, das Ihnen die analoge Aufnahme erheblich erleichtert. Als Zusatz hält die Software über eine Datenbank Schnittinformationen zu bekannten CDs bereit, um die Unterteilung der analogen Aufnahme zu automatisieren. Das kostenlose Programm ist unter http://www.heise.de/ct/cd-register/ *verfügbar.*

18.2 Musik-CDs zusammenstellen
Eingelesene Musikstücke optimal brennen

? Auf meiner Festplatte befinden sich Musikstücke mehrerer CDs, die ich zu einem CD-Sampler arrangieren möchte. Welche Schritte in Nero sind zum Brennen einer qualitativ hochwertigen Audio-CD wichtig?

! Die wichtigste Voraussetzung für eine hochwertige CD ist das passende Quellmaterial. Hören Sie sich daher die abgespeicherten Musikstücke vor dem Brennen an, um später keine bösen Überraschungen zu erleben.

1. Nach dem Start von Nero ist das Fenster *Neue Zusammenstellung* zu sehen. Wählen Sie auf der linken Seite das Profil *Audio-CD* aus. Die notwendigen Brenneinstellungen sind auf der rechten Seite der Registerkarte *Brennen* zu finden.

2. Setzen Sie ein Häkchen vor den Eintrag *CD abschließen*, damit die CD finalisiert wird. Danach ist es zwar nicht mehr möglich, weitere Titel auf die CD zu schreiben, dafür erhöht sich die Kompatibilität zu normalen CD-Playern erheblich.

3. Besonders wichtig ist die genutzte Schreibmethode, um eine qualitativ hochwertige CD zu erhalten. Zur Auswahl stehen *Track-at-Once* und *Disc-at-Once*. Bei der Schreibmethode **Track-at-O**nce (TAO) stoppt der Schreibvorgang zwischen den einzelnen Tracks kurzzeitig, bevor der Laser neu ansetzt.

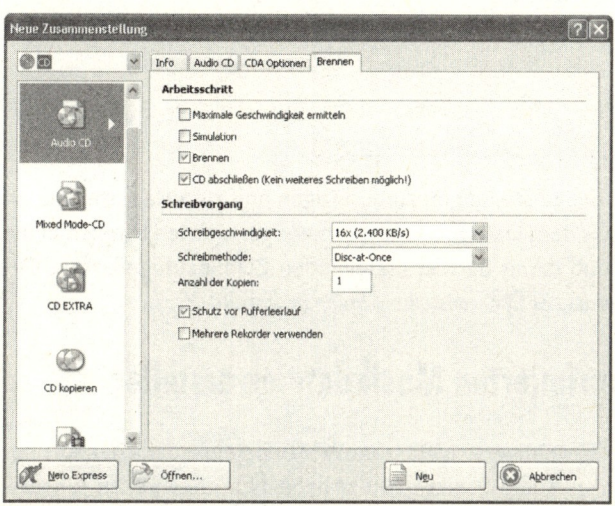

Die Spur wird dadurch unterbrochen und hat fehlerhafte Bereiche zur Folge. Sofern die Fehlerkorrektur des Abspielgeräts dies nicht beheben kann, macht sich das durch Klicks zwischen den einzelnen Tracks bemerkbar. In seltenen Fällen kann es sogar zu einem Stopp des Players kommen.

Ähnlich einer Schallplatte sollte Ihre Audio-CD, um Aussetzer zu vermeiden, aus einer durchgehenden Spur bestehen. Erstellen Sie Ihre Musik-CDs daher ausschließlich mit der Disc-at-Once-Schreibmethode, denn hierbei wird die CD in einem Durchgang gebrannt.

4. Aktivieren Sie im Register *CDA Optionen* unter *CDA-Dateistrategie* den Eintrag *Temporärdatei-Strategie*. Dadurch werden die Musiktracks auf Ihrer Festplatte zwischengespeichert. So muss Nero nicht während des Brennens den Inhalt der CD neu errechnen, sondern kann vorher die komplette CD erstellen und anschließend in einem Zug kopieren, wodurch eine gute Qualität sichergestellt wird.

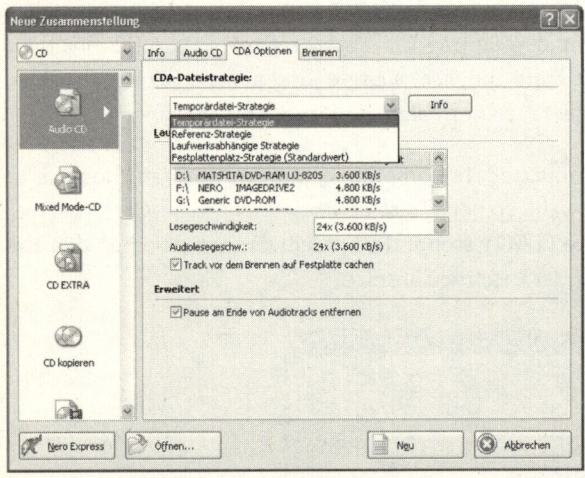

5. Klicken Sie auf *Neu*, um die Einstellungen zu bestätigen und zum Hauptfenster zu gelangen. Nun müssen Sie aus dem Dateibrowser die zuvor gesicherten Dateien in die Zusammenstellung ziehen und damit der zur erstellenden CD hinzufügen. Anschließend wird die CD über *Rekorder/Zusammenstellung brennen* erstellt.

Audio-CDs aus komprimierten Musikdateien erstellen

Auf meiner Festplatte lagern diverse MP3- und WMA-Dateien, die ich ursprünglich mit meinem digitalen Audio-Player genutzt habe. Nun möchte ich für meinen heimischen CD-Spieler eine Audio-CD aus den Dateien erstellen. Wie konvertiere ich die Dateien, um eine CD brennen zu können?

! Es ist nicht notwendig, WMA- oder MP3-Dateien in einem externen Programm zu einer PCM Wav-Datei zu konvertieren, um daraus eine Audio-CD zu erstellen. Wenn Sie eine Zusammenstellung mit dem Profil *Audio-CD* erzeugen und wie bei PCM Wav-Dateien die zu brennenden Musikstücke in die Zusammenstellung ziehen, sorgt Nero vor dem Brennen automatisch dafür, dass die Dateien entsprechend umgewandelt werden.

Allerdings unterstützt Nero nur mit speziellen Erweiterungen viele beliebte Dateiformate, die im Internet genutzt werden. Sie benötigen daher, sollte das Format von Nero nicht erkannt werden, ein entsprechendes Plug-In, das Sie unter der URL *http://neroplugins.cd-rw.org/* herunterladen können. Auf der Seite existieren für viele Audio-Codecs kostenlose Nero-Erweiterungen, sodass unterschiedlichste Formate von Nero verstanden und entsprechend genutzt werden können.

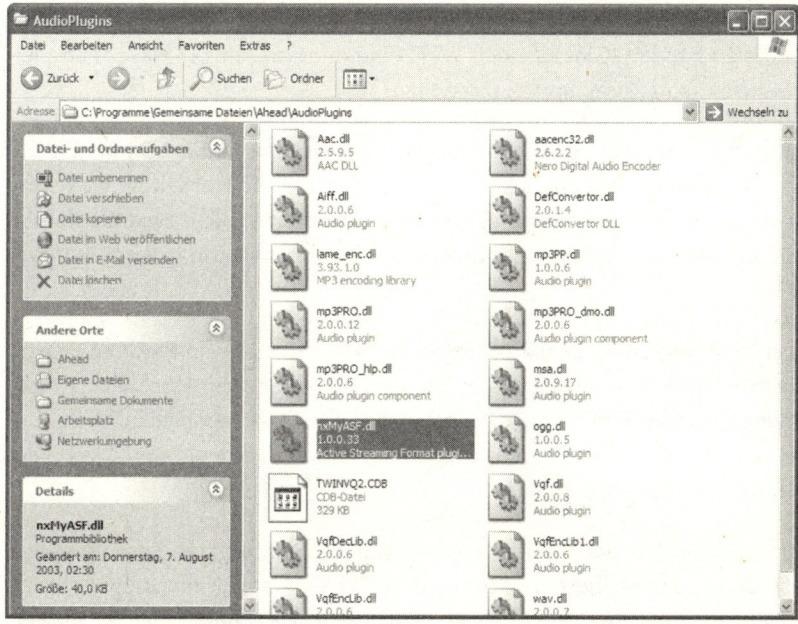

Zur Installation muss das jeweilige Archiv nach dem Download in das Verzeichnis *\Programme\Gemeinsame Dateien\Ahead\AudioPlugins* auf Ihrer Festplatte entpackt werden. Achten Sie darauf, dass die im Archiv vorhandene Datei die Endung *.dll*

besitzt und mit den Anfangsbuchstaben *nx* beginnt – nur dann ist sie zu Nero kompatibel und wird beim nächsten Programmstart automatisch erkannt.

▶ ***WMA-Dateien können nicht importiert werden*** ▶

Nicht jedes Dateiformat ist frei zugänglich und besitzt keine Schutzmechanismen. Gerade das von Microsoft entwickelte Windows Media Audio-(WMA-)Format ist zwar für Privatanwender kostenlos nutzbar, besitzt jedoch ein Digital Rights Management, sodass nicht jede WMA-Datei brennbar ist. Der Ersteller kann dafür sorgen, dass die Datei einen gut funktionierenden Kopierschutz besitzt, sodass sich Nero weigert, die Datei zu konvertieren. In diesem Fall gibt es keine Möglichkeit, aus der Datei eine Audio-CD zu erstellen.

Audio-CD mit Musikvideos erweitern

Passend zu den Musiktiteln auf meiner CD möchte ich weitere Informationen und ein Musikvideo auf der Silberscheibe unterbringen. Ziehe ich jedoch die Zusatzinformationen in die Zusammenstellung, beschwert sich Nero, dass es sich nicht um Audiodateien handelt. Gibt es einen Weg, eine in normalen CD-Playern abspielbare Silberscheibe samt Zusatzinhalt zu erstellen?

Gleich zwei CD-Formate existieren, die es erlauben, eine Audio-CD mit zusätzlichem Material anzureichern. Die weitaus schlechtere Möglichkeit ist die Mixed Mode-CD, zu der es in Nero ein eigenes Profil gibt. Diese ermöglicht zwar die Kombination aus beliebigen Daten und Musiktracks, kann jedoch nicht in jedem CD-Player abgespielt werden.

Eine deutlich bessere Lösung ist die CD Extra. Auch hierzu steht ein Profil im Fenster *Neue Zusammenstellung* bereit. Bei diesem Standard werden zwei Abschnitte auf die CD geschrieben, sodass die CD in jedem beliebigen CD-Player abspielbar bleibt. Zusätzlich können Sie zu Beginn die Zahl der Albummedien angeben, zwei Coverbilder zuweisen und die Sprache bestimmen

Nach einem Klick auf *Neu* zeigt Ihnen Nero ein geteiltes Fenster zum Zusammenstellen der CD an. Im oberen Bereich lassen sich beliebige Dateien hinzufügen, in das untere Fenster, das man durch einen Klick auf die Leiste *Audio* hochziehen kann, werden die zu brennenden CD-Tracks gezogen. Anschließend kann die Disk wie gewohnt gebrannt werden.

18.2 MUSIK-CDS ZUSAMMENSTELLEN **589**

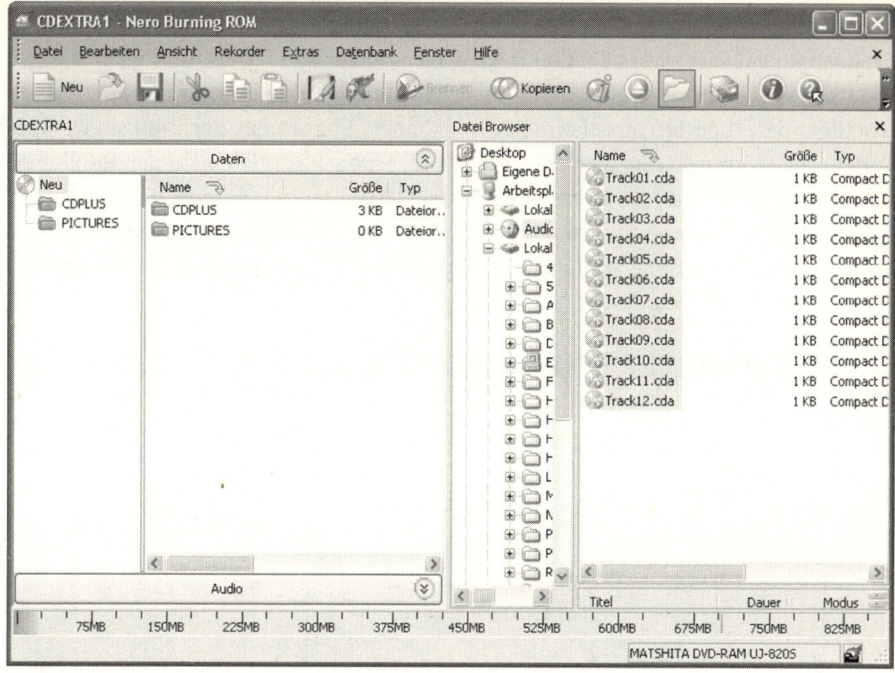

Qualitätsverlust durch hohe Schreibgeschwindigkeit

? Im Fenster *Neue Zusammenstellung* werden mir unter *Schreibgeschwindigkeit* viele verschiedene Werte aufgelistet. Beeinflusst die Schreibgeschwindigkeit die Qualität der Audio-CD oder kann ich den höchstmöglichen Wert auswählen?

! Noch vor einigen Jahren war die Schreibgeschwindigkeit sehr wichtig, um bei langsamen Brennern zu verhindern, dass das Brennen fehlschlägt. Und auch heute kann es vorkommen, dass das Erstellen einer Silberscheibe nicht optimal abläuft, wenn beispielsweise im Hintergrund gerade ein Defragmentierungsprogramm seine Arbeit verrichtet.

Allerdings ist inzwischen das Problem, dass das Brennen in diesem Fall komplett misslingt, durch den Buffer Underrun-Schutz, den inzwischen jeder Brenner besitzt, behoben worden. Trotzdem ist nicht immer die höchste Brenngeschwindigkeit auch die optimale Einstellung.

Die heutigen Schutzmechanismen brauchen einen Sekundenbruchteil, um das Brennen im Fall eines abreißenden Datenstroms anzuhalten. Dies führt zwar theoretisch dazu, dass keine Daten verloren gehen, doch einige Soundexperten meinen trotzdem derartige Bruchstellen hören zu können. Ebenso hat der Brenner weniger Zeit, bei einer hohen Geschwindigkeit die Markierungen sorgfältig auf den Rohling zu schreiben – es kann daher schnell zu leichten Datenfehlern kommen, die sich gerade bei Audio-CDs in einer Abnahme der Soundqualität bemerkbar machen. Wenn die Brennzeit bei Ihnen keine allzu große Rolle spielt, empfiehlt es sich daher, Audio-CDs möglichst langsam zu brennen.

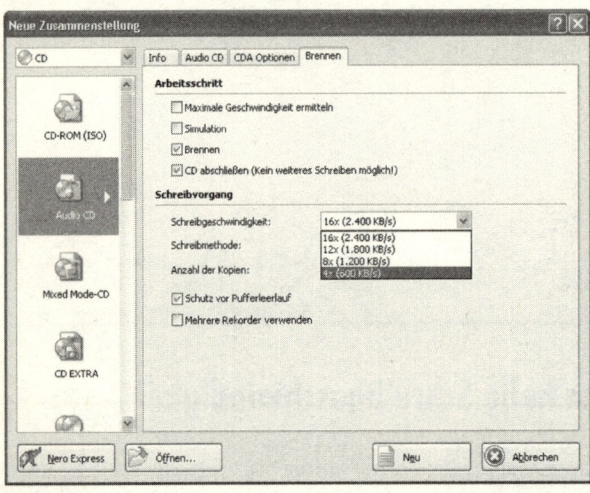

▶ ***CD in einem Zug schreiben*** ▶

Den gleichen Effekt kann es haben, wenn auf der CD jeder Audiotrack einzeln geschrieben wird. Auch in diesem Fall muss der Laser des Brenners absetzen und anschließend fortfahren, wodurch eine kleine Lücke entsteht. Es ist daher wichtig, dass Sie im Register Brennen die Disc-at-Once-Schreibmethode und in den CDA Optionen die Temporärdateistrategie ausgewählt haben.

Kompatibilität und Qualität von Rohlingen

Ein Bekannter empfahl mir, ausschließlich spezielle Rohlinge für Audio-CDs zu verwenden. Ist das wirklich nötig und bringt es wesentliche Verbesserungen bei Qualität und Kompatibilität?

! Viele Musikliebhaber denken, dass spezielle Audiorohlinge für die Erstellung von Audio-CDs optimiert seien – schließlich sind sie ein ganzes Stück teurer –, und geben ihnen den Vorzug gegenüber gewöhnlichen Rohlingen.

Der Hauptunterschied besteht jedoch in der Zielgruppe, an die sich derartige Rohlinge richten. Sie sind in erster Linie nicht für Brenner in einem PC, sondern für Stand-alone-Brenner, wie es sie im Hi-Fi-Segment gibt, gedacht. Daher verfügen sie über einen Copyright-Flag, da derartige Audiobrenner normale CD-Rohlinge nicht akzeptieren. Diese Kennzeichnung ist jedoch nicht kostenlos, vielmehr müssen die Hersteller entsprechende Gebühren an die GEMA abführen. Aus diesem Grund sind Audiorohlinge teurer, jedoch nicht zwangsläufig für Audio-CDs besser geeignet.

Trotzdem spielt im Gegensatz zu Daten-CDs der Rohling bei Musik-CDs eine wichtige Rolle. Hi-Fi-CD-Player sind bezüglich der Rohlingsorten oftmals recht wählerisch, schnell kann es dazu kommen, dass gebrannte CDs nicht akzeptiert werden. Auch Autoradios und ältere Stereoanlagen vertragen sich nicht mit jeder Silberscheibe. Allerdings kann pauschal kein Rohlingtyp empfohlen werden, der eine besonders hohe Kompatibilität aufweist. Sie müssen daher etwas experimentieren und verschiedene Marken aussuchen, sollte Ihre CD-Player die Kopie verweigern.

CD-Laufzeit sorgt für Inkompatibilität

? Leider ist der Versuch, eine eigene Audio-CD zu brennen, fehlgeschlagen. Zwar spielt mein Computer die CD ab, doch mein Highend-CD-Player kann die Silberscheibe nicht lesen. Sämtliche CD-Rohlinge mit 80 Minuten Spielzeit, die ich ausprobiert habe, scheinen nicht zu gehen.

! Zwar ist es für Nero kein Problem, verschiedenste CD-Rohlinge mit unterschiedlichem Speicherplatz zu beschreiben, doch Highend-CD-Player haben in einigen Fällen mit CDs Probleme, die länger als 74 Minuten sind, da der eigentliche CD-Standard exakt diese Länge vorsieht. Die Hersteller haben die Player auf diese Laufzeit geradezu geeicht.

Die meisten heutigen Rohlinge besitzen jedoch einen Speicherplatz von 700 MByte und damit eine mögliche Audiolänge von 80 Minuten. Es ist daher ratsam, sollte der Player die Annahme der Rohlinge verweigern, Datenträger mit einem Speicherplatz von 650 MByte und somit 74 Minuten Laufzeit auszuprobieren, diese könnten zum Erfolg führen. Hilft auch das nicht, scheint Ihr Player komplett inkompatibel zu selbst gebrannten Musik-CDs zu sein, da hilft nur der Kauf eines neueren Geräts, das explizit zu Rohlingen kompatibel ist.

Pausen zwischen den Musiktiteln entfernen

Aus zuvor eingelesenen Musikstücken einer Live-CD wollte ich eine neue Audioscheibe brennen. Leider musste ich nach dem Erstellen feststellen, dass zwischen einzelnen Tracks deutliche Pausen zu hören sind, die den Genuss stören. Können derartige Unterbrechungen entfernt werden?

Grundsätzlich fügt Nero eine Pause von exakt zwei Sekunden nach jedem Track hinzu, dies gehört zum Standard der Audio-CD. Liveaufnahmen haben jedoch oftmals die Besonderheit, dass die Stücke nahtlos ineinander übergehen, als Brücke wird beispielsweise der Applaus des Publikums genutzt. Leider zerstört Nero den Effekt durch das Einfügen der Pausen, wenn man diese nicht künstlich deaktiviert.

1. Klicken Sie im Fenster *Neue Zusammenstellung*, das direkt nach dem Start angezeigt wird, auf das Register *CDA Optionen*. Stellen Sie dort sicher, dass der Modus *Temporärdatei-Strategie* als *CDA-Dateistrategie* aktiviert ist.

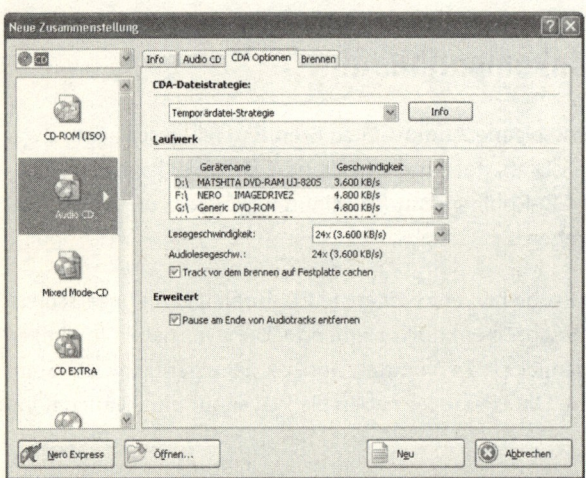

2. Ebenso müssen Sie die Option *Pause am Ende von Audiotracks entfernen* aktivieren, damit Nero automatisch etwaige Unterbrechungen eliminiert. Anschließend sollten

Sie unter *Brennen* den *Schreibmodus Disc-at-Once* auswählen, damit die CD in einem Rutsch geschrieben wird und keine Aussetzer an den Trackgrenzen entstehen.

3. Nach einem Klick auf *Neu* präsentiert Ihnen Nero den Dateibrowser und das Zusammenstellungsfenster. Ziehen Sie die Musikdateien aus dem Dateibrowser in die Zusammenstellung, sodass diese der CD hinzugefügt werden.

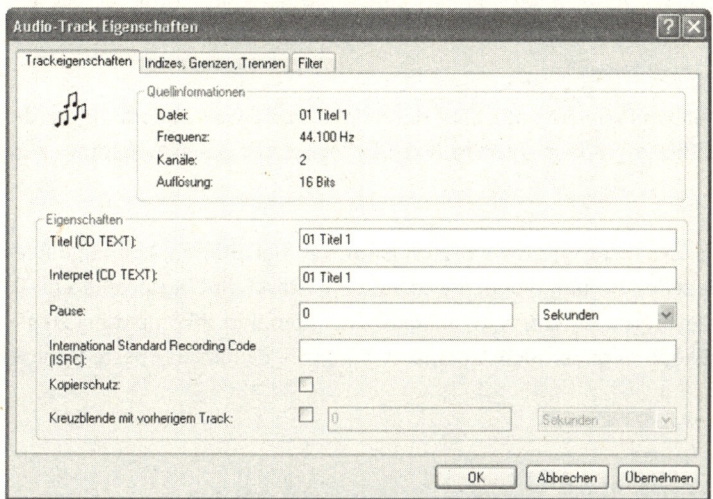

4. Zuletzt geht es an das Deaktivieren der Zwei-Sekunden-Pause. Markieren Sie dazu alle Dateien in der Zusammenstellung, klicken Sie mit der rechten Maustaste auf die Markierung und wählen Sie *Eigenschaften* aus. Tragen Sie im Feld *Pause* des sich öffnenden Fensters *Audio-Track Eigenschaften* den Wert 0 ein. Bestätigen Sie dies mit *OK*. Anschließend können Sie über das *Rekorder*-Menü den Eintrag *Zusammenstellung brennen* auswählen und die Silberscheibe beschreiben.

Wiedergabeprobleme im Autoradio

? Obgleich ein gebrannter Rohling bei meinem Hi-Fi-Player daheim anstandslos wiedergegeben wird, erkennt der CD-Player des Autoradios die CD nicht. Gibt es in Nero eine Möglichkeit, die Kompatibilität zu verbessern?

! Leider gibt es mit Autoradios ähnlich große Probleme wie mit Highend-CD-Playern. Dabei existiert keine Patentlösung, um die Inkompatibilität zwischen dem Radio und der gebrannten CD zu beseitigen. Es sind verschiedene Ursachen denkbar, deren Lösung Sie auf den vorherigen Seiten finden:

- Der erste Track muss eine Pause von zwei Sekunden enthalten, ansonsten haben viele Autoradios das Problem, dass die CD nicht korrekt erkannt wird. Achten Sie daher darauf, dass Sie selbst bei einer Live-CD dem ersten Track die Pause lassen.

- Die CD muss abgeschlossen sein, andernfalls kann fast kein Autoradio die CD wiedergeben. Im Brenndialog findet sich die Option *CD abschließen* – achten Sie darauf, dass diese aktiviert ist.

- Einige Radios haben Probleme mit CDs, deren Inhalt trackweise gebrannt wurde. Die Schreibmethode *Track-at-Once* im *Brennen*-Register ist daher unbedingt auszuwählen.

Helfen diese drei Tricks nicht, um die CD zum Laufen zu bekommen, können Sie lediglich die verschiedenen Rohlingtypen, die es auf dem Markt gibt, ausprobieren. Allerdings sind gerade ältere CD-Radios in einigen Fällen komplett inkompatibel zu gebrannten CDs und können daher nicht überlistet werden – da hilft der beste Rohling nicht.

18.3 Einspielen und Überspielen von LPs
Einspielen einer klassischen Schallplatte

? Neben meiner CD-Sammlung befinden sich noch viele alte Schallplatten in meinem Besitz, die ich auf CD überspielen und anschließend sorgsam einlagern möchte. Welche Schritte sind für eine Aufnahme notwendig?

! Das Aufnehmen von einer analogen Quelle ist ungleich aufwendiger als das schlichte Überspielen der Musiktracks einer Audio-CD. Zunächst müssen Sie für eine Verbindung zwischen dem Line-In Ihrer Soundkarte und dem Audioausgang der Stereoanlage, an die der Plattenspieler angeschlossen ist, sorgen. Mit diesen Voraussetzungen kann die Aufnahme beginnen.

1. Stellen Sie zunächst sicher, dass der Line-In-Eingang der Soundkarte aktiviert ist. Öffnen Sie hierzu mittels eines Doppelklicks den Audiomixer von Windows, der als Lautsprechersymbol in der Taskleiste zu finden ist. Überprüfen Sie, ob der Line-In-Eingang mit einem Häkchen versehen ist und der Regler bei etwa 80 % steht.

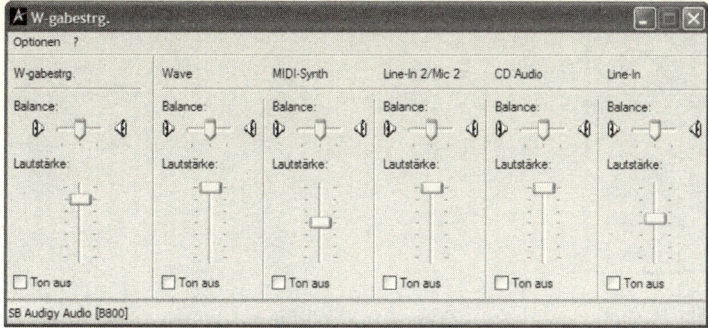

2. Starten Sie das Programm Nero Wave Editor, das sich in der Nero-Programmgruppe im Startmenü befindet. Nach dem Start müssen Sie den Aufnahmemodus mit einem Klick auf das rote Aufnahmesymbol in der linken unteren Ecke aktivieren.

3. Die sich öffnende *Aufnahmekonsole* erlaubt es Ihnen, die Aussteuerung des Tonsignals zu begutachten und die Aufnahme zu beginnen. Starten Sie daher zunächst den Plattenspieler und überprüfen Sie, ob der *Input Level* im grünen Bereich liegt – die Spitzen sollten maximal in den gelben Bereich vordringen. Ist der Ton zu laut oder zu leise, regulieren Sie über den Lautstärkeregler der Stereoanlage oder über den Windows-Mixer den Pegel.

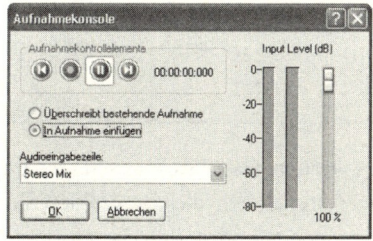

4. Halten Sie die Platte an, klicken Sie auf den roten Aufnahmeschalter in der *Aufnahmekonsole* und starten Sie anschließend die Wiedergabe der Platte. Sie müssen nicht jeden Titel einzeln überspielen, lassen Sie die Aufnahme laufen, bis die Seite der Platte vollständig wiedergegeben wurde.

5. Es empfiehlt sich, die Aufnahme anschließend zu normalisieren, damit die Lautstärke auf das optimale CD-Niveau angehoben wird. Wählen Sie daher zunächst aus dem Menü *Bearbeiten* den Eintrag *Alles auswählen* aus und klicken Sie anschließend im Menü *Lautst.* auf *Normalisieren*. In dem sich öffnenden Fenster können Sie schnell auf *OK* drücken, da die Standardeinstellungen bereits zum Erfolg führen.

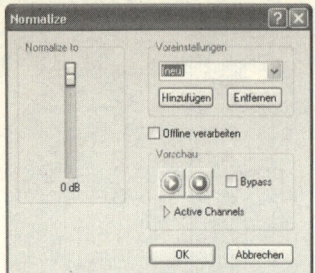

6. Nun müssen die Pausen der Platte erkannt und eliminiert werden, damit jedes Stück später auf der CD direkt ansteuerbar ist. Klicken Sie dazu im Menü *Bearbeiten* zunächst den Eintrag *Alles auswählen* und anschließend im selben Menü die Funktion *Pausenerkennung* an.

7. Das nun zu sehende Fenster *Pausenerkennung* erlaubt Ihnen die Einstellung der minimalen Pausenlänge, der minimalen Liedlänge und des Schwellenwerts. Wichtig ist, dass Sie die Funktion *Track-Splits einfügen und Pausen löschen* aktivieren, damit die rauschenden Trackübergänge später nicht auf der CD zu hören sind. Die restlichen Einstellungen sind in der Regel bereits gut für eine Erkennung geeignet, bestätigen Sie daher das Fenster mit einem Klick auf *OK*.

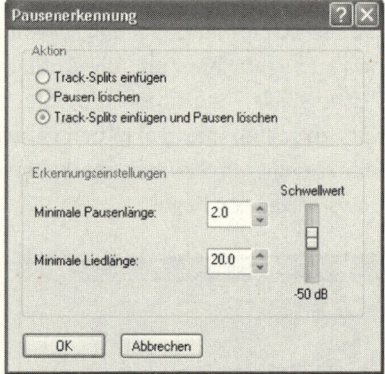

8. Zuletzt müssen die Tracks einzeln abgespeichert werden. Halbautomatisch erfolgt dies, indem Sie im Menü *Bearbeiten* auf *Track als Dateien speichern* klicken. Wählen Sie im sich öffnenden Fenster das PCM Wav-Dateiformat aus und geben Sie ein Verzeichnis an. Nach einem Klick auf *OK* dauert es eine Weile, bis alle Dateien gespeichert sind. Nun können Sie wie gewohnt die Dateien in Nero einer *Audio-CD*-Zusammenstellung hinzufügen und diese brennen.

Lautstärke der Aufnahme zu gering

Da meine Anlage keinen entsprechenden Ausgang hat, habe ich meinen Plattenspieler direkt an den Line-In-Eingang der Soundkarte angeschlossen. Obwohl ich im Mixer die Lautstärke voll aufgedreht habe, ist jedoch der Ton deutlich zu leise – ein Fehler meiner Soundkarte?

! Plattenspieler besitzen im Vergleich zu CD-Playern eine deutlich geringere Ausgangsleistung am Line-Out. Daher besitzt jede Stereoanlage mit einem Phonoeingang einen integrierten Vorverstärker, der die ankommenden Signale vor dem eigentlichen Verstärker anhebt.

Schließt man den Plattenspieler direkt an den Computer an, fehlt dieser Verstärker. Es ist daher notwendig, an den Computer einen Vorverstärker anzuschließen, der die Aufgabe der Stereoanlage übernimmt und den Pegel entsprechend anhebt. Derartige Produkte gibt es von mehreren Herstellern, beispielsweise die phono PreAmp-Serie des deutschen Herstellers Terratec (*www.terratec.de*).

⃯ **Soundkarte mit eingebautem Verstärker** ⃮

Wenn Sie die Kosten für einen Vorverstärker scheuen und ohnehin eine neue Soundkarte benötigen, lohnt sich die Suche nach einem Modell mit integriertem Vorverstärker. Inzwischen wächst die Zahl der Karten, die den Phonomodus besitzen. Zudem wird der Preisunterschied zwischen der Soundkarte mit integriertem Vorverstärker und dem externen Vorverstärker für den USB-Port inzwischen zunehmend geringer.

Schallplattenknackser entfernen

? Das Aufzeichnen einer Schallplatte ist einwandfrei gelungen. Allerdings enthält das Audiomaterial die typischen Störgeräusche einer Schallplatte. Wie entfernt man die diversen Knackser?

! Schallplatten, besonders die betagteren Vertreter, sind oft nicht frei von Störgeräuschen. Statische Aufladungen und Knackser durch Schmutz und Abnutzungserscheinungen sind kaum zu vermeiden. Glücklicherweise lassen sich derartige Störgeräusche vor dem Brennen entfernen.

1. Fügen Sie zunächst alle Titel, die auf die CD sollen, der Auswahl in Nero hinzu. In der Zusammenstellung können Sie nun die einzelnen Tracks markieren und über einen Klick auf *Abspielen* Probe hören.

2. Markieren Sie die Tracks, deren Knack- und Kratzgeräusche Sie entfernen möchten, und klicken Sie auf diese Tracks mit der rechten Maustaste. Wählen Sie aus dem sich öffnenden Kontextmenü anschließend den Eintrag *Eigenschaften* aus.

598 18. MUSIK-CDS/-DVDS ERSTELLEN

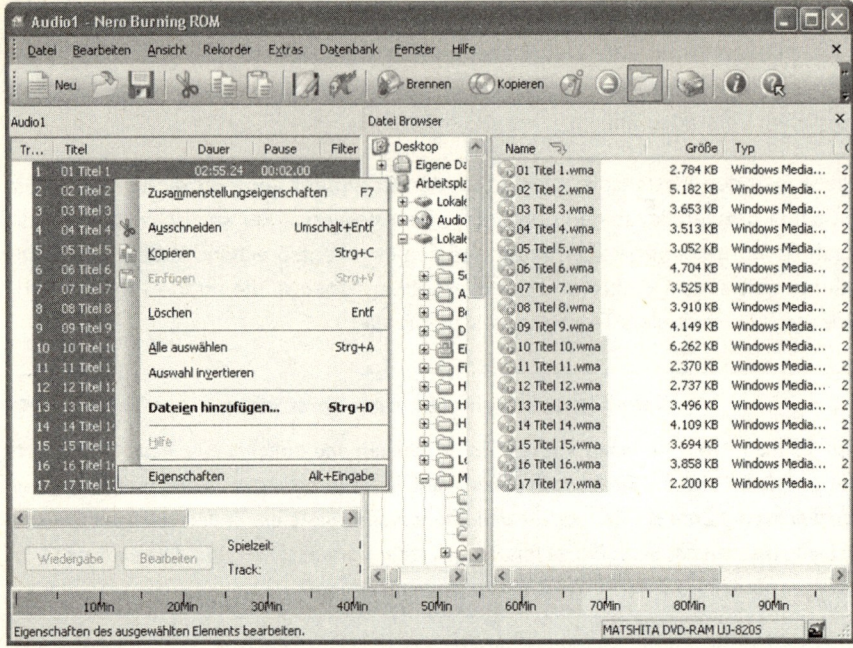

3. Wechseln Sie zur Registerkarte *Filter*. Dort stehen mehrere Filter zum Aufbessern der Audioqualität zur Verfügung. Aktivieren Sie den Filter *Entknacksen* durch ein Häkchen.

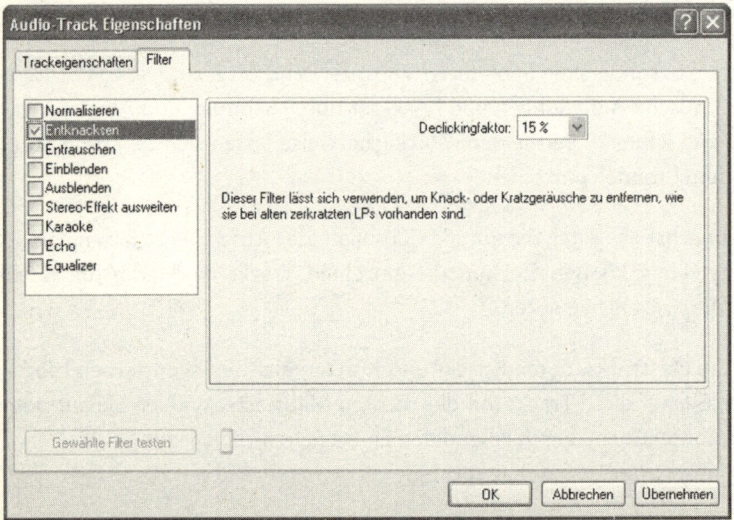

4. Wählen Sie nun einen *Declickingfaktor* aus. Der eingestellte Wert von 15 % ist ein guter Kompromiss, um relativ viele Knackser zu entfernen und dabei nicht allzu viele gewollte Soundspitzen abzuschneiden. Bei besonders stark knacksenden Scheiben muss der Wert jedoch erhöht werden, was leider zu Lasten der Soundqualität gehen kann.

5. Nach dem Bestätigen aller Einstellungen mit *OK* wird in der Spalte *Filter* die eben gewählte Option angezeigt. Wenn Sie die CD anschließend brennen, werden vor dem Schreibvorgang die gewählten Filter angewandt.

Dumpfen Schallplattenklang aufwerten

Nach Aufzeichnung einer Schallplatte trübt ein dumpfer Klang die Aufnahme – es scheint, als läge ein Schleier über dem Klang. Wie lässt sich die Soundqualität der aufgezeichneten LP verbessern?

Ein dumpfer Klang entsteht immer dann, wenn es der Aufnahme an Höhen fehlt oder ein starkes Grundrauschen vorhanden ist – dies führt zu einem Mangel an Dynamik. Im Nero-Hauptprogramm stehen für beide Probleme passende Filter zur Verfügung, um die Fehler zu kompensieren.

1. Klicken Sie mit rechts auf einen der Tracks, der sich dumpf anhört, und wählen Sie aus dem Menü *Eigenschaften* aus. Es empfiehlt sich in diesem Fall nicht, alle Tracks zu markieren, da die Vorschaufunktion nur dann funktioniert, wenn lediglich ein Musiktitel ausgewählt wurde.

2. In der Registerkarte *Filter* des sich öffnenden Fensters findet sich der Eintrag *Entrauschen*. Markieren und aktivieren Sie den Filter, indem Sie ein Häkchen vor den Eintrag setzen.

3. Über den oberen Regler in den Rauschfilteroptionen lässt sich einstellen, wie groß der Rauschanteil am gewählten Musikstück ist. Je weiter der Schieber nach rechts wandert, umso größere Anteile der Musik werden als Rauschen erkannt und entsprechend gefiltert.

Mit dem zweiten Schieber können Sie den Grad der Reduktion einstellen, wobei eine Minderung um 10 dB eine Halbierung der Rauschlautstärke bedeutet. Spielen Sie mit den Schiebern herum, bis Sie mit dem Ergebnis zufrieden sind. Über die Schaltfläche *Gewählte Filter testen* können Sie sich jederzeit das Ergebnis vorspielen lassen.

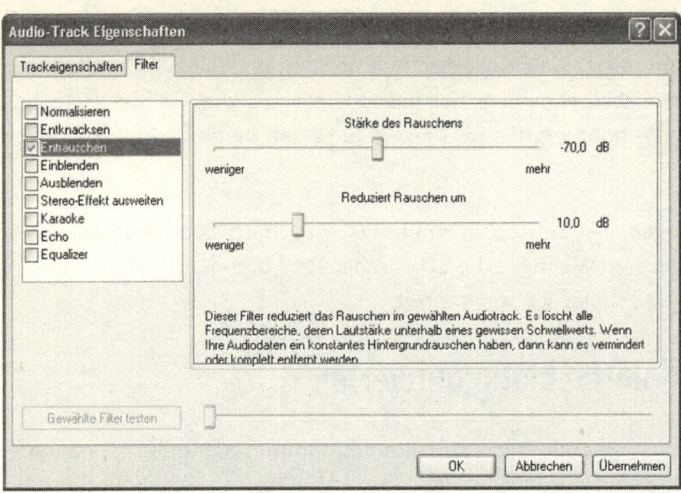

4. Wechseln Sie anschließend zum *Equalizer*. Über das Pulldown-Menü *Equalizerprofile* lassen sich verschiedene Voreinstellungen zur Klangmodifikation auswählen. Bei einem dumpfen Musikeindruck hilft in der Regel das Profil *High lift*, da es den oberen Musikbereich anhebt. Natürlich können Sie den Equalizer auch individuell steuern und dadurch die Soundqualität des Stücks anpassen.

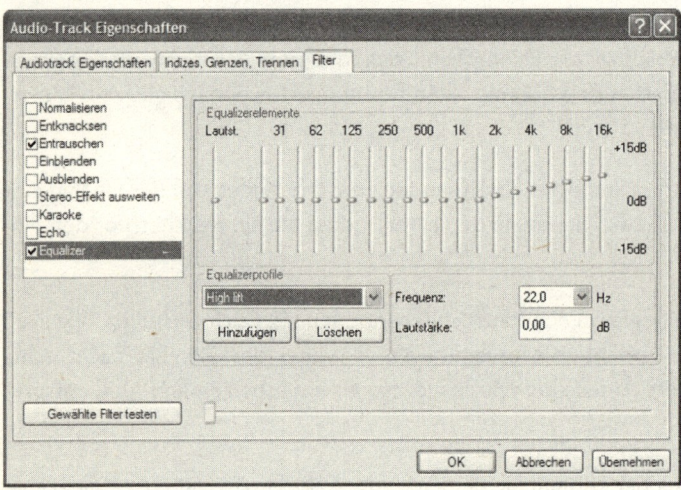

5. Bestätigen Sie die Einstellungen mit einem Klick auf *OK* und fahren Sie mit den weiteren Musiktiteln fort. Anschließend können Sie die CD über den Eintrag *Zusammenstellung brennen* im Menü *Rekorder* erstellen.

Schallplattenaufnahme nachträglich in Tracks unterteilen

? Ich habe vor Ewigkeiten meine Schallplatte auf die Festplatte übertragen, hatte jedoch damals kein Programm, um die Schallplatten in einzelne Tracks zu unterteilen. Wie kann ich die Einteilung nachträglich vollziehen und die Aufnahmen damit zum Brennen einer Audio-CD vorbereiten?

! Das Nero-Programm Wave Editor ist ideal, um auch nachträglich aufgezeichnete Schallplatten in einzelne Tracks zu unterteilen. Laden Sie hierzu die eingelagerte Datei, die alle Tracks enthält, über den *Öffnen*-Eintrag im *Datei*-Menü.

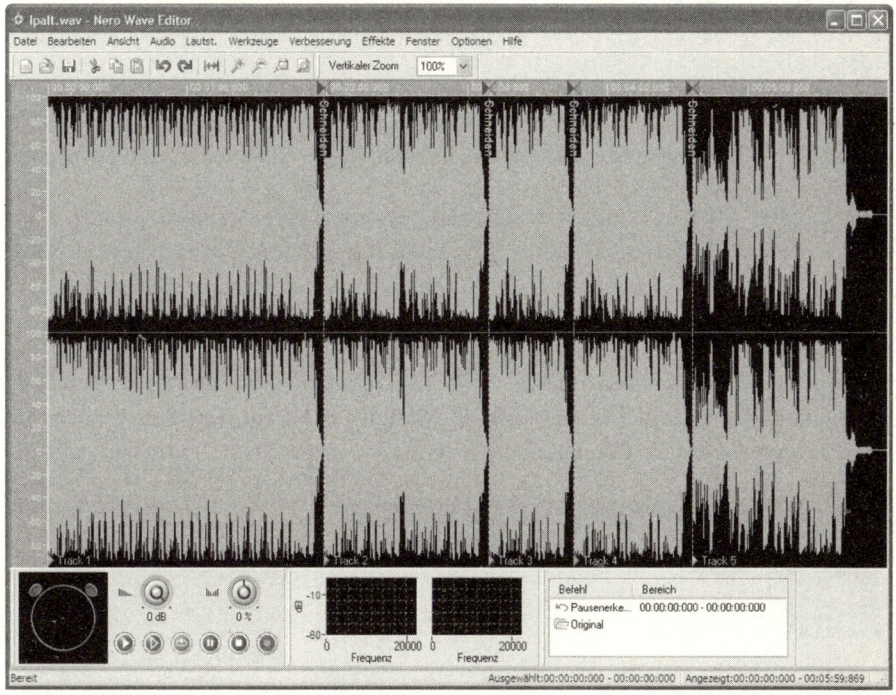

Markieren Sie anschließend den Inhalt über den Eintrag *Alles auswählen* im *Bearbeiten*-Menü und wählen Sie die Funktion *Pausenerkennung* im selben Menü aus. Nach der Unterteilung lassen sich die erkannten Tracks automatisch über den Eintrag *Tracks als Datei speichern* im *Bearbeiten*-Menü exportieren. Weitere Informationen zum Erstellen einer Audio-CD samt Trackunterteilung finden Sie in diesem Kapitel ab Seite 594.

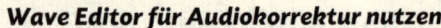

> **Wave Editor für Audiokorrektur nutzen**
>
> Wenn Sie ohnehin den Wave Editor für das Auffinden der einzelnen Tracks nutzen, können Sie vor der Unterteilung noch schnell die Audioqualität der Aufnahme aufbessern, beispielsweise die Knackser entfernen. Hierzu stehen im Menü *Verbesserungen* die vom Nero-Hauptprogramm bekannten Filter wie der DeClicker zur Verfügung, bei denen man über ein Pulldown-Menü passende Voreinstellungen auswählen kann.

18.4 MP3-CD zusammenstellen und brennen

MP3-Disk mit Nero erstellen

? Mein neues Autoradio besitzt die Möglichkeit, MP3-Dateien wiederzugeben. Allerdings finde ich keinen Weg, eine derartige CD zu brennen, denn in Nero scheint keine Funktion vorhanden zu sein, um eine Audio-CD mit MP3s zu erstellen.

! Bei einer MP3-CD handelt es sich nicht etwa um eine Audio-CD, sondern um eine normale Daten-CD. Daher gibt es auch keine spezielle Funktion in Nero, denn das Profil *Audio-CD* ist lediglich zum Erstellen von Datenträgern, die in jedem CD-Player abgespielt werden können, gedacht.

Wählen Sie daher das Standardprofil *CD-ROM (ISO)* nach dem Start im Fenster *Neue Zusammenstellung* aus. Nach einem Klick auf *Neu* können Sie aus dem Dateibrowser die MP3-Dateien, die auf die CD gebrannt werden sollen, in die Zusammenstellung ziehen.

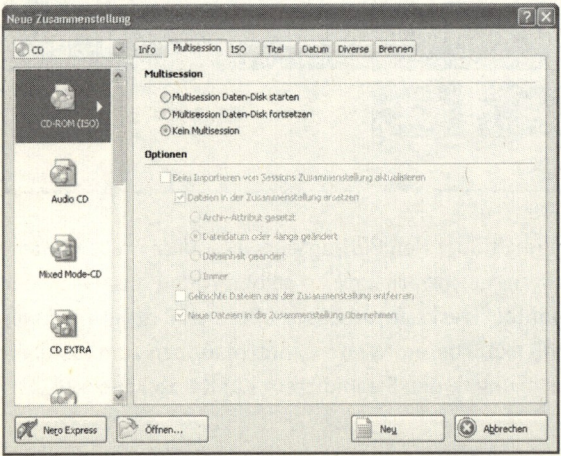

Auf gleichem Weg lässt sich auch eine MP3-DVD erstellen, die besonders gut zum Archivieren großer MP3-Mengen geeignet ist. Abspielbar ist ein derartiger Datenträger jedoch bislang nicht im Autoradio, sondern lediglich am PC und in einigen Fällen auf einem DVD-Player.

Sortierung von MP3-Dateien beeinflussen

? Obgleich ich Dateien in der richtigen Reihenfolge in meine Zusammenstellung gezogen habe, ordnet Nero sie anders an. Nun stimmt die Reihenfolge der Tracks in meiner Zusammenstellung nicht mehr mit der Reihenfolge auf der ursprünglichen CD überein. Wie lässt sich das korrigieren?

! Die Spezifikationen zum Brennen von MP3-Disks ist sehr streng, grundsätzlich versucht Nero, die Dateien stets alphabetisch zu sortieren. Nur im Fall von Nummern zu Beginn des Dateinamens werden diese dem Anfangsbuchstaben vorgezogen.

Allerdings kommt es auf das Format der Nummern an. Selbst bei zweistelligen Zahlen vor dem eigentlichen Dateinamen kann es noch zu Problemen kommen. Es ist daher empfehlenswert, dreistellige Nummerierungen zu nutzen.

Benennen Sie den ersten Titel Ihrer Kollektion entsprechend um und fügen Sie die Titel anschließend der Zusammenstellung erneut zu. Achten Sie darauf, dass Sie keinesfalls bei einstelligen Trackzahlen die 00 vergessen, andernfalls ist eine vernünftige Sortierung nicht möglich.

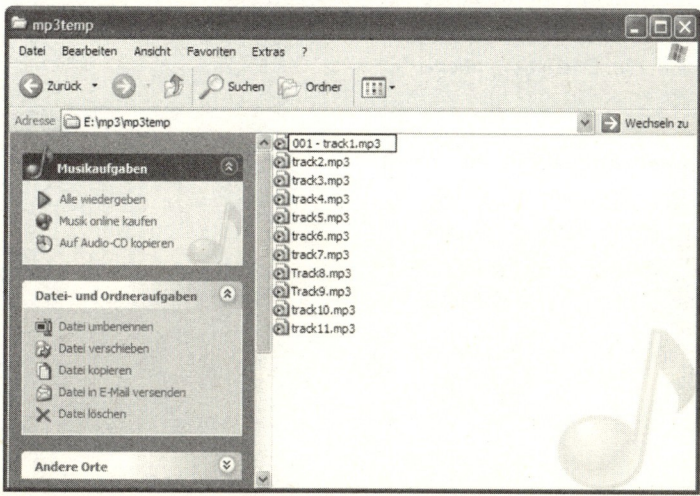

▶ *Playliste zum Sortieren nutzen* ▶

Viele MP3-Programme, beispielsweise der stark verbreitete Player Winamp, erlauben das Anlegen von Playlisten. Diese können dazu genutzt werden, das Sortierungsproblem zu umgehen. Sie müssen im Player die Tracks in korrekter Reihenfolge als Playliste speichern und allein diese in die Zusammenstellung ziehen – Nero importiert die in der Playliste angegebenen Musikstücke anschließend in der zuvor gespeicherten Reihenfolge.

ID3-Titelinformationen anlegen und korrigieren

Nach dem Konvertieren einiger CD-Stücke zu MP3s habe ich diese auf meinen tragbaren Audio-Player übertragen. Das Gerät zeigt mir jedoch nur die Dateinamen an, die sonst üblichen Titelinformationen fehlen. Wie kann ich diese nachträglich einfügen?

Zur Anzeige von speziellen Informationen wie dem Titel und der Gruppe bedienen sich viele portable MP3-Player und MP3-fähige Autoradios der so genannten ID3-Tags. Sind diese unvollständig, wird meist der Dateiname oder die Tracknummer angezeigt. Leider besitzen nur wenige CDs derartige Informationen, sodass über Nero als MP3 abgespeicherte Tracks nur dann ID3-Tags besitzen, wenn die Internetdatenbank zur Erkennung der CD genutzt wurde. Andernfalls müssen die Informationen nachträglich hinzugefügt werden.

1. Klicken Sie mit rechts auf die entsprechende MP3-Datei, die mit einem ID3-Tag ausgestattet werden soll. Klicken Sie auf den Eintrag *Eigenschaften*, um sich die *Dateiinformationen* anzeigen zu lassen.

2. Im Fenster *Eigenschaften* angelangt, müssen Sie zum Eintrag *Dateiinfo* wechseln. Dort finden Sie unter *Titel* den bislang eingetragenen Namen der MP3-Datei. Geben Sie an dieser Stelle den tatsächlichen Titel des Musikstücks an.

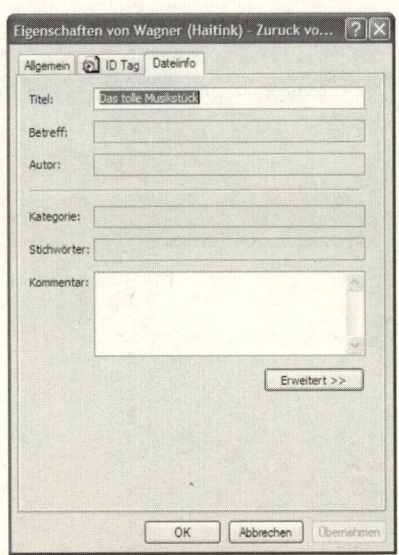

3. Über *Erweitert* gelangen Sie zu einer langen Liste unterschiedlicher Eigenschaften. Dort können Sie den Interpreten, einen Albumtitel oder auch das Genre und das Entstehungsjahr angeben. Mit einem abschließenden Klick auf *OK* speichert Windows die Modifikationen, Sie können die Datei nun erneut auf den MP3-Player überspielen und sich die zusätzlichen Informationen anzeigen lassen.

ID3-Informationen lassen sich über diesen Weg nicht nur neu erstellen, sondern auch beliebig modifizieren. So gibt es inzwischen einige MP3-Player, die den Equalizer abhängig von dem im ID3-Tag angegebenen Genre steuern. Ist diese Information nicht vorhanden, können Sie sie über den gezeigten Weg nachträglich einfügen.

ID3-Tags aus dem Internet abrufen

Zum Anlegen und Abrufen der ID3-Tag-Daten aus dem Internet ist das kostenlose Programm Mp3tag sehr empfehlenswert, das Sie in der aktuellen Version von der Website www.mp3tag.de herunterladen können. Mp3tag ermöglicht das komfortable Erstellen und Bearbeiten von Tags. Die Tags lassen sich einzeln oder gleichzeitig in mehreren Ver-

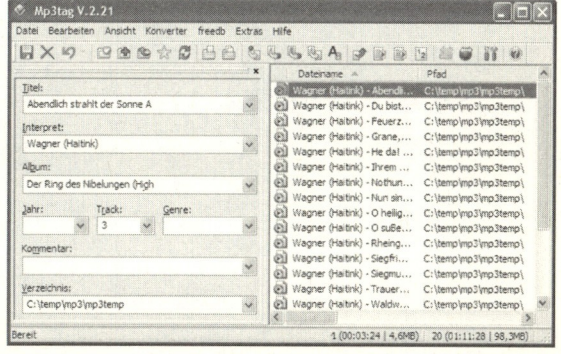

zeichnissen bearbeiten oder modifizieren. Tag-Informationen lassen sich ebenfalls aus den Datei- und Verzeichnisnamen generieren. Die integrierte Internetdatenbank erlaubt es zudem, die bislang unbenannten Dateien zu erkennen und die passenden ID3-Tags aus dem Internet abzurufen.

MP3-Disk mit Unterordnern erstellen

? Zur Archivierung möchte ich mit dem Anlegen von MP3-DVDs beginnen. Allerdings kann mein DVD-Player nichts mit ID3-Tags anfangen, und auch eine Suchfunktion ist nicht vorhanden. Wie kann ich für Ordnung auf der DVD sorgen?

! Gerade bei einer MP3-DVD ist es wichtig, für viele Unterordner zu sorgen, damit man den Durchblick behält – schließlich passen auf eine DVD weit über 1.000 Musiktitel. Und nicht immer besitzen DVD-Player ausgeklügelte Sortier- und Suchfunktionen.

Teilen Sie Ihre MP3s daher beispielsweise nach Genre oder Releasedatum in verschiedene Ordner auf. Achten Sie darauf, dass Sie bei der Strukturierung nicht mehr als acht Ordnerebenen anlegen. Es ist sehr wahrscheinlich, dass sich das Abspielgerät weigern wird, die Tracks in den Ordnern unter der achten Ebene abzuspielen.

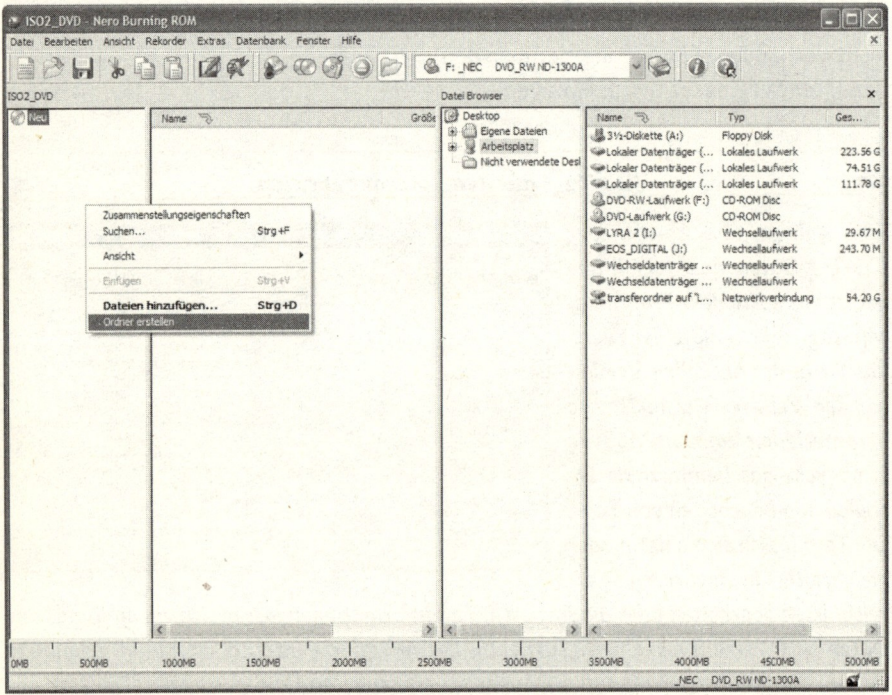

Zum Anlegen entsprechender Ordner müssen Sie in der Zusammenstellung von Nero lediglich mit rechts an eine leere Stelle des Fensters klicken und den Eintrag *Ordner er-*

stellen wählen. Nero erstellt sodann einen frischen Ordner, der von Ihnen beliebig benannt werden kann.

Dateiname sorgt für Wiedergabeprobleme

? Mein DVD-Player weigert sich, einige Titel meiner MP3-Disk abzuspielen. Er scheint die auf der DVD gespeicherten Musikstücke nicht korrekt zu erkennen. Wie müssen die Dateien benannt sein, damit der Player diese einwandfrei lesen kann?

! Viele ältere DVD-Player zicken bei der Wiedergabe von MP3-Disks herum, wenn die Dateinamen nicht dem ISO 9660-Standard entsprechen. Dateinamen müssen bei diesem strengen ISO-Standard nach der 8.3-Regel benannt werden.

Danach darf der Name nur aus maximal acht Zeichen und der Dateiendung – in diesem Fall *.mp3* – bestehen. Es sind ausschließlich Großbuchstaben, die Ziffern 0 bis 9 sowie der Unterstrich als einziges Sonderzeichen erlaubt. Umlaute oder das ß sind hingegen verboten.

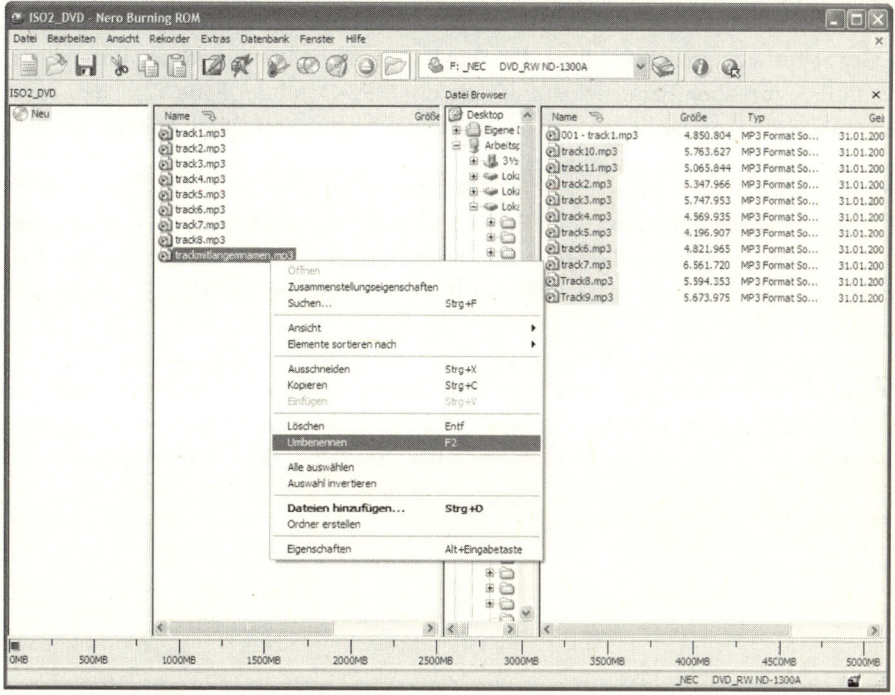

Erstellen Sie daher eine Test-CD mit einigen MP3-Dateien, die Sie vorher entsprechend umbenannt haben, um zu überprüfen, ob die Wiedergabe an den Dateinamen scheitert. Sie können die Dateien direkt in der Zusammenstellung umbenennen, indem Sie mit rechts auf den Dateinamen klicken und aus dem Kontextmenü den Eintrag *Umbenennen* auswählen.

Pausen in MP3-Dateien entfernen

? Mein Ziel ist es, eine Live-CD, die ich in Form von MP3-Dateien vorliegen habe, zu brennen. Dabei soll jedoch keine Audio-CD, sondern eine echte MP3-CD entstehen. Kann ich trotzdem die Pausenlänge beeinflussen, sodass die Stücke ohne Aussetzer ineinander übergehen?

! Anders als bei Audio-CDs ist Nero nicht in der Lage, die Pausenlänge bei einer MP3-CD zu beeinflussen. Eine Unterbrechung bei der Wiedergabe hängt nicht zuletzt von dem genutzten MP3-Player ab. Nur wenige Geräte können ohne Aussetzer eine MP3-Datei nach der anderen abspielen, viele müssen zum Nachladen eine kleine Pause einlegen.

Doch selbst wenn der MP3-Player die Wiedergabe ohne Unterbrechung unterstützt, kann das Vorhaben daran scheitern, dass die MP3-Datei am Ende des Lieds nicht direkt aufhört, sondern noch einige Leersekunden beinhaltet. Diese können mit dem Wave Editor von Nero entfernt werden.

1. Öffnen Sie zunächst den Wave Editor von Nero über das Startmenü und anschließend in dem Programm die erste MP3-Datei, die es zu überarbeiten gilt. Das Programm erstellt eine Peak-Datei und zeigt Ihnen anschließend das Stück in Wave-Form an.

2. Zoomen Sie mittels des Lupensymbols, das sich in der oberen Symbolleiste befindet, das Ende des Musikstücks heran und betrachten Sie die Liniencharakteristik. Ist am Ende eine Linie ohne Ausschlag zu sehen, handelt es sich um eine Pause.

18.4 MP3-CD ZUSAMMENSTELLEN UND BRENNEN **609**

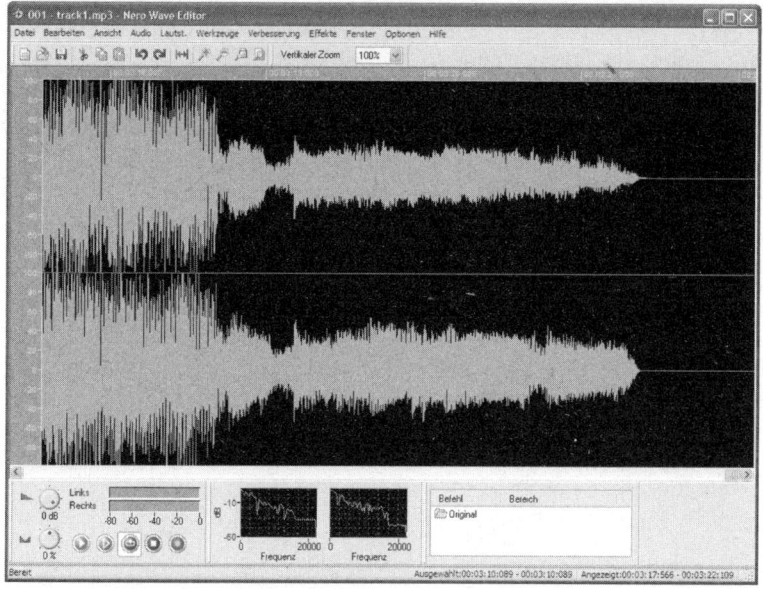

3. Markieren Sie nun diesen Bereich, indem Sie die linke Maustaste gedrückt halten und exakt an dem Bereich, der lediglich die gerade Linie zeigt, entlangfahren. Die Markierung wird invers angezeigt.

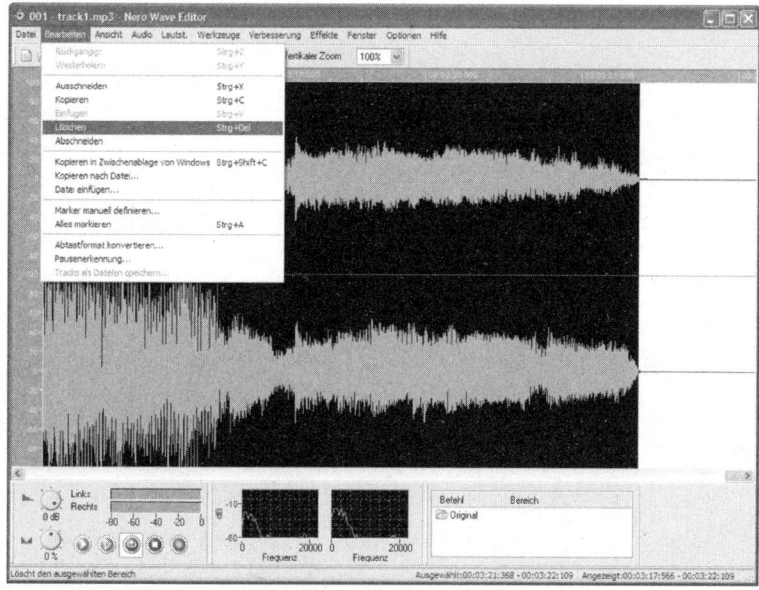

4. Wählen Sie abschließend im Menü *Bearbeiten* den Eintrag *Löschen* aus. Überprüfen Sie dann, ob am Anfang des Tracks eine ähnliche Leerstelle zu finden ist, und entfernen Sie diese gegebenenfalls auf gleichem Weg. Danach ist die Stille im Track entfernt, und der Titel kann für eine lückenlose Abspielung genutzt werden. Wiederholen Sie die Prozedur mit den anderen Titeln, die Sie als MP3-CD brennen möchten.

Eingelesenes Audiomaterial nachbearbeiten

Effekte für die Musik-CD mit Nero SoundTrax	**612**
Nachbearbeiten von alten Aufnahmen	**619**

19.1 Effekte für die Musik-CD mit Nero SoundTrax
Musikstücke auf CD ineinander überblenden

? Bei einem Audioprojekt, das für eine Party zusammengestellt werden soll, stören die Pausen zwischen den einzelnen Titeln. Wie lässt man einzelne Audiodateien nahtlos – ähnlich wie in der Diskothek – ineinander übergehen, damit die Musik nicht aufhört und die Gäste weiter tanzen?

! Eine wichtige Voraussetzung ist zunächst, dass die Wiedergabe lückenlos erfolgt – dazu ist die CD das ideale Medium. Allerdings gehört zu dem Diskoeffekt mehr als nur eine lückenlose Wiedergabe, denn im Tanzhaus wird ein Musikstück fast nie bis zum Ende ausgespielt, vielmehr nutzt man eine Kreuzblende, um elegant kurz vor dem Ende des laufenden Titels in das nächste Musikstück überzublenden. Mit dem im Nero-Paket enthaltenen Programm SoundTrax lässt sich dies auch zu Hause bewerkstelligen.

1. Starten Sie Nero SoundTrax und laden Sie, indem Sie jeweils aus dem Menü *Einfügen* den Eintrag *Audiodatei(en)* auswählen, zwei Clips in eine Tonspur. Wählen Sie im Fenster, das sich zuvor öffnet, die Größe der Kreuzblende in Sekunden.

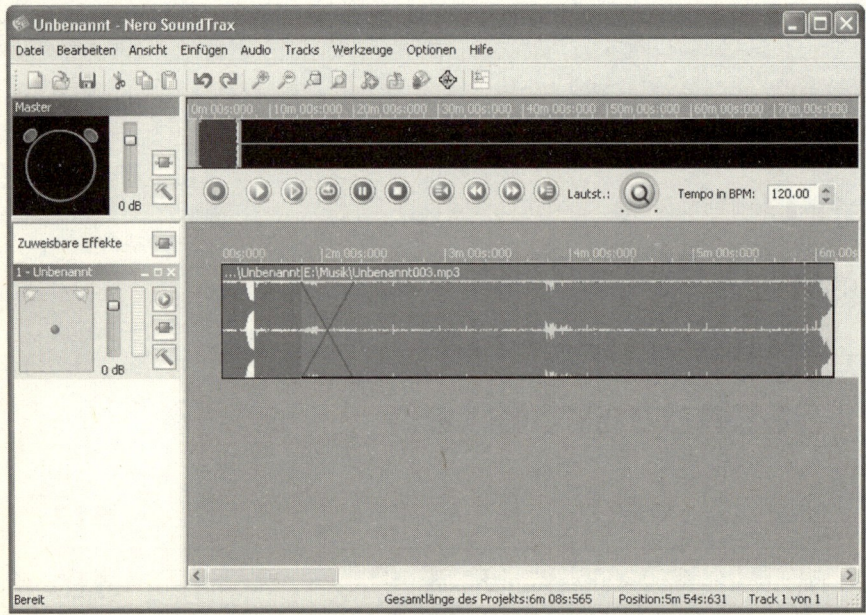

2. Nun markieren Sie den zweiten Clip und schieben diesen so weit, wie die Kreuzblende andauern soll, in den ersten. Der Bereich, in dem sich beide Clips überschneiden, ist mit einem roten Kreuz gekennzeichnet.

3. Klicken Sie mit rechts in den Überschneidungsbereich der beiden Clips und wählen Sie im sich öffnenden Kontextmenü die gewünschte Kreuzblende aus, mit der die beiden Clips ineinander übergehen sollen.

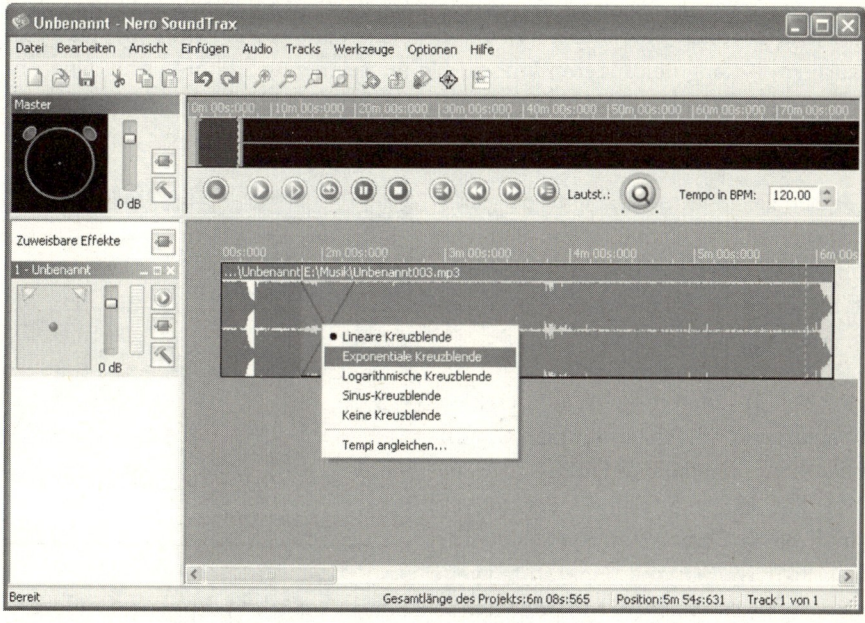

Standardmäßig wird die lineare Kreuzblende genutzt, bei der das eine Stück geradlinig ausgeblendet und der zweite Titel eingeblendet wird. Bei den im Menü verfügbaren Blenden handelt es sich hingegen um mathematische Kurven, sodass die Lautstärke beispielsweise exponentiell ab- und zunimmt. So lassen sich interessante Blendeneffekte erzeugen. Spielen Sie mit den Einstellungen etwas herum, um Ihren Favoriten zu finden.

Richtige Geschwindigkeit für Kreuzblende

? Die eingefügten Kreuzblenden hören sich sehr unsauber an, ständig sind die Schlagzeuge beider Musikstücke asynchron zueinander zu vernehmen, sodass die Musik zu einem wilden Getrommel mutiert. Gibt es einen besseren Weg, die beiden Stücke ineinander überzublenden?

! Große Probleme macht die Kreuzblende dann, wenn die beiden genutzten Musikstücke voneinander stark im Takt abweichen und sowohl am Ende des einen als auch am Anfang des anderen Stücks Rhythmuselemente zu hören sind. Eine Anpassung der Geschwindigkeit hilft in diesem Fall, die Überblendung sanfter gelingen zu lassen

1. Ziehen Sie zunächst das hintere Stück in den vorderen Titel hinein, sodass eine neue Kreuzblende angelegt wird. Der Bereich der Überblendung wird von SoundTrax mit einem großen Kreuz versehen.

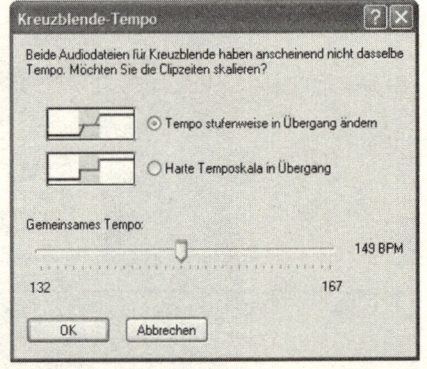

2. Klicken Sie nun mit rechts auf den Blendenbereich und wählen Sie aus dem sich öffnenden Kontextmenü den Eintrag *Tempi angleichen* aus. Es öffnet sich ein Fenster, das Sie fragt, ob das Tempo stufenweise oder hart angeglichen werden soll. Eine stufenweise Anpassung ist die weichere Methode und sollte daher zunächst ausprobiert werden.

Die Beatzahl wird von Nero automatisch auf einen guten Mittelwert gesetzt. Bestätigen Sie daher das Fenster mit einem Klick auf *OK*. Nun können Sie die Blendenqualität überprüfen und gegebenenfalls die Beatzahl oder die Art des Übergangs variieren, sollte die Tempoanpassung bei einem Musikstück besonders stark auffallen.

Hintergrundsound in CD einbetten

? Für meine nächste Beachparty möchte ich eine Musik-CD erstellen, auf der im Hintergrund die gesamte Zeit Meeresgeräusche zu hören sind. Wie kann ich meine Musikstücke in einen derartigen Klangteppich einbetten?

19.1 EFFEKTE FÜR DIE MUSIK-CD MIT NERO SOUNDTRAX

! Das als DJ-Programm entwickelte Nero SoundTrax bietet die Möglichkeit, mehrere Musikebenen miteinander zu kombinieren. Es ist also durchaus möglich, einen Hintergrundsound-Teppich zu erzeugen und darin mehrere Musikstücke zu verankern.

1. Wählen Sie aus dem Menü *Einfügen* die Option *Audiodatei(en)* aus und wählen Sie eine Datei aus, die in die erste Tonspur eingefügt werden soll.

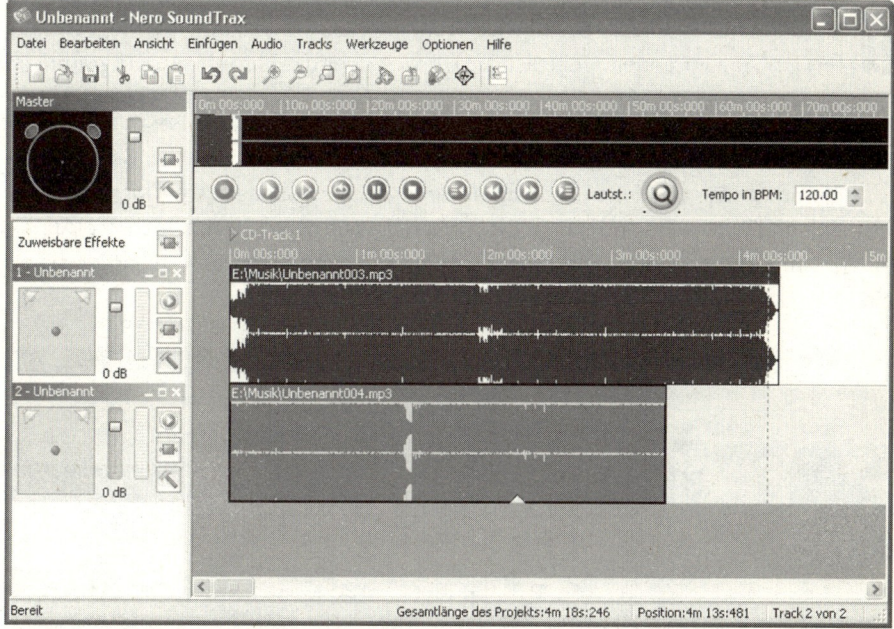

2. Wählen Sie nun *Track/Track einfügen*, eine neue Tonspur wird erstellt. Diese wird anschließend direkt unter dem ersten Track im Hauptfenster angezeigt.

3. Jetzt markieren Sie mittels eines Klicks die zweite Tonspur und wählen per *Einfügen/Audiodatei(en)* eine weitere Datei aus. Die Datei wird in die zweite Tonspur eingefügt. Sind beide Musikstücke auf einer Höhe, werden die Stücke beim Brennen miteinander kombiniert und sind später gleichzeitig zu hören.

Zudem lässt sich der Hintergrundsound in der Lautstärke anpassen, damit er die Musik nicht übertönt. Hierzu steht am linken Rand ein Schieberegler mit einem dB-Wert zur Verfügung. Eine Reduktion um 10 dB bedeutet eine Halbierung der Lautstärke.

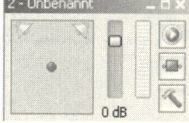

CD mit mehreren Tracks erstellen

? Nach Stunden angestrengten Arbeitens ist es vollbracht, der Hitmix ist fertig. Allerdings musste ich nach dem Brennen feststellen, dass die gesamte CD aus einem einzigen Track besteht. Muss ich das Material in das Nero-Hauptprogramm exportieren oder kann ich auch direkt in SoundTrax eine CD mit mehreren, einzeln anwählbaren Tracks erstellen?

! Nero SoundTrax bietet ein eigenes Brenninterface, das es Ihnen ermöglicht, die fertige CD zu brennen – ein lästiger Umweg über das Nero-Hauptprogramm ist daher nicht notwendig. Allerdings gibt es gerade beim Erstellen mehrere CD-Tracks einige Tücken.

1. Überprüfen Sie zunächst die Struktur Ihrer CD. Insbesondere die Trackeinteilung ist bei SoundTrax nicht optimal gelöst. Haben Sie auf einen Streich mehrere Audiodateien importiert, sind diese auf der späteren CD nicht direkt anwählbar, da sie als ein einziger Track erscheinen und es an einer Pause fehlt.

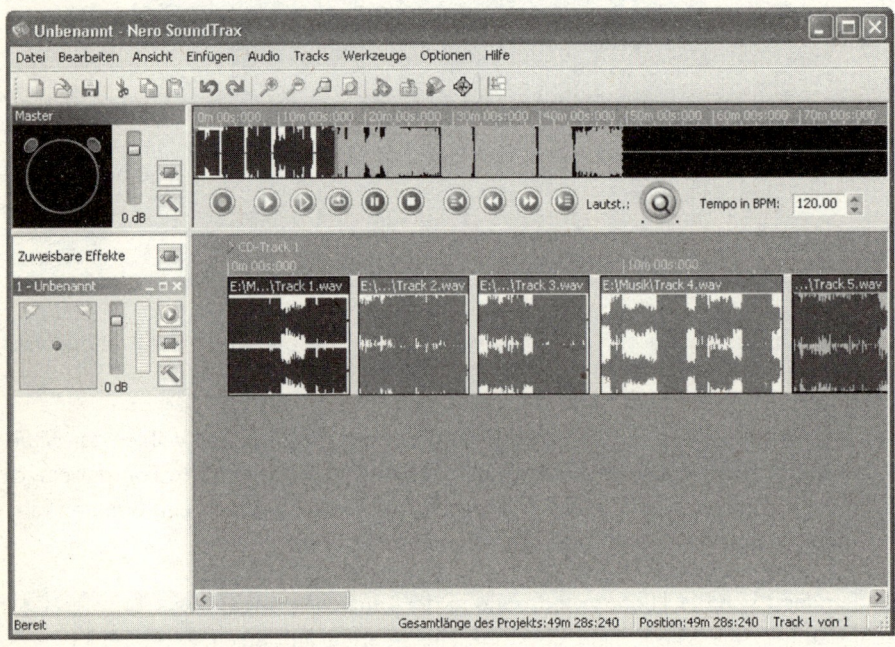

Dies lässt sich jedoch ändern, indem Sie die Audiodateien per Drag & Drop auseinander ziehen. Es entsteht zwischen zwei Titeln jeweils eine kleine, graue Lücke, und auf der Masterspur erscheint der Hinweis *CD-Track*.

2. Anschließend sollte die Pausenlänge gesteuert werden, da der Trackabstand von SoundTrax beim Brennen übernommen wird. Im Menü *Werkzeuge* findet sich der Eintrag *Pause zwischen Tracks anpassen*. In dem sich öffnenden Fenster können Sie die Pausenlänge einstellen. Dem CD-Standard entsprechend sind zwei Sekunden zu empfehlen.

3. Zum Erstellen der CD dient der Eintrag *Werkzeuge/Auf CD brennen*. Das *Audio CD-Rekorder*-Fenster enthält eine Trackliste, über die Sie die CD-Text-Informationen bearbeiten können.

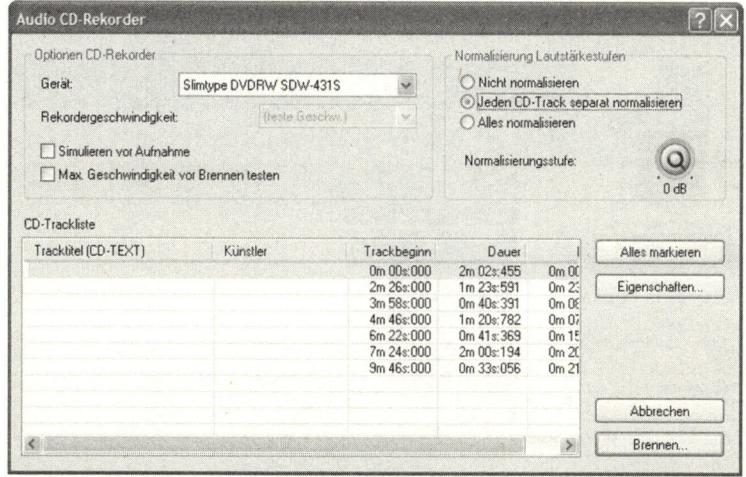

Zudem lässt sich eine Normalisierung der Lautstärke auswählen, damit Sie während der Wiedergabe Ihre Stereoanlage nicht ständig aussteuern müssen. Der Brennvorgang wird abschließend mit einem Klick auf *Brennen* gestartet.

Effektbearbeitung der SoundTrax-Audiospuren

Meiner in SoundTrax erstellten CD fehlt noch der richtige Pepp. Ich will daher mit einigen Filtern und Effekten den Klang aufbessern. Allerdings scheinen die Funktionen von SoundTrax sehr begrenzt zu sein, ein Effektmenü finde ich jedenfalls nicht.

19. EINGELESENES AUDIOMATERIAL NACHBEARBEITEN

> ! Ahead hat es verstanden, die aus dem Wave Editor bekannte Effektpalette in SoundTrax gut zu verstecken. Es ist daher kein eigenes Menü vorhanden, und trotzdem bietet das Programm viele Effekte, die sich sogar in Gruppen zusammenfassen lassen.

Ein Klick mit rechts auf den Track, der die Effekte bekommen soll, genügt – schon öffnet sich ein Kontextmenü, aus dem der Eintrag *Trackeffektkette bearbeiten* auszuwählen ist. Über die Schaltfläche *Hinzu*, die im neuen Fenster vorhanden ist, können anschließend die in anderen Nero-Programmen direkt abrufbaren Effekte zugewiesen werden. Dabei werden die vorhandenen Optionen direkt im Effektfenster angezeigt, ebenso sind vorgespeicherte Funktionen über *Voreinstellungen* abrufbar.

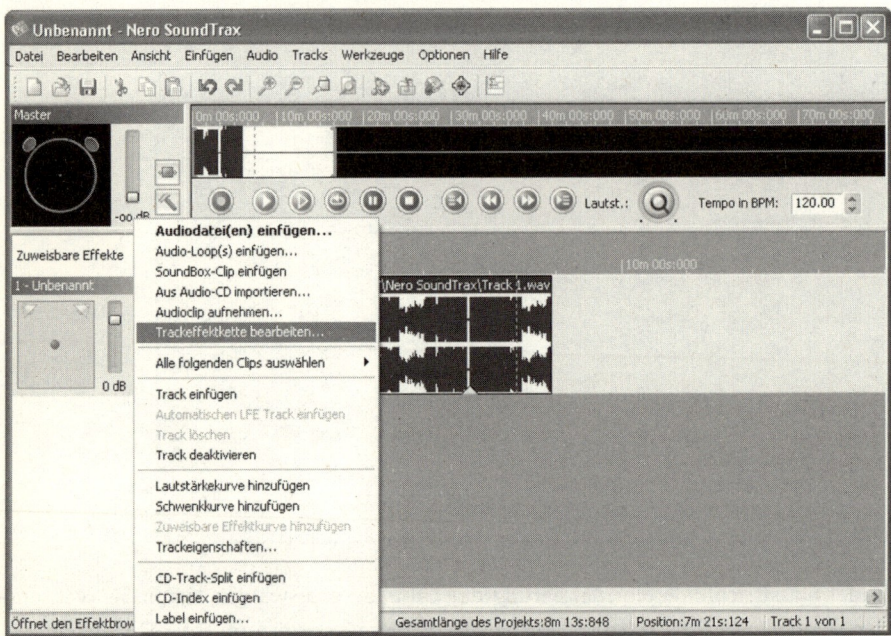

Ein besonderer Clou ist die Möglichkeit, Mastereffekte für das gesamte Projekt sowie komplette Effektgruppen zu erstellen, sodass ganze Effektpaletten abrufbar sind. Zu finden sind diese Funktionen im Untermenü *Effekt in* des Hauptmenüs *Einfügen*.

19.2 Nachbearbeiten von alten Aufnahmen
Fehler in Musikaufnahme visuell aufspüren

Nach dem Anfertigen einer Aufnahme musste ich beim Probehören unschöne Klicks und Knackgeräusche ebenso wie komplette Tonaussetzer und Schwankungen der Lautstärke feststellen. Wie kann ich diese im Wave Editor identifizieren, um das Ausmaß festzustellen und die notwendigen Schritte zur Behebung einzuleiten?

Mithilfe der Audiovisualisierung, die der Wave Editor bietet, ist es relativ leicht, Störgeräusche, die den eigentlichen Ton überlagern, zu erkennen. Gerade Knackser hinterlassen eine charakteristische Spur, die auf den ersten Blick ins Auge sticht.

Nach einer erfolgten Aufnahme wird das Musikstück in Form einer Wellengrafik – genannt Waveanzeige – visualisiert. Diese zeigt die Dynamik, also die Amplitude, die das Stück besitzt, an. Diese Anzeige lässt sich zum Aufspüren von Fehlern gut nutzen. Folgende Soundprobleme sind relativ leicht erkennbar:

Knackser: Das typische Knackgeräusch ist deutlich lauter als die Musik, ein besonders hoher Pegelausschlag ist die Folge. Zudem sind die Knackser meist sehr kurz, daher erscheinen sie – wie in der Beispielgrafik am Ende zu sehen – als kurze, steile Linie.

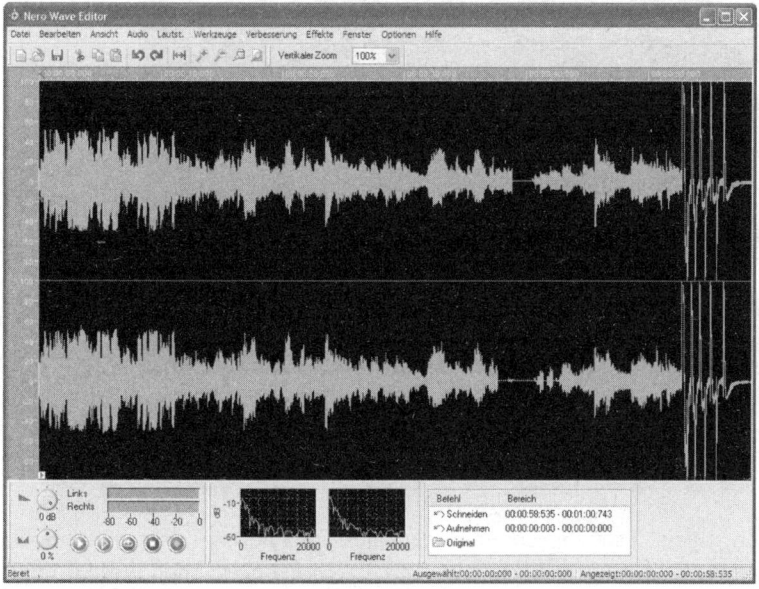

620 19. EINGELESENES AUDIOMATERIAL NACHBEARBEITEN

Entfernt werden können derartige Knackser mit dem DeClicker, der im Menü *Verbesserungen* zu finden ist. Alternativ kann das Geräusch auch gezielt markiert und gelöscht werden – allerdings geht dabei auch ein Stück Musik verloren. Weitere Details zum Entfernen von Knackern finden Sie auf den kommenden Seiten.

⮕ ***Knackser vor der Aufnahme verhindern*** ⮕

Bei einer LP sind Knackser kaum zu verhindern, sie liegen in der Natur des Mediums. Doch bei einer CD-Aufnahme können diese Störgeräusche im Vorfeld bereits verhindert werden, denn meistens liegt der Fehler – gerade bei schwächeren Rechnern – an den laufenden Hintergrundprozessen (z. B. Defragmentierung). Schalten Sie diese vor der Aufnahme ab und kontrollieren Sie zusätzlich die Aktualität des Soundkartentreibers.

Aussetzer: Ebenfalls sehr beliebt sind Soundaussetzer und plötzliche Pegelabfälle. Gerade bei stark verschmutzten Schallplatten, alten Kassetten oder stark zerkratzten CDs sind sie keine Seltenheit. Allerdings können auf den ersten Blick nur großflächige Abfälle erkannt werden – zu erkennen daran, dass der Ausschlag der Waveanzeigenskala auf breiter Front plötzlich einbricht.

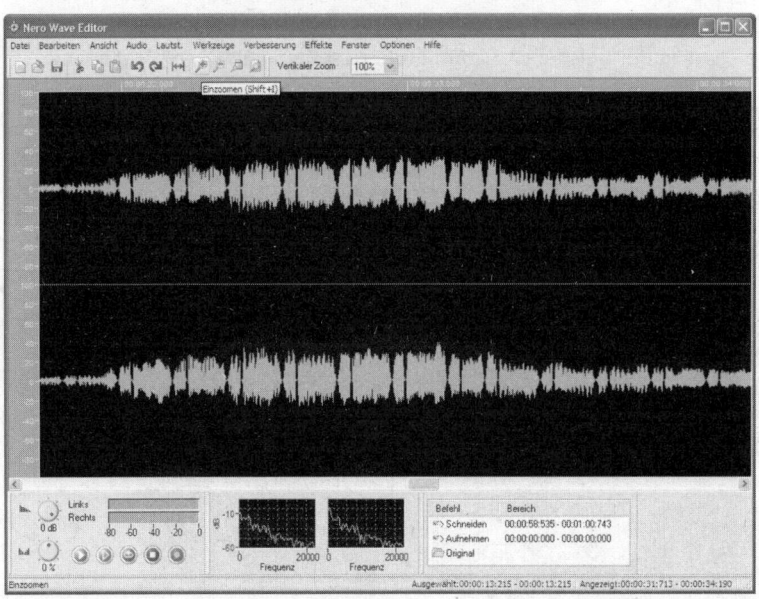

Wenn Sie jedoch beim Probehören ein Zittern des Tons hören, reicht die normale Auflösung der Visualisierung nicht aus, um diese Fehler zu erkennen und zu überprüfen, ob es an der Wiedergabe oder an der Aufnahme liegt. Klicken Sie in diesem Fall auf das Lupensymbol mit dem Pluszeichen und zoomen Sie die Stelle heran, an der die Störung zu vernehmen ist. Anschließend müssen Sie die Waveanzeige genauer betrachten – kleine Unterbrechungen, an denen nur eine Nulllinie zu sehen ist, deuten auf einen Aufnahmefehler hin.

Lösbar ist dieser nur durch eine erneute Überspielung. Davor müssen allerdings die grundsätzlichen Fehler beseitigt werden. Ist das Band, die LP oder die CD kaputt, kann auch der Wave Editor das fehlende Material nicht errechnen.

Leise Aufnahme: Viele Aufnahmen geraten ob der falschen Aussteuerung oder einfach einer mangelnden Verstärkerleistung wegen zu leise. Die Folge ist ein leicht dumpfer Sound, da bei der Wiedergabe das Musikstück überproportional stark verstärkt werden muss.

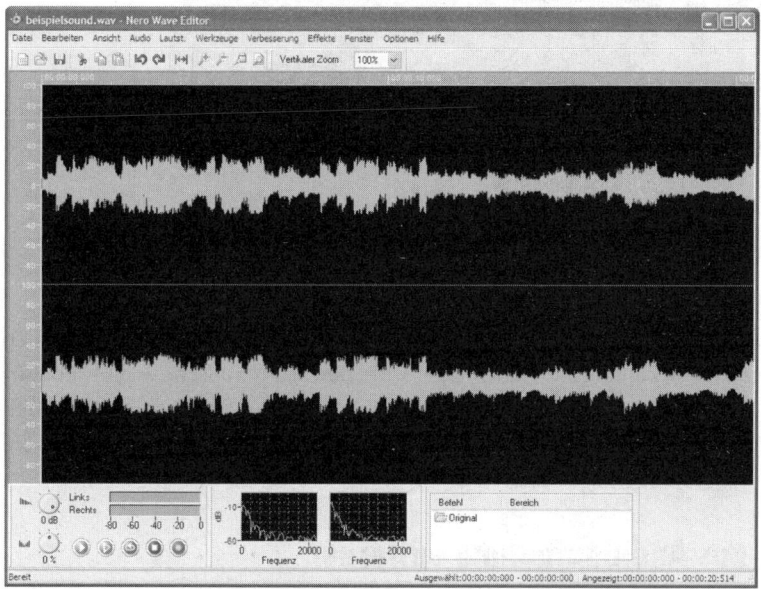

Zu erkennen ist dies am Pegelausschlag. Ist der höchste grüne Balken noch unter der 40er-Marke der Skala, die am linken Rand des Wave Editor zu erkennen ist, ist die Aufnahme eindeutig zu leise. Eine *Normalisierung*, zu finden im Menü *Lautst.*, ist dann angebracht. Weitere Details zu dieser Problematik finden Sie auf den nächsten Seiten des aktuellen Kapitels.

Nadelgeräusche: Zu Beginn einer LP-Aufnahme ist der charakteristische Ton der aufsetzenden Nadel kaum zu vermeiden, ebenso wie es zwischen den Tracks störende Nadelgeräusche gibt, die sogar die Trackerkennung stören können. Auch diese Fehler sind visuell zu erkennen.

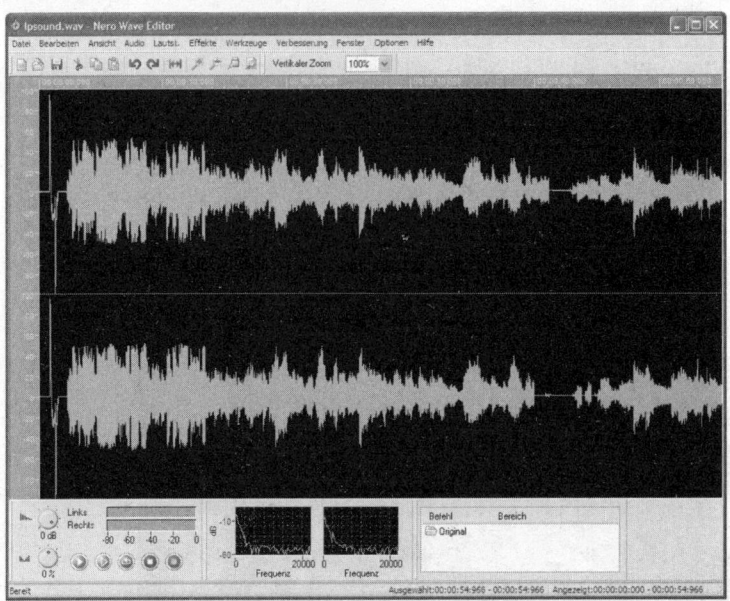

So ist die Lücke zwischen zwei Musikstücken durch eine Nulllinie leicht auszumachen. Zoomen Sie jedoch an diese Stelle heran, werden Sie feststellen, dass es im Bereich der Pause tatsächlich viele kleine Ausschläge – die der Störgeräusche – gibt. Ebenso ist die Pause am Anfang der LP in erster Linie eine Nulllinie, die durch einen hohen Ausschlag – den Aufsetzer der Nadel – unterbrochen wird. Auf Seite 625 finden Sie eine Beschreibung, wie beide Geräusche entfernt werden können.

Knackser aus Audioaufnahme entfernen

Nach dem Digitalisieren einer alten, abgenudelten Schallplatte stören beständige Knister- und Knackgeräusche den Musikgenuss. Wie entferne ich diese nach dem Aufspüren?

Die Entfernung von Störgeräuschen ist mit dem Wave Editor von Nero relativ schnell erledigt. Lediglich das Aufspüren braucht etwas Übung, wie zu Beginn dieses Abschnitts zu sehen ist.

1. Markieren Sie über *Bearbeiten/Alles markieren* den gesamten Musiktrack oder wählen Sie den knackenden Bereich mit der Maus in der Wellengrafik aus.

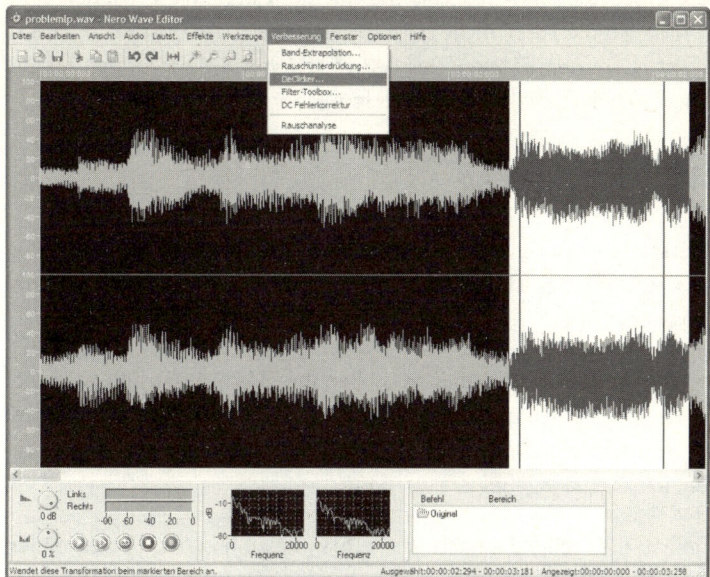

2. Über den Menüpunkt *Verbesserung/DeClicker* öffnen Sie das Fenster mit den Restaurierungstools des Wave Editor. Aktivieren Sie DeClicker und DeCrackle, um Knackser sowie leises Knistern herauszufiltern. Verfügen Sie über einen leistungsstarken Rechner, aktivieren Sie unter *DeClicker* die Option *Hohe Qualität* für ein noch besseres Filterergebnis.

3. Klicken Sie im Bereich *Vorschau* auf das grüne Playsymbol, um die Auswirkungen der eingestellten Filter zu überprüfen. Sind Sie mit dem Ergebnis nicht zufrieden, verändern Sie die Voreinstellungen unter *DeClicker* und *DeCrackle*.

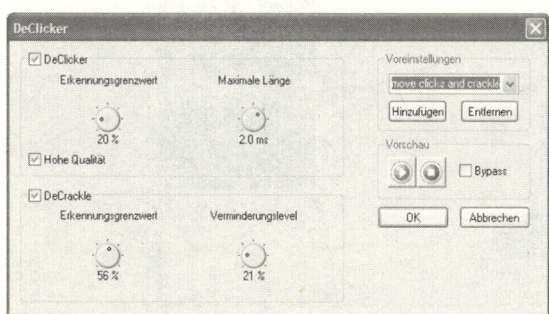

Die optimalen Werte finden Sie allerdings nur durch Probieren heraus. Beginnen Sie mit einer der drei *Voreinstellungen* – passend zur genutzten Quelle – und modifizieren Sie anschließend die eingestellten Werte, bis Sie mit dem Ergebnis zufrieden sind. Achten Sie darauf, dass Sie die Filter nicht zu stark einsetzen, da sonst auch Musikinformationen verfälscht werden können. Per Aktivieren von *Bypass* können Sie die Unterschiede zwischen aktiviertem und deaktiviertem Filter vergleichen.

Lautstärkeabfälle korrigieren

? Nach dem Überspielen einer alten Kassette sind einige Minuten vorhanden, in denen der Ton deutlich leiser ist. Wie kann ich die Lautstärke auf das Niveau der restlichen Musik anheben?

! Gerade Kassetten neigen dazu, an einigen Stellen ihre Magnetisierung zu verlieren, sodass die Lautstärke sich nach dem Überspielen auf den PC punktuell stark unterscheidet. Eine Normalisierung hilft in diesem Fall nicht, die Lautstärke muss exakt an der betroffenen Stelle nachgebessert werden.

1. Markieren Sie genau die Stelle, die nach der Aufnahme zu leise ist – zu erkennen an dem deutlich geringeren Ausschlag in der normalen Ansicht des Wave Editor.

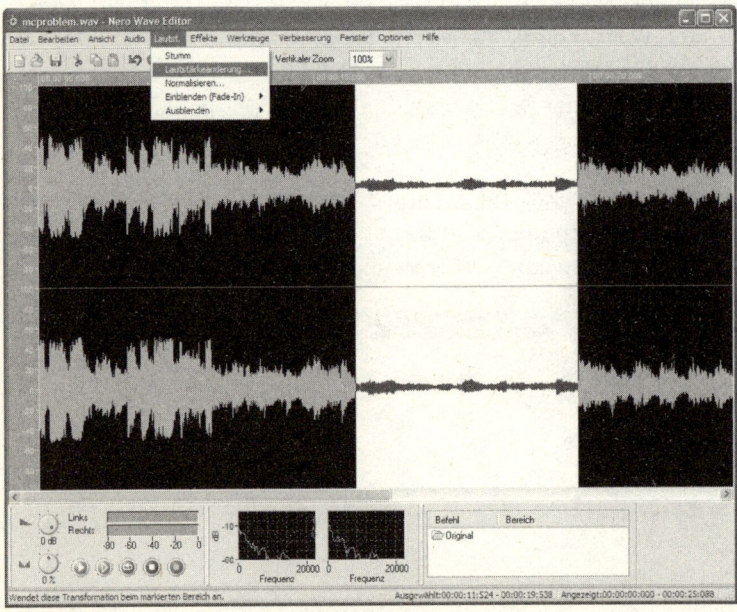

Betrachten Sie anschließend an der linken Seite die Skala von 0 bis 100 – der Abstand zwischen dem normalen Pegel und der Lautstärke der betroffenen Stelle entscheidet über das Maß der notwendigen Anhebung.

2. Wählen Sie anschließend im Menü *Lauts*. den Eintrag *Lautstärkeänderung*. In dem sich öffnenden Fenster müssen Sie einen Wert zur Anpassung einstellen. An dieser Stelle ist die eben ermittelte Differenz zwischen dem normalen Stück und der betroffenen Passage gefragt. Ist das Ergebnis nicht befriedigend, können Sie über *Bearbeiten/Rückgängig* die Ausgangssituation wiederherstellen und einen anderen Wert zur Lautstärkeänderung einstellen.

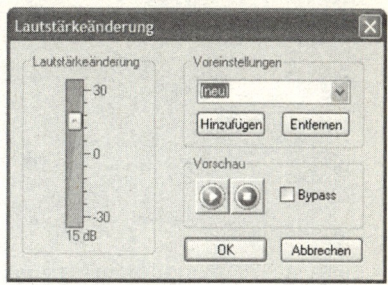

⇒ Nicht nur die Lautstärke ist betroffen ⇒

In der Regel ist nicht nur die Lautstärke, sondern auch die Tonqualität betroffen, wenn die Magnetisierung einer Kassette einen Fehler aufweist oder die Rillen der LP nicht mehr gut ausgeprägt sind. Auf den folgenden Seiten sind daher ebenfalls Informationen zur Klangrestaurierung zu finden.

Aufsetz- und Knirschgeräusche der Nadel

? Meine frisch aufgenommene Schallplatte knirscht und knackst vor sich hin – nicht nur während der Musik, sondern gerade in den Pausen. Das scheint so heftig zu sein, dass der Wave Editor auch die Pausen bei der Trackerkennung fälschlich als Musiktitel identifiziert. Wie lässt sich das Material nachbearbeiten, damit die Pausenerkennung korrekt arbeitet?

! Nach der Analyse des Audiostücks – zu finden am Anfang dieses Buchabschnitts – können Sie mittels der künstlichen Stille die Übergänge vom Knirschen bereinigen und das Aufsetzgeräusch der Nadel beseitigen.

1. Achten Sie darauf, die Aufnahme in zeitlich korrekter Reihenfolge zu bearbeiten. Markieren Sie zunächst den Bereich vor dem Einsetzen des ersten Stücks samt Aufsetzgeräusch der Nadel und wählen Sie aus dem Menü *Bearbeiten* den Eintrag *Löschen* aus.

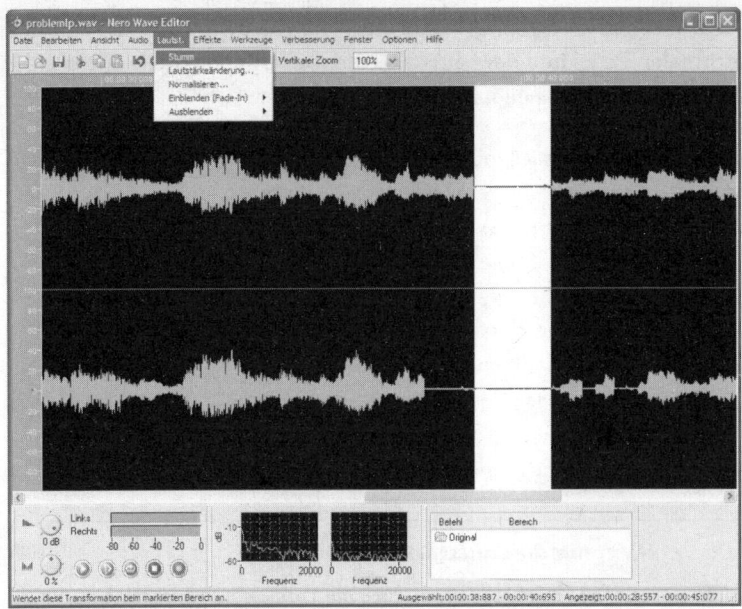

2. Nun sind die unruhigen Stellen zwischen den einzelnen Tracks an der Reihe. Markieren Sie den ersten Übergang und klicken Sie auf *Stumm* im Menü *Lautst.* Anders als bei der *Löschen*-Funktion wird hiermit lediglich die Soundinformation entfernt, die zeitliche Einteilung bleibt jedoch bestehen.

Sollten Sie versehentlich die falsche Stelle erwischt haben, machen Sie die Aktion einfach mit *Bearbeiten/Rückgängig* ungeschehen. Nach dem Entfernen der Störgeräusche ist die Aufnahme zudem für die automatische Pausenerkennung optimal gerüstet.

Hintergrundrauschen bei LP- und Bandaufnahmen

Beim Digitalisieren von Kassettenaufnahmen findet sich häufig ein starkes Hintergrundrauschen. Wie kann ich es analysieren und entfernen, um später auf der Audio-CD einen glasklaren Klang zu bekommen?

Sowohl Schallplatten als auch Kassettenaufnahmen leiden häufig unter einem starken Hintergrundrauschen. Doch selbst ältere CDs – bedingt durch eine schlechte Studioqualität – sind nicht immer frei von Rauschen. Mit den Bordmitteln des Wave Editor kann dieses Störgeräusch jedoch gefiltert werden.

19.2 NACHBEARBEITEN VON ALTEN AUFNAHMEN 627

1. Markieren Sie zunächst in der Wellengrafik den Bereich, in dem das Hintergrundrauschen besonders deutlich zu hören ist. Achten Sie darauf, nicht die ganze Aufnahme zu wählen, selbst wenn sie komplett verrauscht ist. Der Wave Editor braucht lediglich ein Rauschbeispiel, um zu erkennen, was gewollte Musik und was ungewolltes Rauschen ist. Wählen Sie dann *Verbesserung/Rauschanalyse aus*. Daraufhin wird die Rauschstruktur des markierten Bereichs analysiert.

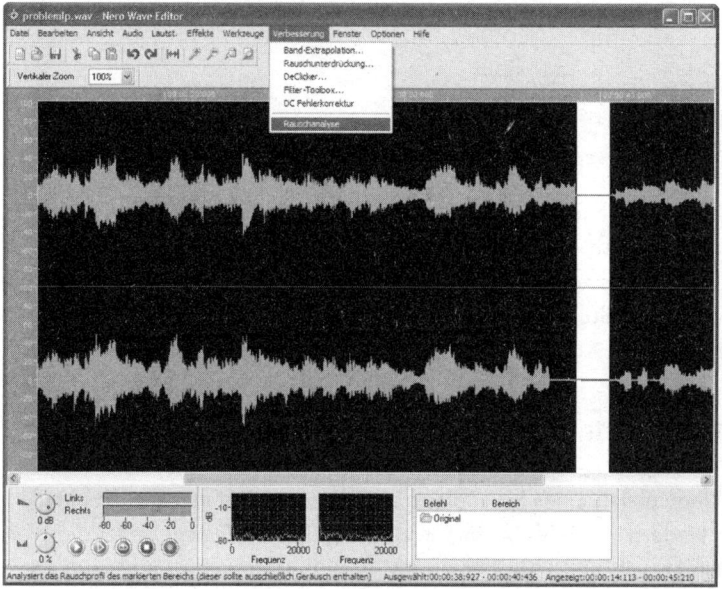

2. Das Analyseergebnis wird Ihnen nicht angezeigt, der Wave Editor erfasst bei dem Schritt jedoch die Stärke des Rauschens, sodass ein optimaler Senkpegel gefunden werden kann. Daher erscheint nach der Analyse ein Hinweisfenster, das Sie darüber informiert, dass Sie nun mit der Entfernung fortfahren können. Schließen Sie dieses Fenster per Klick auf *OK*.

3. Jetzt markieren Sie den Bereich, in dem das Hintergrundrauschen entfernt werden soll – in der Regel mittels *Bearbeiten/Alles markieren* die gesamte Aufnahme.

4. Weiter geht es mit *Verbesserung/Rauschunterdrückung*. Achten Sie darauf, dass *Noise Print* ausgewählt ist, damit bei der Rauschbeseitigung das Ergebnis der Rauschanalyse verwendet wird. In den meisten Fällen ist das Rauschproblem damit behoben. Hören Sie sich mittels *Play* im Bereich *Vorschau* das Stück an und erhöhen Sie, sollte das Rauschen noch zu deutlich zu hören sein, den *Reduction Level*.

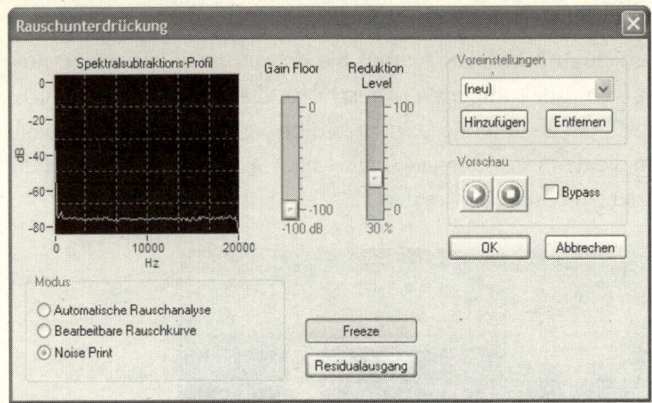

5. Eine Alternative ist die Nutzung eines bereits vorhandenen Profils. Aus dem Pulldown-Menü *Voreinstellungen* lassen sich sowohl abgespeicherte Informationen für eine Kassettenaufnahme als auch für eine LP abrufen. Allerdings ist in diesem Fall die Nutzung des vorher erstellten Rauschprofils nicht möglich. Sollten Sie mit diesem jedoch nicht zufrieden sein, ist dieser Weg eine gute zweite Möglichkeit.

Brummen in der Aufnahme entfernen

Nach dem Überspielen einer Schallplatte auf meinen PC musste ich feststellen, dass in allen Liedern ein tiefes Brummen zu hören ist. Ist dies ein Fehler der Platte oder des PCs, und was kann ich dagegen tun?

Bei dem Störgeräusch, das Sie vernehmen, handelt es sich um das 50-Hertz-Netzbrummen, das durch eine Masseschleife ausgelöst wird und das wegen der in unserem Stromnetz vorhandenen 50 Hertz exakt diese Frequenz aufweist. Mit diesem Wissen im Hintergrund lässt sich das Musikstück filtern, um die Brummschleife zu entfernen.

1. Laden Sie nach dem Start des Wave Editor von Nero das zu bearbeitende Musikstück, das das 50-Hertz-Brummen enthält. Marken Sie anschließend über *Bearbeiten/Alles markieren* den gesamten Titel.

2. Zum Aufrufen des 50-Hertz-Filters müssen Sie im Menü *Verbesserung* auf *Filter-Toolbox* klicken. In dem sich öffnenden Fenster befindet sich am oberen rechten Rand ein kleines Pulldown-Menü, das den Eintrag *Remove 50 Hz buzz* enthält. Wählen Sie diese Voreinstellung aus und klicken Sie anschließend auf *OK*.

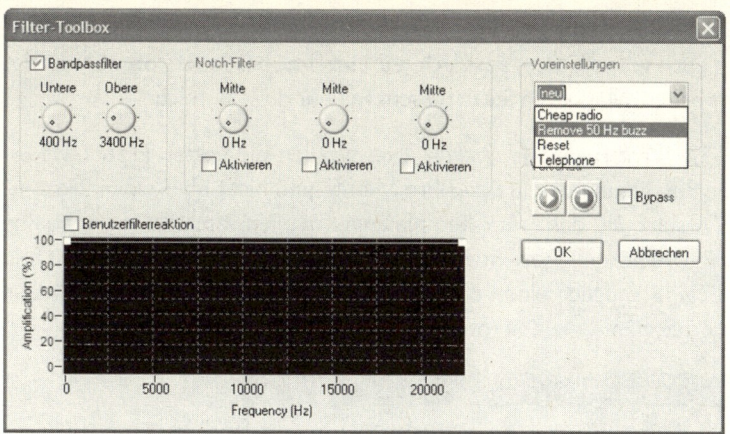

Der Wave Editor entfernt mit dieser Einstellung automatisch das Brummen. Danach können Sie das Stück abspeichern oder je nach Belieben weiter bearbeiten.

⇒ **Richtiger Anschluss verhindert Brummen** ⇒

Dieses Brummen wird durch eine so genannte Masseschleife und die 50-Hertz-Wechselspannung verursacht. Verantwortlich dafür ist die Verbindung zweier Geräte, die verschieden geerdet sind: der Rechner durch die Steckdose und beispielsweise die Hi-Fi-Anlage per Antennenkabel oder eine andere Steckdose. Sie beseitigen das Brummen durch vorübergehendes Entfernen der zweiten Erdung, also beispielsweise des Antennenkabels. Falls das Brummen anschließend immer noch nicht verschwunden ist oder im Fall eines anderen Geräts, das keine weitere Erdung besitzt, lässt sich das Brummen durch die Nutzung derselben Steckdose für beide verbundenen Geräte beseitigen.

Ausgeleierte Kassettenaufnahme verbessern

? Die Audiokassette, die ich digitalisiert habe, war bereits recht betagt – das Band war ausgeleiert, und der Sound klingt irgendwie verzerrt. Besteht die Möglichkeit, das zu korrigieren?

! Der verzerrte Klang wird durch eine Verlängerung des Bands ausgelöst. Mehr Strecke bedeutet, dass die Wiedergabe langsamer erfolgt, eine Verzerrung ist zu hören. Mit einer Zeitkorrektur ist dieser Fehler behebbar.

1. Markieren Sie zunächst den gesamten Musiktrack per *Bearbeiten/Alles markieren*. Es kann natürlich auch vorkommen, dass sich nur einzelne, besonders oft abgespielte Bereiche gedehnt haben. Markieren Sie in diesem Fall nur diese Bereiche.

2. Jetzt wählen Sie *Werkzeuge/Zeitkorrektur*. Hier werden die besten Ergebnisse erzielt, wenn Sie die Beschleunigung in Beats Pro Minute und nicht über einen Prozentsatz angeben. Wie stark Sie das Stück beschleunigen wollen, tippen Sie im weißen Feld hinter *Beats Pro Minute* ein – orientieren Sie sich dabei an dem Ausgangswert und addieren Sie zu Beginn lediglich einen Beat hinzu. Hinter *Optimierung* wählen Sie die Art der Aufnahme aus, damit die Zeitkorrektur möglichst genau erfolgt.

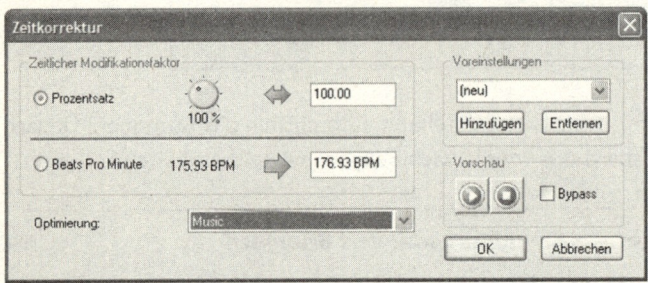

Sie können sich das Ergebnis über den grünen Playpfeil vorspielen lassen und über die *Bypass*-Funktion die Zeitkorrektur kurzfristig deaktivieren, um den Unterschied zu hören und die Beatzahl gegebenenfalls weiter anzupassen.

Tonhöhe bei starker Zeitkorrektur anpassen

Nicht nur die Wiedergabegeschwindigkeit beeinflusst die Soundqualität, durch die langsamere Wiedergabe sinkt auch die Tonhöhe ab. Korrigieren lässt sich dieser Fehler mit der Transponieren-Funktion im Werkzeug-Menü. Ein wenig Anpassung reicht meist aus, um die Originaltonhöhe zu erreichen.

Dynamik der Aufnahme verbessern

Die Dynamik meiner Aufnahme klingt verglichen mit dem Original recht dürftig. Wie kann man den Dynamikumfang des Musikstücks steigern, sodass es nicht so dahinsiecht?

Eine günstige Soundkarte oder eine schlechte Aussteuerung sind sichere Garanten für einen geringen Dynamikumfang. Die Musik hört sich dann platt an, der

Unterschied zwischen leisen Parts und lauten Tönen fällt kaum noch auf. Mit der *Dynamik*-Funktion lässt sich der Musikkontrast jedoch verbessern.

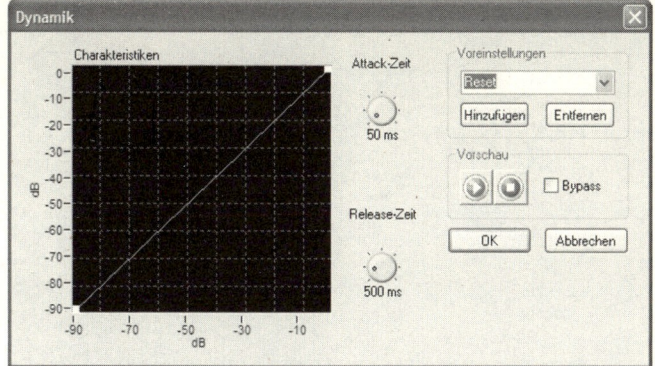

1. Markieren Sie über *Bearbeiten/Alles markieren* die komplette Musikdatei und wählen Sie anschließend den Eintrag *Dynamik* im Menü *Werkzeuge* aus. Passen Sie im neu erscheinenden Fenster die Dynamik des Musiktracks Ihren Vorstellungen gemäß an: Nutzen Sie dafür entweder die vorhandenen Voreinstellungen oder editieren Sie die Kurve auf eigene Faust.

2. Zu beachten ist bei der Arbeit mit dem Diagramm, dass die X-Achse, also die horizontalen Werte, für die Eingangsdynamik stehen. Die Y-Achse, die senkrechten Werte, sind der Ausgangspegel. Eine Kurve mit einem Bauch in Richtung obere linke Ecke verstärkt daher die Amplitude, ebenso wie eine Kurve in die untere Hälfte diese senkt.

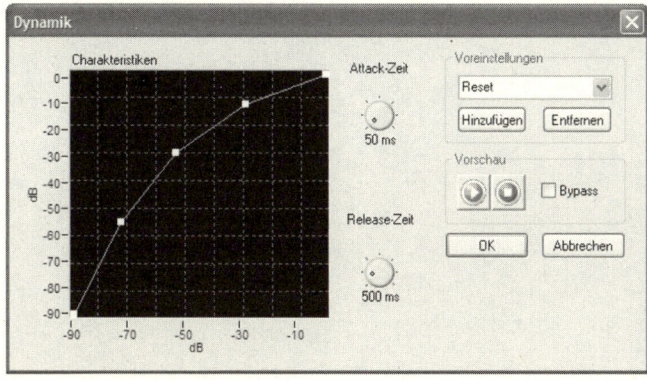

Die Kurve kann verändert werden, indem Sie zunächst an der Stelle, an der die Veränderung erfolgen soll, direkt auf die Gerade klicken. Es erscheint ein weißer Punkt, der nun beliebig gezogen werden kann. Weitere Bearbeitungspunkte können in gleicher Weise an anderer Stelle der Kurve erstellt werden.

Diashows fürs Wohnzimmer-TV

Bilder einlesen und nachbearbeiten	**634**
Diashows zusammenstellen	**640**
Optimale Brenneinstellungen	**648**

20.1 Bilder einlesen und nachbearbeiten

Bilder importieren und einsortieren

? Auf meiner Festplatte tummeln sich eine Menge Bilddateien. Wenn ich diese Verzeichnisse in das Medienfenster schiebe, wird der Zugriff sehr langsam und auch unübersichtlich. Wie kann ich das umgehen?

! NeroVision unterstützt nicht ohne Grund eine virtuelle Verzeichnisstruktur. In diese können Sie zu jedem Thema Bild- und Tondateien einfügen und in die Diashow einbinden.

1. Wechseln Sie im Projektfenster zur ersten Registerkarte. Klicken Sie auf das herunterklappbare Menü und wählen Sie *Neue Gruppe erstellen* aus der Liste.

2. Geben Sie der Gruppe einen Namen, der zum Inhalt passt. Erstellen Sie am besten mehrere nach Themen sortierte Untergruppen, um auch bei späteren Diashows die Übersicht zu wahren. Es empfiehlt sich ebenfalls, ein Verzeichnis mit besonders guten Hintergrundmusiken zu erstellen, die dann auch für weitere Projekte nützlich sein können.

3. Fügen Sie über das linke Symbol mit der Lupe im Bereich *Durchsuchen* die entsprechenden Bild- und Tonelemente in die Untergruppe ein.

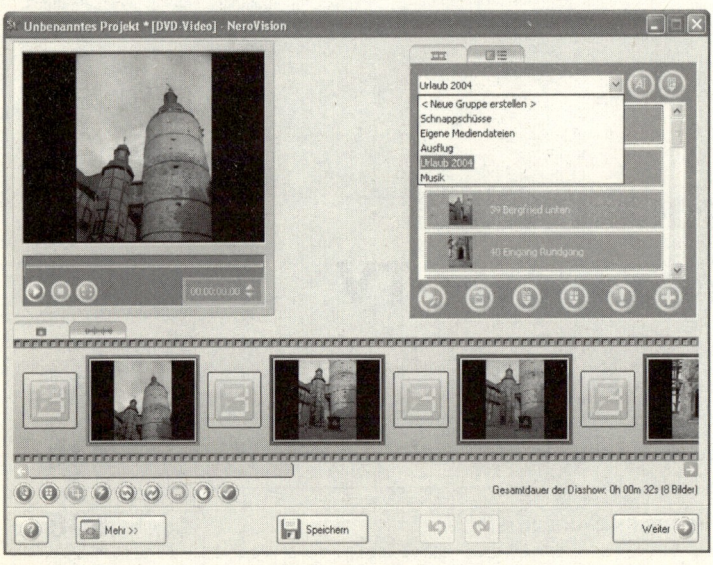

20.1 BILDER EINLESEN UND NACHBEARBEITEN **635**

▶ ***Schnelles Importieren per Drag & Drop*** ◀

Wenn es Ihnen lediglich darauf ankommt, möglichst schnell die für die Diashow notwendigen Bilder zu importieren, müssen Sie nicht den aufwendigen Weg über die Gruppenverwaltung gehen. Markieren Sie stattdessen im Explorer die Bilder und ziehen Sie diese auf den Filmstreifen im unteren Drittel von NeroVision – per Drag & Drop lassen sich damit die Dateien ohne große Umwege importieren.

Übersicht beim Importieren behalten

? Ständig muss ich beim Heraussuchen der Bilder zwei Programme gleichzeitig laufen lassen, Nero und einen Bildbetrachter, mit dem ich die Bilder in der Vorschau betrachte. Geht das nicht irgendwie einfacher und schneller?

! Vertrauen Sie diesmal Windows XP. Denn dort ist bereits eine Vorschauoption enthalten, die Ihnen vor dem Importieren der Bilder den Inhalt zeigt.

Wählen Sie dazu zunächst den Eintrag *Durchsuchen* über den *Suche nach Medien*-Schalter aus, der sich am linken Rand des Listenfensters befindet. Wechseln Sie in dem sich öffnenden Fenster zu dem Speicherort Ihrer Bilder.

Dort angelangt, können Sie sich mittels der Miniaturansicht von allen im Verzeichnis befindlichen Grafiken Vorschaubilder anzeigen lassen. Klicken Sie dazu auf das rechte Fenstersymbol und wählen Sie aus dem sich öffnenden Menü den Punkt *Miniaturansicht* aus.

Zu jedem Bild erscheint jetzt eine kleine Vorschaugrafik, die Ihnen bei der Bilderwahl behilflich ist. Wenn Sie das Fenster größer ziehen, sehen Sie zudem mehrere Bilder gleichzeitig.

⏵⏵⏵ ***Besser markieren*** ⏵⏵⏵

Wussten Sie schon, dass Sie mit der [Strg]*- und der* [Umschalt]*-Taste die Dateien sehr praktisch markieren können? Halten Sie die* [Strg]*-Taste gedrückt und wählen Sie mit der Maus mehrere Bilder gleichzeitig aus. Bei gedrückter* [Umschalt]*-Taste können Sie die Bilder mehrere hintereinander liegend auswählen. Klicken Sie auf das erste Bild, halten Sie die* [Umschalt]*-Taste gedrückt und klicken Sie auf das letzte Bild der Serie, um alle dazwischen liegenden Bilder auch auszuwählen.* [Strg]+[A] *markiert alle Bilder. Diese können Sie übrigens mit* [Strg] *und linker Maustaste wieder deselektieren.*

Import von Scanner oder Kamera

? Ich besitze noch keine Digitalkamera und muss daher die entwickelten Bilder einscannen. Ist dazu ein eigenes Programm notwendig, oder kann ich den Scanvorgang auch direkt über Nero starten?

! NeroVision kann direkt auf die so genannte Twain-Schnittstelle zugreifen und den Scanner daher direkt ansteuern. Sie benötigen also kein separates Grafikprogramm, um die Bilder zu importieren. Diese werden dann direkt in die aktive Mediengruppe kopiert.

Je nachdem, wie gut das Scannerprogramm ist, können Sie sich zudem die Nachbearbeitung sparen. In NeroVision sind Rotationsfunktionen und einige Bildbearbeitungsfilter integriert. Und so importieren Sie ein Foto vom Scanner direkt in die Diashow:

1. Wechseln Sie in die Mediengruppe, in die das Bild kopiert werden soll. Alternativ können Sie über den Eintrag *Neue Gruppe erstellen* auch eine frische Kategorie für Ihre Bilder erstellen.

2. Klicken Sie auf *Twain-Import* – das zweite linke Symbol im Listenfenster – und wählen Sie im Menü den Punkt *Quelle auswählen*. Suchen Sie den Scanner aus der Liste und bestätigen Sie mit *OK*.

3. Über *Twain-Import* wechseln Sie nun zum Menüpunkt *Erhalte Image*. Sie gelangen in die Scannersoftware.

4. Scannen Sie wie üblich das Bild ein. Markieren Sie zunächst über die Vorschau den Bildauschnitt, geben Sie eine taugliche Auflösung an und starten Sie den Scanvorgang. Weitere Details zum Umgang mit Ihrer Scanneroberfläche können Sie dem entsprechenden Handbuch entnehmen.

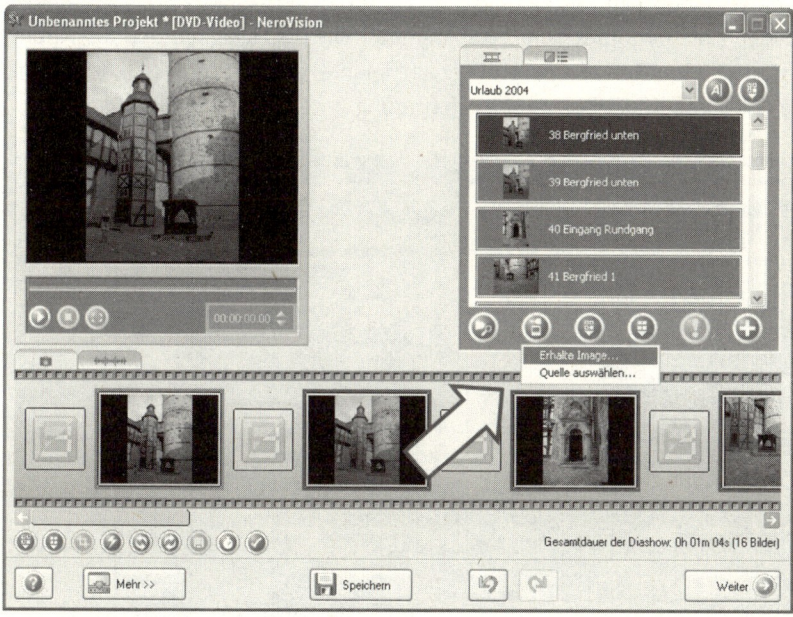

5. Das gescannte Bild landet nach dem Einscannen automatisch in der Mediengruppe und wird mit NVExxxxx durchnummeriert aufgeführt.

6. Jetzt können Sie wie gewohnt das Bild in die Diashow einfügen, eventuell noch drehen, beschneiden und mit Effekten versehen.

Bilder nach dem Import überarbeiten und verfremden

? Einige meiner gescannten Bilder sind zu dunkel geraten und zudem verkehrt herum. Wie kann ich die Helligkeit verändern und die Bilder drehen, damit sie auf der späteren Diashow-DVD fehlerfrei dargestellt werden?

! In NeroVision sind einige Bearbeitungsmöglichkeiten vorhanden, um Bildfehler nach dem Scannen oder Importieren zu korrigieren. Klicken Sie dazu mit der rechten Maustaste auf das Bild, das Sie anpassen möchten. Im Kontextmenü ist der Eintrag *Effekte anwenden* enthalten.

Wenn Sie dieses Untermenü öffnen, werden Sie feststellen, dass zahlreiche Funktionen vorhanden sind. Grundsätzliche Bildparameter wie die Helligkeit und die Farbintensität lassen sich im Menü *Farbanpassung* korrigieren, der Eintrag *Filter* enthält hingegen eine Reihe von Kunstfiltern zur Verfremdung.

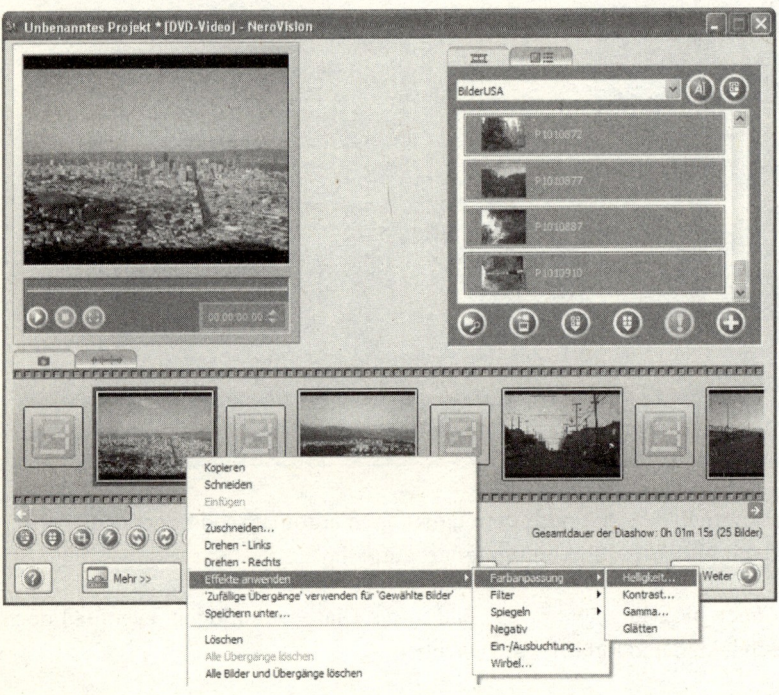

Zum Drehen der Bilder müssen Sie hingegen keinen
Umweg über das Kontextmenü machen. Unterhalb
des Filmstreifens stehen zwei Pfeile zur Verfügung, um das zuvor ausgewählte Bild im
und gegen den Uhrzeigersinn zu drehen. Ein Klick bedeutet jeweils eine Drehung um
90 Grad.

⮕ **Mehrere Bilder gleichzeitig verändern** ⮕

Es lassen sich auch mehrere Bilder gleichzeitig bearbeiten, sollte Ihre Digitalkamera beispielsweise allgemein die Bilder zu hell aufgenommen haben. Markieren Sie im Filmstreifen zunächst alle Bilder, die bearbeitet werden sollen, und klicken Sie anschließend auf das Blitzsymbol am linken Rand des Fensters. Es öffnet sich die Effektpalette, die eine Manipulation aller ausgewählten Fotos erlaubt.

Musik einfügen und anpassen

? Für die Diashow habe ich ein paar Musikstücke zusammengestellt. Muss ich diese vorab mit einem Sound-Editor zurechtschneiden, um sie bei einer Diashow ohne Abbruch mitten im Lied hören zu können?

! Sie müssen keine Verrenkungen machen, um die Länge der Hintergrundmusik exakt an die Bildanzeigelänge und Diashowdauer anzupassen. In NeroVision ist eine Funktion integriert, die die Hintergrundmusikstücke an die Diashowlänge anpasst, nachdem Sie die Musikstücke importiert haben.

1. Importieren Sie zunächst, wie Sie es von den Bildern gewohnt sind, über das linke Ordnersymbol im Listenfenster die Musikstücke, die genutzt werden sollen. Natürlich können Sie auch mehrere Titel einfügen und für die Musikstücke eine eigene Rubrik anlegen.

2. Ziehen Sie anschließend die Musikstücke in die Zusammenstellung. Wählen Sie dazu am oberen linken Rand das Wellensymbol aus, um zur *Audio anzeigen*-Ansicht zu wechseln.

3. Zum Anpassen der Musiklänge an die Diashow, sodass die Musik ausgespielt werden kann, müssen Sie zunächst auf *Mehr* klicken und anschließend ein Häkchen vor *Dauer der Diashow an die Audiodauer anpassen* aktivieren. Die Anzeigedauer der Dias wird daraufhin automatisch an die Länge der Musikstücke angepasst. In der rechten Ecke ist anschließend die Gesamtdauer der Diashow zu sehen.

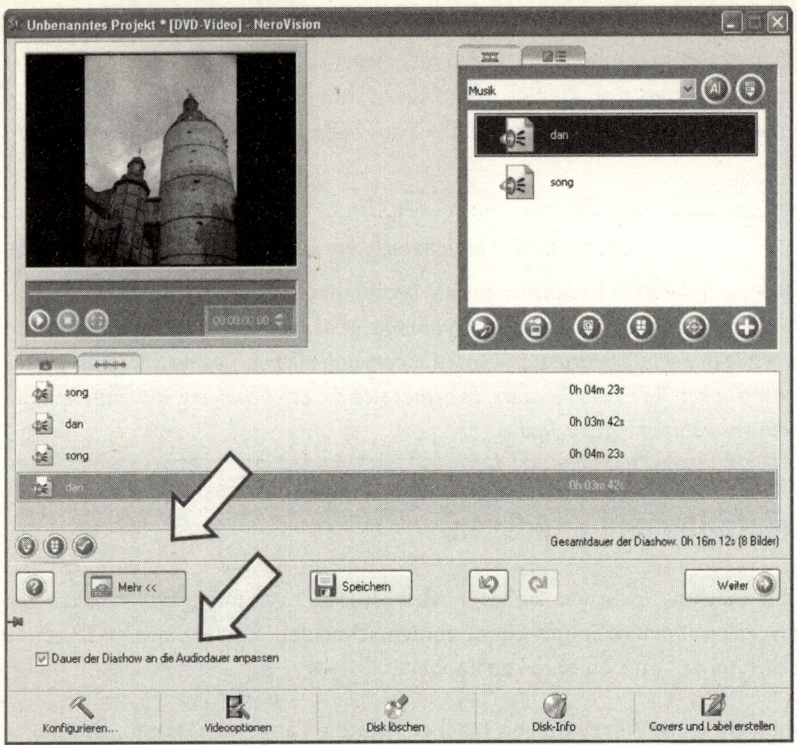

Allerdings stimmt die Zeitanpassung nicht, wenn Sie danach weitere Fotos einfügen. In diesem Fall müssen Sie die Option erst deaktivieren und dann erneut aktivieren, damit NeroVision die Anzeigedauer unter Berücksichtigung der hinzugefügten Bilder erneut anpasst.

20.2 Diashows zusammenstellen

99 Bilder pro Diashow: Beschränkung umgehen

Beim Einfügen von Bildern in die Diashow gibt Nero eine Mitteileilung aus, dass nicht mehr als 99 Bilder in einer Diashow verwendet werden können. Es werde eine zweite Diashow angelegt. Was soll das?

NeroVision erzeugt keine klassische Diashow, wie Sie sie vielleicht bei einer Präsentation mit dem Laptop schon einmal kreiert haben. Vielmehr werden die

Bilder in das Videoformat umgewandelt und als Video mit unterteilten Kapiteln erstellt. Die Kapiteleinträge entsprechen den einzelnen Bildern. Diese werden beim Abspielen einfach pausiert und nach einer vorgegebenen Zeit fortgesetzt.

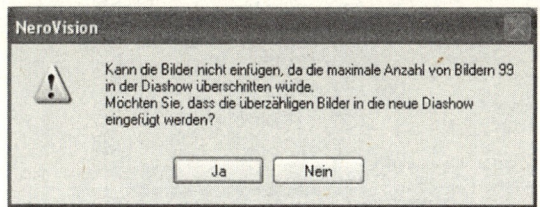

Am Ende der 99-Kapitel-Begrenzung wird auf den nächsten Titel umgeschaltet. In diesem befindet sich eine weitere Diashow – die wiederum auf 99 Kapitel beschränkt ist – auf dem resultierenden Medium. So lässt sich das Spielchen weiter fortsetzen.

Direkt eingreifen können Sie in den Prozess nicht. NeroVision nimmt den Übertrag auf den neuen Titel automatisch vor und erlaubt keinen weiteren Eingriff. Auch die Einstellungen für die Erstellung einer (S)VCD/DVD werden selbsttätig vorgenommen, sodass Sie es nur beim Abspielen im DVD-Player auf dem Display bemerken.

Diashows noch nachträglich bearbeiten

? Wenn ich im Fenster *Inhalt* meine Diashow bearbeiten will und auf *Zurück* klicke, gelange ich nicht in den Editor, sondern das Projekt wird stattdessen beendet. Wie gelange ich aus dem *Inhalt*-Fenster zurück in den Diashow-Editor?

! Sie können eine Diashow nachträglich nur bearbeiten, wenn Sie über das entsprechende Symbol im *Was möchten Sie jetzt tun?*-Menü von NeroVision Express 2 gehen.

Markieren Sie die zu bearbeitende Diashow und klicken Sie auf der rechten Seite auf *Diashow bearbeiten*. Anschließend öffnet sich die bekannte Oberfläche. Klicken Sie darin auf *Weiter*, gelangen Sie zurück zur Inhaltsübersicht.

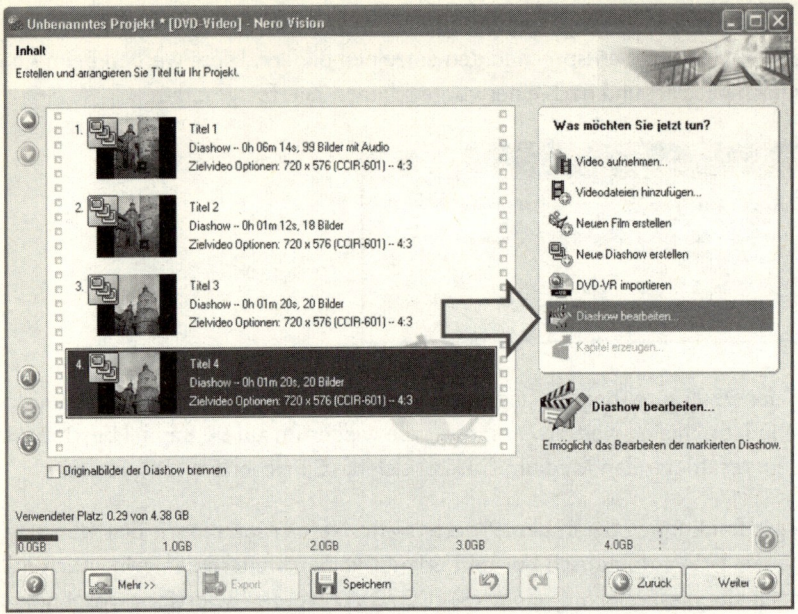

Beschreibungen und Untertitel setzen

? In der Bildershow möchte ich Hinweise setzen, wann und wo die Bilder gemacht wurden. Muss ich die Bilder erst mühsam mit einem Bildbearbeitungsprogramm editieren, um ein paar Untertitel einzufügen?

! NeroVision bietet eine Titelfunktion, doch sieht man diese auf den ersten Blick nicht so leicht. Man kann zu jedem Bild eine Über- und eine Unterschrift einfügen und diese formatieren. Man kann sie in Schriftart, -größe und -farbe verändern und sie innerhalb des Bilds frei bewegen.

So fügen Sie die Beschriftung eines Dias ein:

1. Markieren Sie im Projektfenster in der Zeitleiste das zu untertitelnde Bild. Sie können auch eine größere Zahl von Bildern auswählen, wenn alle Fotos die gleichen Titel bekommen sollen.

2. Klicken Sie in der Symbolleiste darüber auf das Häkchensymbol. Es führt Sie zu den Eigenschaften des Fotos.

20.2 DIASHOWS ZUSAMMENSTELLEN

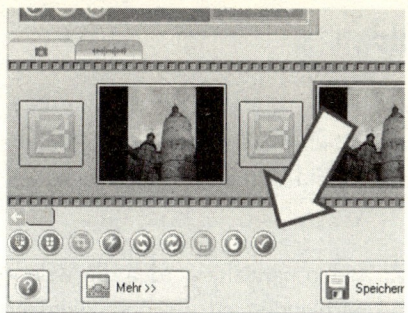

3. Auf der rechten Seite öffnet sich ein neues kleines Fenster, in dem Sie pro Bild zwei Textzeilen angeben können. Für beide wird jedoch stets die gleiche Schriftart, -farbe und -größe verwendet.

4. Geben Sie Ihrem Bild einen Namen und ändern Sie die Attribute des zu erstellenden Titels, also beispielsweise die Schriftgröße oder die Farbe.

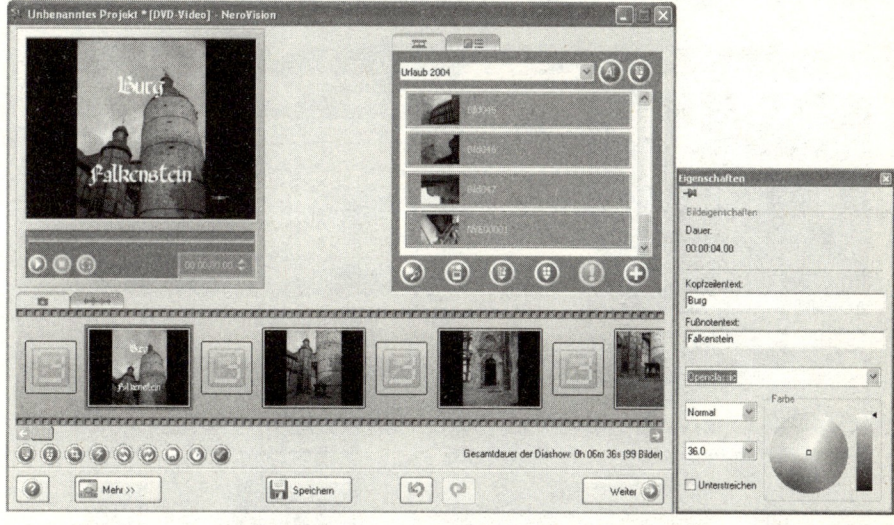

5. Auf dem Vorschaubild sehen Sie sogleich die Schrift auftauchen. Dort können Sie die Textbausteine mit der Maus verschieben und an die gewünschte Stelle platzieren.

6. Die Änderungen werden automatisch übernommen. Das *Eigenschaften*-Fenster schließen Sie mit dem Kreuzsymbol. Um mit dem nächsten Bild fortzufahren, wählen Sie aus der Zeitleiste einfach ein neues Bild aus.

Fotos elegant ineinander überblenden

? Nach dem Brennen einer Diashow musste ich feststellen, dass die einzelnen Fotos lieblos nacheinander angezeigt werden, ähnlich wie bei einem Diaprojektor. Wenn ich schon einen Fernseher nutze, dann möchte ich auch Animationen sehen – kann man das ändern?

! Auch wenn es sich bei der Diashow um ein Video handelt, werden die Videofunktionen nicht automatisch für weiche Überblendungen genutzt. Vielmehr setzt NeroVision bei der Diashow auf harte Schnitte, wie man es auch von der Videobearbeitung her kennt.

Sie können dies jedoch ändern, indem Sie auf die grauen Felder zwischen den Fotos Überblendungseffekte ziehen. Das linke obere Listenfenster besitzt eine zweite Registerkarte, die eine Fülle von Überblendungen bereithält. So stehen neben der Kreuzblende in der Rubrik *Ein-/Ausblenden* viele aufwendige Übergänge samt 3-D-Blenden zur Verfügung, mit denen Sie Ihre Diashow aufpeppen können.

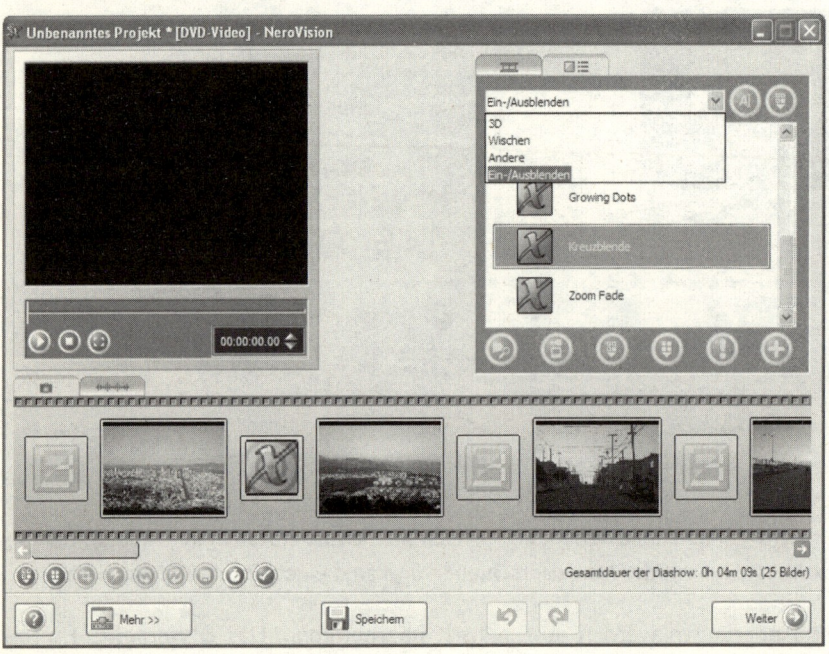

Diashow mit zufälligen Effekten aufpeppen

? Zwischen jedem Bild möchte ich einen Übergang einfügen, doch dauert dieses Auswählen und Einfügen immer Ewigkeiten, besonders bei vielen Bildern. Kann man das nicht automatisch machen lassen?

! NeroVision bietet die Möglichkeit, die zur Verfügung stehenden Überblendungen nach dem Zufallsprinzip auf die einzelnen Lücken zu verteilen. So kommt bei den Überblendungen keine Langeweile auf, stets ist eine andere Methode zu sehen.

1. Zuerst müssen Sie alle Bilder markieren, zwischen denen die Übergänge eingefügt werden sollen. Markieren Sie im Projektfenster in der Zeitleiste das erste Bild der Serie, halten Sie die (Umschalt)-Taste gedrückt und bewegen Sie die Zeitleiste zum letzten Bild. Wenn Sie mit der Maustaste auf das Bild klicken, werden automatisch alle dazwischen liegenden mit markiert.

2. Klicken Sie mit der rechten Maustaste auf ein markiertes Bild und wählen Sie aus dem Kontextmenü den Punkt *'Zufällige Übergänge' verwenden für 'Gewählte Bilder'*.

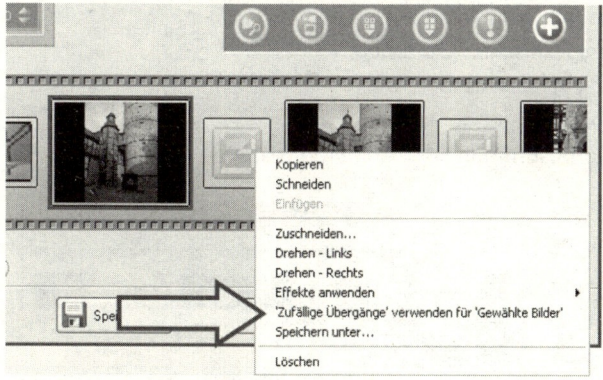

3. NeroVision weist jetzt allen Übergängen einen zufälligen Typ zu. Diese können Sie im Nachhinein noch verändern, indem Sie eine Überblendung löschen und das graue Feld mit einem anderen Übergang belegen.

Allen Lücken eine spezifische Überblendung zuweisen

? Mir ist es wichtig, dass ich in meiner Diashow nur eine Überblendung benutze, die jedoch zwischen allen Foto zu sehen sein soll. Kann ich die Lücken automatisch mit einer Überblendung füllen?

! NeroVision ermöglicht neben der zufälligen Verteilung aller Überblendungen auch das Füllen sämtlicher Lücken mit nur einem Effekt, um die Diashow homogen aussehen zu lassen.

1. Wählen Sie einen Übergang aus den Vorlagen aus und ziehen Sie ihn in eines der grauen Übergangsfelder zwischen zwei Fotos.

2. Setzen Sie nun die Parameter für den Übergang inklusive der Dauer. Doppelklicken Sie dazu auf den Effekt, um in die Eigenschaften des Übergangs zu gelangen. Passen Sie die Einstellungen an die eigenen Wünsche an.

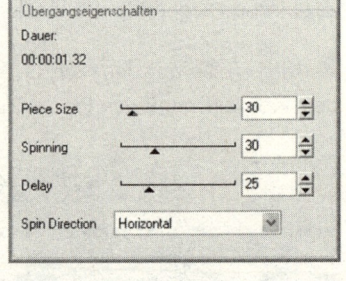

Die Parameter unterscheiden sich von Übergang zu Übergang, daher können die spezifischen Optionen im Rahmen dieses Buches nicht beschrieben werden. Alle Überblendungen besitzen jedoch zumindest eine *Dauer*-Steuerung zur Bestimmung der Animationslänge.

3. Schließen Sie das Fenster wieder. Klicken Sie nun mit der rechten Maustaste auf den Übergang. Wählen Sie aus dem Kontextmenü *'Gewählte Übergänge'* verwenden für 'Alle Übergangsfelder'.

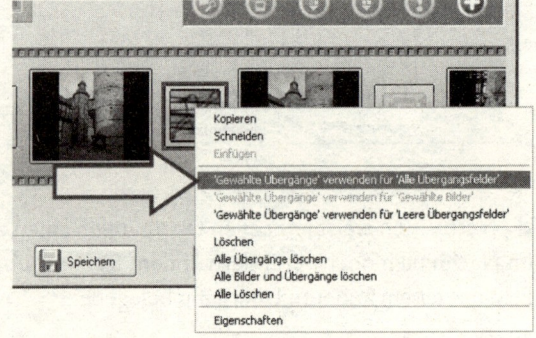

Nun werden alle Übergänge entsprechend angepasst und mit den von Ihnen zuvor eingestellten Parametern versehen.

Anzeigedauer der Dias und Übergänge einstellen

? Die Abfolge der Dias ist mir deutlich zu schnell – ich möchte für längere Erzählungen, dass die Fotos länger zu sehen sind und langsam ineinander überblendet werden. Wie kann ich die Länge beider Funktionen beeinflussen?

! Für jedes Bild und jede Überblendung lässt sich in NeroVision die Anzeigedauer individuell anpassen. Die Einstellung ist jedoch etwas versteckt in den Eigenschaften aufgehoben.

1. Fügen Sie ein Bild in die Zeitleiste ein und klicken Sie doppelt auf das Foto. So gelangen Sie in die Bildeigenschaften.

2. Bei *Dauer* sehen Sie die voreingestellte Anzeigedauer. Diese beträgt normalerweise vier Sekunden. Ändern Sie die Zeitdauer durch Klicken auf die nach oben und nach unten zeigenden Pfeile oder geben Sie die Zahlen direkt ein, indem Sie auf die Ziffern klicken und anschließend einen Wert über die Tastatur eingeben.

3. Wenn Sie mit der Zeitangabe zufrieden sind, schließen Sie das Fenster wieder, und die Einstellungen werden übernommen.

4. Auf gleiche Weise können Sie auch die Länge der Überblendungen einstellen, Sie müssen lediglich doppelt auf das Überblendungssymbol in der Zeitleiste klicken. In dem sich öffnenden *Eigenschaften*-Fenster steht ebenfalls die *Dauer*-Option zur Verfügung, sodass die Dauer beliebig verändert werden kann.

 Anzeigedauer für alle Fotos und Effekte einstellen

Wenn Sie die Länge aller Fotos und Überblendungen verändern wollen, müssen Sie nicht umständlich jedes Foto und jede Überblendung einzeln überarbeiten. Klicken Sie einfach auf das Stoppuhrsymbol in der Symbolleiste unter dem Filmstreifen. In dem sich öffnenden Fenster können Sie zwei Zeitwerte angeben und zudem zwei Häkchen setzen, damit nicht nur zukünftige, sondern auch die bereits hinzugefügten Bilder der Diashow angepasst werden.

20.3 Optimale Brenneinstellungen
Mehrere Diashows auf einer DVD

? Über die Jahre haben sich viele Digitalfotos auf meiner Festplatte angesammelt, die ich nun als Diashow auf eine DVD brennen möchte. Dabei soll jedes Themengebiet einzeln über ein Menü anwählbar sein. Kann man auf eine DVD mehrere Diashows brennen und damit den Platz ausnutzen?

! Da es sich bei einer DVD-Diashow lediglich um einen abgewandelten Film handelt, ist es kein Problem, mehrere Diashows auf eine DVD zu brennen, die anschließend über ein Menü auswählbar sind.

Klicken Sie im *Inhalt*-Fenster nach dem Erstellen der ersten Diashow dazu lediglich auf den Eintrag *Neue Diashow erstellen*, um eine weitere Diashow anzulegen. Dieser Weg lässt sich beliebig oft wiederholen, bis alle gewünschten Diashows erstellt sind oder der Rohling voll ist.

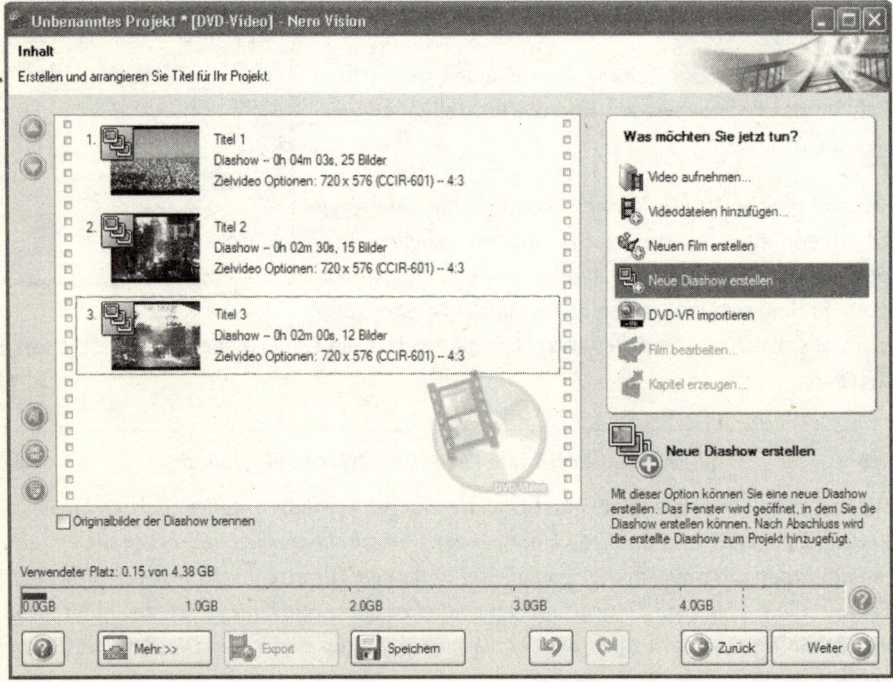

Zum Erzeugen des passenden Menüs steht nach dem Erstellen der letzten Diashow im *Inhalt*-Fenster die Schaltfläche *Weiter* zur Verfügung. Sie gelangen ins *Menü erstellen*-Fenster, in dem Sie das Menü anpassen können. Auch das Umbenennen der Diashows ist in diesem Fenster möglich, sodass bereits der Titel im Menü auf den Inhalt schließen lässt.

Originalbilder mit auf der Disk sichern

? Mir ist es wichtig, dass ich neben der über den DVD-Player abspielbaren Diashow auch die Originaldateien auf dem Datenträger habe, um die Fotos gleichzeitig zu archivieren. Erlaubt dies Nero, oder stört die Doppelnutzung die DVD-Wiedergabe?

! Die Bilder werden bei der Diashow in eine Videodatei umgewandelt, es handelt sich daher im eigentlichen Sinn nicht um eine echte Diashow. Dabei wird die Qualität der Fotos stark reduziert, die Quellbilddateien Ihrer Kamera werden zudem nicht mitgesichert. Das resultierende Medium ist daher in der Grundeinstellung ungeeignet, wenn Sie die Fotos gleichzeitig archivieren und die Bilder in hoher Qualität speichern möchten.

Daher bietet Nero eine Option, auf die DVD auch die Originalbilder zu brennen, sodass neben dem Video-DVD-Bereich das Medium gleichzeitig auch zur Archivierung genutzt wird – und das natürlich in der ursprünglichen Qualität.

Im Fenster *Inhalt* der Zusammenstellung aktivieren Sie den Haken bei *Originalbilder der Diashow brennen* und klicken auf *Weiter*. Die in der Diashow verwendeten Bilder werden dann mit auf die Disk geschrieben.

⦿ **Alle Bilder sichern bei der Best-of-Bildershow** ⦿

Wenn Sie aus einer großen Bildermenge nur eine Diashow der besten Fotos erstellt haben, werden auch nur die Bilder gesichert, die in der Diashow vorhanden sind. Möchten Sie alle Bilder aus einer Fotoserie sichern, müssen Sie diese daher separat auf einem weiteren Datenträger sichern. Alternativ können Sie neben der Best-of-Show auch noch eine zweite Diashow erstellen und anschließend in die zweite Show alle Bilder importieren, die zu der Bilderserie gehören.

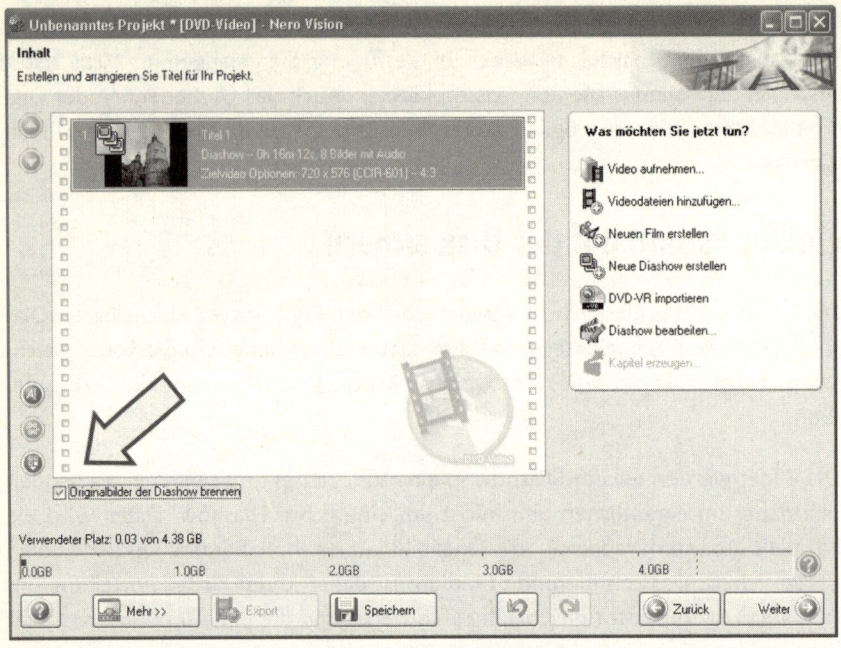

VCD-, SVCD- oder DVD-Diashow

? Für die Diashow stehen die drei Formate VCD, SVCD und DVD zur Wahl. Welchen Typ sollte man verwenden, um eine möglichst hohe Qualität zu erhalten – sowohl für Kleinserien als auch für große Diashows?

! Der Hauptunterschied zwischen den drei Optionen besteht in dem verwendeten Medium. Eine VCD und eine SVCD (**S**uper-**V**ideo-**CD**) werden auf eine CD gebrannt, eine Diashow-DVD logischerweise auf eine DVD. Dabei ist zu bedenken, dass auf beide Medientypen ebenso viele Bilder geschrieben werden können. Die maximal mögliche Diazahl sollte bei keinem Typ ein Problem darstellen.

Große Unterschiede gibt es hingegen in der Bildqualität. Bei den unterschiedlichen Diashowtypen ist die Auflösung der Vorführung das entscheidende Kriterium. Während eine VCD-Diashow nur eine sehr geringe Auflösung auf Videorekorderniveau besitzt, bietet die SVCD immerhin PAL-Auflösung. Wirklich fernsehtauglich ist die DVD-Auflösung von 720 x 576 Bildpunkten, die der vollen PAL-Auflösung von Fernsehern entspricht.

20.3 OPTIMALE BRENNEINSTELLUNGEN

Format	Auflösung	Codierung
VCD	352 x 288	MPEG-1
SVCD	480 x 576	MPEG-2
DVD	720 x 576	MPEG-2

Die bei der VCD verwendete MPEG-1-Codierung ist theoretisch der Qualität der SVCD- und DVD-Diashow unterlegen. Das wird aber nur bei den Übergängen deutlich. Die Standbilder sind wegen ihres nicht bewegten Charakters davon weniger betroffen.

Daher bietet sich zumindest die SVCD als Medium für kleine Bildserien an, denn sie bietet bereits eine gute Bildqualität, zumal CD-Rohlinge noch immer günstiger sind und ein DVD-Rohling für eine Diashow kaum ausgenutzt wird. Zum Sichern mehrerer Diashows samt Quellmaterial ist hingegen eine DVD der beste Weg.

Diashow optimal auf eine DVD brennen

Meine zuletzt gebrannte DVD-Diashow zeigt bei einigen Übergängen blockartige Fehler, ich bin mit der Qualität der Animationen nicht zufrieden. Wie sollte ich eine DVD-Diashow optimal brennen, um eine möglichst hohe Qualität zu erreichen?

Nicht nur bei Filmen, sondern auch beim Brennen einer DVD-Diashow sind die Videooptionen zur Steuerung der Bildqualität äußerst wichtig. Klicken Sie daher, wenn Sie in den *Brennoptionen* angekommen sind, auf *Mehr* und anschließend in dem sich öffnenden Fensterabschnitt auf *Videooptionen*.

Das sich öffnende Fenster beinhaltet die Registerkarte *DVD-Video*, zu der Sie wechseln müssen. Stellen Sie anschließend das *Seitenverhältnis* auf *4 : 3*, die *Qualitätseinstellungen* auf *Benutzerspezifisch* und die *Bitrate* auf *6000 kbit/s*. Die Auflösung sollte *720 x 576* betragen, der *Enkodiermodus* muss auf *High Quality* stehen, und als *Audioformat* ist *Stereo* die optimale Wahl. Bestätigen Sie die Einstellungen mit einem Klick auf *OK*.

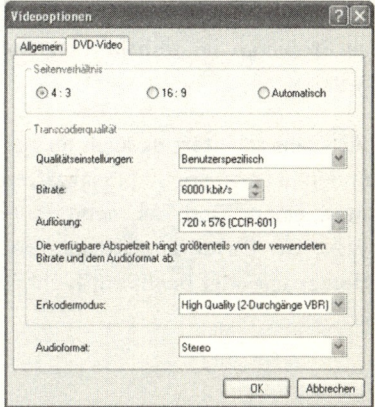

Die eigentlichen Brennoptionen bietet nur wenige Möglichkeiten, die DVD zu optimieren. Sorgen Sie dafür, dass unter *Brennen auf* Ihr Brenner ausgewählt ist. Sie können alternativ auch die DVD zunächst in einen *Festplatten Ordner schreiben*, um Sie vor dem Brennen zu testen. Mit einem Klick auf *Brennen* starten Sie abschließend den Vorgang.

Abspielprobleme auf DVD-Player beheben

? Mein Brenner hat ohne Fehlermeldung die DVD-Diashow gebrannt. Lege ich diese jedoch in meinen DVD-Brenner, erscheint lediglich eine Fehlermeldung. Wie kann ich nun meine Diashow abspielen?

! Grundsätzlich ist eine Diashow-DVD (oder auch VCD/SVCD) nichts anderes als eine normale Videodisk. Die Bilder werden in keinem Sonderformat abgespeichert, sondern als großer Videotitel untergebracht.

Wird eine Disk im Player nicht erkannt, liegt es in der Regel daran, dass der DVD-Player entweder nicht mit gebrannten Rohlingen zurechtkommt oder genau diesen Rohling nicht mag – immerhin gibt es verschiedenste Fabrikate auf dem Markt.

Ändern Sie in diesem Fall den Rohlingtyp und testen Sie, ob Ihr Player überhaupt mit gebrannten Rohlingen zurechtkommt. Probieren Sie aus, ob Ihr Abspielgerät mit einer (S)VCD-Diashow zurechtkommt. Brennen Sie das Projekt testweise als eine solche Diashow.

Viele ältere DVD-Player können zudem CD-RW-Rohlinge besser lesen als CD-Rohlinge. Probieren Sie deshalb ruhig einmal, einen wieder beschreibbaren Rohling zu verwenden.

Vielleicht scheitert es auch an der Firmware des DVD-Players. Die Unterteilungen finden in Form von Kapitelabsätzen statt. Ein Bild entspricht einem Kapitel, eine Diashow einem Titel. Bei mehr als 99 Bildern wird zu einem neuen Titel gewechselt. Wenn der Player damit nicht zurechtkommt, erkundigen Sie sich auf der Hersteller-Homepage oder bei Ihrem Fachhändler, ob für das Gerät ein Firmwareupdate möglich ist.

System und Disks analysieren mit dem Nero Toolkit

Laufwerkgeschwindigkeit beeinflussen	**654**
Lese- und Brennfehler feststellen	**656**
Systemfehler und Laufwerkeigenschaften ermitteln	**666**

21.1 Laufwerkgeschwindigkeit beeinflussen

Niedrige Umdrehungsgeschwindigkeit vermindert Lautstärke

? Das DVD-Laufwerk in meinem Computer wird beim Brennen sehr laut, der ganze Computer brummt, und es sind hochfrequente Geräusche zu hören. Gibt es einen Weg, die Lärmbelastung zu reduzieren?.

! Bei modernen, schnellen Brennern kommt es durch die starke Beschleunigung beim Lesen und Brennen oftmals zu lauten, störenden Laufwerkgeräuschen. Gerade die modernen Highend-Geräte mit einer bis zu 52facher Geschwindigkeit drehen den CD-Rohling schneller als viele Festplatten die Magnetscheibe.

Eine Lösung ist daher, die Brenngeschwindigkeit in Nero durch die Wahl einer geringeren Schreibgeschwindigkeit zu begrenzen. Wird die CD nur mit 16facher Geschwindigkeit beschrieben, dreht das Laufwerk merklich ruhiger, die Vibrationen und das hochfrequente Motorengeräusch nehmen ab.

Als Nebeneffekt wird zusätzlich Ihr Rechner entlastet, weil die Festplatte die Daten nicht so schnell an den Brenner senden muss. Der Rechner arbeitet während des Brennens flüssiger, und die Gefahr, dass der Buffer Underrun-Schutz die CD retten muss, sinkt.

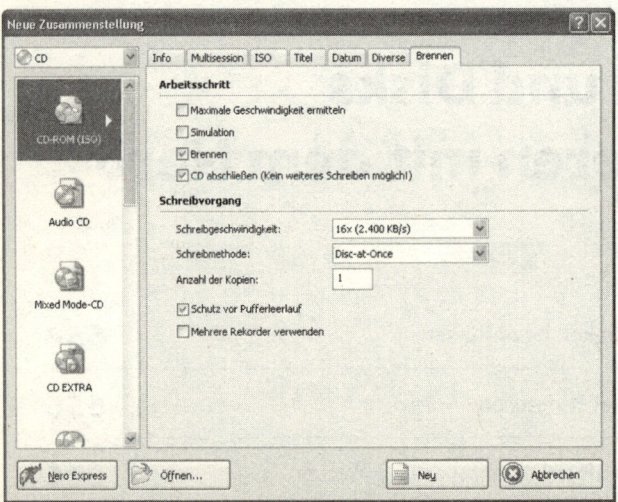

21.1 LAUFWERKGESCHWINDIGKEIT BEEINFLUSSEN

Dies kann sich sogar positiv auf die Schreibgeschwindigkeit auswirken, da das kontinuierliche Schreiben mit 16facher Geschwindigkeit unter Umständen schneller sein kann als der Versuch, eine CD mit 52facher Geschwindigkeit zu beschreiben, wenn der Brenner bei der höheren Geschwindigkeit ständig wegen fehlender Daten aussetzen muss.

Beim Lesen und Brennen einer DVD ist es in der Regel bislang nicht notwendig, die Brenngeschwindigkeit zu Gunsten einer geringeren Lautstärke zu verringern. Der Brennvorgang bei einer DVD mit 4fachem oder 8fachem Speed verläuft recht leise, ebenso drehen die meisten Laufwerke beispielsweise bei der Wiedergabe einer Video-DVD automatisch mit reduzierter Geschwindigkeit.

Anders als die Schreibgeschwindigkeit lässt sich die Leseleistung nicht direkt in Nero für das gesamte System einstellen. Ahead liefert daher das Programm DriveSpeed mit, das die Lesegeschwindigkeit der installierten Laufwerke individuell begrenzt.

1. Rufen Sie Nero DriveSpeed über den entsprechenden Eintrag im Startmenü auf. Sofort nach dem ersten Aufruf erscheint ein Symbol im entsprechenden Bereich der Taskleiste. Klicken Sie doppelt auf das neue Symbol, um die Programmoptionen zu öffnen.

2. Definieren Sie über das obere Pulldown-Menü das zu drosselnde Laufwerk und legen Sie dann die gewünschte Lesegeschwindigkeit fest.

3. Geben Sie unter *Optionen* an, ob das Programm bei jedem Windows-Start automatisch geladen sowie minimiert gestartet werden soll und ob die eingestellten Werte wieder aktiviert werden sollen. Schließen Sie danach die Programmoberfläche durch einen Klick auf die entsprechende Schaltfläche.

Möchten Sie zu einem späteren Zeitpunkt die Begrenzung deaktivieren, können Sie entweder das Optionsfenster erneut öffnen oder mit rechts auf das DriveSpeed-Symbol in der Taskleiste klicken. In dem sich öffnenden Optionsmenü steht der Eintrag *Beenden* zur Verfügung.

Lesegeschwindigkeit manuell beeinflussen

? Ich möchte gern Nero DriveSpeed nutzen, doch im Feld *DVD Lesegeschwindigkeit* zeigt das Programm keinerlei Geschwindigkeitsstufen zur Auswahl an. Muss ich jetzt auf diese Einstellungsmöglichkeiten verzichten?

! Es kommt vor, dass Nero DriveSpeed das Laufwerk nicht richtig erkennt und deshalb keine Geschwindigkeitsstufen zur Auswahl stellt. Dieses Problem lässt sich leicht aus der Welt schaffen:

1. Rufen Sie das Programm auf, klicken Sie auf die Schaltfläche *Optionen und entscheiden* Sie zunächst, ob Sie die Geschwindigkeiten für eine CD oder DVD konfigurieren wollen. Versuchen Sie, die Geschwindigkeitsstufen des Laufwerks automatisch zu ermitteln, indem Sie auf die Schaltfläche *Erkennen* klicken. Wichtig ist, dass Sie davor eine DVD einlegen, damit die Erkennung auch ein Erfolg wird.

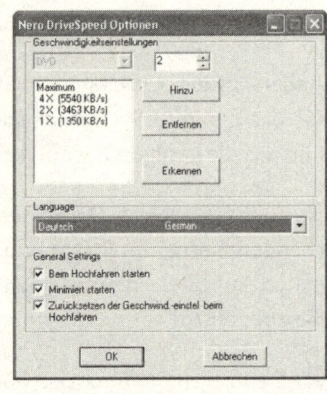

2. Misslingt diese Aktion und erscheint nur der Eintrag *Maximum*, müssen Sie die Geschwindigkeiten manuell bestimmen. Dazu stellen Sie zuerst rechts oben die gewünschte Geschwindigkeitsstufe ein und klicken anschließend auf die Schaltfläche *Hinzu*.

3. Verlassen Sie das Fenster per Klick auf *OK* und wählen Sie im Programmfenster die manuell festgelegte Geschwindigkeitsstufe für das Laufwerk aus. Anschließend können Sie DriveSpeed schließen, die Geschwindigkeit wird nun automatisch geregelt.

21.2 Lese- und Brennfehler feststellen

Audio-CD auf Brennfehler überprüfen

? Meine gebrannte Audio-CD bereitet mir bei der Wiedergabe Probleme. Wie kann ich die erstellte Audio-CD checken, um zu erfahren, ob es an einer schlechten Brennqualität oder am Medium liegt?

! Nichts ist ärgerlicher, als wenn die gerade gebrannte Audio-CD beim Abspielen zickt, das Anspringen der einzelnen Tracks misslingt oder die Scheibe erst gar nicht vom Player erkannt wird – zumal sowohl eine Inkompatibilität des CD-Players als auch eine fehlerhaft gebrannte Audio-CD in Frage kommen. Mit dem im Nero-Paket enthaltenen Programm CD-DVD Speed können Sie analysieren, ob die CD Schuld am Übel trägt.

1. Legen Sie eine gebrannte Audio-CD in eines Ihrer Laufwerke und starten Sie Nero CD-DVD Speed. Wählen Sie im oberen Teil des Fensters aus dem Pulldown-Menü das Laufwerk aus, das die CD beinhaltet.

2. Klicken Sie auf die Registerkarte *Diskqualität* und gehen Sie dann auf *Start*. Anschließend beginnt Nero mit der Überprüfung der CD und zeigt dabei die aktuellen Ergebnisse an.

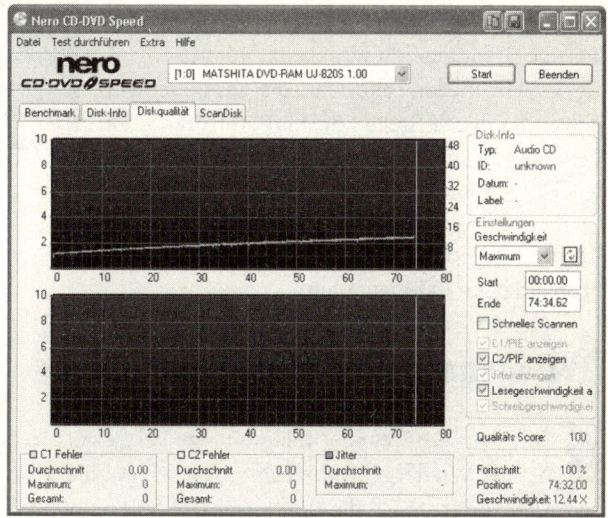

Die Zahlen auf der senkrechten Achse zeigen die Stärke der Lesefehler, die auf der waagerechten die Abspielzeit der CD in Minuten. Sind viele starke gelbe Ausschläge zu sehen, ist die Brennqualität sehr schlecht. Die gebrannte CD ist nur eingeschränkt nutzbar oder sogar unbrauchbar, da laut Analyse fehlerhafte Bereiche auf der gebrannten CD zu finden sind.

CD-Qualitätscheck nur eingeschränkt nutzbar

? Nach der Analyse einer Audio-CD, die mir Probleme bei der Wiedergabe bereitet, sind keine gelben Fehlerbalken im Check der Diskqualität zu finden. Könnte die CD trotzdem fehlerhaft sein, oder ist mein CD-Player für die Probleme verantwortlich?

! Es kommt vor, dass keine gelben Balken nach einem Analyselauf zu sehen sind, obwohl sich Fehler auf der Audio-CD befinden. Nicht jedes Laufwerk ist in der Lage, gefundene Fehler an das Nero-Tool zu melden, es fehlt dann an verwertbaren Informationen.

Orientieren Sie sich in diesem Fall an der grünen Kurve des Diskqualitätschecks. Bricht diese an einigen Stellen ein, deutet das auf eine minderwertige Brennqualität hin, da das genutzte Laufwerk nicht in der Lage war, die Lesegeschwindigkeit an dieser Stelle konstant zu halten – ein sicheres Indiz für das Einsetzen der Fehlerkorrekkorrektur.

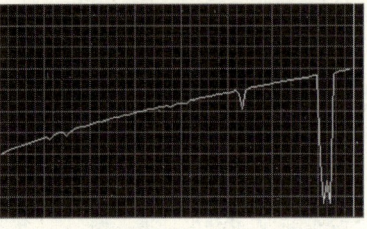

Zeigt hingegen auch die grüne Linie keine Einbrüche, deuten die Symptome auf ein Problem beim CD-Player hin.

DVD-Brennqualität in Nero überprüfen

? Seit dem Kauf einiger Billigrohlinge verweigert sich mein DVD-Player, er fängt bei der Wiedergabe von Filmen, die ich auf die Silberscheiben gebrannt habe, an zu ruckeln oder stoppt die Wiedergabe sogar komplett. Gibt es in Nero eine Möglichkeit, die DVD-Qualität nach dem Brennen zu testen?

! Bei der Analyse der Diskqualität handelt es sich um eine Funktion, die speziell für CDs gedacht ist. Eine DVD lässt sich mit der Fehleranalyse leider nicht überprüfen, beim Klicken auf *Start* erscheint ein entsprechender Hinweis.

Allerdings lässt sich mit Nero CD-DVD Speed die Transferrate beim Lesen einer DVD ermitteln. Treten starke Schwankungen auf, deutet das auf eine schlechte Brennqualität hin, da das Laufwerk versucht, die fehlerhaften Stellen erneut einzulesen, und deshalb die Geschwindigkeit drosselt. Dies führt dann zum Absinken der Transferrate.

1. Starten Sie Nero CD-DVD Speed über das Startmenü. Stellen Sie am oberen Rand des Hauptfensters das Laufwerk mit der zu prüfenden DVD ein und wählen Sie die Registerkarte *Benchmark*.

21.2 LESE- UND BRENNFEHLER FESTSTELLEN 659

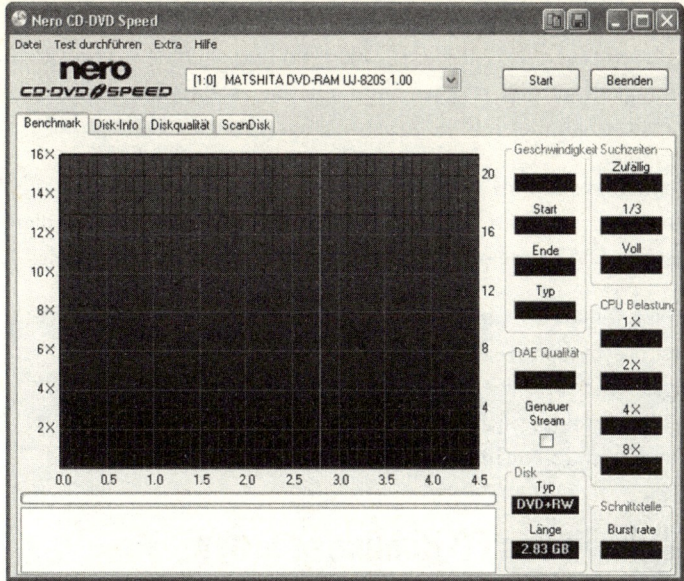

2. Klicken Sie auf *Start* und das Laufwerk liest die DVD ein und stellt die dabei entstehende Datentransferrate grafisch dar.

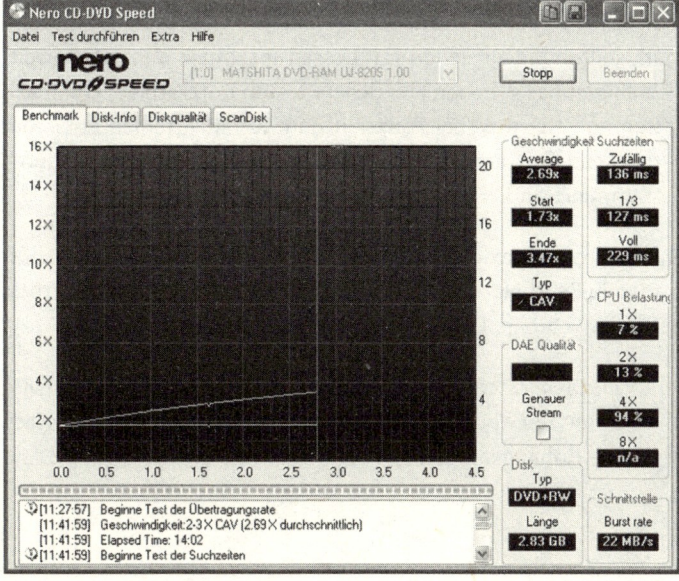

Der grüne Balken zeigt die Transferrate und die gelbe Kurve die Rotationsgeschwindigkeit des Laufwerks beim Lesen des Mediums. Während und nach dem Test ist zudem die Lesegeschwindigkeit auf der rechten Seite ablesbar, sodass Sie die tatsächliche Leseleistung abschätzen können.

Treten starke Unregelmäßigkeiten im Verlauf der grünen Grafik auf, bedeutet dies, dass schwer lesbare Bereiche vorliegen. Sie sollten in diesem Fall einen neuen Rohling brennen, da die analysierte DVD-Scheibe eine mangelhafte Brennqualität aufweist.

Ein sicheres Indiz für eine fehlerhaft gebrannte DVD ist zudem ein kompletter Testabbruch. Taucht die Meldung *Fehler! Unrecovered Read Error* auf, kann die DVD selbst mit aktiver Fehlerkorrektur nicht gelesen werden, das Medium ist in diesem Fall nicht zu retten.

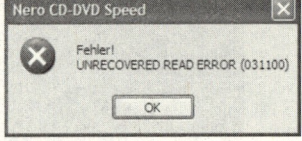

Überbrennmöglichkeit von CD-Rohlingen testen

? Das Brennprojekt, das ich erstellt habe, ist etwas groß geraten. Ich beabsichtige dieses Problem durch das Überbrennen einer CD zu lösen. Doch wie kann ich die Kapazität meines CD-Rohlings ermitteln, um vor Rohlingschrott sicher zu sein?

! Bevor Sie erwägen, ein zu groß gewordenes Projekt per Überbrennen auf den Rohling zu bannen, sollten Sie auf jeden Fall dessen maximale Kapazität ermitteln, denn sogar bei Rohlingen des gleichen Herstellers treten unterschiedliche maximale Speicherkapazitäten auf. Ist zu wenig Platz auf dem Rohling, fehlen entweder wichtige Daten oder das Lead-Out kann nicht mehr geschrieben werden, wodurch Leseprobleme vorprogrammiert sind.

1. Legen Sie den Rohling, dessen maximale Kapazität Sie messen wollen, in das Laufwerk ein. Starten Sie anschließend Nero CD-DVD Speed und wählen Sie den Writer, der den zu prüfenden Rohling enthält, über das Pulldown-Menü aus.

2. Klicken Sie auf *Extra/Überbrennentest*, stellen Sie die gewünschte Schreibgeschwindigkeit ein und geben Sie unter *Test Kapazität* einen Wert in Minuten ein, der deutlich größer ist als die angegebene Rohlingkapazität.

21.2 LESE- UND BRENNFEHLER FESTSTELLEN **661**

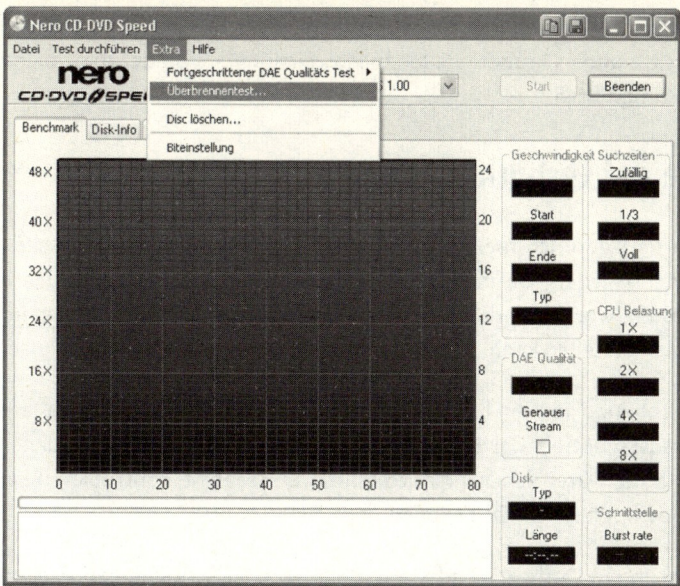

3. Klicken Sie auf *Start*. Der Brenner simuliert daraufhin das Schreiben von Daten so lange, bis er das physikalische Ende der Führungsrille oder das Ende der Reflexionsschicht erreicht hat. Aus dieser Simulation ermittelt Nero CD-DVD Speed die maximale Rohlingkapazität, die Ihnen dann in einem automatisch erscheinenden Fenster angezeigt wird.

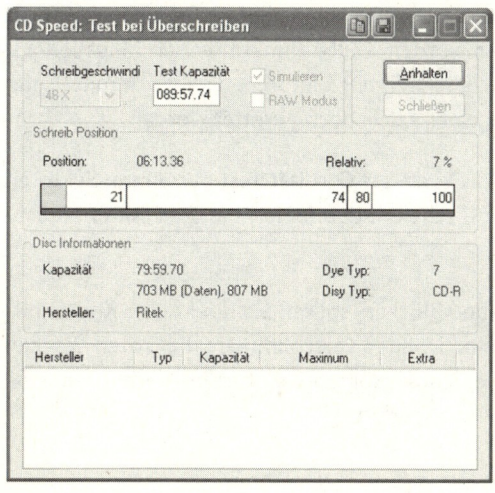

Beachten Sie, dass nicht jeder Rohling desselben Herstellers die gleiche maximale Speicherkapazität besitzt und es immer wieder zu Abweichungen von der maximalen Speicherkapazität kommen wird.

Ältere Rohlinge auf Lesbarkeit testen

Seit einigen Jahren lagere ich meine Musik auf diversen Rohlingen. Inzwischen kommt es bei der Wiedergabe immer wieder zu Aussetzern. Ich suche daher einen Weg, um zu testen, wie es um die Daten auf den Rohlingen steht, damit ich im Notfall rettende Kopien erstellen kann.

Minderwertige Rohlinge können beispielsweise durch UV-Licht und viele äußere Einflüsse wie das Magnetfeld der Erde schnell zerstört werden. Wenn Sie daher wissen wollen, ob eine alte Datensicherung noch fehlerfrei lesbar ist, kontrollieren Sie die gebrannte Scheibe mit Nero CD-DVD Speed.

1. Legen Sie die Disk in ein Laufwerk und starten Sie Nero CD-DVD Speed. Stellen Sie das Laufwerk ein, das die zu überprüfende Disk enthält, und wählen Sie anschließend die Registerkarte *ScanDisk* aus.

2. Das ScanDisk-Modul ähnelt stark dem von Windows bekannten Laufwerktest. Es überprüft die Oberfläche der CD und versucht zudem, die Daten auszulesen. Klicken Sie auf *Start*.

Zeigt die Grafik nach Abschluss des Tests ausschließlich hellgrüne Bereiche, kann der Rohling nach wie vor fehlerfrei gelesen werden. Gelbe Punkte weisen hingegen auf Bereiche mit Leseproblemen hin. Diese beschädigten Sektoren, die jedoch mittels der Fehlerkorrektur lesbar sind, können bei einer Kopie noch gerettet werden.

Problematischer sind hingegen rote Blöcke, da der Qualitätstest aus diesen Sektoren nichts mehr lesen konnte. Die Folge sind schwere Lesefehler, die die Disk unbrauchbar machen.

Besteht Ihre Grafik aus grünen und gelben Blöcken, sollten Sie direkt eine Kopie starten, bevor sich der Zustand der Disk noch weiter verschlimmert. Bei roten Blöcken könnte es hingegen bereits zu spät sein, jedoch sollten Sie ebenfalls versuchen, eine Kopie anzufertigen, um die übrigen Daten zu retten.

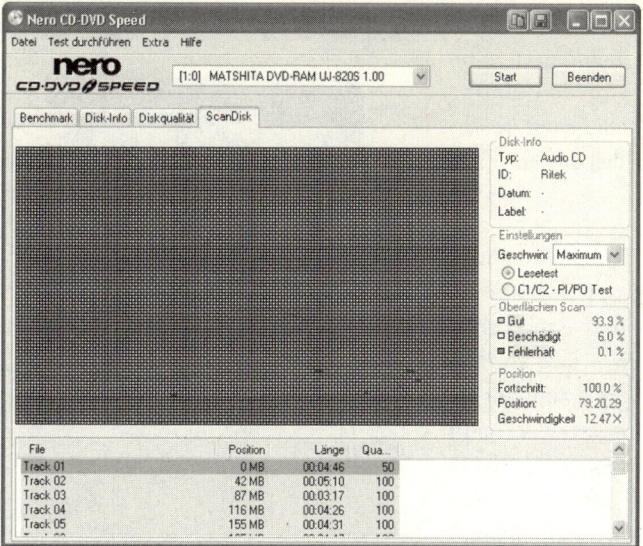

Lesequalität von Audio-CDs testen

? Nach dem Einspielen und Kopieren von Audio-CDs stelle ich stets unschöne Knackser fest. Wenn ich jedoch fremde Musikdateien als Quelle nutze, klingen die gebrannten Audio-CDs deutlich besser. Wie kann ich analysieren, ob mein Laufwerk schuld an der schlechten Qualität ist?

! Gerade ältere Laufwerke und Brenner sind nicht nur langsam, wenn es um das Auslesen von digitalen Audiodaten geht, sondern sie gehen dabei auch noch schlampig vor. Oft genug sind Lesefehler die Folge, die zu unschönen Aussetzern oder Störgeräuschen führen. Daher sollten Sie in CD-DVD Speed die **D**igital **A**udio **E**xtraction-(DAE-)Fähigkeit Ihres Laufwerks testen, wenn sich die CD-Kopie schlechter als das Original anhört.

1. Legen Sie eine gepresste Audio-CD, von der Sie wissen, dass sie so weit keine Fehler – beispielsweise tiefe Schrammen – besitzt, in das für den Import von Audiodaten genutzte Laufwerk ein und starten Sie anschließend das Tool CD-DVD Speed.

2. Wählen Sie am oberen Rand das Laufwerk aus, das die CD beinhaltet. Nun müssen Sie im Menü *Extra* den Eintrag *Fortgeschrittener DAE Qualitätstest/Fehlertest/Test durchführen* anklicken, um den Test zu starten.

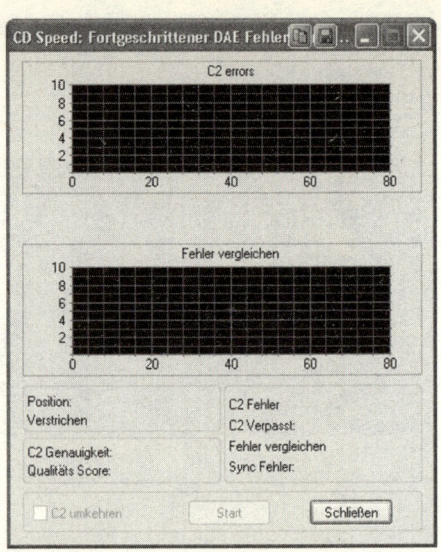

Am unteren Rand des Tools wird Ihnen nach wenigen Sekunden das Ergebnis angezeigt. Hat das Programm massive Fehler gefunden, sollten Sie nun – falls vorhanden – das zweite optische Laufwerk im Rechner auf gleiche Weise testen. Verläuft der Test ohne Fehler, können Sie beim nächsten Einspielen oder Kopieren einer Audio-CD dieses Laufwerk als Quelle nutzen.

Leseprobleme trotz bestandenem Test

Mein Leselaufwerk hat ohne Fehler den DAE-Test des Nero CD-DVD Speed-Tools bestanden. Trotzdem sind weiterhin die Störgeräusche zu hören. Könnte das Laufwerk trotz des positiven Resultats beim Auslesen einer Audio-CD Probleme haben?

Der allgemeine DAE-Qualitätstest des Nero-Tools testet nur kurz, ob das Laufwerk Probleme mit dem digitalen Auslesen einer CD hat. Es gibt daher einige Problemlaufwerke, die diesen Kurztest bestehen und trotzdem Leseprobleme besitzen, wenn nicht 10 Sekunden, sondern 74 Minuten ausgelesen werden sollen. Daher besitzt CD-DVD Speed einen erweiterten DAE-Test, für den zunächst eine spezielle CD gebrannt werden muss.

21.2 LESE- UND BRENNFEHLER FESTSTELLEN

1. Klicken Sie in Nero CD-DVD Speed auf *Extra* und öffnen Sie das Untermenü *Fortgeschrittener DAE Qualitäts Test*. Klicken Sie in der aufklappenden Liste auf *Test CD erstellen*.

2. Es öffnet sich ein Nero-untypischer Brenndialog, der zum Erstellen der DAE-Testdisk dient. Deaktivieren Sie die *Simulieren*-Option, damit die CD auch wirklich geschrieben wird. Klicken Sie danach auf *Start*, um die CD zu erstellen.

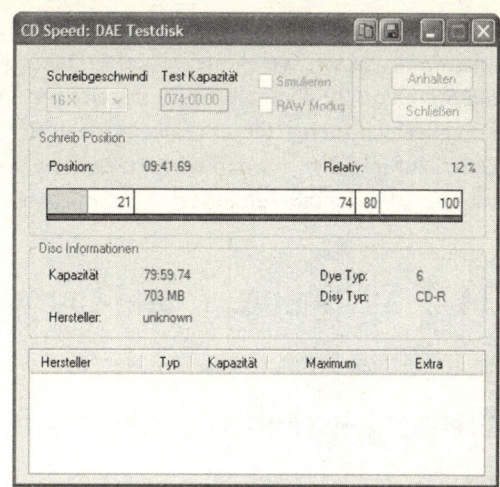

3. Nach dem Erstellen der DAE-Disk müssen Sie diese in das Laufwerk einlegen, das zum Auslesen genutzt werden soll. Wählen Sie dieses am oberen Rand des CD-DVD Speed-Hauptfensters aus.

4. Wählen Sie nun abermals das Untermenü *Fortgeschrittener DAE Qualitäts Test* im Menü *Extra* aus, klicken Sie in diesem Fall jedoch auf den Eintrag *Test durchführen*. Mit einem Klick auf *Start* beginnt der Test.

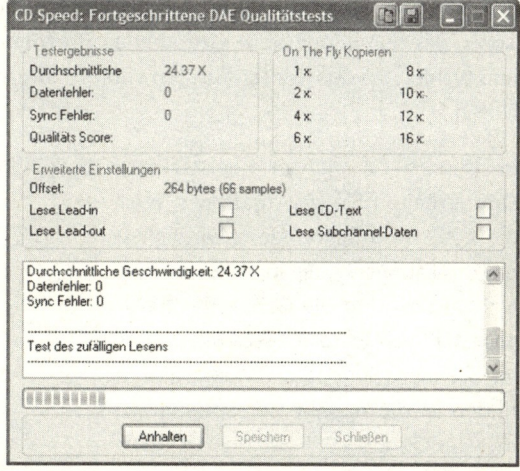

Nach dem Test wird Ihnen im Feld *Testergebnisse* angezeigt, ob es zu Fehlern gekommen ist. Sollten keine Fehler entdeckt worden sein, ist das Laufwerk perfekt zum Auslesen von Audiodaten geeignet. Wurden hingegen viele Fehler gefunden, empfiehlt sich der Einsatz eines anderen Laufwerks zum Extrahieren von Audiodaten.

Allerdings sind selbst moderne Laufwerke nicht immer perfekt, wenn es um das Auslesen geht. Daher ist ein *Qualitäts Score* von 99 ebenfalls noch ausreichend hoch für gute Kopien. Doch auch in diesem Fall empfiehlt sich ein erneuter Durchlauf mit dem – wenn vorhanden – zweiten Laufwerk des PCs, um das bessere Laufwerk für digitale Audiodaten zu ermitteln.

21.3 Systemfehler und Laufwerkeigenschaften ermitteln

Brenneigenschaften des Brenners ermitteln

? In meinem neu erworbenen Komplett-PC ist bereits ein Brenner eingebaut, über den mir keine weiteren Informationen vorliegen. Wie erfahre ich, was mein Brenner alles kann und unterstützt?

! Mit dem Nero InfoTool erhalten Sie genauere Auskunft über die Rekordereigenschaften als durch das Auswahlfenster von Nero. Öffnen Sie nach dem Start des Tools, das sich in der Nero-Gruppe des Startmenüs befindet, die Registerkarte *Drive* und wählen Sie den Writer aus, um weitere Informationen über seine Features zu erhalten.

Im Bereich *General* der Registerkarte *Drive* erhalten Sie Informationen über die Lese- und Schreibgeschwindigkeiten des Laufwerks, die installierte Firmwareversion und die Größe des hardwaremäßigen Datenzwischenspeichers im Brenner *(Buffer Size)*. Weiterhin zu finden ist die Angabe der Seriennummer des Geräts.

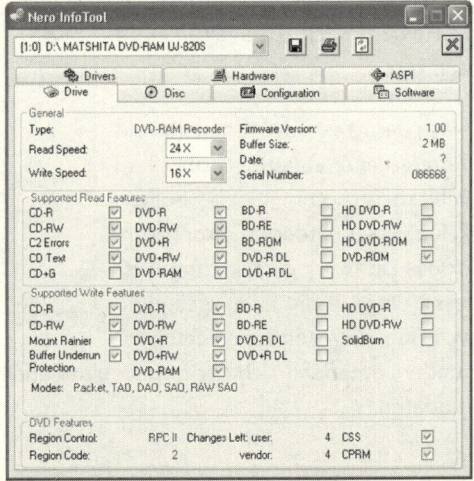

Dies ist nützlich, wenn Sie zwecks einer Serviceanfrage beim Hersteller ein Formular ausfüllen müssen, das die Frage nach der Seriennummer enthält. Das Nero InfoTool sorgt dafür, dass das Laufwerk nicht ausgebaut werden muss – jedenfalls dann, wenn der Brenner die

Seriennummer auch tatsächlich eingespeichert hat. Ist dies nicht der Fall, erscheint in der Spalte *Serial Number* ein Fragezeichen.

Im Bereich *Supported Read Features* bekommen Sie genaue Informationen über die Leseeigenschaften des Geräts. Sie erfahren beispielsweise, welche gebrannten Medien das Laufwerk wiedergeben kann. Dies ist besonders für gebrannte DVD-Rohlinge interessant, da gerade ältere DVD-Laufwerke nicht immer zu allen DVD-Rohlingen kompatibel sind. Eine gesunde Skepsis ist jedoch gegenüber diesen Angaben angebracht, denn sie sind nicht immer auf dem neusten Stand. Viele DVD-ROM-Laufwerke und Brenner lesen sowohl DVD-R/RW als auch DVD+R/RW, obwohl Sie laut Nero InfoTool nur eine der beiden Rohlingsorten unterstützen.

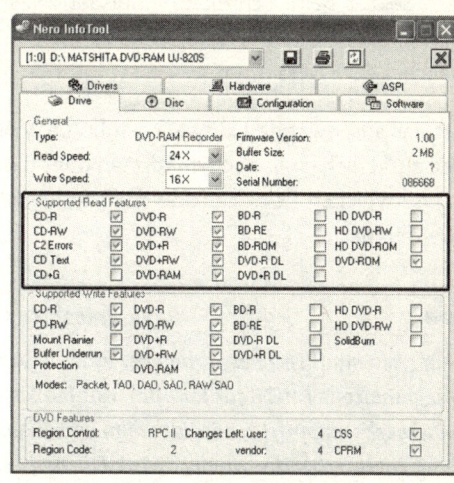

Zusätzlich erfahren Sie, ob Ihr Laufwerk CD-Text-Daten einer Musik-CD lesen kann und die Auswertung von C2-Fehlern *(C2 Errors)* beherrscht wird. Dies ist besonders beim professionellen Auslesen von Musik-CDs zu empfehlen und sehr wichtig für die Überprüfung der Brennqualität gebrannter Medien.

Unter *Supported Write Features* werden alle Medientypen aufgezeigt, die Sie mit Ihrem Brenner beschreiben können. Das ist besonders bei DVD-Rohlingen wichtig, damit Sie sich nicht die falsche Rohlingsorte besorgen. Weiterhin erfahren Sie, ob der Brenner über einen Buffer Underrun-Schutz verfügt und Mount-Rainier beherrscht.

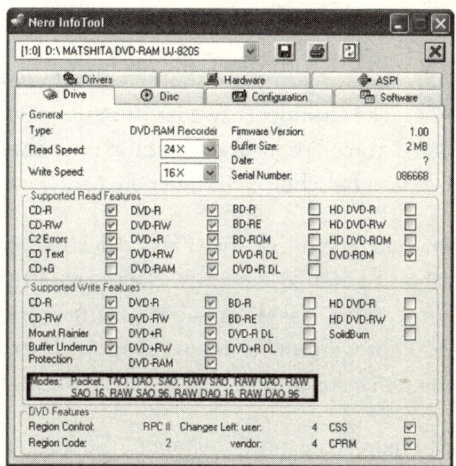

Im Bereich *Modes* werden – je nach Brenner – Kombinationen verschiedener Schreibeigenschaften angegeben. Besonders wichtig zum Brennen wirklich aller

Daten ist die Angabe *DAO 96*, was besagt, dass der Brenner im Disc-at-Once-Brennverfahren den RAW-Modus beherrscht und sämtliche 96 Byte Kontrollinformationen pro Sektor beim Schreiben einbezieht. Die in dem Feld aufgeführten Abkürzungen stehen für: *Packet* = **P**acket-Writing mit InCD; *TAO* = **T**rack-**a**t-**O**nce; *DAO* = **D**isc-**a**t-**O**nce; *SAO* = **S**ession-**a**t-**O**nce.

Ist das ausgewählte Laufwerk ein DVD-Writer oder ein DVD-ROM-Laufwerk, finden Sie zusätzlich einige Informationen über die DVD-Eigenschaften des Geräts, beispielsweise welchen Regionalcode das Laufwerk besitzt und wie oft dieser noch geändert werden darf.

> ***Regionalcode auf Video-DVDs***
>
> *Auf allen käuflich zu erwerbenden Video-DVDs befindet sich ein bestimmter Regionalcode (Regionalcode RPC II für Europa). Kaufen Sie eine DVD, die nicht dem Regionalcode Ihres Laufwerks entspricht, wird der Film erst dann abgespielt, wenn die Regionalcode-Einstellung entsprechend verändert wird. Die meisten Geräte lassen bis zu fünf Änderungen des Regionalcodes zu, dann wird der zuletzt ausgewählte Code fest für das Lautwerk eingestellt.*

ASPI-Treiber bei nicht gefundenen Laufwerken

? Seit der Installation einiger weiterer Brennprogramme findet Nero meinen Brenner nicht mehr. Welche Diagnosewege stehen mir zur Lösung des Problems zur Verfügung?

! Findet Nero die installierten Laufwerke nicht, gibt es hauptsächlich zwei mögliche Gründe: Entweder ist das Gerät von keinem bekannten Hersteller und wird daher von Nero nicht unterstützt oder aber ein anderes Programm stört die Kommunikation zwischen Nero und dem Laufwerk.

Im zweiten Fall ist meist das Advanced SCSI Programming Interface beteiligt. Die schon zu SCSI-Zeiten entwickelte Schnittstelle zwischen Brenner und Brennsoftware sorgt dafür, dass Nero jedes Laufwerk ansprechen kann. Modifiziert ein anderes Brennprogramm bei der Installation diesen Treiber, kann es dazu kommen, dass Nero mit den installierten Laufwerken nichts mehr anfangen kann.

Mit dem Nero InfoTool können Sie kontrollieren, ob der ASPI-Treiber korrekt installiert wurde und innerhalb der von Nero vorgegebenen Parameter arbeitet.

Dafür wählen Sie auf der Registerkarte *ASPI* des Nero InfoTools unter *ASPI installation* den Eintrag *Nero ASPI* aus, der im Pulldown-Menü zu finden ist. Der ASPI-Treiber von Nero besteht unter Windows XP aus der Datei *WNASPI32.DLL,* die sich im Verzeichnis von Nero befindet. Sofern Sie am unteren Fensterrand *ASPI is installed and working properly lesen,* gibt es keine Probleme mit dem Treiber. Andernfalls sollten Sie alle installierten Brennprogramme deinstallieren und anschließend Nero neu aufspielen.

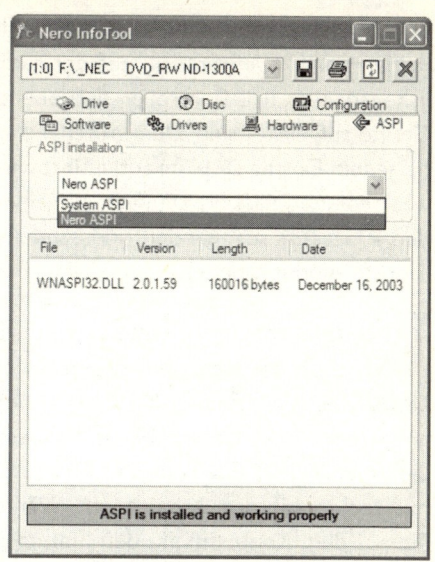

ASPI im Notfall neu installieren

Zeigt Ihnen das Tool an, dass der Treiber nicht korrekt arbeitet, können Sie zunächst versuchen, nur den ASPI-Treiber neu zu installieren. Auf der Seite Nero.com stehen im Bereich Support unter Hilfsprogramme sowohl für Windows 95/98/ME als auch für Windows 2000/XP entsprechende Treiber zur Verfügung, die in das Nero-Hauptverzeichnis entpackt werden müssen. Nach dem Entpacken werden die Treiber automatisch beim nächsten Nero-Start aktiviert. Weitere Installationsinformationen sind direkt auf der Supportseite zu finden.

Konfiguration des PCs überprüfen

In letzter Zeit kommt es selbst bei langsam gebrannten DVDs zunehmend zu Aussetzern, die vom Buffer Underrun-Schutz aufgefangen werden müssen. Wie überprüfe ich die Konfiguration meines Systems, um sicherzugehen, dass keine falschen Einstellungen schuld an dem Problem sind?

Das Nero InfoTool ermöglicht es Ihnen, schnell und unkompliziert zu überprüfen und festzustellen, ob Ihr System für einen stabilen Brennvorgang optimal konfiguriert ist.

Starten Sie das InfoTool und öffnen Sie die Registerkarte *Configuration,* auf der sämtliche an dem IDE-Controller betriebenen Geräte aufgelistet sind. Überprüfen Sie, ob bei jedem Eintrag *DMA on* aufgeführt wird, was bedeutet, dass die Laufwerke in einem den Prozessor schonenden und schnellen Transfermodus arbeiten.

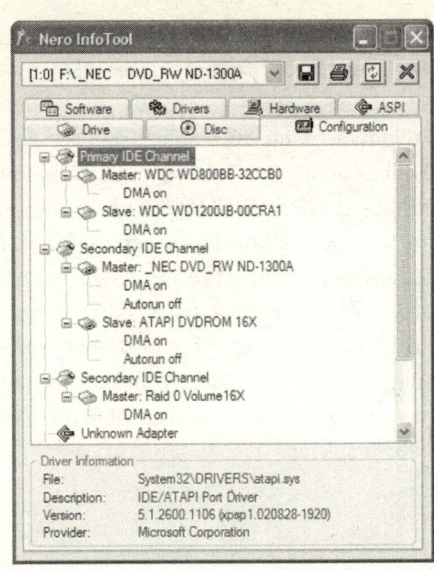

1. Ist dies nicht der Fall, merken Sie sich zunächst, ob das Gerät mit deaktiviertem DMA-Modus am *Primary IDE Channel* oder am *Secondary IDE Channel* hängt. Verlassen Sie anschließend das Tool und klicken Sie mit rechts auf den Arbeitsplatz. Wählen Sie aus dem Kontextmenü den Eintrag *Eigenschaften* aus. Wechseln Sie zum Register *Hardware* und klicken Sie auf *Geräte-Manager.*

2. In dem neuen Fenster sind sämtliche Geräte Ihres Computers zu finden. Öffnen Sie den Eintrag *IDE/ATAPI-Controller* und klicken Sie den Kanal an doppelt, an dem das Gerät mit deaktiviertem DMA-Modus hängt.

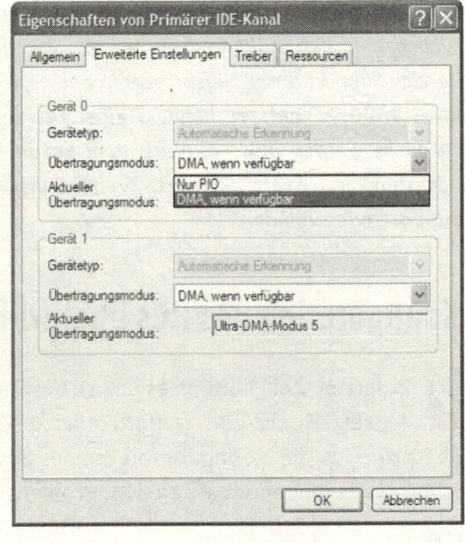

3. Wechseln Sie im sich öffnenden *Eigenschaften*-Fenster zum Register *Erweiterte Eigenschaften.* Dort ist zu sehen, in welchem Modus die jeweiligen Geräte aktuell laufen. Ist bei einem Gerät der Übertragungsmodus *Nur PIO* ausgewählt, ändern Sie dies ab – richtig ist die Einstellung *DMA, wenn verfügbar.* Nach einem Neustart ist der DMA-Modus aktiviert.

Überprüfen Sie anschließend, ob unter den Einträgen der optischen Laufwerke zusätzlich *Autorun off* steht. Ist dort *Autorun on zu lesen,* wurde die Autostart-Funktion nicht deaktiviert – dies sollten Sie für einen sicheren Brennvorgang mit Nero nachholen.

1. Öffnen Sie den Arbeitsplatz und klicken Sie mit rechts auf das Laufwerk, dessen Autostart aktiviert ist. Anschließend müssen Sie im sich öffnenden Kontextmenü den Eintrag *Eigenschaften* anklicken.

2. Wechseln Sie zum Register *AutoPlay*. Im Pulldown-Menü stehen verschiedene Dateitypen zur Verfügung, für die jeweils eine eigene Aktion gewählt werden kann. Markieren Sie für jeden Typ zunächst *Durchzuführende Aktion auswählen* und wählen Sie aus der Liste anschließend die Option *Keine Aktion durchführen* aus.

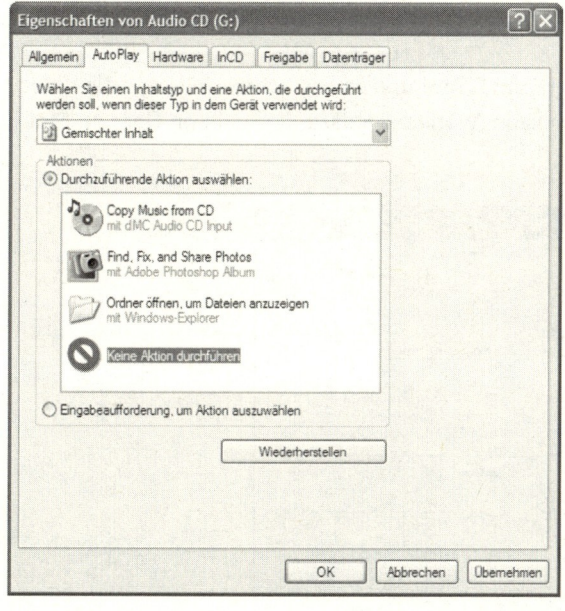

TweakUI hilft beim Deaktivieren

Mit dem kostenlosen Programm TweakUI, das von Microsoft zur Verfügung gestellt wird, kann der Autostart noch deutlich besser deaktiviert werden. Zu finden ist die Option in der Rubrik My Computer unter Autostart/Types. Das Programm können Sie am bequemsten über Google finden, da sich die Download-Seite bei Microsoft von Zeit zu Zeit ändert.

Installierte Video-Codecs bei Wiedergabeproblemen überprüfen

? Aus irgendeinem Grund werden einige komprimierte Videodateien auf meinem Rechner nicht gelesen. Wie erkenne ich, woran die Wiedergabe scheitert?

! Video ist nicht gleich Video, inzwischen gibt es eine kaum überblickbare Zahl verschiedener Formate. Für jedes Format wird ein eigener Codec benötigt, damit das Video wiedergegeben werden kann. Fehlt dieser, bleibt der Bildschirm schwarz. Daher müssen Sie überprüfen, welcher Codec benötigt wird, und anschließend, ob dieser auch installiert ist. Dabei sehr nützlich ist das kostenlos im Netz zu findende Programm GSpot, das vor den folgenden Schritten installiert sein muss.

1. Starten Sie zunächst das Programm GSpot und öffnen Sie anschließend die Videodatei, die nicht angezeigt werden kann. Wählen Sie dazu die Funktion *Open* im Menü *File* aus.

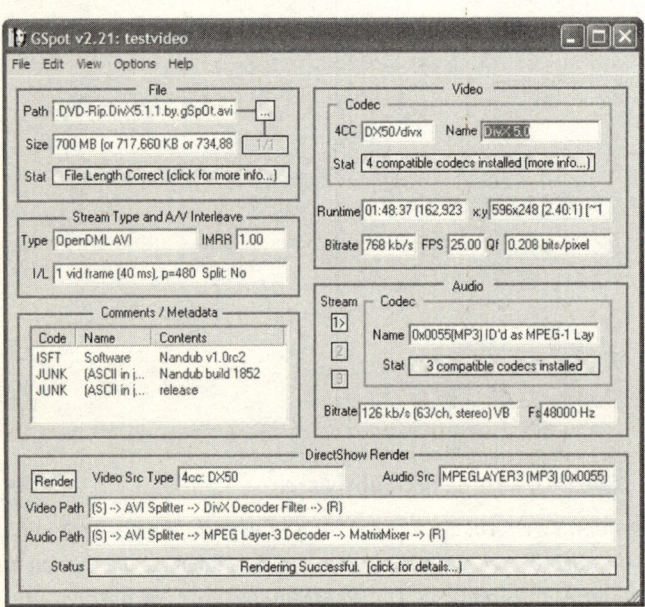

2. Auf der rechten Seite des Programms wird Ihnen angezeigt, um was für einen Video-Codec es sich handelt, zu finden im Bereich *Video* in der Spalte *Name*. Ein Feld weiter unten informiert Sie GSpot zudem, ob ein passender Codec gefunden wurde.

3. Wechseln Sie anschließend zum Nero InfoTool und öffnen Sie darin das *Drivers*-Register. Darin finden Sie alle installierten Codecs samt Versionsangabe, unterteilt in Video- und Audio-Codecs, aufgelistet. Überprüfen Sie nun, ob der benötigte Codec installiert ist.

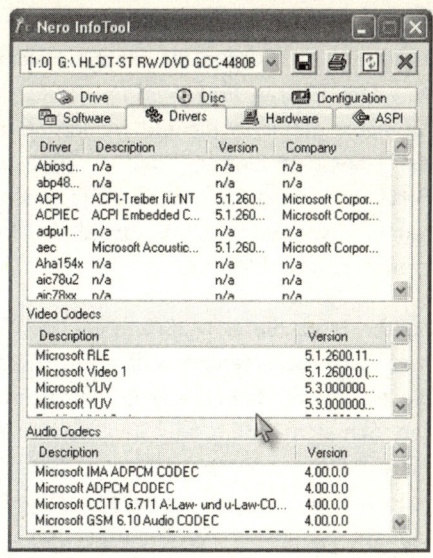

Kann sowohl GSpot als auch das InfoTool keinen entsprechenden Codec feststellen, müssen Sie nun den Codec nachträglich installieren. Die meisten Videoformate sind – zumindest was die Wiedergabe betrifft – im Netz kostenlos zu finden, beispielsweise über eine entsprechende Suche bei Google. Nach der Installation sollte das Video ohne Probleme abspielbar sein.

Das Nero InfoTool startet nicht

? Leider startet das InfoTool nicht, wenn ich auf den Eintrag im Startmenü klicke. Was kann man tun, um die Startprobleme zu beheben?

! Selten kommt es bei bestimmten Systemzusammenstellungen vor, dass das Nero InfoTool nicht korrekt funktioniert. Es bleibt entweder beim Start hängen oder stürzt gleich nach einem gelungenen Start ab.

Sorgen Sie dafür, dass beim Start des Tools in jedem Laufwerk eine Disk eingelegt ist. Treten danach noch immer derartige Probleme auf, lassen Sie das Programm versuchsweise unter Windows XP im Kompatibilitätsmodus für Windows 2000 laufen.

1. Klicken Sie mit rechts auf *Nero InfoTool* im Startmenü und wählen Sie aus dem sich öffnenden Kontextmenü den Eintrag *Eigenschaften* aus. Es erscheinen die Eigenschaften des InfoTools.

2. Wechseln Sie anschließend zum Register *Kompatibilität*. Sorgen Sie für ein Häkchen vor dem Eintrag *Programm im Kompatibilitätsmodus ausführen für* und wählen Sie aus der Liste den Eintrag *Windows 2000* aus. Fortan emuliert Windows XP die Eigenschaften von Windows 2000, sobald das Programm aufgerufen wird.

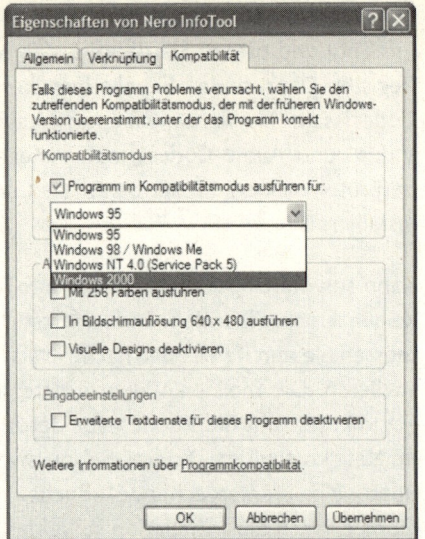

Sollten trotz dieser Maßnahmen noch immer Startprobleme vorhanden sein, müssen Sie leider vorerst auf das Programm verzichten. Schon mit dem nächsten Update des Nero-Pakets könnte sich die Situation jedoch ändern, testen Sie daher nach jedem Update, ob das InfoTool nun genutzt werden kann.

Nero perfekt einrichten für problemloses Brennen

Nero installieren und einrichten	**676**
Brenner konfigurieren	**688**
Nero StartSmart optimieren	**697**

22.1 Nero installieren und einrichten
Schnell die aktuellste Version ermitteln

? Ich habe mir Nero 7 gekauft und möchte nun meine Nero-Version auf den aktuellen Stand bringen. Wie kann ich herausfinden, welche Nero-Version bei mir installiert ist und ob eine neue Version von Nero bei Ahead erhältlich ist?

! Nero 7 sollte immer auf dem aktuellen Stand gehalten werden, um eine fehlerbereinigte Version nutzen zu können und von neuen Funktionen zu profitieren. So können Sie sich schnell informieren, ob eine neuere Version zum Download bereit steht.

1. Öffnen Sie über das Startmenü oder die Schnellstartleiste das Programm Nero StartSmart und klicken Sie rechts oben auf *Extras* und *Nero ProductSetup starten*.

2. Da die Überprüfung online stattfindet, muss Ihr Rechner mit dem Internet verbunden sein. Verbinden Sie Ihren Rechner mit dem Internet, falls nicht schon geschehen. Gehen Sie dann im neuen Fenster *Nero Product Setup* auf *Update your Nero products* und *Next*.

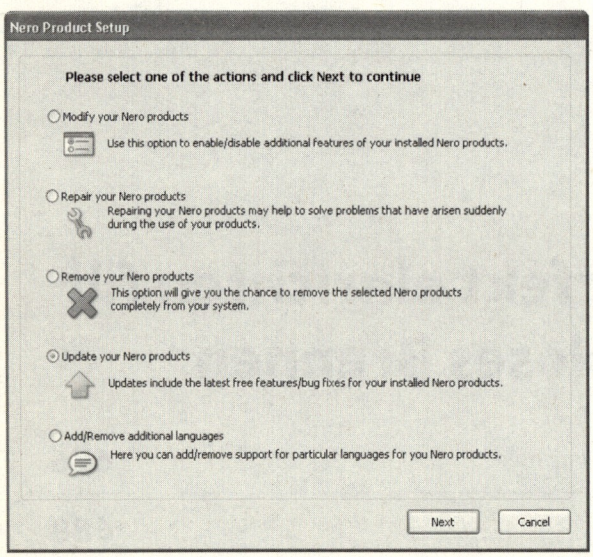

3. Im Fenster *Update info/File download* ist die Nero-Version angegeben, die sich auf Ihrem Computer befindet. Klicken Sie auf *OK* und folgen Sie den weiteren Anweisungen zum Update.

Nero-Updatefehler mit temporären Dateien

Das Nero-Update schlägt fehl. Als Fehlermeldung wird ein Kopierfehler oder ein Fehler in Verbindung mit den temporären Dateien angegeben.

Wird beim Ausführen des Nero-Updates ein Kopierfehler gemeldet, kann dies zwei Ursachen haben. Entweder ist der erforderliche Speicherplatz von ca. 150 MByte nicht vorhanden oder die Zwischenspeicherung der komprimierten Archivdateien ist fehlgeschlagen. In diesem Fall müssen Sie das temporäre Verzeichnis in Windows löschen.

1. Das temporäre Verzeichnis befindet sich standardmäßig im Systemverzeichnis *Dokumente und Einstellungen* auf der Windows-Partition. Da das Unterverzeichnis *Lokale Einstellungen* versteckt ist, geben Sie einfach in der Adressleiste den vollständigen Pfad *C:\Dokumente und Einstellungen\<Ihre Windowsindentität>\Lokale Einstellungen\Temp* an.

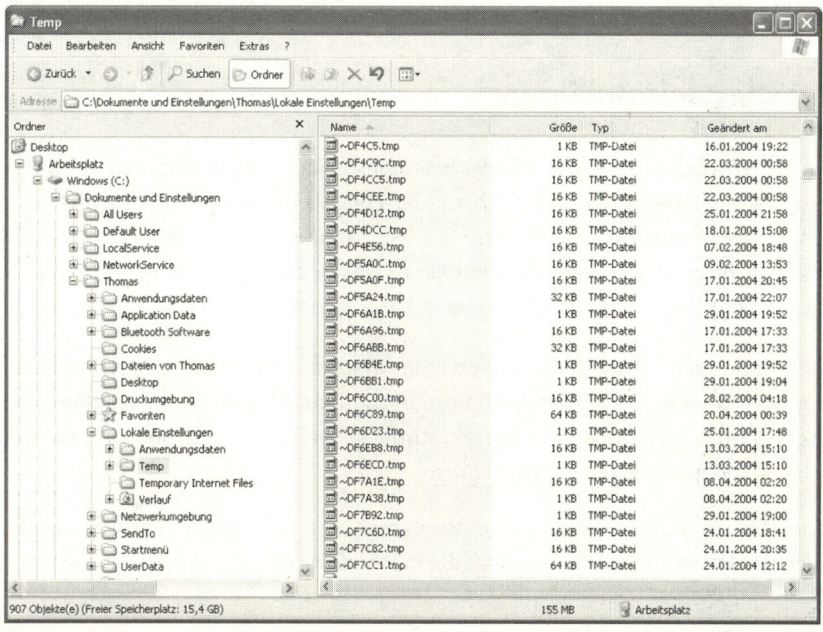

2. Markieren Sie alle Dateien und Verzeichnisse im Verzeichnis *Temp* und löschen Sie diese. Löschen Sie aber in keinem Fall das komplette Verzeichnis *Temp*, sondern nur dessen Inhalt!

3. Danach sollte sich die Nero-Installation und das -Update ohne Probleme ausführen lassen.

Nero-Update reagiert nicht

Nero reagiert während Installation oder Update nicht mehr. Der Task wird als „reagiert nicht" geführt. Ist es jetzt abgestürzt?

Hängt die Installation von Nero 7 fest, ist oftmals nicht das Programm oder Windows abgestürzt. In einigen Extremfällen kann es bis zu einer halben Stunde dauern, bis die Installation erfolgreich abgeschlossen wird. Auch wenn der Windows Task-Manager *Anwendung reagiert nicht mehr* bescheinigt, warten Sie ein wenig. Nero wird in (fast) jedem Fall erfolgreich installiert werden, auch wenn es 5, 10 oder 15 Minuten dauert.

In einigen Fällen hilft es, vor Beginn der Installation den im Hintergrund wachenden Virenscanner zu deaktivieren.

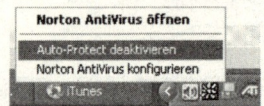

Nero restlos deinstallieren

Auf meinem System ist eine OEM-Version installiert, die ich mit meinem Brenner erhalten habe. Nun möchte ich auf die Vollversion von Nero 7 updaten, um alle Features nutzen zu können. Wie kann ich Nero sauber deinstallieren, damit es im Nachhinein nicht zu Problemen kommen kann, weil noch irgendwelche versteckten Dateileichen oder Registry-Einträge existieren?

Wenn man Nero 7 wieder komplett vom System deinstallieren möchte, muss man nicht nur die Softwaredateien ordentlich deinstallieren, sondern sollte auch nachsehen, ob die Systemeinträge korrekt entfernt wurden. Dafür stellt Ahead ein praktisches Zusatzprogramm zur Verfügung.

1. Öffnen Sie im Startmenü die Systemsteuerung und wählen Sie *Software* aus. Es öffnet sich das Fenster *Software* und zeigt die in Windows installierten Programme an.

2. Suchen Sie aus der Liste *Nero 7* und wählen Sie den Menüpunkt an. Dann klicken Sie auf *Ändern/Hinzufügen*.

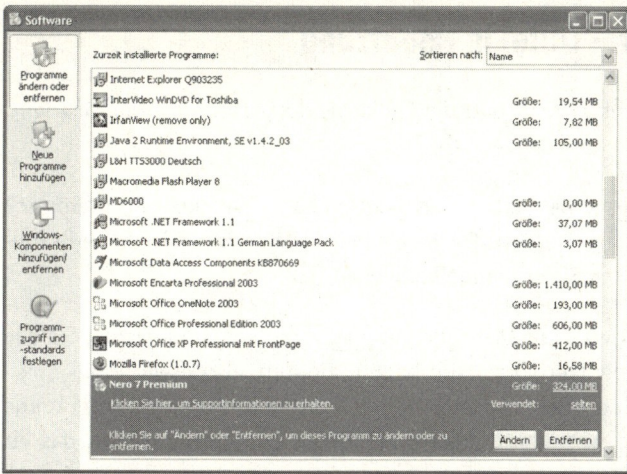

3. Folgen Sie den Aufforderungen des nun aufgerufenen Installationsprogramms von Nero 7. Das Programm wird jetzt deinstalliert und von der Festplatte gelöscht.

4. Um alle weiteren Programmteile zu deinstallieren, greifen Sie auf die separaten Deinstallationsroutinen zurück. Diese befinden sich ebenfalls in der Liste und können in gleicher Weise wie das Hauptprogramm Nero 7 deinstalliert werden.

5. Im Prinzip ist Nero nun deinstalliert. Damit noch möglicherweise vorhandene Einträge in der Registry entfernt werden, muss ein spezielles Deinstallationsprogramm verwendet werden. Dieses finden Sie auf der Homepage von Ahead.

6. Öffnen Sie die Webseite und laden Sie das General Clean Tool von *http://www.nero.com/nero6/eng/ General_Clean_Tool.html* herunter.

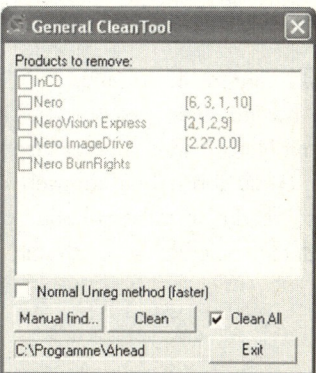

7. Starten Sie das Programm. Es überprüft die System-Registry auf vorhandene Einträge und zeigt sie bei Vorhandensein an. Wählen Sie *Clean All* aus, um alle Einträge zu löschen, und klicken Sie auf *Clean*, um die Säuberung vorzunehmen. Möchten Sie nur einzelne Programmteile deinstallieren, wählen Sie anstelle von *Clean All* die Programme separat an.

Danach sind auch die Registry-Einträge von Nero 7 und den weiteren Programmteilen entfernt.

Nero-Updatefehler – Datei in Benutzung

? Das Nero-Update schlägt fehl, und die Fehlermeldung *Datei in Benutzung* wird ausgegeben, was kann man dagegen tun?

! Damit Nero ordnungsgemäß aktualisiert werden kann, darf kein Programmteil in Windows ausgeführt werden. Da in einigen Fällen etwa das imapi-Brennsystem noch aktiv ist, müssen Sie es manuell schließen.

1. Öffnen Sie den Windows Task-Manager mit ⌈Strg⌉+⌈Alt⌉+⌈Entf⌉ und suchen Sie alle Programme heraus, die mit Nero 7 zu tun haben könnten, also etwa *nero.exe*, *NeroStartSmart.exe*, *BackItUp.exe* oder *imapi.exe*. Während die ersten Einträge Programme von Nero bezeichnen, gilt die imapi-Brennengine als Hintergrundprogramm, das für das Beschreiben der Medien verantwortlich ist. Etwa bei einem Absturz kann es nicht korrekt beendet worden und weiterhin im Hintergrund aktiv sein. Dann funktioniert das Schreiben von CDs und DVDs sowie das Installieren/Deinstallieren von Updates nicht mehr korrekt.

2. Markieren Sie nun eine entsprechende Anwendung und klicken Sie rechts unten auf *Prozess beenden*. Im möglicherweise folgenden Hinweisfenster, das auf das Beenden eines laufendes Prozesses hinweist, klicken Sie auf *Ja*, um den Schließvorgang der Anwendung zu bestätigen.

3. Fahren Sie so lange fort, bis alle Anwendungen geschlossen sind, die mit Nero 7 oder seinen Hilfsprogrammen zu tun haben könnten. Danach sollte die Installation oder das Update problemlos möglich sein.

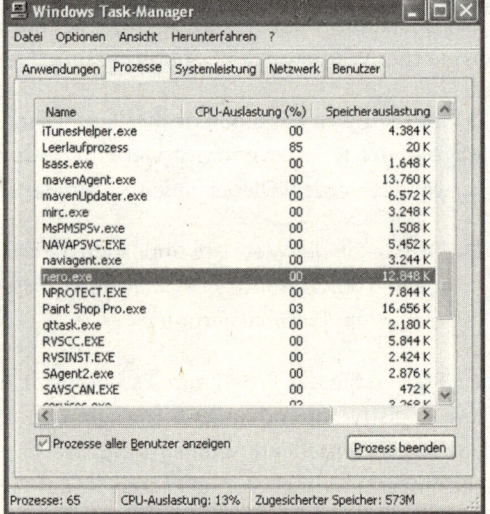

Nero-Updatefehler – Datei wurde verändert

? Das Nero-Update schlägt fehl, und die Fehlermeldung *Datei Nero.exe executable file wurde verändert* wird angezeigt. Wo liegen Sie Ursachen, und wie behebe ich den Fehler?

! Dieser Fehler kann verschiedene Ursachen haben. Versuchen Sie Schritt für Schritt, den Fehler einzukreisen.

1. Wurde die Datei verändert, könnte sich eine Sicherungskopie noch im gleichen Verzeichnis befinden. In diesem Fall kann die originale Nero-Programmdatei wiederhergestellt werden. Das ist jedoch nur möglich, wenn im gleichen Verzeichnis die Originaldatei noch als Sicherungsdatei mit der Endung *.bak* vorhanden ist. Gehen Sie in das Verzeichnis *C:\Programme\Ahead\Nero* und sehen Sie nach, ob die Datei *nero.bak* existiert. Wenn ja, löschen Sie die Datei *nero.exe* und benennen die Datei *nero.bak* in *nero.exe* um. Klicken Sie dazu mit der rechten Maustaste auf die Datei *nero.bak* und wählen Sie aus dem Kontextmenü *Umbenennen* aus. Geben Sie dann *nero.exe* ein und bestätigen Sie mit ⏎Enter.

2. Ein Virenbefall kann auch Ursache für die Veränderung der Nero-Programmdatei sein. Führen Sie einen Virenscan auf Ihrer Festplatte durch und überprüfen Sie, ob sich ein Virus auf dem Rechner befindet.

3. Ebenso kann sich beim Herunterladen der Archivdatei ein Bitfehler eingeschlichen haben. Die Datei kann so beim Überprüfen nicht mehr als korrekt validiert werden, und der Installationsvorgang wird abgebrochen. Laden Sie in diesem Fall die Updatedatei erneut herunter.

4. Deinstallieren Sie Nero 7 von Ihrem System und führen Sie das General Clean Tool von Nero aus (*http://www.nero.com/nero6/eng/General_Clean_Tool.html*). Installieren Sie danach von Ihrer Original-CD Nero 7 neu und updaten Sie diese frische Installation mit dem neuen Update.

Nero-Updatefehler – Fehler in Datei

? Das Nero-Update schlägt mit der Fehlermeldung in einer *Msieexec.exe* fehl. Wie repariere ich diese Datei?

! Nero verwendet das Standardpaket für Windows-Installer im MSI-Format. In einigen Fällen ist diese korrupt geworden und funktioniert nicht mehr ordnungsgemäß.

1. Laden Sie in diesem Fall das Paket vom Microsoft-Server unter der URL *http://download.microsoft.com/download/WindowsInstaller/Install/2.0/W9XMe/EN-US/InstMsiA.exe* (Windows 98/ME) bzw. *http://download.microsoft.com/download/WindowsInstaller/Install/2.0/NT45/EN-US/InstMsiW.exe* (Windows 2000) herunter. In Windows XP ist bereits die Installer-Version 2.0 enthalten.

2. Starten Sie das heruntergeladene Programm. Die notwendigen Daten werden auf die Festplatte kopiert und installiert. Danach versuchen Sie, die Installation des Nero-Programmpakets erneut durchzuführen.

Laufwerke verschwunden

? Nach einer Installation oder einem Update sind meine Laufwerke plötzlich verschwunden. Wie bekomme ich sie wieder ins System zurück?

! Das Problem tritt sehr häufig auf, wenn eine Installation nicht korrekt beendet wurde. Es wurden in dem Zusammenhang nicht alle Einträge in der Systemregistrierungsdatei ordentlich gesetzt.

1. Zur Lösung dieses Problems müssen zwei Einträge in der Registry gelöscht werden. Öffnen Sie den Registrierungs-Editor. Klicken Sie auf *Start* und wählen Sie *Ausführen*. Geben Sie hier „regedit" ein und bestätigen Sie mit [Enter]. Der Registrierungs-Editor wird jetzt gestartet.

2. Gehen Sie in HKEY_LOCAL_MACHINE\SYSTEM\CurrentControlSet\Control\Class\ {4D36E965-E325-11CE-BFC1-08002BE10318} und suchen Sie die beiden Schlüssel *LowerFilters* und *UpperFilters*.

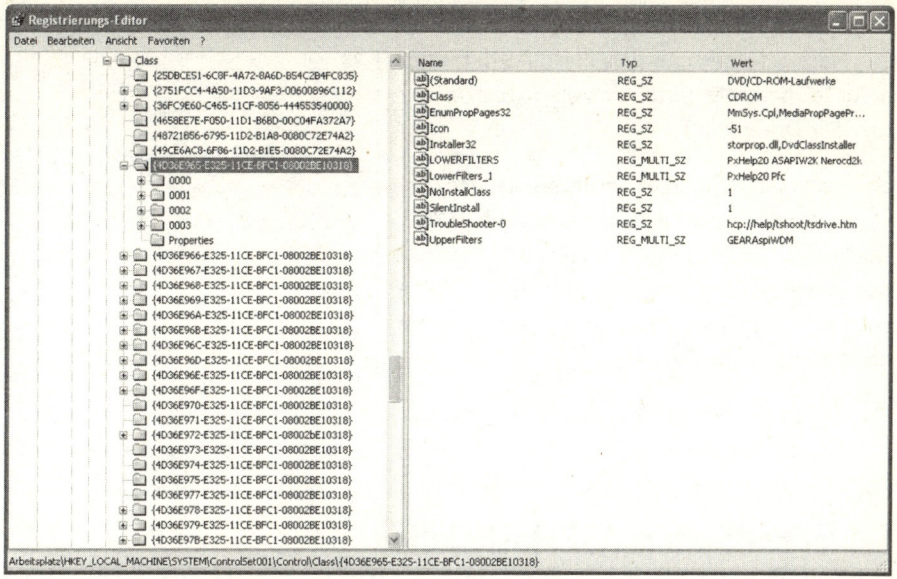

3. Löschen Sie *LowerFilters* und *UpperFilters* aus der Registry, beenden Sie das Programm und starten Sie neu.

Fehler der Nero-ASPI-Installation

Das Nero InfoTool meldet einen Fehler in Nero-ASPI. Wie korrigiere ich diesen?

Nero verwendet den Nero-ASPI-Treiber für den Zugriff auf optische Laufwerke. Ist dieser nicht korrekt installiert, kommt es zu Brenn- und Leseproblemen. Deswegen müssen Sie diesen Treiber neu einbinden.

1. Beim Überprüfen der Installation des ASPI-Treibers, über den Nero den Zugriff auf die optischen Laufwerke vornimmt, kann ein Fehler auftauchen. Normalerweise sollte die Anzeige im unteren Feld grünes Licht zeigen. Dazu verwenden Sie das Programm Nero InfoTool aus dem Zubehör von Nero 7.

2. Wird ein Fehler festgestellt, laden Sie von der Nero-Internetseite den Nero-ASPI-Treiber herunter herunter (*http://www.nero.com/nero6/ en/ASPI_Driver.html*)

3. Entpacken Sie die heruntergeladene Archivdatei und kopieren Sie die Datei *WNASPI32. DLL* in das Verzeichnis *C:\WINDOWS\system32* und in das Systemverzeichnis von Nero (*C:\Programme\Ahead\Nero*). Überschreiben Sie wenn nötig existierende Dateien.

4. Starten Sie den Rechner anschließend neu.

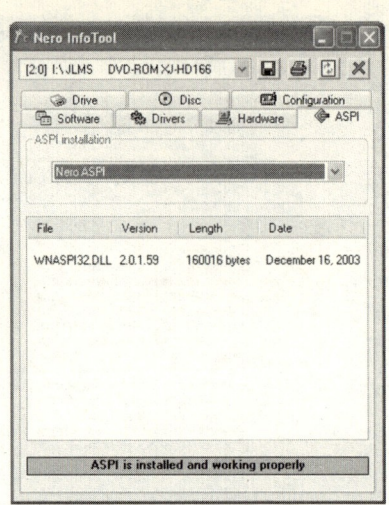

Fehler der System-ASPI-Installation

Das Nero InfoTool meldet einen Fehler in der System-ASPI. Wie kann ich den Treiber neu installieren?

Standardmäßig ist in Windows XP kein ASPI-Treiber installiert, und so bemängelt dieses das Nero InfoTool in vielen Fällen. Sie können den für den Zugriff auf CD- und DVD-Laufwerke wichtigen Treiber jedoch leicht nachträglich installieren.

1. Meldet das Nero InfoTool einen Fehler in der System-ASPI, muss das ASPI-Programmpaket von Adaptec neu installiert werden.

2. Gehen Sie zur Internetseite *http://www. adaptec.com/worldwide/support/driverdetail.jsp? cat=/Product/ASPI-4.70&filekey=aspi_471a2.exe &sess=no* und laden Sie das Paket herunter.

3. Starten Sie das selbstextrahierende Archiv und geben Sie als Zielpfad *C:\ASPI* an. Entpacken Sie die Archivdatei.

4. Die Installation geschieht über die MS-DOS-Shell in Windows. Klicken Sie auf *Start/ Ausführen*.

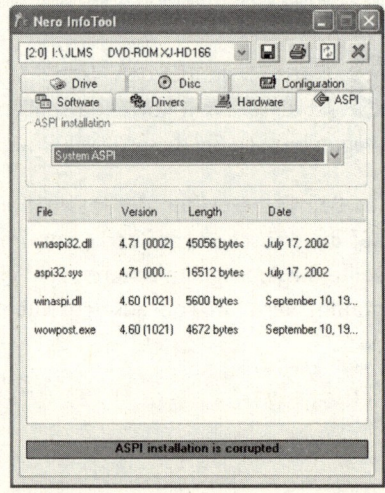

Geben Sie dort „command" ein und drücken Sie [Enter].

5. Wechseln Sie zuerst in das von Ihnen angelegte Verzeichnis *C:\ASPI*, indem Sie „cd C:\ASPI" eintippen und [Enter] drücken.

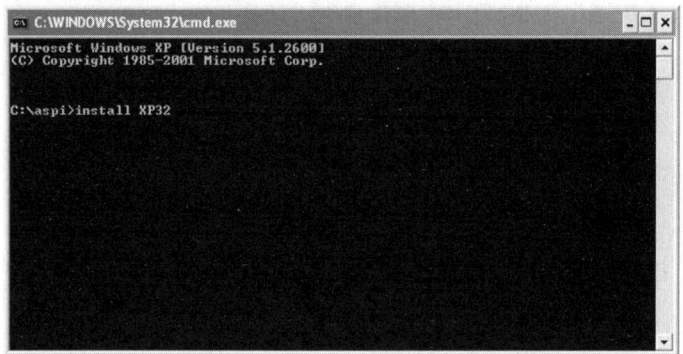

6. Verwenden Sie Windows 98 oder ME, geben Sie nun „install X86" ein und drücken [Enter]. Nutzen Sie Windows 2000 oder XP, verwenden Sie den Befehl *install XP32*.

7. Daraufhin werden die notwendigen Dateien an die richtigen Windows-Verzeichnisse kopiert. Starten Sie den Rechner danach neu.

8. Nach dem Neustart überprüfen Sie mit dem Programm aspichk.exe aus dem Verzeichnis *C:\ASPI* oder dem Nero InfoTool die korrekte Installation des System-ASPI-Treibers.

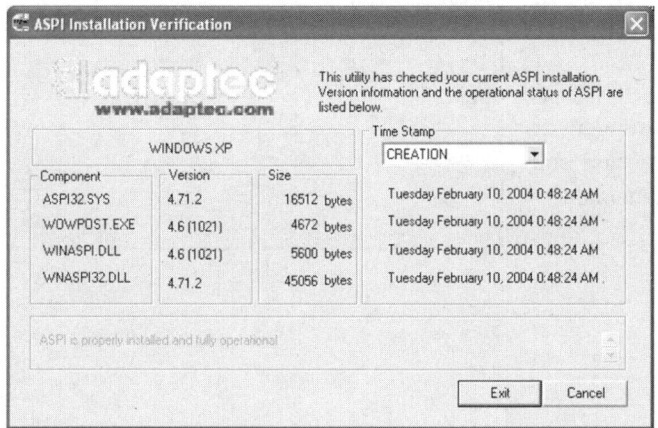

9. Starten Sie das heruntergeladene Programm. Die notwendigen Daten werden auf die Festplatte kopiert und installiert. Danach versuchen Sie, die Installation des Nero-Programmpakets erneut durchzuführen.

Probleme beim Zusammenspiel mit anderen Brennprogrammen

Kann es zu Problemen beim Brennen kommen, wenn andere Brennprogramme wie WinOnCD installiert sind?

Prinzipiell sollten Probleme mit diesen Anwendungen keine Bedeutung mehr haben, da jedes Programm einen eigenen Treiber im System verwendet, die nicht miteinander interferieren. Gibt es dennoch Brennprobleme, sollten Sie unbedingt nur die Anwendungen auf Ihrem System installiert lassen, die Sie unbedingt benötigen. Im schlimmsten Fall belassen Sie nur Nero 7 auf dem System. Deinstallieren Sie andere Brennanwendungen oder auch DVD-Player. Programme, die Einfluss auf Nero haben könnten, finden Sie in der Softwareliste von Nero InfoTool.

Deinstallieren Sie die entsprechenden Applikationen über das *Software*-Menü. Klicken Sie auf *Start* und wählen Sie *Systemsteuerung*. Öffnen Sie dort das Programm Software. Suchen Sie aus der Programmliste alle Applikationen heraus, die das Nero InfoTool auflistet, und deinstallieren Sie diese über *Entfernen/Ändern* unter *Software*.

Folgen Sie den Anweisungen der (De-)Installationsroutine und starten Sie danach den Rechner neu.

Probleme mit dem Windows Media Player

? Seitdem ich den Windows Media Player auf eine neue Version aktualisiert habe, kommt es vermehrt zu Problemen mit dem Brennen von Rohlingen. Der Schreibvorgang bricht während des Schreibens oder des Finalisierens einfach ab. Kann es sein, dass es zwischen dem Media Player und Nero zu Konflikten kommt?

! Im Windows Media Player ab der Version 7 ist ein Brennprogramm der Firma Roxio eingebaut. In bestimmten Situationen kann es zu Problemen im Zusammenspiel mit Nero kommen. Der Fehler tritt häufig unter Windows 98/ME auf.

1. Um das alternative Brennprogramm zu deinstallieren, versuchen Sie, zuerst den Windows Media Player über das eben genannte Softwaremenü zu deinstallieren. Öffnen Sie im Startmenü *Systemsteuerung/Software* und sehen Sie in der Liste nach, ob eine Deinstallationsmöglichkeit des Windows Media Player 7/8/9 existiert. Wenn ja, nutzen Sie diese, um ihn zu deinstallieren.

2. Bei Windows 98/ME besteht die Möglichkeit, den Treiber in Windows zu deaktivieren, sodass er nicht mehr geladen werden kann. Gehen Sie in den Ordner *C:\Windows\System\iosubsys*. Benennen Sie Sie die Dateien *cdr4vsd.vxd*, *cdralvsd.vxd* und *acbhlpr.vxd* um (*.bak*) oder löschen Sie sie. Starten Sie danach Windows neu.

22.2 Brenner konfigurieren
Zu lauten Brenner leiser machen

? Während des Betriebs des Rekorders oder auch DVD-Laufwerks hört sich der Rechner wie eine Turbine an. Das ist besonders ärgerlich, wenn ich eine Video-DVD abspiele oder Musik von CD oder MP3-Disk höre. Gibt es eine Möglichkeit, die Lautstärke zu reduzieren?

! Nero 7 bietet in seinem Toolkit eine Zusammenstellung einiger kleiner Hilfsprogramme das Programm Nero DriveSpeed an. Mit diesem lässt sich die Umdrehungszahl von optischen Laufwerken reduzieren. Das ist notwendig, da Spitzenmodelle die Schillerscheiben mit bis 10.000 Umdrehungen pro Minute rotieren lassen. Dass das nicht ohne entsprechenden Lärm vonstatten geht, sollte klar sein.

Für eine Wiedergabe von Musiktiteln, Filmen oder ein paar gelegentlichen Datenabrufen von einer Disk reichen geringere Laufwerkgeschwindigkeiten voll aus. Mit 2x für DVD oder 16x für CD sind Sie bei stark reduziertem Betriebsgeräusch locker auf der sicheren Seite.

So reduzieren Sie die Geräuschentwicklung:

1. Rufen Sie das Programm Nero DriveSpeed auf. Sie finden es im Startmenü unter *Start/Programme/Nero 7/Werkzeuge/Nero DriveSpeed*. Alternativ gehen Sie über Nero StartSmart hinein. Sie finden das Programm unter *Extras/Laufwerkgeschwindigkeit einstellen*.

2. Wählen Sie das Laufwerk aus, für das die Einstellungen gelten sollen.

3. Reduzieren Sie jetzt die Laufwerkgeschwindigkeit. Dazu müssen Sie zunächst alle möglichen Geschwindigkeitsstufen des Laufwerks bestimmen. Wechseln Sie dazu in die Optionen. Klicken Sie auf den Schalter, der Sie sogleich dorthin führt.

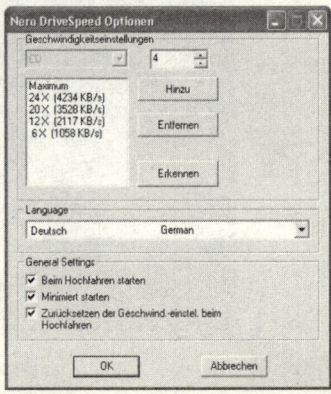

4. Lassen Sie jeweils für CD und DVD die Geschwindigkeiten erkennen, die das Laufwerk für den Betrieb vorsieht. Beachten Sie, dass nicht jedes Laufwerk intern diese Stufen voreingestellt hat und Sie oftmals diese selbst eintragen müssen. Ändern Sie den Zahlenwert, der die Laufwerkgeschwindigkeit angibt, manuell und klicken Sie auf *Hinzufügen*, um eine neue Stufe in die Liste aufzunehmen.

Bestätigen Sie mit *OK*.

 Sprache anpassen
Ändern Sie an dieser Stelle gleich die Sprache des Programms auf Deutsch. Standardmäßig ist die englische Sprache voreingestellt.

5. Im Hauptmenü stellen Sie nun für CD und DVD die Geschwindigkeitsstufen ein. Empfehlenswert ist ein Wert von 16x bei CD-ROM und 4x bei DVD-ROM.

6. Setzen Sie unter *Optionen* den Haken bei *Beim Hochfahren starten*, damit das Programm bereits zum Start von Windows aktiv wird und Sie ohne Ihr Zutun einen leiseren Brenner haben.

Aktuelle Brenngeschwindigkeit anzeigen lassen

Beim Brennen zeigt Nero nur die Geschwindigkeit an, mit der der Brennvorgang ausgewählt wird. Ich habe aber gelesen, dass der Schreibvorgang meist nicht mit konstanter Geschwindigkeit stattfindet. Gibt es eine Möglichkeit, die tatsächliche Schreibgeschwindigkeit anzeigen zu lassen?

Nero zeigt während des Beschreibens immer nur die Geschwindigkeit an, die für den Schreibvorgang gewählt ist. Diese unterscheidet sich von der tatsächlichen, da diese der technischen Voraussetzungen wegen meist erst am Ende des Rohlings erreicht wird.

Die aktuelle Schreibgeschwindigkeit lässt sich mithilfe eines kleines Eintrags in die Systemregistrierungsdatei anzeigen.

1. Starten den Registrierungs-Editor. Klicken Sie auf die *Start*-Schaltfläche und wählen Sie *Ausführen* aus. Geben Sie „regedit.exe" ein und bestätigen Sie mit Enter.

2. Hangeln Sie sich durch Registrierungsbaum hin zu *HKEY_CURRENT_USER\Software\ahead\Nero - Burning Rom\Recorder*.

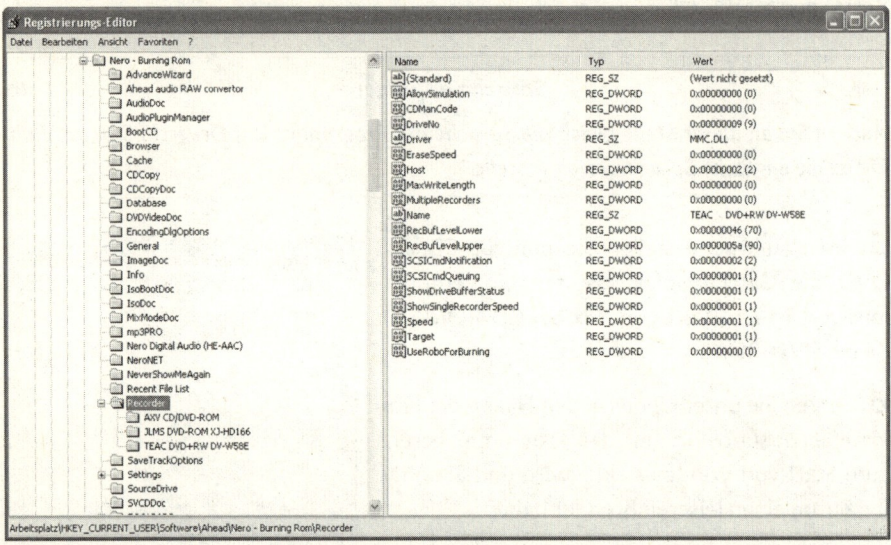

3. Klicken Sie mit der rechten Maustaste auf das rechte Fenster und wählen Sie *Neu/DWORD-Wert*.

4. Geben Sie als Namen des Werts „ShowSingleRecorderSpeed" ein.

5. Klicken Sie danach doppelt auf den geschaffenen Eintrag und geben Sie ihm den Wert 1, um ihn zu aktivieren. Bestätigen Sie mit *OK*.

Schließen Sie den Registrierungs-Editor wieder. Nach einem Neustart des Systems zeigt Nero nun im Brennfenster die exakte Schreibgeschwindigkeit an und aktualisiert diese sekündlich.

22.2 BRENNER KONFIGURIEREN

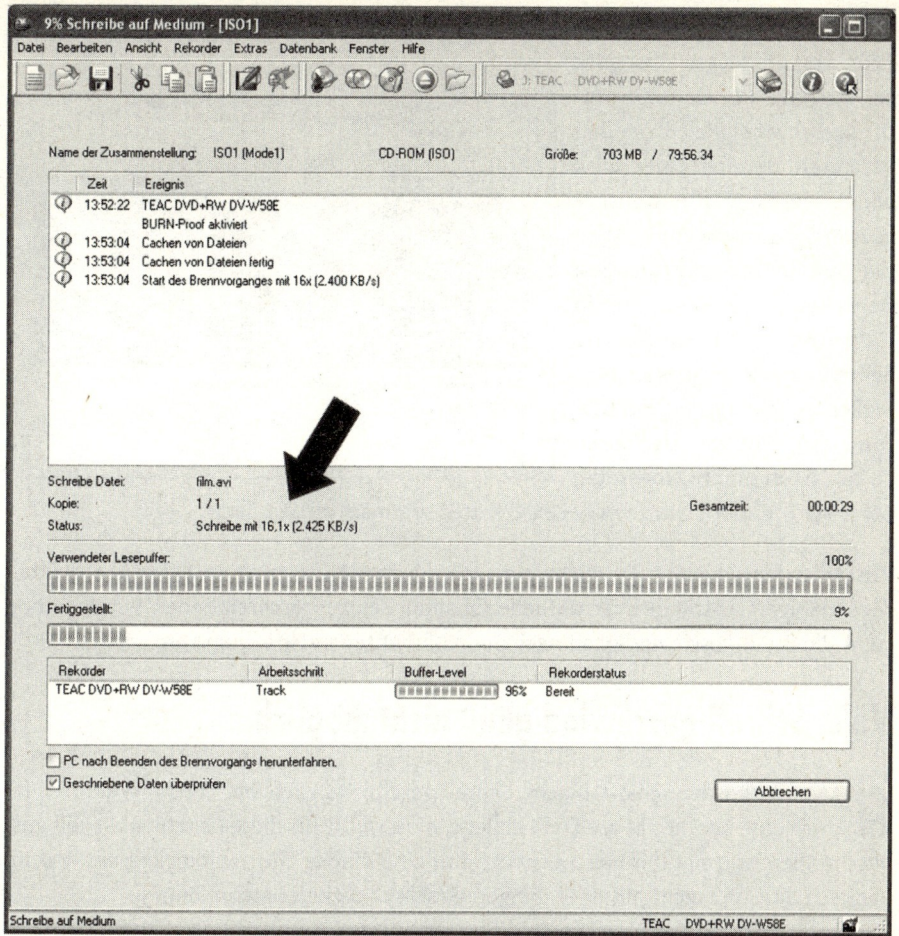

Maximale Geschwindigkeit wird nicht erreicht

? Während des Brennvorgangs sehe ich anhand der Geschwindigkeitsanzeige, dass der Rekorder die angegebene Brenngeschwindigkeit nicht erreicht. Woran liegt das?

! Prinzipiell können Sie nicht beeinflussen, wie schnell ein Brenner eine Disk beschreibt. Von technischer Seite wird eine Disk auf den inneren Spuren langsamer gebrannt als auf den äußeren Bereichen, wenn der Rekorder besonders schnell zur Sache geht.

Dieses Verfahren nennt sich CAV und bedeutet übersetzt so viel wie konstante Rotationsgeschwindigkeit. Über den gesamten Bereich einer Disk wird dieselbe Rotationsgeschwindigkeit verwendet. Weil die Spuren auf den äußeren Bereichen länger sind, kann in diesen Bereichen eine höhere Schreib- und Lesegeschwindigkeit erzielt werden. Bei CD-Brennern wird das Verfahren ab ca. 16x-Brennern eingesetzt,

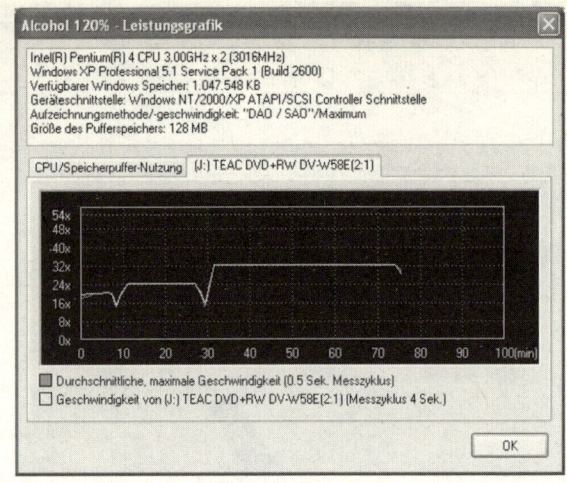

bei DVD-Brennern wurde es bei 8x-Geräten erstmals verwendet.

Zusätzlich bieten einige Hersteller eine Schreibkontrollfunktion an. Diese überprüft in regelmäßigen Abständen die aktuelle Qualität der zu beschreibenden Bereiche und passt die Brenngeschwindigkeit nach oben und unten entsprechend an.

Volle Schreibgeschwindigkeit nicht möglich

Mein Rekorder schafft 8fache Schreibgeschwindigkeit bei DVDs. Wenn ich jedoch eine beschreibbare DVD einlege, die explizit für diese Geschwindigkeit ausgeschrieben ist, zeigt mir Nero dennoch nur eine 4fache Geschwindigkeit an. Warum kann ich die DVD nicht mit der richtigen Geschwindigkeit beschreiben?

Die Schreibgeschwindigkeiten hängen von zweierlei Faktoren ab: der Firmware des Brenners und der auf dem Rohling gespeicherten Angabe der Maximalgeschwindigkeit. Ein Brennerhersteller muss die Rohlinge so weit eingemessen haben, um für den Rohling und den Dye (das Rohlingmaterial) die passende Schreibstrategie zurechtgelegt zu haben. Fehlt dieses, wird auf einen langsameren sicheren Modus zurückgeschaltet, und der Rohling wird nur mit einer geringeren Geschwindigkeit beschrieben.

22.2 BRENNER KONFIGURIEREN

Um den Rohling mit der vollen Geschwindigkeit beschreiben zu können, muss die Firmware des Brenners aktualisiert werden. Denn nur wenn der Hersteller neue Rohlingmarken einpflegt, kann der Brenner diese auch mit der vorgegebenen Geschwindigkeit beschreiben.

Sehen Sie sich auf der Homepage Ihres Rekorderherstellers nach, ob es für Ihr Gerät eine Firmwareupdate gibt, und spielen Sie dieses ein. Eine Beschreibung des Vorgangs wird dem Update beigelegt.

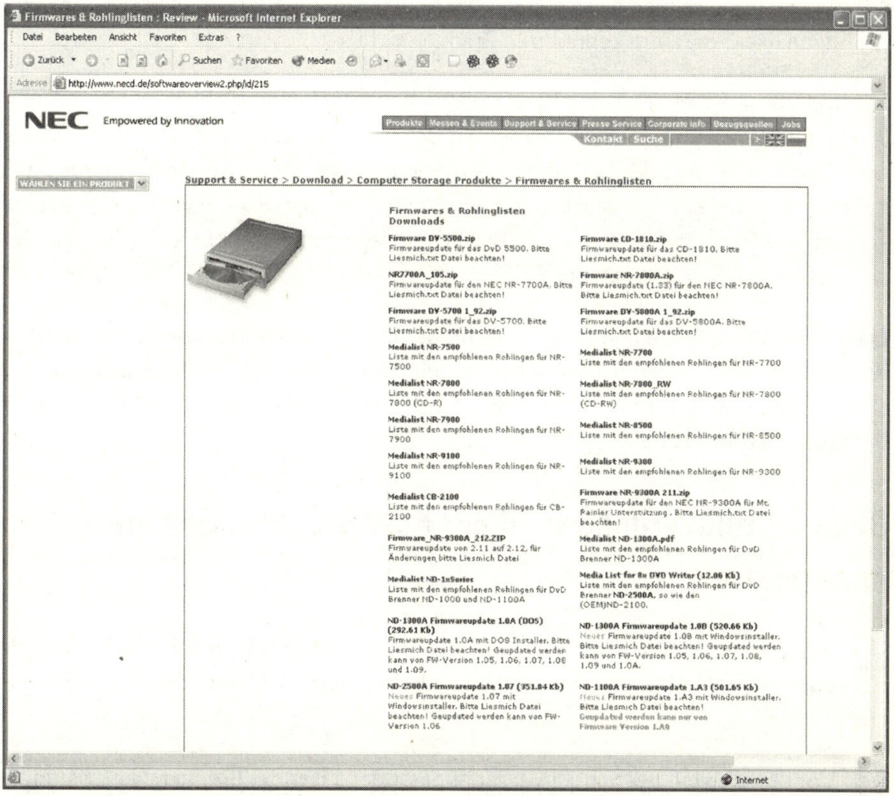

Alternativ können Sie versuchen, eine andere Rohlingmarke auszuprobieren. Vielleicht erkennt Ihr Brenner diese und beschreibt den Rohling mit seiner maximal möglichen Geschwindigkeit. Viele Hersteller bieten so genannte Medienlisten an, in denen alle Rohlinge und deren Geschwindigkeiten aufgeführt sind, so wie sich auf den einzelnen Geräten beschreiben lassen.

Neuer Rekorder wird nicht erkannt

? In meinen Rechner habe ich einen neuen DVD-Brenner eingebaut. Wenn ich Nero starte, wird das Gerät nicht im Auswahlmenü angezeigt, er wird nicht als Schreibgerät erkannt. Der Brenner funktioniert aber in Windows tadellos und ist im Geräte-Manager aufgeführt.

! Die Lösung ist hier ganz einfach. Sie müssen ein Update für Nero einspielen, denn das Programm kennt Ihren Brenner nicht.

Ein Brennprogramm setzt nur beschränkt auf die Windows-Treiber auf. Wenn ein Brenner in Windows fehlerfrei erkannt wurde, heißt das nur, dass das Gerät einwandfrei funktioniert und die Lesefunktionen verwendet werden können. Für die Aufnahme ist eine eigene Brennsoftware vonnöten, die über eine eigene Brennengine verfügt – wie eben Nero 7. Auch die Windows-eigene Brennfunktion verwendet eigene Brenntreiber, die von der Firma Roxio eingekauft wurden.

Erkennt diese Software den Brenner nicht, bietet sie keine Aufnahmemöglichkeit mit diesem Gerät an. Spielen Sie deshalb unbedingt die aktuellste Nero-Version ein. Diese erkennt dann ohne Probleme Ihren Brenner. Wie Sie beim Update vorgehen, steht bereits in diesem Kapitel.

Beim Schreibvorgang wird nur Power Calibration Error angezeigt

? Vor oder während des Schreibvorgangs bricht Nero diesen mit der Fehlermeldung *Power Calibration Error* ab. Was bedeutet dieser Fehler, und was ist die Ursache?

! Vor dem Beginn des Schreibvorgangs passt der Laser des Brenners die Leistungsabgabe an das Rohlingmaterial (den Dye) an. Nur so ist eine optimale Schreibstrategie möglich. Dabei verlässt sich der Brenner auf die Vorgaben, die ihm durch die in der Firmware des Geräts hinterlegten Informationen zu den Rohlingmaterialien zur Verfügung stehen. Fehlen Informationen zum Medium, wird versucht, mit einer sicheren Laserleistung den Rohling testweise zu beschreiben – den Laser einzustellen, zu kalibrieren.

Schlägt die Überprüfung des Rohlings vor dem eigentlichen Schreibvorgang fehl, gibt Nero die Fehlermeldung *Power Calibration Error* aus.

Beheben können Sie diesen Fehler nicht wirklich. Sie können das Problem vermeiden, wenn Sie eine andere Rohlingmarke verwenden. Bei Markenrohlingen, etwa von Verbatim oder TDK, sollten keine Probleme auftauchen.

Außerdem empfiehlt sich das Update der Brennerfirmware. Neuere Versionen erkennen in der Regel mehr Rohlingtypen und wissen diese dann korrekt zu beschreiben.

Bei ständigem Brennabbruch schnellen DMA-Modus aktivieren

? Egal was ich brenne, ständig bekomme ich eine Fehlermeldung, dass die Daten nicht schnell genug geliefert werden, und danach einen Buffer Underrun-Fehler. Woran kann das liegen?

! Damit der Brenner mit voller Geschwindigkeit Daten schreiben kann, müssen diese ohne Hindernisse durch das System fließen. Damit das möglich ist, muss ein schneller Übertragungsmodus für Festplatte, DVD-Laufwerke und Brenner eingestellt sein. Ansonsten kann die Übertragung ins Stocken geraten, und der Brennvorgang kann scheitern oder sich stark verzögern.

Außerdem ist es notwendig, dass der bei Brennern mittlerweile Standard gewordene Pufferleerlaufschutz (BurnProof, JustLink, Safeburn etc.) aktiviert ist. Die Bezeichnung unterscheidet sich im Namen von Hersteller zu Hersteller, aber nicht in der Funktion.

Vor dem Brennstart beachten Sie, dass der Haken für den Leerlaufschutz aktiv ist. Er heißt beispielsweise *BURN-Proof*. Wenn es im Fenster kein Kontrollkästchen für den Haken gibt, wendet Nero den Leerlaufschutz automatisch an.

Um den schnellen Zugriffsmodus (Ultra-)DMA für die Laufwerke zu aktivieren, folgen Sie den folgenden Schritten.

1. Installieren Sie zunächst spezielle Treiber für den Laufwerkcontroller. Diese sind beim Hersteller des Chipsatzes (Intel, VIA oder SiS) erhältlich. Welcher Hersteller das ist, sehen Sie im Geräte-Manager (*Start/Systemsteuerung/System/Hardware/Geräte-Manager*) unter *IDE-ATA/ATAPI-Controller*.

Die Downloads des IDE/ATA-Treibers finden Sie hier:

- Intel: *http://downloadfinder.intel.com/scripts-df/Product_Filter.asp?ProductID=663*
- VIA: *http://www.viaarena.com/?PageID=340*
- SiS: *http://download.sis.com*

Laden Sie die Software herunter und installieren Sie diese. Starten Sie danach das System neu.

2. Gehen Sie wieder zurück in den Geräte-Manager. Erweitern Sie den Verzeichnisbaum bei *IDE-ATA/ATAPI-Controller/Primärer IDE-Kanal* und klicken Sie doppelt auf den Eintrag. Wechseln Sie zur Registerkarte *Erweiterte Einstellungen*. Aktivieren Sie dort, falls noch nicht automatisch geschehen, den (Ultra-)ATA-Modus. Bestätigen Sie mit *OK* und starten Sie den Rechner neu.

3. Jetzt geht es an den zweiten IDE-Controller-Kanal. Gehen Sie wieder zurück in den Geräte-Manager, erweitern Sie diesmal den Verzeichnisbaum bei *IDE-ATA/ATAPI-Controller/Sekundärer IDE-Kanal* und stellen Sie den DMA-Modus ein.

4. Nun noch einmal den Rechner neu starten, und der DMA-Modus sollte ab jetzt für alle Laufwerke aktiviert sein.

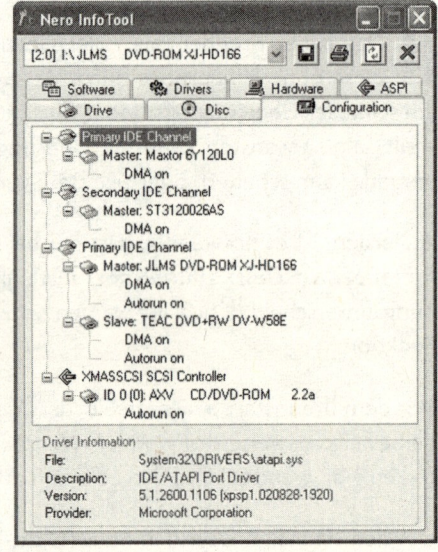

Sie können die Einstellungen auch über das Nero-eigene Hilfsprogramm Nero Info-Tool überprüfen, das Sie im Startmenü unter *Start/Programme/Nero 7/Werkzeuge/Nero DriveSpeed* finden. Alternativ gehen Sie über Nero StartSmart hinein.

Wechseln Sie dort auf die Registerkarte *Configuration*, um einen Überblick über die Einstellungen der Laufwerke zu bekommen.

22.3 Nero StartSmart optimieren
Nero StartSmart startet nicht automatisch

? Beim Einlegen einer leeren Disk möchte ich, dass Nero StartSmart startet. Es geschieht jedoch nicht. Wie kann ich das erzwingen?

! Damit man gleich losgehen kann, lässt sich Nero StartSmart direkt öffnen, wenn Windows XP eine leere Disk im Brenner erkennt. Danach wählen Sie schnell den Verwendungszweck und legen schon los.

So aktivieren Sie den Autostart.

1. Gehen Sie auf den Arbeitsplatz und klicken Sie mit der rechten Maustaste auf das Laufwerksymbol des Brenners. Wählen Sie *Eigenschaften* aus dem Kontextmenü aus.

2. Wechseln Sie zur Registerkarte *AutoPlay*. Hier stellen Sie die Aktionen ein, die beim Einlegen einer bestimmten Disk ausgeführt werden.

3. Wählen Sie aus dem Pulldown-Menü *Leere CD*. Aktivieren Sie die Option *Durchzuführende Aktionen auswählen* und wählen Sie das StartSmart-Symbol *Neue CD brennen mit Nero StartSmart* aus.

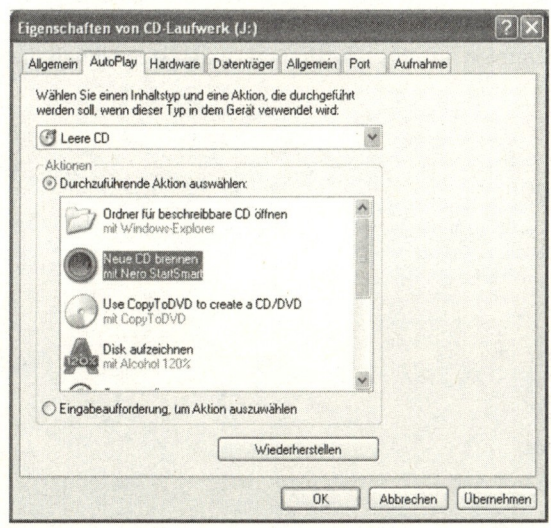

4. Bestätigen Sie die Eingabe mit *OK*.

Das Fenster wird jetzt geschlossen. Von nun an wird beim Einlegen einer leeren CD oder DVD automatisch Nero StartSmart aufgerufen.

Hilfe kann nicht angezeigt werden

? Wenn ich versuche, die Hilfefunktion zu nutzen, kommt nur die Fehlermeldung, dass die Hilfe nicht gefunden wurde. Lasse ich diese dann automatisch suchen, findet er sie immer noch nicht. Wie kann ich die Hilfedatei anzeigen lassen?

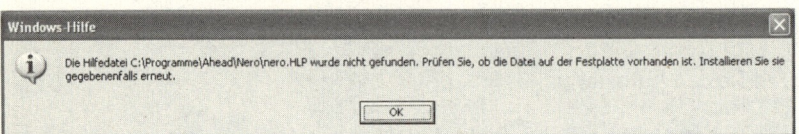

! Bei der Installation von Nero werden leider nicht alle nötigen Dateien installiert. So fehlt das Hilfesystem fast komplett. Nur die kurzen Erläuterungen beim Überfahren der Symbole mit dem Mauszeiger werden angezeigt.

Damit Sie auf die Hilfe zugreifen können, müssen Sie diese von der Ahead-Homepage im Internet herunterladen. Sie benötigen einige Sprachdateien, die Sie auf der Seite *http://www.ahead.de/de/download_sp.php* finden.

Nach dem Download starten Sie das selbstextrahierende Archiv, und die Installationsroutine kopiert die notwendigen Dateien auf Ihren Rechner. Danach steht Ihnen die Hilfefunktion zur Verfügung.

TEIL 3

Netzwerke mit Windows XP

Vernetzungsszenarien

PCs vernetzen: Schwerpunkt Internet	**702**
PCs vernetzen – Schwerpunkt: schneller Dateiaustausch	**706**
PCs für schnellen Dateiaustausch und Internetbenutzung vernetzen	**711**
Zusätzlich einen Drucker auf allen PCs mitbenutzen	**715**

23.1 PCs vernetzen: Schwerpunkt Internet

Internet auf zwei PCs die in verschiedenen Räumen ohne Neuverlegung von Kabeln

? Wie kann man zwei PCs, die sich in getrennten Räumen befinden, ohne ein neues Kabel verbinden, um hauptsächlich einen Internetanschluss mitzubenutzen?

! Da Sie keinen Schwerpunkt auf einen schnellen Datenaustausch zwischen beiden PCs legen, sondern hauptsächlich die Internetmitbenutzung benötigen, sind die Vernetzungen, die ein Kabel erfordern, nicht nötig. Sie können beide PCs nämlich dann entweder drahtlos oder über eine vorhandene Stromleitung verbinden.

PCs über WLAN oder Bluetooth (Funk) verbinden

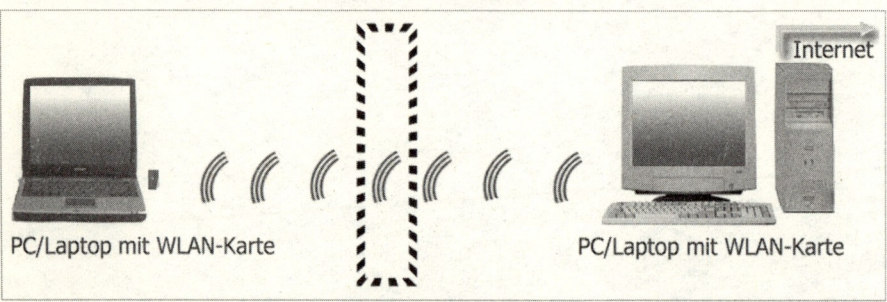

Die moderne Methode, zwei PCs ohne Kabel zu verbinden, ist der Einsatz von WLAN (oder Bluetooth). Sie benötigen im einfachsten Fall pro PC eine WLAN-Netzwerkkarte/einen Adapter und kein zusätzliches Gerät (einen so genannten WLAN-Access Point oder WLAN-Router). Beide PCs nehmen dann eine Funkverbindung miteinander auf und sind vernetzt. Weitere Infos zu WLAN siehe Kapitel 27.

PCs über vorhandene Stromleitung verbinden

Eine weniger bekannte Vernetzung, für die kein neues Kabel benötigt wird, benutzt eine vorhandene Stromleitung, Powernet (Powerline)-/dLAN-Technik genannt.

In die Steckdose wird pro PC ein Adapter gesteckt, den Sie über USB oder ein Netzwerkkabel mit dem PC verbinden. Hat Ihr Laptop/PC keine Netzwerkkarte eingebaut, brauchen Sie keine USB-Netzwerkkarte zusätzlich zu verwenden, sondern benutzen einfach direkt einen dLAN-USB-Adapter über USB. Solche Geräte gibt es z. B. von den Firmen devolo (*www.devolo.de*), deneg easyhome GmbH (*easyhome.deneg.de*), Netgear (*www.netgear.com*), Allnet (*www.allnet.de*) und KraftCom GmbH (*www.kraftcom.net*).

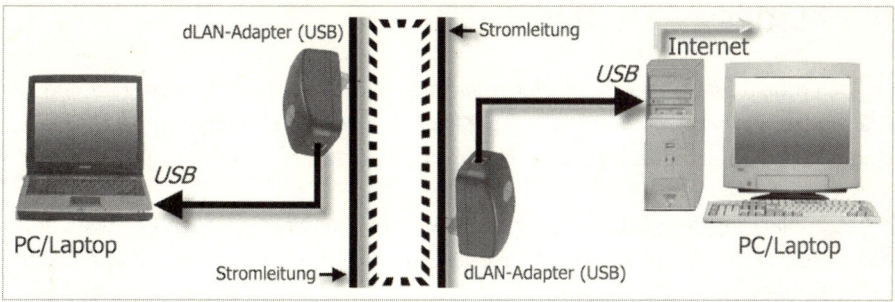

Netzwerk über ...	Vorteil	Nachteil
WLAN (Funk) Max. Geschwindigkeit: 54 MBit/s bzw. 108 MBit/s	Die Geschwindigkeit „kann" bislang höher sein als bei Powernet.	Schlechter Funkempfang stört eine Vernetzung oder macht sie sehr langsam, unzuverlässig oder gar unmöglich, nicht so abhörsicher wie Powernet.
Powernet (Stromleitung) Max. Geschwindigkeit: 14 MBit/s (Standard) bzw. 85 MBit/s (Highspeed)	Konstante, zuverlässige Verbindung (keine Funkempfangsprobleme), allgemein abhörsicherer.	Zwei Räume, die nicht am selben Stromkreis hängen, sind voneinander abgetrennt. Auch Stromzähler verhindern die Vernetzung. Bislang langsamer als g-WLAN (außer bei Verwendung von Highspeed-Powernet mit einer Geschwindigkeit von 85 MBit/s).

Um die Vorteile von WLAN und Powernet zu nutzen, können Sie auch WLAN-Powernet-Geräte einsetzen. Diese Geräte verbinden WLAN mit dem Teilnetzwerk der Stromleitung (Powernet).

Internet mitbenutzen

Sie können nun auf dem PC, der die Verbindung mit dem Internet über Modem/ISDN/DSL/Kabel herstellt, das Internet freigeben, so wie das z. B. in Kapitel 32 (Internetverbindungsfreigabe von Windows ME/2000/XP) behandelt wird.

Die Internetmitbenutzung können Sie auch (z. B. bei DSL/Kabel) über ein zusätzliches Gerät, einen Router, vornehmen. Bei einem ISDN-Anschluss sieht das aber schwieriger aus. ISDN-Router bekommen Sie seltener oder überteuert in Kaufhäusern. Für einen Analoganschluss werden Sie in der Regel gar nichts vorrätig finden.

Mehrere PCs im Haus vernetzen, um einen gemeinsamen DSL-Anschluss zu nutzen

Ich möchte gern drei PCs (oder sogar mehr), die sich in getrennten Räumen befinden, vernetzen, ohne ein neues Kabel verlegen zu müssen, um hauptsächlich einen DSL-/Kabelanschluss fürs Internet mitzubenutzen.

Der Nachteil der Mitbenutzung des Internets über einen zweiten PC (wie vorher auf Seite 702 beschrieben) ist, dass der eine PC immer nur dann mitsurfen kann, wenn der andere eingeschaltet ist.

PCs über WLAN mittels Basisstation (WLAN-Router) verbinden

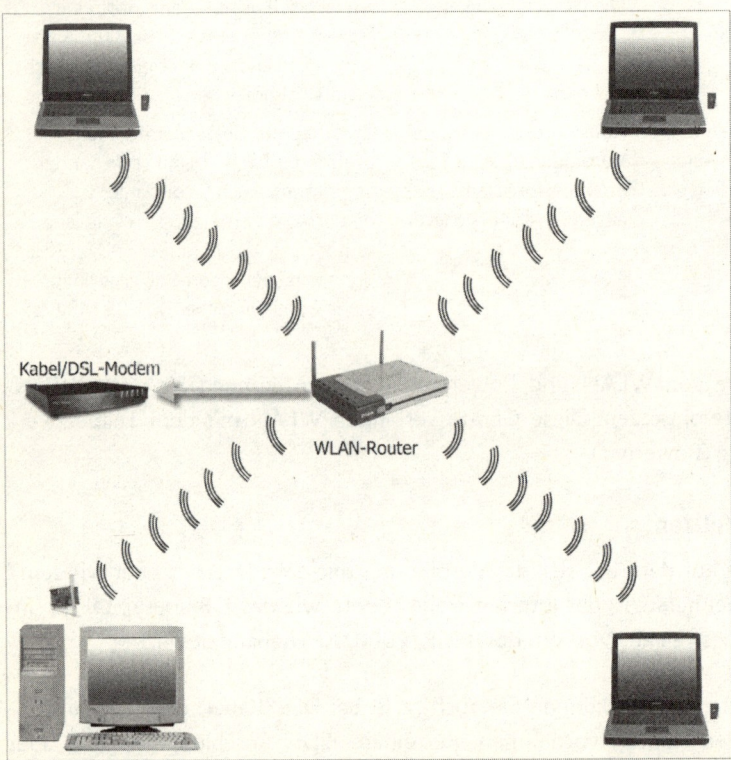

Die direkte Funkverbindung ohne eine Basisstation eignet sich nur für zwei PCs und nicht als Dauerlösung. Zum drahtlosen Verbinden von drei und mehr PCs gibt es Geräte, so genannte WLAN-Router, um einen DSL-/Kabelanschluss aufzuteilen. Das sind zusätzliche kleine Kästen mit Antennen, die mit dem DSL-/Kabelanschluss verbunden werden.

Alle PCs benötigen dann noch je eine WLAN-Netzwerkkarte/einen Adapter. Es ist auch möglich, die PCs direkt mit dem WLAN-Router zu verbinden. Dann sparen Sie jeweils eine WLAN-Netzwerkkarte/einen Adapter ein. Für reines Mitbenutzen des Internets eignet sich auch Standard-WLAN. Für zusätzlich schnellen Datenaustausch zwischen den PCs können Sie die schnelle Generation von WLAN einsetzen: g-WLAN mit einer Geschwindigkeit von 54 MBit/s oder sogar 108 MBit/s, siehe Kapitel 27.

Ein WLAN-Router sind zwei Geräte in einem: ein WLAN-Access Point und ein Router für DSL/Kabel. Sie können auch zwei getrennte Geräte, einen WLAN-Access Point und einen reinen Router, einsetzen, die Sie einfach miteinander verbinden. Verwenden Sie also schon einen Router für DSL/Kabel, reicht ein zusätzlicher WLAN-Access Point aus, um den DSL-/Kabelanschluss auch drahtlos zu erreichen.

Router mit DSL/Kabel verbinden

Oft haben Sie in Ihrer Wohnung/Ihrem Haus große Probleme mit dem Funkempfang. Sie stellen den WLAN-Router in der Nähe eines vorhandenen DSL-/Kabelanschlusses auf, was aber leider in der Regel nie der beste Aufstellungsort ist, um die Funkverbindung der PCs zu optimieren (sehr wichtig!).

Hier können Sie einen Trick anwenden: Sie verbinden das DSL-Modem mittels Powernet über die Stromleitung mit dem WLAN-Router, wenn der WLAN-Router weit vom DSL-/Kabelanschluss entfernt ist. Dazu benötigen Sie bei DSL einen WLAN-Router, der kein DSL-Modem enthält, also zwei getrennte Geräte: DSL-Modem und DSL-Router, weil Sie sonst den WLAN-Router/das Modem direkt mit dem DSL-Splitter verbinden müssten, was über Powernet (derzeit) nicht möglich ist.

Als weitere Variante können Sie natürlich auch drei (oder mehr) PCs über die Stromleitung, wie das vorher auf Seite 702 beschrieben wird, miteinander und mit einem Router vernetzen. Dabei gibt es keine Funkempfangsprobleme wie bei WLAN.

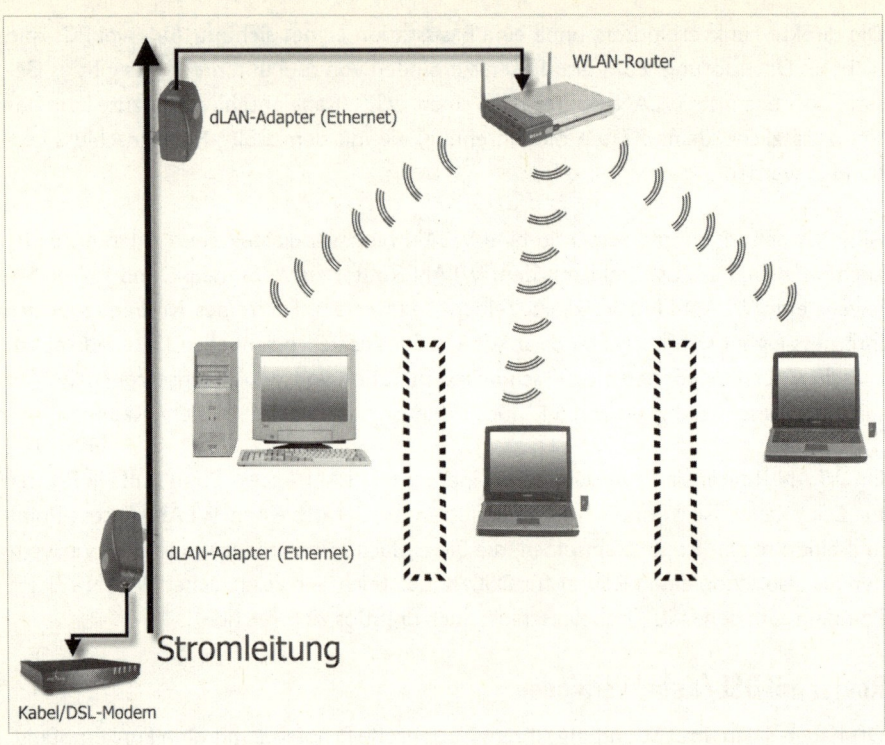

23.2 PCs vernetzen – Schwerpunkt: schneller Dateiaustausch

Zwei PCs für den schnellen Dateiaustausch miteinander verbinden

Wie vernetzt man zwei PCs, um hauptsächlich sehr schnell Dateien zwischen beiden hin- und herzuschieben?

Da Sie eine schnelle Verbindung beider PCs benötigen, kommen auch nur schnelle Vernetzungsarten in Frage. Falls beide PCs oder PC und Laptop über einen FireWire-Anschluss verfügen, haben Sie auch noch die Möglichkeit, die auf Seite 708 beschrieben wird.

Kabel

Im einfachsten Fall können Sie beide PCs mit einem so genannten Crossover-Kabel, Crossover Twisted-Pair-Kabel CAT 5, gekreuztes Netzwerkkabel oder ähnlich genannt, verbinden.

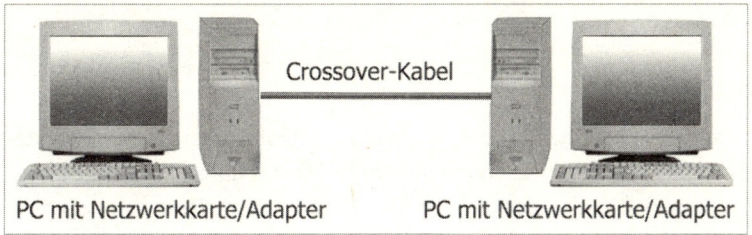

Solche Crossover-Kabel erhalten Sie in jedem größeren Kaufhaus. Aber Vorsicht! Es muss ein Crossover-Kabel sein, ein normales Netzwerkkabel ist nicht geeignet.

Netzwerkkarte/Adapter

Dazu benötigen Sie in beiden PCs eine Netzwerkkarte. Da Sie auf hohe Geschwindigkeit Wert legen, kommen nur Netzwerkkarten mit einer Geschwindigkeit von mindestens 100 MBit/s (heutzutage Standard) in Frage.

➤ *Warum übliche Netzwerkkarten zwei Geschwindigkeiten haben ...* ➤

Heutzutage sind 10/100-MBit/s-Netzwerkkarten üblich, die also die Geschwindigkeit von 10 Bit/s oder 100 MBit/s erreichen können. Da es einige Netzwerkgeräte gibt, die nur mit einer Geschwindigkeit von 10 MBit/s angesteuert werden dürfen, bieten moderne Karten neben der Geschwindigkeit von 100 MBit/s auch 10 MBit/s an. Am schnellsten sind diese Netzwerkkarten natürlich bei einer Geschwindigkeit von 100 MBit/s (oder höher, z. B. 1.000 MBit/s).

Ist im PC keine solche Netzwerkkarte eingebaut, können Sie eine Steckkarte pro PC verwenden. Es gibt heute bereits sehr günstige 1.000-MBit/s-Netzwerkkarten (1 GBit/s) zum Einbau.

Falls Sie im PC keine Netzwerkkarte einbauen möchten (oder können), können Sie einen Netzwerkadapter über USB anschließen. Haben Sie bereits einen USB 2.0-Anschluss im PC, verwenden Sie am besten einen USB 2.0-Netzwerkadapter (10/100 MBit/s bzw. sogar 100/1.000 MBit/s). Die sind schneller!

Anschluss

Sie verbinden beide Netzwerkkarten mit dem Crossover-Kabel. Das ist alles. Dabei darf dieses Crossover-Kabel bis zu 100 m lang sein, wenn Sie ein Kabel der Kategorie 5 (CAT 5) benutzen. (Ob Sie es im Handel in der Länge bekommen können, ist eine andere Frage. Ansonsten gibt es Kabelfirmen, die solche Kabel herstellen, oder Sie lassen eine Hausvernetzung vornehmen.)

Internetmitbenutzung

Selbstverständlich können Sie bei dieser schnellen Vernetzung auch einen vorhandenen Internetanschluss auf beiden PCs mitbenutzen, so wie das für die vorherige „langsame" Vernetzung ohne Neuverkabelung auf Seite 702 ff. beschrieben ist. Benutzen für die Verbindung mit dem DSL-/Kabelanschluss eine Netzwerkkarte, benötigen Sie in einem PC zwei Netzwerkkarten. Dieser PC stellt dann das Internet dem anderen PC zur Verfügung.

Laptop und PC für den schnellen Dateiaustausch vernetzen

? Wie verbindet man einen Laptop mit einem PC, um hauptsächlich sehr schnell Dateien zwischen beiden hin- und herzuschieben?

! Die Vernetzung ist die gleiche wie die zwischen zwei PCs. Beim Laptop können Sie außerdem einen Netzwerkadapter über PCMCIA-/32-Bit-CardBus (Laptop-Einschub an der Seite) anschließen. Die langsamen Netzwerkadapter (16 Bit) sind PCMCIA-, die schnelleren 32-Bit-CardBus-Einsteckkarten (PCCard).

Hat also der Laptop keinen Netzwerkanschluss (LAN 10/100 oder Ethernet 10/100 genannt), schließen Sie einen 10/100-MBit/s-Netzwerkadapter (FastEthernet) über USB 2.0 oder eine CardBus-Steckkarte an die 32-Bit-CardBus-Schnittstelle an.

Laptop und PC für den turboschnellen Dateiaustausch mit FireWire verbinden

? Mein Laptop verfügt über eine Netzwerkkarte und einen FireWire-Anschluss. Welcher Anschluss ist für einen superschnellen Dateiaustausch mit dem PC günstiger?

! Eine superschnelle Vernetzung ist über ein FireWire-Netzwerk möglich (400 MBit/s schnell). Alternativ zu den vorherigen Lösungen mit Netzwerkkarten können Sie zwei PCs bzw. einen PC und einen Laptop über FireWire vernetzen. Die FireWire-Karten finden Sie bereits onboard bzw. in Soundkarten, oder Sie haben bereits für Ihre DV-Kamera FireWire-Anschlüsse angeschlossen/eingebaut.

Sie müssen nun nur mit dem passenden FireWire-Kabel, 1394-Kabel genannt, beide PCs bzw. PC und Laptop verbinden. Dazu gibt es 6-/6-polige, 4-/6-polige und 4-/4-polige Kabel.

Haben Sie auf beiden PCs/Laptops Windows XP installiert, werden Sie in den *Netzwerkverbindungen* sicher schon eine Netzwerkkarte mit dem Namen *1394-Verbindung* entdeckt haben. Diese benimmt sich wie eine „normale" Netzwerkkarte, mit der Sie die folgenden Netzwerkanwendungen herstellen können.

Möchten Sie Windows XP mit einem Windows älterer Version (Windows ME/2000) über FireWire vernetzen, benötigen Sie zusätzliche Software, z. B. FireNet von Unibrain, www.unibrain.com. Sie müssen FireNet auf beiden PCs installieren und benötigen pro PC eine extra Lizenz. Dabei dürfen Sie die FireWire-Unterstützung (hier als Netzwerkkarte, nicht zum Überspielen von Daten von einem FireWire-Gerät) unter Windows XP nicht mehr benutzen, sondern FireNet.

Schnelles Netzwerk zum Dateiaustausch mit drei oder mehr PCs realisieren

? Wie sollte man drei (und mehr) PCs (PC/Laptop) verbinden, um hauptsächlich sehr schnell Dateien zwischen ihnen hin- und herzuschieben?

! Möchten Sie drei oder mehr PCs/Laptops verbinden, müssen alle PCs/Laptops mit einer Netzwerkkarte/einem Netzwerkadapter versehen sein, wie das vorher für zwei PCs/Laptops beschrieben wurde. Bei mehr als zwei PCs können Sie kein Crossover-Kabel verwenden, sondern benötigen ein Verteilungsgerät, einen so genannten Hub (FastEthernet-Hub) oder Switch.

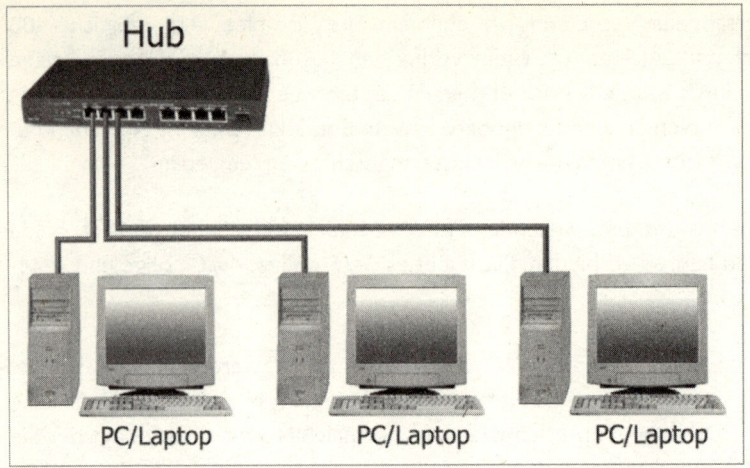

Kabel

Sie benötigen für je einen PC (Laptop) ein normales Netzwerkkabel, Twisted-Pair-Kabel (CAT 5) genannt. Solche Kabel erhalten Sie in jedem Kaufhaus, weil sie am häufigsten verwendet werden.

Netzwerkgerät zum Verbinden

Als Verteilungsgerät benötigen Sie einen Hub oder Switch (10/100-MBit/s-FastEthernet genannt). Solche Hubs haben in der Regel 4, 8 oder 16 Anschlussbuchsen (Ports genannt). Für drei PCs reicht also ein 4-Port-Hub. Dann haben Sie noch einen Anschluss frei. Falls Sie auch einen DSL-/Kabelanschluss im Netzwerk mitbenutzen möchten, verwenden Sie statt eines Hubs einen Router (mit eingebautem Hub oder Switch).

Anschluss

Sie verbinden je ein Netzwerkkabel mit der Netzwerkkarte eines PCs und einem Anschluss (Port) des Hubs. Dies ist eine so genannte Sternverkabelung, bei der immer ein Kabel vom PC zu einem Sternpunkt (Hub) geführt wird. Beachten Sie das bei der Wahl des Aufstellungsorts des Hubs.

Internetmitbenutzung

Falls Sie einen DSL-/Kabelanschluss auf allen PCs mitbenutzen möchten, verwenden Sie gleich einen Router (mit eingebautem Hub) statt eines Hubs. Daran wird neben den PCs auch das DSL-/Kabelmodem oder der DSL-Splitter angeschlossen, falls Sie einen Router mit integriertem DSL-Modem verwenden.

> **Das Problem der Verlegung**
>
> *Befinden sich die PCs direkt in einem Raum, ist das Vernetzen von PCs schnell erledigt. Ansonsten müssen Sie eine Wohnungsvernetzung/Hausvernetzung in Betracht ziehen, falls Sie eine schnelle verdrahtete Vernetzung vorziehen. Alternativ können über den Einsatz eines neuen Kabels durch WLAN (Funk) oder Powernet (Stromleitung) nachdenken (siehe Beispiele in diesem Kapitel).*

23.3 PCs für schnellen Dateiaustausch und Internetbenutzung vernetzen

Mehrere PCs für schnellen Dateientausch und Internet in einem Raum verbinden

? Was ist die beste Vernetzung für PCs in einem Raum, um sehr schnell Dateien zwischen ihnen hin- und herzuschieben und einen DSL-/Kabelanschluss mitbenutzen?

! Vernetzen Sie die PCs einfach, wie auf Seite 709 beschrieben, und verwenden Sie statt eines Hubs einen Router (mit integriertem Hub oder Switch).

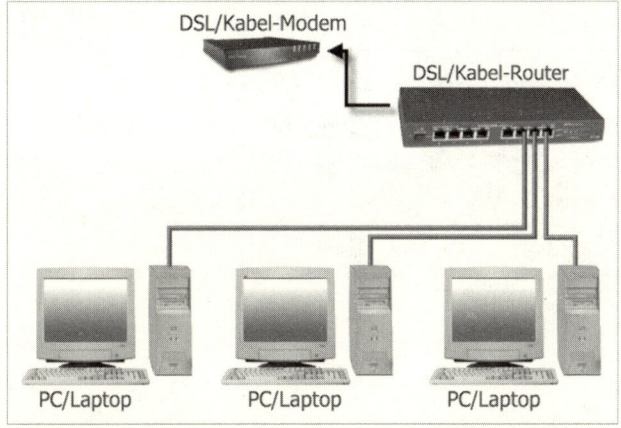

Das DSL-/Kabelmodem wird dann noch mit dem Router verbunden oder mit dem DSL-Splitter, falls Sie einen Router verwenden, der ein DSL-Modem eingebaut hat. Der Router sollte so viele PC-Ports (Anschlussmöglichkeiten für PCs) haben, wie Sie PCs anschließen möchten. In der Regel sind Router mit vier Ports ausgestattet, was daher für vier PCs oder drei PCs und ein anderes Netzwerkgerät (IP-Telefon, Printserver etc.) ausreicht.

Mehrere PCs vernetzen und an entfernten Internetzugang koppeln

? Wie kann man PCs in einem Raum verbinden, um sehr schnell Dateien zwischen ihnen hin- und herzuschieben und dabei einen weit entfernten DSL-/Kabelanschluss mitbenutzen?

! Hier können Sie die PCs über WLAN mit einem WLAN-Router untereinander und mit dem DSL-/Modem-Kabel verbinden, wie das auf Seite 704 beschrieben ist, was aber selbst bei der schnellsten WLAN-Variante (g-WLAN mit 54 MBit/s) in der Regel nicht so schnell und zuverlässig (Funkempfangsprobleme!) wie das folgende verdrahtete Netzwerk ist.

PCs mit Router, DSL-Anschluss über Powernet mit Router verbinden

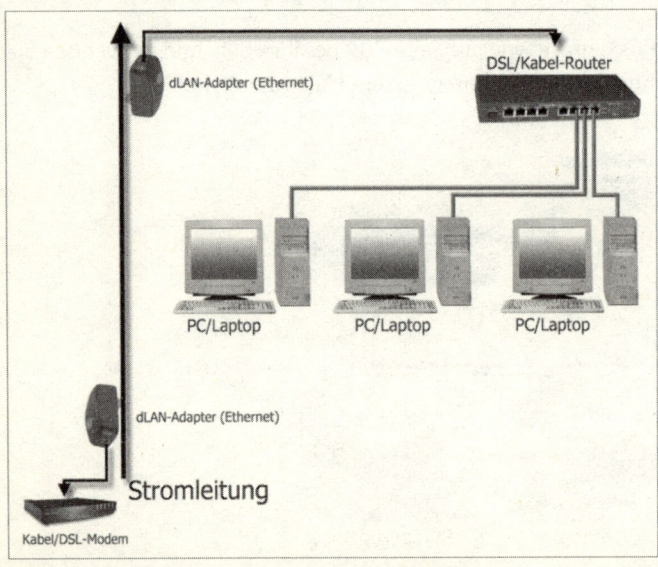

Da sich die PCs in einem Raum befinden, bietet sich eine Verkabelung der PCs mit einem Router an. Den weit entfernten DSL-/Kabelanschluss verbinden Sie über Powernet mit dem Router. Dabei sollte der Router kein DSL-/Kabelmodem enthalten, da Sie mit Powernet nicht die Verbindung zum weit entfernten Splitter überbrücken können, sondern ein weit entferntes DSL-/Kabelmodem (Netzwerkgerät).

Mehrere PCs in verschiedenen Räumen für Dateiaustausch und Internet ohne Neuverkabelung vernetzen

? Wenn man nun PCs in getrennten Räumen ohne ein neues Kabel verbinden und einen DSL-/Kabelanschluss mitbenutzen möchte, um sehr schnell Dateien zwischen ihnen hin- und herzuschieben, wie macht man das am besten?

! Die Geschwindigkeit bei der Vernetzung der PCs über die Stromleitung (14 MBit/s), wie sie auf Seite 702 beschrieben wird, reicht zwar für die Internetmitbenutzung völlig aus, ist aber für das schnelle Hin- und Herschieben von Dateien zwischen PCs ungeeignet. Neben dem Standard-PowerNet gibt es bereits ein schnelleres PowerNet mit einer Geschwindigkeit von bis zu 85 MBit/s, z. B. das MicroLink dLAN Highspeed Ethernet von Devolo (*www.devolo.de*) oder anderen Firmen.

Derzeit können Sie die neuste Generation von WLAN mit einer Geschwindigkeit von bis zu 54 MBit/s oder sogar 108 MBit/s verwenden, das so genannte g-WLAN (nach IEEE 802.11g), so wie es auf Seite 704 beschrieben ist. Beachten Sie, dass Sie über einen g-WLAN-Router auch eine Standard-WLAN-Karte/-Schnittstelle verbinden können, sie aber dabei nicht die hohe Geschwindigkeit von bis zu 54 MBit/s (oder sogar 108 MBit/s) bringt, sondern nur 11 MBit/s.

Schnelles Netzwerk aufbauen und gleichzeitig drahtlose LAN-Party ermöglichen

? Wie geht man vor, wenn man ein schnelles Netzwerk aufbauen und einen DSL-/Kabelanschluss auf allen PCs mitbenutzen möchte, sodass es der Nachbar zum Beispiel für eine private drahtlose LAN-Party benutzen kann?

! Vernetzen Sie einfach Ihre PCs und Ihren DSL-/Kabelanschluss mit einem Router, so wie das auf Seite 711 beschrieben ist, wobei Sie einen WLAN-Router verwenden.

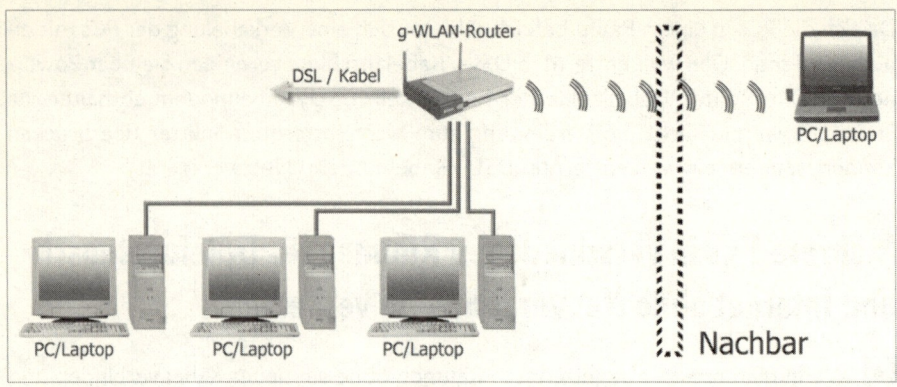

WLAN-Router vernetzen auch ein schnelles Netzwerk (ein direkt verkabeltes), auf das Ihr Nachbar dann drahtlos zugreifen kann. Verwenden Sie einen g-WLAN-Router und ist die Funkverbindung optimal und ungestört, hat Ihr Nachbar eine 54 MBit/s schnelle Verbindung zu Ihrem Netzwerk. Sie selbst haben innerhalb Ihres Netzwerks eine Geschwindigkeit von 100 MBit/s. Natürlich können Sie so auch selbst drahtlos auf Ihr Netzwerk sowie Ihren DSL-/Kabelanschluss zugreifen und auch mit mehreren PCs (gleichzeitig).

Zwei Netzwerke drahtlos verbinden und einen vorhandenen DSL-/Kabelanschluss nutzen

Mein Nachbar möchte sein schnelles Netzwerk mit meinem schnellen Netzwerk drahtlos verbinden und meinen DSL-/Kabelanschluss mitzubenutzen. Was braucht man dazu?

Ihr Nachbar vernetzt seine PCs mit einem Hub oder einem Router (mit Hub), an die aber kein DSL-/Kabelanschluss angeschlossen ist. Sie vernetzen Ihre PCs mit einem Router, der mit Ihrem DSL-/Kabelanschluss verbunden ist, sodass Sie bereits mit allen PCs auf Ihren DSL-/Kabelanschluss zugreifen können.

An beide Hubs bzw. Router wird je ein reiner WLAN-Access Point (also kein WLAN-Router und sogar ohne eingebauten Hub) angeschlossen, der in der Lage ist, beide Netzwerke drahtlos zu verbinden. Für einen solchen Einsatz gibt es geeignete (WLAN-)Access Points, die in einen speziellen Modus, den so genannten AP-2-AP-Modus oder Wireless Brigde-Modus, gebracht werden können, z. B. DWL-2000/ 2100 AP AirPlus Xtreme von D-Link (*www.d-link.de*).

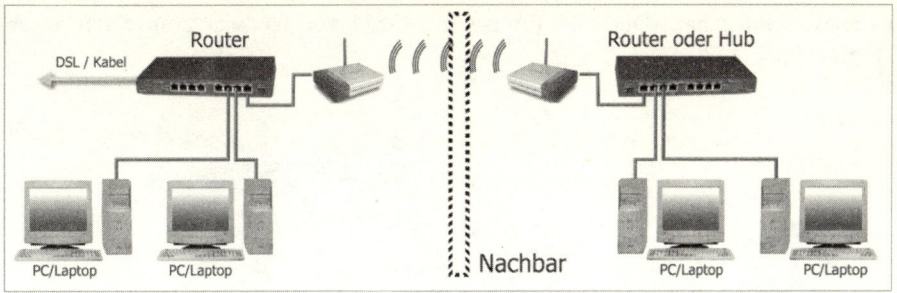

23.4 Zusätzlich einen Drucker auf allen PCs mitbenutzen

Einen Drucker im Netzwerk über einen Router nutzen

? Wie erreicht man, dass man ständig einen Drucker im Netzwerk mitbenutzen kann, ohne dass immer ein bestimmter PC eingeschaltet sein muss?

! Wenn Sie die PCs wie in den vorherigen Fallbespielen vernetzt haben, können Sie einen Drucker (oder mehrere) an einem PC anschließen, ihn für alle PCs im Netzwerk freigeben und dann mitbenutzen, so wie das in Kapitel 30 beschrieben wird. Der Nachteil dieser Methode ist, dass dafür immer der PC, der mit dem Drucker verbunden ist, eingeschaltet bleiben muss. Das ist nicht nur lästig, sondern verbraucht auch viel Strom.

Drucker mit Printserver verbinden

Für den Fall, dass Sie die PCs über einen Hub oder einen (WLAN-)Router (inkl. Hub) vernetzt haben, können Sie einen so genannten Printserver anschließen. Das ist ein kleiner Kasten oder ein Adapter, der mit dem Netzwerk über ein einfaches Netzwerkkabel und mit dem Druckeranschluss des Druckers verbunden wird, z. B. PS101, PS110, PS121 von Netgear (*www.netgear.de*).

Beachten Sie hier, dass beim Einsatz eines WLAN-Routers der Printserver und damit der Drucker in der Nähe des WLAN-Routers steht, wenn Sie kein neues Kabel verwenden möchten. In der Regel verfügen solche Printserver nur über Parallelanschlüsse, sodass Sie darauf achten sollten, dass Ihr Drucker neben einem USB- auch einen

Parallelanschluss hat. (Der Mini-Printserver PS121 von Netgear besitzt z. B. einen USB-Druckeranschuss.)

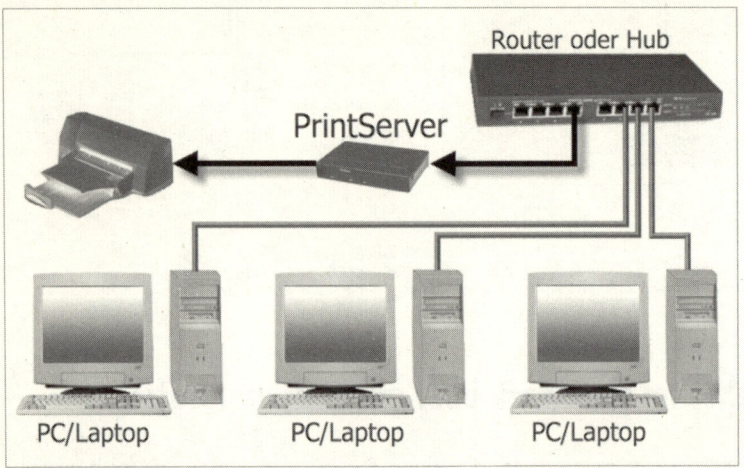

Es gibt (WLAN-)Router, die auch einen Printserver eingebaut haben (z. B. FWG114P, FM114P von Netgear). In diesem Fall entfällt ein zusätzlicher Printserver.

Drucker mit Netzwerkanschluss einsetzen

Die Preise für Laserdrucker, sogar Farblaserdrucker (z. B. Minolta QMS-Serie), die bereits eine Netzwerkkarte einbaut haben, sind stark gefallen. Sie können solche Drucker ohne einen zusätzlichen Printserver mit dem Netzwerk verbinden, wenn Sie den Drucker über ein normales Netzwerkkabel mit dem Hub bzw. dem (WLAN-)Router verbinden.

Einen entfernten Netzwerkdrucker nutzen ohne Kabelneuverlegung

? Ein Drucker soll von allen PCs im Netzwerk aus ständig mitbenutzt werden können, ohne dass ein bestimmter PC eingeschaltet sein muss; aber der Drucker ist zu weit entfernt. Wie geht man da am besten vor?

! Sie können den Drucker wieder, wie vorher beschrieben, mit einem Printserver oder über seine eingebaute Netzwerkkarte mit dem Netzwerk bzw. WLAN über ein normales Netzwerkkabel verbinden. Dabei können Sie aber ein Problem haben, dass das Verwenden eines neues Kabels erforderlich macht.

Printserver über Stromleitung verbinden

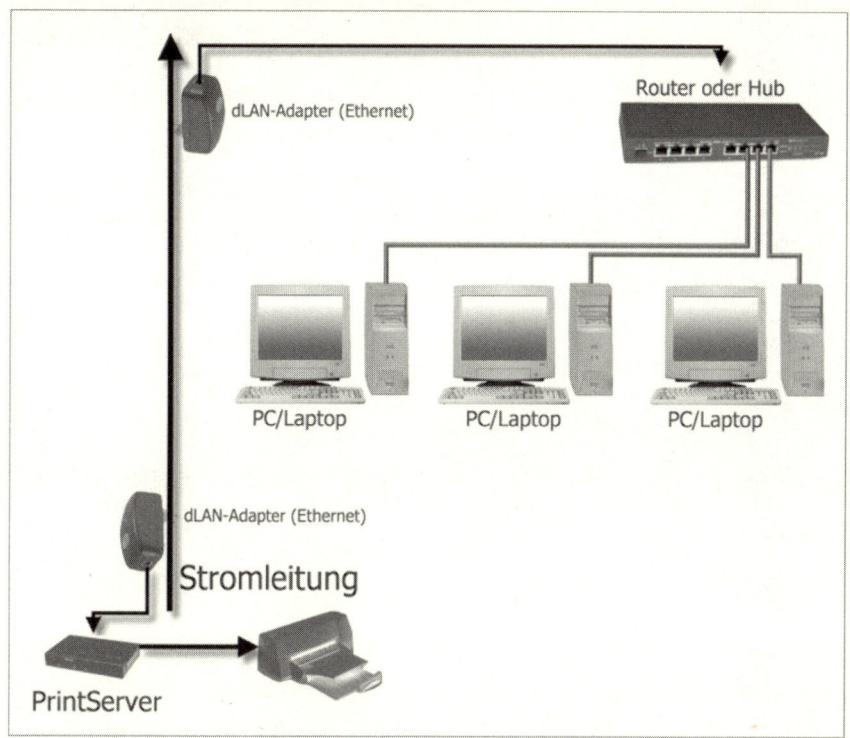

Um den weit entfernten Printserver mit dem Hub oder dem (WLAN-)Router zu verbinden, können Sie eine vorhandene Stromleitung benutzen. Sie benötigen dafür zwei dLAN-(Powernet-)Adapter mit Netzwerkanschluss (Ethernet genannt, nicht USB), ansonsten siehe Seite 702.

Drucker über WLAN verbinden

Statt über die Stromleitung können Sie den Printserver (und damit den Drucker) auch über WLAN mit dem Netzwerk verbinden, wobei Sie dabei eine höhere Geschwindigkeit zum Drucker erreichen können, wenn Sie das schnelle g-WLAN mit bis zu 54 MBit/s (oder sogar 108 MBit/s) verwenden.

Kabel und Geräte zur Vernetzung

Karten/Adapter für die Vernetzung	**720**
Kabel für die Vernetzung	**722**
Geräte für die Vernetzung	**726**

24.1 Karten/Adapter für die Vernetzung
Identische Netzwerkkarte funktioniert in einem PC, im anderen nicht

In einem PC funktioniert ein und dieselbe Netzwerkkarte, aber in einem anderen komischerweise nicht. Was kann das sein?

Bei älteren PCs (und Windows-Versionen wie Windows 98) tritt das Problem, dass eine Karte nicht oder nicht richtig funktioniert, in der Regel nur auf, weil es so genannte IRQ-Probleme gibt. Diese können Sie bereits oft schon beim Booten erkennen. Drücken Sie dazu während des Bootens die [Pause]-Taste, um das Weiterscrollen des Bildes zu verhindern.

Hier steht rechts unter *Device Class* bei *Network Controller* (Netzwerkkarte) beispielsweise der IRQ 11. Dieser IRQ sollte nur der Netzwerkkarte allein vergeben worden sein.

Den IRQ der Netzwerkkarte ändern

Wenn der Netzwerkkarte immer derselben IRQ zugewiesen wird wie einer anderen PCI-Karte, hilft meistens ein einfacher Trick: Versetzen Sie die Netzwerkkarte in einen anderen PCI-Steckplatz auf dem Mainboard.

Einen IRQ freimachen

Es kann passieren, dass Sie keinen freien IRQ mehr für die Netzwerkkarte haben, besonders dann, wenn Sie schon mehrere Steckkarten (Soundkarte, TV-Karte etc.) eingebaut haben. Dann können Sie im BIOS durch das Abschalten nicht benötigter Komponenten noch einen IRQ freimachen.

Schalten Sie unnötige Komponenten im BIOS ab, um einen IRQ freizumachen. Unter Umständen müssen Sie bei Ihrem BIOS etwas anders vorgehen (siehe Handbuch das Mainboards).

Hier ist ein typisches Beispiel, wie Sie IRQs freimachen können.

1. Betreten Sie das BIOS des PCs, in der Regel mit der [Entf]-Taste, und wählen Sie den Menüpunkt *Integrated Peripherals* aus. Unter Umständen sieht Ihr BIOS etwas anders aus.

2. Unter *Onboard Serial Port 1* und *Onboard Serial Port 2* wählen Sie die Option *Disabled*. Falls Sie den Parallelanschluss (LPT1) nicht brauchen, können Sie auch unter *Onboard Parallel Port* die Option *Disabled* einstellen.

Wo gibt es Netzwerkkarten für ein FireWire-Netzwerk?

Wo gibt es denn eigentlich FireWire-Netzwerkkarten für ein superschnelles FireWire-Netzwerk (400 MBit/s) zwischen zwei PCs?

Es gibt keine speziellen FireWire-Netzwerkkarten. Falls Sie in Ihrem PC oder Laptop über einen FireWire-Anschluss verfügen, z. B. für den Anschluss einer DV-Kamera oder eines anderen FireWire-Geräts (externe Festplatte mit FireWire-Anschluss), können Sie damit über spezielle Software ein FireWire-Netzwerk aufbauen. FireWire-Karten gibt es als Steckkarten für den Laptop oder zum Einbauen für den PC. Manche Soundkarten (z. B. SB Audigy 5.1 und vergleichbar von Creative) enthalten zusätzlich einen FireWire-Anschluss.

Unter Windows XP ist bereits Software für ein FireWire-Netzwerk enthalten. Sie erkennen die FireWire-Netzwerkkarte am Symbol *1394-Verbindung* in den *Netzwerkverbindungen*.

Sie können also zwei Windows XP-PCs über ein FireWire-Kabel direkt verbinden und wie mit einer ganz normalen Netzwerkkarte (hier mit der Bezeichnung *1394-Verbindung*) ein Netzwerk aufbauen.

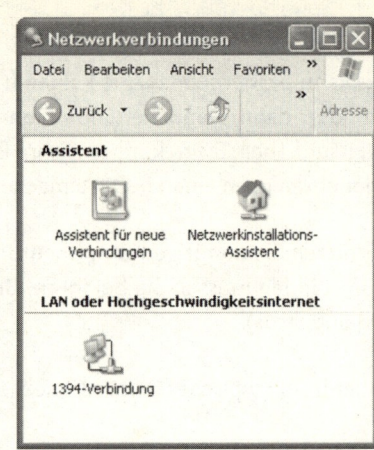

Möchten Sie Windows XP mit einem Windows älterer Version (Windows ME/2000) über FireWire vernetzen, benötigen Sie zusätzliche Software, z. B. FireNet von Unibrain, *www.unibrain.com*. Sie müssen FireNet auf beiden PCs installieren und benötigen pro PC eine extra Lizenz. Dabei dürfen Sie die FireWire-Unterstützung (hier als Netzwerkkarte, nicht zum Überspielen von Daten von einem FireWire-Gerät) unter Windows XP nicht mehr benutzen, sondern FireNet.

24.2 Kabel für die Vernetzung
Zwei PCs direkt über USB vernetzen

? Wenn man zwei PCs direkt über USB vernetzen möchte, braucht man da einen passenden Adapter? Das Kabel passt nämlich gar nicht.

! Das Gerücht hält sich hartnäckig, man könne zwei PCs direkt über ein speziell belegtes USB-Kabel vernetzen. Das stimmt für ein vollwertiges Netzwerk nicht!

Es gibt aber so genannte USB-Direktverbindungskabel, z. B. EZ Connect USB Networking & Gaming Cable von SMC (*www.smc.com*) oder USB Direct Connect F5U104 von Belkin (*www.belkin.com*), die Elektronik als Mittelstück eingebaut haben, mit denen das möglich ist.

Mit der mitgelieferten Software (Treiber) wird dann eine herkömmliche USB-Netzwerkkarte emuliert (vorgetäuscht), mit der Sie ein normales Netzwerk aufbauen können. Beachten Sie, dass es billige USB-Linkkabel gibt, mit denen Sie zwar mit Software wie LinkPlus Dateien über USB hin- und herschieben, aber keine normale Netzwerkverbindung zwischen zwei PCs haben.

Ich persönlich glaube, dass sich bei den Niedrigpreisen heutiger Netzwerkkarten ein solches USB-Direktverbindungskabel nicht lohnt. Zwei Netzwerkkarten und ein Crossover-Kabel sind nicht viel teurer als ein solches USB-Direktverbindungskabel, aber viel schneller, nämlich bis zu 1 GBit/s (1.000 MBit/s!) schnell. (1000-MBit/s-Netzwerkkarten sind bereits sehr billig geworden!)

Crossover-Kabel am Hub/Router weiterverwenden

Bisher habe ich zwei PCs über ein Crossover-Kabel direkt verbunden und möchte nun mein Netzwerk um einen dritten PC erweitern. Gibt es eine Möglichkeit, das vorhandene Kabel an dem Hub/Router, der für das größere Netzwerk benötigt wird, weiterzuverwenden?

Wenn Sie einen reinen Hub verwenden möchten, können Sie einfach das Crossover-Kabel an den so genannten Uplink-Port des Hubs anschließen. Das ist in der Regel der letzte Port (Anschluss) des Hubs.

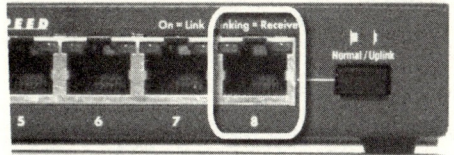

Bei manchen Hubs müssen Sie dazu einen Schalter drücken, oder der Hub passt sich automatisch an das Crossover-Kabel an. Eine Leuchtdiode am Hub zeigt dann die korrekte Verbindung an.

Möchten Sie einen Router einsetzen, dann achten Sie darauf, dass er einen Uplink-Port besitzt bzw. die automatische Anpassung der Ports an ein Crossover-Kabel, sozusagen eine automatische Umschaltung zwischen normalem Port und Uplink-Port.

Fällt Ihre Wahl auf einen Router, der keinen solchen Uplink-Port bzw. eine automatische Anpassung an das Crossover-Kabel besitzt, können Sie das Crossover-Kabel mit einem zweiten Crossover-Kabel zu einem normalen Netzwerkkabel machen und mit dem Router verbinden. Zur Kabelstückelung können Sie eine Kupplung, eine RJ45-Modularkupplung (1:1 belegt), verwenden.

Ein zu kurzes, fest verlegtes Netzwerkkabel verlängern

? Das Kabel zu einem PC ist fest verlegt. Nun ist es zu kurz, nachdem der PC im Raum verschoben wurde. Was kann man tun, um den Einsatz eines neuen Kabels zu vermeiden?

! Verlängern Sie das fest verlegte Netzwerkkabel einfach über eine so genannte RJ45-Modularkupplung, die Sie bereits ihn größeren Kaufhäusern bekommen können, mit einem zweiten Netzwerkkabel, Twisted-Pair-Kabel/Patchkabel, CAT 5, das Sie auch leicht im Fachhandel erwerben können.

Das FireWire-Kabel verlängern

? Ich möchte meinen Laptop mit meinem PC über FireWire vernetzen, aber das Kabel ist viel zu kurz. Was kann ich tun?

! Sie haben folgende Möglichkeiten:

- Verwenden Sie ein längeres FireWire-Kabel:
  Sie können statt eines kurzen FireWire-Kabels ein längeres verwenden, das die gleichen Stecker (z. B. 4-/6-polig oder 6-/6-polig) an den Kabelenden besitzt. Die maximale Kabellänge zwischen PC und Laptop beträgt dabei 4,5 m (bei der maximalen Geschwindigkeit von 400 MBit/s).

- Verwenden Sie einen FireWire-Repeater oder FireWire-Hub:
  Alternativ – und vor allem für größere Entfernungen – können Sie einen FireWire-Repeater, z. B. von Hama, www.hama.de, oder einen FireWire-Hub, z. B. von Belkin, www.belkin.de, einsetzen. Beide FireWire-Geräte, Repeater oder Hub, besitzen in der Regel nur 6-polige FireWire-Buchsen. Für den Anschluss eines Laptops an den FireWire-Hub verwenden Sie ein 4-/6-poliges FireWire-Kabel. Der FireWire-Hub verdoppelt die Länge des FireWire-Kabels (4,5 m von einem PC zum Hub und wieder 4,5 m vom Hub zum zweiten PC oder Laptop).

FireWire-Stecker passt nicht in den Anschluss beim Laptop

? Ich möchte meinen Laptop über FireWire vernetzen, aber der Stecker des Kabels passt nicht in den Anschluss meines Laptops!

! Sie haben folgende Möglichkeiten:

- Verwenden Sie das geeignete FireWire-Kabel:
  Neben einem 6-/6-poligen FireWire-Kabel gibt es auch noch FireWire-Kabel, die einen 4-poligen und einen 6-poligen bzw. zwei 4-polige Stecker haben. Tauschen Sie das vorhandene 6-/6-polige FireWire-Kabel durch das entsprechende aus.

- Verwenden Sie einen FireWire-Adapter:
  Sie können aus dem 4-poligen FireWire-Anschluss des Laptops auch einen 6-poligen machen, wenn Sie einen FireWire-Adapter, z. B. einen Digital-Adapter (FireWire 6-Pol-Kupplung auf 4-Pol-Stecker) von Hama (*www.hama.de*) oder vergleichbar, einsetzen.

Zusätzlichen PC an ein Netzwerk anschließen, ohne ein neues Kabel zum Haupt-Hub (Switch) zu verlegen

? Ich habe umständlich einen PC mit einem Switch (Hub) in einem anderen Raum verkabelt. Nun möchte ich einen weiteren PC im selben Raum ans Netzwerk hängen. Was kann man tun, um eine Neuverkabelung zu vermeiden?

! Die Verkabelung über einen Switch ist sternförmig, was auch Vorteile bei Netzwerkausfällen hat: Der Ausfall eines Netzwerkstrangs (z. B. Kabel defekt) bedeutet nicht den Totalausfall des gesamten Netzwerks.

Aber Sie dürfen ja technisch gesehen einen zweiten Hub (oder Switch) einsetzen. Dabei wird das Netzwerk nur „etwas" träger (der Fachmann spricht von größeren Latenzzeiten).

Trennen Sie das Netzwerkkabel vom PC ab und verbinden Sie es mit dem Uplink-Port eines Hubs (oder Switchs), wie im Folgenden auf Seite 726 beschrieben. Dabei wird eine Leuchtdiode die korrekte Verbindung zum Haupt-Switch anzeigen.

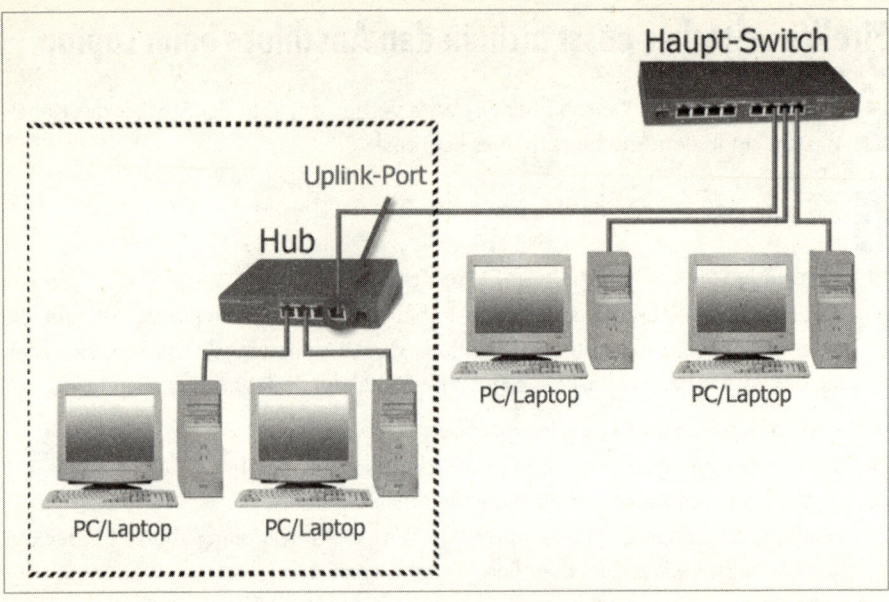

Die Verbindung zum Haupt-Switch ist aber jetzt nicht mehr vollständig sternförmig. Fällt die Verbindung zum Haupt-Switch mal aus, sind alle PCs am Hub in diesem Raum vom Netzwerk getrennt.

24.3 Geräte für die Vernetzung
Der Router hat keinen PC-Anschluss mehr frei

Am Router ist kein Anschluss mehr für einen weiteren PC bzw. ein Netzwerkgerät frei. Wie löst man das Problem am einfachsten?

Da Sie nicht nur PCs an Ihr Netzwerk, sondern auch andere Netzwerkgeräte wie Printserver, (IP-)LAN-Telefon etc. anschließen möchten, sind vier Ports der meisten Router nicht viel.

Sie können einfach einen Port des Routers mit dem so genanten Uplink-Port eines zusätzlichen Hubs (oder Switchs) anschließen und haben weitere Ports frei.

24.3 GERÄTE FÜR DIE VERNETZUNG

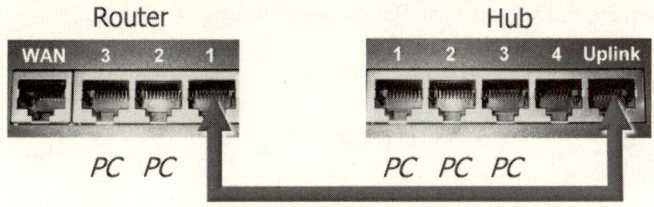

normales Netzwerkkabel

Falls Sie nur ein Crossover-Kabel zur Verfügung haben, können Sie auch einen Port des Routers mit einem Port (normaler Port, kein Uplink-Port) des zusätzlichen Hubs verbinden. Heutige Hubs (Switches) und Router passen sich in der Regel bereits dem jeweiligen Kabel automatisch an, sodass Sie problemlos einen Router mit einem zusätzlichen Hub verbinden können, egal wo und mit welchem Netzwerkkabel.

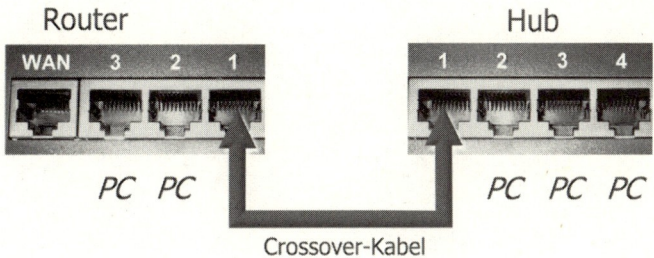

Crossover-Kabel

Statt eines Hubs können Sie auch einen so genannten Switch einsetzen, der noch etwas schneller beim Einsatz mehrerer PCs ist.

WLAN-Basisstation/-Router über das Netzkabel mit Strom versorgen

Die WLAN-Basisstation bzw. der WLAN-Router, bereits an einer entfernten Stelle mit einem Netzwerkkabel verbunden, muss nun noch mit Strom versorgt werden. Wie macht man das, wenn dort überhaupt kein 230-V-Stromanschluss vorhanden ist?

Das ist das bekannte Dachbodenproblem. Sie können die Stromleitung benutzen, um entweder WLAN-Basisstation/-Router oder auch einen Router mit einem Netzwerkgerät (PC, DSL-Modem) zu verbinden oder auch umgekehrt.

Für diesen Zweck können Sie das so genannte Power over Ethernet anwenden.

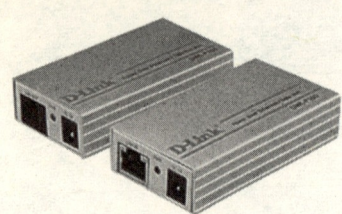

*Beispiel:
DWL-P100 – Power over Ethernet Kit von D-Link,
Quelle: www.d-link.de.*

Das ist technisch möglich, weil nur vier der acht Adern des Netzwerkkabels (Pins 1, 2, 3, 6) für eine Netzwerkverbindung benötigt werden. Die restlichen vier Adern können für die Stromversorgung benutzt werden.

Netzwerk richtig konfigurieren

Netzwerk unter Windows XP macht Probleme	**730**
Windows ME oder Windows 98 mit ins Netz aufnehmen	**742**
Windows 2000 mit Windows XP vernetzen – das geht doch!	**745**

25.1 Netzwerk unter Windows XP macht Probleme
Die Netzwerkkarte ist nicht kompatibel zu Windows XP/2000

? Wie kann man die Netzwerkkarte installieren, wenn sie ist nicht kompatibel zu Windows XP (Windows 2000) ist?

! Bei der Installation der Netzwerkkarte unter Windows XP (oder Windows 2000) erhalten Sie den Warnhinweis *Die eingesetzte Hardware ist nicht kompatibel zu Windows XP ... Das Fortsetzen der Installation dieser Software kann die korrekte Funktion des Systems direkt oder in Zukunft beeinträchtigen.*

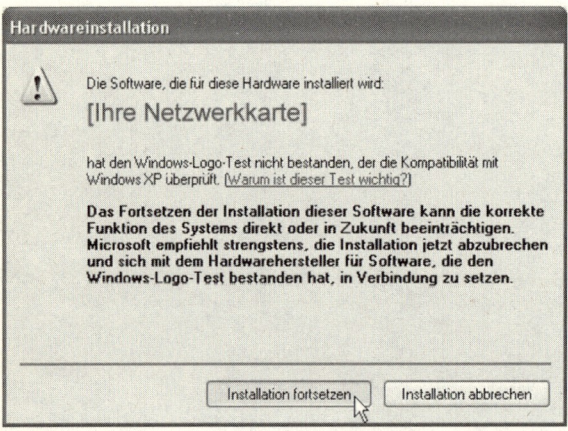

Klicken Sie hier ruhig auf die Schaltfläche *Installation fortsetzen*. Diese Warnung bedeutet nur, dass der Netzwerkkartentreiber nicht von Microsoft für Windows XP getestet und digital signiert wurde. Sie finden zahlreiche neue Hardware, für die Sie die Treiber des Herstellers, die nicht von Microsoft signiert wurden, installieren müssen. In der Regel funktionieren von Microsoft unsignierte Treiber problemlos.

Lässt sich der Netzwerkkartentreiber nicht installieren, weil die Schaltfläche *Installation fortsetzen* fehlt, kontrollieren Sie folgende Einstellung:

1. Klicken Sie auf das Symbol *Arbeitsplatz* mit der rechten Maustaste und wählen Sie im Kontextmenü *Eigenschaften* aus.

25.1 NETZWERK UNTER WINDOWS XP MACHT PROBLEME

2. Wechseln Sie zum Register *Hardware* und klicken Sie auf die Schaltfläche *Treibersignierung*.

3. Aktivieren Sie dort unter *Wie soll Windows vorgehen?* die Option *Warnen - Zum Auswählen einer Aktion auffordern* oder auch *Ignorieren - Software unabhängig von Zulassung installieren*, wenn Sie den obigen Warnhinweis nie mehr sehen und Treiber ohne Rückfrage installieren möchten.

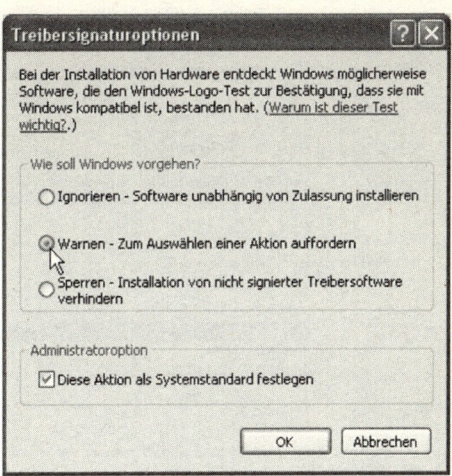

Die Netzwerkkarte ist bei Windows XP/2000 verschwunden!

? Die Netzwerkkarte ist unter Windows XP in den *Netzwerkverbindungen* nicht mehr zu finden. Wo bekommt man sie wieder?

! Bevor Sie die folgenden Schritte ausführen, sollten Sie kontrollieren, ob die Netzwerkkarte überhaupt noch funktionstüchtig ist. Sie sollte korrekt, z. B. über USB oder CardBus/PCMCIA (Laptop-Schnittstelle), angeschlossen und installiert sein, was Sie im Geräte-Manager unter *Netzwerkadapter* erkennen können: Da sollte Ihre Netzwerkkarte fehlerfrei aufgelistet sein. Den Geräte-Manager finden Sie bei Windows XP schnell, indem Sie über das Symbol *Arbeitsplatz* die *Eigenschaften* und dann das Register *Hardware* auswählen.

1. Geben Sie unter *Start/Ausführen* „services.msc" ein oder wechseln Sie in der Systemsteuerung auf das Symbol *Verwaltung* (in der klassischen Windows-Ansicht, ansonsten *Start/Systemsteuerung/Leistung und Wartung/Verwaltung*).

2. Wählen Sie dann das Symbol *Dienste*. Suchen Sie im Fenster rechts die Zeile *Netzwerkverbindungen* und aktivieren Sie sie mit einem Doppelklick.

3. Wählen Sie unter *Starttyp* die Option *Automatisch* aus. Schließen Sie das Fenster mit der Schaltfläche *OK* und machen Sie anschließend einen Neustart.

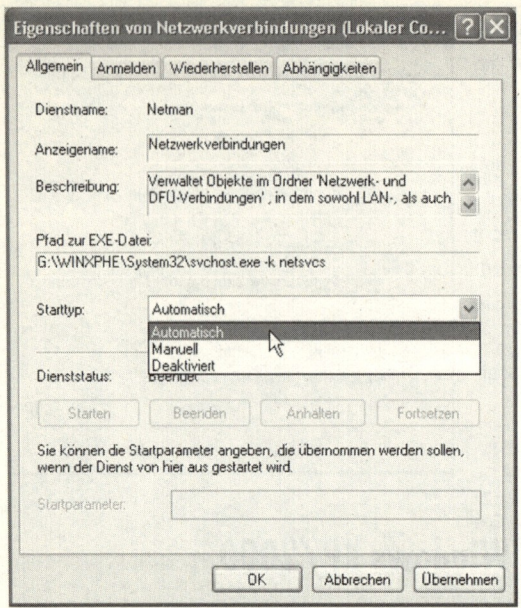

Wenn damit immer noch nicht Ihr Problem gelöst ist, versuchen Sie Folgendes:

Geben Sie unter *Start/Ausführen* nacheinander die drei Befehle ein:

    regsvr32 netshell.dll
    regsvr32 netcfgx.dll
    regsvr32 netman.dll

Leider verursacht manche Software (z. B. der Firma AVM) nach der Deinstallation genau das obige Problem, das sich nur durch die letzte Maßnahme lösen lässt. Diese Notlösung ist für Windows 2000 sehr wichtig, weil es dort die Systemwiederherstellung – wie unter Windows XP – nicht gibt.

⏭ ***Bestimmte Netzwerkprobleme unter Windows XP lösen!*** ⏭

An dieser Stelle möchte ich Ihnen einen Tipp geben, den Sie im Prinzip für die schnelle Lösung einiger Netzwerkprobleme des Buchs unter Windows XP immer anwenden können. Falls Sie eine funktionierende Netzwerkkonfiguration hatten, die nun aus irgendeinem Grund nicht mehr funktioniert, benutzen Sie einfach die Systemwiederherstellung unter Alle Programme/Zubehör/Systemprogramme. Damit setzen Sie Windows XP einfach auf eine funktionierende Netzwerkkonfiguration aus der Vergangenheit zurück.

Der Netzwerkinstallations-Assistent von Windows XP hängt

? Der Assistent von Windows XP geht nicht weiter. Was kann man da tun?

! Manchmal kann es passieren, dass der Assistent von Windows XP hängt. Das liegt daran, dass er auch Dateien und alle angeschlossenen Drucker freigibt, wofür er Dinge einstellen muss, die unter Umständen und bei älteren PCs lange dauern können. Haben Sie einfach Geduld und warten Sie, bis es weitergeht.

Windows XP unterbricht die Netzwerkverbindung

? Ich benutze unter Windows XP noch eine Netzwerkkarte fürs Internet (DSL/Kabel). Ab und zu unterbricht Windows XP die Verbindung zum Netzwerk. Wie kann man das verhindern?

! Benutzen Sie mehrere Netzwerkkarten in einem PC, erzeugt der Netzwerkinstallations-Assistent von Windows XP automatisch eine so genannte Netzwerkbrücke, die diesen Fehler bzw. Störungen verursachen kann. Entfernen Sie wie folgt diese Netzwerkbrücke:

Im einfachsten Fall löschen Sie unter den *Netzwerkverbindungen* das Symbol für die Netzwerkbrücke mit der [Entf]-Taste.

In hartnäckigen Fällen lässt sich die Netzwerkbrücke nicht so einfach entfernen. Versuchen Sie dann folgende Schritte auszuführen:

1. Klicken Sie mit der rechten Maustaste auf das Symbol der Netzwerkbrücke, wählen Sie im Kontextmenü *Eigenschaften* aus und entfernen Sie unter *Adapter* die Haken bei allen Adaptern.

2. Bestätigen Sie das Dialogfeld und versuchen Sie dann, das Symbol der Netzwerkbrücke, das nun mit einem roten Kreuz gekennzeichnet ist, mit der [Entf]-Taste zu löschen.

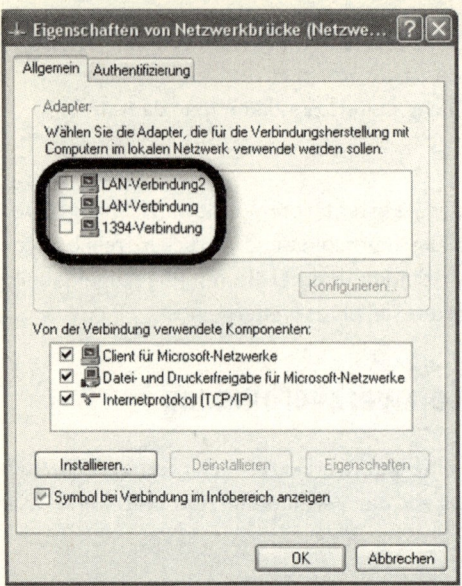

Sie können diese unsinnige Bildung einer Netzwerkbrücke vermeiden, wenn Sie im Netzwerkinstallations-Assistenten an dieser Stelle Folgendes auswählen:

1. Im Fenster *Der Computer verfügt über mehrere Verbindungen* stellen Sie die Option *Die Verbindungen mit dem Netzwerk manuell wählen* ein.

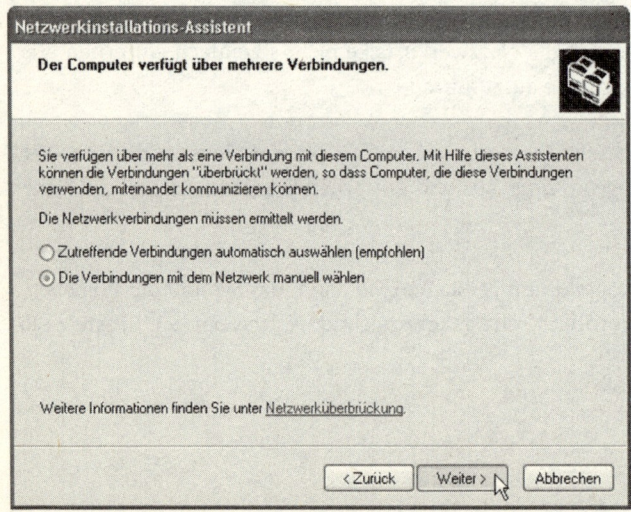

2. Unter *Wählen Sie die zu überbrückenden Verbindungen aus* setzen Sie nur einen Haken bei der Netzwerkkarte, die mit dem Heimnetzwerk (in der Regel *LAN-Verbindung* genannt) verbunden ist. Alle sonstigen Haken entfernen Sie.

Beachten Sie, dass die folgende Zuweisung der IP-Nummer in sich zusammenfällt, wenn Sie die Netzwerkbrücke entfernen. Sie müssen diese Einstellung dann noch einmal für die Netzwerkkarte selbst (nicht die Netzwerkbrücke) wiederholen.

Nach dem Einbau einer FireWire-Karte funktionieren unter Windows XP Netzwerk und Internet nicht mehr

Nach dem Einbau einer FireWire-Karte für eine DV-Kamera funktionieren unter Windows XP das Netzwerk und das Internet nicht mehr! Wie löst man das Problem?

Da in Windows XP jede FireWire-Karte automatisch als Netzwerkkarte eingebunden wird, kann diese auch bei Netzwerkeinstellungen stören.

Die neue FireWire-Karte wird sehr oft bei Windows XP mit der vorhandenen Netzwerkkarte als Netzwerkbrücke verklebt, dabei sind die Eigenschaften der Netzwerkkarte nicht mehr gültig, sondern die der Netzwerkbrücke, die unter Umständen nicht mehr passen.

Entfernen Sie am besten die Netzwerkbrücke (falls vorhanden), so wie das vorher auf Seite 733 beschrieben wurde. Danach deaktivieren Sie am besten in den *Netzwerkverbindungen* die Netzwerkkarte *1394-Verbindung* mit einem Rechtsklick auf das Symbol und dem Menüpunkt *Deaktivieren*.

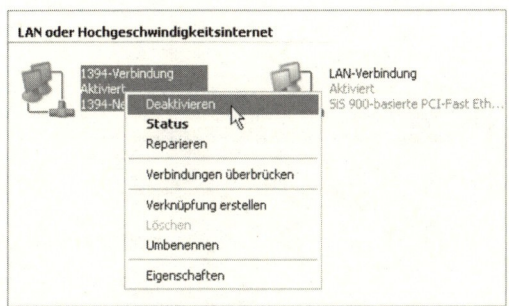

Beachten Sie, dass der Netzwerkinstallations-Assistent fröhlich auch deaktivierte Netzwerkkarten (*1394-Verbindung* – die FireWire-Karte) mit berücksichtigt bzw. mit auflistet. Dabei sollten Sie nie die Option *automatisch*, sondern immer *manuell* wählen und die FireWire-Karte nicht mit einem Haken versehen, solange Sie nicht zwei PCs über ein FireWire-Kabel vernetzt haben (was tatsächlich funktioniert, und zwar mit einer Geschwindigkeit von 400 MBit/s!).

Windows XP verhindert das Zuweisen einer IP-Nummer

Ich möchte unter Windows XP eine feste IP-Nummer eingeben. Windows XP meldet mir, dass diese IP-Nummer bereits von einem anderen Adapter besetzt ist. Was nun?

Windows XP lässt Sie die IP-Nummer nicht zuweisen, die Sie sie mal für eine Netzwerkkarte zugewiesen hatten, auch wenn diese überhaupt nicht mehr angeschlossen ist, z. B. eine Netzwerkkarte zum Einstecken bei einem Laptop. Entfernen Sie diese alte Netzwerkkarte einfach im Geräte-Manager:

1. Klicken Sie über das Symbol *Arbeitsplatz* auf *Eigenschaften* und wechseln Sie in das Register *Erweitert*.

2. Klicken Sie dort auf die Schaltfläche *Umgebungsvariablen*.

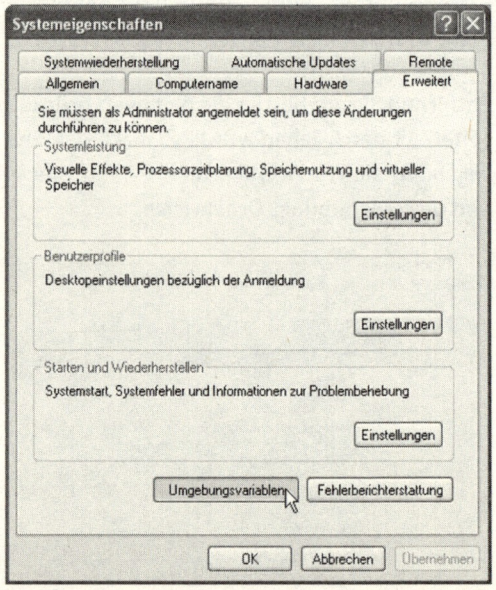

3. Klicken Sie im Feld unter *Systemvariablen* auf die Schaltfläche *Neu*. Geben Sie unter *Name der Variablen* „devmgr_show_nonpresent_devices" und unter *Wert der Variablen* „1" ein und klicken Sie auf die Schaltfläche *OK*.

4. Wechseln Sie dann zum Register *Hardware* und klicken Sie auf die Schaltfläche *Geräte-Manager*. Wählen Sie unter *Ansicht* den Menüpunkt *Ausgeblendete Geräte anzeigen*.

5. Klappen Sie die Zeile *Netzwerkadapter* auf. Dort sehen Sie alle Netzwerkkarten, auch die, die nicht mehr aktuell sind. Sie erkennen die Altdaten an einer blasseren Farbe (Grün bei Netzwerkkarten).

6. Klicken Sie mit der rechten Maustaste auf den Netzwerkadapter, der in der Fehlermeldung *Die IP-Adresse „192.168.0.2", die Sie für diesen Netzwerkadapter eingegeben haben, ist bereits dem Adapter ... zugewiesen* erwähnt wurde (hier NETGEAR FA510-Fast Ethernet-CardBus-Karte), und wählen Sie im Kontextmenü den Menüpunkt *Deinstallieren* aus.

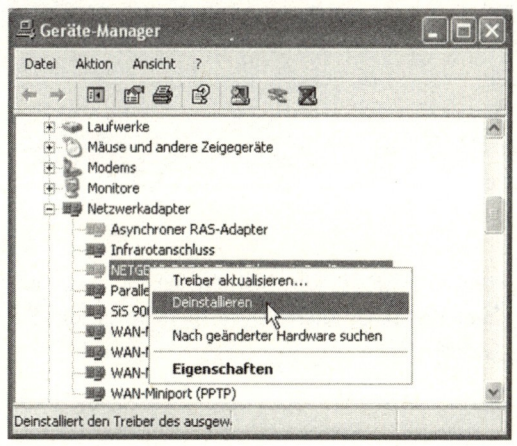

Kein Zugriff auf einen Windows XP-PC, obwohl Mitbenutzung des Internets möglich ist

Ich benutze einen Windows XP-PC an einem Router für DSL. Warum funktioniert das Internet, aber der Zugriff von und zu diesem PC über das Netzwerk nicht?

! Da die Mitbenutzung des Internets (DSL) an diesem Windows XP funktioniert, ist die Netzwerkkarte funktionstüchtig und das Netzwerk so weit richtig konfiguriert.

Wichtige Netzwerkeinstellungen checken

1. Kontrollieren Sie in den *Eigenschaften der LAN-Verbindung* (Netzwerkkarte oder auch WLAN-Karte), dass die Komponenten *Client für Microsoft-Netzwerke*, *Datei- und Druckerfreigabe für Microsoft-Netzwerke* und *Internetprotokoll (TCP/IP)* vorhanden und mit einem Haken versehen sind. Fehlt eine dieser Komponenten, können Sie diese mit der Schaltfläche *Installieren* nachinstallieren. Der Netzwerkinstallations-Assistent bietet keine 100%ige Garantie dafür, dass diese Komponenten auch korrekt installiert und aktiviert sind. Die eventuell bei Ihnen hier vorhandene Zeile *QoS-Paketplaner* ist übrigens nicht notwendig zur Vernetzung. Entfernen Sie sie einfach.

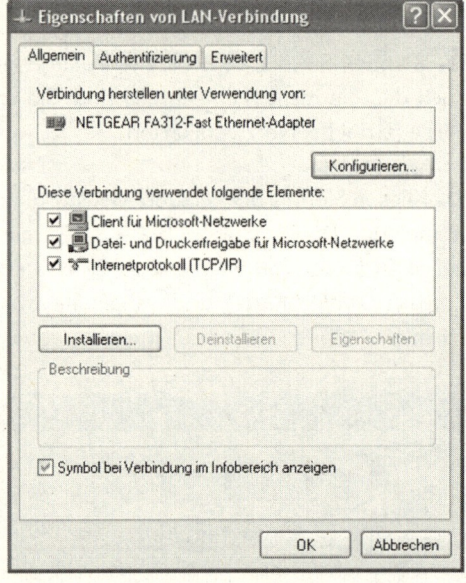

2. Markieren Sie die Zeile *Internetprotokoll (TCP/IP)* und öffnen Sie das folgende Fenster mit einem Doppelklick oder über die Schaltfläche *Eigenschaften*. Klicken Sie dort rechts unten auf die Schaltfläche *Erweitert*.

3. Wechseln Sie zum Register *WINS*.

4. Wählen unter *NetBIOS-Einstellung* die Option *NetBIOS über TCP/IP aktivieren*. Auf keinen Fall sollte da *NetBIOS über TCP/IP deaktivieren* aktiviert sein.

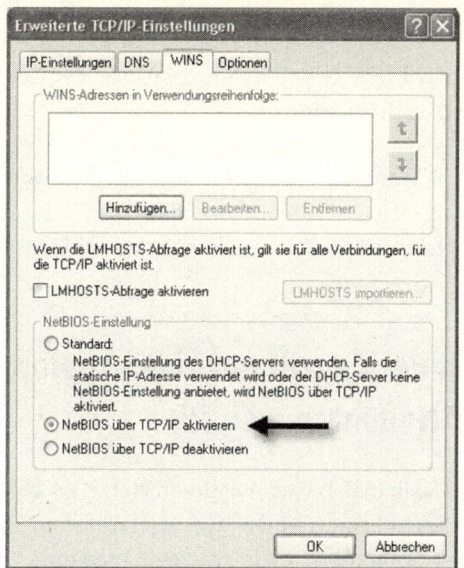

5. Wechseln Sie im Fenster *Eigenschaften von LAN-Verbindung* zum Register *Erweitert*. Kontrollieren Sie, dass bei *Diesen Computer und das Netzwerk schützen, indem das Zugreifen auf diesen Computer vom Internet eingeschränkt oder verhindert wird* kein Haken gesetzt ist. (Das ist die Firewall von Windows XP.)

⟹ Die Firewall von Windows XP SP2 (Service Pack 2) richtig konfigurieren ⟹

Bei Windows XP SP1 (Service Pack 1) müssen Sie darauf achten, dass die Firewall – wie hier im sechsten Schritt beschrieben – für die Netzwerkkarte (oder WLAN-Karte) nicht aktiviert ist, damit das Windows-Netzwerk funktioniert. Bei Windows XP SP2 (Service Pack 2) können Sie wiederum die Windows-Firewall aktivieren, müssen aber im Register Allgemein die Option Keine Ausnahme zulassen deaktivieren. Im Register Ausnahmen ist werkseitig bereits das Windows-Netzwerk freigeschaltet.

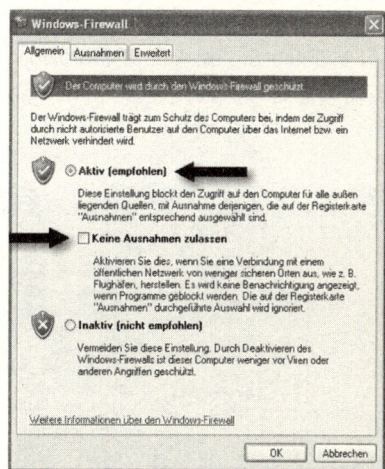

Sonstige (Personal) Firewall deaktivieren

Der Einsatz einer (Personal) Firewall ist der typische Grund dafür, dass zwar der Zugriff auf das Internet, aber nicht auf das Netzwerk funktioniert.

Deaktivieren Sie die (Personal) Firewall (z. B. ZoneAlarm) oder ändern Sie die Stufe der Sicherheit fürs Netzwerk auf eine geringere oder keine Sicherheit. Falls Sie Störungen einer (Personal) Firewall bei einer Netzwerkkonfiguration völlig ausschließen möchten, deinstallieren Sie sie am besten.

Nach dem Netzwerkwechsel ist der Zugriff auf einen Laptop unter Windows XP nur über IP-Nummern möglich

? Nachdem ein Laptop mit Windows XP auch mal in einem anderen Netzwerk benutzt wurde, kann man von und auf diesen Laptop im Netzwerk jetzt nur noch über IP-Nummern zugreifen, nicht aber über Computernamen. Was kann man tun?

! Da wurde Windows XP in der Regel durch andere Netzwerke stark verstellt. Mit folgender Maßnahme lösen Sie das Problem:

1. Geben Sie unter *Start/Ausführen* „regedit" ein und klicken Sie auf die Schaltfläche *OK*. Klappen Sie den Teilschüssel *HKEY_LOCAL_MACHINE\System\CurrentControlSet\Services\NetBT\Parameters* in der Registry auf und aktivieren Sie den Ordner *Parameters*.

2. Wählen Sie im Menü *Bearbeiten* den Menüpunkt *Neu/DWORD-Wert*. Geben Sie dem DWORD-Wert den Namen „NodeType" und öffnen Sie das folgende Fenster mit einem Doppelklick.

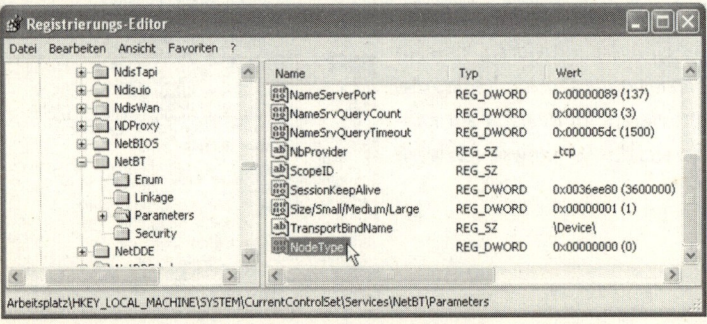

3. Geben Sie unter *Wert* „1" ein und klicken Sie auf die Schaltfläche *OK*. Schließen Sie den Registrierungs-Editor und starten Sie neu.

⸺▶ ***So stellen Sie fest, ob Sie genau das Problem haben*** ⸺▶

Wenn Sie wissen möchten, ob Sie wirklich das beschriebene Problem haben (es gibt oft mehrere Gründe für Netzwerkprobleme), geben Sie unter Start/Ausführen *„cmd" (Eingabeaufforderung) und in der Eingabeaufforderung „ipconfig /ALL" ein. Können Sie da unter* Knotentyp Peer-Peer *lesen, wird die beschriebene Maßnahme Ihr Problem lösen.*

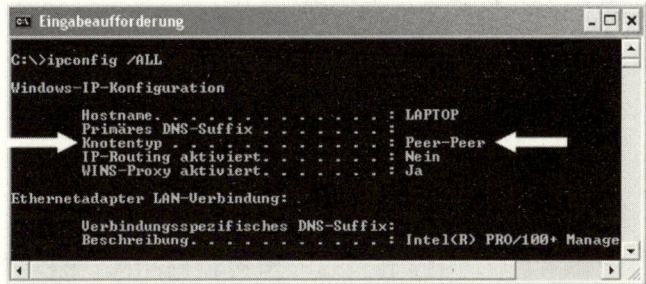

Internetprotokoll unter Windows XP bei defekter Netzwerkkonfiguration zurücksetzen

? Die Netzwerkeinstellungen sind unter Windows XP total defekt. Nichts geht mehr! Wie kann man unter Windows XP das Internetprotokoll deinstallieren, um die Konfiguration zurückzusetzen?

! Es wird oft vergessen, ist aber ein wirkungsvoller Trick: Setzen Sie die Konfiguration (Netzwerkkonfiguration) von Windows XP unter *Start/Alle Programme/Zubehör/Systemprogramme* mit der Systemwiederherstellung auf einen früheren Zeitpunkt zurück, an dem die Netzwerkeinstellungen noch funktioniert haben.

Falls Sie nur das Internetprotokoll (TCP/IP) für die Netzwerkkarte deinstallieren und wieder installieren (also darüber installieren) möchten, um sauber zu machen, können Sie das Internetprotokoll zwar unter Windows XP nicht (wie bei Windows 2000) deinstallieren, aber zumindest wie folgt zurücksetzen, was dasselbe bedeutet, wie es darüber zu installieren:

1. Klicken Sie unter *Start/Alle Programme/Zubehör* auf *Eingabeaufforderung* oder geben Sie unter *Start/Ausführen* „cmd" gefolgt von der [Enter]-Taste ein.

2. Geben Sie in der Eingabeaufforderung „netsh int ip reset resetlog.txt" gefolgt von der [Enter]-Taste ein.

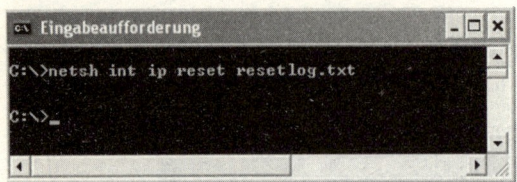

In der ASCII-Datei *resetlog.txt* können Sie nachlesen, was bei diesem Rücksetzvorgang des Internetprotokolls geändert wurde.

25.2 Windows ME oder Windows 98 mit ins Netz aufnehmen

Assistent unter Windows 98/ME ohne Diskettenlaufwerk ausführen

Wie kann man die Diskette, die der Netz-Assistent von XP geschrieben hat, unter Windows ME auf einem Laptop ohne Diskettenlaufwerk einspielen?

Die Diskette (Netzwerkinstallationsdiskette genannt), die der Netzwerkinstallations-Assistent von Windows XP zur Vernetzung mit Windows ME (oder auch Windows 98) geschrieben hat, ist eine Möglichkeit, denselben Assistenten auch unter Windows 98/ME zu starten.

Alternativ befindet sich dieser neue Netz-Assistent für Windows 98/ME aber auch auf der Windows XP-CD. Legen Sie unter Windows 98/ME einfach die Windows XP-CD ein und wählen Sie nach dem Autostart der CD unter *Zusätzliche Aufgaben durchführen* den Punkt *Kleines Firmen- oder Heimnetzwerk einrichten*.

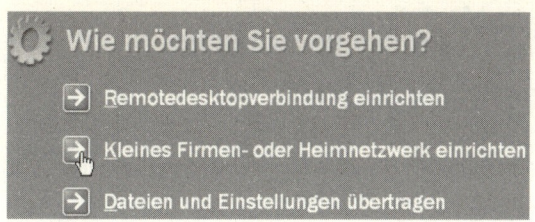

Falls Sie die Windows XP-CD auch nicht griffbereit haben, gibt es noch einen weiteren Trick: Im Windows-Systemverzeichnis (in der Regel unter *Windows\System32* oder ähnlich) befindet sich der Netz-Assistent als Datei namens *netsetup.exe*. Kopieren Sie diese einfach auf einen USB-Stick und starten Sie sie vom Laptop aus.

Suchen eines PCs erzeugt bei Windows ME eine Fehlermeldung

Gestern konnte ich noch in der Netzwerkumgebung von Windows ME die PCs im Netzwerk sehen. Jetzt kommt auf einmal eine Fehlermeldung *Das Netzwerk kann nicht durchsucht werden*. Woran liegt das?

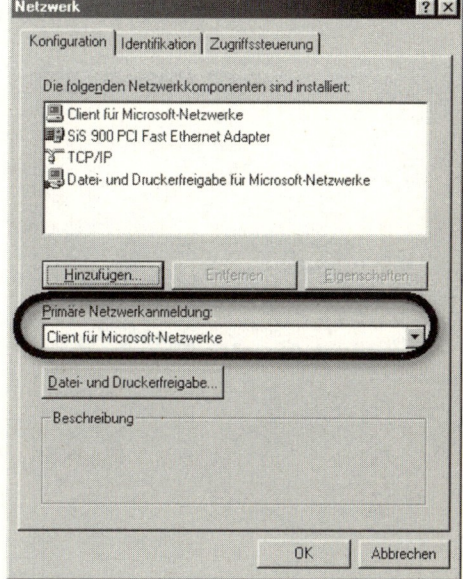

Diese Fehlermeldung kommt, weil Sie sich nicht richtig im Netzwerk angemeldet haben. Haben Sie unter *Start/Einstellungen/Systemsteuerung/Netzwerk/Konfiguration* unter *Primare Netzwerkanmeldung* den *Client für Microsoft-Netzwerke* eingestellt, benutzen Sie auch zur Anmeldung das Fenster zur Netzwerkanmeldung über den Client für Microsoft-Netzwerke.

Sie dürfen das Anmeldefenster beim Starten von Windows 98/ME aber nicht – wie vielleicht gewohnt – mit der ⎡Esc⎤-Taste wegdrücken.

Symbol eines Windows ME-PCs erscheint nicht im Netzwerk, obwohl ein Zugriff möglich ist

Ein Windows ME-PC erscheint nicht in der Netzwerkumgebung der anderen PCs im Netzwerk. Der Zugriff auf ihn, z. B. beim Computersuchen, ist aber möglich. Woran liegt das?

Dieses Problem liegt in der Regel an einer falschen Arbeitsgruppenbezeichnung, wenn Sie die übliche Wartezeit abgewartet haben: Das Erscheinen aller PCs in der Netzwerkumgebung kann bei Windows etwas dauern!

Kontrollieren Sie die Arbeitsgruppenbezeichnung

1. Klicken Sie unter *Start* mit der rechten Maustaste auf das Symbol *Netzwerkumgebung* und suchen Sie im Kontextmenü den Menübefehl *Eigenschaften* aus. Wechseln Sie zum Register *Identifikation*.

2. Ändern Sie unter *Arbeitsgruppe* die eingestellte Bezeichnung in den Arbeitgruppennamen, den Sie für das Netzwerk gewählt haben. Der Netzwerk-Assistent von Windows XP gibt standardmäßig z. B. *MSHEIMNETZ* vor. Diese Bezeichnung sollte auf allen PCs im Netzwerk gleich gewählt werden.

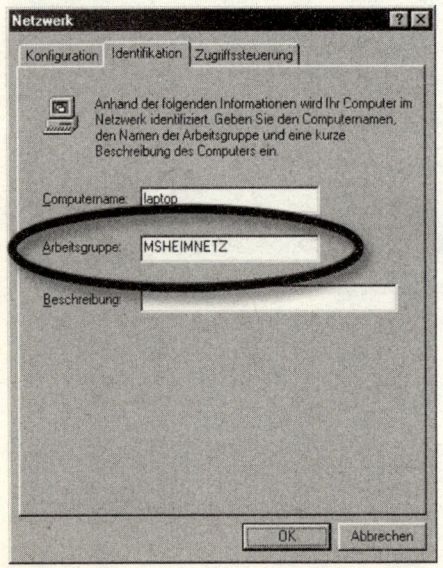

25.3 Windows 2000 mit Windows XP vernetzen – das geht doch!

Die Netzwerkkarte ist unter Windows 2000 verschwunden!

? Die Netzwerkkarte unter *Netzwerk- und DFÜ-Verbindungen* bei Windows 2000 ist nicht mehr finden. Da ist alles leer. Wo bekommt man sie wieder?

! Die Lösung des Problems finden Sie auf Seite 731 für Windows XP beschrieben, wobei die *Netzwerk- und DFÜ-Verbindungen* von Windows 2000 unter Windows XP einfach *Netzwerkverbindungen* heißen.

Diese Schritte sind unter Windows 2000 im Gegensatz zu Windows XP sehr wichtig, weil Sie bei Windows 2000 noch nicht die Systemwiederherstellung einsetzen können, mit der Sie natürlich unter Windows XP viele Netzwerkprobleme lösen können: Sie setzen die Konfiguration einfach auf einen Zeitpunkt vor diesem Problem zurück.

Windows 2000 mit Windows XP vernetzen

? Wie kann man Windows 2000 mit Windows XP vernetzen, wenn der Netz-Assistent nur auf Windows 98/ME oder Windows XP ausgeführt werden kann?

! Der Netzwerkinstallations-Assistent von XP ist ein Komfort zur Vernetzung seit Windows XP. Sie können Windows 2000 aber auch ohne diesen Assistenten erfolgreich manuell fürs Netzwerk konfigurieren.

1. Klicken Sie dazu mit der rechten Maustaste über das Symbol *Netzwerkumgebung* auf *Eigenschaften*, um die *Netzwerk- und DFÜ-Verbindungen* zu öffnen. Wählen Sie im Menü *Erweitert* den Menüpunkt *Netzwerkidentifikation*.

2. Klicken Sie in der Mitte rechts auf die Schaltfläche *Eigenschaften* (nicht *Netzwerkkennung*!) und vergeben Sie unter *Computername* einen eindeutigen Computernamen, der im Netzwerk noch nicht benutzt wird – z. B. *PC-2K*. Wählen Sie unten im Feld *Arbeitsgruppe* die Arbeitsgruppenbezeichnung, die Sie bei der Konfiguration unter Windows XP gewählt haben, also z. B. *MSHEIMNETZ*, was der Netzwerkinstallations-Assistent als Default vorgibt.

Windows 2000 verhindert das Zuweisen der IP-Nummer

? Ich möchte unter Windows 2000 eine feste IP-Nummer eingeben. Windows 2000 meldet mir, dass diese IP-Nummer bereits von einem anderen Adapter besetzt ist! Was nun?

! Die Lösung des Problems ist die gleiche, wie auf Seite 736 für Windows XP beschrieben. Schließen Sie aber sicherheitshalber nach dem vierten Schritt alle Fenster (mit *OK*) und setzen Sie danach an derselben Stelle mit dem fünften Schritt fort. Unter Windows 2000 werden noch weniger Systemaktualisierungen vorgenommen als unter Windows XP. Im Zweifelsfall bewirkt bei Windows 2000 ein Neustart Wunder!

Netzwerk optimieren

Probleme in der Netzwerkumgebung	**750**
Das Netzwerk schneller machen	**754**

26.1 Probleme in der Netzwerkumgebung

Gelöschte PCs sind in der Netzwerkumgebung noch sichtbar

? Ich sehe oft PCs in der Netzwerkumgebung, aber bekomme eine Fehlermeldung, wenn ich sie anklicke. Was könnte das sein?

! Wenn die PCs nicht gerade abgestürzt sind, gibt es in einem Windows-Netzwerk eine einfache Erklärung dafür: Die Computernamen werden auf allen PCs im Netzwerk verteilt gespeichert und auch dann noch in der Netzwerkumgebung angezeigt, wenn sie bereits ausgeschaltet sind. Das ist ein Schönheitsfehler, den Sie kennen sollten.

Windows XP-PC findet Windows ME-PC erst nach einiger Zeit

? In der Netzwerkumgebung von Windows ME ist ein Windows XP-PC schnell zu finden, umgekehrt dauert es bei Windows XP über *Arbeitsgruppencomputer suchen*. Kann man das beschleunigen?

! Ja! Windows XP (und auch Windows 2000) hat eine werkseitige Einstellung, die diese Wartezeiten verursacht. Mit folgendem Eingriff in die Registry können Sie das abstellen.

Machen Sie vor dem Eingriff zur Sicherheit einen Export (Backup) der Registry oder einer Teilstruktur davon:

1. Zum Bearbeiten der Registry geben Sie unter *Start/Ausführen* „regedit" ein.

2. Klappen Sie den folgenden Schlüssel auf:

HKEY_LOCAL_MACHINE\Software\Microsoft\Windows\CurrentVersion\Explorer\RemoteComputer\NameSpace.

Dort finden Sie den Schlüssel *{D6277990-4...}*.

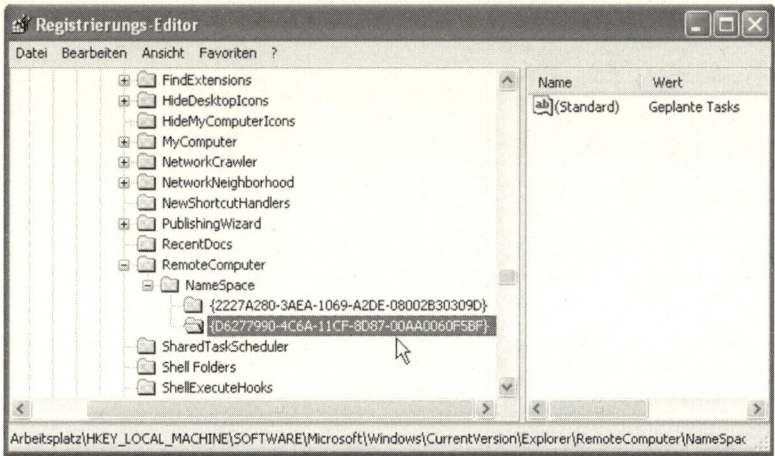

3. Löschen Sie den Schlüssel einfach. Zur Kontrolle, dass Sie den richtigen Schlüssel erwischt haben, müssen Sie auf der rechten Seite unter *Wert* den Eintrag *Geplante Tasks* sehen können.

Windows XP sucht lange in der Netzwerkumgebung

Das Suchen nach PCs in der Netzwerkumgebung von Windows XP (über *Arbeitsgruppencomputer anzeigen*) dauert zu lang. Kann man das beschleunigen?

Für diese Wartezeiten gibt es mehrere Gründe:

Arbeitsgruppenbezeichnung im Netzwerk kontrollieren

Achten Sie darauf, dass alle PCs im Netzwerk die gleiche Arbeitsgruppenbezeichnung haben. Wie Sie das bei Windows ME kontrollieren, ist auf Seite 744 beschrieben. Unter Windows XP gehen Sie wie folgt vor:

1. Klicken Sie unter *Start* mit der rechten Maustaste auf das Symbol *Arbeitsplatz* und suchen Sie im Kontextmenü den Menübefehl *Eigenschaften* aus. Wechseln Sie dann zum Register *Computername* und klicken Sie auf die Schaltfläche *Ändern*.

2. Kontrollieren Sie unter *Arbeitsgruppe* die eingestellte Bezeichnung (hier *MSHEIM-NETZ*), den Sie für das Netzwerk gewählt haben.

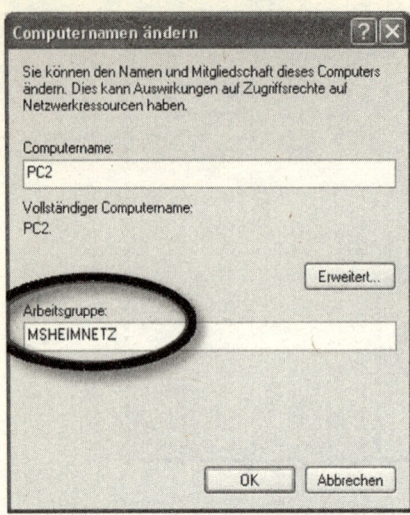

Internetprotokolleinstellung optimieren

Ein zweiter Faktor für diese Wartezeiten sind Einstellungen des Internetprotokolls, die Sie wie folgt optimieren können:

1. Wechseln Sie zu den Eigenschaften der Netzwerkkarte (*Eigenschaften von LAN-Verbindung*) durch z. B. einen Klick auf das Verbindungssymbol der Netzwerkkarte in der Taskleiste und der Schaltfläche *Eigenschaften*. Falls Sie die *Eigenschaften von LAN-Verbindung* nicht finden können, hat Windows XP sehr wahrscheinlich eine Netzwerkbrücke erstellt, die Sie wie auf Seite 733 beschrieben entfernen können.

2. Markieren Sie die Zeile *Internetprotokoll (TCP/IP)* und öffnen Sie das folgende Fenster mit einem Doppelklick oder der Schaltfläche *Eigenschaften*. Klicken Sie dort rechts unten auf die Schaltfläche *Erweitert*.

3. Wechseln Sie zum Register *WINS* und entfernen Sie den Haken bei *LMHOSTS-Abfrage aktivieren*. Wählen Sie unter *NetBIOS-Einstellung* die Option *NetBIOS über TCP/IP aktivieren*.

26.1 PROBLEME IN DER NETZWERKUMGEBUNG

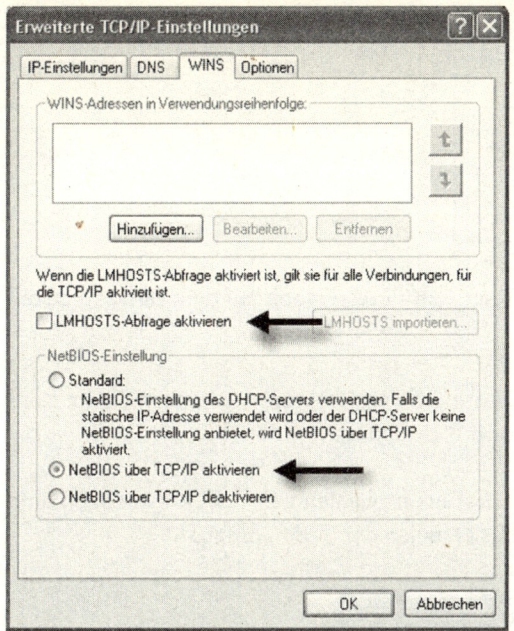

Falls Sie schnell auf PCs im Netzwerk zugreifen möchten, ohne den Umweg über die Netzwerkumgebung zu machen, verwenden Sie einfach folgenden Trick.

Schnellzugriff auf einen PC im Netzwerk ohne Netzwerkumgebung

? Der Zugriff auf einen PC im Netzwerk über die Netzwerkumgebung dauert mir zu lange. Gibt es eine Möglichkeit, schneller auf einen PC übers Netz zuzugreifen?

! Ja. Falls Sie den Computernamen dieses PCs kennen, beispielsweise PC2, haben Sie einen Schnellzugriff auf ihn, wenn Sie unter *Start/Ausführen* einfach „\\PC2" eingeben. Das Zeichen „\" (Backslash) erreichen Sie über die Tastenkombination [AltGr]+[ß]. (Beachten Sie, dass hier zwei Backslashs hintereinander stehen müssen.). Das funktioniert natürlich nur, wenn PC2 eingeschaltet und richtig im Netzwerk zu finden (konfiguriert) ist.

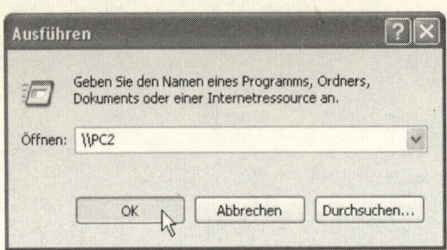

Sie können auch eine Verknüpfung dieses Computersymbols auf dem Desktop erstellen:

1. Klicken Sie mit der rechten Maustaste auf den Desktop und wählen Sie im Kontextmenü den Menüpunkt *Neu* und dann *Verknüpfung*.

2. Unter *Geben Sie den Speicherort des Elements ein* wählen Sie „\\PC2" (wie oben) und beenden mit *Weiter* und *Fertig stellen* das Erstellen der Verknüpfung.

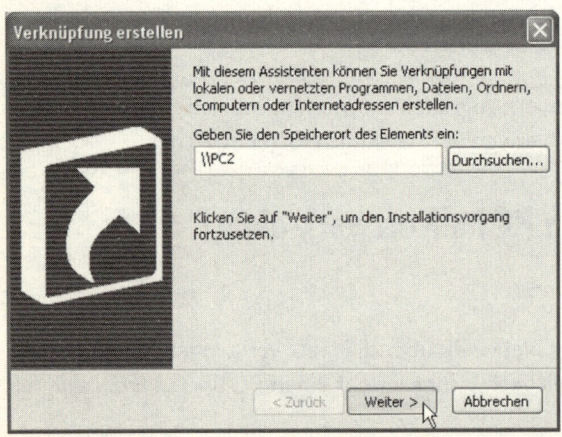

Diese Verknüpfung zum Computersymbol ist vor allem für den Schnellzugriff auf zwei PCs im Netzwerk sehr praktisch.

26.2 Das Netzwerk schneller machen

Es gibt einige Gründe, warum der Zugriff in einem Netzwerk langsam ist. Direkt bemerken Sie das daran, dass z. B. das Kopieren einer Datei sehr lange dauert. Falls Sie

26.2 DAS NETZWERK SCHNELLER MACHEN

Standard-WLAN (11 MBit/s schnell) verwenden, ist natürlich die Geschwindigkeit im Netzwerk wesentlich langsamer als bei einem verdrahteten Netzwerk. Da hilft der Wechsel auf ein schnelleres WLAN, z. B. auf das neue g-WLAN+, das eine Geschwindigkeit von bis zu 108 MBit/s ermöglicht, oder doch der Einsatz eines Drahtnetzwerks, wenn Geschwindigkeit sehr wichtig ist. Die folgenden Hotline-Fragen sind daher auf Maßnahmen beschränkt, die Sie direkt unter Windows anwenden können.

Prozessorauslastung bei Netzwerkaktivitäten unter Windows XP/2000 erkennen

? Ist während eines längeren Kopiervorgangs übers Netzwerk noch genügend Prozessorleistung abrufbar, um beispielsweise eine CD zu brennen? Wo kann man unter Windows XP (Windows 2000) sehen, wie stark der PC (die CPU) bei solchen Netzwerkaktivitäten ausgelastet ist?

! Das zeigt Ihnen der Task-Manager von Windows XP (Windows 2000). Machen Sie einen Affengriff, also [Strg]+[Alt]+[Entf], oder klicken Sie mit der rechten Maustaste in die Taskleiste und wählen Sie im Kontextmenü *Task-Manager* aus. Im Register *Netzwerk* finden Sie die gewünschte Information.

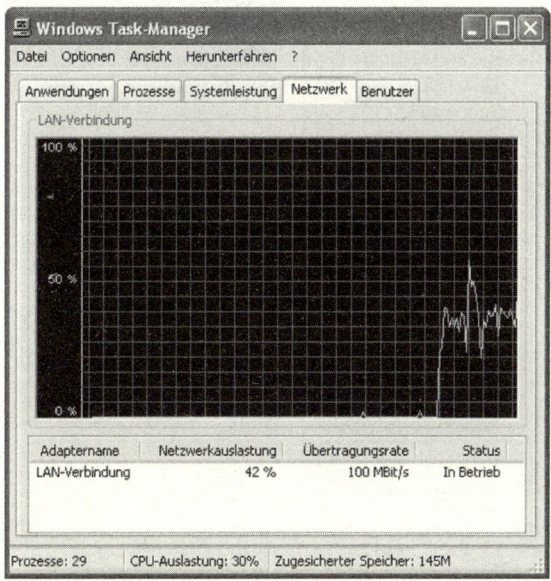

Geschwindigkeitsmessung beim Kopieren von Dateien übers Netzwerk

? Mit welchem Tool kann man die Geschwindigkeit beim Kopieren von Dateien übers Netzwerk messen, da ich einige Geschwindigkeitsoptimierungen vornehmen und dann testen möchte, was es gebracht hat?

! Sie können dafür z. B. das kostenlose Tool AnalogX NetStat Live verwenden, das Sie unter www.analogx.com herunterladen können.

Unter *Configure/Display value in* lassen Sie mit der Option *Bytes (harddrive, files etc.)* die Geschwindigkeitsanzeige in KByte/s darstellen.

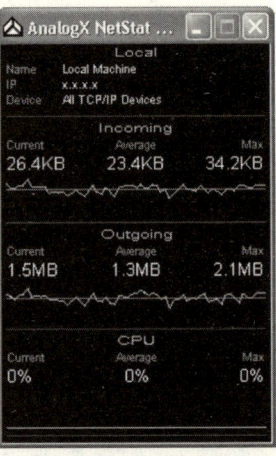

Es gibt übrigens ein bereits in Windows XP eingebautes Tool, das Sie auch zur Geschwindigkeitsmessung verwenden können: der Systemmonitor, den Sie unter *Start/ Systemsteuerung/Leistung und Verwaltung/Verwaltung/Leistung* starten oder indem Sie unter *Start/Ausführen* „perfmon" gefolgt von der Enter-Taste eingeben.

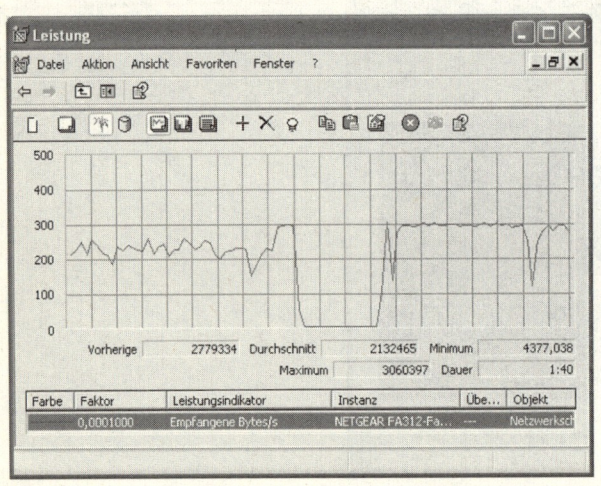

Auch unter Windows 98/ME ist ein solches Tool eingebaut, das Sie mit der Eingabe von „sysmon" gefolgt von der Enter-Taste unter *Start/Ausführen* starten.

26.2 DAS NETZWERK SCHNELLER MACHEN **757**

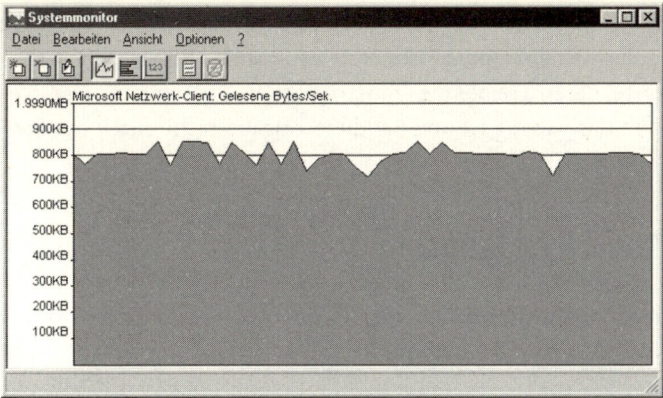

Falls der Systemmonitor noch nicht installiert ist, können Sie ihn ohne Neustart unter *Start/Einstellungen/Systemsteuerung/Software/Windows Setup/Systemprogramme* nachinstallieren.

Statusanzeige des Datenverkehrs der Netzwerkkarte in Bytes statt in Paketen

Wie stellt man für eine Geschwindigkeitsbetrachtung die Statusanzeige der empfangenen und gesendeten Daten der Netzwerkkarte auf Bytes um?

Richtig, das gibt es. Klicken Sie auf das Symbol der Netzwerkkarte in der Taskleiste oder in den *Netzwerkverbindungen,* finden Sie unter *Gesendet* und *Empfangen* entweder die Angabe in *Bytes* oder in *Paketen.*

Diese Darstellung hängt vom Treiber der Netzwerkkarte ab, das können Sie nicht umstellen. Schauen Sie nach einem Update des Netzwerkkartentreibers oder wechseln Sie die Netzwerkkarte, deren Treiber die empfangenen und gesendeten Daten in Bytes angibt, wenn Ihnen das wichtig ist und Sie diese Angabe nicht durch ein Tool sehen möchten.

Kopieren im Netzwerk ist langsam

? Das Kopieren von Windows XP/ME auf einen PC im Netzwerk oder umgekehrt ist sehr langsam. Was kann man da machen?

! Ein Hauptgrund für solche ungewöhnlichen Einbrüche in der Performance ist die Netzwerkkarte. Bevor Sie die folgenden Einstellungen vornehmen, nehmen Sie gegebenenfalls ein Update des Netzwerkkartentreibers auf der Internetseite des Herstellers vor, weil auch ein veralteter Treiber der Grund für schlechte Netzwerkperformance sein kann. (Das Folgende gilt nicht für WLAN, sondern für ein Drahtnetzwerk.)

So geht's bei Windows XP

1. Klicken Sie unter *Start* auf dem Desktop mit der rechten Maustaste auf *Arbeitsplatz* und wählen Sie im Kontextmenü den Menüpunkt *Eigenschaften* aus.

2. Wählen Sie im Register *Hardware* die Schaltfläche *Geräte-Manager* und klappen Sie die Zeile *Netzwerkadapter* auf. Mit der rechten Maustaste klicken Sie nun auf Ihre Netzwerkkarte und wählen im Kontextmenü den Menüpunkt *Eigenschaften* aus.

3. Im Register *Erweitert* wählen Sie unter *Eigenschaft* die Zeile *Netzwerkmedien* und rechts unter *Wert* den Eintrag *100BaseTx*. Je nach Treiber finden Sie eine Option *Medientyp* (oder auch *Übertragungsrate/Duplexmodus*) oder zwei Optionen *Duplexmodus* und *Geschwindigkeit* (oder ähnlich), wo Sie die Geschwindigkeit und das Duplexverhalten einstellen können. Die genaue Formulierung ist je nach Treiber immer etwas verschieden. Auf jeden Fall sollte da nicht *Automatisch* oder *Auto* stehen, sondern etwas wie *100BaseTx* (Halbduplex/half duplex).

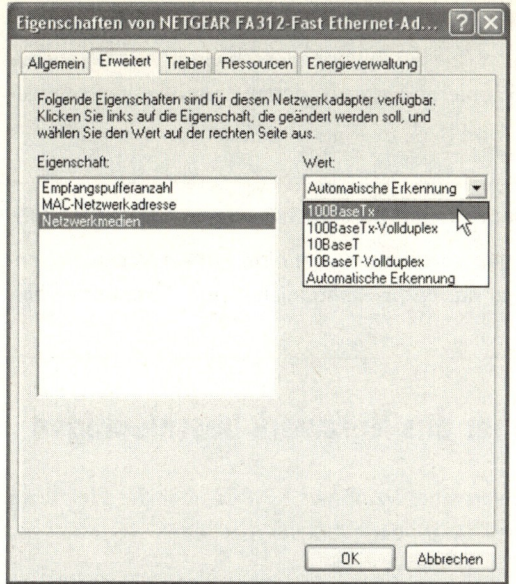

So geht's bei Windows ME

1. Unter *Start* klicken Sie mit der rechten Maustaste auf die *Netzwerkumgebung* und wählen im Kontextmenü den Menüpunkt *Eigenschaften* aus, oder klicken Sie unter *Start/Einstellungen/Systemsteuerung* auf das Symbol *Netzwerk*. Aktivieren Sie im Register *Konfiguration* Ihre Netzwerkkarte.

2. Gehen Sie auf die Schaltfläche *Eigenschaften* und wechseln Sie hier zum Register *Erweitert*. Das ist das gleiche Register *Erweitert* wie bei Windows XP. Deshalb machen Sie die Einstellung, die bei Windows XP beschrieben ist.

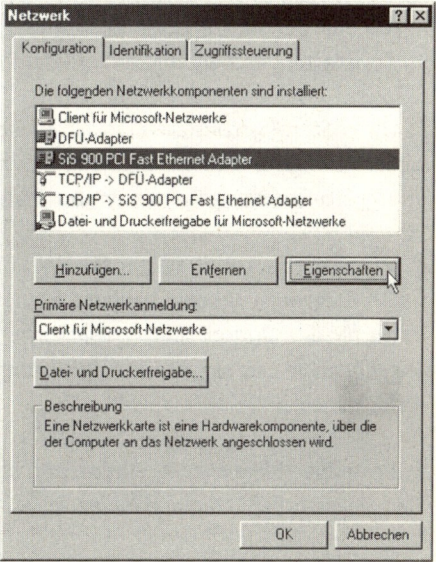

Falls Sie mehr als zwei PCs über einen Netzwerkverteiler (Hub) verkabelt haben, sollten Sie nicht die Einstellung verwenden, in der die Formulierung Vollduplex (full duplex) vorkommt, sondern nur Halbduplex (half duplex). Bei zwei PCs können Sie wiederum mit der Einstellung *Vollduplex (full duplex)* noch Geschwindigkeit herausholen. (Das funktioniert nich am Hub.) Probieren Sie's aus, der Unterschied kann gewaltig sein!

⏭ *Die falsche Übertragungsart kann sogar massive Störungen erzeugen!* ⏭

Diese Einstellung der richtigen Übertragungsart beschleunigt nicht nur ein Netzwerk, sondern kann massive Störungen oder sogar das Nicht-Funktionieren einer Netzwerkverbindung beseitigen!

Zugriff auf Windows XP über das Netzwerk beschleunigen

? Ich greife hauptsächlich auf Dateien eines Windows XP-PCs über das Netzwerk zu. Kann man Windows XP speziell dafür noch schneller machen?

! Falls Sie Windows XP quasi als Fileserver einsetzen, also von einem Windows XP-PC hauptsächlich seine Netzwerkfunktionen benötigen, können Sie mit folgender Einstellung noch Geschwindigkeit herausholen. Beachten Sie, dass die Geschwindigkeit, mit der Sie auf einen PC zugreifen (z. B. Dateien kopieren) können, auch von der Festplattengeschwindigkeit und der Prozessorenleistung abhängen kann:

1. Unter *Start/Systemsteuerung* klicken Sie auf die Kategorie *Leistung und Wartung* und wählen das Systemsteuerungssymbol *System* aus oder klicken im klassischen Design unter *Systemsteuerung* auf das Symbol *System*.

2. Wechseln Sie zum Register *Erweitert* und klicken Sie auf die Schaltfläche *Einstellungen*. Im Register *Erweitert* wählen Sie unter *Prozessorzeitplanung/Optimale Leistung anpassen für* die Option *Hintergrunddienste*. Die Option *Systemcache* unter *Speichernutzung/Optimale Leistung anpassen für* bringt in der Regel auch eine Verbesserung der Performance.

3. Bestätigen Sie die letzte Aktion und schließen Sie das nächste Fenster mit *OK*. Machen Sie anschließend einen Neustart.

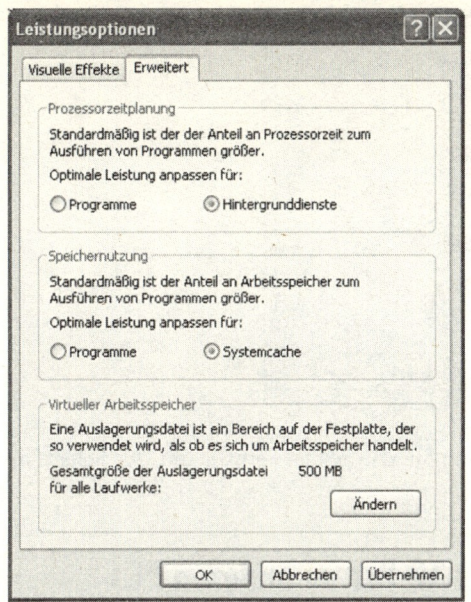

Genauso können Sie unter Windows 2000 verfahren, wobei Sie das Symbol *System* unter *Start/Einstellungen/Systemsteuerung* anklicken müssen.

Zugriff auf Windows ME über das Netzwerk beschleunigen

Kann man Windows ME schneller machen, wenn man hauptsächlich auf Dateien über das Netzwerk zugreift?

Falls Sie Windows ME quasi als Fileserver einsetzen, also von einem Windows ME-PC Dateien kopieren, können Sie mit folgender Einstellung noch Geschwindigkeit herausholen. Beachten Sie, dass die Geschwindigkeit, mit der Sie auf einen PC zugreifen (z. B. Dateien kopieren) können, auch von der Festplattengeschwindigkeit und der Prozessorenleistung abhängen kann:

1. Wählen Sie unter *Start/Einstellungen/Systemsteuerung* das Symbol *System* und wechseln Sie zum Register *Leistungsmerkmale*.

2. Unter *Weitere Einstellungen* klicken Sie auf die Schaltfläche *Dateisystem*. Auf der Registerkarte *Festplatte* wählen Sie unter *Einstellungen/Standardnutzung dieses Computers* die Option *Netzwerkserver* aus.

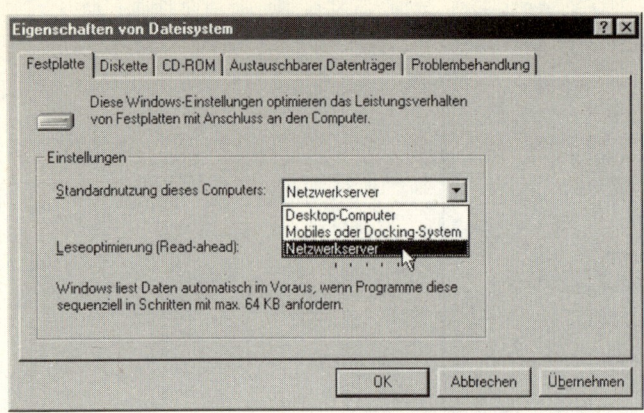

3. Bestätigen Sie die Aktion und schließen Sie das *System*-Fenster mit der Schaltfläche *Schließen*. Starten Sie neu.

Datenaustausch von Windows XP Pro zu anderen PCs beschleunigen

Der Datenaustausch unter Windows XP Professional zu anderen PCs ist besonders langsam. Wie kann man das beschleunigen?

Speziell unter Windows XP Professional können Sie eine ganze Palette von Einstellungen zur Beschleunigung vornehmen.

1. Unter *Start/Systemsteuerung/Leistung und Wartung* oder kurz *Systemsteuerung/Verwaltung* klicken Sie auf das Systemsteuerungssymbol *Verwaltung*.

2. Dann wählen Sie das Symbol *Lokale Sicherheitsrichtlinie* und klappen dort im Fenster links den Ordner *Lokale Richtlinien* und dann *Sicherheitsoptionen* auf.

3. Suchen Sie im Fenster rechts die Zeile *Microsoft-Netzwerk (Client): Kommunikation digital signieren (immer)* und öffnen Sie das folgende Fenster mit einem Doppelklick.

26.2 DAS NETZWERK SCHNELLER MACHEN

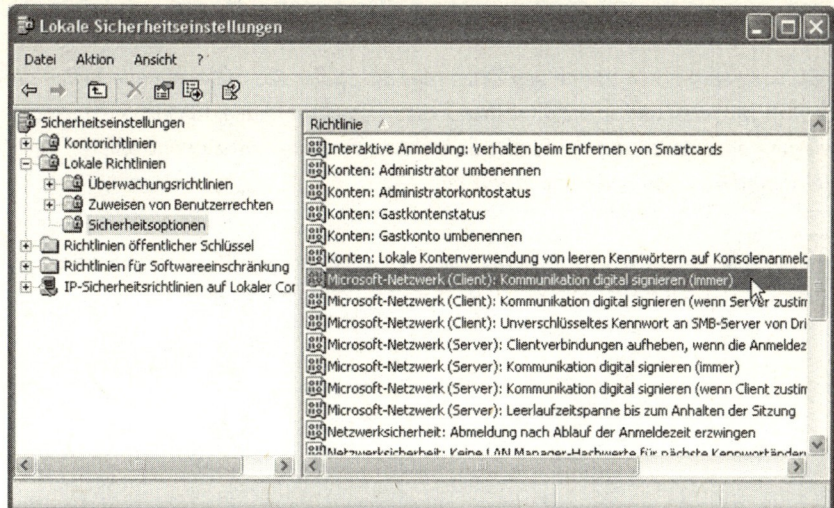

4. Wählen Sie die Option *Deaktiviert* und schließen Sie dieses Fenster mit der Schaltfläche *OK*.

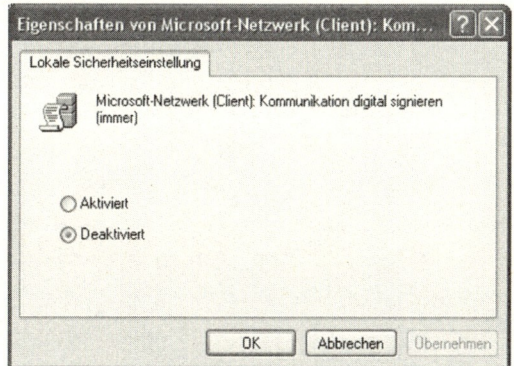

5. Wiederholen Sie nun diesen Vorgang für die Zeilen:
- *Microsoft-Netzwerk (Client): Kommunikation digital signieren (wenn Server zustimmt)*
- *Domänenmitglied: Daten des sicheren Kanals digital signieren (wenn möglich)*
- *Domänenmitglied: Daten des sicheren Kanals digital verschlüsseln (wenn möglich)*
- *Domänenmitglied: Daten des sicheren Kanals digital verschlüsseln oder signieren (immer)*
- *Domänenmitglied: Starker Sitzungsschlüssel erforderlich (Windows 2000 oder höher)*

▰▶ ***So kontrollieren Sie, was fehlt*** ▰▶

Klicken Sie vor dem Suchen der obigen Zeilen auf die Spalte Richtlinie, *um alle Zeilen alphabetisch zu sortieren und so die ähnlichen Zeilen schnell zu finden. Klicken Sie nach der Deaktivierung aller Zeilen auf die Spalte* Sicherheitseinstellung, *um zu kontrollieren, welche Zeilen deaktiviert sind und ob noch was fehlt.*

Die vorherigen Maßnahmen zur Beschleunigung von Windows XP können Sie zusätzlich zu dieser – speziell für Windows XP Professional – auch ergreifen.

Wireless LAN (WLAN) richtig konfigurieren

Das WLAN funktioniert nicht – woran liegt das?	**766**
WLAN sicher machen	**771**

Im Folgenden ist mit einem WLAN-Router auch ein WLAN-Access Point gemeint, weil ein WLAN-Router ja auch ein WLAN-Access Point ist. Den Teil des WLAN-Routers, der sich nicht auf WLAN, sondern auf das Internet (DSL) bezieht, finden Sie in Kapitel 33.

27.1 Das WLAN funktioniert nicht – woran liegt das?

WLAN-Verbindung nur mit einem Netzwerknamen (SSID) auf einem Laptop möglich

? Warum kann man auf einem Laptop erfolgreich mit einem Netzwerknamen (SSID) eine WLAN-Verbindung herstellen, aber auf einem anderen identischen Laptop mit der gleichen SSID nicht?

! Mit großer Wahrscheinlichkeit liegt das an der Schreibweise der SSID. Sie müssen auf die genaue Groß- und Kleinschreibung achten, beispielsweise ist *MyWLAN* eine andere SSID als *mywlan*. Beachten Sie, dass Sie auch keine exotischen Sonderzeichen verwenden sollten, am besten nur Buchstaben (klein und groß) und Zahlen. Auch ein Leerzeichen führte in der Vergangenheit einiger Basisstationen zu Verbindungsproblemen, wonach einige Hersteller (z. B. Netgear) die Firmware der Basisstationen daraufhin korrigiert haben.

Probleme mit WEP-Verschlüsselung bei WLAN-Erstkonfiguration

? Da WLAN ja sehr unsicher ist, konfiguriere ich die WEP-Verschlüsselung gleich bei der ersten Konfiguration mit. Leider bekomme ich keine Verbindung. Was kann ich tun?

! So schnell wird niemand in Ihr WLAN eindringen! Es ist für WLAN-Anfänger dringend zu empfehlen, zuerst mal eine erfolgreiche Funkverbindung zur Basisstation herzustellen, ohne jegliche Sicherheitseinstellungen wie WEP, MAC-Filter etc.

Erst in einem zweiten Schritt verfeinern Sie dann die Konfiguration, wobei ich Ihnen als nächsten Schritt die WEP-Verschlüsselung empfehle. Anschließend ist die Beschränkung der WLAN-Teilnehmer (über so genannte MAC-Nummern/MAC-Adressen) sinnvoll. Weitere Informationen zur WLAN-Sicherheit finden Sie im folgenden Abschnitt.

Windows XP sperrt WLAN-Konfigurationstool der WLAN-Karte

? Ich möchte gern die WLAN-Karte nicht unter Windows XP (das funktioniert irgendwie nicht), sondern mit dem Tool der WLAN-Karte konfigurieren. Das sperrt aber oder lässt sich nicht aufrufen!

! Sie können Sie Windows XP-Konfiguration wie folgt einfach abschalten, dann geht's:

1. Klicken Sie mit der rechten Maustaste auf das Symbol der WLAN-Karte (in der Regel *Drahtlose Netzwerkverbindung* genannt) in der Taskleiste und in den *Netzwerkverbindungen* und wählen Sie im Kontextmenü *Verfügbare drahtlose Netzwerke anzeigen* aus.

2. Wählen Sie im folgenden Fenster die Schaltfläche *Erweitert* und entfernen Sie den Haken aus dem Kontrollkästchen *Windows zum Konfigurieren der Einstellungen verwenden*.

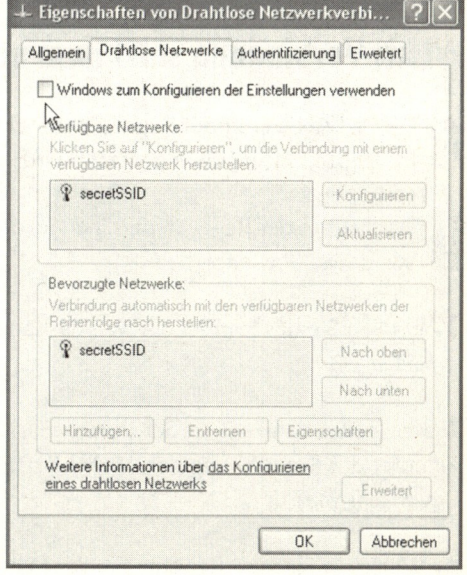

WLAN-Verbindung über USB-WLAN-Karte hat häufig Aussetzer

? Die WLAN-Verbindung über meine USB-WLAN-Karte hat immer wieder Aussetzer. Woran könnte das liegen?

! Bei USB-WLAN-Karten kann es passieren, dass zu wenig USB-Strom vorhanden ist, insbesondere wenn Sie noch weitere USB-Geräte parallel betreiben, was in der Regel der Fall ist. Vielleicht erkennen Sie bereits jetzt den Zusammenhang, falls Sie keine Störungen haben, wenn Sie mal alle UBS-Geräte außer der USB-WLAN-Karte abziehen.

Ein wirkungsvoller Schutz vor zu geringem USB-Strom ist ein zusätzlicher aktiver UBS-Hub (oder USB 2.0-Hub). Der sollte eine eigene Stromversorgung haben und liefert pro USB-Port 500 mA. USB-/USB 2.0-Hubs können Sie in jedem größeren Kaufhaus bekommen. Einen passiven USB-Hub (ohne eigene Stromversorgung) dürfen Sie nicht verwenden. Einen weiteren Grund für Aussetzer finden Sie im Folgenden bei der WLAN-Unterstützung von Windows XP.

WLAN-Verbindung setzt nach einer Zeit der Inaktivität aus

? Die WLAN-Verbindung setzt nach einer gewissen Zeit aus, wenn an einem PC/Laptop nichts mehr gemacht wird. Was könnte das sein?

! Das liegt in der Regel an der Energieverwaltung. Schalten Sie sie am Beispiel von Windows XP wie folgt ab:

1. Wählen Sie das Symbol der WLAN-Karte in der Taskleiste oder in den *Netzwerkverbindungen*.

2. Klicken Sie dann auf die Schaltfläche *Eigenschaften* und anschließend auf *Konfigurieren* unter der Bezeichnung der WLAN-Karte (im Feld unter *Verbindung herstellen unter Verwendung von*).

3. Wechseln Sie zum Register *Erweitert* und stellen Sie die Option *Power Save Mode* unter *Eigenschaft* auf den Wert *Disabled*. Manchmal heißt die Energieverwaltung der WLAN-Karte auch *802.11 Power Save* oder ähnlich.

27.1 DAS WLAN FUNKTIONIERT NICHT – WORAN LIEGT DAS?

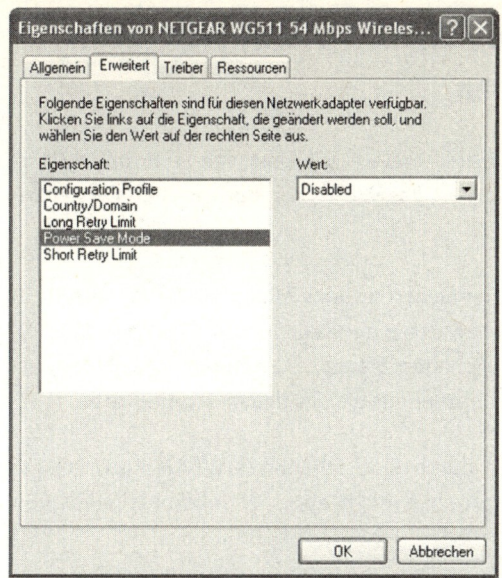

Kein Zugriff auf WLAN/Internet trotz erfolgreicher WLAN-Verbindung bei Windows XP

In Windows XP oder mit dem grünen Symbol in der Taskleiste wird mir fröhlich angezeigt, dass die WLAN-Verbindung besteht. Es besteht aber kein Zugriff auf das WLAN/Internet. Woran liegt das?

Lassen Sie sich nicht durch diese Anzeige verwirren. Sie bedeutet gar nicht, dass Sie Zugriff auf das WLAN haben, vor allem während einer WLAN-Konfiguration, in der Sie ständig etwas ändern und die Wirkung sofort sehen möchten. Schauen Sie unter *Netzwerkunterstützung* nach, welche IP-Nummer die WLAN-Karte gerade hat (siehe Seite 911); dort werden Sie dort bestimmt eine IP-Nummer der Form 169.254. X.X entdecken. Die besagt klar, dass Sie keine Verbindung zur Basisstation (WLAN-Router) haben.

In der Regel haben Sie eine falsche WEP-Schlüsseleinstellung. Verwenden Sie zum Aufbauen und Testen eines neuen WLAN immer erst mal keinen WEP-Schlüssel und stellen Sie eine erfolgreiche WLAN-Verbindung her bzw. testen Sie, ob der WEP-Schlüssel, der in der Basisstation verwendet wird, auch identisch für die WLAN-Karte des PCs vergeben wurde, so wie das im Folgenden beschrieben wird.

Nach WLAN-Kartentausch funktioniert WLAN nicht mehr trotz identischer Einstellungen

? Nachdem die WLAN-Karte durch eine andere WLAN-Karte (z. B. 54-MBit/s-Karte) ausgetauscht wurde, funktioniert das WLAN mit den gleichen Einstellungen nicht mehr. Woran liegt das?

! Das liegt in den meisten Fällen an der Sicherheitseinstellung *MAC-Filter*, die Sie in der Basisstation für die alte WLAN-Karte eingestellt hatten. Die neue WLAN-Karte hat eine andere MAC-Nummer. Schalten Sie zum Testen die MAC-Nummer-Option aus oder ändern Sie die MAC-Nummer auf die der neuen WLAN-Karte.

Falls Sie die vorhandene WLAN-Karte durch eine 54-MBit/s-WLAN-Karte ausgetauscht haben, liegt das Verbindungsproblem nicht an einer Inkompatibilität von WLAN oder 54-MBit/s-WLAN.

54-MBit/s-WLAN-Karte funktioniert nicht an einer WLAN-Basisstation (11 MBit/s)

? Eine 54-MBit/s-WLAN-Karte funktioniert mit den gleichen Einstellungen nicht an einer WLAN-Basisstation (11 MBit/s), mit der eine WLAN-Karte (11 MBit/s) funktioniert. Ist das doch inkompatibel?

! Nein. Sie können eine 54-MBit/s-WLAN-Karte auch an einer Standard-WLAN-Basisstation (11 MBit/s) einsetzen. Den Fall haben Sie in der Regel bei allen öffentlichen WLAN-Internetangeboten in Cafés, Restaurants (Hotspots genannt).

Das Problem liegt in den meisten Fällen an der Sicherheitseinstellung *MAC-Filter*, die Sie in der Basisstation für die alte WLAN-Karte eingestellt hatten. Die 54-MBit/s-WLAN-Karte hat eine andere MAC-Nummer als die WLAN-Karte (11 MBit/s). Schalten Sie zum Testen die MAC-Nummer-Option aus oder ändern Sie die MAC-Nummer auf die der anderen 54-MBit/s-Karte.

27.2 WLAN sicher machen
Einfache Maßnahmen für Privatanwender zum Schutz des WLAN

? Welche Möglichkeiten hat man als Privatanwender, um das WLAN vor Eindringlingen zu schützen? Wie macht man das im Einzelnen? Ist das auch nicht zu schwer zu konfigurieren?

! Nein. Es gibt einen Sicherheitsmaßnahmenkatalog, den Sie auch als Privatanwender zum Schutz Ihres WLAN anwenden können. Die folgende Tabelle gibt Ihnen einen Überblick:

Maßnahme	Was wird gemacht?	Bemerkung
Unnötige Funkreichweite durch einen geeigneten Aufstellungsort der Basisstation einschränken	Wer Ihr WLAN nicht empfangen kann, kann es auch nicht abhören. Dadurch beschränken Sie die Anzahl möglicher Lauscher. Stellen Sie die Basisstation z. B. nicht in der Nähe von Fenstern auf.	Diese Maßnahme ist selbstverständlich, wird aber oft vergessen und ist nicht immer realisierbar, wenn die vorhandenen PCs einen bestimmten Aufstellungsort der Basisstation vorgeben (Empfangsprobleme!).
Sendeleistung verringern, Funkempfang verbessern	Passen Sie die Sendeleistung der Basisstation an die Gegebenheiten an. Einige Basisstationen besitzen eine Option, mit der Sie die Sendeleistung regeln können. Verbessern Sie lieber die Empfangsbedingungen der PCs, z. B. durch bessere Antennen oder besser aufgestellte Antennen.	Das ist auch eine wichtige Möglichkeit, wie man den Umkreis der Wirkung Ihres WLAN verkleinern kann.
WEP-Verschlüsselung aktivieren, WPA-PSK-Verschlüsselung aktivieren, wenn möglich	Mit einem selbst gewählten Schlüssel können Sie die das WLAN verschlüsseln: Es gibt die 64-Bit- oder die 128-Bit-WEP-Verschlüsselung. Die WEP-Verschlüsselung wird für die Basisstation (z. B. WLAN-Router) und die WLAN-Karten aller PCs aktiviert. Falls möglich, setzen Sie die WPA-PSK-Verschlüsselung statt WEP ein (siehe Seite 792).	Ist sehr wichtig und sollte immer aktiviert werden!

Maßnahme	Was wird gemacht?	Bemerkung
Nur bestimmte WLAN-Teilnehmer zulassen (MAC-Nummer-Filter)	Nur PCs/Laptops mit WLAN-Karten, die eine bestimmte interne Nummer (MAC-Nummer, MAC-Adresse genannt) haben, dürfen das WLAN benutzen, alle anderen werden ausgesperrt.	Ist ratram und in der Regel in allen handelsüblichen Basisstationen konfigurierbar.
Netzwerknamen (SSID) unsichtbar machen	Zur Verbindung mit dem WLAN ist der Netzwerkname (SSID) erforderlich. Machen Sie ihn unsichtbar. Dabei sollten Sie aber einen geheimen, schwer zu erratenden Netzwerknamen (SSID) zuweisen.	Ein Laie sieht das WLAN gar nicht. Leider erlauben nicht alle Basisstationen diese Möglichkeit, oder sie funktioniert nicht (zuverlässig).
Sicheres Systemkennwort wählen	Die Basisstation (WLAN-Access Point/-Router) muss durch ein sicheres Kennwort vor Eindringlingen geschützt werden, weil sie sonst umkonfiguriert werden könnte.	Ist immer dringend zu empfehlen. Lassen Sie niemals das Anfangskennwort eingestellt! Wählen Sie aber ein sicheres Kennwort.
Automatische Zuteilung der IP-Nummer (DHCP-Funktion) abschalten	Die Maßnahme verhindert, dass der Eindringling die IP-Nummer durch den Access Point bzw. den WLAN-Router zugeteilt bekommt, mit der er, ohne zu raten, Ihr Netzwerk und Ihren Internetanschluss benutzen kann. Schalten Sie die so genannte DHCP-Funktion ab und ordnen Sie allen PCs eine feste IP-Nummer zu, wie das auf Seite 774 beschrieben ist. Diese Maßnahme ist aber nicht die wichtigste und bedeutet für Privatanwender eher eine Last durch den Mehraufwand bei der Konfiguration der PCs.	Kann noch zur Erhöhung der Sicherheit vorgenommen werden.

Unnötige Funkreichweite vermeiden

? Ich habe eine kurze Entfernung erfolgreich zu meinen PCs drahtlos überbrückt, möchte aber nicht, dass unnötig viele PCs im Umkreis mein WLAN empfangen könnten. Wie kann ich mich schützen?

! Richtig! Das ist eine gute Frage. Wenn Sie den Wirkungskreis Ihres WLAN verkleinern, gibt es immer weniger potenzielle Lauscher, zusätzlich zu allen Sicherheitsmaßnahmen, die im Folgenden beschrieben werden.

Die Basisstation (z. B. im Inneren der Wohnung, nicht an Fenstern) geeignet aufstellen:

Stellen Sie, wenn möglich, die Basisstation nicht in der Nähe von Fenstern auf, sondern im Inneren der Wohnung/des Hauses/des Büros. Wenn Sie nur wegen der Empfangsprobleme eines Laptops/PCs die Basisstation an einen Ort verschieben müssten (ans Fenster), wo Sie auch viele weitere Lauscher haben, verbinden Sie den Laptop über die Stromleitung via PowerNet mit der Basisstation. Die Basisstation bleibt so im schützenden Inneren der Wohnung).

Verringern Sie die Sendeleistung der Basisstation und verbessern die Empfangsbedingungen der PCs/Laptops:

Einige Basisstationen (WLAN-Router), z. B. von D-Link, bieten die Möglichkeit, die Sendeleistung zu regeln. Dort können Sie unter *Advanced/Wireless Performance* mit der Option *Antenna transmit power* (*12% 10dBm*, ..., *100% 17 dBm*) die Sendeleistung – nur so groß wie für einen guten Funkempfang der PCs nötig – regeln.

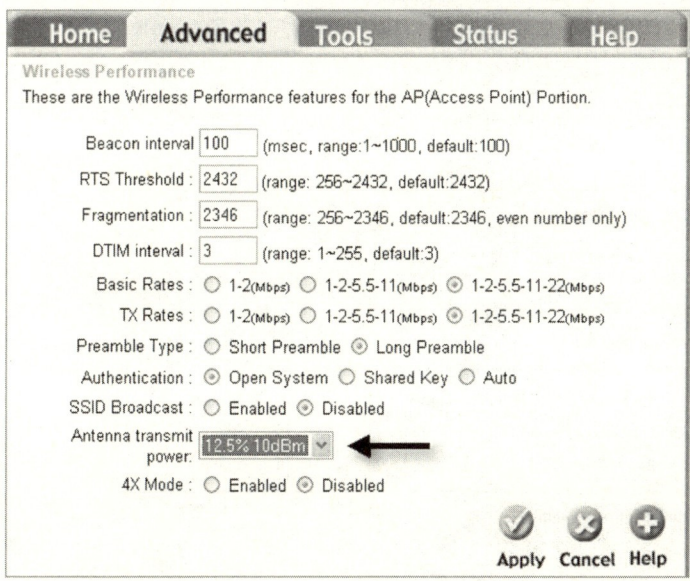

Auf der anderen Seite können Sie den Funkempfang der einzelnen PCs durch bessere Antennen bzw. durch einen besseren Aufstellungsort der Antennen bei geringerer Sendeleistung verbessern.

Automatisches Zuweisen der IP-Nummern im Router abschalten und feste IP-Nummern verwenden

? Man soll aus Sicherheitsgründen im WLAN-Router irgendwas abschalten und feste IP-Nummern verwenden. Wo stellt man das im Router ein?

! Der WLAN-Router ordnet jedem PC über Funk automatisch eine IP-Nummer zu und darüber hinaus weitere IP-Nummern, die für die Internet (DSL-)Benutzung bekannt sein müssen! Diese automatische Zuordnung macht es einem einmal in Ihr WLAN eingedrungenen User leicht, sofort auf Ihr Netzwerk zuzugreifen und auch Ihren DSL-Anschluss mitbenutzen zu können. Diese Funktion finden Sie in Ihrem Router unter dem Begriff *DHCP-Server*.

Bei Netgear-Routern stellen Sie das z. B. unter *Advanced/LAN IP Setup* mit der deaktivierten Option *Use Router as DHCP Server ein, …*

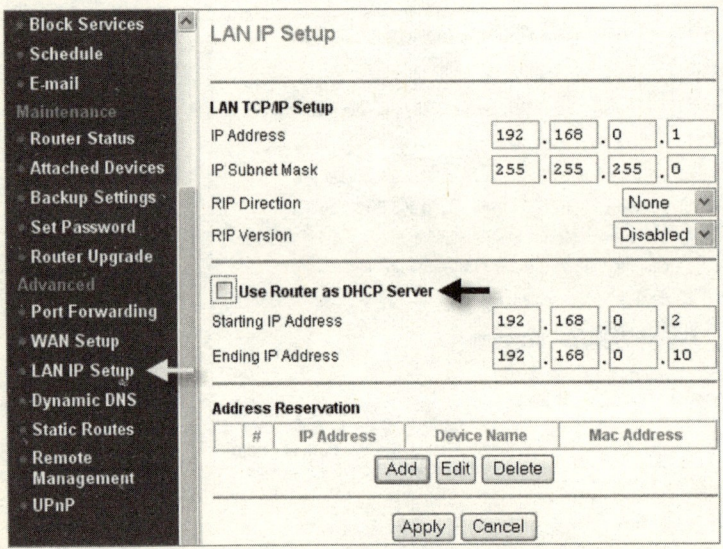

... bei D-Link-Routern unter *Home/DHCP* mit Option *DHCP Server/Disabled*.

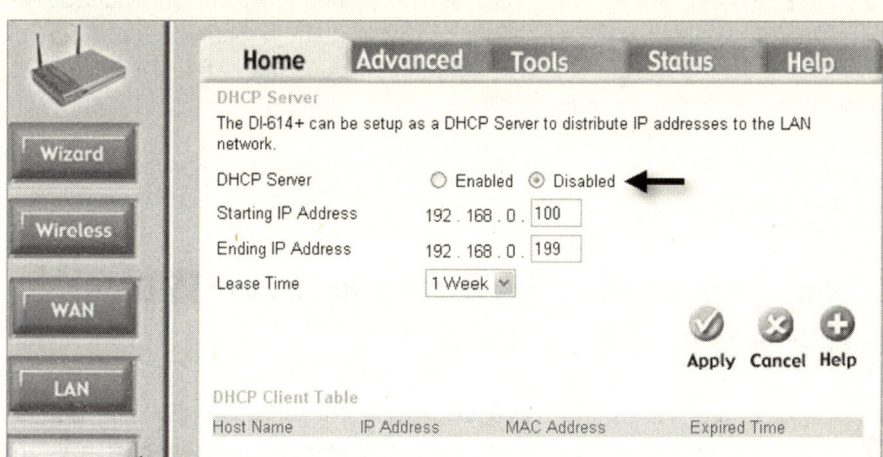

Danach müssen Sie jedem PC im WLAN/Netzwerk eine feste IP-Nummer geben, so wie das auf den Seiten 920 und 922 beschrieben ist. Diese Einstellung wird also an den PCs nicht im Router eingestellt!

Damit ist es aber noch nicht getan!

Wenn Sie Ihren WLAN-Router im Werkzustand verwenden, errät ein Eindringling mühelos, welche IP-Nummern Ihr Netzwerk und Ihr Router hat. Dann sind nämlich klassischerweise die IP-Nummern aller PCs in Ihrem Netzwerk/WLAN von der Form 192.168.0.X (192.168.0.2, 192.168.0.3 etc.), und der Router hat die IP-Nummer 192.168.0.1 bzw. 192.168.1.X (192.168.1.2, 192.168.1.3 etc.), und der Router hat die IP-Nummer 192.168.1.1. (z. B. bei Zyxel-Routern oder dem Siemens Gigaset-Router).

Sie wählen also einen geheimen Bereich für die IP-Nummern Ihres Netzwerks/ WLAN, z. B. 192.168.233.X (192.168.233.1, 192.168.233.2 etc.), und als IP-Nummer des Routers z. B. 192.168.233.254.

Dazu reicht es aus, die IP-Nummer des WLAN-Routers auf beispielsweise 192.168. 233.254 zu ändern. Bei Netgear-Routern geben Sie dazu bei *Advanced/LAN IP Setup* unter *LAN TCP/IP Setup* bei *IP Address* „192.168.233.254" und bei D-Link-Routern bei *Home/LAN* unter *The IP Address of the ...* bei *IP Address* „192.168.233.254" ein.

An den PCs stellen Sie dann diese festen IP-Nummern der Form 192.168.233.X (192.168.233.1, 192.168.233.2 etc.) ein, wobei Sie unter *Standardgateway* und *Bevorzugter DNS-Server* als IP-Nummer 192.168.233.254 (neue IP-Nummer des Routers) eingeben müssen, so wie das auf Seite 920 für Windows 2000/XP und auf Seite 922 für Windows 98/ME beschrieben ist.

Bei reinen WLAN-Access Points können Sie auch diese Funktion (DHCP-Server) finden, die Sie entsprechend abschalten sollten.

Option zum Verstecken des Netzwerknamens (SSID) fehlt im WLAN-Router/-Access Point

Wie kann man aus Sicherheitsgründen den Netzwerknamen (SSID) im WLAN-Router/-Access Point verstecken, wenn diese Option gar nicht angeboten wird?

Das Verstecken des Netzwerknamens bei WLAN (SSID genannt) ist gar nicht bei allen WLAN-Routern/Access Points möglich bzw. funktioniert nicht oder nicht zuverlässig.

Falls Sie bei Ihrem WLAN-Router keine Option zum Verstecken der SSID finden, dann schauen Sie dringend nach einem Update der so genannten Firmware des WLAN-Routers auf der Internetseite des Herstellers nach. Bei Netgear-Routern (z. B. WGR 614 – 54 MBit/s) finden Sie dann erst bei einer neueren Firmware unter *Setup/Wireless Settings* die Option *Allow Broadcast of Name (SSID)*, die Sie deaktivieren können.

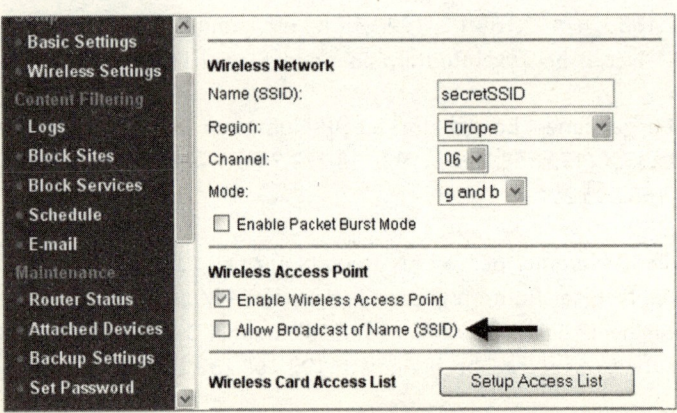

Die Formulierungen zum Verstecken der SSID und der genaue Menüpunkt im WLAN-Router sind unterschiedlich. So finden Sie bei D-Link-Routern im Menü *Advanced/Performance* die Option *SSID Broadcast*, die Sie auf *Disabled* stellen können. Beim AOL-WLAN-Router (Zyxel Prestige 660HW) finden Sie z. B. die Option *Hide ESSID*, die Sie auf *Yes* stellen können. (Tipp: Bei einigen WLAN-Routern/Access Points muss man die Authentifizierung *Close* statt *Open* zum Verstecken der SSID verwenden. Dort gibt es scheinbar keine Option *SSID Broadcast* oder *Hide SSID*.)

WLAN-Verbindung wird bei verstecktem Netzwerknamen (SSID) nicht hergestellt

Die Verbindung zum WLAN wird bei verstecktem Netzwerknamen (SSID) nicht hergestellt. Was kann man tun?

Machen Sie zuerst ein Update der Firmware des Routers. Wenn Sie die Firmware eines Routers updaten, sollten Sie die Treiber oder gegebenenfalls Firmware der WLAN-Karte auch updaten, weil sonst in der Regel die Gefahr besteht, dass zwar der Router, aber nicht die WLAN-Karte die neuen Features beherrscht.

Nach dem Verstecken der SSID empfiehlt sich, unter *Authentication* oder *Authentication Type* die Option von *Auto* auf *Open System* oder *Open* zu stellen. Diese Option sollten Sie in der Basisstation und auch bei der WLAN-Karte einstellen. Dazu nehmen Sie in Zweifelsfällen das WLAN-Konfigurationstool der WLAN-Karte und nicht die WLAN-Konfiguration unter Windows XP. Erst bei Windows XP SP2 (**S**ervice **P**ack 2) können Sie unter *Netzwerkauthentifizierung* die Option *Open* einstellen.

Zuverlässige WLAN-Verbindung bei verstecktem Netzwerknamen (SSID) herstellen

? Die Verbindung zum WLAN wird mit verstecktem Netzwerknamen (SSID) nur zuverlässig dauerhaft hergestellt, wenn die WEP-Kodierung abgeschaltet oder auf 40/64 Bit herabgesetzt wird. Was kann man da tun?

! Falls das Updaten sämtlicher Firmware und Treiber des WLAN-Routers und der WLAN-Karte und die oben genannten Tipps keine Besserung bringen, sollten Sie sich bei der Wahl zwischen versteckter SSID und WEP-Verschlüsselung auf jeden Fall für die 128-Bit-WEP-Verschlüsselung entscheiden.

Das Verstecken des Netzwerknamens (SSID) ist keine ernst zu nehmende Sicherheitsmaßnahme (wie etwa die WEP-Verschlüsselung, trotz der bekannten Schwachstelle, an der sie zu brechen ist – z. B. durch die Analyse einer „großen Menge" des Funkdatenstroms mit einem Tool wie Airsnort), weil der Access Point (WLAN-Router) sie zwar nicht übermittelt, die einzelnen WLAN-Karten aber schon, was beim Belauschen des Funkdatenstroms die SSID offenlegen kann.

Warum WEP-Verschlüsselung sinnvoll ist

? Macht es für einen Privatanwender überhaupt Sinn, die WEP-Verschlüsselung zu aktivieren, wo bekannt ist, wie unsicher die ist?

! Aber selbstverständlich. Auch wenn seit längerem bekannt ist, dass die WEP-Verschlüsselung Schwachstellen besitzt und mit einem Tool (z. B. Airsnort) bei einer größeren abgefangenen Datenmenge (ca. 1 GByte) aus einem WLAN gebrochen werden kann, stellt sie eine wichtige Sicherheitsmaßnahme dar, die sofort ungebetene Gäste aussperrt. Eine 100%ige Sicherheit haben Sie bei keinem Sicherheitssystem.

Gehen Sie davon aus, dass Sie als Privatmensch weder interessant genug sind noch ein Nachbar so viel Kenntnisse und Möglichkeiten hat, um Ihren WEP-Schlüssel zu brechen (siehe auch die Sicherheitsbemerkung zu WEP auf Seite 788).

Sie können weitere Sicherheitsmaßnahmen, die in diesem Kapitel erwähnt werden, anwenden und darüber hinaus weitere (ein geschütztes Netzwerk, ein VPN = **V**irtuelles **P**rivates **N**etzwerk einrichten), die allerdings tiefere Kenntnisse bzw. zusätzliche Hardware erfordern.

Falls Sie bei Ihrer Basisstation (z. B. WLAN-Router) und den WLAN-Karten über die WPA-PSK-Verschlüsselung (siehe Seite 792) verfügen können, setzen Sie diese statt WEP-Verschlüsselung ein.

Keine WLAN-Verbindung möglich, obwohl der WEP-Schlüssel richtig ist

? Der WEP-Schlüssel wurde mit Sicherheit richtig in der Basisstation und für die WLAN-Karte eingegeben (muss stimmen, weil mit Copy & Paste eingefügt). Warum funktioniert dann trotzdem keine WLAN-Verbindung?

! Dieses Problem können Sie beim Schlüsselformat Hex (**Hex**adezimal) haben. Der Grund für das Versagen der WLAN-Verbindung ist so einfach, und trotzdem können Sie verzweifeln, wenn Sie nicht darauf kommen:

Bei der Eingabe des Schlüssels im Hexformat kommen die Buchstaben A bis F vor. Einige Basisstationen bzw. WLAN-Tools verlangen einfach, dass Sie die Buchstaben großschreiben (in der Regel funktioniert A bis F immer, a bis f oft). Ändern Sie das einfach in Ihrem WEP-Schlüssel! Dieser Schönheitsfehler kann Sie Stunden der Fehlersuche kosten!

WEP-Schlüssel über Passphrase (über Kennwort) in Windows XP erzeugen

? Wo kann man unter Windows XP den WEP-Schlüssel aus einer Passphrase (einem Kennwort) wie im Router erzeugen?

! Windows XP, Windows XP SP1 (**S**ervice **P**ack 1) und Windows XP SP2 unterstützen diese Funktion (noch) nicht. Sie können aber auch unter Windows XP das WLAN-Konfigurationstool benutzen, das sich auf der CD zur WLAN-Karte befindet, was für Windows 98/ME/2000 benutzt werden muss. Schalten Sie dann die XP-eigene WLAN-Konfiguration ab, wie das auf Seite 767 beschrieben wurde.

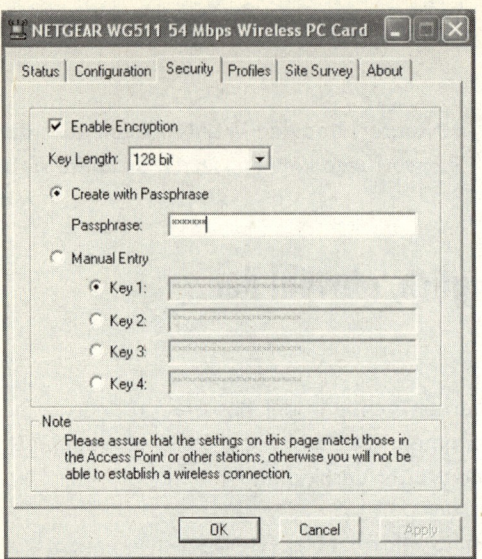

Das setzt allerdings voraus, dass das WLAN-Konfigurationstool der WLAN-Karte die WEP-Verschlüsselung über eine Passphrase unterstützt, was auch nicht immer die Regel ist.

PDA mit anderem Schlüsselformat (ASCII) im WLAN einbinden

Ich habe bereits überall in meinem WLAN die WEP-Verschlüsselung im Hex-Schlüsselformat verwendet. Nun möchte ich einen PDA anschließen, der aber nur das Schlüsselformat ASCII kennt. Was kann ich tun, ohne komplett auf ASCII umzustellen?

Sie errechnen den WEP-Schlüssel im Schlüsselformat ASCII aus dem Hex-Schlüsselformat so, wie das im Folgenden beschrieben wird.

Im Prinzip könnten Sie wie folgt den umgekehrten Fall errechnen (Schlüsselformat Hex in ASCII umwandeln), wobei die Sache leider den kleinen Schönheitsfehler hat, dass es nicht für alle Hexzahlen des WEP-Schlüssels darstellbare ASCII-Zeichen gibt.

Nehmen Sie an, Ihr WEP-Schlüssel sei 5931614232 (Hex), also mit Kommata diese einzelnen Ziffern: 59,31,61,42,32.

1. Geben Sie nun unter *Start/Ausführen* „calc" gefolgt von der [Enter]-Taste ein oder starten Sie unter *Start/Alle Programme/Zubehör* das Programm Rechner (ein kleiner Taschenrechner).

2. Wählen Sie im Menü unter *Ansicht* die Option *Wissenschaftlich* aus und klicken Sie unterhalb des Eingabefelds auf die Option *Dez*. Geben Sie die Hexzahl der ersten Stelle des WEP-Schlüssels, nämlich 59, mit der Zahlentastatur ein und klicken Sie auf die Option *Dez* neben *Hex*. Dort steht dann im Eingabefeld die Zahl 89.

3. Nun gibt es einen einfachen Trick, um das ASCII-Zeichen mit dem ASCII-Code 89 am PC zu ermitteln: Geben Sie unter *Start/Ausführen* „cmd" gefolgt von der [Enter]-Taste ein und geben Sie in der Eingabeaufforderung mit der Zahlentastatur die Zahl 89 ein, wobei Sie dabei die linke [Alt]-Taste gedrückt lassen, also [Alt]+[8]+[9] (Zahlentastatur) drücken. Es erscheint in der Eingabeaufforderung ein Y. (Das ASCII-Code von Y ist 89.)

4. Machen Sie das für die restlichen Ziffern 31,61,42,32, erhalten Sie die Zeichen *1, a, B, 2*.

Der WEP-Schlüssel 5931614232 im Hex-Schlüsselformat ist also im ASCII-Schlüsselformat: Y1aB2. Der Trick mit der [Alt]-Taste erspart Ihnen hier also, eine ASCII-Tabelle zu benutzen.

▶ **Wie sicher ist der WEP-Schlüssel?** ▶

Wenn man unabhängig von Tools (z. B. Airsnort) den WEP-Schlüssel einfach durchprobieren würde, hätte man beim 64-Bit-Schlüssel im Hexformat 5 Hexzahlen = 5 Bytes, die Sie beliebig wählen würden (könnten). Das sind also $256^5 = 2^{40}$ (ca. 10^{12}) verschiedene Möglichkeiten. Beim 128-Bit-Schlüssel sind es mit 13 Bytes also $256^{13} = 2^{104}$ (ca. 10^{31}) verschiedene Möglichkeiten. Wenn man aber unterstellt, dass der Schlüssel im Schlüsselformat ASCII mit den typischen darstellbaren Zeichen (Buchstaben und Zahlen) gebildet wird, hat man pro Stelle des Schlüssels statt 256 verschiedene nur ca. 26 + 26 + 10 = 62 Möglichkeiten, sodass sich die Anzahl der Möglichkeiten z. B. für den 64-Bit-Schlüssel auf 62^5 (ca. 900 Mio.) reduziert. Genauso beschränkt man die Anzahl der Möglichkeiten, wenn man den WEP-Schlüssel immer aus einer Passphrase (aus einem Kennwort, das auch darstellbar in ASCII-Zeichen ist) errechnet.

Beliebige 13 Hexzahlen zu verwenden bedeutet also, sich nicht einzuschränken. Das gleiche Problem gibt es übrigens auch beim Tippen von Lottozahlen. Viele Tipper tippen immer nur besondere Zahlen wie Geburtsdaten, wobei aber dabei immer Zahlen zu kurz kommen und andere häufiger gewählt werden (es gibt nur Monate von 1 bis 12 und Tage von 1 bis 31).

WEP-Verschlüsselung vom Schlüsselformat ASCII wegen des WLAN-Routers in Hex umrechnen

? Überall im WLAN wurde die WEP-Verschlüsselung im Schlüsselformat ASCII eingestellt. Der neue WLAN-Router beherrscht aber nur das Hex-Schlüsselformat. Kann man irgendwie vermeiden, deshalb das ganze WLAN auf das Schlüsselformat Hex zu ändern?

! Ja, Sie können Ihren WEP-Schlüssel vom Schlüsselformat ASCII in das Format Hex (**Hex**adezimal) umrechnen, wenn Sie wie folgt vorgehen, da der WEP-Schlüssel im Hex-Schlüsselformat nichts anderes ist als der ASCII-Code der einzelnen Bytes, die man in Hex (ins Hexadezimalsystem) umrechnet. Dazu folgt zur Vereinfachung ein kleines Beispiel mit einem 64-Bit-WEP-Schlüssel im ASCII-Schlüsselformat, also einem fünfstelligen Schlüssel.

Nehmen Sie an, Ihr WEP-Schlüssel sei 54310 (nur Zahlen als kurzes Beispiel).

1. Der ASCII-Code der Zahlen 0..9 ist 48..57. Somit hat der Schlüssel 54310 ziffernweise den ASCII-Code: 48 + 5 = 53, 48 + 4 = 52, 48 + 3 = 51, 48 + 1 = 49, 48 + 0 = 48, also 53, 52, 51, 49, 48.

2. Geben Sie nun unter *Start/Ausführen* „calc" gefolgt von der ⌈Enter⌉-Taste ein oder starten Sie unter *Start/Alle Programme/Zubehör* das Programm Rechner (ein kleiner Taschenrechner).

3. Wählen Sie im Menü unter *Ansicht* die Option *Wissenschaftlich* aus und klicken Sie unterhalb des Eingabefelds auf die Option *Dez*. Geben Sie den ASCII-Code der ersten Stelle des WEP-Schlüssels, nämlich 53, mit der Zahlentastatur ein und klicken Sie auf die Option *Hex* neben *Dez*. Dort steht dann im Eingabefeld die Zahl 35.

4. Wiederholen Sie diese Umwandlung für die restlichen Zahlen 52, 51, 49, 48, erhalten Sie 34, 33, 31, 30.

Der WEP-Schlüssel 54310 im ASCII-Schlüsselformat ist also im Hex-Schlüsselformat 35,34,33,31,30 bzw. einfach 3534333130, wenn Sie die Kommata weglassen.

So können Sie nun mit jedem Schlüssel verfahren, auch bei der 128-Bit-WEP-Verschlüsselung, wobei Sie dann 13 Zeichen umrechnen müssen. Weil die hexadezimale Darstellung des ASCII-Codes immer zwei (Hex-)Ziffern (hier 35, 34 ...) benötigt, ist ein 64-Bit-Schlüssel (ASCII), der aus 5 Zeichen besteht, eben genau 5 x 2 = 10 Ziffern (Hex) lang, Entsprechendes gilt für den 13-stelligen 128-Bit-Schlüssel.

Schlüssel bestehen im ASCII-Schlüsselformat in der Regel aus Buchstaben (klein- und großgeschrieben) und Zahlen, deshalb brauchen Sie (ohne eine ASCII-Tabelle zur Hand) nur den ASCII-Code der Buchstaben und Zahlen, nämlich:

Zeichen	ASCII-Code (Dezimal)	
a..z	96+1..96+26	97..122
A..Z	64+1..64+26	65..90
0..9	48+0..48+9	48..57

Beispielsweise ist der Schlüssel eU1Fe (ASCII) dann 6555314665 (Hex).

26-stelligen WEP-Schlüssel einfacher unter Windows XP eingeben

? Es ist sehr anstrengend, den 26-stelligen WEP-Schlüssel unter Windows XP einzugeben, wenn man ihn nicht sieht, und das sogar zweimal. Gibt es da keine Vereinfachung?

! Falls Ihr WLAN-Router auch das Schlüsselformat ASCII unterstützt, benutzen Sie eben einen 13-stelligen WEP-Schlüssel im ASCII-Format.

Falls Sie das **S**ervice **P**ack SP2 für Windows XP einspielen, können Sie nach der Option *Netzwerkschlüssel manuell zuweisen* mit der Option *Zeichen bei der Eingabe ausblenden* den WEP-Schlüssel sichtbar machen oder nicht.

Zur Vereinfachung verfügt aber Windows XP SP2 über die Möglichkeit, die WLAN-Konfigurationsdaten (inkl. WEP-Schlüssel) auf ein USB-Flashlaufwerk speichern und auf allen anderen PCs einspielen zu können (siehe Abbildung nächste Seite).

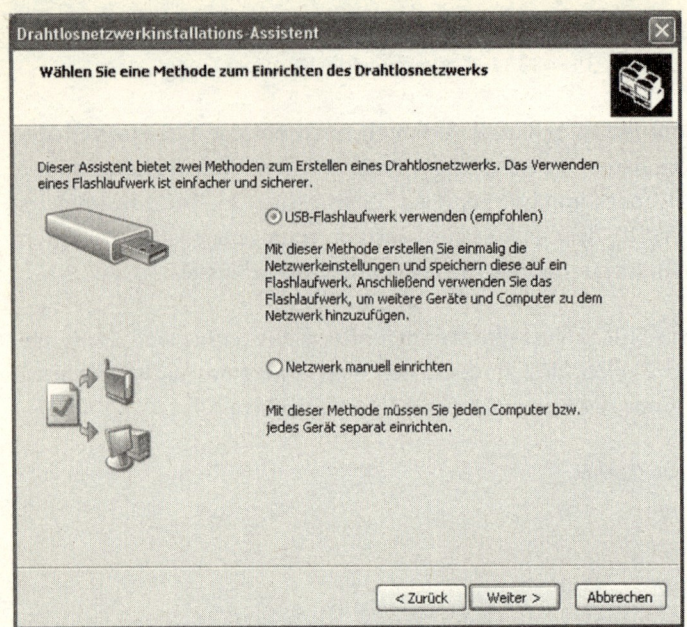

▶ ***Speichern Sie den WEP-Schlüssel in einer Datei auf Diskette/USB-Stick*** ◀

Zur Vereinfachung geben Sie den WEP-Schlüssel in WordPad ein und speichern ihn auf Diskette (oder einen USB-Stick) unter dem Namen WEP (die Datei WEP.rtf wird gespeichert). Zur Eingabe des WEP-Schlüssels an einem beliebigen PC geben Sie unter Start/Ausführen „wordpad a:\wep.rtf" *ein, kopieren den WEP-Schlüssel mit* Strg+C *und fügen ihn (2x) mit* Strg+V *bei der WLAN-Konfiguration ein. Bewahren Sie diese Diskette (den USB-Stick) sorgsam auf.*

Als weitere Vereinfachung der WEP-Schlüsseleingabe können Sie die Erzeugung des WEP-Schlüssels über eine Passphrase vornehmen, falls Sie statt der WLAN-Konfiguration von Windows XP das WLAN-Konfigurationstool der WLAN-Karte benutzen, das diese Funktion unterstützt, wie vorher beschrieben.

Falls der WLAN-Router keine solche Passphrase unterstützt, können Sie ja den WEP-Schlüssel, den Sie über das WLAN-Tool der WLAN-Karte über eine Passphrase erzeugt haben, auf einen Zettel schreiben und manuell im WLAN-Router eingeben. In der Regel gibt es mehr WLAN-Karten zu konfigurieren als WLAN-Router.

WEP-Schlüssel lieber als ein geheimes Kennwort eingeben

? Kann man den WEP-Schlüssel nicht als kryptische 26 Ziffern, sondern einfach als ein geheimes Kennwort eingeben, das man sich besser merken kann?

! Ja, das geht, falls die Basisstation und das WLAN-Tool der Netzwerkkarte(n) über die Funktion *WEP-Schlüssel aus Passphrase erzeugen* verfügen. Windows XP unterstützt diese Funktion nicht (bis zum **S**ervice **P**ack SP2 noch nicht). Über diese Funktion wird dann aus Ihrem geheimen Kennwort (Passphrase) nach einem festen Verfahren der eigentliche WEP-Schlüssel errechnet und kann direkt übernommen werden. Beachten Sie, dass Sie die WLAN-Konfiguration von Windows XP in der Regel abschalten müssen, um dieses WLAN-Tool der WLAN-Karte benutzen zu können, siehe Seite 767.

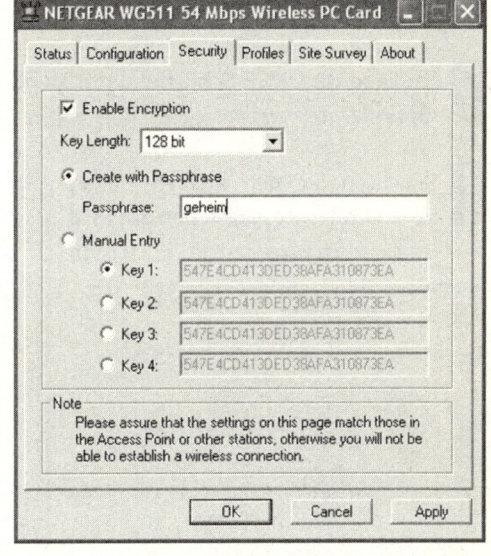

Hier sehen Sie im Feld neben *Key 1* den 128-Bit-WEP-Schlüssel (im Hexadezimalformat), der sich aus der Passphrase errechnet. Falls die Basisstation diese Passphrase-Funktion nicht unterstützt, können Sie diesen WEP-Schlüssel (im grauen Bereich) immer noch abschreiben und manuell in die Basisstation eingeben. Sie müssen ja viele PCs/Laptops konfigurieren, aber nur eine Basisstation.

Da jeder mit diesem Verfahren aus Kennwörtern den zugehörigen WEP-Schlüssel errechnen kann (der ist zu einem bestimmten Kennwort immer gleich), sollten Sie ein „sicheres", nicht zu erratendes Kennwort (möglichst aus Klein- und Großbuchstaben sowie Zahlen bestehend) wählen.

Windows XP beschneidet den 26-stelligen WEP-Schlüssel auf 8 Stellen

? Ein 26-stelliger WEP-Schlüssel wurde unter Windows XP eingegeben. Nun ist der Schlüssel zerstört, er ist nur noch 8 Stellen lang. Wie kommt das?

! Diese Eigenart hat Windows XP SP1 nur aus Sicherheitsgründen. Niemand soll die wahre Schlüssellänge erkennen können, sie wird immer auf acht Stellen verschleiert. Ihre Schlüsseleingabe ist korrekt gespeichert und wirksam.

WEP-Schlüssel kann bei Windows XP nicht eingegeben werden, obwohl Datenverschlüsselung (WEP aktiviert) angeklickt ist

? Ich kann den WEP-Schlüssel unter Windows XP nicht eingeben, obwohl ich die Option *Datenverschlüsselung (WEP aktiviert)* angeklickt habe. Was kann ich tun?

! Beachten Sie den kleinen Haken unten im Kontrollkästchen *Schlüssel wird automatisch bereitgestellt*. Entfernen Sie ihn.

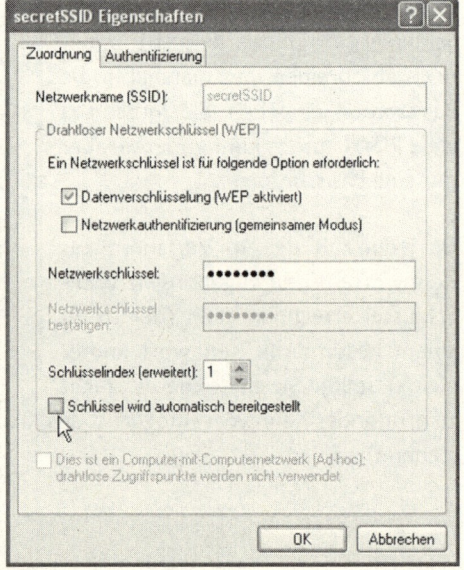

WEP-Schlüsseländerung ist sehr aufwendig

? Wie ändert man zur Sicherheit ohne größeren Aufwand den WEP-Schlüssel nach einer gewissen Zeit?

! Falls Ihre Basisstation (WLAN-Router, Access Point) und das Tool der WLAN-Karten der PCs die Erzeugung des WEP-Schlüssels aus einer Passphrase (siehe auch Seite 779) unterstützen (z. B. Netgear-Router), haben Sie den WEP-Schlüssel (auch 128 Bit) schnell durch eine neue Passphrase (quasi ein neues Kennwort) geändert.

Es gibt aber noch eine weitere Methode, mit oder ohne Passphrase den WEP-Schlüsselwechsel durchzuführen. Für die 40/64-WEP-Verschlüsselung können Sie folgenden Standardtrick verwenden:

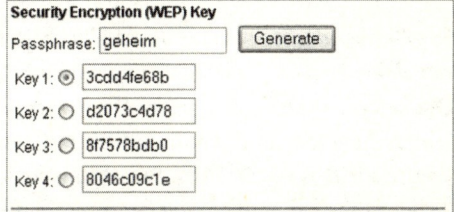

Tragen Sie mit oder ohne Passphrase viermal einen gültigen WEP-Schlüssel in der Basisstation ein.

Wiederholen Sie das bei der WLAN-Karte, am besten mit dem WLAN-Konfigurationstool der WLAN-Karte, nicht unter Windows XP direkt. Nun können Sie durch die Änderung der Nummer (*Key 1*, *Key 2*, *Key 3* oder *Key 4*) den Schlüssel blitzschnell wechseln.

Sie können aber in der Regel bei der WLAN-Karte auch erfolgreich eine WLAN-Verbindung herstellen, wenn Sie dort einen der vier Schlüssel aktivieren, also *Key 4*, solange dieser Schlüssel einer der vier Schlüssel ist, die in der Basisstation hinterlegt sind.

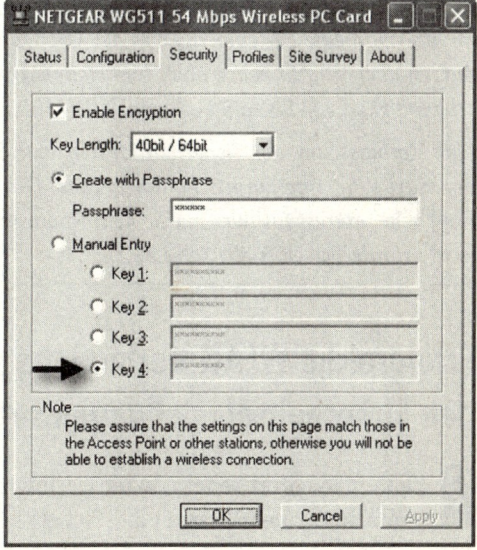

Damit können Sie auch bei mehreren PCs jedem PC seinen eigenen Schlüssel geben, was die Sicherheit erhöht. Falls Sie diese Schlüssel-Rotierfunktion auch für die 128-

Bit-WEP-Verschlüsselung anwenden können, benutzen Sie sie statt der 64-Bit-WEP-Verschlüsselung.

> **Ist man mit einem 64-Bit-Schlüssel nicht viel unsicherer als mit einem 128-Bit-Schlüssel?**

Die WEP-Verschlüsselung mit einem 64-Bit-Schlüssel (nur fünf ASCII-Zeichen) ist unter dem Aspekt, dass man alle fünfstelligen Schlüssel einfach durchprobiert, natürlich „unsicherer" als der 128-Bit-Schlüssel, bei der ein 13-stelliges „Wort" zu erraten ist. So knackt man auf primitive Art (Brute Forcing genannt) jede Verschlüsselung über einen Schlüssel, der auch noch (wie beim WEP-Schlüssel der Fall) eine bekannte Länge hat.

Es gibt aber darüber hinaus die Möglichkeit, größere Datenmengen des Funkdatenstroms mit einem Tool (z. B. Airsnort) zu analysieren und den WEP-Schlüssel daraus zu errechnen. Das setzt Zeit und eine größere Datenmenge voraus. Die Schwachstelle ist die WEP-Verschlüsselung (der so genannte 24-Bit-Initialisierungsvektor). Alles andere ist nur ein Verkaufstrick. Das regelmäßige Wechseln des WEP-Schlüssels (ein nicht leicht zu erratender Schlüssel) macht es aber dem Lauscher unmöglich, genügend Daten zu erhaschen, aus denen er den entsprechenden WEP-Schlüssel ermitteln kann! So proklamierte Microsoft noch in den WLAN-Anfängen, dass die WEP-Verschlüsselung trotz der bekannten Schwachstelle (Schlüsselknacken mit Airsnort) sicher sei, weil man ja durch bloßes WLAN-Surfen im Internet keine Datenmengen in der Größenordnung von 1 GByte erzeugen würde. Sie nutzen aber WLAN heute auch fürs Heimnetzwerk, und das mit einer momentanen Geschwindigkeit von bis zu 54 oder gar 108 MBit/s!

Eine Verbesserung der Sicherheit ist der neue Standard WPA (Wi-Fi Protected Access), der statt WEP zum Einsatz kommen kann. Für Heimanwender ist WPA-PSK (Pre Shared Key) sehr interessant, weil dafür kein Radiusserver (ein Extra-PC für die WLAN-Sicherheit) erforderlich ist (siehe Seite 792).

Erfolgreiche WLAN-Verbindung sofort bei Änderungen an den Sicherheitseinstellungen sehen

Kann man sofort sehen, ob eine erfolgreiche WLAN-Verbindung zu Stande gekommen ist, wenn man an den Sicherheitseinstellungen experimentiert?

Das können Sie am besten mit folgendem Trick machen:

1. Geben Sie unter *Start/Ausführen* „cmd" gefolgt von der Enter-Taste ein.

2. Geben Sie in der Eingabeaufforderung „ping [IP-Nummer der Basisstation] -t", also z. B. „ping 192.168.0.101 -t" gefolgt von der Enter-Taste ein. Machen Sie das Fenster klein, sodass Sie es bei den weiteren Sicherheitseinstellungen im Auge behalten können.

3. Ändern Sie Ihre Sicherheitseinstellungen. Solange Sie damit eine erfolgreiche WLAN-Verbindung zur Basisstation haben, wird kontinuierlich in diesem Fenster der Satz *Antwort von 192.168...* stehen. Sowie die WLAN-Verbindung durch Ihre geänderte Sicherheitseinstellung abreißt, werden Sie da den Ausdruck *Zeitüberschreitung der Anforderung* und dann *Zielhost nicht erreichbar* sehen und ansonsten wieder *Antwort von 192.168...*

Eine Testmethode über einen Webbrowser (Internettest) oder den Zugriff auf einen anderen PC wäre viel zu träge, wenn Sie dauernd etwas änderten, und von der richtigen Konfiguration dieser Internet-/Netzwerkkomponenten abhängig.

Nach Änderungen der WEP-Verschlüsselung funktioniert WLAN nicht mehr

Nach einigen Experimenten mit der WEP-Verschlüsselung funktioniert das WLAN nicht mehr. Wie bringe ich das wieder in Ordnung?

Das ist ein typisches WEP-Problem bei WLAN. Es ist scheinbar alles richtig eingestellt, also der richtige WEP-Schlüssel in der Basisstation (z. B. WLAN-Router) und bei der WLAN-Karte am PC, und trotzdem kommt keine WLAN-Verbindung zu Stande. Das passiert meistens, wenn Sie den WEP-Schlüssel in Länge oder Wert ändern.

Da hilft ein einfacher Trick: Deaktivieren Sie kurzzeitig die WEP-Verschlüsselung in der Basisstation und bei der WLAN-Karte. Nun stellen Sie nach einer kurzen Wartezeit eine erfolgreiche (ungeschützte) WLAN-Verbindung her. Stellen Sie danach erst die neue WEP-Verschlüsselung ein.

Zugriff auf Basisstation (z. B. WLAN-Router) beim Experimentieren mit den Sicherheitsfunktionen behalten

Beim Experimentieren mit den Sicherheitsfunktionen der Basisstation (z. B. WLAN-Router) hat man permanent keinen Zugriff mehr auf die Basisstation. Wie verhindert man das?

Konfigurieren Sie die Basisstation z. B. an einem Laptop nur über eine WLAN-Karte, dann sägen Sie sich sozusagen immer den Ast ab, auf dem Sie sitzen. Sperren Sie sich durch falsche Sicherheitseinstellungen aus Ihrem WLAN aus, haben Sie auch keinen Zugriff mehr auf die Basisstation, um diese Sicherheitsfunktionen zu korrigieren.

Am besten konfigurieren Sie die Basisstation, indem Sie einen PC oder einen Laptop direkt über ein Netzwerkkabel mit der Basisstation, z. B. dem WLAN-Router, verbinden.

Sie haben dann über die IP-Nummer des WLAN-Routers im Webbrowser unter *http://192.168.0.1* oder *http://192.168.1.1* (z. B. beim AOL-WLAN-Router) in der Regel immer Zugriff auf den WLAN-Router, auch wenn Sie gerade durch falsche Sicherheitseinstellungen die WLAN-Verbindung zum Laptop unterbrochen haben.

Viele moderne Laptops besitzen bereits eine eingebaute Netzwerkkarte (LAN 100/100, Ethernet 10/100 genannt). Ein Laptop ist ideal dafür (auch wenn Sie das ebenfalls von einem PC aus machen können), weil Sie ihn bei einem kleinen WLAN (mit nur drahtlosen Laptops) notfalls direkt zum WLAN-Router transportieren können, der schon an seinem weit entfernten Aufstellungsort steht.

WLAN-Tool Network Stumbler meldet Card not present, obwohl die WLAN-Karte vorhanden ist

? Ich möchte den Sicherheitszustand meines WLAN mit Network Stumbler checken. Da kommt aber eine Fehlermeldung in der Statusleiste, *Card not present*, obwohl eine WLAN-Karte da ist. Was kann ich da tun?

! Das Tool Network Stumbler funktioniert nicht mit jeder WLAN-Karte, sondern nur bestimmten Karten. Schauen Sie auf der Homepage von Network Stumbler (*www.netstumbler.com*) nach, welche WLAN-Karten in der aktuellen Version unterstützt werden. Verwenden Sie z. B. eine Orinoco-Karte (Gold), dann klappt es.

WLAN-Tool Network Stumbler ortet mit 11-MBit/s-WLAN-Karte auch reines 54-MBit/s-WLAN (nur g-Mode)

? Wenn man seinen WLAN-Router/-Access Point auf 54 MBit/s (nur g-Mode) fest einstellt, kann einen der WarDriver jetzt nicht mit Network Stumbler orten, wenn er eine 11-MBit/s-WLAN-Karte verwendet?

! Doch! Diese g/b-Mode-Einstellung im WLAN-Router/-Access Point macht Sie für das Tool nicht unsichtbar.

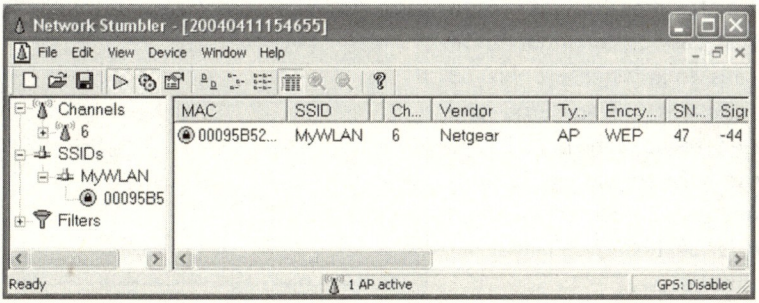

Sie müssen schon eine völlig andere Frequenz (z. B. 5 GHz beim so genannten a-WLAN, nach 802.11a) verwenden. Es können sich aber keine Standard-WLAN-Karten (11 MBit/s) mit Ihrem WLAN-Router, also Ihrem WLAN, verbinden.

Wie setzt man WPA-PSK- statt WEP-Verschlüsselung ein?

Ich möchte die sichere WPA-PSK-Verschlüsselung statt WEP-Verschlüsselung im WLAN einsetzen. Was benötigte ich da? Wo kann ich den WPA-PSK-Schlüssel unter Windows XP eingeben?

Als Erstes muss Ihre Basisstation, z. B. der WLAN-Router, WPA-PSK-Verschlüsselung unterstützen. Das tun nicht alle (älteren) Geräte. Machen Sie gegebenenfalls ein Update der Firmware. Genauso sollten Sie bei den WLAN-Karten auf WPA-PSK-Unterstützung achten und, wenn nötig, Treiber-/Firmware-Updates für die WLAN-Karten einspielen. Windows XP benötigt das WPA-Hotfix, das Sie unter *http://support.microsoft.com/default.aspx?scid=kb;DE;815485* bei Microsoft herunterladen können (das setzt das SP1 voraus!), oder das **S**ervice **P**ack SP2. Alternativ können Sie auch das WLAN-Konfigurationstool der WLAN-Karte einsetzen, um den WPA-PSK-Schlüssel einzugeben. Auch dabei sollten Sie gegebenenfalls ein Update einspielen.

So geben Sie den WPA-PSK-Schlüssel unter Windows XP ein:

An der gleichen Stelle, an der Sie den WEP-Schlüssel eingeben, wählen Sie unter *Netzwerkauthentifizierung* die Option *WPA-PSK* und unter *Datenverschlüsselung* die Option *TKIP*. Unter *Netzwerkschlüssel* und *Netzwerkschlüssel bestätigen* geben Sie den gleichen WPA-PSK-Schlüssel wie im Access Point ein. Im einfachsten Fall verwenden Sie einen Schlüssel im so genannten ASCII-Format, der aus (mindestens) 8 bis 63 ASCII-Zeichen besteht, z. B. aus Groß- und Kleinbuchstaben sowie Zahlen (z. B. geHEiM007), also auch so wie ein 128-Bit-WEP-Schlüssel im ASCII-Format, allerdings wesentlich länger bei Bedarf. Je länger der Schlüssel ist, umso besser.

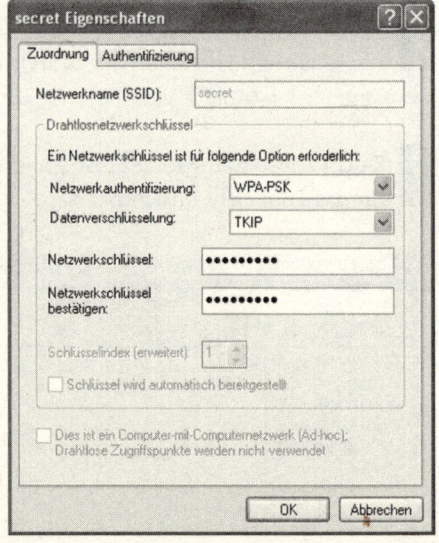

> **WPA-Hotfix verhindert die WLAN-Verbindung zu manchen Routern**
>
> *Beachten Sie, dass das WPA-Hotfix (Q815485, siehe oben) dafür sorgen kann, dass die WLAN-(Internet-)Verbindung zu manchen Routern (z. B. von Netgear) nicht mehr zu Stande kommt, auch wenn Sie keine WPA-Verschlüsselung einsetzen (siehe im Folgenden).*

WLAN-(Internet-)Verbindung zum Router kommt nach dem Einspielen des WPA-Hotfix für Windows XP nicht mehr zu Stande

? Nach dem Einspielen des WPA-Hotfix unter Windows XP kommt die WLAN-(Internet-)Verbindung zum Router (z. B. Netgear-Router) nicht mehr zu Stande!

! Das WPA-Hotfix, das Sie unter *http://support.microsoft.com/default.aspx?scid=kb;DE;815485* bei Microsoft herunterladen können, verursacht diese Störungen.

Falls Sie keine WPA-PSK-Verschlüsselung einsetzen, deinstallieren Sie das WPA-Hotfix am besten unter *Start/Systemsteuerung/Software/Programme ändern oder entfernen*. Dort klicken Sie auf *Windows XP Hotfix (SP2) Q815485* und entfernen den Eintrag. Nehmen Sie danach noch einmal die WLAN-Konfigration unter Windows XP vor.

Was Sie tun können, wenn Sie die WPA-PSK-Verschlüsselung einsetzen möchten:

- Wenn Sie die WPA-PSK-Verschlüsselung einsetzen und es bei einigen WLAN-Karten Verbindungsprobleme gibt, installieren Sie das WPA-Hotfix und benutzen die WPA-PSK-Konfiguration des WPA-Hotfixes unter Windows XP, so wie das vorher auf Seite 792 beschrieben wird.

- Haben alle WLAN-Karten ein eigenes WPA-PSK-Konfigurationstool, installieren Sie das WPA-Hotfix, aktivieren aber die WPA-PSK-Konfiguration nicht unter Windows XP, sondern mit der WPA-PSK-Konfiguration der WLAN-Karten.

Dateien problemlos gemeinsam nutzen

Verzeichnisse unter Windows XP Home/Windows ME freigeben	**796**
Zugriff auf Dateifreigaben	**801**
Freigaben voll unter Kontrolle	**819**

28.1 Verzeichnisse unter Windows XP Home/ Windows ME freigeben

Freigabenamen nachträglich ändern

? Wie kann man den Freigabenamen nachträglich ändern, oder ist das gesperrt?

! Es gibt einen einfachen Trick: Entfernen Sie die Dateifreigabe und setzen Sie sie sofort wieder unter einem anderen Freigabenamen neu.

Dazu reicht es, dass Sie den Haken bei *Diesen Ordner im Netzwerk freigeben* entfernen und auf die Schaltfläche *Übernehmen* klicken. Anschließend setzen Sie diesen Haken mit dem neuen Freigabenamen wieder.

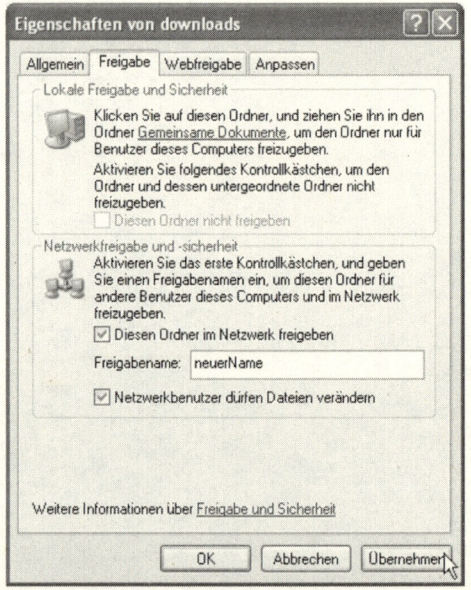

Manuelle Netzwerkkonfiguration sperrt die Freigabe für Gemeinsame Dokumente bei Windows XP

? Ich habe Windows XP Home fürs Netzwerk wie Windows 2000 manuell konfiguriert. Ich kann das Verzeichnis *Gemeinsame Dokumente* (als Beispiel) gar nicht freigeben, ist es gesperrt?

! Lassen Sie einmal den Netzwerkinstallations-Assistenten durchlaufen, indem Sie bei *Start/Systemsteuerung/Netzwerk- und Internetverbindungen* unter *Aufgabe* den

Punkt *Heimnetzwerk bzw. kleines Firmennetzwerk einrichten oder ändern* starten. Sie können auch auf das Systemsteuerungssymbol *Netzwerkverbindungen* klicken, falls Sie vorher Ihre Netzwerkverbindungen sehen möchten. Dort finden Sie auch unter *Netzwerkaufgaben* den Menüpunkt *Ein Heim- oder kleines Firmennetzwerk einrichten*.

> **Wählen Sie eine Aufgabe...**
>
> → Eigene Internetverbindung einrichten bzw. ändern
> → Verbindung mit dem Netzwerk am Arbeitsplatz erstellen
> → **Heimnetzwerk bzw. kleines Büronetzwerk einrichten oder ändern**

Folgende Schritte sollten Sie wie folgt ausführen:

1. Wählen Sie im Fenster *Wählen Sie eine Verbindungsmethode aus* die letzte Option *Andere Methode*.

2. Wählen Sie im anschließenden Fenster *Weitere Internetverbindungsmethoden* die letzte Option *Dieser Computer ist Teil eines Netzwerks, das über keine Internetverbindung verfügt*. Diese Option können Sie zur Grundkonfiguration des Netzwerks immer benutzen.

3. Falls Sie das folgende Fenster *Der Computer verfügt über mehrere Verbindungen* sehen (bei mehr als einer Netzwerkkarte), wählen Sie am besten die Option *Die Verbindungen mit dem Netzwerk manuell wählen*, um eine unnötige Netzwerkbrücke zu vermeiden (siehe Seite 733).

4. Hier setzen Sie nur einen Haken bei *LAN-Verbindung* (Ihre Netzwerkkarte). Weitere Haken sind nicht erforderlich. Wählen oder bestätigen Sie unter *Computername* eben diesen. Die Computerbeschreibung brauchen Sie nicht einzugeben!

5. Achten Sie darauf, dass der Netzwerkinstallations-Assistent immer *MSHEIMNETZ* unter *Arbeitsgruppe* vorgibt. Überschreiben Sie hier also die Arbeitsgruppenbezeichnung, falls Sie eine eigene wählen möchten, die Sie auf jedem PC gleich wählen müssen.

Einfache Dateifreigabe unter Windows XP Home abschalten und Verzeichnisse wie unter Windows 2000 freigeben?

? Kann man bei Windows XP Home die einfache Dateifreigabe abschalten und Verzeichnisse wie unter Windows 2000 freigeben?

! Nein. Windows XP Home ist speziell für den Homeuser nur mit dieser einfachen Dateifreigabe ausgestattet, die sich nicht abschalten lässt, gerade um dem Netzwerkneuling den Zugriff auf gemeinsam genutzte Dateien nicht zu verkomplizieren. Es fehlen unter Windows XP Home auch weitere wichtige Netzwerkfunktionen (z. B. Verwaltung lokaler Benutzer und Gruppen).

Nutzen Sie am besten für bessere Netzwerkfunktionen Windows XP Professional oder Windows 2000. Beachten Sie bei Windows XP Professional den Hinweis auf Seite 824.

Verzeichnis Programme unter Windows XP freigeben

? Wie kann ich das Verzeichnis *Programme* freigeben? Windows XP Home sperrt das.

! Einige Verzeichnisse (z. B. *Programme* oder das *Windows*-Verzeichnis) können Sie unter Windows XP Home nicht freigeben. Mit folgendem manuellen Trick lösen Sie das Problem:

1. Rufen Sie *Eingabeaufforderung* unter *Start/Alle Programme/Zubehör* auf oder durch die Eingabe von „cmd" unter *Start/Ausführen*.

2. Geben Sie in der Eingabeaufforderung „net share programme=d:\programme" gefolgt von der [Enter]-Taste ein, wenn das Verzeichnis *Programme* auf Laufwerk D: untergebracht ist und den Freigabenamen *Programme* erhalten soll.

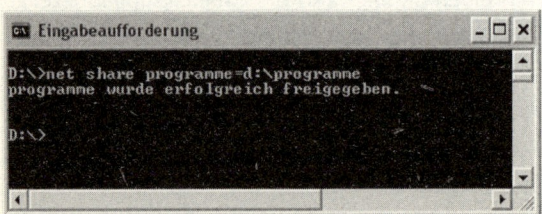

Falls Sie die Freigabe des Verzeichnisses aufheben möchten, geben Sie in der Eingabeaufforderung „net share programme /delete" oder „net share programme /d" gefolgt von der [Enter]-Taste ein.

> **So finden Sie das Laufwerk, auf dem das richtige Verzeichnis Programme untergebracht ist**
>
> Nicht immer ist das Laufwerk, auf dem das Verzeichnis *Programme* untergebracht ist, C:, z. B. wenn Sie mehrere Windows-Versionen auf mehreren Laufwerken (Partitionen) installiert haben. Um das richtige Laufwerk zu ermitteln, geben Sie einfach in der Eingabeaufforderung den Befehl „echo %programfiles%" ein. Im obigen Fall erscheint der Pfad *D:\Programme*.

Zugriff auf Unterverzeichnis eines freigegebenen Verzeichnisses im Netzwerk unter Windows XP sperren

? Ich möchte, dass User auf ein Unterverzeichnis eines von mir freigegebenen Verzeichnisses im Netzwerk nicht zugreifen können. Aber ich kann das unter Windows XP nicht einstellen. Was kann ich tun?

! Voraussetzung für das Folgende ist: Das Laufwerk, auf dem sich das freigegebene Verzeichnis befindet, muss ein NTFS-Laufwerk sein! Das erkennen Sie im Arbeitsplatz links unter *Details*, wenn Sie auf den Laufwerkbuchstaben klicken (*Dateisystem: NTFS*) bzw. nach einem Rechtsklick mit der Maus auf das Laufwerksymbol unter *Eigenschaften*.

So schützen Sie ein Unterverzeichnis eines freigegebenen Verzeichnisses:

1. Wählen Sie unter Windows XP Home als Verzeichnis, das Sie freigeben möchten, am besten ein Unterverzeichnis Ihres Profils aus. Das finden Sie als ein Verzeichnis (Benutzerkonto), das so heißt wie Ihr Anmeldename (z. B. Benutzername *christian*) unter *C:\Dokumente und Einstellungen*, also z. B. *C:\Dokumente und Einstellungen\christian*. Den genauen Pfad ermitteln Sie, wenn Sie im Arbeitsplatz mit der rechten Maustaste auf das Symbol *Eigene Dateien* klicken und sich unter *Ort* den Pfad anschauen. (Wichtig, sonst funktioniert das Folgende gar nicht!)

2. Öffnen Sie den Explorer mit [Win]+[E] und suchen Sie Ihr Benutzerverzeichnis (siehe oben beschrieben), hier das Verzeichnis *C:\Dokumente und Einstellungen\christian*.

3. Klicken Sie mit der rechten Maustaste auf das Ordnersymbol und wählen Sie im Kontextmenü *Freigabe und Sicherheit* aus. Entfernen Sie den Haken bei der Option *Diesen Ordner nicht freigeben* unter *Lokale Freigabe und Sicherheit*, falls er gesetzt ist. Nun kann es länger dauern.

4. Wählen Sie ein Unterverzeichnis, z. B. *Eigene Dateien*, das Sie mit der rechten Maustaste unter *Freigabe und Sicherheit* wie gewohnt freigeben.

5. Bei dem Unterverzeichnis, das Sie nun vor Zugriff im Netzwerk schützen möchten (z. B. *Privat*), setzen Sie jetzt den Haken bei der Option *Diesen Ordner nicht freigeben* unter *Lokale Freigabe und Sicherheit*.

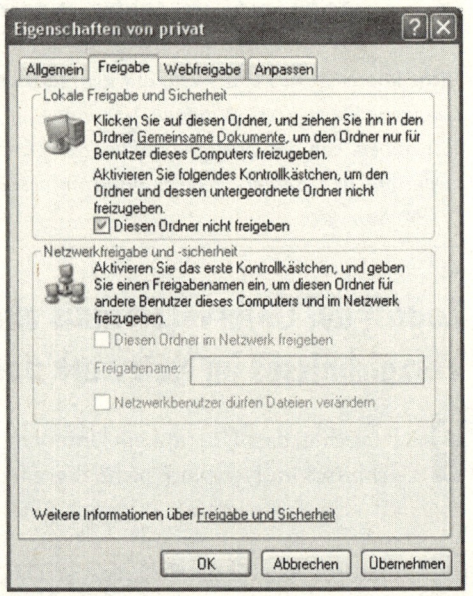

Die vorherige Maßnahme (Schritt 4) ist wichtig, weil Sie sonst die nachfolgenden Schritte nicht ausführen können. Wenn Sie ein Verzeichnis mit der Option *Diesen Ordner nicht freigeben* unter *Lokale Freigabe und Sicherheit* schützen, können Sie dieses und jedes darin enthaltene Unterverzeichnis gar nicht fürs Netzwerk freigeben. Beachten Sie, dass Sie das Verzeichnis *Eigene Dateien* z. B. als *MyDocs* (also nicht mehr als zwölf Stellen für den Freigabenamen) freigegeben sollten, wenn Sie auch mit Windows 98-/ME-PCs im Netzwerk darauf zugreifen möchten.

Freigegebene Verzeichnisse schnell unter Windows XP Home anzeigen

Wie findet man am schnellsten alle Verzeichnisse, die man unter Windows XP Home freigegeben hat?

! Die schnellste Methode ist diese:

1. Rufen Sie *Eingabeaufforderung* unter *Start/Alle Programme/Zubehör* auf oder durch die Eingabe von „cmd" unter *Start/Ausführen*.

2. Geben Sie in der Eingabeaufforderung „net share" gefolgt von der [Enter]-Taste ein. Dort können Sie sofort ablesen, welches Verzeichnis sich hinter welchem Freigabenamen verbirgt, wo es sich also genau auf der Festplatte (in welchem Pfad) befindet.

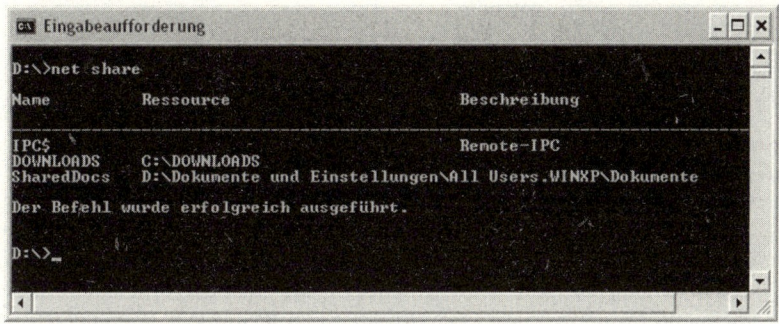

28.2 Zugriff auf Dateifreigaben

Zugriff auf einige Dateifreigaben in der Netzwerkumgebung nicht mehr möglich, obwohl das bisher funktionierte

? Woran liegt das, dass man auf einige Dateifreigaben in der Netzwerkumgebung nicht mehr zugreifen kann, obwohl das bisher funktionierte?

! Ganz einfach: In der Netzwerkumgebung werden die Dateifreigaben aller PCs im Netzwerk wegen einer Option automatisch ermittelt und hier dargestellt.

Diese Liste ist nicht immer aktuell, und so können hier noch Dateifreigaben aufgelistet sein, die es gar nicht mehr gibt oder deren PCs gar nicht eingeschaltet sind. Klicken Sie dann eine solche nicht existierende Dateifreigabe an, erhalten Sie eine Fehlermeldung.

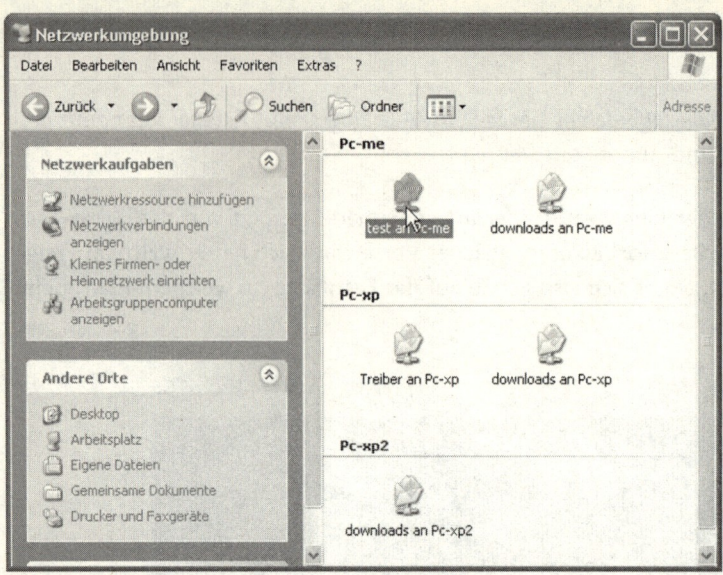

Wenn Sie wissen möchten, welcher PC im Moment welche Dateifreigaben anbietet, schauen Sie bei *Netzwerkaufgaben* mit *Arbeitsgruppencomputer anzeigen* und einem Klick auf das entsprechende Computersymbol direkt auf einen PC und seine Dateifreigaben. Sie können diese Liste auch komplett löschen. Keine Angst! Sie löschen nicht die Dateifreigaben, sondern nur die Liste der Dateifreigaben dieser PCs in der Netzwerkumgebung, die danach wieder automatisch mit den gefundenen Dateifreigaben gefüllt wird.

Dieses automatische Suchen nach Dateifreigaben können Sie mit der Option *Automatisch nach Netzwerkordnern und Druckern suchen* im Menü der Netzwerkumgebung (des Explorers) unter *Extras/Ordneroptionen* im Register *Ansicht* deaktivieren.

Unter Windows XP Home vermeiden, dass mehr als zwei User gleichzeitig auf eine Freigabe zugreifen

? Wie kann man unter Windows XP Home vermeiden, dass mehr als zwei User gleichzeitig auf eine Freigabe zugreifen?

! Unter Windows XP Home können Sie das im abgesicherten Modus ([F8]-Taste beim Booten drücken) so einstellen, wie das für Windows XP Professional auf

Seite 832 beschrieben wird. Im Normalmodus von Windows XP Home gibt es dazu folgenden manuellen Trick:

1. Rufen Sie die *Eingabeaufforderung* unter *Start/Alle Programme/Zubehör* auf oder durch die Eingabe von „cmd" unter *Start/Ausführen*.

2. Geben Sie in der Eingabeaufforderung „net share SharedDocs /users:2" gefolgt von der [Enter]-Taste ein, wenn Sie z. B. die Freigabe *SharedDocs* auf zwei User gleichzeitig beschränken möchten.

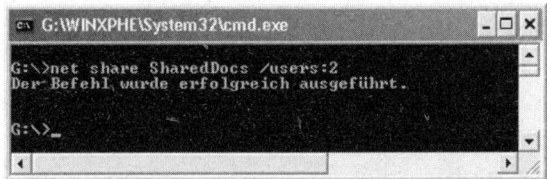

Falls Sie diese Beschränkung wieder aufheben möchten, geben Sie in der Eingabeaufforderung „net share SharedDocs /unlimited" gefolgt von der [Enter]-Taste ein.

Wenn Sie wissen möchten, ob Sie den Zugriff auf eine Freigabe beschränkt haben und auf wie viele User gleichzeitig, geben Sie in der Eingabeaufforderung „net share SharedDocs" ein. Neben *Max. Benutzer* steht die gewünschte Information.

Zugriff auf Freigabe bei Windows XP Home nur speziellem User erlauben

Ich möchte den Zugriff auf eine Freigabe unter Windows XP Home nur einem speziellen User erlauben. Ein Kennwort lässt mich Windows XP Home nicht eingeben. Was kann ich tun?

! Unter Windows XP Home können Sie eine Freigabe nicht mit einem Kennwort wie unter Windows 98/ME schützen. Um den Zugriff auf eine Freigabe nur einem speziellen User zu erlauben, können Sie eine unsichtbare Freigabe erstellen.

Eine unsichtbare Freigabe erstellen

Unter Windows XP Home können Sie ein Verzeichnis, z. B. *C:\SECRET*, unsichtbar freigeben, wenn Sie beim zugehörigen Freigabename *SECRET* ein $-Zeichen anhängen, hier also den Freigabenamen *SECRET$* wählen.

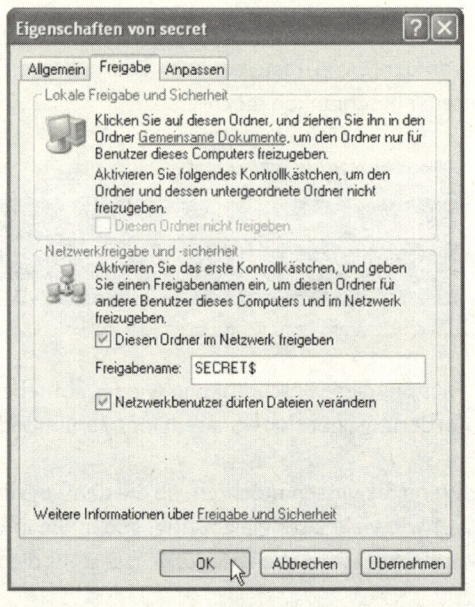

Unsichtbare Freigaben (mit einem $-Zeichen am Ende) können Sie auch in Windows 9x/ME, Windows 2000 und auch in Windows XP Professional erstellen.

Da auf eine unsichtbare (unbekannte) Freigabe nur der User zugreifen kann, der von ihrer Existenz weiß, können Sie damit den Zugriff auf einen speziellen User beschränken: Nur derjenige User, der den geheimen Namen der Freigabe (z. B. *SECRET$*) kennt, kann auf sie zugreifen.

Auf die unsichtbare Freigabe zugreifen

Die unsichtbare Freigabe kann man nicht in der Netzwerkumgebung finden (das war ja der Sinn der vorherigen Maßnahme). Am schnellsten greift man auf diese Freigabe zu, wenn man unter *Start/Ausführen* „\\pc-xp\secret$" eingibt, falls die Freigabe *SECRET$* auf dem PC mit dem Computernamen *PC-XP* unsichtbar freigegeben wurde.

Zugriff auf Freigabe eines Windows XP Home-PCs für alle nur zum Lesen erlauben, für einen User auch zum Schreiben

? Auf welche Weise kann man einem User im Netzwerk erlauben, Dateien einer Freigabe eines Windows XP Home-PCs auch zu verändern, obwohl diese Freigabe für alle User im Netzwerk nur zum Lesen freigegeben wurde?

! Windows XP Home eignet sich für solche Aufgaben schlecht. Dafür sollte Sie Windows XP Professional einsetzen.

Sie können aber folgenden Trick anwenden, der Ihr Problem löst:

1. Geben Sie ein Verzeichnis, z. B. *0docs*, für sich selbst als geheime Freigabe frei, z. B. unter dem geheimen Freigabename *secretShare$* (nur Ihnen bekannt), wobei Sie die Option *Netzwerkbenutzer dürfen Dateien verändern* zusätzlich zur Freigabe aktivieren.

2. Erzeugen Sie im Verzeichnis *0docs* ein Unterverzeichnis namens *docs*, das Sie z. B. unter dem Freigabenamen *docs* nur lesend freigeben, wobei Sie also bei der Option *Netzwerkbenutzer dürfen Dateien verändern* keinen Haken setzen.

Das war es schon. Sie haben über die geheime Dateifreigabe (*secretShare$*) Vollzugriff auf das Verzeichnis *0doc* und damit auf das darin enthaltene Unterverzeichnis *docs*, auf das der Rest des Netzwerks nur lesend zugreifen darf.

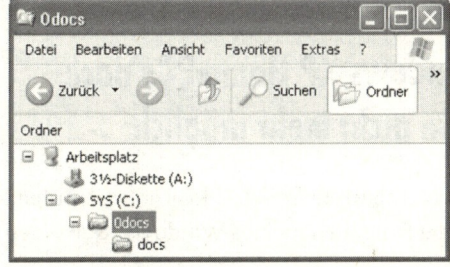

Das funktioniert allerdings nur dann reibungslos, wenn das Laufwerk, auf dem sich das Verzeichnis *0docs* (und damit *docs*) befindet, ein NTFS-Laufwerk ist und entsprechende Berechtigungen nicht verstellt sind (diese können Sie dann zurücksetzen, wie das auf Seite 831 beschrieben ist.) bzw. wenn das Laufwerk kein NTFS-Laufwerk (FAT32-Laufwerk) ist.

Auf Freigabe eines PCs im Netz ohne die Netzwerkumgebung zugreifen

? Der Zugriff auf eine Freigabe eines PCs im Netzwerk über die Netzwerkumgebung ist sehr umständlich. Geht das irgendwie schneller?

! Ja. Wenn Sie den Computernamen und die entsprechende Freigabe kennen, also z. B. die Freigabe *SharedDocs* auf dem PC mit dem Computernamen *pc-2*, dann erfolgt ein Schnellzugriff einfach, indem Sie unter *Start/Ausführen* „\\pc2\shareddocs" eingeben.

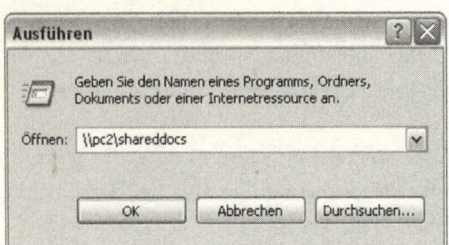

Falls die Freigabe (also nicht unbedingt *SharedDocs*, was unter Windows XP für alle User im Netzwerk freigegeben wird) mit einem Kennwort (unter Windows ME) oder für spezielle User (unter Windows 2000/XP Professional) geschützt ist, erfolgt dann eine Abfrage eines Benutzernamens inkl. zugehörigem Kennwort.

Zugriff auf Freigaben eines Windows XP Home-PCs nach WLAN-Vernetzung mit Nachbarn nicht mehr möglich

? Ich habe meine PCs mit denen meiner Nachbarn über WLAN vernetzt. Seitdem kann ich nicht mehr mit allen PCs auf die Freigaben meines Windows XP Home-PCs zugreifen!

! Da durch die Vernetzung über WLAN die Anzahl der PCs im Netzwerk (WLAN) viel größer geworden ist, kann es sein, dass mehr als fünf PCs gleichzeitig auf die Freigabe Ihres Windows XP Home-PCs zuzugreifen versuchen, nämlich Sie mit Ihren PCs und Ihre Nachbarn mit ihren PCs.

In Windows XP Home gibt es aber eine maximale Anzahl von PCs (eigentlich Usern), die gleichzeitig auf eine Freigabe zugreifen dürfen, nämlich fünf.

Falls Sie einen zentralen PC einsetzen möchten, auf den Sie und Ihre Nachbarn ungehindert zugreifen möchten, sollten Sie statt Windows XP Home auf diesem PC einfach Windows XP Professional einsetzen: Darauf dürfen bis maximal zehn PCs (User) gleichzeitig zugreifen. Sie müssen nicht alle PCs auf Windows XP Professional upgraden, sondern nur den PC, auf dessen Freigaben viele (mehr als fünf) PCs gleichzeitig im gemeinsamen WLAN zugreifen möchten.

Ein unter Windows XP freigegebenes Verzeichnis erscheint nicht auf einem Windows ME-PC!

? Warum kann man ein Verzeichnis, das unter Windows XP freigegeben wurde, auf einem Windows XP-PC in der Netzwerkumgebung sehen, aber nicht auf einem Windows ME-PC?

! Dieses Phänomen liegt in der Regel an einem zu lang gewählten Freigabenamen. Er sollte für die Kompatibilität mit Windows ME nicht mehr als zwölf Stellen haben.

Falls Sie den überlangen Freigabenamen nicht ändern möchten (oder können), haben Sie mit folgendem Trick unter Windows 98/ME dennoch Zugriff auf diese Freigabe, obwohl sie nicht in der Netzwerkgebung sichtbar ist:

1. Wechseln Sie zur Eingabeaufforderung unter *Start/Programme/Zubehör* bei Windows ME bzw. *Start/Programme* bei Windows 98 oder einfach dadurch, dass Sie unter *Start/Ausführen* „command" gefolgt von der Enter-Taste eingeben.

2. Geben Sie in der Eingabeaufforderung *net use z: \\pc-xppro\ich-bin-viel-zu-lang* gefolgt von der Enter-Taste ein, wenn Sie auf die Freigabe *ich-bin-viel-zu-lang* des PCs *pc-xppro* (als Beispiel) zugreifen möchten. Der Laufwerkbuchstabe Z: sollte frei sein.

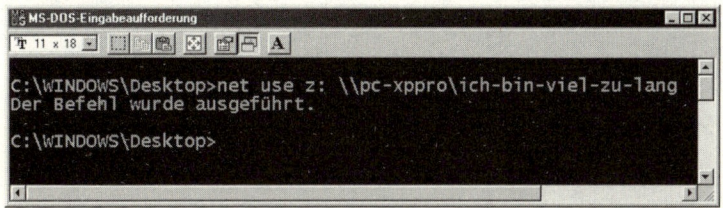

So können Sie doch noch unter Windows ME auf die unsichtbare Freigabe *ich-bin-viel-zu-lang* zugreifen, nämlich über das neue Netzlaufwerk Z:

Windows XP Home speichert nicht das Kennwort einer kennwortgeschützten Freigabe von Windows ME

? Jedes Mal, wenn ich unter Windows XP Home auf eine kennwortgeschützte Freigabe von Windows ME zugreifen will, muss ich das Kennwort neu eingeben. Wie kann ich das bleibend speichern?

! Unter Windows XP Home geht das gar nicht. Dazu bräuchten Sie Windows XP Professional (siehe im Folgenden auf Seite 810). Im Anmeldefenster fehlt im Gegensatz zu Windows XP Professional die Möglichkeit, das Kennwort zu speichern.

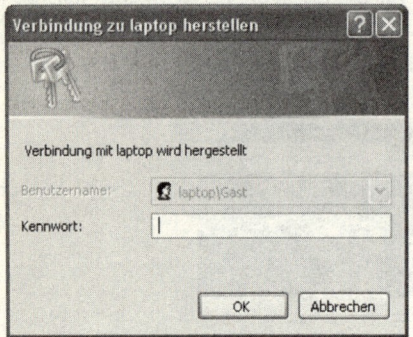

Um das Kennwort aber nicht jedes Mal neu eingeben zu müssen, können Sie folgenden Trick anwenden:

Versehen Sie einfach Ihren Standardbenutzernamen, mit dem Sie sich bei Windows XP (Home) anmelden, genau mit dem Kennwort, mit dem die Freigabe unter Windows 98/ME versehen ist.

Unter *Systemsteuerung/Benutzerkonten* klicken Sie auf Ihren Benutzernamen und weisen ihm mit der Option *Eigenes Kennwort ändern* das neue Kennwort zu.

Damit Sie nun nicht deshalb beim Anmelden bei Windows XP jedes Mal ein Kennwort einzugeben brauchen (wenn Sie das vorher auch nicht brauchten!), können Sie die Anmeldung mit Ihrem Standardbenutzernamen inkl. diesem Freigabekennwort wie folgt automatisieren:

1. Geben Sie unter *Start/Ausführen* „control userpasswords2" gefolgt von der Enter-Taste ein. Klicken Sie Ihren Standardbenutzernamen an und entfernen Sie den Haken im Kontrollkästchen *Benutzer müssen Benutzernamen und Kennwort eingeben*.

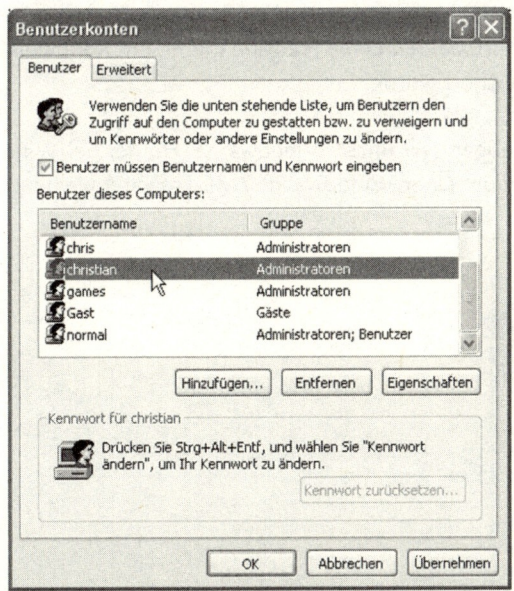

2. Klicken Sie auf die Schaltfläche *OK* und geben Sie im anschließenden Fenster unter Ihrem Standardbenutzernamen das Freigabekennwort unter *Kennwort* und *Kennwort bestätigen* ein. Schließen Sie mit *OK*.

Beachten Sie allerdings, dass bei diesem Trick Komfort vor Sicherheit geht. Jeder hat Zugang zu Ihrem Windows XP-PC. Falls das keine Rolle spielt (z. B. wenn Sie vorher bereits einen Benutzernamen ohne Kennwort verwendet haben), sind Sie an dieser Stelle fertig. Im anderen Fall sollte Ihr Standardbenutzername zumindest nicht die Rechte eines so genannten Computeradministrators, sondern eingeschränkte Rechte haben, wenn Sie größere, unbeaufsichtigte Übergriffe auf Ihren Windows XP-PC vermeiden möchten. Diese Änderung der Rechte des Standardbenutzernamens können Sie jederzeit unter *Systemsteuerung/Benutzerkonten* unter *Eigenen Kontotyp ändern* vornehmen.

Windows XP Professional verzögert Zugriff auf Windows ME-PC nach Speicherung des Kennworts für die Windows ME-Freigabe

Warum dauert es jedes Mal länger, wenn man unter Windows XP Professional auf einen Windows ME-PC zugreift, bei dem eine Freigabe mit einem Kennwort geschützt ist und das Kennwort gespeichert wurde?

Sie können, anders als im vorherigen Fall unter Windows XP Home, bei Windows XP Professional das Kennwort einer Windows 98-/ME-Freigabe bleibend speichern.

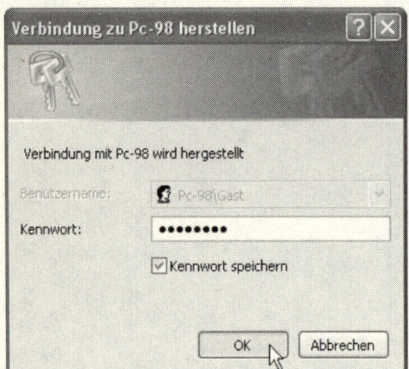

Allerdings verursacht dieses Speichern unschöne Wartezeiten beim Suchen in der Netzwerkumgebung. Sie können auch unter Windows XP Professional den Trick anwenden, der vorher für Windows XP Home beschrieben wurde. Entfernen Sie einfach das gespeicherte Freigabekennwort unter Windows XP Professional wie folgt:

1. Klicken Sie unter *Systemsteuerung/Benutzerkonten* auf Ihren Standardbenutzernamen (der beim Speichern des Kennworts für die Windows 98-/ME-PCs verwendet wurde) und dann links unter *Verwandte Aufgaben* auf den Punkt *Eigene Netzwerkwörter verwalten*.

2. Klicken Sie auf den Computernamen des Windows 98-/ME-PCs, dann auf die Schaltfläche *Entfernen* und bestätigen Sie die anschließende Kontrollabfrage.

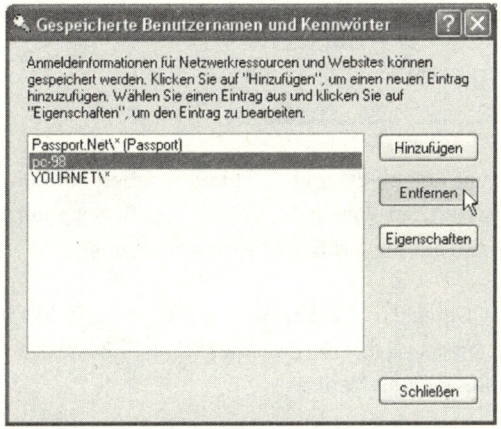

Achten Sie hier darauf, dass Sie nicht eventuell gespeicherte Benutzernamen inkl. Kennwort löschen, die Sie noch brauchen (z. B. den Passport.Net-Zugang für den MSN Messenger).

Beim Zugriff auf die Freigaben von Windows XP kommt die Fehlermeldung: Nicht genügend Serverspeicher verfügbar

Wieso kommt die Fehlermeldung *Nicht genügend Serverspeicher verfügbar*, wenn man auf die Freigabe eines Windows XP-PCs zugreift? Wie löst man das Problem?

Es gibt Antivirenprogramm (z. B. Norton AntiVirus), die der Verursacher dieses Problems sind. Mit folgendem Eingriff in die Registry beheben Sie das Problem.

1. Geben Sie unter *Start/Ausführen* „regedit" ein, klappen Sie den Teilschüssel auf unter *HKEY_LOCAL_MACHINE\System\CurrentSet\Services\LanmanServer* und aktivieren Sie die Zeile *Parameters*.

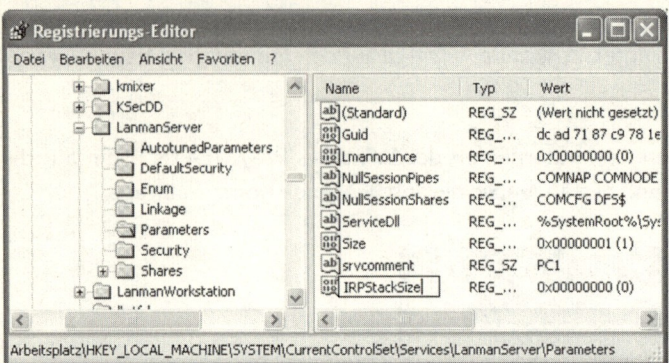

2. Falls Sie im Fenster rechts unter *Name* keinen Eintrag *IRPStackSize* sehen können, klicken Sie im Menü *Bearbeiten* auf *DWORD-Wert* und geben die Bezeichnung „IRPStackSize" ein. Achten Sie dabei genau auf die Groß- und Kleinschreibung.

3. Aktivieren Sie unter *Basis* die Option *Dezimal* und geben Sie unter *Wert* die Zahl 15 ein. Sie können den *IRPStackSize*-Wert bis zur Zahl 50 (Dezimal) wählen. Bestätigen Sie die Aktion und machen Sie anschließend einen Neustart.

Unter Windows XP Home allgemeine Speicherbegrenzung für Netzwerkuser einstellen

Wie kann man unter Windows XP Home einstellen, dass User vom Netzwerk aus nicht mehr als z. B. 50 MByte auf einem freigegebenen Verzeichnis speichern können?

Gehen Sie genauso vor, wie das auf Seite 841 für Windows XP Professional beschrieben ist.

Im fünften Schritt geben Sie unter *Geben Sie die zu verwendenden Objektnamen ein* als User einfach „gast" ein, dem Sie maximal einen Speicherplatz von z. B. 50 MByte erlauben.

28.2 ZUGRIFF AUF DATEIFREIGABEN

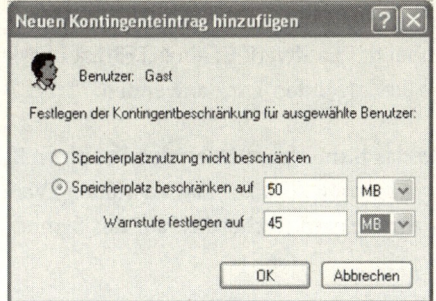

Da jeder User im Netzwerk sich bei Windows XP Home nur als *Gast* anmelden darf, vereinbaren Sie einfach, dass der User *Gast* nur bis zu z. B. 50 MByte Speicherplatz belegen darf. Der User *Gast* sind also einfach alle User des Netzwerks, wenn Sie sich an dem Windows XP Home-PC immer als User (nicht als Gast) anmelden.

Unter Windows XP Home Speicherbegrenzung für bestimmten Netzwerkuser einstellen

? Auf welche Weise kann man unter Windows XP Home einstellen, dass ein bestimmter User nicht mehr als z. B. 50 MByte auf einem freigegebenen Verzeichnis speichert?

! Da es in Windows XP Home nur die einfache Dateifreigabe gibt und sich jeder User im Netzwerk nur als Gast anmeldet kann, können Sie User im Netzwerk gar nicht unterscheiden. Setzen Sie für diesen Zweck Windows XP Professional ein (siehe Seite 841).

Speicherplatz eines Unterverzeichnisses eines freigegebenen Verzeichnisses stark vergrößern

? Ich habe bereits ein Verzeichnis freigegeben, auf dem zu wenig Speicherplatz für ein neues Unterverzeichnis (z. B. *movies*) frei ist. Wie kann ich während des laufenden Betriebs den Speicherplatz dieses künftigen Unterverzeichnisses stark vergrößern (ohne es zu kopieren und neu freizugeben)?

! Voraussetzung für das Folgende ist, dass Sie auf einem Laufwerk (z. B. D:), das Sie löschen können oder das „leer" ist, noch viel Speicherplatz freihaben. Nehmen Sie an, dass Sie das Verzeichnis, z. B. DOWNLOAD, auf C: unter dem Namen *DOWNLOADS* bereits freigegeben haben, wobei das Laufwerk C: ein NTFS-Laufwerk ist (wichtig, sonst geht's nicht!). Dann können Sie folgenden Trick anwenden:

1. Fügen Sie dem Verzeichnis *DOWNLOADS* das bisher leere Unterverzeichnis, z. B. *movies* hinzu und rufen Sie unter *Start/Systemsteuerung/Leistung und Verwaltung/Verwaltung* bzw. durch Auswahl von *Verwaltung* nach einem Rechtsklick auf das Symbol *Arbeitsplatz* die Computerverwaltung auf.

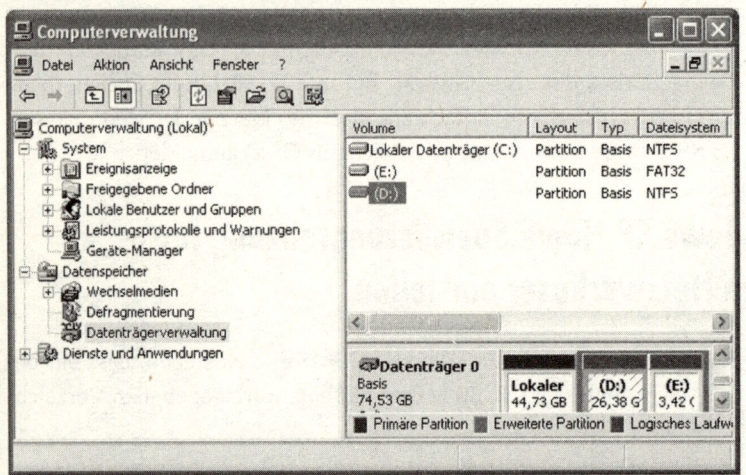

2. Wählen Sie auf der linken Seite die *Datenträgerverwaltung* aus, dann können Sie auf der rechten Seite unter *Volume* Ihre Laufwerke sehen. Klicken Sie rechts auf die Zeile für das (leere) Laufwerk D:.

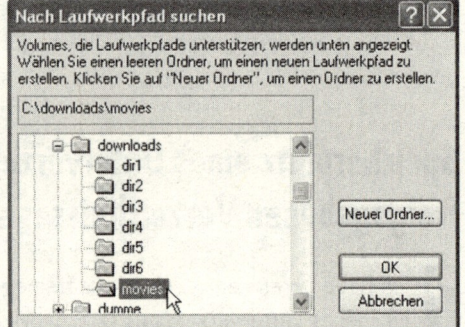

3. Wählen nach einem Druck auf die rechte Maustaste den Menüpunkt *Laufwerkbuchstaben und -pfade ändern* aus.

4. Klicken Sie als Nächstes auf die Schaltfläche *Hinzufügen* und dann unter *In folgendem leeren NTFS-Ordner bereitstellen* auf *Durchsuchen*. Wählen Sie den neuen, bisher leeren Ordner *movies* aus und schließen Sie alle bisherigen Fenster mit *OK*.

Beachten Sie, dass Sie nicht den gesamten Speicherplatz (inkl. dem des „großen" Unterverzeichnisses „movies") sehen können, wenn Sie sich den Speicherplatz des Verzeichnisses *download* anzeigen lassen. Diese Anzeige beinhaltet nicht den Speicherplatz des Verzeichnisses *movies*.

Dieser Trick funktioniert auch für Windows XP Professional und Windows 2000.

Nur wenige Programme auf dem mitgenutzten Verzeichnis Programme funktionieren

? Ich habe das Verzeichnis *Programme* freigegeben, um die Programme meines PCs auch auf meinem Laptop benutzen zu können. Leider funktionieren aber dann nur ganz wenige Programme. Woran liegt das?

! Viele Programme installieren ihre Dateien in ein Verzeichnis z. B. unter *Programme\MeinProgramm*. Darüber hinaus werden aber noch Änderungen in der Registry von Windows gemacht und weitere Dateien in das Systemverzeichnis von Windows kopiert.

Tipp: Aber Sie können an dieser Stelle einige Programme dadurch wieder zum Laufen bekommen (ohne eine Neuinstallation auf dem Laptop), dass Sie die Dateien, die zum korrekten Starten der Programme benötigt werden und die auch in der Regel in Fehlermeldungen erwähnt werden, einfach vom Windows-Verzeichnis des PCs (über Netzwerk natürlich) auf das Windows-Verzeichnis des Laptops kopieren (ermitteln Sie durch *Suchen*, wo sich diese Dateien befinden). In der Regel sind das DLL-Dateien aus dem Verzeichnis *Windows\System32*.

Ein unter Windows XP Home freigegebenes Verzeichnis erscheint in der Netzwerkumgebung ohne Zugriffsmöglichkeit

? Weshalb kann man nicht auf ein Verzeichnis, das unter Windows XP Home freigegeben wurde, zugreifen, obwohl es in der Netzwerkumgebung eines anderen PCs im Netzwerk erscheint?

! Dieses Problem haben Sie sehr wahrscheinlich, weil das Laufwerk, auf dem sich die Freigabe befindet, ein so genanntes NTFS-Laufwerk ist und die lokalen Berechtigungen einen Zugriff (auch über Netzwerk) abblocken. Wechseln Sie in den abgesicherten Modus, indem Sie beim Booten die F8-Taste drücken, und verfahren Sie mit dem Verzeichnis so, wie das unter Windows XP Professional auf Seite 831 beschrieben ist.

Falls Sie das Problem nicht lösen können, erzeugen Sie ein neues Verzeichnis und geben es frei. Keine solchen Zugriffsprobleme haben Sie mit Sicherheit bei Verzeichnissen auf FAT32-Laufwerken. Wenn Sie mehrere Partitionen auf Ihrer Festplatte haben, ist vielleicht auch ein FAT32-Laufwerk dabei.

Das Kopieren einer großen Datei von einem Windows 2000-PC zu einem Windows XP-PC erzeugt eine Fehlermeldung

? Warum erhält man eine Fehlermeldung, wenn man eine große Datei von einem Windows 2000-PC zu einem Windows XP-PC kopiert? Was kann man dagegen tun?

! Wenn Sie beim Versuch, eine große Datei von einem Windows 2000-PCs auf einen Windows XP-PC zu kopieren, die Fehlermeldung *Datei oder Netzwerkpfad existiert nicht mehr* erhalten, liegt ein Fehler zwischen verschiedenen Windows-Versionen vor, den Sie durch ein Update beheben können.

Dieses Problem haben Sie nach dem Aufspielen des Service Pack 1 für Windows XP wegen des so genannten SMB-Protokolls, das für ein Windows-Netzwerk benötigt wird. Laden Sie bei Microsoft unter *support.microsoft.com/?kbid=329170* den entsprechenden Patch herunter, der das Problem behebt. Sie müssen für Windows XP und Windows 2000 einen entsprechenden Patch herunterladen. Dieser Patch schließt dazu ein Sicherheitsloch, deshalb ist er auch sonst zu empfehlen.

Netzlaufwerke durch ein Symbol auf dem Desktop wieder verbinden bzw. rotes Kreuz am Laufwerksymbol entfernen

? Die Netzlaufwerke sind oft verschwunden oder mit einem roten Kreuz versehen. Kann man ein Symbol auf dem Desktop einrichten, das man einfach anklickt, um sie zurückzubekommen?

! Ja. Mal angenommen, Sie möchten die Freigabe *SharedDocs* vom PC *pc3* unter dem Laufwerkbuchstaben X: und die Freigabe *downloads* vom PC *pc3* unter dem Laufwerkbuchstaben Y: im Arbeitsplatz vorfinden. Der PC *pc3* ist z. B. ein Windows XP Home-PC, sodass Sie seine Freigaben ohne ein Kennwort benutzen können. Folgende Schritte lösen Ihr Problem:

1. Geben Sie unter *Start/Ausführen* „wordpad" gefolgt von der Enter-Taste ein, um irgendeinen Editor zum Schreiben einer ASCII-Datei zu verwenden.

2. Schreiben Sie folgende Zeilen:

```
net use x: /d
net use y: /d
net use x: \\pc3\downloads /persistent:yes
net use y: \\pc3\shareddocs /persistent:yes
```

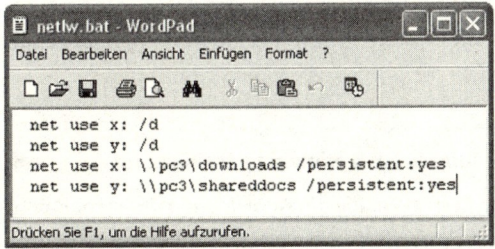

3. Speichern Sie die Datei unter dem Dateinamen *c:\netlw.bat* und dem Dateityp *Textdokument - MS-DOS-Format*, wobei Sie den Dateinamen *c:\netlw.bat* in Anführungszeichen (*"c:\netlw.bat"*) setzen müssen, damit nicht die Datei *c:\netlw.txt* gespeichert wird.

4. Klicken Sie mit der rechten Maustaste auf den Desktop und wählen Sie im Kontextmenü *Neu/Verknüpfung* aus. Geben Sie unter *Geben Sie den Speicherort des Elements ein* „c:\netlw.bat" ein und im anschließenden Fenster unter *Geben Sie den Namen für die Verknüpfung ein* z. B. den Namen „netzlaufwerke-an".

Mit einem Doppelklick auf das Symbol dieser neuen Verknüpfung *netzlaufwerke-an* haben Sie immer die gewünschten Netzwerkwerke X: und Y: zur Verfügung.

Die Zeilen *net use x: /d* und *net use y: /d* in der Datei *netlw.bat* trennen bereits verbundene Netzlaufwerke ab, was nicht schlimm ist, falls die Netzlaufwerke verschwunden sind. Im anderen Fall bewirkt dieses Trennen und Verbinden von Netzlaufwerken, dass das rote Kreuz verschwindet, was Sie auch erreichen, wenn Sie im Arbeitsplatz auf das entsprechende Symbol klicken.

Die Option */persistent:yes* bewirkt, dass die Netzlaufwerke beim nächsten Start wiederhergestellt werden (hoffentlich!), was Sie aber immer manuell mit dem Symbol *netzlaufwerke-an* auf dem Desktop erreichen können, falls Windows mal wieder spinnt.

Natürlich können Sie so auch weitere Netzlaufwerke zu verschiedenen PCs im Netzwerk erzeugen. Die allgemeine Schreibweise ist dafür einfach:

```
net Z: \\COMPUTERNAME\FREIGABENAME /persistent:yes
```

wobei Z: der jeweilige Laufwerkbuchstabe ist.

Es ist sehr zu empfehlen, Laufwerkbuchstaben von Netzlaufwerken aus dem hinteren Teil des Alphabets (Z:, Y: etc.) zu wählen, damit sie nicht zu nahe an die Laufwerkbuchstaben von lokalen Laufwerken (Festplatten, CD/DVD, USB-Sticks etc.) herankommen. Solche Laufwerkbuchstaben ändern sich schon mal. So kann z. B. das Laufwerk Z: trotzdem immer gleich bleiben.

⏵⏵⏵ **So geht's, wenn die Freigabe mit einem Kennwort geschützt ist** ⏵⏵⏵

Falls Sie die Verbindung zu einer Freigabe herstellen, die die Anmeldung mit einem Benutzernamen und einem zugehörigen Kennwort erfordert (z. B. zu einem Windows XP Professional- oder Windows 2000-PC), funktioniert das Herstellen des Netzlaufswerk nicht so einfach. Dann haben Sie folgende Möglichkeiten, um sich z. B. mit der Freigabe downloads *vom PC* pc-xppro *unter dem Laufwerkbuchstaben Z: zu verbinden, falls der Benutzername* netuser *und das Kennwort* geheim *ist:*

*net use z: \\pc-xppro\downloads * /user:netuser*

Sie erhalten dann die Aufforderung Geben Sie ein Kennwort für \\pc-xppro\downloads ein, *worauf Sie das Kennwort eingeben müssen, das man nicht sieht. (* bei der Eingabe).*

net use z:\ \\pc-xppro\downloads geheim /user:netuser

Sie geben das Kennwort im Klartext (auf dem Bildschirm oder der Datei *netlw.bat* **lesbar) ein. Damit wird die Verbindung ohne Nachfrage hergestellt.**

Sie melden sich bei dem PC, der das Netzlaufwerk herstellt (nicht der Windows XP Professional-PC), auch mit dem Benutzernamen *netuser* **und dem zugehörigen Kennwort** *geheim* **an. Dann kann die Verbindung einfach wieder wie oben hergestellt werden:**

net use z: \\pc-xppro\downloads **(mit oder ohne** */persistent:yes)*

28.3 Freigaben voll unter Kontrolle
Unter Windows XP sehen, welcher User/welcher PC gerade auf welchen PC bzw. welche Dateien zugreift

Wie kann man unter Windows XP in Echtzeit sehen, welcher User und welcher PC gerade auf einen PC bzw. auf welche Dateien zugreift?

Am schnellsten sehen Sie das wie folgt:

1. Geben Sie unter *Start/Ausführen* „fsmgmt.msc" gefolgt von der Enter-Taste ein. Das Wort *fsmgmt* können Sie sich als Abkürzung von etwa **f**ile **s**haring **m**ana**g**e**m**en**t** merken. (Dieses Tool ist die Freigabeübersicht *Freigegebene Ordner*, die Sie auch in der Computerverwaltung unter *Start/Verwaltung* finden können. Die Computerverwaltung finden Sie ganz schnell mit der Option *Verwalten* nach einem Klick mit der rechten Maustaste auf das Symbol *Arbeitsplatz*.)

2. Im Fenster unter *Freigaben*, *Sitzungen* und *Geöffnete Dateien* finden Sie alle Informationen, die Sie interessieren.

Unter Windows ME sehen, welcher User/welcher PC gerade auf welchen PC bzw. welche Dateien zugreift

? Wie kann man unter Windows ME sehen, welcher User und welcher PC auf einen PC bzw. auf welche Dateien zugreift?

! Am schnellsten geht es so:

Den Netzwerkmonitor installieren

Weil das benötigte Programm in der Regel unter Windows 98/ME werkseitig nicht installiert ist, machen Sie zuerst Folgendes:

1. Klicken Sie unter *Systemsteuerung* auf das Symbol *Software*, wählen Sie im Register *Windows Setup* die Komponente *Systemprogramme* und klicken Sie auf die Schaltfläche *Details*.

2. Wählen Sie in der Liste die Komponente *Netzwerkmonitor* aus und klicken Sie auf die Schaltfläche *OK*. Halten Sie die Windows 9x/ME-CD (die CAB-Dateien) bereit und schließen Sie die Installation ab.

Übersicht über Freigaben haben

1. Geben Sie unter *Start/Ausführen* „netwatch" gefolgt von der ⎣Enter⎦-Taste ein oder wählen Sie unter *Start/Programme/Zubehör/Systemprogramme* das Tool *Netzwerkmonitor*.

2. Unter *Ansicht* finden Sie mit den drei Optionen *nach Verbindungen, nach freigegebenen Ordnern* und *nach geöffneten Dateien* alle Informationen, die Sie interessieren.

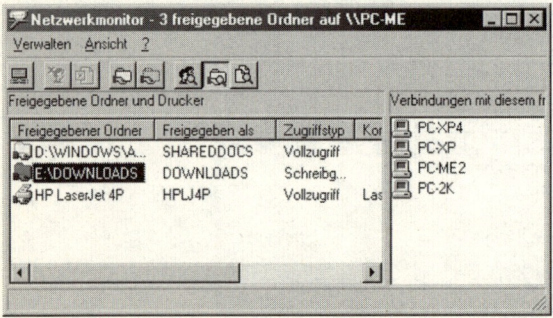

User bei Windows XP zwangsabtrennen, weil zu viele User (fünf) über WLAN bereits angemeldet sind

? Über WLAN haben sich zu viele User bei einem meiner Windows XP-PCs angemeldet. Nun kann ich mich selbst nicht mehr anmelden. Wie kann ich User zwangsabtrennen?

! Wenn Sie das Problem zu vieler User haben, die sich bei einem Ihrer PCs angemeldet haben (bei Windows XP sind das fünf PCs), kann sich kein weiterer PC anmelden, so wie das auf Seite 806 beschrieben ist.

Im einfachsten Fall trennen (melden) Sie einfach einen oder mehrere User wie folgt ab:

1. Klicken Sie auf das Symbol *Arbeitsplatz* (wo auch immer Sie ihn sehen, unter *Start* oder auf dem Desktop) mit der rechten Maustaste und wählen Sie im Kontextmenü *Verwalten* aus.

2. Klappen Sie im Fenster links die Ordner *System/Freigegebener Ordner/Sitzungen* auf und suchen Sie im Fenster rechts die Zeile, in der der User/Computer steht, den Sie abtrennen möchten.

3. Klicken Sie mit der rechten Maustaste auf diese Zeile und wählen Sie im Kontextmenü *Sitzung schließen* aus. Bestätigen Sie die Sicherheitsabfrage mit *Ja*.

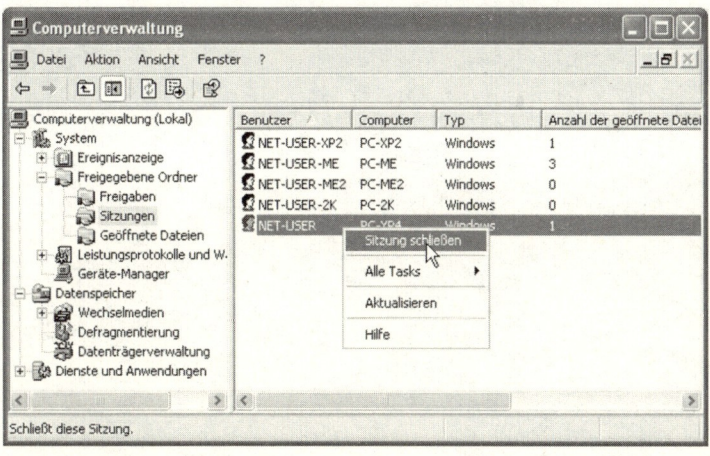

Dateizugriff im Netzwerk unter Windows XP/2000 Professional beschränken

Verzeichnisse unter Windows XP (2000) Professional freigeben	**824**
Zugriff auf Dateifreigaben beschränken und Dateifreigaben richtig mitbenutzen	**830**
Freigaben völlig unter Kontrolle bei Windows XP/ Windows 2000 Professional	**846**

Beachten Sie, dass Windows XP Professional alle Features von Windows XP Home auch beherrscht, wenn Sie z. B. einfach die einfache Dateifreigabe einstellen. Deshalb gelten im Allgemeinen alle Fragen für Windows XP Home genauso auch für Windows XP Professional, mit Ausnahme natürlich von deren, die besagen, was unter Windows XP Home nicht, sondern nur unter Windows XP Professional möglich ist.

29.1 Verzeichnisse unter Windows XP (2000) Professional freigeben

Verzeichnisse unter Windows XP Pro wie unter Windows 2000 freigeben

? Nun habe ich Windows XP Professional, und trotzdem sehe ich nur die einfache Dateifreigabe wie bei der Windows XP Home! Wie kann ich denn unter Windows XP Professional Verzeichnisse so wie unter Windows 2000 freigeben?

! Werkseitig ist unter Windows XP Professional die so genannte einfache Dateifreigabe eingestellt.

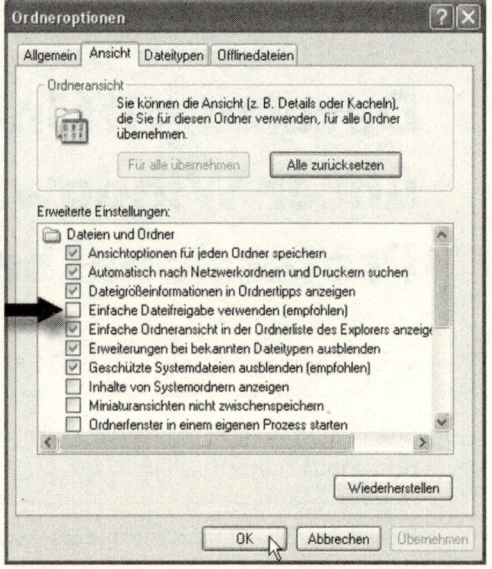

1. Wechseln Sie unter *Systemsteuerung* oder einfach im Hauptmenü des Explorers unter *Extras* zu den *Ordneroptionen*.

2. Unter *Ansicht* entfernen Sie bei den *Erweiterten Einstellungen* den Haken bei der Option *Einfache Dateifreigabe verwenden (empfohlen)*.

Falls Sie diese Option verzweifelt suchen, haben Sie nicht Windows XP Professional, sondern Windows XP Home vor sich. Da fehlt diese Option!

Einfache Dateifreigabe auch unter Windows XP Professional benutzen

? Kann man unter Windows XP Professional nicht wieder die einfache Dateifreigabe wie unter Windows XP Home nutzen? Das ist sonst zu kompliziert!

! Klar. Aktivieren Sie einfach, wie im vorherigen Beispiel, bei den *Ordneroptionen* im umgekehrten Sinn die Option *Einfache Dateifreigabe verwenden (empfohlen)*. Entfernen Sie am besten alle Dateifreigaben, die Sie bereits gemacht haben, und geben Sie sie nach der Umschaltung auf die einfache Dateifreigabe Verzeichnisse erneut frei.

Entsprechendes zur einfachen Dateifreigabe von Windows XP auch unter Windows 2000 anwenden

? Gibt es etwas Entsprechendes zur einfachen Dateifreigabe von Windows XP nicht auch unter Windows 2000? Diese Benutzerdinge sind einfach zu kompliziert!

! Die einfache Dateifreigabe gibt es bei Windows 2000 in dieser Form nicht. Sie können aber Windows 2000 so einstellen, dass jeder beliebige User auf freigegebene Verzeichnisse frei zugreifen darf, mit oder ohne Schreibrechte, was der einfachen Dateifreigabe entspricht. Nehmen Sie folgende Einstellungen vor:

1. Geben Sie unter *Start/Ausführen* „lusrmgr.msc" (lusrmgr wie **l**ocal **user** **ma**na**ger**) ein oder klicken Sie mit der rechten Maustaste auf *Arbeitsplatz* und dann auf *Verwalten* und suchen Sie in der *Computerverwaltung* die Zeile *Lokale Benutzer und Gruppen* (diese Zeile gibt es in der Home-Version von Windows XP gar nicht).

2. Klicken Sie im Fenster links auf die Zeile *Benutzer* und im Fenster rechts unter *Name* auf den Benutzer *Gast* und öffnen Sie das folgende Fenster mit einem Doppelklick.

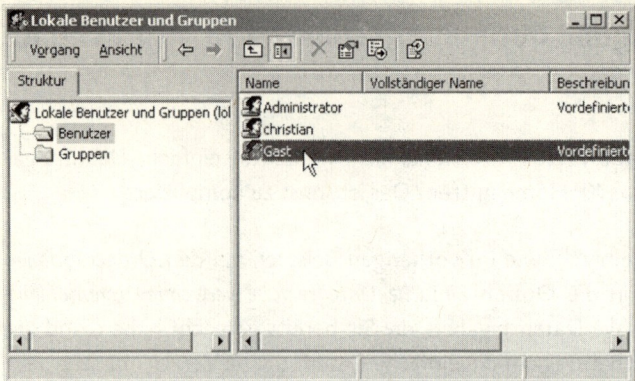

3. Entfernen Sie den Haken bei der Option *Konto ist deaktiviert*.

Mit dieser Einstellung vermeiden Sie also, dass bei einem beliebigen User im Netzwerk ständig ein Anmeldefenster erscheint und seine Benutzerdaten (Name und Kennwort) beim Windows 2000-PC gespeichert werden müssen.

Möchten Sie nun, dass jeder User nur Leserechte auf eine Freigabe erhält, also keine neuen Ordner über Netzwerk hinzufügen oder z. B. Dateien löschen oder verändern darf, gehen Sie wie folgt vor.

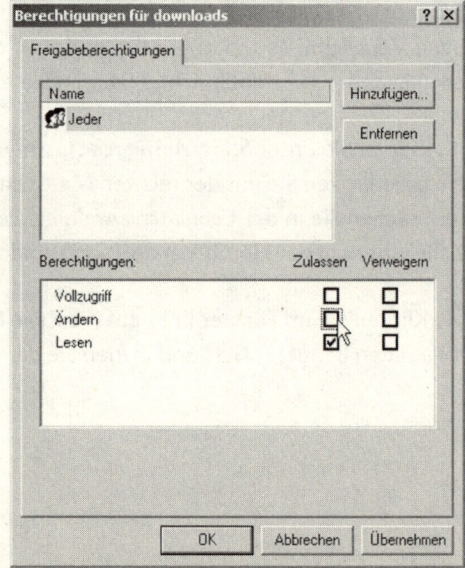

1. Klicken Sie mit der rechten Maustaste im freigegebenen Verzeichnis auf *Freigabe* und dann auf die Schaltfläche *Berechtigungen*.

2. Entfernen Sie den Haken in der Spalte *Zulassen* bei *Ändern*, sodass nur noch ein Haken bei *Lesen* gesetzt ist, und schließen Sie mit *OK* ab. Schließen Sie ebenfalls dieses Fenster.

Netzwerkuser bei Windows XP Professional an der Willkommenseite ausblenden

? Wie erreicht man, dass man beim Anmelden bei Windows XP Professional auf der Willkommenseite nicht die Benutzer sieht, die nur wegen der Mitbenutzung der Freigaben im Netzwerk eingerichtet wurden?

! Mit folgendem Eingriff in die Registry machen Sie diese Netzwerkbenutzer auf der Willkommenseite unsichtbar:

1. Geben Sie unter *Start/Ausführen* „regedit" gefolgt von der [Enter]-Taste ein und klappen Sie diese Teilstruktur auf: *HKEY_LOCAL_MACHINE\Software\Microsoft\Windows NT\CurrentVersion\Winlogon\SpecialAccounts\Userlist*.

2. Fügen Sie im Menü unter *Neu/DWORD-Wert* einen neuen DWORD-Wert mit dem Namen des Benutzers (z. B. hier *netuser*) hinzu, den Sie nicht mehr auf der Willkommenseite sehen möchten.

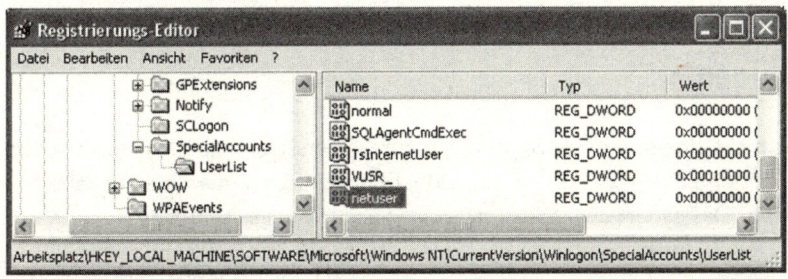

Wenn Sie sich nun mit [Win]+[L] (schnelle Benutzerumschaltung) den Willkommenbildschirm ansehen, ist der Benutzer *netuser* bereits verschwunden (ohne Neustart).

Falls Ihnen der Eingriff in die Registry zu kompliziert ist, können Sie das auch mit Tweak UI aus den Powertoys für Windows XP unter *Logon* im Fenster *Settings* einstellen.

Sie können diese Einstellung auch unter Windows XP Home vornehmen, was allerdings nicht viel Sinn macht, weil Windows XP Home nur die einfache Dateifreigabe kennt; deshalb ist es unnötig, mehrere User fürs Netzwerk unter Windows XP Home hinzuzufügen.

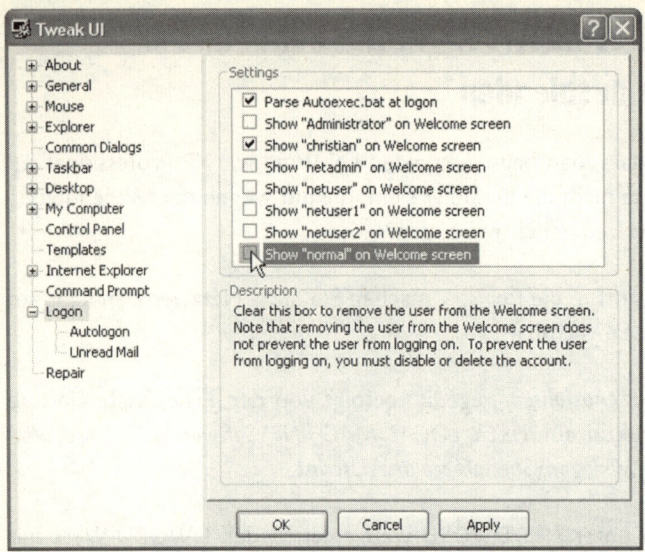

Schnellere Methode unter Windows XP Professional, mehrere Benutzer inkl. Kennwörtern fürs Netzwerk hinzuzufügen

? Gibt es nicht eine schnellere Methode, mehrere Benutzer inkl. Kennwörtern fürs Netzwerk unter Windows XP Professional hinzuzufügen, die eine Freigabe benutzen dürfen? Das dauert über *Systemsteuerung/Benutzerkonten* sehr lang.

! Ja, die gibt es. Das machen Sie, wie auch unter Windows 2000, wie folgt unter *Lokale Benutzer und Gruppen*:

1. Geben Sie unter *Start/Ausführen* „lusrmgr.msc" gefolgt von der Enter-Taste ein oder wechseln Sie unter *Start/Systemsteuerung/Leistung und Verwaltung/Verwaltung* in der Computerverwaltung auf den Ordner *Lokale Benutzer und Gruppen* und klicken Sie links auf den aufgeklappten Ordner *Benutzer*.

29.1 VERZEICHNISSE UNTER WINDOWS XP (2000) PROFESSIONAL FREIGEBEN

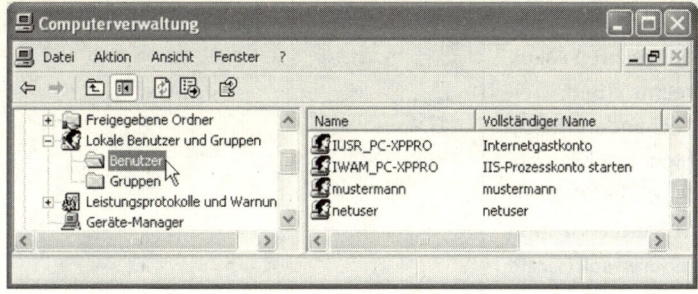

2. Klicken Sie mit der rechten Maustaste auf den Ordner *Benutzer* und wählen Sie im Kontextmenü *Neuen Benutzer* aus.

3. Hier geben Sie den Benutzernamen, das Kennwort etc. in einem Zug ein. Entfernen Sie den Haken bei *Benutzer muss Kennwort bei der nächsten Anmeldung ändern* und setzen Sie ihn bei *Kennwort läuft nie ab*. Bestimmen Sie ein (oder kein) Kennwort, das nicht ablaufen kann (siehe Problem auf Seite 840). Mit der Schaltfläche *Erstellen* ist der neue Benutzer angelegt, und Sie bleiben in dieser Maske, um weitere Benutzer zu erstellen.

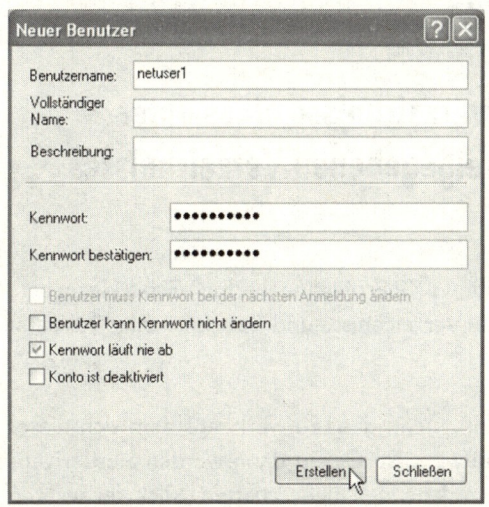

Jeder Benutzer, den Sie so neu erstellen, ist nicht am Willkommenbildschirm zu sehen (was auch sinnvoll ist, da es Benutzer des Netzwerks sind, die sich in der Regel nicht lokal beim Windows XP Professional-PC anmelden) und hat die Rechte eines Benutzers.

Falls Sie diese Rechte ändern möchten, klicken Sie mit der rechten Maustaste im Fenster rechts (Benutzerliste) auf den entsprechenden Benutzernamen und wählen im Kontextmenü *Eigenschaften* aus. Im Register *Mitgliedschaft* ändern Sie die Gruppe, der der Benutzer angehören soll (Gäste, Benutzer, Hauptbenutzer, Administratoren etc.).

29.2 Zugriff auf Dateifreigaben beschränken und Dateifreigaben richtig mitbenutzen

Zugriff nur auf einige Unterverzeichnisse eines unter Windows XP Professional freigegebenen Verzeichnisses möglich

? Ich habe ein Verzeichnis unter Windows XP Professional erfolgreich freigegeben, aber ich habe keinen Zugriff auf alle Verzeichnisse und Dateien darin. Was kann ich tun?

! Dieses Problem haben Sie nur dann, wenn das Laufwerk, auf dem sich dieses Verzeichnis befindet, ein NTFS-Laufwerk ist. Genau dann werden Sie übrigens auf allen Verzeichnissen in diesem Laufwerk bei den Eigenschaften (Klick der rechten Maustaste) das Register *Sicherheit* vorfinden, allerdings nur unter Windows 2000 und Windows XP Professional mit deaktivierter einfacher Dateifreigabe und Windows XP Home im abgesichertem Modus.

29.2 ZUGRIFF AUF DATEIFREIGABEN BESCHRÄNKEN UND RICHTIG MITBENUTZEN

Das Arbeiten mit Rechten unter NTFS ist ein komplizierterer Vorgang, der hier nicht in wenigen Sätzen dargestellt werden kann. Möchten Sie aber z. B., dass sich das Verzeichnis genauso benimmt, als wäre es gar nicht auf einem NTFS-Laufwerk freigegeben worden (wo Sie immer Zugriff auf alle Unterverzeichnisse haben), können Sie mit folgender Radikalmethode den Zugriff auf das gesamte Verzeichnis freischalten.

1. Auf das Symbol des freigegebenen Verzeichnisses klicken Sie mit der rechten Maustaste und wählen im Kontextmenü *Eigenschaften* aus. Wechseln Sie zum Register *Sicherheit*.

2. Klicken Sie auf die Schaltfläche *Hinzufügen* und geben Sie unter *Geben Sie die zu verwendenden Objektnamen ein* „Jeder" gefolgt von der Enter-Taste ein. In der Spalte *Zulassen* setzen Sie einen Haken für *Vollzugriff*.

3. Klicken Sie dann auf die Schaltfläche *Erweitert* rechts unten.

4. Entfernen Sie den Haken bei *Berechtigungen übergeordneter Objekte auf untergeordnete Objekte, sofern anwendbar, vererben. Diese mit den hier definierten Einträgen mit einbeziehen.* (Alles klar?)

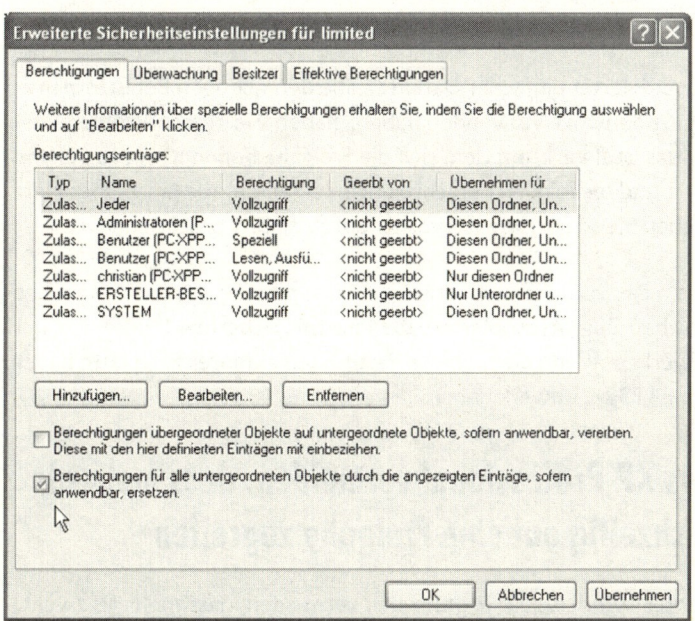

5. Im nächsten Fenster wählen die Schaltfläche *Kopieren* und bestätigen diese. Setzen Sie dann den Haken bei *Berechtigungen für alle untergeordneten Objekte durch die angezeigten Einträge, sofern anwendbar, ersetzen*. Beantworten Sie dabei alle Fragen mit *Ja* und schließen Sie den Dialog.

Mit dieser Methode können Sie auch den Zugriff auf das Verzeichnis *Programme* im Netzwerk ermöglichen. Machen Sie lieber an einem Testverzeichnis Ihre Experimente mit diesen Berechtigungen, damit Sie keine größeren Zugriffsprobleme bekommen, sonst haben Sie im schlimmsten Fall überhaupt keinen Zugriff, was vor allem bedeutet, dass die betroffenen Programme auf dem freigebenden PC gar nicht mehr funktionieren!

Zugriff auf ein unter Windows XP Pro freigegebenes Verzeichnis unmöglich, obwohl es in der Netzwerkumgebung eines anderen PCs erscheint

? Ich habe ein Verzeichnis unter Windows XP Professional freigegeben, das zwar in der Netzwerkumgebung eines anderen PCs erscheint, beim Anklicken kommt aber eine Fehlermeldung, und ein Zugriff ist nicht möglich. Was könnte das sein?

! Wenn Sie bei deaktivierter einfacher Dateifreigabe den richtigen Benutzernamen und das richtige Kennwort verwendet haben, haben Sie dieses Problem sehr wahrscheinlich, weil das Laufwerk, auf dem sich die Freigabe befindet, ein so genanntes NTFS-Laufwerk ist und die lokalen Berechtigungen einen Zugriff (auch über Netzwerk) abblocken. Gehen Sie so vor, wie das vorher auf Seite 831 beschrieben ist.

Falls Sie das Problem nicht lösen können, erzeugen Sie ein neues Verzeichnis und geben es frei. Keine solchen Zugriffsprobleme haben Sie mit Sicherheit bei Verzeichnissen auf FAT32-Laufwerken. Wenn Sie mehrere Partitionen auf Ihrer Festplatte haben, ist vielleicht auch ein FAT32-Laufwerk dabei.

Unter Windows XP Professional vermeiden, dass mehr als zwei User gleichzeitig auf eine Freigabe zugreifen

? Wie kann ich unter Windows XP Professional vermeiden, dass mehr als zwei User gleichzeitig auf meine Freigabe zugreifen?

29.2 ZUGRIFF AUF DATEIFREIGABEN BESCHRÄNKEN UND RICHTIG MITBENUTZEN **833**

! Das ist unter Windows XP Professional in wenigen Schritten wie folgt eingestellt:

1. Deaktivieren Sie die einfache Dateifreigabe (wichtig!), wie das auf Seite 824 beschrieben ist.

2. Wechseln Sie zum freigegebenen Verzeichnis (nach einem Rechtsklick auf das Ordnersymbol und Auswahl von *Freigabe und Sicherheit*), dann können Sie unter *Benutzerbegrenzung* die Option *Zugelassene Anzahl 2* einstellen.

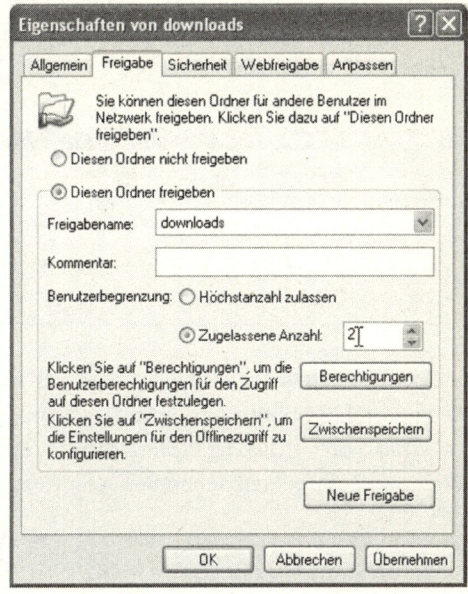

Windows 98/ME verlangt beim Zugriff auf die Freigaben eines Windows XP/2000 Professional-PCs ein Kennwort

? Wenn man mit Windows 98/ME auf die Freigaben von Windows XP/2000 Professional zugreifen will, verlangt Windows 98/ME ein Kennwort. Es wurde aber gar keins vergeben!

! Die Fehlermeldung *Sie müssen ein Kennwort angeben, um diese Verbindung herstellen zu können* ist irreführend.

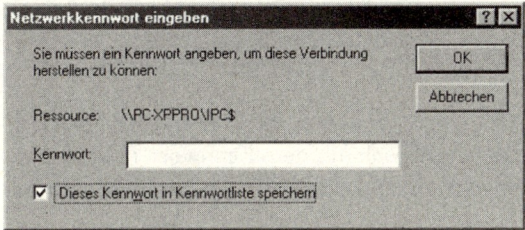

Sie können unter Windows 98/ME erfolgreich auf die Freigaben eines Windows 2000- bzw. Windows XP Professional-PCs (bei nicht einfacher Dateifreigabe, siehe Seite 824) nur dann zugreifen, wenn der Benutzername inkl. Kennwort, den Sie beim Anmelden am Windows 98-/ME-PC verwenden, auch beim Windows 2000/XP Professional-PC vorhanden ist.

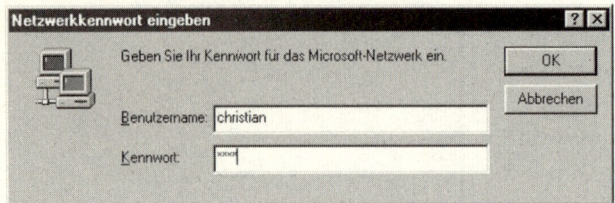

Melden Sie sich bei Windows 98/ME z. B. mit dem Benutzernamen *christian* und dem Kennwort *1234* (einfaches Beispiel) an, müssen Sie nur unter Windows XP Professional unter *Systemsteuerung/Benutzerkonten* (*Systemsteuerung/Benutzer und Kennwörter* bei Windows 2000) einen neuen Benutzer *christian* mit dem Kennwort *1234* hinzufügen.

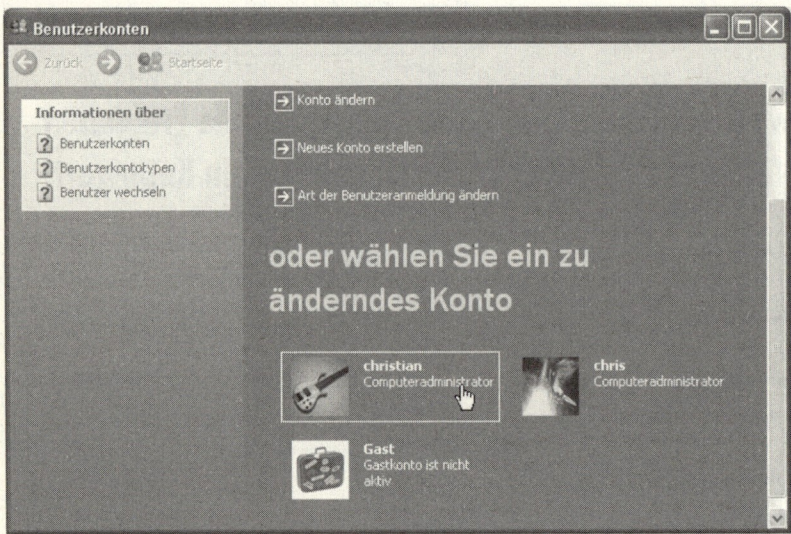

Sie können auch den umgekehrten Weg gehen. Ist bereits bei Windows XP Professional (Windows 2000) ein Benutzer namens *christian* mit dem Kennwort *1234* vorhanden, melden Sie sich bei Windows 98/ME im Anmeldefenster genau mit diesen Benutzerdaten an.

29.2 ZUGRIFF AUF DATEIFREIGABEN BESCHRÄNKEN UND RICHTIG MITBENUTZEN

Der Benutzer *christian* muss übrigens unter Windows XP Professional kein so genannter Computeradministrator sein. Das ist sogar zu empfehlen! (Er kann es natürlich sein.). Es reichen eingeschränkte Rechte (ein so genannter Benutzer oder Hauptbenutzer unter Windows XP Professional/Windows 2000).

Beim Versuch, mit Windows XP auf die Freigaben von Windows XP/2000 Professional zuzugreifen, kommt ein Anmeldefenster

Wenn man mit Windows XP auf die Freigaben von Windows XP/2000 Professional zugreifen will, kommt nach dem Anklicken des Computersymbols ein Anmeldefenster. Was gibt man da ein?

Der Grund für dieses Anmeldefenster ist der gleiche wie bei der Anmeldung von Windows 98/ME bei Windows XP Professional:

Sie können unter Windows XP erfolgreich auf die Freigaben eines Windows 2000- bzw. Windows XP Professional-PCs (bei nicht einfacher Dateifreigabe, siehe Seite 824) nur dann zugreifen, wenn der Benutzername inkl. Kennwort, den Sie beim Anmelden am Windows XP-PC verwenden, auch beim Windows 2000/XP Professional-PC vorhanden ist. Weiteres siehe oben (beim Zugriff unter Windows 98/ME auf Windows XP/2000 Professional).

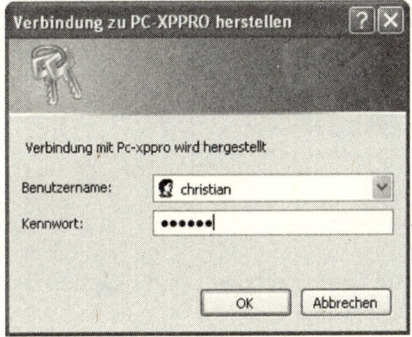

Zugriff auf die Freigaben eines Windows XP Professional-PCs funktioniert nur, wenn Benutzer ein Kennwort hat

? Der Zugriff auf die Freigabe eines Windows XP Professional-PCs funktioniert nur, wenn der entsprechende Anmeldebenutzername ein Kennwort hat. Geht das auch irgendwie ohne Kennwort?

! Ja. Windows XP Professional ist werkseitig so eingestellt, dass es kennwortlose Anmeldungen über Netzwerk nicht erlaubt. Sie können das aber wie folgt umstellen:

1. Unter *Start/Systemsteuerung/Leistung und Wartung* oder kurz *Systemsteuerung/Verwaltung* klicken Sie auf das Systemsteuerungssymbol *Verwaltung*. Dann wählen Sie das Symbol *Lokale Sicherheitsrichtlinie*.

2. Öffnen Sie den Ordner *Lokale Richtlinien* und klicken Sie auf den Ordner *Sicherheitsoptionen*. Suchen Sie im rechten Fenster *Richtlinie* nach dem Eintrag *Konten: Lokale Kontenverwendung von leeren Kennwörtern auf Konsolenanmeldung beschränken*.

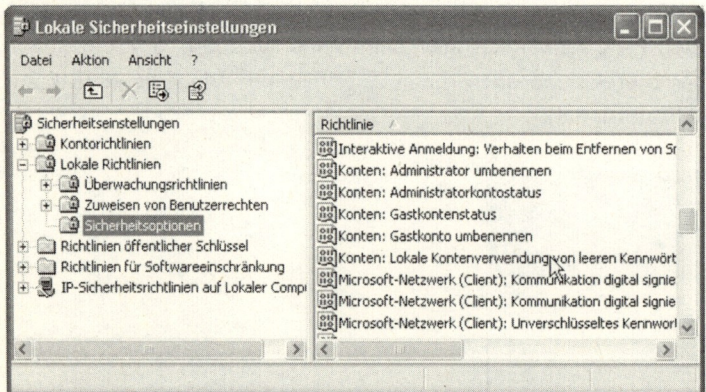

3. Mit einem Doppelklick öffnen Sie das nächste Fenster, in dem Sie die Option *Deaktiviert* anklicken. Bestätigen Sie abschließend den Dialog.

Ein PC mit dieser Einstellung kann allerdings ungeschützter sein – besonders in Verbindung mit dem Internet. Benutzern mit starken Rechten (Computeradministratoren) ordnen Sie am besten immer „sichere" Kennwörter zu.

Zugriff auf Windows XP Professional-Freigabe ist für alle möglich trotz Freigabebeschränkung für einen speziellen User

? Warum können alle User im Netzwerk auf eine Freigabe eines Windows XP Professional-PCs zugreifen, obwohl diese Freigabe nur für einen speziellen User hergestellt wurde?

! Es gibt eine Einstellung, die Sie überprüfen sollten, damit die Zugriffsbeschränkung auf einen speziellen User klappt.

Überprüfen Sie bei der Freigabe die richtigen Berechtigungen.

1. Klicken Sie im Fenster *Eigenschaften des freigegebenen Ordners* im Register *Freigabe* auf die Schaltfläche *Berechtigungen* und sehen Sie, wo Sie die Freigabe für einen speziellen User (z. B. *chris*) bereits eingestellt haben. Dort sollte unter *Freigabeberechtigungen* der spezielle User *chris* aufgelistet sein und z. B. *Vollzugriff* haben (Haken in der Spalte *Zulassen* bei *Vollzugriff*).

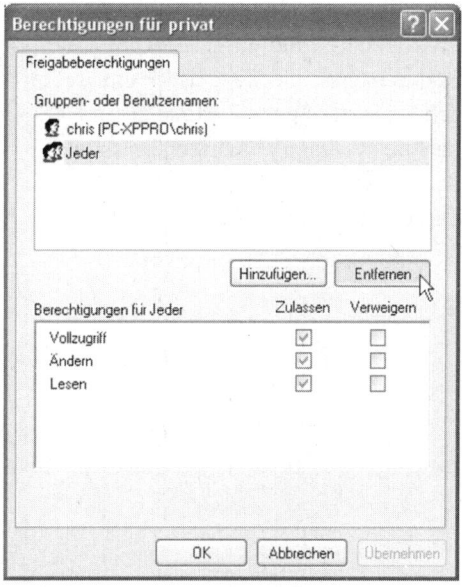

2. Markieren Sie die Zeile *Jeder* und entfernen Sie sie mit der Schaltfläche *Entfernen* aus der Liste.

Wenn *Jeder*, also jeder unter Windows XP Professional angelegte User, Zugriff auf die Freigabe hat, können Sie diese eben nicht auf den User *chris* beschränken. Beachten Sie, dass Sie selbst über die Netzwerkumgebung auch nur dann auf die Freigabe, die Sie nur für den User *chris* freigegeben haben, zugreifen können, wenn Sie lokal als User *chris* angemeldet sind!

Zugriff auf Windows XP Pro-Freigabe unmöglich trotz scheinbar richtiger Freigabe

? Ich habe unter Windows XP Professional alles richtig eingestellt – wie vorher dargestellt –, und trotzdem ist der Zugriff auf eine Dateifreigabe nicht möglich. Was kann ich tun?

! Befindet sich das freigegebene Verzeichnis auf einem Laufwerk (C:, D: etc.), das im Windows XP-Format NTFS vorliegt, können folgende Einstellungen Wunder bewirken.

1. Gehen Sie mit der rechten Maustaste auf die *Eigenschaften* des freigegebenen Verzeichnisses und wechseln Sie zum Register *Sicherheit*.

2. Markieren Sie unter *Gruppen- oder Benutzernamen* die Zeile *Jeder* und setzen Sie in der Spalte *Zulassen* einen Haken bei *Vollzugriff*. Achten Sie darauf, dass in der Spalte *Verweigern* kein Haken gesetzt ist.

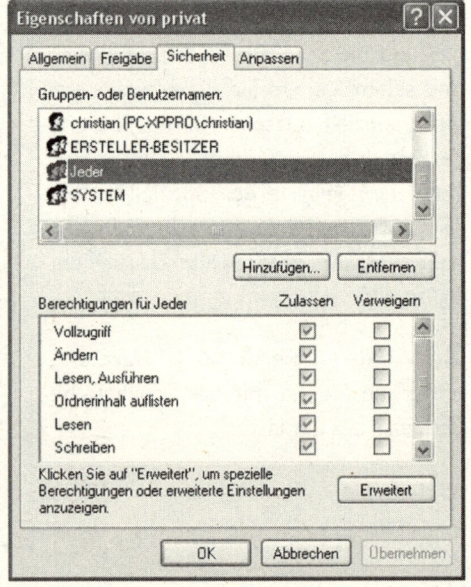

Falls Sie wissen möchten, ob das Laufwerk, auf dem sich das freigegebene Verzeichnis befindet, ein solches NTFS-Laufwerk ist, klicken Sie mit der rechten Maustaste auf die Eigenschaften dieses Laufwerks. Dort steht rechts neben *Dateisystem* das Wort *NTFS* (in der Regel steht dort *FAT32*).

Wenn dieses Laufwerk kein NTFS-Laufwerk ist, tritt das obige Problem gar nicht auf, und es fehlt auch das Register *Sicherheit* im freigegebenen Verzeichnis!

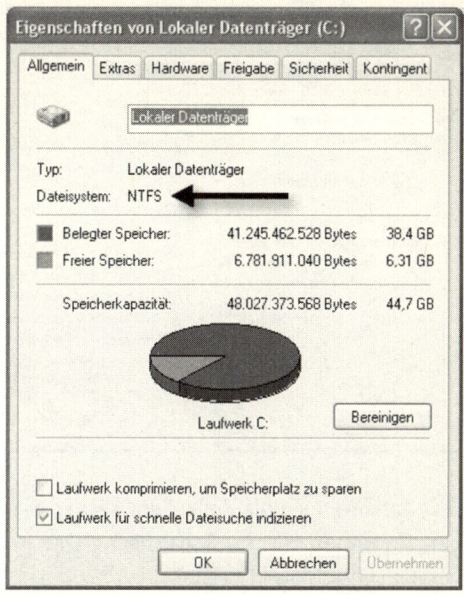

Zugriff auf Dateifreigaben von Windows XP Professional funktioniert, aber nicht bei aktivierter einfacher Dateifreigabe

? Der Zugriff auf die Dateifreigaben von Windows XP Professional funktioniert, ist aber unmöglich, wenn die einfache Dateifreigabe aktiviert ist! Warum ist das so?

! Folgende Einstellung löst das Problem:

1. Unter *Start/Systemsteuerung/Leistung und Wartung* oder kurz *Systemsteuerung/Verwaltung* klicken Sie auf das Systemsteuerungssymbol *Verwaltung*.

2. Dann wählen Sie das Symbol *Lokale Sicherheitsrichtlinie*. Klappen Sie dort im Fenster links den Ordner *Lokale Richtlinien* und dann *Zuweisen von Benutzerrechten* auf.

3. Suchen Sie im Fenster rechts die Zeile *Zugriff vom Netzwerk auf diesen Computer verweigern* und öffnen Sie das folgende Fenster mit einem Doppelklick.

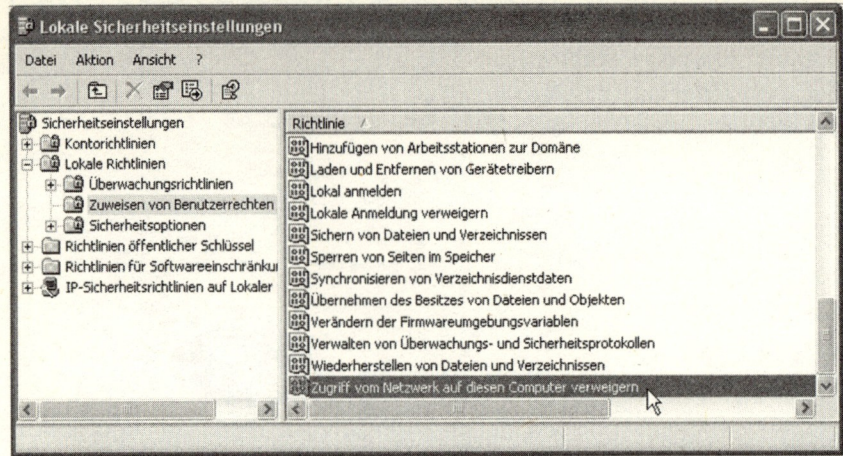

4. Markieren Sie die Zeile *Gast*, klicken Sie auf die Schaltfläche *Entfernen* und bestätigen Sie dieses mit der Schaltfläche *OK*. Achten Sie darauf, dass die Zeile *Gast* auch wirklich verschwunden ist.

Zugriff auf die Dateifreigaben von Windows 2000 funktioniert nicht mehr

Der Zugriff auf die Dateifreigaben von Windows 2000 funktioniert nicht mehr, die ganze Zeit ging es doch. Was kann das sein?

Das passiert nach einer gewissen Zeit, wenn das Kennwort des Benutzers, mit dem Sie sich anmelden, auf dem Windows 2000-PC abgelaufen ist. Im einfachsten Fall nehmen Sie folgende Einstellungen am Windows 2000-PC vor, wenn Sie sich in Zukunft nicht darum kümmern und das momentane Kennwort des Benutzers(oder keins) beibehalten möchten:

1. Gehen Sie unter *Start/Einstellungen/Systemsteuerung* auf das Symbol *Benutzer und Kennwörter* und wechseln Sie zum Register *Erweitert*.

2. Dort klicken Sie auf die Schaltfläche *Erweitert* und klappen links unter *Lokale Benutzer und Gruppen (lokal)* den Ordner *Benutzer* auf.

29.2 ZUGRIFF AUF DATEIFREIGABEN BESCHRÄNKEN UND RICHTIG MITBENUTZEN **841**

3. Suchen Sie den Benutzernamen, mit dem Sie sich beim Windows 2000-PC nicht mehr anmelden können (hier *mustermann*), und öffnen Sie das nachfolgende Fenster mit einem Doppelklick.

4. Setzen Sie einen Haken bei *Kennwort läuft nie ab* und schließen Sie das Fenster mit *OK*.

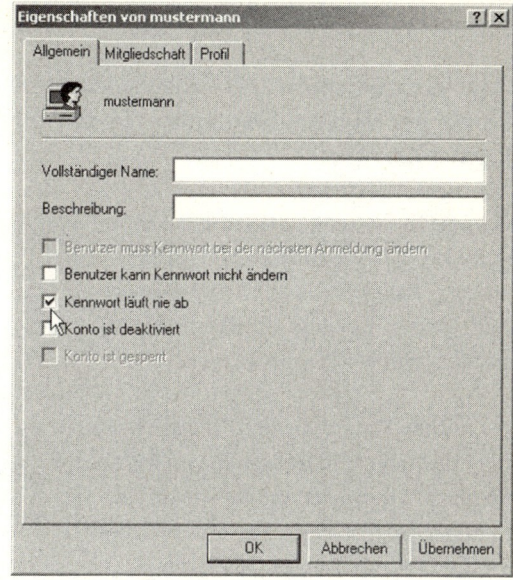

Bei Windows XP Professional haben Sie das gleiche Problem, wenn Sie dort einen Benutzer nicht unter *Systemsteuerung/Benutzerkonten*, sondern unter *Computerverwaltung/ Lokale Benutzer und Gruppen/Benutzer* mit der rechten Maustaste hinzugefügt haben.

Unter Windows XP Professional einstellen, dass ein User nur eine begrenzte Menge in ein freigegebenes Verzeichnis speichert

Wie kann man unter Windows XP Professional einstellen, dass ein User nicht mehr als z. B. 50 MByte auf einem freigegebenen Verzeichnis speichert?

Um dieses Problem zu lösen, müssen Sie folgende Schritte ausführen bzw. folgende Bedingungen erfüllen:

1. Deaktivieren Sie die einfache Dateifreigabe (siehe Seite 824), damit Sie einzelne User im Netzwerk unterscheiden können. Wählen Sie dann ein Laufwerk (Partition), z. B. C:, das ein NTFS-Laufwerk ist (mit einem FAT32-Laufwerk funktioniert das Folgende nicht). Tipp: Sie können jederzeit nachträglich ein FAT32-Laufwerk X: mit dem Befehl *convert X: /fs:ntfs* in NTFS umwandeln.

2. Klicken Sie im Explorer (oder Arbeitsplatz) mit der rechten Maustaste auf das Symbol des NTFS-Laufwerks (hier C:), dann auf *Eigenschaften* und wechseln Sie zum Register *Kontingent*.

3. Setzen Sie einen Haken bei *Kontingentverwaltung aktivieren* und *Speicherplatz bei Kontingentüberschreitung verweigern*. Das ist nun eine allgemeine Eigenschaft dieses NTFS-Laufwerks (C:)!

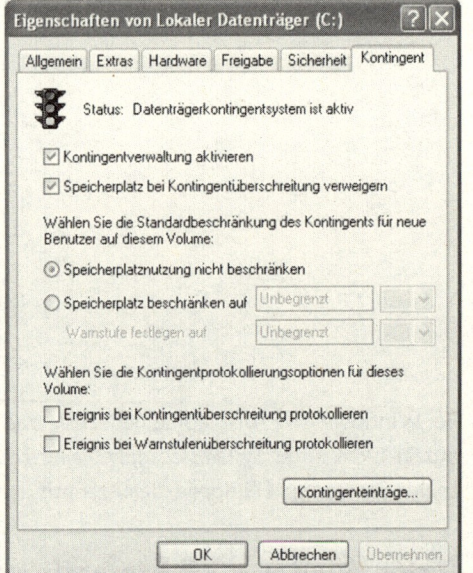

4. Klicken Sie auf die Schaltfläche *Kontingenteinträge* und wählen Sie im Menü *Kontingent* den Menüpunkt *Neuer Kontingenteintrag*. Geben Sie unter *Geben Sie die zu verwendenden Objektnamen ein* den Namen des 50-MByte-Users (z. B. „mustermann") gefolgt von der [Enter]-Taste ein.

5. Aktivieren Sie die Option *Speicherplatz beschränken auf 50 MB* und *Warnstufe festlegen auf* z. B. *45 MB* (Achtung, voreingestellt ist dummerweise KByte, nicht MByte!). Sie können diese Einstellung jederzeit mit einem Doppelklick auf die Liste der Kontingenteinträge noch abändern. Schließen Sie alle Fenster.

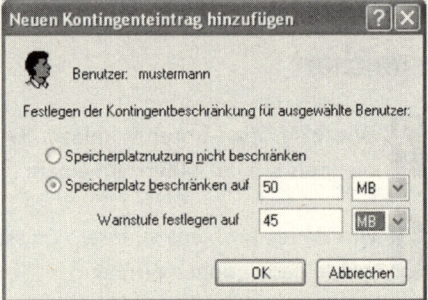

6. Geben Sie nun auf diesem Kontingentlaufwerk (hier C:) ein Laufwerk (z. B. *limited*) für den User *mustermann* frei. Das war's.

Versucht der User *mustermann* mehr Speicherplatz zu belegen, wird ihm das mit dem Warnhinweis *Nicht genügend Speicherplatz auf dem Datenträger* untersagt.

Möchten Sie dem 50-MByte-User *mustermann* auch ein Verzeichnis freigeben, für das er beliebig viel Speicherplatz zur Verfügung gestellt bekommt, wählen Sie einfach ein zweites Laufwerk, auf dem Sie ohne Kontingenteinstellung ein Verzeichnis für ihn freigeben. Es ist allerdings nicht direkt möglich, diese Speicherplatzbeschränkung pro Verzeichnis zu bestimmen.

Viele Verzeichnisse schneller unter Windows XP/2000 freigeben

? Gibt es eine schnellere Methode unter Windows XP (2000), viele Verzeichnisse nur für bestimmte User im Netzwerk freizugeben?

! Ja. Dies funktioniert sogar unter Windows XP Home, wo Sie die Freigabe für bestimmte User im Netzwerk, also nicht wie bei der einfachen Dateifreigabe nur im abgesicherten Modus einstellen können.

1. Geben Sie unter *Start/Ausführen* „shrpubw" gefolgt von der [Enter]-Taste ein (shrpubw könnte beispielsweise die Abkürzung sein für **sh**are **pub**lish **w**ith). Browsen Sie unter *Ordner* mit der Schaltfläche *Durchsuchen* zu dem Verzeichnis, das Sie freigeben möchten, oder geben Sie den Pfad direkt neben *Ordner* ein.

2. Unter *Freigabename* und *Freigabebeschreibung* (kann weggelassen werden) geben Sie Entsprechendes ein. Wählen Sie im anschließenden Fenster die Option *Freigabe- und Ordnerberechtigungen anpassen* und klicken Sie auf die Schaltfläche *Anpassen*.

3. Dort finden Sie das schon bekannte Fenster, in dem Sie die Berechtigungen für User speziell einstellen können (also z. B. die Zeile *Jeder* entfernen und einen oder mehrere spezielle User hinzufügen und Berechtigungen einstellen).

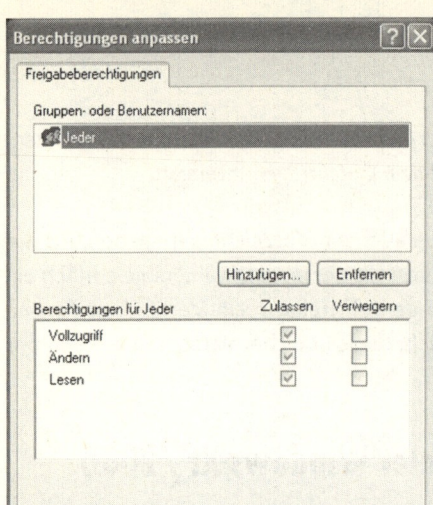

4. Beenden Sie diese Freigabe mit der Schaltfläche *Fertig stellen*. Dann können Sie mit *Ja* auf die Frage *Möchten Sie einen weiteren freigegebenen Ordner erstellen?* die nächste Freigabe genauso erstellen.

Freigaben vieler Verzeichnisse unter Windows XP/2000 aufheben

Auf welche schnelle Weise kann man die Freigaben vieler Verzeichnisse unter Windows XP (2000) wieder aufheben?

Im einfachsten Fall können Sie eine Freigabe, z. B. *share1*, in der Eingabeaufforderung aufheben, wenn Sie in der Eingabeaufforderung „net share share1 /delete" oder „net share share1 /d" gefolgt von der Enter-Taste eingeben.

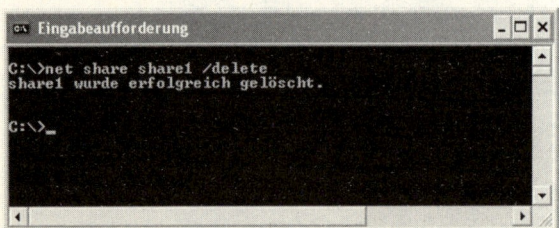

29.2 ZUGRIFF AUF DATEIFREIGABEN BESCHRÄNKEN UND RICHTIG MITBENUTZEN **845**

Mit der Eingabe von „net share" haben Sie einen Überblick über die Namen aller Freigaben. Das Tippen dieses Befehls ist sicher schneller als das Suchen des Pfads und das Entfernen der Freigabe.

Außerdem können Sie unter Windows 2000 und Windows XP Professional (mit deaktivierter Dateifreigabe, siehe Seite 824) folgenden bequemen Trick anwenden:

1. Wechseln Sie unter *Start/Systemsteuerung/Leistung und Verwaltung/Verwaltung* oder durch einen Rechtsklick auf das Symbol *Arbeitsplatz* mit dem Menüpunkt *Verwalten* zur *Computerverwaltung*. Öffnen Sie links den Ordner *Freigegebene Ordner/Freigaben*.

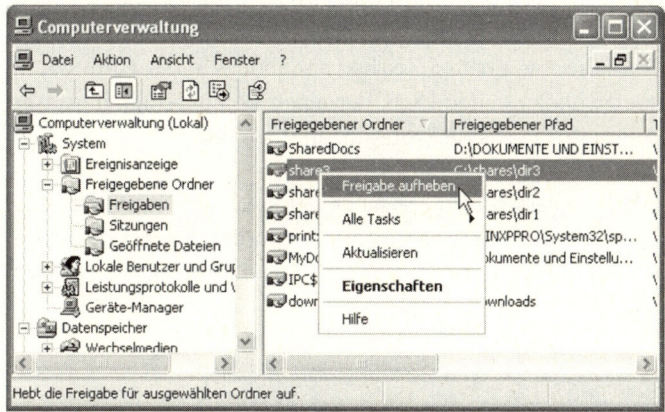

2. Wählen Sie rechts bei den Freigaben unter *Freigegebener Ordner* ein oder mehrere Freigaben und klicken Sie mit der rechten Maustaste, um dann im Kontextmenü den Menüpunkt *Freigabe aufheben* auswählen zu können.

Beachten Sie, dass diese Option in der Computerverwaltung unter *Freigegebene Ordner* nur bei Windows XP Professional mit deaktivierter einfacher Dateifreigabe und unter Windows XP Home gar nicht angeboten wird.

29.3 Freigaben völlig unter Kontrolle bei Windows XP/Windows 2000 Professional

Verborgenen Zugriff auf Festplatte über Netzwerk unter Windows XP (Windows 2000) Professional abschalten

Man soll auf die ganze Festplatte eines Windows XP (2000) Professional-PCs über Netzwerk zugreifen können, obwohl sie nicht freigegeben wurde. Wie verhindert man das wirkungsvoll?

Das stimmt! Im Auslieferungsstand gibt Windows XP (und auch Windows 2000) Professional automatisch alle Laufwerke (also Partitionen einer oder mehrerer Festplatten) versteckt frei (also mit einem $-Zeichen am Ende – in der Form C$, D$ etc.), auf die jeder im Netzwerk zugreifen kann, der einen Computeradministrator-Benutzer inkl. Kennwort Ihres Windows XP Professional-PCs kennt.

Sie können erkennen, ob diese versteckten Freigaben bei Ihnen aktiv sind, wenn Sie einfach in der Eingabeaufforderung „net share" gefolgt von der [Enter]-Taste eingeben. Dort stehen dann die Freigaben wie C$, D$ etc. (Standardfreigaben genannt) oder auch nicht.

Mit folgendem Trick schalten Sie diese Standardfreigaben einfach ab:

1. Geben Sie unter *Start/Ausführen* „regedit" ein und klappen Sie folgenden Teilschlüssel auf: *HKEY_LOCAL_MACHINE\System\CurrentSet\Services\LanmanServer\ Parameters*.

2. Falls Sie im Fenster rechts keinen Eintrag *AutoShareServer* finden, klicken Sie im Menü unter *Ansicht* auf den Menüpunkt *Neu/DWORD-Wert*.

3. Benennen Sie den neuen DWORT-Wert *AutoShareServer*. Achten Sie dabei auf die genaue Groß- und Kleinschreibung! Ist dieser Wert bereits vorhanden, öffnen Sie ihn mit einem Doppelklick und geben ihm den Wert 0. Klicken Sie anschließend auf die Schaltfläche *OK*.

4. Wiederholen Sie den Vorgang mit dem DWORT-Schlüssel *AutoShareWks*. Danach sollte die Registry aussehen wie in der Abbildung gezeigt.

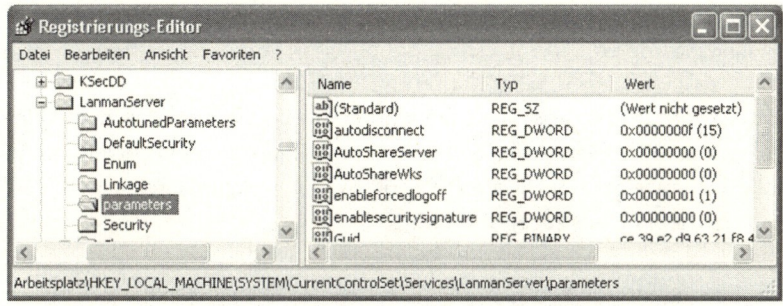

Nach dem nächsten Neustart sind die Standardfreigaben verschwunden. Sie können übrigens nach diesem Eingriff Ihre ganze Festplatte als C (oder als C$ versteckt) für einen bestimmten User freigeben, nur geschieht das nicht mehr automatisch, sondern auf Ihren Wunsch. Für Windows 2000 können Sie ganz genauso verfahren wie unter Windows XP Professional.

Von einem anderen PC aus kontrollieren, welcher User/PC gerade auf einen Windows XP Professional-PC zugreift

Ich möchte gern von einem anderen PC aus kontrollieren, welcher User/PC gerade auf meinen Windows XP Professional-PC zugreift und auf welche Dateien. Geht das?

Ja, das geht. Erzeugen Sie auf einem Windows XP-PC (Home oder Pro oder auch Windows 2000) einen Benutzer, z. B. *christian*, inkl. Kennwort, der auf dem Windows XP Professional-PC ein so genannter Computeradministrator ist, und melden Sie sich damit an. Deaktivieren Sie die einfache Dateifreigabe bei dem Windows XP

Professional-PC (siehe Seite 824) und führen Sie folgende Schritte auf einem beliebigen Windows XP-/2000-PC im Netzwerk durch:

1. Rufen Sie die *Computerverwaltung* auf oder einfach direkt die *Freigegebenen Ordner*, indem Sie unter *Start/Ausführen* „fsmgmt.msc" gefolgt von der [Enter]-Taste eingeben.

2. Klicken Sie mit der rechten Maustaste auf den Ordner *Freigegebene Ordner* (unter *System* in der *Computerverwaltung*) und wählen Sie im Kontextmenü den Menüpunkt *Verbindung mit anderem Computer herstellen*.

3. Suchen Sie nach dem Anklicken der Schaltfläche *Durchsuchen* den Windows XP Professional-PC oder geben Sie einfach unter *Anderen Computer* seinen Computernamen ein, z. B. hier „pc-xppro".

4. Nun sehen Sie genau das, was Sie sehen würden, wenn Sie direkt an dem Windows XP Professional-PC säßen (siehe Seite 819). Sie können also in Echtzeit (wenn Sie regelmäßig die Anzeige aktualisieren) verfolgen, auf welche Dateien und Verzeichnisse von welchem PC aus zugegriffen wird.

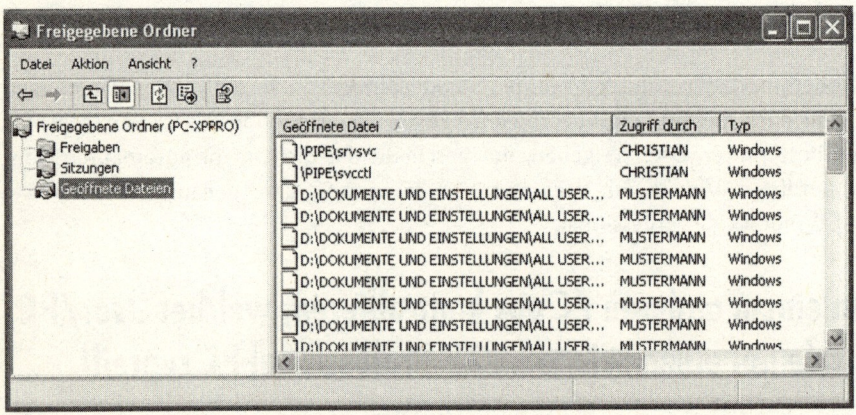

Drucker problemlos gemeinsam nutzen

Drucker unter Windows XP Home/Windows ME freigeben und
mitbenutzen **850**

Drucker unter Windows XP/Windows 2000 Professional
freigeben und mitbenutzen **856**

30.1 Drucker unter Windows XP Home/Windows ME freigeben und mitbenutzen

Drucker richtig unter Windows 98/ME freigeben

? Der Drucker kann unter Windows 98/ME nicht freigeben werden!

! Die Druckerfreigabe ist bei Windows 98/ME getrennt zur Dateifreigabe aktivierbar. Kontrollieren Sie folgende Einstellungen:

1. Klicken unter *Start/Einstellungen/Systemsteuerung* auf das Symbol *Netzwerk*. Dort sollte auf jeden Fall unter *Die folgenden Netzwerkkomponenten sind installiert* eine Zeile *Datei- und Druckerfreigabe für Microsoft-Netzwerke* und *Client für Microsoft-Netzwerke* vorhanden sein.

2. Klicken Sie auf die Schaltfläche *Datei- und Druckerfreigabe*.

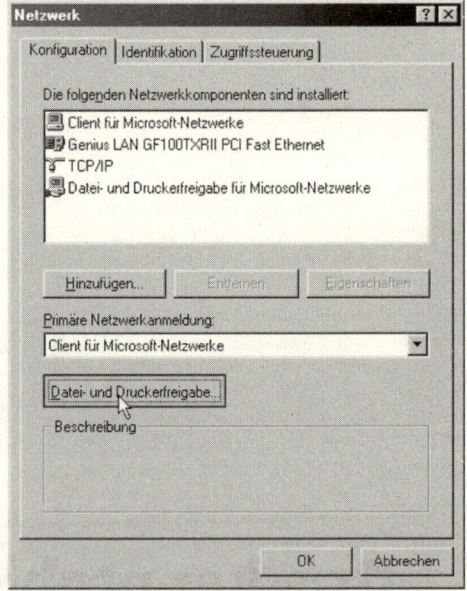

Setzen Sie einen Haken bei der Option *Anderen Benutzern soll der Zugriff auf meine Drucker ermöglicht werden können* und *Anderen Benutzern soll der Zugriff auf meine Dateien ermöglicht werden können*. Falls hier die Option *Anderen Benutzern soll der Zugriff auf meine Drucker ermöglicht*

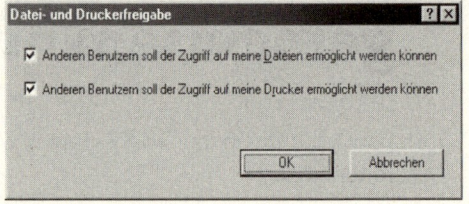

werden können aktiv ist, entfernen Sie den Haken, machen einen Neustart und setzen ihn dann erneut. Nach einem Neustart können Sie den Drucker dann freigeben.

Drucker unter Windows XP Home nur für spezielle User im Netz freigeben

? Wie kann man einen Drucker unter Windows XP Home nur für einen speziellen User im Netzwerk freigeben?

! Unter Windows XP Home ist das nicht möglich, weil es dort ähnlich zur einfachen Dateifreigabe nur eine einfache Druckerfreigabe gibt.

Falls Sie einen Drucker unter Windows 98/ME freigeben, können Sie im Register *Freigabe* ein Kennwort vergeben.

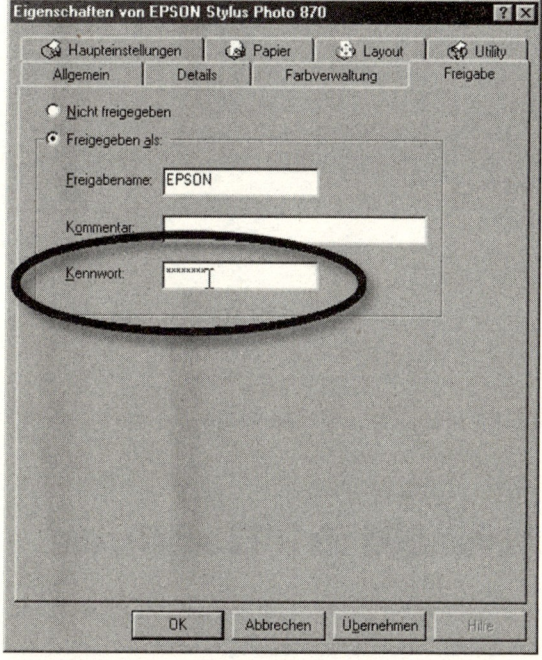

Dann kann nur der User, dem dieses Kennwort bekannt ist, den freigegebenen Drucker mitbenutzen, sprich „drucken".

Die Freigabe für einen speziellen User unter Windows XP/2000 Professional erfolgt so, wie das auf Seite 860 beschrieben ist.

Unter Windows XP Home freigegebener Drucker kann nicht über das Netzwerk angehalten werden

? Ich habe einen Drucker unter Windows XP Home freigegeben. Nun habe ich das Problem, dass die Menüpunkte *Drucker anhalten* und *Alle Druckaufträge abbrechen* über Netzwerk gesperrt sind! Was mache ich denn da bei einem Druckchaos?

! Wird der Drucker unter Windows XP Home freigegeben, haben Sie keine Möglichkeit, diese Funktionen über das Netzwerk ausführen, also den Drucker in der Druckwarteschlange mit dem Menüpunkt *Drucker anhalten* bei Druckchaos zum Stoppen zu bringen.

Eine einfache Lösung dieses Problems ist eine Fernsteuerung. Melden Sie sich schnell beim Windows XP-Home über eine Fernsteuerung (z. B. RealVNC) an und bedienen Sie ihn so, als säßen Sie vor ihm. Benutzen Sie dann in der Druckwarteschlange die entsprechenden Menüfunktionen *Drucker anhalten* etc.

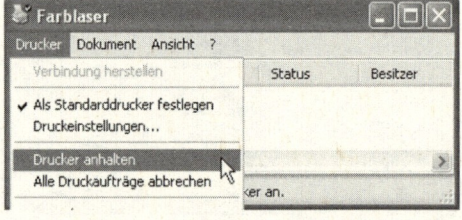

Beachten Sie, dass Sie für diese Funktion als Computeradministrator angemeldet sein müssen.

Unter Windows 2000 und Windows XP Professional gehen Sie so vor, wie es auf Seite 859 ff. beschrieben wird.

Drucker bei Windows XP unter DOS als LPT2 ansprechen

? Wie kann man einen freigegebenen Drucker bei Windows XP unter DOS (Eingabeaufforderung) als LPT2 ansprechen? Bei Windows 98/ME konnte man das noch einstellen!

! Richtig! Unter Windows 98/ME konnten Sie einen so genannten Netzwerkdrucker, also einen freigegebenen Drucker, den Sie auf einem anderen PC mitbenutzen möchten, in den Eigenschaften mit der Schaltfläche *Druckeranschluss zuweisen* einem Druckeranschluss, z. B. LPT2, zuordnen.

30.1 DRUCKER UNTER WINDOWS XP HOME/ME FREIGEBEN UND MITBENUTZEN **853**

Bei Windows XP (und auch Windows 2000) fehlt diese Möglichkeit. Sie können das aber wie folgt manuell in der Eingabeaufforderung (DOS) machen:

1. Starten Sie unter *Start/Alle Programme/Zubehör* die Eingabeaufforderung oder einfach durch die Eingabe von „cmd" unter *Start/Ausführen*.

2. Geben Sie in der Eingabeaufforderung „net use lpt2 \\pc3\drucker" ein und bestätigen Sie dies mit der Enter-Taste. Machen Sie zwischen den einzelnen Parametern *net, use* etc. jeweils ein Leerzeichen. Die Zuweisung ist erfolgreich, wenn der *net*-Befehl es bestätigt. Achten Sie auf die genaue Schreibweise des freigebenden PCs (hier *pc3*) und der zugehörigen Druckerfreigabe (hier *drucker*). Die Groß- und Kleinschreibung spielt hierbei keine Rolle.

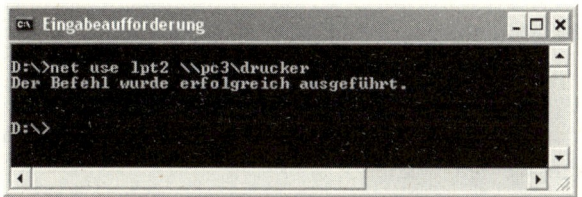

Achten Sie darauf, dass Sie den LPT-Anschluss für einen Netzwerkdrucker z. B. als LPT2 wählen, wenn Sie noch einen lokalen Drucker über LPT1 am selben Computer ansprechen möchten. Ansonsten wird über LPT1 nicht der lokale Drucker, sondern der Netzwerkdrucker angesprochen. Die obige Zuweisung für LPT2 können Sie mit dem Befehl *net use lpt2 /d* in der Eingabeaufforderung wieder entfernen.

▬▶ **So schicken Sie eine Datei ohne LPT2-Zuweisung direkt** ▬▶
zum Drucker im Netzwerk

Falls Sie in der Eingabeaufforderung mal schnell eine Datei direkt auf einen Drucker im Netzwerk schicken möchten, brauchen Sie nicht einmal diese Zuweisung (außer ein älteres Programm erwartet einen Drucker an LPT1/LPT2). Geben Sie im obigen Fall einfach gleich in der Eingabeaufforderung „copy /b druckdatei.prn \\pc3\drucker" ein, falls Sie die Datei druckdatei.prn (Druckdatei, Plotdatei) auf den Drucker mit dem Freigabenamen drucker am PC pc3 schicken (kopieren) möchten.

Seit über WLAN PCs im Netzwerk dazugekommen sind, funktioniert der Zugriff auf den gemeinsamen Drucker nicht mehr

? Ich habe meine PCs mit denen meiner Nachbarn über WLAN vernetzt. Seitdem kann ich nicht mehr mit allen PCs auf einen unter Windows XP freigegebenen Drucker zugreifen!

! Da durch die Vernetzung über WLAN die Anzahl der PCs im Netzwerk (WLAN) viel größer geworden ist, kann es sein, dass mehr als fünf PCs gleichzeitig auf die Druckerfreigabe Ihres Windows XP Home-PCs zuzugreifen versuchen.

Als Lösung setzen Sie entweder Windows XP Professional oder Windows 2000 auf dem Druckerfreigabe-PC ein, dann dürfen bis zu zehn PCs gleichzeitig den Freigabedrucker benutzen, oder Sie verwenden einen Printserver, siehe weiter unten. Darüber können beliebig viele PCs im Netzwerk auf einen Drucker zugreifen, ohne dass ein Druckerfreigabe-PC eingeschaltet werden müsste.

Freigegebener Drucker ist unter Windows 98/ME sichtbar, aber erzeugt beim Drucken eine Fehlermeldung

? Warum gibt es unter Windows 98/ME eine Fehlermeldung, wenn man mit einem freigegebenen Drucker drucken möchte, obwohl man ihn sehen kann?

! Das Problem liegt in der Regel an einem Druckertreiber unter Windows 98/ME, der nicht richtig netzwerkfähig ist. Dagegen hilft folgender Standardtrick an dem Windows 98-/ME-PC, der den Drucker mitbenutzen möchte:

1. Wählen Sie den lokal installierten Drucker aus und klicken Sie mit der rechten Maustaste im Kontextmenü auf den Menüpunkt *Eigenschaften*.

2. Wechseln Sie zum Register *Details* und klicken Sie auf die Schaltfläche *Anschluss hinzufügen* neben dem Feld *Folgenden Anschluss drucken (LPT1)*.

3. Der Drucker, den Sie bereit lokal installiert haben, ist in diesem Fall an dem PC *PC-XP* angeschlossen und unter dem Namen *Epson* freigegeben worden. Mit der Schaltfläche *Durchsuchen* wählen Sie die entsprechende Druckerfreigabe aus: zuerst den Windows XP-PC, der den Drucker freigibt, und dann die entsprechende Druckerfreigabe *Epson*.

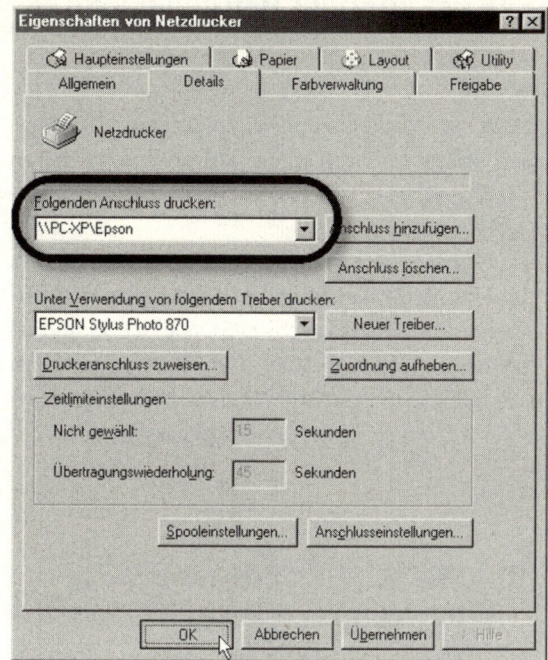

4. Danach wird unter *Folgenden Anschluss drucken* der Anschluss *\\PC-XP\Epson* über Netzwerk anstelle des lokalen Anschlusses *LPT1* (oder USB) benutzt. Klicken Sie abschließend auf die Schaltfläche *OK*.

Freigegebener Drucker bei Windows 98/ME nicht installierbar

Der gemeinsame Drucker lässt sich von den PCs mit Windows XP problemlos ansprechen, aber die Installation des Treibers auf einem PC mit Windows 98/ME bricht ständig mit einer Fehlermeldung ab!

Das Problem liegt in der Regel an einem Druckertreiber unter Windows 98/ME, der nicht richtig netzwerkfähig ist. Installieren Sie den Drucker lokal und ändern

Sie dann seinen Druckeranschluss auf den Freigabeanschluss z. B. \\pc-xp\drucker, so wie das eben beschrieben wurde.

Freigegebener Drucker kann bei älteren Programmen nicht benutzt werden

? Woran liegt das, dass ein freigegebener Drucker bei manchen (älteren) Programmen nicht benutzt werden kann, weil er gar nicht in der Liste der verfügbaren Drucker auftaucht?

! Das Problem liegt klar im Drucker- und im Freigabenamen. Verwenden Sie am besten für den Druckernamen und den Freigabenamen nur acht Stellen und keine Leer- und Sonderzeichen. So heißt also Ihr Drucker nicht EPSON STYLUS und ist als EPSON STYLUS freigegeben, sondern einfach EPSON und ist dann auch als EPSON freigegeben. Sie können ja damit experimentieren, welche Namensgebung möglich ist, wenn Sie erst mal die Fehlerursache (falsche Namensgebung) erkannt haben.

30.2 Drucker unter Windows XP/Windows 2000 Professional freigeben und mitbenutzen

Beachten Sie, dass Windows XP Professional alle Features von Windows XP Home auch beherrscht, wenn Sie z. B. die einfache Dateifreigabe einstellen (siehe Seite 824). Deshalb gelten im Allgemeinen alle Hotline-Fragen für Windows XP Home genauso auch für Windows XP Professional, mit Ausnahme natürlich von dener, die besagen, was unter Windows XP Home nicht, sondern nur unter Windows XP Professional möglich ist.

Drucker kann unter Windows 2000 nicht freigegeben werden!

? Der Drucker kann unter Windows 2000 nicht freigeben werden! Welche Einstellungen muss man da überprüfen?

30.2 DRUCKER UNTER WINDOWS XP/2000 PRO FREIGEBEN UND MITBENUTZEN   857

! Kontrollieren Sie folgende Einstellungen:

1. Gehen Sie unter *Start/Einstellungen/Systemsteuerung* auf das Symbol *Netzwerk- und DFÜ-Verbindungen* und klicken Sie mit der rechten Maustaste auf das Symbol der Netzwerkkarte (*LAN-Verbindung*). Wählen Sie im Kontextmenü den Menüpunkt *Eigenschaften* aus.

2. Hier sollten unter *Aktivierte Komponenten werden von dieser Verbindung verwendet* die Zeilen *Client für Microsoft-Netzwerke*, *Internetprotokoll (TCP/IP)* und *Datei- und Druckerfreigabe für Microsoft-Netzwerke* vorhanden und mit einem Haken versehen sein. Fehlt die Zeile *Datei- und Druckerfreigabe für Microsoft-Netzwerke*, klicken Sie auf die Schaltfläche *Installieren*.

3. Aktivieren Sie unter *Klicken Sie auf die zu installierende Netzwerkkomponente* die Zeile *Dienst*. Klicken Sie auf die Schaltfläche *Hinzufügen*.

4. Aktivieren Sie unter *Netzwerkdienst* die Zeile *Datei- und Druckerfreigabe für Microsoft-Netzwerke* und klicken Sie auf die Schaltfläche *OK*. Möchten Sie eine Komponente darüber installieren, sollten Sie sie vorher deinstallieren und anschließend wieder installieren. Bestätigen Sie diese Aktion.

5. Danach sollte unter *Aktivierte Komponenten werden von dieser Verbindung verwendet* die neue Zeile *Datei- und Druckerfreigabe für Microsoft-Netzwerke* vorhanden und mit einem Haken versehen sein. Schließen Sie nun den Vorgang ab.

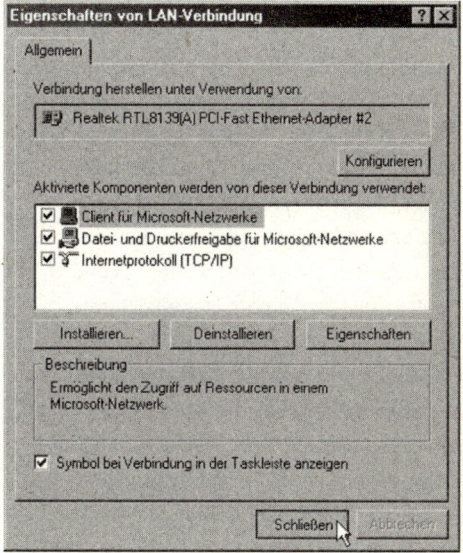

Unter Windows XP Professional freigegebener Drucker kann nicht im Netzwerk gesteuert werden

? Ich habe einen Drucker unter Windows XP Professional freigegeben, kann aber diesen Drucker trotzdem nicht im Menü unter *Drucker anhalten* und *Alle Druckaufträge abbrechen* über das Netzwerk steuern!

! Unter Windows XP Professional können Sie, im Gegensatz zu Windows XP Home, einen freigegebenen Drucker im Menü mit *Drucker anhalten* und *Alle Druckaufträge abbrechen* vorm Druckchaos bewahren. Kontrollieren Sie dazu am Windows XP Professional-PC, auf dem der Drucker freigegeben ist, folgende Einstellungen:

1. Deaktivieren Sie die einfache Dateifreigabe in den *Ordneroptionen*, wie es auf Seite 824 beschrieben ist.

2. Gehen Sie unter *Start/Systemsteuerung* auf die Kategorie *Drucker und andere Hardware*. Wählen Sie hier das Systemsteuerungssymbol *Drucker und Faxgeräte*.

3. Aktivieren Sie den freigegebenen Drucker und klicken Sie mit der rechten Maustaste auf das Druckersymbol. Wählen Sie im Kontextmenü den Menüpunkt *Eigenschaften* aus.

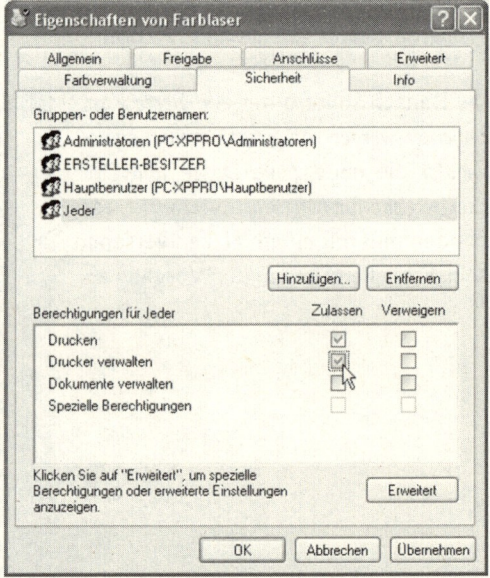

4. Wechseln Sie auf das Register *Sicherheit*. Klicken Sie auf die Zeile *Jeder* unter *Gruppen- oder Benutzernamen* und setzen Sie im Feld *Berechtigungen für Jeder* bei *Drucker verwalten* in der Spalte *Zulassen* einen Haken. Damit darf jeder vorhandene Benutzer von Windows XP Professional für den freigegebenen Drucker die Menüpunkte *Drucker anhalten* und *Alle Druckaufträge abbrechen* auch über das Netzwerk ausführen. Schließen Sie dann den Dialog.

Sie können anschließend sogar wieder die einfache Dateifreigabe aktivieren, falls Sie damit besser zurechtkommen, oder müssen unter *Systemsteuerung/Benutzerkonten* alle Benutzer auf dem Windows XP Professional anlegen, die den Drucker benutzen dürfen. Weitere Hinweise zur Beschränkung der Freigabe auf spezielle User folgen weiter unten.

Unter Windows 2000 freigegebener Drucker kann nicht im Netzwerk gesteuert werden

Ich habe einen Drucker unter Windows 2000 freigegeben, kann aber diesen Drucker trotzdem nicht im Menü unter *Drucker anhalten* und *Alle Druckaufträge abbrechen* über das Netzwerk zu steuern!

Die einfache Datei- bzw. Druckerfreigabe gibt es unter Windows 2000 nicht wie bei Windows XP (Professional). Wie unter Windows XP Professional setzen Sie bei den *Eigenschaften* des freigegebenen Druckers im Register *Sicherheitseinstellungen* für die Zeile *Jeder* im Feld *Berechtigungen* bei *Drucker verwalten* in der Spalte *Zulassen* einen Haken.

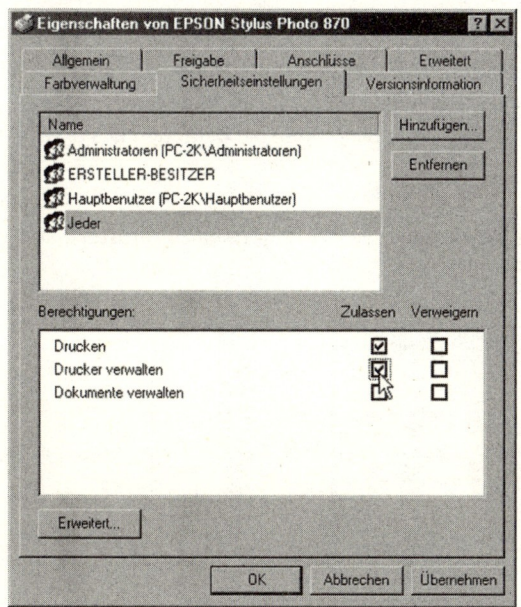

Sie müssen unter *Systemsteuerung/Benutzer und Kennwörter* auf dem Windows 2000-PC alle Benutzer anlegen, die den Drucker benutzen dürfen. Weitere Hinweise zur Beschränkung der Freigabe auf spezielle User folgen anschließend.

Drucker unter Windows XP (2000) Professional nur für einen speziellen User im Netzwerk freigeben

Wie kann man unter Windows XP (2000) Professional einen Drucker nur für einen speziellen User im Netzwerk freigeben?

Unter Windows XP Professional machen Sie folgende Einstellungen:

1. Deaktivieren Sie die einfache Dateifreigabe, so wie das auf Seite 824 beschrieben ist.

2. Gehen Sie unter *Start/Systemsteuerung* auf die Kategorie *Drucker und andere Hardware* und wählen Sie dann das Systemsteuerungssymbol *Drucker und Faxgeräte*. Aktivieren Sie den bereits freigegebenen Drucker und klicken Sie nach einem Rechtsklick mit der Maustaste auf *Eigenschaften*.

3. Wechseln Sie zum Register *Sicherheit* (dieses Register fehlt bei der einfachen Dateifreigabe). Aktivieren Sie unter *Gruppen- und Benutzername* die vorhandene Zeile *Jeder* und klicken Sie auf die Schaltfläche *Entfernen*. Bestätigen Sie dann den Dialog mithilfe der Schaltfläche *Hinzufügen*.

4. Geben Sie direkt unter *Geben Sie die zu verwendenden Objektnamen* „mustermann" ein und klicken Sie auf die Schaltfläche *OK*.

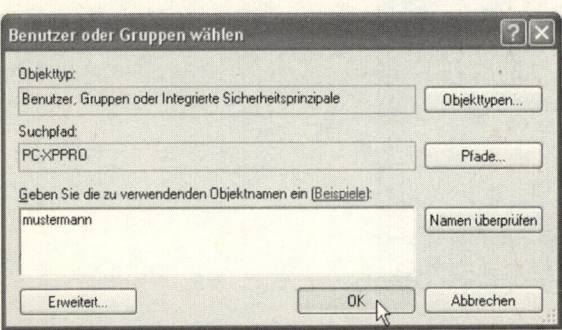

30.2 DRUCKER UNTER WINDOWS XP/2000 PRO FREIGEBEN UND MITBENUTZEN

Den Benutzer *mustermann* müssen Sie vorher unter *Systemsteuerung/Benutzerkonten* als neuen Benutzer (mit eingeschränkten Rechten, das reicht) inkl. Kennwort hinzugefügt haben.

5. Aktivieren Sie nun unter *Gruppen- oder Benutzernamen* die Zeile *mustermann (PC-XPPRO\mustermann)*. Setzen Sie einen Haken unter *Berechtigungen für mustermann* in der Zeile *Drucken* unterhalb der Spalte *Zulassen*. Sie können auch in der Zeile *Drucker verwalten* einen Haken setzen, wenn der User *mustermann* den Menüpunkt *Drucker anhalten* benutzen darf, um den Drucker besser über das Netzwerk zu steuern, siehe Seite 859. Schließen Sie nun alle Fenster.

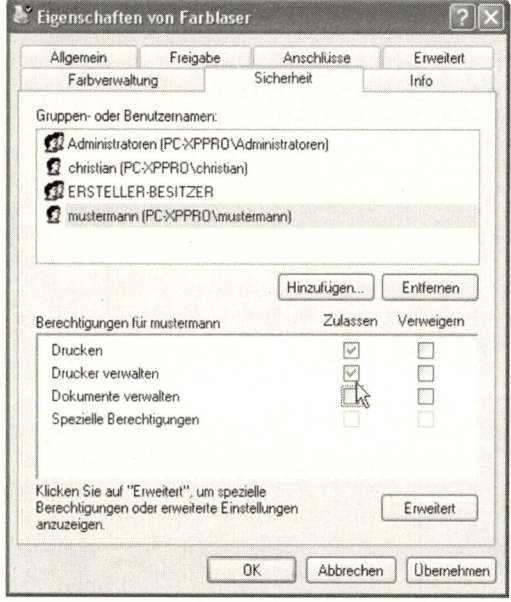

Damit nun im Netzwerk der Benutzer *mustermann* den freigegebenen Drucker benutzen darf, muss sich der jeweilige PC mit diesem Benutzernamen inkl. richtigem Kennwort bei dem Windows XP Professional-PC anmelden, der Benutzername *mustermann* inkl. zugehörigem Kennwort muss also auch auf seinem PC vorhanden sein.

Beachten Sie, dass Windows XP Professional im Auslieferungszustand die Netzwerkanmeldung mit einem Benutzernamen (z. B. *mustermann*) ohne ein Kennwort nicht erlaubt. Diese Option können Sie allerdings unter der lokalen Sicherheitsrichtlinie deaktivieren, siehe Seite 836 ff.

Unter Windows 2000 können Sie genauso vorgehen, wie unter Windows XP Professional, die einfache Dateifreigabe brauchen Sie nicht zu deaktivieren. Sie gibt es unter Windows 2000 nicht.

Gemeinsam im Netzwerk agieren und spielen

Chatten/Kurznachrichten verschicken	**864**
Tricks und Tools im Netzwerk	**875**
Richtige Konfiguration für Netzwerkgames	**884**
Onlinegames im Netzwerk spielen	**886**

864 31. GEMEINSAM IM NETZWERK AGIEREN UND SPIELEN

31.1 Chatten/Kurznachrichten verschicken
Zwischen Windows XP-PCs Nachrichten verschicken

? Wie schickt man von einem Windows XP-PC aus einem anderen Windows XP-PC eine Nachricht?

! Am schnellsten schicken Sie von einem Windows 2000-/XP-PC wie folgt eine Nachricht ab.

1. Rufen Sie die Eingabeaufforderung auf, indem wenn Sie unter *Start/Ausführen* „cmd" eingeben und auf die Schaltfläche *OK* klicken.

2. Geben Sie in der Eingabeaufforderung „net send pc3 [Text Ihrer Nachricht]" gefolgt von der (Enter)-Taste ein.

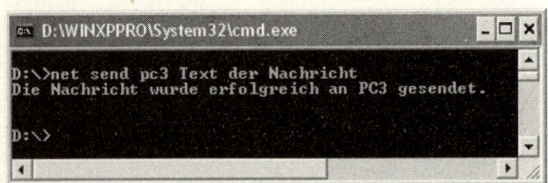

3. In dem Moment erscheint auf dem PC *pc3* z. B. die Meldung *Nachricht von PC-XPPRO an PC3 am 04.04.2004 17:01:27 Text der Nachricht*.

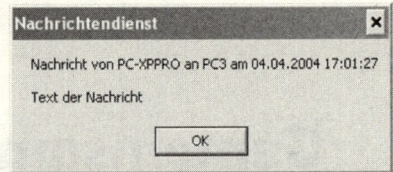

Sie können sich den Umweg über die Eingabeaufforderung sogar sparen, wenn Sie einem Windows XP-PC nur einen Satz schicken möchten. Geben Sie dann einfach direkt unter *Start/Ausführen* beispielsweise „net send pc3 Essen ist fertig!" gefolgt von der (Enter)-Taste ein.

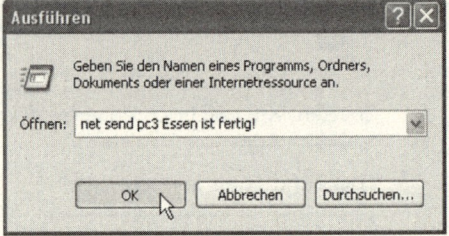

Werden auf diese Weise mehrere Nachrichten an einen PC verschickt, werden diese gespeichert und sind dann nacheinander sichtbar (sie liegen übereinander), wenn Sie die Schaltfläche *OK* für die gelesene Nachricht anklicken. Für Windows 2000 können Sie genauso verfahren.

Beim Versenden einer Nachricht zu einem Windows 2000-/XP-PC kommt eine Fehlermeldung

? Beim Versenden einer Nachricht zu einem Windows 2000-/XP-PC kommt eine Fehlermeldung. Es kommt keine Nachricht! Woran liegt das?

! Kontrollieren Sie zuerst, ob Sie den Computernamen des Empfänger-PCs der Nachricht richtig geschrieben haben und ob dieser PC im Netzwerk vorhanden ist. Dazu reicht es, dass Sie diesen PC in der Netzwerkumgebung sehen können.

Ansonsten kontrollieren Sie eine wichtige Einstellung auf dem Empfänger-PC, hier ist ein Beispiel unter Windows XP:

1. Klicken Sie unter *Start/Systemsteuerung/Leistung und Wartung/Verwaltung* auf das Symbol *Dienste* oder geben Sie unter *Start/Ausführen* „services.msc" gefolgt von der Enter-Taste ein.

2. Suchen Sie im Fenster rechts die Zeile *Nachrichtendienst* und öffnen Sie das nachfolgende Fenster mit einem Doppelklick.

3. Wählen Sie unter *Starttyp* die Option *Automatisch* und klicken Sie auf die Schaltfläche *Übernehmen*.

4. Unterhalb von *Dienststatus* klicken Sie dann auf die Schaltfläche *Starten* und schließen das Fenster. Schließen Sie auch das Fenster *Dienste*.

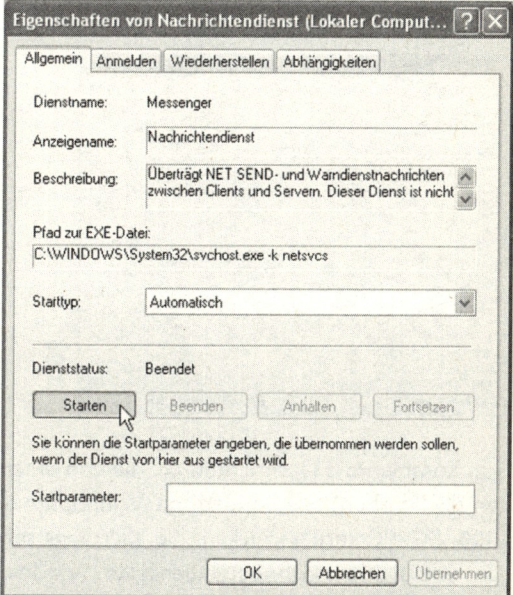

Unter Windows 2000 können Sie bis auf optische Unterschiede ebenso verfahren. Die Dienste finden Sie dort unter *Start/Einstellungen/Systemsteuerung/Verwaltung*.

> **Wann Sie den Nachrichtendienst deaktivieren sollten**
>
> *Der so aktivierte Nachrichtendienst ist unter Windows 2000/XP übrigens der Grund dafür, dass Sie bei einer Direktverbindung ins Internet unter Umständen mit lästigen Spam-Nachrichten (Werbung) genervt werden. Das können Sie abstellen, wenn Sie den Nachrichtendienst deaktivieren (als Starttyp* Deaktiviert *wählen, Dienst* Beenden*). Dann kann allerdings dieser PC auch keine Nachrichten mehr in Ihrem Netzwerk empfangen.*

Bei Windows 98/ME kommen keine Nachrichten an, die von einem Windows XP-PC verschickt wurden

? Bei Windows 98/ME kommen keine Nachrichten an, die von einem Windows XP-PC verschickt wurden. Was kann man dagegen tun?

! Es gibt ein kleines Tool namens WinPopup, das Sie von der Windows 98-/ME-CD unter *StartEinstellungen/Systemsteuerung/Software/Windows Setup* unter der Komponente *Systemprogramme* nachinstallieren können.

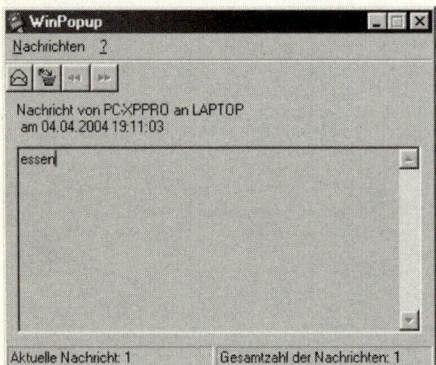

Nun kommen die Nachrichten an, die von einem Windows XP-PC abgeschickt wurden (siehe oben). Sie können mit Winpopup auch Nachrichten an einen Windows 2000-/XP-PC zurückschicken, die allerdings sehr unkomfortabel verwaltet werden. (Das erledigt der Nachrichtendienst von Windows 2000/XP.)

31.1 CHATTEN/KURZNACHRICHTEN VERSCHICKEN **867**

Komfortabler können Sie (vor allem zwischen verschiedenen Windows-Versionen) Nachrichten austauschen, wenn Sie ein zusätzliches Tool – z. B. Reapopup oder NetCommy – einsetzen, wie das Beispiel im Folgenden zeigt.

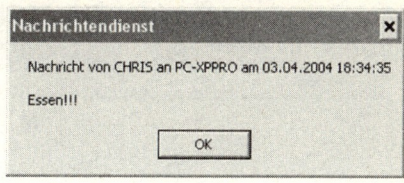

Bei Windows XP fehlt das Tool, das es unter Windows 98/ME zum Austauschen von Nachrichten gibt

? Bei Windows XP fehlt das Tool, das es unter Windows 98/ME zum Austauschen von Nachrichten gibt (Winpopup). Wie kann man denn dann zwischen Windows 98/ME und Windows XP Nachrichten austauschen?

! Unter Windows XP können Sie in der Eingabeaufforderung mal schnell eine Nachricht verschicken, wie das weiter oben beschrieben wird. Die Nachricht kann bei Windows XP werkseitig empfangen werden. Bei Windows 98/ME benötigen Sie zum Empfang das Tool Winpopup, das es aber unter Windows XP gar nicht gibt.

Für eine einheitliche, komfortablere Lösung zum Austauschen von Nachrichten zwischen beliebigen Windows-Versionen können Sie z. B. das kostenlose Tool RealPopup einsetzen, das Sie unter *www.realpopup.it* herunterladen können.

Ein weiteres kostenloses Nachrichtentool ist NetCommy, das Sie unter *www.halterweb.de/software/netcommy* herunterladen können.

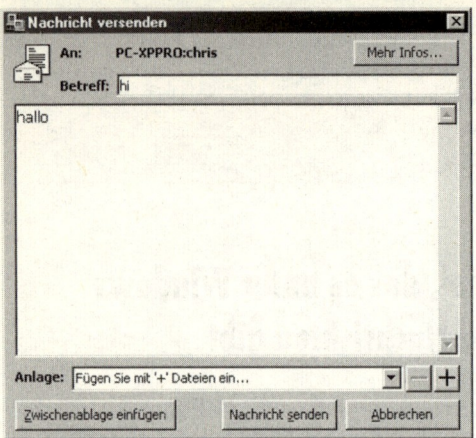

Zwischen zwei Windows XP-PCs chatten

Kann man zwischen zwei Windows XP-PCs irgendwie chatten, nämlich in Echtzeit sich schreiben und lesen?

Ja! In Windows XP und auch Windows 2000 befindet sich ein verborgenes kleines Chatprogramm.

1. Sie starten das Chatprogramm, indem Sie unter *Start/Ausführen* „winchat" eingeben und auf die Schaltfläche *OK* klicken.

2. Klicken Sie in der Symbolleiste auf die Wählscheibe und wählen Sie den Computernamen des PCs aus (hier *pc3*), mit dem Sie chatten möchten.

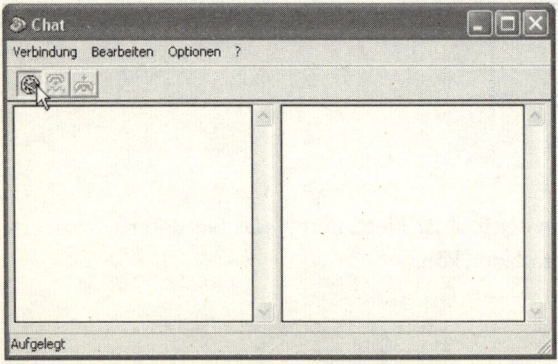

3. Klicken Sie auf die Schaltfläche *OK*. Damit wird automatisch Winchat auf dem angerufenen PC *pc3* gestartet, falls das noch nicht geschehen ist. Der User, mit dem Sie chatten möchten, muss also kein Programm starten, wenn Sie mit ihm chatten möchten. Das veranlassen Sie selbst.

4. Wiederholen Sie nun noch einmal den Anruf des PCs *pc3*. Es klingelt an dem angerufenen PC *pc3*, der den Chat dann mit dem Symbol *Antworten* annehmen kann. Damit ist die Chatverbindung zwischen beiden PCs hergestellt.

Chatten mit einem Windows XP Professional-PC funktioniert nicht

? Ich versuche vergeblich, mit einem Windows XP Professional-PC, wie vorher beschrieben, zu chatten. Was kann das sein?

! Das liegt an der Benutzerverwaltung von Windows XP Professional. Haben nur User, die im Windows XP Professional-PC eingerichtet sind, Zugriff auf z. B. seine Datei- und Druckerfreigaben – also wenn Sie nicht die einfache Dateifreigabe verwenden –, darf nicht jeder User mit dem Windows XP Professional-PC chatten.

Fügen Sie den User unter Windows XP Professional hinzu, mit dem Sie sich beim anderen Windows XP-/2000-PC anmelden, so wie das für die korrekte Benutzung von Dateifreigaben beschrieben ist.

Beachten Sie hierbei, dass Windows XP Professional im Werkzustand keine Anmeldung über das Netzwerk ohne ein Kennwort zulässt. Ändern Sie ansonsten diese Einstellungen, wie auf Seite 836 beschrieben.

Falls Ihnen diese Benutzerverwaltung fürs Chatten zu kompliziert ist, aktivieren Sie die einfache Dateifreigabe und kontrollieren folgende Einstellung:

1. Geben Sie unter *Start/Ausführen* „lusrmgr.msc" (lusrmgr wie **l**ocal **u**ser **m**ana**ger**) ein oder klicken Sie mit der rechten Maustaste auf das Symbol *Arbeitsplatz* und dann auf *Verwalten*. Suchen Sie in der *Computerverwaltung* die Zeile *Lokale Benutzer und Gruppen* (diese Zeile gibt es in der Home-Version von Windows XP gar nicht).

2. Klicken Sie im Fenster links auf die Zeile *Benutzer* und im Fenster rechts unter *Name* auf den Benutzer *Gast*.

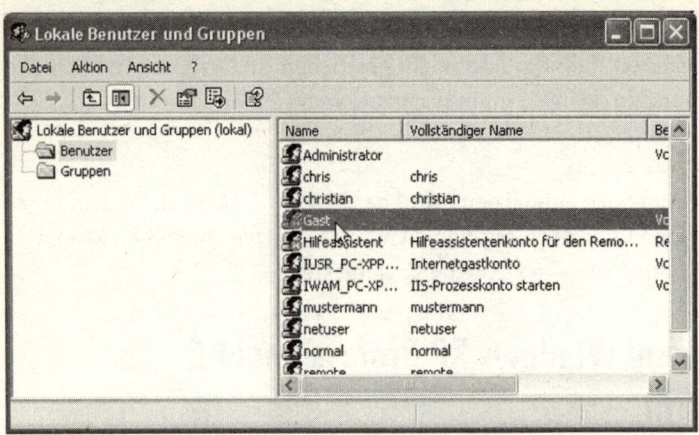

3. Öffnen das folgende Fenster mit einem Doppelklick und entfernen Sie den Haken bei der Option *Konto ist deaktiviert*.

Beachten Sie aber, dass Sie mit dieser Einstellung auch den Zugriff auf Verzeichnisse und Drucker für jeden beliebigen User im Netzwerk freigeschaltet haben. Seien Sie also vorsichtig mit der Dateifreigabe. Geben Sie nicht ganze Laufwerke frei bzw. erteilen Sie nur Leserechte (Verzeichnisse und Dateien können nicht geändert oder gelöscht werden).

Ein Neustart bewirkt oft Wunder

Winchat reagiert ziemlich ungnädig und blockiert gern bei den oben genannten Problemen. Machen Sie einfach nach den beschriebenen Einstellungen einen Neustart.

Windows 2000-/XP-PC lässt sich nicht anchatten – die Verbindung kommt nicht zu Stande

Warum kommt die Verbindung nicht zu Stande, wenn man versucht, einen Windows 2000-/XP-PC anzuchatten?

Wenn Sie ausschließen können, dass Sie einen PC zum Chatten anrufen, der nicht online ist, überprüfen Sie folgende Einstellungen auf dem PC (hier Windows XP), der angechattet werden soll:

1. Klicken Sie unter *Start/Systemsteuerung/Leistung und Wartung/Verwaltung* auf das Symbol *Dienste* oder geben unter *Start/Ausführen* „services.msc" gefolgt von der Enter-Taste ein. Suchen Sie im Fenster rechts die Zeile *Netzwerk DDE-Serverdienst* und öffnen Sie das folgende Fenster mit einem Doppelklick.

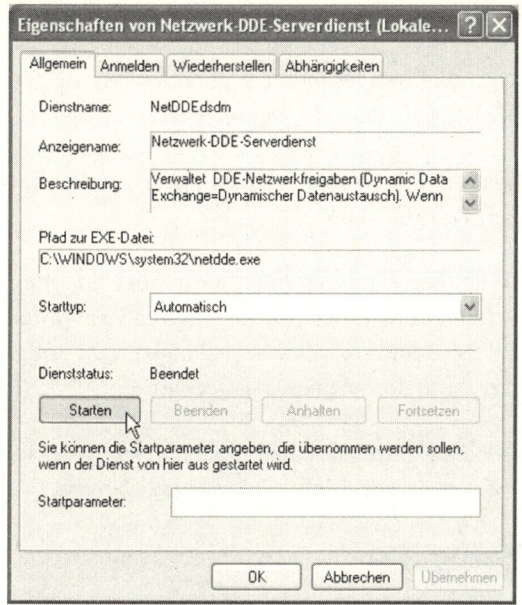

2. Wählen Sie unter *Starttyp* die Option *Automatisch* und klicken Sie auf die Schaltfläche *Übernehmen*. Klicken Sie unterhalb von *Dienststatus* auf die Schaltfläche *Starten* und schließen Sie das Fenster.

3. Aktivieren Sie nun (darüber) die Zeile *Netzwerk DDE-Dienst* und öffnen Sie sie mit einem Doppelklick. Wiederholen Sie genau das, was Sie für die vorherige Zeile *Netzwerk DDE-Serverdienst* ausgeführt haben, und schließen Sie das Fenster *Dienste*.

Kontrollieren Sie auch diese Einstellung auf dem anrufenden Windows XP-PC.

Unter Windows 2000 können Sie bis auf optische Unterschiede genauso verfahren. Die Dienste finden Sie dort unter *Start/Einstellungen/Systemsteuerung/Verwaltung*.

Das Chatprogramm von Windows XP fehlt unter Windows 98/ME

? Das Chatprogramm von Windows XP gibt es unter Windows 98/ME gar nicht. Wie kann man denn dann zwischen Windows 98/ME und Windows XP chatten?

! Richtig, das Programm winchat von Windows XP fehlt bei Windows 98/ME. Sie können zum Chatten auch NetMeeting auf beiden PCs einsetzen.

1. Starten Sie NetMeeting, indem Sie unter *Start/Ausführen* „conf" (conf wie **conference**; Konferenz) gefolgt von der Enter -Taste eingeben.

2. Falls Sie NetMeeting zum ersten Mal (bei Windows 2000/XP gilt das für jeden Benutzer) starten, folgen Sie dem weiteren Verlauf des NetMeeting-Assistenten für Bild und Ton. Zum reinen Chatten sind diese Audio-/Videoeinstellungen nicht nötig. Wählen Sie im NetMeeting-Menü unter *Extras* den Menüpunkt *Optionen*.

3. Aktivieren Sie im Register *Allgemein* die Kontrollkästchen *Beim Start von Windows NetMeeting im Hintergrund ausführen* und *NetMeeting-Symbol in Taskleiste einblenden*.

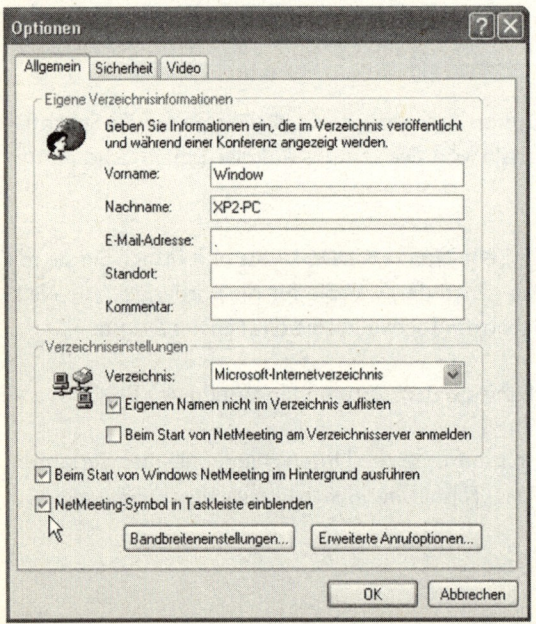

31.1 CHATTEN/KURZNACHRICHTEN VERSCHICKEN **873**

Nun können Sie unter *Vorname* und *Nachname* Ihren Chatnamen (den so genannten Nick) eingeben, der dann in der Form Vorname+Nachname erscheint. Unter *E-Mail-Adresse* können Sie einfach als Dummy einen Punkt eingeben, das Kontrollkästchen *Eigenen Namen nicht im Verzeichnis auflisten* aktivieren und *Beim Start von NetMeeting am Verzeichnisserver anmelden* deaktivieren, da Sie NetMeeting nur in Ihrem eigenen Netzwerk einsetzen.

Diese Einstellungen machen Sie auf beiden PCs, die miteinander chatten möchten, und lassen NetMeeting gestartet (automatisch in der Taskleiste gemäß obiger Einstellung). Nun ist das Chatten mit einem beliebigen PC im Netzwerk möglich.

Um mit einem beliebigen PC im Netzwerk zu chatten, geben im Feld neben dem Telefon den Computernamen des PCs, mit dem Sie chatten möchten, ein und bestätigen mit der Enter-Taste. Klicken Sie unten auf das Chatsymbol, die Sprechblase. Warten Sie etwas, weil das Chatfenster sich beim anderen PC etwas später öffnet. Sprechen Sie dann im Feld *Nachricht* Ihren Chatpartner an.

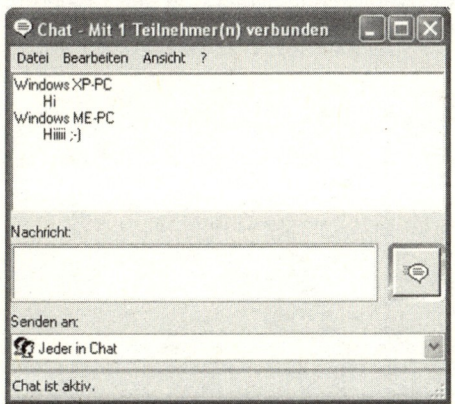

Mit mehreren PCs gleichzeitig chatten

? Wie kann man denn mit mehreren PCs gleichzeitig chatten?

! Dazu können Sie NetMeeting verwenden, wie das vorher für zwei PCs dargestellt wurde, wobei nun ein ausgewählter PC den Chat leitet (den Chatserver spielt). Auf diesem PC machen Sie bei NetMeeting folgende Einstellungen:

1. Klicken Sie im Menü unter *Anrufen* auf den Menüpunkt *Konferenz leiten*.

2. Hier können Sie die Konferenz auch mit einem Kennwort schützen und weitere Rechte festlegen.

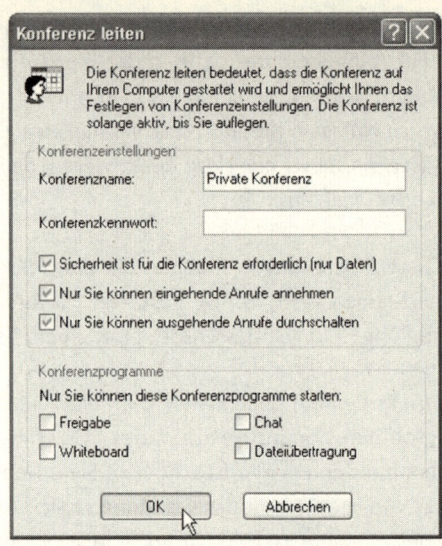

Danach klickt jeder PC auf das Chatsymbol (NetMeeting-Symbol) in der Taskleiste, und es kann losgehen, wie vorher für zwei PCs beschrieben.

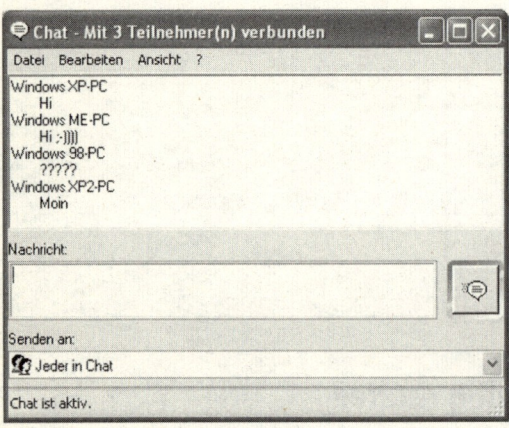

31.2 Tricks und Tools im Netzwerk

Internetfavoriten zentral speichern, um an mehreren PCs immer auf dieselben Favoriten zugreifen zu können

? Kann man Internetfavoriten auch zentral speichern, um an mehreren PCs immer auf dieselben Favoriten zugreifen zu können?

! Ja, das geht. Dazu gehen Sie wie folgt vor:

1. Kopieren Sie Ihre Favoriten, die Sie in der Regel unter *Windows\Favoriten* oder *Dokumente und Einstellungen\[BENUTZER]\Favoriten* finden, über den Explorer zum PC (z. B. zum *pc-xp* – auf dem die Favoriten zentral gespeichert werden) z. B. auf die Freigabe *SharedDocs\Favoriten*. Den genauen Pfad Ihrer Favoriten finden Sie, indem Sie im Internet Explorer im Menü unter *Favoriten* mit der rechten Maustaste auf die *Eigenschaften* eines beliebigen Favoriten klicken. Im Register unter *Allgemein* steht dann der Ort des Favoritenverzeichnisses.

2. Unter Windows XP können Sie nun mit Tweak UI der Powertoys für Windows XP im Menü unter *My Computer/Special Folders* das Verzeichnis der Favoriten über den Folder *Favorites* mit der Schaltfläche *Change Location* auf *\\Pc-xp\SharedDocs\favoriten* ändern.

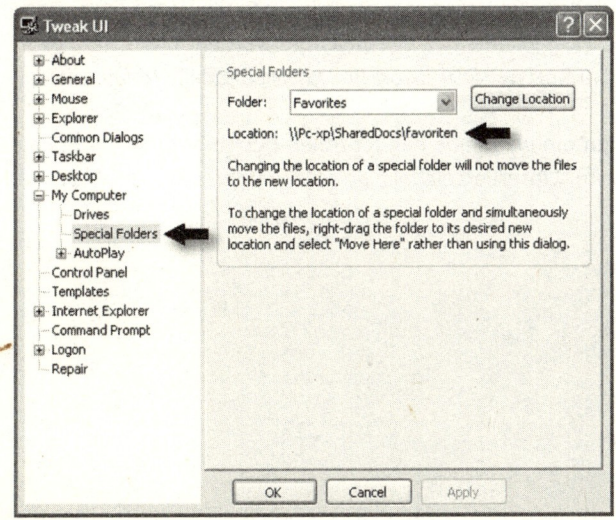

> **So geht's auch für Benutzer mit eingeschränkten Rechten**
>
> *Um Tweak UI unter Windows XP erfolgreich ausführen zu können, müssen Sie sich als Computeradministrator angemeldet haben. Möchten Sie einem Benutzer mit eingeschränkten Rechten auch ein zentrales Favoritenverzeichnis ermöglichen, dann befördern Sie diesen Benutzer (als Computeradministrator) zum Computeradministrator, stellen mit Tweak UI das Favoritenverzeichnis ein und machen diesen Benutzer wieder zum Benutzer mit eingeschränkten Rechten.*

Unter Windows 9x/ME können Sie Tweak UI der Powertoys für Windows 98/ME benutzen. Hier können Sie im Register *General* unter *Special Folders* das Verzeichnis der Favoriten ändern.

Tweak UI der Powertoys finden Sie bei Microsoft oder in vielen großen Downloadbereichen im Internet zum Download. Die Powertoys für Windows 98/ME finden Sie sogar noch auf älteren Windows 9x-CDs.

Mit mehreren PCs Word-Dateien bearbeiten

? Ich würde gern mit mehreren PCs Word-Dateien bearbeiten. Wie stelle ich das ein? Gibt es da nicht ein Durcheinander, wenn mehrere PCs an einer Datei arbeiten?

! Zunächst müssen Sie auf allen PCs Word so einstellen, dass alle Word-Dokumente von einem zentralen PC geladen bzw. gespeichert werden. Dazu gibt es in Word unter *Extras/Optionen* im Register *Speicherort für Dateien* die Zeile *Dokumente*.

Hier verlegen Sie den Pfad auf eine Freigabe des zentralen PCs (hier *pc-xp*), z. B. hier auf die Freigabe *sharedocs* im Unterverzeichnis *docs* (Kurzschreibweise: *pc-xp**shareddocs**docs*).

31.2 TRICKS UND TOOLS IM NETZWERK

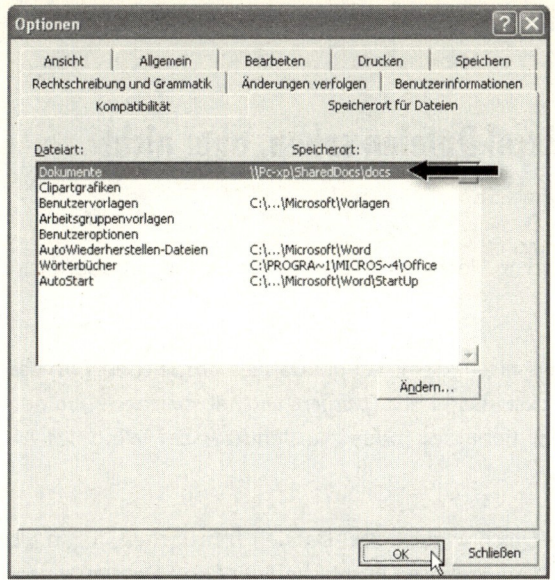

Gleichzeitig können Sie allerdings nicht an einer Word-Datei mit anderen im Netzwerk arbeiten. Aber: Versuchen Sie eine Word-Datei zu laden, die gerade von jemandem im Netzwerk benutzt wird, meldet Word, durch wen die Datei gesperrt ist und dass Sie diese nur schreibgeschützt benutzen dürfen, was Sie mit der Schaltfläche *Schreibgeschützt* bestätigen.

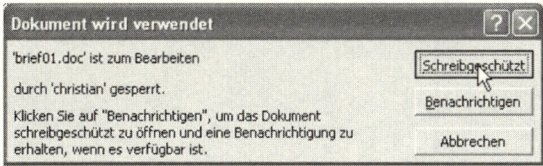

Mit der Schaltfläche *Benachrichtigen* erhalten Sie auch schreibgeschützten Zugriff auf die Datei, werden aber benachrichtigt, wenn die Datei nicht mehr von einem anderen Benutzer gesperrt wird.

Beachten Sie, dass Sie nie die aktuelle Fassung einer Word-Datei mitlesen können, die gerade jemand im Netzwerk bearbeitet, weil Sie nur den Stand der Word-Datei nach der letzten Speicherung auf die Festplatte des zentralen PCs sehen können. Die Bearbeitung der Word-Datei befindet sich im Speicher des PCs, der die Word-Datei bearbeitet. Das können Sie nur live mit einem Fernsteuerungsprogramm sehen.

Sie können aber so nicht nur Word-Dateien an mehreren PCs, sondern auch Excel-Dateien, PowerPoint-Dateien, Bilder etc. bearbeiten.

User im Netzwerk soll Excel-Dateien sehen, aber nicht verändern dürfen

? Wie erreicht man, dass jemand im Netzwerk z. B. Excel-Dateien sehen, aber nicht verändern kann?

! Geben Sie einfach das Verzeichnis, in das Excel die Dateien abspeichert (wo das ist, sehen Sie, wenn Sie eine Excel-Datei mit *Speichern unter* abspeichern und den Pfad aufklappen), so frei, das der Benutzer (oder alle Benutzer bei Windows XP Home) im Netzwerk nur lesen darf.

Falls Sie Probleme haben, das Verzeichnis der Excel-Dateien freizugeben, legen Sie einfach ein neues Verzeichnis *excel* an, kopieren Ihre bisherigen Excel-Dateien hinein und verlegen über *Extras/Optionen* den Pfad der Excel-Dateien auf dieses Verzeichnis *excel*. Geben Sie dann dieses Verzeichnis *excel* mit deaktiviertem Kontrollkästchen *Netzwerkbenutzer dürfen Dateien verändern* frei.

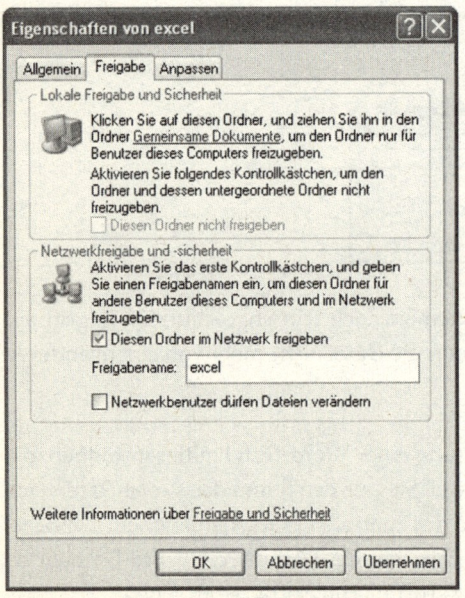

Alle PCs im Netzwerk holen sich die Uhrzeit von einem speziellen PC

? Kann man irgendwie einstellen, dass sich alle PCs im Netzwerk die Uhrzeit von einem speziellen PC abholen? Dann bräuchte man nur die Uhrzeit dieses PCs zu kontrollieren.

! Dazu gibt es einen einfachen Befehl in der Eingabeaufforderung:

net time \\pc3 /set /y

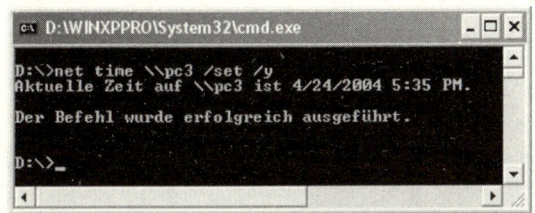

Hier wird also die Uhrzeit und das Datum z. B. vom PC *pc3* abgeholt. Bauen Sie diesen Befehl in den Autostart ein, wird jeder PC im Netzwerk die Uhrzeit von *pc3* haben, der allerdings immer schon eingeschaltet und betriebsbereit sein sollte, quasi ein Haupt-PC im Netzwerk.

Für Experten: Beachten Sie, dass ein User nur die Uhrzeit unter Windows 2000/XP Professional ändern darf, wenn er mindestens des Recht eines Hauptbenutzers hat. Der User der Gruppe *Benutzer* darf es nicht.

Tool, um unter Windows XP einen PC im Netzwerk herunterzufahren

? Gibt es ein Tool, mit dem man einen PC im Netzwerk herunterfahren kann?

! Ja, das ist sogar bereits in Windows XP eingebaut. Geben Sie unter *Start/Ausführen* „shutdown -i" gefolgt von der [Enter]-Taste ein. Das ist das gesuchte Tool.

Mit der Eingabe von „shutdown -a" in der Eingabeaufforderung können Sie übrigens das Herunterfahren durch den *shutdown*-Befehl abbrechen, was sehr praktisch ist, wenn Sie sich einer dieser Würmer aus dem Internet (z. B. Blaster oder Sasser) eingefangen haben.

Sie können aber auch einen PC im Netzwerk über ein Fernsteuerungsprogramm (z. B. mit RealVNC) runterfahren.

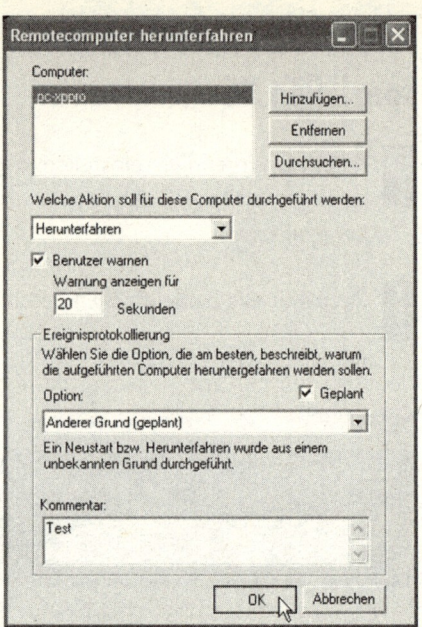

Tool wie winipcfg auch für Windows 2000/XP

Mit winipcfg konnte man unter Windows 98/ME schön die IP-Nummer (und mehr) sehen. Gibt es so ein Tool nicht auch für Windows 2000/XP?

Ja, sogar von Microsoft selbst, im Resource Kit zu Windows 2000. Es nennt sich wntipcfg, das Sie bei Microsoft unter *www.microsoft.com/windows2000/techinfo/ reskit/tools/existing/wntipcfg-o.asp* herunterladen können. Sie können es auch unter Windows XP einsetzen.

Sie finden wntipcfg im Verzeichnis *Programme\ Resource Kit*. Klicken Sie es an.

Falls Ihnen der Name winipcfg so vertraut ist und Sie diesen auch unter Windows 2000/XP beibehalten möchten, nennen Sie die Datei *wntipcfg.exe* im Verzeichnis *Programme\Resource Kit* einfach in *winipcfg.exe* um und kopieren die Datei ins Verzeichnis *Windows\System32*, damit

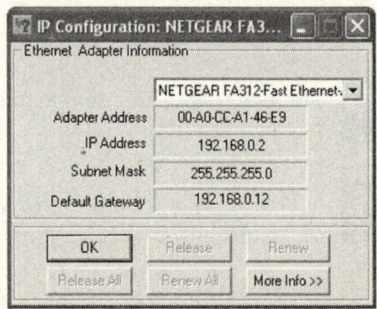

31.2 TRICKS UND TOOLS IM NETZWERK   **881**

Sie winipcfg (wntipcfg) einfach mit *winipcfg* (bzw. *wntipcfg*, wenn Sie es nicht umbenennen) unter *Start/Ausführen* starten können.

Verzeichnisse ohne Netzlaufwerke von einem PC im Netzwerk auf einen anderen PC in der Eingabeaufforderung kopieren

? Gibt es keine einfachere Methode, Verzeichnisse von einem PC im Netzwerk auf einen anderen in der Eingabeaufforderung zu kopieren als über Netzlaufwerke? Es gibt zu wenig Buchstaben!

! Ja, das gibt es. Sie brauchen kein Netzlaufwerk, um eine Freigabe im Netzwerk auf eine andere in der Eingabeaufforderung zu kopieren.

Geben Sie einfach in der Eingabeaufforderung ein:

    xcopy \\pc-xppro\shareddocs \\pc3\shareddocs\backup\pc-xppro /s /v

um das Verzeichnis (die Freigabe) *SharedDocs* vom PC *pc-xppro* auf das Unterverzeichnis *backup\pc-xppro* der Freigabe *SharedDocs* von *pc3* zu kopieren.

Das ist sehr praktisch, wenn Sie Batchdateien schreiben, mit denen Sie bestimmte Freigaben der PCs im Netzwerk auf andere spiegeln (z. B. zur Datensicherung). Probieren Sie mal *xcopy* mit den Optionen */s /e /h /r /v* (Eselsbrücke: das Wort **sehr** sowie **viel**).

Verborgenes Backup-Programm von Windows XP Home installieren

? In Windows XP Home soll es ein Backup-Programm geben, mit dem man auch Daten im Netzwerk sichern kann. Wo ist das?

! Dieses Backup-Programm (*Sicherung* genannt) ist werkseitig unter Windows XP Home nicht installiert, Sie können es aber von der Windows XP-CD nachinstallieren. Auf der CD befindet sich im Verzeichnis *Valueadd\Msft\Ntbackup* eine Datei *Ntbackup.msi*, mit der Sie das Programm Sicherung nachinstallieren können.

Mit dem Programm Sicherung können Sie Dateifreigaben auf ein Bandlaufwerk (Streamer, DAT-/DDS-Laufwerk) oder auch auf Laufwerke, z. B. Festplatten oder Wechsellaufwerke (z. B. CD-RW, DVD-RAM, ZIP, JAZ etc.), sichern und wiederherstellen.

Sie starten das Programm Sicherung unter *Start/Programme/Zubehör* oder einfach durch die Eingabe von „ntbackup" unter *Start/Ausführen*.

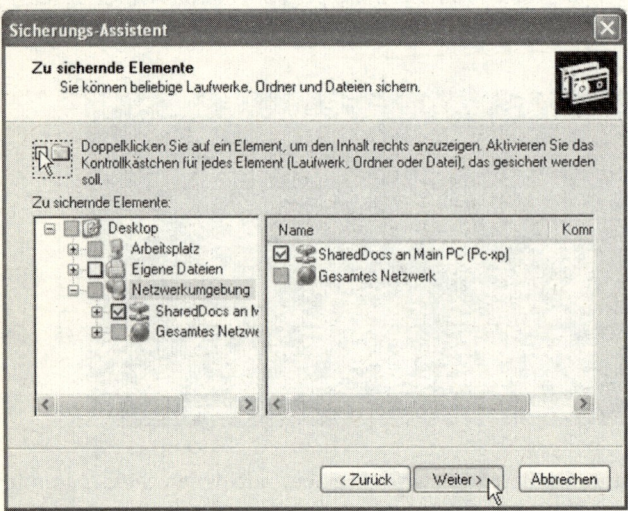

Sie können die Sicherung auch zu einem bestimmten Zeitpunkt automatisch ausführen lassen, z. B. jede Woche ab einer bestimmten Uhrzeit.

Mit Nero Verzeichnisse aus dem Netzwerk brennen

? Warum kann man mit Nero keine Verzeichnisse aus dem Netzwerk brennen?

! Im Dateibrowser von Nero wird die Netzwerkumgebung nicht angezeigt. Sie können aber einfach ein Netzlaufwerk zu einer Freigabe, die Sie auf CD brennen möchten, erzeugen. Dann geht es.

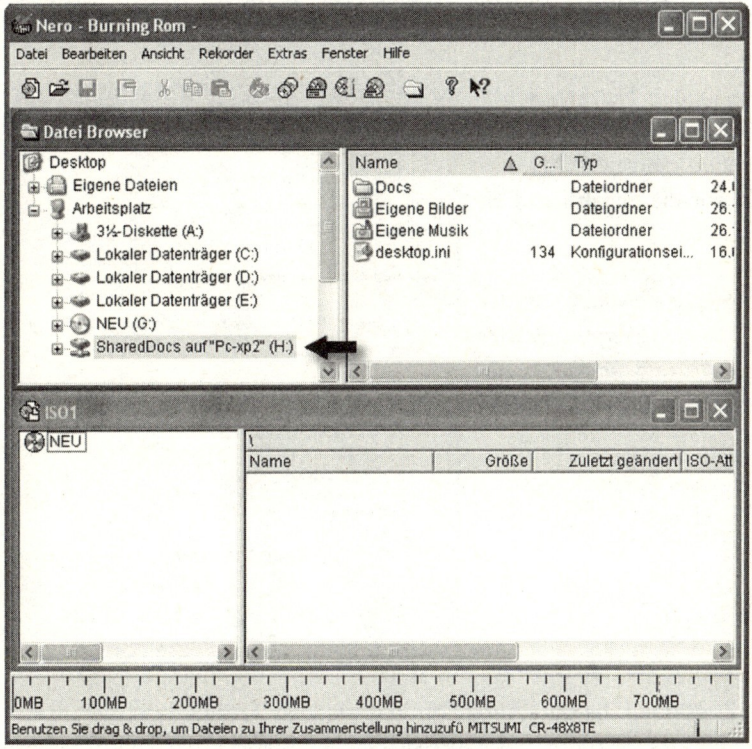

31.3 Richtige Konfiguration für Netzwerkgames
Unter Windows XP verhindern, dass Mitspieler beim Spielen Freigaben ausspionieren

Wie verhindert man beim Zocken unter Windows XP, dass ein Mitspieler die Freigaben ausspionieren kann?

Am einfachsten deaktivieren Sie wie folgt die gesamte Datei- und Druckerfreigabe an diesem Windows XP-PC für die Dauer der Spielsession.

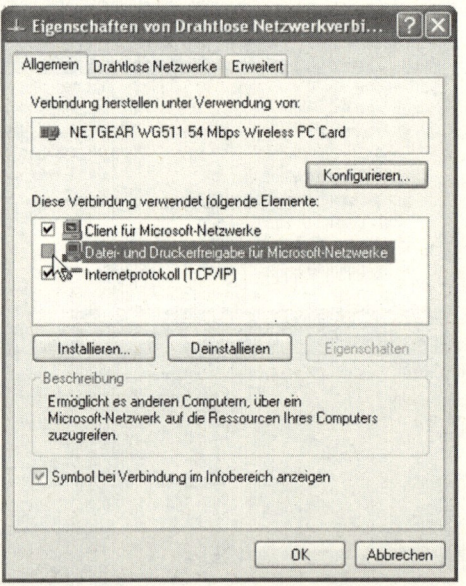

1. Klicken Sie in den *Netzwerkverbindungen* oder in der Taskleiste auf das Symbol der Netzwerkkarte/WLAN-Karte und danach auf die Schaltfläche *Eigenschaften*.

2. Entfernen Sie den Haken vor der Zeile *Datei- und Druckerfreigabe für Microsoft-Netzwerke* und schließen Sie alle Fenster mit der Schaltfläche *OK* bzw. *Schließen*.

Sie haben den Zugriff auf die Datei- und Druckerfreigaben Ihres PCs mit diesem Haken völlig abgeblockt. Der Zugriff auf die Freigaben anderer PCs, der Zugriff auf das Internet und der auf Games sind aber noch möglich. Falls Sie nach dem Zocken Ihre Freigabe wieder zugänglich machen möchten, setzen Sie an dieser Stelle einfach den Haken wieder.

Probleme mit IPX/SPX (für ältere Spiele) lösen

? Ich habe für ein älteres Spiel IPX/SPX installiert. Was kann man tun, wenn die Verbindung einfach nicht zu Stande kommt?

! Bei Problemen mit IPX/SPX können Sie mit folgenden Einstellungen das Problem unter Windows XP lösen:

1. Aktivieren Sie bei den *Eigenschaften der LAN-Verbindung*, wo Sie IPX/SPX installiert haben, die Zeile *NWLink IPX/SPX-NetBIOS-kompatibles Transportprotokoll*.

2. Klicken Sie auf die Schaltfläche *Eigenschaften* und ändern Sie unter *Rahmentyp* die Einstellung von *Automatische Erkennung* auf z. B. *Ethernet 802.2*. Schließen das und das nachfolgende Fenster mit *OK*.

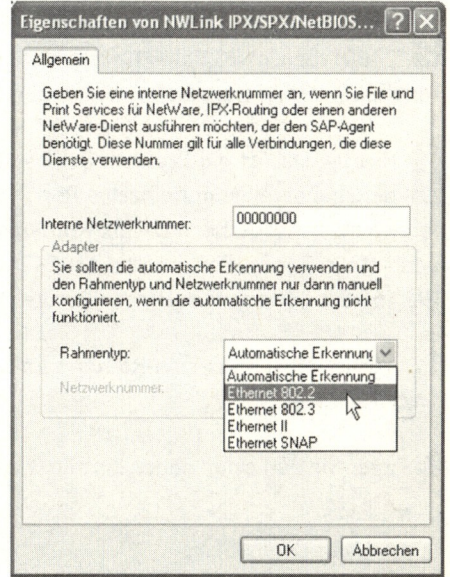

Bei Windows 98/ME aktivieren Sie unter *Start/Einstellungen/Systemsteuerung/Netzwerk/Konfiguration* die Zeile *IPX/SPX-kompatibles Protokoll* und klicken auf die Schaltfläche *Eigenschaften*. Hier können Sie im Register *Erweitert* mit der Schaltfläche *Eigenschaft* unter *Rahmentyp* den Wert *Auto* auf z. B. *Ethernet 802.2* ändern.

Neben dem Wert *Ethernet 802.2* können Sie auch einen der anderen Rahmentypen ausprobieren, z. B. *Ethernet 802.3*. Sie müssen dann aber alle PCs bei *Rahmentyp* von *Auto* auf diesen festen Wert umstellen.

Praktisch alle heutigen Netzwerkspiele unterstützen neben IPX/SPX auch das Internetprotokoll (TCP/IP), das Sie für die Internetspiele im Multiplayer-Modus auf jeden Fall benötigen. Deinstallieren Sie IPX/SPX dann und benutzen Sie besser das Internetprotokoll (TCP/IP).

31.4 Onlinegames im Netzwerk spielen
Für Onlinegames im D-Link-Router einen Portbereich (z. B. 2300–2400) für einen Spiele-PC freischalten

? Ich muss für mein Onlinegame im D-Link-Router einen Portbereich (z. B. 2300–2400) für einen Spiele-PC freischalten, damit es funktioniert. Leider kann ich da nur einzelne Ports freischalten. Was kann ich tun?

! Richtig. Das ist ein Problem bei Routern, die den Menüpunkt *Virtual Server* haben, bei dem Sie nur einzelne Ports freischalten können. Das ist bei einem Portbereich aussichtslos. Beim D-Link-Router können Sie aber folgenden Trick anwenden, wenn Sie z. B. den Portbereich 2300–2400 an den Spiele-PC mit der IP-Nummer 192.168.0.2 weiterleiten (also freischalten) möchten:

1. Wechseln Sie im D-Link-Router zum Menüpunkt *Advanced/Firewall* (nicht *Advanced/Virtual Server*).

2. Fügen Sie nun einen neuen Eintrag wie folgt unter *Firewall Rules* ein:

- *Enabled*
- *Name Online-Game*
- *Action Allow*
- *Source WAN*
- *IP Range Start **
- *Destination LAN*
- *IP Range Start 192.168.0.2*
- *Protocol **
- *Port Range 2300 - 2400*
- *Schedule Always*

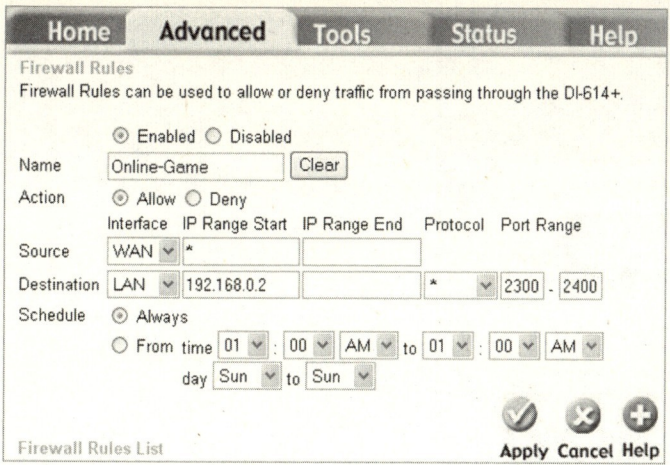

Falls Sie für das Onlinegame noch weitere Ports bzw. Portbereiche benötigen, fügen Sie einfach noch einen solchen Eintrag hinzu.

Komplizierte Konfiguration des Routers für Onlinegames vermeiden

Gibt es keine einfachere Möglichkeit, Onlinegames im Router für den Spiele-PC freizuschalten?

Ja. Falls Sie ein Onlinegame spielen, das von DirectPlay unterstützt wird, können Sie unter Windows XP von den Vorteilen des so genannten UPnP Gebrauch machen. Dazu benötigen Sie einen Router, der UPnP unterstützt (das tun alle modernen Router bereits). Unter Windows XP und im Router sollte UPnP aktiviert sein. Die korrekte UPnP-Unterstützung erkennen Sie am Symbol *Internetverbindung* unter *Internetgateway* in Windows XP.

Klicken Sie in der Taskleiste oder in den *Netzwerkverbindungen* unter *Internetgateway* auf das Symbol *Internetverbindung*, dann auf die Schaltfläche *Eigenschaften* und auf die Schaltfläche *Einstellungen*; Sie können sehen, dass die entsprechenden Einstellungen automatisch freigeschaltet wurden (Beispiel: Siedler III und höher).

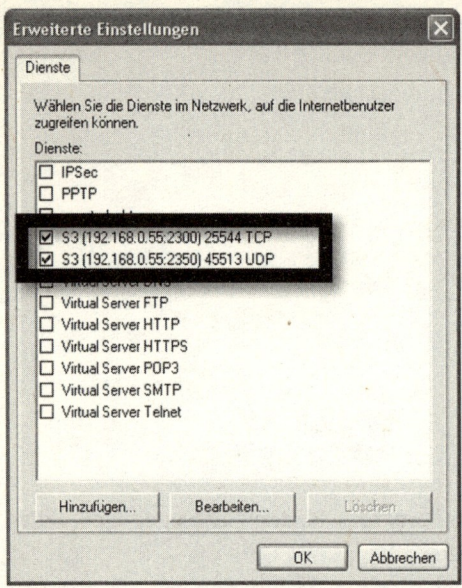

Bei anderen Onlinegames, die nicht UPnP-unterstützt sind, können Sie folgenden Trick anwenden, falls der Spiele-PC z. B. die IP-Nummer 192.168.0.2 besitzt:

Aktivieren Sie die Option *DMZ Server* oder *DMZ* für die IP-Nummer 192.168.0.2. Das finden Sie in allen Routern, z. B. bei D-Link-Routern unter *Advanced/DMZ*, wo Sie neben dem Feld *IP Address* die IP-Nummer des Spiele-PCs, hier 192.168.0.2, angeben können.

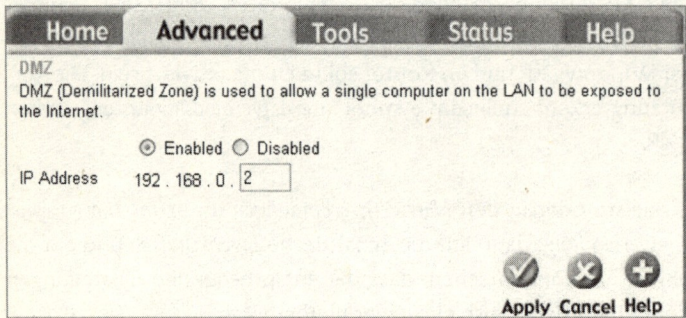

Bei Netgear-Routern finden Sie diese Option unter *Advanced/WAN Setup* mit der Option *Default DMZ Server*.

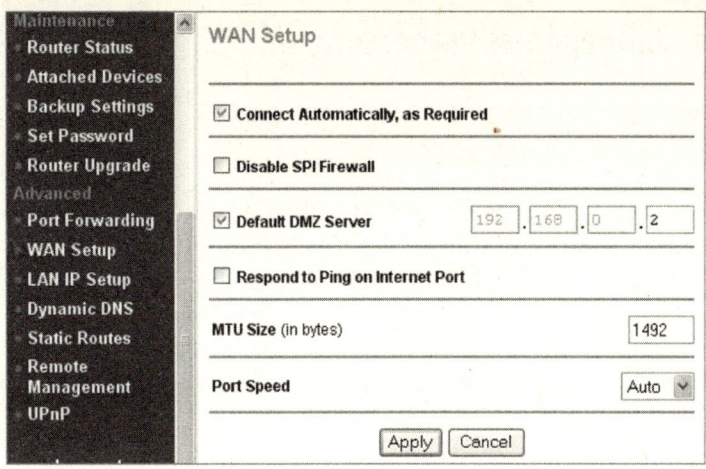

Bei Routern, die diese Option scheinbar nicht besitzen (z. B. Zyxel-Router), wählen Sie unter *NAT Edit SUA/NAT Server Set* die Option *All Ports* für *Start Port No.* und *End Port No.*, wobei Sie unter *IP Address* die IP-Nummer des Spiele-PCs (hier 192.168.0.2) eingeben.

▭▶ ***Die Firewall von Zyxel-Routern beachten*** ▭▶

Beachten Sie an dieser Stelle, dass Zyxel-Router noch durch eine Firewall geschützt sein können. Deaktivieren Sie im einfachsten die Firewall unter Advanced Setup/Firewall/Config, *damit der Spiele-PC einen Vollgriff erhält.*

Um aber die Firewall nicht komplett deaktivieren zu müssen, können Sie im einfachsten Fall im Menü unter Advanced Setup/Firewall/Rule Symmary, **unter** Internet to Local Network Set **und unter** Local Network to Internet Set **die Option unter** The default action for packets not matching following rules **auf** Forward **stellen.**

Bei anderen Routern wählen Sie unter *Port Mapping* oder *Port Forwarding* die entsprechende Option für *All Ports* und die IP-Nummer 192.168.0.2. Beachten Sie, dass der Spiele-PC mit dieser Einstellung nicht mehr von der Firewall-Funktion des Routers geschützt wird. Der Einsatz einer zusätzlichen Personal Firewall am Spiele-PC ist zu empfehlen.

Pingzeiten für Onlinegames verbessern

? Wie verbessert man schlechte Pingzeiten bei Onlinegames?

! Bei Onlinegames setzen vor allem die Pingzeiten Ihrer Internetverbindung, die bereits schlechter als andere sein können, eine Beschränkung. So haben Sie bei einer Modem- oder ISDN-Verbindung im Allgemeinen wesentlich schlechtere Pingzeiten als bei Kabel-Internet oder DSL. DSL-Anbieter verwenden ein Verfahren (Interleaving genannt), das die Pingzeiten stark verschlechtert (vergrößert). Achten Sie bei DSL-Anbietern darauf, dass sie gute Pingzeiten, DSL mit so genanntem Fastpath, anbieten.

Die Deutsche Telekom bzw. T-Com bietet bereits seit einiger Zeit gegen einen Aufpreis die Möglichkeit, auf T-DSL mit Fastpath umzustellen. Das gilt auch für die neuen, schnellen T-DSL-Varianten T-DSL 2000, T-DSL 3000 und 6000 mit 2,3 MBit/s bzw. 6 MBit/s.

Internet direkt unter Windows für alle freigeben

Internet (DSL/ISDN) unter Windows XP/ME/2000 freigeben und mitbenutzen	**892**
Feintuning der Internetfreigabe und Troubleshooting	**900**

32.1 Internet (DSL/ISDN) unter Windows XP/ME/ 2000 freigeben und mitbenutzen

DSL mit zweiter Netzwerkkarte unter Windows XP richtig freigeben

? Ich benutze DSL über eine zweite Netzwerkkarte, die ich unter Windows XP freigegeben habe. Leider funktioniert die Internetfreigabe trotzdem nicht. Woran könnte es liegen?

! Sie können die DSL-Verbindung mit oder ohne den Assistenten von XP freigeben. Leider bewirkt gerade der Assistent von XP eine unnötige so genannte Netzwerkbrücke unter Windows XP, die Sie nicht benötigen und die sogar zu Störungen führt. (Beispiel: Die Netzwerkverbindung zu einem PC wird genau dann getrennt, wenn die DSL-Verbindung unterbrochen wird.)

Der Fehler liegt aber bei Ihnen: Sie müssen nicht die zweite Netzwerkkarte, sondern die DFÜ-Verbindung (genauer: unter *Breitband* oder *DFÜ*), also die Verbindung, die Sie manuell anklicken, um eine DSL-Verbindung aufzubauen, freigeben.

Bevor Sie die DSL-Verbindung richtig freigeben, entfernen Sie alle unnötigen Haken bei den *Eigenschaften von [DSL-Netzwerkkarte]*. Das vereinfacht die Internetfreigabe und stellt Hänger und Wartezeiten beim Booten oder Surfen ab!

Sollten Sie also den Assistenten von XP benutzen (ist außer für die erste Netzwerkkonfiguration gerade bei DSL nicht der beste Weg), müssen Sie im Fenster *Wählen Sie Ihre Internetverbindung aus der folgenden Liste* die DFÜ-Verbindung (hier *dsl* genannt) und nicht die DSL-Netzwerkkarte (hier *DSL-Anschluss* genannt) auswählen.

32.1 INTERNET UNTER WINDOWS XP/ME/2000 FREIGEBEN UND MITBENUTZEN **893**

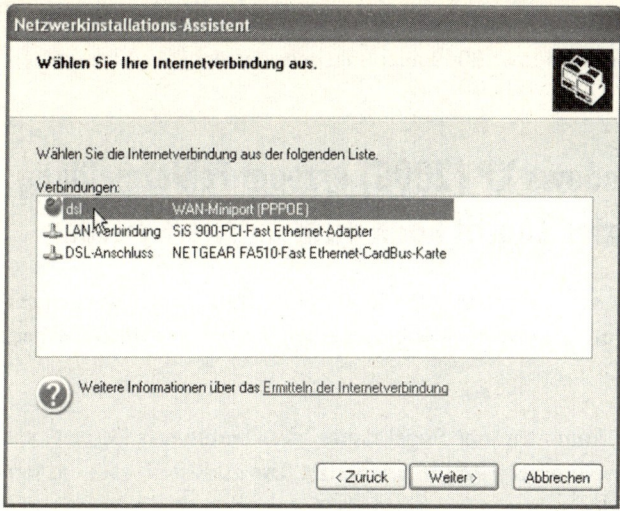

Klicken Sie am besten im Fenster *Der Computer verfügt über mehrere Verbindungen* die Option *Verbindung über Netzwerk manuell wählen* an und setzen Sie unter *Wählen Sie die zu überbrückenden Verbindungen aus* nur einen Haken bei der Netzwerkkarte/WLAN-Karte (nicht bei der DSL-Netzwerkkarte).

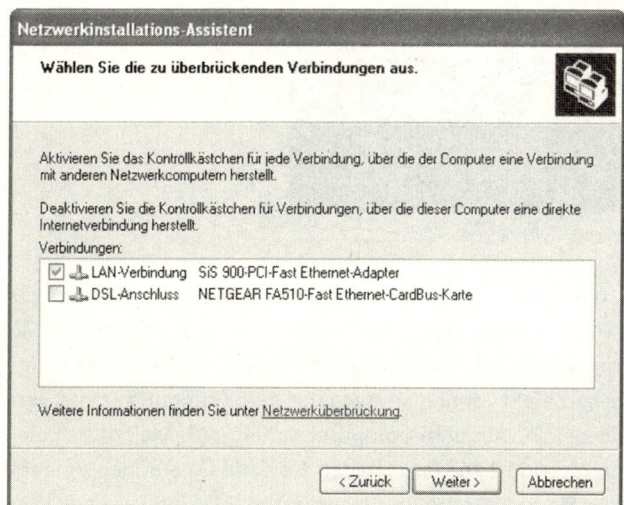

Viel einfacher geben Sie die DSL-Verbindung (*dsl*) frei, wenn Sie manuell bei den *Eigenschaften der DSL-Verbindung* nach einem Rechtsklick mit der Maustaste im Register

Erweitert unter *Gemeinsame Nutzung der Internetverbindung* alle entsprechenden Haken setzen, so wie Sie das unter Windows 2000 auch machen müssen. Da gibt es keinen Assistenten wie unter XP.

Freigabe unter Windows XP (2000) erzeugt Fehlermeldung: Gemeinsam genutzter Zugriff kann nicht aktiviert werden

? Das Internet kann unter Windows XP (2000) nicht freigegeben werden. Es kommt die Fehlermeldung: *Gemeinsam genutzter Zugriff kann nicht aktiviert werden.* Was kann man dagegen tun?

! Diese Fehlermeldung kommt in der Regel daher, dass bereits ein PC bzw. ein Netzwerkgerät die IP-Nummer 192.168.0.1 besitzt. Um zu testen, dass das der Fall ist, machen Sie Folgendes:

1. Geben Sie unter *Start/Ausführen* „cmd" gefolgt von der [Enter]-Taste ein.

2. In der Eingabeaufforderung geben Sie „ping 192.168.0.1" gefolgt von der [Enter]-Taste ein. Dort sollten vier Zeilen *Antwort von ...* erscheinen.

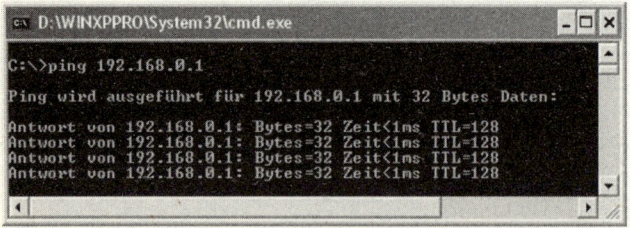

Sie müssen dafür sorgen, dass kein PC (oder Gerät) im Netzwerk die IP-Nummer 192.168.0.1 hat. Um den PC zu finden, dem diese IP-Nummer gehört, schauen Sie einfach in der Netzwerkumgebung nach, welche PCs sich gerade im Netzwerk befinden. Den eben benutzten *ping*-Befehl können Sie auch mit dem Computernamen verwenden, also „ping pc3" für den PC mit dem Computernamen *„pc3"*. Meldet sich dieser PC mit den Zeilen *Antwort von 192.168.0.1...*, haben Sie den PC gefunden. Ändern Sie dort die IP-Nummer, falls Sie das Internet mit einer festen IP-Nummer am PC benutzen möchten, so wie auf Seite 897 beschrieben.

In der Regel ist die Einstellung *IP-Adresse automatisch beziehen* auf jedem PC im Netzwerk (außer dem Freigabe-PC) am einfachsten, weil der Freigabe-PC die IP-Nummern automatisch vergibt.

Aktivieren Sie im Fenster *Eigenschaften von Internetprotokoll (TCP/IP)*, in dem Sie die IP-Nummer zugewiesen haben, die Optionen *IP-Adresse automatisch beziehen* und *DNS-Serveradresse automatisch beziehen*.

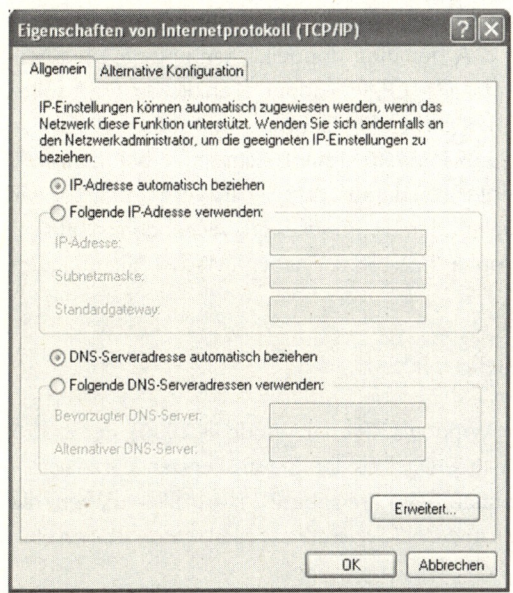

Falls Sie keinen PC finden, der die IP-Nummer 192.168.0.1 hat, besitzt diese IP-Nummer ein Netzwerkgerät im Netzwerk. Das ist in der Regel ein Router (für DSL/Kabel/Internet). Sie brauchen aber die Internetfreigabe von Windows XP nicht zu verwenden, wenn Sie einen solche Router haben. Konfigurieren Sie dort die Internetverbindung. Im anderen Fall entfernen Sie den Router vom Netzwerk oder ändern die IP-Nummer.

Internetfreigabe von Windows XP (2000) funktioniert nicht

 Die Internetfreigabe von Windows XP (2000) funktioniert einfach nicht! Im Browser erscheint immer nur *Diese Seite kann nicht angezeigt werden*. Was kann man dagegen tun?

! Haben Sie eine erfolgreiche Internetverbindung mit einer DFÜ-Verbindung (auch DSL-Verbindung) hergestellt, testen Sie mal folgende Einstellungen, die häufig der Grund für ein Versagen der Internetbenutzung der Internetfreigabe ist:

Am PC, der das Internet freigibt, stellen Sie ein:

1. Öffnen Sie beim Freigabe-PC (der PC, der das Internet freigibt) das Fenster *Eigenschaften von Internetprotokoll (TCP/IP)*, indem Sie in den *Netzwerkverbindungen* auf das Symbol der Netzwerkkarte (bei mehreren Netzwerkkarten, die mit dem Heimnetzwerk verbunden ist!), *LAN-Verbindung* o. Ä. genannt, doppelklicken und die Schaltflächen *Eigenschaften* und dann *Internetprotokoll (TCP/IP)* (doppelt) anklicken. Dort sollte nur die Option *Folgende IP-Adresse verwenden* aktiviert sein und unter *IP-Adresse* 192.168.0.1 und unter *Subnetzmaske* 255.255.255.0 stehen. Achten Sie bei mehreren Netzwerkkarten (bei DSL oder Kabel-Internet) darauf, dass Sie als Verbindung für das Heimnetzwerk Ihre Netzwerkkarte, die mit dem Heimnetzwerk verbunden ist, ausgewählt haben. Nur sie sollte die IP-Nummer 192.168.0.1 haben! Machen Sie nun zum Testen eine manuelle Interneteinwahl.

Am PC, der das Internet mitbenutzt, stellen Sie ein:

2. Gehen Sie zum PC (als Beispiel hier Windows XP oder Windows 2000), der das Internet mitbenutzen soll (Mitbenutzer-PC). Dort stellen Sie im Fenster *Eigenschaften von Internetprotokoll (TCP/IP)*, das Sie eben beim Freigabe-PC kontrolliert haben, die Optionen *IP-Adresse automatisch beziehen* und *DNS-Serveradresse automatisch beziehen* ein.

3. Klicken Sie auf das Symbol der Netzwerkkarte und wechseln Sie zum Register *Netzwerkunterstützung*. Da sollte *Von DHCP zugewiesen* und neben *Standardgateway* 192.168.0.1 stehen. Stehen dort lauter Nullen oder eine IP-Nummer der Form 169.254.X.X, klicken Sie auf die Schaltfläche *Reparieren* links unten und warten etwas (kann dauern!). Nun sollte es klappen. Öffnen Sie den Browser, und Sie sind im Internet.

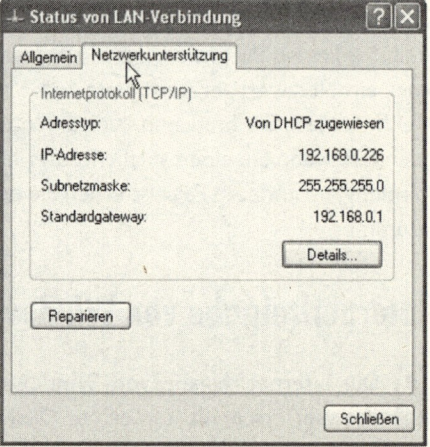

So kann ein Windows 2000-/XP-PC mit einer festen IP-Nummer das Internet mitbenutzen

? Wie kann man unter Windows XP das Internet mit einer festen IP-Nummer mitbenutzen? Das funktioniert gar nicht!

! Sie müssen Ihre Einstellung um das Folgende ergänzen, damit das Internet funktioniert:

1. Ergänzen Sie bei den *Eigenschaften von Internetprotokoll (TCP/IP)* unter *Standardgateway* und *Bevorzugter DNS-Server* die IP-Nummer *192.168.0.1*. Das ist die IP-Nummer des PCs, der das Internet freigibt.

2. Schließen Sie anschließend das Fenster.

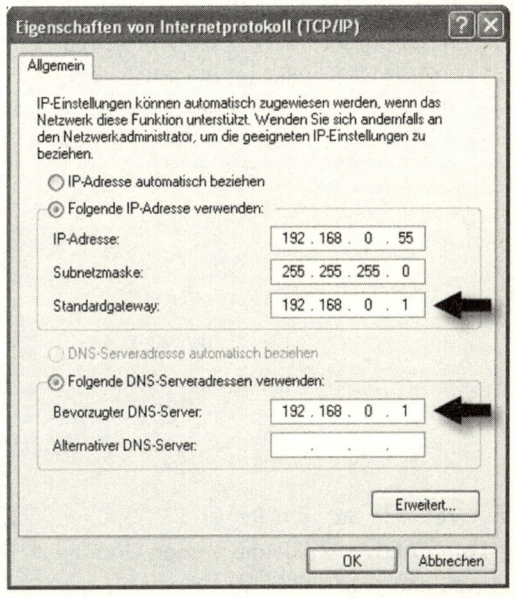

Genauso können Sie unter Windows 2000 verfahren, das Sie bis auf kleine optische Unterschiede für die Netzwerkkarte *LAN-Verbindung* bei den *Netzwerk- und DFÜ-Verbindungen* so einstellen können.

▶ So verhindern Sie kurzeitig eine Verbindung zum Internet ◀

Falls Sie einmal für eine gewisse Zeit verhindern möchten, dass der PC, der das Internet mitbenutzt, eine Verbindung zum Internet aufbauen kann, ändern Sie einfach für diese Zeit die IP-Nummer unter Standardgateway *ab, z. B. auf 192.168.0.254, also nur die letzte Zahl 1 in z. B. 254. Das geht während des laufenden Betriebs. Das könnten Sie auch für den* Bevorzugten DNS-Server *machen, ein falsches Standardgateway verhindert aber bereits eine Verbindung zum Internet. (Deswegen funktionierte Internet ja mit Ihrer Einstellung nicht). Diese Einstellung wirkt sofort ohne einen Neustart.*

So kann ein Windows 98-/ME-PC mit einer festen IP-Nummer das Internet mitbenutzen

? Wie kann man unter Windows 98/ME das Internet mit einer festen IP-Nummer mitbenutzen? Das funktioniert gar nicht!

! Sie müssen Ihre Einstellung um das Folgende ergänzen, damit das Internet funktioniert:

1. Wechseln Sie zum Register *Gateway*. Geben Sie unter *Neuer Gateway* „192.168.0.1" ein und klicken Sie auf die Schaltfläche *Hinzufügen*.

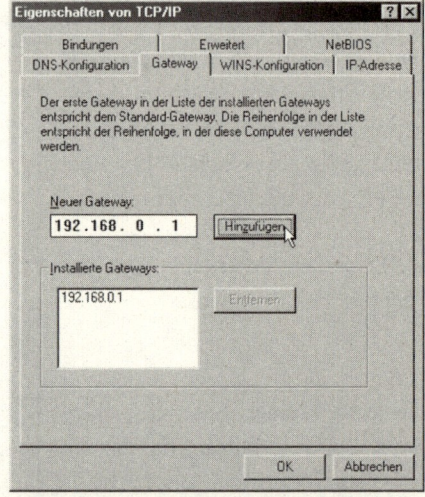

2. Wechseln Sie zum Register *DNS-Konfiguration*. Aktivieren Sie die Option *DNS aktivieren* und geben Sie unter *Host* z. B. „pc-98" (den Computernamen) ein. Geben Sie die IP-Adresse „192.168.0.1" unter *Suchreihenfolge für DNS-Server* ein und klicken Sie auf die Schaltfläche *Hinzufügen*.

3. Schließen Sie alle Fenster und machen Sie einen Neustart.

Die Mitbenutzung der Internetfreigabe funktioniert nur, wenn eine feste IP-Nummer zugewiesen wurde

? Die Mitbenutzung der Internetfreigabe von Windows XP funktioniert nicht, jedoch komischerweise nur dann, wenn man – wie beschrieben – eine feste IP-Nummer verwendet. Das soll aber automatisch gehen! Wie löst man das Problem?

! Machen Sie am PC (Beispiel Windows XP oder Windows 2000), der das Internet mitbenutzen soll, folgende Einstellungen:

1. Geben Sie unter *Start/Ausführen* „cmd" gefolgt von der (Enter)-Taste ein.

2. Geben Sie in der Eingabeaufforderung „net stop dhcp" gefolgt von der (Enter)-Taste und dann „net start dhcp" gefolgt von der (Enter)-Taste ein. Kommt bei der zweiten Eingabe von *net...* keine Fehlermeldung, warten Sie etwas und schauen nach, ob vom Freigabe-PC nun eine IP-Nummer (der Form 192.168.0.X) automatisch zugewiesen wurde, was Sie so ablesen können, wie es auf Seite 896 beschrieben wird.

3. Erhalten Sie eine Fehlermeldung, geben Sie unter *Start/Ausführen* „services.msc" gefolgt von der (Enter)-Taste ein. Suchen Sie die Zeile *DHCP-Client* und öffnen Sie das folgende Fenster mit einem Doppelklick.

4. Wählen Sie unter *Starttyp* die Option *Automatisch* und klicken Sie auf die Schaltfläche *Übernehmen* und dann auf die Schaltflächen *Starten* und *OK*. Schauen Sie nun nach, ob die IP-Nummer vom Freigabe-PC automatisch zugewiesen wurde.

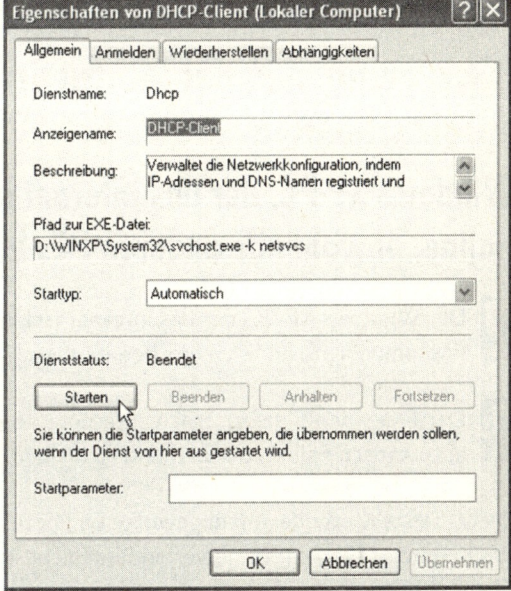

AOL-DSL-Freigabe funktioniert nicht wegen Einwahlproblemen

? Ich versuche, AOL-DSL freizugeben, aber die Einwahl klappt nicht. Woran könnte das liegen?

! Der DSL-Benutzername zur AOL-Einwahl ist sehr wahrscheinlich falsch. Er ist *aolname@de.aol.com*. Weitere Informationen finden Sie auf Seite 914.

T-Online-DSL-Freigabe funktioniert nicht wegen Einwahlproblemen

? Ich versuche, T-Online-DSL freizugeben, aber die Einwahl klappt nicht. Woran könnte das liegen?

! Der DSL-Benutzername zur T-Online-Einwahl ist sehr wahrscheinlich falsch. Weitere Informationen finden Sie auf Seite 913.

32.2 Feintuning der Internetfreigabe und Troubleshooting

Windows XP-PC, der das Internet freigibt, bleibt zu lange online, obwohl alle anderen PCs bereits ausgeschaltet sind

? Der Windows XP-PC, der das Internet freigibt (Freigabe-PC), bleibt zu lange online, obwohl alle anderen PCs bereits ausgeschaltet sind. Woran liegt das?

! Der Freigabe-PC selbst erhält Internetanforderungen und hat eine Einstellung, automatisch online zu gehen und zu bleiben.

Die sicherste Methode, um ungewollte Onlinezeiten zu vermeiden, wäre es, wenn Sie das Kennwort für die Internetverbindung nicht speichern würden, was man bei einem Einzelplatz immer aus Sicherheitsgründen gern empfiehlt. Allerdings ist diese Lösung bei der Internetfreigabe nicht sinnvoll, weil die PCs im Netzwerk das Kennwort nicht eingeben können.

Ansonsten kontrollieren Sie folgende Einstellungen:

1. Klicken Sie in den *Netzwerkverbindungen* mit der rechten Maustaste auf das Symbol der Internetverbindung und wählen Sie im Kontextmenü *Als Standardverbindung aufheben* aus.

2. Wechseln Sie im Internet Explorer unter *Extras* oder *Start/Systemsteuerung/Netzwerk- und Internetverbindungen* zu den *Internetoptionen*.

3. Auf der Registerkarte *Verbindungen* wählen Sie in der Mitte die Option *keine Verbindung wählen*.

Windows XP-PC, der das Internet freigibt, kann nicht auf einem anderen XP-PC manuell online und offline geschaltet werden

Ich möchte den Windows XP-PC, der das Internet freigibt (Freigabe-PC), auf einem anderen Windows XP-PC manuell online und offline schalten, aber das Symbol unter *Internetgateway* ist weg!

Dieses Symbol wird durch das so genannte UPnP (**U**niversal **P**lug and **P**lay) zur Verfügung gestellt, das sehr wahrscheinlich deaktiviert wurde. Wohlmeinende Tuning- oder Sicherheitstools können das verursacht haben. Kontrollieren Sie folgende Einstellungen auf dem Freigabe-PC und dem Windows-PC, der das Internet mitbenutzt.

1. Klicken Sie unter *Start/Systemsteuerung/Leistung und Wartung/Verwaltung* auf das Symbol *Dienste* oder geben Sie unter *Start/Ausführen* „services.msc" gefolgt von der Enter -Taste ein.

2. Suchen Sie im Fenster rechts die Zeile *SSDP-Suchdienst* und öffnen Sie das folgende Fenster mit einem Doppelklick.

3. Wählen Sie unter *Starttyp* die Option *Automatisch* und klicken Sie auf die Schaltfläche *Übernehmen*.

4. Schließen Sie das Fenster, aktivieren Sie die Zeile *Universeller Plug & Play-Gerätehost* und öffnen Sie diese mit einem Doppelklick.

5. Wiederholen Sie genau das, was Sie für die vorherige Zeile *SSDP-Suchdienst* ausgeführt haben. Schließen Sie das Fenster *Dienste* und machen Sie einen Neustart.

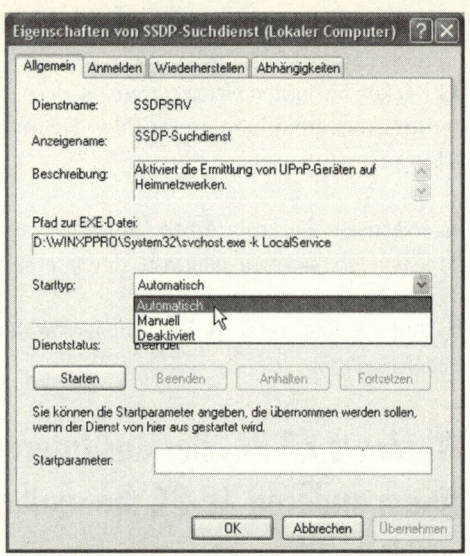

Sie können zum Aktivieren von UPnP auch das kostenlose Tool UnPlug n' Pray von S. Gibson, das Sie unter *https://grc.com/unpnp/unpnp.htm* herunterladen können, verwenden. Beachten Sie, dass Windows XP im Auslieferungszustand (ohne SP1 und höher oder einen UPnP-Sicherheitspatch) ein großes Sicherheitsloch bei UPnP besitzt. Weitere Details siehe Kapitel 34.

Windows XP-PC, der das Internet freigibt, kann nicht auf einem ME-PC manuell online und offline geschaltet werden

? Wie kann man den Windows XP-PC, der das Internet freigibt, auf einem anderen Windows ME-PC manuell online und offline schalten, wenn das Verbindungssymbol in der Taskleiste weg ist? Wie bekommt man es wieder?

! Dieses Symbol wird durch das so genannte UPnP (**U**niversal **P**lug and **P**lay) zur Verfügung gestellt, das sehr wahrscheinlich deaktiviert wurde. Wohlmeinende Tuning- oder Sicherheitstools können das verursacht haben. Kontrollieren Sie die Einstellungen des Windows XP-PCs (der das Internet freigibt), so wie das auf Seite 901 beschrieben wird.

Für den Windows ME-PC (der das Internet mitbenutzt) können Sie zum Aktivieren von UPnP das kostenlose Tool UnPlug n' Pray von S. Gibson, das Sie unter *https://grc.com/unpnp/unpnp.htm* herunterladen können, verwenden. Beachten Sie, dass Windows XP im Auslieferungszustand (ohne SP1 und höher oder einen UPnP-Sicherheitspatch) ein großes Sicherheitsloch bei UPnP besitzt. Weitere Details siehe Kapitel 34.

Symbol Internetgateway ist unter Windows XP SP2 weg

Das Symbol *Internetgateway* ist unter Windows XP SP2 (**S**ervice **P**ack 2) weg! Wie bekommt man es wieder?

Dieses Symbol wird bei Windows XP SP2 wegen der Windows-Firewall-Einstellungen nicht zu sehen sein.

1. Klicken Sie mit der rechten Maustaste auf das Symbol der Netzwerkkarte in der Taskleiste und wählen Sie im Kontextmenü *Windows-Firewalleinstellungen ändern* aus.

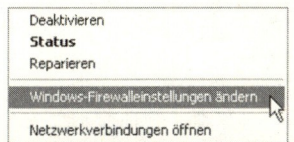

2. Auf der Registerkarte *Allgemein* können Sie entweder die Option *Inaktiv (nicht empfohlen)* aktivieren, was nicht ratsam ist, wenn Sie keine zusätzliche (Personal) Firewall einsetzen,

3. oder die Option *Aktiv (empfohlen)* aktivieren, wobei Sie den Haken bei *Keine Ausnahme zulassen* entfernen müssen.

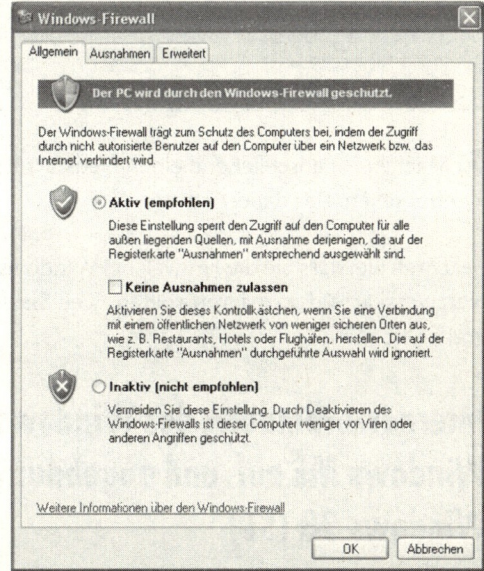

4. Wechseln Sie zum Register *Ausnahmen*. Da sollte die Zeile *UPnP-Framework* aktiviert sein. Der Haken bei *Datei- und Druckerfreigabe* erlaubt auch bei aktivierter Windows-Firewall ein Windows-Netzwerk.

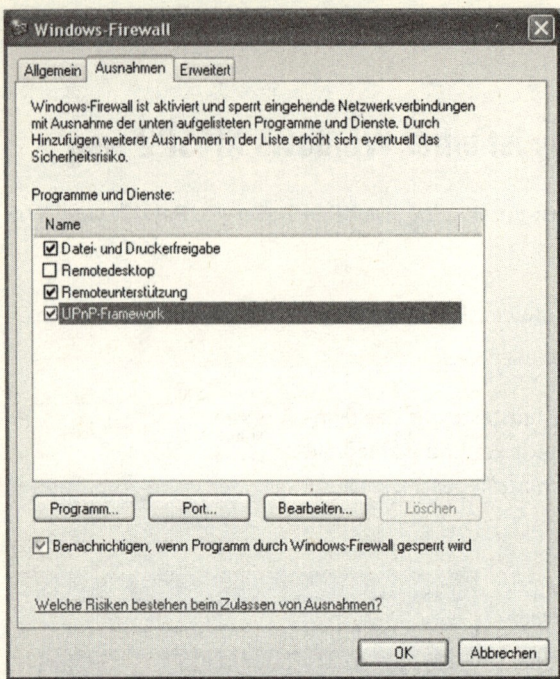

5. Machen Sie anschließend einen Neustart bzw. haben Sie etwas Geduld, bis Sie das Symbol sehen. Das dauert etwas.

Beachten Sie, dass Sie die Firewall bei Windows XP (vor dem **S**ervice **P**ack SP2) für die Netzwerkkarte deaktivieren sollten, weil Sie sonst nicht mehr auf Ihr Netzwerk zugreifen können.

Internetverbindung des Windows XP-PCs kann nur von Windows ME auf- und abgebaut werden, nicht von Windows 98 (SE)

Kann man unter Windows 98 (SE) die Internetverbindung des Windows XP-PCs nicht auf- und abbauen wie unter Windows ME?

Doch, das geht sogar! Voraussetzung dafür ist, dass Sie die Diskette zur Vernetzung von Windows 98 (SE) benutzt haben, die der Netzwerkinstallations-Assistent von Windows XP geschrieben hat. Machen Sie zusätzlich ein Update des Internet Explorer auf mindestens 5.01, also z. B. Internet Explorer 6 und höher.

Nach manueller Vernetzung von XP mit ME fehlt das Symbol der Internetverbindung von Windows XP unter Windows ME

Ich hatte vorher Windows 2000 mit Windows ME vernetzt und nun Windows 2000 auf Windows XP upgedatet. Warum fehlt das Verbindungssymbol der Internetverbindung von Windows XP unter Windows ME? Das müsste doch da sein!

Ganz einfach: Sie haben sicher Windows ME manuell unter *Systemsteuerung/Netzwerk* für das Netzwerk konfiguriert. Mit dieser Einstellung kann aber die Steuerung der Internetverbindung von Windows XP nicht funktionieren.

Starten Sie den Netzwerkinstallations-Assistenten von Windows XP, lassen Sie ihn durchlaufen und schreiben Sie die Netzwerkinstallationsdiskette. Starten Sie dann unter Windows ME das Programm netsetup.exe von der Diskette. Sie können übrigens die Datei *netsetup.exe* auch – ohne diese Diskette zu verwenden – unter *Windows\System32* finden, wenn mit *Windows* das Windows-Verzeichnis gemeint ist.

Sie finden das Windows-Verzeichnis, wenn Sie unter *Start/Ausführen* „cmd" gefolgt von der [Enter]-Taste und dann in der Eingabeaufforderung „echo %systemroot%" eingeben.

```
C:\>echo %systemroot%
C:\WINXPPRO

C:\>dir %systemroot%\system32\netsetup.exe
 Volume in Laufwerk C: hat keine Bezeichnung.
 Volumeseriennummer: 608F-7AA2

 Verzeichnis von C:\WINXPPRO\system32

12.03.2004  02:12          338.432 netsetup.exe
               1 Datei(en)        338.432 Bytes
               0 Verzeichnis(se)   6.113.189.888 Bytes frei

C:\>
```

Von Windows 2000 die Internetverbindung von Windows XP aufbauen

? Wie kommt man unter Windows 2000 ins Internet, wenn man von Windows 2000 aus die Internetverbindung von Windows XP gar nicht aufbauen kann?

! Sie können die Internetverbindungsfreigabe von Windows XP auch so einstellen, dass sich Windows XP ins Internet einwählt, wenn Windows 2000 ins Internet gehen möchte, also ohne die Internetverbindung unter Windows 2000 manuell aufzubauen, wie das unter Windows 98/ME/XP möglich ist.

Machen Sie folgende Einstellungen auf dem Windows XP-PC, der das Internet bereits freigegeben hat.

1. Klicken Sie mit der rechten Maustaste auf das Symbol der Netzwerkkarte und wählen Sie im Kontextmenü *Netzwerkverbindungen öffnen* aus, oder wählen Sie das Systemsteuerungssymbol *Netzwerkverbindungen* unter *Start/Systemsteuerung/Netzwerk- und Internetverbindungen*.

2. Klicken Sie mit der rechten Maustaste auf das Symbol der Internetverbindung, die Sie bereits freigegeben haben, und wählen Sie im Kontextmenü *Eigenschaften* aus.

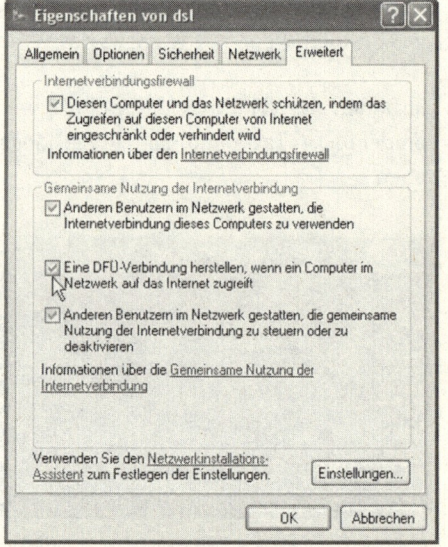

3. Wechseln Sie zum Register *Erweitert* und setzen Sie einen Haken bei *Eine DFÜ-Verbindung herstellen, wenn ein Computer im Netzwerk auf das Internet zugreift*.

Beachten Sie, dass Sie mit dieser Einstellung allen Programmen (Trojanern, Spyware, Windows selbst) auf irgendeinem PC im Netzwerk die Verbindung zum Internet jederzeit ermöglichen. Diese Einstellung sollten Sie mit Vorsicht genießen, wenn Sie bei Ihrer Internetverbindung keine Flatrate haben. Das kann sonst sehr teuer werden.

Windows XP ist ständig online, obwohl im Netz wenig gesurft wird

? Windows XP ist ständig online, obwohl im Netzwerk wenig gesurft wird. Wie kann man das vermeiden?

! Wenn der Windows XP-PC, der das Internet freigibt (Freigabe-PC), nicht selbst „von allein" ständig unkontrolliert eine Internetverbindung aufbaut, können Sie den PCs im Netzwerk den automatischen Internetverbindungsaufbau untersagen, wenn Sie die Option *Eine DFÜ-Verbindung herstellen, wenn ein Computer im Netzwerk auf das Internet zugreift* bei der Internetverbindung im Register *Erweitert* deaktivieren, so wie das umgekehrt im Vorherigen beschrieben ist.

Ist dort die Option *Anderen Benutzern im Netzwerk gestatten, die gemeinsame Nutzung der Internetverbindung zu steuern oder zu deaktivieren* aktiviert, können Sie für PCs im Netzwerk die Internetverbindung über das Symbol unter *Internetgateway* (oder in der Taskleiste bei Windows 98/ME) manuell auf- und abbauen.

PCs im Netzwerk kontrollieren und verhindern, dass selbsttätig Internetverbindungen hergestellt werden

? Der PC, auf dem das Internet freigegeben ist, geht ständig online. Wie kann man die PCs im Netzwerk kontrollieren und verhindern, dass selbsttätig Internetverbindungen hergestellt werden?

! Am einfachsten mit einem kostenlosen Programm, einer Personal Firewall wie ZoneAlarm von ZoneLabs (*www.zonelabs.com*).

ZoneAlarm stellt fest, welche Programme eine Internetverbindung aufbauen möchten, und meldet das.

Unter *Do you want to allow RealPlayer to access the Internet?* erfahren Sie, welches Programm, hier der RealPlayer, eine Verbindung mit dem Internet aufbauen möchte. Das können Sie mit der Schaltfläche *Yes* oder *No* erlauben oder nicht. Aktivieren Sie die Option *Remember this answer the next time I use this program*, merkt sich ZoneAlarm Ihre Einstellung. Durch ZoneAlarm erfahren Sie also nicht nur den Verursacher der unnötigen Onlinezeiten, sondern unterbinden diese dauerhaft.

(T)DSL mit Router gemeinsam nutzen

Konfiguration eines Routers für (T)DSL und Internet mitbenutzen	**910**
Feintuning und Troubleshooting	**916**
Homeserver (z. B. FTP- und Webserver) im Netzwerk benutzen	**927**
Probleme bei ICQ, MSN Messenger & Co., NetMeeting etc. lösen	**932**

Das folgende Kapitel schließt auch WLAN-Router mit ein. WLAN-Router sind Router, die einen so genannten WLAN-Access Point eingebaut haben, und sie benehmen sich als Router genauso wie herkömmliche (T)DSL-Router.

33.1 Konfiguration eines Routers für (T)DSL und Internet mitbenutzen

Router im Netzwerk in Windows XP nicht steuerbar

? Warum kann man den Router im Netzwerk nicht steuern, obwohl unter Windows XP die Option *Anderen Benutzern im Netzwerk gestatten, die gemeinsame Nutzung der Internetverbindung zu steuern ...* angeklickt wurde?

! Diese Einstellung steuert nur das Verhalten der Internetfreigabe direkt unter Windows XP, wenn Sie also die DSL-Verbindung unter Windows XP freigegeben haben, was voraussetzt, dass dieser PC direkt mit dem DSL-Modem verbunden ist.

So funktioniert aber das Aufteilen der DSL-Verbindung mithilfe eines Routers nicht. In ihm wird die DSL-Einwahl konfiguriert, und am Router wird der DSL-Anschluss angeschlossen. Entfernen Sie einfach die alte DSL-Verbindung auf Ihrem PC. Die Verbindung zum Router und damit die Internetmitbenutzung erfolgt direkt über die Netzwerkkarte/WLAN-Karte des PCs, so wie das im Folgenden beschrieben wird.

Wenn Sie mit dem Steuern des Routers z. B. das Auf- und Abbauen der DSL-Verbindung meinen, nutzen Sie beispielsweise das Tool RouterControl (siehe Seite 918). Ansonsten wird mit dieser Steuerung, die unter Windows XP für (UPnP-)Router angeboten wird, die Konfiguration des Routers ermöglicht, um z. B. gewisse Ports direkt im Netzwerk freizuschalten. Der Router benimmt sich da im Detail etwas anders als die Internetfreigabe von Windows XP.

Bei zwei PCs kann nur jeweils ein PC über einen Router online sein

? Ich versuche, zwei PCs über einen Router in DSL einwählen zu lassen. Leider kann nur jeweils ein PC online sein. Woran liegt das?

33.1 KONFIGURATION EINES ROUTERS FÜR (T)DSL UND INTERNET **911**

! Sie haben die Funktion des Routers gar nicht genutzt, sondern nur den darin eingebauten Hub. Sie müssen die PCs mit dem Router verbinden und den DSL-Anschluss mit dem Anschluss für das DSL-Modem (Aufschrift *WAN* oder *Internet*). Danach müssen Sie den Router gemäß Handbuch für die DSL-Einwahl zu Ihrem DSL-Provider konfigurieren. Im anderen Fall versuchen Sie eine Mehrfacheinwahl beider PCs, die bei vielen DSL-Providern nicht möglich ist.

Die IP-Nummer des Routers ermitteln

? Wie kriegt man die IP-Nummer des Routers heraus, wenn man sie vergessen hat oder nicht kennt?

! Falls Sie momentan noch Zugriff auf das Internet über den Router haben, können Sie unter Windows XP die Router-IP-Nummer wie folgt ablesen:

1. Öffnen Sie mit einem Doppelklick auf das Symbol der Netzwerkkarte/WLAN-Karte (in der Regel *LAN-Verbindung/Drahtlose Netzwerkverbindung* genannt) das folgende Statusfenster.

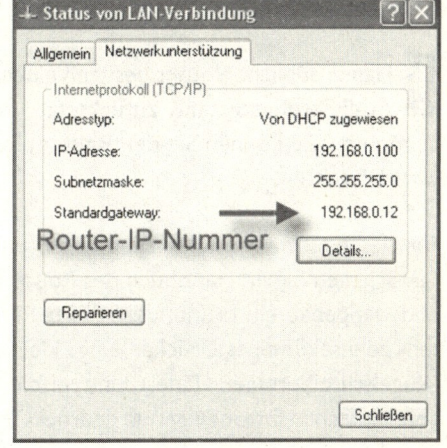

2. Wechseln Sie zum Register *Netzwerkunterstützung*. Dort können Sie die Router-IP-Nummer neben *Standardgateway* ablesen.

Unter Windows 2000/ME (und Windows XP) ermitteln Sie die Router-IP-Nummer, indem Sie in der Eingabeaufforderung „ipconfig" eingeben und bei der Netzwerkkarte/WLAN-Karte die IP-Nummer neben *Standardgateway* ablesen. Sehen Sie dort Ihre Netzwerkkarte nicht, geben Sie den erweiterten Befehl „ipconfig /ALL" in der Eingabeaufforderung ein. IPconfig brauchen Sie aber unter Windows XP nicht, wie Sie an der obigen Anzeige unter *Netzwerkunterstützung* sehen können.

Alternativ können Sie unter Windows 98/ME unter *Start/Aufführen* „winipcfg" eingeben. Dort finden Sie auch die Router-IP-Nummer unter *Standard-Gateway*. winipcfg ist nicht unter Windows XP/2000 verfügbar.

Wurde an diesem PC eine feste IP-Nummer fürs Windows-Netzwerk zugewiesen, entfernen Sie wie folgt diese Einstellung, damit der Router Ihre IP-Nummer übermitteln kann (das macht sie im Werkzustand):

1. Klicken Sie unter Windows 2000/XP in der Taskleiste auf das Symbol der Netzwerkkarte/WLAN-Karte, dann auf die Schaltfläche *Eigenschaften* und öffnen Sie mit einem Doppelklick auf die Zeile *Internetprotokoll (TCP/IP)* das Fenster *Eigenschaften von Internetprotokoll (TCP/IP)*.

2. Aktivieren Sie dort die Optionen *IP-Adresse automatisch beziehen* und *DNS-Serveradresse automatisch beziehen*.

Passwort des Routers vergessen – Was Sie tun können

Ich habe das Passwort des Routers vergessen. Wie kann ich den Router wieder konfigurieren?

Handelsübliche Router besitzen einen Menüpunkt, der den Router wieder in den Auslieferungszustand zurücksetzt und damit auch das Passwort des Routers. Dummerweise können Sie den Router nicht so zurücksetzen, weil Sie dafür das Passwort bräuchten.

Für diesen Notfall besitzen alle Router (und WLAN-Access Points) einen Reset-Schalter. Schauen Sie im Handbuch des Routers nach, wo sich der Reset-Schalter befindet und wie genau ein ordnungsgemäßer Reset ausgelöst wird: also z. B. durch mindestens zehnsekündiges Drücken eines kleinen Schalters mit einem spitzen Gegenstand (Kugelschreibermine, Nadel). Ein typischer Fehler ist, dass Sie den Schalter gefunden, aber einfach nicht lange genug gedrückt haben, um einen Reset des Routers ausgelöst zu haben.

Danach haben Sie wieder Zugriff auf den Router über das Anfangskennwort (siehe Handbuch – *1234*, *password* o Ä.). Beachten Sie aber, dass mit diesem Reset alle Ihre Einstellungen zur Konfiguration verschwunden sind, insbesondere Sicherheitseinstellungen, was besonders bei WLAN-Routern wichtig ist.

D-Link-Router verbindet nicht automatisch mit dem Internet

? Wenn bei meinem D-Link-Router eine Internetseite im Browser angefordert wird, passiert nichts. Schaltet man den Router aber manuell in der Router-Konfiguration online, funktioniert das Internet. Woran liegt das?

! Sie haben sicher unter *Home/WAN* die Option *Auto-reconnect* auf *Disabled* gestellt. Mit dieser Einstellung wird der D-Link-Router keine DSL-Verbindung aufbauen, wenn ein PC im Netzwerk eine Internetseite im Browser anfordert. Sie müssen den Router selbst unter *Status/Device Info* online schalten.

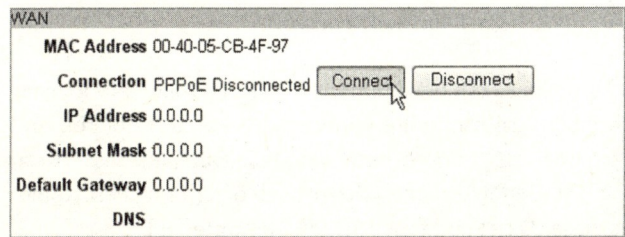

Das ist nach Konstruktion so bei den D-Link-Routern. Damit können Sie, besonders bei einer Nicht-Flatrate sehr interessant, ungewollte Onlinezeiten vermeiden. Nutzen Sie diese Einstellung, wenn Sie keine Flatrate und zu hohe Onlinekosten haben, auf jeden Fall. Sie ist sehr nützlich. Sie brauchen übrigens den D-Link-Router nicht umständlich in der Router-Konfiguration unter *Status/Device Info* manuell online zu schalten. Nutzen Sie einfach das Tool RouterControl, wie es auf Seite 918 beschrieben wird. Es unterstützt viele gängige D-Link-Router.

Router in T-Online-DSL richtig einwählen lassen

? Ich versuche meinen Router in T-Online-DSL einwählen zu lassen. Leider funktioniert das nicht. Woran könnte das liegen?

! Falls Sie bisher nur die T-Online-Software benutzt haben, wissen Sie möglicherweise nicht, wie kompliziert bei T-Online der Benutzername zur DSL-Einwahl zusammengesetzt ist.

Schreiben Sie Ihre Anschlusskennung (zwölfstellig), die T-Online-Nummer (heutzutage nur noch zwölfstellig) und den Ausdruck *#0001@t-online.de* hintereinander. Das ist der DSL-Benutzername. Sie könnten das # auch weglassen, aber probieren Sie es in Zweifelsfällen mit diesem Zeichen. Hier ist ein (erfundenes) Beispiel zur Verdeutlichung:

T-Online-Daten	Beispiel
Anschlusskennung (A)	000123456789
T-Online-Nr. (T)	322222222222
DSL-Benutzername (User Name) (Kurzform: AT#0001@t-online.de)	000123456789322222222222#0001@t-online.de (t-online.de genauso, nämlich kleinschreiben)

Tragen Sie diesen DSL-Benutzernamen im Router unter *WAN/User Name (Dynamic PPPoE)* ein. Als Kennwort nehmen Sie Ihr T-Online-Kennwort.

Dazu geben wir Ihnen den Tipp, die Anschlusskennung und die T-Online-Nr. in einer Datei untereinander zu schreiben, dann mithilfe von Copy & Paste (Kopieren und Einfügen) den DSL-Benutzernamen zusammenzusetzen und die Datei auf Diskette zu speichern. Sie werden diesen DSL-Benutzernamen sicher noch öfter brauchen. Kopieren Sie ihn dann einfach aus dieser Datei und fügen Sie ihn im Router ein.

Router in AOL-DSL richtig einwählen lassen

? Ich versuche meinen Router in AOL-DSL einwählen zu lassen. Leider funktioniert das nicht. Woran könnte das liegen?

! AOL ermöglicht seit einiger Zeit, dass Sie jeden handelsüblichen Router zur DSL-Einwahl verwenden können. Dabei müssen Sie den DSL-Benutzernamen *aolname@de.aol.com* (alles kleingeschrieben) verwenden.

Der Grund für das Scheitern der Einwahl ist in der Regel, dass Sie den (einzigen) Haupt-AOL-Namen verwendet haben. Falls Sie noch keinen weiteren AOL-Namen eingerichtet haben, können Sie das in der AOL-Software tun, wenn Sie in der Eingabezeile „AOL Namen" eingeben. Merkwürdigerweise brauchen Sie auch bei einem Router-Einsatz doch noch die AOL-Software, zumindest um den AOL-Namen zu erstellen, mit dem eine Router-Einwahl möglich ist.

AOL-DSL-Einwahl funktioniert nicht mit beliebigem (WLAN-)Router?

? Funktioniert die AOL-DSL-Einwahl vielleicht deshalb nicht, weil ich nicht den (WLAN-)Router verwende, den AOL gerade anbietet?

! Nein! Sie können jeden handelsüblichen DSL-(T-DSL-)Router, WLAN oder nicht, einsetzen, der für T-DSL geeignet ist. Das sind in der Regel alle, die Sie in jedem Kaufhaus bekommen können. Der Fehler liegt sehr wahrscheinlich an einem falschen DSL-Benutzernamen für die AOL-Einwahl (was seit einiger Zeit bei AOL wie bei jedem anderen (T)DSL-Provider möglich ist – siehe Seite 914).

AOL-Namen im Netz ändern trotz festem AOL-Namen im (WLAN-)Router

? Wie kann man im Netzwerk den AOL-Namen ändern, wo doch im (WLAN-)Router ein AOL-Name fest gespeichert ist?

! Sie oder ein beliebiger User im Netzwerk kann auch beim Einsatz des (WLAN-)Routers die AOL-Software weiterbenutzen. Sie sucht sich dann die AOL-Verbindung nicht direkt über die DSL-Verbindung, sondern über eine beliebige Internetverbindung. Dazu gibt es statt *DSL: Digital Subscriber Line* die Verbindungsart *Breitband (Hochgeschwindigkeitsnetz, Kabel, DSL oder andere Anbieter)*. Das funktioniert bei AOL 9.0 automatisch, wie schon in Vorgängerversionen. Ansonsten wählen Sie manuell die Verbindungsart *Breitband*.

Im AOL-Menü unter *Verbindung* können Sie oder ein User im Netzwerk den AOL-Namen wechseln. Beachten Sie dringend, dass das eine Kostenfalle sein kann: Verwendet ein User im Netzwerk, der auch einen AOL-Namen besitzt, der nicht zu Ihrem Tarif gehört (Sie können bis zu sieben AOL-Namen besitzen), seinen eigenen AOL-Namen, der zu einem Nicht-Flatrate-Tarif gehört, bezahlt auch er für die Onlinezeiten, die über Ihre AOL-Verbindung angefallen sind. Dass Sie eine Flatrate haben, schützt diesen User also nicht vor Kosten für seine Onlinezeiten. Außerdem sollten Sie dringend beachten, dass es kostenpflichtige Angebote in AOL gibt, die ein User zu Ihren Lasten erzeugen kann, wenn er einen Ihrer AOL-Namen im Netzwerk benutzt.

Sie oder ein User im Netzwerk kann die AOL-Software sogar einsetzen, wenn Sie eine beliebige DSL-Verbindung, z. B. Arcor-DSL, haben. Dann würden Sie sicher nicht noch einen AOL-Zugang haben, wohl aber ein beliebiger User im Netzwerk, falls er von AOL nicht abgeschnitten sein möchte (um gelegentlich unkompliziert AOL-Mails abzufragen oder spezielle AOL-Onlineangebote zu nutzen).

33.2 Feintuning und Troubleshooting

Symbol der Internetfreigabe unter Internetgateway erscheint nicht nur bei Internetfreigabe von Windows XP, sondern auch bei Routern

? Wieso sieht man immer noch das Symbol der Internetfreigabe von Windows XP unter *Internetgateway*, obwohl die Internetfreigabe von Windows XP gar nicht aktiviert ist und ein Router verwendet wird? Wie kriegt man das Symbol weg?

! Was Sie sehen, ist es nicht die Internetfreigabe von Windows XP, sondern die Internetverbindung Ihres Routers.

Das ist eine Funktion, die ähnlich wie bei der Internetfreigabe von Windows XP, über das so genannte UPnP (**U**niversal **P**lug and **P**lay) ermöglicht wird und viele Vorteile im Netzwerk bieten kann: UPnP-

fähige Programme wie der MSN Messenger (6.1), Onlinegames etc. funktionieren mit viel mehr Möglichkeiten im Netzwerk, ohne dass Sie eine komplizierte Konfiguration im Router vornehmen müssten. Weitere UPnP-Beispiele siehe finden Sie auch auf den Seiten 887 und 934.

Falls Sie die Vorteile von UPnP nicht nutzen möchten oder nicht brauchen, können Sie auf einem Windows XP-PC das Symbol unter *Internetgateway* dadurch entfernen, dass Sie UPnP deaktivieren, so wie das im umgekehrten Sinn auf Seite 902 beschrieben wird. Falls Sie auf UPnP komplett im Netzwerk verzichten möchten (z. B. aus Sicherheitsgründen), deaktivieren Sie es einfach im Router. Dazu finden Sie in jedem UPnP-Router eine Option, mit der Sie UPnP deaktivieren können, z. B. bei Netgear-Routern unter *Advanced/UPnP* und bei D-Link-Routern unter *Tools/Misc*.

(DSL-)Router so konfigurieren, dass verhindert wird, dass einige Internetseiten nicht oder nach einer Wartezeit im Browser erscheinen

? Wie löst man das Problem bei einem Router, dass einige Internetseiten nicht oder nach einer Wartezeit im Browser erscheinen?

! Dass Sie generell ab und zu im Internet auf eine Internetseite warten müssen, ist Ihnen klar. Ansonsten ist das beschriebene Problem ein typisches DSL-Problem, ein so genanntes MTU-Problem (**M**aximum **T**ransmission **U**nit).

In fast jedem handelsüblichen Router finden Sie ein Feld *[MTU]* oder *[MTU Size]*, in dem Sie den MTU-Wert ändern können, bei Netgear-Routern z. B. unter *Advanced/WAN Setup* (siehe Abbildung) und bei D-Link-Routern unter *Home/WAN*. Der MTU-Wert darf nie größer als 1492 sein!

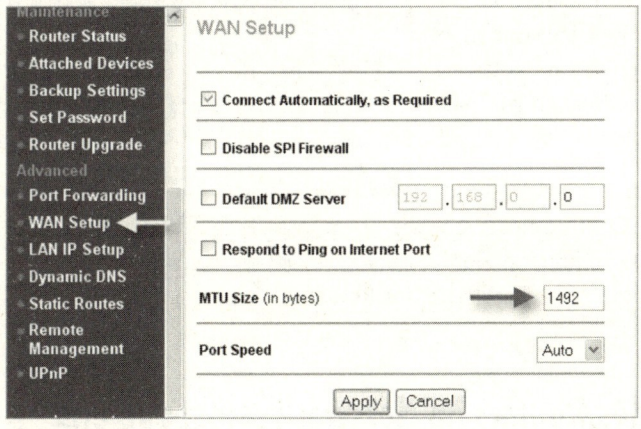

Dummerweise gibt es Router, die mit einer älteren Firmware ausgestattet sind, wo bei *[MTU]* der typische Maximalwert von 1500 (für Kabelmodem) stehen bleibt, auch wenn bereits eine DSL-(PPPoE-)Verbindung eingestellt wurde. Sie lösen Ihr Problem dadurch, dass Sie den MTU-Wert weiter herabsetzen (also von 1492 an abwärts), z. B. auf MTU = 1440 oder, noch kleiner, auf MTU = 1400 (im Extremfall). Das hängt u. a. auch vom Provider ab, z. B. AOL. Dort müssen Sie MTU = 1400 (oder noch kleiner) wählen.

Falls Ihr Router kein Feld [MTU] besitzt, machen Sie unbedingt ein Update der Firmware Ihres Routers. Diese aktuellere Firmware (eine Datei, die zum Router gesendet wird) finden Sie immer auf der Internetseite des Router-Herstellers. In der Regel ist die Firmware von Routern immer veraltet, weil sie einfach länger im Laden liegen, bis sie gekauft werden.

Internet-IP-Nummer des Routers vom Netzwerk aus ablesen

Wie kann man im Netzwerk sehen, welche IP-Nummer der Router im Internet gerade hat? Das wird z. B. für NetMeeting benötigt.

Wenn Sie sich beim Router anmelden, sehen Sie immer eine entsprechende Statusmeldung im Router, die Ihre IP-Nummer für das Internet anzeigt.

Das ist im Netzwerk umständlich und erfordert immer die Zugangsdaten (den Benutzernamen, in der Regel *admin*, und das dazugehörige Kennwort) für den Router.

Die einfachste Möglichkeit ist, dass Sie online Ihre IP-Nummer checken. Sie können im Webbrowser auf jedem PC im Netzwerk z. B. unter der URL *checkip.dyndns.org* Ihre IP-Nummer fürs Internet ablesen.

Falls Sie das Tool RouterControl einsetzen, wie es im Folgenden beschrieben wird, können Sie die IP-Nummer fürs Internet bequem in der Taskleiste am RouterControl-Symbol ablesen.

DSL-Verbindung des Routers im Netzwerk selbst auf- und abbauen und immer sehen, wann der Router online ist

Kann man die DSL-Verbindung des Routers im Netzwerk irgendwie selbst auf- und abbauen und immer sehen, wann man online bin? Das ist wichtig, wenn man keine Flatrate hat!

Ja. Sie können z. B. das Tool RouterControl, das für Privatanwender kostenlos ist, unter *www.routercontrol.de* herunterladen und installieren.

RouterControl arbeitet mit einer Vielzahl von Routern zusammen.

Ob Ihr Router unterstützt wird, erfahren Sie auf der RouterControl-Homepage oder gleich in der Liste von RouterControl im Kontextmenü unter *Konfiguration*. Diese Liste wird ständig auf Eigeninitiative einzelner Anwender mit einem Editor fortgeschrieben. Falls Ihr Router also noch nicht dabei ist, findet sich sicher schnell jemand, der ihn mit in RouterControl aufnimmt.

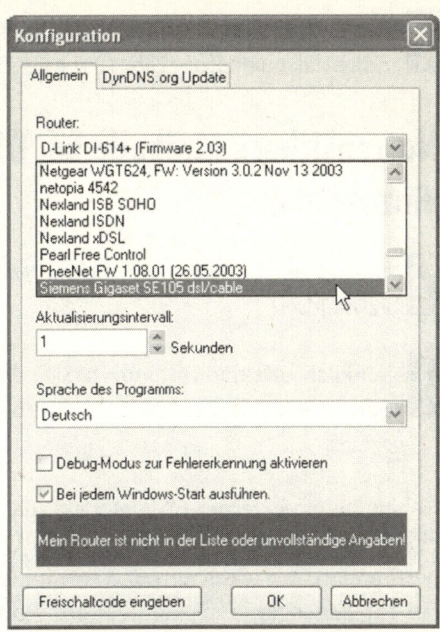

Zur Konfiguration werden nur die Daten gebraucht, die Sie beim Konfigurieren des Routers über einen Webbrowser eingeben müssen: die IP-Nummer des Routers, den Benutzernamen und das Kennwort für die Anmeldung.

In der Taskleiste befindet sich dann das Router-Control-Symbol, über das Sie mit der rechten Maustaste die DSL-Verbindung auf- und abbauen und sehen können, wann der Router online ist.

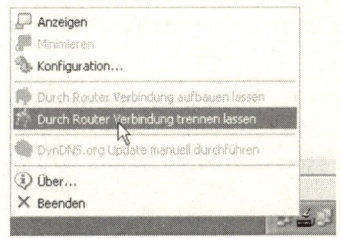

Achtung: Manche Router sperren eine weitere Anmeldung, wenn bereits ein User beim Router angemeldet ist (und verlangen eine korrekte Abmeldung dieses Users). Dann kann die Steuerung des Routers nur ein User im Netzwerk übernehmen.

An PCs im Netzwerk kontrollieren und verhindern, dass selbsttätig Internetverbindungen hergestellt werden

 Der Router geht ständig online. Wie kann man das auf den PCs im Netzwerk kontrollieren und verhindern, dass selbsttätig Internetverbindungen hergestellt werden?

> Am einfachsten mit einem kostenlosen Programm, einer Personal Firewall wie ZoneAlarm von ZoneLabs (*www.zonelabs.com*), siehe Seite 907.

Narrensichere Methode bei DSL, bestimmte Onlinezeiten einzuhalten

? Gibt es denn keine narrensichere Methode, ständige unnötige Onlinekosten zu vermeiden?

! Wirklich effektiv verhindern Sie, dass der Router z. B. außerhalb bestimmter Surfzeiten überhaupt eine DSL-Verbindung wählen kann, durch einen Hardwareschutz.

Haben Sie ein externes DSL-Modem, das mit dem Router verbunden ist, setzen Sie einfach eine Zeitschaltuhr ein, die das DSL-Modem (nicht den DSL-Router) nur zu bestimmten Surfzeiten ein- und sonst ausschaltet. Denn leider kommt es immer wieder vor, das sogar falsch konfigurierte Router ständig eine DSL-Verbindung aufbauen, wenn gar kein PC eingeschaltet ist, geschweige denn, dass das Internet benötigt wird.

Setzen Sie einen DSL-Router mit integriertem DSL-Modem ein, dann besorgen Sie sich einen zusätzlichen Hub oder Switch, woran Sie die PCs des Netzwerks und den DSL-Router anschließen. Sie schalten dann den DSL-Router durch die Zeitschaltuhr, nicht den Hub, ein und aus. Im anderen Fall würde auch Ihr Windows-Netzwerk nicht mehr funktionieren (die PCs wären gar nicht vernetzt), wenn Sie sich außerhalb Ihrer festgesetzten Surfzeiten befänden.

Sie können in einigen handelsüblichen Routern einstellen, dass kein PC außerhalb bestimmter Surfzeiten ins Internet kommt. Nur stellt das keinen effektiven Schutz vor unnötigen Onlinezeiten dar, weil der Router z. B. auch von selbst bzw. durch falsche Konfiguration unnötige Onlinekosten verursachen kann.

Internet über Router an Windows 2000-/XP-PCs mit fester IP-Nummer mitbenutzen

? Seit ich eine feste IP-Nummer unter Windows 2000/XP verwende, kommt über den Router kein Internet mehr zu Stande. Ich brauche aber die feste IP-Nummer. Wie löse ich das Problem?

33.2 FEINTUNING UND TROUBLESHOOTING

! Der Router hat eine IP-Nummer, z. B. 192.168.0.1 (oder auch 192.168.1.1, beispielsweise beim AOL-Router). Die werkseitig eingestellte IP-Nummer können Sie im Handbuch nachlesen. Sie müssen nun zwei Dinge beachten:

- IP-Nummern der PCs müssen zur IP-Nummer des Routers „passen": Die IP-Nummern in Ihrem Netzwerk müssen die gleiche Struktur haben wie die IP-Nummer des Routers. Hat also Ihr Router eine IP-Nummer der Form 192.168.0.X (z. B. 192.168.0.1), müssen die IP-Nummern Ihres Netzwerks auch die Form 192.168.0.X (also z. B. 192.168.0.2, 192.168.0.3 etc.) haben. Ist die IP-Nummer des Routers 192.168.1.1 (z. B. beim AOL-(WLAN-)Router von Zyxel), dann müssen Sie die IP-Nummern der PCs im Netzwerk in der Form 192.168.1.X, also z. B. 192.168.1.2, 192.168.1.3 etc., wählen. Hat nämlich die IP-Nummer des Netzwerks eine unverträgliche Form zu der des Routers, können Sie den Router (über einen Webbrowser) gar nicht mehr konfigurieren bzw. fürs Internet erreichen.

- Weitere IP-Nummern ergänzen, damit das Internet auch funktioniert: Entsprechend zur Einstellung unter Windows 2000/XP, wie auf Seite 897 bereits für die Internetfreigabe von Windows ME/2000/XP beschrieben, geben Sie unter *Standardgateway* und *Bevorzugter DNS-Server* die IP-Nummer Ihres Routers ein. (Das ist nicht zwingend 192.168.0.1, sondern z. B. auch 192.168.1.1.)

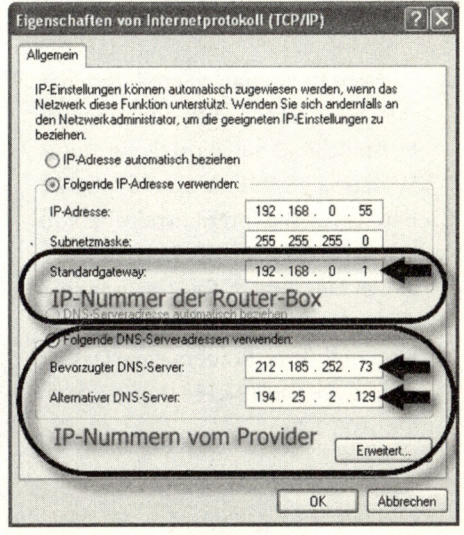

Bei manchen Routern funktioniert diese Einstellung nur (störungsfrei), wenn Sie unter *Bevorzugter DNS-Server* und *Alternativer DNS-Server* die IP-Nummern der so genannten DNS-Server Ihres Providers eingeben. (Als Beispiel T-Online über T-DSL: Beachten Sie, dass Sie die erste IP-Nummer für Ihr Gebiet ermitteln müssen. Sie ist regional verschieden. Die zweite IP-Nummer 194.24.2.129 gilt deutschlandweit für T-Online oder auch 1&1.)

Die IP-Nummern des DNS-Servers Ihres Providers können Sie in der Regel auch im Router als Statusmeldung unter dem Begriff *DNS* oder *DNS Server* ablesen.

Internet über Router an Windows 98-/ME-PCs mit fester IP-Nummer mitbenutzen

? Seit ich eine feste IP-Nummer unter Windows 98/ME verwende, kommt über den Router kein Internet mehr zu Stande. Ich brauche aber die feste IP-Nummer. Wie löse ich das Problem?

! Der Router hat eine IP-Nummer, z. B. 192.168.0.1 (oder auch 192.168.1.1 beispielsweise beim AOL-Router). Die werkseitig eingestellte IP-Nummer können Sie im Handbuch nachlesen. Sie müssen nun zwei Dinge beachten:

- IP-Nummern der PCs müssen zur IP-Nummer des Routers „passen": Die IP-Nummern in Ihrem Netzwerk müssen die gleiche Struktur haben wie die IP-Nummer des Routers. Hat also Ihr Router eine IP-Nummer der Form 192.168.0.X (z. B. 192.168.0.1), müssen die IP-Nummern Ihres Netzwerks auch die Form 192.168.0.X (also z. B. 192.168.0.2, 192.168.0.3 etc.) haben. Ist die IP-Nummer des Routers z. B. 192.168.1.1, dann müssen Sie die IP-Nummern der PCs im Netzwerk in der Form 192.168.1.X, also z. B. 192.168.1.2, 192.168.1.3 etc., wählen. Haben nämlich die IP-Nummern des Netzwerks eine unverträgliche Form zu der des Routers, können Sie den Router (über einen Webbrowser) gar nicht mehr konfigurieren bzw. fürs Internet erreichen.

- Weitere IP-Nummern ergänzen, damit das Internet auch funktioniert: Entsprechend zur Einstellung unter Windows 98/ME, wie auf Seite 922 bereits für die Internetfreigabe von Windows ME/2000/XP beschrieben, geben Sie unter *Neuer Gateway* und *Suchreihenfolge für DNS-Server* die IP-Nummer Ihres Routers ein. (Das ist nicht zwingend 192.168.0.1 oder auch 192.168.1.1).

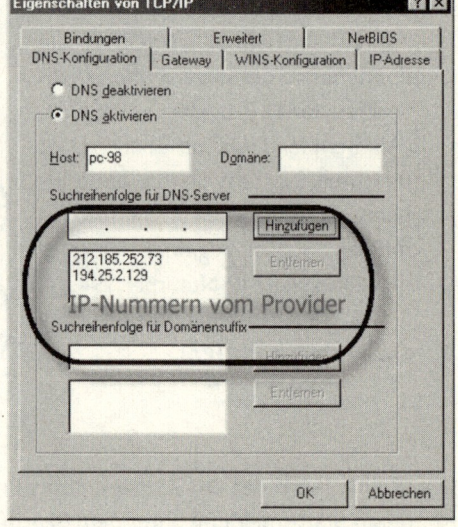

Bei manchen Routern funktioniert diese Einstellung nur (störungsfrei), wenn Sie unter *Suchreihenfolge für DNS-Server* (zweimal *Hinzufügen*) die IP-Nummern der so genannten DNS-Server Ihres Providers eingeben. (Beispiel: T-Online über T-DSL. Beachten Sie, dass Sie die erste IP-Nummer für Ihr Gebiet ermitteln müssen. Sie ist regional verschieden. Die zweite IP-Nummer 194.25.2.129 gilt deutschlandweit für T-Online oder auch 1&1).

Die IP-Nummern des DNS-Servers Ihres Providers können Sie in der Regel auch im Router als Statusmeldung unter dem Begriff *DNS* oder *DNS Server* ablesen.

Internet über Router funktioniert nur mit festen IP-Nummern

? Internet über einen Router funktioniert nicht, komischerweise aber dann, wenn man – wie beschrieben – eine feste IP-Nummer verwendet. Das soll aber automatisch gehen!

! Das Problem kann zwei Gründe haben: Der Router oder der PC ist falsch eingestellt (oder beides).

- Router kontrollieren:
  Falls Sie in Ihrem Router die Option *DHCP Server* auf *Disabled* eingestellt haben, kann die automatische Zuweisung der IP-Nummer an die PCs, die Internet mitbenutzen möchten, nicht funktionieren. Stellen Sie diese Option auf *Enabled* bzw. kontrollieren Sie sie, so wie das auf Seite 774 beschrieben ist.

- PC kontrollieren (Beispiel: Windows XP/2000):
  Unter Windows XP/2000 gehen Sie so vor, wie das bereits für die Internetfreigabe von Windows 2000/XP auf Seite 899 beschrieben wurde.

Für Experten: Sie können übrigens die IP-Nummer des Routers oder die IP-Nummern der so genannten DNS-Server Ihres Providers (bei Störungen) auch unter *Bevorzugter DNS-Server* bzw. *Alternativer DNS-Server* eintragen, wenn Sie die IP-Nummer automatisch zugewiesen haben möchten. Dann sollte oben aber die Option *IP-Nummer automatisch beziehen* bleiben.

Upload eines PCs im Netzwerk zieht Download bei DSL herunter

? Wenn ein PC im Netzwerk einen Upload macht, also z. B. eine große E-Mail verschickt, wird der Download im Netzwerk schrecklich langsam. Kann man was dagegen machen?

! Dieses Problem mildert das so genannte Traffic Shaping ab. Mittlerweile gibt es auch preisgünstige (WLAN-)Router, die Traffic Shaping unterstützen, neben Cisco-Routern, die für Privatanwender bisher unerschwinglich waren.

Neuste Router unter anderem der Firmen Zyxel oder Siemens unterstützen diese Funktion, z. B. der WLAN-Router ZyXEL Prestige 660HW-67 (bei AOL derzeit im Angebot) oder der Siemens Gigaset Wireless Router Gigaset SE 515 (bei 1&1 und anderen Providern derzeit im Angebot). Achten Sie, falls Sie auf diese Funktion Wert legen, auf den Begriff *(Virtual circuit) UBR/CBR traffic shaping* o. Ä. Oft sind solche Traffic Shaping-Router zugleich DSL-Modems.

Zwei DSL-Anschlüsse im Netzwerk benutzen

? Wie kann man zwei DSL-Anschlüsse in einem Netzwerk benutzen?

! Sie können zwei DSL-Anschlüsse in einem gemeinsamen Netzwerk benutzen, z. B. verwenden zwei PCs den einen DSL-Anschluss, zwei andere PCs den anderen. Alle PCs sind dabei miteinander vernetzt und können Dateien und Drucker gemeinsam benutzen. Damit das aber funktioniert, sollten Sie wie folgt vorgehen:

- Verwenden Sie pro DSL-Anschluss einen Router:
  Sie benötigen zwei beliebige DSL-Router (das müssen nicht die gleichen Modelle sein!), die Sie bereits getrennt erfolgreich für eine DSL-Einwahl konfiguriert haben.

- Ändern Sie die IP-Nummer der beiden Router:
  Ändern Sie die IP-Nummer im ersten Router z. B. von 192.168.0.1 auf 192.168.0.254 (oder von 192.168.1.1 auf 192.168.1.254 bei anderen Router-Modellen) und die des zweiten Routers z. B. von 192.168.0.1 auf 192.168.0.253 (oder von 192.168.1.1 auf 192.168.1.253). Das konfigurieren Sie im Router unter *Home/*

LAN (bei D-Link-Routern) oder *Advanced/LAN IP Setup* (bei Netgear-Routern) neben dem Feld *IP Address*.

- Schalten Sie die automatische Zuweisung der IP-Nummern im Netzwerk in beiden Routern ab:
  Werkseitig sind alle Router so eingestellt, dass sie allen PCs ihre IP-Nummern automatisch zuweisen. Schalten Sie diese Funktion (der so genannte DHCP-Server) in beiden Routern ab, so wie auf Seite 774 beschrieben.

- Verkabeln Sie nun beide Router, indem Sie einen Port (eine PC-Anschlussbuchse) des einen Routers über ein so genanntes Crossover-Kabel mit einem Port des anderen Routers verbinden. In diesem Fall besitzen beide Router (wie im Handel üblich) bereit eingebaute Hubs (Switches) zum Anschluss der PCs.

- Vergeben Sie nun feste IP-Nummern an alle PCs im Netzwerk, so wie das auf Seite 920 für Windows XP bzw. Seite 922 für Windows 98/ME beschrieben ist. Dabei wählen Sie nun einfach über die IP-Nummern der entsprechenden Router aus (192.168.0.253 oder 192.168.0.254 in diesem Beispiel), welche PCs im Netzwerk welche der beiden Router, also welchen DSL-Anschluss, benutzen soll.

Die folgende Grafik verdeutlicht die gesamte Schaltung.

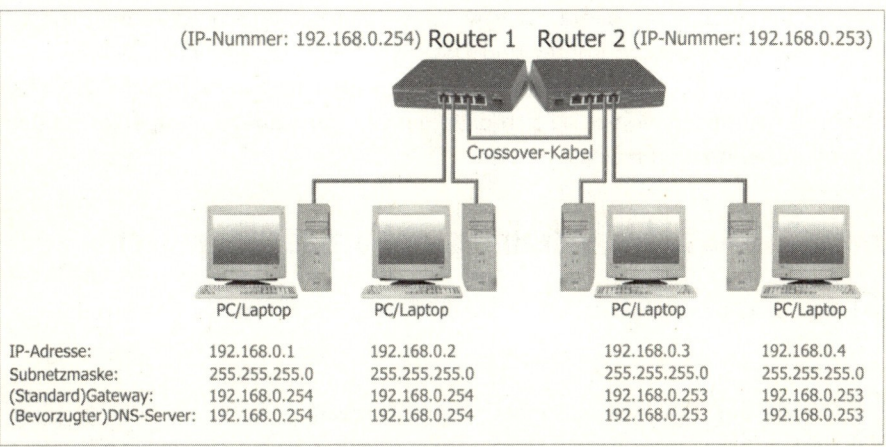

Zwei Kabel-(Internet-)Anschlüsse im Netzwerk benutzen

? Ich versuche verzweifelt, zwei Kabel-(Internet-)Anschlüsse in meinem Netzwerk zu benutzen, aber es funktioniert nicht!

! Wie im vorherigen Fall mit zwei DSL-Anschlüssen können Sie auch zwei Kabel-(Internet-)Anschlüsse im Netzwerk gemeinsam benutzen. Sie benötigen dazu einfach pro Kabelanschluss einen Kabel-Router, den Sie bereits zur Verbindung mit dem Kabelmodem bzw. direkt mit dem Kabelanschluss konfiguriert haben.

DSL-Anschluss und einen Kabel-(Internet-)Anschluss im Netz nutzen

? Ist es möglich, gleichzeitig einen DSL-Anschluss und einen Kabel-(Internet-)Anschluss in einem Netzwerk zu benutzen?

! Wie im Fall mit zwei DSL-Anschlüssen weiter oben können Sie auch einen DSL- und zugleich einen Kabel-(Internet-)Anschluss gemeinsam im Netzwerk benutzen. Sie benötigen dazu einfach einen Kabel-Router und einen DSL-Router, die Sie bereits zur Verbindung mit dem DSL- bzw. Kabel-(Internet-)Anschluss konfiguriert haben. Viele handelsübliche Router sind DSL-/Kabel-Router, verbinden sich also mit DSL genauso wie mit Kabel (Internet). Sie können also auch zwei identische DSL-/Kabel-Router einsetzen, wobei Sie sich dann nur mit der Konfiguration eines Router-Modells näher vertraut machen müssen.

Zwei DSL-Anschlüsse drahtlos im Netzwerk benutzen

? Wie kann man zwei DSL-Anschlüsse drahtlos in einem Netzwerk benutzen?

! Wie für zwei DSL-Anschlüsse beschrieben, verwenden Sie zwei DSL-Router, wobei Sie aber nur einen WLAN-Router benötigen. Darüber stellen Sie eine drahtlose Verbindung zum gemeinsamen Netzwerk (WLAN) her. Der Rest ist identisch zur Schaltung von zwei Routern (ohne WLAN-Anschluss).

33.3 Homeserver (z. B. FTP- und Webserver) im Netzwerk benutzen

Router konfigurieren, um einen Homeserver im Netzwerk vom Internet aus zu erreichen

? Was muss man im Router konfigurieren bzw. sonst noch tun, damit man vom Internet aus meinen Homeserver im Netzwerk erreichen kann?

! Das verläuft für alle Homeserver (Web- oder FTP-Server o. Ä.) nach einem bestimmten Schema:

- Sie installieren den Homeserver auf einem PC, der mit einer festen IP-Nummer, z. B. 192.168.0.2 (oder 192.168.1.2 z. B. beim AOL-Router), eine Verbindung über den Router zum Internet hat, so wie das auf Seite 920 beschrieben wird.
- Sie besorgen sich kostenlos eine feste Internetadresse z. B. bei *www.DynDNS.org*, *mydomain.dynalias.com* o. Ä., so wie das ab Seite 927 beschrieben wird, und konfigurieren den Router so, dass er automatisch diese feste Internetadresse für Sie erzeugt. (Die IP-Nummer, die Ihr Router für eine Internetsitzung erhält, ist nämlich immer verschieden.)
- Sie stellen im Router unter *Virtual Server* oder *Port Forwarding* den Serviceport für Ihren Homeserver auf die feste IP-Nummer, hier 192.168.0.2 (oder 192.168.1.2), so wie das im Folgenden für einen FTP- bzw. Webserver beschrieben wird.

Man gibt nun im Webbrowser z. B. „http://mydomain.dynalias.com" ein, um sich mit Ihrem Webserver (Webspace) zu verbinden, oder „mydomain.dynalias.com" unter *Host Name* im FTP-Programm bzw. „ftp://mydomain.dynalias.com" im Internet Explorer, um sich mit dem FTP-Server zu verbinden.

Feste Internetadresse wird im Router nicht erzeugt

? Ich versuche eine feste Internetadresse in meinem Router für meinen Home-Server zu erzeugen. Bis jetzt hat das noch nie funktioniert. Was kann ich tun?

! Hat Ihr Router eine so genannte Dynamic DNS- (kurz auch DDNS-)Unterstützung, müssen Sie einen Account bei dem DNS-Dienst besitzen, den der Router unterstützt, also bei Netgear-Routern nur *www.DynDNS.org*.

In den Fällen, in denen Sie bei der Dynamic DNS-Einstellung im Router eine Serveradresse eingeben müssen, funktioniert die Anmeldung nur, wenn Sie die aktuell gültige URL des DynDNS-Diensts verwenden. Bei *www. DynDNS.org* müssen Sie also unter *Server Address* derzeit *members.dyndns.org* und nicht *www.dyndns.org* oder *dyndns.org* eingeben. In der Abbildung sehen Sie das Beispiel eines D-Link-Routers (unter *Tools/Misc./Dynamic DNS*).

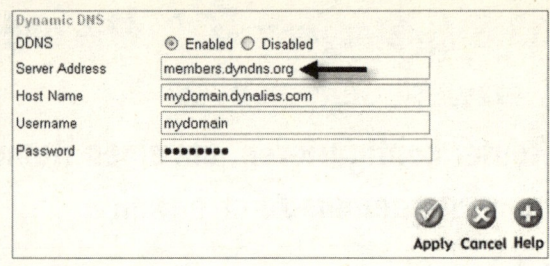

Die erfolgreiche DynDNS-Anmeldung testen Sie einfach, indem Sie in der Eingabeaufforderung „ping mydomain.dynalias.com" (für Ihre feste Internetadresse *mydomain.dynalias.com* als Beispiel) eingeben und dann die IP-Nummer des Routers fürs Internet erscheint, die Sie – wie auf Seite 911 beschrieben – an einem PC im Netzwerk ablesen können.

Router konfigurieren, um einen FTP-Server im Netzwerk vom Internet aus zu erreichen

? Ein Bekannter versucht vom Internet aus, sich mit meinen FTP-Server im Netzwerk zu verbinden. Bis jetzt hat das noch nie funktioniert. Was muss ich da im Router konfigurieren?

! Sie haben bereits Ihren FTP-Server an einem PC mit einer festen IP-Nummer, z. B. 192.168.0.2 (oder auch 192.168.1.2), installiert und verfügen über eine feste Internetadresse, die im Router erzeugt wird, so wie das eben für einen Homeserver beschrieben wurde.

33.3 HOMESERVER (Z. B. FTP- UND WEBSERVER) IM NETZWERK BENUTZEN

Nun gibt es sehr viele verschiedene Router, sodass Sie den genauen Menüpunkt Ihres Routers entsprechend finden bzw. im Handbuch nachlesen müssen. In der Regel machen Sie folgende Einstellungen im Router im Menü unter *Port Forwarding*, *Port Mapping* oder *Virtual Server(s)*:

Bei Netgear-Routern wählen Sie z. B. einfach unter *Advanced/Port Forwarding* unter *Service Name FTP* aus und geben unter *IP Address* „192.168.0.2" (IP-Nummer des FTP-Server-PCs) an.

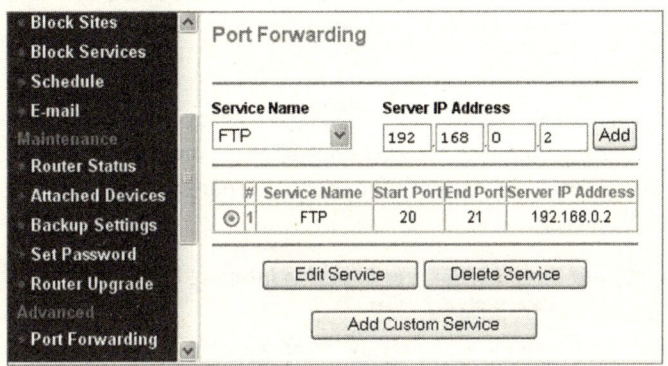

Bei D-Link-Routern finden Sie die entsprechende Einstellungsmöglichkeit unter *Advanced/Virtual Server* bei dem vorkonfiguriertem Eintrag *Virtual FTP Server*.

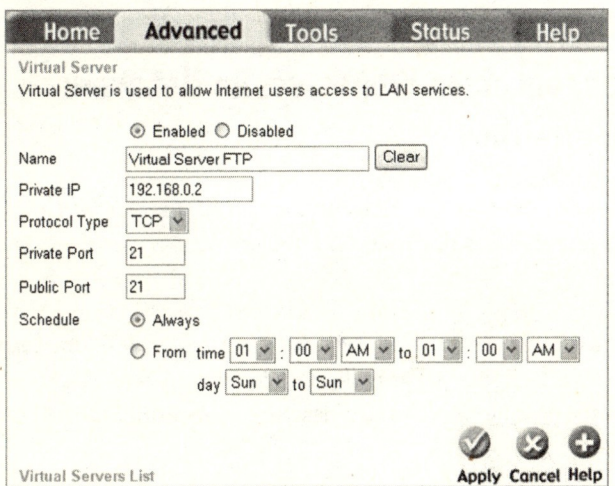

Beim Zyxel-Router, z. B. Prestige 650H-E7 oder dem WLAN-Router 660HW, können Sie die entsprechende Einstellung unter *Advanced Setup/NAT/SUA Only - Edit Details* vornehmen; allerdings ist bei Zyxel-Routern, im Gegensatz zu anderen Routern, damit noch kein FTP-Server freigeschaltet, wenn die vorhandene Firewall aktiviert ist. Am schnellsten ermöglichen Sie (z. B. nur kurzzeitig) den Zugriff auf den FTP-Server, wenn Sie die Zyxel-Firewall unter *Advanced Setup/Firewall/Config* deaktivieren, indem Sie den Haken vor der Option *Firewall enabled* entfernen. Um aber die Firewall nicht komplett deaktivieren zu müssen, können Sie im einfachsten Fall im Menü unter *Advanced Setup/Firewall/Rule Symmary* unter *Internet to Local Network Set* und unter *Local Network to Internet Set* die Option unter *The default action for packets not matching following rules* auf *Forward* stellen.

Nach dieser Einstellung kann Ihr Bekannter Ihren FTP-Server unter der Bezeichnung *mydomain.dynalias.com* (Ihre feste Internetadresse) oder ähnlich erreichen, also z. B. durch die Eingabe von „ftp://mydomain.dynalias.com" im Internet Explorer.

> **Warum der Zugriff auf Ihren FTP-Server über den Internet Explorer verweigert wird**

Sollte Ihr Bekannter durch die Eingabe von „ftp://mydomain.dynalias.com" im Internet Explorer keinen Zugriff auf Ihren FTP-Server bekommen, stellt er am besten in den Internetoptionen im Register Erweitert *die Option* Passives FTP verwenden (für Firewall und DSL-Modemkompatibilität verwenden) *ein. Die Internetoptionen sind schnell im Internet Explorer-Menü unter* Extras *zu finden.*

Router konfigurieren, um einen Webserver im Netzwerk vom Internet aus zu erreichen

? Ein Bekannter versucht vom Internet aus, sich mit meinem Webserver im Netzwerk zu verbinden. Bis jetzt hat das noch nie funktioniert. Was muss ich da im Router konfigurieren?

! Sie haben bereits Ihren Webserver an einem PC mit einer festen IP-Nummer, z. B. 192.168.0.2 (oder auch 192.168.1.2), installiert und verfügen über eine feste Internetadresse, die im Router erzeugt wird, so wie das weiter oben für einen FTP-Server beschrieben wird.

Sie verfahren wie im Vorherigen für einen FTP-Server beschrieben, wobei Sie den Service *HTTP* bzw. *Virtual HTTP Server* und eventuell noch *Virtual HTTPS Server* (für geschützte Webverbindungen/SSL, *https://...* genannt) verwenden.

Nach dieser Einstellung kann Ihr Bekannter Ihren Webserver unter der Bezeichnung *mydomain.dynalias.com* (Ihre feste Internetadresse) oder ähnlich erreichen, also z. B. durch die Eingabe von „http://mydomain.dynalias.com" im Internet Explorer.

FTP-Server ist unter seiner lokalen IP-Nummer, aber nicht unter seiner Internetadresse zu erreichen, funktioniert jedoch im Internet für andere

? Mein FTP-Server ist im Internet erreichbar. Ich kann ihn auch im Netzwerk unter seiner lokalen IP-Nummer erreichen, aber nicht unter seiner Internetadresse. Liegt das an meinem Router?

! Nein. Das hat mit Ihrem speziellen Router-Modell nichts zu tun. Sie haben im Router den FTP-Server auf einen PC im Netzwerk (FTP-Server-PC) weitergeleitet. Sie können deshalb nicht die gleiche Internetverbindung, also über Ihren Router, benutzen, um sich mit Ihrem FTP-Server über seine Internetadresse zu verbinden. Das ist ein technisches Phänomen dieses Weiterleitens und bei allen Routern gleich.

Sie müssen eine zweite, getrennte Internetverbindung benutzen, um sich mit Ihrem FTP-Server unter seiner Internetadresse zu verbinden. Es ist zwar etwas aufwendiger, aber für ständige Tests von Homeservern (FTP-Server etc.) sehr sinnvoll, über eine zweite Internetverbindung zu verfügen.

Zugriff auf Web-/FTP-Server ist langsam trotz superschnellem DSL

? Warum ist der Zugriff auf einen Webserver/FTP-Server trotz superschnellem DSL so langsam?

! Stimmt. Heutige DSL-Geschwindigkeiten sind bereits 1 MBit/s, 2 MBit/s oder sogar 3 und 6 MBit/s bei den neuen (T)DSL-Varianten der T-Com oder anderer DSL-Anbieter (z. B. Arcor mit Arcor DSL 2000, 3000 und 6000) schnell.

Wenn Sie z. B. (T)DSL 2000 einsetzen, das Ihnen eine Downloadgeschwindigkeit (vom Internet zu Ihnen) von 2 MBit/s und eine Uploadgeschwindigkeit (von Ihnen zum Internet) von 192 KBit/s ermöglicht, können Besucher Ihres Webservers/FTP-Servers im Internet aber nicht mit der maximalen Geschwindigkeit von 2 MBit/s Daten herunterladen, sondern maximal mit einer Geschwindigkeit von 192 KBit/s. Der Download von Ihrem Homeserver ist aus Ihrer Sicht nämlich ein Upload.

Um den Zugriff auf Ihren Homeserver zu beschleunigen, müssen Sie also Ihre Uploadgeschwindigkeit vergrößern. Die T-Com bietet z. B. die Möglichkeit, die Uploadgeschwindigkeit von 192 KBit/s gegen einen Aufpreis zu verdoppelt (auf 384 KBit/s). Bei T-DSL 3000 erreichen Sie z. B. eine vergrößerte Uploadgeschwindigkeit von 512 K Bit/s.

Allerdings können Sie mit diesem aufgerüsteten T-DSL 2000 bei T-Online dann nicht mehr den Tarif T-DSL 2000 flat benutzen.

33.4 Probleme bei ICQ, MSN Messenger & Co., NetMeeting etc. lösen

Router konfigurieren, um Datei mit ICQ zu empfangen

? Seit dem Einsatz eines Routers kann kein PC im Netzwerk mehr eine Datei in ICQ empfangen. Was muss man da freischalten?

! Achten Sie für das Folgende darauf, dass Sie und Ihr ICQ-Partner, der Ihnen eine Datei schicken möchte, die neuste ICQ-Version – z. B. mind. ICQ Pro 2003b – einsetzt. Für erweiterte Funktionen wie das Dateiverschicken sollten Sie beide nicht ICQ Lite, sondern die Vollversion (ICQ Pro) verwenden.

Am besten geben Sie dem PC, der über ICQ eine Datei empfangen soll, eine feste IP-Nummer, so wie das auf Seite 920 für eine Internetmitbenutzung beschrieben wird, also zum Beispiel 192.168.0.22.

Nun fügen Sie einen neuen Eintrag im Router unter *Port Forwarding* oder *Virtual Server* hinzu. (Für Experten: Port 5022/TCP auf 192.168.0.22 weiterleiten).

Sie fügen z. B. bei Netgear-Routern unter *Advanced/Port Forwarding* die Einstellungen:

Server Name icq, Starting Port 5022, Ending Port 5022, Server IP Address 192.168.0.22 hinzu und bei D-Link-Routern unter *Advanced/Virtual Server* die Einstellungen:

Option *Enabled, Name icq, Private IP 192.168.0.22, Protocol Type TCP, Private Port 5022, Public Port 5022, Schedule Always*

Beim Zyxel-Router, z. B. Prestige 650H-E7 oder dem WLAN-Router 660HW, können Sie die entsprechenden Einstellungen unter *Advanced Setup/NAT/SUA Only - Edit Details* vornehmen. Allerdings ist bei Zyxel-Routern, im Gegensatz zu anderen Routern, damit noch kein ICQ-Dateiempfang möglich, wenn die vorhandene Firewall aktiviert ist. Am schnellsten ermöglichen Sie (z. B. nur kurzzeitig) den ICQ-Dateiempfang, wenn Sie die Zyxel-Firewall unter *Advanced Setup/Firewall/Config* deaktivieren, indem Sie den Haken vor der Option *Firewall enabled* entfernen. Um aber die Firewall nicht komplett deaktivieren zu müssen, können Sie im einfachsten Fall im Menü unter *Advanced Setup/Firewall/Rule Symmary* unter *Internet to Local Network Set* und unter *Local Network to Internet Set* die Option unter *The default action for packets not matching following rules* auf *Forward* stellen.

Der Port 5022 ist willkürlich gewählt und einfach ähnlich der IP-Nummer 192.168.0.22 gebildet (5000+22). So können Sie sich immer merken, welcher ICQ-Port zu welchem PC gehört (Port 5000+22 zur IP-Nummer X.X.X.22). Auf diese Weise können Sie nämlich den ICQ-Dateiempfang sogar für mehrere PCs im Netzwerk ermöglichen, allerdings mit verschiedenen ICQ-Nummern.

Nun müssen Sie nur noch ICQ auf diesen Port einstellen:

1. Öffnen Sie ICQ über einen Doppelklick auf das ICQ-Symbol in der Taskleiste und wählen Sie im Menü *Main* den Menüpunkt *Preferences* aus.

2. Aktivieren Sie im Fenster links den Punkt *Connections* und wechseln Sie im Fenster rechts auf das Register *User*. Aktivieren Sie unter *Advanced Users* die Option *Use the following TCP listen port for incoming event* mit den Werten *From 5022 To 5022*.

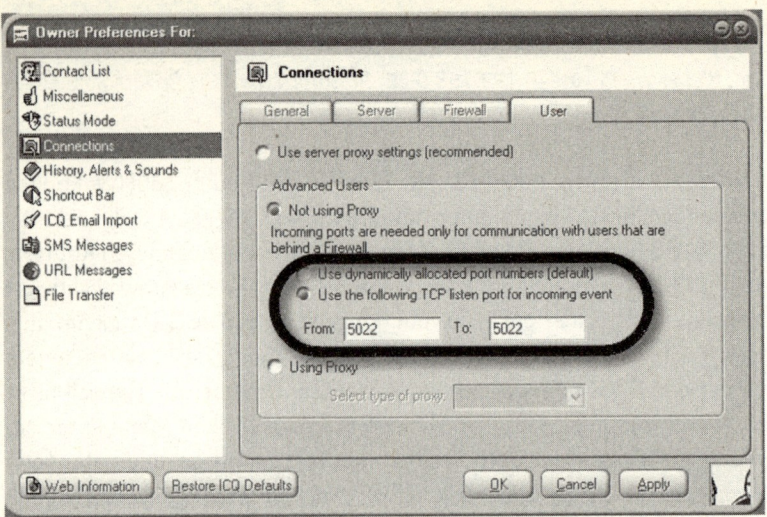

Beachten Sie hier, dass ältere ICQ-Versionen in der Regel mit einem Port (hier 5022) keinen Dateiempfang ermöglichen werden. Da müssten Sie einen Portbereich, z. B. 5001–5005, in Router und ICQ freischalten.

Andere Möglichkeit als über ICQ, an einem PC im Netz Dateien zu empfangen

Ein Bekannter möchte mir eine Datei schicken. Der Dateiempfang mit ICQ funktioniert einfach nicht, seit ich einen Router habe. Was gibt es noch für Möglichkeiten, außer die Datei per E-Mail zu verschicken?

Falls Sie den Dateiempfang über ICQ nicht hinbekommen oder Ihnen die obige ICQ-Konfiguration zu kompliziert ist, können Sie und Ihr Bekannter die Datei über NetMeeting verschicken (siehe im Folgenden auf Seite 935) oder mit dem MSN Messenger. Dazu sollten folgende Bedingungen erfüllt sein:

- Sie verwenden beide die neuste Version des MSN Messenger (mindestens Version 6.1). Sie müssen also ein Upgrade machen, wenn Sie noch den Original-MSN Messenger von Windows XP verwenden.

- Sie verwenden einen Router, der über das so genannte UPnP (**U**niversal **P**lug **a**nd **P**lay) verfügt. UPnP sollte im Router aktiviert sein, was in der Regel werkseitig aktiviert ist.

- Auf dem PC, der die Datei über den MSN Messenger (mindestens Version 6.1) empfangen soll, sollte UPnP aktiviert sein, also z. B. ein Windows XP-PC im Werkzustand. Wie Sie unter Windows XP UPnP aktivieren können, finden Sie auf Seite 901. Am besten nutzt Ihr Bekannter auch die gleiche UPnP-Unterstützung (Windows XP mit aktiviertem UPnP). Ob Ihr Bekannter einen Router verwendet oder nicht, spielt für Ihren Dateiempfang keine Rolle. Wenn Ihr Bekannter allerdings auch ein Datei von Ihnen empfangen möchte, dann gilt für ihn das Gleiche wie für Sie.

Sie erkennen die korrekte UPnP-Unterstützung ganz einfach am Symbol *Internetverbindung* unter *Internetgateway* in den Netzwerkverbindungen. Damit ist die Internetverbindung (DSL) des UPnP-Routers gemeint.

Der Vorteil von UPnP ist klar: Sie brauchen keine komplizierten Einstellungen im Router oder der Anwendung (hier der MSN Messenger) vorzunehmen, damit erweiterte Funktionen auf einem PC (und sogar mehreren PCs) im Netzwerk funktionieren. (Vergleichen Sie das einfach mit den Einstellungen, die Sie für den ICQ-Dateiempfang vornehmen müssen!) Beachten Sie aber den Sicherheitshinweis über UPnP in Kapitel 34.

Router konfigurieren, um an einem PC im Netz über NetMeeting Dateien zu empfangen

? Ein Bekannter möchte mir über NetMeeting eine Datei schicken. Ich habe ihm meine Internet-IP-Nummer gegeben, aber er kann keine Verbindung zur mir aufbauen. Was muss ich da freischalten?

! Gehen Sie bei der Konfiguration des Routers so vor wie für den Dateiempfang bei ICQ erforderlich. Der Router wird für die so genannten NetMeeting-Ports freigeschaltet (auf Ihren PC mit z. B. der festen IP-Nummer 192.168.0.2 weitergeleitet).

Entscheidend ist diese Einstellung des Routers immer nur für den PC, der eine Datei empfangen möchte. Falls Ihr Bekannter einen Router einsetzt, muss er diese Einstellung nicht in seinem Router vornehmen, außer wenn Sie ihm auch eine Datei schicken möchten.

Verbindung über NetMeeting zu einem PC im Netzwerk vom Internet aus funktioniert, aber das Bild einer Webcam fehlt

? Ein Bekannter möchte mit mir über NetMeeting chatten und mich dabei durch meine Webcam sehen. Ich habe ihm meine Internet-IP-Nummer gegeben. Er kann zwar eine Verbindung zu mir aufbauen, sieht mich aber nicht. Was muss ich da freischalten?

! Damit Ihr Bekannter eine Verbindung zu Ihnen aufbauen konnte, mussten Sie die Einstellungen im Router so vornehmen, wie das vorher für den Dateiempfang beschrieben wurde! Zusätzlich kontrollieren Sie beide im NetMeeting-Menü folgende Einstellung:

1. Wählen Sie im Menü unter *Extras* den Menüpunkt *Optionen*.

2. Wechseln Sie zum Register *Sicherheit* und stellen Sie sicher, dass bei *Allgemein* unter *Eingehende Anrufe* und *Ausgehende Anrufe* keine Haken gesetzt sind!

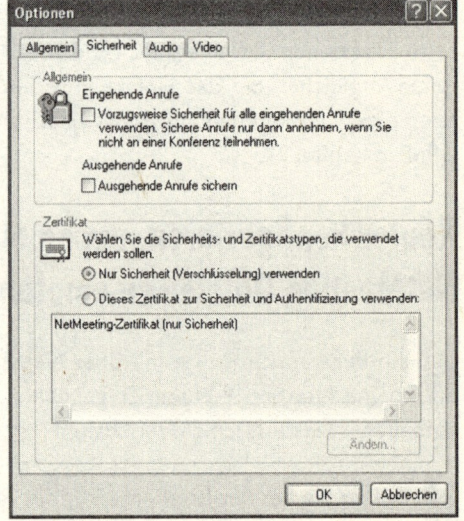

Einfachere Methode als über NetMeeting, mit einem PC im Netzwerk vom Internet aus zu chatten und das Bild einer Webcam zu sehen

? Ein Bekannter möchte mit mir chatten und mich dabei durch meine Webcam sehen. Gibt es da keine einfachere Methode als NetMeeting? Das klappt nicht!

! Doch, die gibt es! Benutzen Sie beide den MSN Messenger ab Version 6.1 und achten Sie darauf, dass Windows XP und Ihr Router bzw. eventuell der Ihres Bekannten UPnP unterstützen und dieses auch aktiviert ist.

1. Machen Sie und Ihr Bekannter gegebenenfalls ein Update des MSN Messenger (Originalversion von XP ist 4.7) und starten Sie ihn unter *Start/Alle Programme/MSN Messenger 6.1* (nicht Windows Messenger!).

2. Melden Sie sich an und warten Sie, bis Ihr Bekannter bereits als online zu erkennen ist.

3. Wählen Sie im Menü unter *Aktionen* den Punkt *Eine Webcam-Unterhaltung beginnen* aus, dann seine E-Mail-Adresse oder seinen Kontaktnamen, bestätigen Sie mit *OK* und folgen Sie dem Rest des Video-Assistenten und gegebenenfalls Ihr Bekannter auch.

Das Netzwerk vor Angreifern schützen

Netzwerk- und Sicherheitseinstellungen	**940**
Die eingebaute Firewall von Windows XP (SP1/SP2)	**950**
Genereller oder zentraler Schutz gegen Trojaner, Würmer, Dialer & Co.	**960**
Mit einem Router für (T)DSL das Netzwerk vor Gefahren von innen und außen schützen	**964**

Beachten Sie, dass bei Sicherheitsfragen auch die Sicherheit von innen, also vom Netzwerk ins Internet, wichtig ist, nicht nur die Sicherheit von außen, also vom Internet in das Netzwerk. Sitzt nämlich ein Eindringling (das kann auch nur ein scheinbar harmloser Bildschirmschoner sein) mitten in Ihrem Netzwerk, kann er sogar größeren Schaden anrichten, als wenn einer versucht, von außen in Ihr Netzwerk einzudringen.

34.1 Netzwerk- und Sicherheitseinstellungen

Netzwerk-/Internetsicherheit eines Windows XP-/2000-PCs mit einem Tool checken

? Gibt es ein Tool, um die Netzwerk-/Internetsicherheit eines Windows XP-/2000-PCs zu checken?

! Ja. Es gibt z. B. ein Securitycheckprogramm von Microsoft, den Baseline Security Analyzer, das Sie unter www.microsoft.com/technet/security/tools/Tools/mbsahome.asp herunterladen können, womit Sie Sicherheitslücken in Windows XP und Windows 2000 aufspüren können, die auch durch falsche Einstellungen bewirkt werden können.

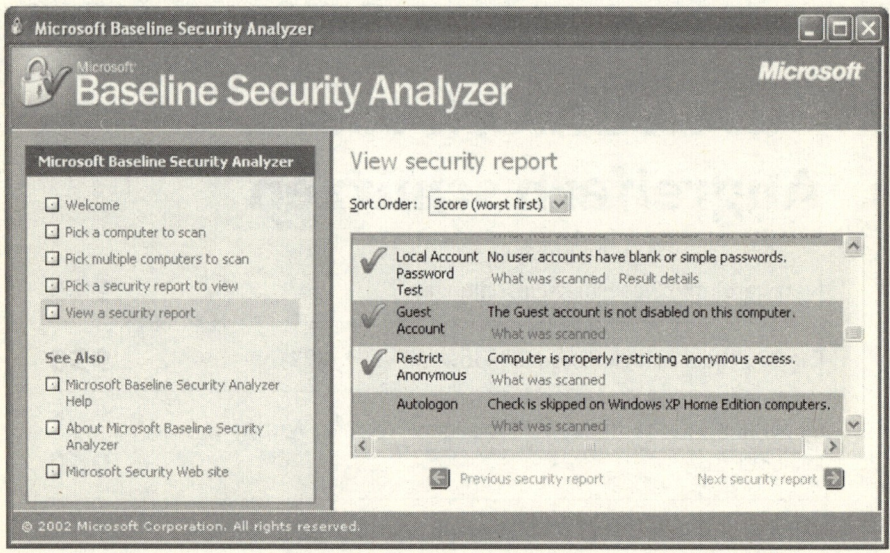

Nach dem Starten des Securitychecks werden Ihnen die Verwundbarkeiten in den Optionen *Check for Windows vulnerabilities*, *Check for weak passwords* etc., die Sie zur Untersuchung aktiviert haben, dargestellt und auch, was Sie dagegen tun können (in der Spalte *How to correct this*).

 Bekannte, aber harmlose Sicherheitslücke dieses Tools

Das Ergebnis der festgestellten Sicherheitslöcher wird unter \Dokumente und Einstellungen\[BENUTZER]\SecurityScans als XML-Datei im Klartext abgespeichert und zeigt damit jedem, welche Schwachstellen der untersuchte PC hat.

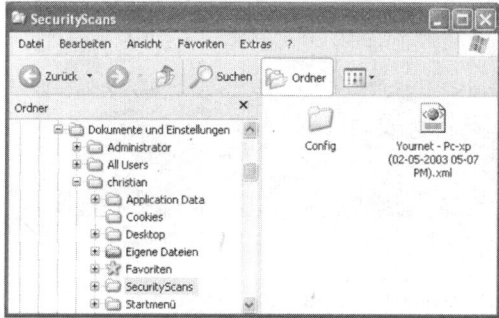

Wenn Sie übervorsichtig sind, löschen Sie einfach diese XML-Datei, wobei mit *[Benutzer]* der angemeldete Benutzer gemeint ist (hier *christian*), der den Securitycheck gerade ausgeführt hat.

Mit einem Tool sehen, welche Netzwerk- bzw. Internetverbindungen zu einem PC hergestellt werden

Mit welchem Tool kann man sehen, welche Netzwerk- bzw. Internetverbindungen gerade zu einem PC herstellt wurden?

Das gibt es bei Windows als Tool mitgeliefert. Sie können das mit einem einfachen Befehl in der Eingabeaufforderung unter *Start/Programme* in Windows 98 und *Start/Programme/Zubehör* in Windows ME/2000/XP feststellen. Geben Sie dazu in der Eingabeaufforderung „netstat -an" gefolgt von der Enter -Taste ein.

In der Spalte *Status* werden Ihnen mit der Angabe *HERGESTELLT* die gewünschten Verbindungen angezeigt. Die Eingabe „netstat -an" zeigt nur die IP-Nummern der Verbindungen, also die zu Ihrem PC von einer anderen Stelle im Netzwerk oder auch im Internet. Mit der Eingabe „netstat -a", die aber wesentlich länger dauert, können Sie die Namen (im Internet oder Netzwerk) der Verbindungspartner sehen.

Für Experten: Mit geübtem Blick können Sie hier bereits typische Trojaner erkennen, die an bekannten Ports wachen (an den Zeilen, in denen Ports abgehört werden, Spalte *Status* = *ABHÖREN*). Dieses Tool zeigt übrigens nur die Verbindungen, die über das Internetprotokoll (TCP/IP) hergestellt werden. Sie können ein Windows-Netzwerk (nicht das Internet) aber auch völlig ohne das Internetprotokoll betreiben, z. B. mit dem IPX/SPX- oder NETBEUI-Netzwerkprotokoll. Solche Verbindungen zeigt Ihnen netstat nicht an, da es nur ein Tool für das Internetprotokoll (TCP/IP) ist.

Schnelle Einstellungen, um einen Windows XP-/2000-Laptop an einem Hotspot sicher zu benutzen

Welche schnellen Einstellungen kann man zum Schutz von Windows XP (2000) vornehmen, wenn man mit einem Laptop einen Hotspot benutzen möchte?

! Die Hotspot-Benutzung, also das drahtlose Mitbenutzen eines Internetanschlusses, ist nichts anderes als das reine Mitbenutzen des Internets über Netzwerk (WLAN), ohne ein Windows-Netzwerk zu verwenden, siehe auch Seite 945 (für Windows XP SP2).

Schnelle Einstellungen, um geschützt unter Windows XP (SP1) bzw. Windows 2000 vorläufig nur das Internet mitzubenutzen

? Ich möchte unter Windows XP (SP1) bzw. Windows 2000 kein Windows-Netzwerk, sondern vorläufig nur das Internet mitbenutzen. Welche schnellen Einstellungen kann ich zu meinem Schutz vornehmen?

! Da kann man eine Menge tun. Fürs Erste reichen für die Netzwerkkarte (die mit dem Heimnetzwerk verbunden ist) bzw. die WLAN-Karte folgende schnellen Einstellungen:

1. Klicken Sie mit der rechten Maustaste auf das Symbol der Netzwerkkarte/WLAN-Karte und öffnen Sie mit *Eigenschaften* das folgende Fenster.

2. Entfernen Sie dort unter *Diese Verbindung verwendet folgende Elemente* alle Haken außer vor der Zeile *Internetprotokoll (TCP/IP)*.

3. Klicken Sie in der Zeile *Internetprotokoll (TCP/IP)* auf *Eigenschaften* und auf *Erweitert* und wechseln Sie in das Register *WINS*. Dort ändern Sie die Option unter *NetBIOS-Einstellung* auf *NetBIOS über TCP/IP deaktivieren*.

4. Wechseln Sie zum Register *Erweitert* und setzen Sie einen Haken bei der Option *Diesen Computer und das Netzwerk schützen, indem das Zugreifen auf diesen Computer vom Internet eingeschränkt oder verhindert wird* (die Firewall von XP).

Anstelle des vierten Schritts können Sie auch Ihre eigene Firewall aktivieren. Beachten Sie, dass optimierte (vereinfachte) Netzwerkeinstellungen immer Vorrang gegenüber einer zusätzlich eingesetzten Firewall haben. Fällt die Firewall mal aus (sie ist auch nur ein Programm, das seine Dienste mal verweigern oder gar absaufen kann), werden Sie immer durch die optimierten Netzwerkeinstellungen geschützt.

Den dritten Schritt könnten Sie auch weglassen. Er stellt eine zusätzlich Sicherheit dar. Beachten Sie unbedingt an dieser Stelle, dass Sie diese Einstellungen wieder zurückstellen müssen, falls Sie neben dem Internet wieder Zugriff auf das Windows-Netzwerk haben möchten, wobei Sie für den dritten Schritt die Option *NetBIOS über TCP/IP aktivieren* wählen können.

Unter Windows 2000 können Sie bis auf optische Unterschiede genauso vorgehen.

Einstellungen, um geschützt unter Windows XP bzw. Windows 2000 bleibend nur das Internet mitzubenutzen

? Welche schnellen Einstellungen kann man unter zum Schutz von Windows XP bzw. 2000 vornehmen, wenn man kein Windows-Netzwerk, sondern vorläufig nur das Internet mitbenutzen möchte?

! Da kann man eine Menge tun. Das Problem bei umfangreichen „Sicherheitsabschlankungen" unter Windows ist immer, dass Sie diese im Einzelnen schwer alle wieder rückgängig machen können, wenn Sie doch wieder ein Windows-Netzwerk erreichen möchten.

Was Sie aber auf jeden Fall tun können, ist, wie im vorherigen Fall auf Seite 943 vorzugehen und im zweiten Schritt unter *Diese Verbindung verwendet folgende Elemente* die Zeilen *Datei- und Druckerfreigabe für Microsoft-Netzwerke* und *Client für Microsoft-Netzwerke* mit der Schaltfläche *Deinstallieren* komplett zu entfernen.

Falls Sie dann doch wieder ein Windows-Netzwerk erreichen möchten, können Sie diese beiden Zeilen einfach mit der Schaltfläche *Installieren* und anschließender Auswahl der zu installierenden Netzwerkkomponenten unter der Zeile *Client* bzw. *Dienst* wieder hinzufügen. Der Netzwerkinstallations-Assistent bietet keine 100%ige Garantie, dass die beiden Zeilen wieder ordnungsgemäß installiert und mit einem Haken versehen werden. Machen Sie das lieber selbst schnell.

Unter Windows 2000 können Sie bis auf optische Unterschiede genauso vorgehen.

Schnelle Einstellungen, um geschützt unter Windows XP SP2 kein Windows-Netzwerk, sondern vorläufig nur das Internet mitzubenutzen

? Ich möchte an meinem PC/Laptop unter Windows XP SP2 kein Windows-Netzwerk, sondern vorläufig nur das Internet mitbenutzen. Welche schnellen Einstellungen kann ich zu meinem Schutz vornehmen?

! Da kann man eine Menge tun. Fürs Erste reicht folgende schnelle Einstellung:

1. Öffnen Sie mit der rechten Maustaste das Symbol der Netzwerkkarte/WLAN-Karte. Im Kontextmenü öffnen mit dem Punkt *Windows-Firewalleinstellungen ändern* oder bei den Netzwerkverbindungen mit dem Punkt *Windows-Firewalleinstellungen ändern* unter *Netzwerkaufgaben* das folgende Fenster.

2. Setzen Sie die Option *Aktiv (empfohlen)* mit einem Haken bei *Keine Ausnahmen zulassen*.

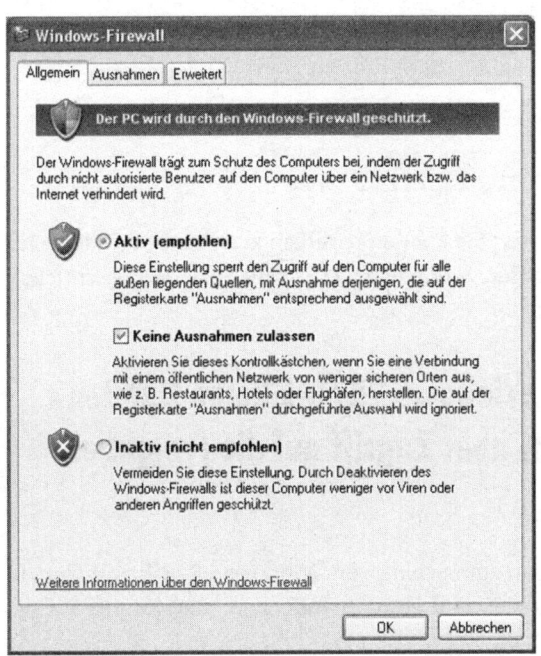

3. Wechseln Sie unbedingt zum Register *Erweitert* und kontrollieren Sie, ob unter *Netzwerkverbindungseinstellungen* Ihre Netzwerkkarte/WLAN-Karte mit einem Haken versehen ist bzw. weitere Netzwerkkarten, die Sie schützen möchten. Merkwürdigerweise kann man hier auch alle Netzwerkkarten wegklicken, die die Firewall schützen soll, ohne im vorherigen Fenster darüber informiert zu werden.

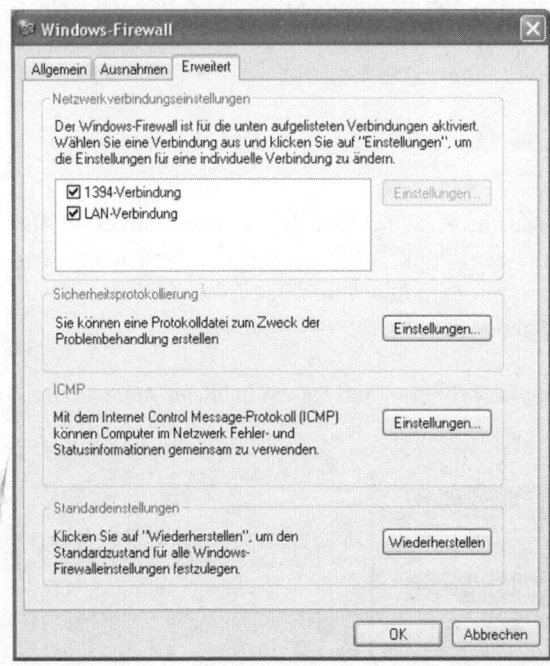

Vertrauen ist gut, Kontrolle ist besser: Sie können natürlich auch unter Windows XP SP2 genauso vorgehen, wie das vor für Windows XP (SP1) auf Seite 943 beschrieben wird.

Einstellungen, um unter Windows 98/ME keine Dateien und Drucker freizugeben, aber Zugriff auf die Freigaben anderer PCs zu haben

Welche Einstellungen kann man zum Schutz von Windows 98/ME vornehmen, wenn man bleibend keine Dateien und Drucker freigeben, aber Zugriff auf die Freigaben anderer PCs haben möchte?

34.1 NETZWERK- UND SICHERHEITSEINSTELLUNGEN **947**

> Mit folgender Einstellung kann der Windows 98-/ME-PC zwar auf die Datei- und Druckerfreigaben anderer PCs im Netzwerk zugreifen, aber kein PC auf seine Freigaben:

1. Klicken Sie unter *Start/Einstellungen/Systemsteuerung* auf das Symbol *Netzwerk*.

2. Aktivieren Sie die Zeile *Datei- und Druckerfreigabe für Microsoft-Netzwerke* und klicken Sie auf die Schaltfläche *Entfernen*. Machen Sie anschließend einen Neustart.

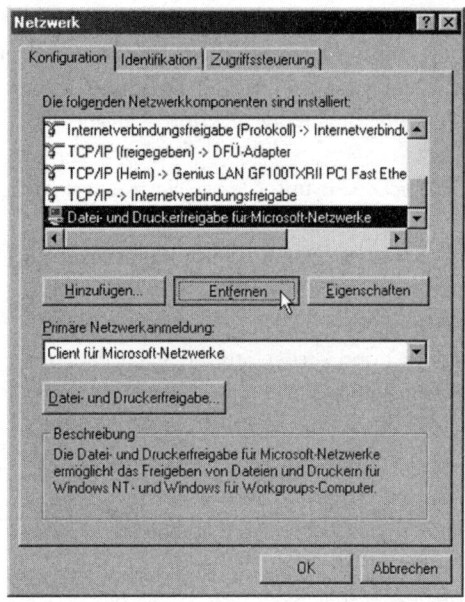

Der Computername verschwindet!

Beachten Sie, dass Sie nach dieser Einstellung den Windows 98-/ME-PC nicht mehr in der Netzwerkumgebung anderer PCs sehen werden. Der Windows 98-/ME-PC kann aber immer noch auf die Datei- und Druckerfreigaben anderer PCs im Netzwerk zugreifen. Auch wenn der PC nicht mehr in der Netzwerkumgebung erscheint, funktioniert nach wie vor die Internetmitbenutzung.

Wenn Sie an allen Windows 98-/ME-PCs nur das Internet mitbenutzen möchten, brauchen Sie auch den *Client für Microsoft-Netzwerke* nicht. Sie können auch diese Zeile hier entfernen. Leider kommt sie aber schnell unter Windows 98/ME durch die Hintertür wieder herein.

Einstellungen, um den PC, der das Internet unter Windows ME freigibt, zu schützen

? Mit welchen Einstellungen schützt man besonders den PC, der Internet unter Windows ME (Windows 98 SE) freigibt?

! Folgende Netzwerkeinstellungen sollten Sie auf dem Windows 98 SE-/ME-PC, der mit dem Internet verbunden ist, unabhängig von der eventuellen Installation einer Personal Firewall, kontrollieren:

1. Klicken Sie unter *Start/Einstellungen/Systemsteuerung* auf das Symbol *Netzwerk*.

2. Bei einer DFÜ-Verbindung ins Internet suchen Sie die Zeile *TCP/IP->DFÜ-Adapter* oder *TCP/IP (freigegeben)->DFÜ-Adapter* und klicken auf die Schaltfläche *Eigenschaften*.

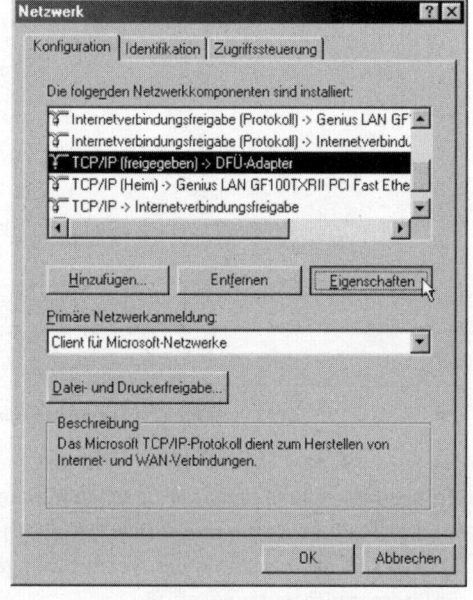

3. Wechseln Sie zum Register *Bindungen* und entfernen Sie alle vorhandenen Haken bei *Client für Microsoft-Netzwerke* und *Datei- und Druckerfreigabe für Microsoft-Netzwerke*. Beantworten Sie hier die Kontrollabfrage *Möchten Sie jetzt einen Treiber wählen?* mit *Nein*.

4. Sehen Sie statt oder außer der Zeile *TCP/IP->DFÜ-Adapter* Zeilen der Form *TCP/IP->AOL-Adapter* oder ähnlich, wiederholen Sie die letzten drei Schritte.

Stellen Sie die Internetverbindung bei einer Kabelverbindung über eine zusätzliche Netzwerkkarte her, dann nehmen Sie die letzten drei Schritte für die Zeile *TCP/IP -> [Netzwerkkarte zum Kabelmodem]* vor und machen einen Neustart.

UPnP (Universal Plug and Play) wegen der Vorteile im Netzwerk sicher einsetzen

? Ich möchte UPnP (Universal Plug and Play) wegen der Vorteile im Netzwerk auf jeden Fall einsetzen, möchte aber mein Netzwerk vor den bekannten Sicherheitslöchern schützen. Wie mache ich das?

! Spielen Sie unter Windows XP das neuste Service Pack ein (mindestens SP1) bzw. verwenden Sie den UPnP-Sicherheitspatch, den Microsoft unter *www.microsoft.com/technet/security/bulletin/MS01-059.mspx* anbietet. Dort erhalten Sie auch einen UPnP-Sicherheitspatch für Windows 98/ME, den Sie auch dann einspielen sollten, wenn Sie das neuste Service Pack bzw. den UPnP-Sicherheitspatch für Windows XP eingespielt haben.

⟹ *Entscheiden Sie selbst über Sinn und Unsinn von UPnP* ⟹

Ich möchte an dieser Stelle darauf hinweisen, dass unter anderem die Empfehlungen des Herrn Gibson auf der bekannten Sicherheitsseite unter https://grc.com, UPnP generell abzuschalten, weil es nutzlos und nur gefährlich sei, so nicht stehen bleiben können. Das stimmt für ein Netzwerk nicht! UPnP ermöglicht UPnP-fähigen Programmen im Netzwerk auf vielen PCs, Anwendungen über die (UPnP-)Internetfreigabe von Windows XP oder einen UPnP-Router automatisch freizuschalten, die sonst nicht lauffähig wären (Dateiempfang, Onlinegames und vieles mehr), ohne dem Anwender komplizierte Einstellungen abzuverlangen, bzw. die sonst nur für einen PC gleichzeitig funktionieren würden. Diese Fähigkeit von UPnP im Netzwerk wird NAT Traversal genannt, siehe dazu unter www.upnp.org – UPnP NAT Traversal.

UPnP (Universal Plug and Play) aus Sicherheitsgründen generell nicht einsetzen

? Ich möchte UPnP (Universal Plug and Play) aus Sicherheitsgründen generell nicht einsetzen. Wie schütze ich mich?

! Ich würde Ihnen empfehlen, trotz der folgenden Maßnahmen die Sicherheitspatches zur Behebung des Sicherheitsproblems – wie oben beschrieben – unter Windows 98/ME/XP einzuspielen. Anschließend können Sie UPnP dann mit einem Tool deaktivieren, wie es auf Seite 902 beschrieben ist.

Falls Sie einen Router (moderne Router verfügen in der Regel alle über UPnP) einsetzen, können Sie dort noch mal aus Sicherheitsgründen UPnP deaktivieren. Beispielsweise bei Netgear-Routern finden Sie diese Option unter *Advanced/UPnP*, bei D-Link-Routern unter *Tools Misc./UPnP Settings* und bei Zyxel-Routern unter *Advanced Setup/UPnP*.

34.2 Die eingebaute Firewall von Windows XP (SP1/SP2)

Firewall von Windows XP für die Netzwerkkarte aktivieren und dabei das Windows-Netzwerk durchlassen

? Kann man das Windows-Netzwerk noch erreichen, obwohl man die Firewall von Windows XP aus Sicherheitsgründen für die Netzwerkkarte aktiviert hat?

! Ja, das geht tatsächlich. Der folgende Trick wurde übrigens in Windows XP SP2 von Microsoft selbst bereits mit eingebaut.

1. Wechseln Sie zu den *Netzwerkverbindungen* und klicken Sie mit der rechten Maustaste auf das Symbol der Netzwerkkarte (die mit dem Heimnetzwerk verbunden ist) bzw. der WLAN-Karte und dann auf *Eigenschaften*. Wechseln Sie zum Register *Erweitert*, in dem Sie mit der Option *Diesen Computer und das Netzwerk schützen, indem das Zugreifen auf diesen Computer vom Internet eingeschränkt oder verhindert wird* die XP-Firewall einschalten.

2. Klicken Sie rechts unten auf die Schaltfläche *Einstellungen* und unten links auf die Schaltfläche *Hinzufügen*.

3. Wählen Sie: *Dienstbeschreibung windows-139*, *Name oder IP-Adresse des Computers, auf dem dieser Dienst im Netzwerk ausgeführt wird 127.0.0.1*, *Externe Portnummer für diesen Dienst 139*, Option *TCP*, *Interne Portnummer für diesen Dienst 138*. Bestätigen Sie mit der Schaltfläche *OK*.

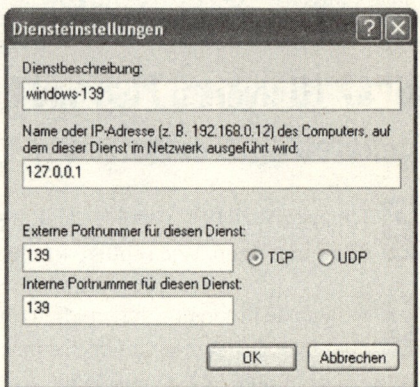

4. Wiederholen Sie nun den zweiten und dritten Schritt noch dreimal, wobei Sie die folgenden drei Dienste (in Kurzform geschrieben) hinzufügen:

- windows-445: Computername=127.0.0.1,
  Externe/Interne Portnummer=445,TCP
- windows-137: Computername=127.0.0.1,
  Externe/Interne Portnummer=137,UDP
- windows-138: Computername=127.0.0.1,
  Externe/Interne Portnummer=138,UDP

5. Danach sollten Sie die vier Zeilen *windows-137*, *windows-138*, *windows-139* und *windows-445* sehen, die mit einem Haken versehen sind. Achten Sie darauf, dass Sie unter *Name oder IP-Adresse des Computers, auf dem dieser Dienst im Netzwerk ausgeführt wird* die IP-Nummer 127.0.0.1 richtig mit Punkten und nicht aus Versehen mit Kommata geschrieben haben (das passiert öfter, ohne dass man es merkt), sonst funktioniert der Trick nicht. Wenn Sie die Zeilen *windows-XXX* noch mal doppelt anklicken, werden Sie statt der IP-Nummer 127.0.0.1 dann den Computernamen erkennen können, den Sie auch hätten wählen können.

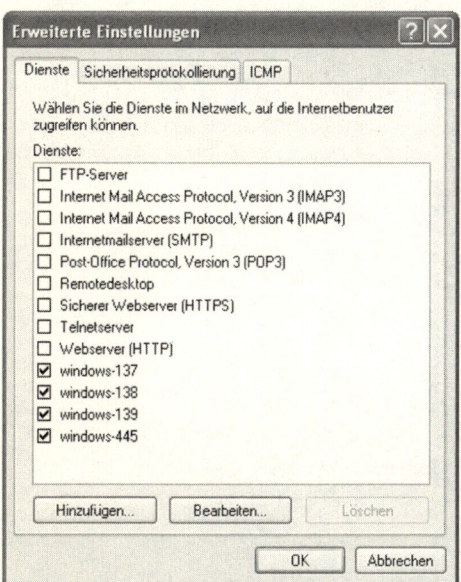

PC anpingen, obwohl Firewall von XP für die Netzwerkkarte aktiviert ist

? Wie kann man einen PC anpingen, wenn man die Firewall von XP für die Netzwerkkarte aktiviert hat?

! Mit dem vorherigen Trick können Sie trotz Firewall von XP das Windows-Netzwerk benutzen. Den PC mit aktivierter Firewall können Sie aber nicht mehr anpingen. Er antwortet nicht. Aber dazu ist die Firewall ja da. Falls Sie das Anpingen aber trotzdem freischalten möchten, machen Sie folgende Einstellungen am PC, den Sie anpingen möchten (nicht am PC, der den *ping*-Befehl abschickt):

1. Wechseln Sie dort, wo Sie die Firewall aktiviert haben, zu den *Erweiterten Einstellungen* und klicken Sie auf die Schaltfläche *Einstellungen*.

2. Setzen Sie im Register *ICMP* bei *Eingehende Echoanforderung zulassen* einen haken und schließen Sie alle Fenster (unter Windows XP SP2 wurde das Register zu einer Schaltfläche *Einstellungen* unter *ICMP* im Register *Erweitert* umgewandelt). Nun funktioniert auch der *ping*-Befehl wieder.

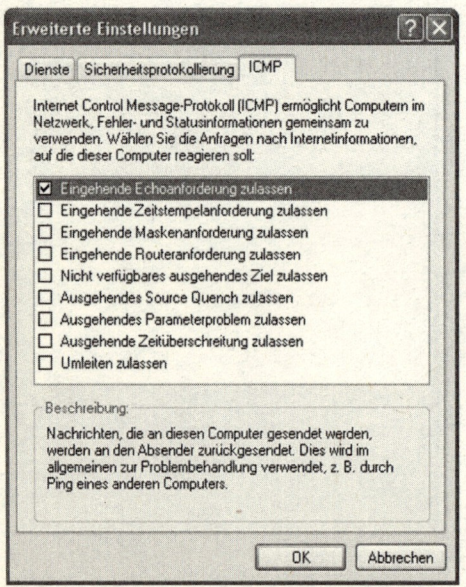

34.2 DIE EINGEBAUTE FIREWALL VON WINDOWS XP (SP1/SP2) **953**

Wenn Sie allerdings noch mehr in der Firewall von XP freischalten, bleibt von ihrer Schutzwirkung nicht mehr viel übrig.

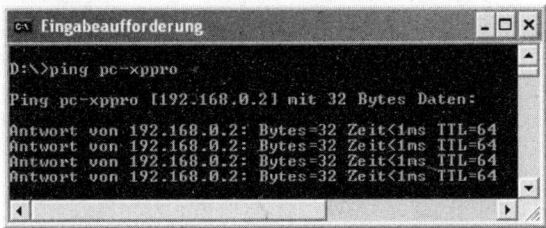

Sehen, was die Firewall von XP abblockt bzw. zulässt

Wie kann man sehen, was die Firewall von XP abblockt bzw. zulässt?

Wechseln Sie bei der Firewall von XP im Fenster *Erweiterte Einstellungen* auf das Register *Sicherheitsprotokollierung* bzw. bei der Firewall von Windows XP SP2 im Register *Erweitert* auf die Schaltfläche *Einstellungen* unter *Sicherheitsprotokollierung* und wählen Sie unter *Protokollierungsoptionen* die Funktionen *Verworfene Pakete protokollieren* und *Erfolgreiche Pakete protokollieren*.

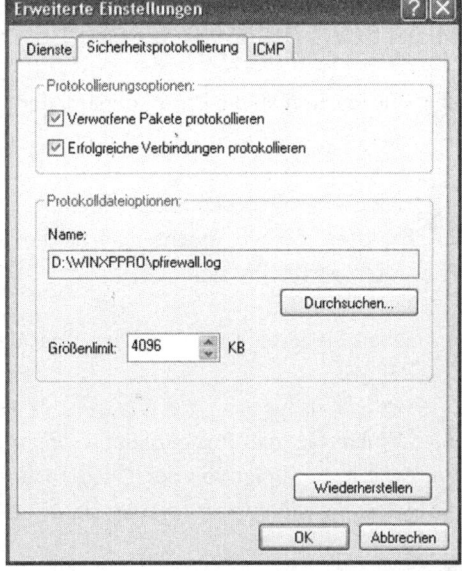

Unter *Protokolldateioptionen* finden Sie den genauen Pfad der Protokolldatei *pfirewall.log* (hier *D:\WINXPPRO\ pfirewall.log*). Am schnellsten öffnen Sie diese Protokolldatei, wenn Sie unter *Start/Ausführen* einfach „pfirewall.log" gefolgt von der [Enter]-Taste eingeben.

```
#Verson: 1.0
#Software: Microsoft Internet Connection Firewall
#Time Format: Local
#Fields: date time action protocol src-ip dst-ip src-port dst-port size tcpfl

2004-04-18 15:01:12 OPEN-INBOUND TCP 192.168.0.225 192.168.0.2 4847 139 - - -
2004-04-18 15:01:12 DROP TCP 192.168.0.225 192.168.0.2 4847 139 120 AP 128143
2004-04-18 15:01:12 DROP TCP 192.168.0.225 192.168.0.2 4847 139 120 AP 128143
2004-04-18 15:01:13 DROP TCP 192.168.0.225 192.168.0.2 4847 139 120 AP 128143
2004-04-18 15:01:15 DROP TCP 192.168.0.225 192.168.0.2 4847 139 120 AP 128143
2004-04-18 15:01:18 DROP TCP 192.168.0.225 192.168.0.2 4847 139 120 AP 128143
2004-04-18 15:01:22 DROP TCP 192.168.0.225 192.168.0.2 4847 139 93 AP 1281431
2004-04-18 15:01:24 DROP TCP 192.168.0.225 192.168.0.2 4847 139 173 AP 128143
2004-04-18 15:01:34 DROP TCP 192.168.0.225 192.168.0.2 4847 139 79 AP 1281431
```

In den Zeilen, in denen nicht *DROP* (gemeint ist Abblocken der Verbindung) steht, sehen Sie sehr schön, welche Aktivitäten Windows, vor allem in Richtung Internet, so ergreift.

Protokolldatei der Firewall von Windows XP (inkl. SP2) kann nicht gelöscht werden

? Wie löscht man die Protokolldatei der Firewall von XP (inkl. SP2)?

! Falls Sie die Protokolldatei *pfirewall.log* löschen, einfach überspeichern oder im Explorer löschen möchten, erhalten Sie eine Fehlermeldung. Mit folgendem Trick lösen Sie das Problem:

1. Geben Sie unter *Start/Ausführen* „net stop sharedaccess" gefolgt von der [Enter]-Taste ein.

2. Öffnen Sie die Protokolldatei *pfirewall.log*, indem Sie unter *Start/Ausführen* „pfirewall.log" gefolgt von der [Enter]-Taste eingeben, und löschen oder speichern Sie die Datei *pfirewall.log* bzw. löschen Sie sie im Explorer.

3. Geben Sie dann unter *Start/Ausführen* „net start sharedaccess" gefolgt von der [Enter]-Taste ein. Beachten Sie, dass es eine Zeit lang dauert, bis die Verbindung zur Netzwerkkarte mit aktivierter Firewall wieder richtig und schnell funktioniert.

Firewall von Windows XP deinstallieren

? Wie kann man die Firewall von XP deinstallieren? Ein Programm weigert sich, wegen der Firewall von XP zu starten bzw. installiert zu werden.

! Die Firewall von XP können Sie nicht deinstallieren, aber komplett für alle Netzwerkkarten (Verbindungen) abschalten, was den gleichen Zweck erfüllt. Machen Sie dafür folgende Einstellungen:

1. Geben Sie unter *Start/Ausführen* „services.msc" gefolgt von der [Enter]-Taste ein oder klicken Sie unter *Start/Systemsteuerung/Leistung und Wartung/Verwaltung* auf das Symbol *Dienste*.

2. Suchen Sie die Zeile *Internetverbindungsfirewall/Gemeinsame Nutzung der Internetverbindung* (*Windows-Firewall/Gemeinsame Nutzung der Internetverbindung* bei Windows XP SP2) und öffnen Sie das folgende Fenster mit einem Doppelklick.

3. Wählen Sie unter *Starttyp* die Option *Deaktiviert* und klicken Sie auf die Schaltflächen *Übernehmen* und *Beenden* neben *Dienststatus*.

Beachten Sie, dass Sie mit dieser Einstellung nicht nur die Firewall, sondern auch die Internetfreigabe von Windows XP nicht mehr benutzen können. Beide sind miteinander gekoppelt.

Firewall von Windows XP muss gar nicht zum Surfen (und vieles mehr) im Netzwerk konfiguriert werden

? Ich habe bei der Firewall von XP unter *Einstellungen* unter anderem die Zeile *Webserver (HTTP)* aktiviert, um im Netzwerk zu surfen. Ich will aber noch viel mehr benutzen (z. B. ICQ). Was stelle ich das ein?

! Bei der Internetverbindung unter *Erweitert/Einstellungen* können Sie die Firewall von XP für den PC, der das Internet freigibt, konfigurieren, aber auch das Weiterleiten von Anfragen an einen anderen PC im Netzwerk.

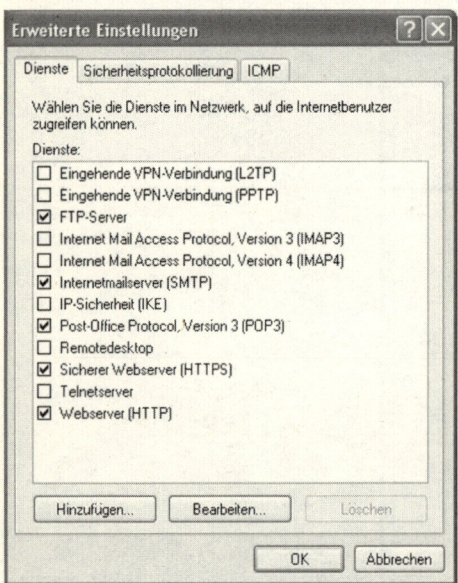

Sie müssen aber an dieser Stelle gar nichts einstellen, wenn Sie surfen oder E-Mails von irgendeinem PC im Netzwerk z. B. über Outlook (Express) abholen oder verschicken möchten. Auch der Chat von ICQ wird auf jedem PC im Netzwerk (mit verschiedenen ICQ-Nummern natürlich) ohne eine Einstellung an dieser Stelle funktionieren. (Für Experten: Die Firewall von XP blockt nur eingehende Verbindungen ab, ausgehende Verbindungen ins Internet können frei passieren. Das ist ein typisches Missverständnis der Firewall von XP.)

An dieser Stelle müssen Sie nur etwas konfigurieren, wenn an dem PC, der das Internet freigibt, oder einem anderen PC im Netzwerk ein Homeserver (z. B. ein Webserver) eingesetzt wird. Den müssten Sie dann unter *Erweitert/Einstellungen* konfigurieren. Bei ICQ müssen Sie hier nur etwas konfigurieren, wenn Sie eine Datei empfangen möchten, aber nicht für das normale Chatten. Entfernen Sie am besten hier alle Haken. Sie haben übrigens hier nur Einstellungen für den einen PC, der das Internet freigibt, vorgenommen, nicht für alle PCs im Netzwerk.

Firewall von Windows XP für Netzwerk-/WLAN-Karte unter Windows XP SP2 deaktivieren, nicht für alle anderen Verbindungen

Wie deaktiviert man die Firewall für die Netzwerkkarte/WLAN-Karte unter Windows XP SP2, aber nicht für alle anderen Verbindungen? Vor dem Einspielen von SP2 war das einfacher!

Das ist bei SP2 umständlicher, nämlich wie folgt:

1. Klicken Sie auf das Symbol der Netzwerkkarte/WLAN-Karte in der Taskleiste bzw. in den *Netzwerkverbindungen* und dann auf die Schaltfläche *Eigenschaften*.

2. Wechseln Sie auf das Register *Erweitert* und klicken Sie auf die Schaltfläche *Einstellungen* neben *Windows-Firewall*.

3. Im Register *Erweitert* entfernen Sie unter *Netzwerkverbindungseinstellungen* den Haken bei *LAN-Verbindung* (die Netzwerkkarte/WLAN-Verbindung).

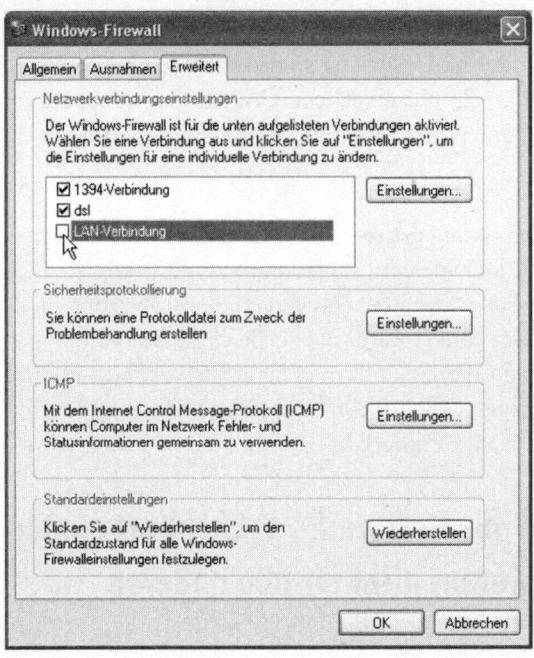

▶▶▶ *Die Firewall ist nicht aktiv, auch wenn es so scheint* ◀◀◀

An dieser Stelle möchte ich eine große Warnung aussprechen. Falls Sie in der Windows-Firewall die Option Aktiv (empfohlen) sehen können, besagt das nicht, dass die Firewall wirklich (für mindestens eine Verbindung) aktiv ist. An dieser Stelle könnten auch alle Haken entfernt sein. Windows XP SP2 behauptet dann immer noch: *Der PC wird durch den Windows-Firewall geschützt.*

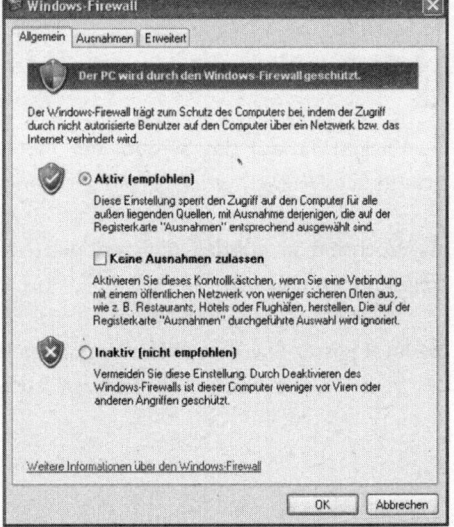

Programme (z. B. zum Fernsteuerungsempfang) freischalten bei aktivierter Firewall von Windows XP SP2

? Ich habe die Firewall von Windows XP SP2 aktiviert. Was muss ich einstellen, damit z. B. mein Fernsteuerungsprogramm (VNC) auf Fernsteuerungen reagiert oder mein FTP-Server funktioniert?

! Falls die Windows-Firewall von Windows XP SP2 aktiviert ist, blockt sie alle Programme, die auf Empfang im Netzwerk eingestellt sind, z. B. ein Fernsteuerungsprogramm oder auch ein FTP-Server, ab. Im Fall der Fernsteuerung (z. B. RealVNC) ist das Programm auf dem PC gemeint, der ferngesteuert werden soll, nicht das Programm, mit dem Sie diesen PC fernsteuern möchten.

Mit folgenden Schritten schalten Sie z. B. das Fernsteuerungsprogramm RealVNC frei:

1. Klicken Sie mit der rechten Maustaste auf das Symbol der Netzwerkkarte (WLAN-Karte) in der Taskleiste und wählen Sie im Kontextmenü *Windows-Firewalleinstellungen ändern* aus.

2. Wechseln Sie zum Register *Ausnahmen* und klicken Sie auf die Schaltfläche *Programm*.

3. Suchen Sie in der Liste nach dem Programm, das Sie freischalten möchten – in diesem Fall ist es das Programm für den Empfang von VNC-Fernsteuerungen, Run VNC Server –, und bestätigen Sie es mit der Schaltfläche *OK*. Dann erscheint unter *Programme und Dienste* die neue Zeile *Run VNC Server*, die mit einem Haken aktiviert ist (sein muss!).

4. Schließen Sie das offene Fenster mit *OK*.

34.3 Genereller oder zentraler Schutz gegen Trojaner, Würmer, Dialer & Co.

Neben dem Einsatz von Software gegen Viren, Trojanern, Würmer etc. sind in einem Netzwerk vor allem generelle Maßnahmen für jeden PC im Netzwerk anwendbar und sinnvoll. Setzen Sie also einen Router ein, ist dem zentralen Schutz durch den Router jeder Einzellösung an allen PCs im Netzwerk der Vorzug zu geben, was natürlich nicht gegen den sinnvollen Einsatz einer Einzellösung spricht, wenn der Router in bestimmten Fällen (z. B. bei Virenbefall) keinen zentralen Schutz bieten kann.

Effektiver Schutz vor zu hohen Telefonkosten durch 0190-Dialer

? Mit welchem Programm schützt man sich vor zu hohen Telefonkosten, die im Netzwerk durch 0190-Dialer erzeugt werden könnten?

! Der beste Schutz vor großen Schäden durch einen 0190-Dialer ist gar kein Abwehrprogramm, sondern sämtlichen PCs im Netzwerk die Möglichkeit zu nehmen, eine Telefon-(ISDN-)Verbindung (eigentlich fürs Internet) direkt aufbauen zu können. Dabei haben Sie folgende Möglichkeiten, je nachdem, ob Sie eine ISDN- und/oder DSL-Verbindung ins Internet einsetzen:

- Sie brauchen nur Internet über Ihren DSL-Anschluss im Netzwerk:
  Verwenden Sie einen Router (mit oder ohne WLAN), der nur mit dem DSL-Anschluss verbunden ist. Alle PCs/Laptops sind nicht direkt, sondern über das Netzwerk mit dem Internet (DSL-Anschluss) verbunden. Kein Dialer wird je Kosten verursachen können.

- Sie brauchen nur Internet über Ihren ISDN-Anschluss im Netzwerk (DSL ist nicht verfügbar):
  Verwenden Sie einen ISDN-(DSL-)Router (mit oder ohne WLAN). Alle PCs/Laptops sind nicht direkt, sondern über das Netzwerk mit dem Internet (ISDN-Anschluss) verbunden. Es gibt eine Funktion, MultiCAPI oder LANCAPI genannt, mit der Sie auch im Netzwerk eine ISDN-Verbindung wählen können. Falls Ihr Router das unterstützen sollte, deaktivieren Sie diese Option.

Nun gibt es neben den Lösungen mit einem Router die Möglichkeit, dass ein PC, der sich mit dem Internet verbindet, das Internet für andere PCs freigibt. Eine ähnlich sichere Methode erreichen Sie, wenn Sie einen ausgewählten Internet-PC über DSL oder ISDN sich mit dem Internet verbinden lassen, wobei Sie dann aber diesen PC vor 0190-Dialern (nur bei ISDN) schützen müssen. Bei vielen ISDN-Karten ist dieser Schutz bereits im Treiber enthalten, oder Sie setzen Antivirensoftware, die besonders vor 0190-Dialern schützt, ein. Mein Tipp ist klar: Surfen Sie auf dem Internet-PC nicht und verhindern Sie generell das Eindringen von 0190-Dialern. Auf den anderen PCs im Netzwerk wird das Internet über die Netzwerkkarte/WLAN-Karte hergestellt. Da können möglicherweise doch aktive 0190-Dialer keine Kosten verursachen.

Beachten Sie, dass Sie bei einem ISDN-/DSL-Modem (z. B. Fritz!Card DSL oder Fritz!Card USB DSL) neben einer DSL- auch eine Wählverbindung zur Verfügung stellen, wenn Sie diese Karte neben DSL auch noch mit der ISDN-Leitung verbinden. Es werden ISDN-Treiber installiert, und eine ISDN-Verbindung (teurere Wählverbindung) kann von 0190-Dialern erzeugt werden, ohne dass Sie eine solche ISDN-Verbindung selbst eingerichtet haben. Wenn Sie nicht gerade faxen möchten (das geht auch über das Internet mit Diensten wie E-Mail to Fax), wäre der beste Schutz vor missbrauchenden 0190-Dialern, das ISDN-/DSL-Modem nicht mit der ISDN-Leitung zu verbinden. Jede Software kann ausfallen oder überlistet werden. Der beste Schutz ist daher eine Hardwarelösung (ISDN ist gar nicht vorhanden!).

Darüber hinaus haben Sie die Möglichkeit, sich bei Ihrem Telefonanbieter für den Nummernkreis solcher teuren Telefonnummern (0190 etc.) sperren zu lassen.

▪▪▶ *Seien Sie als AOL-Kunde vorsichtig* ▪▪▶

Bei AOL ist es möglich, kostenpflichtige Dienste und auch Telefonverbindungen über den AOL-Dienst (AOL-Software) zu Lasten des Besitzers eines AOL-Namens zu erzeugen. Verwenden Sie also Internet (ISDN oder DSL) im Netzwerk (auch über einen Router), können trotzdem hohe Kosten durch User im Netzwerk erzeugt werden.

Windows XP/Windows 2000 vor künftigen Angriffen à la Blaster/Sasser-Wurm schützen

Der Blaster/Sasser-Wurm soll irgendeine Schwachstelle von Windows XP/Windows 2000 ausgenutzt haben. Wie kann man sich wirkungsvoll im Netzwerk gegen einen künftigen Angriff dieser Art schützen, unabhängig von Patches von Microsoft?

Der Blaster/Sasser-Wurm konnte sein Unwesen bei Windows XP/Windows 2000 nur deshalb treiben, weil in Windows XP eine unwichtige Windows-Komponente unnötigerweise als Voreinstellung aktiviert wurde, nämlich die DCOM-Unterstützung. Schalten Sie sie ab! Mit dem kostenlosen Tool DCOMbobulator, das Sie unter *grc.com/dcom* herunterladen können, können Sie das einfach auf jedem PC im Netzwerk machen.

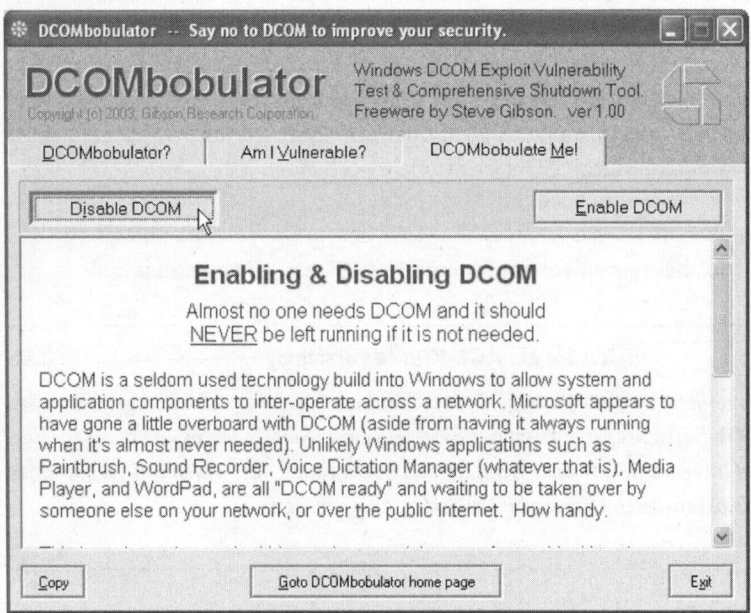

⁞⇒ **So verhindern Sie, dass der PC unaufhaltsam heruntergefahren wird** ⁞⇒

Sie sind vom Blaster-Wurm oder auch vom Sasser-Wurm befallen, wird wie von Geisterhand Ihr PC heruntergefahren, ohne dass Sie etwas dagegen tun könnten (oder vorher beispielsweise Daten sichern, noch Dinge zu Ende bringen etc.).

Geben Sie unter *Start/Ausführen* „*shutdown -a"* gefolgt von der ⟨Enter⟩*-Taste ein*, können Sie zumindest diesen Vorgang unterbrechen, wenn die Meldung *Das System wird heruntergefahren ...* erscheint. Danach sollten Sie sich aber um die Beseitigung des Wurms und ein Update der Sicherheitspatches von Windows kümmern und z. B. diesen Schutz einstellen.

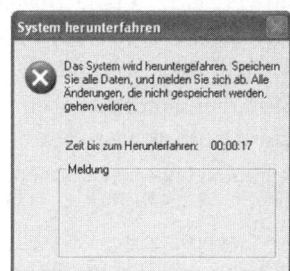

MSN Messenger aus Sicherheitsgründen entfernen

? Ich möchte den MSN Messenger aus Sicherheitsgründen im Netzwerk nicht benutzen. Wie wird man den los?

! Beispielsweise mit dem kostenlosen Tool xp-antispy, das Sie unter *www.xp-antispy.org* (nicht *www.xp-antispy.de*!) herunterladen können, können Sie das sehr einfach machen.

Trojanern, Würmern & Co. das Heimtelefonieren und E-Mail-Verschicken verbieten

? Wie kann man zentral fürs gesamte Netzwerk verhindern, dass Trojanerprogramme, Würmer & Co. die Internetverbindung zum Nach-Hause-Telefonieren oder E-Mail-Verschicken missbrauchen?

! Neben dem Einsatz von Antiviren-/Antitrojanersoftware können Sie dazu die Internetbenutzung im gesamten Netzwerk so stark einschränken, wie das im Folgenden auf Seite 968 und (im schärfsten Fall) auf Seite 971 beschrieben wird, wenn Sie einen Router einsetzen. Beachten Sie, dass alle Router in der Grundeinstellung jedem Trojaner oder Wurm die Tore zum Internet weit geöffnet haben, was Sie aber (stark) einschränken können.

34.4 Mit einem Router für (T)DSL das Netzwerk vor Gefahren von innen und außen schützen

Im Vergleich zu Schutzmaßnahmen und Programmen, die auf jedem PC im Netzwerk zum Schutz des einzelnen PCs eingesetzt werden können, bietet ein Router die Möglichkeit, das gesamte Netzwerk zu schützen. Für diesen Zweck können bei erhöhten Sicherheitsanforderungen spezielle Firewall-Router eingesetzt werden. Für Privatanwender ist es allerdings immer interessanter, welche Möglichkeiten er zum Schutz seines Netzwerks bei einem gewöhnlichen Router, den er in der Regel einsetzt, hat.

Im Gegensatz zur Vorstellung vieler User, man bräuchte das Netzwerk nur vor Eindringlingen von außen (vom Internet) zu schützen, spielt in der Praxis immer mehr „der Schutz von innen", also vom Netzwerk ins Internet, eine Rolle. Ist einmal ein Trojanerprogramm (ein harmloser Bildschirmschoner z. B.) in das Netzwerk eingedrungen und darf es ohne Einschränkungen im Netzwerk schalten und walten, ist der Schaden viel größer, als wenn einer versucht, von außen auf einen PC im Netzwerk zuzugreifen (das macht er erst gar nicht, wenn es von innen viel einfacher geht!).

Verhindern, dass ein anderer User im Netzwerk den Router konfigurieren oder die Konfiguration einsehen kann

? Wie verhindert man, dass ein anderer User im Netzwerk außer mir den Router konfigurieren oder die Konfiguration einsehen kann?

! Den beste Schutz stellt ein „sicheres" (nicht zu erratendes!) Systemkennwort für den Router dar, das nur Ihnen bekannt ist. Bei D-Link-Routern ändern Sie das Systemkennwort z. B. unter *Tools/Admin* bei *Administrator*, bei Netgear-Routern unter *Maintenance/Setup Password* und bei Zyxel-Routern unter *Password*.

Beachten Sie, dass man die Konfiguration eines D-Link-Routers trotz Systemkennwort (für den Benutzer *admin*, Administrator) immer noch einsehen kann, wenn sich ein User im Netzwerk beim D-Link-Router mit dem Benutzernamen *user* anmeldet. Deshalb sollten Sie auch den Benutzernamen *user* mit einem sicheren Kennwort versehen, das nur Ihnen bekannt ist.

Bei Zyxel-Routern gibt es unter *Remote Management Control* drei Zeilen unter *Service Type* (*telnet, FTP, Web*), die besagen, dass der Router über einen Webbrowser (*Web*), eine Telnet-Verbindung mit dem Befehl *telnet* in der Eingabeaufforderung (*telnet*) oder einen FTP-Client wie WS_FTP (*FTP*) konfiguriert werden kann. Neben dem Schutz durch ein Kennwort stellen Sie am besten in den Zeilen *telnet* und *FTP* in der Spalte *Access Status* die Option auf *Disabled*. Vorsicht! Stellen Sie hier nicht alles auf *Disabled*, sonst sperren Sie sich selbst aus (eine Konfiguration über einen Webbrowser ist dann auch nicht mehr möglich)! Beachten Sie, dass die Option *FTP* wichtig für ein Firmware-Update sein kann. Dann sollten Sie die Option *FTP* für diesen Moment wieder aktivieren (*Enabled*).

Die letzte Stufe der Sicherheit wird leider sehr oft vergessen. Speichern Sie unter Windows im Internet Explorer niemals das Systemkennwort des Routers und löschen Sie nach der Router-Konfiguration den Browsercache (temporäre Internetdateien löschen in den Internetoptionen: Cookies löschen, Dateien löschen, Verlauf leeren). An dieser Stelle ist es sehr wichtig zu erwähnen, dass der Einsatz von Router-Tools wie RouterControl, BarrMon (für den SMC-Barricade) etc., so praktisch die auch sind, in der Regel ein Sicherheitsproblem darstellt. Dort lässt sich sehr oft und einfach das Systemkennwort des Routers auslesen.

Router zeigt beim Sicherheitscheck im Internet einen oder mehrere offene Ports. So schließen Sie diese Ports

 Der Router hat einen oder mehrere offene Ports. Wie schließt man diese Ports zur Sicherheit?

! Offene Ports können bei einem Router zwei Gründe haben: Der Router selbst benötigt für sich diesen Port (diese Ports), oder der Router leitet Daten weiter an einen oder mehrere PCs, die diesen offenen Port (offene Ports) benötigen.

So erzeugt der Router für sich keine offenen Ports:

Es gibt bei vielen Routern eine Option zur Fernwartung. Schalten Sie diese ab bzw. kontrollieren Sie sie, falls Sie sie nicht benutzen möchten. Diese Fernwartung finden Sie in Routern unter dem Begriff *Remote Management*. Setzen Sie die entsprechende Option auf *Disabled*. Bei D-Link-Routern finden Sie das z. B. unter *Tools/Admin*, bei Netgear-Routern unter *Advanced/Remote Management* und bei Zyxel-Routern unter *Remote Management Control*, wo für alle drei Zeilen unter *Service Type* (*telnet*, *FTP*, *Web*) in der Spalte *LAN Only* oder *Disabled* stehen sollte. Vorsicht! Stellen Sie hier alles auf *Disabled*, können Sie Ihren Router nicht mehr konfigurieren. Mit Remote Management ist nämlich die Steuerung des Routers über das Internet und auch Ihr eigenes Netzwerk (Heimnetzwerk) gemeint.

Weshalb der Router sonst noch offene Ports erzeugt hat:

Falls Sie NetMeeting, einen Homeserver, ICQ etc. unter *Virtual Server*, *Port Forwarding* oder ähnlich genannt für einen oder mehrere PCs freigeschaltet haben, so wie das in den vorherigen Kapiteln dargestellt wurde, sind die offenen Ports die Ports, die Ihre Anwendungen (NetMeeting, ICQ etc.) benötigen, um zu funktionieren. Möchten Sie diese Möglichkeit also weiter benutzen, lassen sich die entsprechenden offenen Ports nicht vermeiden. Im anderen Fall entfernen Sie alle diese Weiterleitungen (oder setzen sie auf *Disabled*).

Beachten Sie dringend, dass das Aktivieren der *DMZ*/des *DMZ Servers* (siehe Seite 888 f.), also das Freischalten eines PCs im Netzwerk, bedeutet, dass dieser PC nicht mehr von der Firewall-Funktion des Routers geschützt wird. Jeder offene Port dieses PCs bedeutet einen offenen Port des Routers. Deaktivieren Sie im umgekehrten Sinn die *DMZ*/den *DMZ Server* entsprechend.

Router hat einen Sicherheitscheck im Internet (TruStealth-Analysis) nicht bestanden, weil nicht alle Ports geschützt sind

? Der Router hat einen Sicherheitscheck im Internet (TruStealth-Analysis) nicht bestanden: Es sind nicht alle Ports „geschützt". Was kann man dagegen tun?

34.4 MIT EINEM (T)DSL-ROUTER DAS NETZWERK VOR GEFAHREN SCHÜTZEN

! In der Regel zeigen viele Router diese Schwäche. Mit folgendem Trick schließen Sie dieses Sicherheitsloch:

Aktivieren Sie die *DMZ*/den *DMZ Server*, so wie das ab Seite 888 beschrieben ist, wobei Sie unter *IP Address* eine unbelegte IP-Nummer (eine Dummy-IP-Nummer) auswählen, z. B. 192.168.0.254 oder 192.168.1.254 (bei Zyxel-Router, je nach Router-Modell).

Nach diesem Trick und dem folgenden besteht Ihr Router auf der bekannten Security-Checkseite Shields-UP!! unter *http://grc.com/x/ne.dll?rh1dkyd2* bei *Common Ports* den TruStealth Analysis-Test.

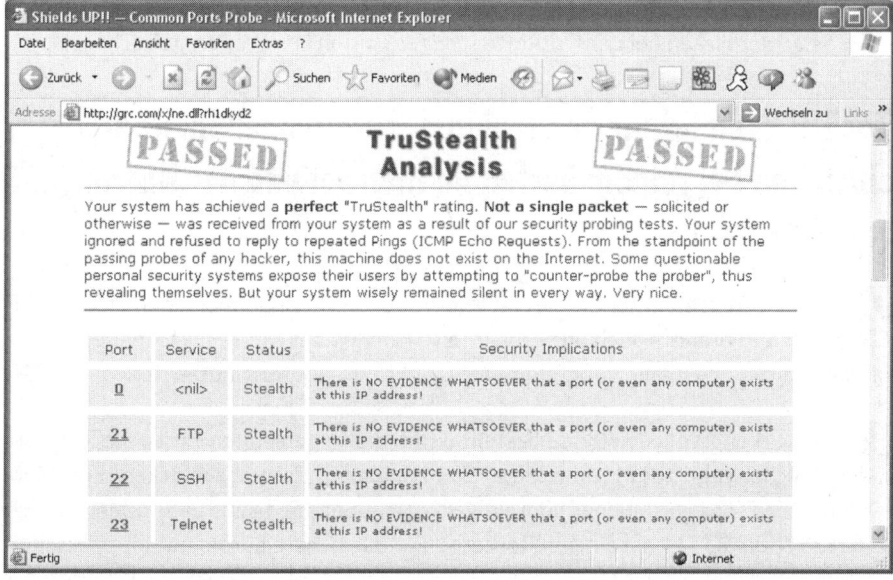

Diesen Trick können Sie natürlich nur dann anwenden, wenn Sie diese DMZ-Einstellung nicht benötigen, um einem PC im Netzwerk einen Vollzugriff auf das Internet zu ermöglichen, damit z. B. diverse Anwendungen (ICQ-Dateiempfang, NetMeeting, Fernsteuerung, Homeserver, FileSharing etc.) ohne weitere Router-Konfigurationen funktionieren.

Router hat einen Sicherheitscheck im Internet (TruStealth-Analysis) nicht bestanden, obwohl alle Ports geschützt sind

Der Router hat einen Sicherheitscheck im Internet (TruStealth-Analysis) nicht bestanden, obwohl alle Ports „geschützt" sind. Was kann man dagegen tun?

In der Regel bedeutet das nur (bei Schnellchecks), dass Ihr Router auf Pinganfragen aus im Internet reagiert, was ihn für Angriffe empfänglich macht. Schalten Sie diese Option ab.

Bei D-Link-Routern finden Sie unter *Tools/Misc.* die Option *Discard PING from WAN side*, die Sie auf *Enabled* stellen müssen. Bei Netgear-Routern muss unter *Advanced/ WAN Setup* der Haken bei der Option *Respond to Ping on Internet Port* gelöscht sein.

Zusätzlichen Schutz vor Trojanerprogrammen im Router einstellen bei reinem Surfen im Internet und der Nutzung von E-Mail

Ich will wirklich nur das Surfen im Internet und E-Mails in meinem Netzwerk zulassen und brauche auch nicht mehr (also kein Instant Messenger, Chat etc.). Wie kann ich mich vor Trojanerprogrammen zusätzlich im Router schützen?

Eine wirkungsvolle Methode besteht darin, die so genannten Ports, die Trojaner möglicherweise zum Heimtelefonieren benutzen, völlig abzublocken. Zum Surfen und für E-Mails brauchen Sie einige Ports, aber niemals den großen Bereich 1–65535 (bzw. 65534 bei einigen Routern). Für das sichere Surfen auf Internetseiten (*https://*, also bei einer geschützten Webverbindung, bei der sich im Browser der Schlüssel zeigt) brauchen Sie noch den Port 443. Wenn Sie also den Portbereich 444–65535 (bzw. 444–65534 bei einigen Routern) abblocken, können Sie und alle User im Netzwerk surfen und E-Mails über Outlook verwalten. Alle anderen Anwendungen und Trojanerprogramme können die geblockten Ports (444–65534) nicht benutzen.

Ports im Router sperren

Bei Netgear-Routern können Sie die Ports (z. B. 444–65534, entscheiden Sie selbst, welchen Bereich Sie wählen) unter *Content Filtering/Block Services* abblocken:

34.4 MIT EINEM (T)DSL-ROUTER DAS NETZWERK VOR GEFAHREN SCHÜTZEN

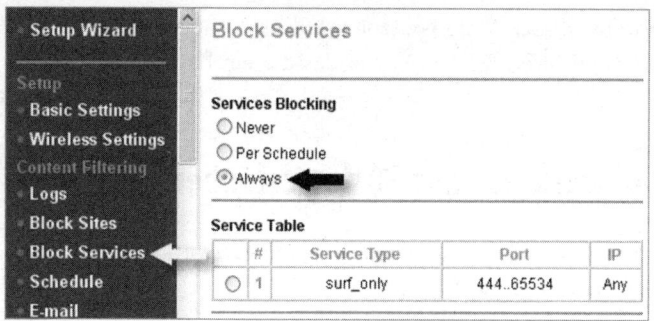

Bei D-Link-Routern fügen Sie unter *Advanced/Filters* für die Option *IP Filters* einen neuen Eintrag hinzu.

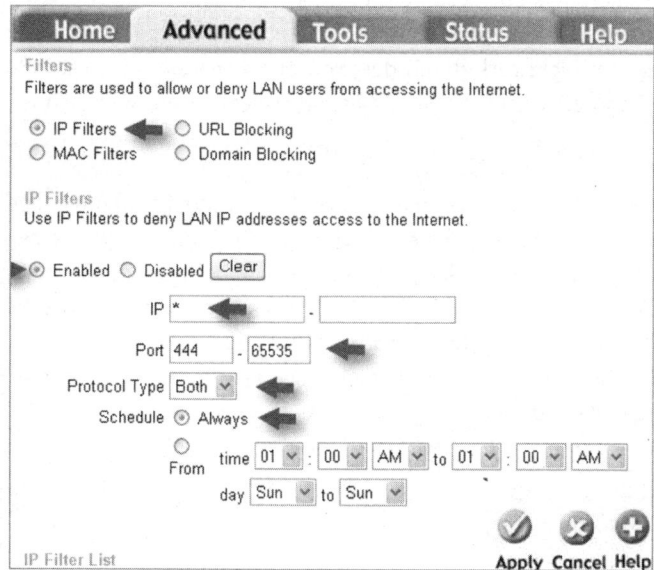

Den maximalen Schutz (falls das Internet wenigstens noch zum Surfen genutzt werden soll) finden Sie auf Seite 971 beschrieben. (Für Experten: Hier sind empfindliche Ports noch weit offen, die Trojaner/Würmer missbrauchen könnten, z. B. der Blaster-Port 135).

Beachten Sie, dass einige Chats Ports benötigen, die Sie abgeblockt haben. Auch ICQ und andere Internetanwendungen werden nicht funktionieren, aber das war ja Ihr Wunsch.

Natürlich brauchen Sie unter diesen Voraussetzungen auch nicht die UPnP-Unterstützung Ihres Routers. Deaktivieren Sie UPnP, wie das diesem Kapitel beschrieben wird.

Einem User im Netzwerk nur das Surfen erlauben

Kann man den Router so einstellen, dass einem User im Netzwerk nur das Surfen erlaubt ist? Nichts anderes soll er dürfen!

Ja. Das können Sie in der Regel in allen handelsüblichen Routern einstellen. Geben Sie am besten dem PC dieses Users eine feste IP-Nummer, so wie das auf Seite 920 beschrieben ist, z. B. die IP-Nummer 192.168.0.228. Eine wirkungsvolle Schutzmaßnahme ist das allerdings nur, wenn dieser User diese Einstellung (feste IP-Nummer) nicht ändern kann. Um das zu verhindern, sollten Sie die automatische Zuweisung der IP-Nummern im Netzwerk durch den Router abschalten und feste IP-Nummern im Netzwerk benutzen, wie auf Seite 774 am Beispiel von WLAN beschrieben.

Um nun dem User das reine Surfen zu erlauben, müssen Sie ihm die Benutzung aller so genannten Ports außer Port 80 (zum Surfen) und Port 443 (zum Surfen auf geschützten Webseiten – *https://*) sperren. Dazu stellen Sie z. B. bei Netgear-Routern unter *Content Filtering/Block Services* die drei Zeilen *block1*, *block2* und *block3* für die IP-Nummer (Option *Filter Services For: Only This IP Address*) 192.168.0.228 mit den Portbereichen 1–79, 81–442 und 444–65534 ein (also einfach alles außer Port 80 und 443 blockieren!) und setzen die Option *Services Blocking* auf *Always*.

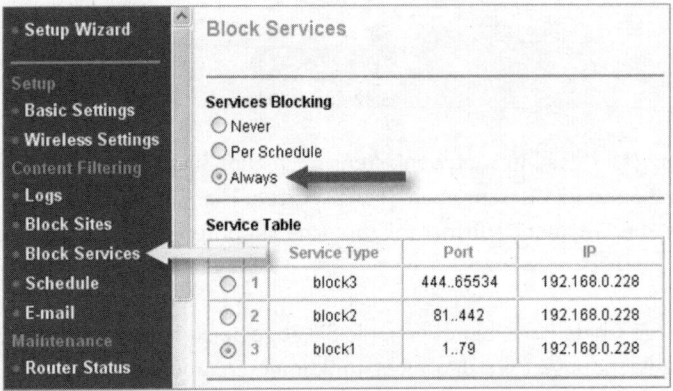

34.4 MIT EINEM (T)DSL-ROUTER DAS NETZWERK VOR GEFAHREN SCHÜTZEN

Je nach Router-Modell müssen Sie entweder die Portbereiche angeben, die Sie für die IP-Nummer dieses Users blockieren oder die Sie erlauben möchten. Also statt der Eingabe „Blockiere alles, erlaube Port 80 und 443" haben Sie hier einfach eingestellt: „Blockiere die Bereiche 1–79, 81–442 und 444–65534 (65535 bei anderen Router-Modellen möglich). Bei D-Link-Routern können Sie das z. B. unter *Advanced/Filters/ IP-Filters* oder auch als Fortgeschrittener unter *Advanced/Firewall* einstellen.

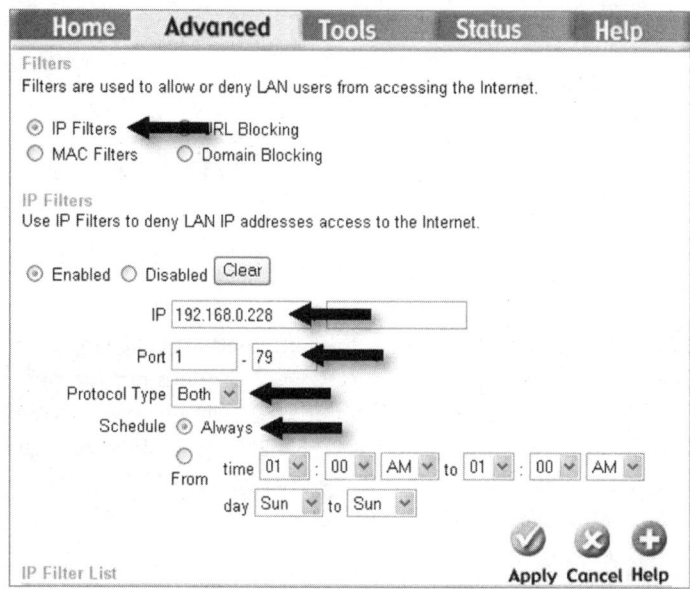

Große Schutzwirkung: dem Netzwerk nur das Surfen erlauben

? Kann man den Router so einstellen, dass dem gesamten Netzwerk wirklich nur das Surfen erlaubt ist? E-Mails sollen dann einfach über den Webbrowser verwaltet werden!

! Ja. Die minimale Lösung, die den größten Schutz bietet, ist es, dem Netzwerk nur das Surfen zu erlauben, wobei User im Netzwerk ihre E-Mails noch über einen Webbrowser verwalten können, was bei vielen E-Mail-Adressenanbietern (z. B. GMX) möglich ist oder auch mithilfe des so genannten Webmail-Diensts, also z. B. unter *webmail.t-online.de* für T-Online-E-Mail-Adressen.

Dabei sperren Sie einfach alle Ports außer Port 80 und 443, wie auf Seite 970 beschrieben, wobei Sie dann aber alle IP-Nummern (bei Netgear-Routern z. B. die Option *Block Services For All IP Addresses*) wählen müssen.

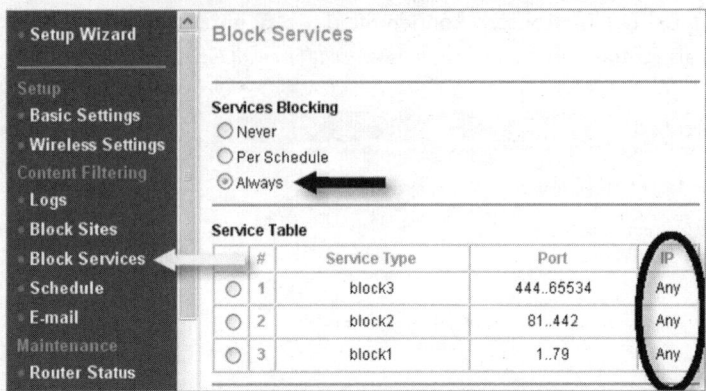

Sie können sich selbst übrigens einen Vollzugriff auf das Internet ermöglichen, wenn Sie das reine Surfen nicht für alle IP-Nummern im Netzwerk, sondern nur für einen Bereich sperren, in dem die IP-Nummer Ihres PCs (Ihrer PCs) nicht enthalten ist. Sie wählen also als IP-Nummer für Ihren PC z. B. 192.168.0.2 und als IP-Nummernbereich, dem nur das Surfen erlaubt sein soll, z. B. 192.168.0.3–192.168.0.254 (bei Netgear-Routern mit der Option *Block Services For IP Address Range*).

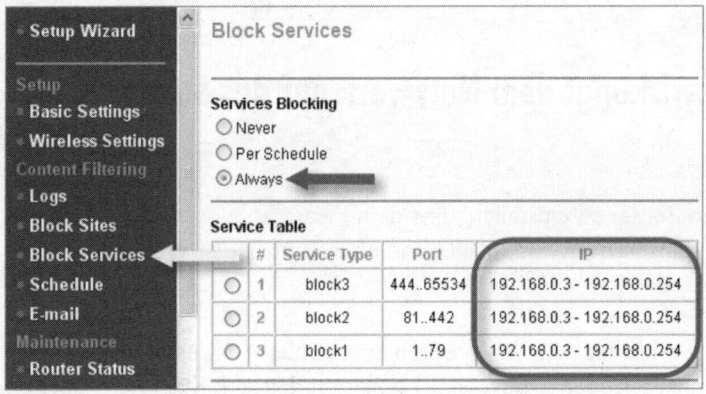

Allerdings bietet diese Ausnahme der Einstellung für Ihren PC keinen optimalen Schutz, weil auch Ihr PC von Trojanern/Würmern befallen sein könnte. Dass neben dem Surfen auch noch andere Internetanwendungen bei dieser Sicherheitseinstellung möglich sind, liegt einfach daran, dass diese Internetanwendungen die Surfports (80/443) auch verwenden können, um zu funktionieren.

Einem überaktiven User im Netzwerk nur das Verschicken und Empfangen von E-Mails über Outlook (Express) etc. erlauben

? Wie kann man den Router so einstellen, dass einem überaktiven User im Netzwerk wirklich nur das Verschicken und Empfangen vom E-Mails über ein E-Mail-Programm wie Outlook (Express)/Netscape Messenger etc. erlaubt ist? Surfen etc. soll nicht möglich sein!

! Das können Sie für diesen User genauso einstellen, wie das auf Seite 970 für das reine Surfen beschrieben wurde. Dabei sperren Sie diesem User alle Ports im Router bis auf die Ports 25 und 110.

Dazu stellen Sie z. B. bei Netgear-Routern unter *Content Filtering/Block Services* die drei Zeilen *only_email1*, *only_email2* und *only_email3* für die IP-Nummer dieses Users (Option *Filter Services For: Only This IP Address*) 192.168.0.228 mit den Portbereichen 1–24, 26–109 und 111–65534 ein (also einfach alles außer Port 25 und 110 blockieren!) und setzen die Option *Services Blocking auf Always*.

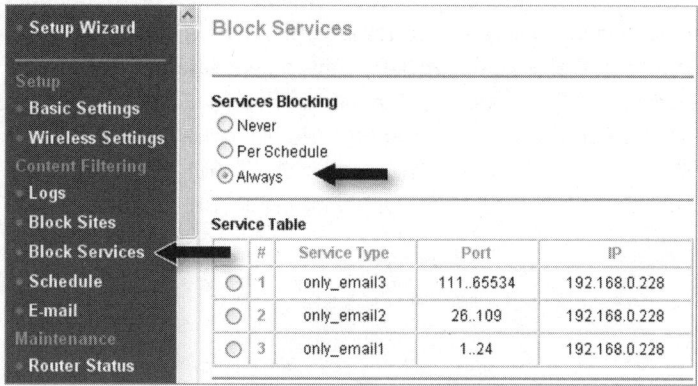

Je nach Router-Modell müssen Sie entweder die Portbereiche angeben, die Sie für die IP-Nummer dieses Users blockieren oder die Sie erlauben möchten. Also statt der Eingabe „Blockiere alles, erlaube Port 25 und 110" haben Sie hier einfach eingestellt:

„Blockiere Bereich 1-24, 26-109 und 111-65534 (65535 bei anderen Router-Modellen möglich). Bei D-Link-Routern können Sie das z. B. unter *Advanced/Filters/IP Filters* oder auch als Fortgeschrittener unter *Advanced/Filters* machen.

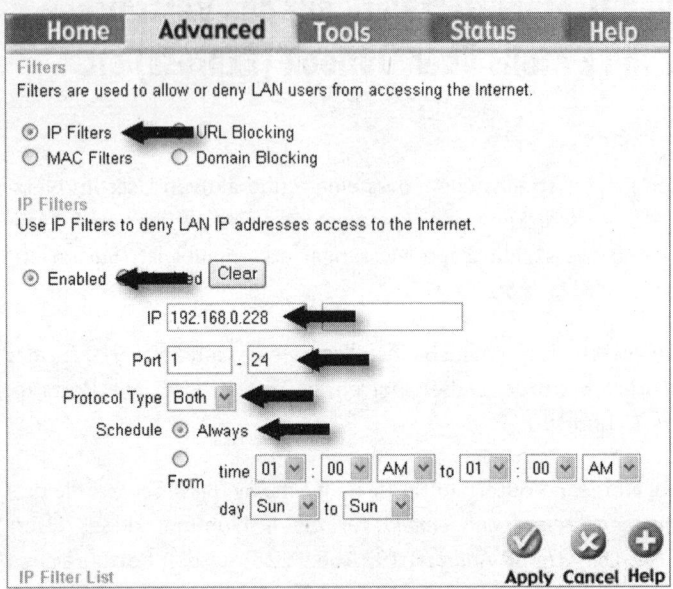

Beachten Sie, dass Sie mit der einfachen Regel „Blockiere http (Port 80) und Port 443 (https)" diesem User zwar Surfverbot erteilt hätten, er aber neben dem erlaubten Verschicken und Empfangen von E-Mails über Outlook (Express) viele andere Dinge im Internet tun dürfte (z. B. Onlinegames zocken, Newsgroups lesen etc.). Verwenden Sie dabei unter *Protocol Type* (oder ähnlich) als effektiven Schutz besser die Option *Both* oder *TCP/UDP* statt *TCP*. Je nach Router-Modell haben Sie hier weniger zu tun. Da können Sie auch einfacher unter *Firewall* oder ähnlich die Regel einstellen: „Blockiere alle Ports bis auf Port 25/110" für die IP-Nummer 192.168.0.228.

Index

"Zu wenig Speicherplatz" ausschalten 219
.lnk 156
.pif 156
  390
0190-Dialer, Schutz 960
0190Warner 375
16-Bit-DOS-Umgebung 44
5.1-Wiedergabe 267
50-Hz-Brummen 628
70-, 74-Minuten-Rohlinge 591
99 Bilder 641
9to5-Umrechnung 480

A

Abbilder von Multi-CD importieren 460
Abgesicherter Modus 86
  funktioniert nicht 93
Abspielprobleme, Diashow 652
Access Point
  AP-2-AP-Modus 714
  automatische Zuweisung der IP-Nummer
    abschalten 774
  bleibenden Zugriff haben 790
  DHCP-Server deaktivieren 774
  reiner (ohne Router) 714
  Sendeleistung verringern 773
  SSID nicht versteckbar 776
  Wireless Brigde-Modus 714
ACPI 46, 75, 84
  Ruhezustand 84
ActiveX 324, 327, 377
ActiveX-Add-Ons aktualisieren 341
Adaptec 685
Add-On-Manager
  ActiveX-Add-Ons aktualisieren 341
  Add-Ons aktivieren/deaktivieren 341
  Add-Ons anzeigen 340
  Herausgeber nicht verifiziert 342
  Sperrung eines Herausgebers aufheben 342

Add-Ons
  aktivieren/deaktivieren 341
  anzeigen 340
  Probleme 340
Administrator anmelden 406
Administratorkennwort 407
Administratorkonto 405
Administratorrechte 123
Adressbuch 360
Advanced Chipset Features 147
Advanced Power Management .... siehe APM
Aktenkoffer 190
Aktiver USB-Hub 154
Aktivierung 49
  bereits durchgeführt? 52
  nicht erforderlich 52
  per Internet 49
  per Telefon 50
  Product Key 52
Aktivierungs-Assistent 52
  bleibt hängen 55
Allnet 703
Als Diaschau anzeigen 231
An Startmenü anheften 207
Analoge CD-Kopie 584
AnalogX NetStat Live 756
Anisotrope-Filterung 429
Anmeldung
  automatisch beim Start 404
  englisches Tastaturlayout 138
Anti-Aliasing 429
Antivirenprogramm testen 385
Antivirenprogramme 370
  Performance 111
Antwortdatei 48
Anwendungen
  ausführen als 411
  mit anderem Konto ausführen 411
  starten nicht 177

AOL
  DSL freigeben 900
  DSL-Benutzername 914
  richtige DSL-Einwahl 914
  Router-Einwahl 914f
APM 46, 75, 81
Arbeitsplatz 170
  Systemordner anzeigen 189
Archiv
  entpacken 506
  Rar 505
  ZIP 504
ASPI 683f
ASPI-Probleme 668
ASPI-Update 669
AT-Befehle 293
ATI-Grafikkarten 245
Attribute 160, 181
Attributes 204
Audio analysieren 619
Audio-CD
  Audiorohlinge 590
  Ausgabeformat 583
  brennen 585
  Brenngeschwindigkeit 589
  erstellen 585
  Hintergrundsound einbetten 614
  MP3-Dateien importieren 587
  MP3-Encoder 582
  Rohlinggröße 591
  Schreibmethode 585
  Überblendungen 612
  Videos integrieren 588
  wird nicht erkannt 593
  WMA-Dateien importieren 587
Audio-CDs
  digitale Wiedergabe 260
  Fehlermeldung beim Abspielen 283
  kopieren 277
  ohne interne Verbindung 260
Audiocodecs 268
Audio-Codecs
  Bitrate 580
  CD-Import 574
  MP3-Encoder 582

Audiokopie
  Einstellungen 446
  komplexe CDs 447
Audiolesetest 663
Audioqualität 278
Audiorecorder 275
Audioverbindung brummt 263
Audiowiedergabe
  aus dem Netz stottert 284
  bei Benutzerumschaltung 265
  Codecs 268
  im Ordner Eigene Musik 274
  Probleme beim Windows Media Player 281
  Pufferspeicher vergrößern 264
  Raumklang 267
  stottert 264
  USB-Lautsprecher 269
Aufgabenbereich
  ausblenden 191
  verschwunden 192
Auflösung 236
Auslagerungsdatei 64
AutoEndTasks 79
Automatische Bilgrößenanpassung 330
Automatische Diaschau 231
Automatische Hardwareerkennung 127
Automatische Interneteinwahl 302
Automatische Kanalbündelung 299
Automatische Updates 97
Automatischer Start nach Uhrzeit 75
Automatisches Gruppieren in der Taskleiste
  verhindern 213
Automatisches Öffnen der Menüs
  unterbinden 218
Autoradio, Wiedergabeprobleme 593
Autorun deaktivieren 671
Autostart 697
AutoStart, Programme ermitteln 73
Autostart-Ordner 71
AutoStarts in der Registry 72
AutoVervollständigen 328
AVI-Dateien 251
  Codec ermitteln 253

B

BackItUp 535
Backup aktualisieren 540
Backup aktualisieren, Sicherungstyp 542
Backup automatisieren 552
   Automatisierung einstellen 553
   Backup nach Feierabend 552
   Festplattensicherung 562
   InCD 557
   Medienwahl 555
   mehrere PCs 559
   Sicherung automatisch aktualisieren ... 556
   Taskplaner 558
Backup erstellen 534
   Abbruch bei großen Dateien 538
   Dateien kombinieren 539
   Festplatte auf HD sichern 546
   Festplatte sichern 544
   Filter 548
   Geschwindigkeit 550
   große Dateien sichern 536
   Image Recorder 546
   Komprimierung 547
   leere Ordner sichern 552
   Medienwahl 535
   Programmwahl 534
   Sicherungseinstellungen 537
Backup extrem langsam 550
Backup wiederherstellen ....
   Datumskonflikte 565
   direktes Wiederherstellen 566
   komplette Festplatte 567
   NRestore 568
   Pfad anpassen 563
Balken 502
Bandbreite einschränken 302
Basisstation .... siehe Access Point
Bcc 360
Bearbeiten von digitalen Fotos 228
Beatanpassung 614
Benutzer
   Administratorkennwort 407
   als Administrator anmelden 406
   Anwendungen ausführen als 411

Benutzer
   automatische Anmeldung 404
   bei Anmeldung verstecken 409
   Drucker sperren 396
   Einstellungen übertragen 415
   Gastkonto 408
   Gruppen erstellen 412
   Gruppen zuordnen 414
   Kennwort regelmäßig ändern 416
   Kennwortrücksetzdiskette 407
   Kontotyp verändern 410
   Spiele mit Administratorrechten 424
   zum Administrator machen 410
   zusätzliche Konten 405
Benutzeranmeldung
   automatisch durch Internet Explorer ... 328
   per Hyperlink 321
Benutzername aus Startmenü entfernen ... 221
Benutzerumschaltung, Audioprobleme ... 265
Betreffzeilen 358
Bilder
   als Ordnersymbol verwenden 229
   archivieren 649
   automatisch umbenennen 226
   BMP-Dateien 327
   im Internet Explorer nur verkleinert ... 329
   suchen 230
   überarbeiten 638
Bilderdownload verhindern 368
Bildfehler 238
Bildordner, automatische Diaschau 231
Bildschirm .... siehe Monitor
Bildschirmauflösung 236
Bildschirmschoner
   beim Spielen 424
   Datei ssmypics.scr 207
   Diashow 207
   mit eigenen Bildern 206
   Vorschau 207
Bildvorschau, Miniaturansicht 228
Bildwiederholfrequenz 135
BIN brennen 456
BIOS 62
   USB 147
   Wake-up-Ereignisse 83

BIOS-Bootreihenfolge 567
Bitrate 274, 278
Blaster-Wurm 962
Blickwinkel entfernen 489
Bluescreens 109
BMP-Dateien 327
BookType-Korrektur 478
boot.ini 77, 105
   fehlerhaft 63
   reparieren 63
bootcfg 63
Bootdisk
   alternative 530
   erstellen 528
   Rechnerstart 527
Bootfähige Installations-CD 107
Boot-Manager
   ohne Countdown 77
   Wartezeit verkürzen 76
Bootsektor 62
Brenneranschluss 439
Brennereigenschaften 666
Brenngeschwindigkeit 689
Brennqualität, Audio-CD 656
Bridge 512
Browser-Hijacking 329, 334
Brummschleife verhindern 629
Buffer Underrun 695
Bugs, Nero Recode-Verzeichnis 474
BurnProof 695

C

Cache 513
Cachevorgang 513
Capslock .... *siehe* Feststelltaste
CAV 691
CD Extra 517
CD Extra erstellen 588
CD, bootfähige 107
CD-Aufnahmesoftware 68
CD-Datenbank 576
CD-Datenbank korrigieren 578
CD-DVD Speed 657
CD-Fehleranalyse 657

CD-Laufwerk 121
   ohne interne Audioverbindung 260
CDs
   Audio-CDs ohne interne Verbindung 260
   digitale Wiedergabe 260
   Zugriffe langsam 113
CDs bündeln 465
Chatten
   mit mehreren PCs gleichzeitig 873
   über NetMeeting 872
   verborgenes Chatprogramm in Windows
      XP/2000 868
   zwischen zwei Windows XP-/2000-PCs ... 868
Cinch-Kabel brummen 263
cipher 166, 187
ClassIdentifier 189
Clean Tool 679
ClearRecentDocsOnExit 211
Codec
   Absturz beim Introvideo 425
   bei AVI-Dateien ermitteln 253
Codecs 252, 254
   Audiocodecs 268
COM-Anschluss 289
   Ändern für ein Modem 290
   Anschlussnummer 290
   Anschlussnummer Ändern 291
   funktioniert nicht 290
Computerverwaltung
   Gruppen 414
Connection refused 348
Connection timed out 348
Cookies 335
Crossover-Kabel 707
   an Hub weiterverwenden 723
   max. Länge 708
CSS-Schutz 471
CUE-File korrigieren 457
Cut & Paste 172

D

DAE-Test 663
DAE-Test-Erweiterung 664
Dateiattribute 160

INDEX

Dateieigenschaften, Rubrik Sicherheit fehlt . 186
Dateien
   Anwendung startet nicht 177
   Archive mit Passwort 178
   Attribute 160, 181
   ausgeblendet 159
   Besitzer ermitteln 185
   eigene Symbole 161
   eines Typs anzeigen .... Siehe Endungen 156
   entschlüsseln 185
   farbig 162
   für mehrere Benutzer verschlüsseln 184
   gruppiert 161
   herunterladen 309
   im aktuellen Verzeichnis suchen 159
   können nicht erstellt werden 177
   Kontextmenü 168
   löschen 163, 165
   löschen ohne Papierkorb 162
   nach Download nicht öffnen 333
   nicht mit Standardanwendung öffnen 175
   öffnen mit 175
   ohne Maus verschieben 172
   ohne Rückfrage löschen 163
   Papierkorb 162f
   Probleme beim Löschen 163
   Rubrik Sicherheit fehlt 186
   schreddern 166
   Standardanwendung festlegen 173
   suchen 157f
   Systemdateien 157
   überflüssige 165
   umbenennen 171
   unbekannter Typ 176
   unvollständiges Kontextmenü 196
   verknüpfen 173
   verschlüsseln 183
   verschlüsselte öffnen 186
   Verschlüsselung aufheben 185
   verstecken 181
   versteckte sichtbar machen 183
   wiederherstellen 96, 166
   Zugriff wird verweigert 178
   Zugriffsrechte 163

Dateiendung anzeigen 156
Dateifreigabe .... siehe Freigabe
Datei-Menü 171
Dateinamen, kursiv 501
Dateisignaturverifizierung 132
Dateisuche 157f
   im aktuellen Verzeichnis 159
Dateitypen, Endung anzeigen 156
Daten ungültig bei Treiberinstallation 133
Datenträgerbereinigung 165
Datumskonflikt bei Backup 565
DCOMbobulator 962
Deaktivierte Komponenten 125
DefaultIcon 205
Defragmentierung 113
Deinstallation 678
Deinstallation, Clean Tool 679
Demilitarisierte Zone .... siehe DMZ
deneg easyhome 703
Desktop 170, 190
Desktop-Symbole
   Bezeichnung von Verknüpfung löschen 206
   Papierkorb manipulieren 204
   Papierkorbsymbol entfernen 203
   Symbole wandern ständig 200
   Urzustand herstellen 201
   Verknüpfungspfeil ändern 201
   Verknüpfungspfeil entfernen 202
devmgmt.msc 122
devmgr_show_nonpresent_devices 122
devolo 703
DFÜ-Netzwerk 190
   vor Dialern schützen 375
DFÜ-Verbindung
   bei Benutzerwechsel nicht trennen 305
   direkt abbauen über DFÜ 305
   EnableAutodisconnect 303
   Kanalbündelung 299
   KeepRasConnections 306
   Nachfrage zum Trennen aktivieren 303
   Pause bei Einwahlversuch zu lang 304
   wird nicht automatisch abgebaut 304
DHCP-Server .... siehe Router
Diagnose eines Modems 291
Dialer 375

980 INDEX

Diaschau mit Fotos 231
Diashow
   99-Bilder-Beschränkung 640
   Abspielprobleme 652
   Anzeigedauer global steuern 647
   Auflösung 651
   Beschreibung 642
   Bilder archivieren 649
   Bilder drehen 638
   Bilder importieren 634
   Bilder schnell importieren 635
   Bilder schnell überarbeiten 639
   Bilder überarbeiten 638
   Bilderserien archivieren 649
   Bildervorschau 635
   Bildqualität 651
   brennen 651
   Diadauer steuern 647
   DVD 650
   DVD-Player-Probleme 652
   Effekte 644, 646
   Formatwahl 650
   mehrere Diashows erstellen 648
   Musik einfügen 639
   nachträglich bearbeiten 641
   Nachvertonung 639
   Originalbilder 649
   Scanner nutzen 636
   SVCD 650
   Titel hinzufügen 642
   Überblendung wiederholen 646
   Überblendungen 644
   Überblendungsdauer steuern 647
   Untertitel 642
   VCD 650
   Videoqualität 651
   weitere Diashows erstellen 649
   zufällige Überblendungen 645
Diashow-DVD 648
Digital Rights Management 266
Digitalausgang 264
Digitale Bilder effektiv importieren 225
Digitale CD-Wiedergabe 260
Digitale Fotos 224
   am PC bearbeiten 228

Digitale Fotos
   am PC betrachten 228
   Bilder als Ordnersymbol verwenden 229
   Bilder auf der Festplatte suchen 230
   Bilder beim Importieren automatisch
      umbenennen 226
   Bildermengen effektiv importieren 225
   Bildvorschau 228
   Diaschau 231
   Digitalkamera als Wechselspeicher-
      medium 224
   Druckauflösung erhöhen 233
   Fotos ausdrucken 232
   Kontaktabzüge drucken 233
   Miniaturansicht 228
   Ordner zum Speichern optimieren 229
   Ordnertyp Bilder 229
   Ordnertyp Fotoalbum 229
   Scanner- und Kamera-Assistent 226
   Thumbs.db 230
   USB-Kamera 225
   USB-Port 224
   Vorlage übernehmen 229
Digitalkamera als Wechselspeicher 224
Digitalkameras 121
DirectDraw-Aktualisierungsverhalten 423
DirectX
   ältere Versionen 418
   Diagnoseprogramm 418f
   Hardwareunterstützung 421
   Komplettdownload 422
   Mipmap-Detailstufe 429
   Monitor flimmert 423
   Netzwerk 420
   nicht signierte Treiber 421
   Probleme diagnostizieren 419
   Version ermitteln 418
   Versionen 418
Direktkopie 436
DisableTaskMgr 216
Disc-at-Once 586
dLAN .... siehe Powernet
DLL-Liste 205
DMA-Modus 695f
DMA-Zugriff 669

INDEX

DMZ .... *siehe* Router
DMZ-Server .... *siehe* Router
Dolby Digital 483
DOS-Spiele mit Sound 432
Drag & Drop 172
Drahtloser Zugriffspunkt .... *siehe* Access Point
DriveSpeed 688
Drucken
   Druckerauflösung erhöhen 233
   Fotodruck-Assistent 232
   Fotos ausdrucken 232
   Kontaktabzüge von Fotos drucken 233
Drucker 190
   Druckauftrag stoppen 392
   exotische 388
   fehlende Treiber 388
   Fehler in langen Dokumenten 396
   für Benutzer sperren 396
   im Netzwerk bereitstellen 397
   Mehrfachdruck 392
   nach Zeitplan drucken 394, 399
   Netzwerkfreigabe sperren 400
   Priorität festlegen 393
   Probleme mit Sonderzeichen 390
   Standarddrucker festlegen 389
   Treiber im Netzwerk bereitstellen 398
   Treiber wählen 388
   Trennseite 395
   USB-Drucker in der Eingabeaufforderung 391
   USB-Drucker unter DOS 391
   Zeichensatz 390
Drucker freigeben
   kein Zugriff für sechsten User bei
      Windows XP Home 854
   keine Mitbenutzung unter Windows 98/
      ME möglich 854
   nur für spezielle User 851
   problemlos unter Windows 98/ME 850
   richtig unter Windows 2000 856
   über Printserver ansteuern 715
   unter DOS als LPT2 ansprechen 852
   unter Windows XP/2000 Professional für
      spezielle User 860
Druckerfreigabe .... *siehe* Drucker freigeben
Druckerwarteschlange 392, 399

Druckprobleme 390, 396
DSL
   Fastpath 890
   T-Online-Einwahl 913
   zwei Anschlüsse im Netzwerk nutzen 924
   zwei Anschlüsse über WLAN nutzen 926
DSL-Router .... *siehe* Router
DSL-Verbindung 300
   Bandbreite einschränken 302
   beschleunigen 301
   Kabelmodem 300
   Netzwerkbandbreite 301
   PPPoE-Verbindung herstellen 300
   PPP-over-Ethernet 300
   QoS-Dienst 301
   QoS-Paketplaner 302
   Schema des Benutzernamens bei
      T-Online 301
DVD
   auf CD brennen 485
   aufteilen 473
   Fehleranalyse 658
   Image brennen 496
   Kopierschutz 471
   miteinander kombinieren 494
   nicht lesbar 660
   Speicherplatz anpassen 480
   Standards 667
   vor dem Brennen testen 495
   Wiedergabe, MPEG-2-Plug-In 471
DVD kopieren 470
   Abspielprobleme 478
   Eins-zu-eins-Kopie 473
   Film beschneiden 473
   Filmdopplung 475
   kopiergeschützte DVDs 471
   Layerwechsel entfernen 474
   Programmwahl 470
   Recode 470
   zwei DVDs kombinieren 494
DVD-Rohling, Speicherplatz 470
DVDs am TV-Ausgang 249
Dye 692
Dynamic Link Library 205
Dynamik auffrischen 630

E

Effekte in Nero SoundTrax	617
EICAR	385
Eigene Dateien	170
Eigene Musik	274
Ein-/Ausschalter umbelegen	84
Eingabeaufforderung	166
USB-Drucker nutzen	391
Eingabehilfen	320
Eins-zu-eins-Kopien von DVDs	473
E-Mail	
Absender sperren	354
Betreffzeilen bei Antworten	361
Dateianhänge speichern	343
Empfangsbestätigung	348
Fehlermeldungen	347
Filter	353
Filterregeln exportieren	345
HTML-Nachrichten	351
kommt zurück	347
Konten schützen	346
Nachrichten speichern	359
Newsletter versenden	359
Outlook Express ohne Splashscreen	342
Sicherheit	351
Spam	352
unleserliche Betreffzeilen	358
Virenschutz	343, 351
Werbung	352
E-Mails automatisch unterschreiben	363
E-Mail-Signatur	363
Empfangsbestätigung	348
EnableAutodisconnect	303
Energieoptionen	81
Energiesparschalter	86
Erkennung von Hardwarekomponenten	127
Error Code fffffdf0	45
Ethernetkarte	707
Euro-Symbol	390
Explorer	
ausgeblendete Ordner	159
Dateiattribute anzeigen	160
Dateiendung anzeigen	156
Dateisymbole	161
farbige Dateien und Ordner	162
gruppierte Dateien	161
im aktuellen Verzeichnis suchen	159
löschen ohne Papierkorb	162
Systemdateien anzeigen	157
Extras	
aufspalten	490
entfernen	491

F

Farbige Dateien und Ordner	162
Farbstich auf dem Monitor	137
FastEthernet	709
Fastpath	890
FAT32	46, 111
Favoriten	170
.url-Endung	332
Fehler 404	323
Fehlerberichterstattung	64, 110
Fehlerkorrektur des Leselaufwerks	440
Fehlermeldungen	
bei Webseiten	322
E-Mail	347
Fenseher an PC anschließen	244
Festplatte retten	567
Festplatte sichern	544
aktives Dateisystem	545
Sicherungsort	546
Festplatten	
Zugriffe langsam	113
Festplatten-Backup über Netzwerk	562
Feststelltaste	
deaktivieren	139
versehentlich gedrückt	139
Ziffern eintippen	140
Filesharing	374
Filmlänge	
bearbeiten	473
Filmstreifen	229
Filter	
erstellen	549
für Sicherung	548
FireNet	709

Firewall
  Filesharing 374
  Genehmigungen zurückziehen 372
  Internetprogramme 371
  Internetprogramme freischalten 374
  Server einrichten 373
  Sicherheitscenter 372
Firewall von Windows XP
  deinstallieren 955
  Ping durchlassen 952
  sehen, was sie abblockt bzw. durchlässt 953
  unter SP2 (Service Pack 2) 957
  Windows-Netzwerk durchlassen 950
  zum Surfen nicht konfigurieren 956
FireWire
  1394-Verbindung deaktivieren 735
  4-/6-poliger Digitaladapter 725
  Firenet 709
  Kabel 709
  Kabel verlängern 724
  Karte stört Netzwerk unter Windows XP 735
  max. Kabellänge 724
  Repeater, Hub 724
  Stecker passt nicht in den Anschluss beim
    Laptop 725
  Stecker, 4-/6-polig 725
  zwei PCs vernetzen 709
FI-Schutzschalter 152
Folders.dbx 365
Fotodruck-Assistent 232
Fotos als Ordnersymbol verwenden 229
Fotos ausdrucken 232
Freigabe
  5-User-Limit von Windows XP Home 806
  auf unsichtbare Freigabe zugreifen 804
  einfache Freigabe unter Windows XP
    Professional deaktivieren 824
  Länge für Windows ME nicht mehr als
    zwölf Stellen 807
  Name nachträglich ändern 796
  schnell unter Windows XP anzeigen 800
  schneller viele Verzeichnisse unter
    Windows XP/2000 freigeben 843
  Schnellzugriff ohne Netzwerkumgebung ... 805

Speicherplatzgröße über Netzwerk
    beschränken 812
  unsichtbar machen 804
  unter Windows ME sehen, wer zugreift 820
  unter Windows XP sehen, wer zugreift 819
  User darf nur 50 MByte auf Windows XP
    Professional-Freigabe speichern 841
  verborgenes Freigabetool unter Windows
    XP/2000 843
  Verzeichnis Programme unter
    Windows XP 798
  Windows XP Professional macht bei NTFS
    Probleme 830
  Zugriff auf kennwortgeschützte Windows
    ME-Freigaben 808
  Zugriff auf Windows 2000-Freigabe auf
    einmal nicht mehr möglich 840
  Zugriff auf XP-Freigabe erzeugt Speicher-
    fehler 811
  Zugriff auf zwei User unter Windows XP
    Home beschränken 802
  Zugriff in der Netzwerkumgebung nicht
    mehr möglich 801
  Zugriff unter Windows XP Home auf
    spezielle User beschränken 803
  Zugriff unter Windows XP Professional
    nur zwei Usern ermöglichen 832

G

Games .... siehe Netzwerkgames
Gastkonto 408
GeForce 245
Gemeinsame Dokumente 196
Geräteeigenschaften 120
Gerätekonflikt 123
Gerätelautstärke 262
Geräte-Manager 120
  Administratorrechte 123
  alte Treiber reaktivieren 131
  ausgeblendete Geräte 121
  Hardware deaktivieren 124
  Hardwareprofile 126
  IRQ-Konflikte 123

Geräte-Manager
Komponenten werden nicht angezeigt 121
Ressourcenkonflikte 123
schnell aufrufen 122
Treiber aktualisieren 130
Verknüpfung zu 122
Warnung beim Start 123
Gerätestatus 120
Geräusch des Brenners 654
Geschützte Systemdateien 157
Geschwindigkeit drosseln 655
Glättung der Schriften 136
Google als Suchleiste 314
gpedit.msc 302
Grafikkarte
ATI 245
Auflösung 236
Bildfehler 238
Einstellungen 236
GeForce 245
Kästchen statt Schrift 239
Nvidia 245
Overlay 242
Primary 242
Problembehandlung 238
TV-Ausgang 244
verfügbaren Auflösungen 237
Videobeschleunigung 250
Grafikkarten 121
Grafikkarteninformationen 236
Gruppen 634
Benutzer zuordnen 414
erstellen 412
Gruppenrichtlinien 168, 172, 191
Gruppenrichtlinien-Editor 168, 172, 191, 302
Gruppieren in der Taskleiste verhindern 213
Gruppierung 161
G-Spot 672
g-WLAN 712

H

Hardware
alte Treiber reaktivieren 131
deaktivieren 124

Hardware
DirectX-Unterstützung 421
fehlende Treiber 128
Fehler bei Treiberinstallation 133
IRQ-Konflikte 123
Kompatibilität 42
nicht automatisch erkannt 127
Treiber aktualisieren 129
Treiber manuell installieren 127
Treibersignierung 131
TV-Karte 242
unsignierte Treiber 132
USB .... siehe USB
ZIP-Laufwerk 134
Hardware-Assistent 127ff
Hardwarekomponenten 120
deaktivieren 124
Kompatibilität 42
nicht automatisch erkannt 127
werden nicht angezeigt 121
Hardwareprofile 126
Hardware-Router .... siehe Router
Hardwarestörungen 120
Hardwaretreiber
aktualisieren 129
Fehler bei Installation 133
manuell installieren 127
ohne Signatur 132
Sicherung reaktivieren 131
Treibersignierung 131
Hardwareupdate-Assistent 227
Hardwareverwaltung 119f
Hauppauge 241
Hauptfilm kopieren 488
Herunterfahren verkürzen 78
Hi-Fi-Anlage an PC anschließen 263
Hilfe 698
Hintergrundsound in CD 614
Hinweisgrafik integrieren 491
Homeserver
über Router im Internet 927
Host Unknown 348
Hoverfarbe 321
HTML-Editor 316
HTML-E-Mails 351

HTML-Inhalte deaktivieren ... 365
https ... 327
Hub
   Anschluss der PCs ... 710
   Hub mit Hub verbinden ... 725
   Ports ... 710
   Uplink-Port ... 723
HungAppTimeout ... 79

I

icon.ico ... 221
IconCache.db ... 202, 221
ICQ
   Dateiempfang im Router freischalten ... 932
ID3 ... 273
Identities ... 364
IEEE 1394 ... 706
IEEE 802.11b/g ... 705
IEEE 802.11g ... 713
IFO-Datei erstellen ... 476
IfoEdit ... 476
Image brennen ... 453
   CUE-File ... 457
   Dateiformate ... 456
   Video-Image ... 455
ImageDrive, DVD-Image nutzen ... 496
Image-Kopie
   Image löschen ... 453
   Vorteile ... 441
Images
   abspeichern ... 453
   auf DVD brennen ... 465
   bündeln ... 458
   bündeln, Track wählen ... 459
   entpacken ... 465
   erstellen ... 450
   erstellen, Track kopieren ... 451
Importieren von Bildern ... 226
InCD
   Backup ... 557
Individuelle Symbole ... 190
Infobereich ... 213
   anpassen ... 215
   Lautstärkesymbol ... 261

Infobereich
   Meldung "Zu wenig Speicherplatz"
     ausschalten ... 219
   Symbole ausblenden ... 214
   Tray-Kontextmenü deaktivieren ... 215
   Uhrzeit ausschalten ... 214
InfoTool ... 684, 696
Inhaltsratgeber ... 316
Inkrementelle Sicherung ... 543
Installation
   als APCI-System ... 46
   Antwortdatei ... 48
   bleibt hängen ... 47
   Fehlermeldung ... 45
   Startdisketten ... 43
   unbeaufsichtigt ... 48
   Update von Windows 9x/ME ... 45
   vollauautomatisch ... 48
   von DOS aus ... 44
Installations-CD
   bootfähige CD erstellen ... 107
   mit Service Pack ... 106
   mit Updates ... 103
Intergrated Peripherals ... 147
Interleaving ... 890
Internet
   automatische Interneteinwahl ... 302
   Internetoptionen ... 302
Internet Cache ... 190
Internet Explorer ... 190
   ActiveX ... 377
   ActiveX-Add-Ons aktualisieren ... 341
   Add-Ons ... 340
   Add-Ons anzeigen ... 340
   Adressleiste ... 314
   automatische Benutzeranmeldung ... 328
   automatische Bildgrößenanpassung ... 330
   automatische Updates ... 326
   AutoVervollständigen ... 328
   Bilder als BMP ... 327
   Browser-Add-On aktivieren/deaktivieren 341
   Browser-Hijacking ... 329, 334
   Cookies ... 335
   Dateien herunterladen ... 309
   Dateien nach Download nicht öffnen ... 333

Internet Explorer
   Eingabehilfen 320
   Favoriten mit .url 332
   Fehlermeldungen 322
   Fenstergröße 334
   Fenstertitel verändern 317
   Google als Suchleiste 314
   individuelles Logo 319
   Inhaltsratgeber 316
   IP-Adresse mit Portnummer 330
   IPFRAME 308
   Java-Applets 339, 379
   Klickgeräusch 339
   Link mit Benutzeranmeldung 321
   mehrere Versionen parallel 331
   neu installieren 325
   nur verkleinerte Bilder 329
   Ordner für Dateidownloads 311
   parallele Downloads 309
   Popup-Fenster 336
   Seite kann nicht angezeigt werden 308
   sichere Verbindungen 376
   Sicherheitseinstellungen exportieren 382
   Sicherheitszertifikate 383
   Sicherheitszone 308
   Skins 318
   Skripts deaktivieren 380
   Sperrung eines Herausgebers aufheben 342
   SSL-Verschlüsselung 383
   Standardfarben ändern 321
   Startseite 333
   Stufe anpassen 309
   Suchen mit Adressleiste 314
   Suchfunktion 313
   Tastenkombinatation [Strg]+[F5] 309
   unsichere Verbindungen 376
   vertrauenswürdige Websites 381
   Vollbildmodus 320
   Webseiten anzeigen 316
   Webseiten ausdrucken 324
   Webseiten speichern 328
   zeigt lokale Festplatte an 385
   Zertifikate 383
   Zone für eingeschränkte Sites 308
Internet freigeben 891
   Fehlermeldung unter Windows XP/2000 894
   unter Windows XP mit zweiter Netzwerk-
      karte für DSL 892
Internetgateway-Router .... *siehe* Router
Internetverbindungsfreigabe
                              siehe Internetfreigabe
Interrupt Request .... *siehe* IRQ
IP-Adresse .... *siehe* IP-Nummer
   mit Portnummer 330
IPFRAME 308
IP-Nummer
   des Routers 911
   des Routers im Internet ablesen 918
   fest unter Windows 98/ME, zur Internet-
      mitbenutzung 898
   fest unter Windows XP/2000, zur
      Internetmitbenutzung 897
IRQ
   doppelt zugewiesen 720
   im BIOS abschalten 721
   Netzwerkkarte 720
IRQs, Konflikte 123
ISA-Karten installieren 266
ISDN
   Internet drahtlos mitbenutzen 702
   Internet über Powerline mitbenutzen 702
ISDN-Verbindung 298
   Kanalbündelung 298
   Kanalbündelung bei Bedarf 299
   PPP over ISDN 298
ISO 511
ISO brennen 456
ISO 9660 511
ISO/UDF-Bridge 512
Isobuster 108
IsShortCut 202

J

Java 327
Java-Applets 339, 379
JavaScript 380
Joliet 508
Joliet, Dateinamen 500

K

Junk-E-Mails 368
JustLink 695

Kabelmodem 300
Kabel-Router .... siehe Router
Kanalbündelung 298
Kanalbündelung bei Bedarf 299
Kassetten, Leiergeräusche 629
Kassettenfehler 624
Kassettenprobleme 625
KeepRasConnection 306
Kennwort regelmäßig ändern 416
Kennwortrücksetzdiskette 407
Kernel 105
Kernsystemdateien 105
Klassisches Startmenü 208
Knacker
   entfernen 622
   verhindern 620
Kompatibilitätsmodus in Windows 673
Kompatibilitätstest 42
Komprimierte Ordner
   deaktivieren 181
   individuelle Symbole 180
   mit Passwort 178
   Probleme beim Extrahieren 180
Kontaktabzüge 233
Kontextmenü 168
   unvollständig 196
Kopie erstellen
   Direktkopie 436
   ein Laufwerk nutzen 448
   Image erstellen 450
   Rohling auswählen 449
   Schreibaussetzer 437, 439
Kopierschutz 445, 471, 584
Kraftcom 703

L

Lange Dateinamen 508
LAN-Verbindung .... siehe Windows 2000/XP,
                                                    Netzwerkkarte

INDEX **987**

Laptop
   PCMCIA-/32-Bit-CardBus-Netzwerk-
      adapter 708
   über FireWire vernetzen 709
Laufwerk
   auswählen 477
   Erkennungsproblem 668
   verschwunden 682
Laufwerkbuchstabe ändern 463
Laufwerkbuchstaben wechseln 150
Lautsprecher, Störungen bei USB 269
Lautsprecher-Setup 268
Lautstärke 688
   abändern 624
   Regelung 261
   senken 654
   zu hoch/zu niedrig 261
Lautstärkesymbol im Infobereich 261
Layerwechsel entfernen 474
Lesegeschwindigkeit ermitteln 437
Leselaufwerk wählen 448
Letzte Wiederherstellung rückgängig
   machen 90
Link 201
Linkshändermaus 143
Löschen ohne Papierkorb 162
LPT, Puffer konfigurieren 396

M

MAC-Adresse .... siehe MAC-Nummer
MAC-Nummer
   MAC-Filter für WLAN-Sicherheit 772
Macrovision 249
Mantelstromfilter 153, 264
Markieren vieler Elemente 636
Master Boot Record 62
Maus
   Aufweckfunktion deaktivieren 145
   für Linkshänder 143
   Scrollrad nicht erkannt 141
   Scrollrad scrollt zu wenig/zu viel 142
   Störungen 146
   Tastaturmaus 143
   Tasten vertauschen 143

Maus
    weckt PC aus Stromsparmodus 145
    Zeiger springt 144
MDN 348
Media Player 687
Medienbibliothek 277
Mehrkanal-Plug-In 483
MeinExplorer 194
Meldung "Zu wenig Speicherplatz" 219
Menüinhalt überarbeiten 492
Menüsprache entfernen 493
Message Disposition Notification 348
Messenger 259
Miniaturansicht 197, 228, 635
Mipmap-Detailstufe 429
Mixed Mode 517
Mixed Mode-Kopien 447
Modem 288
    an einer Nebenstelle 293
    AT-Befehle 293
    COM-Anschluss ändern 290
    COM-Anschluss funktioniert nicht 290
    COM-Anschlussnummer 290
    COM-Anschlussnummer ändern 291
    Diagnose durchführen 291
    Diagnoseprotokoll auswerten 293
    DSL-Modem 300
    erreicht optimale Geschwindigkeit nicht .. 294
    erweitere Anschlusseinstellungen 290
    Hardwareeinstellungen prüfen 291
    Hardwareeinstellungen vornehmen 291
    Initialisierungsbefehl X1/X3 294
    Kabelmodem 300
    Modeminformationen 292
    Modemoptionen 290
    neuer Treiber funktioniert nicht 289
    Parität 291
    Protokoll 292
    Ratgeber 295
    serieller Port funktioniert nicht 289
    Standardeinstellungen 291
    Stoppbit 291
    Treiber für Modem finden 288
    Treiberdetails 288
    Verbindungsschwierigkeiten 292
Modemdiagnose 291
Modemgeschwindigkeit 294
Modeminformationen 292
Modemoptionen 290
Modemprotokoll 292
Modem-Ratgeber 295
    Anschluss zurzeit verwendet 297
    keine Verbindung möglich 296
    Modem empfängt keine Befehle 295
    Modem reagiert nicht richtig 295
    Modemkabel 295
    PCMCIA-Modemkarte 297
    Probleme bei der Verbindung 296
    serielles RS-323-Gerät 297
Monitor
    Auflösung 236
    Bildfehler 238
    Bildwiederholfrequenz 135
    Farbstich 137
    flimmert 135, 236, 247
    flimmert bei DirectX-Spielen 423
    Kästchen statt Schrift 239
    und TV gleichzeitig 247
Monitoreinstellungen 135
MP3, ID3-Tags bearbeiten 604
MP3-Bitrate 580
MP3-Disk
    CD erstellen 602
    Pausenmanagement 608
    Probleme mit langen Dateinamen 607
    Sortierung korrigieren 603
    Tags bearbeiten 604
    Unterordner anlegen 606
MP3-Pausen entfernen 608
MP3-Playlisten nutzen 604
MP3s
    Bitrate 274
    falsche Länge im Media Player 274
    ID3 273
    Infos im Windows-Explorer 270
    Info-Tags 271
    keine Albuminformationen 284
    mehrere Dateien gleichzeitig ändern 271
    Tag-Editor 272
    unterschiedliche Tag-Angaben 273

INDEX

MP3s
  Wiedergabe stottert 264
MP3-Sortierung 603
MP3tag 605
MPEG-2-Plug-In fehlt 472
msconfig 73
MSN Messenger
  Vorteile im Netzwerk unter UPnP 934
  Webcam-Unterhaltung starten 937
Msoe.dll 364
msoobe.exe 52
Multimounter 459
Multisession
  abschließen 522
  erkennen 518
  Sitzungen herstellen 525
  Speicherplatz 523
  wiederaufnehmen 520
Multisession-CD
  Images einfügen 458
  Images importieren 460
Multisession-DVD 465
Musik-CDs
  Auslesen bei Kopierschutz 584
  digitales Auslesen 572
  Import 572
  Import für ID3-Tags 580
  Lücken 592
  MP3-Disk erstellen 602
  Pausenmanagement 592
  Rauschen bei Schallplattenaufnahmen
    entfernen 599
  Schallplatte digitalisieren 594, 596
  Störgeräusche der LP entfernen 597
  Titelinformationen 576
  Titelreihenfolge korrigieren 603

N

Nachricht von neu installierten Programmen
  abschalten 218
Nachrichten
  Dienst unter Windows XP/2000
    aktivieren 865
  kein Empfang bei Windows XP/2000 865

Nachrichten
  mit NetCommy verschicken 867
  mit Realpopup verschicken 867
  Spam aus dem Internet abblocken 866
  von XP kommen nicht bei Windows 98/
    ME an 866
  zwischen Windows XP-PCs 864
Nachrichtentext fehlt 366
Nadelgeräusche 625
Nero 883
Nero ASPI 683
Nero CD-DVD Speed 657
  Audiolesetest 663
  Brennqualität bei Audio-CDs checken 656
  Brennqualität bei DVDs checken 658
  CD-Fehleranalyse 657
  DAE-Testdisk 664
  Kapazitätsmessung 660
  Rohling überprüfen 662
Nero Digital 487
  5.1-Ton 483
  Format 482
Nero DriveSpeed 654
  erkennt Laufwerk nicht 656
  Geschwindigkeit drosseln 655
  Geschwindigkeit manuell steuern 656
  Lautstärke des Laufwerks 654
Nero InfoTool 666
  ASPI-Analyse 668
  Autorun-Test 671
  Brennereigenschaften 666
  DMA-Test 669
  installierte Codecs überprüfen 672
  Startprobleme 673
Nero SoundTrax 612
  Beatanpassung zur Überblendung 614
  CD brennen 616
  Effekte hinzufügen 617
  mehrere Tonspuren verwenden 614
  Tracksteuerung 616
  überblenden 612
Nero Toolkit 653
Nero Wave Editor
  Brummschleife entfernen 628
  DeClicker 622

Nero Wave Editor
  DeCrackle 622
  Dynamik verbessern 630
  Dynamikkurve 631
  Filter nutzen 628
  Geschwindigkeit verändern 629
  Hintergrundrauschen entfernen ... 626
  Lautstärke korrigieren 624
  Nadelgeräusche löschen 625
  Tonmaterial entfernen 625
NeroVision Express
  Bilder scannen 636
  Bilder überarbeiten 638
  Dias archivieren 649
  Diashow bearbeiten 641
  Diashow erstellen 634
  Filme mit Recode verkleinern 497
  große DVDs exportieren 497
  Gruppen erstellen 634
  Musik einfügen 639
  Titel für Diashow 642
  zufällige Überblendungen 645
net .... *siehe* Netzwerktools
net use 391
NetBIOS über TCP/IP
  aus Sicherheitsgründen unter Windows
    XP/2000 deaktivieren 943
  bei Windows 2000 aktivieren 738
  bei Windows XP aktivieren 738
NetCommy 867
NetMeeting
  chatten 872
  starten 872
netsh 742
netstat 941
Network Unreachable 348
Netzlaufwerk
  bleibend erstellen 818
  empfehlenswerte Buchstaben 818
  mit Symbol auf Desktop wieder
    verbinden 817
  verbinden mit Kennwortübergabe 818
Netzwerk
  Aktivitäten unter Windows XP anzeigen .. 755
  Assistent von XP hängt 733

Netzwerk
  defekte XP-Konfiguration zurücksetzen 741
  DSL- und Kabel-(Internet-)Anschluss
    nutzen 926
  Excel-Dateien mitlesen lassen 878
  Games .... *siehe* Netzwerkgames
  Internetfavoriten teilen 875
  mehr als zwei PCs über Hub 709
  optimieren 749
  Probleme lösen durch
    Systemwiederherstellung 732
  schneller machen 754
  Switch 709
  Tool zum Herunterfahren eines PCs 879
  Tool zur Geschwindigkeitsmessung 756
  Tools .... *siehe* Netzwerktools
  über Funk .... *siehe* WLAN
  über Stromleitung .... *siehe* Powernet
  Uhrzeit zentral von einem PC holen 879
  Verzeichnisse mit Nero brennen 883
  Word-Dateien teilen 876
  Zugriff ohne Netzwerkumgebung 753
  zwei DSL-Anschlüsse nutzen 924
  zwei Kabel-(Internet-)Anschlüsse
    benutzen 926
  zwei PCs mit Crossover-Kabel verbinden .. 707
  zwei PCs über USB vernetzen 722
Netzwerkadapter 708
Netzwerkbandbreite 301
Netzwerkbrücke . *siehe* Netzwerk, Windows XP
Netzwerke
  drucken 397
  Drucker zeitweise freigeben 399
  Treiber für Netzdrucker 398
Netzwerkgames
  im Internet, problemlos über Router
    hergestellt 887
  Pingzeiten bei Onlinegames verbessern 890
  Probleme mit IPX/SPX lösen 885
  über Internet im D-Link-Router
    freischalten 886
  Zugriff auf Freigaben unter Windows XP
    verhindern 884
Netzwerkinstallations-Assistent 733
Netzwerkinstallationsdiskette 742

INDEX

Netzwerkkabel
    für Stromversorgung mitbenutzen 728
    gekreuzt .... *siehe* Crossover-Kabel
    Pin-Belegung 728
    verlängern 724
Netzwerkkarte
    1.000 MBit/s 707
    10/100 MBit/s 707
    1394-Verbindung 721
    Adapter für USB 2.0 707
    falsche Übertragungsart stört Netzwerk .. 760
    FireWire 721
    frühere, unter Windows 2000 entfernen .. 736
    frühere, unter Windows XP entfernen 736
    funktioniert nicht 720
    für Laptop 708
    halfduplex/fullduplex 758
    IRQ 720
    nicht kompatibel zu Windows XP 730
    Statusanzeige in Bytes unter XP/2000 757
    Treiber nicht installierbar unter
       Windows XP 730
    über USB, emuliert 722
    Übertragungsart/Medientyp 758
    verschwunden bei Windows XP 731
Netzwerknachricht .... *siehe* Nachricht
Netzwerkprobleme lösen ....
                 siehe Registry-Eingriff bei Problem
Netzwerkpufferung 251
Netzwerktools
    AnalogX NetStat Live 756
    ipconfig 911
    net config server 747
    net use (Netzlaufwerk) 817
    net use lpt2 \\pc3 853
    NetCommy 867
    netsh 742
    netstat 941
    netwatch (Windows 98/ME) 820
    Network Stumbler (WLAN) 791
    ping 788
    RealPopup 867
    shrpubw 843
    shutdown 879
    Systemmonitor unter Windows 98/ME ... 756

Netzwerktools
    Systemmonitor unter Windows XP/2000 756
    winchat 868
    winipcfg (Windows 98/ME) 911
    WinPopup 866
    wntipcfg (winipcfg unter Windows XP/
       2000) 880
Netzwerkumgebung 170, 190
    nicht aktuell 750
    umgehen beim Zugriff auf Freigabe 805
    umgehen, Schnellzugriff 753
Netzwerkverbindung für Backup 561
Netzwerkverbindungen 190
Neu-Menü 168
Neustart
    abkürzen 80
    plötzlicher 109
Neustart nach Beenden 82
Newsletter 360
NoLowDiskSpaceChecks 219
Norton Ghost 547
NoTrayContextMenu 215
NoUserNameInStartMenu 222
NRestore 568
NRestore, Zusatzfunktionen 570
NRG-File brennen 453
NTDLR 62
NTFS 46, 111, 163, 178, 183
    optimieren 111
ntoskrnl.exe 70
Nvidia 245

O

OEM-Version 56
OEM-Version, BackItUp 535
Öffnen mit 175
On the fly kopieren 477
Onlinegames   *siehe* Netzwerkgames im Internet
OpenWithList 175
Ordner
    als Ausgangsverzeichnis im Explorer 193
    ausgeblendet 159
    eigene Standardordner 170
    einheitliche Einstellungen 195

Ordner
  Einstellungen speichern 194
  Explorer mit Ordnerleiste 192
  farbig 162
  für Dateidownloads 311
  gruppiert 161
  löschen 165
  Miniaturansicht 197
  Ordneroptionen fehlen 191
  Systemordner im Arbeitsplatz 189
  Systemordner verlagern 188
Ordner verstecken 208
Ordner verstecken rückgängig machen 209
Ordneroptionen 191
Ordnertyp Bilder 229
Ordnertyp Fotoalbum 229
Original-CD 56
Outlook Express
  Absender sperren 354
  Adressbuch 360
  Änderungen mit SP2 368
  auf anderen PC portieren 356
  automatische Signatur 363
  automatischen Download verhindern 368
  Betreffzeilen bei Antworten 361
  Bilderdownload verhindern 368
  Dateianhänge speichern 343
  defekte Datei folders.dbx 365
  Eingangspostfach verschwunden 357
  E-Mail-Konten schützen 346
  E-Mails automatisch unterschreiben 363
  Empfangsbestätigung 348
  Fehlermeldungen 347
  Fenstertitel ändern 345
  Filter 353
  Filterregeln exportieren 345
  Folders.dbx 365
  HTML-E-Mails 351
  HTML-Format 368
  HTML-Inhalte deaktivieren 365
  Identities 364
  Junk-E-Mails 368
  Msoe.dll 364
  Nachrichten speichern 359
  Nachrichtenliste 358

Outlook Express
  Nachrichtentext fehlt 366
  Nachrichtenvorschau 360
  neu installieren 344
  Newsletter versenden 359
  Posteingang verschwunden 357
  Postfach für zwei Identitäten 355
  Probleme mit Msoe.dll 364
  schreibgeschützte Datei folders.dbx 365
  Sicherheit 351, 368
  Signatur 363
  Spamfilter 352
  Splashscreen unterdrücken 342
  Starthinweis verhindern 342
  trennt die Verbindung 367
  unleserliche Betreffzeilen 358
  Virenschutz 343, 351
  Visitenkarte erstellen 362
  Vistenkarte anhängen 363
Overlay 242

P

P3P 335
Packen 504
Papierkorb 162f, 190
Papierkorb manipulieren 204
Papierkorbsymbol
  manipulieren 204
  vom Desktop entfernen 203
Parallele Downloads 309
Parallele Schnittstelle
  Puffer einstellen 396
Parallelport, ZIP-Laufwerk 134
Partitionstabelle 62
Passwort für Inhaltsratgeber 316
Passwörter nicht vergessen 407
Patchkabel 707
Pausen zwischen Musiktiteln 592
PC
  automatisch starten lassen 75
PCM Wav-Einstellungen 583
PCMCIA 708
Performance
  Laufwerkzugriffe beschleunigen 113

Performance
  NTFS optimieren 111
  ohne Administratorrechte 111
  optische Effekte optimieren 116
  Windows wird immer langsamer 113
PlacesBar 170
Platzmangel 470
Platzmangel, DVD aufteilen 470
Plug & Play 266
Popup-Blocker
  Ausnahmen 336
  Immer noch Popups 338
  übereifrig 337
  unterdrückt Webseiten 337
Popup-Fenster 336
  einzelne erlauben 336
Port 330, 374
Portnummer 330
Posteingang 357
Power Calibration Error 694
Power On 83
Power over Ethernet 728
Powerline .... siehe Powernet
Powernet
  Adapter für Netzwerkkabel (Ethernet) 717
  Anbieterfirmen 703
  DSL-/Kabelanschluss ohne Neu-
     verkabelung anschließen 705
  Highspeed-Geschwindigkeit 703
  Printserver mit Hub verbinden 717
  USB-Adapter 703
  Vor- und Nachteile zu WLAN 703
  zwei PCs verbinden 702
PPP over ISDN 298
PPPoE-Verbindung 300
PPP-over-Ethernet 300
Primary 242
Printserver
  Anschluss 715
  mit USB-Anschluss für Drucker 716
  über Stromleitung mit Hub verbinden 717
Problembehandlung 120
Probleme mit Msoe.dll 364
Product Key 52
Produktaktivierung .... siehe Aktivierung

Profile in Recode 472
Programme
  AutoStarts ermitteln 73
  beim Start ausführen 71
  starten nicht 177
  Systemklänge 258
Programmelemente gruppieren 213
Programmkompatibilitäts-Assistent 430
Proxyserver
  Windows Media Player 280
  Windows-Update 103

Q

QoS-Dienst 301
QoS-Paketplaner 302, 738
Quality of Service ... 301 siehe QoS-Paketplaner

R

Raumklang 267
Rauschen entfernen 626
RealPopup 867
Recode
  5.1-Ton 483
  auf Festplatte ausgeben 478
  Blickwinkel trennen 489
  brennen 474
  CD erstellen 485
  Diashow 481
  DVD-Größe anpassen 480
  erweiterte Analyse 484
  Extras durch Grafik ersetzen 491
  Extras zerlegen 490
  Film aufteilen 473
  Filmdopplung 475
  Filmvorschau 475
  Hauptfilm importieren 488
  Laufwerk auswählen 478
  Mediengröße 487
  mehrere DVDs importieren 494
  Menüs abändern 492
  NeroVision-Filme umrechnen 497
  Profile 472
  Qualität testen 495

Recode
  Tonspur aktivieren 482
  Verzeichnisinhalt verlieren 474
  Videoqualität steuern 484
  VOB-Dateien 476
Recovery
  durchführen 57
  Hardwareprobleme 59
  ohne CD 58
Recovery-CD 56
RecycleBin 204
RegDone 54
Registrierung vortäuschen 54
Registrierungsdatenbank .... *siehe* Registry
Registrierungs-Editor
  Attributes 204
  ClearRecentDocsOnExit 211
  DefaultIcon 205
  DisableTaskMgr 216
  EnableAutodisconnect 303
  Explorer 211
  Identities 364
  IsShortCut 202
  KeepRasConnection 306
  Link 201
  NoLowDiskSpaceChecks 219
  NoTrayContextMenu 215
  NoUserNameInStartMenu 222
  RecycleBin 204
  Schell Icons 201
  Shell Icons 220
Registry
  AutoStarts 72
  beschädigt 65
  komprimieren 113
  wiederherstellen 65
Registry Compressor 113
Registry-Eingriff bei Problem
  Benutzernamen in Willkommenseite
    ausblenden 827
  versteckte Freigaben auf gesamter
    Festplatte erkennen 846
  Windows ME schneller unter XP finden ... 750
  Zugriff auf Windows XP erzeugt
    Speicherfehler 811

Registry-Eingriff bei Problem
  Zugriff nur über IP-Nummern 740
Rekorder erkennen 694
ren 171
Ressourcen, manuelle Änderung nicht
  möglich 124
Ressourcenkonflikte 123, 125
Ressourcenverteilung 124
Ring-In Power On 83
RJ45 .... *siehe* Netzwerkstecker
RJ45-Modularkupplung 723
Rohlinge retten 662
Rohlinggröße 443, 449
Rohlingqualität 440
Rollback 131
Router
  Anschluss der PCs und von DSL ... 711
  AOL-DSL-Einwahl 914
  D-Link-Router und Auto-reconnect ... 913
  DMZ-Server bei Zyxel-Router 889
  DMZ-Server zuweisen 888
  DSL-Verbindung manuell am PC abbauen ... 918
  feste Internetadresse (DynDNS) ... 927
  FTP-Server freischalten 928
  ICQ-Dateiempfang freischalten 932
  Internet mit fester IP-Nummer unter
    Windows 98/ME 922
  Internet mit fester IP-Nummer unter
    Windows XP/2000 920
  Internet-IP-Nummer im Netzwerk
    ablesen 918
  Internet-Pinganfragen abblocken ... 968
  IP-Nummer unter Windows ermitteln ... 911
  kein PC-Anschluss mehr frei 726
  komplizierte Konfiguration für Online-
    games vermeiden 887
  MSN Messenger über UPnP elegant
    nutzen 934
  MTU-Probleme lösen 917
  NetMeeting-(Datei-)Empfang
    freischalten 935
  nicht alle Ports sind geschützt (stealth) ... 966
  Passwort vergessen? 912
  Portbereich für Onlinegames bei D-Link-
    Router freischalten 886

Router
  Reset-Schalter drücken 912
  Schutz vor Trojanern 968
  Spiele-PC komplett freischalten 888
  Traffic Shaping 924
  Upload bremst Download bei DSL 924
  Webserver freischalten 930
  zeigt offene Ports bei Sicherheitsdienst 965
  zusätzlichen Hub anschließen 726
RouterControl 918
Rückfragen 167
Ruhezustand
  aktivieren 84
  keine Schaltfläche vorhanden 84
RunOnce 73
RunOnceEx 73
RunServices 73
RunServicesOnce 73

S

SafeBurn 695
Sasser-Wurm 962f
Scannen von Bildern 636
Scanner
  in jedem Bildbearbeitungsprogramm
    nutzen 227
  TWAIN-Treiber 227
Scanner- und Kamera-Assistent 226
Schallplatte digitalisieren 594
  Klang aufbessern 599
  nachträgliche Trackaufteilung 601
  Pegel 595
  Störgeräusche entfernen 597
  Vorverstärker 597
Schallplatte, Trackerkennung 596
Schell Icons 201
Schneller Herunterfahren 78
Schneller Neustart 80
Schreddern 166
Schreibgeschwindigkeit 693
  Audio-CD 589
  bei Audio 446
Schreibprobleme
  Hintergrundprogramme 437

Schreibprobleme
  Lesegeschwindigkeit 436
  Rohlingfehler 440
  Ultra-DMA-Modus 439
Schrift bei TV-Ausgabe 248
Schriften 190
  Glättung 136
Scrollrad
  nicht erkannt 141
  scrollt zu viel/wenig 142
Serielles Modem
  an einer Nebenstelle 293
  AT-Befehle 293
  COM-Anschlussnummer 290
  COM-Anschlussnummer ändern 291
  Diagnose durchführen 291
  Diagnoseprotokoll auswerten 293
  erreicht optimale Geschwindigkeit nicht .. 294
  erweiterte Anschlusseinstellungen 290
  funktioniert nicht 290
  Hardwareeinstellungen prüfen 291
  Hardwareeinstellungen vornehmen ... 291
  Initialisierungsbefehl X1/X3 294
  Modeminformationen 292
  Modemoptionen 290
  Parität 291
  Protokoll 292
  Ratgeber 295
  Standardeinstellungen 291
  Stoppbit 291
  Verbindungsschwierigkeiten 292
Service Pack
  Dateien löschen 106
  in Installations-CD integrieren 106
  kann nicht installiert werden 105
  Product Key ungültig 52
Service Pack 1 165
Service Pack 2
  Add-On-Manager 340
  Änderungen in Outlook Express 368
  Download gesperrt 310
  einzelne Popups erlauben 336
  Filesharing erlauben 374
  Firewall-Software nicht erkannt 372
  Firewall-Warnhinweis 371

Service Pack 2
   Internetprogramm, Genehmigung
      zurückziehen 372
   kein Virenschutz gefunden 370
   manuelles Windows-Update 99
   Popup-Blocker unterdrückt Webseiten 337
   Popups blocken 336
   Popups trotz Popup-Blocker 338
   Programmen Internetzugang erlauben 374
   Sicherheitscenter 369
   Sicherheitswarnung beim Datei öffnen 312
   Update nach Zeitplan 98
   Warnhinweis 369
   Warnhinweise deaktivieren 370
   welche Updates installiert? 100
   Windows-Update deaktivieren 97
Service Pack 2 (SP2) für Windows XP
                      siehe Windows XP SP2
Service Unavailable 348
sfc 96
Shell Icons 220
shell32.dll 221
ShellIconCache-Datei 221
ShellNew 169
shrpubw 843
shutdown 879
Sichere Verbindungen 510
Sicherheit
   hergestellte Internet- und Netzwerk-
      verbindungen anzeigen 941
   mit Tool unter Windows XP/2000
      checken 940
   MSN Messenger entfernen 963
   Router vor Unbefugten schützen .. 964
   Schutz vor 0190-Dialern im Netzwerk 960
   Windows XP/2000 vor Blaster/Sasser
      & Co. schützen 962
Sicherheitscenter 369
   Antivirenprogramme 370
   erkennt Firewall nicht 372
   kein Virenschutz gefunden 370
   Warnhinweise deaktivieren 371
Sicherheitshinweis 376
Sicherheitszertifikate 383
Sicherheitszone im IE 308

Sicherung
   aktualisieren 540
   automatisieren 556
   große Dateien 536
   große Dateien, Abbruchfehler 538
   leere Ordner 552
   mehrere PCs 559
   verschiedene Verzeichnisse 539
   verschiedene Verzeichnisse, Optimierung 540
   wiederherstellen 563
Sicherungsmedien 535
Sicherungsprogramm 535
Sicherungstyp 542
Signaturverifizierung 132
Skins 318
Sonderzeichen 510
Soundformate 268
Soundkarte
   Digitalausgang 264
   ISA-Karten installieren 266
   Lautstärkeregelung 261
Sounds
   in DOS-Spielen 432
Sounds und Audiogeräte 258
SP1 165
SP2 .... siehe Service Pack 2
Spam 352
SpeedStep 270
Speicherplatz 502
   Festplatte 453
   Image-Speicher 442
   Rohlinggröße 443
   überbrennen 444
Spiele
   Absturz beim Introvideo 425
   ältere Spiele laufen lassen 430
   Anisotrope-Filterung 429
   Anti-Aliasing 429
   Bildschirmschoner 424
   Bildwiederholrate erhöhen 426
   Darstellung verbessern 428
   Framerate 427
   Kompatibilität 430
   laufen nur für Administrator 424
   Mipmap-Detailstufe 429

Spiele
  Monitor flimmert 423
  Performance verbessern 427
  Sound für DOS-Spiele 432
Spracherkennung, Hardwaretest 266
SSID
  durch Router verstecken 776
  genaue Groß- und Kleinschreibung
    wichtig 766
  keine Verbindung zum Access Point 777
SSL-Verschlüsselung 383
ssmypics.scr 207
Standardanwendung 173
Standarddrucker 389
Standardsymbole, Schlüsselname mit
  Erklärung 221
Start im abgesicherten Modus 86
Startbildschirm deaktivieren 69
Startdisketten 43
Startmenü 207
  an Startmenü anheften 208
  Anwendungen hintereinander öffnen 218
  automatisches Öffnen des Menüs
    unterbinden 218
  Benutzername entfernen 221
  Einträge als Menü 210
  Elemente konfigurieren 207
  Größe verändern 209
  icon.ico 221
  klassisches Startmenü 208
  mit Explorer aufräumen 212
  Nachricht von neu installierten
    Programmen abschalten 218
  NoUserNameInStartMenu 222
  Ordner verstecken 208
  Ordner verstecken rückgängig machen 209
  shell32.dll 221
  ShellIconCache-Datei 221
  Standardsymbole ändern 220
  Standardsymbole-Schlüsselname mit
    Erklärung 221
  zuletzt verwendete Dokumente löschen ... 210
  zuletzt verwendete Dokumente nicht
    anzeigen 210
Startmenü länger offen halten 218

Startmenü mit Explorer aufräumen 212
Startprobleme 62
  instabiler Zustand 68
  ntoskrnl.exe 70
  Registry beschädigt 65
  schwerwiegender Fehler 64
  Systemkonfigurationsprogramm 74
Startseite 333
StartSmart 697
Störgeräusche
  finden 619
  Knackser 619
  Lautstärke 621
  Nadel 622
  Pegelabfall 620
Stromausfall 152
Stromsparmodus 46
  Aufwachen durch Maus 145
  TV-Karte 242
Struktur 65
subst 164
Such-Assistent 157f, 230
  im aktuellen Verzeichnis 159
Suchen
  Bilder auf der Festplatte 230
  Such-Assistent 230
Surroundklang 267
Suspend-to-Disk 75
Suspend-to-RAM 75
SVCD 507
Switch .... siehe Hub
Symbolbezeichnungen löschen 206
Symbole
  für Dateien 161
  für Ordner 190
Symbole aus dem Infobereich ausblenden 214
System-ASPI 684
Systemdateien 157
  wiederherstellen 96
Systemklänge 258
  Links anklicken 339
Systemkonfigurationsprogramm 74
Systemordner
  im Arbeitsplatz 189
  verlagern 188

Systemstart, automatische Anmeldung 404
Systemsteuerung 190
   Anzeige 239
   Energieoptionen 81
   Sounds und Audiogeräte 261
Systemvariablen 122
Systemwiederherstellung 88
   mehr Wiederherstellungspunkte 91
   verschwunden 91
   Wiederherstellungspunkte anlegen 90

T

Tag-Editor 272
Taskleiste 213
   automatisches Gruppieren verhindern 213
   DisableTaskMgr 216
   fixieren 218
   Infobereich anpassen 215
   mehr Platz in der Taskleiste 214
   Meldung "Zu wenig Speicherplatz"
      ausschalten 219
   Symbole aus dem Infobereich ausblenden 214
   Task-Manager ausschalten 216
   Tray-Kontextmenü deaktivieren 215
   Uhrzeit im Infobereich ausschalten 214
   verschieben 217
Taskleiste fixieren 218
Taskleiste verschieben 217
Task-Manager ausschalten 216
Taskplaner 75
Taskplaner für Backup 558
Tastatur als Mausersatz 143
Tastaturbelegung bei Anmeldung 138
Tastaturmaus 143
TCP/IP .... siehe Internetprotokoll
T-DSL .... siehe DSL
   AOL freigeben 900
   Benutzername für AOL-Einwahl 900
   bessere Pingzeiten 890
   Fastpath 890
   Interleaving 890
   mit Fastpath 890
   T-Online-DSL freigeben 900
TEMP 677

Temporäre Internetdateien 327
Testvirus 385
TFT-Flachbildschirm
   AutoAdjust 138
   Bildwiederholfrequenz 136
   Bildzucken 138
   nur mit 60 Hz 136
   unscharfe Schrift 136
Thumbs.db 230
Titeldatenbank 576
Tonhöhe
   korrigieren 630
T-Online
   DSL-Einwahl 913
Tonspur kopieren 482
Track
   auswählen 459
   in Nero SoundTrax erstellen 616
   speichern 451
Track-at-Once 585
Trackaufteilung bei LPs 601
Tray-Kontextmenü deaktivieren 215
Treiber
   aktualisieren 129
   fehlende 388
   Fehler bei Installation 133
   fehlt 128
   für Modem finden 288
   Hinweis zur Signierung 131
   manuell installieren 127
   neuer Treiber funktioniert nicht 289
   ohne Signatur 132
   Rollback 131
   Sicherungskopie einspielen 131
   Treiberdetails für Modem 288
   TWAIN-Treiber 227
Treibersignierung 131
Trojaner
   Port mit netstat erkennen 942
   Schutz durch Router 963, 968
TV-Ausgabe, Schrift verbessern 248
TV-Ausgang 244
   DVD-Wiedergabe 249
TV-Karte
   Bild und Ton asynchron 243

TV-Karte
  installieren 239
  nur als Administrator 240
  Overlay 242
  Primary 242
  Stromsparmodus 242
  Tonstörungen 243
  Vollbildmodus 241
TWAIN-Treiber für Scanner 227
TweakUI 188, 671
  automatische Anmeldung 404
Twisted-Pair-Kabel 707

U

Überblendung
  in CDs 612
  in Diashows 644
  mit Beatsteuerung 614
Überbrennen 503
  testen 660
  von CD-Rohlingen 444
UDF 511
UDF-Modus 1.02 513
Uhrzeit im Infobereich ausschalten 214
Ultra-DMA-Modus aktivieren 439
Umgebungsvariablen 122
Umschalten mit [Alt]+[Tab] 115
Unibrain 709
Universal Plug and Play .... siehe UPnP
Unknown Domain 348
Unkown User 348
UnPlug n' Pray 902
Unresolvable 348
Unroutable 348
Unscharfe Schrift 136
Unsichere Verbindungen 376
Unsignierte Treiber 132
Untergruppen erstellen 634
Update
  Datei in Benutzung 680
  Datei verändert 681
  deaktivieren 97
  Erinnerungshinweis abschalten 97
  Fehler in Datei 682

Update
  Fehler temporäre Dateien 677
  finden 676
  in Installations-CD integrieren 103
  Internet Explorer 326
  lokal speichern 101
  manuell durchführen 99
  nach Zeitplan 98
  Protokoll 100
  Proxyserver 103
  Registrierung vortäuschen 54
  Startmenüeintrag verschwunden 100
  stockt 678
  Verlauf 100
Uplink-Port .... siehe Hub
UPnP
  generell nicht einsetzen 949
  mit Tool aktivieren 902
  schaltet Onlinegame im Netzwerk frei 887
  sicher im Netzwerk einsetzen 949
  unter Windows 98/ME aktivieren 902
  unter Windows XP aktivieren 901
  unter Windows XP SP2 903
USB
  1.1 oder 2.0 149
  Daten beschädigt oder fehlend 152
  Direktverbindungskabel (Netzwerk) 722
  Drucker in der Eingabeaufforderung
    nutzen 391
  Fehlermeldung beim Entfernen 151
  Gerät wird nicht erkannt 147
  Geräte sicher entfernen 151
  Hub bei Stromproblemen 768
  Kompatibilität 149
  Lautsprecherstörungen 269
  Leistungsaufnahme 153
  Probleme beim Stromsparen 82
  Probleme mit mehreren Geräten 153
  reagiert nicht 146
  Speichermedium nicht angezeigt 150
  Stromausfall bei Anschluss 152
  Stromversorgung 153
  Treiber manuell installieren 148
USB-Hub 154
USB-Kamera 225

USB-Stick
- Daten beschädigt oder fehlend 152
- Fehlermeldung beim Entfernen 151
- Laufwerkbuchstaben wechseln 150
- nicht als Laufwerk angezeigt 150

USB-Sticks 121

V

VBS 380
VB-Script 380
VCD 507
Verknüfungen ändern 200
Verknüpfung mit Geräte-Manager 122
Verknüpfungspfeil ändern 201
Verknüpfungspfeil entfernen 202
Verlauf 170, 190
Verschlüsselte Dateien 183
- Besitzer ermitteln 185
- entschlüsseln 185
- für mehrere Benutzer 184
- öffnen 186
- Warnung 184

Versteckte Dateien 157
- IconCache.db 202
- sichtbar machen 183
- sind sichtbar 182
- Zugriff 182

Vertrauenswürdige Websites 381
Verzeichnisstruktur 509
Video
- MPEG-2-Plug-In 471

Videobeschleunigung 250
Video-CD erstellen 486
Video-Codecs 672
Video-Image brennen 455
Videokomprimierung 253
Videooptionen für Diashow 651
Videoqualität verbessern 484
Videos
- AVI-Dateien 251
- Bild für Bild 254
- Codecs 252
- im Vollbildmodus 254
- Komprimierung 253

Videos
- mit variabler Geschwindigkeit 254
- Standardplayer 255
- Stottern bei Wiedergabe 251
- werden nicht angezeigt 255

Virtueller Brenner 450
Virtuelles Laufwerk 461
- Buchstabe ändern 463
- Image einfügen 461
- Installation 461
- Vorteile bei Notebooks 462
- Vorteile DVD 465

Visitenkarte einzeln anhängen 363
Visitenkarte erstellen 362
VOB-Dateien
- brennen 486
- einlesen 476

Vollbildmodus 320
- Videos 254

Volume Control 262
Volume-Label 510
Vorschau 635
Vorverstärker 597
Vorverstärker, Soundkarte 597

W

WaitToKillServiceTime 79
Wake Up On LAN 83
Wake-up-Ereignisse 83
Warnhinweis
- bei Treiberinstallation 131
- Geräte-Manager 123
- Sicherheitscenter 369
- Systemkonfigurationsprogramm 74

Warnhinweise
- Firewall 371
- sichere Verbindung 376
- Sicherheitscenter 371
- unsichere Verbindung 376

WAV-Dateien aufnehmen 275
Wave Editor 619
Waveanzeige 619
Webeditor 316

Webseiten
  ausdrucken 324
  mit Kopf- und Fußzeile 324
  Skripts deaktivieren 380
  speichern statt öffnen 328
Webseitenfehler 322
Wechsel zwischen Anwendungen 115
Wechselspeicher 224
  Digitalkamera als Wechselspeicher 224
Wechselspeicherlaufwerk 150
WEP
  Key-Nummer ändern 787
  Schlüssel einfacher unter XP eingeben 783
  Schlüssel nach gewisser Zeit ändern 787
  Schlüssel über Passphrase erzeugen 779
  Schlüsselformat von ASCII in Hex
    umrechnen 782
  Schlüsselformat von Hex in ASCII
    umrechnen 780
  Sicherheit des Schlüssels 781, 788
  Sinn der Verschlüsselung 778
  Windows XP sperrt Schlüsseleingabe 786
  XP verschleiert Schlüssellänge 786
Wieder beschreibbare Disk automatisch
  löschen 555
Wiedergabeprobleme 478
Wiederherstellen über Explorer 566
Wiederherstellen von Systemdateien 96
Wiederherstellungskonsole 65
  aktivieren 93
  fest installieren 95
Wiederherstellungspunkt
  auswählen 88
  fehlt 91
  manuell erstellen 90
  zu wenige 91
Windows
  automatisch starten lassen 75
  manuell aktualisieren 99
  Systemklänge 258
  wiederherstellen 88
  wird immer langsamer 113
Windows 2000
  ausgeblendete Geräte im Geräte-Manager
    einblenden 736

Windows 2000
  Chatempfang (winwchat) nicht möglich ... 870
  Computername/Arbeitgruppenname
    ändern 745
  Drucker freigeben für spezielle User 860
  Drucker richtig freigeben 856
  empfängt keine Nachrichten 865
  Entsprechendes zur einfachen Datei-
    freigabe von Windows XP 825
  Freigabe schneller aufheben 845
  Gastzugang aktivieren 825
  Internet mit fester IP-Nummer
    mitbenutzen 897
  Kopie großer Datei nach Windows XP
    erzeugt Fehlermeldung 816
  mit Windows XP vernetzen 745
  Nachrichtendienst aktivieren 865
  NetBIOS über TCP/IP aktivieren 738
  Netzwerk- und DFÜ-Verbindungen
    verschwunden 731
  Netzwerkauslastung anzeigen 755
  Netzwerkkarte nicht kompatibel 730
  Netzwerkkarte verschwunden 731, 745
  Performance mit Systemmonitor messen . 756
  regsvr32 732
  schneller viele Verzeichnisse freigeben 843
  shutdown 879
  Statusanzeige der Netzwerkkarte in Bytes 757
  Task-Manager aufrufen 755
  Umgebungsvariabeln 736
  unsignierter Treiber 730
  winchat starten 868
  wntipcfg 880
  wo ist winipcfg? 880
  Zugriff auf Freigabe auf einmal nicht mehr
    möglich 840
  Zugriff auf verborgene $-Freigaben
    abschalten 846
Windows 98/ME
  Arbeitsgruppennamen ändern 744
  Computersymbol fehlt im Netz 744
  Drucker problemlos freigeben 850
  Internet mit fester IP-Nummer
    mitbenutzen 898

Windows 98/ME
  keine Mitbenutzung einer Druckerfreigabe möglich 854
  mit XP mithilfe des Assistenten vernetzen 742
  Nachrichten von Windows XP kommen
    nicht an 866
  Netzwerkmonitor installieren 820
  Netzwerkumgebung nicht erreichbar 743
  Performance mit Systemmonitor messen 756
  primäre Netzwerkanmeldung 743
  schneller auf Dateien zugreifen 761
  sehen, wer auf Freigaben zugreift 820
  UPnP aktivieren 902
  winchat fehlt 872
  Zugriff auf kennwortgeschützte
    Freigaben 808
Windows beenden
  per Doppelklick 85
  Rechner bleibt an 81
  Rechner startet neu 82
Windows Installations Manager 48
Windows Media Audio .... siehe WMA
Windows Media Player 687
  als Standardplayer 255
  Audio-CDs kopieren 277
  Audiorecorder 275
  automatischer Codec-Download 252
  AVI-Dateien 251
  Codecs 252
  falsche Länge bei MP3s 274
  Hardwarebeschleunigung 250
  keine Informationen zu MP3s 284
  keine Onlineübertragungen 281
  keine Wiedergabe 281
  Klänge aufnehmen 275
  Medienbibliothek 277
  Netzwerkpufferung 251
  Player-ID verhindern 278
  Probleme mit Audio-CDs 283
  Proxyserver 280
  ständig online 276
  Stottern bei Videos 251
  stotternde Onlinewiedergabe 284
  Tag-Editor 272
  Taskleiste verschwunden 279

Windows Media Player
  variable Abspielgeschwindigkeit 254
  Verlauf löschen 279
  Videos abspielen 250
  Videos Bild für Bild 254
  Vollbildmodus 254
  Wiedergabeproblem bei Videos 255
  Wiedergabeprobleme 250
Windows Service Pack 2 ...... siehe Service Pack 2
Windows XP
  Arbeitsgruppenname ändern 751
  ausgeblendete Geräte im Geräte-Manager
    einblenden 736
  Chatempfang (winwchat) nicht möglich ... 870
  Computerbeschreibung eingeben 747
  Computerverwaltung aufrufen 819
  Dienst für Netzwerkverbindungen
    aktivieren 731
  Dienst UPnP-Gerätehost aktivieren 902
  Dienste schnell aufrufen 731
  empfängt keine Nachrichten 865
  FireWire-Karte stört Netzwerk 735
  Freigabe schneller aufheben 844
  Freigaben schnell anzeigen 800
  Inhalt der Netzwerkumgebung nicht
    aktuell 750
  Internet mit fester IP-Nummer
    mitbenutzen 897
  Internetprotokoll zurücksetzen 741
  IP-Nummer kann nicht zugewiesen
    werden 736
  ist ständig online 907
  Kennwörter für Freigaben löschen 810
  Kopie großer Datei nach Windows 2000
    erzeugt Fehlermeldung 816
  mit Windows 2000 vernetzen 745
  mit Windows XP-/2000-PC chatten 868
  Nachrichtendienst aktivieren 865
  NetBIOS über TCP/IP aktivieren 738
  netsh 742
  Netzwerk-Assistent hängt 733
  Netzwerkauslastung anzeigen 755
  Netzwerkbrücke löschen 733
  Netzwerkbrücke vermeiden 734
  Netzwerkkarte nicht kompatibel 730

Windows XP
  Netzwerkkarte verschwunden 731
  Netzwerkkartentreiber nicht installierbar 730
  Netzwerkkonfiguration ohne Assistent 745
  Netzwerkverbindungen verschwunden 731
  Performance mit Systemmonitor messen 756
  QoS-Paketplaner 738
  regsvr32 732
  schneller auf Dateien zugreifen 760
  schneller viele Verzeichnisse freigeben 843
  sehen, wer auf Freigaben zugreift 819
  Service Pack 2 (SP2) .... *siehe* Windows XP SP2
  shutdown 879
  sperrt WEP-Schlüsseleingabe 786
  sperrt WLAN-Tool der WLAN-Karte 767
  SSDP-Suchdienst aktivieren 901
  Statusanzeige der Netzwerkkarte in Bytes 757
  Suche in Netzwerkumgebung dauert 751
  Symbol unter Internetgateway ist weg 901
  Systemwiederherstellung 732
  Task-Manager aufrufen 755
  Umgebungsvariabeln 736
  unsignierter Treiber 730
  unterbricht Netzwerkverbindung 733
  UPnP aktivieren 901
  User zwangsabtrennen 821
  verborgenes Freigabetool 843
  verschleiert WEP-Schlüssellänge 786
  Verzeichnis Programme freigeben 798
  WEP-Schlüssel einfacher eingeben 783
  winchat starten 868
  Windows ME schneller unter XP finden ... 750
  Winpopup fehlt, was tun? 867
  WLAN-Konfiguration abschalten 767
  wntipcfg 880
  wo ist winipcfg? 880
  WPA-PSK-Verschlüsselung aktivieren 792
  Zugriff auf Freigabe erzeugt Speicher-
    fehler 811
  Zugriff nur über IP-Nummern 740
Windows XP Home .... *siehe* auch Windows XP
  5-User-Limit bei Freigaben 806
  einfache Dateifreigabe abschalten? 798
  kein Zugriff für sechsten User auf Drucker-
    freigabe von Windows XP Home 854

Windows XP Home
  verborgenes Backup-Programm
    installieren 882
  verborgenes Freigabetool 843
  Verzeichnisse wie unter Windows XP
    Professional freigeben 843
  Zugriff auf Freigabe auf spezielle User
    beschränken 803
  Zugriff auf Freigabe auf zwei User
    beschränken 802
Windows XP Professional
              siehe auch Windows XP
  Drucker freigeben für spezielle User 860
  einfache Dateifreigabe deaktivieren 824f
  Freigabe wie unter Windows 2000 824
  Freigabe wie unter Windows XP Home 825
  Freigaben schneller aufheben 845
  Netzwerkuser in Willkommenseite
    ausblenden 827
  schneller Netzwerkuser hinzufügen 828
  User darf nur 50 MByte auf Freigabe
    speichern 841
  Zugriff auf Freigabe nur mit Kennwort 836
  Zugriff auf Freigabe nur zwei Usern
    ermöglichen 832
  Zugriff auf Freigaben beschränken 830
  Zugriff auf NTFS-Verzeichnis macht
    Probleme 830
  Zugriff auf verborgene $-Freigaben
    abschalten 846
Windows XP SP2
  Firewall für spezielle Verbindung
    deaktivieren 957
  Firewall lässt Windows-Netzwerk durch ... 739
  Netzwerkauthentifizierung Open bei
    WLAN 777
  Pinganfragen bei Windows-Firewall
    freischalten 952
  Protokolldatei der Windows-Firewall
    löschen 954
  UPnP freischalten 903
  Windows-Firewall für Programm
    freischalten 959
  Windows-Firewall komplett deaktivieren . 955
  Windows-Firewall richtig aktivieren 958

Windows XP Professional
  Windows-Firewall vollständig aktivieren .. 945
  WLAN einfacher konfigurieren 783
  WPA-PSK 792
Windows XP-Desktop
  "Verknüpfung mit" ändern 200
  Benutzername aus Startmenü entfernen .. 221
  Bezeichnung von Verknüpfung löschen 206
  DisableTaskMgr 216
  eigene Bilder als Bildschirmschoner 206
  icon.ico 221
  Infobereich 213
  Infobereich anpassen 215
  mehr Platz in der Taskleiste 214
  Meldung "Zu wenig Speicherplatz"
    ausschalten 219
  Nachricht von neu installierten
    Programmen abschalten 218
  NoTrayContextMenu 215
  Papierkorb manipulieren 204
  Papierkorbsymbol entfernen 203
  shell32.dll 221
  Standardsymbole im Startmenü ändern 220
  Standardsymbole-Schlüsselname mit
    Erklärung 221
  Startmenü länger offen halten 218
  Symbole aus dem Infobereich ausblenden 214
  Taskleiste 213
  Taskleiste fixieren 218
  Taskleiste verschieben 217
  Task-Manager ausschalten 216
  Tray-Kontextmenü deaktivieren 215
  Verknüpfungspfeil ändern 201
  Verknüpfungspfeil entfernen 202
  Wandernde Symbole 200
Windows XP-Startmenü 207
  an Startmenü anheften 208
  Anwendungen hintereinander öffnen 218
  automatisches Öffnen der Menüs
    unterbinden 218
  Benutzername entfernen 221
  Einträge als Menü 210
  Elemente konfigurieren 207
  Größe verändern 209
  icon.ico 221

Windows XP-Startmenü
  klassisches Startmenü 208
  mit Explorer aufräumen 212
  Nachricht von neu installierten
    Programmen abschalten 218
  NoUserNameInStartMenu 222
  Ordner verstecken 208
  Ordner verstecken rückgängig machen 209
  shell32.dll 221
  ShellIconCache-Datei 221
  Standardsymbole ändern 220
  Standardsymbole-Schlüsselname mit
    Erklärung 221
  zuletzt verwendete Dokumente löschen ... 210
  zuletzt verwendete Dokumente nicht
    anzeigen 210
Windows-Explorer
  Bilder auf der Festplatte suchen 230
  Dateien ohne Maus verschieben 172
  Dateien umbenennen 171
  einheitliche Ordnereinstellungen 195
  fehlender Menüeintrag 171
  Fenster beim Start 70
  Filmstreifen 229
  Kontextmenü 168
  Kontextmenü unvollständig 196
  Miniaturansicht 228
  mit Ordnerleiste öffnen 192
  MP3-Infos 270
  Ordnereinstellungen speichern 194
  Ordneroptionen fehlen 191
  wechselnde Stammverzeichnisse 193
Windows-Firewall .... siehe Firewall
Windows-Logo 69
Windows-Registry .... siehe Registry
Windows-Start
  Boot-Manager 76
  Programme ausführen 71
Windows-Update .... siehe Update
  Startmenüeintrag verschwunden 100
winnt.exe 42, 44
winnt32.exe 42
WinOnCD 686
WINS .... siehe Internetprotokoll (TCP/IP)
WinTV 241

INDEX **1005**

Wireless Access Point
  siehe (WLAN) Basisstation
WLAN 705
  Aussetzer bei USB-WLAN-Karte 768
  Aussetzer nach gewisser Zeit 768
  Dauerpingtest 788
  DSL-Anschluss drahtlos mitnutzen 704
  einfache Schutzmaßnahmen für Privat-
    anwender 771
  funktioniert nicht wegen falscher
    Schreibweise der SSID 766
  Hotspot sicher nutzen 942
  keine Verbindung bei versteckter SSID 777
  keine Verbindung nach Austausch der
    WLAN-Karte 770
  keine Verbindung, obwohl alles okay 769
  Network Stumbler 791
  Network Stumbler ortet 54-MBit/
    s-WLAN 791
  neue 54-MBit/s-Karte funktioniert nicht
    bei WLAN 770
  Power Save Mode der Karte 768
  Sendeleistung verringern 773
  sicher machen 771
  Sicherheit des WEP-Schlüssels 788
  Sinn der WEP-Verschlüsselung 778
  unnötige Funkreichweite vermeiden 772
  unzuverlässige Verbindung bei versteckter
    SSID 778
  WEP-Key-Nummer ändern 787
  WEP-Schlüssel einfacher in XP eingeben .. 783
  WEP-Schlüssel nach gewisser Zeit ändern 787
  WEP-Schlüssel über Passphrase erzeugen 779
  XP sperrt WEP-Schlüsseleingabe 786
  XP verschleiert WEP-Schlüssellänge 786
  XP-Konfiguration abschalten 767

WLAN
  zwei DSL-Anschlüsse nutzen 926
  zwei Netzwerke drahtlos verbinden 714
  zwei PCs ohne Basisstation verbinden 702
WLAN-Router .... *siehe* Router
WMA-Dateien 270
WMA-Dateien mit Kopierschutz 588
WPA 788
WPA-PSK 792
  Hotfix für Windows XP verhindert WLAN-
    Verbindung 793

X

XP-Antispy 963

Y

YUV-Flipping 250

Z

Zertifikate 383
ZIP-Archive
  individuelle Symbole 180
  mit Passwort 178
  Probleme beim Extrahieren 180
ZIP-Laufwerk 134
Zugriff verweigert 165
Zuletzt verwendete Dokumente 170
  automatisch löschen 210
  ClearRecentDocsOnExit 211
  Liste schnell löschen 212
  nicht anzeigen 210
Zusammenstellung, Fehler 516

Wenn Sie an dieser Seite angelangt sind, ...

dann haben Sie sicher schon auf den vorangegangenen Seiten gestöbert oder sogar das ganze Buch gelesen. Und Sie können nun sagen, wie Ihnen dieses Buch gefallen hat.
Ihre Meinung interessiert uns!

Ihre Ideen sind gefragt!

Vielleicht möchten Sie sogar selbst als Autor bei **DATA BECKER** mitarbeiten?

Wir suchen Buch- und Software-Autoren. Wenn Sie über Spezialkenntnisse in einem bestimmten Bereich verfügen, dann fordern Sie doch einfach unsere Infos für Autoren an.

❏ Ja   Ich möchte DATA BECKER Autor werden. Bitte schicken Sie mir die Infos für Autoren.

❏ Ja   Bitte schicken Sie mir Informationen zu Ihren Neuerscheinungen.

DATA BECKER GmbH & Co KG
Postfach 10 20 44
40011 Düsseldorf
Fax: 02 11 / 3 19 04 98

Internet: http://www.databecker.de
E-Mail: info@databecker.de

Name, Vorname _____

Straße _____

PLZ, Ort _____

E-Mail _____

▶▶ Die volle Power von Google komplett nutzen!

**Das große Buch
Mit Google alles finden**
256 Seiten • € 12,95
ISBN 3-8158-2556-3

nur € 12,95

Google kennt und nutzt fast jeder. Aber wissen Sie, wie viele Möglichkeiten, Zusatzdienste und starke Tools tatsächlich unter der Haube von Google stecken? Mit diesem Buch finden Sie es spielend heraus.

Sie werden verblüfft sein, was Sie alles finden werden. Selbst längst verloren geglaubte Informationen lassen sich im Nu wiederfinden. Auch die Suche auf der eigenen Festplatte ist mit der komfortablen Desktop-Suche kein Problem mehr. Erfahren Sie darüber hinaus, wie Sie die kostenlosen Zusatzdienste "Google Mail" oder "Google Earth" voll ausreizen oder lassen Sie sich in Google Earth die aktuelle Verkehrslage einblenden.

- **Schlechte Suchresultate und alte Informationen vermeiden**
- **Problematische Suchbegriffe schnell & mühelos finden**
- **Wetterlage, Verkehrsberichte etc. in Google Earth integrieren**
- **Schnell und kostenlos E-Mails versenden und verwalten u.v.m.**

DATA BECKER

Gratis-Leseprobe und Inhaltsverzeichnis unter: www.databecker.de

▶▶▶Workshops, Tipps und Tricks für geniale Shows!

Wo andere aufhören, legt dieses große Buch erst richtig los: Hier finden Sie praxiserprobte Workshops, kreative Ideen sowie Tipps & Tricks für bessere Fotoshows mit Magix Fotos auf CD&DVD 4.5, die garantiert nicht im Handbuch stehen!

Das große Buch vermittelt ambitionierten Digitalfotografen, die aus Ihren Bildern mehr machen wollen als langweilige 08/15-Diashows, kreativen Input und glasklare Anleitungen für perfekte Fotoshows: von genialen Übergängen über spektakuläre Effekte und rasante Kamerafahrten bis hin zur Sounduntermalung und der optimalen Ausgabe auf CD/DVD.

**Das große Buch
MAGIX Fotos auf
CD&DVD 4.5**

256 Seiten
€ 12,95
ISBN 3-8158-2725-6

nur € 12,⁹⁵

- Helligkeit, Kontrast, Schärfe Ihrer Fotos verbessern
- Atemberaubende Übergänge, Bild-im-VBild-Effekte etc.
- Magix Fotos auf CD&DVD als Schnittprogramm einsetzen
- Kurze Filme aus Digitalkameras mit Fotos mischen u.v.m.

DATA BECKER

Gratis-Leseprobe und Inhaltsverzeichnis: www.databecker.de

▶▶▶ **Machen Sie Ihr Notebook zum Desktop-Ersatz!**

Borngießer
Mehr rausholen aus Ihrem Notebook
508 Seiten • € 19,95
ISBN 3-8158-2752-3

nur € 19,95

Wenn Ihr Notebook zu mehr gut sein soll als zum Surfen, dann ist dieser clevere Ratgeber wie gemacht für Sie. Hier bekommmen Sie das nötige professionelle Know-how, um jederzeit garantiert das Maximum aus Ihrem Tragbaren herauszuholen. Workshops und verständliche

DATA BECKER

Gratis-Leseprobe und Inhaltsverzeichnis unter: www.databecker.de

▶▶▶ Kinoreife Fotoshows mit spektakulären 3D-Effekten!

Maximum Fotoshow

unverb. Preisempfehlung:
DVD, nur € 29,95
ISBN 3-8158-7228-6

Systemvoraussetzungen:
Windows XP Pentium IV 1800h, 512 MB RAM, Grafikkarte:
True Color (32 Bit)mit 64 MB RAM, Auflösung 1024 x 768,
freier Festplattenspeicher ca. 1,2 GB, DVD-Laufwerk, Maus,
16 Bit Soundkarte, Scanner (optional), CD-/DVD-Brenner
(optional), GeForce 3 oder vergleichbare Radeon DirectX
Grafikkarte, DirectX 9 oder höher

nur € 29,95

Erwecken Sie Ihre besten Fotos vom letzten Urlaub, Ausflug oder Familienfest auf spektakuläre Weise zum Leben. Einer neuartige 3D-Engine verhilft Ihnen zu faszinierenden Fotoshows, die Sie bedenkenlos im TV präsentieren können.

Mit Hilfe des weltweit ersten Storyboards mit fünf integrierten Soundspuren können Fotos, Effekte und Ton per Drag & Drop optimal aufeinander abgestimmt werden. Mit der passenden Soundkulisse - vom Meeresrauschen über die vielfältigen Geräusche einer Großstadt bis hin zur Bauernhofatmosphäre - wird aus einem einfachen Digitalfotoalbum ein imposantes Gesamtkunstwerk.

- *Hightech: Hochleistungsengine für echte 3D-Effekte*
- *Weltneuheit: Storyboad mit fünf integrierten Soundspuren*
- *Über 80 Übergangseffekte, Titeleinblendungen u.v.m.*
- *Kamerafahrten, Zoomen, Bild im Bild-Effekte u.v.m.*

DATA BECKER

*Jetzt **gratis testen** und bei Gefallen mit Preisvorteil kaufen: www.databecker.de*

▶▶▶ **Einfach selbst aufrüsten und jede Menge sparen!**

Richter • Plura • Moritz
PC aufrüsten und reparieren
735 Seiten
inkl. CD-ROM • € 24,95
ISBN 3-8158-2736-1

nur € 24,95

Das umfassende, komplett aktualisierte Praxishandbuch zeigt Ihnen in kompakten und reich illustrierten Workshops, wie Sie Ihre Hardware mühelos in den Griff bekommen.

Bringen Sie Ihren PC ohne teure Servicedienste auf den aktuellsten Stand der Technik, indem Sie einzelne Komponenten gezielt austauschen, aufrüsten und pflegen! Mit Hilfe von vielen, anschaulichen Workshops wird Ihnen das nötige Praxiswissen vermittelt, mit dem Sie veraltete Hardwarekomponenten sicher und erfolgreich austauschen können. Zahlreiche Tipps und Tricks verraten Ihnen, wie Sie Ihre neuen Komponenten sinnvoll konfigurieren und mögliche Treiberprobleme oder Hardwarekonflikte vermeiden!

- Grafikkarten, Laufwerke und DVD-Brenner einbauen und optimal konfigurieren
- Media-PC für HiFi, TV und Video-DVDs im Eigenbau
- Aktuelle RTreiber und Netzwerke richtig installieren u.v.m.

DATA BECKER

Gratis-Leseprobe und Inhaltsverzeichnis unter: www.databecker.de

▶▶▶ Für innovative Websites mit allen Finessen!

web to date 4.0
unverb. Preisempfehlung:
CD-ROM, € 149,95
ISBN 3-8158-7214-6

Systemvoraussetzungen:
Windows 2000/XP, Pentium III 450, 128 MB RAM
Windows 98/98SE/ME, Pentium III 350, 64 MB RAM
Grafikkarte: High Color (16 Bit) mit 4 MB RAM,
Auflösung 800 x 200, Freier Festplattenspeicher
ca. 90 MB, CD-Laufwerk, Maus, Internetzugang,
Webspace, (optional) PHP3 oder PHP4 fähig, Internet
Explorer 5.5/Netscape 6 oder höher (optional)

nur € 149,95

web to date 4.0 ermöglicht die komfortable Gestaltung, Pflege und Aktualisierung eines sehenswerten Internet-Auftritts auf dem neuesten Stand der Technik ohne HTML-Kenntnisse.

Das 25.000-fach in der Online-Praxis bewährte Content Management System verhilft Ihnen mit Top-Designs, erhöhtem Komfort und aktuellen Profifunktionen bequem wie nie zu einer modernen Website mit Sidebar, Blogger und allen denkbaren Finessen. Die Profi-Plugins der Vorgängerversionen im Wert von rund 60 Euro sind hier bereits integriert: Imagemap, RSS-Reader, RSS-Publisher.

- Über 600 attraktive, direkt einsetzbare Designs
- Sidebars für die gestalterische Aufwertung Ihres Webdesigns
- RSS-Reader für die Einbindung aktueller News von Dritten
- Weblogs - Online-Tagebücher für Ihre web to date Seite
- Automatische Erstellung von Sicherheitskopien u.v.m.

DATA BECKER

Update für nur 99,95 EUR!
Mehr Infos: www.web-2-date.de

▶▶▶ Moderne Technik in der Praxis einsetzen!

Mit Hilfe der aktuellen Ratgeber aus der Reihe Digital Entertainment können Sie die ganze Welt der modernen Unterhaltungselektronik neu entdecken und effektiv in der Praxis einsetzen.

Ob Heimkino oder DVB-T, MP3-Player oder Pocket-PC: Hier erfahren Sie aus erster Hand alles, was in den Handbüchern zu kurz kommt. Anschaulich, leicht verständlich und kompetent zeigen Ihnen die praxisorientierten Bücher anhand alltagstauglicher Tipps und genialer Profi-Tricks, wie Sie die aktuelle Technik optimal nutzen und von Anfang an voll ausreizen!

DATA BECKER

Leseproben & Inhaltsverzeichnisse unter: www.databecker.de

176 Seiten
inkl. DVD nur € 12,95
ISBN 3-8158-2655-1

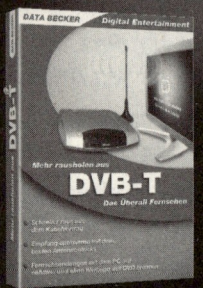

156 Seiten • € 9,95
ISBN 3-8158-2650-0

192 Seiten • € 9,95
ISBN 3-8158-2388-9

180 Seiten • € 9,95
ISBN 3-8158-2654-3

176 Seiten • € 9,95
ISBN 3-8158-2653-5

▶▶ Beginnt da, wo das Handbuch aufhört!

Zwei Bücher in einem: Digital ProLine bietet Ihnen professionelle, auf Ihre Digitalkamera zugeschnittene Workshops, kombiniert mit kompakten, kreativen Praxisanleitungen zur Bildbearbeitung. Hier werden konkrete Probleme gelöst und Wichtiges auf den Punkt gebracht!

- **Komplett in Farbe**
- **Test-Charts zum Abfotografieren**
- **Alles, was in der Bedienungsanleitung Ihrer Kamera fehlt**
- **Bildbearbeitungstechniken, die Sie wirklich brauchen**
- **Geld sparen und Bildsensor selbst fachmännisch reinigen**

332 Seiten • € 39,95
ISBN 3-8158-2613-6

DATA BECKER

Leseproben & Inhaltsverzeichnisse unter: www.databecker.de

320 Seiten • € 39,95
ISBN 3-8158-2601-2

336 Seiten • € 39,95
ISBN 3-8158-2611-X

320 Seiten • € 39,95
ISBN 3-8158-2606-3

358 Seiten • € 39,95
ISBN 3-8158-2608-X

▶▶▶ Das sichere Ende aller Viren, Würmer & Co.

Antivirus 2006
unverb. Preisempfehlung:
CD-ROM, € 29,95
ISBN 3-8158-7244-8

Systemvoraussetzungen:
Windows 2000/XP, Pentium III 500, 256 MB RAM
Windows 98SE/ME, Pentium III 500, 128 MB RAM
Grafikkarte: High Color (16 Bit) mit 8 MB RAM,
Auflösung 800 x 600, freier Festplattenspeicher
ca. 60 MB, CD-Laufwerk, Maus, Internetzugang,
16 Bit Soundkarte (optional), Internet
Explorer ab 5.x

nur € 29,95

Die topaktuelle Sicherheitslösung mit integriertem Selbstschutz bewahrt Ihren Rechner noch rascher und zuverlässiger vor der Infektion mit bösartigen Viren, Würmern und Schädlingen aller Art.

Stündliche Gratis-Updates* halten Ihr Antivirenbollwerk immer up to date. Die innovative SpeedCheck-Technologie leitet auf Wunsch nach Signatur-Updates blitzschnell einen porentiefen Systemscan ein. Dank intelligenter Heuristik können auch bis dahin unbekannte Schädlinge sicher identifiziert und eliminiert werden. Individuell einstellbare Wächterprofile, profilabhängige Tiefen-Scans und der Anti-Spion 2005 runden das perfekte Sicherheitskonzept ab.

● **NEU: Stündliche Gratis Updates* zur schnellstmöglichen Abwehr neuer Viren**
● **NEU: Blitzschnelle System-Scans nach Signatur-Updates**
● **NEU: Selbstschutz gegen Manipulationen und Beenden des Programms von außen**

DATA BECKER

Jetzt **gratis testen** und bei Gefallen mit Preisvorteil kaufen: www.databecker.de

▶▶▶ Machen Sie das Unmögliche möglich!

von Heyl
Windows XP Registry Hacks
407 Seiten • € 15,95
ISBN 3-8158-2385-4

nur € 15,95

Mit wenigen gezielten Handgriffen zu mehr Speed, Performance und Effektivität: Dieser Underground-Scout zeigt Ihnen sensationelle Insider-Tricks, die bislang ausschließlich waschechten Vollprofis vorbehalten waren.

Reizen Sie das Service Pack 2 per Registry Hacks aus und machen Sie Ihr System mit wenigen Handgriffen deutlich schneller. Von kleinen Eingriffen mit großer Wirkung über clevere Manipulationen für mehr Sicherheit und individuellen Komfort bis hin zu riskanten Registry-Hacks, mit denen Sie sämtliche langweiligen Standards und nervigen Beschränkungen ins digitale Nirvana katapultieren.

- *Im Fokus: SYSTEM.DAT und USER.DAT durchleuchtet*
- *Gezielte Systemsicherung mit RegEdit*
- *Hacks, die Ihr System spürbar schneller machen*
- *Absolut verboten: Feintuning am System*
- *Profi-Troubleshooting u.v.m.*

DATA BECKER

Noch mehr Fachliteratur, Software und Zubehör: www.databecker.de

▶▶▶ Enthüllt: Stärken & Schwächen von XP & SP2!

Dieser topaktuelle große Report wirft einen kritischen Blick hinter die Kulissen von Windows XP und durchleuchtet die "Verschlimmbesserungen" des Service Pack 2 en Detail.

Mit den bislang undokumentierten Tricks, versteckten Optionen und effektiven Praxislösungen dieses umfassenden Ratgebers treiben Sie XP und das Service Pack 2 ans Limit! Was taugen die neuen Sicherheitsfunktionen wirklich? Wie aktiviert man versteckte Leistungsreserven? Was sind die besten Registry-Hacks und mit welchen Tools lassen sich Rechenpower und Performance schnell und sicher maximieren? Hier finden Sie kurze, präzise Tipps, die wirklich weiterhelfen!

- **Enthüllt:** Das bringen die SP2-Sicherheitsfunktionen!
- **Entdeckt:** Geheime Tools für mehr Leistung!
- **Entrümpelt:** Überflüssige Dienste abschalten, nutzlosen Krempel über Bord werfen!

Wehr
Die besten Windows XP Geheimnisse
957 Seiten
€ 15,95
ISBN 3-8158-1689-0

nur € 15,95

DATA BECKER

Gratis-Leseprobe und Inhaltsverzeichnis: www.databecker.de

▶▶▶ Das topaktuelle Lexikon mit Quick-Index!

Dr. Voss
**Das große
PC- und Internet-
Lexikon 2005**

1.037 Seiten
€ 15,95
ISBN 3-8158-2367-6

nur € 15,95

Dieses Nachschlagewerk sollte griffbereit neben jedem PC stehen: Die 10. Auflage des Bestseller-Lexikons wartet mit komplett aktualisierten Inhalten und vielen neuen Artikeln auf, die übersichtlich und benutzerfreundlich präsentiert werden.

Vom Sicherheitscenter (Firewall, Viren, Spyware) des XP Service Packs 2 über aktuelle Hardware (Funknetzwerk, DDR2-RAM, PCI-Express) bis hin zu Internet & Mobilität (Voice-over-IP, MMS, UMTS) finden Sie hier die Themen, die die Computerwelt aktuell bewegen. Verständliche Artikel fassen die wesentlichen Aspekte der einzelnen Themenbereiche zusammen und verhelfen zu einem praxisorientierten Verständnis der Materie.

- *Alle wichtigen Fachbegriffe zu einem Thema auf einen Blick*
- *Jahres-Schwerpunktthemen 2005: PC-/Internet-Sicherheit, LAN/WLAN, Video, DVB, PVR*
- *Weblinks, Praxistipps und Wörterbuch Englisch/Deutsch*

DATA BECKER

Noch mehr kompetente Fachliteratur: www.databecker.de

▶▶▶ Firefox optimal einrichten und sicher surfen!

Borngießer
**SchnellAnleitung
Firefox**
160 Seiten
inkl. CD-ROM, € 9,95
ISBN 3-8158-2438-9

nur € 9,95

Diese SchnellAnleitung macht den Umstieg auf die sichere Alternative zum Internet Explorer zum Kinderspiel und zeigt Ihnen, wie Sie Firefox perfekt einrichten und endlich angstfrei und komfortabel im Internet surfen können!

Wie Sie alle Vorteile von Firefox gegenüber Microsofts Risiko-Browser - von den optimalen Einstellungen für maximale Sicherheit über die Einbindung praktischer Suchfunktionen (eBay, Wörterbücher u.v.m.) bis hin zum anonymen Surfen im Web - optimal nutzen und so mit wenigen Mausklicks mehr Surfspaß, Sicherheit und Komfort rausholen, zeigt Ihnen diese SchnellAnleitung; schnell, einfach, nachvollziehbar und garantiert ohne Fachchinesisch!

- Wichtig Daten vom Internet Explorer importieren
- eBay, Online-Banking, Shopping & Co. ohne Risiko!
- Schluss mit dem Fensterchaos
- Popups unterdrücken u.v.m.

DATA BECKER
Inklusive Vollversion von Firefox (deutsch) auf CD-ROM

▶▶▶ Wahnsinn: Aktuelle Chart-Hits zum Nulltarif*!

MP3 Musik-TV-Recorder

unverb. Preisempfehlung:
CD-ROM, € 19,95
ISBN 3-8158-8201-X

Systemvoraussetzungen:
Windows 2000/XP, Pentium III 600, 128 MB RAM
Windows ME, Pentium III 600, 128 MB RAM
Grafikkarte: High Color (16 Bit) mit 8 MB RAM,
Auflösung 800 x 600, Freier Festplattenspeicher min.
3 GB, CD-Laufwerk, Maus, Internetzugang,
16 Bit Soundkarte (vollduplex), TV-Karte

nur € 19,95

Dss geniale Tool versorgt Sie legal und kostenlos mit den neuesten Hits und einmaligen Konzert-Mitschnitten. Video-Clips von MTV, MTV2, VIVA und VIVA Plus werden automatisch aufgezeichnet, präzise geschnitten und ins MP3-Format konvertiert.**

Mit Hilfe eines tagesaktuellen Sendeplans können Sie über Ihre TV-Karte (DVB-T: kein Radioempfang!) auch gezielt das Programm von über 15 angesagten Radiokanälen (SWR3, Rock Antenne, sunshine live u.v.m.) aufnehmen. Nach Ende der Sendung werden die aufgezeichneten Hit-Clips und Songs mit Hilfe online zur Verfügung gestellter, präziser Schnittmarken automatisch geschnitten und ins MP3-Format umgewandelt. Alles in allem können Sie auf diese Weise pro Tag rund 80 Stunden Musik im MP3-Format aufnehmen!

* Produktregistrierung erforderlich. Aufnahmen nur für den Privatgebrauch. Freier MP3 Lame Encoder erforderlich. Anschaffungskosten nicht berücksichtigt.

** Inkl. DATA BECKER Lizenz für den Onlinebezug präziser Schnittmarken für den automatischen Schnitt von 3.000 Songs innerhalb eines Jahres. Die Lizenz kann nach Ablauf verlängert werden. Infos: www.air2mp3.net

DATA BECKER

Unterstützt TV-Karten von Hauppauge, Medion, Pinnacle, Technisat & Terratec

▶▶▶Kontakte, Kalender, Sounds & Co. voll im Griff!

Handy Pack 6.0

unverb. Preisempfehlung:
CD-ROM, € 19,95
ISBN 3-8158-0832-4

Systemvoraussetzungen:
Windows 2000/XP Pentium III 450, 128 MB RAM,
Windows 98/98SE/ME Pentium II 300, 64 MB RAM,
Grafikkarte: High Color (16 Bit) mit 8 MB RAM,
Auflösung 1024 x 768, Freier Festplatten-
speicher ca. 30 MB, Drucker, CD-Laufwerk,
Maus, Handy (Kompatibilitätsliste
unter www.databecker.de)

nur € 19,95

Das Handy Pack 6.0 macht den Umstieg auf ein neues Mobiltelefon ebenso zum Kinderspiel wie die Datensicherung am PC, den perfekten Ausdruck Ihrer MMS-Fotos und die individuelle Handy-Aufwertung.

Der innovative Backup- und Wechsel-Assistent ermöglicht es Ihnen, alle auf Ihrem Handy gespeicherten Klingeltöne, Logos, Games, Kalender etc. mit wenigen Klicks auszulesen, am PC zu archivieren, zu optimieren, auszudrucken und auf Ihr (neues) Mobiltelefon oder ein anderes Handy zu überspielen. Es lassen sich sogar bequem alle aktuellen Termine und Kontakte aus MS Outlook importieren. Außerdem enthält die Software über 25.000 editierbare Klingeltöne Logos, Games und Screensaver.

- **Handy-Wechsel-Assistent**
- **Handy-Daten (Kalender, Kontakte, Sounds & Co.) auslesen, am PC bearbeiten, archivieren und wieder aufs Handy spielen**
- **Datenabgleich mit MS Outlook**
- **Handy-Backup-Assistent u.v.m.**

DATA BECKER

Unterstützte Nokia-, Siemens-, Sony- und Motorola-Modelle: www.databecker.de

▶▶▶ Lieblingshits gratis aus dem Web aufnehmen!

Kusenberg
SchnellAnleitung Webradio aufnehmen
160 Seiten
inkl. CD-ROM • € 9,95
ISBN 3-8158-2706-X

nur € 9,95

Hier wird Ihnen Schritt für Schritt erklärt, wie Sie Ihre Lieblingshits und -künstler ruck, zuck finden, perfekt aufnehmen und brennen. Inkl. CD-ROM mit allem, was Sie brauchen, um loszulegen!

Gewohnt rasant bringt Ihnen dieser clevere Praxishelfer alles bei, was Sie über Webradio wissen müssen. Anschauliche Illustrationen und leicht nachvollziehbare Anleitungen zeigen Ihnen direkt, wie's geht! Nützliches und Wissenswertes wird an Ort und Stelle erklärt, so dass Fragen gar nicht erst aufkommen. Und wenn's mal nicht so klappt, wie's soll, helfen clevere Tricks und praktische Tipps Ihnen sofort aus der Klemme.

- **Los geht's: Ersten Song speichern in nur 5 Minuten**
- **Songs, Interpreten und Genres rasant finden und aufnehmen**
- **DSL-Bandbreite nutzen, mehrere Songs zugleich aufnehmen**
- **Songs nachbearbeiten und optimieren**
- **Zeitgesteuerte Aufnahme u.v.m.**

DATA BECKER

Gratis-Leseprobe und Inhaltsverzeichnis: www.databecker.de

▶▶▶ Passende Antworten auf (fast) alle PC-Fragen!

Prevezanos
**Das große
PC-Handbuch**
894 Seiten • € 15,95
ISBN 3-8158-2342-0

nur € 15,95

Dieses Buch gehört neben jeden PC. Es bietet Ihnen topaktuellen Rat und blitzschnelle Hilfe - von der Ersteinrichtung des Systems über sicheres Surfen und Mailen bis hin zum Aufbau eines (kabellosen) Heimnetzwerks.

Schluss mit dem PC-Ärger: Hier finden Sie alles, was Sie für das flotte und reibungslose Arbeiten mit Ihrem Computer wissen müssen. Von den Grundlagen über fortgeschrittenes Anwender-Wissen bis hin zu knallhartem Profi-Know-how. Die vernünftige Einrichtung Ihres Betriebssystems kommt hier ebenso klar zur Sprache wie die Videobearbeitung am PC oder das gekonnte Brennen von CDs/DVDs.

- **PC vernünftig einrichten**
- **Treiber, Updates und neue Programme richtig installieren**
- **Digitale Fotografie & Co.**
- **Videos am PC betrachten, aufnehmen, schneiden, brennen**
- **MP3s richtig encodieren, optimieren und archivieren**
- **Video-DVDs mit Menüs erstellen**

DATA BECKER

Gratis-Leseprobe und Inhaltsverzeichnis unter: www.databecker.de